Fundamentos Psicanalíticos

Z71f Zimerman, David E.
Fundamentos psicanalíticos: teoria, técnica e clínica – uma abordagem didática / David E. Zimerman. — Porto Alegre : Artmed, 1999.

ISBN 978-85-7307-482-6

1. Psicanálise — Didática. I. Título

CDU 159.964.2:37.013

Catalogação na publicação: Mônica Ballejo Canto – CRB 10/1023

Fundamentos Psicanalíticos

Teoria, técnica e clínica

uma abordagem didática

David E. Zimerman

Médico Psiquiatra.
Membro Efetivo e Psicanalista Didata da Sociedade Psicanalítica de Porto Alegre (SPPA).
Psicoterapeuta de Grupo.
Ex-Presidente da Sociedade de Psiquiatria do Rio Grande do Sul.

Reimpressão 2016

1999

© Artmed Editora S.A., 1999

Capa
Joaquim da Fonseca

Preparação do original
Supervisão editorial
Projeto gráfico
Editoração eletrônica

Reservados todos os direitos de publicação, em língua portuguesa, à
ARTMED® EDITORA S.A.
Av. Jerônimo de Ornelas, 670 - Santana
90040-340 Porto Alegre RS
Fone (51) 3027-7000 Fax (51) 3027-7070

É proibida a duplicação ou reprodução deste volume, no todo ou em parte,
sob quaisquer formas ou por quaisquer meios (eletrônico, mecânico, gravação,
fotocópia, distribuição na Web e outros), sem permissão expressa da Editora.

SÃO PAULO
Av. Embaixador Macedo Soares, 10.735 - Pavilhão 5 - Cond. Espace Center
Vila Anastácio 05095-035 São Paulo SP
Fone (11) 3665-1100 Fax (11) 3667-1333

SAC 0800 703-3444

IMPRESSO NO BRASIL
PRINTED IN BRAZIL

Sumário

Agradecimentos 7
Prefácio 9
Introdução 13

PRIMEIRA PARTE: ASPECTOS GERAIS 19

1. Evolução Histórica da Psicanálise 21
2. Psicoterapia e Psicanálise: Semelhanças e Diferenças 31
3. As Sete Escolas de Psicanálise 41
4. A Psicanálise Contemporânea 63

SEGUNDA PARTE: TEORIA 75

5. A Estrutura e o Funcionamento do Psiquismo 77
6. A Formação da Personalidade 89
7. O Grupo Familiar: Normalidade e Patologia da Função Materna 103
8. Trauma e Desamparo 111
9. As Pulsões do Id 117
10. As Funções do Ego 123
11. Os Mandamentos do Superego 133
12. Inveja: Pulsão ou Defesa? 141
13. Posições: A Posição Narcisista 153
14. Vínculos: O "Vínculo do Reconhecimento" 163
15. Sonhos: Formação e Funções 175
16. O Espelho na Teoria e na Prática Psicanalítica 185

TERCEIRA PARTE: PSICOPATOLOGIA 195

17. Neuroses 197
18. Histerias 207
19. Depressões 217
20. Psicoses 227
21. Pacientes Somatizadores 239

22	Perversões	253
23	Homossexualidade	261
24	Pacientes de Difícil Acesso	273

QUARTA PARTE: TÉCNICA 279

25	Entrevista Inicial: Indicações e Contra-Indicações – O Contrato	281
26	O que Mudou nas "Regras Técnicas" Legadas por Freud?	291
27	O *Setting* (Enquadre)	301
28	Resistências	309
29	Contra-Resistência	317
30	Impasses: Reação Terapêutica Negativa	325
31	Transferências	331
32	Contratransferência	347
33	A Comunicação Não-Verbal na Situação Psicanalítica	359
34	O Silêncio na Situação Psicanalítica	369
35	A Atividade Interpretativa	377
36	As Atuações (*Actings*)	391
37	A Face Narcisista da Sexualidade Edípica	399
38	*Insight* – Elaboração – Cura	411
39	Fundamentos Psicanalíticos com Crianças e Adolescentes *Frederico Seewald*	421
40	Psicoterapia Analítica de Grupo	437
41	Condições Necessárias para um Analista	451
42	Epílogo: A Crise Atual e as Perspectivas Futuras da Psicanálise	459

Referências Bibliográficas 467
Índice Remissivo 473

Agradecimentos

À Guite, minha esposa, grande companheira e grande figura humana.

Aos meus filhos: Leandro, por ser o filho e a pessoa que é; Idete, minha colega na SPPA, a quem devo a revisão de alguns capítulos e excelentes sugestões; e à memória de Alexandre, de quem guardo imorredouras lições de vida e de amor.

À memória de meus pais, pessoas que foram humildes, sérias e, sobretudo, generosas.

A Flávio Rotta Corrêa, meu prefaciador, com a minha carinhosa admiração, e em cuja pessoa agradeço a todos meus leais e queridos amigos.

A Frederico Seewald, pela amizade prestimosa, e por sua contribuição com um excelente capítulo, inserido nos parâmetros da psicanálise contemporânea.

A Henrique Kiperman e Celso Kiperman, meus editores, pelo incentivo e incondicional confiança que vêm depositando em mim.

Às inúmeras instituições que têm me prestigiado com honrosos convites para os mais diversos tipos de participação psicanalítica, ou não-psicanalítica, individual ou de grupo, em Porto Alegre, Pelotas, Caxias do Sul, Florianópolis, São Paulo, Ribeirão Preto, Franca, Recife, Maceió, Goiânia, Lisboa, Coimbra, etc., pela amabilidade, novas amizades e pelo estimulante reconhecimento.

Na pessoa do atual presidente da Sociedade de Psiquiatria do Rio Grande do Sul, Sérgio Levcowitz – pessoa querida e admirada por todos que lhe conhecem – devoto um carinhoso agradecimento aos atuais e ex-dirigentes e membros dessa prestigiosa e pujante instituição que eu tive a honra de presidir no biênio 1981-82.

Aos meus colegas mais jovens que compõem os meus grupos de estudo, pela fidelidade, convívio prazeroso e pelo permanente estímulo a me fazer estudar, pensar e escrever.

Igualmente, aos meus inúmeros supervisionandos que me possibilitam tanto uma multiplicação das vivências emocionais na prática analítica como também me propiciam o privilégio de poder contribuir com um tijolo para a construção da identidade psicanalítica de cada um deles.

Aos meus professores, supervisores e colegas da SPPA que propiciaram a minha formação psicanalítica e me abriram as portas para esse instigante, desafiador e maravilhoso – embora difícil e complexo – mundo da psicanálise. Em especial, meu recohecimento e gratidão à memória de Paulo L.V. Guedes e Roberto P. Ribeiro, meus analistas.

Aos meus verdadeiros mestres – os meus pacientes –, que ao longo do meu exercício de quase 40 anos de atividade psicanalítica, de alguma forma, em alguma época e durante algum período, tiveram a coragem de mergulhar comigo no escuro de áreas revoltas e desconhecidas, partilhando os mais íntimos sentimentos, segredos, sonhos e esperanças, assim induzindo-me a um permanente uso de minha função auto-analítica.

Prefácio

"Pensar é algo que certamente não se aprende; é a coisa mais compartilhada do mundo, a mais espontânea, a mais inorgânica. Mas aquela também da qual se é mais afastado. Pode-se desaprender a pensar: tudo concorre para isso. Entregar-se ao pensamento demanda até mesmo audácia quando tudo se opõe, e, em primeiro lugar, com muita freqüência, a própria pessoa. Engajar-se ao pensamento reclama algum exercício, como esquecer os adjetivos que o apresentam como austero, árduo, repugnante, inerte, elitista, paralisante e de um tédio sem limites. Frustrar as artimanhas que fazem crer na separação entre o intelectual e o visceral, entre o pensamento e a emoção. Quando se consegue isso, é como se fosse a eterna salvação! E isso pode permitir a cada um tornar-se, para o bem ou para o mal, um habitante de pleno direito, autônomo, seja qual for seu estatuto. Não é de surpreender que isso não seja nem um pouco encorajado."

Viviane Forrester[1]

Em meados de 1961, doutorando da Faculdade de Medicina da UFRGS, tomei conhecimento de um curso organizado pelo Livre-docente Marcelo Blaya sobre Medicina e aspectos emocionais para médicos. Aceita minha solicitação de inscrição, no desenvolvimento do curso travei conhecimento com David E. Zimerman, na época iniciando sua formação psiquiátrica, depois de uma passagem pela Clínica Médica. Passagem que certamente já demonstra sua capacidade profissional, pois fez parte de um seleto e reconhecido grupo médico da época que trabalhava e ensinava na Enfermaria 2 da Santa Casa, sede da cadeira de Clínica Médica do Professor Tomaz Mariante. No ano seguinte, iniciei residência na Clínica Pinel, retornando ao contato com o David, que então foi meu professor e supervisor, junto com o diretor da residência, Marcelo Blaya. Desenvolveu-se então uma amizade dentro do trabalho na Clínica, onde ele foi, durante vários anos, Diretor Clínico, e eu exercia funções clínicas e de ensino. Desde os primeiros contatos, fui capaz de perceber um dos aspectos que considero fundamental na personalidade do David e que tem papel significativo na sua carreira profissional. Refiro-me à sua capacidade de estimular o debate, o livre pensar e a criatividade dos que com ele convivem, trabalham e estudam. Alguns anos depois, já em formação analítica, tivemos oportunidade de trabalhar juntos novamente numa experiência pioneira em nosso estado, e talvez no Brasil, que foi o Programa de Educação Continuada da Associação Médica do Rio Grande do Sul. Novamente sua característica maneira de trabalhar e de relacionar-se com os demais participantes da tarefa – no caso os professores e alunos do Programa – foi de capital importância para o desenvolvimento e sucesso da idéia inovadora, como forma de ensino e estudo da prática médica. Em todas essas atividades e na sua clínica, David sempre comunicou suas experiências através de trabalhos, que estão publicados em revistas e livros, sendo possível observar a evolução de suas idéias – com a devida permissão de Winnicott – da clínica médica à psicanálise. Pensador original e estudioso sem preconceitos, foi capaz de desenvolver uma sólida cultura psicanalítica que lhe conferiu uma posição pluralista, aberta, mas sempre dentro dos conceitos fundamentais da psicanálise. Esse talvez seja o aspecto mais discutido do autor, algumas vezes distorcido e colocado como um ecletismo superficial, pois seu conhecimento permite-lhe o livre trânsito desde os trabalhos fundamentais de Freud aos de seus seguidores, e às diferentes escolas que se desenvolveram a partir daí. Aqui é interessante lembrar o que Bollas[2] disse em Porto Alegre sobre escolas e "movimentos": "porque para todas as tradições intelectuais, não importa qual seja a disciplina, é uma tragédia quando uma escola se torna 'movimento', no qual papas, bispos, cardeais e uma estrutura autoritária insiste na imposição de suas idéias sobre outras escolas de pensamento...". A convivência entre as escolas permite que se possa ter uma visão do desenvolvimento do pensamento psicanalítico sem as barreiras dos "movimentos" e com a possibilidade do pensamento livre, autônomo, que é o pensamento criativo. Vamos nos socorrer do próprio autor para enfatizar esse aspecto do pensamento livre e sem preconceitos e ao mesmo tempo mostrarmos a sua posição independente dentro das diversas idéias e teorias psicanalíticas que existem na atualidade – "O pluralismo, muito mais do que um mero ecletismo, consiste exatamente em permitir um espaço de coexistência entre diferentes correntes, sempre levando em conta que a verdade não está numa delas ou numa outra, mas sim entre elas". (Prólogo, p. 5)

Outro aspecto que quero salientar do autor é a sua honestidade intelectual e a capacidade de ouvir e reconhecer críticas ao seu trabalho e às suas idéias. Quando me refiro a críticas, estou falando de troca de idéias, debates, questionamentos, o que sei que é extremamente difícil, pois os aspectos pessoais muitas vezes impedem esse saudável exercício. Dentro dos limites humanos penso que David tem essa qualidade, o que, aliás, permite-lhe esse constante desenvolvimento de seu pensamento e de sua produção psicanalítica. Poderia estender-me mais nesta apresentação do autor, através de minha visão que, apesar da profunda e carinhosa amizade que me une ao David, penso, transmitiu o que pretendo: mostrar como este livro é fruto de um trabalho que se iniciou na Enfermaria 2 e que se desenvolveu nesses anos de formação pessoal e profissional, num processo de elaboração e integração de estudos, prática clínica e intercâmbio com colegas e alunos com quem tem convivido.

O livro, do qual não farei uma síntese porque o autor o faz na Introdução, é uma visão que oscila do panorâmico ao específico. Vou valer-me de uma imagem para melhor esclarecer o que quero dizer: é como se sobrevoássemos uma região e, ao observarmos um determinado aspecto de maior relevância, descêssemos para pesquisarmos e aprofundarmos nossa observação. Assim transcorreu para mim a leitura, com momentos de reencontro de conceitos (é claro que sempre com a impressão do autor) e outros com idéias originais que nos fazem pensar, independente de concordâncias ou discordâncias. Isso torna o livro de leitura agradável e instigante que, penso, será proveitosa tanto para o iniciante que procura uma aproximação com o conhecimento analítico como para analistas em diferentes estágios de conhecimento e experiência. Apesar de considerar que a obra tem um estrutura lógica, desenvolvendo-se de uma maneira harmônica numa sucessão de conhecimentos que vão-se integrando e formando um todo coerente, vou destacar alguns aspectos pela sua originalidade ou pelos debates que propõe. Assim, além de várias colocações que se observa, ao longo da leitura, da forma como o autor se posiciona frente aos conceitos fundamentais da Psicanálise, ele contribui com algumas idéias próprias que em seguida veremos. Um exemplo de seu posicionamento frente às questões com os conceitos estabelecidos na psicanálise está no capítulo 2 – "Psicoterapia e Psicanálise: Semelhanças e Diferenças" – e também no que antes fiz referências, à sua franqueza e honestidade na abordagem de um polêmico e controvertido tema. Esse tema vincula-se ao capítulo 4, no qual o autor aborda "A Psicanálise Contemporânea", onde faz uma síntese das modificações que o pensamento analítico sofreu nesses 100 anos com as conseqüências na técnica e conduta clínica dos analistas. Nesse capítulo, o autor aborda o que ele caracteriza como os três períodos em que pode ser dividida a evolução da Psicanálise: "ortodoxa, clássica e contemporânea", com seus respectivos "paradigmas". Creio ser discutível a divisão e se as modificações que a teoria vai sofrendo podem ser caracterizadas como mudanças de paradigmas.

Nos capítulos em que desenvolve os aspectos da teoria psicanalítica, encontramos, além de uma síntese didática dos fundamentos da teoria, algumas idéias originais do autor. Ao desenvolver o capítulo 11 – "Os Mandamentos do Superego" – o autor propõe o termo "contra-ego" para denominar o que Steiner chama de organização patológica, e Rosenfeld, de gangue narcisista, de onde partem impulsos que sabotam o desenvolvimento sadio do ego. No capítulo 12, "Inveja: Pulsão ou Defesa?", é proposta uma terceira posição, diferente do conceito kleiniano da inveja da natureza inata, ou da psicologia do ego caracterizada como uma reação secundária à frustração. Nesta terceira posição, a inveja é vista como um sentimento inerente à condição humana, de aparecimento precoce, mas não inato. No capítulo seguinte, ao abordar as posições, conceito clássico da teoria kleiniana vinculado à noção de objetos – parciais ou totais – as conhecidas posições esquizoparanóide e depressiva, o autor propõe uma terceira: "a posição narcisista – que precederia a posição esquizoparanóide, diferente, portanto, do conceito utilizado por Hanna Segal, que a coloca como integrante da posição esquizoparanóide. No capítulo 14, encontramos outra contribuição original do autor: "o Vínculo do Reconhecimento", colocando-o em equivalência com os conhecidos (e reconhecidos) vínculos de Amor, Ódio e Conhecimento de Bion. Esse conceito complementa-se no capítulo 37, integrando-se com outras abordagens interessantes e originais sobre "A Face Narcisista da Sexualidade Edípica". Ainda queremos fazer referência especial ao capítulo 16 – "O Espelho na Teoria e na Prática Psicanalítica" – pela clareza e integração do texto desde a mitologia, a bíblia, o folclore, até os trabalhos psicanalíticos – e sua importância e significado na compreensão e prática psicanalítica. Muitos outros pontos poderíamos considerar: em especial, aspectos técnicos nos quais se vê a experiência do autor como terapeuta e supervisor e os variados usos que faz, dentro da técnica psicanalítica, em respostas ao material do paciente, de seus conhecimentos teóricos. Mas vamos deixar ao leitor ir descobrindo o mundo de estímulos contido nas entrelinhas, assim como "a comunicação não-verbal", no capítulo 33, da qual o autor também nos fala com muita propriedade, e que permite ver o alcance do texto que nos ocupa neste momento.

O capítulo final – "Epílogo" – aborda a crise da psicanálise, tema que tem ocupado os psicanalistas na atualidade. Essa é uma preocupação que vem de alguns anos. Assim, já em 1970, num relato oficial ao VIII Congresso Psicanalítico Latino-Americano realizado aqui em Porto Alegre, Madeleine e Willy Baranger, Alberto Campo e Jorge Mom, no trabalho, "Correntes Atuais no Pensamento Psicanalítico" abordam o que eles denominaram "a crise da psicanálise atual", que caracterizaram como uma crise de crescimento e de amadurecimento e consideram que existe uma crise intrínseca ao próprio desenvolvimento da teoria psicanalítica, decorrente de novas indagações e questionamentos que o conhecimento traz e uma crise decorrente da posição da análise dentro do contexto social. No momento atual, vivemos uma condição na qual assistimos ao avanço do liberalismo de uma forma que muitos consideram totalitária. Fiori[3] considera que o socialismo, o nacionalismo e o liberalismo proporcionaram ao homem valores por todos reconhecidos. No entanto, o socialismo sofreu uma distorção com o stalinismo, e o nacionalismo com o nazismo, e agora temos o que ele chama de liberalismo totalitário. Esse liberalismo totalitário não admite contestação, pugna por um pensamento único com a utilização maciça dos meios de comunicação. Em especial, os aspectos que caracterizam o ser humano, que o diferenciam na escala zoológica; a existência dos afetos é rechaçada e, assim como se faz a substituição dos músculos pelas máquinas, busca-se o computador como substituto da mente humana. Apelos a formas rápidas de tratamento com a idealização de substâncias químicas que resolvem problemas sem sofrimentos e ansiedades; tratamentos em que a sugestão em suas diversas formas retoma uma força que parecia já superada, todos buscando, consciente ou inconscientemente, *atacar a capacidade de pensar*. A técnica psicanalítica, desde sua descoberta, sempre priorizou o pensamento livre, expressa na sua regra básica – a associação livre – e todos sabemos as dificuldades que encontramos para alcançá-la. Alguns analistas, como Bollas, consideram que a própria meta da análise seria atingir a livre associação. De fato, se pensarmos que a livre associação reflete a luta contra as resistências do indivíduo a pensar com liberdade sobre si, uma vez isso atingido, vencidas as resistências e estando o sujeito consciente da luta que teve para atingir esse ponto e a presença constante dos fatores que a isso se opõem, ele terá condições de detectar quando seu pensamento voltar a ter restrições e empecilhos e quando sua capacidade de pensar tornar-se diminuída. Essa é uma luta sempre presente, pois individual e coletivamente estamos sempre sendo solicitados a não pensar. O pensamento é o maior inimigo dos "movimentos" que buscam a idéia única, ou seja, o não pensar. A globalização e a massificação atacam as verdades com promessas de felicidade e de liberdade quando, na realidade, propõem caminhos onde a liberdade é cortada.

A psicanálise é por definição questionadora. O acomodar-se ao meio e aos poderes estabelecidos, cedendo a apelos sedutores como prestígio, dinheiro, etc., descaracteriza a psicanálise, que é cooptada pelo meio e dessa forma perde seu caráter subversivo. O mesmo se passa com o pensamento: a utilização maciça dos meios de comunicação como forma de anestesiar o indivíduo; a constante mensagem para adaptar-se ao poder existente; o desprezo e o ataque por qualquer idéia diferente que se oponha ao estabelecido, buscando descaracterizá-la, usando o deboche e a ironia como maneira de intimidar o "diferente", colocando-o numa posição incômoda como alguém ultrapassado expressando idéias estapafúrdias, negando-se a ver as maravilhas que lhe são ofertadas.

Livros como este que estou comentando, além do seu aspecto educativo para os iniciantes em psicanálise, tem a qualidade de fazer pensar a todos que o lerem. Toda produção intelectual e/ou científica que produza debates e inquietações concorre para opor-se às forças que tentam desvalorizar o pensamento e o conhecimento. A acusação de que o trabalho intelectual é elitista é uma tentativa de desvalorizar as funções que estimulam o pensamento livre. A psicanálise pode ter um importante papel nesta luta pela liberdade e pela manutenção de condições propícias ao desenvolvimento científico, se conseguir manter um espírito questionador, "evitando cair em todo o tipo de adequação ou adaptação que limite ou neutralize sua liberdade para se opor, interrogar ou propor". (Baranger e cols.)

Penso que, com sua produção científica e, de modo particular, com este livro, David dá uma importante contribuição nessa luta pela liberdade de pensar e pela busca da verdade, opondo-se às mistificações e falsidades hegemônicas e totalitárias.

Flávio Rotta Corrêa
Membro Efetivo da Sociedade de Psiquiatria do Rio Grande do Sul.
Membro Efetivo da Sociedade Psicanalítica de Porto Alegre.
Analista Didata.

NOTAS

[1] Forrester, V. *O horror econômico*. São Paulo: UNESP, 1997.
[2] Bollas, C. Entrevista pública. *Rev. Bras. Psicanal.*, v. 31, n. 4, p. 1042, 1997.
[3] Fiori, José Luís (cientista político). Entrevista à Folha de São Paulo em 13 de abril de 1998.

Introdução

Inicialmente, pretendo dialogar com o leitor, e para tanto proponho-me a um diálogo comigo mesmo, procurando responder questões que eu próprio me formulo e que dizem respeito sobretudo a três aspectos: quais as razões que me levaram a gestar e a publicar este livro, para qual tipo de público e, em terceiro lugar, com qual forma de sistematização e redação.

A primeira interrogação justifica-se pela sabida razão de que todos nós, que pertencemos à área de influência da psicanálise, temos à mão uma literatura psicanalítica com uma fartura de excelentes livros, de renomados autores, tanto de teoria psicanalítica como de metapsicologia, psicopatologia, técnica e prática. Talvez seja essa própria afirmativa a primeira razão que me motivou para o projeto desse livro: de fato, ao mesmo tempo em que uma abundante e protéica literatura representa uma evidente vantagem, ela também pode constituir-se em um fator algo confusionante, especialmente se levarmos em conta os problemas semânticos, ou seja, seguidamente encontramos nos textos de diferentes autores que um mesmo termo designe diferentes fenômenos psíquicos, enquanto também é freqüente que terminologias distintas aludam a uma mesma conceituação psicanalítica.

Entendi que tais inconvenientes pudessem ser amenizados por meio de uma leitura que fosse ao mesmo tempo abrangente, simplificadora, integradora e, sobretudo, com um propósito pedagógico. Essa finalidade de integração inclui o objetivo de estabelecer uma articulação entre as pioneiras descobertas de Freud e aquelas outras concepções psicanalíticas, frutos das profundas transformações que a psicanálise vem sofrendo nesse seu primeiro século de existência, até chegar às mais recentes contribuições da psicanálise moderna, de sorte a tentar uma possível integração entre as distintas correntes psicanalíticas da atualidade.

Uma segunda motivação para a feitura deste compêndio consiste em um continuado e animador estímulo que tenho recebido por parte de colegas mais jovens, com os quais tenho tido o privilégio de constituir inúmeros e duradouros grupos de estudo, acerca das variadas temáticas que compõem este livro, sempre levando em conta que todos os temas estudados devam manter uma íntima conexão com a prática clínica. Nesses grupos de estudo, descubro colegas mais jovens que me socorrem com questionamentos instigantes, sugestões inteligentes, um alerta para a necessidade de clareamentos, com um apontamento de eventuais omissões e falhas; além disso, eles me ajudam muitíssimo com o seu carinhoso e persistente incentivo.

Da mesma forma, nos últimos anos tenho tido a fortuna de ser convidado, de múltiplos quadrantes, para participações especiais em jornadas, congressos, cursos, palestras, aulas inaugurais, eventos comemorativos, etc, tanto por parte de sociedades psicanalíticas filiadas à IPA, como de grupos de estudos e centros formadores em psicoterapia psicanalítica, sendo que tais circunstâncias têm-me oportunizado um encontro bastante estreito com colegas em diferentes graus e níveis de formação psicanalítica, muito particularmente com os da nova geração.

Estes últimos, de forma sistemática, costumam manifestar uma ânsia por um aprendizado dos princípios essenciais da ciência psicanalítica, a partir de textos que, de forma a mais simples possível, integrem as concepções pioneiras da psicanálise com as mais modernas, assim como também almejam uma integração entre as conceituações provindas dos mais distintos autores. Neste último caso, alegam esses colegas, as concepções psicanalíticas aparecem descritas de tal forma, que por vezes soam coerentes e complementares entre si, ao mesmo tempo que também despertam uma sensação de que elas comumente são divergentes, contraditórias, redundantes e tautológicas, com o risco de uma "babelização".

A segunda questão que me formulei refere-se a *para quem* este livro se destina. Meus editores, Henrique e Celso Kiperman, respectivamente pai e filho, mercê de um notório "faro" para perceber as necessidades emergentes do público leitor, acreditam que há uma evidente demanda, em grande parte constituída por estudantes dos cursos de psicologia e por profissionais praticantes da psicoterapia psicanalítica, por um livro que "sintetize os princípios da psicanálise, mantendo a profundidade, a complexidade e a atualidade dos mesmos, ao mesmo tempo em que não se perca uma necessária simplicidade e acessibilidade, de modo que possa ser consultado e estudado tanto por psicanalistas veteranos ou em adiantada formação como também por iniciantes ou profissionais em geral que, filiados ou não à IPA, estudam e praticam a terapia psicanalítica".

A propósito, é necessário deixar bem claro que emprego deliberadamente o termo "*terapia psicanalítica*" não como um eufemismo conciliador entre psicanálise e psicoterapia de fundamentação analítica, mas sim – tal como aparece no capítulo 2 – como uma forma de preservar as necessárias distinções entre aquelas duas e, ao mesmo tempo, também para encurtar as enormes distâncias que ainda hoje muitos estabelecem de forma radical entre psicanálise e psicoterapia psicanalítica. Aliás, a aludida expressão "terapia psicanalítica" foi a que Freud utilizou por muito tempo, como é possível constatar na capitulação de alguns importantes trabalhos seus, o que pode ser exemplificado com *O Porvir das Terapias Psicanalíticas* (1910), *Terapia Analítica* (é o título de um dos capítulos de *Leituras Introdutórias*, de 1916), ou ainda *Os Caminhos da Terapia Analítica* (1919). Na verdade, pelo menos nos primeiros tempos, Freud nunca estabeleceu uma diferença entre psicanálise e qualquer outra forma de psicoterapia; o que, sim, ele diferenciava enfaticamente era a ciência psicanalítica, de um lado, e as várias formas de sugestão e/ou hipnose, de outro.

Assim, é possível que, neste livro, em alguns momentos, as expressões "terapia analítica", "psicoterapia de orientação psicanalítica" e "psicanálise" apareçam com significação equivalente, o mesmo podendo acontecer com os termos "analista", "psicanalista", "terapeuta" e "psicoterapeuta". Creio que, de forma genérica, o termo "método analítico" possa representar um denominador comum e integrar a conceituação essencial dessas diversas denominações.

Como a proposta dos meus editores, antes mencionada, coincidisse inteiramente com a minha ideologia particular de que fosse produzido um livro dessa natureza, após uma recíproca troca de estímulos resolvi aceitar aquilo que, mais do que um prestigioso convite, foi significado por mim como sendo um forte desafio, porquanto nunca me iludi quanto às enormes dificuldades e o exaustivo trabalho que eu teria pela frente. Pensei seriamente na possibilidade de convidar muitos colegas de notório saber em suas respectivas áreas mais específicas de conhecimentos da psicanálise, os quais, certamente, além de um maior prestígio, dariam uma contribuição muito mais valiosa para este livro e iria poupar-me bastante esforço. No entanto, resisti a essa tentação pela razão única de que entendo que um livro de finalidade didática deve conservar uma uniformidade conceitual e de estilo, além de permitir que um capítulo possa remeter a um outro, de modo a propiciar uma certa continuidade e conexão entre os sucessivos capítulos, e desses com a prática clínica cotidiana. Abri uma única exceção, no capítulo dedicado à fundamentação psicanalítica com crianças e adolescentes – o qual leva a assinatura do reconhecido psicanalista Frederico Seewald, com quem comungo uma mesma ideologia psicanalítica –, para manter uma coerência, pois, embora eu tenha tido uma certa experiência psicanalítica com crianças, púberes e adolescentes, ela não foi suficiente para construir um conhecimento sólido, que justificasse a condição de poder ser eu o autor de um capítulo tão específico.

O terceiro aspecto dos meus questionamentos é o que diz respeito à *forma* como este livro deveria ser produzido: optei pela tentativa de reunir em uma única obra as quatro principais áreas da psicanálise, isto é, a teoria (e metapsicologia), a técnica, a psicopatologia e a prática clínica. Evidentemente, paguei um certo preço por essa decisão tão abrangente e, é claro, tão sincopada.

Confesso que o projeto inicial era mais simples, o livro ficaria restrito unicamente aos fundamentos básicos e essenciais da ciência psicanalítica; no entanto, à medida que os capítulos iam-se sucedendo, também eu ia-me empolgando, de sorte que muitos capítulos resultaram bastante complexos e talvez de leitura difícil, porém trazem a vantagem, assim quero crer, de poderem ser úteis também para psicanalistas já bem experimentados.

Ainda em relação à forma de redação dos textos, voltado para a possibilidade de que eles possam servir para alguma finalidade de ensino-aprendizagem, é possível que eu tenha abusado do recurso de fazer longas enumerações, com sucessivos itens que destacam alguns aspectos que me pareceram particularmente mais relevantes. Justifico esse tipo de recurso expositivo pela esperança de que, caso este livro cumpra o seu propósito de colaborar para seminários e grupos de estudos, fica mais fácil de ser acompanhado pelos participantes.

Da mesma forma, como eu costumo valorizar bastante a procedência etimológica de determinados termos psicanalíticos, também é possível que eu tenha incorrido num certo abuso no sentido de explicitá-los, ora em um entre-parênteses, ora em palavras grafadas e com um hífen separador dos étimos que dão origem à palavra. Em parte, absolvo-me desse provável exagero etimológico porque não o faço por diletantismo ou por um agradável exercício lúdico, mas, sim, porque acredito que a etimologia tem muito a nos ensinar, porque ela sobretudo se constitui como um processo de sucessivas transformações que se efetivam na passagem dos povos, de sua cultura e estado mental.

Um outro provável exagero talvez seja o emprego de redundâncias, de modo a repetir as mesmas conceituações e formulações que já haviam aparecido em outros capítulos, apesar de que fiz isso deliberadamente, por acreditar que uma repetição continuada pode favorecer a compreensão e a respectiva introjeção por parte do leitor, sempre respeitando, é óbvio, a sua capacidade de crítica e discriminação.

Também cabe registrar que procurei manter-me o mais fiel possível às idéias dos autores que são mencionados; no entanto, cabem duas ressalvas: uma é que, embora eu mencione uma extensa bibliografia, não me senti obrigado a citar todos os trabalhos de todos os autores que escreveram sobre um determinado tema que hoje já esteja definitivamente anexado ao corpo da psicanálise, por mais brilhantes que eles possam ter sido, e até terem me servido como uma eventual fonte de inspiração. A segunda ressalva é que, em meio às contribuições clássicas dos mais importantes autores, de distintas épocas, atrevo-me, em certos temas, a publicar pontos de vista que são de minha única e exclusiva responsabilidade – confio nos critérios dos leitores para avaliarem a utilidade, ou não, dos mesmos.

Finalmente, cabe dizer que tentei ao máximo estabelecer um entrelaçamento entre a teoria, a técnica e a prática clínica e, de forma análoga, sempre que possível, busquei entrelaçar os pontos de vista das diferentes escolas acerca de um determinado assunto, especialmente com os referenciais pioneiros de Freud.

Assim, em épocas passadas, os analistas radicavam-se em uma única corrente psicanalítica e buscavam, precipuamente, aquilo que dividia os autores e psicanalistas; na atualidade, muitos cometem um exagero oposto, buscando unicamente aquilo que os reúne. Como muitos outros, acredito que a virtude deve estar em um meio-termo entre essas posições polarizadas, sempre levando em conta o que Bion nos ensinou acerca das vantagens de pensarmos a partir de uma multiplicidade e diversidade de *vértices*, reversíveis entre si. O pluralismo, muito mais do que um mero ecletismo, consiste exatamente em permitir um espaço de coexistência entre diferentes correntes, sempre levando em conta que a verdade não está em uma delas ou numa outra, mas, sim, *entre* elas. Não obstante isso, não é possível negar de todo o fato de que ainda persiste uma certa tendência de que cada uma das escolas queira excluir as demais.

O presente livro de fundamentos psicanalíticos está dividido em quatro partes: 1) Aspectos Gerais. 2) Teoria e Metapsicologia. 3) Psicopatologia. 4) Técnica e Prática. Cada uma dessas partes consta de um certo número de capítulos que perfazem um total de 42. A criação original desses capítulos não foi feita em uma seqüência linear e com uma continuidade sistematizada, tal como aparece no livro, e, muito menos, este foi confeccionado de um só fôlego.

Pelo contrário, ele nasceu de uma gestação lenta, de vários anos de duração, e a elaboração inicial de alguns textos resultou da apresentação de trabalhos em congressos, conferências, publicações em revistas, etc., tal como, na medida do possível, especificarei a seguir.

Assim, na primeira parte, que trata dos "Aspectos Gerais", o capítulo 1 – cuja versão parcial foi apresentada, em 1995, como aula inaugural do ITI (Instituto de Terapias Integradas, de Porto Alegre) – aborda uma necessária "Evolução Histórica da Psicanálise", sendo que, mais do que uma narrativa linear da história da ciência psicanalítica, o texto pretende enaltecer o fato de que a leitura de qualquer texto somente adquire consistência se ela for feita dentro de um contexto, o histórico, inclusive. O capítulo 2, intitulado "Psicoterapia e Psicanálise: Semelhanças e Diferenças", visa a estabelecer as diferenças óbvias que existem entre psicanálise e psicoterapia psicanalítica, ao mesmo tempo em que também se propõe a mostrar que existem muitas semelhanças, e que as diferenças entre ambas não são tão profundas e inconciliáveis como certos setores de psicanalistas insistem em apregoar. No capítulo 3 – "As Sete Escolas de Psicanálise" – é onde mais claramente aparece o propósito de situar o leitor no torvelinho das várias escolas, particularmente para os que ainda não estão familiarizados com as múltiplas concepções provindas de cada uma delas, de modo que um dos objetivos desse capítulo é servir como uma espécie de ponto de referência e de consulta para elucidar concepções originais dos distintos autores que embasam este livro. O capítulo 4 – "A Psicanálise Contemporânea" – faz uma espécie de síntese dos três anteriores, a fim de estabelecer com mais determinação como está sendo entendida e praticada a psicanálise contemporânea. As idéias contidas nesse capítulo foram inicialmente apresentadas em uma conferência – a convite – na Universidade de Coimbra, Portugal, em 1996.

A segunda parte do livro é denominada "Teoria", e dela constam 12 capítulos, que abordam: os princípios gerais que regem "A Estrutura e o Funcionamento do Psiquismo" (capítulo 5); os fundamentos essenciais para "A Formação da Personalidade", desde os primórdios do desenvolvimento emocional primitivo (capítulo 6); passando por "O Grupo Familiar: Normalidade e Patologia da Função Materna" (capítulo 7); e seguindo pelo primitivismo do "Trauma e Desamparo" da criança (capítulo 8). A versão original deste último capítulo foi apresentada na mesa-redonda "Trauma e Desamparo Humano", na Jornada do CEP (Centro de Estudos Psicanalíticos de Porto Alegre), em setembro de 1997. A vital necessidade de que seja bem conhecida pelo leitor a "estruturação tripartite da mente" está desenvolvida nos três capítulos seguintes, que abordam, respectivamente, as "As Pulsões do Id" (capítulo 9), "As Funções do Ego" (capítulo 10) e "Os Mandamentos do Superego" (capítulo 11). Complementando-os, o capítulo 12 – cuja versão original, com o mesmo título, aparece publicada na *Revista de Psicanálise da Sociedade Psicanalítica de Porto Alegre*, vol. 1:2, 1994 – aborda a relevante e sempre atual questão "Inveja: Pulsão ou Defesa?". Segue-se a importante noção de "Posições", de M. Klein, com um destaque para o que, creio, pode ser chamado de "A Posição Narcisista" (capítulo 13), sendo que uma versão parcial desse capítulo, com um artigo denominado "A Posição Narcisista", está publicada na *Revista de Psicanálise da Sociedade Psicanalítica de Porto Alegre*, vol. 3:2, 1996. Igualmente importante é, baseado em Bion, a noção de "Vínculos", com a inclusão do que considero como "O Vínculo do Reconhecimento", que constitui o capítulo 14, o qual é uma versão ampliada e modificada do trabalho que originalmente foi apresentado no Congresso Brasileiro de Psicanálise, realizado em Recife, em 1995, e que posteriormente, sob o título "O Vínculo do Reconhecimento", foi publicado na *Revista Brasileira de Psicanálise*, vol. 30: 3, 1996. Não poderia faltar um capítulo específico sobre "Sonhos: Formação e Funções" (capítulo 15), dada a sua importância na história e na atualidade da psicanálise. Tendo em vista que grande parte do desenvolvimento emocional primitivo está sendo enfocado por importantes autores de distintas escolas psicanalíticas, desde o vértice do olhar da mãe funcionando como uma espécie de "espelho" para a criança, e que esse aspecto exerce uma decisiva influência na determinação de diversos quadros da psicopatologia, que constarão da terceira parte deste livro, decidi incluir um capítulo específico (16) abordando "O Espelho na Teoria e na Prática Psicanalítica". A essência desse capítulo radica no artigo "O Espelho na Teoria e Prática Psicanalítica", publicado na *Revista Brasileira de Psicanálise*, vol. XXV:1, 1991, na qual ele consta como um "artigo premiado no concurso organizado pela Associação Brasileira de Psicanálise de Estímulo à Produção Científica".

Destarte, a terceira parte, que aborda a "Psicopatologia", é composta por oito capítulos: o de número 17, trata de dar uma idéia das "Neuroses" em geral, mais especificamente a "neurose de angústia", as "fobias" e as "neuroses obsessivas". No entanto, pela freqüência com que comparecem na clínica psicanalítica, achei útil incluir capítulos específicos sobre as "Histerias" (capítulo 18) e "Depressões" (capítulo 19), sendo que a versão original deste aparece no artigo intitulado "Etiopatogenia dos Estados Depressivos no Processo Psicanalítico", publicado na *Revista do CEP-PA*, vol. 1:1, 1992. Seguem os capítulos que abordam: a psicopatologia das "Psicoses" (capítulo 20, cuja versão original foi apresentada na mesa-redonda do XIII Congresso Brasileiro de Psicanálise, realizado em São Paulo, 1991, sobre "A Dimensão Teórico-Clínica na Análise de Psicóticos no Brasil", título com o qual está publicado nos *Anais* do referido evento); "Pacientes Somatizadores" (capítulo 21); "Perversões" (capítulo 22). O sempre atual tema da "Homossexualidade" constitui o capítulo 23, que é uma versão algo modificada do meu artigo "A Face Narcisista da Homossexualidade: Implicações na Técnica", publicado, em 1998, no livro *Homossexualidade: Formulações Psicanalíticas Atuais*, organizado por R. Graña; esta parte finaliza com os "Pacientes de Difícil Acesso" (capítulo 24), sendo que uma versão modificada deste último capítulo foi apresentada durante a mesa-redonda "Manejo Técnico do Paciente de Difícil Acesso", durante o XI Congresso Brasileiro de Psicanálise, Canela, RS, 1987, e publicado na *Revista Brasileira de Psicanálise*, vol. 22, 1988.

A quarta e última parte, que reputo como a mais importante dentro das pretensões e dos objetivos deste livro, é intitulada "Técnica" e nela procuro estabelecer uma estreita correlação entre a teoria psicanalítica e a prática clínica, por meio dos aspectos das transformações que vêm acompanhando a técnica do "método psicanalítico", o que será feito ao longo de 18 capítulos. Começo pela "Entrevista Inicial", com as "Indicacões e Contra-Indicações" para tratamento psicanalítico, com o estabelecimento do necessário "Contrato" (capítulo 25). Sigo pelo instigante e atualizado tema acerca de "O que Mudou nas 'Regras Técnicas' Legadas por Freud?" (constitui o capítulo 26, sendo que as suas idéias primeiras foram originalmente apresentadas – a convite – na Sociedade de Psicanálise de Lisboa, em janeiro de 1996), bem como pela instituição do indispensável "*Setting*" (capítulo 27). Os capítulos seguintes tratam dos principais fenômenos que obrigatoriamente surgem no campo analítico, como as "Resistências"(capítulo 28); a "Contra-Resistência" (capítulo 29), os importantes processos resistenciais que podem assumir a forma de "Impasses e de Reação Terapêutica Negativa" (capítulo 30). As principais idéias desses três últimos capítulos estão contidas no trabalho "Resistência e Contra-Resistência na Prática Analítica", apresentado na Sociedade Psicanalítica de Porto Alegre, em 1987, com o qual obtive a titulação de "membro efetivo" da SPPA. Essa quarta parte do livro segue com os capítulos "Transferências" (capítulo 31, cujas concepções originais foram apresentadas, em 1995, na conferência apresentada no ESIPP – instituição formadora de psicoterapeutas –, de Porto Alegre); a "Contratransferência"(capítulo 32); os importantes aspectos da comunicação no curso das terapias analíticas, particularmente a que se refere à "Comunicação Não-Verbal na Situação Psicanalítica" (capítulo 33, que é uma versão modificada do artigo que, com esse mesmo título, foi publicado na *Revista do Centro de Estudos em Psicoterapia* – CEP de Florianópolis, vol. 2, 1996). Igualmente, a freqüente presença do "Silêncio na Situação Psicanalítica" mereceu uma atenção específica (capítulo 34). Segue "A Atividade Interpretativa", vista sobretudo à luz da psicanálise vincular, que compõe o capítulo 35, cuja versão original e abreviada foi apresentada na Sociedade de Psicologia do Rio Grande do Sul, em dezembro de 1996, com o título "Interpretação à Luz da Psicanálise Vincular"). As diversas formas do inevitável surgimento das "Atuações (*Actings*)" compõem o capítulo 36. O tema de "A Face Narcisista da Sexualidade Edípica", pela sua freqüência, importância e atualidade, exigiu um capítulo particular (capítulo 37, cuja versão original foi apresentada em Ribeirão Preto, no simpósio sobre "Édipo: as Múltiplas Faces da Sexualidade", em setembro de 1996 e posteriormente publicado na *Revista Brasileira de Psicanálise*, vol. 31:2, 1997). O capítulo referente ao *Insight* – Elaboração – Cura (capítulo 38), que completa essa série, representa uma versão modificada e ampliada do artigo "Algumas Reflexões sobre o Conceito de "Cura Psicanalítica", publicado na *Revista de Psicanálise da Sociedade Psicanalítica de Porto Alegre*", vol. 2:1, 1995.

Finalmente, não poderiam faltar capítulos que abordam os aspectos de técnica, a partir de outras perspectivas do método psicanalítico, como é o caso do "Fundamentos Psicanalíticos com Crianças e Adolescentes" (capítulo 39, de autoria de F. Seewald); "Psicoterapia Analítica de Grupo" (capítulo 40, o qual é uma versão algo modificada do meu artigo "Psicoterapias de Grupo", que está publicado no livro *Psicoterapias: Abordagens Atuais*, de 1998, organizado por A. Cordioli). Da mesma forma, acreditei ser necessário incluir um artigo que enfoque as "Condições Necessárias para um Analista" (capítulo 41) e encerrar o livro com um capítulo específico que sirva como Epílogo e que discuta a "Crise Atual e as Perspectivas Futuras da Psicanálise" (capítulo 42), assim fechando um ciclo neste livro, que teve início no capítulo 1, o qual abordou as origens históricas do movimento psicanalítico.

Embora a maioria dos capítulos tenha passado pelo crivo dos continuados seminários com os meus grupos de estudo, e da leitura prévia de alguns colegas em diferentes níveis de *status* psicanalítico, estou plenamente cônscio de que existem muitas incompletudes e insuficiências, até mesmo porque não tenho a menor pretensão de dar conta mais do que de uma pequena parte do imenso universo que é a psicanálise. Ao mesmo tempo, venho mantendo acesa a esperança de que essas inevitáveis deficiências sejam compensadas pela minha experiência psicanalítica de quase 40 anos, tanto clínica como didática, com a convicção de que, graças a um gosto pelo estudo e ensino, mantenho-me atualizado, apesar da velocidade vertiginosa das renovadas concepções que surgem na psicanálise. Tudo isso, aliado ao prazer e à paixão que dediquei a esta tarefa-desafio, deixa-me animado pela esperança de que este livro possa atingir os objetivos aos quais ele se propôs.

Aos eventuais interessados em adquirir esta obra, motivados pelo seu título, creio ser importante advertir que ele não é de leitura fácil, nem foi essa a minha intenção, porquanto os próprios fundamentos psicanalíticos são difíceis e complexos (embora também não caiba cair num exagero de situá-los num campo hermético e exclusivo dos especialistas). Portanto, antes de *fácil*, o que pretendo, sim, é que este livro consiga ser *claro* e *sintético,* sempre levando em conta que "sintetizar" não é o mesmo que "resumir", sendo que o conceito de "síntese" alude a que os fatos enfocados sejam juntados e descritos de forma mais abreviada e abrangente, porém que conservem a mesma essência original, guardem uma inter-relação entre si e possibilitem uma abertura para novos vértices e significados.

PARTE 1

Aspectos Gerais

CAPÍTULO 1

Evolução Histórica da Psicanálise

Todo texto psicanalítico, quer seja ele de natureza teórica ou técnica, para adquirir um significado vivencial e uma ressonância empática com o autor e o assunto, necessita ser lido dentro de um contexto histórico-evolutivo, social, cultural e científico no qual está inserido.

Assim, utilizando um recurso unicamente de finalidade didática, penso que podemos dividir a história da assistência aos transtornos mentais e emocionais em três grandes períodos: *pré-história, pródromos científicos* e *psicanálise como ciência*.

PRÉ-HISTÓRIA

De forma esquemática, convém enumerar os seguintes aspectos que podem dar uma idéia da evolução de como nossos ancestrais entendiam e enfrentavam as doenças mentais:

- Existem registros arqueológicos no antigo Egito que comprovam a prática de trepanações cranianas possivelmente feitas com o objetivo de localizar alguma causa da doença mental que estaria localizada dentro do crânio, porquanto os vestígios encontrados atestam uma regularidade nas bordas e uma apurada perícia na execução daquela prática.
- Na bíblia sagrada, transparece a existência e a preocupação com uma série de quadros psicopatológicos que hoje denominaríamos de transtornos psiquiátricos, como é o caso do caráter sádico-destrutivo de Caim, a inveja dos irmãos de José, o alcoolismo de Noé, a psicose maníaco-depressiva de Saul, e assim por diante, numa coleção digna de um bom tratado de psicopatologia.
- Existem evidências de que, na Idade Média, os doentes mentais eram degredados, punidos com crueldade ou com a morte, recolhidos a prisões e masmorras em meio a assassinos e outros marginais, exibidos em circos juntamente com gigantes, anões e outros aleijões, encarcerados em hospícios em cubículos infectos e imundos, muitas vezes algemados, etc.
- Predominava nessa época uma mentalidade voltada para a magia e a demonologia, de sorte que, junto à prática de cruéis rituais de exorcismo, também empregavam o uso de benzeduras, poções mágicas e as diversas formas de curandeirismo.
- Os rituais de "cura" eram praticados por bruxos, xamãs, sacerdotes e faraós. Na escala social da sociedade primitiva, os xamãs gozavam de alto prestígio e ocupavam o topo da hierarquia social.
- Em meados do século XVIII, Anton Mesmer, em Viena, empregava o recurso mágico do que ele chamava de "magnetismo animal", de que todo indivíduo seria possuidor em estado potencial, e ele praticava com grupos por meio de uma forte sugestionabilidade calcada no seu impressionante carisma pessoal, método que passou para a história com a denominação de *mesmerismo*, podendo ser considerado o precursor (um século antes) do *hipnotismo*.
- Coube a Pinel (1745-1826) e a seu discípulo Esquirol (1772-1840), em Bicêtre, promoverem uma inovadora reforma hospitalar que ficou sendo conhecida como *tratamento moral*, consistindo num conjunto de medidas que não as de contenção física vigentes na época, mas, sim, daquelas que mantivessem o respeito pela dignidade do enfermo mental e aumentassem a sua moral e auto-estima.

Estamos aludindo aos dois mais importantes psiquiatras nascidos no período da revolução francesa, culminada em 1789, sendo que eles comungaram e partilharam dos ideais libertários deste movimento revolucionário, e sob essa inspiração eles revolucionaram a filosofia da assistência hospitalar asilar, quebrando grilhões e cadeados, saneando a imundície das celas e promovendo uma humanização e reconstrução do sentimento de identidade, principalmente pelo trabalho laborativo.

Período dos Pródromos da Psicanálise

Em 1856, nascia Sigmund Freud que, aos 17 anos, iniciou a sua formação médica em Viena, onde destacou-se como um aluno e estagiário brilhante, sendo que muito cedo ele demonstrou a centelha do gênio no campo da investigação que o levou à descoberta da estrutura gonadal das enguias e, mais tarde, no campo da fisiologia, com os seus estudos sobre o sistema nervoso de certos peixes. Aliás, creio que indo além de uma mera coincidência, podemos inferir que o seu interesse pela estrutura "gonadal" e pelo "sistema nervoso" já prenunciava que a descoberta da psicanálise palmilharia estes caminhos da sexualidade e do psiquismo provindo do sistema nervoso, como ele julgava nos primeiros tempos. Um pouco mais tarde, em 1891, publicou um livro sobre *Aphasia* e, em 1895, divulgou os seus estudos sobre "paralisias cerebrais infantis", sendo que ambos o conceituaram como pesquisador e neurólogo.

A medicina desta época era quase que inteiramente assentada em bases biológicas, muito pouco interessada na psicologia que então era entregue aos filósofos, sendo que a nascente psiquiatria não passava de um ramo da neurologia, para o que contribuiu muitíssimo a descoberta de uma causa etiológica infecciosa (o *Treponema pallidum*, causador da sífilis) para o quadro mental da "paralisia geral progressiva", assim constituindo dentro da medicina a especialidade de *neuropsiquiatria*.

Os neuropsiquiatras de então prestavam um atendimento mais humanista que os métodos anteriores, embora os recursos de que dispunham consistissem unicamente no emprego de ervas medicinais, clinoterapia (repouso no leito), hidroterapia, massagens, estímulos elétricos (não confundir com eletrochoque, método que surgiu mais tarde, introduzido por Bini e Cerletti, e que ainda tem uma certa utilização na psiquiatria atual); além do uso da eletroconvulsoterapia, também veio a ser empregada a indução de um estado de coma pela ação do cardiazol ou da insulina, assim como se iniciava o emprego de calmantes, como os barbitúricos. Contemporaneamente, também já estava havendo a utilização da hipnose, não só dirigida para espetáculos teatrais, como era comum na época, mas já com uma busca por fundamentos científicos.

O grande nome no campo da hipnose empregada para fins científicos era o do eminente neurologista Charcot, que professava na famosa Salpetrière, em Paris, e cujos ecos das espetaculares descobertas chegaram aos ouvidos de Freud, que conseguiu fundos de uma bolsa para estagiar e acompanhar de perto o carismático mestre francês, no período de setembro de 1885 a fevereiro de 1886. Sobretudo, dois aspectos impressionavam a Freud: a existência da histeria em homens e a observação da dissociação da mente, induzida pela hipnose.

Entretanto, um pouco antes disso, em 1882, o notável neurologista J. Breuer relatou a Freud o método de base hipnótica que ele empregava com a sua jovem paciente histérica que entrou na história com o nome de Ana O. (cujo verdadeiro nome era Berta Papenheim). Esta paciente, durante o estado de transe, recordava uma série de ocorrências traumáticas ocorridas num passado remoto, obtendo com isto um grande alívio sintomático, e Breuer denominou este novo método terápico de *catarse*, ou *ab-reação* (também é conhecido com o nome de *talking cure*, porque assim Ana O. se referia a ele). Quando essa paciente produziu histericamente uma gravidez imaginária, Breuer ficou muito assustado (ainda não era conhecido o fenômeno da transferência) e providenciou uma viagem como meio de fugir dessa tão incômoda situação que, inclusive, estava a ameaçar o seu casamento.

As sementes do interesse pelo hipnotismo despertadas pelo relato de Breuer ficaram plantadas no jovem Freud e motivaram-no a aprender com Charcot a ciência do hipnotismo, experiência que ele repetiu em 1889 por uma segunda vez na França, agora em Nancy, onde pontificavam os mestres Liebault e Bernheim, com os quais Freud aprendeu e ficou altamente impressionado com as experiências da "psicose pós-hipnótica" que lhe permitiram verificar que, mesmo em estado consciente, as pessoas executavam ordens absurdas que provinham dos mandamentos neles implantados durante o transe hipnótico.

Freud mostrava-se incrédulo e descontente com os métodos pretensamente científicos empregados pelos neuropsiquiatras contemporâneos e resolveu empregar o método do hipnotismo com as suas pacientes histéricas, partindo do princípio de que a neurose provinha de traumas sexuais que teriam realmente acontecido na infância por sedução de homens mais velhos, mais precisamente os próprios pais.

Estas experiências levaram Freud a convencer Breuer a publicarem em conjunto as suas observações e descobertas, o que foi feito em 1893, sob o título de *Comunicação Preliminar* e que foi absorvido como constituindo o primeiro capítulo do famoso livro de ambos, *Estudos sobre a histeria*, publicado em 1895. Breuer, ainda traumatizado pelo susto que levou com Ana O., ao mesmo tempo em que discordava da orientação de Freud, cada vez mais dirigida para a sexualidade da criança, abandonou definitivamente a nova ciência, enquanto Freud prosseguiu sozinho com vigor redobrado, enfrentando as críticas mordazes e desdenhosas de todos seus colegas.

Muito cedo, Freud deu-se conta de que era um mau hipnotizador e por isso resolveu experimentar a possibilidade de que a "livre associação de idéias", conseguida pelo hipnotismo, também pudesse ser obtida com as pacientes despertas. Para tanto, passou a utilizar um método coercitivo, convidando as pacientes a deitarem-se no divã ao mesmo tempo em que, com insistentes estímulos e pressionando a fronte delas com os seus dedos, obrigava-as a associarem "livremente" como uma tentativa de recordarem o trauma que *realmente* teria acontecido, mas que estaria esquecido, devido à repressão.

Graças à paciente Elisabeth Von R. que repreendeu Freud para que deixasse de importuná-la porque, ela assegurava-lhe, sem pressão associaria mais livremente e melhor, é que ele ficou convencido de que as barreiras contra o recordar e associar provinham de forças mais profundas, inconscientes, e que funcionavam como verdadeiras resistências involuntárias. Isto constituiu-se como uma marcante ruptura epistemológica, porquanto Freud começou a cogitar que essas resistências correspondiam a *repressões* daquilo que estava proibido de ser lembrado, não só dos traumas sexuais realmente acontecidos, mas também daqueles que foram fruto de *fantasias* reprimidas.

A partir daí, o conflito psíquico passou a ser concebido como resultante do embate entre as forças instintivas e as repressoras, sendo que os sintomas se constituiriam como sendo a representação simbólica deste conflito inconsciente. Esta concepção inaugura a psicanálise como uma nova ciência, com referências teórico-técnicos próprios, específicos e consistentes.

Psicanálise como Ciência

Como vemos, Freud representa a intersecção de dois períodos: ele esteve com um pé nas concepções positivistas de sua época, não só da medicina mas também da física e química de cujos princípios ele sofreu uma enorme influência na elaboração de suas teorias psicanalíticas. O outro pé ele apoiou num campo que até então era totalmente desconhecido e desdenhado, criando e propondo a existência de uma dinâmica inconsciente, com leis e fenômenos específicos, alguns explicáveis pelas suas novas teorias, e outros a serem explicados e comprovados a partir de cogitações metapsicológicas.

De uma forma extremamente resumida e esquemática, podemos dividir a evolução histórica da psicanálise, centrada exclusivamente nas contribuições originais de Freud, nos cinco seguinte estágios, a seguir descritos: "teoria do *trauma*, teoria *topográfica*, teoria *estrutural*, conceituações sobre o *narcisismo e dissociação do ego*".

1. Teoria do Trauma. Durante muito tempo, o aspecto mais conhecido e discutido da obra de Freud era o da teoria da libido, que ele elaborou inspirado nos modelos da eletrodinâmica ou da hidrodinâmica vigentes na ciência da época. Assim, o conceito de libido, que Freud concebeu como sendo a manifestação psicológica do instinto sexual, recebeu sua origem na tentativa de explicar fenômenos, tais como os da histeria, que Freud explicava como sendo resultantes do fato de que a energia sexual era impedida de expandir-se através de sua saída natural e fluía, então, para outros órgãos, ficando restringida ou contida em certos pontos e manifestando-se através de sintomas vários. Freud chegara à conclusão de que as neuroses, como a histeria, a neurose obsessiva, a neurastenia e a neurose de angústia (fobia), teriam sua causa imediata no aspecto "econômico" da energia psíquica, ou seja, num represamento quantitativo da libido sexual. Na neurastenia e na neurose de angústia, somente o represamento da libido sexual é o que estaria em jogo, enquanto nas demais neuroses traumáticas outros acontecimentos da vida passada também seriam fatores causadores dos transtornos neuróticos.

Partindo inicialmente da concepção inicial de que o conflito psíquico era resultante das *repressões* impostas pelos traumas de sedução sexual que realmente teriam acontecido no passado, e que retornavam sob a forma de sintomas, Freud postulou que os "neuróticos sofrem de reminiscências", e que *a cura consistiria em "lembrar o que estava esquecido"*. Penso que, para certos casos, esta fórmula persiste na psicanálise atual como plenamente válida, porquanto é bem sabido que "a melhor forma de esquecer é lembrar" ou, dizendo de outra forma, "o sujeito não consegue esquecer daquilo que ele não consegue lembrar". A diferença é que na época de Freud este relembrar visava unicamente a uma *abreação, uma catarse* por meio da verbalização dos fatos traumáticos e os respectivos sentimentos contidos nas lembranças, enquanto hoje os analistas vão além disso e objetivam uma *ressignificação* dos significados atribuídos aos traumas que o paciente está rememorando na situação psicanalítica.

A necessidade de desfazer as repressões introduziu dois elementos essenciais à teoria e à técnica da psicanálise: a descoberta das *resistências* inconscientes e o uso das *interpretações* por parte do psicanalista.

2. Teoria Topográfica. A teoria anterior perdurou até 1897, quando então Freud deu-se conta de que a teoria do trauma era insuficiente para explicar tudo, e que os relatos das suas pacientes histéricas não traduziam a verdade factual, mas sim que eles estavam contaminados com as *fantasias inconscientes* que provinham de seus *desejos* proibidos e ocultos. Daí, ele propôs a divisão da mente em três "lugares" (a palavra "lugar", em grego, é *"topos"*, daí teoria topográfica). A estes diferentes lugares ele denominou: *Consciente, Pré-Consciente e Inconsciente*, sendo que o paradigma técnico passou a ser: *"tornar consciente o que estiver no inconsciente"*.

Em 1900, Freud publicou *A interpretação de sonhos*, no qual ele comprova que o conteúdo do sonho "manifesto" pode ser visto como um modo disfarçado e "censurado" da satisfação de proibidos desejos inconscientes. A propósito, essa fase teórica de Freud pode ser resumida com a sua afirmativa de que *"todo sonho, e sintoma, tem um umbigo que conduz ao desconhecido do inconsciente"*, sendo que, pode-se acrescentar, é a descoberta do significado simbólico dos sonhos e sintomas que inaugura a psicanálise como ciência propriamente dita.

A partir do seu fracasso com a análise de "Dora" – escrito em 1901, mas que somente foi publicado em 1905, por razões de sigilo profissional –, Freud obrigou-se a fazer profundas reflexões, sendo que ele chegou a afirmar que, desde então, a técnica psicanalítica foi profundamente transformada. Pode-se dizer que as principais transformações que se processaram nessa época foram: a) a psicanálise deixou de ser uma detida investigação e busca de solução de, separadamente, sintoma por sintoma; b) a descoberta e a formulação do "princípio da multideterminação" dos sintomas; c) o próprio paciente é quem passou a tomar a iniciativa de propor o assunto de sua sessão; d) o analista substituiu a atitude de comportar-se como um investigador ativo e diretivo por uma atitude mais compreensiva da dinâmica do sofrimento do analisando; e) abandono total da técnica da hipnose e da sugestão devido à percepção de Freud de que as mesmas encobriam a existência de "resistências"; f) estas últimas resultam de repressões, sendo que o retorno do reprimido manifesta-se pelo fenômeno da "transferência"; g) sobretudo, o "caso Dora" ensinou a Freud a existência e a importância de o analista reconhecer e trabalhar com a "transferência negativa".

3. Teoria Estrutural. À medida que se aprofundava na dinâmica psíquica, Freud tropeçava com o campo restrito da teoria topográfica, por demais estática, e ampliou-a com a concepção de que a mente comportava-se como uma estrutura no qual distintas demandas, funções e proibições, quer provindas do consciente ou do inconsciente, interagiam de forma permanente e sistemática entre si e com a realidade externa. Desta forma, mais precisamente a partir do trabalho *O ego e o id* (1923), ele concebeu a estrutura tripartide, composta pelas instâncias do id (com as respectivas pulsões), do *ego* (com o seu conjunto de funções e de representações) e do *superego* (com as ameaças, castigos, etc). O paradigma técnico da psicanálise foi formulada por Freud como: *"onde houver* id (*e superego*), *o ego deve estar"*.

4. Conceituações sobre o Narcisismo. Embora não tenha sido formulado como uma teoria, os estudos de Freud sobre o narcisismo abriram as portas para uma mais profunda compreensão do psiquismo primitivo e constituíram-se como sementes que continuam germinando e propiciando inúmeros vértices de abordagem por parte de autores de todas correntes psicanalíticas. De acordo com o pensamento mais vigente entre os autores, pode-se dizer que, na atualidade, um importante paradigma da psicanálise atual pode ser formulado como *"onde houver Narciso, Édipo deve estar"*. (Grunberger, 1979)

5. Dissociação do Ego. Aquele jovem Freud que ficara perplexo ao perceber uma dissociação da mente que se manifestava nas pacientes histéricas durante o transe hipnótico induzido por Charcot, foi aprofundando suas pesquisas sobre este fascinante enigma até que ele ficou convencido de que esta clivagem da mente em regiões conscientes e inconscientes não era específica e restrita às psicoses e neuroses, mas que ela ocorria com todos indivíduos. Assim, desde os seus primeiros trabalhos com pacientes histéricas, Freud já falava de uma cisão *interssistêmica* da qual resultam núcleos psíquicos independentes. No entanto, é a partir de seu trabalho sobre *Fetichismo* (1927) e, de forma mais consistente, em *Clivagem do ego no processo de defesa* (*1940*), que escreveu ao apagar das luzes de sua imensa obra, é que Freud estudou a cisão ativa, *intrassistêmica*, que ocorre no próprio seio do ego e não unicamente entre as instâncias psíquicas. Com isso, Freud lançou novas sementes que possibilitaram aos pósteros autores desenvolverem uma concepção inovadora da conflitiva intrapsíquica, o que, creio, pode ser exemplificado com os trabalhos de Bion (1967) sobre a existência concomitante em qualquer pessoa da "parte psicótica e da parte não-psicótica da personalidade" e cuja compreensão, por parte do psicanalista, representa um enorme avanço na técnica e na prática clínica.

O gênio de Freud possibilitou que, entre avanços, recuos e sucessivas transformações, ele construísse os alicerces essenciais do edifício metapsicológico e prático da psicanálise, sempre estabelecendo interrelações entre a teoria, a técnica, a ética e a prática clínica.

DESENVOLVIMENTOS POSTERIORES A FREUD

Como sabemos, Freud criou a psicanálise praticamente sozinho, sendo que foi somente a partir de 1906 que ele concluiu o período de seu "esplêndido isolamento" e passou a reunir-se na sua sala de espera com um seleto grupo de brilhantes colaboradores – Abraham, Ferenczi, Rank, Steckel, Sachs, Jung, Adler –, e assim começaram as famosas "reuniões das quartas-feiras" às quais chamavam de "Sociedade Psicológica das Quartas-Feiras" e das quais há pormenorizados registros históricos nas "Minutas", organizadas por O. Rank, e onde, sob a liderança incontestada de Freud, eles trocavam idéias científicas a respeito de casos clínicos de psicanálise (nos primeiros tempos, unicamente os de Freud) e discutiam os nascentes aspectos associativos e administrativos. Mais tarde, essas "reuniões" sistemáticas viriam a instituir a Sociedade Psicanalítica de Viena.

Até 1906, no entanto, Freud já havia lançado as sementes essenciais do edifício psicanalítico, como foram as noções da descoberta do *inconsciente dinâmico* como principal motivador da conduta consciente das pessoas, o fenômeno da *"livre associação de idéias"*, a importância dos *sonhos* como via régia de acesso ao inconsciente, a *sexualidade na criança*, estruturada em torno da *cena primária* e do *complexo de Édipo*, o fenômeno das *resistências* e, por conseguinte, das *repressões*, a *transferência*, e a presença constante de *dualidades* no psiquismo; como a dos dois tipos de pulsões (inicialmente os "instintos de autopreservação e o de preservação da espécie"; mais tarde os "instintos de vida ou libidinais e os de morte ou tanáticos"), assim como do conflito psíquico resultante de forças contrárias, do consciente *versus* inconsciente, princípio do prazer e o da realidade, processos primário e secundário, dentre outras dualidades mais.

Em Salzburgo, em 1908, houve a "Reunião de Médicos Freudianos", posteriormente rebatizada como "1° Congresso Psicanalítico Internacional", ao qual compareceram 48 pessoas. A IPA (Associação Internacional de Psicanálise) foi fundada em 1910, em Nuremberg, durante o 2° Congresso Internacional (com a participação de 60 pessoas, sendo que os últimos congressos internacionais de psicanálise têm contado com uma média de 3.000 participantes, dentre um número provável de 10.000 psicanalistas no mundo todo) e, por sugestão de Freud, a presidência coube a Jung. A idéia que inspirou a criação de uma entidade internacional com princípios ortodoxos a serem rigidamente cumpridos pelos seguidores foi o fato de que, em nome e na sombra do movimento da psicanálise, estava-se disseminando não só uma licenciosidade de envolvimento sexual como também a indiscriminada prática da "análise silvestre".

A seguir, aconteceram as dissidências de Adler, Steckel e, em 1914, a do próprio Jung. Para proteger a Freud dos detratores da psicanálise e da sua pessoa, por sugestão de Jones – que veio a incorporar-se ao grupo original – foi criado o "Comitê", o qual foi concebido pelo modelo de uma sociedade secreta, que lembra a dos paladinos de Carlos Magno. Desta forma, Freud ofereceu um entalhe grego a cada um dos colaboradores íntimos que lhe permaneceram fiéis e que o adaptaram em seus respectivos anéis usando-os como uma insígnia. Assim, Freud, Jones, Ferenczi, Rank, Abraham, Sachs e, mais tarde, Eitington compuseram o "Círculo dos Sete Anéis" do "*Komitê*", sob um, implícito, juramento de total fidelidade e sob um acordo explícito de que não questionariam publicamente nenhum tema fundamental da psicanálise, como o da sexualidade infantil, sem antes o terem entre eles, desta forma garantindo a continuidade do movimento psicanalítico.

Deste núcleo pioneiro da psicanálise resultaram algumas dissidências e alguns continuadores, sendo que, entre esses últimos, alguns mantiveram uma fidelidade absoluta, enquanto outros foram ampliadores, transformadores e criadores, a partir das concepções originais de Freud. Dentre os dissidentes, o nome mais importante e o que mais foi sentido por Freud foi o de Jung; um exemplo de discípulo ampliador é o de Abraham, enquanto Ferenczi pode ser mencionado como um transformador, em muitos aspectos teóricos e técnicos.

Ao longo da obra de Freud, comprova-se que, embora gradualmente ele veio valorizando as pulsões agressivas, o masoquismo e o narcisismo, a verdade é que ele nunca deixou de considerar a posição falocêntrica como o eixo essencial do processo psicanalítico, ou seja, a sua convicção de que todos os conflitos gravitariam em torno dos desejos libidinais, do complexo de Édipo e da figura predominante do pai na conflitiva psíquica.

No entanto, a grande guerra iniciada em 1914 trouxe consigo uma abundância de casos de "neuroses de guerra", assim como também uma alta freqüência clínica de "sonhos traumáticos" que não podiam ser explicados unicamente pela etiologia da libido sexual, e este fato levou Freud a considerar a existência da repressão também de impulsos agressivos. O sadismo já tinha sido anteriormente reconhecido por ele, porém como parte constante da libido anal, sendo que a postulação definitiva do "instinto de morte" deu-se a partir do seu clássico *Além do princípio do prazer* de 1920.

Ao mesmo tempo, Freud esboçou os primeiros e inconclusos estudos sobre mecanismos de defesa mais primitivos, como a projeção (nos seus casos de paranóia e de homossexualidade), introjeção (com a formação de objetos internos, tal como ele os descreveu na melancolia), dissociação endopsíquica do ego, importância da contratransferência, etc.

Coube especialmente à sua filha e discípula, Anna Freud, além da liderança do já consolidado movimento psicanalítico, a continuação dos estudos do seu pai, como foram as suas importantes publicações a respeito dos múltiplos e variados mecanismos defensivos do ego de qualquer pessoa, e bem como do aprofundamento das demais funções do ego, as conscientes e as inconscientes, além de ser uma das pioneiras da análise de crianças, embora nesse caso a sua técnica guardasse um caráter mais pedagógico do que propriamente psicanalítico.

Os ensinamentos freudianos eram, então, compartidos por um sólido grupo de psicanalistas em Viena, até que, fugindo da perseguição nazista durante a Segunda Grande Guerra, muitos deles migraram para outros países, onde deram continuidade ao movimento da psicanálise. Dentre estes últimos, sobressai o nome de H. Hartmann que migrou para os Estados Unidos e onde, com o reforço de outros psicanalistas seguidores, como Kris e Loewenstein, fundou a "Escola da Psicologia do Ego", fortemente fundamentada em S. Freud e Anna Freud, porém com desdobramentos próprios e concepções originais, como é o da "área psíquica livre de conflitos", as noções de "autonomia primária e secundária", a valorização da realidade exterior e o problema de "adaptação" à mesma. Seguindo-se a Hartmann, surgiu nesta escola a importante figura de E. Jacobson que, por sua concepção de "*self* psicofisiológico*", trouxe uma valorização às primeiras relações objetais e à internalização das mesmas. Posteriormente, a "Escola da Psicologia do Ego" inclinou-se fortemente para os estudos de M. Mahler e colaboradores, que, por meio da observação direta da relação mãe-bebê, fizeram originais postulações acerca dos estágios evolutivos da criança desde o "autismo normal" até o da "autonomia e constância objetal", antes passando pelas fases de "diferenciação, separação e individuação".

Também tendo como berço os Estados Unidos, foram criadas correntes que se proclamavam como psicanalíticas, mas cuja orientação fundamentava-se precipuamente em fatores socioculturais, como o da "culturalista" divulgada e praticada por E. Fromm, K. Horney, e também os autores que enfatizaram as "relações interpessoais", como H. Sullivan.

Entrementes, ao final da década 20, a partir de Londres, começam a surgir as revolucionárias concepções de M. Klein, as quais, amparadas na sua prática de análise com crianças de muito pouca idade, convergem para uma posição essencialmente "*seio-cêntrica*". A escola kleiniana valorizou, sobretudo, a existência de um ego primitivo já desde o nascimento, a fim de que este mobilizasse defesas arcaicas (dissociações, projeções, negação onipotente, idealização, etc.) para contra-arrestar as terríveis ansiedades primitivas advindas da – inata – pulsão de morte, isto é, da inveja primária, com as respectivas fantasias inconscientes. Talvez para não se comprometer politicamente com Freud e seus fiéis seguidores, M. Klein conservou o complexo de Édipo como o eixo central da psicanálise, porém, o fez recuar para os primórdios da vida, assim descaracterizando o enfoque triangular edípico, medular na obra freudiana. Da mesma forma que Freud, também as concepções de M. Klein foram seguidas e ampliadas por muitos discípulos contemporâneos dela e continuadores fiéis a seus pontos de vista, como Joan Rivière, S. Isaacs, por exemplo; por psicanalistas *pós-kleinianos* como H. Segal, Rosenfeld, Meltzer, Bion e outros, que não só ampliaram como também produziram muitas transformações à obra original da mestra; e também por autores *neokleinianos*, como B. Joseph e J. Steiner, entre tantos outros, e que sucessivamente vêm propondo novas modificações na teoria e na técnica da psicanálise.

Também oriundo de Viena, seguindo os mesmos passos de Hartmann, migrou para os Estados Unidos, onde se radicou, o psicanalista H. Kohut que lá fundou a escola da "Psicologia do *Self*" com contribuições bastante originais, como é o fato de ele dar uma dimensão estruturante ao fenômeno do narcisismo, assim como uma especial valorização às precoces "falhas empáticas" da mãe e do meio ambiente quanto ao desenvolvimento da criança, entre tantas outras contribuições mais.

Na mesma época, orquestrada pelo carisma de J. Lacan, floresceu na França a "Escola Estruturalista", que surgiu como reação de Lacan ao que ele considerava um excessivo pragmatismo da psicanálise norte-americana. Assim, ele propôs um "retorno a Freud", isto é, um movimento para resgatar os princípios básicos legados pelo fundador da psicanálise e, a partir desses, construir novos desenvolvimentos metapsicológicos. Conforme o nome, "estruturalismo" indica que todos elementos psíquicos estão conjugados entre si, formando subestruturas e estruturas com significantes e significados específicos. A escola francesa de psicanálise na atualidade, embora diluída em várias correntes de pensamento psicanalítico, é altamente conceituada em todo o universo da psicanálise e conta com autores originais e muito férteis, como A. Green, para ficar num único exemplo.

Para dar uma maior completude à árvore genealógica que tem em Freud a sua raiz e tronco principal, é indispensável acrescentar dois ramos de especial importância e fecundidade, que são as contribuições da mais alta originalidade trazidas por Winnicott e Bion, ambos de genitura kleiniana.

Winnicott admitiu publicamente a sua dissidência com M. Klein, a partir da sua não-aceitação da postulação do conceito dela de "inveja primária" em 1957. Filiou-se formalmente ao "grupo independente" da Sociedade Britânica de Psicanálise, e, aos poucos, foi construindo um corpo teórico e prático inteiramente original, sendo que a sua principal contribuição é a valorização do precoce vínculo real mãe-bebê no desenvolvimento emocional primitivo. Além dessa postulação do *holding* por parte de uma mãe "suficientemente boa", Winnicott também criou os conceitos de "verdadeiro e de falso *self*", os de "fenômenos, espaço e objetos transicionais", entre tantos e tantos outros mais que aqui não cabe detalhar.

Bion, também da Sociedade Britânica de Psicanálise, discípulo e analisando de M. Klein, embora sempre se declarasse como não mais do que um simples seguidor dela, trouxe um enorme acervo de contribuições originalíssimas, a ponto de muitos considerarem-no como um verdadeiro inovador da psicanálise atual. Os trabalhos de Bion atravessam quatro décadas, sendo que, de forma pedagógica, pode-se dizer que os anos 40 foram dedicados aos estudos e prática sobre *grupos*, a década 50 aos *psicóticos*, a de 60 à *epistemologia* (os fenômenos da percepção, pensamento, conhecimento...) e o decênio 70 foi marcado por uma tendência de natureza mais *mística*.

Os autores acima aludidos serão mais detidamente explicitados no capítulo 3, que trata das sete escolas de psicanálise; no entanto, é claro que muitos e muitos outros nomes e respectivas contribuições poderiam ser mencionados, como, por exemplo, os movimentos liderados por autores dissidentes, como foi o fato, antes mencionado, de que, na década de 30, H. S. Sullivan, K. Horney e E. Fromm, alegando que Freud dedicava muito mais interesse às biológicas pulsões instintivas (*nature*) do que aos fatores socioculturais (*nurture*), desligaram-se de Freud e fundaram a corrente do "culturalismo", a qual atingiu uma enorme aceitação nos Estados Unidos. Da mesma forma, muitos outros movimentos poderiam ser mencionados, no entanto, mesmo incorrendo em omissões e injustiças, o propósito deste artigo não pretende ir além de dar uma amostragem de como, partindo do gênio isolado de Freud, a psicanálise foi crescendo como uma árvore frondosa e com incontáveis ramificações, talvez excessivas, às vezes convergentes, outras vezes tautológicas ou divergentes, porém mantendo uma vitalidade proliferativa, possivelmente porque regada e adubada pelas podas, contestações, confrontos, transformações e um estado permanente de uma certa "crise" no próprio seio da psicanálise e nos psicanalistas praticantes.

Ainda mantendo um esquema altamente simplificador, pode-se dizer que neste seu primeiro século de existência a ciência psicanalítica tem transitado por três períodos típicos: o da psicanálise *ortodoxa*, a *clássica* e a *contemporânea*, cujas caracterísisticas serão especificadas no capítulo 4.

As transformações que vêm-se processando continuamente nos paradigmas da psicanálise não estão nitidamente delineadas; pelo contrário, freqüentemente se sobrepõem entre si. O importante é que o psicanalista não troque simplesmente um paradigma da psicanálise por um outro mais vigente, ou que fique aferrado exclusivamente a uma determinada escola que lhe serviu de alicerce em sua teoria, técnica e prática, mas, sim, que ele conserve e correlacione todos elementos fundantes de cada período, alguns superados e descartados na atualidade, plenamente válidos alguns outros, transformados outros tantos, e que construa a sua própria identidade de psicanalista com as vertentes de conhecimento que melhor sintonizarem com o seu modo autêntico de ser, com uma ampla variação no estilo de trabalhar de cada um sem que haja um afastamento dos princípios essenciais do processo analítico.

Destarte, pode-se exemplificar com muitas conceituações postuladas originalmente por Freud e que hoje estão comprovadamente equivocadas e descartadas, como a de um pan-sexualismo (todo e qualquer fenômeno psíquico encontrava algum tipo de explicação na sexualidade); a subestimação da condição da mulher, que para ele seria sempre inferior e invejosa dos privilégios do homem (decorrente de um outro equívoco seu: o de tomar Viena como protótipo único dos valores culturais); uma exagerada ênfase na "inveja do pênis"; a ignorância da vagina por parte das meninas, até a puberdade; a indiferença desdenhosa às incipientes contribuições de M. Klein, e assim por diante.

Por outro lado, também vale exemplificar com uma técnica por ele empregada nos primórdios da psicanálise, a qual parecia completamente superada – como é o caso do efeito terapêutico da "catarse" – e que hoje, devidamente ressignificada, readquire um lugar de importância no processo psicanalítico. Assim, hoje entendemos que o método catártico vai muito além de um desabafo ou, inclusive como Freud definiu, unicamente como uma forma de "lembrar o esquecido" com os respectivos afetos; hoje, considera-se que a liberação do afeto que está preso na representação patógena endopsíquica se processa pela *nomeação com palavras* – propiciadas pelas interpretações do psicanalista – e que possibilitam uma *nova significação* daquilo que está sendo recordado.

É claro que as considerações acima não passam de uma simples amostragem de uma quantidade enorme de transformações ininterruptas que vêm acompanhando os sucessivos paradigmas científicos do movimento psicanalítico e que, na atualidade, acopladas a outras ordens de transformações, estão caracterizando um momento de crise.

CRISE NA PSICANÁLISE

A psicanálise – e os psicanalistas – estão em crise, porquanto estão no cume de uma série de transformações. As mudanças vão muito além do campo restrito da psicanálise como ciência e confundem-se com as transformações que também acontecem, no mundo todo, nos aspectos sociais, culturais e, sobretudo, econômicos. Por conseguinte, também mudou o perfil do paciente que procura tratamento analítico; mudaram os valores culturais e os papéis na família e sociedade, especialmente o da mulher; cada vez mais impõe-se a cruel "lei do mais forte", para a sobrevivência física e psíquica dos indivíduos e das famílias; há uma escalada crescente da violência que acarreta um estado geral de insegurança acompanhada por um permanente sobressalto; existe uma abundância de tratamentos alternativos que prometem curas mágicas, assim como também existem excelentes recursos auxiliares, como os do campo da moderna psicofarmacologia, etc.

Ao mesmo tempo, estão sendo intensas as campanhas de descrédito contra a psicanálise, especialmente contra uma alegada "lentidão" na obtenção de resultados positivos, num mundo que cada vez mais exige uma frenética pressa e agilidade. Os detratores, embora possam ter alguma parcela de razão, geralmente são movidos, na sua crítica deletéria, tanto por uma racionalização contra as suas próprias dificuldades emocionais, que eles não solucionaram porque não conseguiram permitir um acesso ao seu inconsciente, como também, eles são movidos por interesses econômicos, acenando com "curas" mais rápidas, e confundindo os critérios do público, em meio a uma maciça influên-cia da "mídia" nos múltiplos meios de divulgação.

Tudo isto está representando um sério desafio aos responsáveis pelo destino da psicanálise, no sentido de preservar os princípios básicos que constituem a essência da sua ideologia, ao mesmo tempo em que ela deve aceitar as contribuições provindas de outras áreas do pensamento humanístico e proceder a algumas mudanças que conciliem com os novos interesses e necessidades dos pacientes que buscam tratamento psicanalítico. Convém lembrar que o significado de "crise" tanto pode aludir a um aspecto negativo como prelúdio de uma dissolução, assim como também pode estar indicando um momento culminante que antecede importantes transformações na direção de um crescimento.

O inegável é o fato de que a psicanálise atravessa uma crise e, quero crer, mais no sentido positivo, o último acima mencionado. Unicamente para exemplificar a existência desta crise que medra tanto fora como dentro da própria psicanálise, vale mencionar a opinião recente de dois destacados e respeitados psicanalistas britânicos – Elisabeth Spillius e David Tuckett – que respectivamente comentam alguns aspectos da psicanálise atualmente praticada em dois dos maiores centros do mundo, Estados Unidos e Inglaterra.

Assim, afirma Spillius (1995): *"Na América do Norte, nos anos 50 e 60, a psicanálise era uma moda...Agora, a análise nos Estados Unidos está fora de moda e o Prozac está na moda. Por muitos anos, os defensores de departamentos de psiquiatria na América do Norte eram psicanalistas. Agora não é mais assim".* (Poderíamos acrescentar, tal como aparece no capítulo 41, que essa última condição parece que está causando lá um sério esvaziamento na busca de formação psicanalítica por parte dos profissionais recém-formados, aliado ao fato de que o sistema de seguro de assistência médica atualmente vigente nos Estados Unidos, incluída a psicanalítica, está gradativamente impossibilitando a manutenção de um tratamento analítico no seu modelo habitual.)

Por sua vez, Tuckett (1995) opina que *"... na Inglaterra, na atualidade, o entusiasmo dos pacientes em analisar-se não se encontra lá. Outra diferença é que na Inglaterra os psiquiatras opõem-se com firmeza à psicanálise.* Penso que os analistas têm sido muito arrogantes ao fazerem certas afirmações que não podem ser justificadas" (o grifo é meu).

Creio firmemente que estas duas afirmativas não devem ser entendidas como uma mensagem derrotista, mas sim como mais um brado de alerta de que temos muito a refletir e a transformar na prática da psicanálise.

Tanto é verdadeira esta última afirmativa, que a IPA está seriamente preocupada com os destinos do movimento psicanalítico no mundo todo, e isso pode ser comprovado nas resoluções tomadas num recente encontro, em 1997, na Venezuela, reunindo as principais lideranças dos responsáveis pela psicanálise. Vale a pena reproduzir, embora parcialmente, as principais deliberações que foram propostas neste encontro, tal como Mabilde (1997) – participante ativo desta reunião, então na condição de presidente da SPPA – informa-nos, com essas palavras textuais: *"...Pude sentir a enorme e intensa mobilização dos psicanalistas no sentido de diagnosticar as causas de nossas dificuldades e, sobretudo, de se implantarem dispositivos, estratégias, programas práticos e objetivos para se suplantarem tais complicações. (...) As conclusões apontam para dois grandes pontos de conflitos: o primeiro diz respeito à formação psicanalítica, quer dizer, um problema interno em que o principal obstáculo é a nossa própria resistência em mudar. (...) Algumas coisas já foram conseguidas, mas ainda é pouco, pois segue uma sensação de anacronismo entre uma prática artesanal de uma época e certas características ultramodernas de comunicação e aprendizado de agora, a exigirem uma formação mais curta no tempo e mais integrada com conhecimentos atuais no conteúdo. O segundo ponto de conflito é externo, isto é, refere-se à aceitação da psicanálise como um todo e como método terapêutico das afecções mentais, por parte do meio cultural, social e consumidor. Não resta a menor dúvida de que perdemos muito terreno nestas últimas décadas. São muitos os fatores interferentes nesse resultado, porém o mais importante parece ser a nossa falta de capacidade de avaliar, enfrentar e acompanhar as mudanças do mundo em constante movimento. (...) Caberia aos psicanalistas adaptarem a psicanálise prática aos cambiantes modos de viver das pessoas, quer dizer, é preciso abandonar um idealizado isolacionismo científico e cultural, não só pela integração com os demais segmentos, senão pela adoção de medidas práticas".*

Como vemos, a IPA reconhece a crise na psicanálise e nos psicanalistas, está afinada com as preocupações de todos os praticantes e usuários, está tomando uma série de medidas administrativas e ideológicas e abre um campo para novas reflexões e perspectivas que permitam o prosseguimento da psicanálise neste início do segundo século de sua trajetória histórica.

O presente capítulo será complementado por outros dois: o que trata da "Psicanálise Contemporânea" (capítulo 4) e o que aborda "A Crise Atual e as Perspectivas Futuras da Psicanálise" (capítulo 41).

CAPÍTULO 2

Psicoterapia e Psicanálise: Semelhanças e Diferenças

As semelhanças e diferenças entre o que se costuma denominar "psicanálise" e "psicoterapia", assim como as suas convergências, divergências, tangências e superposições, têm sido muito estudadas e discutidas, principalmente a partir da década de 40, sendo que, na atualidade, tais questionamentos continuam plenamente vigentes, controvertidos e polêmicos.

A relevância deste tema pode ser medida por dois tipos de parâmetros: os objetivos e os subjetivos. Os primeiros manifestam-se por meio de uma relativamente grande quantidade de trabalhos que se dedicam ao assunto, assim como também a efetivação, em diferentes épocas, de mesas-redondas, inclusive em congressos internacionais, reunindo psicanalistas de renome, sendo que as opiniões deles em relação às diferenças e semelhanças entre psicoterapia e psicanálise tanto são convergentes como também aparecem essencialmente diferentes entre si. Da mesma forma, tem crescido o número de projetos de pesquisa relativos a este polêmico assunto, por parte de instituições sérias, enquanto, ao mesmo tempo, não é difícil perceber a existência de um clima algo constrangedor entre aqueles que praticam a "psicanálise oficial" e aqueles que fazem, ou fizeram, uma paralela formação de base psicanalítica.

Os parâmetros subjetivos que medem a importância deste assunto dizem respeito justamente ao desconforto daqueles últimos, que trabalham com fundamentação psicanalítica, inclusive com o uso do divã, mas, não raramente, fazem-no algo culpados, quando não envergonhados ou até mesmo com uma certa confusão, devido a uma *indefinição da sua identidade profissional no campo da psicanálise*. Penso que tal constrangimento acompanha tanto a esses psicoterapeutas que dão um atendimento psicanalítico sistemático dentro dos rigores de um *setting* formal, como também incide em psicanalistas de formação oficializada pela *International Psychoanalytical Association* (IPA), mas que, por desejo próprio ou porque premidos pelas circunstâncias, cada vez mais atendem sob um *setting* que caracteriza ao que se denomina "psicoterapia psicanalítica".

Não é difícil constatar que este mal-estar, indo além dos "psicanalistas oficiais" e dos "psicoterapeutas analíticos", também se estende aos próprios pacientes que, de uma forma ou de outra, trocam impressões entre si, comparam os respectivos tratamentos, enaltecem ou duvidam de seus terapeutas, sendo que a existência ou não do divã no consultório pode chegar a atingir uma representação de "fetiche" que designaria o que é um "verdadeiro" ou um "falso" tratamento psicanalítico, tudo podendo gerar uma indefinição da identidade psicanalítica, um clima de certa confusão, inclusive no público em geral.

Nesta altura, impõe-se a necessidade de que se esclareçam os significados conceituais dos termos "psicoterapia" e "psicanálise".

CONCEITUAÇÃO

Em 1923, no seu trabalho *Dois artigos de enciclopédia: psicanálise e teoria da libido*, Freud define a psicanálise como um procedimento de *investigação* dos processos mentais, um método de *tratamento* e uma *disciplina científica*. Mais tarde, em 1926, no trabalho *Podem os leigos exercer psicanálise?*, ele complementa a sua definição afirmando que "deve existir uma união entre curar e investigar", com o que até hoje todo psicanalista clínico há de concordar, porquanto os três aspectos acima mencionados estão intimamente conectados, são simultâneos e indissociados entre si.

Psicoterapia, por sua vez, é um termo genérico que costuma ser empregado para designar qualquer tratamento realizado com métodos e propósitos psicológicos. Inicialmente, Freud não fazia uma distinção entre os termos "psicoterapia" e "psicanálise"; empregava-os indiscriminadamente para caracterizar o método de tratamento psicológico que criara, e freqüentemente empregava a expressão *terapia psicanalítica*, como que estabelecendo uma conexão entre ambos. Posteriormente, no entanto, Freud sentiu-se no dever de discriminar a psicanálise como ciência, e o emprego de outros métodos que continuavam levando em conta os ultrapassados recursos da sugestão direta, como, por exemplo, o da hipnose induzida. Essa posição de

Freud está bem estabelecida em sua famosa afirmação feita em 1918, em Budapeste, na qual ele advertia quanto à necessidade de *"separar o ouro puro da psicanálise do cobre da sugestão direta"*.

Continuadores dessa advertência de Freud, inúmeros autores definiram um rígido posicionamento na diferença entre as palavras que designam "psicoterapia" e "psicanálise", como pode ser exemplificado com a assertiva de Glover (1931) que estabeleceu uma dicotomia pela qual ele polarizava a psicanálise exclusivamente situada num pólo, enquanto no pólo oposto restariam as psicoterapias como sendo simples variações de métodos da sugestão, ou seja, é fácil deduzir, como "formas impuras" de análise. Outros autores assumiram posições parecidas com essa de Glover, embora menos rígidas e maniqueístas, enquanto gradativamente foi aumentando o número daqueles que foram desenvolvendo a moderna psicoterapia dinâmica psicanalítica, baseada teoricamente nos mais rigorosos princípios da psicanálise.

Penso que grande parte dessa confusão conceitual devia-se (e ainda se deve) ao fato de que a palavra "psicoterapia" engloba uma larga série de possibilidades psicoterápicas, psicanalíticas ou não psicanalíticas, tanto na sua concepção teórica como nas suas aplicações práticas. Assim, *senso lato*, psicoterapia pode designar desde uma situação de simples "aconselhamento", uma "orientação diretiva e sugestiva", uma "ab-reação", um "reasseguramento", ou alguma das diversas formas de "psicoterapia de apoio", assim como também é possível que esteja aludindo a uma "terapia cognitiva", ou "comportamental", ou ainda "psicodramática", "transicional", "sistêmica" (para casal, família), "grupal", etc, etc.

A *psicoterapia psicanalítica* vem gradativamente adquirindo uma alta respeitabilidade como uma modalidade terapêutica capaz de propiciar resultados verdadeiramente psicanalíticos, como será visto mais adiante; no entanto, como forma de exemplificar o universo semântico contido na palavra "psicoterapia", cabe afirmar que uma *psicoterapia de apoio* pode assumir formas distintas. Assim, comumente ela é significada de forma algo depreciativa, como não sendo mais do que uma prestação de conforto, consolo, "tapinha nas costas", palavras amáveis, etc., portanto, como algo muito fácil de ser feito, enquanto que, pelo menos em meu entendimento, uma adequada psicoterapia de apoio de base analítica não é nada disso, e ela exige um bom preparo do terapeuta, porquanto ele tem a difícil tarefa de discriminar e localizar a, muitas vezes oculta, "parte sadia e forte" do seu paciente, de reforçar os mecanismos defensivos do ego mais desenvolvidos, de modo a propiciar-lhe condições para confrontar e enfrentar o seu lado "frágil e doente", sem necessariamente ter de aprofundar na dinâmica dos conflitos pulsionais inconscientes.

O termo "psicanálise", por sua vez, alude unicamente àquela modalidade de tratamento que se restringe aos referenciais e fundamentos da ciência psicanalítica tal como ela foi legada por Freud, isto é, o terapeuta trabalha essencialmente com a noção dos princípios e leis que regem o inconsciente dinâmico, e a prática clínica conserva uma obediência aos requisitos psicanalíticos básicos, tais como a instituição e a manutenção de um *setting* adequado, uma atenção prioritária na existência de um *campo analítico*, com as respectivas *resistências, transferências, contratransferência*, além de uma continuada *atividade interpretativa*. Tais aspectos, como o próprio Freud, em *A História do Movimento Psicanalítico* (1914), costumava assinalar *"distinguem a psicanálise das outras formas de psicoterapias"* (entre essas "outras formas", não está incluída a que ele denominava "terapia psicanalítica").

Neste mesmo artigo, num indireto recado claro a Jung, recém-dissidente, Freud afirma textualmente que *"toda investigação que leve em conta os fatos da transferência e resistência e os tomem como ponto de partida de seu labor poderá ser denominada psicanálise, ainda que cheguem a resultados distintos dos meus; porém aqueles que rechaçarem essas duas premissas não escaparão à acusação de usurpação de propriedade, se insistirem em se chamarem de psicanalistas"*.

Por outro lado, a própria psicoterapia fundamentada em bases analíticas também adquire denominações diversas, conforme for o seu propósito maior. Assim, são correntes a existência de tipos de psicoterapias conhecidas, entre outras, com os nomes de *terapias breves, terapias focais, terapias voltadas para o insight*. Como vemos, há um conglomerado de psicoterapias, sendo que aqui o termo "psicoterapia" estará designando unicamente aquela terapia *sistemática*, de *fundamentação psicanalítica, voltada para o insight*, a qual mais comumente é designada com a denominação *psicoterapia psicanalítica*, mas, também costuma aparecer na literatura com os nomes de "psicoterapia expressiva", "psicoterapia compreensiva", "psicoterapia dinâmica", "psicoterapia de orientação (ou base) psicanalítica", "psicoterapia dirigida ao *insight*", etc.

Mesmo levando em conta a última definição acima apontada, pode-se dizer, conforme Wallerstein (1989, p. 304) que os analistas estudiosos dos confrontos entre "psicanálise" e "psicoterapia", principalmente os autores norte-americanos, dividem-se em três grupos: 1) aqueles que, como Stone, Gill, Rangell, Bibring e outros mais, consideram a existência de diferenças claras e radicais entre ambas e advogam a necessidade de que se estabeleça uma nítida delimitação das mesmas; 2) autores igualmente importantes como Alexander, Fromm, Reichman, French, etc., posicionaram-se na convicção de que a diferença entre psicoterapia e psicanálise é mais de natureza quantitativa, e muito menos qualitativa, além de que há uma interpenetração entre ambas; 3) um terceiro grupo, entre os quais me sinto incluído, consideram que existe um largo espectro de metas, indicações, contra-indicações, técnicas e processos, com os extremos bem diferenciados, porém com muitos pontos que tangenciam, superpõem e até confundem-se entre si.

Essa última posição fica mais bem esclarecida com a seguinte postulação de Rangell (segundo uma citação de Wallerstein, 1989, p. 310): "*A "psicanálise propriamente dita" e a "psicoterapia psicanalítica", ao final de um espectro, são qualitativamente diferentes uma da outra, se bem que exista um terreno fronteiriço de casos entre elas. Uma comparação análoga pode realizar-se entre o fato de que a consciência é distinta do inconsciente mesmo quando existe um pré-consciente e diferentes graus de consciência. O dia é diferente da noite, mesmo quando existe o crepúsculo; e o preto é diferente do branco, não obstante exista o cinza*".

De forma genérica, como uma forma de síntese do que já foi exposto, os seguintes pontos merecem ser ressaltados:

- A expressão "psicoterapia" é mais abrangente do que "psicanálise", sendo que esta última é mais restrita e não deixa de ser uma das diversas formas de psicoterapia, se bem que a mais profunda, sofrida, elaborada e pretensiosa dentre todas elas.
- É uma questão difícil, delicada e até presunçosa a tarefa de estabelecer uma nítida delimitação entre ambas, porquanto, se existem evidentes diferenças, também existem as áreas equivalentes as de uma "aurora" ou "crepúsculo".
- O problema da distinção entre psicanálise e psicoterapia pode ficar muito facilitada se seguirmos estritamente e ao pé da letra os postulados técnicos recomendados por Freud, relativos ao cumprimento das regras da "livre associação de idéias", da "neutralidade", da "abstinência", do "anonimato do analista" e das regras que presidem as interpretações centradas quase que exclusivamente no "aqui-agora" da neurose transferencial. Ocorre que essa solução não é tão fácil, a começar pelo fato de que a própria conduta técnica de Freud, tal como está expressa em seus historiais clínicos, diferia muito do que ele sustentava em seus clássicos trabalhos sobre a teoria da técnica, quase todos escritos nos anos de 1912 a 1915.
- Por outro lado, podemos questionar-nos se na análise contemporânea existe uma técnica analítica única, embora ela permita variações de táticas, estratégias e estilos, ou se, pelo contrário, existem *princípios técnicos básicos* (*setting*, resistência, contra-resistência, transferência, contratransferência, interpretação, elaboração, etc) que se instrumentam de modos distintos, conforme forem as diferentes estruturas e circunstâncias específicas de cada paciente. Em qualquer dos casos, é necessário considerar a influência fundamental dos postulados teóricos nos quais o analista está essencialmente ancorado.
- Assim, os "elementos de psicanálise" (Bion, 1962) são virtualmente os mesmos em todas terapias psicanalíticas. No entanto, as múltiplas combinações entre tais elementos determinam as inúmeras e diferentes formas no campo analítico. Serve a metáfora de que as mesmas notas musicais compõem melodias diferentes, desde as bem simples até as mais sofisticadas e complexas; assim como também as mesmas e poucas letras de um alfabeto, conforme o arranjo delas, compõem infinitas palavras e discursos diferentes.
- Segundo J. MacDougall (1991, p. 73), "*embora a distinção seja difícil, quer se trate de psicanálise ou psicoterapia, a finalidade básica de tornar consciente o inconsciente é a mesma nas duas. Às vezes, temos de reduzir os objetivos porque o paciente não pode suportar ir mais longe*".
- Prossegue essa importante autora: "*O grande diferenciador entre psicoterapia e psica-*

nálise consistia no fato de que somente o aprofundamento possibilitado pelas peculiaridades dessa última é que permitiria uma reconstrução do passado como explicação para o comportamento do presente do analisando. No entanto, esse aspecto, na atualidade, embora conserve a sua importância, já não é mais considerado um instrumento terapêutico tão mágico e exclusivo como se considerava até há algumas décadas. Muitos outros fatores concorrem, e que estão igualmente presentes na prática das terapias analíticas".

Sintetizando todas as diversas denominações e conceituações que até agora foram mencionadas neste texto, creio que cabe utilizar a expressão genérica *método analítico*, que, ao mesmo tempo, unifica e mantém as diferenças entre psicanálise e psicoterapia psicanalítica. Ademais, não custa enfatizar que minha inclinação para manter uma aproximação entre as duas modalidades do emprego do método psicanalítico pressupõe uma condição básica para o psicoterapeuta: a de que ele possua uma sólida formação da metapsicologia, teoria e prática dos fundamentos psicanalíticos.

ALGUMAS TRANSFORMAÇÕES CONCEITUAIS

Partindo da última frase de J. MacDougall, acima mencionada, e utilizando um recurso didático, vale considerar separadamente os fatores que são próprios dos *pacientes*, dos *terapeutas* e do *processo analítico*, que têm concorrido para algumas transformações e interações entre psicanálise e psicoterapia na atualidade.

Na Pessoa do Paciente

A clínica de hoje difere substancialmente daquela de um século atrás. Quase não mais encontramos as clássicas neuroses "puras" (histéricas, fóbicas...) e, em contrapartida, surgiram e predominam as neuroses "mistas", assim como "novas patologias". Dentre essas últimas, tem crescido a demanda de pacientes psicóticos, *borderline*, psicossomatizadores, transtornos alimentares, drogadictos, perversões, transtornos de conduta, e especialmente daquelas pessoas portadoras de transtornos narcisistas da personalidade, com problemas de auto-estima e indefinição do sentimento de identidade.

À mudança do perfil caracterológico do paciente aliam-se outros fatores importantes, como os de natureza sociocultural (modificações nos papéis e nas funções dos integrantes de uma família nuclear; casamentos, descasamentos e recasamentos; crescente clima de violência; dominância dos valores e ideais provindos da influência maciça da mídia; estilo de viver mais estressante; abundante oferta de tratamentos alternativos com a promessa de curas mágicas, etc.), e, muito particularmente, os fatores de ordem econômica, que acontecem no mundo todo, têm repercussão direta na determinação do tipo de procura, motivação e possibilidade para um tratamento psicanalítico. Da mesma forma, Hanly (1997), que é um importante membro da "Casa dos Delegados da IPA" afirma que: "*As mudanças culturais no mundo resultaram numa procura de métodos mais "rápidos", fáceis e baratos para a resolução de suas doenças*".

Um outro aspecto que depende bastante da pessoa do paciente em relação ao êxito analítico, independentemente se é psicanálise *standard* ou psicoterapia psicanalítica, é o que se refere a se ele possui, ou não, o que Bion (1992) chama de "função psicanalítica da personalidade". Essa capacidade é potencialmente inata, está intimamente ligada à busca da verdade e de conhecimentos, e deve vir a ser desenvolvida no paciente durante a terapia analítica, basicamente pela introjeção do modelo do terapeuta.

Essa condição é importante porque modifica o clássico critério de *analisabilidade*, que mais leva em conta os aspectos de rótulo diagnóstico e de perspectiva prognóstica pré-concebida pelo analista, e introduz o critério de *acessibilidade*, ou seja, o terapeuta leva mais em conta o grau de *motivação* da pessoa que procura tratamento analítico para uma jornada longa e possivelmente penosa. Da mesma forma, também dois outros fatores são especialmente valorizados: 1) mais do que o grau de patologia manifesta do paciente, o que merece uma maior valorização é a sua reserva de capacidades positivas latentes; e 2) a disposição, consciente ou inconsciente, deste paciente a propiciar um *acesso*, por parte do terapeuta e dele próprio, aos aspectos ocultos de seu inconsciente.

Uma decorrência direta da existência, ou não, da referida "função psicanalítica da personalidade" na pessoa do paciente determina, a meu juízo, uma profunda mudança no critério conceitual do que é análise ou do que é psicoterapia, porquanto este aspecto sobrepassa aos que estão presos a critérios exteriores, tais como o uso do divã, número obrigatório de sessões semanais, etc. Assim, baseado na minha experiência pessoal – *e sempre levando em conta que estou considerando que o terapeuta tem uma sólida formação psicanalítica* –atrevo-me a afirmar que, *eventualmente*, determinados pacientes que têm duas, ou até mesmo uma sessão semanal, podem estar num verdadeiro processo de análise, ou seja, estão fazendo verdadeiras *mudanças psíquicas*, enquanto alguns outros que cumprem todas as costumeiras combinações de uma análise *standard* podem não estar fazendo mais do que uma "psicoterapia deitada" durante quatro vezes por semana. Essas linhas já estavam escritas quando encontrei um respaldo nessa autorizada afirmativa de J.MacDougall (1991, p. 74): "*Há pessoas que vêm uma vez por semana, ou mesmo de 15 em 15 dias, e que entram em um verdadeiro processo analítico. Por outro lado, há pessoas que vêm três e até quatro vezes por semana e depois de três anos não disseram mais do que haviam dito na primeira semana*".

Na Pessoa do Analista

Da mesma forma como ocorreu com o paciente, também o perfil do analista da atualidade mudou substancialmente em relação ao dos pioneiros do passado. Estes últimos notabilizavam-se pela capacidade de simplesmente decodificar o conteúdo dos conflitos, com as respectivas pulsões, fantasias, ansiedades e defesas primitivas que jazem reprimidas no inconsciente ou no pré-consciente, e que se manifestam pelo simbolismo contido nos sintomas, lapsos, sonhos, livre associações de idéias e movimentos da neurose de transferência, aportadas pelo paciente. É claro que tudo isso continua válido e importante, porém a participação do analista é considerada hoje como indo muito além dessa função única, relativamente fácil para aquele que for bem dotado intelectualmente e possuidor de uma boa bagagem teórica.

Partindo daí, pode-se dizer que a maior transformação do papel do terapeuta no campo analítico consiste justamente no fato de que ele deixou de ser aquela pessoa revestida de uma auréola de infalibilidade, uma completa saúde psíquica, possuidor exclusivo das verdades e, por conseguinte, a sua função restringia-se a ser um privilegiado observador perspicaz e capaz de interpretar os conflitos inconscientes de seus pacientes.

A contemporânea psicanálise de natureza vincular implica no fato de que há uma permanente interação afetiva do paciente com o analista, ambos com algum grau de angústia, influenciando-se reciprocamente através de continuados movimentos transferenciais-contratransferenciais. Além disso, tem-se que levar em conta que os terapeutas se confrontam com dois tipos de pacientes: aqueles que basicamente sofrem de *conflitos* (mais de natureza edípica, e que, genericamente, lutam sobretudo pela sua sexualidade) e o contingente cada vez maior daqueles outros que sofrem essencialmente de *carências* (que, embora não deixem de ser conflitos, são mais de natureza narcísica, oriundas das falhas ocorridas nas etapas do desenvolvimento emocional primitivo, e que pugnam pelo seu direito de viver).

Todos esses fatores convergem para o fato de que já não basta unicamente que o analista seja inteligente, perspicaz, sério, um suficiente conhecedor da metapsicologia, teoria e teoria da técnica, e, inclusive, que tenha tido uma formação psicanalítica completa e aprovada pelos padrões da IPA. É óbvio que tudo isso é indispensável, porém é igualmente essencial que o analista reúna aquilo que Bion (1992) nomina de "condições necessárias mínimas", que consistem numa série de atributos que o possibilitem *conter* uma forte carga projetiva de angústias, assim como *prover e preencher* os "buracos negros" que compõem os vazios existenciais de determinados pacientes bastante regressivos.

Dentre esses atributos indispensáveis para a pessoa do psicoterapeuta (que serão mais detalhadamente estudados no capítulo 41, referente às "condições necessárias para um analista"), devem ser destacados aqueles que aludem a uma capacidade de *empatia, continência, paciência, intuição, amor às verdades e à liberdade, respeito à autonomia do outro, capacidade para suportar dor mental, frustrações e decepções, prazer da criação* e, muito particularmente, a de possuir um *talento especial* para a prática da ciência e arte psicanalítica. Destarte, pode acontecer a possibilidade de que um terapeuta com uma consistente formação analítica numa instituição não filiada diretamente à IPA possa ser tão eficiente e com uma tão consolidada identidade de psicanalista como a de algum outro analista com uma satisfatória formação oficializada.

Por outro lado, alguns autores alertam que aquilo que é conceituado como sendo "psicanálise" varia com os diferentes grupos analíticos à mercê das suas diferentes ideologias. Assim, de modo genérico, os analistas da "psicologia do ego" e os "kleinianos" são enfáticos na necessidade de diferenciar-se nitidamente psicanálise de psicoterapia, a fim de evitar confusão e diluição de conceitos e objetivos, enquanto aqueles analistas que adotam uma linha de análise predominantemente "interpersonalista" encaram com maior flexibilidade os limites entre ambas formas de terapia analítica.

Assim, a psicanálise também pode ser definida como uma forma científica de *conhecimento da realidade psíquica*, quer essa tenha a forma de *desejo, fantasia inconsciente, fantasma, distorção da função perceptiva do ego, vazio existencial*, ou de uma *busca da verdade*, conforme for a corrente psicanalítica predominantemente (às vezes, exclusivamente) adotada por cada analista. A propósito, vale registrar essa instigante afirmativa de J. MacDougall (1991, p. 74): "*o fato é que há pessoas que fazem progresso com analistas que têm técnicas extremamente diferentes. Nós temos necessidade de teorias, mas não é a teoria o fator de mudança psíquica. Acho que há algo de misterioso na relação analista-analisando. Muito do que se passa não pode ser colocado em palavras. E também não são as interpretações que explicam todas as mudanças psíquicas*".

Acredito que um outro fator que provoca o estabelecimento de uma rígida inflexibilidade na distinção entre psicanálise e psicoterapia analítica, além daquelas que naturalmente existem, também se deve a uma inconsciente necessidade de garantir a preservação do "sentimento de identidade de psicanalista". Isso se deve ao fato de que em toda a formação de algum tipo de senso de identidade, durante algum tempo, o mesmo estrutura-se pelo estabelecimento das *diferenças* nítidas com aquele outro, de quem o sujeito necessita se diferenciar para assegurar a sua identidade. Assim, para exemplificar, na estruturação do sentimento de identidade referente ao "gênero sexual", os meninos púberes organizam-se no conhecido "clube do bolinha", onde "meninas não entram" (reciprocamente, as meninas criam o seu "clube da luluzinha"). Utilizo essa metáfora para esclarecer a afirmativa anterior, de que, muitas vezes, uma das formas de alguém assegurar a sua identidade de psicanalista é a de manter a diferença, a maior possível, entre psicanálise e psicoterapia psicanalítica

Da mesma forma, também penso que uma outra razão que torna ambígua a distinção entre psicanálise e psicoterapia analítica é a existência de um "superego analítico", provinda de uma sólida tradição de um século de existência fértil da psicanálise; das leis emanadas pela IPA, que, aliás, têm a obrigação de fazê-las, como forma de zelar pela preservação da psicanálise praticada pelos seus afiliados no mundo todo. Igualmente, esse "superego" contém a ideologia de sua instituição formadora de cada analista em particular, a dos psicanalistas que os analisaram e a dos respectivos supervisores. Como não poderia deixar de ser, esse "superego analítico" aparece com mais nitidez e força nos candidatos dos institutos formadores de psicanalistas, sendo que ao mesmo tempo em que ele é necessário e estruturante, quando for por demais exagerado pode constituir-se como um fator agrilhoante e mutilador da liberdade e da criatividade dos candidatos e analistas jovens.

O que realmente importa é que o analista conheça seus alcances e possibilidades, assim como os limites e limitações, seus e da ciência psicanalítica, de modo que tenha uma clara idéia e segurança daquilo que ele faz, de *como* está fazendo e com qual propósito. Isso faz-me lembrar Winnicott, de quem contam que, diante de uma pergunta que lhe fizeram acerca de se ele também praticava psicoterapia, o mestre teria respondido algo assim: "*Eu sou um psicanalista, só sei fazer análise, independente do fato de que meu paciente vem cinco vezes por semana e deita no divã, ou de que se ele vem uma vez por semana e fala comigo sentado na minha frente*".

Também deve ser levado em alta conta o fato de que o analista da atualidade também luta com dificuldades econômicas, já passou o tempo em que o simples fato de ter a titulação de psicanalista oficializado pela IPA, por si só, já se constituía em uma certeza de encaminhamentos de pacientes para análise e uma garantia de consultório cheio. É necessário considerar os fatos, já assinalados, de que existe um crescente e excessivo número de psicanalistas, ao mesmo tempo em que uma generalizada crise econômica mundial e uma grande oferta de métodos alternativos de tratamento, principalmente o da moderna psicofarmacologia.

Vale a pena transcrever essa posição tomada dentro da própria IPA por parte do renomado Charles Hanly (1995): "*Menos e menos pacientes aceitam a análise clássica – quatro sessões por semana, no divã, por anos, pagando cifras custosas. Muitos analistas – existem numerosas exceções – estão com consultórios esvaziados e poucas pessoas procuram análise didática em institutos psicanalíticos da IPA*". Penso que a conseqüência mais evidente disso é a de que as análises "puras" vão ficando cada vez mais restritas às pessoas da área "psi" que fazem alguma modalidade de formação psicanalítica. Enquanto isso, cresce o número de analistas que em seus consultórios privados fazem algum tipo de psicoterapia, ou seja, praticam a terapia analítica fora das clássicas combinações oficiais. Já em 1980, Zimmermann (p.31), publicava um trabalho no qual atesta que uma média de 60% dos analistas de todo mundo praticava, de forma total ou parcial, a psicoterapia. Pelo menos nos Estados Unidos, o número de analistas oficiais, que na atualidade pratica unicamente a psicoterapia, ultrapassa a cifra acima mencionada. Uma outra conseqüência preocupante dessa situação de crise consiste numa forte desilusão, falta de estímulo e desmotivação por parte de muitos analistas mais jovens.

Um último fator que me ocorre como sendo importante naquilo que se refere à pessoa do analista é o fato bem evidente de que proliferam instituições de ensino não ligadas oficialmente à IPA, as quais promovem uma "formação (psicanalítica) paralela", que recomendam aos seus alunos uma análise pessoal e exigem supervisões sistemáticas e permanentes, além dos indispensáveis seminários teóricos, técnicos e clínicos, que podem ser de uma qualidade muito boa, nivelados com os dos institutos oficiais. Assim, estes seminários são os mesmos que aqueles realizados obrigatoriamente nos institutos filiados à IPA, a bibliografia também é a mesma, e comumente tais institutos paralelos são criados, dirigidos e contam com a colaboração de experientes e conceituados psicanalistas didatas, membros efetivos e associados pertencentes aos quadros das sociedades psicanalíticas oficiais.

No Processo Analítico

Todos os aspectos referidos concorrem para uma crescente confusão quanto à verdadeira identidade do psicoterapeuta e, igualmente, as diferenças entre psicanálise e psicoterapia vão ficando mais borradas e imprecisas. Além das transformações que vêm ocorrendo no perfil tanto do *paciente* que procura tratamento psicológico como na atitude, papel e função do *analista*, também o próprio *processo analítico* vem sofrendo profundas modificações nas últimas décadas. Essas mudanças, embora não se afastem da ideologia essencial da psicanálise, dizem respeito desde a instituição do *setting* (número de sessões semanais, uso do divã...), e alcançam a forma de entender e trabalhar com os fenômenos resistenciais/contra-resistenciais; os transferenciais-contratransferenciais; o conteúdo, forma e finalidade da atividade interpretativa; os *actings;* uma valorização dos vínculos; um maior emprego da análise do consciente; uma abertura muito mais ampla para a terapia analítica com pacientes bastante regressivos, assim como um modificado vértice do critério de cura analítica, etc.

Todos aspectos apontados, de alguma forma, serão abordados nos respectivos capítulos deste livro. No entanto, cabe fazer algum destaque para alguns detalhes que dizem mais de perto a esse problema relativo à psicanálise e a psicoterapia.

Número de Sessões

Um dos critérios que a maioria, ou talvez a totalidade, dos autores que abordou este assunto costumava destacar para diferenciar a psicanálise da psicoterapia consistia justamente no número de sessões semanais, porquanto a primeira delas exigiria um *setting* com um mínimo de quatro sessões, com o propósito de propiciar a formação de uma *neurose de transferência*, que seria a única condição compatível com uma análise de verdade, enquanto a psicoterapia não deveria ultrapassar a duas sessões, pela razão contrária, isto é, a de não permitir a instalação da referida neurose de transferência.

Penso que na atualidade uma grande parcela de autores deve estar-se fazendo duas perguntas contestatórias àquela argumentação acima referida: 1) Com determinados pacientes, uma psicanálise não pode funcionar sem a existência no campo analítico de uma plena neurose de transferência? Será que, muitas vezes, notadamente para aqueles pacientes que se escudam numa caracterologia narcisista, não se impõe a necessidade de que essa neurose de transferência seja *construída* gradativamente, enquanto a atividade interpretativa pode ser válida e eficaz em *momentos transferenciais*, assim como também no plano da extratransferência? 2) A segunda questão refere-se a qual é mesmo o prejuízo ou o risco de que surja uma neurose de transferência no curso de uma psicoterapia, na hipótese de que se trate de um psicoterapeuta bem preparado e, eventualmente, em supervisão com um psicanalista reconhecido?

Ademais, o critério do estabelecimento do número mínimo de quatro sessões para configurar uma "análise de verdade" é altamente relativo, tanto que nas épocas pioneiras eram seis sessões, depois permaneceu um longo tempo em cinco, na atualidade predomina a condição de quatro, sendo que institutos de psicanálise altamente respeitados como os da França, além de outras mais, adotaram a freqüência de três, inclusive nas análises didáticas oficiais.

O Uso do Divã

Creio que ninguém contesta que o divã constitui-se em um importante instrumento da prática psicanalítica, por todas as razões conhecidas. Não obstante isso, é necessário que consideremos algumas questões. A primeira delas é o risco de que o divã represente um "fetiche" (essa palavra designa o fato de quando a aparência exterior substitui a essência do verdadeiro valor de algo, ou seja, quando um "faz de conta" passa a ser significado como "de fato, é"), em cujo caso, o analista estará trabalhando frustrado se ainda "não conseguiu" fazer com que o seu paciente deite. Uma segunda possibilidade, nada desprezível, é a que alude à eventualidade de que o analista tenha alguma evitação fóbica de trabalhar face-a-face com o seu paciente. Uma terceira questão, talvez a mais polêmica, é se um terapeuta com sólida formação psicanalítica realizada numa instituição paralela, porém não oficializada pela IPA, tem o direito de usar o divã em seu consultório; e, da mesma maneira, se há algum inconveniente no fato de algum paciente que, por hipótese, faça uma "psicoterapia psicanalítica" duas vezes por semana, utilizar o divã, se assim o quiser.

Finalmente, quero enfatizar a minha posição pessoal em relação ao uso do divã numa análise *standard*: penso que já passou a época em que os analistas incluíam nas cláusulas obrigatórias das necessárias combinações do "contrato analítico", o compromisso de o paciente fazer a análise deitado. Nesses casos, há o risco de que o analista possa estar reforçando, desde o início, um modelo de submissão e obediência por parte do paciente, quando, na verdade, o nosso maior objetivo em uma análise não é a de modelarmos uma pessoa "bem comportada" e de "bons princípios" (segundo os critérios do respectivo analista); pelo contrário, o maior êxito analítico é aquele que consegue atingir a aquisição, por parte do analisando, de uma *liberdade* interna (de seus objetos opressores) e, por conseguinte, a obtenção de uma capacidade para viver a sua conduta exterior de uma forma livre. Em suma, penso que o uso do divã *não deve ser encarado como uma obrigação ou dever, mas sim que o fato de o paciente não deitar (ou, conforme as circunstâncias, o ato de ele deitar-se) deve ser analisado o suficiente para que represente uma importante conquista que o analisando está obtendo, mercê de uma livre decisão sua para usar o divã, mesmo que isso demande alguns meses ou mesmo anos.*

Análise do Consciente

Na atualidade, a psicanálise, indo além do paradigma celebrado por Freud de "tornar consciente aquilo que for inconsciente", amplia-se com a noção de que mais importante é a maneira de como "o consciente e o inconsciente do paciente comunicam-se entre si". Igualmente, à medida que os psicanalistas não se limitam unicamente a analisar os conflitos inconscientes resultantes das pulsões ou das relações objetais internalizadas, mas também incluem a análise das funções do ego, tanto as inconscientes como as conscientes (percepção, pensamento, conhecimento, juízo crítico, discriminação, etc), o processo de análise vai se aproximando mais ao da psicoterapia, a qual comumente já privilegiava este aspecto.

Interpretação e a Pessoa Real do Analista

Durante longas décadas, até recentemente, as interpretações do psicanalista formuladas no "aqui-agora-comigo", de forma sistemática e sempre na "neurose de transferência", constituíam-se como um instrumento por excelência e exclusivo da psicanálise e, por conseguinte, como o grande fator de distinção com a psicoterapia analítica. Na atualidade, com o tratamento analítico bastante praticado com pessoas muito regredidas, como psicóticos, *borderline,* etc., cresceu intensamente a importância da "atitude psicanalítica interna" do terapeuta, a qual tem muito a ver com os atributos dele como *pessoa real* e não unicamente como objeto transferencial. A evidência desse fato na prática clínica contribui bastante para encurtar os limites entre psicanálise e psicoterapia.

Fatores Sócio-Econômicos

Além dos fatores antes assinalados, que dizem respeito à crescente dificuldade de que os pacientes, genericamente no mundo todo, aceitem o tradicional método analítico, no que este implica de ter uma longa duração, alto custo, um considerável grau de sofrimento, com resultados lentos e algo incertos, também é inevitável levar em conta uma modificação nos planos de saúde, que incluem os tratamentos psicanalíticos, em alguns países, mais particularmente nos Estados Unidos. Essa poderosa nação abriga maior quantidade de psicanalistas do que em qualquer outro centro psicanalítico do mundo e, lá, a prática da psicanálise até algumas décadas atingiu o seu apogeu de crédito junto ao grande público. Na atualidade, essa credibilidade está fortemente abalada, não só porque os americanos entraram na era do "Prozac", como também devido à pressão por parte das agências governamentais, dos planos de saúde e demais organizações que administram serviços de saúde, no sentido de que os analistas demonstrem que aquilo que eles praticam alcança resultados bons e visíveis. Tudo isso – que ainda não atingiu o Brasil, porém é alta a probabilidade de que venha a acontecer a médio prazo – contribui para mudanças nas clássicas combinações do *setting* habitual da análise, assim aumentando a superposição entre psicanálise e psicoterapia.

ALGUMAS PESQUISAS

Wallerstein (1989) registra que, por volta de 1950, a Associação Psicanalítica Americana criou um "Comitê de Avaliação da Terapia Analítica", o qual, após cinco anos de um árduo trabalho, declarou, pela palavra do seu presidente numa mesa-redonda sobre psicoterapia dinâmica, que *"este Comitê nunca pôde ir além do difícil ponto inicial consistente em tratar de chegar a um mínimo acordo em relação ao que é exatamente a psicanálise, a psicoterapia analítica e as formas transicionais"*. Apesar dos grandes avanços teóricos e clínicos (ou justamente por causa deles) essas controvérsias conceituais ainda persistem na atualidade.

É interessante registrar, no entanto, que os mesmos psicanalistas da Associação Psicanalítica Americana, como os expoentes Stone, Gill e Rangell que na célebre mesa-redonda de 1954, onde discutiu-se "psicanálise e psicoterapia", haviam postulado uma nítida distinção entre ambas as formas de tratamento, 25 anos após, mais precisamente num congresso realizado em 1979, em Atlanta, com a mesma temática daquela outra, passaram a afirmar que *"desde as comparações de 1954, o incremento da experiência e a precisão da técnica levaram a* **reduzir as diferenças entre as duas** (o grifo é meu). *A mudança estrutural permanente que previamente pensava-se como característica principal da psicanálise, pode ser obtida com uma terapia analítica escolhida e realizada cuidadosamente"* (Wallerstein,1989, p. 321).

Da mesma forma, após mais de 30 anos de exaustivas pesquisas, o respeitado "Projeto de Investigação sobre Psicoterapia na Fundação Menninger", em Topeka, Kansas –, liderado por Wallerstein, e cujas conclusões foram publicadas em 1986, com longas considerações, mas que podem ser resumidas na significativa observação de que *os resultados alcançáveis (e alcançados) pelas psicoterapias de orientação analítica e pela psicanálise são muito mais próximos do que o originalmente imaginado (...) e que são bem menores as distinções claras entre os métodos técnicos e os mecanismos operativos, na natureza e na permanência, entre a psicanálise e as psicoterapias de orientação analítica, do que habitualmente se pensava"* (p. 324). Não é demais dizer que o trabalho de Wallerstein confirmou aquilo que muitos psicanalistas clínicos já sabiam por experiência própria, não na totalidade, mas dentro de um largo espectro que medeia os pólos entre as duas terapias analíticas.

Para concluir: em 1969, a IPA pela primeira vez dedicou um "painel principal", no Congresso Internacional de Roma, ao tema "Relação da Psicanálise com a Psicoterapia", sendo que a apresentação de Wallerstein (1989, p. 314) concluiu com a formulação de nove perguntas que valem a pena transcrever, porquanto elas continuam plenamente vigentes e instigantes. Resumidamente, são estas as questões levantadas: 1) *Existe uma psicoterapia científica fora da psicanálise?* 2) *Quais são as semelhanças e diferenças entre a psicanálise e a psicoterapia dinâmica?* 3) *Quão importantes são as diferenças; elas devem ser desvanecidas ou aprofundadas?* 4) *Quais são os limites próprios de cada modalidade terapêutica ou quando uma psicanálise "modificada" se converte em psicoterapia?* 5) *O paciente adapta-se ao tratamento ou o tratamento adapta-se ao paciente?* 6) *Quais são as linhas divisórias significativas na teoria e na prática?* 7) *Que relação existe com a terapia não psicanalítica?* 8) *Podem os conflitos derivados, ou qualquer conflito, ser substancialmente resolvidos por meio de uma psicoterapia breve?* 9) *Quais os problemas que resultam de os psicanalistas fazerem psicoterapia?.*

Com estas perguntas instigantes para novas reflexões, encerro este capítulo, não sem antes acrescentar mais dois pontos: o primeiro, é deixar bem claro que, quando enalteço o valor da psicoterapia analítica, estou considerando como certa a premissa de que o terapeuta tem alguma forma de uma reconhecida formação psicanalítica. O segundo ponto é que as minhas colocações, que possam representar ser as mais polêmicas, encontram um respaldo em muitos autores que confirmam que "vai uma enorme distância entre aquilo que nós, psicanalistas, *professamos* em escritos e participações oficiais, e aquilo que, extra-oficialmente, realmente *praticamos*.

CAPÍTULO 3

As Sete Escolas de Psicanálise

Em épocas passadas, os analistas ficavam radicados em uma única escola psicanalítica e buscavam precipuamente aquilo que dividia os autores da psicanálise; na atualidade, muitos cometem um exagero oposto, buscando unicamente aquilo que os reúne e unifica. No primeiro caso, corremos o risco de cair num extremo de um teoricismo ou de um excessivo pragmatismo, enquanto a posição extremada de uma sistemática busca de unificação pode representar o risco de um ecletismo empobrecedor. Embora ainda persistam manifestas querelas narcisistas entre os seguidores das distintas correntes psicanalíticas, em que cada uma delas arvora-se como a representante da "verdadeira psicanálise" e luta por excluir as demais, a nítida tendência atual consiste em evitar as posições polarizadas, promover uma formação pluralista de cada analista praticante e aproveitar as vantagens de pensarmos analiticamente a partir de uma multiplicidade e diversidade de vértices, muitas vezes convergentes, outras vezes divergentes e até contraditórias, porém, até um certo ponto possíveis de serem integradas e reversíveis entre si.

O presente capítulo, é óbvio, nem de longe pretende esgotar, ou sequer aprofundar, as contribuições de cada uma das sete correntes psicanalíticas; antes disso, a sua pretensão ficará restrita a situar o leitor nas principais conceituações que se constituem como a essência do pensamento psicanalítico. As sete escolas que estamos destacando e que aqui aparecerão representadas pelos respectivos autores fundadores de cada uma delas são: 1) Escola Freudiana. 2) Teóricos das Relações Objetais (M. Klein). 3) Psicologia do Ego (Hartman a M. Mahler). 4) Psicologia do *Self* (Kohut). 5) Escola Francesa (Lacan). 6) Winnicott. 7) Bion.

Creio que nessa altura cabe um esclarecimento quanto ao significado com que estamos empregando a palavra "escola", tendo em vista que muitas correntes do pensamento psicanalítico não estão aqui incluídas, enquanto Winnicott e Bion constam neste capítulo como titulares de respectivas escolas à parte, quando habitualmente eles aparecem unicamente como um seguidor de M. Klein, como no caso de Bion, ou como "analista independente" (dissidente de M. Klein), caso de Winnicott. Assim, entendo que o que caracteriza uma "escola psicanalítica" são as seguintes quatro condições mínimas e básicas, que esses dois autores preenchem totalmente: 1) o aporte de conceitos originais; 2) que esses tenham aplicabilidade na prática psicanalítica clínica; 3) que sejam conceitos que atravessem gerações de psicanalistas; e 4) que sucessivamente inspirem e dêem novos frutos e ramos.

A exposição que segue, como já foi frisado, visa simplesmente situar o leitor com referenciais mais precisos e delimitados dentro do multiforme e multívoco universo da teoria e da prática da psicanálise. Nem poderia ser diferente: basta confessar a minha sensação de estar cometendo um sacrilégio por tentar resumir em poucas páginas algo da vida e da obra de Freud, com o inevitável cometimento de graves amputações. O esquema que será adotado para a brevíssima síntese de cada autor em separado consistirá em descrever alguns dados biográficos de cada um deles, seguidos da descrição das áreas teóricas e técnicas da psicanálise, nas quais eles, respectivamente, mais trabalharam e as quais os notabilizam ainda na atualidade.

ESCOLA FREUDIANA

É quase uma redundância falar em "escola freudiana" porquanto toda a psicanálise, e todos os psicanalistas, de um forma ou de outra, estão ligados aos postulados metapsicológicos, teóricos e técnicos legados por Freud e seus seguidores diretos, tanto os seus contemporâneos como os pósteros a ele. No entanto, o paradigma psicanalítico freudiano, nos seus mais de 100 anos de existência, embora conserve a invariância dos seus princípios básicos, vem sofrendo profundas transformações, quer com acréscimos, reformulações ou refutações.

Na atualidade, o movimento freudiano propriamente dito tem por sede a tradicional Sociedade Britânica de Psicanálise, onde ele ocupa um lugar especial, juntamente com os outros dois grupos, o "Kleiniano" e o denominado "Independente" (*middle group*). Esses três grupos convivem harmonicamente, sendo que o freudiano, que lá estruturou-se em torno de Anna Freud, não é o mais numeroso deles, embora conserve uma forte influência no pensamento psicanalítico e goze de uma alta respeitabilidade. Além disso, existe um grande contingente de psicanalistas no mundo todo que mantém uma plena fidelidade científica a Freud e que, ao contrário do que poderia parecer nos últimos tempos, as concepções originais do mestre estão ganhando em vitalidade e expansão, principalmente após a descoberta dos verdadeiros tesouros psicanalíticos contidos no "Projeto de uma Psicologia Científica para Neurólogos", de 1895, que ficou escondido, ou esquecido, durante algumas décadas.

Sigmund Freud

Alguns Dados Biográficos

Nasceu em 1856, em Freiberg, Morávia (Tchecoeslováquia), sendo que aos seus 4 anos, pressionado por uma ruína econômica, mudou-se com a família para Viena, onde Freud viveu virtualmente toda a sua vida. O seu pai, Jacob, um negociante de lã, contava então 41 anos e já tinha dois filhos de um primeiro casamento quando se casou com Amália, então com 21 anos, tendo nascido o seu primeiro filho de nome Sigismund (só mais tarde é que ele mudou o seu nome para Sigmund). Em Viena, ao completar os seus estudos secundários, Sigmund já sabia latim, grego, judeu, alemão, francês, inglês e tinha noções de italiano e espanhol. Freud renunciou aos estudos jurídicos, porquanto decidira estudar medicina e, a partir da sua condição de médico, criou a psicanálise. Só abandonou Viena porque, perseguido pelo nazismo, ele migrou para Londres onde viveu os seus últimos anos, vindo a falecer em 1939, em razão do agravamento de um câncer de maxilar que o vinha atormentando há longos anos.

Judaísmo

Seu pai, Jacob, sem ser um religioso praticante, era um profundo estudioso do *Talmud* (livro da sabedoria judaica) e, por ocasião do ritual de circuncisão (ritual judaico que sucede ao nascimento) do bebê Sigmund, registrou esse fato na bíblia da família, a mesma bíblia que ele presenteou a Freud quando este completou 35 anos de idade, com uma dedicatória que preconizava a condição de futuro gênio do filho. Freud foi o primeiro filho (eram sete) de Jacob com Amália, sendo que o nome "Sigmund" equivale a "Salomão", e foi-lhe dado em homenagem ao seu avô que falecera dois meses antes do seu nascimento e ao bisavô que também tinha esse nome, sendo que esses dois últimos foram rabinos. O próprio Freud, em muitos depoimentos prestados publicamente, admitiu que a sua condição de ser judeu forjou o seu caráter de uma coragem própria de uma minoria perseguida e que isso contribuiu bastante para caber justamente a ele a sublime função de ser o verdadeiro criador da psicanálise. Da mesma forma, ele reconheceu a sua gratidão à *Bnei-Brith* (secular instituição judaica voltada para a defesa dos direitos humanos) que o recebeu no período do "esplêndido isolamento", durante o qual Freud sentia-se sozinho, desamparado, cercado da descrença geral em torno dos seus estudos acerca da sexualidade infantil. Durante mais de 30 anos, Freud participou ativamente desse grupo judaico, porém ele nunca escondeu que a sua identidade de judeu passava por três planos: 1) o *religioso,* que ele não aceitava, da mesma forma que não aceitava como sendo saudável qualquer outra forma de fé religiosa; 2) uma clara ambigüidade quanto à sua condição de um sionista voltado para a causa da criação do *estado nacional judeu* (o atual Estado de Israel); 3) uma consistente aceitação de que ele possuía um *espírito judeu.* Ainda vale consignar na vida de Freud que ele casou-se com Marta (também uma judia, com alguns familiares sendo importantes autoridades religiosas) e com ela teve seis filhos, sendo que a caçula, Ana, foi a única que se tornou psicanalista, a sua mais importante seguidora e sucessora.

Médico

Freud concluiu com brilhantismo o seu curso médico, com 25 anos, na Universidade de Viena, tendo feito um longo aprendizado em neurologia, dedicando-se a pesquisas (passava horas dissecando nervos de peixes raros, fez importantes investigações sobre a cocaína, etc., etc.), e publicou inúmeros trabalhos dessa área que obtiveram um expressivo reconhecimento científico. Embora tenha enfrentado uma forte corrente anti-semita, que então estava vigente na Universidade de Viena, Freud logrou a distinção de ser nomeado professor de Neuropatologia, e o fato de ter obtido o "Prêmio Goethe de Literatura" possibilitou viajar a Paris para conhecer o trabalho do mestre Charcot, que lá pontificava com a aplicação de técnicas hipnóticas. Posteriormente, Freud voltou à França, dessa vez para Nancy, também para aprofundar-se nos mistérios do hipnotismo, através das demonstrações de Bernheim. De volta a Viena, além dos recursos médicos habituais da época para o tratamento dos distúrbios "neuropsicológicos", como era o emprego de banhos mornos, massagens, clinoterapia (repouso no leito), pequenos estímulos elétricos e barbitúricos, Freud passou a empregar a técnica da hipnose na sua clínica privada. Muito cedo ele deu-se conta de que era um mau hipnotizador, e substituiu esse recurso por técnicas que promovessem uma "livre associação de idéias" que possibilitassem um acesso às repressões inconscientes das suas pacientes histéricas. O desdobramento evolutivo desses fatos, que o levaram à construção do majestoso edifício da psicanálise, já foi melhor explicitado no capítulo 1 deste livro.

Psicanálise

Sem contar as 284 cartas que compuseram a estreita correspondência que durante 15 anos (de 1887 a 1902) manteve com o seu amigo e médico berlinense W. Fliess, e nas quais aparecem verdadeiras preciosidades de idéias psicanalíticas em gestação, Freud publicou mais de 300 títulos, entre livros e artigos. Como esquema didático, creio que cabe fazer um quadro com as principais áreas da psicanálise que foram estudadas por Freud, que são as seguintes:1) *Historiais clínicos. 2) Metapsicologia.* 3) *Teoria.* 4) *Técnica.* 5) *Aplicações da psicanálise.*

Casos Clínicos

Em *Estudos sobre a histeria* (1893-95), escrito juntamente com Breuer, Freud relata uma série de atendimentos de curto prazo com pacientes portadoras de sintomas histéricos conversivos, como foram Emmy von N., Lucy R., Katherina, e outras mais, cabendo destacar Elisabeth von R. pelo fato de que essa paciente – uma rapariga de 24 anos que sofria de violentas dores nas pernas e sentia uma grande dificuldade em andar – não se deixou hipnotizar. Como ela também se recusava ceder às pressões exercidas por Freud para que ela associasse "livremente", obrigou-o a investigar e descobrir o fenômeno das "resistências inconscientes", ao mesmo tempo em que lhe serviu como um estímulo para deslindar o verdadeiro código dos conflitos que, como uma memória viva, transpareciam através da linguagem conversiva do corpo. Nesse mesmo livro, aparece a malograda experiência hipnótico-analítica que Breuer teve com a sua paciente Ana O., em 1882, e que abriu o caminho para o método da terapia catártica; aliás, a própria Ana O., chamava esse método de "uma cura pela conversa", ou "limpeza de chaminé". Pode-se dizer que esses estudos sobre casos histéricos – especialmente a partir de Elisabeth von R. que sepultou para Freud a técnica hipnótica – inauguram a psicanálise científica.

No famoso "*caso Dora*"(cujo título original é *Fragmentos da análise de um caso de histeria*), escrito em 1901, porém somente publicado em 1905, Freud enfatizava a arte da interpretação para vencer as resistências dos conflitos reprimidos. Freud reconheceu que essa paciente, uma adolescente de 18 anos, portadora de acessos de tosse nervosa e períodos de afonia, interrompeu a análise após três meses porque ele não fora capaz de analisar os múltiplos aspectos transferenciais que estavam subjacentes nos relatos de Dora, e que aludiam aos triângulos edípicos com os pais dela e com o casal "K".

Em 1909, Freud publica a análise do "*pequeno Hans*" (o nome original desse trabalho é *Análise de uma fobia em um menino de 5 anos*) que, embora tenha sido uma experiência psicanalítica levada a efeito pelo pai da criança, supervisionado por Freud, constitui-se como o primeiro exemplo de observação psicanalítica direta de uma criança e o primeiro exemplo de uma psicanálise com crianças. Trata-se de um menino que apresentava uma fobia, especialmente por cavalos, e, a partir da análise desse sintoma, Freud comprova a sua teoria da "angústia de castração" em ligação direta com o "complexo de Édipo". Igualmente, Freud comprovou a existência de "teorias" existentes na mente das crianças com as quais elas tentam decifrar o mistério do nascimento, assim como ele conseguiu evidenciar como na criança as fontes de excitação são múltiplas e variadas, o que o levou a afirmar que "*a criança é um perverso polimorfo*".

Nesse mesmo ano de 1909, e também com o propósito de comprovar a sua teoria da sexualidade infantil, Freud publica o fascinante historial clínico do *Homem dos ratos* (com o título *Notas sobre um caso de neurose obsessiva*), por meio da análise de um advogado de 29 anos que apresentava graves sintomas obsessivos desde a infância. Paul Lorenz, esse era o nome do paciente, procurou análise com Freud porque vinha sendo atormentado pela idéia obsessiva de que "ratos poderiam ser introduzidos pelo ânus", além de uma constante angústia de que ele poderia provocar tragédias às suas pessoas queridas. Freud faz um magistral estudo de como o paciente defendia-se dessas idéias aterradoras por meio de rituais de fazer e desfazer coisas, assim como também fazia um uso patológico do pensamento e da ação, porquanto os mesmos ficavam esterilizados pela utilização de gestos e palavras de conteúdo mágico.

Em 1911, surgiu a publicação do célebre *Caso Schreber* (título original: *Notas psicanalíticas sobre um relato autobiográfico de um caso de paranóia*). Freud nunca viu Schreber, que na realidade era presidente do Supremo Tribunal de Dresda, sendo que escreveu esse trabalho a partir de uma autobiografia redigida pelo próprio Schreber durante o seu internamento em um hospital psiquiátrico. Freud fez a compreensão do discurso delirante das idéias megalomaníacas e paranóides, encobridoras do conflito homossexual latente de Schreber, da mesma forma como fazia com a interpretação do simbolismo dos sonhos. É neste artigo que Freud estabelece as diversas transformações psíquicas que são possíveis a partir do inaceitável homossexualismo de Schreber, contido no "eu amo você"...(com as, negatórias, transformações em "eu não o amo, pelo contrário, o odeio", ou "é ela que o ama", etc.)

Em 1918, Freud publicou o famoso caso conhecido por *O homem dos lobos* (o título real é: *Da história de uma neurose infantil*), embora ele tenha tratado esse paciente, de nome Sergei, no período de 1910 a 1914. Tratava-se de jovem de 18 anos, com graves sintomas fóbicos, obsessivos e paranóides, com psicossomatizações (creio que hoje ele seria diagnosticado como sendo um *borderline*), cuja análise sofreu várias incidências que valem ser bem conhecidas pelo leitor. Através de uma minuciosa e prolongadíssima análise de um sonho no qual apareciam sete lobos empoleirados em uma janela, Freud visa reconstruir a neurose adulta a partir de problemas surgidos na infância, com um destaque especial aos conflitos oriundos da "cena primária".

Não obstante a riqueza e a beleza da descrição que Freud faz das análises com os pacientes mencionados, especialmente com os últimos, penso que poucos analistas contestam que, na atualidade, trabalharíamos não somente com fixações psicossexuais e regressões, como Freud procedeu, mas também com os defeitos estruturais.

Teoria e Metapsicologia

Embora estes dois termos habitualmente sejam empregados de uma forma quase sinônima, é útil estabelecer uma distinção entre eles. Assim, "*teoria*" alude a um conjunto de idéias que objetivam explicar determinados fenômenos clínicos que podem ou não ser comprovados pela experiência clínica, enquanto "*metapsicologia*" (o prefixo grego "*meta*" quer dizer "algo muito elevado") tem uma natureza mais transcendental, serve como ponto de partida para conjeturas imaginativas, as quais dificilmente poderão ser comprovadas na realidade (por exemplo: o instinto de morte, ou a primitiva vida psíquica do bebê recém-nascido, etc., etc.). Na verdade, Freud formulou explicitamente apenas três pontos de vista característicos da metapsicologia (que, carinhosamente, ele chamava de "a bruxa") que são o *topográfico* (consciente, pré-consciente e inconsciente), o *dinâmico* (id, ego e superego) e o *econômico* (quantidade de catéxis libidinal).

Os trabalhos metapsicológicos de Freud não são sistemáticos, nem completos, tampouco de aparecimento seqüencial, por vezes contrapõem-se e aparecem espalhados ao longo de sua obra, com sucessivas transformações. Vamos dar uma pálida idéia das mesmas.

Em 1895, Freud redigiu o seu importantíssimo e vigente trabalho *Projeto de uma psicologia científica para neurólogos*, o qual somente veio a ser descoberto muitos anos mais tarde entre escritos abandonados de Freud e publicado em 1950. É interessante assinalar que, no mesmo ano de 1895, o cientista Waelder descobriu o neurônio, o que se ajustava exatamente ao que Freud estava cogitando sobre as catexias ativadas por estímulos endógenos que são conduzidas por células diferenciadas dos neurônios, como seriam as "perceptivo-sensoriais", as "perceptivas do consciente" e as encarregadas do "registro da memória". Este trabalho de Freud representa a tentativa mais radical de entendimento dos fatos psicológicos em termos de neurologia (circuitos neuronais) e de física (quantidades energéticas que se regem pelas leis do movimento; neurônios carregados ou descarregados de energia, barreiras que se opõem ou não à circulação energética, etc).

Em 1900, no sétimo capítulo de *A interpretação dos sonhos,* Freud concebeu um esboço bastante desenvolvido do psiquismo – a *Hipótese Topográfica* – constante de três sistemas: o Consciente, o Pré-Consciente e o Inconsciente. Nesse mesmo capítulo, entre outros tantos aspectos importantes, ele postulou a existência de um "processo primário", uma primitiva forma de funcionamento da mente

No ano de 1905, aparece o clássico *Três ensaios sobre a teoria da sexualidade*, no qual Freud estuda a normalidade e a patologia que acompanham a sexualidade na infância, como é o caso das distintas "aberrações sexuais". Nesse mesmo artigo, Freud também alude aos inatos componentes pulsionais sexuais, às zonas erógenas, ao auto-erotismo, à organização oral e à anal-sádica, aos instintos de escopofilia, exibicionismo e crueldade, ao impulso de conhecimento e à pesquisa da criança ao processo de sublimação, entre outras concepções mais. É interessante registrar que esse trabalho e o da *Interpretação dos sonhos* foram os únicos, dentre a imensidão dos trabalhos de Freud, que mereceram constantes acréscimos conceituais, nas sucessivas reedições de seus livros.

Em 1911, surge a publicação de *Formulações sobre os dois princípios do funcionamento mental*. Ali, Freud postula a existência dos princípios do "prazer" e o da "realidade". A partir das inter-relações entre ambos, especialmente quanto à descarga das excitações libidinais, ele lança as primeiras formulações psicanalíticas sobre a gênese e a função dos pensamentos (foi baseado neste trabalho que Bion construiu as suas fundamentais concepções sobre os pensamentos e a capacidade para pensar).

Em torno do ano 1915, Freud gestou quatro dos seus mais importantes trabalhos metapsicológicos: 1) *Sobre o narcisismo: uma introdução* (onde ele tece profundas concepções a partir de "sua majestade, o bebê". 2) *As pulsões e suas vicissitudes*. 3) *Repressão* (recalcamento). 4) *O inconsciente*. Nesse mesmo grupo de trabalhos de 1915, também aparece publicado o importante clássico *Luto e melancolia*, no qual Freud estabelece a descoberta e a descrição do mundo dos objetos internalizados pela introjeção, tal como isso está contido na famosa frase: *A sombra do objeto recai sobre o ego...*

Com os referidos trabalhos, Freud vai progressivamente lançando novas sementes e clareando os processos que viriam a constituir os alicerces básicos de seu edifício teórico-metapsicológico da psicanálise, embora fique evidente a predominância de conceitos mecanicistas e energéticos, típicos da psicologia clássica.

No entanto, em 1920, Freud lança um trabalho revolucionário: trata-se de *Além do princípio do prazer* no qual ele postula a existência da "pulsão de morte", com todas as repercussões imagináveis.

Em 1923, vem à luz um outro notável trabalho – *O ego e o id* –, que trouxe profundas repercussões na teoria e prática da psicanálise e promove uma fundamental mudança epistemológica, ou seja, a teoria "Topográfica" cede o lugar de importância para a nova concepção de uma *Teoria Estrutural* da mente, com as forças dinâmicas oriundas das três instâncias psíquicas: id, ego e superego.

O trabalho *A negação*, publicado em 1925, é de uma importância essencial para a compreensão das múltiplas e protéicas formas de como o ego usa os distintos mecanismos negatórios para evadir as angústias dos conflitos neuróticos.

O ano de 1926 também é marcante na história da psicanálise porque o trabalho *Inibições, sintomas e angústia* representa uma significativa mudança na concepção do essencial fenômeno da formação da angústia. Inicialmente, Freud a concebera como sendo uma "angústia automática" que surgia devido à pressão de um excesso de repressões. Neste trabalho ele a descreve como uma "angústia-sinal", que surge como preventiva dos perigos, e, é ela quem promove as repressões, e não o contrário. No mesmo trabalho, Freud faz a sua mais completa abordagem sobre o fenômeno das "resistências", descrevendo as distintas fontes e formas de funcionamento das mesmas.

Em 1927, aparece a publicação de um trabalho que veio a ser um importantíssimo filão de inspiração para a psicanálise atual. Trata-se de *Fetichismo*, onde Freud, complementando um artigo de 1924 – *Neurose e psicose* –, evidencia uma dissociação do ego, através da defesa da "desmentida" (também referida como "renegação", "denegação", "recusa"... e que, no original alemão, Freud cunhou de *Werleugnung*), por meio da qual o fetichista nega ser verdadeiro aquilo que o angustia e que, bem no fundo, ele sabe que é verdade.

Em 1940, é publicado *Clivagem do ego no processo de defesa* que dá continuidade às concepções esboçadas nos acima referidos trabalhos anteriores, e que se constituem, na atualidade, subsídios indispensáveis para a compreensão do psiquismo de qualquer ser humano.

Trabalhos de Técnica

Freud nunca deixou de integrar a teoria com a técnica; pelo contrário, sempre procurou respaldar uma na outra, de modo a que se fertilizassem reciprocamente. Dessa forma, ele escreveu inúmeros artigos específicos sobre técnica psicanalítica, além daqueles outros que aludem indiretamente à técnica e à prática, como são os historiais clínicos e inclusive em muitos trabalhos teóricos aparecem comentários dele sobre aspectos técnicos.

Já em 1905, no trabalho *Sobre a psicoterapia*, que resultou de uma conferência pronunciada numa escola de medicina, Freud apontava alguns aspectos técnicos da nova ciência que privilegiava a dinâmica do inconsciente. É nesse artigo que aparece a famosa metáfora que ele toma de Leonardo da Vinci, ao dizer que o tratamento dos transtornos emocionais, tal como a arte, comporta duas concepções na aplicação prática. Uma, é por *via "di porre*", na qual o terapeuta, por meio de técnicas sugestivas, como as hipnóticas, *põe* os seus conhecimentos dentro da mente do paciente, da mesma forma como faz o pintor com as tintas sobre uma tela em branco. A segunda concepção consiste na "*via di levare*", na qual, como na escultura em que o artista remove um excesso de matéria de um bloco de mármore e daí pode surgir uma figura humana que estava como que adormecida, também o psicanalista pode ser, sobretudo, o propiciador do surgimento de aspectos vivos que estão perdidos ou ocultos nas profundezas do inconsciente dos pacientes.

O período que vai dos anos de 1912 a 1915, coincidente com algumas importantes dissidências no incipiente movimento psicanalítico, é justamente aquele em que aparecem os principais textos de Freud relativos às recomendações básicas para todos aqueles que pretendessem empregar o método psicanalítico. Assim, é necessário destacar trabalhos como *A dinâmica da transferência* (1912), no qual ele discrimina formas diferentes de transferência e explica algumas relações entre a transferência e a resistência. Também nesse mesmo ano, aparece *Recomendações aos médicos que exercem a psicanálise* (é aqui que Freud faz a célebre metáfora de que o analista deveria comportar-se como "um espelho que...", tal como aparece explicitada no capítulo 26). Em 1913-1914, sob o título geral de *Novas recomendações sobre a técnica da psicanálise*, Freud brinda-nos com dois textos importantes: um é "*Sobre o início do tratamento*" (no qual ele traz a metáfora de que, tal como no jogo de xadrez, as aberturas são conhecidas e previsíveis, enquanto o desenrolar e o término do jogo analítico é imprevisível e cheio de surpresas); o outro artigo é *Recordar, repetir e elaborar*, que adquiriu importância por representar um primeiro esclarecimento profundo acerca do fenômeno do *acting-out* como substituto da resistência a lembrar aquilo que foi reprimido. Em 1915, Freud publica *Observações sobre o amor transferencial* que representa um sério alerta quanto aos riscos de envolvimento, mais especificamente o de o analista ficar enredado nas malhas de uma contratransferência erotizada.

Freud volta a elaborar as suas idéias a respeito dos principais fenômenos que cercam a técnica e a prática da psicanálise em conferências realmente pronunciadas, como em *Conferências introdutórias* (1916), ou em textos que simulam conferências com um auditório imaginário, como em *Novas conferências introdutórias à psicanálise* (1933), além dos textos posteriores, como os magníficos trabalhos de 1937: *Análise terminável e interminável* e *Construções em análise*.

Aplicações da Psicanálise

Virtualmente, Freud cobriu todas as áreas do humanismo, procurando explicações de causas inconscientes para o comportamento humano na religião, arte, ciência, telepatia, rituais mágicos, clássicos literários, figuras históricas, mitologia, demonologia, relatos bíblicos, lingüística, antropologia e sobre a psicologia e aspectos culturais dos grupos, massas e sociedades. Dentre esses últimos, é útil mencionar os seguintes cinco artigos: *As perspectivas futuras da terapia psicanalítica* (1910); *Totem e tabu* (1913); *Psicologia das massas e análise do ego* (1921); *O futuro de uma ilusão* (1927); *Mal-estar na civilização* (1930).

Dentre os colaboradores imediatos de Freud aconteceram dissidências (as mais importantes foram de Adler, em 1910, e, especialmente, a de Jung, que abandonou o grupo psicanalítico freudiano em 1913, sendo que Otto Rank, junto com Ferenczi, e mais tarde W. Reich, eram os líderes em busca de novas técnicas diferentes, até certo ponto divergentes daquelas recomendadas por Freud. Na impossibilidade de abarcar todos os autores contemporâneos de Freud, vamos nos limitar a algumas referências aos mais notáveis, como Abraham, Ferenczi, Reich e Anna Freud.

Karl Abraham

Nasceu em Bremen, Alemanha, em 1877 e morreu no Natal de 1925, aos 48 anos, em decorrência de um abcesso pulmonar provocado por uma espinha de peixe que engolira e que seguiu a via laringe-traquéia-brônquios-pulmão. Foi o primeiro psicanalista alemão e um dos fundadores da Associação Psicanalítica da Alemanha. Era fiel colaborador e amigo íntimo de Freud, e fazia parte do "Comitê dos Sete Anéis". Abraham analisou muitos e importantes colegas, como Karen Horney, Theodor Reick, Helene Deutsch, Edward e James Glover, Sandor Rado, Ernst Simmel, além de ter sido o segundo analista de M. Klein, cuja obra é fundamentalmente baseada nas concepções dele. Durante seus estudos de bacharelado, interessou-se aprofundadamente por lingüística e filosofia, que lhe alicerçaram suas investigações psicanalíticas. Aspirava a posição de professor universitário, porém a sua rejeição à condição que lhe impuseram de abandonar sua origem judaica por uma profissão de fé cristã impossibilitou-lhe a concretização desse desejo. Foi um autor prolífico e as suas investigações mais originais, que ainda persistem como importantes e vigentes, são os referentes aos estágios pré-genitais do desenvolvimento, sendo que vale destacar seu perdurável artigo de 1919, *Uma forma particular de resistência neurótica contra o método psicanalítico*, no qual ele aborda, com extrema atualidade, o problema dos pacientes narcisistas "pseudocolaboradores". É consensual que poucos autores possuam um estilo tão claro e atrativo como o dele. O livro de referência para o estudo de sua obra é *Psicoanalisis clínico*. Paidós, Buenos Aires, 1959.

Sandor Ferenczi

É justo destacar Ferenczi, até mesmo porque na atualidade está ressurgindo um vigoroso interesse por sua obra, mercê de um reconhecimento de que ele postulara, de forma original, alguns princípios que estão encontrando plena ressonância na contemporânea psicanálise vincular. De forma muito abreviada, cabe acentuar as seguintes contribuições de Ferenczi: 1) Lançou as primeiras sementes para a teoria das relações objetais e do conceito de introjeção (não esquecer de que ele foi o primeiro analista de M. Klein). 2) Antecipou-se 15 anos a Spitz, com a sua afirmativa de que "as crianças que são recebidas com aspereza e falta de amor morrem fácil e voluntariamente". 3) Em seu trabalho de 1933, "Confusão de línguas entre o adulto e a criança", ele retoma a teoria do trauma da sedução real, afirmando que isso acontece "*quando os adultos confundem os jogos da criança com os desejos das pessoas sexualmente adultas*". 4) Foi o primeiro analista a dar uma significativa importância à pessoa real do analista, quer quanto a uma possível hipocrisia e inadequações deste, quer como uma rara oportunidade propiciada ao paciente de poder reelaborar (eu diria hoje: fazer *ressignificações* e *reidentificações*) os primitivos problemas por meio de uma nova figura parental representada pelo analista, o qual o respeita, estima, é coerente e tem outras formas de enfrentar e solucionar os problemas. Em resumo, Ferenczi considerou a personalidade do analista como um instrumento de cura. 5) Ele não acreditava em nenhum critério definitivo de analisabilidade; pelo contrário, advogava a idéia de que todo paciente que solicitasse uma ajuda psicanalítica deveria recebê-la. 6) Foi um precursor da postulação vigente de muitos autores (Winnicott, Kohut, Balint, ...) de que o estado de regressão propicia que o analista complemente as primitivas falhas parentais. 7) Embora seja muito discutível a adequação analítica da sua técnica inovadora, que ele chamava de "técnica ativa", a verdade é que Ferenczi foi o primeiro discípulo de Freud a mostrar que a técnica concebida por esse último não era a única que podia beneficiar o paciente em análise.

Resta dizer que Ferenczi foi eleito presidente da IPA em 1918, no quinto congresso em Budapeste, mas renunciou após alguns meses, e o seu retrato é o único que não figura na galeria dos presidentes, tampouco constando no "Roster" a sua condição de ex-presidente.

Wilheml Reich

A inclusão, aqui, de um destaque para W. Reich justifica-se pelo fato de que na década de 30, por meio de seu livro *Análise do caráter* (1933), ele trouxe uma inestimável contribuição para o entendimento de que uma análise poderia, e deveria, ir muito além da remoção de sintomas e que ela também deveria visar a mudanças na "armadura caracterológica resistencial" de que todo paciente é portador, em alguma forma e grau.

Seu artigo sobre o caráter masoquista, publicado em 1932, foi a causa imediata do seu rompimento com Freud. Nesse artigo, Reich punha em dúvida a existência de um instinto de morte e negava que o masoquismo fosse manifestação direta daquele. Nos seus últimos anos, Reich desviou-se quase totalmente dos princípios essenciais da psicanálise e dedicou-se a propor uma teoria baseada na "orgonoterapia", a qual não encontrou ressonância no meio analítico e hoje está totalmente esquecida.

Anna Freud

Muitos discutem se a notória importância que A. Freud representa para o crescimento e a difusão da psicanálise deve-se aos seus próprios méritos ou à sua condição de ser filha de S. Freud. O que é indiscutível é que seu livro *O ego e os mecanismos de defesa* (1936) representa um enorme avanço, porquanto, indo além das pulsões do id, ela enaltece as funções do ego, que Freud esboçou, mas que não aprofundou. Dessa forma, ela pode ser considerada como formadora de discípulos psicanalistas que mais tarde viriam a fundar a escola da "Psicologia do Ego", assim como também foi em torno de sua pessoa que a corrente freudiana da Sociedade Psicanalítica Britânica se moldou, estruturou e ganhou respeitabilidade.

Um outro mérito de A. Freud é o de ter sido uma das pioneiras da psicanálise com crianças, não obstante o fato de que ela imprimia uma orientação de natureza pedagógica, ao mesmo tempo em que criticava M. Klein, a qual, na mesma época de 1927, preconizava e praticava a análise infantil dentro do mais puro rigor psicanalítico, abstendo-se de qualquer medida reeducativa ou de apoio. Como todos sabemos, foram travadas sérias polêmicas entre ambas e entre os seus respectivos seguidores, o que gerou as célebres "Controvérsias" (na Sociedade Britânica de Psicanálise), nos idos anos da década 40, sendo que, por pouco, essa entidade não sofreu uma grave cisão oficial.

ESCOLA DOS TEÓRICOS DAS RELAÇÕES OBJETAIS – M. KLEIN

Embora os méritos de uma mudança de enfoque da psicanálise mais voltada para as relações objetais internalizadas devam ser compartidas entre Ronald Fairbairn, psicanalista escocês pertencente à Sociedade Britânica, e M. Klein, os quais, trabalhando desde lugares diferentes e de forma autônoma, realizavam uma concepção psicanalítica semelhante, nesse capítulo vamos priorizar a obra de M. Klein devido à sua forte penetração e influência no cone psicanalítico sul-americano.

Melanie Klein

Alguns Dados Biográficos

Nasceu em Viena, em 1882, em uma família pobre, como a quarta filha de um pai que então já tinha mais de 50 anos, e ela morreu em Londres, em 1960, com a idade de 78 anos. Seu pai era médico, um judeu ortodoxo que, a exemplo do pai de Freud, também era um estudioso do *Talmud*. A mãe de Melanie era uma mulher bonita e corajosa, tendo aberto uma loja para ajudar no provento da família.

M. Klein sofreu uma sucessão de severas e traumáticas perdas ao longo de sua vida: quando tinha 5 anos, falece sua irmã Sidonie que lhe ensinava aritmética e assim sempre foi carinhosamente lembrada por Melanie. Tomara a decisão de ser médica, talvez influenciada pela vontade de ajudar o seu irmão Emmanuel que sofria de uma cardiopatia. Quando ela completou 17 anos, tendo em vista o projeto de casamento, ela desistiu do curso prémédico que começara a cursar e estudou Arte e História, em Viena. Quando ela tinha 20 anos, morre, com 25 anos, o irmão Emmanuel, que era pianista e dedicava-se às artes. Com 21 anos, Melanie casou-se com Artur Klein, um químico, com quem teve três filhos, e de quem veio a separar-se. Em 1934, morre o seu filho Hans, vitimado por um acidente de alpinismo. Outra perda importante foi a de uma ruptura pública que a sua filha Mellita, psicanalista, moveu contra M. Klein, com ataques violentos e que tornaram irreconciliável o afastamento entre elas.

Psicanalista

Quando residia em Budapest, teve um primeiro contato com a psicanálise pela leitura de um texto de S. Freud, com o qual ela se sentira identificada e impressionada. Daí por diante nunca abandonou sua devoção a Freud, com quem ela jamais conseguiu ter um contato direto porque ele a evitava, devido às querelas entre Klein e sua filha Anna. Ela passou a fazer análise pessoal com Ferenczi, interrompida devido aos incidentes decorrentes da grande guerra mundial da época; no entanto, entusiasmada pela obra de Freud e incentivada por Ferenczi, Melanie inicia, em 1916, a sua carreira de psicanalista de crianças numa policlínica de Budapeste. Em 1919, ela escreve *O desenvolvimento de uma criança*, que lhe serviu como sendo o trabalho que a titulou como membro da sociedade psicanalítica da Hungria. Em 1920, ela conhece K. Abraham, que, impressionado com o seu talento, convida-lhe para residir em Berlim, onde ela ficou fazendo análise com ele, durante o período de 1920 a 1925, e que foi interrompida devido ao inesperado falecimento de Abraham. Nesse ano de 1925, ela aceita o convite de E. Jones para pronunciar algumas conferências em Londres, causando tal impacto e entusiasmo entre muitos dos psicanalistas britânicos que acabou aí fixando residência definitiva, e onde trabalhou com psicanálise pelo resto de sua vida, organizando em torno de si uma verdadeira nova escola de psicanálise

Obra

Uma resenha dos seus principais escritos permite fazer os destaques que seguem. Em seu artigo *Os princípios psicológicos da análise infantil*, de 1926, M. Klein expôs, pela primeira vez de forma sistemática, suas concepções sobre os *brinquedos* como instrumento de análise, postulando uma analogia entre o brinquedo e o sonho, de modo que, brincando, a criança expressa de forma simbólica as suas fantasias inconscientes. Em 1930, aparece o trabalho *Notas sobre a formação de símbolos*, no qual ela inspira-se na análise do paciente Dick, uma criança que tinha sérios transtornos de aprendizagem decorrentes de suas fantasias de um ataque sádico contra o corpo da mãe. Em 1932, M. Klein reúne seus historiais clínicos com crianças (Erna, Rita...) e, numa forma de síntese dos mesmos, ela publica *Psicanálise das crianças*. No ano de 1934, aparece *Psicogênese dos estados maníaco-depressivos*, onde, pela primeira vez, é concebida a noção de *posição depressiva*. Em 1946, ela publica, *Notas sobre alguns mecanismos esquizóides*, onde, também pela primeira vez, aparecem as medulares concepções de *posição esquizoparanóide* e o fenômeno da *identificação projetiva*. Outros três livros importantes são: *Contribuições à psicanálise* (1948), onde ela reúne artigos escritos desde 1921; *Desenvolvimentos em psicanálise* (1952); e *Novos desenvolvimentos em psicanálise* (1955), onde aparece o importante artigo *Sobre identificação*, sendo que nestes dois últimos livros constam inúmeras colaborações de outros autores seguidores de sua ideologia psicanalítica. Outros trabalhos de especial relevância na obra de M. Klein são: *Inveja e gratidão* (1957), *Sobre o sentimento de solidão* (1959) e *Narrativa de uma análise infantil* (1961).

Principais Contribuições

Sem levar em conta a ordem cronológica de aparecimento, pode-se dizer que ela foi pioneira nas seguintes e originais concepções: 1) Criou uma técnica própria de psicanálise com crianças e introduziu o entendimento simbólico contido nos brinquedos e jogos. 2) Postulou a existência de um inato ego rudimentar, já no recém-nascido. 3) A pulsão de morte também é inata e presente desde o início da vida, sob a forma de ataques invejosos e sádico-destrutivos contra o seio da mãe. 4) Essas pulsões, agindo desde dentro da mente, promovem uma terrível "angústia de aniquilamento". 5) Para contra-arrestar tais angústias terríveis, o incipiente ego do bebê lança mão de mecanismos primitivos de defesa, como são: "negação onipotente", "dissociação", "identificação projetiva", "introjeção" e "idealização". 6) Ela concebeu a mente como um universo de objetos internos que estão relacionados entre si através das fantasias inconscientes, constituindo a realidade psíquica. 7) Além dos objetos totais, ela concebeu os objetos parciais (figuras parentais representadas unicamente por um mamilo, seio, pênis, etc.). 8) Postulou uma constante dissociação entre os objetos (seio bom x mau, idealizados x persecutórios, etc.) e entre as pulsões (construtivas x destrutivas, etc.). 9) M. Klein concebeu a noção de *posição* – que é conceitualmente diferente de "fase evolutiva" – e descreveu as, agora clássicas, posições *esquizoparanóide* e a *depressiva*, que representam uma enorme importância para a teoria e prática psicanalítica. 10) Suas concepções sobre os mecanismos arcaicos do desenvolvimento emocional primitivo permitiram uma possibilidade de análise com crianças, com psicóticos e com pacientes muito regressivos em geral. 11) Para não ficar descompassada com os princípios de Freud, M. Klein conservou as concepções relativas ao "complexo de Édipo", e ao "superego", porém os situou em etapas bastante mais primitivas do desenvolvimento da criança. 12) Juntamente com os ataques sádico-destrutivos da criança, com as respectivas culpas e conseqüentes medos de ataques persecutórios, ela postulou a importância de a criança, ou o paciente na situação analítica, desenvolver uma imprescindível "capacidade para fazer reparações". 13) Deu ênfase extraordinária à importância da inveja primária, como expressão direta da pulsão de morte. 14) Como decorrência dessas concepções, M. Klein promoveu uma significativa mudança na prática analítica no sentido de que as interpretações fossem sistematicamente transferenciais, mais dirigidas aos objetos parciais, aos sentimentos e defesas arcaicas do paciente, e com uma ênfase na prioridade de o analista trabalhar na transferência negativa.

Críticas

Há uma aceitação generalizada e consensual no universo psicanalítico de que os seguintes três aspectos são altamente relevantes, como *positivos*: o fato de que suas concepções possibilitaram uma análise mais profunda com crianças e psicóticos; a importância da agressão no desenvolvimento emocional e na clínica; a concepção do fenômeno da identificação projetiva, embora modificada e ampliada por Bion, como veremos mais adiante.

As críticas *negativas*, partidas principalmente pelos analistas da "psicologia do ego", costumam sublinhar os seguintes aspectos: não aceitam a existência inata de uma pulsão de morte nos termos descritos por M. Klein; por conseguinte, repudiam a concepção de uma inveja primária agindo precocemente de uma forma destrutiva contra o seio, representante da figura da mãe; tampouco aceitam a existência de arcaicas fantasias inconscientes, nem a de um ego inato capaz de suportar angústias; também não aceitam a concepção de um complexo de Édipo precoce (admitem a exceção nos casos de uma hiperestimulação libidinal por parte dos pais). Da mesma forma, também não admitem a formação de um superego primitivo e, de imediato, cruel; entendem que M. Klein cometeu um grave erro porque, aos poucos, deixou de valorizar a realidade do meio ambiental externo, e somente teria valorizado essa realidade como confirmadora ou corretora das fantasias inconscientes, primariamente internas, e projetadas no mundo externo. Igualmente, esses críticos acham que muitas vezes M. Klein confunde ansiedade psicótica com psicose clínica e dá a entender que a criança pequena sempre é um ser sofredor submerso em meio a terríveis ansiedades, o que não corresponde à verdade dos fatos, e assim por diante, outras críticas similares poderiam ser enumeradas, como as que se dirigem às interpretações kleinianas que, segundo os críticos, estariam abusando numa exagerada ênfase nos aspectos destrutivos.

As contribuições de M. Klein encontraram ressonância em psicanalistas *contemporâneos dela*, como J. Rivière, S. Isaacs, P. Heimann; seguiram-se com os *pós-kleinianos* compostos por ex-analisandos e discípulos dela, como H. Segal. H. Rosenfeld, D. Meltzer, W. Bion; assim como de *neokleinianos*, representados na atualidade por B. Joseph, J. Steiner, entre muitos outros conceituados autores psicanalíticos. É útil lembrar que, da mesma forma como muitas dissidências caracterizaram o grupo original de Freud, também importantes analistas kleinianos tanto romperam com ela, como Paula Heimann, cuja principal contribuição foi a sua apresentação e publicação do trabalho sobre a contratransferência, contrariando M. Klein, motivo pela qual elas romperam as relações. Alguns seguidores de M. Klein se afastaram por divergências ideológicas e seguiram uma linha independente, como D. Winnicott, enquanto outros mantiveram-se fiéis a ela, porém com modificações bastante profundas, como é o caso de W. Bion.

As inestimáveis contribuições teóricas e clínicas dos autores pós e neokleinianos, por meio de uma vigorosa e fértil produção de artigos e livros, têm provocado marcantes ampliações e modificações em muitos daqueles aspectos que apareceram como críticas negativas, especialmente as de ordem técnica.

ESCOLA DA PSICOLOGIA DO EGO

Como muitos outros psicanalistas europeus perseguidos pelo nazismo na época da Segunda Guerra Mundial, também o austríaco **Heinz Hartman** migrou para os Estados Unidos, onde, juntamente com Kris, Loewenstein, Rappaport e Erikson, fundou a corrente psicanalítica denominada "Psicologia do Ego". Esses autores fundamentaram-se nos últimos trabalhos de Freud, particularmente a partir da formulação da estrutura tripartida da mente – id, ego e superego – e também se alicerçaram nos trabalhos de A. Freud referentes às funções do ego.

Em boa parte devido ao espírito pragmático dos americanos, os postulados dessa escola germinaram com muito vigor e frutificaram com os estudos de gerações posteriores, como os de Edith Jacobson (1954) com os seus trabalhos que descrevem a existência de um "*self* psicofisiológico", além de uma abordagem acerca das primitivas relações objetais que estabeleceram uma significativa aproximação com os teóricos das relações objetais. Baseados nas idéias dessa autora, os psicólogos do ego deram um decisivo passo na estruração da ideologia dessa escola a partir dos trabalhos mais recentes de pesquisa de **Margareth Mahler** e colaboradores. Essa autora estabeleceu os sucessivos passos na evolução neurofisiológica da criança acompanhada pelas respectivas etapas de crescimento mental e emocional. Assim, ela descreveu as seguintes fases, com as respectivas subfases: *autismo normal*, seguida da *simbiose normal,* passando pela progressiva saída da indiferenciação com a mãe através da etapa de *individuação e separação* (com as subetapas de "diferenciação", "treinamento" relativo à exploração do mundo externo e a de "afastamento e reaproximação") até chegar à quarta etapa, que consiste na obtenção de uma *constância objetal emocional com uma consolidação do self e da individuação.*

Também é justo destacar na psicanálise norte-americana o nome de Otto Kernberg, cujo pensamento psicanalítico representa ser uma verdadeira ponte entre os psicólogos do ego e os teóricos das relações objetais, sendo que esse autor vem-se notabilizando por importantes trabalhos, notadamente os que concernem às organizações narcisistas da personalidade, mais particularmente os estados *borderline.*

De uma forma muitíssimo simplificada, cabe assinalar as seguintes contribuições provindas da escola da psicologia do ego, principalmente dos trabalhos de Hartmann (1937) e seguidores imediatos:

1) Uma valorização do estudo das funções mentais processadas pelo ego, como os afetos, memória, percepção, conhecimento, pensamento, ação motora, etc.
2) Uma aproximação com outras disciplinas como a medicina, biologia, educação, antropologia e psicologia em geral.
3) Uma ênfase nos processos defensivos do ego, em particular aqueles que se referem à *neutralização* das energias pulsionais sexuais e agressivas, assim valorizando um enfoque econômico da psicanálise.
4) Até Hartmann, as noções de ego e *self* estavam muito confusas entre si: devemos a esse autor uma mais clara diferença conceitual entre *ego* como instância psíquica encarregada de funções, e *self* como um conjunto de representações que determinam o sentimento de "si mesmo".
5) A principal tarefa do ego é o de uma adequada *adaptação* (não confundir esse conceito, como fazem muitos, com conformismo ou submissão), promovendo soluções adaptativas entre as demandas pulsionais e as imposições da realidade, muito particularmente com uma boa utilização da capacidade de síntese e de integração por parte do ego.
6) Os conceitos de *autonomia primária e secundária do ego*, as quais aludem a uma *área livre de conflitos* e a uma livre utilização das energias que estão à disposição do ego para fazer frente às exigências do id e do superego.
7) Assim, o ego é concebido como uma estrutura que, por sua vez, contém um certo número de subestruturas, sendo que nem toda energia do ego provém do id como afirmava Freud, mas, sim, que parte dela é primária e autônoma.
8) É útil a concepção de que nem todos conflitos são intersistêmicos; é necessário distingui-los daqueles que são intra-sistêmicos, e que se processam entre as distintas subestruturas egóicas.
9) O conceito de *regressão a serviço do ego*, é original de Kris (1952) e possibilita o entendimento da criatividade artística, assim como, também, dos estados mentais do analisando no curso do processo analítico.
10) Mais diretamente em relação à técnica e à prática da psicanálise, no mínimo devem ser mencionadas as seguintes contribuições por parte de diversos representantes dessa escola: a noção de R. Sterba (1934) a respeito de uma *dissociação do ego como um processo* terapêutico; um importante interesse pelas defesas e pelos fenômenos que se passam no *pré-consciente*; a observação direta de bebês e de criancinhas, pelos estudos como os de R. Spitz e M. Mahler; as reconhecidas postulações de E. Zetzel (1956) acerca dos critérios de *analisabilidade* e, principalmente do estabelecimento de uma *aliança terapêutica*.

ESCOLA DA PSICOLOGIA DO *SELF*

Heinz Kohut

Alguns Dados Biográficos

Nasceu em Viena, em 1913, onde se formou em medicina, exercendo a especialidade de neurologia. Também ele foi pressionado pelo nazismo imperante no período da Segunda Grande Guerra e, por isso, resolveu migrar para os Estados Unidos, onde se incorporou ao Instituto Psicanalítico de Chicago, tendo ali trabalhado e vivido até a sua morte, em 1981, com 68 anos. Desde menino foi de uma inteligência precoce e, mais tarde, revelou sólidos conhecimentos de grego, latim, teatro e música.

No começo de sua atividade, Kohut foi muito influenciado pela teoria de Hartmann, porém, aos poucos, afastou-se dos postulados dessa escola, inclusive de muitos princípios básicos de Freud, e construiu o seu próprio corpo teórico-técnico, com uma ênfase quase que exclusiva no que ele veio a denominar "psicologia do *self*". De forma sintética, impõe-se mencionar os seguintes aspectos na obra original de Kohut:

1) Ele situa como o principal instrumento da psicanálise não o lugar da livre associação de idéias do analisando, mas, sim, o da *Introspecção* e o da, recíproca, *Empatia*.

2) Da mesma forma, Kohut retira o lugar hegemônico do "complexo edípico", de Freud, e coloca no seu lugar as *falhas dos self-objetos primitivos* (em outras palavras, ele substitui o "homem culpado" de Freud e M. Klein pelo que ele considera ser o "homem trágico").
3) Um outro enfoque enaltecido por Kohut é a importância na prática analítica que processe no paciente uma *internalização transmutadora*, que consiste na introjeção da figura do analista como pessoa e como modelo de função psicanalítica para aqueles pacientes cujas falhas empáticas dos pais não haviam possibilitado identificações satisfatórias, nem com a mãe, nem com o pai e, tampouco, com substitutos destes.
4) Nestes casos, forma-se um transtorno do sentimento de identidade, porém secundário em relação à dificuldade anterior da *estruturação do self*.
5) Os dois conceitos medulares da obra de Kohut são os seus estudos sobre o *self* e sobre o *narcisismo*.
6) Em relação ao narcisismo, antes de se pensar em um desenvolvimento patológico, a sua concepção é a de que se considere que o narcisismo, durante o desenvolvimento do ser humano, segue uma evolução paralela e independente da libido objetal, de forma que esse narcisismo adquire uma função estruturante e pode vir posteriormente a sofrer transformações úteis, como a empatia, sabedoria, humor, aceitação da finitude...
7) Em relação ao *self*, Kohut postulou duas novas estruturas, ambas de formação arcaica: o *self grandioso* (imagem onipotente e perfeita que o sujeito sente como sendo própria; no caso de uma evolução normal, o *self* grandioso vai transformar-se em autoestima, autoconfiança e ambições próprias) e a *imago parental idealizada* (diz respeito à imagem primitiva toda poderosa e perfeita que a criança tem dos pais e que, de alguma maneira, é sentida como fazendo parte do sujeito. Essa imago parental idealizada transforma-se nos "valores ideais" que podem acompanhar o indivíduo pelo resto de sua vida, tanto no sentido positivo como negativo).
8) Na prática analítica, adquire uma grande utilidade a sua conceitualização de *transferências narcisistas*, nas quais o analista é sentido pelo paciente portador de transtorno narcisista da personalidade como fazendo parte do sujeito. Assim, essa modalidade transferencial é diferente daquela que se dá na clássica neurose de transferência edipiana, e ela pode assumir três formas, conforme o grau de regressão: a *fusional* ou *idealizadora* (o paciente não discrimina as diferenças entre o seu *self* e o do analista, e como toda a felicidade reside no objeto idealizado, o sujeito sente-se vazio e impotente, com enorme dificuldade para separações); *gemelar* ou de *alter-ego* (o analista já é sentido pelo paciente como um objeto externo, porém que se deva comportar como um "gêmeo" do paciente, de modo a confirmar as teses desse último, e partilharem os mesmos ideais, metas e ambições); a *especular propriamente dita* (é maior a discriminação do paciente com o analista, mas ele tem uma necessidade vital de que seu "*self* grandioso" seja espelhado pelo "olhar" reconhecedor do terapeuta, assim como o bebê em relação à sua mãe, de modo a propiciar-lhe um sentimento de continuidade, coesão e de existência).
9) Kohut também alude à necessidade de que se encontre uma necessária "frustração ótima", tendo em vista o fato de que esses pacientes, com facilidade, quando frustrados, entram em um estado mental que ele chama de "fúria narcisista".

Críticas

As maiores críticas que costumam ser feitas contra as postulações dessa escola residem no fato de que Kohut não se restringiu à compreensão e ao manejo dos transtornos narcisistas, de modo que tentou explicar toda a psicanálise sob a sua ótica e isso representou uma evidente mutilação conceitual. Destarte, muitos críticos dizem que no seu corpo teórico desaparece a teoria das pulsões (especialmente o da agressão destrutiva) e o complexo de Édipo, sendo que o papel do inconsciente teria ficado muito reduzido.

Levando em conta que a psicanálise contemporânea está dando uma grande valorização aos aspectos que dizem respeito ao *narcisismo,* tanto o normal como o patológico, como também à estruturação do *self*, entendo que, apesar das restrições, Kohut é um autor que merece, de parte de todo analista, que suas conceituações teóricas e técnicas sejam muito bem conhecidas. Dentre outros livros mais, os dois seguintes consubstanciam a essência de seu pensamento psicanalítico: *A análise do self*, de 1971, e *A restauração do self,* de 1977, nos quais fica evidenciada a sua ruptura com Freud.

ESCOLA FRANCESA DE PSICANÁLISE – LACAN

Na França há várias sociedades psicanalíticas que foram-se formando a partir de sucessivas dissidências ideológicas – e querelas narcisísticas – entre os seus membros. O conjunto dessas sociedades caracteriza o que se denomina como a, pujante, *Escola Francesa de Psicanalise*, onde pontificam nomes ilustres como o de J. Lacan, J. MacDougall, J. Laplanche, S. Lebovici, P. Aulagnier, Grumberger, J. Ch. Smirgel, P. Fedida, sendo que entre tantos outros igualmente importantes, na atualidade, está tendo um reconhecimento especial o nome de A. Green. Na verdade, é consensualmente aceito que, de uma forma ou outra, todos estes autores sofreram uma forte influência de Lacan que, por essa razão, aqui merecerá um espaço exclusivo como representante maior dessa Escola.

Jacques Lacan

Alguns Dados Biográficos

Jacques Marie Emile Lacan nasceu na França, em 1901, e faleceu em 1984. Provindo de uma família de classe média, ele sempre foi um aluno brilhante, tendo-se destacado nas disciplinas de filosofia, teologia e latim. Iniciou seus estudos de medicina em 1920 e, a partir de 1926, especializou-se em psiquiatria, na qual se interessou particularmente pelo estudo das paranóias. Por essa época, Lacan integrou o movimento surrealista, juntamente com outros famosos artistas, escritores e intelectuais, como Breton, S. Dali e Picasso. Em 1933, complementando seus estudos sobre as paranóias com vistas à obtenção de seu título de membro efetivo, Lacan apresentou a sua tese intitulada "Da psicose paranóica em suas relações com a personalidade", que serviu como ponto de partida para as concepções originalíssimas.

Esse genial, polêmico e altamente controvertido autor psicanalítico, revoltado com o crescimento da norte-americana escola da "psicologia do ego" e alegando que essa escola estaria deturpando o verdadeiro espírito da psicanálise, decidiu dirigir os seus estudos psicanalíticos a partir de um "retorno a Freud". Alguns autores conjeturam que a verdadeira causa era que Lacan continuava ressentido com a sua transferência, sabidamente muito mal-resolvida com o seu analista Loewenstein, que, antes de fixar sua moradia nos Estados Unidos, morou durante algum tempo na França, para onde migrou, fugindo da Rússia, sua terra natal. Talvez seja mais exato dizer que se trata de um retorno a (*sobre*) Freud, tendo em vista que, embora sempre reiterando uma total fidelidade ao mestre Freud, Lacan fez radicais reinterpretações dos textos freudianos, ao mesmo tempo em que ele deu uma dimensão totalmente estruturalista à psicanálise (daí que essa corrente psicanalítica também é conhecida como "escola estruturalista").

Formou-se em medicina, com especialização em psiquiatria e psicanálise, sempre demonstrando uma inteligência invulgar e uma crescente aquisição de uma sólida cultura e erudição, as quais muitas vezes ele utilizava de forma arrogante. Por essas razões, Lacan tanto foi cercado por uma imensa corte de adoradores, dentro e fora do círculo psicanalítico, como também formou um grande contingente de desafetos, detratores e severos críticos. À guisa de ilustração, vale a pena mencionar algumas dessas críticas mordazes que comumente aparecem publicadas:

> "*Lacan jovem, servindo-se das mulheres para chegar ao poder, e Lacan velho, servindo-se do poder para seduzir e chegar a elas*". "*O dogmatismo, o sectarismo e o conformismo de seus alunos, formou-se, não* apesar *do gosto constante de Lacan pela mentira, mas por causa disso*". "*Lacan continua grande, mais pelo que procurou do que pelo que acreditou encontrar; aprendemos muitas coisas graças a ele, e muitas outras apesar dele, ou contra ele, mas das quais não nos teríamos aproximado sem ele*". Frases como estas, dentre outras laudatórias, mas sempre num clima controvertido, poderiam ser bastante multiplicadas.

Uma outra característica de Lacan foi a sua grande facilidade para promover e ficar envolvido em sérios conflitos com seus pares; assim, ele dissentiu com a IPA e criou a sua própria "Escola Freudiana de Paris" que adquiriu uma reconhecida pujança, porém que aos poucos foi sofrendo a dissidência de muitos membros ilustres, sendo que alguns desses criaram novas escolas. Além disso, em 1980, poucos anos antes de sua morte, Lacan dissolveu a sua própria escola, e o número de novas correntes psicanalíticas formadas pelos seus ex-colaboradores foi num tal crescente – porque também esses, identificados com o mestre, promoveram novas e múltiplas cisões, a ponto de que alguns críticos preferem dizer que, mais do que "dissociada", a escola lacaniana está "pulverizada".

Obra

O primeiro trabalho psicanalítico importante de Lacan foi sobre a "Etapa do espelho", apresentado no ano de 1936, em Mariembaud, durante o XIV Congresso Internacional de Psicanálise. Em 1949, em Zurich, durante o XVI Congresso, ele reformulou e ampliou o mesmo trabalho que então apresentou sob o título de "*Etapa do Espelho como Formadora do Ego*", de profundas repercussões até a atualidade. Em 1966, ele reuniu seus "Escritos" num único volume que constitui a coluna vertebral de sua obra.

Quatro foram as vertentes que influenciaram decisivamente o pensamento e a obra psicanalítica de Lacan: 1) *Lingüística*: inspirado no lingüista Saussure que, de 1906 a 1911, ministrou em Genebra uma visão estruturalista da linguagem, no seu famoso *Curso de lingüística geral*. 2) *Antropológica*: essa vertente foi baseada na "antropologia, de enfoque estruturalista", concebida e divulgada por Levi-Strauss. 3) *Filosófica*: Lacan sofreu uma forte influência da obra *Fenomenologia do espírito*, do filósofo Hegel, que descreve o "diálogo do amo e do escravo", em cuja relação, cada um desses dois personagens é indispensável ao outro e, ao mesmo tempo, cada um deles está escravizado ao outro. A partir desse modelo, Lacan utilizou para a sua teoria analítica a noção dialética de "tese, antítese e síntese", assim como também ele formulou a "dialética do desejo" e a do "olhar". 4) A quarta vertente de Lacan, naturalmente, é a *psicanalítica*, fundamentada unicamente numa releitura da obra de Freud.

Também são quatro as principais áreas do psiquismo que Lacan estudou mais original e aprofundadamente: 1) *A etapa do espelho, com a imagem do corpo*. 2) *A linguagem*. 3) *O desejo*. 4) *Narcisismo e Édipo*.

Corpo

A "etapa do espelho" na constituição do sujeito prolonga-se na criança, dos 6 aos 18 meses, dividida em três fases de seis meses cada uma. Na primeira delas, a imagem da totalidade corporal é *antecipada* à do esquema corporal real; assim, a criança reage com júbilo diante da imagem visual completa de si mesmo porque essa contrasta com a fragmentação do seu corpo. Tal fragmentação, no original francês é denominado por Lacan como *corps morcelé*, e costuma ser traduzido por "despedaçamento", ou seja, são "pedaços corporais" que, por razões neurobiológicas, ainda não se juntaram. Por exemplo, a criancinha não concebe que o seu pé, nariz, sensações corporais provindas de órgãos internos, etc. pertencem a um mesmo e único corpo, o seu.

De maneira análoga, depreende-se de Lacan que também o *ego ideal* constitui-se como uma imago antecipatória, um registro *imaginário* prévio daquilo que ainda não somos mas queremos ser. Importa enfatizar que nessa fase e na seguinte a imagem corporal da criança, que é *sua*, é percebida como sendo a do *outro*, e vice-versa, e isso esclarece os sintomas de despersonalização, os de confusão quanto à identidade corporal dos psicóticos, e também os transtornos psicossomáticos que resultam da sensação fantástica de "um corpo para dois", conforme J. MacDougall (1987).

Narciso e Édipo

Na segunda fase da "etapa do espelho", a criança, ainda num registro narcisístico-imaginário, identifica-se com o *desejo* da mãe, ou seja, ela deseja ser o *falo* da mãe (*falo* não é sinônimo de pênis, mas sim deve ser entendido como símbolo do "poder").

Na terceira fase da metáfora do "espelho", dos 12 aos 18 meses, em situações normais, a criança assume a *castração paterna* (aqui o conceito de castração não significa uma privação ou corte de pênis, mas, sim, é uma alusão à função do pai como o portador da *lei* que interdita e normatiza os limites da relação diádico-simbiótica da mãe com o filho). A aceitação, por parte do filho, dessa castração paterna constitui o registro *simbólico*, o ingresso no triângulo edípico propriamente dito, além de representar o grande desafio às ilusões narcisistas que foram forjadas no registro imaginário das fases anteriores. Além disso, para Lacan, não existe um período pré-edípico absoluto, porquanto o pai do bebê já está presente, no mínimo, no psiquismo da mãe, tal como é a representação que ela tem do seu próprio pai.

Linguagem

Lacan dá uma extraordinária importância ao aspecto do *estruturalismo* da linguagem (isso refere-se às relações estabelecidas entre as estruturas lingüística e social, vistas como sistemas em comunicação recíproca), de modo que para ele a "palavra" tem tanto ou mais valor do que a imagem visual, a ponto de Lacan declarar que o *ser humano está inserido em um universo de linguagem*.

A imagem é significada e ressignificada, pela palavra, constituindo aquilo que P. Aulagnier (1975) definiu como "enunciado identificatório", que consiste em predições veiculadas pelo discurso dos educadores (tipo: "essa criança é terrível e vai se dar mal na vida...") e que vão-se converter em "imagens identificatórias", ou seja: a criança identifica-se com a representação e o afeto com que o adulto significativo *celebra* ou *desqualifica* algum traço, valor ou atividade do filho.

Para Lacan, a linguagem determina o sentido e gera as estruturas da mente, de forma que, afirma ele, o inconsciente não é uma coisa, nem um lugar: *ao mesmo tempo em que a linguagem é estruturante do inconsciente, esse também é estruturado como uma linguagem* (igual à estrutura gramatical do sonho), embora primordialmente não esteja constituído por palavras, mas, sim, por imagens, como se fossem hieróglifos a serem decifrados. A unidade fundamental da linguagem é o *signo* que está composto por uma imagem acústica – que se constitui como *significante* – e por um conceito – que determina o *significado* –, sendo que o importante na estrutura lingüística é o lugar que cada signo ocupa nessa estrutura, bem como a relação de cada um dos signos com os demais signos. A metáfora que cabe empregar é a de uma sinaleira (farol) de trânsito: a sua simples presença tem um "significante" (de alerta às leis do trânsito, no caso desse exemplo), enquanto cada uma das cores, verde, amarela ou vermelha, representa um significado específico.

É útil estabelecer uma diferença entre signo, metonímia e metáfora, e para tanto vou me utilizar (Bleichmar,1989) do significante da palavra "fogo", com três significados possíveis, conforme as associações que o sujeito der: quando a palavra "fogo" está diretamente ligada à "fumaça" estamos diante de uma linguagem *sígnica* porque estabelece uma presença imediata, visível e concreta, sem haver discriminação conceitual entre ambos; quando "fogo" for substituído por "calor", trata-se de uma *metonímia* porque os dois conceitos estão ligados por uma contigüidade, sem simbolismo; se a palavra "fogo" for utilizada para transmitir uma "paixão ardente", podemos exemplificar como sendo uma *metáfora* porque houve uma semelhança simbólica e, sobretudo, *a criação de um novo sentido*. Na metáfora, um termo é substituído por um outro, enquanto na metonímia pode acontecer o fato muito comum de uma parte representar o todo.

O que sobremodo importa para Lacan, fundamentado em Freud, é que o psiquismo inconsciente funciona com uma *cadeia de significantes*, de tal sorte que por meio de "deslizamentos" (por meio de mecanismos de deslocamento, condensação e simbolização, de forma análoga ao que ocorre com os sonhos) um significante é remetido a um outro, de um modo que permite comparar esse processo com o de uma decifração de uma carta enigmática, ou a de uma consulta de um termo num dicionário, que vai remeter a um outro termo, que remete a um terceiro, e assim por diante, até ser *conceitualizado* com algum *significado*.

Por meio desse viés, só para exemplificar, podemos entender a articulação do narcisismo com o complexo de castração edípica, porquanto a ameaça de castração e tudo o que a simboliza, como doença, cirurgia, separação, etc., remete o sujeito a uma primitiva sensação de desamparo e coloca em perigo a sua auto-estima, o seu sentimento de identidade e, portanto, a sobrevivência de seu próprio ego. Por exemplo, uma situação cirúrgica qualquer pode remeter a um significante de mutilação, que, por sua vez, remete a um de castração, próprio do período edípico, o qual pode remeter a prévias fantasias com significantes de perdas e abandonos, etc.

Em suma, é tamanha a importância que Lacan atribui à linguagem provinda dos pais e dos valores culturais que ele chega a afirmar a sua famosa frase de que *o inconsciente é o discurso dos outros*.

Desejo

Lacan estabelece o funcionamento do psiquismo em três registros: *imaginário, simbólico e real,* os quais interagem concomitantemente, sendo que ele estuda o desejo humano a partir das interações entre o registro imaginário com o simbólico. Assim, nas primeiras fases da "etapa do espelho", o registro imaginário da criança faz-lhe supor que ela e a mãe são a mesma coisa, que ela tem posse absoluta da mãe, e caso a mãe reforce essa ilusão, crescerá na criança a crença de que o seu desejo deve ser o de "ser o *falo* da mãe", daí *o seu desejo passa a ser o de ser o desejo da mãe*. Quando essa criança ingressa no registro simbólico, o que é conseguido pela ação interditora daquilo que Lacan chama como "a lei do pai", ela vai descobrir que "o desejo de cada um deve-se submeter à lei do desejo do outro".

É útil fazer mencionar uma distinção que Lacan postula entre as noções de *necessidade* (o mínimo necessário para manter a sobrevivência física e psíquica, como é o alimento para saciar a fome), *desejo* (alude a uma necessidade que foi satisfeita com um "*plus*" de prazer e gozo, e o sujeito quer voltar a experimentar as sensações prazerosas) e *demanda* (em cujo caso, a satisfação dos desejos é insaciável, porquanto o verdadeiro significado da demanda é um pedido desesperado por um reconhecimento e por amor, como forma de preencher uma antiga e profunda cratera de origem narcisista. Na demanda, há o desejo de ser o *único* objeto do desejo do outro. No entanto, esse objeto é "eternamente faltante", sendo que o desejo do sujeito não poderá jamais ser nomeado e circulará metonimicamente de um significante para outro. Isso explica os freqüentes casos de um consumismo compulsivo por roupas novas, a ânsia por ganhar presentes, a demanda por juras de amor, etc., que podem estar conectados com a busca desesperada de preencher um outro significante, aquele que alude aos antigos vazios existenciais. Nesses casos, a estrutura do sujeito obriga-o a seguir desejando, de sorte que o "seu desejo é o de desejar", sendo que essa "dialética do desejo" representa uma enorme importância na prática psicanalítica.

Prática Clínica

Algumas das postulações de Lacan possibilitam encarar o paciente a partir de uma outra perspectiva de observação e compreensão, e isso acarreta modificações, inclusive de ordem técnica. Como ilustração disso, cabe mencionar os seguintes aspectos:

1) A inveja e a agressão em geral não seriam inatas e primárias, mas sim elas surgem quando é desafiado e frustrado o registro imaginário do sujeito (na sua crença onipotente de que ele tem uma fusão e posse da mãe).
2) Para Lacan, a análise "não deve ficar reduzida à mesquinharia exclusiva do mundo interno".
3) Pelo contrário, o analista deve dar uma importância muito especial à palavra do paciente (que pode ser "cheia" ou "vazia", de significados), assim mesmo ele também deve rastrear a "cadeia de significantes" que está contida no conteúdo, forma e estrutura da "linguagem".
4) A *forclusão* (forma extrema de negação) impede a ruptura de fusão narcisista com o outro e, portanto, não se produz a capacidade para formar símbolos nem o ingresso no registro simbólico, o que pode ser um dos determinantes da psicose.
5) A identificação narcisista também fica seriamente ameaçada quando os outros (o analista, na situação analítica) querem sair do "jogo narcísico" e daí resulta um estado colérico do sujeito assim frustrado.
6) A ausência do pai – no psiquismo da criança – comumente devido ao discurso denegridor da mãe, pode propiciar a formação de psicoses e perversões.
7) *Em relação à técnica*, Lacan modificou muitos dos critérios técnicos clássicos da psicanálise freudiana, sendo que os seguintes merecem ser destacados: a) *Modificações no setting*: Lacan propôs e aplicou uma modificação revolucionária e, no mínimo, altamente discutível até os dias atuais; é a que se refere ao tempo de duração da sessão. Ao invés de durar os habituais 50 ou 45 minutos, para os lacanianos esse tempo "cronológico" foi substituído pelo "tempo lógico", que alude ao fato de que o importante é a sessão terminar quando se processa na mente do analisando o "corte simbólico", isto é, a passagem do plano "imaginário" – onde a palavra do paciente é "vazia" e está a serviço de obstacularizar o acesso à verdade – para o plano do registro simbólico, onde a palavra deve ser "plena" e realmente a favor da comunicação e das verdades. b) Em relação à *transferência*, muitas vezes Lacan considera que não se instalará a transferência caso o analista interprete adequadamente. Ele chega a afirmar (1951) que a transferência do paciente resulta de uma resposta deste a uma atitude pré-conceituosa do psicanalista, sendo que Lacan retoma esse aspecto em um tra-

balho posterior (1970-73) com o nome de *"Sujeito Suposto Saber"* (SSS) e que, como o nome indica, parte de um pressuposto que o analista sabe tudo aquilo que o paciente ignora. c) Quanto à *contratransferência*, Lacan não aceita a possibilidade de que a mesma possa constituir-se como um importante instrumento técnico. d) Em relação à *interpretação*, Lacan adverte que o uso sistemático da interpretação reducionista ao "aqui-agora" pode contribuir para uma fixação do paciente no registro imaginário, narcisista, com o risco de que ele se identifique com os desejos do analista. Na verdade, ele valoriza muito mais as *interrupções* que representem a castração, o corte simbólico, do que propriamente as *interpretações clássicas*.

Críticas

Concomitantemente com um reconhecimento generalizado por muitas das importantes contribuições de Lacan à psicanálise, também são inúmeras e radicais as críticas contra a pessoa e a obra dele, tanto em relação a muitas das suas concepções teóricas como também, e principalmente, contra as suas inovações técnicas. De forma resumida, cabe destacar os seguintes pontos que são alvo maior dos críticos: 1) Um exagerado radicalismo de Lacan na apresentação de suas postulações, como se as mesmas fossem as únicas verdadeiras na psicanálise. 2) Em função disso fica muito difícil aceitar de forma absoluta o descrédito que ele vota contra concepções clássicas, como o da noção de inconsciente, os fenômenos da transferência, contratransferência, interpretações, entre tantos outros aspectos mais. 3) Especificamente, em relação ao fenômeno da formação do inconsciente, não resta dúvida da importância de sua concepção de que a linguagem dos pais e da cultura exercem uma influência capital. No entanto, faltou uma ênfase por parte de Lacan no sentido de reconhecer tanto as repressões primárias, secundárias e fantasias inconscientes próprias da singularidade de cada sujeito em particular, tal como Freud e M. Klein insistiam, como também Lacan aparenta ter ignorado o fato de o discurso significante dos pais ser, em grande parte, composto pelos valores enigmáticos que habitam a mente *inconsciente* desses últimos, como porta-vozes dos seus respectivos pais, num continuado movimento transgeracional. 4) Acima de tudo, a crítica mais contundente que se faz contra Lacan consiste em um rechaço à sua prática de fazer sessões sem tempo determinado, porquanto restou público o fato de que cada vez mais as sessões duravam menos tempo, a ponto de muitas delas não passarem de cinco minutos. Seus críticos interpretam que essa conduta clínica de Lacan não estaria baseada em suas convicções teóricas, mas sim que essas serviam como racionalizações, tanto pela sua ânsia de atingir um poder econômico, como principalmente pelo seu objetivo de obter um poder político, pela proliferação de um grande número de analistas a ele ligados, sendo que quando dissolveu a escola que ele próprio fundara, a mesma já contava com mais de 600 membros

Nos últimos tempos, além da acentuação de sua conduta com matizes paranóides, era notório que Lacan demonstrava algumas "ausências" em suas apresentações públicas, que muito mais do que uma exacerbação de suas costumeiras bizarrices, já estavam indicando um declínio orgânico com possíveis manifestações neurológicas, que foram seguidas de um grave comprometimento intestinal, cuja cirurgia complicou com uma infecção, que decretou a sua morte em 1984.

ESCOLA DE WINNICOTT

Donald Woods Winnicott

Alguns Dados Biográficos

Nasceu na Inglaterra, em 1897, e viveu num lar bem estruturado, econômica e afetivamente. Muito cedo ele demonstrou uma inclinação pela música e inegáveis dotes de criatividade artística, a par de ser um destacado atleta universitário e ter construído uma sólida erudição geral.

Formou-se em medicina, inicialmente como pediatra bem-sucedido, cuja especialidade exerceu durante 40 anos, quando já evidenciava sua preocupação com os aspectos emocionais de seus pequenos pacientes na interação com as respectivas mães. Prova disso é que foi nesse período que Winnicott criou os conhecidos jogos da "espátula" e do "rabisco" (*squiggle*) que ele praticava com as crianças.

Fez sua análise primeiramente com J. Strachey, e depois com Joan Rivière, tendo feito supervisão psicanalítica com M. Klein durante alguns anos. Publicou seu primeiro trabalho analítico em 1936, no qual estudou a relação entre os conflitos emocionais e os transtornos de alimentação. Aos poucos, foi revelando uma predileção pelo atendimento de pacientes psicóticos, *borderline* e adolescentes com conduta anti-social.

Obra

É tão extensa e original a sua obra (são apenas quatro livros, porém na totalidade de seus escritos constam mais de 200 títulos) que, aqui, não resta outro recurso a não ser aquele de dar apenas algumas pinceladas nas suas concepções mais significativas, seguindo uma certa ordem cronológica.

Em 1945, ainda fortemente influenciado por M. Klein, Winnicott publica o seu clássico *Desenvolvimento emocional primitivo*, no qual propõe que a maturação e o desenvolvimento emocional da criança processam-se em três etapas: 1) *Integração e personalização*: o bebê nasce num estado de *não-integração* (não é a mesma coisa que "desintegração" e nem "dissociação"), na qual ele está numa condição de "dependência absoluta", apesar da sua crença mágica em possuir uma "absoluta independência". Segundo Winnicott, o desenvolvimento normal desse período levaria à obtenção de um esquema corporal integrado da criança, que ele chama de uma "unidade psique-soma", sendo que Winnicott define a *personalização* como "o sentimento de que a pessoa habita o seu próprio corpo". 2) *Adaptação à realidade*: a mãe tem o papel fundamental de ajudar a criança a sair da subjetividade total e provê-la com os elementos da realidade objetiva (tal como é a passagem da "gratificação alucinatória do seio" para a gratificação provinda de um real seio nutridor), de modo que a criança comece a evocar "aquilo que realmente está à sua disposição". 3) *Crueldade primitiva*: nessa época, Winnicott afirmava que todo bebê tem uma carga genética com uma certa cota de agressividade que muitas vezes volta-se contra ela mesma, e que também vem acompanhada da fantasia de ter danificado a mãe; no entanto, ele enfatiza os aspectos construtivos da agressividade e a esperança da criança de que sua mãe lhe compreenda, ame e *sobreviva* aos seus ataques.

Em 1951, surgem os estudos de Winnicott relativos aos *fenômenos e objetos transicionais*. Essa concepção original alude ao fato de que a passagem do subjetivo mundo interno e imaginário do bebê para o objetivo e real mundo externo processa-se, inicialmente, por meio de uma espécie de ponte de transição entre ambos os mundos. Assim, cria-se um espaço virtual, que Winnicott denomina como *espaço transicional*, o qual, outras vezes, ele chama de "espaço potencial", "área da ilusão" ou "área da criatividade", porquanto o trânsito entre a fantasia e a realidade possibilita um alto potencial e riqueza de criatividade, inclusive artística. A *área da ilusão de onipotência* do bebê consiste no fato de que o bebê vivencia o seio da mãe como fazendo parte do seu próprio corpo, sendo que, no início, a mãe (ou o analista na situação analítica) deve aceitar essa ilusão, porém, aos poucos, ela deve processar uma progressiva "desilusão das ilusões", até que a criança perceba que ela tem a "possessão" do objeto seio, mas que *"não é* o seio".

O *objeto transicional*, comumente um bico, travesseiro, ursinho de pano, etc., ocupa um lugar e função nesse espaço de ilusão, caracteriza-se pelo fato de que ele deve ser de posse exclusiva da criança, ser amado, conservado por um longo período de tempo e sobreviver aos ataques mutilatórios que a criança inflige-lhe. O objeto transicional representa um momento evolutivo estruturante, porém, segundo Winnicott, esse tipo de objeto é suscetível de ter uma evolução patológica que ele exemplifica com os quadros de fetichismo, adições e o de roubos.

Em 1958, Winnicott publica o seu artigo *A Capacidade para Estar Só*, no qual ele revela o seu gosto pelo emprego de conceituações paradoxais, tanto que essa importante concepção refere originalmente à capacidade de a criança ficar só, quando mais a mãe está presente, de tal modo que cada uma delas está ocupada nos seus afazeres particulares e privativos, porém uma invisível confiança básica recíproca mantém-as unidas.

O ano de 1960 representa um marco bastante significativo na obra de Winnicott, que então publicou dois de seus mais importantes trabalhos: um é *A teoria da relação paterno-filial*, em que mais claramente define o papel da mãe no desenvolvimento emocional do filho, descreve o estado psicológico de *preocupação* (*ou devoção*) *materna primária*, desenvolve as noções das funções da mãe como *ego auxiliar*, até que a criança consiga desenvolver as suas capacidades inatas de pensamento, síntese, integração, etc., ou seja, como uma função *holding* que sustente a criança tanto física como emocionalmente, de modo a garantir-lhe uma *continuidade existencial*. O segundo trabalho publicado nesse ano de 60 é *Deformação do ego em termos de um verdadeiro e falso self*, no qual Winnicott se refere ao fato de que quando as falhas ambientais ameaçam a continuidade existencial da criança, essa vê-se obrigada a deformar o seu verdadeiro *self* em prol de uma submissão às exigências ambientais, notadamente dos pais, pela construção de um "falso *self*". Nesse caso, seguindo uma metáfora de Winnicott, "*o indivíduo, tal como o tronco de uma árvore, desenvolve-se às custas da expansão da casca, mais do que de seu núcleo, que é onde corre a seiva viva*". Clinicamente, o falso *self* costuma vir acompanhado de uma sensação de vazio, futilidade e irrealidade e não deve ser confundido com algum entendimento de ordem moral ou ética.

Em 1971, aparece o livro *O brincar e a realidade*, no qual sobressai o importante trabalho "O Papel de Espelho da Mãe e da Família", onde Winnicott tece interessantíssimas considerações acerca do *olhar* da mãe na estruturação ou desestruturação do *self* do filho.

Aspectos Técnicos

Entre tantos outros mais aspectos de técnica analítica que aparecem na obra de Winnicott, penso que os seguintes merecem ser destacados:

1) Quando as falhas ambientais precoces são repetitivas, há um *congelamento da situação de fracasso*, de modo que a instituição do *setting* analítico possibilita uma regressão útil e representa uma possibilidade daquele fracasso ser reexperimentado com o analista e vir a ser descongelado.
2) A admissão pelo analista quanto à possibilidade de que ele desenvolva um *ódio na contratransferência* (título de um artigo de 1947) representa ser um importante instrumento técnico, a começar pela coragem de dizer uma verdade que era eventualmente sentida por qualquer analista experiente com determinados pacientes, mas que nunca fôra publicada antes dele.
3) A importância de que o analista saiba discriminar a distinção que existe entre aquilo que o paciente manifesta como sendo "necessidades do id" e as "necessidades do seu ego".
4) Da mesma forma como acontece nos primórdios do desenvolvimento emocional de uma criança, também nos analisandos há um período de *hesitação*, que não deve ser confundida com o clássico conceito de "resistência".
5) O uso do analista como *objeto transicional* e o modo de como o paciente possa utilizá-lo como tal, empresta uma outra dimensão à transferência e à interpretação.

6) A concepção de que, de forma análoga ao que se passa entre a mãe e a criança, também entre o analista e o analisando, cada um está sendo "criado" e "descoberto" pelo outro, o que, parece-me, evidencia nitidamente o enfoque de uma psicanálise vincular, tal como também transparece no "jogo do rabisco" (*squiggle*).
7) O destaque ao valor positivo da destrutividade, desde que haja a sobrevivência do objeto simultaneamente amado e atacado.
8) A noção de que a não satisfação de uma necessidade pode provocar, não o ódio, mas sim uma *decepção*, uma reprodução do fracasso ambiental de onde se derivou uma interferência na capacidade para desejar, a qual deve ser resgatada na reexperimentação emocional com o analista.
9) A sua convicção de que com pacientes bastante regressivos vale mais o "manejo" do analista do que as suas interpretações.
10) Toda pessoa apresenta algum grau e tipo de *dependência*, e cabe ao analista ajudar o paciente a transitar pelas três fases que caracterizam o processo de dependência: a *absoluta*, a *relativa* e aquela que vai *rumo à independência*.

Segundo o relato biográfico de sua esposa, Clare, algum tempo antes de falecer, Winnicott teria-lhe dito: "Oh, Deus, quero estar vivo quando eu morrer", sendo que em 1971, acometido por complicações cardíacas, veio a expirar com a idade de 74 anos, sem ter deixado filhos que não aqueles representados pelo legado de uma magnífica obra e uma legião cada vez maior de seguidores.

ESCOLA DE BION

Wilfred Ruprecht Bion

Alguns Dados Biográficos

Nasceu em 1897, na Índia (pela circunstância de que seu pai lá executava, então, um serviço de engenharia de irrigação a mando do Governo Inglês), onde viveu até os 7 anos e foi sozinho para Londres, a fim de iniciar a sua formação escolar. Em Londres, ele completou a sua titulação acadêmica, tendo-se formado em medicina e posteriormente fez a sua formação psiquiátrica e psicanalítica.

O próprio Bion descreve as dificuldades que encontrou no seu ambiente familiar e escolar, sendo que ele reconhece que aquela experiência na Índia deve ter contribuído para a formação de uma forma sua de pensar com matizes algo místicas. Teve uma impressionante formação humanística, cabendo mencionar que estudou História Moderna, em profundidade; obteve a licenciatura em Letras, com distinção; fez avançados estudos em Filosofia e Teologia; tinha conhecimentos de Lingüística e de línguas grega e latina; amante da literatura clássica, como de Shakespeare e outros; foi um destacado atleta em esportes universitários, tendo ganho várias medalhas de campeão; graduou-se médico com 33 anos, e obteve uma medalha de ouro em cirurgia; mais tarde, especializou-se em psiquiatria, que exerceu na Tavistock Clinic e no exército britânico, onde se alistou voluntariamente e participou ativamente de operações militares no campo do combate, tendo ganho uma importante medalha como reconhecimento por atos de bravura; fez a sua análise didática durante vários anos com M. Klein, tendo galgado todos os postos da Sociedade Britânica de Psicanálise. Em 1968, a convite, radicou-se em Los Angeles, onde viveu e trabalhou o resto de sua vida, tendo feito visitas científicas a Buenos Aires e, por quatro vezes, ao Brasil, onde plantou sementes que continuam germinando e fecundando com muita vitalidade. Em novembro de 1979, em meio a uma viagem de saudosismo à Inglaterra, de onde estava afastado há 11 anos, Bion veio a falecer após algumas poucas semanas de evolução de uma leucemia mielóide aguda, em Oxford, aos 82 anos de idade.

Obra

Como esquema didático, podemos dividir a obra de Bion em quatro décadas distintas: a de *40*, dedicada aos seus experimentos com *grupos*; a de *50*, na qual, inspirado pelas observações dos mecanismos psicóticos, tal como M. Klein postulava, e que estavam subjacentes na dinâmica grupal, ele trabalhou intensamente com pacientes em *estados psicóticos*, com os quais se interessou, sobretudo, pelos distúrbios da linguagem, pensamento, conhecimento e comunicação; nos anos *60* ele aprofundou esses últimos estudos, de modo que essa década, reconhecida como a mais rica, original e produtiva, pode ser chamada como a *epistemológica*; a década de *70*, por sua vez, é considerada a de predominância *mística*.

Nesses 40 anos, Bion produziu em torno de 40 títulos importantes, além de participações em conferências (caracterizadas por um continuado diálogo com o auditório) e a coordenação de seminários clínicos (ou seja, de supervisões coletivas), sendo que todas essas contribuições foram reunidas e publicadas (1973, 1992, 1995). Embora uma primeira leitura dos textos de Bion possa transmitir a impressão de um hermetismo por demais abstrato, em grande parte porque, deliberadamente, ele empregou uma linguagem psicanalítica incomum – a verdade é que sua obra mantém uma coerência e nunca se afasta das vivências emocionais experimentadas na prática clínica. Suas contribuições são tantas, tão originais, e com uma tal aplicabilidade na clínica psicanalítica do dia-a-dia de cada psicanalista, que não cabe hesitar em reconhecê-lo como um verdadeiro inovador das contemporâneas concepções psicanalíticas. Com a esperança de que o leitor releve as inevitáveis mutilações, considero que as contribuições que merecem um destaque especial são as seguintes:

1. *Elementos de psicanálise*. Bion preconizava a necessidade de substituir o excesso de teorias que impregnam a psicanálise e substituí-las por "modelos" e, da mesma maneira, ele propôs uma simplificação por "elementos da psicanálise", que, segundo ele, comportam-se de forma análoga às sete notas musicais simples, ou aos algarismos de 0 a 9, ou ainda às letras do alfabeto, que em diversas combinações permitem as mais complexas configurações. Os seis elementos psicanalíticos por ele propostos são: 1) uma permanente interação entre a "posição esquizoparanóide"(PS) e "depressiva" (D); 2) a identificação projetiva na relação "continente"-"conteúdo"; 3) os "vínculos" de amor (L), ódio (H) e "conhecimento" (K); 4) as "transformações"; 5) a relação entre idéia (I) e razão (R); 6) a "dor psíquica".

2. *Estado da mente do psicanalista*. Independentemente de o terapeuta estar trabalhando num estado mental, seu, no plano "científico", "mitológico", "de paixão", "artístico" ou "religioso", o importante é que ele nunca se afaste de um amor pelas verdades, por mais penosas que essas sejam. Dessa maneira, ele enfatizou que toda aná-

lise é um processo de natureza *vincular* entre duas pessoas que vão enfrentar muitas angústias diante dessas verdades, e isso impõe que o analista possua o que Bion denomina como *condições necessárias mínimas*, como a referida condição de ele ser "verdadeiro", e mais as seguintes: • Um permanente estado de "descobrimento". • Uma capacidade de ser "continente", aliado a uma "função-alfa". • Uma "capacidade negativa"(ou seja, uma condição de suportar, dentro de si, sentimentos negativos, como é, por exemplo, o de um "não saber". • Uma "capacidade de "intuição". • Um "estado de "paciência" e de "empatia". • A necessidade de que, na situação analítica, a mente do analista não esteja saturada por memória, desejo e ânsia de compreensão imediata. • O reconhecimento de que o analista também é importante como "pessoa real" e que ele serve como um novo modelo de identificação para o analisando.
3. A concepção antes mencionada da existência permanente de *vínculos* na situação analítica, tanto os *intra* como os *inter*-subjetivos, tanto os de amor como de ódio e conhecimento, sendo que todos eles podem ser sinalizados com sinal positivo (+), como negativo (–). Assim, o vínculo do conhecimento (K) remete-nos aos problemas relativos à *verdade, falsidade e mentira*, sendo que, quando ele é grifado como – K, é porque está a serviço de alguma forma de negação de conhecimento ou de algum tipo de ataque contra os vínculos perceptivos, tanto os dele próprio como os do analista.
4. A existência em qualquer sujeito de uma *parte psicótica da personalidade* (não confundir com psicose clínica), que é composta por elementos como: inveja excessiva; intolerância absoluta às frustrações; uso exagerado de identificações projetivas; ódio às verdades – externas e internas –; a hipertrofia da onipotência no lugar da capacidade para *pensar* as experiências emocionais, e da onisciência ao invés de realizar uma *aprendizagem com as experiências*, a vigência de um "super"-superego que tudo sabe, pode, condena e produz as suas próprias leis que o sujeito quer impor aos outros, ou até mesmo contra as leis naturais.
5. Bion emprestou um novo entendimento ao crucial fenômeno da *identificação projetiva*. Na concepção original de M. Klein, esse fenômeno ficou virtualmente restrito a uma forma de descarga de sentimentos insuportáveis *dentro* do outro (a mãe, no caso do filho, ou o terapeuta, na situação analítica), assim como também Klein postulou que as identificações projetivas da criança visavam penetrar dentro do corpo da mãe para lá dentro dela poder controlá-la e tomar posse de seus "tesouros" (pênis, bebês, fezes, etc.). Bion, indo muito além, também considerou que a identificação projetiva pode ter um uso estruturante, nesse caso ele a chama de "realista", ou um uso patológico, quando então ele a denomina como "excessiva", sendo que o excesso tanto é em termos quantitativos como, e principalmente, pela qualidade de onipotência. No entanto, a concepção mais importante de Bion é que mesmo essas identificações projetivas "excessivas" podem estar cumprindo, na situação analítica, o importantíssimo papel de uma "comunicação primitiva". Isto é, o paciente inconscientemente espera que o analista exerça a função de continente e pela decodificação dos efeitos contratransferenciais nele despertados por aquelas identificações projetivas na sua mente possa exercer a *função-alfa* de dar um significado e uma nomeação para aquelas vivências emocionais que estavam acumuladas no psiquismo do paciente sob uma forma que Bion chama de um *terror sem nome*.
6. O aprofundamento dos estudos concernentes à origem, natureza e função dos processos de *pensar, conhecer, linguagem e comunicação*. Especialmente a ênfase dada à capacidade para pensar as emoções contidas nos pensamentos, juntamente com a respectiva capacidade para a formação de *símbolos* (caso contrário, as primitivas sensações e emoções serão evacuadas sob forma de *actings*, somatizações, impulsividade, etc.).

7. Esses aspectos remetem à importância que Bion deu para que a psicanálise não fique restrita unicamente aos conflitos inconscientes, mas sim que ela seja extensível também aos aspectos *conscientes* do analisando (e do analista).
8. A abertura de novos *vértices* de percepção, constituindo aquilo que Bion denomina *visão binocular* (ou multifocal). A mesma consiste em que tanto o paciente como o analista observem o mesmo fato psíquico a partir de outras perspectivas de abordagem, distintas entre elas, de modo a possibilitar que o sujeito venha a perceber e integrar os aspectos diferentes da personalidade que, não obstante estarem dissociados, coexistem sincronicamente entre si. Aliás, Bion propõe um instigante modelo da mente humana: ele a compara com um mapa-múndi geográfico e topográfico que não se comporta como um bloco maciço e uniforme; antes disso, ele é composto, tal como no mapa, por regiões distintas, algumas glaciais, outras tórridas ou temperadas, algumas montanhosas e caudalosas, enquanto que outras são lisas, suaves e pacíficas, e assim por diante, sendo que uma análise deveria poder cruzar todos os pólos e quadrantes da mente do analisando.
9. A aplicação na prática clínica de todos os aspectos acima enumerados permite evidenciar que eles acarretam sensíveis modificações técnicas em relação à análise clássica, como pode ser exemplificado com a *atividade interpretativa*, que não fica restrita à decodificação e interpretação da conflitiva inconsciente, mas, sim, adquire um caráter de promover sucessivas *transformações*, sempre em direção às verdades originais, levando o analisando a ser um questionador de si mesmo, a confrontar uma parte sua com uma outra oposta ou contraditória e assim por diante.
10. Partindo dessas premissas, Bion evita empregar o termo "cura analítica" – até mesmo porque nunca existe uma "cura" completa, além de que essa expressão está impregnada com os critérios da medicina – de modo que ele prefere conceituá-la como *crescimento mental*, levando em conta que no lugar de ir "fechando" a mente a partir da resolução dos conflitos, ele postula que é necessário inverter o funil e abri-la cada vez mais, construindo aquilo que ele denomina *universo em expansão*.

Esse "crescimento mental" solidifica-se por meio de uma gradativa construção da *função* psicanalítica *da personalidade*, que se forma especialmente como resultante da incorporação dessa função de seu analista e que vai permitir ao sujeito prosseguir para sempre a sua permanente auto-análise.

Pela importância que as distintas colaborações dos autores dessas sete correntes psicanalíticas representam para uma visão integrada da psicanálise, muitos dos aspectos que foram destacados nesse capítulo serão repisados, ou abordados sob outros vértices, em muitos outros capítulos.

CAPÍTULO

A Psicanálise Contemporânea

A psicanálise comemorou recentemente um século de existência. Nestes 100 anos, acompanhando as modificações que se processaram em todas as áreas científicas e no pensamento humanístico em geral, também a psicanálise sofreu – e vem sofrendo – profundas transformações, a ponto de, na atualidade, se comparada com os tempos pioneiros de Freud, não exagerarmos ao dizer que ela está quase irreconhecível. Isso se deve não só ao crescimento do número de correntes psicanalíticas, cada uma delas com concepções contestadoras, inovadoras ou ampliadoras, mas também pelo fato de que cada uma delas também vem passando por sucessivas mudanças, desde as suas formulações originais.

Assim, talvez possa servir de exemplo, para ficar em um único, a forma como a escola kleiniana concebeu inicialmente o problema da "inveja" na teoria e técnica da psicanálise e como é hoje: para M. Klein, mais precisamente a partir de 1957, a inveja primária é sinônimo de "pulsão de morte", de sorte que ela é inata e, independentemente de alguma frustração externa, o bebê já nasce devotando um "ódio ao seio materno", que ele vivencia como sendo "mau". Essa postulação metapsicológica, seguindo o princípio de que toda mudança teórica é seguida de uma mudança técnica, e vice-versa, acarretou para as gerações de analistas kleinianos uma forma de analisar que consistia primordialmente em encarar as manifestações transferenciais a partir desse vértice da inveja primária, ou seja, de ataques sádico-destrutivos contra as fontes geradoras de alimentos (mãe no passado, analista no presente), seguidos de culpas, medo de uma retaliação persecutória, necessidade de reparações, etc. Embora haja bastante respaldo nessa perspectiva, ela pecava pelo excesso e quase exclusivismo dessa abordagem na prática clínica, não raramente adicionando no analisando mais culpas e sentimentos de desqualificação do que aquelas que ele já carregava, e (forçando um pouco a minha caricatura) insistindo na tese de que "em princípio, todo o sujeito é mau, até que prove o contrário". Os próprios autores kleinianos, como Rosenfeld (1986), foram modificando essa tese relativa à inveja primária e, na atualidade, os analistas seguidores de M. Klein conservam tudo aquilo que de importante e útil está contido nos postulados dela, porém não mais prosseguem levando ao pé da letra aquela atitude na situação analítica de "caçador dos indícios da agressão e da inveja do paciente". Existe agora uma maior abertura para trabalhar com inúmeros outros aspectos da personalidade do analisando, principalmente a partir das inovadoras concepções de Bion, a tal ponto que aquela referida atitude anterior na forma de encarar e interpretar o analisando, hoje, não passa de uma caricatura.

Essas transformações na psicanálise, é evidente, processam-se tanto na metapsicologia e na teoria, como também na técnica e prática clínica, até mesmo porque todos esses quatro aspectos estão intimamente imbricados entre si, um influenciando o outro. No entanto, parece-me que as mudanças na prática clínica são algo mais lentas e tímidas, pelo menos como aparecem nas manifestações públicas dos analistas, talvez pelo fato de que os princípios técnicos são transmitidos de geração a geração de psicanalistas, na maioria das vezes, influenciadas pela presença vigilante de um "Superego psicanalítico", representado pelas instituições responsáveis que, por sua vez, necessariamente, também estão presas ao peso de uma tradição secular.

De uma forma altamente esquemática, creio que a psicanálise pode ser dividida em três períodos, com os seus respectivos paradigmas mais característicos: a ortodoxa, a clássica e a contemporânea. A *psicanálise ortodoxa*, que caracteriza aquela que foi praticada por Freud e algumas gerações de seguidores, privilegiava mais o aspecto da *investigação* dos processos psíquicos, sendo que essa foi uma das razões por que os *sonhos* constituíam o que de mais precioso o paciente poderia trazer para o analista, e a análise desses sonhos ocupava um exame longo e meticuloso de cada detalhe. O enfoque da análise era quase que exclusivamente centrado nos, proibidos, desejos *edípicos*, reprimidos no inconsciente. O objetivo terapêutico precípuo, mais nos primeiros tempos, consistia unicamente na remoção dos *sintomas*, sendo que a partir de W. Reich (1933) o objetivo da análise também começou a ficar extensivo ao que este autor denominava "couraça caracterológica". As análises eram de duração mais curta, enquanto as regras técnicas eram muito mais rígidas, de sorte que uma análise ortodoxa era praticada com seis sessões semanais. O grande mérito do analista consistia na sua capacidade para decodificar as manifestações simbólicas, sendo que o paradigma da cura repousava em três princípios formulados por Freud: 1) *o neurótico sofre de reminiscências e a cura consiste em rememorá-las*" (teoria do "trauma psíquico"); 2) *tornar consciente o que é inconsciente* (teoria topográfica); e 3) *onde houver o id, o ego deve estar* (teoria estrutural).

O período da *psicanálise clássica* coincide com a abertura de novas correntes de pensamento psicanalítico, algo diferenciadas dos postulados freudianos. Possivelmente como uma forma de criar e preservar uma identidade própria para a psicanálise, existia uma diferença bem mais rígida do que a que existe atualmente entre psicanálise e terapia psicanalítica. Na literatura psicanalítica, começa a transparecer a presença de uma crescente e forte valorização dos aspectos referentes ao desenvolvimento emocional primitivo. Em conseqüência disso, ficou alargado o espectro de categorias clínicas consideradas "analisáveis", abarcando, inclusive, pacientes em condições psicóticas. O foco do maior interesse do analista passou a ser o da interpretação das emoções arcaicas, relações objetais parciais e fantasias inconscientes, com as respectivas ansiedades e defesas primitivas. Por parte do analista, esse período clássico evidenciava uma ênfase interpretativa nos sentimentos agressivos do paciente, ligados ao "instinto de morte". As análises passaram a ser de duração bem mais longa, com uma menor rigidez nas regras técnicas, com a redução do número de sessões para cinco semanais e, posteriormente, em alguns centros, para quatro sessões. O período clássico conservou a regra virtualmente absoluta de que só teriam um valor "verdadeiramente psicanalítico" as interpretações unicamente dirigidas à "neurose de transferência". A contratransferência passou a ganhar um merecido espaço de valorização, assim apontando para os primórdios da psicanálise vincular baseada na relação transferencial-contraransferencial. No entanto, de certa forma, ela recaiu num extremo oposto de que tudo aquilo que o analista sentisse seria literalmente sempre resultante de identificações projetivas do paciente. Havia uma intensa restrição quanto à introdução de qualquer "parâmetro técnico" – termo de Eissler (1953) – que designa qualquer modificação de combinação no *setting* clássico, como mudança de hora, possibilidade de um uso concomitante de algum psicofármaco, etc.

A *psicanálise contemporânea*, por sua vez, prioriza os vínculos – emocionais e relacionais – de amor, ódio e conhecimento, que permanentemente permeiam a dupla analítica. O modelo utilizado para essa inter-relação analítica guarda semelhança (o que não quer dizer igualdade) com aquele que caracteriza a primitiva relação da mãe com o seu bebê, e vice-versa; assim, os psicanalistas atribuem uma importância bastante mais significativa à influência da mãe *real*, no psiquismo da criança. Da mesma maneira, é cada vez maior a crença de que a "pessoa real" do analista exerce uma marcante influência na evolução da análise. O leque de analisibilidade, incluindo pacientes bastante regressivos, ficou mais ampliado, sendo que o conceito de "analisibilidade" (que precipuamente leva em conta os – antecipados – aspectos de diagnóstico e prognóstico) começa a ceder lugar aos critérios de "acessibilidade" (alude, mais do que ao diagnóstico clínico, à motivação e à capacidade de o paciente permitir, ou não, um acesso ao seu inconsciente). Começa a haver um menor rigor nos limites entre psicanálise e psicoterapia psicanalítica. O estilo interpretativo do analista adquire um tom algo mais coloquial, sendo que a inclusão de eventuais parâmetros técnicos é encarada com mais naturalidade, muito particularmente o aspecto que se refere ao uso simultâneo de psicotrópicos. A análise das funções do ego, incluídas aquelas que pertencem ao consciente, ocupam um interesse bem maior por parte dos psicanalistas. Cresce de forma significativa o enfoque nos transtornos narcisistas da personalidade e, da mesma forma, começa a ganhar corpo a análise de "autismo psicogênico", tanto em crianças com autismo secundário como com certos casos de adultos neuróticos. A psicanálise começa a abrir as portas para outras ciências, como a lingüística, a teoria sistêmica, as neurociências, a psicofarmacologia, etologia, etc. Em relação aos critérios de formação de psicanalistas, o pêndulo contemporâneo inclina-se nitidamente para uma "formação pluralista", ou seja, para a recomendação de que o psicanalista conheça os postulados das diversas escolas de psicanálise e, a partir dessas, juntamente com a sua experiência de análise pessoal e de supervisões, construa a sua formação, de forma livre e coerente com o seu jeito autêntico de ser.

Um bom critério para medir as principais transformações da psicanálise é aquele que leve em conta a prática clínica, ou seja, que enfoque aqueles aspectos que podem ser considerados como agentes eficazes de verdadeiras mudanças terapêuticas. Destarte, a meu juízo, as seguintes transformações merecem ser destacadas:

PARADIGMAS DA PSICANÁLISE

Entendemos por "paradigma", em psicanálise, um conjunto de postulados teóricos, com as respectivas regras técnicas e normas de conduta dos psicanalistas que, visando resolver algo considerado problemático e enigmático para a comunidade científica, determinam a pauta, amplamente dominante e vigente para uma certa época, de como a psicanálise deve ser entendida e praticada. Assim, durante longas décadas predominou, de forma exclusiva, o paradigma freudiano, com uma absoluta ênfase no embate entre os *desejos pulsionais* e as respectivas *defesas do ego*, aliadas às ameaças do *superego* contra eles. Com os teóricos das relações objetais, notadamente M. Klein, o pêndulo da psicanálise inclinou-se para a importância das *relações objetais, internalizadas*, resultantes das pulsões, especialmente as sádico-destrutivas, ligadas a objetos parciais, acompanhadas por ansiedade de aniquilamento e defesas do ego extremamente primitivas.

A fim de ilustrar como a psicanálise transita de um paradigma para outro, creio que cabe fazer um apanhado sintético das principais transformações que importantes postulados de Freud, metapsicológicos, teóricos e técnicos, até então indiscutíveis, sofreram a partir das concepções de M. Klein, como são as seguintes:

1. *Pulsão de morte*. Freud descreveu o "instinto de morte", pela primeira vez, em *Além do princípio do prazer* (1920). M. Klein conservou esse mesmo termo (talvez para ser "politicamente correta" com a comunidade psicanalítica da época, maciçamente freudiana) para fundamentar a sua teoria sobre o desenvolvimento primitivo do psiquismo, porém o empregou com uma concepção bem distinta da de Freud. Enquanto para Freud o "instinto de morte" aludia a uma noção metapsicológica de uma "compulsão à repetição de uma energia psíquica, que tende ao inanimado, isto é, à morte", para M. Klein, esse instinto – que equivale à sua posterior (1957) postulação de "inveja primária", alude aos impulsos sádico-destrutivos.

2. *Tipo de angústia*. Freud enfatizou a importância soberana da *angústia de castração*, ligada ao conflito edípico, enquanto M. Klein parte da noção de que "a parte do instinto de morte que age dentro do psiquismo precoce do bebê provoca uma terrível sensação de morte iminente", à qual ela denomina de *angústia de aniquilamento*.

3. *Mecanismos de defesa*. Freud valorizou, sobretudo, o mecanismo defensivo da *repressão* (a defesa mais evidente nas pacientes histéricas de que ele tratava), além de outras presentes nos quadros paranóides, como a *projeção*, na psicopatologia das fobias e neuroses obsessivas, como *deslocamento, anulação, isolamento* e *formação reativa*. M. Klein, por sua vez, descreveu as defesas primitivas de que o psiquismo do bebê necessita para fazer frente à aludida angústia de aniquilamento, como são: *negação onipotente, dissociação (splitting), projeção e identificação projetiva, introjeção e identificação introjetiva, idealização* e *denegrimento*.

4. *Formação do ego*. Freud postulou que o ego formava-se a partir do id, quando confrontado com o princípio da realidade. Por sua vez, M. Klein, coerente com a sua idéia de que o psiquismo do recém-nato lança mão de defesas primitivas contra a angústia de aniquilamento, descreveu a existência de um *ego inato* (rudimentar), porquanto quem processa os mecanismos defensivos no psiquismo é o ego.

5. *Fases e Posições*. Freud (juntamente com Abraham) descreveu as *fases* (ou *etapas, estágios, períodos*) do desenvolvimento libidinal, as quais seguem um desenvolvimento biológico (oral, anal, fálico...), enquanto Klein preferiu a noção de *posição*, que alude mais diretamente a uma "constelação de pulsões, angústias, defesas, afetos...", que adquirem configurações específicas e que se mantêm presentes ao longo de toda vida.

6. *Superego*. Como sabemos, Freud postulou que "*o superego é o herdeiro direto do complexo de Édipo*". M. Klein, baseada na sua observação de análise com crianças de tenra idade, entendia que o superego (os seus

precursores) é de formação muitíssimo mais precoce, tem uma natureza cruel e tirânica e está intimamente ligado à pulsão de morte.

7. *Complexo de Édipo.* Freud situou o início da formação do complexo de Édipo por volta dos 3-4 anos de idade da criança. Para ser coerente com a sua noção da precocidade do superego, M. Klein fez recuar o início da formação daquilo que ela veio a denominar *complexo de Édipo precoce*. Assim, ela inverte a equação de Freud, afirmando que é Édipo quem se forma no rastro do superego.

8. *Sexualidade.* Em relação à sexualidade feminina, Freud insistiu nas suas teses de que a mulher sempre tinha uma "inveja do pênis", enquanto Klein deu uma concepção bem mais ampla e distinta à noção de inveja, ligando-a diretamente às pulsões destrutivas, de modo que a "inveja do pênis seria secundária à angústia de castração dos seus genitais, devido à fantasia inconsciente de uma retaliação aos seus ataques ao corpo da mãe". Da mesma forma, Freud não admitia que a meninazinha já tivesse um conhecimento da sua vagina (seria, para ela, um pênis castrado), enquanto M. Klein acreditava que existe, por parte da menina, uma percepção das sensações vaginais, e da vagina como um órgão anatômico seu. Por outro lado, pode-se dizer que a ênfase que Klein deu ao arcaísmo da mente, e dela ter feito Édipo retroagir a etapas primitivas, desfigurou a essência do significado original dessa importante concepção de Freud.

9. *Narcisismo.* A noção de "narcisismo", para Freud, consistia no investimento da libido no próprio corpo, como um auto-erotismo, de *"sua majestade, o bebê"*. M. Klein não via vantagem na adoção desse postulado, tanto que, no curso de sua vasta obra, ela não empregou o termo "narcisismo" mais do que duas vezes para definir a sua crença de que o narcisismo não era mais do que uma busca do objeto idealizado presente na mente da criança. Poucos contestam que essa posição de M. Klein empobreceu em muito a sua teoria e sua técnica.

10. *Repercussão na Técnica.* A posição do analista seguidor de Freud ficava basicamente centrada na interpretação dos desejos edípicos, com as respectivas ansiedades e defesas contra a conseqüente angústia de castração. A partir de M. Klein, houve uma profunda ruptura desse paradigma técnico, no sentido de que os analistas kleinianos passaram a intepretar precipuamente as fantasias inconscientes mais diretamente ligadas à agressão e à inveja, assim como também para o assinalamento dos mecanismos defensivos os mais primitivos possíveis; a angústia de aniquilamento e de desintegração; as relações objetais internalizadas; os objetos parciais; o superego tirânico; a ansiedade paranóide, a maníaca e a depressiva; a formação de culpas e a necessária necessidade de fazer reparações, etc.

Por tudo isso, tais analistas adotaram uma postura interpretativa bastante mais ativa e precoce, o que, por si só, evidencia o quanto uma transformação paradigmática igualmente promove transformações na ideologia da psicanálise e na forma de o analista analisar. Da mesma forma como Klein promoveu mudanças no paradigma freudiano, também Bion efetivou profundas transformações na teoria kleiniana e, conseqüentemente, na prática clínica, porquanto teoria e técnica são indissociáveis.

O paradigma kleiniano representou um grande avanço na psicanálise, pois abriu as portas para o tratamento psicanalítico de pacientes psicóticos e outros mais que apresentam um alto grau de regressão, além de haver possibilitado um notável aprofundamento no entendimento do desenvolvimento emocional primitivo do bebê. Um terceiro paradigma que na atualidade já está definitivamente encorpado pelos psicanalistas e que, em sua maior parte, devemos às contribuições de Bion, é o que pode ser denominado *psicanálise vincular* (outros preferem chamar de "psicanálise das inter-relações", "psicanálise interacional"...).

Conquanto estes três consagrados paradigmas não sejam excludentes, pelo contrário, eles podem ser divergentes em muitos aspectos, porém conservam uma complementaridade entre si, não resta dúvida de que cada um deles determina substanciais mudanças na forma de praticar a psicanálise. A maior transformação, desde o período ortodoxo até o atual contemporâneo, consiste no fato de que na época de Freud vigia uma convicção "positivista" e absolutista, que considerava o analista como um observador neutro e objetivo, para não dizer o senhor absoluto, perfeitamente sadio do ponto de vista emocional e dono das verdades acerca do seu paciente. Assim, ao paciente caberia o papel único de trazer o seu "material", e ao psicanalista caberia a função de fazer um levantamento "arqueológico" das ruínas do passado do paciente, soterradas no seu inconsciente, trazendo-as ao momento atual, no consciente. Por essa razão, creio que cabe denominar a esse primeiro paradigma da psicanálise com a expressão *pulsional-histórico*. Igualmente, embora com uma nítida valorização das configurações objetais (bastante mais enfaticamente, as internalizadas), o paradigma kleiniano continuou persistindo na visão do terapeuta como um privilegiado observador objetivo, que conseguiria manter uma plena neutralidade e que, qual um juiz supremo, sabia perfeitamente o que era o correto e o mais apropriado para o seu paciente. Como a ênfase da teoria e técnica kleiniana incidia enfaticamente nas relações objetais internalizadas, com as respectivas fantasias inconscientes, proponho denominar esse paradigma como *Objetal-Fantasmático*.

O contemporâneo paradigma vincular está apoiado no "*princípio da incerteza*" (de Heisenberg) o qual explica o fato de que, em qualquer observação, o próprio observador, no caso o analista, intervém na realidade do fenômeno que está sendo observado – sendo que esse aspecto representa uma significativa importância para o curso da análise. Do mesmo modo, fundamentados na crença de que o paciente e o analista também são duas *pessoas reais* e adultas, com as suas inevitáveis limitações e angústias, tornou-se consensual entre os psicanalistas que é impossível continuar concebendo o modelo unipessoal do processo analítico, e tampouco que este seja linear e seqüencial, mas, sim, que a análise consiste num modelo dialético entre o analista e o analisando, onde as *teses* apresentadas pelo analisando são confrontadas com as *antíteses* propostas pelo analista, de modo que resultam *sínteses* (*insights*), que funcionam como novas teses, num sucessivo movimento espiralar ascendente, em planos gradualmente mais amadurecidos na mente do analisando, nos casos exitosos. Esse modelo dialético, direta e necessariamente, implica a capacidade para *pensar* as experiências emocionais, daí que proponho denominar esse terceiro paradigma da psicanálise como *Vincular-Dialético*.

Ademais, lenta e gradativamente, os autores estão superando a convicção dogmática de que a verdade só pode ser encontrada numa leitura ou releitura correta de Freud, ou que, de alguma forma, a verdade em psicanálise deva necessariamente estar ligada a Freud (houve época em que qualquer discordância com Freud, ou M. Klein, era considerada uma heresia, uma posição antianalítica), sendo que o referido desprendimento desse radicalismo está possibilitando uma maior liberdade, criatividade, com reflexos imediatos na técnica e prática.

Penso que pode servir como exemplo dessa abertura de novos vértices psicanalíticos, não só a obra de Bion que, sobretudo, privilegia a visão de que a maior tarefa do analista é a de auxiliar o seu paciente a desenvolver a capacidade para *pensar* as experiências emocionais, as primitivas e as novas, como também existem outros enfoques contemporâneos, como: 1) Uma crescente valorização das representações e funções do ego, não unicamente as inconscientes, mas também as do *ego consciente*. 2) O importante papel na formação do inconsciente do sujeito, exercido pelos *significados* que são veiculados pelo discurso dos pais diante dos fatos vividos, tal como enfatiza Lacan. 3) Logo, com uma conseqüente valorização do aspecto da *transgeracionalidade*. 4) Também vem adquirindo uma maior atenção, na psicanálise, os aspectos de como o indivíduo está inserido no seu meio *grupal* (família, sociedade, instituições), com os respectivos *papéis* que, desde criança, ele foi "programado" para desempenhar. 5) Um vértice psicanalítico que adquiriu uma grande relevância consiste na importância e na freqüência crescente dos pacientes que procuram tratamento analítico devido a problemas ligados à baixa auto-estima e a *transtornos do sentimento de identidade*, como é a noção de *falso self*, de Winnicott. 6) Um outro aspecto que vem assumindo um estatuto de paradigma é a psicanálise voltada para crianças portadoras de um "autismo secundário", resultante de uma rígida "carapaça protetora" (ou "concha autista") e que necessitam de uma outra abordagem técnica para serem "encontrados" e "despertados" pelo analista, visto elas estarem realmente *perdidas*, como mostram Tustin (1986) e A. Alvarez (1992) e que estão à espera de que os seus *buracos negros* existenciais venham a ser percebidos e preenchidos. Todos esses últimos aspectos, quero crer, estão presentes e exigem as mesmas mudanças técnicas naqueles pacientes adultos que estão num estado de *desistência*, em cujo caso, eles estão tão defendidos e desesperançados que o "seu único desejo consiste em nada desejar", tal como será melhor explicitado mais adiante. Entendo que esse vértice de entendimento psicanalítico para determinados pacientes, cada vez mais numerosos – enfocado não tanto nos conflitos, mas nos vazios resultantes das primitivas carências e déficits – possa estar representando uma abertura para um quarto paradigma, que pode ser denominado *Déficit – Buracos Negros interiores.*

FUNÇÃO CONTINENTE

A contemporânea "psicanálise vincular" está fundamentalmente baseada no modelo da relação *continente-conteúdo,* tal como foi concebida por Bion, que partiu da noção de que para todo "conteúdo" (composto por uma massa de necessidades, angústias, objetos ameaçadores, etc.) que necessita ser projetado, deve haver um "continente" receptor. Desta forma, assim como a função continente da mãe é indispensável para acolher, conter e processar as identificações projetivas do filho – condição *sine qua non* para o desenvolvimento emocional do bebê, ou da criança – igualmente é indispensável que, na situação analítica, com qualquer paciente, o terapeuta possua essa condição. Não custa ressaltar que a noção de "continente" não deve ser confundida com a de um mero "*recipiente*", que alude a uma situação meramente passiva, cuja função não vai além de um depósito de dejetos. Pelo contrário, o conceito de continente significa um processo ativo, pelo qual a mãe (ou analista) *acolhe* as identificações projetivas colocadas *dentro* dele, as *contém, decodifica, transforma, dá um sentido, um significado, um nome,* e só então as devolve para o filho (paciente), devidamente desintoxicadas, em doses suaves e parceladas.

Estamos tão acostumados com o emprego da noção de "continente" que nem sempre nos damos conta de que ela partiu originalmente de Bion, e, principalmente, que esse conceito, em comparação com os paradigmas anteriores, veio a mudar fundamentalmente a tomada de consciência e a posição do analista em relação ao seu papel no vínculo analítico, muito mais particularmente com os pacientes regressivos.

Muitos psicanalistas, eu incluído, acreditam que naqueles pacientes de estruturação psicótica, a *atitude psicanalítica interna* do terapeuta (resultante de uma composição de uma série de atributos que estão mais explicitamente descritos no capítulo 41) assume uma alta relevância, provavelmente maior do que as interpretações clássicas, centradas nos conflitos, com a ressalva que de modo algum estejamos menosprezando a essas últimas. Pelo contrário, a "atitude empática e continente" do terapeuta de forma nenhuma deve ser confundida com uma atitude de ele "ser bonzinho" ou de nunca frustrar o seu paciente, de sorte que é necessário estar alerta para que o importante fator de função continente não ocupe o lugar das interpretações, porquanto ambas se complementam entre si.

Um outro aspecto relativo à função de "continente" consiste no fato de que ele não diz respeito unicamente à capacidade de o sujeito conter as projeções de um outro, como geralmente supõe-se, mas também designa a capacidade – a ser desenvolvida na análise como uma das metas mais importantes – de o indivíduo "conter" as suas próprias angústias e experiências emocionais, de modo a não ter que negar, atuar, somatizar ou repeti-las indefinidamente.

PARTE PSICÓTICA DA PERSONALIDADE

Trata-se de uma contribuição de Bion que, expandindo as postulações de Freud e M. Klein, concebeu que todo indivíduo conserva na sua mente a coexistência recíproca, e em permanente interação, entre o que Bion denomina "parte psicótica da personalidade" (atenção: não confundir com psicose clínica, tal como é descrita na psiquiatria) com uma outra parte, a "não-psicótica (ou neurótica) da personalidade". Essa conceituação adquire uma significativa importância na prática analítica contemporânea porque o terapeuta fica muito mais receptivo às manifestações regressivas do paciente (como são as agressivas, confusionais, masoquistas, perversas, depressivas, maníacas, psicossomáticas, etc.), que costumam provocar reações contratransferenciais muito difíceis. Essas últimas tanto podem adquirir um caráter patogênico como podem reverter para um estado de empatia do analista para com o seu paciente, se elas forem consideradas bem-vindas à análise, porque o seu surgimento indica que o paciente está propiciando um acesso a essa parte psicótica, a qual, em algum grau, é inerente ao ser humano, e que, por isso mesmo, deve ser bem analisada.

Cabe recordar que, acompanhando Bion, os seguintes elementos psíquicos compõem essa "parte psicótica": a existência de fortes pulsões agressivo-destrutivas, com predomínio da inveja e voracidade; um baixíssimo limiar de tolerância às frustrações; as relações mais íntimas, com outras pessoas próximas, são predominantemente de natureza sadomasoquista; há um uso excessivo de *splittings* e de identificações projetivas; existe um grande ódio às verdades, tanto as internas quanto as da realidade externa; conseqüentemente, há uma preferência pelo "mundo das ilusões". Como resultado do ódio às verdades, há um ataque contra os vínculos de percepção e aos do juízo crítico; existe um sensível prejuízo na capacidade das funções do pensamento verbal, de formação de símbolos, do conhecimento e do uso da linguagem como forma de comunicação.

As capacidades para pensar e aprender com as experiências ficam substituídas pela onipotência e pela onisciência, enquanto a arrogância ocupa o lugar do orgulho sadio, ao passo que a confusão fica a serviço de impedir uma discriminação entre o verdadeiro e o falso. Também existe nessa "parte psicótica" a existência de um "super"-superego, que se diferencia do conceito convencional de superego, porquanto o primeiro designa uma organização psíquica do sujeito, que dita as suas próprias leis de convívio humano e quer impô-las aos outros, na base de que ele "tudo sabe, pode, controla e condena".

PACIENTES DE "DIFÍCIL ACESSO"

Na época de Freud, a psicanálise clínica estava restrita aos pacientes neuróticos. Com as revolucionárias concepções de M. Klein acerca do desenvolvimento emocional primitivo do bebê, a psicanálise ampliou as possibilidades de entender e, assim, tratar analiticamente determinados pacientes psicóticos. Os estudos de alguns dos mais notáveis seguidores diretos de M. Klein propiciaram uma abertura significativamente maior do leque de possibilidades para pacientes que até então eram aprioristicamente considerados não analisáveis, como os casos de perversão, psicopatia, *borderline*, drogadicções, autismo, psicossomatizadores, neuroses graves, psicoses afetivas (até há pouco tempo, conhecidas como "psicoses maníaco-depressivas").

Dentre os autores mencionados, todos eles partindo de uma respeitável experiência clínica de análise com psicóticos, cabe citar Bion (com seus estudos sobre os processos da formação e utilização da linguagem e do pensamento nos esquizofrênicos); H. Segal (1954) (com a sua importante distinção entre "símbolo" e "equação simbólica", tal como essa última é utilizada por psicóticos); Rosenfeld (em inúmeros artigos, publicados em seu livro *Estados psicóticos* (1965), bem como, também, com os seus importantes trabalhos sobre "narcisismo", muito particularmente a sua noção de "gangue narcisista"(1971); Meltzer (1975) (por meio de seus estudos sobre "perversões" e da sua descrição de um estado de "desmantelamento" (corresponde a uma espécie de "desmantelamento") que acontece nos estados autistas; Winnicott (com seus perduráveis estudos originais acerca do desenvolvimento primitivo da criança, levando em conta as conseqüências na criança decorrentes das falhas daquela mãe que não funciona de forma "suficientemente boa"; e, mais recentemente, Steiner (1981) com a sua concepção de "organização patológica", e B. Joseph (1975) que estudou aqueles analisandos que chama de "pacientes de difícil acesso").

Essa última denominação alude àqueles pacientes que, de certa forma, independentemente do seu grau de regressão, embora manifestamente colaborem com a análise, na verdade não passam de "pseudocolaboradores", pois eles não permitem um acesso às zonas ocultas do seu inconsciente, de sorte que não se produzem verdadeiras mudanças psíquicas. MacDougall (1978) chega a chamar esses pacientes de "antianalisandos".

A psicanálise contemporânea vem enfatizando a existência, entre outras, de três situações que caracterizam "pacientes de difícil acesso": 1) Os que são *somatizadores* (em cujo caso, no lugar de pensar e fantasiar, eles fazem uma espécie de "curto circuito" e expressam a angústia através do corpo). 2) Os portadores de uma *gangue narcisista* (ou "organização patológica") que, qual uma máfia, promove arranjos perversos dentro do *self*, de modo a sabotar qualquer possível crescimento da parte dependente e frágil do paciente. 3) Em um grau mais extremo e difícil de ser trabalhado pelo analista, aqueles pacientes que estão defensivamente escudados em uma *cápsula autista*.

PACIENTES COM "CÁPSULA AUTISTA"

Cada vez mais, as investigações da psicanálise inclinam-se das neuroses para as situações clínicas que resultam das fixações, ou regressões, concernentes às etapas mais primitivas do desenvolvimento emocional. Dentre as referidas situações clínicas, existe uma que há mais de 50 anos vem preocupando os analistas pesquisadores dos transtornos autísticos de certas crianças, não aqueles que são de natureza genético-neurológica, mas, sim, os quadros de "autismo psicogênico" (ou "autismo secundário"), nos quais essas crianças parecem "desligadas" do mundo exterior e transmitem-nos a impressão de que elas olham, não *para* as pessoas, porém *através* delas. A esse respeito, a psicanálise contemporânea, principalmente a partir de F. Tustin (1986), fez duas revelações muito importantes: a primeira é a comprovação de que essas crianças sofrem de "vazios", uma ausência quase absoluta de emoções, ou seja, elas estão cheias daquilo que Tustin chama de *buracos negros* (nome tirado da física cósmica que designa uma espécie de "autofagia" da luminosidade das estrelas), os quais são resultantes da formação de uma rígida carapaça, uma "concha autística" contra a ameaça de um sofrimento provindo das frustrações impostas pela realidade exterior. A segunda revelação relativa à existência desses "buracos negros" na constelação psicológica, que começa a ocupar a atenção da moderna psicanálise, é a de que esses estados autísticos não são exclusivos das crianças, mas sim que tais transtornos também são encontrados em certos estados neuróticos de adultos e, mais notadamente, em situações psicopatológicas mais regressivas, como psicoses, *borderline,* perversões, drogadicções, etc., sendo que um fator comum em todos eles parece ser o de uma "separação traumática do corpo da mãe", em um período no qual ainda não se processara suficientemente bem na criança a etapa de uma "diferenciação" ("discriminação") com a mãe, com um conseqüente prejuízo das subetapas de "separação" e "individuação", se usarmos a terminologia de M. Mahler (1975).

A importância dessas constatações reside no fato de que tais pacientes, como já foi assinalado, requerem uma outra abordagem técnica que consiste em o terapeuta sair ativamente em busca desse paciente, criança ou adulto, que, mais do que escondido ou fugindo, está realmente perdido e necessitado de ser encontrado e "sacudido", para despertá-lo de um estado de "desistência" de viver a vida, conformado que ele está em unicamente sobreviver, qual um vegetal. Dizendo com outras palavras: o fundamental é que o analista possa propiciar a esse tipo de paciente algum tipo de "experiências de ligação", já que não adiantam as interpretações do analista, por mais corretas que elas sejam, porque esse paciente escudado na sua cápsula autística não se liga a elas; tampouco adianta uma boa função continente do terapeuta, porquanto o paciente "não está nem aí" e não fica sensibilizado pela "continência" que lhe é oferecida.

Por isso, Tustin faz a metáfora de que para esses casos o *setting* analítico seja uma espécie de "útero psicológico", que ele funcione como uma "incubadora" para que o *self* em estado prematuro possa obter aquelas provisões essenciais para o seu desenvolvimento, que não se realizaram na sua infância. Assim, a proposta analítica contemporânea é aquela antes referida, a de, de alguma forma, ir ao encontro, e sacudir, sacudir, sacudir as emoções escondidas atrás do escudo protetor, até obter alguma resposta que sirva de escada para novas sacudidas, com vistas a transformar um estado mental de *de-sistência* num outro de *ex-sistência*.

A COMUNICAÇÃO NÃO-VERBAL

Como, proporcionalmente, tem aumentado o número de pacientes com estruturação regressiva que procura o tratamento analítico para o seu sofrimento, também paralelamente a comunicação não-verbal vem assumindo uma importância cada vez maior na situação analítica. Destarte, também é a Bion que devemos dois assinalamentos relativos ao problema da comunicação: um consiste no fato de que nem sempre o discurso verbal do paciente serve para comunicar, pelo contrário, com relativa freqüência, ele pode estar a serviço de *não* comunicar, por meio do recurso de, usando as palavras como um "soporífero verbal" (Bion, 1992), causar no analista um estado de confusão, torpor, irritação, tédio, etc., de sorte a reduzir significativamente a capacidade perceptiva do terapeuta, assim impedindo uma eficaz atividade interpretativa que certos pacientes tanto temem.

Em contrapartida, os analistas atuais estão muito mais atentos àquelas formas de linguagem que estão muito aquém e além das palavras, porém que, para um analista "bom entendedor", elas podem estar servindo como uma importante forma de comunicar, de dizer acerca de sentimentos que nem o paciente sabe explicar por que e como eles existem dentro dele, pois os mesmos ainda não estão representados com palavras, e que justamente por isso constituem um tipo de ansiedade que Bion nomina de "terror sem nome". Essa linguagem não-verbal pode vir por meio de gestos, somatizações, *actings*, etc., porém os analistas modernos sabem o quanto é relevante a comunicação primitiva que provém dos "efeitos contratransferenciais" provocados no analista.

Como exemplo: em uma recente supervisão, centrada numa primeira entrevista com uma paciente de características *borderline,* a analista nos disse que, ao final da sessão que relatava, ela percebeu que se sentia confusa, cansada, algo vazia, perdida e desesperançada, sem saber se a paciente voltaria para a próxima sessão agendada e se realmente ela deseja tratar-se; mas, ao mesmo tempo, a analista ficou muito tocada quando a paciente referiu que gostava de pintar e que vinha guardando tintas com muitas cores. Não foi difícil percebermos que, por meio dessa desconfortável contratransferência provocada na mente da analista, a paciente comunicou-lhe, sem palavras diretas, tudo que ela queria transmitir de como ela sente o seu mundo interno, ou seja, era a própria paciente que fazia um pedido de socorro por estar sentindo-se perdida, confusa, vazia, sozinha, quase sem esperanças, ao mesmo tempo em que alentava a analista que valeria a pena que essa acreditasse e investisse na análise com ela, porquanto ela tinha um estoque de muitas cores (aspectos coloridos, embora latentes e congelados) à espera de serem resgatadas, pintadas e emolduradas (inicialmente necessitaria da "moldura-continente" da analista).

Ainda relativamente ao aspecto da comunicação na situação analítica, a psicanálise contemporânea está creditando uma igual importância à forma de como o analista transmite e, principalmente, de como ele recebe as mensagens provindas dos pacientes. A propósito, vale a pena transcrever essa afirmativa de J. MacDougall (1986): *"Assim como todos os outros seres humanos, nós, os analistas, temos dificuldades de ouvir ou perceber aquilo que não se enquadra em nossos códigos pré-estabelecidos"*.

SIGNIFICAÇÕES

Fundamentada em algumas importantes concepções de Lacan sobre a influência do discurso dos pais na estruturação do psiquismo inconsciente da criança, a psicanálise contemporânea implica na necessidade de que o analista não fique ligado unicamente na presença das pulsões com as conseqüentes fantasias inconscientes do paciente, mas sim que ele também atente para a forma como este analisando *significa* os fatos que estão acontecendo e as experiências emocionais que ele está vivenciando. Partindo deste vértice, fica facilitado para o terapeuta perceber o quanto a mente do paciente costuma estar impregnada de significados que, por exemplo, podem ser *fóbicos* (tudo parece perigoso e, por isso, deve ser evitado) ou *paranóides* (tudo foi-lhe significado no passado como ameaçador e por essa razão, o sujeito fica defensivo e querelante) ou *narcisistas* (tudo o que ele faz, ou pretende vir a fazer, deve ter o selo da perfeição, de forma que ele passa a vida num constante estado de sobressalto, apavorado com o medo do fracasso, e assim por diante. Assim, o analista da atualidade tem a tarefa de promover a *"dessignificação"* das significações patogênicas e possibilitar ao paciente a obtenção de *"neo-significações"*, desintoxicadas dos significados que lhe foram inoculados.

FUNÇÕES DO EGO

Cada vez mais os psicanalistas contemporâneos estão valorizando a forma como o paciente utiliza as funções mais nobres do seu ego, ou seja, de como ele *percebe* a si e aos outros, como *pensa, conhece, discrimina, ajuíza críticamente, comunica* e *age*. Neste contexto, muito especialmente a partir de Bion, a psicanálise moderna vem, sobremodo, valorizando dois aspectos essenciais: um consiste na necessidade de que o analista auxilie o paciente a desenvolver a capacidade para pensar as suas experiências emocionais, e o segundo aspecto refere-se à forma de como o paciente deseja, ou evita, tomar conhecimento das verdades.

Em relação ao *"pensar"*, pode parecer uma obviedade enfatizar esse aspecto já que, como muitos dizem, "quem é que não pensa? Pensar, todo mundo pensa". Creio que não é bem assim e, para sintetizar algumas das formas falhas de pensar, vou repisar uma frase que me ocorreu e que seguidamente emprego: *"Muitas pessoas pensam que pensam, mas não pensam, porque pensam com o pensamento dos outros (personalidades passivo-submetidas; falso self...), ou contra o pensamento dos outros (paranóides, narcisistas), ou de uma forma circular esterilizante, com os pensamentos sempre voltando para o mesmo ponto (caso dos obsessivos), ou com ataques auto-acusatórios, primitivos e desqualificatórios (melancólicos), ou orbitando em torno de seu próprio umbigo (como é a forma de pensar dos narcisistas)*, etc.

Ao contrário, os psicanalistas contemporâneos priorizam para os seus pacientes o desenvolvimento de uma *eficaz* capacidade para pensar, a qual consiste na necessidade de: 1) O analisando fazer um contato com aquilo que, de alguma forma, já preexiste dentro dele (corresponde ao *"conhecido não pensado"*, de Bollas, 1992). 2) Possuir um estado mental de "posição depressiva", ou seja, que ele tenha condições de aceitar perdas e aceitar o seu quinhão de responsabilidades e culpas. 3) Ter condições de perceber quando o seu pensamento tem características mágico-onipotentes, ou quando ele é "sincrético" (em cujo caso, toma a "parte como se fosse o todo". 4) Poder enfrentar as experiências emocionais difíceis, sem fugir delas pelas inúmeras formas evasivas e evitativas. 5) Estabelecer conexões, correlações e confrontos entre fatos (por exemplo, *insights* parciais) presentes e passados, sentimentos com outros sentimentos, idéias com idéias, sentimentos com idéias, etc, etc. 6) Sobretudo na psicanálise contemporânea, onde abundam os transtornos narcisistas, os analistas privilegiam o aspecto de o paciente poder pensar acerca da distância que vai entre o seu *ego ideal,* o *ideal do ego* e o *ego real.*

Em relação à situação analítica, no que diz respeito ao acesso às *verdades,* principalmente a partir da concepção de Bion sobre o "vínculo do conhecimento", esse aspecto adquire uma expressiva relevância na psicanálise contemporânea, porquanto ele possibilita a análise dos traços caracterológicos baseados nas múltiplas formas de mentiras e falsidades, assim propiciando a que o analista trabalhe na construção de que o paciente adquira não a posse das verdades, mas de uma personalidade de "pessoa verdadeira", única forma de um sujeito encontrar a "liberdade" para pensar e *ser* quem realmente ele é.

MÚLTIPLAS DIMENSÕES DO PSIQUISMO

Na atualidade, é consensual entre os analistas que não há uma uniformidade no psiquismo – tanto do paciente como do terapeutas – isto é, a mente de cada um deles comporta distintos aspectos que podem ser bem distintos entre si, por vezes parecendo ser absolutamente contraditórios ou em oposição, ou simplesmente representam várias dimensões em que o psiquismo pode funcionar, inclusive de forma harmônica.

Bion é um dos autores que mais enfatiza essa multidimensionalidade. Assim, ao referir-se à pessoa do analista, ele afirma que *"no consultório ele tem que ser uma espécie de poeta, artista, ou cientista, ou um teólogo* (1973, p.40). "*Ser (being) é mais importante do que conhecer, entender ou dizer*". Da mesma forma, em relação à própria psicanálise, Bion postula que a mesma se processa em três dimensões, sendo as do domínio dos *sentidos,* dos *mitos* e o da *paixão,* assim como ele também propôs que a psicanálise pode ser entendida a partir de três vértices: *matemático-científico; estético-artístico; místico-religioso,* aos quais, creio, podemos acrescentar um quarto vértice, o *existencial-pragmático,* tal foi a ênfase que Bion deu à importância das experiências emocionais sofridas na prática analítica.

Mais especificamente em relação à pessoa do paciente, Bion utiliza uma metáfora para a sua concepção de múltiplas dimensões do psiquismo humano: ele compara a mente com um mapa-múndi, sendo que, da mesma forma que esse, o psiquismo também sofre transformações com o correr do tempo; existem pontos cardiais psíquicos que apontam para uma direção ou outra; coexistem zonas pacíficas com outras turbulentas, superfícies amenas e montanhas íngremes, climas tórridos e zonas glaciais, etc.,etc. Por essa razão, Bion insiste na necessidade de que o analista consiga sintonizar com qual dimensão psíquica o paciente está-se relacionando com ele num determinado momento da análise (é com a "parte psicótica" ou a "neurótica"?, a da "criança" ou a do "adulto"?, a que colabora ou a parte que boicota?, e assim por diante).

Meltzer, por sua vez, em *Exploración del autismo* (1975), no qual trata do problema da "adesividade", descreve quatro tipos de espaço mental que ele denomina *dimensionalidade da mente,* sendo que cada um dos respectivos espaços guarda um desenvolvimento próprio e características específicas. Assim, ele considera o *espaço unidimensional,* como aquele no qual o tempo e o espaço se fundem numa dimensão linear, não se distinguem entre si, e não permitem a formação de memória e muito menos do pensamento. Esse tipo de espaço primitivo – característico dos estados autísticos – é comparado por Meltzer a uma ameba, que comunica-se com o mundo unicamente através da emissão de pseudópodos (vale dizer, no caso dos autistas, de *pseudópodos mentais*). O espaço *bidimensional,* característico da "identificação adesiva", não vai além de um contato – de superfície – do ego do sujeito, com outras "superfícies" de pessoas necessitadas, que são valorizadas somente pelo que elas gratificam ou frustram. O espaço mental *tridimensional* é aquele no qual predominam as identificações projetivas, o que possibilita a fantasia do sujeito de "entrar e sair de dentro do objeto", assim definindo um "tempo oscilatório" e um esboço de espaço próprio. Essas identificações – adesivas, projetivas e introjetivas – quando usadas em excesso, impedem a emancipação do objeto e determinam os quadros de "pseudomaturidade", no qual tais indivíduos sentem uma inautenticidade. O espaço *tetradimensional* é concebido por Meltzer como aquele no qual, saindo do narcisismo e passando satisfatoriamente pela posição depressiva, o sujeito adquire uma discriminação de espaço e tempo, reconhece a existência e autonomia do outro, de modo que a mente encontra um espaço que lhe permite perceber, conhecer e pensar.

Seewald, em seu importante trabalho, que constitui o capítulo 39 do presente livro, embora partindo de um outro vértice, diferente daquele de Meltzer, também descreve quatro dimensões da mente, sendo que essa concepção, tal como a descreve, representa ser bastante relevante na prática analítica contemporânea.

FENÔMENO DA NEGATIVIDADE

Ainda dentro da compreensão de que a mente não comporta uma única dimensão e, muito menos, que os fatos psíquicos sigam uma ordem linear, ou, tampouco, obedeçam ao princípio de causa-efeito, é importante consignar que existe no psiquismo o fenômeno da *negatividade*. A mesma alude ao fato de que os opostos e contraditórios *não são excludentes* entre si, pelo contrário, eles *são includentes*, sendo que o arranjo dos contrários é que propicia a formação de unidade, de um todo integrado (seria importante se, na sua atividade interpretativa, no lugar do costumeiro emprego da conjunção alternativa "**ou**", os analistas empregassem prioritariamente a conjunção *copulativa* "**e**").

Dizendo com outras palavras: uma coisa não pode existir sem que haja ao mesmo tempo uma "não coisa", de modo que a toda matéria corresponde uma "antimatéria", o bonito só existe porque contrasta com o feio, o branco com o preto, etc., etc. A propósito do "jogo dos contrários" exemplificado com o "branco" e o "preto", vale a metáfora de que, tomados isoladamente, o branco ou o preto não nos diriam nada e provocariam uma monotonia entediante; no entanto, eles podem ser arranjados de uma forma tal que componham um tabuleiro de xadrez, que pode ter uma excelente utilização. É desnecessário frisar que estamos nos referindo aos "brancos" e "pretos", entre tantos outros pares equivalentes que compõem o psiquismo de nossos pacientes.

NA PRÁTICA ANALÍTICA

A psicanálise contemporânea prossegue conservando os ideais e os princípios básicos concebidos por Freud (noção do inconsciente, pulsões, ansiedades, fenômenos do campo analítico, etc.), embora apresente profundas transformações nas concepções teóricas, notadamente nas que dizem respeito ao desenvolvimento emocional primitivo. Igualmente, existem mudanças na forma de compreender os pacientes, como vimos na amostragem deste texto e, conseqüentemente, também existem sensíveis modificações nos aspectos técnicos.

Assim, desde os critérios de *seleção* dos pacientes para a indicação de análise como sendo o tratamento de escolha para uma determinada pessoa, passando pelas características das combinações do *contrato* analítico e levando em conta os demais aspectos fundamentais do campo analítico, como o *setting*, a observância das *regras técnicas* legadas por Freud, os fenômenos *resistenciais*, os *transferenciais, contratransferenciais,* as formas de *comunicação, interpretação, actings*, aquisição de *insights, elaboração* e critérios de *cura*, ficam claramente evidenciadas as profundas mudanças da técnica psicanalítica da psicanálise contemporânea comparativamente com a dos períodos anteriores.

Também está havendo uma maior liberdade em relação à introdução de eventuais *"parâmetros" técnicos* (desde que o analista tenha absoluta segurança de que a mesma não vá afetar a necessária preservação da essência básica do *setting*). Pode servir como exemplo disso a crescente utilização, por parte de muitos psicoterapeutas, do recurso técnico que pode ser denominado como **intervenção vincular**, e que consiste na eventualidade de o analista, no curso da terapia que obedece ao método analítico, durante um determinado período, fazer reuniões conjuntas do seu paciente com um cônjuge, filho, pais, etc., com a finalidade de poder observar melhor como se processa a dinâmica das *configurações vinculares*. Parece que o emprego desse método, em algumas situações muito especiais, possibilita sensíveis vantagens, como, por exemplo, poder trabalhar mais eficazmente com o importante e freqüentíssimo problema dos "mal-entendidos", resultantes dos distúrbios da *comunicação*, dentre tantas outras possibilidades mais.

Todos os aspectos que neste capítulo apareceram, não mais do que superficialmente apenas mencionados, serão detida e separadamente descritos nos respectivos capítulos específicos. Porém, a título de exemplificação das aludidas transformações, cabe mencionar o quanto certos fenômenos de ocorrência inevitável no campo analítico, que até há algum tempo atrás eram considerados nocivos para uma boa marcha da análise, hoje são entendidos e utilizados pelo analista como uma importante fonte de acesso a regiões desconhecidas do inconsciente e, principalmente, como um meio de comunicação dos transtornos do *self* e das inter-relações humanas.

Assim, a "resistência", que durante muito tempo foi interpretada como uma oposição à análise, hoje, embora com a ressalva de que em alguns casos as resistências se organizam de uma forma permanentemente obstrutiva ao processo analítico, de modo geral, é considerada bem-vinda ao campo analítico, porquanto se constitui como uma excelente bússola que permite ao analista perceber como funciona o ego do paciente no mundo da realidade exterior, do *que, porquê, para que e como*, ele defende-se, às custas de uma automutilação de suas capacidades.

O mesmo poderia ser dito em relação aos *actings* do paciente, suas somatizações, manifestações agressivas, falsificações, etc, etc. A "transferência", virtualmente, é considerada indissociada da contratransferência, sendo que, atualmente, mais importante do que simplesmente a qualidade do afeto é a observação dos *efeitos* contratransferenciais, assim como é igualmente relevante a percepção dos, nada raros, *conluios* resistenciais/contra-resistenciais, transferenciais-contratransferenciais. Da mesma forma, as "interpretações" do analista, na atualidade, não são tanto medidas pelo acerto do conteúdo delas, mas muito mais pela sua eficácia, e isso implica levar em conta, acima de tudo, o *destino* que as interpretações tomam na mente do paciente.

O critério de "cura" também vem sofrendo alguma transformação, de acordo com a proposição de Bion, no sentido de que, antes de uma resolução única dos conflitos que provocam sintomas e transtornos caracterológicos, em um continuado processo evolutivo da análise para um progressivo estreitamento da conduta neurótica do paciente, tal como o modelo de um funil, o êxito analítico deveria, ainda segundo Bion, ser pautado por crescentes aberturas da mente, que ele denomina "um universo em expansão", sendo que o modelo que a mim ocorre é o de um "funil invertido", que alargue cada vez mais as capacidades do paciente para pensar, conhecer, ser autêntico, livre – inclusive nas áreas dos prazeres e lazeres – e construir um espaço mental para um exercício permanente de auto-análise, pela obtenção, na análise, de uma "função psicanalítica da personalidade".

PARTE 2

Teoria

A Estrutura e o Funcionamento do Psiquismo

O simples título deste capítulo dá uma idéia da enorme abrangência conceitual que ele permitiria – virtualmente toda a psicanálise –, caso a pretensão fosse a de uma completude, o que, praticamente, demandaria um livro especial. Destarte, o propósito do presente texto é eminentemente de natureza pedagógica, tentando estabelecer uma síntese, quase que à moda de um glossário, a fim de situar aquele leitor que ainda não esteja completamente familiarizado com as, essenciais, concepções genético-dinâmicas que fundamentam a metapsicologia, teoria, técnica e prática da psicanálise. Por esta razão, a maioria dos conceitos deste capítulo aparece repetida em diversos outros capítulos.

PRINCÍPIOS BÁSICOS DE FREUD

O termo "*princípio*" é bastante utilizado nas ciências em geral, e designa um "ponto de partida" para a construção de um sistema ideativo-cognitivo que mantenha uma certa lógica. Pode-se depreender a existência de vários e distintos princípios que estejam agindo simultaneamente e interagindo entre si, embora cada um deles mantenha uma autonomia conceitual, com regras e leis específicas. No campo da psicologia e da psicopatologia, rastreando historicamente as então revolucionárias concepções de Freud, podemos enumerar os seguintes princípios do psiquismo:

Existência das Pulsões

A palavra *pulsão* (empregada por Freud com o termo original alemão *trieb*) alude a necessidades biológicas, com representações psicológicas, que urgem em ser descarregadas, sendo que é necessário distingui-lo de *instinto* (tradução do termo *instinkt*, que também aparece na obra de Freud, embora poucas vezes), o qual designa mais explicitamente fixos padrões hereditários de comportamento animal, típicos de cada espécie. Na literatura psicanalítica, eventualmente a noção de "pulsão" pode aparecer com a terminologia de "impulsos" ou de "impulsos instintivos".

Inicialmente, Freud enunciou as pulsões do *ego* (também denominadas como de "autopreservação", cujo protótipo é o da "fome") e as *sexuais* (ou de "preservação da espécie"), sendo que, após sucessivas modificações, mais precisamente a partir do clássico trabalho *Além do princípio do prazer*, de 1920, ele estabeleceu de forma definitiva a dualidade de *Pulsões de Vida* (ou Eros) e *Pulsões de Morte* (ou Tanatos), que, em algum grau, coexistem fundidos entre si.

Segundo Freud (1915), a pulsão é conceituada como sendo "o representante psíquico dos estímulos somáticos" e os seus componentes são os seguintes: 1) *Fonte* (no alemão original é *quelle*) diz respeito ao órgão, partes do corpo ou zonas erógenas, de onde procedem os estímulos. 2) *Força* (*drang*) refere-se a uma quantificação da energia que busca descarga motora, sendo que esse aspecto da pulsão é o que fundamenta o ponto de vista "econômico". 3) *Finalidade* (*ziel*) consiste na necessidade de uma "satisfação" imediata, a qual, originalmente, só pode ser obtida por meio de uma "descarga" motora ou pela eliminação do estímulo procedente de alguma fonte. 4) *Objeto* (*objekt*) constituía-se para Freud "naquilo em relação ao qual ou pelo qual a pulsão é capaz de atingir a sua finalidade". Como derivado direto desses quatro componentes essenciais da pulsão, deve ser acrescentada uma quinta característica, a do *investimento pulsional* (*bezetzung*), que foi traduzida para o inglês como *cathexis* e para o português como *catéxis* ou *catexia*. O significado original da palavra *bezetzung* é "ocupação", e como tal é entendido pelos autores da atualidade.

Embora, pela sua especial importância, o tema "pulsões" constitua um capítulo específico (o de número 9), é útil acrescentar neste resumo mais dois aspectos: um é o de que um mesmo "objeto", parcial ou total, pode servir ao mesmo tempo a várias pulsões, como podemos depreender do uso da "boca", que tanto pode servir para a satisfação das necessidades alimentares como também para aquelas eróticas ou agressivas, e assim por diante. O segundo aspecto é que a noção de "objeto" não deve ficar restrita à presença de algo ou de alguém que está alheio ao indivíduo; assim, o próprio *corpo* pode servir ao mesmo tempo como uma "fonte" e como um "objeto" da finalidade pulsional, tal como Freud genialmente concebeu em seus estudos sobre o narcisismo.

Princípios do Prazer e da Realidade

Originalmente, o "princípio do prazer" era denominado por Freud "princípio do prazer-desprazer", pelo fato de que ele significava que o incipiente aparelho psíquico tendia a livrar-se, descarregando a todo e qualquer estímulo que provocasse desprazer, visando reduzir ao mínimo a tensão energética (este último aspecto alude ao "princípio da constância", descrito mais adiante). Posteriormente, Freud descreveu que os aumentos da tensão psíquica poderiam ser prazerosos, como seria o caso de um acúmulo e de uma retenção temporária da excitação sexual.

O "princípio do prazer" alude essencialmente ao significado de que a catéxis pulsional demanda uma gratificação imediata, sem minimamente levar em conta a realidade exterior. O melhor exemplo disso é a formulação de Freud sobre a "satisfação alucinatória dos desejos", pela qual o bebê substitui o seio faltante pela sucção do seu próprio polegar. Outros exemplos equivalentes, nos estados adultos, podem ser os que constituem os devaneios, fantasias inconscientes, crenças ilusórias, produções delirantes, impulsividade, etc.

No entanto, essa satisfação mágica e ilusória sempre acabará sendo frustrante e decepcionante porque ela não suporta as exigências e necessidades da realidade, como é, por exemplo, o caso de uma fome real que fatalmente não se satisfará com a substituta sucção do polegar, o que vem a determinar a instauração do "princípio da realidade".

Freud descreveu o surgimento de ambos os princípios de uma forma sucessiva e seqüencial, porém, na atualidade, principalmente a partir de Bion, considera-se que de alguma forma os "princípios do prazer e o da realidade" estão sempre presentes, de forma simultânea, e interagem ao longo de toda a vida, mesmo que, no adulto, as demandas imediatistas e mágicas do princípio do prazer possam estar ocultas.

Princípio da Constância

Ainda como uma decorrência direta da necessidade de livrar-se dos estímulos desprazerosos, quando está dominado pelo princípio do prazer, o psiquismo tende a reproduzir o mesmo recurso que a medicina estuda sob o nome de "princípio da homeostase biológica", isto é, existe a necessidade da busca de um perfeito equilíbrio das tensões orgânicas provenientes de distintas partes do próprio organismo humano. Da mesma maneira, o "princípio da constância" visa à obtenção da menor tensão psíquica possível, tanto por intermédio do recurso da evitação e afastamento da fonte de estímulos desprazerosos, como também pela via de uma "descarga" que possibilite uma nivelação equilibradora.

O "princípio da constância" também é conhecido como "princípio de Nirvana". No entanto, cabe apontar uma pequena diferença entre o que ambos designam. Assim, enquanto o primeiro deles faz referência a uma simples diminuição da tensão psíquica, o princípio de Nirvana alude a uma diminuição de toda excitação ao zero absoluto, o que, de fato, vem a configurar a "pulsão de morte" segundo a concepção original de Freud, e que mais precisamente refere-se a uma volta da célula viva ao anterior estado inorgânico, portanto, a um estado de morte.

Princípio da Compulsão à Repetição

O próprio Freud não se sentia à vontade com a sua original postulação do "princípio do prazer", porquanto o mesmo não conseguia explicar-lhe satisfatoriamente os fenômenos psíquicos repetitivos de natureza não-prazerosa, que ele observava com grande freqüência nos casos de sonhos angustiosos, nos atos-sintomas masoquistas, nas neuroses traumáticas, principalmente nessas últimas com o volumoso surgimento das "neuroses de guerra" advindas no curso da Primeira Guerra Mundial de 1914-18. De forma análoga, ele também percebia que as crianças repetem jogos, brincadeiras e relatos de estórias como uma tentativa de *elaborar* ativamente aquilo que elas sofrem passivamente, como pode ser algum forte susto traumático, a perda de alguma pessoa importante, etc.

Assim, Freud constatou que essa compulsão (*zwang*) repetitiva procedia de uma intensa força provinda do interior do indivíduo e que estava situada "além do princípio do prazer", sendo que o amadurecimento dessa idéia culminou em 1920, em cujo trabalho ele postulou a existência de uma "pulsão de morte", como já foi referido. Com essa concepção metapsicológica, Freud conjeturou que a pulsão de morte repete-se de forma compulsória como uma forma primacial de fazer o organismo vivo voltar ao estado inorgânico anterior, tal como está contido na sentença bíblica de "...vens do pó e ao pó voltarás". Conquanto Freud tivesse procurado fundamentar essa sua concepção da pulsão de morte por meio de especulações relativas a desenvolvimentos de ordem biológica, o certo é que desde então, e até os dias atuais, os analistas dividem-se entre os que aceitam e consideram essa postulação como importante, inclusive para a prática analítica (entendimento do masoquismo primário, por exemplo), enquanto outros refutam-na totalmente.

Narcisismo Primário e Secundário

Embora Freud já viesse lançando algumas idéias daquilo que ele viria a conceituar como "narcisismo", tal como aparece em Leonardo (1910), foi em seu importantíssimo trabalho *Sobre o narcisismo*, de 1914, que ele estabeleceu de forma consistente e categórica os fundamentos metapsicológicos dessa, então revolucionária, concepção de narcisismo. O interessante disso, vale lembrar, é que esse clássico trabalho foi elaborado por Freud como uma réplica a Jung, que acabara de assumir uma total dissidência do círculo freudiano e que contestava a teoria da sexualidade com o argumento de que essa teoria de Freud não poderia explicar as psicoses, tendo em vista que tais pacientes não demonstravam interagir libidinalmente. Para contestar esse desafio do desafeto Jung, Freud teve a genial centelha de conceber que o sujeito tomava o seu próprio corpo como sendo ao mesmo tempo uma *fonte* e um *objeto* da libido sexual.

Essa última concepção caracteriza o que Freud veio a conceituar como *narcisismo primário,* que inicialmente ele postulou como sendo uma etapa evolutiva sucedendo uma anterior que ele denominara como a do *auto-erotismo*. Posteriormente, no entanto, ambas as denominações e conceitualizações ficaram superpostas e igualadas entre si.

A maioria dos autores considera que o protótipo mais fiel da "narcisismo primário" é o da vida intra-uterina. Assim, Freud concebia que nesse tipo de narcisismo haveria uma total indiferenciação entre o ego – submetido e confundido com o id – com a realidade exterior. A primeira estranheza que essa postulação sempre provocava nos estudiosos refere-se ao fato óbvio de que o bebê não poderia ignorar a mãe, porquanto ele depende vitalmente da relação real com ela. Freud, antecipando-se a essa questão, formulou a sua famosa metáfora de que o "o corpo humano seria como uma *ameba* que se liga aos objetos pelos seus pseudópodos". Desta maneira, do ponto de vista da observação objetiva, o bebê está em interação com a mãe, enquanto que do ponto de vista desse bebê, a mãe não é mais do que um prolongamento dele, e basta emitir um "pseudópodo mental" que ele conseguirá fagocitar tudo o que necessita, porque "nessas condições tudo é uma posse exclusiva dele mesmo".

O *narcisismo secundário*, por sua vez, como o seu nome indica, alude a uma espécie de refluxo da energia pulsional, a qual, depois de ter investido e "ocupado" os objetos externos, sofre um desenvestimento libidinal, quase sempre devido a fortes decepções com os objetos externos provedores, e retornam ao seu lugar original, o próprio ego.

A maioria dos autores posteriores a Freud não encontra vantagem alguma em manter-se a divisão entre narcisismo primário e secundário, pois, na prática analítica, ambos são indissociáveis e confundem-se entre si. Aquilo que, sim, pode ser dito com absoluta convicção é que o "narcisismo" ocupa um espaço crescentemente importante na psicanálise, abrindo novos vértices de compreensão, notadamente em dois aspectos: um é que ele deve ser compreendido no contexto de um eixo evolutivo entre os estados psíquicos pré-edípicos com os edípicos, com as respectivas características específicas de cada um, e com as delimitações e interações entre narcisismo e sexualidade edípica. O segundo aspecto a ressaltar é que o cada vez maior entendimento do narcisismo alargou as portas para a análise de pacientes intensamente fixados ou regredidos às primitivas etapas do narcisismo original. Pela importância que esse tema representa para a prática da terapia psicanalítica, ele será melhor estudado no capítulo 13 deste livro, que versa sobre a "posição narcisista".

Masoquismo Primário e Sadismo

Para Freud, até 1920, o *sadismo* fazia parte da pulsão sexual como uma espécie de "instinto de domínio", cujo objetivo seria o de ter a dominação e posse dos objetos, por meio do recurso de submetê-los à força.

O *masoquismo,* por sua vez, paradoxalmente, estaria visando a obtenção do prazer pelo desprazer, atendendo aos mandamentos internos da "pulsão de morte", a qual, em algum grau e forma, sempre está presente e fusionada com a pulsão de vida. A presença dessa inata pulsão de morte no interior do psiquismo do sujeito é a responsável pela existência do que Freud veio a denominar *masoquismo primário,* o qual, quando defletido para o exterior, determina o surgimento do *sadismo,* que virtualmente sempre estaria ligado com a pulsão sexual.

O *masoquismo secundário* instala-se em um segundo momento e a sua formação decorre de outros fatores, como aqueles associados às *culpas,* com as correspondentes necessidades de *castigos,* como pode ser exemplificado com as *autopunições* (ou induzir a que outros o punam) determinados pela ação inconsciente de um superego tirânico e cruel.

Baseado na prática clínica, pode-se afirmar que o sadismo e o masoquismo coexistem simultaneamente, tanto *intra* como *inter*subjetivamente. Assim, são freqüentíssimos os vínculos entre pessoas que se configuram de maneira nitidamente sadomasoquística, às vezes de forma acintosa, e, outras vezes, de um modo muito dissimulado. Como exemplo ilustrativo, suponhamos um casal que estabelece entre si um convívio sadomasoquista, no qual tanto pode acontecer que a cada um deles cabe de forma fixa e estereotipada a um desses dois papéis, como também pode suceder que eles alternem-se em momentos diferentes, qual uma gangorra, nos papéis de quem será o sádico e a quem caberá a função de masoquista, e vice-versa, com uma alta possibilidade de nunca saírem desse círculo vicioso interminável.

Princípio do Determinismo Psíquico

Este princípio alude ao fato de que na mente nada acontece ao acaso ou de um modo fortuito, sendo que cada acontecimento psíquico é determinado por outros que o precederam, de tal sorte que não há descontinuidade na vida mental.

Esse princípio fica melhor compreendido e complementado com o modelo da *multicausalidade,* com o qual Freud, indo além das causas lineares responsáveis pela determinação de um dado sintoma, postula a idéia de que "várias causas produzem um mesmo efeito"(creio que podemos acrescentar que muitas vezes "uma mesma causa pode produzir vários e diferentes efeitos"). Dizendo com outras palavras, mesmo aquilo que possa parecer ser uma "casualidade" está fortemente determinado por uma múltipla "causalidade".

Posteriormente, a partir de *A interpretação dos sonhos,* de 1900, Freud considerou que, mais do que várias causas produzindo o efeito do fenômeno do sonho, o que acontece é que existe um sistema diferenciado (processo primário, inconsciente) que irá gerar efeitos conscientes, de modo que por meio de cada elemento do conteúdo latente é possível reconstruir uma rede de conexões que determinam o sonho manifesto, tal como está contido na sua famosa frase: *"Todo sonho tem um umbigo que conduz ao desconhecido do inconsciente".* Isso que acontece com os sonhos, de forma análoga ocorre com a formação de sintomas e todos os fenômenos da psicopatologia.

Séries Complementares

À medida que Freud foi percebendo e discriminando os múltiplos e diferentes fatores genético-dinâmicos determinantes da normalidade e patologia do psiquismo, ele estabeleceu o seu conceito de *séries complementares,* que, complementando o princípio do determinismo psíquico, serve de ponte entre os fatores endógenos – inatos e constitucionais – e os fatores exógenos, adquiridos.

A noção de "séries complementares" aparece em *Cinco leituras sobre psicanálise* (1910), porém foi em 1916, em uma de suas *Conferências introdutórias* (a de n° XXII, p. 406), que Freud define com maior clareza e consistência essa conceituação de "séries complementares", também conhecido por *equação etiológica,* porquanto o que sobretudo fica enfatizado é o fato de que os fatores em jogo são inerentes à condição humana e permanecem interagindo entre si, de forma permanente e em infinitas formas de combinações. Assim, Freud descreve três séries: 1) Os fatores inatos, heredoconstitucionais, inclusive os que se desenvolvem durante a vida intra-uterina. 2) As precoces experiências infantis. 3) Os fatores ambientais atuantes na atualidade do sujeito. A conjunção das duas primeiras séries resultam em um estado de "disposição" (*anlage*) que determina a formação de "pontos de fixação" no psiquismo, e que, interagindo com a terceira série – representada pelas frustrações impostas pelos fatores externos reais, desencadeiam e produzem os mais diversos quadros da psicopatologia.

Processo Primário e Processo Secundário

Freud postulava que o inconsciente é constituído por uma energia psíquica proveniente das pulsões, as quais, operando conjuntamente com as "representações" que se formam no ego, caracterizam esses dois tipos de processamento psíquico. O *processo primário* caracteriza-se por um fácil *deslocamento* e descarga da libido. As várias cadeias de representações com os respectivos significados inconscientes produzem aquilo que se denomina como *condensação*, ou seja, numa representação única, como pode ser um determinado sintoma, podem confluir todos os significados de uma cadeia associativa, que, por sua vez, podem produzir novos "deslocamentos" e assim sucessivamente, tal como, por exemplo, é possível observar nitidamente nos sintomas fóbicos.

Assim, já em 1895 (*Projeto*...) Freud descrevia um funcionamento primário do aparelho neurônico, no qual a energia psíquica circula de forma *livre*, de forma que ela tende a descarregar-se imediata e totalmente, tal como acontece no "princípio do prazer". A partir de *A interpretação dos sonhos* (1900), Freud começa a elaborar com maior consistência a noção do processo primário, com uma energia livre, deslocável e condensada, com inscrição de significações (as quais, alguns anos mais tarde ele veio a conceituar como "representação-coisa"), e que seguem as leis do inconsciente, ou seja, onde não há lógica referente à noção de tempo, espaço, contradições, etc.

No processo secundário, a energia psíquica está *presa* e circula de forma mais compacta, sempre ligada a alguma representação psíquica, mais precisamente, àquelas que se situam no sistema pré-consciente-consciente, logo, com aquilo que Freud denomina "representação-palavra". Em resumo, enquanto no processo primário as energias fluem livremente sem encontrar barreiras, porquanto seguem as leis que regem o inconsciente e o princípio do prazer, no processo secundário, as energias psíquicas, com as respectivas significações e representações, operam diretamente ligadas ao princípio da realidade e determinam uma lógica do pensamento.

Finalmente, cabe acrescentar que ambos os processos foram descritos por Freud numa seqüência de surgimento linear e temporal, o secundário sucedendo o primário. Na atualidade, a partir de Bion, devemos considerar que ambos os processos estão sempre presentes na mente de qualquer sujeito, de forma simultânea e numa conjunção constante entre si, sendo que a predominância do funcionamento mental do processo primário corresponde no adulto ao que esse autor denomina como "parte psicótica da personalidade", enquanto a predominância do processo secundário equivale à "parte não-psicótica (ou "neurótica") da personalidade".

MODELOS DE FUNCIONAMENTO DO APARELHO PSÍQUICO

Teoria do Trauma

Vale recordar que a primeira concepção de Freud sobre a etiologia da psicopatologia, tal como aparece em *Comunicação preliminar* (1893), dizia respeito à ocorrência de um trauma sexual *realmente acontecido* nos primórdios da infância, sob a forma de algum abuso sexual praticado pelo genitor e que estava reprimido no inconsciente. Ele próprio deu-se conta de que as coisas não se passavam tão simplesmente assim, e, mesmo no caso de suas pacientes histéricas, que constituíam virtualmente a totalidade de sua clínica e que lhe confirmavam os referidos abusos que elas teriam sofrido, Freud percebeu que tais relatos nem sempre condiziam com a realidade dos fatos, mas sim que eles apareciam distorcidos pelas "fantasias inconscientes" que, genialmente, ele foi impelido a conceber. A concepção da "teoria do trauma" foi, cada vez mais, perdendo a sua importância na psicanálise, porém, nos últimos tempos, ela volta a ganhar uma relevância, não unicamente para a explicação das "neuroses traumáticas" e das "neuroses atuais", mas também para o problema dos traumas primitivos realmente acontecidos – e não somente os sexuais – que podem ter produzido um intenso estado psíquico de "desamparo", tal como será explicitado num capítulo específico, (o de número 8).

Uma vez que essa "teoria do trauma" não conseguia explicar a complexidade que de forma crescente a psicanálise vinha enfrentando, Freud formulou a existência de dois princípios fundamentais: o da *multideterminação* e o da existência de um *inconsciente* – a partir dos quais ele passou a buscar *modelos* (figuras metafóricas que permitem uma abstração a partir de uma imagem concreta, e vice-versa), *teorias* (um conjunto de hipóteses que podem vir a ser confirmadas cientificamente, ou empiricamente, pela prática clínica) e concepções *metapsicológicas* (especulações imaginativas que não têm como ser confirmadas com um definitivo grau de certeza, porém que permitem um importante campo de investigações).

A partir da conjunção desses fatores, Freud criou a concepção da existência de um "aparelho psíquico", que ele concebeu tanto do ponto de vista da "economia" das energias psíquicas, como também por meio de "modelos", como o "topográfico" e o "estrutural".

Ponto de Vista Econômico

A "pulsão" – representante psíquico das excitações provenientes do interior do corpo e que chegam ao psiquismo – é postulada por Freud como um elemento *quantitativo* da economia psíquica, segundo a sua hipótese que explicaria o funcionamento do aparelho psíquico a partir dos modelos científicos da física mecanicista da sua época. Assim, os processos mentais consistiriam na circulação e repartição de uma energia pulsional (*catéxis*), de grandeza variável, e que sofre a ação de uma *contracatéxis*. Esse último conceito de "contracarga" aparece no trabalho *O inconsciente* (1915) e nele Freud mostra que essas energias contracatexizadas (mecanismos defensivos) são permanentes e criam "resistências" que, da mesma forma que as pulsões, também são inconscientes.

A maior crítica que se faz contra esse ponto de vista econômico decorre justamente do fato de que ele foi elaborado por Freud a partir daquelas concepções fisicalistas que surgiram no final do século XIX, quando, além dos princípios e leis da hidráulica, também ocorreram a descoberta da eletricidade e do neurônio, de modo que Freud estabeleceu a concepção de que uma energia física percorria as vias nervosas neuronais, tal como a energia elétrica percorre pelos fios, sendo que em algum momento de sua obra ele chegou a evidenciar a sua esperança de que no futuro a energia psíquica poderia vir a ser quantificada. Penso que, mesmo restrito aos conhecimentos da época, esses permitiriam que Freud pudesse estender a sua concepção para o fato da "potencialidade" da energia, ou seja, assim entendo, da sua *transformacionalidade*, tal como acontece, por exemplo, com a metáfora de uma queda d'água que tanto pode arrasar uma lavoura próxima, como também pode dar vida e crescimento à mesma se ela for adequadamente drenada; ou ela pode-se transformar em energia elétrica, e daí em térmica, luminosa, etc.

O modelo mecânico quantitativo empregado por Freud está amplamente superado na atualidade por outros modelos, como o da *cibernética*, pelo qual uma energia mínima e não-específica pode desencadear desproporcionais reações em cadeia e de efeitos retroativos; ou o modelo da moderna *física quântica*, que desvenda os segredos subatômicos num campo onde uma mesma matéria, conforme as condições do observador, tanto pode manifestar-se como "onda" ou como "partícula". Não obstante isso, como antes foi assinalado, o modelo econômico volta a ganhar importância na teoria e prática da psicanálise.

Modelo Topográfico (1ª Tópica)

Freud empregou a palavra "*aparelho*" para caracterizar uma organização psíquica dividida em sistemas, ou instâncias psíquicas, com funções específicas para cada uma delas, que estão interligadas entre si, ocupando um certo lugar na mente. Em grego, "*topos*" quer dizer "lugar", daí que o modelo tópico designa um *modelo de lugares,* sendo que Freud descreveu a dois deles: a 1ª tópica é conhecida como Topográfica e a 2ª, como Estrutural.

A noção de "aparelho psíquico", como um conjunto articulado de lugares – virtuais – surge mais claramente na obra de Freud em *A interpretação dos sonhos* (1900), no qual, no célebre capítulo 7, ele elabora uma analogia do psiquismo com um aparelho óptico, de como esse processa a origem, transformação e o objetivo final da energia luminosa.

Nesse modelo tópico, o aparelho psíquico é composto por três sistemas: o inconsciente (*Ics*), o pré-consciente (*Pcs*) e o consciente (*Cs*). Algumas vezes, Freud denomina a este último sistema de *sistema percepção-consciência*

O *sistema consciente* tem a função de receber informações provenientes das excitações provenientes do exterior e do interior, que ficam registradas qualitativamente de acordo com o prazer e/ou, desprazer que elas causam, porém ele não retém esses registros e representações como depósito ou arquivo deles. Assim, a maior parte das funções perceptivo-cognitivas-motoras do ego – como as de percepção, pensamento, juízo crítico, evocação, antecipação, atividade motora, etc., processam-se no sistema consciente, embora esse funcione intimamente conjugado com o sistema Inconsciente, com o qual quase sempre está em oposição.

Pré-Consciente

Esse sistema foi concebido como estando articulado com o consciente e, tal como surge no *Projeto...*, onde ele aparece esboçado com o nome de "barreira de contato", funciona como uma espécie de peneira que seleciona aquilo que pode, ou não, passar para o Consciente.

Ademais, o pré-consciente também funciona como um pequeno arquivo dos registros, de modo que a ele cabe sediar a fundamental função de conter as "*representações-palavra*" (conforme Freud, 1915), que consiste num conjunto de inscrições mnêmicas de palavras ouvidas e de como foram significadas pela criança. Essa formação de "representação-palavra" é diferente da *"representação-coisa"*, porquanto esta última opera no inconsciente e suas inscrições não podem ser nomeadas ou, tampouco, lembradas voluntariamente, enquanto a característica mais marcante do sistema Pré-Consciente é a de que os seus conteúdos, ao contrário do Inconsciente, podem ser recuperados por meio de um voluntário ato de esforço.

Inconsciente

Esse sistema designa a parte mais arcaica do aparelho psíquico, onde, por meio de uma herança genética, existem *pulsões* (quando essas nunca emergem nos sistemas consciente e pré-consciente, elas são consideradas como "repressões primárias"), acrescidas das respectivas energias e com *"protofantasias"* (como Freud as denominava, mas que também são conhecidas por "fantasias primitivas, primárias ou originais"). Além disso, o inconsciente também consiste num depósito de *repressões secundárias*, as quais chegaram a emergir sob forma disfarçada no consciente (como nos sonhos ou sintomas) e voltam a ser reprimidas para o Inconsciente.

Como foi dito, uma função que opera no sistema Inconsciente e que representa uma importante repercussão na prática clínica é que ela contém as "representações de coisa", as quais consistem em uma sucessão de inscrições de primitivas experiências e sensações provindas de todos os órgãos dos sentidos, como o da visão, audição, tato, etc., e que ficaram impressas na mente da criança numa época em que ainda não haviam palavras para nomeá-las. Funcionalmente, o Inconsciente opera segundo as leis do "processo primário" e, além das pulsões do id, esse sistema também opera muitas funções do ego, bem como do superego.

Modelo Estrutural (2ª Tópica)

Insatisfeito com o "modelo topográfico", porquanto esse não conseguia explicar muitos fenômenos psíquicos, em especial aqueles que emergiam na prática clínica, Freud vinha gradativamente elaborando uma nova concepção, até que, em 1920, mais precisamente a partir do importante trabalho metapsicológico *Além do princípio do prazer*, ele estabeleceu de forma definitiva a sua clássica concepção do aparelho psíquico, conhecido como modelo estrutural (ou dinâmico), tendo em vista que a palavra "estrutura" significa um conjunto de elementos que separadamente tem funções específicas, porém que são indissociados entre si, interagem permanentemente e influenciam-se reciprocamente. Ou seja, diferentemente da 1ª Tópica, que sugere uma passividade, a 2ª Tópica é eminentemente ativa, dinâmica. Essa concepção estruturalista ficou cristalizada em *O ego e o id* (1923) e consiste em uma divisão tripartide da mente em três instâncias: o id, o ego e o superego.

O ID

Do ponto de vista *topográfico*, o inconsciente, como instância psíquica, virtualmente coincide com o id, o qual é considerado o pólo psicobiológico da personalidade, fundamentalmente constituído pelas pulsões. Sob o ponto de vista *econômico*, o id é a um só tempo um reservatório e uma fonte de energia psíquica. Do ponto de vista *funcional*, ele é regido pelo princípio do prazer; logo, pelo processo primário. Do ponto de vista da *dinâmica* psíquica, ele abriga e interage com as funções do ego e com os objetos, tanto os da realidade exterior, como aqueles que, introjetados, estão habitando o superego, com os quais quase sempre entra em conflito, porém, não raramente, o id estabelece alguma forma de aliança e conluio com o superego.

O EGO

A afirmativa de Freud de que "no princípio tudo era id" atesta que ele sempre concebeu que o ego desenvolve-se a partir do id, pela persistente influência do mundo externo e da necessidade de adatação ao mesmo. No entanto, desde M. Klein até os autores modernos, predomina amplamente a convicção de que o ego não se forma desde o id, mas sim que ele é inato, tem energia própria e, ainda que de forma rudimentar, desde recém-nascido o ego do bebê já está interagindo com a mãe.

Como a maior parte dos mecanismos de defesa era inconsciente, e como o ego era considerado a fonte e a sede dessas defesas, nada mais natural de que Freud percebesse que o ego não era sinônimo de consciente e nem sequer se superpunha e confundia-se com este, mas, sim, que ele tinha raízes no inconsciente. Esta última afirmativa constitui o maior fator diferenciador entre a 1ª e a 2ª Tópicas; no entanto, sempre deve ficar claro que uma não invalida a outra; pelo contrário, elas complementam-se.

Ainda persiste a clássica definição de que o ego é a principal instância psíquica, porquanto funciona como *mediadora, integradora e harmonizadora* entre as pulsões do id, as exigências e ameaças do superego e as demandas da realidade exterior. Porém, como propósito pedagógico, cabe considerar o ego como uma conjunção de três pontos de vista: 1) Como um aparelho psíquico, com *funções essenciais,* na sua maior parte conscientes, para relacionar-se adaptativamente com a realidade do mundo exterior, como são, entre outras, as de percepção, pensamento, memória, atenção, antecipação, discriminação, juízo crítico e ação motora. 2) Como sede e fonte de um conjunto de *funções mais complexas,* na sua maior parte inconsciente, como é o caso da produção de angústias, mecanismos de defesa, fenômenos de identificações e formação de símbolos. 3) Como sede de *representações* que determinam a imagem que o sujeito tem de si mesmo e que estruturam o seu sentimento de identidade e de auto-estima.

O SUPEREGO

Classicamente, essa instância psíquica é entendida segundo o significado da famosa frase de Freud de que "o superego é o herdeiro do complexo de Édipo", o que vem a significar que ele está constituído pelo precipitado de introjeções e identificações que a criança faz com aspectos parciais dos pais, com suas proibições, exigências, ameaças, mandamentos, padrões de conduta e o tipo de relacionamento desses pais entre si. Além disso, é imprescindível levar em conta o aspecto da *transgeracionalidade,* ou seja, o fato de que o superego dos pais do paciente, por sua vez, está identificado com a de seus próprios pais, e assim por diante numa escalada de muitas gerações, sendo que isso inclui na formação do superego os valores morais, éticos, ideais, preconceitos e crenças ditadas pela cultura na qual o sujeito está inserido.

A data de formação do superego é um assunto polêmico na psicanálise, pelo fato de que os seguidores de Freud consideram que o seu início coincide com o Édipo clássico de Freud, ou seja, por volta dos 4-5 anos, enquanto os autores kleinianos, respaldados na clínica com pacientes psicóticos e análise com crianças, fazem retroagir aos primeiros meses de vida a formação dos precursores do superego, ligando-os à inata pulsão de morte.

O que me parece que ninguém põe em dúvida é o fato de que o termo "superego" tanto pode designar uma necessária estrutura que normatize e delimite a conduta de cada sujeito (nesse caso, alguns autores empregam a denominação de *ego auxiliar*), como também ele habitualmente refere a uma instância psíquica resultante da introjeção predominante de "objetos maus", de características tirânicas e até cruéis, que sob diversas formas de ameaças obrigam o sujeito a submeter-se aos mandamentos daquilo que ele pode ou não pode, deve ou não deve fantasiar, desejar, pensar, preferir, dizer, fazer e, sobretudo, ser.

Ao longo de sua obra, Freud usou indistintamente os termos "superego", "ego ideal" e "ideal do ego", virtualmente como sinônimos. No entanto, a psicanálise atual fica muito enriquecida com uma sutil, porém necessária, diferença entre os conceitos específicos que cada um desses termos comporta, assim como também com outros termos correlatos que seguem abaixo, não obstante o fato de que todos eles continuam sendo apêndices do superego clássico, uma espécie de "primos-irmãos" dele. Assim, vale a pena discriminá-los separadamente.

Superego

Além dos aspectos descritos, o superego também se caracteriza por ser quase totalmente de origem inconsciente, é composto e ditado pelos objetos internos; o seu maior efeito é o de ser um gerador de **culpas**, com as conseqüentes angústias e medos, e a sua pressão excessiva no psiquismo é a maior responsável pelos quadros melancólicos e obsessivos graves

Ego Ideal

Enquanto o superego é considerado o "herdeiro do complexo de Édipo", o ego ideal constitui-se como o "herdeiro do narcisismo primário". Por conseguinte, ele funciona no plano do imaginário, alicerçado na fantasia onipotente, ilusória, própria da indiscriminação com o outro (persistência da fantasia de fusão diádica-simbiótica com a mãe), em que "ter" é igual a "ser", e vice-versa; por tudo isso, o sujeito portador de um ego ideal predominante no seu psiquismo, está sempre à espera do máximo de si mesmo, além de nutrir ideais virtualmente nunca alcançáveis. As identificações são primárias, do tipo adesivo ou imitativo, e o sentimento de identidade resultante é o de falsidade. O ego ideal costuma estar muito distante do ego real, porém, para manter a ilusão, o sujeito deve utilizar fortes recursos defensivos de "negação", como o da *renegação* (ou *desestima*) que é mais próprio dos estados narcísicos parciais (como nas perversões), ou o da *forclusão*, presente nos estados narcísicos totais (psicoses). O sentimento predominante frente as frustrações das expectativas do ego ideal, muito mais do que culpas como no superego, é o de **humilhação**. O ego ideal é conjugado no presente indicativo: "Eu *sou* assim...", o que indica que transitoriamente no desenvolvimento emocional primitivo ele pode ser estruturante (como está implícito no conceito de *self grandioso*, de Kohut, 1973), porém a sua persistência é responsável por transtornos narcisistas de toda ordem.

Ideal do Ego

É o herdeiro do ego ideal, projetado nos pais, somado às aspirações e expectativas próprias destes últimos. Dentro do sujeito, o ideal do ego é conjugado num tempo futuro e condicional: "Eu *deverei* ser assim, senão...". As identificações são triádicas e formam-se na triangularidade edípica, porém ainda não se constituíram com uma constância objetal, nem com uma coesão de *self* e sentimento de identidade bem definido. O ideal do ego pode ser um importante fator estruturante do psiquismo, tanto nos primeiros movimentos identificatórios (corresponde ao que Kohut denomina de *imago parental idealizada*) como também quando ele está a serviço de um projeto de "um vir a ser". No entanto, a sua permanência em grau exagerado levará o sujeito a construir um "falso *self*" para corresponder às expectativas dos outros, ou a quadros fóbicos e narcisistas. O sentimento predominante é o de **vergonha** diante de eventuais fracassos.

Alter Ego

Indica uma gemelaridade, ou seja, que um outro ("alma gêmea") é o portador de aspectos que o indivíduo não diferencia daqueles que são exclusivamente seus próprios. O termo "alter ego", em desuso na literatura psicanalítica, está voltando a ganhar um reconhecimento pelo fato dele caracterizar o fenômeno do *duplo* (análogo ao da especularidade), o qual vem ganhando uma expressiva relevância na teoria e prática psicanalítica, especialmente para a compreensão dos pacientes com distúrbios narcisistas.

"Super"-Superego

Trata-se de uma expressão empregada por Bion, com a qual ele designa uma conceituação que se diferencia dos significados clássicos atribuídos ao superego; pelo contrário, o "super"-superego de Bion (entendo que o nome "supra-ego" seria bastante apropriado) alude a uma área psíquica que é própria do que ele chama de "parte psicótica da personalidade", em cujos casos, o sujeito, indo além do "certo-errado", "devo-não devo", "bem-mal"..., cria a sua própria moral e as suas leis com as quais ele afronta a realidade e que, a qualquer custo, ele pretende impor aos demais.

Contra-Ego

Proponho esta denominação para designar uma estrutura que age dentro do ego – e desde ele – e que se organiza como uma oposição às partes frágeis, porém sadias e verdadeiras do ego, a partir do princípio desse contra-ego de que aquelas partes é que são as que levam o sujeito ao sofrimento e às humilhações. Ainda que a expressão "contra-ego" pareça-me original (compulsei uma extensa bibliografia e nada encontrei assim), os conceitos nela embutidos não são originais e, sob nomes diferentes, com pequenas variantes, aparecem claramente definidos em muitos autores que estudaram essa organização contra-egóica. Assim, vale destacar: o *ego sabotador*, de Fairbairn (1941); a *gangue narcisista*, de Rosenfeld (1971); a *organização patológica*, de Steiner (1981); o *estado fachista*, de Bollas (1997).

O importante a destacar é que o contra-ego, de alguma forma, age aliado com os objetos sabotadores e infantilizadores do superego, além de muitas vezes até confundir-se com esse, porém ele fundamentalmente está a serviço da manutenção do mundo das ilusões narcisistas, com a predominância do que costuma ser chamado como "narcisismo destrutivo" ou "narcisismo de morte". Esse aspecto relativo à "organização patológica" que constitui o contra-ego está ganhando uma crescente importância na psicanálise e facilita o entendimento de fenômenos como o das "reações terapêuticas negativas", entre tantos outros mais.

OUTROS MODELOS DA MENTE

As considerações até agora tecidas neste capítulo estão essencialmente fundamentadas em Freud e, embora continuem plenamente vigentes em sua maioria, foram em alguns aspectos refutadas, modificadas, ampliadas ou complementadas com pontos de vista originais por parte de outros autores. Como não cabe, aqui, um esmiuçamento aprofundado dessas diversas contribuições, vamos restringir-nos a uma pálida amostragem das mesmas, unicamente mencionando algumas delas, a partir dos principais autores.

M. Klein. Essa importante autora modificou em grande parte o paradigma psicanalítico edificado por Freud, por meio de concepções que permitem entender o funcionamento do psiquismo a partir da presença de: *ego inato; pulsão de morte* (numa conceitualização diferente de Freud, embora empregando o mesmo termo); *precoce angústia de aniquilamento; primitivas relações com objetos parciais; mecanismos de defesa muito primitivos* (com destaque para a extraordinária importância das "identificações projetivas"); a original concepção de *posições, a esquizoparanóide e a depressiva.*

Bion. Esse autor acreditava que a psicanálise "já tinha teorias demais" e por isso ele propunha um modelo de funcionamento psíquico que fosse compreendido a partir dos vários arranjos combinatórios do que denominou "elementos da psicanálise", da mesma maneira que as sete notas musicais permitem compor músicas desde as simples até as mais complexas, ou, de forma análoga, as letras permitindo palavras e discursos diferentes, ou os algarismos possibilitando os mais complicados cálculos algébricos. Assim, unicamente a título de exemplificação, vale destacar que criou o modelo *continente-conteúdo;* propôs a hipotética existência de *elementos alfa e beta* como determinantes da capacidade para *pensar;* introduziu a importantíssima noção da *função de continente* (rêverie) *da mãe* (ou do analista na situação analítica); conjeturou a existência de um *psiquismo fetal;* desenvolveu a concepção de *vínculos,* internos e externos; dentre os vínculos, Bion emprestou uma alta relevância ao *vínculo do conhecimento* ("*K*") e com isso ele valorizou sobremodo os problemas da *verdade, falsidade e mentira.* Como decorrência, ganhou relevância o problema da *comunicação,* que muitas vezes visa justamente a uma "não-comunicação"; finalmente, nessa simples amostragem, é indispensável mencionar a sua concepção de *parte psicótica da personalidade,* e de como essa interage com as partes não-psicóticas, de modo que esse *vértice* (outro conceito de Bion) inovou muita coisa na prática analítica.

M. Mahler. Essa autora representante da "psicologia do ego" trabalhou com os conceitos inovadores de Hartmann (1947) relativos à *área livre de conflitos* e à *autonomia primária,* e juntamente com a sua equipe acrescentou as importantes concepções de etapas do desenvolvimento infantil que começam por um *autismo normal* (posteriormente, retiraram essa denominação porque passaram a acreditar que a interação afetiva com a mãe já está presente no recém-nascido), seguem por uma fase de *simbiose,* a qual sucede um estágio de *diferenciação,* resultante das duas subetapas de *separação e individuação,* seguidas de um período de *treinamento,* até atingir um estado psíquico de *constância objetal,* nos casos bem-sucedidos.

Kohut. Ele introduziu o conceito de um *narcisismo estruturante,* ao mesmo tempo que foi descaracterizando a consagrada importância do complexo de Édipo na determinação dos quadros da psicopatologia. Tomando como ponto de partida o narcisismo como uma linha autônoma do desenvolvimento infantil, Kohut (1971) postulou a fundamental importância da existência dos *self-objetos* (objetos parentais que são responsáveis pela estruturação do *self*), com as possíveis *falhas empáticas* dos mesmos (que determinam os futuros distúrbios narcisísticos e requerem do analista a capacidade de promover uma *internalização transmutadora*). Nessa mesma linha, Kohut concebeu um "arco de tensão" na criança, no qual um dos pólos, constituído pelas "ambições", ele denomina como *self grandioso,* e no outro pólo, onde residem os "ideais", está a *imago parental idealizada,* e no meio deles estão as capacidades e talentos do ego.

Lacan. A partir de uma releitura de Freud, Lacan desenvolveu idéias originais, como é o caso da *etapa do espelho,* que vai dos 6 aos 18 meses de vida da criança; essa concepção acarretou uma forma diferente dele descrever a *conflitiva edípica;* igualmente, ele concebeu três planos do psiquismo: *o imaginário, o real e o simbólico*; Lacan também atribuiu uma enorme importância ao que o *discurso dos pais* representa para a formação do inconsciente da criança; dessa forma, Lacan postula a importância de o analista trabalhar com a rede de *significantes* e *significados* que estão contidos nas associações de idéias manifestas pelo paciente.

Winnicott. Dentre as inúmeras concepções originais de Winnicott acerca do desenvolvimento emocional primitivo cabe destacar aquelas que dizem respeito às noções de *transicionalidade* (fenômenos transicionais, objeto transicional e espaço transicional); a sua postulação de um estado de *não-integração* (é diferente de "desintegração") do bebê nos primórdios do desenvolvimento; o papel de *holding* e de *espelho* que a mãe exerce diante das necessidades reais que fazem a criança esperar uma resposta "suficientemente boa" por parte da mãe; a estruturação de um *verdadeiro ou de um falso self*, entre tantas outras concepções mais.

É claro que esse capítulo relativo ao funcionamento e estrutura do aparelho psíquico deixou muitos pontos em aberto, que de alguma forma aparecerão embutidos em outros textos deste livro, e igualmente outros aspectos importantes, como os referentes às "pulsões do id", às "funções do ego" e aos "mandamentos do superego", foram abordados não mais que superficialmente, porquanto eles merecerão capítulos específicos (9, 10 e 11) que seguem a esse.

CAPÍTULO

A Formação da Personalidade

São tantos e tão diversificados os fatores que estão em permanente interação e influência na formação da personalidade que talvez fosse mais adequado nomear este capítulo de *construção da personalidade*. Isso justifica-se porque a evolução da psicossexualidade não se processa de uma forma linear, obedecendo a uma prévia programação de natureza genética, mas sim ela deve ser *construída*, durante um longo tempo, levando em conta os fatores constitucionais inatos da criança e os que serão adquiridos pela influência do meio ambiente exterior, principalmente a influência dos pais.

Assim, continua válida a clássica *"equação etiológica"* (ou *"série complementar"*) formulada por Freud (1916), pela qual ele postula que são três os fatores formadores da personalidade da criança: 1) Os heredo-constitucionais (*anlage*). 2) As antigas experiências emocionais com os pais. 3) As experiências traumáticas da realidade da vida adulta. Na atualidade, os autores costumam reduzir esta equação a um simples assinalamento de que há uma permanente interação entre *nature* (fatores biológicos) e *nurture* (fatores ambientais).

Assim, partindo de um outro vértice conceitual, embora análogo ao que está mencionado acima, é necessário estabelecer uma diferença entre os processos de *maturação* e *desenvolvimento*.

A palavra *"maturação"* refere-se aos processos de crescimento que ocorrem em função das potencialidades orgânicas, neurofisiológicas, do recém-nascido e que são relativamente independentes do ambiente exterior. O termo *"desenvolvimento"*, por sua vez, alude à interação entre os processos de maturação e as influências ambientais, que determinam as variações individuais do aparelho psíquico de cada um. Os fatores da predisposição genética inata e os ambientais, intimamente interligados de uma forma indissociável, formam, conforme assevera Freud, *"uma unidade etiológica inseparável"*.

Os avanços mais significativos da psicanálise nestes seus 100 anos de existência referem-se justamente às renovadas concepções acerca do desenvolvimento psicossexual, desde os tempos pioneiros de Freud, com uma ênfase em uma evolução por *fases*, até os dias atuais, nos quais os autores psicanalíticos e estudiosos de outras ciências têm trazido inestimáveis contribuições para o entendimento da formação da personalidade desde os mais primitivos passos do desenvolvimento emocional, contidos na relação primária da mãe com o seu bebê.

FATORES HEREDO-CONSTITUCIONAIS

- É fácil perceber que o padrão de atividade do recém-nascido revela acentuadas diferenças individuais entre os bebês, o que pode ser observado, é evidente, quando são irmãos. Assim, um mesmo estímulo exterior mal pode tirar um bebê de sua "fleuma", enquanto um outro bebê pode reagir de uma maneira extremamente agitada; igualmente, são significativamente muito variáveis as formas e a duração das mamadas, o funcionamento do aparelho digestivo, o ritmo do sono ou despertar, a maneira de chorar, etc., etc. A fome e a dor são as sensações corporais que mais freqüentemente provocam o pranto do bebê, o qual se constitui em um sinal para que a mãe ocupe-se dele.
- Não obstante isso, os modernos estudos genéticos rejeitam como não sendo científicas as hipóteses de que haja uma transmissão hereditária de características adquiridas de gerações anteriores, como Lamark postulava e Freud tendia a acreditar, assim como também descartam a noção de que para um determinado *gene* corresponderia uma característica comportamental especificamente definida. Por outro lado, o mesmo rigor científico dessas investigações tem demonstrado que existe, de fato, uma *"predisposição constitucional inata"*, porém a mesma é passível de mudanças pelas influências ambientais. Dizendo com outras palavras: a dimensão da potencialidade da criança não é totalmente preestabelecida geneticamente; antes, trata-

se de uma dimensão *potencial*, ou seja, os potenciais da criança a serem desenvolvidos, dependerão, em grande parte, da responsividade da mãe e do ambiente.

- Alguns *estudos etológicos* (estudo dos comportamentos espontâneos dos animais, preferentemente em seu habitat natural) servem para mostrar a influência recíproca e complementar entre os fatores genéticos e os ambientais. O fenômeno do *imprinting* é um deles: com este nome (talvez a melhor tradução para o português dessas marcas que ficam impressas na mente seja a palavra "*moldagem*"), em 1935, o etólogo austríaco K. Lorenz, por meio de estudos com aves, observou que, na ausência da mãe, as patas nascidas em chocadeiras apegam-se e ficam fixadas ao primeiro objeto móvel que encontram, e que isso se dá durante um período particularmente sensível que dura cerca de 36 horas. Uma vez instalada, fica irreversível. Este fenômeno repete-se de forma variável para cada espécie, porém conserva a constância de que, fora do período sensível, o *imprinting* não mais acontece.
- Penso que cabe uma especulação: a de que este fenômeno do *imprinting* encontre uma equivalência nas primeiras sensações corporais que acompanham a vida intra-uterina do feto em gestação. Aliás, não são poucos os autores, psicanalistas ou não, atuais ou antigos, que ao longo do tempo têm postulado teorias que expressam a convicção de que as reais condições uterinas da mãe, notadamente a repercussão de seus estados emocionais e físicos, encontram uma direta repercussão no feto. Assim, recentes estudos de Piontelli (1989) comprovam que "*é possível observar que várias características do feto persistem durante toda a gravidez e podem, inclusive, ser notadas na vida pós-natal*". Suas pesquisas demonstraram que com sete semanas e meia o feto começa a responder a estímulos vindos tanto de fora como de dentro do seu corpo; ele responde com movimentos violentos e aumenta o batimento cardíaco à punção de uma agulha e à injeção intraperitonial de soluções frias. Ademais, a autora aventa a possibilidade de podermos detectar, já no útero, algumas indicações prematuras do futuro temperamento da criança.
- Bion (1992), mesmo sem contar com os sofisticados recursos da moderna tecnologia, vinha insistindo, principalmente na década de 70, na sua conjetura especulativa quanto à existência de uma intensa *vida psíquica fetal* e, indo mais longe, ele a estendia à influência quanto à impressão (eu me pergunto: não será *imprinting?*), já nas *células embrionárias*, dos fatores uterinos, através de uma ressonância das flutuações dos estados físicos e emocionais da mãe. Bion afirmava repetida e enfaticamente que essas primitivas sensações corporais e, de certa forma, experiências emocionais, ficavam impressas e representadas no incipiente psiquismo do feto, com ulteriores manifestações no adulto, sob a forma de enigmáticas e protéicas psicossomatizações.
- É evidente que devem ser incluídos alguns fatores de natureza orgânica, como são alguns possíveis *defeitos genéticos* do feto, eventuais estados de *intoxicação* da mãe (medicamentosa, tabagista, etc.) que penetram no organismo do bebê em gestação, assim como também devemos considerar os possíveis problemas decorrentes de partos complicados, etc.
- O bebê nasce num estado de *neotenia*, isto é, nasce *prematuramente*, no sentido de que apresenta, em relação a qualquer espécie do reino animal, uma prolongada deficiência de maturação neurológica, motora, que o deixa em um estado de absoluta dependência e desamparo. Em contraste com a lentidão da maturação motora, o desenvolvimento dos órgãos dos sentidos na criança é relativamente precoce e rápido: ela começa a sentir calor e frio desde o nascimento, a ouvir a partir das primeiras semanas, a olhar por volta do primeiro mês, e assim por diante.
- Dentre os fatores constitucionais, também é útil incluir a noção de *organizadores*, tal como ela foi postulada por R. Spitz (1965). Este autor tomou este termo emprestado da embriologia, na qual o termo "organizador" designa o fato de que um determinado grupo de células diferencia-se de outras semelhantes, no sentido de que elas são portado-

ras de uma informação genética que induzirá a um desenvolvimento específico, o que ocorre a partir de um certo momento da evolução. O exemplo clássico disto consiste no transplante de células epidérmicas que, a partir de uma certa idade, darão origem às células diferenciadas do olho. Utilizando tal modelo, Spitz postulou a teoria de que o desenvolvimento da criança passa por *três organizadores* – pontos nodais de transformações – que são: *o sorriso espontâneo* (por volta do terceiro mês), *a angústia do oitavo mês*, e a capacidade para *dizer* não, em torno do segundo ano.

- Igualmente se impõe o registro dos estudos de Piaget, epistemólogo suíço que estudou aprofundadamente o fato de que a evolução das capacidades sensoriais, motoras e intelectuais de uma criança podem variar no ritmo e qualidade, porém inevitavelmente obedecem a uma pré-determinada *seqüência neurofisiológica*.

- O desenvolvimento atual da *neurociência* está comprovando que os fatores orgânicos relativos às sinapses neuronais e hemisférios cerebrais, exercem uma clara e definida influência no psiquismo, tal como pode ser observado, com alguns evidentes resultados positivos, com o uso adequado de neurolépticos ou antidepressivos da moderna psicofarmacologia. Da mesma forma, algumas pesquisas recentes sobre os hemisférios cerebrais comprovam que algumas pessoas têm uma tendência inata para o talento verbal, enquanto outras podem ter falta dessa capacidade e serem aptos em habilidades manuais, criatividade artística, ou são mais propensos para descargas afetivas, etc. Penso que podemos incluir uma especial capacidade inata da criança que é aquela que consiste em uma "intuitiva" condição de "ler" as modulações afetivas expressadas na face e na voz da mãe.

- Conquanto Freud tenha postulado um estado inicial de "auto-erotismo", seguido de um "narcisismo primário" (muitas vezes essas duas concepções superpõem-se nos seus escritos), nos quais *não* haveria nenhuma relação objetal, é virtualmente consensual entre os atuais autores das mais distintas correntes psicanalíticas que desde o nascimento (ou antes, segundo Bion) já *existe, sim,* uma relação objetal com a mãe, embora em bases muito primitivas. Logo, já existe um, inato, esboço de *ego,* diferentemente do que Freud afirmava, isto é, de que o ego emergiria do id, o qual, no início da vida, reinaria sozinho.

- Igualmente, muitos autores, muito particularmente os kleinianos, advogam a teoria de que, já no recém-nato, existe a presença e funcionamento de arcaicas *fantasias inconscientes*, por conseguinte, também a existência de fortes "angústias de aniquilamento", com as respectivas defesas primitivas do ego incipiente para contra-arrestar as aludidas angústias. Outras escolas de psicanálise, como a dos norte-americanos da psicologia do ego e a da psicologia do *self*, discordam destas teorias.

- O que ninguém discorda é o fato de que o bebê está à mercê de estímulos de toda ordem – físicos e psíquicos; sensoriais e cinestésicos, prazerosos e desprazerosos – sendo que ele não tem condições neurofisiológicas, e muito menos egóicas, para distinguir se essas sensações corporais provêm de dentro ou fora dele, se deste ou daquele órgão. Assim, a criança, nesse transitório estado de caos, não consegue descarregar para o mundo externo, através da motricidade e da ação, este aumento de tensão que acontece no seu mundo interno. Ela o faz por meio da linguagem corporal primitiva (choro, ricto doloroso, diarréia, vômito, esperneio, etc.), de modo a mobilizar as pessoas que estão à sua volta para cumprirem essa função de aliviar e processar as necessidades e o estado de tensão insuportável.

Neste ponto, começa mais explicitamente a importância dos *fatores ambientais*, muito particularmente a das funções atribuídas aos pais. A exposição que se segue, naturalmente muito sumária, obedecerá à ordem cronológica de como estes fatores do desenvolvimento da personalidade apareceram na literatura psicanalítica, desde as originais concepções de Freud e Abraham acerca das *etapas* evolutivas, passando pela teoria das *posições,* tal como foram concebidas por M. Klein, e, por fim, vamos deter-nos algo mais demoradamente nas mais recentes contribuições a respeito do *desenvolvimento emocional primitivo*.

AS FASES DO DESENVOLVIMENTO

Inicialmente, é útil esclarecer que o termo *"fase"* aparece em outros textos de distintos autores com outras denominções, como "etapa", "estádio", "estágio", "período", etc. Durante muitas décadas da evolução da psicanálise, essa concepção de "fases" foi a única vigente e o seu emprego extrapolou o campo restrito da psicanálise, absorvida que foi pelos diversos setores culturais, onde ainda permanece com a conceituação original.

De há muito tempo é sabido que as etapas evolutivas na formação da personalidade da criança não são estanques e nem de uma progressão absolutamente linear; antes, elas se transformam, superpõem e interagem permanentemente entre si. O importante, principalmente para a prática clínica, é que os diferentes momentos evolutivos deixam impressos no psiquismo aquilo que Freud denominou de *pontos de fixação*, em direção aos quais eventualmente qualquer sujeito pode fazer um movimento de *regressão*.

Os "pontos de fixação" formariam-se a partir de uma exagerada *gratificação* ou *frustração* de uma determinada "zona erógena". No primeiro caso, o sujeito, diante de angústias insuportáveis, tenta regredir para um tempo e um espaço que lhe foi tão protetor e gratificante; no caso de uma excessiva frustração que foi a determinante do ponto de fixação, a regressão dá-se, muitas vezes, sabemos hoje, como uma tentativa de resgatar alguns "buracos negros "existenciais.

Assim, é bem conhecido o fato de que todos os afetos primitivos sofrem sucessivas "transformações" psíquicas, que ficam *presentes* ou *representados* no inconsciente, constituindo "pontos de fixação", os quais funcionam como um pólo imantado e, tal como faz um eletroímã, atraem para si a representação de novas repressões de fantasias e de experiências emocionais.

Fase Oral

De todas as fontes de energia vital da criança procedem sensações tanto desprazerosas, que exigem uma descarga imediata e que encontram um alívio e bem-estar com a satisfação das necessidades básicas por parte da mãe, como também sensações agradáveis, como resultado dessa gratificação materna.

Para Freud, a teoria da libido era originariamente um conceito anatômico. Os órgãos produtores de libido eram denominados *"zonas erógenas,* como os lábios, a boca, a pele, o movimento muscular, a mucosa anal, o pênis e o clitóris, sendo que em cada idade específica predomina a hegemonia de uma determinada zona erógena.

A primeira etapa da organização da libido foi denominada como *a fase oral,* sendo que a boca (vem do latim *"os-oris",* daí *"oral"*) constitui-se como a zona erógena que primacialmente experimenta a libido oral e suas gratificações, como é no ato da amamentação. A finalidade da libido oral, além da gratificação pulsional, também visa à "incorporação", a qual, por sua vez, está a serviço da "identificação".

Deve ficar bem claro, no entanto, que a boca não é o único órgão importante dessa fase evolutiva, mas sim que ela se constitui um *modelo* de incorporação e de expulsão, ou seja, como um protótipo de funcionamento arcaico que intermedeia o mundo interno com o mundo externo. Assim, também devem ser consideradas nessa fase oral, outras zonas corporais que cumprem a mesma função, como: o complexo sistema *aerodigestivo,* sobretudo, todo o trato gastrintestinal; os órgãos da *fonação e da linguagem;* as sensações *cinestésicas* (alude ao "equilíbrio" corporal), *enteroceptivas* (as que provêm de órgãos internos) e as *proprioceptivas* (derivam das camadas mais profundas da pele); a *pele* que, além das aludidas sensações profundas, também propicia as funções de tato e a de uma, essencial, aproximação "pele-pele" com a mãe; todos os *órgãos sensoriais,* como olfato, paladar, tato, audição e visão. Em outra parte deste capítulo será melhor explicitada a importante função que o "olhar" desempenha na estruturação da personalidade da criança.

Também é útil destacar que, pelo fato de o bebê não ter condições de distinguir a *origem* dos diferentes estímulos, ele também não conseguirá diferenciar o *conteúdo* dos mesmos, resultando daí que tudo aquilo que ele vier a tocar tem o mesmo significado que o alimento, logo, da mesma forma, ele também quer incorporar. Igualmente, "falar e ser falado" representa, em etapas muito primitivas, o mesmo que "tocar e ser tocado", e assim por diante, de tal sorte que cabe dizer que o processo primário da fantasia do bebê, de que ele domina o mundo externo, repete, em certa medida, o processo de incorporação.

A fase oral do desenvolvimento, de um modo geral, alude ao primeiro ano de vida. Abraham (1924) trouxe uma importante contribuição à compreensão dessa fase evolutiva ao distinguir duas subetapas dentro da fase oral: a *fase oral passivo-receptiva* (dura até que o bebê tenha condições de agarrar espontaneamente os objetos) e a *fase oral ativo-incorporativa*. A importância desta última reside no fato de que Abraham intuiu o conceito de que essa incorporação ativa possa estar carregada de pulsões *agressivas* e hostis, geralmente dirigidas à mãe.

É útil acrescentar que ao longo da obra de Freud aparecem postulações fundamentais, hoje clássicas, e que acontecem no curso da fase oral, como são: uma especial valorização do *corpo* ("*o ego, antes de tudo, é corporal*"); a *identificação primária* com a mãe; a concepção de uma *bissexualidade* como uma qualidade primordial da herança biológica; a vigência do *princípio do prazer-desprazer*; o predomínio do *processo primário* do pensamento; a primitiva formação das *representações-coisa*; as incipientes formas de *linguagem e comunicação*; dentre outros conceitos mais.

Fase Anal

Da mesma maneira como foi referido em relação ao fato de que a fase "oral" não se refere exclusivamente à importância da boca, também a expressão "fase anal" não alude unicamente à libidinização das mucosas excretórias encarregadas da evacuação e micção, com as respectivas fantasias (agressão contra os pais ou uma forma de presenteá-los; controle onipotente; gratificação; vergonha; culpa; humilhação ou uma crescente autoestima; sensação de que é uma "obra" sua; valor simbólico das fezes e urina; etc.) que sempre as acompanham.

Geralmente, esta etapa é considerada como aquela em que as transformações vão ocorrendo no curso do segundo e terceiro anos, sendo que outras importantes funções devem ficar incluídas nesta fase, como são as de *aquisição da linguagem; engatinhar e andar; curiosidade e exploração do mundo exterior*; progressivo aprendizado do *controle esfincteriano; controle da motricidade e prazer com a atividade muscular; ensaios de individuação e separação* (por exemplo, comer sozinho, sem a ajuda de outros); o desenvolvimento da *linguagem e comunicação verbal, com a simbolização da palavra; os brinquedos e brincadeiras; a aquisição da condição de dizer "não"*; etc.

Assim, também o controle esfincteriano deve, sobretudo, ser considerado como um *modelo* de como processa-se o controle motor em geral; as sensações de domínio ou de sujeição; o prazer na expulsão ou retenção; a intermediação entre aquilo que é uma produção e uma posse do bebê, em confronto com as exigências do mundo exterior, as implicações emocionais nos atos de receber, reter, eliminar, tomar e dar, etc.

Destarte, o valor da matéria fecal acima mencionada adquire a significação de uma troca entre a criança e o mundo exterior, o que se constitui como um protótipo das equivalências descritas por Freud entre as fezes e o dinheiro, presentes, filhos.

Abraham descreveu duas subetapas: *fase anal expulsiva* e *fase anal retentiva*. Na primeira, a criança tanto pode proporcionar um prazer, ao mesmo tempo "auto-erótico" e de um presente para os pais, quanto também pode representar uma manifestação "sádico-anal". A fase retentiva decorre do fato de que a criança aos poucos descobre que a mucosa anal pode ser prazerosamente estimulada não unicamente pela expulsão, mas também pela retenção das fezes. Muitos autores pensam que este ponto de fixação constitui um importante elemento do prazer auto-erótico masoquista para a criança e também como uma forma de controlar e manipular as pessoas que cuidam dela, por meio da retenção das próprias fezes.

Em resumo, é na fase anal que a criança desenvolve sentimentos sádicos e masoquistas, a ambivalência, as noções de "poder" e de "propriedade privada", a rivalidade e competição com os demais, bem como o surgimento das "dicotomias", tipo grande x pequeno; bonito x feio; dentro x fora; ativo x passivo; bom x mau; masculino x feminino, etc, etc.

Baseados nessas características da fase anal – com os seus respectivos pontos de fixação e de regressão – muitos autores descreveram importantes textos quanto à formação de um *caráter anal*, como é o caso de uma caracterologia de molde obsessivo-compulsiva, além de uma melhor compreensão de várias síndromes psiquiátricas.

Fase Fálica

A fase fálica – a terceira etapa pré-genital do desenvolvimento psicossexual – também é descrita na literatura psicanalítica mais recente com a denominação de "fase edípica". A expressão "fálica" origina-se no conceito original de Freud de que até certa idade as crianças de ambos sexos supõem a existência de genitais masculinos em todas as pessoas (sendo o falo, na antigüidade greco-romana, a representação simbólica do poder, concentrada no órgão anatômico pênis), enquanto a expressão "edípica" alude ao fato de que os desejos erógenos nos meninos e nas meninas ficam incrementados, com fantasias as mais diversas, e normalmente elas dirigem-se aos pais do sexo oposto, no triângulo edípico.

De forma muito sumarizada, cabe registrar os seguintes acontecimentos que se manifestam nesta fase:

Masturbação

Na fase fálica, o prazer organiza-se predominantemente pela excitação das mucosas genitais do pênis, nos meninos, e mais indiretamente do clitóris, nas meninas, podendo este ser vivido como sendo um pênis pequeno. Como uma continuidade da fase evolutiva anterior, este prazer masturbatório fica bastante associado ao prazer uretral no ato de urinar e à retenção vesical.

Sempre houve uma grande dúvida entre os autores quanto ao fato de se as meninas teriam ou não um conhecimento, nessa fase, da existência da vagina: Freud acreditava que não, enquanto muitos outros psicanalistas, como K. Horney, E. Jones, M. Klein e tantos outros, contemporâneos, afirmam que a vagina intervém precocemente na sexualidade da menina, que dela possuiria um conhecimento intuitivo.

Cabe registrar que não raramente a mãe, durante a higiene da genitália da criança, pode estar estabelecendo com ela um conluio masturbatório.

Curiosidade Sexual

Uma observação atenta da natural curiosidade das crianças nesta fase do desenvolvimento, que se manifesta pelos constantes *"por quês?"*, permitirá verificar que a maioria delas se refere às origens das diferenças entre pares opostos, como masculino-feminino; seio-pênis; grande-pequeno; etc., e que a constatação progressiva dessas diferenças provoca um acréscimo de angústia, que encontra alívio numa explicação adequada por parte do educador; caso contrário, obrigará a criança a construir as mais estapafúrdias teorias.

Essas teorias são tecidas principalmente em torno dos seguintes aspectos: a diferença anatômica dos sexos; o enigma do nascimento e, por conseguinte, tudo que cerca as fantasias de concepção, como são as subseqüentes teorias da "sedução", da "cena primária", do "incesto" e do "complexo de castração".

Cena Primária

Tanto por uma intuição como por estímulos externos (barulhos noturnos, insinuações dos pais ou cenas que vê na televisão), a criança imagina o que se passa no quarto fechado dos pais, fica muito excitada e usa o recurso das repressões. Por vezes, estas últimas não são suficientes e a criança aumenta o seu mundo de imaginação, que fica girando em torno das anteriores fantasias pré-edípicas (entredevoramento; coito sádico; fusão paradisíaca; amputações; coito e parto anal; etc).

A criança é levada a tomar imaginariamente, e de forma alternada, o *lugar* dos protagonistas da cena, com as diversas fantasias correlatas, inerentes ao "complexo de Édipo". Quando os pais permitem, ou até induzem a uma participação concreta dela na cena primária, estarão provavelmente produzindo um futuro perverso.

Complexo de Édipo

Esta expressão designa o conjunto de desejos amorosos e hostis que a criança experimenta com relação aos seus pais. Freud situou-o por volta dos três anos e M. Klein postulou o seu surgimento aproximadamente aos seis ou oito meses de idade. Porém, com essa concepção ela desfigurou bastante a conceituação original de Freud acerca de Édipo. Para Freud, o complexo de Édipo comporta duas formas: uma *positiva*, que genericamente consiste num desejo sexual pelo genitor do sexo oposto, bem como de um desejo de morte pelo do mesmo sexo, e uma forma *negativa*, na qual há um desejo amoroso pelo genitor do mesmo sexo e um ciúme ou desejo de desaparecimento do outro. Na clínica, o mais freqüente é que ambas formas coexistam nos indivíduos, embora uma delas predomine nitidamente.

O complexo edípico sempre foi considerado como o núcleo central na estruturação de toda e qualquer neurose, sendo que, na atualidade, essa concepção tem sido contestada por alguns autores que acreditam que nos pacientes bastante regressivos não é a má resolução propriamente edípica a responsável maior pela neurose, mas, sim, que ela é apenas o reflexo das complicações das fases anteriores, particularmente das fixações narcisistas.

Predomina, entre os psicanalistas, a consensualidade de que o complexo de Édipo representa ter um papel organizador essencial para a organização da personalidade, no mínimo por quatro razões fundamentais:

1) Ele abre caminho para a *triangulação,* ou seja, permite a inclusão de um terceiro (pai) que, ao interpor-se na díade mãe-filho, possibilitará à criança o indispensável processo de renunciar à possessividade onipotente e aceitar as diferenças de sexo, geração e potência, em comparação com os pais, assim como, também, reconhecer que estes são relativamente autônomos e têm os seus próprios espaços.
2) A segunda razão da importância da resolução edípica é porque ela determina a formação das *identificações,* aspecto absolutamente essencial na formação da personalidade e do sentimento de identidade.
3) A exclusão da criança da cena primária pode gerar uma série de sentimentos de forte intensidade, com a predominância de uma sensação de abandono e traição e, por conseguinte, uma avalanche de ódio e planos de vingança contra os pais. Tais sentimentos serão acompanhados por outros, como medo, culpa, excesso de identificações projetivas, incremento de ansiedades paranóides, especialmente aquelas que estão contidas na "*angústia de castração*". A presença desta última, sob diversas formas de manifestação, representa um importantíssimo elemento na prática clínica da psicanálise.
4) É unicamente por meio de uma exitosa resolução da conflitiva edípica que se torna possível o ingresso em uma genitalidade adulta; caso contrário, as fixações parciais nas fases pré-edípicas ou uma má resolução do complexo de Édipo, resultarão em distintas formas de "*pseudogenitalidade*" (ver capítulo 37).

Período de Latência

Depois dos seis anos de idade, a criança entra no período de latência, que apresenta duas características principais: a primeira é que vai acontecer uma *repressão* da sexualidade infantil, com uma amnésia relativa às experiências anteriores, e a segunda característica consiste no fato de que se estrutura um *reforço das aquisições do ego.* A combinação de ambas propicia a "sublimação" das pulsões, comumente na escolarização e em atividades esportivas, assim como, também, na formação de aspirações morais, estéticas e sociais, de modo tal que este período é comumente considerado como sendo aquele que consolida a formação do caráter.

Puberdade e Adolescência

O termo "puberdade" deriva de "púbis", mais especificamente alude aos "pêlos pubianos" que começam a aparecer no menino ou na menina. Basta este fato para mostrar que esse período de pré-adolescência indica que é uma etapa do desenvolvimento no qual começa a maturação fisiológica do aparelho sexual.

O termo "adolescência", por sua vez, etimologicamente é composto pelos prefixos latinos "*ad*" (para a frente) + "*dolescere*" (crescer, com dores), o que dá uma idéia de que se trata de um período de transformações, portanto, de crise. As principais transformações, além daquelas na anatomia e fisiologia corporal, também são de natureza psicológica, muito especialmente o da *busca de uma identidade* individual, grupal e social.

De modo geral, considera-se que a adolescência abrange três níveis de maturação e desenvolvimento: a *puberdade* (ou pré-adolescência), no período dos 12 aos 14 anos, a *adolescência propriamente dita* (dos 15 aos 17) e a *adolescência tardia* (dos 18 aos 21).

Cada uma dessas etapas apresentam características próprias e específicas que mereceriam uma descrição pormenorizada, mas não cabe fazê-las no contexto do presente capítulo.

AS "POSIÇÕES"

Até M. Klein, a concepção freudiana de "fases evolutivas" guardava uma hegemonia total entre todos os psicanalistas. A partir dos estudos dessa autora, houve uma significativa mudança na forma de entender os movimentos evolutivos do psiquismo infantil, embora a conceituação de "fases" continue vigente e perfeitamente válida em muitos aspectos teóricos e clínicos.

O termo "posição", tal como foi proposto por M. Klein, designa um ponto de vista, uma forma de o indivíduo visualisar a si mesmo, aos outros e ao mundo que o cerca. Esse vértice de observação institui-se a partir de uma constelação de ansiedades, relações objetais, defesas e afetos, e determina uma forma de o sujeito "ser" e de comportar-se na vida.

M. Klein descreveu dois tipos de "posição": a *esquizoparanóide* (PEP), em 1946, e a *depressiva* (PD), em 1934, embora a certa altura de seus estudos ela tenha descrito uma terceira modalidade, a "posição maníaca" à qual não mais retornou. A PEP, em condições normais, estende-se até o terceiro mês de vida e consiste em um indispensável uso de defesas muito primitivas por parte do incipiente ego do bebê, notadamente as "dissociações" e as "projeções", como uma forma de ele livrar-se das terríveis ansiedades de "aniquilamento", que, segundo Klein, são resultantes das pulsões sádico-destrutivas, diretamente ligadas à inata "inveja primária", ou seja, à "pulsão de morte". Muito particularmente, deve ser destacada a utilização durante a PEP daquilo que ela veio a denominar "identificações projetivas", conceito altamente importante e que hoje é aceito por todas correntes psicanalíticas.

A PD, por sua vez, sucedendo à PEP, vem a organizar-se por volta do sexto mês e designa um estado que vai possibilitar que a criancinha comece a discriminar, reconhecer e integrar os aspectos clivados dessa mãe, agora como um objeto "total". A consolidação da PD implica na condição de que a criança tanto assuma o seu quinhão de culpas e de responsabilidades como também que ela possa exercitar as suas "capacidades reparatórias" pelos danos que, na realidade ou na fantasia, infligiu aos seus objetos necessitados.

Bion propôs um modelo, segundo o qual as PEP e PD não são estanques e de evolução linear e seqüencial, pelo contrário, elas estão sempre presentes ao longo de toda a vida, e sempre em uma interação recíproca. A abordagem evolutiva da criança desde esta concepção de "posições" trouxe uma enorme amplificação dos conhecimentos teóricos e, portanto, da prática psicanalítica.

Acompanhando muitos autores que postulam a existência de uma condição mental do bebê anterior à da PEP – mais exatamente a de uma total indiferenciação entre o bebê e a mãe, tendo em vista que a PEP tal como ela é formulada pressupõe algum grau de diferenciação entre "eu" e "não-eu" – atrevi-me a propor a possibilidade de considerar-se a existência de uma "posição narcisista" – que reúne características muito peculiares – e que será abordada no capítulo 13 deste livro.

DESENVOLVIMENTO EMOCIONAL PRIMITIVO

Freud não só descreveu a evolução psicossexual em termos de "fases", em termos das pulsões ligadas à sexualidade, como também priorizou um enfoque "falocêntrico" e, por conseguinte, com uma atribuição de valorização muito maior à figura do pai. Assim, sempre que a mãe aparece nos seus textos, tal como pode-se observar em alguns de seus historiais clínicos, parece que a importância do papel dela fica reduzido ao de ser uma subsidiária da hegemonia do pai da criança.

Em contrapartida, M. Klein deu à psicanálise uma concepção "seiocêntrica", tal foi a sua ênfase na importância das primitivas relações do bebê com a mãe, mais precisamente com o objeto parcial "seio", que fica dividido na mente primitiva da criança naquilo que a autora denominava como "seio bom" e "seio mau". Klein fundamentou essa concepção a partir do que ela observou em análises com crianças de pouca idade, partindo do pressuposto que essa dissociação do seio nutridor materno era devido à ação da pulsão de morte, sob a forma de uma inveja primária que atacava esse seio, com as conseqüentes ansiedades, culpas e necessidade de fazer reparações.

Sem dúvida, são conceitos muito úteis e que ajudaram a abrir as portas da análise para pacientes de estruturação psicótica. No entanto, embora nos primeiros tempos Klein tivesse valorizado a mãe real externa, gradativamente, possivelmente empolgada com a aceitação das suas originais concepções, ela foi concentrando o seu interesse quase que exclusivamente nas fantasias inconscientes da criança, virtualmente sempre de caráter sádico-destrutivo, sendo que a figura da mãe *real* ficou praticamente esquecida, enquanto toda ênfase recaía sobre a mãe que estava *introjetada*, distorcida pelas aludidas fantasias do bebê.

Embora muitos kleinianos continuem aceitando e praticando com tais postulações originais, também se formou um grande contingente de psicanalistas que formulara severas críticas a elas, com os argumentos, entre tantos outros, de que Klein não tinha a menor possibilidade de comprovar suas afirmações com algum rigor científico e que, além disso, ela parecia reduzir o bebê a um ente que estivesse sempre num terrível estado de sofrimento e com um estado mental idêntico ao de um adulto psicótico.

Mais precisamente a partir da década de 50, muitos autores, alguns de origem kleiniana, como Winnicott e Bion, outros com formação distinta, como Lacan, M. Mahler, Kohut, unicamente para citar alguns dos mais conhecidos em nosso meio, retomaram, sob distintos vértices conceituais, a decisiva importância do grupo familiar – notadamente a da função materna – no desenvolvimento emocional primitivo da criança e, por conseguinte, na estruturação da personalidade.

Pela inviabilidade de, aqui, estudar mais aprofundadamente todas essas contribuições que partem das mais primitivas raízes evolutivas (serão explicitamente abordadas em capítulos subseqüentes), vamos limitar-nos a fazer um breve apanhado daqueles autores que acima foram mencionados, ressalvando o fato de que o termo "desenvolvimento emocional primitivo", a rigor, alude unicamente aos dois primeiros meses de vida.

LACAN

Como vimos no capítulo 3, este importante e controvertido psicanalista francês, resgatando os estudos de Freud pertinentes aos pacientes narcisistas e paranóides, descreveu o *"estágio do espelho"*, que consiste em que, primitivamente, a criança não tem a vivência do seu corpo como sendo de uma unidade integrada, pelo contrário, ela percebe a sua corporalidade como uma dispersão de partes separadas. Daí decorre a fantasia do corpo dividido, com a respectiva fantasia de "despedaçamento" (*"corps morcelé"*), que pode voltar a manifestar-se em regressões psicóticas.

Este estágio do espelho prolonga-se dos 6 aos 18 meses, em três subetapas, sendo que a partir dos seis meses a criança começa a conquistar a totalidade de seu corpo por meio do "espelho" representado pela sua mãe.

Assim, Lacan (1949) utiliza o "espelho" como uma metáfora do vínculo entre a mãe e o filho, que progride desde a dimensão visual e *imaginária*, a qual permite a ilusão de completude onipotente (primeira fase) até o da dimensão *simbólica*, com a aquisição da linguagem verbal.

A importância que Lacan atribuiu ao papel da mãe, pai e demais representantes da cultura ambiental, talvez possa ser sintetizada nestas duas conhecidas expressões dele: *"O inconsciente é o discurso dos outros"* e *"O papel do filho pode ser o de ser o desejo do desejo da mãe"*.

Uma leitura mais atenta das mencionadas referências a Lacan permite verificar a profunda influência que o *corpo*, o *discurso* e o *desejo* da mãe – juntamente com a participação do pai como representante da lei da ordem simbólica – representam para a incipiente formação da personalidade.

Demais representantes da "Escola Francesa de Psicanálise", como Lebovici, Joyce MacDougall, Janine Ch. Smirgel, Grunberger e A. Green, entre tantos outros mais, têm trazido importantes contribuições para o entendimento do desenvolvimento primitivo, com uma ênfase nos aspectos do narcisismo.

H. KOHUT

Esse autor, criador da escola da psicologia do *self*, ao não aceitar a primazia do conflito edípico na determinação das neuroses, dirigiu todas as suas concepções psicanalíticas referentes à evolução da criança para o fato de que são as primitivas "falhas empáticas" da mãe com o seu bebê as causadoras dos vazios existenciais, responsáveis pelos futuros quadros da psicopatologia clínica.

Kohut (1971), privilegiando o foco ambientalista mais do que o foco pulsional, utilizou a expressão *"objetos do self"* (*self-objects*, no original) para designar aquelas pessoas do meio ambiente – a mãe, principalmente – que são os responsáveis pela estruturação do *self* da criança. A partir daí, ele descreveu dois tipos desses objetos primordiais, *especulares*: 1) Aquele que funciona como um espelho da criança e que, mediante incessantes elogios e admiração a ela, outorga-lhe uma imagem de *"self grandioso"*, o qual até certo ponto tem uma importante função estruturante. 2) O objeto parental que reflete para o filho uma imagem grandiosa que os pais têm de si próprios, constituindo a *"imago parental idealizada"*.

Este autor centrou seus estudos na etapa narcisista do desenvolvimento emocional primitivo, sendo que ele fez uma profunda reformulação das concepções originais de Freud acerca do narcisismo, inclusive enfatizando os aspectos positivos e estruturantes do mesmo, assim como ele também insistiu na necessidade de o analista preencher os vazios existenciais provenientes das falhas empáticas da mãe, de modo a promover uma *"internalização transmutadora"*.

M. MAHLER

Juntamente com uma equipe de colaboradores, essa importante psicanalista, representante da norte-americana escola da psicologia do ego, procedeu a uma investigação científica que durou muitos anos, pelo método da observação direta de bebês com o auxílio de um espelho no chão que se prestava ao estudo das várias reações das criancinhas diante deles e das suas interações com as respectivas mães. Essas observações foram feitas primeiramente com crianças psicóticas (na década de 50) e, após, com normais (na década de 60).

Na descrição das etapas concernentes ao que ela denomina como *"nascimento psicológico dos bebês"*, Mahler (1975) dá um grande destaque aos mecanismos de "espelhamento mútuo", que servem à demarcação do *"eu"* e do *"outro"*. A partir daí, ela fez estudos sobre o desenvolvimento emocional primitivo e postulou a existência de *"fases"* com as respectivas "subfases" e "etapas" destas últimas, tal como elas já foram descritas no capítulo 3.

Cada uma destas fases tem características peculiares, sendo que a concepção da *"individuação-separação"* tem sido aceita pela maioria dos psicanalistas e representa um expressivo ganho de entendimento e manejo do processo psicanalítico.

D. WINNICOTT

De formação kleiniana, este importante e reconhecido autor, afastou-se de M. Klein (e ingressou no "grupo independente" da Sociedade Britânica de Psicanálise), mais explicitamente a partir de sua discordância com Klein, que culminou publicamente quando ela formulou a sua teoria acerca da "inveja primária".

Gradativamente, Winnicott foi se afastando dos conceitos relativos à pulsão de morte e derivados, como o das precoces e arcaicas fantasias inconscientes sádico-destrutivas do bebê. Ao mesmo tempo, ele foi dando uma crescente importância à participação da *mãe real* no desenvolvimento emocional do filho, a um ponto tal que dá a impressão dele ter caído num extremo oposto ao de Klein, desinvestindo a importância das arcaicas fantasias inconscientes da criança.

Dentre as concepções totalmente originais de Winnicott a respeito do desenvolvimento emocional primitivo cabe destacar, entre outras mais, as seguintes:

- A decisiva influência do *ambiente facilitador* e da *mãe suficientemente boa*.
- Um estado de *identificação primária com a mãe*, no qual ainda não há o reconhecimento de que existe uma mãe externa a ele, ao mesmo tempo em que "não existe um bebê sem a mãe".
- Assim, diz Winnicott, o bebê sente-se num estado de "absoluta independência", ao mesmo tempo em que, de fato, está em "dependência absoluta".
- Nos primeiros tempos, a corporalidade do bebê consiste num estado de *não-integração* (é diferente de angústia de "desintegração") entre as diferentes partes de seu corpo, e entre o seu corpo e a sua mente.
- Assim, Winnicott introduz os conceitos de *integração* (dessas partes dispersas) e o de *personalização*, que refere à aquisição da capacidade de a criança poder "habitar o seu próprio corpo", o que implica em renunciar à ilusão de que seu corpo está fundido com o da mãe.
- A angústia que, em situações futuras, acompanha os estados de uma "não-integração", foi definida por Winnicott como *breakdown*, ou seja, uma angústia *catastrófica*, que às vezes denomina de "agonias impensáveis".
- Postula a concepção dos *fenômenos transicionais* – com os *objetos transicionais e o espaço transicional* – que aludem ao fato de que nesse período o bebê está com um pé no mundo do imaginário e com o outro ingressando na realidade exterior, assim criando condições para uma separação da mãe.
- Ele estabelece uma diferença entre *mãe-ambiente* (ainda não há no bebê a diferença entre "eu-outro") e *mãe-objeto* (onde já há essa diferença).
- Dentre as condições da "mãe suficientemente boa", ele incluiu: *a preocupação materna primária* (um estado inicial de "devoção" ao filho); capacidade de *holding* (sustentação) e de *handling* (manejo); a progressiva *desilusão das ilusões de onipotência* e a capacidade para *sobreviver aos ataques agressivos* do filho.
- Vale fazer um registro especial para a *função especular da mãe*: para Winnicott (1967), o primeiro espelho da criatura humana é o rosto da mãe, sobretudo o seu *olhar*. Ao olhar-se no espelho do rosto materno, o bebê vê-se a si mesmo: *"Quando olho sou visto, logo existo... posso agora me permitir olhar e ver"*.
- A *capacidade de estar só"*, cujo conceito alude ao fato de que nesse período em que a criança está constituindo a sua confiança básica ela consegue ficar sozinha, embora

paradoxalmente com a presença da mãe, cada uma absorvida em seus interesses, conservando a sua identidade pessoal, mas sabendo que o outro existe e está perto.
- A possibilidade da criação gradativa de um *verdadeiro ou de um falso self*.
- Em resumo, para Winnicott, *"a criança cria o ambiente e o ambiente cria a criança"*.

BION

A meu juízo, se M. Klein ficou em um extremo de valorizar enfaticamente e quase que unicamente o mundo interno do bebê, e Winnicott mais no outro extremo da valorização do ambiente exterior, representado, sobretudo, pela mãe, coube a Bion dar um valor equitativo a ambos aspectos na determinação da evolução e na formação do psiquismo humano.

De forma extremamente sumarizada, cabe destacar as seguintes concepções de Bion relativas ao assunto em pauta:

- A existência de um rudimentar *psiquismo fetal* (1992), no qual já há uma interação com os estímulos e respostas fisiológicas provindas da mãe gestante.
- Essas primitivas sensações e, de certo modo, experiências emocionais vivenciadas pelo feto, ficam impressas no seu psiquismo e vão determinar uma influência no futuro adulto bem maior do que geralmente pensa-se (talvez venha a ser futuramente, como aventa Meltzer, a melhor teoria para explicar o fenômeno das psicossomatizações).
- Pode-se dizer que essas sensações primitivas ficam impressas no ego sob a forma de "representações", sendo que Bion descreve um tipo de angústia muito intensa, que ele denomina *"terror sem nome"*, a qual, a meu juízo, deve corresponder àquilo que Freud chamava de "representação-coisa". Portanto, é uma angústia que se formou antes da "representação-palavra", e por isso trata-se de uma angústia terrífica que não chegou a adquirir um nome na época de sua formação, o que explica o fato de que pacientes regressivos não conseguem traduzi-las com palavras para o terapeuta.

De meu ponto de vista pessoal, atrevo-me a propor a existência de um *prazer sem nome*, o qual alude às sensações muito gratificantes e prazerosas que ficam representadas no ego do bebê antes da formação da palavra e que reaparecem na criança (não será por isso que toda criança feliz sempre desenha um sol emitindo raios luminosos?) e no adulto sob a forma, por exemplo, de uma sensibilidade artística e estética.

- Partindo da sua original concepção de uma permanente existência na vida psíquica entre um *continente* e um *conteúdo* (1963), Bion preconizou que, mais manifestamente desde o nascimento, há uma clara interação entre a mãe e o bebê, a primeira como "continente" e o segundo como "conteúdo" de suas necessidades e angústias.
- Essa interação mãe-criança forma-se principalmente por três vias: 1) uma *comunicação primitiva* entre ambas; 2) a formação de *vínculos*; e 3) a forma de resposta às *frustrações*.
- Os "vínculos" são definidos por Bion como "elos emocionais de ligação entre duas ou mais pessoas, ou entre duas ou mais partes de uma mesma pessoa". Tais vínculos estão sempre presentes, desenvolvem-se e transformam-se numa interação progressiva e Bion descreve três tipos: o de *amor* ("L"), *ódio* ("H") e *conhecimento* ("K").
- A "comunicação primitiva" processa-se por intermédio do conteúdo das maciças cargas de *identificações projetivas* que o bebê emite através das diversas formas da "linguagem do corpo", à espera de elas serem acolhidas por um continente materno.
- Creio ser válido considerar que enquanto estiver havendo a emissão de identificações projetivas dessas ansiedades que angustiam a mãe (ou ao terapeuta numa equivalente situação psicanalítica), é um sinal de vida, de *existência*; a situação fica dramaticamente preocupante quando a criancinha (ou o paciente) fica apática, depressiva, num estado de *desistência*. Este estado mental do bebê também pode ser evacuado dentro da mãe e provocar nela uma forte angústia ou um similar estado de desistência.
- Quando as necessidades básicas do bebê não são compreendidas e satisfeitas pela função

materna, sobrevém um incremento da pulsão de morte que o seu ego incipiente não consegue processar, provocando o surgimento de fortes e insuportáveis angústias de *aniquilamento*.

- As frustrações não somente são inevitáveis como também são úteis e indispensáveis para a estruturação psíquica da criança. A capacidade de tolerância às frustrações depende das condições constitucionais do bebê e da forma de como processou-se uma determinada frustração por parte do ambiente provedor. Assim, penso que podemos referir quatro tipos: a frustração *adequada* (que promove o crescimento, porquanto leva a criança a achar soluções para o problema criado pelas frustrações e vai propiciar uma gradativa capacidade para pensar e simbolizar); as frustrações que são por demais *escassas* e tímidas (dá um resultado inverso ao anterior); aquelas que são *incoerentes* (leva a criança a um estado de confusão e ambigüidade); e as frustrações *excessivas* e injustas (promovem a exacerbação dos sentimentos agressivo-destrutivos).
- A frustração excessiva comumente resulta de uma prolongada *ausência* ou privação do seio materno nutridor, despertando no bebê sensações altamente desprazerosas devido ao incremento do ódio. Essas sensações intoleráveis – que Bion denominou como sendo "elementos-beta" – precisam ser descarregadas para o exterior em uma busca de um adequado "continente" que possa contê-las (no adulto, essa descarga faz-se comumente por meio de *actings*, enquanto no bebê ela transparece sob a forma de uma agitação corporal, como esperneios, etc.
- Esse continente materno, que Bion também nomina de capacidade de *rêverie* é de fundamental importância na relação mãe-bebê. Bion exemplifica com situações nas quais as falhas do *rêverie* materno não só privam a criancinha de alívio e da gratificação, como ainda fazem com que a mãe devolva para o filho a angústia que este projetara, agora acrescida das angústias dela própria, num perigoso círculo vicioso maligno.
- Uma boa capacidade de *rêverie* da mãe exige aquilo que Bion denomina *função-alfa*, ou seja, a mãe vai ajudar a criança a transformar os "elementos-beta" que unicamente servem para ser evacuados, em "elementos-alfa", que se constituem como matéria-prima para uma crescente evolução da *capacidade para pensar*. Trata-se, portanto, de uma verdadeira *alfa-betização emocional*.
- A respeito da ausência ou privação do seio materno, Bion fez uma concepção original: o bebê faz uma "representação", no seu ego primitivo, deste seio ausente, de tal sorte que ele tem incorporado dentro dele a *presença* de um seio *não-presente*, que ele denomina como "menos (-) seio" ou "não-seio".
- Bion postula que todo recém-nascido é portador de inatas *pré-concepções* (como a de um seio amamentador, por exemplo), sendo que a realidade externa, representada pela mãe, vai produzir *realizações positivas* (gratificação, logo, confirmação da pré-concepção) ou *negativas*, sendo que ambas são estruturantes, se o forem em quantidade e qualidade adequadas.
- A acentuada falha continuada do *rêverie* materno vai fazer com que a criança hipertrofie a *onipotência* (que substitui a capacidade para pensar) e a *onisciência* (que vai ocupar o lugar que deveria ser o da "aprendizagem com as experiências").
- A predominância da onipotência, onisciência, elementos-beta, uso excessivo de identificações projetivas, bem como de outros aspectos regressivos equivalentes na criancinha, vão produzir pontos de *fixação* ou de *estagnação* do desenvolvimento a níveis muito primitivos do psiquismo, configurando a presença no adulto daquilo que Bion (1957) denomina "*a parte psicótica da personalidade*" (PPP).
- Esta última sempre convive no mesmo indivíduo com a "*parte não-psicótica da personalidade*"; ela está presente, em grau maior ou menor, em qualquer pessoa; não tem o significado de "psicose", tal como essa é conceituada na psiquiatria clínica (embora eventualmente possa atingir esse grau de psicopatologia). A concepção da PPP representa ser um resíduo do desenvolvimento emocional primitivo que adquiriu uma enorme importância na prática das psicoterapias analíticas.

Dentro da Escola Britânica de Psicanálise impõe-se também mencionar mais dois autores: J. Bowlby e F. Tustin.

Bowlby (1969) estudou durante mais de 40 anos o que ele descreveu como sendo um *vínculo afetivo primário* do bebê com a mãe, que se processa por meio do fenômeno do "apego" (*attachment*). Esse autor comprovou que essas crianças, que precocemente foram privadas de suas mães, passam por uma série de três fases que ele denomina: 1) *protesto* (a criança chora, esperneia e volta-se para qualquer ruído ou som que possa indicar a mãe ausente); 2) *desesperança* (a etimologia composta de "*des*" (sem) + "*esperança*", indica que o bebê "cansou" de esperar, sendo que essa fase é análoga ao penar do adulto; e 3) *retraimento* (indica o desapego emocional e corresponde à indiferença e desvalia da depressão adulta, com o sério risco de entrar num estado mental de "desistência".

Tustin (1986) estudou particularmente as crianças "autistas" nas quais existe um estado de "nada", de vazio, que funciona como "*conchas autísticas*" e que traduz um desligamento da realidade vincular. São crianças que na prática clínica evidenciam uma profunda necessidade de encontrar na pessoa do terapeuta uma espécie de "incubadora uterina emocional".

Fica evidente para o leitor que um maior aprofundamento de cada um dos aspectos mencionados do começo ao fim deste capítulo mais comportaria um livro do que um simples artigo de finalidade didática, como é o caso deste texto. Por outro lado, sem obviamente subestimar a importância da sexualidade edípica, tem sido cada vez maior a atribuição da relevância dos fatores narcisistas na formação da personalidade e na determinação da psicopatologia. Assim, os distintos quadros da psicopatologia, notadamente os de natureza bastante regressiva, tendem a ser melhor compreendidos com base nos *defeitos*, nas (*des*)*estruturações psíquicas*, do que com base nos *conflitos* intrapsíquicos.

Por essas razões, entendi ser justificável a inclusão de dois capítulos que seguem este, são-lhe complementares, estendem-se à aplicação na prática das terapias psicanalíticas e dizem respeito à "normalidade e patologia da função materna" (capítulo 7) e à "posição narcisista" (capítulo 13).

CAPÍTULO

O Grupo Familiar: Normalidade e Patologia da Função Materna

Na atualidade, é consensual entre todos os psicanalistas, independentemente se a orientação conceitual dos mesmos inclina-se mais para o foco pulsional ou ambiental, o fato de que o *grupo familiar* exerce uma profunda e decisiva importância na estruturação do psiquismo da criança, logo, na formação da personalidade do adulto.

O GRUPO FAMILIAR

O termo "grupo familiar" designa não unicamente a influência exercida pela mãe, mas também pelo pai, irmãos, os inter-relacionamentos, bem como, também, pelas demais pessoas que interagem diretamente com a criança, como babás, avós, etc. No entanto, no presente capítulo deter-nos-emos mais demoradamente na *função materna*, tomada em seu sentido genérico, que tanto pode referir-se unicamente à mãe concreta como a qualquer outra pessoa que, de forma sistemática e profunda, venha a exercer a sua função.

Fatores Socioculturais

Preliminarmente, é útil lembrar que a configuração dos "grupos familiares" vem sofrendo profundas transformações reais com a passagem das sucessivas gerações, sendo inquestionável que esse fato traz significativas repercussões no bebê, na criança, no adolescente e futuro adulto, tanto no que diz respeito à formação de sua identidade individual como à identidade grupal e à social. Alguns dos fatores culturais e sociológicos que contribuem para este estado de coisas são, entre outros, os seguintes: • Um novo significado de família, com novos valores, expectativas e papéis a serem desempenhados. • Uma maior emancipação da mulher, que geralmente deve trabalhar fora e que, por isso, deve fazer uma extenuante ginástica para conciliar as funções de maternagem com as profissionais. • Em contrapartida, também o perfil do homem tem mudado bastante, especialmente quanto à sua maior participação na economia doméstica e nos cuidados precoces com os filhos. • Igualmente os avós, de modo geral, não têm mais o mesmo tipo de uma disponível participação ativa que tinham junto aos netos. • O crescente índice de divórcios e recasamentos, sendo que neste último caso acresce o fato de uma mistura dos respectivos filhos. • Um número cada vez maior de mães adolescentes e solteiras. • Uma crescente mentalidade consumista, em grande parte ditada pela "mídia", que também exerce uma influência na formação de valores ideológicos. • A angustiante necessidade de ter que conviver com a violência urbana; uma generalização da angústia de ordem econômica, etc.

Dinâmica do Grupo Familiar

A família constitui-se como um campo dinâmico no qual agem tanto os fatores conscientes quanto os inconscientes, sendo que a criança, desde o nascimento, não apenas sofre passivamente a influência dos outros, mas, reciprocamente, é também um poderoso agente ativo de modificações nos demais e na estrutura da totalidade da família.

Um primeiro fator a levar-se em consideração é o da *transgeracionalidade*, isto é, cada um dos genitores da criança mantém a internalização de suas respectivas famílias originais com os correspondentes valores, estereótipos e conflitos. Há uma forte tendência no sentido de que os conflitos não resolvidos pelos pais da criança, com os seus respectivos pais originais, interiorizados, (como, por exemplo, os conflitos edípicos de cada um deles) sejam reeditados nas pessoas dos filhos. A propósito disso, é relativamente comum que uma mãe, fixada edipicamente em seu pai, menospreze o seu marido, enquanto repete com o seu filho o mesmo enredo incestuoso mal-resolvido; desta forma, ela delega ao filho o papel de ele tomar o avô (o pai dela) como um admirado modelo para identificação, com a exclusão da figura paterna, que resta desvalorizada. É claro que o mesmo vale para as fixações mal-resolvidas do pai e reproduzidas pelos filhos.

Não são somente os conflitos neuróticos (ou psicóticos, psicopáticos, perversos, somatizadores, etc.) das gerações precedentes da família nuclear que se reeditam nos próprios pais, e dentre eles, e daí para os filhos, em uma combinação que envolve, no mínimo, três gerações, num continuado jogo de mútuas reprojeções. Também há a transmissão de valores e de significados, tanto os de natureza *pulsional* (por exemplo: o estímulo excessivo, ou o bloqueio, da sexualidade ou da agressão), como também os *egóicos* (identificação com certos atributos e capacidades, por exemplo), os provindos do *superego* (mandamentos e proibições) e do *ideal do ego* (ambições e expectativas).

O grupo familiar nunca é estático. Antes, ele sofre contínuas transformações e comporta-se como um campo grupal dinâmico, onde circulam em todos os níveis, uma rede de necessidades, desejos, demandas, relações objetais, ansiedades, mecanismos defensivos, mal-entendidos da comunicação, segredos ocultos ou compartilhados, afetos contraditórios, etc., sendo necessário destacar três aspectos essenciais: 1) As características pessoais, em todos os sentidos, do pai e da mãe separadamente, em especial, da relação entre eles, sendo que é essencialmente relevante a imagem e a valoração que cada um deles tem em relação ao outro, pelo fato de que essa imagem é que, em grande parte, constituirá as *representações* internas que o filho terá de cada um dos pais e, por conseguinte, de si mesmo. 2) Este fenômeno está diretamente conectado com o aspecto das *identificações*, matéria-prima da formação do primacial *sentimento de identidade* e da auto-estima. 3) A designação e a definição de *papéis*, (como, por exemplo, o de "bode expiatório"; "orgulho da mamãe"; "doente da família", etc., etc.) a serem cumpridos dentro da família e fora dela.

De acordo com todos os aspectos referidos, as famílias estruturam-se com um perfil caracterológico variável de uma para outra, porém, com uma especificidade típica de cada uma delas, que, por exemplo, pode ser de natureza excessivamente simbiótica ou de características predominantemente obsessivas, narcisistas, paranóides, fóbicas, depressivas, sadomasoquistas, etc., ou naturalmente apresentam-se como famílias bem estruturadas e sadias.

Uma família bem estruturada requer algumas condições básicas, como é a necessidade de que haja uma hierarquia na distribuição de *papéis, lugares, posições* e *atribuições*, com a manutenção de um clima de liberdade e de respeito recíproco entre os membros. Caso predomine um uso exagerado de "identificações projetivas" de uns nos outros, a tal ponto que predomine uma posição geral "esquizoparanóide" em detrimento de uma "depressiva", haverá o grave risco de que se percam os necessários limites, direitos, deveres, privilégios e o reconhecimento das limitações de cada um, e, conseqüentemente, os lugares que cabem a um pai, mãe ou filho, podem ficar borrados, confusos ou trocados.

Qualquer uma dessas situações, é óbvio, repercute fundamentalmente na formação do psiquismo do filho, e isso justifica que nos alonguemos nos lugares e funções que, basicamente, cabem aos genitores, notadamente a função materna, desde o nascimento do filho.

NORMALIDADE E PATOGENIA DA FUNÇÃO MATERNA

Uma adequada maternagem – que Winnicott denomina como sendo aquela provinda de uma *mãe suficientemente boa* – alude ao fato de que essa mãe não frustra, nem gratifica, de forma *excessiva*, e que possibilita um sadio crescimento do *self* do seu filho. Essa condição de maternagem requer uma série de atributos e funções da mãe, que tanto podem pautar por uma normalidade, como também podem adquirir caraterísticas patogênicas. Pela extrema importância que esses múltiplos aspectos da relação mãe-filho exercem no desenvolvimento do ser humano, cabe descrevê-los separadamente.

Normalidade da Função Materna

Uma mãe "*suficientemente boa*" (termo de Winnicott), levando em conta as óbvias diferenças individuais de cada uma delas, deve preencher satisfatoriamente as seguintes condições:

1. Ser *provedora* das necessidades básicas do filho (de sobrevivência física e psíquica: alimentos, agasalho, calor, amor, contato físico, etc.).
2. Exercer a função de *para-excitação* dos estímulos que o ego incipiente da criança não consegue processar pela sua natural imaturidade neurofisiológica. Esses estímulos tanto procedem das tensões e traumatismos derivados das primeiras experiências sen-

soriais e emocionais da infância, como também se originam nas desprazerosas sensações emanadas do próprio corpo. Neste último caso, elas podem ser *exteroceptivas* (parte externa do corpo), *proprioceptivas* (camadas profundas da pele), *enteroceptivas* (órgãos internos, como pode ser, por exemplo, uma cólica intestinal do bebê), *cinestésicas* (sensação de equilíbrio). A mãe compreendendo e, na medida do possível, atendendo aos apelos do bebê, alivia-o das tensões insuportáveis que se expressam por um estado de excitação.

3. Possibilitar uma *simbiose adequada*: as sensações corporais acima referidas adquirem uma grande dimensão na criancinha porque, além do fato dela não ter condições de reconhecer de onde as sensações procedem e as diferenças entre si, essas ainda vêm acompanhadas de uma arcaica sensação de "não-integração" das diversas partes do corpo. Assim, é função da mãe, de certa forma, "emprestar o seu corpo" ao bebê, temporariamente, pelo "encaixe" dos corpos de ambos, o que se traduz na forma de quando a mãe o segura no colo, embala-o, faz a sua higiene, etc.

4. *Compreender e decodificar* a arcaica linguagem corporal do bebê, que se vai transformando gradativamente desde os iniciais reflexos sensório-motores até uma crescente maturação neuronal e da corticalidade cerebral. Uma das formas de o bebê comunicar-se com a sua mãe é por meio do *choro* (pode ser o sono, as mamadas, etc.) e cabe à mãe decodificar se este choro expressa fome, frio, fraldas "cocosadas", dor no ouvido, cólica, um apelo por companhia, etc., etc.).

5. Essa presença continuada da mãe que "entende e atende" essas necessidades básicas do bebê vai propiciar para a criança um *senso de continuidade*, baseada na prazerosa sensação de que ela "continua a existir".

6. Uma maternagem adequada também implica não só essa necessária *presença* da mãe, mas também na sua condição de saber *estar ausente* e, com isso, promover uma progressiva e necessária "desilusão das ilusões".

7. Isso remete-nos a uma função essencial de uma boa maternagem: a de *frustrar adequadamente*. As frustrações, além de inevitáveis, também são indispensáveis ao crescimento emocional e cognitivo da criança. No entanto, como será exposto mais adiante, as frustrações podem constituir-se como patogênicas, se incorrerem em um desses extremos: as frustrações poderiam ter sido evitadas, sem prejuízo para ninguém; são excessivamente escassas ou por demais exageradas; ou, ainda, continuadamente incoerentes. Especialmente no caso em que as frustrações ambientais foram excessivas e inadequadas, o bebê reage agressivamente com a emissão de sinais de forte agitação, como que à espera de que alguém contenha as suas sensações e primitivas emoções intoleráveis (as quais constituem o que Bion denomina "elementos-beta", que são "evacuadas" para fora pelas "identificações projetivas".

8. A função de a mãe *conter* as aludidas cargas de identificações projetivas está sendo reconhecida como a fundamental para a estruturação sadia da criança. Essa capacidade de *continência,* ou de *rêverie,* como Bion as denomina (Winnicott a conceitua com o nome de *holding*), implica no exercício da *função-alfa* (conceituação de Bion).

9. Essa última consiste na função de a mãe: estar disponível para *acolher* o "conteúdo" das necessidades e angústias da criança; *contê-las* dentro de si; *decodificá-las; transformá-las*; dar para si própria um *sentido*; um *significado;* uma *nomeação* e, daí, uma *devolução* para o filho da compreensão das referidas angústias, agora, devidamente desintoxicadas. Posteriormente, além das necessidades básicas, com as respectivas angústias, a mãe também terá que ser continente dos desejos, demandas e ataques agressivos, do tipo da fase da teimosia e birra que acompanha aquela fase da criança sistematicamente dizer "não"; dela acusar a mãe com "tu és má ", "não gosto de ti", "tu não existes para mim"..., e a mãe

"sobreviver" tranqüilamente a esses ataques.
10. A função de *rêverie* deve vir acompanhada de uma capacidade de *empatia*, ou seja, de uma forma de comunicação primitiva entre a mãe e o bebê, pela qual a mãe consegue "intuir" o que está-se passando com o filho.
11. A capacidade de a mãe *sobreviver* aos ataques destrutivos e às demandas vorazes do filho sem um revide retaliador e, muito menos, sem sucumbir a um estado de depressão (que exacerba as fantasias da criança a respeito de sua maldade e destrutividade).
12. Uma boa maternagem implica que a mãe deve *permitir* que a criança exercite o seu direito – e necessidade – de devanear, imaginar e fantasiar, assim como também deve permitir temporariamente que a criança demonstre aquilo que Kohut (1971) denomina como "*self grandioso*" e "*imago parental idealizada*".
13. Deve ser destacada a importância do *discurso* da mãe, porquanto ela dá nomes e significados, de toda ordem, que ainda são desconhecidos pela criança e que, por isso mesmo, são potencialmente os fundantes dos valores e das auto-representações da criança. Uma forma particularmente importante relativa ao "discurso" da mãe é aquela que diz respeito à sua emissão de "duplas mensagens" para o filho, aspecto que será abordado mais adiante.
14. A mãe deve *emprestar* as suas "funções do ego", como as capacidades de perceber, pensar, juízo crítico, etc., de modo a organizar e processar essas funções do ego de seu filho, enquanto ele ainda não as tem desenvolvidas.
15. Um importante aspecto da maternagem consiste no fato de que a mãe representa para a criança ser como um *espelho*, tal como aparece nesta frase de Winnicott (1967), tão bela como verdadeira: *o primeiro espelho da criatura humana é o rosto da mãe, seu olhar, sorriso, expressões faciais. etc.*
16. Como decorrência do item anterior, torna-se necessário incluir a função materna de *reconhecimento,* não só das angústias, mas também das *capacidades* de seu filho, notadamente dos pequenos (para ele, enormes) progressos que ele esteja conquistando.
17. Assim, a mãe deve favorecer a formação no psiquismo da criança de *representações* valorizadas e admiradas, tanto do próprio filho como também dos pais que estão sendo internalizados pela criança. Assim, é especialmente relevante *a representação que a mãe tem do pai do seu filho, porquanto essa será a imagem que a criança terá de seu pai. Da mesma forma, a visão que a mãe tem dos potenciais de seu filho tornam-se parte importante das representações que este terá de si próprio.*
18. Da mesma forma, a mãe deve ter bem claro, para si, que ela funciona como um importantíssimo *modelo de identificação* para o seu filho.
19. Uma adequada maternagem deve facilitar uma lenta e gradual *dessimbiotização* e, assim, abrir um caminho para a entrada em cena de um *pai*, respeitado e valorizado. A partir daí, a mãe estará promovendo a seu filho a passagem de uma díade exclusiva com ela para um triângulo edípico. Assim, a criancinha adquire a capacidade de *reconhecimento* da existência de terceiros, o que propicia a importante transição de um estado de narcisismo para o de um socialismo.
20. É evidente que as funções estruturantes do psiquismo da criança não dependem unicamente da mãe, mas sim que, além de outras eventuais pessoas, elas estão íntima e indissociadamente conectadas com as funções que comumente cabem à figura *paterna.*

Funções do Pai

Na literatura psicanalítica, a figura do pai tinha um relevo extraordinário na obra de Freud, enquanto na teoria kleiniana a sua figura ficou muito ofuscada pela hegemonia que Klein atribui à mãe, sendo que, na atualidade, a psicanálise está resgatando a importância do lugar, papéis e funções pertinentes ao pai. Assim, dentre as, fundamentais, funções que devem ser exercidas pelo pai, as seguintes merecem ser destacadas:

- A segurança e a estabilidade que ele dá, ou não dá, à mãe, na tarefa, por vezes árdua e extenuante, de bem educar e promover o crescimento do filho.
- Dentro da concepção da *transgeracionalidade*, é útil saber como foi o vínculo dele com o seu respectivo pai, e até que ponto ele o está repetindo com seu filho; qual é a representação interna que ele tem da esposa (mãe da criança) e que influirá bastante naquela que o filho terá da mãe, e também qual o "lugar" que o pai ocupa no desejo e na representação que a esposa tem dele.
- A ênfase que merece ser dada ao papel do pai incide no fato de que a sua presença – física e afetiva – é de fundamental importância no processo de *separação-individuação* (Mahler, 1986) referente à díade mãe-filho. Com outras palavras, é o pai que no papel de "terceiro", interpondo-se como uma cunha normatizadora e delimitadora entre a mãe e o bebê, irá propiciar a necessária passagem de Narciso a Édipo.
- As adequadas frustrações impostas pela função paterna, pela colocação de *limites,* reconhecimento das *limitações* e aceitação das *diferenças*, promovem a necessária, embora dolorosa, passagem do princípio do "prazer-desprazer" para o da "realidade". Da mesma forma, as frustrações promovem um estímulo às *funções do ego* da criança, especialmente a formação da *capacidade para pensar*.
- As fantasias inconscientes que se formam em torno da "cena primária" e que vêm a desempenhar uma decisiva determinação na tão importante resolução do complexo edípico dependem diretamente do comportamento dos pais, e de como cada um deles, por sua vez, resolveu em si próprio esses mesmos conflitos edípicos. Uma vez ultrapassada a ligação simbiótica com a mãe (graças à necessária presença e função castratória da figura paterna), e resolvido o conflito edípico, a criança, mais assegurada em sua identidade, vai poder renunciar à mãe como seu interesse exclusivo e abrir-se para uma socialização com o pai, *irmãos* e amizades.

Papel dos Irmãos

A literatura especializada nem sempre costuma valorizar o "*complexo fraterno*", isto é, a influência recíproca entre os irmãos. No entanto, essa interação é de capital importância na estruturação dos indivíduos e do grupo familiar. Pode-se dizer que os irmãos funcionam como objetos de um duplo investimento: o primeiro é o que diz respeito às conhecidas reações ambivalentes de amor e amizade, mescladas com sentimentos de inveja, ciúme, rivalidade, etc. O segundo investimento consiste em um, defensivo, deslocamento nos irmãos de pulsões libidinosas, ou agressivas, que primariamente seriam dirigidas aos pais.

Assim, é comum observar situações nas quais os irmãos criam camufladas brincadeiras eróticas entre si; ou quando um irmão torna-se um zeloso e enciumado guardião dos namoros de sua irmã mais velha; ou quando adota uma postura maternal em relação a um irmão (ou irmã) mais moço; ou na situação em que se manifesta uma acentuada regressão a níveis de necessidades que estão sendo gratificadas pela mãe para um irmãozinho caçula, ou doente, e assim por diante.

Por outro lado, não é raro observar que a um irmão é dado substituir a um outro, já falecido (ou abortado), de quem deve herdar tudo o que os pais esperavam daquele, como, por exemplo, nome, gênero sexual, expectativas, etc. Da mesma forma, pode-se observar o fato de que um dentre os irmãos desempenhe junto a um outro o papel de "duplo", assim complementando para este irmão, e vice-versa, tudo o que este não consegue fazer ou ter, como é o caso das diferenças de sexo, por exemplo. Por vezes, essa condição de "duplo" adquire tal intensidade que ambos não conseguem separar-se, e envolvem-se em uma típica *folie a deux*, sendo que a ruptura dessa ligação simbiótica, especialmente na adolescência, pode trazer conseqüências graves para um dos dois. Esse tipo de ligação simbiótica entre irmãos (posteriormente extensiva a todas demais inter-relações deles) pode estar refletindo o modelo de como é a união dos pais, que freqüentemente assume uma característica de uma simbiose que se manifesta disfarçada pelo predomínio de um recíproco *sadomasoquismo*, de tal sorte que o casal não consegue viver junto, porém, eles tampouco conseguem viver separados.

Uma outra situação bastante comum é aquela encontrada nos indivíduos que se sabotam ou deprimem-se diante de seus sucessos na vida adulta, nos casos em que eles tenham tido irmãos precocemente falecidos, ou com sérias limitações orgânicas e psíquicas, ou mal sucedidos de foma geral. Essa auto-sabotagem deve-se: 1) Às culpas inconscientes por terem concretizado o triunfo de uma velha rivalidade com os irmãos; 2) Também pode dever-se ao fato de que para não humilhar e fazer sofrer os que não acompanharam o seu sucesso, o sujeito faça um voto de "*solidariedade às vítimas*" e boicote o seu próprio crescimento enquanto não conseguir uma "reparação", geralmente impossível, de que os demais irmãos (e ou pais) acompanhem o seu sucesso.

São muitos os mitos bíblicos que referem diretamente aos conflitos entre irmãos –, entre outros: os de *Caim e Abel;* de *Esaú e Jacob;* e de *José e seus irmãos* – sendo que todos eles se constituem em um rico manancial para o entendimento da importância da patologia entre irmãos, dentro de um contexto do grupo familiar (Zimerman, 1993).

Patogenia da Função Materna

Assim como a mãe, principalmente desde os primitivos vínculos com o bebê, constitui-se como o primacial fator estruturante do desenvolvimento do filho, também costuma acontecer que as falhas da função materna sejam poderosos determinantes da "desestruturação" do psiquismo da criança e, por conseguinte, do futuro adulto.

Dentre os fatores patogênicos – ou seja, daqueles que promovem a gênese da patologia – impõe-se assinalar aos seguintes:

Simbiose

O tipo de amor que a mãe devota à criança é predominantemente *objetal* ou *narcísico?* Com outras palavras: tanto pode prevalecer nela o desejo de ter um filho para ajudá-lo a crescer até que ele tenha condições de emancipar-se, como também é possível que ela sinta o filho como uma posse sua, dentro do seu projeto inconsciente de uma "*gestação eterna*". Pode acontecer, portanto, que a mãe tenha uma *necessidade* vital do seu filho e o induza a funcionar como sendo o seu *complemento sexual ou narcísico,* ou ambos. Nos casos em que a mãe seja basicamente uma pessoa deprimida, ou que tenha uma fobia de ficar sozinha, costuma acontecer que essa mãe invista em algum do filhos (às vezes, em alguns ou em todos) um vínculo simbiótico, cimentado de culpas, de modo a garantir o seu "*seguro-solidão*", como costumo definir essa situação nada rara.

Corpo

Nestes casos de predominância "narciso-simbiótica", é comum que se forme uma relação muito particular que a mãe faz ao *corpo* da criança, como pode ser visto, nas situações mais extremas, nas concepções de J. MacDougall (1987) acerca de "*um corpo para dois*". Comumente, essa "confusão dos corpos" expressa-se pela determinação imposta pela mãe no uso de roupas da criança (se ela sente frio, o filho obrigatoriamente deve ficar superabrigado, mesmo que na realidade não esteja tão frio assim); na manipulação dos genitais durante a rotina higiênica; no abuso de enemas, etc., e, particularmente, por meio da construção de uma *atitude hipocondríaca* que obriga a criança a sentir os mesmos sintomas e angústias corporais que ela, mãe.

Prover e Frustrar

A função de "prover" implica levar em conta as coordenadas de *espaço* (um lugar-continente para as projeções do bebê) e de *tempo* (gratificar rápido demais estimula a simbiose, gratificar lento demais gera protesto porque é vivido pelo bebê como frustração). As *frustrações,* como antes foi destacado, tanto podem ser adequadas, quando então elas são indispensáveis e estruturantes, como também elas podem ser inadequadas e desestruturantes. As frustrações inadequadas têm origem numa dessas três possibilidades:

1) São por demais *escassas*, em cujo caso a mãe tende a resolver todas as necessidades e desejos da criança antecipando-se à capacidade dessa de poder *pensar* para achar soluções para os problemas criados. Assim, a mãe não só inibe no filho a capacidade para pensar, como também, ao mesmo tempo, ela reforça excessivamente a onipotência, a vigência do "princípio do prazer" e um vínculo simbiótico que pode atingir um nível tal a ponto de determinar uma "*identificação adesiva*", tal como Meltzer (1975) conceitua.

2) Quando são continuadamente *exageradas*, tanto na intensidade como numa possível

qualidade de injustiça contra o filho, essas frustrações geram na criança um sentimento de *ódio* intenso, acompanhado de uma "ansiedade de aniquilamento", com sensações corporais insuportáveis, a tal ponto que elas não conseguem ser metabolizadas e, de alguma forma, necessitam ser evacuadas (Bion denomina a essas terríveis sensações de "elementos-beta", as quais não se prestam para "serem pensadas", mas, sim, "atuadas" ou "somatizadas").

3) As frustrações *incoerentes* que provocam na criança um estado de confusão, instabilidade e de um permanente sobressalto quanto à reação dessa "*mãe enigmática*".

Em resumo, cabe equacionar a existência de três tipos principais de métodos patogênicos de educação: a severidade excessiva, a indulgência excessiva e a incoerência das atitudes dos educadores, ou entre eles e, pior que tudo, uma *indiferença* pela criança. No caso de uma exagerada indulgência por parte dos pais, uma provável conseqüência nas crianças será a formação de um superego de características muito severas e rígidas, porquanto ela própria terá que policiar as suas ameaçadoras pulsões internas.

Conter

Em relação à importantíssima função de *continência* materna, a primeira observação a ser feita é a necessidade de que se estabeleça a distinção entre "continente" e "recipiente", porquanto este último, como o nome sugere, não passa de um mero depósito passivo, onde a criança expele os seus excrementos emocionais, como se ela fôra um penico. O grave prejuízo para a criança, dessa "*mãe-recipiente (penico)*", é que ela será introjetada e representada como uma figura muito frágil e desvalorizada, assim aumentando no filho, ao mesmo tempo, sentimentos culposos, de onipotência, de agravamento da dissociação da figura feminina e de uma autodesvalia.

Em contrapartida, o conceito de "*continência*" refere a um processo ativo da mãe, em que ela "acolhe", "transforma" e "devolve" para o filho, devidamente desintoxicados, significados e nomeados, o "conteúdo" das identificações projetivas dele. Na hipótese de que a mãe não consiga exercer essa função, a criança vê-se obrigada a incrementar o uso das identificações projetivas, num movimento de *hipérbole*, como um apelo desesperado para ser compreendido e contido, e isso acarreta sérias conseqüências, as quais podem ser sintetizadas naquilo que Bion denomina como sendo "*a parte psicótica da personalidade*".

Outros distúrbios da "função de continência materna", além dos já citados 1) *mãe- enigmática* e 2) *mãe-recipiente*, antes referidos, são, possivelmente: 3) *mãe-indiferente* (ela não "escuta", logo, não compreende e não contém as ansiedades do filho que, por isso, entra num estado de desamparo e cria vazios existenciais); 4) *mãe-ansiosa* que, embora amorosa, não tem boa capacidade de *rêverie* e por essa razão ela manipula exageradamente o filho, de modo a devolver a esse as mesmas ansiedades que ele projetou, acrescidas das que são próprias dela, mãe. Alguns analistas da Escola Francesa de Psicanálise (Rocha, 1988) referem a uma 5) *mãe-abismo* "quando a criança é induzida a acreditar que ela é unicamente o complemento narcísico e sexual da mãe, sempre será insuficiente tudo que ele der ou fizer pela mãe". De um outro vértice, creio que essa "mãe-abismo" pode ser entendida como aquela que, além de não conseguir funcionar como continente do filho, ainda troca de papéis com ele, fazendo a criança funcionar como continente dela, de tal maneira que diante dos desejos insaciáveis ("abismo") da mãe, ele deverá comportar-se como *criança-rolha*.

Espelho

A "função especular materna" para o desenvolvimento da criança, na qual ela se vê refletida e reconhecida no olhar da mãe, é tão importante que justifica prolongar a metáfora de "*seio bom e seio mau*" de M. Klein, para a de "*olhar bom e olhar mau*" da mãe. Neste contexto, cresce muito a responsabilidade da mãe real, pois, sendo um espelho do seu filho, ela tanto pode refletir o que ele realmente é, ou, qual um espelho que distorce as imagens – o que lembra aqueles espelhos côncavos e convexos que aparecem em parques de diversão – a mãe pode refletir aquilo que ela própria é, ou imagina ser. No entanto, pior que essa há 6) *mãe-distorcionadora* que é aquela que funciona como um *espelho-opaco*, que nada reflete, nem de bom e nem de mau.

Discurso

No mínimo, três aspectos decorrentes do discurso da mãe em relação ao filho são singularmente importantes: um é o das *significações*; o outro refere-se à construção das *predições e expectativas do ideal do ego*; o terceiro aspecto alude ao *duplo vínculo* (composto de *duplas mensagens*).

Significações

Diante de um mesmo fato, cada mãe pode atribuir uma significação que reflete o seu próprio mundo interno. J. MacDougall (citada em Rocha, 1988, p. 33) exemplifica com três possibilidades: a mãe que sistematicamente *condena* a experiência afetiva do filho ("basta, ninguém gosta de criança que chora"), ou a *nega* ("não é verdade que você detesta seu irmão, você o adora"), ou que a *substitui* por um discurso que esteja em relação com os problemas inconscientes dos pais.

Assim, uma mãe fóbica – portanto, alarmada e alarmante – emprestará um significado de "perigo" a qualquer acontecimento (por exemplo, um raio acompanhado de um trovão ou uma briga podem adquirir um significado terrorífico de tragédia iminente, etc.) e fará a apologia da "evitação", enquanto uma outra, de características paranóides, obsessivas, narcisistas, hipocondríacas, e assim por diante, plantará na mente da criança os significados correspondentes, que poderão acompanhá-la para o resto da vida (daí por que a psicanálise contemporânea está valorizando bastante a necessidade de o psicanalista ajudar o analisando a fazer *dessignificações*, seguidas de *neosignificações*).

Ideal do ego

Uma mãe de características fortemente "narciso-simbiotizadoras" doutrinará o seu filho no sentido de *quem ele é* (na visão dela), *como ele deve ser* (especialmente a que ele aprenda a funcionar, tendo como desejo maior o de ser o maior "desejo" da mãe), *o que e quem ele será* quando crescer e *como ele deve sentir, agir e amar*. ("Teu nome é João, tu és o filhinho querido da mamãe, vais ser obediente e vais-me dar muito orgulho porque espero que sejas o primeiro lugar da aula, e no futuro um médico famoso..."). Da mesma forma, esse tipo de mãe usará um discurso catequisador de modo a excluir a figura do pai do campo afetivo da criança, com as conseqüências previsíveis. Um aspecto particularmente importante em relação à construção dos ideais é a atribuição de *papéis*, de distintas modalidades, algumas patológicas, que precocemente são conferidas à criança, e que ele carrega como uma obrigação inconsciente de desempenhar ao longo da vida.

Duplo vínculo (double bind)

Bateson e colaboradores (1955) utilizam esse termo para referirem-se a situações pelas quais as mensagens contraditórias e paradoxais emitidas pelos pais, invariavelmente, deixam a criança no papel de perdedora e num estado de confusão e desqualificação. Pode servir como exemplo, banal, a sentença da mãe que diz ao filho: "Eu te ordeno que não deixes ninguém te dar ordens", ou grita a altos brados para que a criança nunca grite, etc. Dessa forma, a criança fica presa nas malhas de um duplo vínculo: receia ser castigada se ela interpretar as mensagens da mãe tanto acertada como equivocadamente. Aliás, o termo *"bind"* originalmente alude a uma condição de "prisioneiro", tal como é o cabresto nos animais.

O emprego do "duplo vínculo" é bastante comum por parte das mães que se sentem ameaçadas com a aproximação afetiva do filho e, como uma forma de controlar a distância afetiva, rejeitam-no, porém, ao perceberem e sentirem que a recusa foi um ato agressivo, que pode ameaçar uma separação, buscam uma nova reaproximação simbiotizadora, num círculo viciosos ambíguo e interminável. Na verdade, o uso do duplo vínculo visa à manutenção de uma dependência eternamente simbiótica, sendo que na prática analítica pode acontecer que pacientes que desde a infância tiveram esse molde impresso em seu psiquismo, desenvolvam alguma forma severa de "impasse psicanalítico".

Resta evidente que, não obstante a ênfase do presente texto tenha incidido na mãe, a mesma é indissociada da figura do pai. Mais especificamente, a ação patogênica da figura paterna consiste nas condições em que o pai esteja excessivamente *ausente*, tanto física como afetivamente, ou também quando ele é demasiado frágil ou é por demais desqualificado pelo discurso materno. Nestes casos, haverá uma grave falha na necessidade de que haja a presença de um "terceiro", uma figura de pai forte e respeitado, que exerça a função de impor a "lei" (a *"castração simbólica"*, como conceitua Lacan) de modo a desfazer a "díade narcisística" com a mãe e instituir o "triângulo edípico". Da mesma forma, a presença de um pai excessivamente sedutor ou tirânico impedirá uma boa e necessária simbiose transitória com a mãe, assim como dificultará a resolução edípica.

CAPÍTULO 8

Trauma e Desamparo

Entendi ser útil incluir o presente capítulo neste livro pela razão de que, cada vez mais, aumenta o contingente de pessoas, em condições bastante regressivas, que procura tratamento analítico, de modo que, paralelamente, também vem aumentando significativamente o interesse dos psicoterapeutas pelos traumas – físicos e psicológicos – que tais pacientes sofreram na sua primitiva infância e que provocaram a mais dolorida das angústias: a de um estado de *desamparo*.

O conceito de "trauma" aparece na literatura psicanalítica com vários significados, sendo que inclusive nos trabalhos de Freud ele também sofreu consideráveis modificações. Um passeio pelas distintas correntes psicanalíticas permite perceber que as noções de "trauma" e de "desamparo" aparecem com terminologia distinta, porém com significados equivalentes. Assim, importa mencionar os seguintes autores representantes das sete escolas de psicanálise, embora não se pretenda, aqui, dar mais do que uma pálida idéia das concepções de cada um deles.

1. Em **Freud**, o "trauma" aparece pela primeira vez em 1895, nos seus estudos com suas pacientes histéricas, como sendo relacionado com uma primitiva "sedução sexual" perpetuada pelo pai contra a menina indefesa. Posteriormente, ele concebeu que essa realidade psíquica dessas pacientes era devida a fantasias decorrentes de "desejos sexuais" reprimidos. Em sucessivos artigos, Freud reconheceu outras formas de traumas, como: do *nascimento* (nos termos concebidos por O. Rank); da *angústia de castração* do menino, frente à percepção de que as meninas não tinham pênis; em 1926, ele deu um passo importante ao reconhecer o trauma representado por perdas precoces, incluídas a *perda do amor da mãe* ou de outras pessoas significativas.

No mesmo trabalho de 1926, Freud liga a ocorrência dos aludidos traumas psicológicos com um estado de *desamparo* (*Hilflos*, no original alemão) da criança, situação que ele descreve com as seguintes palavras: "*O ego se sente desamparado, atordoado e abandonado à sua sorte diante de um aluvião de excitações demasiado poderosas para que os processos mentais do ego possam-nas manejar*".

Por essa mesma época, **Ferenczi** (1933), além de ressaltar a relevância dos traumáticos abusos sexuais precoces, também enfatizou a importância dos pais na determinação de "traumas", afirmando que isso ocorre quando "*a criança não se sente compreendida pelos adultos, como se houvesse uma "confusão de linguagem" entre eles (...) e, ademais, esses adultos oferecem uma experiência exageradamente excitante, ameaçadora ou perturbadora*".

2. M. Klein: além da sua fudamental concepção a respeito da *angústia de aniquilamento* – resultante da ação do *instinto de morte* – talvez o texto mais ilustrativo do estado de "desamparo" é o que está no seu trabalho *Sentimento de solidão*, no qual fica evidente a sua noção de que o indivíduo pode estar rodeado de muita gente e ainda assim sentir-se sozinho, abandonado e desamparado; o que acontece no caso de que o seu mundo interno seja habitado por "objetos maus", tal como seus pais foram introjetados.

D. Meltzer, importante seguidor de M. Klein, deu uma grande contribuição ao entendimento do "estado de desamparo" por meio de seus conceitos de *identificação adesiva* e do estado mental de *desmantelamento* (1975). Este último, na verdade, corresponde a um estado de "des-*mente*-lamento", no qual a mente parece suspender o seu funcionamento" – à maneira de um "*petit mal epiléptico*" –, em cujo caso, a "mente cai aos pedaços". Tanto na "identificação adesiva" como no "desmantelamento" resulta a *falta de um espaço mental interno* para conter e sustentar as identificações, daí surgindo a formação de um esvaziamento das capacidades próprias e, logo, de uma sensação de desamparo.

3. A "escola da Psicologia do Ego" pode ser representada pelos estudos de **M. Mahler** e colaboradores (1975) acerca do "*nascimento psicológico*" da criança. Esse "nascimento", que implica em um despertar para a vida pela aquisição de um sentimento de identidade e autonomia, está diretamente ligado ao vínculo com a mãe. Na hipótese de que essa mãe seja patogenicamente simbiotizadora, a criança terá dificuldades em passar pela etapa de *diferenciação* com aquela e, por conseguinte, também não solucionará as etapas de *separação* e *individuação*, permanecendo enredada nas malhas de uma simbiotização cronificadora; portanto, ela resta desamparada. É igualmente traumática para a criança a condição em que a necessária – embora temporária – "função simbiotizadora da mãe" falha por escassez ou por um desligamento por demais precoce da criancinha, o que reforça o seu estado de desamparo.

4. A "psicologia do *self*" de **H. Kohut** (1971) prioriza a compreensão do estado de desamparo como decorrente das primitivas falhas empáticas dos *self-objetos*; ou seja, quando os pais reais falham na função de estruturar a organização psíquica do filho, este desenvolve-se com dificuldades, em meio a profundas "injúrias narcisísticas". Kohut também faz a importante observação de que o filho necessita, durante algum tempo, tanto da aprovação do seu *self grandioso*, por parte dos pais (por meio de elogios, incentivos, etc.), como também de que esses pais permitam que a criança idealize-os (*imago parental idealizada*).

5. Na Escola Francesa de Psicanálise, além dos estudos de **Lacan** (1949) sobre a "*angústia de despedaçamento*" (*corps morcelé*) e das falhas maternas durante a *etapa do espelho*, penso que a concepção de **Green** (1976) acerca da "*mãe morta*" esclarece melhor a vivência de trauma e desamparo que sofre uma criança, nos casos em que ela teve uma mãe severamente deprimida, com todas as conseqüências imagináveis. Nesses casos, resultam crianças deprimidas (às vezes manifestas por uma hiperatividade reativa), cheias de um "branco-vazio" da mãe, portanto, esvaziadas de vitalidade.

6. Em **Winnicott**, a condição de desamparo da criança aparece em muitas das suas concepções. Vale destacar pelo menos uma delas: aquela que, desde bebê, o filho sente nas falhas do *holding* materno, muito particularmente aquela que se refere à necessidade de que essa mãe seja *suficientemente boa*, com condições de funcionar como um adequado *espelho*. Esse "olhar-espelho" está bem definido nessa memorável e poética frase de Winnicott (1967): "*O primeiro espelho da criatura humana é o rosto da mãe: o seu olhar, sorriso, expressões faciais, tom de voz...*". Mais adiante, ele completa com outra frase que traduz o possível protopensamento da criança: "*Olho e sou visto, logo, existo!*". Sem esse olhar reconhecedor da mãe, a criança cai num estado de desamparo, sendo que pior do que o espelho de uma mãe que distorce a imagem do filho quando ela responde e reflete mal às necessidades dele, é quando essa mãe comporta-se como um espelho embaçado, opaco, que *nada reflete*.

7. **Bion**, em sucessivos trabalhos, estuda o estado de desamparo infantil por meio do seu original modelo de *continente-conteúdo*. Assim, quando a mãe fracassa na sua função de *rêverie*, de *conter* o conteúdo das angústias e necessidades da criança e de não processá-las pelo que ele denomina *função-alfa*, essa criança ficará invadida por sentimentos de ódio decorrente das excessivas frustrações de não ser compreendida e contida. Esse ódio não metabolizado pela criança, essa falha na *alfabetização emocional* (ou seja, na necessária transformação dos elementos *beta* em *alfa*), prejudicará sensivelmente a capacidade da criança para pensar, simbolizar, etc. e a forçará a incrementar o uso exagerado de identificações projetivas, num crescente círculo vicioso de esvaziamento, medo e desamparo.

Embora todas concepções dos autores mencionados mereçam um estudo particularizado pela importância que representam, quero acentuar mais particularmente a outros dois autores da Escola Britânica de Psicanálise, J. Bowlby e F. Tustin.

Bowlby (1969) descreveu três fases que acompanham o estado mental e emocional de uma criança, diante da experiência de separação prolongada da mãe e da privação dos cuidados maternos. A primeira é a fase do *protesto*, na qual a criança chora, esperneia, tumultua, como que pedindo socorro. Na segunda fase, ela, já cansada de lutar, entra num estado de *desesperança*, isto é, num crescente "desespero" porque começa a não esperar mais nada. A terceira fase é a do *retraimento*, na qual essa criança, sentindo-se totalmente desamparada, retira toda libido que ela investiu no meio ambiente, efetua um "desapego emocional" e recolhe-se a um estado de indiferença, apatia e depressão. Penso que os remanescentes deste estado mental podem ressurgir no adulto sob a forma de uma "*desistência*", tal como pretendo explicitar mais adiante.

F. Tustin (1986) em seus estudos com crianças que apresentavam algum grau de autismo psicológico, descreveu o quanto elas, diante das falhas dos cuidados maternos primários, sentiram-se impelidas a construir uma *barreira autista* (ou uma *concha*, uma *manta*, ou ainda, uma *cápsula autista*), uma espécie de escudo protetor contra os traumas externos. Essa "cápsula autista", além do provável fator de uma hipersensibilidade *constitucional*, forma-se como conseqüência de excessivas *defesas* ou de *compensações* (que é diferente de "defesas contra...") para enfrentar os traumas relacionados à *separação corporal com a mãe*. Tais sensações corporais vão sendo transformadas em esperiências psicológicas. Se o "nascimento psicológico" foi complicado, especialmente por falha da função de "útero mental" da mãe, não se formará o "sentimento de unidade com a mãe", e daí resultará um bebê desamparado e abandonado, assim criando um "*buraco negro*" (o qual, assim entendo eu, equivale ao que Bion concebe como um "não-seio").

Dos estudos de Tustin, é possível depreender – em casos de perversões, drogadicções, *borderline*, transtornos alimentares, transtornos narcisistas e, inclusive, nas neuroses em geral – a existência daquilo que talvez possa ser denominada como "parte autista da personalidade". Nesses casos, a pessoa mantém uma *auto-sensualidade* e o *tampão autista* funciona como uma barreira contra a realidade, assim impedindo a introjeção de novas experiências. Ao mesmo tempo, certas situações comuns podem funcionar como traumas invasivos porque incidem em símbolos mnêmicos, ou seja, em "representações" no ego primitivo desse tipo de experiências psicológicas de desamparo. Tustin postula a necessidade de que o terapeuta que tratar a uma dessas crianças – ou um adulto portador dessa emocionalidade prematura cheia de "buracos negros" – deve funcionar com a função equivalente à de uma *incubadora psicológica*.

A palavra "trauma" vem do grego e significa "ferida". Desta forma, penso não haver dúvidas de que todas as contribuições acima assinaladas apontam para algum tipo de "ferida" precocemente infligida ao psiquismo da criança e que podem levá-la a um estado de desamparo. Como a conceituação, tanto de "trauma" como a de "desamparo", ficou por demais abrangente, cabe tentar fazer um apanhado das características mínimas e invariantes que as definem:

- A noção de "trauma" conserva a idéia de que se trata de um conceito essencialmente *econômico* da energia psíquica: uma frustração frente à qual o ego sofre uma injúria psíquica, não consegue processá-la e recai num estado no qual sente-se desamparado e atordoado.
- Com outras palavras: as falhas grosseiras da função materna provocam a invasão de estímulos ambientais (*inpingements* ou "traumas invasivos") que ultrapassam a capacidade do ego incipiente, assim dificultando a absorção dos estímulos do id. Isso, ao mesmo tempo que produz uma total impotência e desvalia motora, também provoca uma "descontinuidade no sentimento de "*ser*".
- A repercussão dos traumas no psiquismo da criança é proporcional à precocidade de seu estado de inermia. Assim, em seu *Esboço de psicanálise*, de 1940, Freud, utilizando uma importante e bela metáfora, compara o efeito de um trauma psicológico ao de uma "*agulha no embrião humano. Uma agulhada num organismo desenvolvido é inofensivo; porém, se for numa massa de células no ato da divisão celular, promoverá uma profunda alteração no desenvolvimento daquele ser humano em formação*".
- Nos primeiros tempos, o conceito de "trauma" ficou restrito unicamente àqueles manifestamente cometidos aos órgãos genitais da criança; posteriormente, o próprio Freud, com freqüência, incluiu na sua conceituação os traumas mais ocultos e algumas vezes mais insidiosos, que se referem a vivências de abandono, a *separações traumáticas*, ao medo da *perda do amor* das pessoas significativas.
- Esses traumas psicológicos ficam *representados* no ego da criança, de modo que posteriores acontecimentos, aparentemente banais, podem incidir e evocar essas representações traumáticas, determinando um estado de "desamparo", muitas vezes acompanhado de uma intensa angústia, de um estado de pânico, totalmente desproporcional ao, manifesto, fator desencadeante.
- Os acontecimentos externos traumáticos costumam ser administrados pelo ego do indivíduo traumatizado por meio de uma lenta *elaboração,* por uma repetição de *sonhos traumáticos*, sendo que esse fato serviu para alguns autores retificarem que nem todos sonhos representam uma "satisfação de desejos", mas, sim, que eles podem significar uma tentativa de elaboração de outras angústias, independentes de desejos, especialmente os libidinais, como Freud postulava.
- As *neuroses traumáticas*, tal como foram concebidas e descritas por Freud no seu modelo "econômico" de estancamento da libido, ocuparam um lugar muito importante nos primeiros tempos da psicanálise, e, num segundo momento, com o advento do

paradigma da psicanálise centrada nas relações objetais, as "neuroses traumáticas" (ou "*neurose atual*") caíram num ostracismo. Na atualidade, as "neuroses atuais" estão voltando a adquirir um merecido lugar na literatura psicanalítica, especialmente por parte dos autores que se dedicam ao estudo dos fenômenos relativos às *somatizações* (como aparece mais detalhadamente descrito no capítulo 21).

- Para Freud, na "neurose atual" uma tensão corporal física não consegue passar para o psíquico, permanecendo sobre uma via física, de modo que, frisava ele, os sintomas manifestos nas "neuroses atuais" – quer sob a forma de *neurastenia, neurose de angústia* ou de *hipocondria* – não deveriam ser consideradas como manifestações simbólicas, mas sim como uma expressão do fracasso do ego para processar os estímulos excessivos.
- Todos os traumas, de uma forma ou outra, estão ligados à *violência* que é cometida contra o ser humano, muitas vezes cometidas de forma sutil e silenciosa. Desta forma, especialmente a partir das contribuições da Escola Francesa de Psicanálise, adquire uma especial importância para a psicanálise a violência que pais e educadores em geral, representantes de uma cultura vigente, podem cometer contra a criança através de um *discurso* que funcione como um "imperativo categórico", invadindo, impregnando e escravizando a mente da criança com crenças, valores, desejos e expectativas deles próprios, pais, assim cometendo uma violência contra a autonomia dessa criança, que pode persistir ao longo de toda sua vida.

É útil assinalar que a etimologia da palavra "violência" deriva do étimo latino "*vis*", que significa "*força*", o que tanto dá origem aos vocábulos "vigor", "vida", "vitalidade", como também origina o termo "*violência*". A transição de um estado mental de "vigor" para o de uma "violência" é a mesma que se processa entre o de uma "agressividade" sadia para o de uma "agressão" destrutiva. Para que a diferença conceitual entre "agressividade" e "agressão" fique mais clara, convém lembrar que "agressividade" designa um sadio *movimento para a frente*, tal como comprova a etimologia do verbo "agredir", o qual resulta dos étimos "*ad*" (quer dizer: para a frente) e "*gradior*" (significa: movimento). Quais são os fatores que influenciam para que uma determinada força seja utilizada pelo *self* de uma forma construtiva ou destrutiva? Creio que entre muitos outros fatores, como são os heredo-constitucionais e os biopsicossociais, também adquire uma especial importância a inter-relação entre o estado de *desamparo* e a conseqüente reação de *violência*, tanto em termos individuais, como também coletivos e sociais.

- É necessário levar em conta o fato de que essa equação *trauma-violência* pode processar-se em três planos: *intrapessoal, interpessoal e transpessoal*. O "*intra*pessoal" pode ser entendido nos termos de Bion, que estuda os "vínculos" como sendo elos relacionais e emocionais que ligam duas ou mais pessoas, ou *duas ou mais partes de uma mesma pessoa*; nesse caso, o conflito pode ser o do "id" *versus* "ego", ou *versus* "superego", assim como pode ser entre relações objetais internalizadas, etc, etc. O plano *inter*pessoal também está contido na mesma definição de Bion, e alude diretamente à natureza de como os vínculos de *amor, ódio e conhecimento* permeiam as inter-relações humanas, tendo como protótipo a primitiva vincularidade mãe-filho. O aspecto *trans*pessoal extrapola ao plano pessoal e diz respeito ao que se passa em um nível mais abstrato, como o das nações, por exemplo.
- Neste último caso, impõe-se a inclusão dos violentos traumas que os governantes de um regime político autoritarista podem cometer contra os seus cidadãos, aprofundando enormes diferenças de poder aquisitivo, promovendo profundas injustiças sociais, aviltando os direitos mínimos de uma cidadania decente, atentando contra a dignidade do ser humano e, assim, provocando um continuado estado de *desamparo*. Um grau extremo dessa situação pode ser exemplificado com aquela situação em que militantes políticos foram presos, isolados e submetidos a torturas, ou muito mais grave ainda, aquela em que milhões de pessoas ficaram confinadas em campos de concentração submetidos a toda ordem de humilhações, separação de familiares, perda de identidade, sevícias fí-

sicas e morais e um profundo atentado contra a dignidade do ser humano.
- Também é necessário levar em conta o fato de que, no mundo todo, estão acontecendo intensas transformações sociais, políticas e econômicas, o que, inevitavelmente, acarreta profundas mudanças na designação de *papéis*, *lugares* e *funções*. Essa afirmativa pode ser exemplificada com a condição da mulher moderna, com os novos papéis que ela desmpenha, dos sucessivos e cada vez mais freqüentes descasamentos e recasamentos, tudo isso concorrendo para uma significativa mudança na configuração da família nuclear. O que importa destacar é que essas transformações também modificam os significados dos conceitos de trauma, desamparo e violência.

IMPLICAÇÕES NA PRÁTICA ANALÍTICA

Cada vez mais os psicanalistas são procurados por pacientes que apresentam um acentuado grau de regressão, como podem ser aqueles predominantemente *borderline*, portadores de algum tipo de perversão ou psicopatia, transtornos narcisistas da personalidade, somatizadores, deprimidos graves, transtornos da auto-estima, transtornos do sentimento de identidade, barreiras autistas e manifestações afins.

Nestes casos, não basta o psicanalista trabalhar com os *conflitos* resultantes do embate entre as pulsões e as defesas, com as conseqüentes ansiedades; também é indispensável que se trabalhe com os problemas de *déficit* do desenvolvimento emocional primitivo que ocasionaram intoleráveis, e muitas vezes inonimadas, experiências psicológicas de *desamparo,* graves vazios existenciais e sérias deficiências nas capacidades do ego, como a capacidade para pensar, simbolizar, etc.

De forma esquemática, na prática analítica, os seguintes aspectos merecem ser ressaltados:

- A *interpretação* deixa de ser o único instrumento do analista para promover as mudanças psíquicas do seu paciente; pelo contrário, a sua *atitude psicanalítica interna* (tal como está descrita no capítulo 41), tecida com os seus atributos de empatia, amor às verdades, paciência, capacidade de ser "continente", etc., constituem-se como um fundamental fator de crescimento mental para qualquer analisando, porém, ela é particularmente essencial para esse tipo de paciente.
- Assim, o *continente* do analista, na contemporânea "psicanálise vincular", representa ser o principal instrumento para o preenchimento dos "buracos negros" que acompanham os estados de desamparo que se formaram no passado do paciente, justamente pela falência dessa condição de *rêverie* da mãe. Deve ficar claro que, ao contrário de um papel de mero *recipiente*, que se comporta unicamente como um depósito passivo da deposição dos detritos psíquicos do paciente, a função *continente* do analista é um processo ativo que possibilita o "acolhimento" das identificações projetivas, seguidas por uma "contenção" das mesmas, e mais uma "decodificação", "transformação", atribuição de um "sentido", "significado" e de um "nome" para aquelas experiências emocionais primitivas que o analisando está revivendo no vínculo analítico, e que sempre constituíram-se para ele como "*agonias impensáveis*" (termo de Winnicott) e "inomináveis" (termo de Bion), portanto, incapazes de serem verbalizadas espontaneamente pelo paciente.
- Faz parte de uma boa condição do "continente" do analista a sua *função-alfa*, ou seja, suprindo as precoces falhas maternas, o terapeuta propicia uma transformação de elementos-*beta* (que são sensações primitivas, protopensamentos que se prestam unicamente para serem "evacuados") em elementos-*alfa,* (que são os que permitem a formação das capacidades, entre outras, para *pensar* e *simbolizar*). Com outras palavras: cabe ao analista a função de promover uma verdadeira *alfa-betização emocional*.
- A experiência clínica da prática psicanalítica permite afirmar que esses pacientes regredidos vivem como sendo verdadeiros "traumas" e, por conseguinte, como "desamparo", aquelas vivências despertadas pelas *frustrações*, das quais as mais comuns são as que estão ligadas a algum tipo de privação, especialmente a de *separações*. É útil lembrar que a capacidade para suportar frus-

trações também pode depender de fatores heredo-constitucionais que podem tornar a predisposição do bebê às frustrações com uma sensibilidade demasiada.
- Também os pacientes ainda fortemente fixados na *posição narcisista* (descrita no capítulo 13), vivenciam de uma forma muito traumatizante e dolorosa as experiências emocionais que implicam alguma renúncia ao mundo das ilusões, em especial naquelas pessoas que eternamente aspiram a um estado de "completude", e, por conseguinte, a posteriori, e inevitável, renúncia ao desejo de incesto também é vivida de forma bastante traumática.
- Da mesma maneira como o "trauma do nascimento" deriva da súbita passagem de um estado de vida aquoso para um outro aéreo, também a passagem de um estado mental do analisando para um outro diferente (por exemplo, de uma "posição esquizoparanóide" para uma "posição depressiva", entre tantas outras possibilidades mais), pode provocar nele uma intensa sensação de desamparo, configurando aquilo que Bion denomina como "*mudança catastrófica*". Trata-se de um momento muito difícil e delicado da análise e que requer um manejo analítico bastante sensível e adequado ao conseqüente forte sentimento de desamparo que irrompe no analisando justamente quando ele está fazendo mudanças importantes.
- As crianças que construíram "*barreiras autistas*" necessitam, por parte do terapeuta, algo mais do que "interpretações" e de um adequado "continente". Tomo emprestado a seguinte afirmativa de A. Alvarez (1992) que define bem a essa condição: *essas crianças autistas não estão fugindo ou escondendo-se; elas, de fato, estão perdidas, à espera de que alguém vá ao seu encalce.*
- Creio que esse estado psíquico, no qual essas crianças encapsuladas autisticamente ficam distantes, apáticas e abúlicas, corresponde nos adultos a um *estado de desistência*, que os leva a viver, ou a analisar-se, de forma mecânica, sem vitalidade, e cujo "desejo maior consiste em não ter desejos". São análises difíceis, não obstante o psicanalista possa estar trabalhando muito bem (embora seja grande o risco de uma "*contratransferência de desistência*"). Essas análises requerem a necessidade de que, de alguma maneira, o terapeuta deva ir ao encalço do paciente e venha a "sacudi-lo".
- Igualmente, também penso que nesses casos o *vínculo do reconhecimento* (capítulo 14) adquire uma importância especialíssima na situação analítica, de modo que o analista deve manter uma constante *visão binocular*, isto é, permanecer atento aos aspectos regressivos e, ao mesmo tempo, *reconhecer* qualquer sinal de progresso do paciente, por mínimo que esse seja.

CAPÍTULO 9

As Pulsões do Id

Este capítulo que trata do id, juntamente com os dois seguintes, que enfocam o ego e o superego, compõem aquilo que, na "teoria estrutural" de Freud, costuma ser denominado "estrutura *tripartite* da mente". Convém, portanto, esclarecer o conceito da palavra "*estrutura*", em psicanálise: ela define um conjunto de elementos que se constituem numa relação organizada, e que, portanto, são rigorosamente intedependentes entre si, não obstante o fato de cada um deles, separadamente, conservar uma relativa independência. Assim, toda estrutura é um *sistema*, ligado de um modo tal que qualquer mudança produzida em um elemento provoca mudança nos demais.

Depreende-se daí que as pulsões do id, as funções do ego, os mandamentos do superego e a realidade ambiental externa agem entre si de forma continuada e indissociada, um influenciando ao outro, e somente serão abordados em capítulos distintos pela razão de obediência a um esquema didático de exposição.

Também convém esclarecer que Freud escolheu o termo id (que ele tomou emprestado de Groddeck) para caracterizar a instância psíquica que sedia as pulsões, pelo fato de que "id", em alemão ("das Es"), designa um artigo neutro, sem gênero nem número, assim caracterizando a maneira impessoal, biológica, de como as pulsões instintivas agem sobre o ego.

CONCEITUAÇÃO

Inicialmente, é útil lembrar que há uma equivalência na literatura psicanalítica entre os termos "instintos", "impulsos", "impulsos instintivos", "pulsões instintivas" e "pulsões". Isto deve-se ao fato de que as primeiras traduções dos textos de Freud – notadamente a da *Standard Edition*, realizada por Strachey – não levaram em conta que Freud utilizou as palavras "*Instinkt*" e "*Trieb*", no original alemão, com significados bem distintos entre si e não como sinônimos.

De uns tempos para cá, os autores estabeleceram a diferença significativa de que, quando Freud empregava "*Instinkt*", ele estava-se referindo aos instintos biológicos que caracterizam o reino animal, tal como os conhecemos com as suas características específicas por cada espécie, e quando referia-se a "*Trieb*", ele estava aludindo a algo muito mais abrangente e imanente, proveniente das profundezas inatas do ser humano, sob a forma de impulsões (aquilo que aguilhoa e propulsiona). Embora Strachey (1977, p. 27) tenha feito uma longa fundamentação justificando a sua tradução para "*instinctual impulse*", ele reconhece que, para a tradução inglesa da palavra "*trieb*", os seus críticos preferem unicamente o termo "*drive*", da mesma forma como, em nosso meio, os estudiosos atuais da obra de Freud evidenciam uma preferência pelo termo "pulsão".

Em muitos dos seus textos, Freud manifestou a sua concepção de que *a pulsão representa o conceito de algo que é limite entre o somático e o psíquico* (1905, *Três ensaios...*). Trata-se, portanto, de uma fonte de excitação que estimula o organismo a partir de necessidades vitais interiores e o impele a executar a descarga desta excitação para um determinado alvo. A natureza dessa força energética só pode ser conhecida por meio dos seus representantes psíquicos. Assim, transformando o somático em psíquico, com as respectivas sensações das experiências emocionais primitivas, o indivíduo vai construindo o seu mundo interno de representações.

Conforme Freud descreveu, toda pulsão implica a existência de quatro fatores que lhe são imanentes: uma *fonte*, uma *força*, uma *finalidade* e um *objeto*. Além destes, pode-se depreender dos trabalhos de Freud mais essas características: o *deslocamento* da pulsão de uma zona corporal para outra, o *intercâmbio* entre as distintas pulsões, a *compulsão à repetição* e as *transformações* das pulsões.

A *fonte* provém das excitações corporais, ditadas pelas necessidades de sobrevivência. A *força* determina o aspecto quantitativo da energia pulsional, ou seja, representa o importante aspecto "econômico" do psiquismo, conforme o modelo energético de Freud acerca do funcionamento psíquico. A *finalidade*, primariamente, é a descarga da excitação para conseguir o retorno a um estado de equilíbrio psíquico, segundo o "princípio da constância" ou o da "homeostasia", sendo que ambos são equivalentes à busca do "princípio de Nirvana", que alude ao fato de o organismo tentar reproduzir o idílíaco estado intra-uterino. O *objeto* – bastante variável e mutável – é aquele que seja capaz de satisfazer e apaziguar o estado de tensão interna oriunda das excitações do corpo, ou que, no mínimo, sirva-lhe como mero depósito de descarga.

O conceito de *investimento* pulsional – ou seja, a *catéxis*- alude ao fato de que uma certa quantidade de energia psíquica, a qual também pode manifestar-se por um "interesse do ego", esteja ligada a um objeto, tanto externo como ao seu representante interno, numa tentativa de reencontrar as experiências de satisfação que lhe estejam correlacionadas.

Para cada *finalidade* pulsional corresponde um determinado *objeto*. Um exemplo simples disto é a fome, cuja finalidade é a sua satisfação, e cujo objeto é o alimento, e, na condição do bebê, isso corresponde à necessidade do leite, ou seja, do objeto parcial "seio". No caso em que o objeto do investimento *pulsional* seja o próprio indivíduo, já estamos falando de *narcisismo*.

É interessante o fato de que para descrever este "investimento" específico de energia mental, Freud empregou o termo original "*Besetzung energie*", sendo que "*Besetzen*" significa "ocupar, guarnecer", e ele fazia a comparação com uma força militar de ocupação que pode ser dirigida para uma ou outra posição, segundo as necessidades requeridas.

Existe um inter-influenciamento entre a qualidade e a quantidade pulsional: tanto a quantidade pode modificar a qualidade (fenômeno que encontra comprovação na ciência exata da Física), como também a qualidade dos estímulos pulsionais, ou do continente receptor dos mesmos, pode modificar a intensidade da resposta aos referidos estímulos. Essa diferença que está sendo estabelecida entre "quantidade" e "intensidade" é importante na prática clínica e vou utilizar uma metáfora que talvez clareie: se pincelarmos a superfície de uma pele normal com tintura de iodo, ela vai provocar um desconforto mínimo; no entanto, se a mesma quantidade do mesmo iodo for aplicada numa ferida aberta vai provocar uma resposta de dor muito mais intensa.

As *transformações* das pulsões podem ser depreendidas de muitas concepções de Freud, como é o fenômeno das *sublimações*, dos mecanismos defensivos do ego, tal como é a *formação reativa*, sendo de especial importância a transformação em *fantasias inconscientes*, com as respectivas *ansiedades*, etc. Uma retomada da leitura de Freud, como fez Lacan, permite perceber que as *necessidades* iniciais de sobrevivência física e psíquica, quando satisfeitas com um acréscimo de prazer e gozo, podem ser transformadas em *desejos* (de repetir experiências gratificatórias), ou em *demandas*, em cujo caso trata-se de desejos insaciáveis, porquanto visam preencher enormes vazios afetivos.

Freud considerou a concepção de "pulsão" como sendo o eixo central dos conceitos psicanalíticos, tanto que ele a ligou com a necessidade de sobrevivência e, a partir daí, caracterizou o *desejo* como um impulso que visa repetir experiências nas quais já tenha previamente havido a satisfação de alguma necessidade.

Cabe a pergunta de por que Freud utilizou o termo "sexualidade infantil", que tanta polêmica gerou na sua época e que ainda hoje continua despertando mal-entendidos. A rigor, inicialmente, Freud postulou a existência de um "pan-sexualismo" nos moldes de um erotismo pulsional similar à genitalidade adulta, e somente aos poucos é que ele foi definindo, algo mais claramente, a necessária distinção entre ambas, como a seguir será melhor explicitada.

CLASSIFICAÇÃO DAS PULSÕES

Desde o princípio de sua obra, Freud ligou pulsão à sexualidade, e isto, fora de qualquer dúvida, constituiu-se no centro das descobertas da psicanálise e, da mesma forma, ele sempre considerou a existência de uma *dualidade* pulsional.

Assim, em sua primeira formulação de um conceito dualista das pulsões essenciais, Freud distinguia entre *pulsões do ego*, (ou de *autoconservação*) e as *pulsões sexuais* (ou de *preservação da espécie*).

Pulsões de Autoconservação (do Ego, do Indivíduo)

Para Freud, essas pulsões representavam o conjunto das necessidades e exigências ligadas às funções corporais, indispensáveis à conservação, desenvolvimento, crescimento e os auto-interesses do ego (sem levar em conta, então, as características estruturais do mesmo). Freud também costumava referir-se a essas pulsões com a terminologia "*interesses do ego*".

Em "Três ensaios sobre a teoria da sexualidade" (1905) Freud mostra que no início da vida as pulsões são unicamente as de "autoconservação" que, à moda de uma escolha analítica de objeto, visa fundamentalmente assegurar a vida do lactente, impulsionando-o à busca de um objeto (mãe) que lhe proporcione a satisfação de suas *necessidades essenciais*, como são os cuidados com o seu corpo, amparo, calor, amor e um *leite* nutridor. Inicialmente, as "pulsões sexuais" estão indissociadas daquelas de "auto conservação", sendo que num segundo momento elas se tornam independentes e se destinam primordialmente a satisfazer os *desejos libidinais* (a erotização do *seio* produtor do leite).

Para explicar melhor, vou passar a palavra ao próprio Freud, com grifos meus: "*O chupar o dedo já aparece na primeira infância (...) e não há dúvida de que a finalidade desse procedimento é* conseguir a nutrição. *Uma parte do próprio lábio, a língua ou qualquer outra parte da pele ao alcance pode ser tomado como objeto sobre que este sugar se realiza (página 184)*... Na altura do texto em que Freud vai conceituar o *Auto-erotismo ("o instinto não é dirigido para outras pessoas, mas encontra satisfação no corpo do próprio indivíduo")*, ele emprega as seguintes belas frases: Os *lábios da criança, a nosso ver,* comportam-se como uma zona erógena, *e sem dúvida o estímulo do morno fluxo do leite é a causa da sensação de prazer (...) De início, a atividade sexual liga-se às funções que atendem à finalidade de autopreservação (nutrição) e não se torna independente dela, senão mais tarde.* Ninguém que já tenha visto um bebê reclinar-se saciado do seio e dormir com as faces coradas e um sorriso feliz, a essência original, *pode fugir à reflexão de que este quadro persiste como protótipo da expressão da* satisfação sexual *na vida ulterior. A necessidade de repetir a satisfação sexual desliga-se agora da necessidade de nutrir-se; uma separação que se torna inevitável quando aparecem os dentes e o alimento não é mais ingerido apenas pela sucção, mas é também mastigado* (pág. 186).

Justifico o emprego acima de uma transcrição tão longa, não só pela importância do conteúdo, mas também para incentivar o leitor que ainda não esteja suficientemente familiarizado com a obra de Freud e queira conhecer a essência original dela, para que, necessariamente, leia esse trabalho de 1905 e que foi um dos poucos que mereceu constantes acréscimos e atualizações conceituais em sucessivas reedições ao longo de décadas.

Como uma forma de traçar uma síntese dos conceitos até agora emitidos nesse capítulo acerca das conceituações iniciais de Freud relativas aos tipos de pulsões e os componentes das mesmas, cabe exemplificar com o ato da amamentação, na qual a *fonte* da pulsão é a *necessidade* do organismo do bebê de ser nutrido; a *força corporal* é, primordialmente, a sua boca; a *força* da pulsão corresponde à intensidade de sua fome; a *finalidade* da pulsão visa a saciar a fome para a conservação da vida do bebê, enquanto *o objeto* para o qual a sua pulsão está dirigida é o leite que emana do seio (ou mamadeira). Nesse mesmo exemplo do ato da amamentação, num segundo momento, a fome do bebê já está saciada, no entanto, ele deixa-se demorar sugando o seio materno: nesse caso, Freud diria que a fonte da pulsão é proveniente de um *desejo* libidinal-sexual; a zona erótica é a sua mucosa labial (além do contato pele-pele com a mãe, olhar-olhar, etc.); a força dessa pulsão sexual seria ditada pela intensidade da erotização e do desejo de gratificá-la, a finalidade dessa pulsão seria a primeira manifestação do instinto sexual necessário para a preservação da espécie, e o objeto-alvo nessa fase primitiva é o seio da mãe, já devidamente erotizado. Posteriormente, como veremos mais adiante, Freud unificou as pulsões de "autoconservação" e "preservação da espécie", numa única, com o nome de "pulsão de vida", no entanto, ele conservou a concepção de uma dualidade pulsional, introduzindo a noção da existência inata de uma "pulsão de morte".

Pulsões Sexuais

Como toda pulsão, a sexual situa-se no limite somatopsíquico, sendo que, a parte psíquica, Freud denominou *libido* (em latim designa "desejo"), a qual, em termos genéricos, alude a *"todas as pulsões responsáveis por tudo o que compreendemos sob o nome de amor"* (Freud, 1921). Todo o prazer corporal que não era devido à satisfação direta das pulsões do ego, tais como a satisfação da fome, sede, e necessidades excretórias, ele considerou sendo sexuais ou eróticas, sendo que as zonas corporais suscetíveis à estimulação erótica, foram denominadas *zonas erógenas*. Assim, certas zonas corporais, principalmente aquelas constituídas por orifícios (boca, ânus, meato do aparelho genito-urinário externo, mamilo) serão o local preferencial da fixação da libido, não só pelas gratificações privilegiadas por essas áreas corporais, como também pelo seu papel de comunicação com o exterior, e elas compõem as aludidas zonas erógenas. Na verdade, completou Freud (1938), *"seria mais correto dizer que o corpo, como um todo, é uma zona erógena"*.

Decorre daí, segundo Freud, o fato de que a pulsão sexual está fragmentada em *pulsões parciais,* de satisfação localizada e que só progressivamente é que tenderão a unificar-se em uma mesma organização libidinal, sob o primado da genitalidade. No caso de que as pulsões parciais não se integrassem em uma genitalidade adulta, mas, sim, que persistissem como pontos de fixação e de regressão, estariam propiciando a formação de perversões, como escopofilia, exibicionismo, certas formas de homossexualismo, etc.

A primeira dificuldade encontrada por Freud, ao distinguir entre as pulsões do ego e as sexuais, e considerá-las como opostas entre si, surgiu da evidência de que o indivíduo pode extrair um prazer erótico por meio das zonas erógenas do seu próprio corpo, sem a necessidade obrigatória de objetos externos. A isto, ele denominou *Auto-erotismo,* enquanto que, para o fato de que o indivíduo como um *todo* possa funcionar como o *objeto* de seus próprios desejos eróticos, Freud chamou de *narcisismo,* sendo que ele chegou à última concepção estimulado que foi pelo que ele sentiu ter sido um desafio de Jung, que por esta época postulava a existência de um único tipo de pulsão.

Além disto, muito cedo Freud deu-se conta de que a teoria geral das pulsões não conseguia explicar todos os quadros da psicopatologia clínica, como, por exemplo, o masoquismo ou as neuroses narcisistas (nome com que, então, ele designava as psicoses). Desta forma, Freud reconheceu que as pulsões que se referiam tanto ao ego como aos objetos externos não tinham natureza diferente e, por conseguinte, não mais cabia a distinção entre "pulsões do ego" e "pulsões sexuais".

Enquanto Jung continuava admitindo somente uma classe de energia mental, Freud, embora modificando substancialmente a sua concepção, permaneceu fiel à sua teoria dualista. Assim, a partir de "*Além do princípio do prazer*" (1920), a dualidade inicial que diferenciava as pulsões do "ego" e as "sexuais", cedeu lugar a uma nova dualidade: *pulsões de vida* ("eros") e *pulsões de morte* ("tanatos"), sendo que esta concepção pulsional ele conservou definitivamente em sua obra. Igualmente, Freud concluiu que o ego tinha uma energia própria, independente da sexualidade. E mais: que antes e acima de tudo o *ego é corporal.*

As *pulsões de vida* passaram, então, a abranger as "pulsões sexuais" e as de "autopreservação", de modo que a libido passou a ser conceituada como energia, não mais da pulsão sexual, mas sim da pulsão de vida, unificando ambas anteriores. Essa concepção de que nem todas as manifestações da pulsão de vida são necessariamente de natureza sexual representam uma enorme importância na prática psicanalítica clínica, especialmente pelo fato de que possam representar serem elas primariamente componentes da "libido do ego", sobretudo, voltada para a preservação do próprio indivíduo.

O conceito de *pulsão de morte,* segundo Freud, designa que a mesma tem como finalidade uma redução de toda a carga de tensão orgânica e psíquica; logo, *uma volta a um estado inorgânico.* Essa pulsão pode permanecer dentro do indivíduo (sob a forma de fortes angústias e uma tendência para a autodestruição) ou para fora (pulsões destrutivas). A partir da "pulsão de morte", Freud postulou o princípio da "compulsão à repetição", o qual designa a tendência do psiquismo humano em repetir situações penosas e traumatizantes anteriores, tal como pode ser comprovada nos fenômenos da neurose de transferência, nas neuroses traumáticas (ele percebeu isso nas "neuroses de guerra"), em muitos jogos infantis ou em certas formas patológicas, como nas melancolias e no enigma do masoquismo.

Em relação à interação entre ambas as pulsões, merecem ser destacados os seguintes aspectos:

- Nos indivíduos normais, e nos neuróticos, predomina a pulsão de vida, enquanto que nas psicoses e condições correlatas (psicopatias, perversões, drogadictos, etc), a predominância é da pulsão de morte.

- As pulsões de vida e de morte coexistem fundidas, sendo que, muitas vezes, elas aparecem separadas e de formas completamente distintas. Outras tantas vezes, elas confundem-se nas finalidades, como pode ser exemplificado com o "sadismo", no qual a pulsão de morte pode ligar-se às pulsões eróticas. Penso que um outro exemplo similar é o que alude à necessária distinção que deve ser feita entre *agressividade construtiva* e *agressão destrutiva.* A primeira delas representa uma defesa contra os predadores externos e como motor de uma sadia ambição (é útil lembrar que a etimologia de "agredir" vem dos étimos latinos "*ad*" + "*gradior*", ou seja, "um movimento para a frente").

- Em resumo, por meio de uma energia de coesão, a pulsão de vida visa juntar, ligar tudo aquilo que estiver separado no indivíduo e na espécie humana, enquanto a pulsão de

morte, pelo contrário, pela força de repulsão e disrupção, tende a destruir as ligações.
- A partir da concepção estruturalista da mente (1923), Freud postulou que, juntamente com as repressões de fantasias, idéias e sentimentos, as pulsões inconscientes faziam parte da instância psíquica "id".
- No importante trabalho metapsicológico *Instintos e suas vicissitudes* (1915), Freud aventa a hipótese de que as pulsões sejam precipitados de experiências filogenéticas, em cujo caso cada indivíduo conservaria vestígios da história da espécie humana, inclusive a experiência da morte, inerente a qualquer estrutura biológica. Prosseguindo com essas especulações, em *Além do princípio do prazer* (1920), Freud veio a formular a sua concepção de *instinto de morte*.

Até aqui estivemos nos referindo unicamente a Freud. No entanto, muitos outros autores refutaram ou modificaram as concepções originais do pai da psicanálise. Assim, o renomado psicanalista britânico R. Fairbairn (1941) não aceitava o conceito de pulsão por considerá-lo inútil, porquanto ele preferia considerar o entendimento de que o ego tem energia própria, existe desde o nascimento, sendo que uma das funções do ego é a *libido*, a qual, acima de tudo, *visa a uma busca de objetos.* Além disto, Fairbairn postulou que *não existe pulsão de morte e que a agressividade é uma reação à frustração ou à privação.*

Por sua vez, M. Klein – que, junto (embora separadamente) com Fairbairn foram os grandes construtores da *"Teoria das Relações Objetais"*- adotou o nome de "pulsão de morte", cunhado por Freud, porém deu-lhe uma concepção significativamente muito diferente. Enquanto para Freud o termo "pulsão de morte" designava uma origem fundamentada em uma necessidade biológica de um retorno à condição inorgânica, para M. Klein essa pulsão conceituava uma inata destrutividade sádica dirigida contra o "seio mau", sendo que a expressão clínica da mesma ela considerou como a "inveja primária".

CRÍTICAS AO CONCEITO DE PULSÃO

As críticas mais contumazes às conceituações de Freud acerca das pulsões atingem três aspectos: 1) A ênfase que ele deu ao aspecto energético quantitativo. 2) A ambigüidade e a confusão causada pelo termo "sexualidade infantil". 3) O primado quase que absoluto da sexualidade na organização do psiquismo infantil.

1. A concepção energética do funcionamento mental, de Freud, foi inspirada nos conhecimentos científicos vigentes na época de seus estudos. Assim, sobretudo a descoberta do neurônio e da eletricidade, serviram-lhe de modelo para a idéia da existência de uma energia psíquica-física que percorreria as vias do sistema nervoso. Esse modelo conduz inevitavelmente a uma especial valorização do fator quantitativo dessa energia pulsional, o que, certamente, não condiz com a imensa complexidade do psiquismo humano, especialmente ao que se refere ao aspecto qualitativo das emoções. Na atualidade, predomina o "modelo cibernético", o qual comprova que uma energia mínima e não específica pode desencadear as mais variadas e complexas reações em cadeia. No entanto, impõe-se ressaltar, a partir de uma retomada da valorização das denominadas "neuroses atuais", o aspecto econômico-quantitativo, que volta a ganhar um relevância em psicanálise.

2. Algumas considerações, em outras páginas, já foram tecidas em torno do pansexualismo proposto por Freud. Cabe acrescentar que o seu conceito da existência de uma fase evolutiva normal que ele denominou *"perverso polimorfa"*, composta por pulsões sexuais parciais, se por um lado provocou mais confusão, por outro, veio a esclarecer bastante a sexualidade incipiente. Essa fase consiste no fato de que partes do corpo do lactente vão adquirindo um lugar privilegiado como fontes de prazer sexual, primeiro a boca, depois o ânus, com suas funções excretícias, numa etapa que precede ao controle esfincteriano, da mesma forma como todo sistema muscular que acompanha a locomoção motora, sendo que por volta dos 3-4 anos começa o estabelecimento da primazia das zonas genitais. É interessante esclarecer que Freud descreveu essas zonas erógenas, na cronologia de sua obra, numa ordem inversa ao de seu

surgimento na evolução psicossexual da criança. Assim, inicialmente na sua prática clínica com pacientes histéricos, ele enalteceu a erotização da zona genital antes da anal (que recém aparece descrita em 1913, em *A disposição à neurose obsessiva*), assim como a sua descrição de uma etapa oral surge mais nitidamente somente num acréscimo que ele faz em 1915 ao original (1905) do seu clássico *Três ensaios...* enquanto em 1923, num outro acréscimo a este mesmo trabalho, Freud descreve a "etapa fálica" para diferenciá-la da "genital" que ficou reservada para o período da adolescência.

Da mesma forma, Freud teve uma idéia brilhante ao traçar uma analogia com a amamentação do bebê lactente no seio da mãe: assim, diz ele, a primeira parte da mamada é exclusivamente para a satisfação de uma *necessidade* vital de alimentação, enquanto que a segunda parte, quando o bebê, embora já saciado da fome, prolonga-se no contato da sua mucosa bucal com o mamilo da mãe, está revelando uma pulsão *sexual*, embora não genital.

3. Em relação à ênfase, virtualmente exclusiva, que Freud atribuiu à sexualidade infantil na estruturação do psiquismo infantil, creio que ninguém mais contesta que outros fatores são primacialmente estruturantes (ou desestruturantes), como o da primitiva relação mãe-bebê, com os seus aspectos de "apego", de "especularidade", de "continente", etc. Nesta categoria de crítica ao conceito de pulsão, encontram-se muitos psicanalistas que pensam exatamente da mesma maneira como Fairbairn, nos termos antes mencionados.

Quanto à concepção de M. Klein acerca da "pulsão de morte", as críticas são ainda muito mais contundentes por parte de muitas áreas psicanalíticas, especialmente aquelas provindas do grande contingente de psicanalistas pertencentes à escola da "psicologia do ego", maciçamente praticada nos Estados Unidos. Também alguns psicanalistas dentro da própria escola kleiniana, notadamente D. Winnicott, não aceitaram a concepção de "inveja primária" e declararam uma dissidência com a mestra.

De qualquer forma, o debate e as controvérsias entre os autores sobre as pulsões resultam em novos e frutíferos vértices de pesquisa e de compreensão metapsicológica, teórica e clínica.

A psicanálise, durante muito tempo, ficou centrada exclusivamente no estudo e prática das, assim chamadas, psiconeuroses, originadas pelas dificuldades na resolução exitosa do complexo de Édipo, com a conseqüente "angústia de castração". A partir de *O ego e o id* (1923), Freud cristaliza uma série de teorizações sobre o ego e abre caminho para os demais autores prosseguirem o seu estudo, tal como será estudado no capítulo seguinte.

CAPÍTULO 10

As Funções do Ego

O significado do termo "ego" aparece na literatura psicanalítica de uma forma algo ambígua e pouco uniforme entre os distintos autores, podendo, por isso, causar algum tipo de confusão conceitual. Esse clima algo confusional pode ser exemplificado com quatro situações: 1) Alguns desses autores utilizam a escrita minúscula "ego" para designar essa conhecida instância psíquica, e reservam a grafia "Ego", com a letra "e" maiúscula para indicar o que atualmente se entende por *self*. 2) Os psicanalistas da Escola Francesa de Psicanálise, que tem uma larga produção e divulgação no mundo psicanalítico, costumam empregar dois termos em relação ao ego: um é *"je"*, que designa mais especificamente o ego como uma instância psíquica encarregada de funções; o outro é *"moi"*, que se refere mais precisamente a uma representação da imagem que o sujeito tem de "si mesmo", logo, do seu sentimento de identidade. 3) O próprio Freud, ao longo de sua obra, empregava no original alemão tanto a expressão *"das ich"* (geralmente com o acima mencionado conceito de *"je"*) como também usava *"zelbst"* (com o significado de "si mesmo"); porém, às vezes, ele usava-os indistintamente, o que veio a aumentar a imprecisão conceitual. 4) É útil estabelecer uma diferença conceitual e semântica entre "ego" e "*self*".

SELF

Até algum tempo, as palavras "ego" e "*self*" eram usadas de forma indistinta e, se bem que ainda persista uma certa superposição e indiscriminação conceitual entre ambas, agravada por eventuais falhas de tradução nos textos que estudamos, a partir de Hartmann (1947) é que foi possível estabelecer uma distinção. Com esse autor – renomado psicanalista radicado nos Estados Unidos, onde foi o principal criador da escola da "psicologia do ego" – os termos "ego" e "*self*" ganharam clareza e passaram a designar fenômenos específicos do aparelho psíquico.

Assim, para Hartmann, "ego", como instância psíquica, seria apenas uma subestrutura da personalidade, enquanto "*self*" foi conceituado como a "imagem de si mesmo" e seria composto de estruturas, entre as quais não somente consta o ego, mas também o id, o superego e, inclusive, a imagem do corpo, ou seja, a personalidade total. Com outras palavras, pode-se dizer que esse autor postulou uma diferenciação entre *ego-função*, uma subestrutura da personalidade, ou instância psíquica, de *ego-representação*, que alude à imagem de si mesmo ou do *self*. Ambos os aspectos são indissociados e criam um paradoxo conceitual pelo fato de que, embora o *self* seja mais abrangente e amplo do que o ego, ele está "representado" (como que "contido" e "fotografado") dentro deste último. Na obra de Hartmann, a ênfase predominante é no "ego-função", enquanto na de Lacan a prioridade cabe ao "ego-representação".

Voltando ao "ego": um outro aspecto que merece ser considerado é que as funções do ego variam fundamentalmente de acordo com as respectivas etapas evolutivas do desenvolvimento mental e emocional da criança. Assim, em um *enfoque evolutivo*, cabe discriminar as seguintes transformações que o ego sofre:

1) *Não haveria ego no recém-nascido.* Segundo a concepção de Freud, "no início tudo era id", razão pela qual ele criou os conceitos de "auto-erotismo" e "narcisismo primário" e fez a célebre postulação de que "o ego, antes de tudo, é corporal". Como já foi referido, desde M. Klein até os principais autores atuais, essa concepção de Freud, de que não existiria um ego no recém-nascido, tem sido refutada e substituída pela postulação de que o ego é inato e já está agindo desde o nascimento.

Na atualidade, esse primitivo estado de indiferenciação do bebê com o mundo exterior (mãe) tem recebido distintas denominações, como "estado de ilusão e onipotência" (Winnicott); "estado narcisista perene" (Kohut); "*self* psicofisiológico primário" (Edith Jacobson); "autismo normal"(M. Mahler); etc.

2) *Ego arcaico (ou incipiente).* Também denominado por Freud como "*ego do prazer puro*", no qual já existe alguma interação

com o mundo exterior, embora com uma total indiscriminação entre o "eu" e o "não-eu". Esse ego incipiente ainda não tem o respaldo de condições neurobiológicas para estabelecer discriminações e, por isso, o bebê confunde as excitações com as gratificações; os estímulos de dentro com os de fora; a indiscriminação a respeito de qual parte do corpo originam-se os estímulos; assim como, também, há uma confusão entre as partes do corpo e a sua totalidade corporal. A terminologia de Freud de "ego do prazer puro" também costuma aparecer freqüentemente nos textos psicanalíticos com a denominação de "ego-prazer purificado", nome que se justifica pelo fato de que nessa fase o ego da criança "purifica-se" ao expelir (projetar) todo o desagradável para fora, enquanto retém para si (introjeta) tudo que lhe é agradável.

Ainda em relação ao "ego do prazer puro", é útil lembrar que Freud também descreveu um estado mental do bebê, com a denominação "*sentimento oceânico*" (algumas outras vezes, ele também chamava como um "*estado de Nirvana*" ou "*sentimento de universalidade*"), tal como este último está descrito no primeiro capítulo de *O mal-estar da civilização* (1930). Aí, Freud correlaciona esse sentimento com o restabelecimento do "narcisismo primário" – a fantasia originária, ou mito, de retorno ao ventre materno – como forma de abolir toda separação.

3) *Ego da realidade primitiva* (também aparece traduzido por "ego-realidade do início"). Termo que era bastante empregado por Freud nos primeiros tempos, porém que aos poucos foi desaparecendo, creio que pelo fato de que, em uma sucessiva adaptação à realidade exterior, ele designa não mais do que uma transição, quase sempre inaparente, entre a segunda etapa anterior, acima descrita, e a quarta etapa, que se segue. Na vigência desse "ego da realidade primitiva" ainda persiste uma forte indiscriminação entre o "eu" e "o outro" da realidade exterior, mas o processo de "representações" no ego dos estímulos que procedem do ambiente externo está em pleno andamento.

4) *Ego da realidade definitiva*. Nesse estágio, a criança está procurando reencontrar no exterior um objeto real que corresponda à representação do objeto primitivamente satisfatório e perdido, aí residindo o fator propulsor da prova da realidade. Assim, à medida que o ego vai evoluindo em um processo neurofisiológico de maturação, ele vai encontrando as necessárias condições para fazer a indispensável adaptação do princípio do prazer ao princípio da realidade, assim como a transição de um funcionamento baseado em um "processo primário" para o de um "processo secundário", até alcançar a possibilidade de atingir o pleno uso das suas *funções* mais nobres.

EGO-FUNÇÃO

Conceitualmente, Freud definiu o ego como sendo um conjunto de funções e de representações, de modo que os atuais autores costumam sintetizar tudo isso descrevendo dois tipos: o *ego-função* e o *ego-representação,* embora Freud não tenha especificamente usado essas denominações. É necessário consignar que entre o "ego-função" e o "ego-representação" se estabelecem relações permanentes, indissociadas e recíprocas, porém, cada uma delas conserva sua especificidade e convém estudá-las separadamente.

Ainda para fins pedagógicos, creio ser útil subdividir o "ego-função" naquelas funções que estão mais ligadas ao *consciente*, que se encarregam de promover um contato direto com a realidade ambiental exterior, e aquelas outras funções que se produzem mais precisamente na parte *inconsciente* do ego, como, a seguir, ambas serão melhor discriminadas e explicitadas.

Funções do Ego Consciente

Classicamente, a psicanálise sempre preocupou-se quase que unicamente com os conflitos que se processam no plano do *inconsciente* entre as pulsões e as defesas; no entanto, a contemporânea psicanálise vincular, além de continuar valorizando essa abordagem, também empresta uma significativa importância a muitos dos aspectos do plano *consciente*. Assim, mais do que o consagrado aforismo de que a essência da psicanálise consistiria em "tornar consciente tudo que estiver reprimido no inconsciente", autores como Bion preconizam que o mais importante na situação analítica é perceber como o consciente, o pré-consciente e o inconsciente "comunicam-se entre si". Ou seja, para exemplificar a última afirmativa: de que adianta uma interpretação ser correta se, inconscientemente, ou mesmo conscientemente, o paciente não a escuta, a desvitaliza e a torna ineficaz porque ele faz questão de não querer tomar *conhecimento* daquela verdade que lhe está sendo dita pelo analista? Da mesma forma, é importante que no processo analítico o paciente assuma – conscientemente – a sua parcela de responsabilidade volitiva pelos seus pensamentos e atos. Essas funções egóicas, embora com evidentes implicações inconscientes, manifestam-se prioritariamente no plano do consciente, estão muito ligadas aos órgãos dos sentidos, contatam diretamente com a realidade externa com uma finalidade adaptativa e, portanto, estão a serviço do sistema *perceptivo-cognitivo*. Entre outras, as seguintes funções com participação consciente do ego necessitam ser destacadas: *percepção, pensamento, conhecimento, juízo crítico, inteligência, discriminação, memória, atenção, capacidade para antecipação e postergação, linguagem, comunicação, abstração, síntese, atividade motora*, algumas das quais vão merecer, a seguir, uma exposição mais detida.

Percepção

A normalidade e a patologia da função perceptiva do ego adquirem uma extraordinária importância na prática analítica, especialmente porque ela se refere não só a como o indivíduo percebe o mundo exterior e a possível intenção dos outros, mas também abarca uma visualização de como o paciente percebe a si próprio, a sua imagem corporal, as suas representações e o seu sentimento de identidade.

Não resta dúvida de que a patologia da percepção decorre de raízes inconscientes, notadamente aquelas que dizem respeito a inadequadas e excessivas identificações projetivas e introjetivas, responsáveis, por exemplo, pelos fenômenos alucinatórios; porém, a participação consciente é igualmente importante, como é o caso do *vértice* (termo de Bion), a partir do qual o observador – no campo analítico esse papel tanto cabe ao paciente como ao analista – percebe e interpreta um determinado fato clínico. A conceituação de "vértice psicanalítico", de Bion, pode ser ilustrada pelo fato de que diante de um mesmo desenho, em preto e branco, uma pessoa perceba um vaso (se ela ficar fixada na cor branca), enquanto uma outra vai perceber dois rostos humanos frente à frente (se o observador estiver concentrado no preto).

O importante é que esses vértices recíprocos entre analista e analisando mantenham uma distância útil e adequada: que não sejam nem tão distantes a ponto de impedir a correlação entre os respectivos vértices, nem tão próximos entre si, impedindo uma diferenciação e discriminação, com uma conseqüente estagnação no processo de novas aberturas de conhecimentos da realidade psíquica.

A conceitualização de "vértice" permite uma melhor compreensão daquilo que pode ser considerado como o maior mal da humanidade, que é o problema dos "mal-entendidos" da comunicação entre as pessoas, porquanto, em tais casos, cada sujeito adota um vértice particular de pecepção e pretende que a mesma seja a verdade absoluta. Creio que o poeta Campoamor pode explicar melhor nesse seu verso: *"Nem tudo é verdade; nem tudo é mentira; tudo depende; do cristal com que se mira"*.

Pensamento

Na psicanálise atual, a capacidade de o paciente poder *pensar* as suas experiências emocionais, as antigas e as novas, está ganhando um crescente espaço de importância pelo fato de que, quando do contrário, isto é, quando a pessoa não pensa, as ansiedades manifestam-se através de *actings*, somatizações, bem como pelas diversas formas de "negação", que determinarão os mais distintos quadros da psicopatologia.

Dito assim, pode causar estranheza o realce que foi dado à necessidade de pensar, já que, à primeira vista, parece ser óbvio que todos pensamos o tempo todo: no entanto, essa função de o sujeito "realmente pensar" é bastante complexa e difícil. Vou construir uma frase para clarear esta última afirmativa: "Muita gente pensa que pensa, mas não pensa, porque pensa *com* o pensamento *do outro* (caso de pessoas submissas; falso *self*, etc.) ou *contra* o pensamento do outro (paranóias; rivalidade narcisista), ou contra si próprio (os auto-reproches dos melancólicos) numa *circularidade estéril* (obsessivos, que cavilam e ruminam os pensamentos sem sair do mesmo lugar), ou unicamente *em torno do seu próprio umbigo* (narcisistas que se crêem donos das verdades), ou até como uma forma primitiva de unicamente *evacuar* para fora os protopensamentos compostos por sensações intoleráveis, em cujo caso o sujeito não consegue usar "símbolos" e substitui-os por *"equações simbólicas"* (termo de H. Segal [1954], que alude ao pensamento concreto do psicótico).

A capacidade para realmente *pensar*, de forma eficaz, tem origem no plano inconsciente do ego, porquanto implica na condição de o sujeito passar pela *posição depressiva, o* único caminho que lhe possibilita a formação de *símbolos*, os quais, por sua vez, permitir-lhe-ão a generalização e a abstração de pensamentos. Além disso, o ato de pensar requer que o sujeito estabeleça confrontos e correlações entre uma idéia e outra, entre fatos presentes e passados, entre aspectos contraditórios de si próprio. Também implica disposição do sujeito para "ponderar", isto é, diante de uma decisão "pesar" os prós, contras e o seu quinhão de responsabilidade. Igualmente, a capacidade para realmente pensar exige do sujeito a condição básica que Bion denomina como "capacidade para aprender com as experiências", as boas, e, principalmente, as más, e assim por diante. Todos esses últimos aspectos importam numa participação fundamental da volição do ego-consciente.

Juízo crítico

É útil estabelecer uma distinção entre pensamento, juízo e raciocínio. O juízo crítico supõe uma capacidade do ego em articular e *discriminar* os diversos pensamentos que estão separados entre si. A função de raciocínio, por sua vez, implica articulação de vários juízos.

Capacidade de Síntese

Sintetizar não é o mesmo que "resumir"; antes, ela é uma das funções mais nobres do ego, porquanto consiste em *juntar* e integrar os mesmos elementos que estão sendo pensados, porém com um novo arranjo combinatório, de modo a possibilitar um novo significado. Assim, a capacidade sintética do ego permite que o sujeito, ao mesmo tempo, simbolize significados opostos.

Conhecimento

Entre os autores psicanalíticos que têm estudado com profundidade a normalidade e a patologia da função do "conhecimento", é justo destacar Bion que, juntamente com os clássicos *vínculos* de *amor* e de *ódio*, também descreveu o do *conhecimento* (que ele designa como "K", letra incial da palavra inglesa *knowledge*), sendo que, neste último, ele contribuiu com concepções originais acerca do "não-conhecimento" (que ele designa como "- K ").

O ego processa esse automutilatório "ataque ao vínculo do conhecimento" quando o sujeito não pode, ou não quer, tomar conhecimento e ciência da existência de verdades penosas, tanto as externas quanto as internas, assim impedindo o desmascaramento, a percepção e correlação dessas verdades intoleráveis.

Essa função egóica relativa ao "conhecimento" ganha uma especial relevância na atual prática analítica pelo fato de que ela está intimamente ligada aos problemas que dizem respeito às *verdades, falsidades e mentiras,* inconscientes ou conscientes, levando-se em conta o fato de que o "conhecer" (ou "saber") é o caminho para o sujeito vir a *"ser".*

Linguagem e Comunicação

Da boa ou má resolução das funções do pensamento e do conhecimento resultará a qualidade da estrutura lingüística e comunicacional. Nos primeiros tempos da vida, o bebê comunica-se com o mundo através de uma linguagem *corporal* (choro, esperneios, caretas, vômito, diarréia, etc.). Se a mãe consegue decodificar as mensagens emitidas por essa linguagem primitiva, vai-se formando um clima de entendimento recíproco, o qual propicia a formação de núcleos de "confiança básica" no *self* da criancinha, abrindo caminho para a formação de símbolos, logo, da "palavra" e do discurso verbal.

Em caso contrário, fica prejudicada a capacidade para a comunicação verbal, de modo que, no futuro adulto, o verbo possa restar a serviço de uma "não-comunicação", por meio de ambigüidade, engodos, mentiras e a criação de um estado confusional. Tudo isso valoriza a importância de o analista estar atento para decodificar a "linguagem não-verbal" do paciente, em suas múltiplas formas de manifestar-se, conforme será detalhado em capítulo específico.

Ação

A função de "ação" do ego corresponde ao plano comportamental, ou seja, da conduta do sujeito. A prolongada dependência, que acompanha o ser humano desde o seu nascimento, estabelece profundas conexões entre o descompasso inicial de suas sensações e fantasias com a sua capacidade motora, sobretudo a da marcha. Se não houver uma suficiente harmonia entre as funções de pensamento e de conhecimento com as da conduta, o sujeito reproduzirá as mesmas vivências de sua impotência infantil e descarregará as suas ansiedades, não pelas atividades sublimadas, mas, sim, em *actings* e condutas-sintomas. Constituem exemplos disso a conduta inibida em demasia (própria dos obsessivos), a sedutora (como nas personalidades histéricas), a psicopática e a perversa, entre outras, sendo que cada uma delas estará expressando uma configuração específica da personalidade, assim como, também, traduzindo uma forma arcaica de comunicação.

Não são todos os estudiosos do comportamento humano que privilegiam o seu entendimento como devendo partir sempre da estrutura psíquica do mundo interior do indivíduo. Há uma expressiva corrente – denominada *cognitivo-comportamental* (ou *comportamentalista*, ou *behaviorista*) – que preconiza um caminho inverso, ou seja, o de que uma mudança psíquica deve processar-se a partir de estímulos, tanto os positivos como os inibitórios, através de um treinamento da conduta exterior. De qualquer forma, importa que o paciente desenvolva a capacidade consciente de, em grande parte, responsabilizar-se pelos seus atos.

Funções da Parte Inconsciente do Ego

Formação de Ansiedades (ou Angústias)

É de consenso entre os psicanalistas o princípio de que o bebê sofre de ansiedades desde o seu nascimento (segundo muitos autores, como Bion, originam-se desde a gestação). Apesar de a ciência psicanalítica ainda não dispor de um método científico de registro e de mensuração das aludidas ansiedades, é inegável que a sua presença é confirmada por fatos objetivos. Assim, a simples observação de qualquer bebê mostra-nos o quanto ele oscila entre uma serena expressão de um completo bem-estar, para a de um intenso sofrimento, o qual fica traduzido, entre outros sinais, por um indiscutível ricto doloroso.

As ansiedades podem ser descritas a partir de distintos referenciais. Assim, ao longo de sua obra, Freud, partindo de um ponto de vista econômico e adaptativo, descreveu dois tipos de ansiedade: a *angústia automática* e a *angústia-sinal*. A primeira corresponde a um excesso de estímulos que o ego não tem condições de processar e, por isso, reprime-os, de onde resulta o surgimento da ansiedade decorrente de um represamento de desejos, fantasias, sentimentos, etc. (essa concepção econômica de origem de ansiedade tinha caído em certo desuso, porém volta a ganhar crédito para explicar as "neuroses traumáticas" e as "neuroses atuais"). Por sua vez, a conhecida "angústia-sinal" (descrita, a partir de 1926, em *Inibição, sintoma e angústia*), ao contrário da anterior, é concebida como sendo um "sinal" que o ego emite diante de uma ameaça, e só então é que vai processar-se a repressão.

Do ponto de vista da origem, funcionamento e significado da ansiedade, cabe historiar, também, as seguintes concepções de Freud: *angústia de nascimento* (inicialmente, foi concebida nos termos descritos por O. Rank); *angústia de desamparo* (o termo original em alemão é *Hilflosigkeit*, tem o significado de uma sensação de terrível desvalia e abandono, deriva da incapacidade de o ego processar os *traumas* psíquicos e pode ser considerada como a prototípica de todas as demais angústias); *angústia de perda* (separações); *angústia da perda do amor dos pais; angústia de castração* (diretamente ligada ao conflito edípico e estabelece um limite para o crescimento "genital"); *angústia de culpa e medo diante do superego* (ameaça de punição, caso houver transgressão do código de valores por ele imposto à criança); *angústia devido à presença do "instinto de morte"* (determina um masoquismo autodestrutivo).

Para M. Klein, a partir de uma perspectiva posicional, a angústia manifesta-se por três modalidades: a *persecutória* (corresponde à "posição esquizoparanóide" e supõe a existência de um primitivo superego cruel que ameaça com o aniquilamento do ego), a *depressiva* (corresponde à "posição depressiva", vem acompanhada de um necessário sofrimento psíquico e representa uma ameaça ao aniquilamento dos bons objetos internos) e a *confusional* (entre as duas anteriores e forma-se a partir de um fracasso do processo normal de dissociação do amor e do ódio, do objeto bom e do mau; em decorrência, o ego apela para um excessivo uso de identificações projetivas). Baseada nessas premissas, M. Klein descreve a *ansiedade de aniquilamento* (ou de *desintegração*), na qual tanto o ego como os objetos sentem-se ameaçados de uma destruição.

Bion acompanha as conceituações de M. Klein e também descreve a angústia que ele denomina *terror sem nome*, porquanto corresponde a uma terrível ansiedade de aniquilamento que ficou representada no ego em uma época anterior à formação das palavras e, por isso, o paciente não consegue verbalizá-las. De um ponto de vista clínico, Bion acentua a possibilidade de que, muitas vezes, uma *angústia catastrófica* (forte sofrimento psíquico em um estado de confusão, depressão, sensação de estar perdido e piorando, etc.) surge no curso da análise, quando importantes mudanças psíquicas estão começando a acontecer no paciente.

Winnicott, de modo similar a Bion, alude a uma forma de *angústia* (*ou agonia*) *impensável*; além da sua original concepção de uma regressão do sujeito a um estado de *angústia de não-integração* (é diferente de "desintegração" e refere mais diretamente a uma fase evolutiva em que os diversos segmentos corporais e psicológicos ainda não tinham condições neurobiológicas de estarem integrados). Essa angústia de "não-integração" manifesta-se na clínica sob a forma de o paciente ter uma forte impressão de que possa estar "caindo", sendo muito comum que ele sonhe com quedas e despencamentos.

Lacan acrescenta um enfoque original em alguns aspectos do surgimento da angústia, como é o caso daquela que acompanha o sujeito, que, quando ainda fixado na "etapa do espelho", sente-se alienado na imagem do outro e angustia-se ante a sensação de que não vai conseguir recobrar a própria auto-imagem. Da mesma forma, Lacan aponta para a angústia que resulta do medo do indivíduo não conseguir ser "o desejo do desejo do outro".

M. Mahler, uma importante representante da "Psicologia do ego", aprofundou um estudo referente ao que se costuma denominar *ansiedade de engolfamento*, que está intimamente ligada às subetapas evolutivas de "simbiose, diferenciação, individuação e separação"; portanto, à conhecida *angústia de separação*.

Esta compacta síntese permite depreender a crucial importância que a gênese, função e significação de cada angústia em separado, vista por distintos enfoques, representa para a compreensão psicanalítica.

Mecanismos de Defesa

Sob este título designam-se os distintos tipos de operações mentais que têm por finalidade a redução das tensões psíquicas internas, ou seja, das ansiedades.

Os mecanismos de defesa processam-se pelo ego e praticamente sempre são inconscientes. Se admitirmos a hipótese de que a ansiedade está presente desde o nascimento, como muitos autores postulam, teremos que aceitar a convicção de que o rudimentar ego do recém-nascido está pugnando para livrar-se dessas angústias penosas e obscuras. É óbvio que quanto mais imaturo e menos desenvolvido estiver o ego, mais primitivas, e carregadas de magia, serão as defesas.

Pode-se dizer que o mecanismo fundamental do ego é o de rejeitar de qualquer forma – através da utilização das múltiplas formas de "negação" – a vivência e a tomada de conhecimento de tais experiências emocionais ansiogênicas. As formas mais primitivas de "negação", alicerçadas em uma onipotência mágica, são as seguintes:

a) A forma extrema de negação mágico-onipotente, própria dos estados psicóticos, é denominada "*Forclusão*" (ou "*Repúdio*"): trata-se de uma denominação de Lacan e corresponde ao original conceito de *verwerfung* de Freud) e consiste em fazer uma negação extensiva à realidade exterior e substituí-la pela criação de uma outra realidade ficcional (o melhor modelo está contido no conhecido modelo que Freud descreveu como uma "*gratificação alucinatória do seio*", quando, por algum tempo possível, a criança substitui o seio ausente da mãe pelo próprio polegar).

b) Uma outra forma de negação em nível de magia, porém de menor gravidade que a forclusão psicótica, por ser mais parcial e estar encapsulada em uma só parte do ego, é aquela que foi descrita por Freud como *Verleugnung* e que conhecemos como "*renegação*" (ou por um desses nomes: denegação; recusa; desestima; desmentida). Essa defesa é típica das estruturas perversas e consiste em um mecanismo pelo qual o sujeito nega o conhecimento de uma verdade que, bem no fundo, ele sabe que existe. O melhor modelo para explicar isso é o que acontece no fetichismo, tal como Freud (1927) descreveu tal perversão: o sujeito sabe que a mulher não tem pênis; no entanto, para negar a sua fantasia de que esta falta deve-se a uma castração que, de fato, tenha ocorrido, ele renega a verdade com um pensamento tipo "não, não é verdade que a mulher não tem pênis" e reforça essa falsa crença com a criação de algum fetiche, como pode ser uma adoração por sapatos, etc.

c) A negação que acompanha a "posição esquizoparanóide", ou seja, aquela que é resultante da combinação de uma *onipotente* capacidade do ego do sujeito de fazer *dissociações* (das pulsões, dos objetos, dos afetos e de partes do próprio ego), seguidas de *projeções* (*sobre* um outro objeto), *identificações projetivas* (para *dentro* de algo ou alguém), de *introjeções* (é uma forma de incorporar tudo o que puder contra-arrestar o mau que a criança sente como estando dentro de si) e de *idealizações* (de si próprio ou de outros, como uma maneira de evitar sentir a sensação de desamparo e impotência).

d) À medida que o ego for evoluindo e amadurecendo neurobiologicamente, ele começa a empregar defesas menos arcaicas, como é o uso de *deslocamento, anulação, isolamento, regressão e transformação ao contrário*. Essas defesas são típicas dos quadros obsessivo-compulsivos e fóbicos, o que não quer dizer, é claro, que elas não estejam presentes em outras situações caracterológicas e psicopatológicas.

e) Por sua vez, um ego mais amadurecido tem condições de utilizar defesas mais estruturadas, como são a *repressão*, a *formação reativa*, a *racionalização* e a *sublimação*, entre outras mais. Freud, em grande parte, centralizou a psicanálise em torno da "repressão" (ou "recalcamento"), que, no original, ele denominava *Verdrangung*, sempre presente nas estruturas histéricas.

É útil deixar bem claro que todos esses mecanismos defensivos são estruturantes para a época do seu surgimento. No entanto, qualquer um deles, se for utilizado pelo ego de forma indevida ou excessiva, pode vir a funcionar de um modo desestruturante. Pode servir como exemplo a utilização da "identificação projetiva": ela tanto pode servir como um sadio meio de colocar-se no lugar do outro (empatia), como também pode ser a responsável pelas distorções psicóticas, no campo das percepções.

Por outro lado, a importância dos mecanismos de defesa pode ser medida pelo fato de que a modalidade e o grau do seu emprego diante das ansiedades é que vai determinar a natureza da formação – a normalidade ou patologia – das distintas estruturações psíquicas.

Identificação Projetiva

A importância que o fenômeno do mecanismo da Identificação Projetiva representa para a teoria, técnica e clínica – reconhecida por todas as correntes psicanalíticas da atualidade – justifica que nos alonguemos um pouco mais na sua conceituação, de como ela aparece indiretamente em Freud e diretamente em Klein e Bion.

Freud. Todos reconhecemos que Freud descreveu aprofundadamente o mecanismo defensivo da "projeção", como, por exemplo, no "Caso Schreber", ou nos seus trabalhos sobre as paranóias. Embora ele nunca tenha utilizado a expressão "identificação projetiva", a essencialidade que caracteriza a concepção desse fundamental fenômeno-psíquico aparece em alguns importantes textos de sua obra. Assim, já no *"Projeto..."*, escrito há mais de um século, Freud dá a entender que a criança incapacitada de, por si só, conseguir satisfazer as suas necessidades estabelece uma comunicação inconsciente com a sua mãe, a qual (*entendendo e atendendo*), possibilita uma *"vivência de satisfação"*. Igualmente, em *"Psicologia das massas e análise do ego"* (1921), Freud descreve claramente a identificação projetiva que os integrantes das massas efetivam com os seus líderes, tal como acontece, ele exemplifica, numa tropa do exército, entre os soldados com o seu comandante.

M. Klein. Em "Notas sobre alguns mecanismos esquizóides" (1946), Klein utilizou pela primeira vez a denominação de "identificação projetiva", cuja conceituação ela foi ampliando progressivamente em, pelo menos, três dimensões psíquicas distintas: A) como uma necessária e estruturante *defesa primitiva do ego incipiente*, através de uma expulsão que, desde sempre, o sujeito faz de seus aspectos intoleráveis, *dentro* da mente de outra pessoa (a mãe, no caso do bebê); B) como uma forma de penetrar dentro do interior do *corpo* da mãe, com a fantasia de controlar e apossar-se dos tesouros que, imaginariamente, ela possui (fezes, pênis e, principalmente, os bebês imaginários); C) no trabalho "Sobre a Identificação", inspirada na novela *"Se eu fosse você"*, de Julian Green, M. Klein ensaia as primeiras concepções das identificações projetivas a serviço de uma empatia. Notáveis autores kleinianos ampliaram a compreensão e utilização do fenômeno da identificação projetiva, como Rosenfeld (descreveu os estados confusionais e de "despersonalização" dos psicóticos, resultantes de um excessivo intercâmbio de identificações projetivas e introjetivas), Paula Heimann e H. Racker (separadamente descreveram a possibilidade de os psicanalistas utilizarem os seus sentimentos contratransferenciais como um importante instrumento técnico); L. Grinberg (como os seus importantes estudos sobre a *contra-identificação projetiva*); Meltzer (assinalou o fato de que o emprego da identificação projetiva pode constituir-se para o paciente como sendo o seu melhor recurso "para proteger-se contra a angústia de separação", e Bion.

Bion. Sem dúvidas, Bion foi o autor que mais consideravelmente ampliou a concepção original de Klein e acrescentou aspectos de inteira originalidade. As seguintes conceituações mereceram um registro: A) Ele criou o modelo *continente-conteúdo* para virtualmente todos os fenômenos da vida psíquica, sendo que a transação entre ambos é processada através de identificações projetivas. B) Bion considera dois tipos de identificação projetiva: uma, que ele denomina como *realista* (estruturante e indispensável para enfrentar a realidade), e outra, denominada como *excessiva*, que se caracteriza tanto por um excesso quantitativo, como também pelo excesso qualitativo, devido às características da ilusória força mágica da onipotência e de uma fragmentação dos aspectos do *self* que são projetados. C) Introduziu a importantíssima noção de que a emissão do *conteúdo* de protopensamentos (elementos-beta), objetiva encontrar um *continente* adequado, que decodifique os significados emitidos e veiculados pela evacuação através de identificações projetivas. D) Assim, essas últimas adquirem a função de uma *comunicação primitiva* (daquilo que o paciente por demais regredido não consegue verbalizar, porquanto trata-se de uma angústia inominada, que Bion chama como *terror sem nome*). E) No caso em que essas projeções não encontrarem um continente adequado, elas podem alojar-se em objetos do espaço externo, constituindo o fenômeno que ele chama de *objetos bizarros*, e configurando a formação de *alucinoses*. F) Embora Bion não empregue a denominação de "empatia", fica transparente o quanto ele valoriza a função estruturante possibilitada pela utilização adequada das identificações projetivas que permitiam que um sujeito possa colocar-se no lugar de um outro e sentir o que este sente e não consegue transmitir.

Formação de Símbolos

Como já foi referido, essa importante capacidade egóica procede dos processos inconscientes que estão intimamente ligados à formação, evolução e utilização dos "pensamentos" e também dos "conhecimentos". A capacidade para simbolizar é exclusiva do ser humano, e é por meio dela que a criança terá acesso às outras capacidades: de conceituar, generalizar, abstrair, verbalizar, construir metáforas e criar, sendo que a aquisição e a verbalização da "palavra", que designa fatos e idéias, representa ser um dos mais nobres símbolos.

A formação de símbolos pelo ego do sujeito está subordinada à sua capacidade de atingir a "posição depressiva", isto é, de suportar ausências e perdas, tendo em vista que o símbolo é a unidade perdida e refeita. No entanto, esse reencontro unificador não deve ser nos moldes originais (do tipo de uma regressão a uma primitiva unidade simbiótica-fusional com a mãe), mas, sim, do reencontro de "um mesmo com um diferente", de modo que, na situação psicanalítica, simbolizar consiste em captar o sentido, em um outro nível, de forma a emprestar um novo significado.

São os símbolos que permitem que um "todo" seja reconhecido nas partes fragmentadas e dispersas, assim como, também em um caminho inverso, eles possibilitam que, a partir de um todo, venha-se a descobrir as partes.

Um bom exemplo da capacidade de formação de símbolos pode ser dado pelo "*jogo do carretel*", aquele que o netinho de Freud usava como uma forma de enfrentar a angústia de separação com a sua mãe, simbolizando-a no carretel, fazendo-a desaparecer e reaparecer, com as respectivas exclamações de "*fort*" e "*da*".

Identificações: Sentimento de Identidade

A aquisição de um sentimento de identidade coeso e harmônico resulta do reconhecimento e da elaboração das distintas identificações parciais que, desde os primórdios, foram-se incorporando no sujeito pela introjeção do código de valores dos pais e da sociedade. Esse processo complica-se na medida em que cada um dos pais modeladores da identificação do filho, por sua vez, também está identificado com aspectos parciais ou totais dos seus respectivos pais, num importante movimento "transgeracional" que muitas vezes atravessa sucessivas gerações na transmissão dos mesmos valores formadores da identidade, tanto a individual como a grupal e social.

A identificação é um processo *ativo*, do ego inconsciente do indivíduo, e consiste em que este venha a tornar-se idêntico a um outro (de acordo com a etimologia "iden-tificar" é o mesmo que "tornar idem", ou seja, "igual").

Há muitas formas de como processa-se a identificação. Inicialmente, é útil fazer uma distinção entre *proto-identificação* e *identificação propriamente dita*. As primeiras são de natureza mais arcaica e configuram-se por uma das quatro modalidades seguintes:

a) *Adesiva*: tal como foi descrita por E. Bick (na sua concepção de *"pele psíquica"*, 1968) e por Meltzer (quando alude aos *"pseudópodos mentais"*, 1975), que consiste no fato de que a criança ainda não se "desgrudou" da mãe e, nesse caso, "ter" a mãe é o mesmo que "ser" a mãe; portanto, há uma "fusão", e não se forma uma "identificação" acompanhada com uma necessária "individuação".

b) *Especular*: a criança comporta-se como se fosse uma mera imagem que somente reflete os desejos da mãe, ou vice-versa, encara os outros como se esses fossem um simples prolongamento de si próprio.

c) *Adictiva*: decorre da anterior e consiste em que, devido à falta de figuras solidamente introjetadas, o indivíduo fica sem identidade própria e por isso ele fica "adicto" a certas pessoas que o completam e complementam.

d) *Imitativa*: na evolução normal, essa forma é um primeiro passo para a construção de uma identidade sadia. No entanto, muitas vezes, pode constituir-se como uma forma permanente de personalidade que cabe chamar de "camaleônica", porquanto esse sujeito não faz mais do que se adaptar (na verdade, submeter-se) aos diferentes ambientes.

Já as "identificações propriamente ditas" resultam de um processo de introjeção de figuras parentais dentro do ego – sob a forma de representações objetais – e no superego, o que pode ocorrer por uma das seguintes formas: • Com a figura *amada* e *admirada*: é a forma que constitui as identificações mais sadias e harmônicas; • Com a figura *idealizada*: costuma ser frágil, custa ao sujeito o preço de um esvaziamento de suas capacidades e uma pequena tolerância às decepções. • Com a figura *odiada*: configura o que se conhece como "identificação com o agressor". • Com a figura *perdida*: é a base dos processos depressivos, inclusive nos quadros melancólicos, segundo o mecanismo identificatório que está contido na célebre afirmativa de Freud (1917) de que *"a sombra do objeto recai sobre o ego"*. • Com a figura que, na realidade ou fantasia, foi *atacada*: para esta última situação, proponho a denominação de *"identificação com a vítima"*. Nestes casos, é comum que persista a presença de um mesmo aspecto da "vítima", como pode ser um sintoma, valor, maneirismo, etc. • Com os valores que lhe foram *impostos* pelos pais, na base do "tu vais ser igual à louca da tia Maria...".

A identificação também pode resultar das cargas de identificações projetivas pelas quais o sujeito, que não consegue conter dentro de si próprio os seus aspectos sentidos como maus (mas também podem ser os bons), projeta-os dentro dos outros que, então, passam a ser sentidos como idênticos a ele; depois, esses mesmos aspectos projetados são introjetados e incorporados.

De forma resumida, podemos dizer que o verbo "identificar" pode ser conjugado em três planos do psiquismo: na voz *ativa* (o sujeito identifica algo ou alguém); na voz *passiva* (ele *foi* identificado com e por alguém); na voz *reflexiva* (o sujeito identifica-se com um outro).

A *aquisição do sentimento de identidade* processa-se em vários planos – como o de gênero sexual, social, profissional, etc. – e forma-se a partir das múltiplas e variadas identificações, parciais ou totais; idealizadas, denegridas, deprimidas, persecutórias ou admiradas; sadias e estruturantes, patogênicas e desestruturantes, etc.

O sentimento de identidade sofre contínuas e sucessivas transformações ao longo da vida de cada indivíduo, notadamente na época atual da aldeia global, em que as mudanças sócio-políticas e econômicas processam-se com uma velocidade vertiginosa. No entanto, por maiores que sejam as transformações, elas sempre conservam algumas invariantes essenciais, de modo que, independentemente das variações temporais, espaciais e sociais (segundo Grinberg, 1971, a integração destes três últimos vínculos é que constitui o sentimento de identidade), o sujeito continua sendo basicamente "idem", isto é, o mesmo.

Da mesma forma, é inerente ao sentimento de identidade o constante questionamento do sujeito quanto a *quem* ele realmente é, como ele *auto*-representa-se, quais são os *papéis* e *lugares* que ele ocupa nos vínculos grupais e sociais, o que e quem ele *quer vir a ser* e de como ele é visto pelos demais.

Existe uma larga gama de transtornos do sentimento de identidade, desde as "normais", que acompanham as crises vitais – como pode ser exemplificado com as transformações próprias da adolescência –, até as formas "patológicas", como são aquelas que aparecem em pessoas "impostoras" (geralmente psicopatas que impõem aos outros uma falsa identidade); em portadores de um "falso *self*" (conforme Winnicott); nos casos de uma "difusão de identidade" (tal como Kernberg descreve em pacientes *borderline*), etc.

No processo psicanalítico, mercê das profundas mudanças nas relações intra-objetais, o paciente adquire condições para refazer o seu sentimento de identidade. Esses períodos da análise costumam vir acompanhados de uma intensa dor psíquica e podem constituir aquilo que Bion denomina "mudança catastrófica" que, entre outras manifestações mais, transparece uma "confusão do senso de identidade".

Além disso, o sofrimento psíquico que acompanha a reconstrução do sentimento de identidade também se deve ao fato de que, para dizer *sim* ao seu ego, o sujeito deve ter adquirido condições para dizer *não* aos seus objetos internos opressores.

CAPÍTULO

Os Mandamentos do Superego

O termo *superego* foi introduzido por Freud (com o nome original, em alemão, de *Uber-Ich*) e aparece pela primeira vez na literatura psicanalítica no seu clássico trabalho de 1923, *O ego e o id*, integrando a segunda teoria do aparelho psíquico, ou seja, a teoria estrutural. Nessa publicação, Freud descreve o superego como uma instância psíquica que se separou do ego – encarregou-se das funções de um juiz representante da moral, legislador de leis e proibidor das transgressões dessas leis – e passou à condição de poder dominar ao próprio ego que lhe deu origem, como demonstram os estados de melancolia em que o indivíduo é criticado por uma parte, sua, que emite mandamentos que provêm desde dentro dele próprio.

Antes disso, em 1914, no seu célebre *Uma introdução ao narcisismo*, Freud empregou a expressão *ideal do ego* (*Ichideal*) para designar uma formação intrapsíquica relativamente autônoma, que é uma substituta do narcisismo perdido do sujeito e que lhe serve de referência para apreciar as realizações de seus próprios ideais. Em 1921, no trabalho *Psicologia das massas e análise do ego*, Freud voltou a empregar o termo "ideal do ego" como sendo uma formação nitidamente separada do ego, o que lhe permitiu explicar a "submissão dos grupos ao líder" – como pode ser o comandante de uma tropa militar – ou Jesus Cristo para os religiosos, os quais são idealizados coletivamente, e em quem os indivíduos depositam os seus próprios "ideais de ego".

Nesse mesmo trabalho de 1914, Freud também utiliza o termo *ego ideal* (*Idealich*), com o qual ele designava os mesmos conceitos contidos em "ideal do ego".

Na verdade, ao longo da obra de Freud, os aludidos três termos – superego, ideal de ego e ego ideal – aparecem virtualmente como sinônimos, sendo que as conceituações a eles atribuídas nem sempre são uniformes, de modo que tudo isso comumente contribui para uma, nada incomum, confusão semântica, que fica muito mais complicada pelo fato de que importantes autores pósteros a Freud, utilizando essa mesma terminologia, fizeram distintas concepções e ampliações de significados. Por essas razões, cabe tentar fazer uma necessária discriminação conceitual entre os três termos referidos e mais alguns outros correlatos, além de igualmente tentar discriminar as fontes oriundas de distintos autores.

Como marco referencial neste artigo, vou seguir aqueles autores que convencionam chamar "superego" a uma *estrutura do conjunto*, que compreende diversas *subestruturas*, como são, entre outras, o "ego ideal" e o "ideal do ego", além daquelas outras que lhe são próximas, comumente conhecidas como "ego auxiliar", "alter ego" e outras afins, que guardam cada um deles, significados específicos.

Destarte, apresenta-se a seguir um esboço para definir, atualizadamente, cada um desses termos, de início, de forma genérica e unicamente para estabelecer um ponto de partida semântico e conceitual, sendo que no curso deste capítulo eles serão especificamente melhor explicitados.

- **Superego.** Alude a uma estrutura composta por objetos internalizados, aos quais geralmente atribui-se um caráter persecutório, de intensidade maior ou menor e que, por meio de mandamentos, opõe-se às pulsões do id, faz ameaças e um boicote às funções do ego, distorce a realidade exterior e, ao mesmo tempo, submete-se a ela, cumprindo as determinações sobre o que o sujeito deve e o que não deve fazer, o que sempre provoca nele um estado mental de *culpas,* acompanhado de medo e atitude defensiva.

- **Ego auxiliar.** Trata-se de uma expressão que não é muito empregada, porém ela é muito útil na medida em que nos ajuda a discriminar que, nem sempre, os objetos superegóicos são introjetados de forma tirânica e ameaçadora. Pelo contrário, quando os objetos internalizados se organizam como aliados do ego, no sentido de auxiliar a estabelecer os necessários limites e a imposição de valores morais e éticos, cabe considerar a denominação de "ego auxiliar" como equivalente ao que seria um "superego amistoso e benéfico".

- **Ego ideal.** Esta subestrutura, aparentada com o superego, é considerada como uma herdeira direta do narcisismo original, ou seja, os mandamentos internos obrigam o sujeito a corresponder, na vida real, às demandas provindas de seus próprios ideais, geralmente impregnados de ilusões narcisistas inalcançáveis e, por isso mesmo, determinam no indivíduo um estado mental que se caracteriza por uma facilidade para sentir depressão e *humilhação* diante dos inevitáveis fracassos daquelas ilusões.
- **Ideal do ego.** Também esta subestrutura está diretamente conectada com o conceito da estrutura do superego, sendo que ela resulta dos ideais do próprio "ego ideal" da criança, que são projetados e altamente idealizados nos pais e que se somam aos originais mandamentos provindos do "ego ideal" de cada um desses pais. Dessa forma, o sujeito fica submetido às aspirações dos outros sobre o que ele *deve ser* e *ter*, e daí resulta que o seu estado mental prevalente é o de um permanente sobressalto e o fácil acometimento de sentimento de *vergonha* quando ele não consegue corresponder às expectativas dos outros, que passam a ser também as suas.
- **Alter ego.** Esse termo já esteve muito em voga no jargão psicanalítico, depois praticamente desapareceu e, na atualidade, volta a comparecer com alguma regularidade na literatura da psicanálise, com o significado da existência de um *duplo* do sujeito. Ou seja, por meio de identificações projetivas maciças dos seus superegóicos objetos internos em alguém, o sujeito constrói uma duplicação dele, uma espécie de um "gêmeo imaginário". Vale acrescentar que o fenômeno do "duplo", especialmente a partir de Lacan, que descreveu a própria imagem da criança, vista por ela mesma no espelho, está recebendo uma significativa importância nos textos de muitos autores contemporâneos. Este tema foi inicialmente estudado por O. Rank (*O duplo*, 1914) e por Freud (*O sobrenatural*, também traduzido por *O sinistro* –, 1919, v. 17).
- **Contra-ego.** Peço que os leitores relevem a minha, talvez excessiva, pretensão de propor este termo que não existe em psicanálise, porém que me parece adequado para significar a existência de uma *organização patológica* (termo de J. Steiner, 1981), a qual, desde dentro do próprio ego, qual uma *gangue* narcisista (termo de Rosenfeld, 1971) sabota o crescimento do ego sadio. Esse aspecto referente a tal organização patológica, que faz uma inconsciente sabotagem e boicote contra o crescimento das partes sadias do sujeito, vem ganhando uma crescente importância na psicanálise.
- **Supra-ego.** Proponho esse termo (o prefixo "supra" significa "acima de tudo") para designar a conceituação de Bion relativa à existência de um *super-superego*, que alude a uma subestrutura constante da "parte psicótica da personalidade", pela qual o sujeito cria uma moral própria e, onipotentemente, pretende impô-la aos demais.

ORIGEM E FUNÇÕES DO SUPEREGO

Em Freud

Origem. No que se refere à gênese do superego, Freud correlacionou a sua origem à dissolução do complexo de Édipo, o que ficou consubstanciado na sua famosa frase: *o superego é o herdeiro direto do complexo de Édipo*. Segundo Freud, isso acontece porque quando a criança supera, com mais ou com menos êxito, a sua conflitiva edípica, ele encontra uma solução para as angústias acompanhantes desse conflito, pela interiorização dos seus pais dentro de si. Isto é, a criança *identifica-se com eles* e, assim, internaliza as interdições deles. No entanto, essa identificação não é completa, porquanto a criança pode identificar-se com certos aspectos dos pais e não com outros, de acordo com esse mandamento interno: "deves ser assim...(como teu pai)", mas também abarca a proibição "não deves ser assim... (como o teu pai; não podes fazer tudo o que ele faz; muitas coisas são prerrogativas exclusivas dele; ai de ti se o desobedeceres...".

Em relação a esse aspecto referente às identificações que formam o superego, Freud acentuou a diferença entre a evolução no menino e na menina. No rapaz, o complexo edípico defronta-se inevitavelmente com as ameaças de *castração* e, diz Freud, um "superego rigoroso é o seu sucessor", enquanto na menina, pelo contrário, a angústia de castração diante da mãe é que a empurra para o pai, assim forjando o complexo de Édipo e o conseqüente superego. Ademais, forma-se um aparente paradoxo, segundo Freud: o superego constitui-se como herdeiro do complexo de Édipo, ao mesmo tempo em que ele contribui para a dissolução desse mesmo complexo por meio de interdições e ameaças.

Em seus últimos trabalhos, Freud (1933) considerou que o superego surge como uma estrutura que engloba três funções: "auto-observação", "consciência moral" (responsável pela formação de culpas) e a de "ideal" (responsável pelo "sentimento de inferioridade"), quando os ideais não são atingidos.

Conquanto o início da formação do superego, segundo Freud, seja fundamentalmente devido à renúncia aos desejos edipianos amorosos e hostis, ele também é reforçado por mais dois fatores: 1) A severidade do superego, também provinda da própria hostilidade da criança voltada contra si mesma (e, por isso, obriga o psiquismo a se proteger com uma instância fiscalizadora). 2) As posteriores influências e exigências sociais, morais, educacionais e culturais.

Nessa linha de pensamento muitos outros autores aventaram a hipótese de que o começo da existência do superego, pela internalização das interdições, precede o declínio do complexo de Édipo. Serve como exemplo a postulação de Abraham (1925) acerca da "moral dos esfíncteres", no qual ele enfatiza que os preceitos da educação esfincteriana são adotados desde muito antes da conflitiva edípica, tal como era concebida na época por Freud.

Uma outra contribuição importante por parte da escola freudiana consiste na concepção de Anna Freud (1936) sobre o mecanismo de "identificação com o agressor", que de certa forma complementa uma afirmativa de Freud de que *"o superego da criança não se forma à imagem dos pais, mas sim à imagem do próprio superego desses pais, de modo que essa criança torna-se o representante da tradição, de todos os juízos de valor que subsistem, assim, através das gerações" (1933).*

Uma crítica que costuma ser feita à forma como Freud concebeu e divulgou a noção de superego consiste em que ele enfatizou o termo "superego" quase que exclusivamente com um significado persecutório e sádico, sem levar muito em conta a existência de outros aspectos positivos, protetores e estruturantes para o desenvolvimento mental do indivíduo. Aliás, uma das poucas vezes em que Freud se refere ao superego com características positivas e bondosas aparece em seu trabalho *O humor.*

As mencionadas críticas feitas a Freud remetem-nos a uma velha questão: quando um processo de introjeção contribui para a formação do ego (no caso, do "ego auxiliar") e quando ele contribui para a formação do superego? A resposta é que o resultado será decidido pela *qualidade emocional* com que a criança realiza as introjeções. Assim, por exemplo, se durante o ato de introjeção o principal interesse da criança estiver centralizado na inteligência do pai (função intelectual do ego) ou na habilidade manual da mãe para a manipulação de certas coisas (função motora), a parte introjetada ficará incorporada ao ego. Entretanto, se a criança introjetar o seu objeto parental na vigência de um ambivalente conflito de amor *versus* ódio, e se o interesse do filho estiver mais voltado para os aspectos éticos do objeto, então o objeto introjetado passará a fazer parte do superego, sendo que, no caso em que a introjeção fizer-se com a predominância do ódio, a probabilidade é de que o superego adquira características persecutórias. A propósito, cabe lembrar que no quinto capítulo de *O ego e o id* (1923, vol. 19) Freud estuda detidamente a importância dos "sentimentos de culpa" na teoria, psicopatologia e técnica da psicanálise, como, por exemplo, na relação direta que ele estabelece entre as culpas determinadas pelo superego e o importantíssimo problema do eventual surgimento da temível "reação terapêutica negativa".

M. Klein

Fundamentada em suas observações nas análises com crianças, algumas de tenra idade, M. Klein postulou que a origem da formação do superego era muito mais precoce do que a que foi concebida por Freud, e que essa origem se baseava na introjeção dos objetos parciais, o seio da mãe, ao qual o bebê atribui poderes extremos de bondade e de maldade, de proteção e de perseguição, de fonte de prazer e de dor. Para acompanhar Freud (até por razões políticas), M. Klein também postulou que o superego se formaria com a dissolução do complexo edípico e a respectiva internalização dos pais – carregada com as fantasias de perigo de vir a perder esses objetos parentais –, porém ela considerou que o complexo de Édipo seria muito mais primitivo que o sustentado por Freud, situando-o por volta do sexto mês da vida do bebê.

Quando começou a analisar crianças pequenas, M. Klein já havia assinalado que um dos fenômenos mais inesperados que ela encontrou foi um superego muito precoce e cruel, e, partindo daí, ela descreveu os arcaicos "precursores do superego", anteriores ao Édipo, considerando que a severidade do superego decorria da "fase máxima" do sadismo da criança. Esse sadismo viria acompanhado de sentimentos de culpa decorrentes das fantasias orais-sádicas de devorar a mãe, sobretudo o seu interior, cheio de "tesouros", e os seios, cheios de um leite nutridor que a criança inveja, e quer, todo ele, exclusivamente para si. Ao serem internalizadas, essas imagos da mãe atacada, tornam-se fortemente vingativas, cruéis, ameaçando a criança de ela ser destruída, envenenada, devorada...

Todos conhecemos bem a extraordinária importância que a escola kleiniana sempre atribuiu aos objetos superegóicos persecutórios, os quais persistem no paciente enquanto ele estiver funcionando na vigência da "posição esquizoparanóide"; daí que uma análise exitosa consistiria justamente em conseguir levar o paciente a transitar para a "posição depressiva", o que é possibilitado por meio do acesso aos aspectos do analisando relativo ao seu *ódio*, com as conseqüentes *culpas* (e derivados, como medo, etc.), seguidas, na instalação da posição depressiva, de uma responsabilização por essas culpas e da obtenção de uma capacidade para fazer *reparações*.

Bion

Embora conservando os princípios essenciais de Freud e M. Klein acerca do superego, Bion (1962) distinguiu-se, em parte, deles ao evoluir para uma abordagem original, que está contida no que ele prefere denominar como *"super"-ego* (às vezes, aparece com a grafia de *super-superego*, sendo que, creio, talvez o nome mais apropriado fosse o de *supra-ego*). Esse "superego" faz parte do que Bion chama de "parte psicótica da personalidade", de modo que, indo além das proibições e das noções do certo e errado, do bem e do mal, aprovação ou condenação, etc., que são inerentes ao conceito clássico de superego, essa concepção de Bion consiste em uma "forma psicótica de pensar", a qual se opõe a todo desenvolvimento em bases científicas e às leis inevitáveis da natureza humana, e, assim, ele rege-se por uma moralidade – "sem moral" –, criada pelo próprio sujeito, que ele insiste em impor aos outros e, igualmente, quer reger o mundo com normas e valores próprios que são firmados a partir de uma afirmação de sua superioridade destrutiva.

Assim, o "superego", tal como foi concebido por Bion, mostra-se como um objeto superior, ofusca as funções do seu ego, afirma sua superioridade pelo denegrimento dos outros, achando falhas em tudo que não coincidir com o que ele crê, opondo-se tenazmente a qualquer aprendizado com a experiência e devotando um ódio a toda verdade diferente da dele, impedindo, logo, qualquer tendência a uma evolução psíquica, como se essa representasse um inimigo que deve ser eliminado. Resumindo, o sujeito com essas características psicóticas do "superego", crente de que ele tudo sabe, pode, controla e condena, substitui a capacidade de pensar pela onipotência, "o aprendizado pela experiência" cede lugar à onisciência, o reconhecimento da fragilidade e dependência é substituído pela prepotência, a capacidade de discriminação entre o verdadeiro e o falso fica borrada por um radicalismo arrogante, e assim por diante.

Da mesma forma como aparece em Freud e M. Klein, também o "superego" de Bion está impregnado de sentimentos de culpa. No entanto, o sujeito não toma conhecimento deles, mercê de um uso excessivo – não só na quantidade, mas também na qualidade de onipotência mágica – de identificações projetivas, as quais são "evacuadas" preferentemente sob a forma de *actings*, e a de enfiar-se dentro da mente de um outro – como pode ser a do seu analista – levando este a sentir-se culpado.

RESUMO DAS DIVERSAS VERTENTES

Como vemos, são várias as vertentes conceituais que se complementam para o entendimento da formação da instância psíquica "superego", sendo que uma síntese delas permite destacar os seguintes fatores:

- *Uma herança filogenética* (lembra a noção de Jung de "arquétipos"). Trata-se de um conceito muito discutível na psicanálise.
- Como *herdeiro direto do complexo de Édipo* (conforme Freud alude à forma de como foram introjetadas as figuras parentais – mais exatamente, o respectivo superego próprio de cada um dos pais envolvidos na conflitiva edípica).
- *Pulsão de morte agindo desde o nascimento* (assim obrigando a pulsão de vida à formação de uma instância psíquica proibitiva, que consiga conter as fantasias destrutivas e terroríficas, diminua a ansiedade de aniquilamento e preserve a vida, embora, secundariamente, tais precursores do superego tor-

nem-se ameaçadores contra o ego e os objetos internos).
- *Projeção das pulsões agressivas, seguida da reintrojeção das mesmas,* constituindo os objetos persecutórios e/ou idealizados que habitam o superego.
- *Introjeção do discurso superegóico dos pais.*
- *Introjeção do código de valores socioculturais vigentes.*
- *Assunção de papéis designados e que devem ser compulsivamente cumpridos* (por exemplo, um superego tirânico pode impor ao ego do sujeito um mandamento para que ele assuma na vida um papel de vítima, eterno fracassado, bode expiatório, etc.
- *Assunção de "culpas emprestadas"* (Freud, 1923, assinalou essa vertente que consiste no fato de os pais atribuírem à criança uma culpa, indevida, que deveria ser deles, ou a de algum irmão, etc.).
- *Introjeção de figuras mortas,* que em situações melancólicas podem constituir-se como objetos "cujas sombras recaem sobre o ego" (Freud, 1917), onde elas são configuradas como vítimas, exigindo reparos, sob ameaças de vingança e muitas vezes obrigando o sujeito a seguir o mesmo destino funesto deles.
- *Uma idealização da pulsão de morte* pode determinar um superego perverso, que facilita ações heterodestrutivas, ao mesmo tempo em que emana mandamentos autodestrutivos.
- *Um maciço ataque às funções egóicas* de perceber, pensar, discriminar e conhecer as verdades penosas, pode determinar a construção de um "superego", nos termos descritos por Bion.

NA PRÁTICA ANALÍTICA

É evidente que as funções do ego ideal, do ideal do ego, do contra-ego e do superego propriamente dito não são estanques; pelo contrário, eles imbricam-se entre si, aparecem confundidos na literatura psicanalítica e compõem a totalidade do superego. Não obstante isso, incluo-me entre aqueles que julgam ser de grande utilidade na prática clínica discriminar cada um deles separadamente, tal como aparecem nas distintas situações analíticas de cada analisando em particular. Assim:

1. As clássicas manifestações da existência de um *superego tirânico* aparecem na situação analítica sob a forma de uma facilidade do paciente para assumir culpas (freqüentemente indevidas), atos masoquistas, boicotes e sabotagens contra qualquer possibilidade de um crescimento seu que seja expressivo; cavilações obsessivas e estéreis ações compulsivas; quadros melancólicos; dificuldades sexuais e proibição de obter uma completude orgástica e, assim por diante, com outras manifestações equivalentes. O superego, inconscientemente, é conjugado no pretérito perfeito: "Vou ser punido porque transgredi tal norma ou mandamento; portanto, eu fui; logo, *sou*, "mau". Ninguém contesta a importância de o analista trabalhar com os aspectos tirânicos, proibitivos, punitivos e muitas vezes cruéis do superego de certos pacientes. No entanto, isso não é feito unicamente por meio de interpretações transferenciais adequadas, porquanto essas pouco adiantarão, se o próprio analista mantiver uma postura excessivamente superegóica no curso da análise.

2. A presença de um *ego ideal* pode ser claramente comprovada na situação analítica com pacientes portadores de uma forte estruturação narcisística, de acordo com a conceituação de que "o ego ideal é o herdeiro do narcisismo primário". Dessa forma, o ego ideal funciona predominantemente no plano do imaginário, não há uma dimensão sólida de futuro, nem planos ou projetos estáveis e, pelo contrário, o ego ideal aparece conjugado no presente do indicativo (eu sou!), alicerçado na fantasia onipotente, ilusória, própria da persistência da primitiva fusão diádica com a mãe, na qual "ter" é igual a "ser" e que, por isso, o indivíduo sempre espera o máximo de si mesmo.

Como a maioria desses ideais é inalcançável, o sujeito vive num permanente estado de frustração, maquinando novos planos e saídas por meio de defesas maníacas. As identificações desses pacientes aparecem como primárias, do tipo inconstante, adesivo ou imitativo e o sentimento de identidade resultante é o de "falsidade". Para manter a integração do *self*, esse paciente necessita recorrer a defesas de forte negação, como as "renegações", mais próprias dos estados narcisistas parciais – como nas perversões – ou o recurso da "forclusão", que é mais própria dos estados narcisistas totais, caso das psicoses.

O analista deve estar atento ao fato de que a forma de pensar desses pacientes obedece a uma *lógica* binária, ou seja, para eles não existe um meio-termo: ou o sujeito julga-se o melhor ou o pior, etc. Embora eles sejam extremamente sensíveis às frustrações – que vivenciam com o sentimento predominante de raiva e humilhação – é dever do terapeuta promover uma gradativa "desilusão das ilusões", de sorte a aproximar cada vez mais o "ego ideal" do "ego real".

3. O *ideal do ego*, por sua vez, pode ser considerado "o herdeiro do ego ideal", o qual, projetado nos pais e acrescido das aspirações e expectativas próprias desses últimos, costuma determinar no sujeito um constante sobressalto diante do terror de não cumprir com os mandamentos idealizados, oriundos dos pais – e nele depositados desde a infância – e assim vir a perder o amor das pessoas significativas. Essa situação psíquica pode propiciar a formação de um *falso self*, pela razão de que o sujeito está, acima de tudo, preocupado com a necessidade de corresponder, ou aparentar, aquilo que os outros esperam dele.

Dentro desse paciente, o ideal do ego é conjugado no futuro e condicional ("eu deverei ser assim, senão..."), sendo que isso representa tanto uma possibilidade de uma desvantagem – quando, então, pode condicionar a construção de uma personalidade tímida, submissa, fóbica ou um falso *self* –, como também pode ser muito vantajoso, quando então funciona como um pólo de ânimo e vitalidade para atingir metas e ambições possíveis de serem alcançadas (com uma posição tipo "ainda não sou, mas posso vir a ser..."). As identificações, ao contrário do que se passa no "ego ideal", já são secundárias e triádicas, porém ainda não se constituíram com uma constância objetal, nem com uma coesão do *self* e um sentimento de identidade bem definido.

Nestes pacientes, o sentimento de vergonha costuma prevalecer sobre o de culpa, sendo que a principal função do analista é ajudar o paciente a discriminar entre duas possibilidades: a) a de que se trate de metas impossíveis de atingir por serem por demais grandiosas, ou porque elas representam tão somente as expectativas dos pais internalizados, mas não as dele mesmo; b) são ambições que, apesar da possibilidade dessas serem provindas dos pais, o analisando possui condições para alcançá-las, mercê de seus dotes potenciais, de uma boa identificação com os seus pais e uma satisfatória adaptação ao princípio da realidade. No primeiro caso, a tarefa do analista consiste em facilitar a "desidentificação" do paciente com essas características expectantes dos pais (que estão introjetadas como sendo dele próprio), de modo a que ele alcance o *insight*, de que, para "dizer *sim* ao seu ego, ele deve reunir condições para dizer *não* ao seu ideal do ego". No segundo caso, conservando o cuidado para que o próprio analista não funcione como um "ideal de ego" (o que não é nada raro de acontecer), é importante que ele *reconheça* e alie-se às capacidades latentes desse seu paciente ambicioso.

4. É importante que se observe a relação que existe no paciente entre o seu "ego ideal", o "ideal de ego" e o "ego real". Assim, naquelas costumeiras depressões que se sucedem a conquistas obtidas, é possível perceber que na euforia inicial da conquista prevalece o ego ideal, e o ideal de ego fica exacerbado e excitado para novas conquistas futuras; no entanto, à medida que vai havendo uma distância entre o que foi exageradamente idealizado e o que é real (por exemplo, a aprovação para ser admitido em uma determinada instituição é motivo de intenso júbilo, o qual perdura somente até que o sujeito perceba que inúmeras outras pessoas também foram aprovadas e admitidas), sobrevém uma depressão do tipo narcisista, porquanto *toda a distância que separa o ego ideal do ego real é vivida como um colapso narcisista*. Um outro aspecto clínico comum consiste em que muitas depressões que surgem na velhice podem ser entendidas pela razão de que começa a falta de um "projeto de ideais" a serem alcançados, e isso dá lugar a um conformismo depressivo. Também é interessante consignar que no estado de "*paixão*", no seu grau máximo, o ego ideal,

o ideal do ego e o ego real estão confundidos. Há a sensação de uma absoluta completude, o apaixonado sente-se iluminado pelo "brilho do objeto que cai sobre o seu ego", de sorte que a sua lógica gira em torno da órbita de que "*não existe nada que o futuro possa me dar, que o presente já não esteja me dando*" (Hornstein, 1983) e assim por diante, existem muitas outras situações equivalentes.

5. A presença de um *contra-ego* no psiquismo do paciente adquire uma importância especialíssima na psicanálise atual, porquanto ela esclarece-nos uma das razões porque muitas análises fracassam, apesar de que o psicanalista tenha trabalhado adequadamente bem. Essa organização patológica que sabota o crescimento de uma outra parte do próprio paciente pode originar-se de fontes distintas, sendo que a mais freqüentemente descrita é aquela que resulta da presença no *self* de uma *gangue narcisista* (conceito de Rosenfeld, 1971). Nesse caso, determinados objetos reunidos intrapsiquicamente e que são radicalmente contra a possibilidade do reconhecimento da fragilidade do sujeito e da sua dependência dos outros (no fundo, porque estão escaldados com primitivas e humilhatórias experiências emocionais frustrantes e dolorosas), fazem de tudo para preservar uma "posição narcisista" (capítulo 13), desde o suborno, com a promessa de uma vida melhor que essa posição ilusória permite, até ameaças de uma debacle total, caso "ele der ouvidos ao seu terapeuta".

Uma outra possibilidade de formação de um "contra-ego" consiste naquela introjeção, antes aludida, da "sombra de objetos mortos que caem sobre o ego", desde onde eles forçam aquilo que eu proponho chamar de *identificação com a vítima*, tendo em vista que esses objetos se configuram como tendo sido vítimas de presumíveis ataques que esse nosso paciente teria feito contra eles. Por meio desse argumento – e funcionando como um contra-ego – esses objetos não só proíbem a obtenção de êxitos, lazeres e satisfações ("como é que tu podes estar feliz, se eu estou penando no escuro, debaixo da terra...?"), como ainda obrigam o paciente a, forçosamente, ter que seguir a mesma saga de infortúnios de sua vida.

Classicamente, os casos de surgimento no curso da análise de graves *impasses psicanalíticos*, ou pior, da ocorrência de uma *reação terapêutica negativa*, muitas vezes irreversível, são entendidas (logo, manejadas) por meio de três vértices: 1) A de que um êxito analítico evoque um – proibido – *triunfo edípico*, com as respectivas culpas e medos (conforme Freud). 2) Como um ataque *invejoso* que o paciente desfere contra o analista, porque este está sendo bem-sucedido "às suas custas" (M. Klein). 3) Como uma forma extrema de evitar entrar em contato com os objetos mortos e moribundos que jazem na, subjacente, *depressão* do paciente (J. Rivière).

Penso que podemos acrescentar mais uma vertente: a que é devido à ação do *contra-ego*, não só pelo aspecto antes assinalado, de obrigá-lo a seguir um destino funesto, como também quando este impõe um determinado *papel* a ser cumprido por toda vida. Pode servir como exemplo disso, a freqüente situação de uma mãe simbiótica que, sob forma de doutrinação e chantagem afetiva, impôs ao seu filho – nosso paciente de hoje – o papel de ele manter-se infantilizado para que nunca possa prescindir dela, e ser o seu companheiro eterno; neste caso, todo êxito de uma mudança analítica que implicaria na aquisição de uma emancipação, pode esbarrar nesse contra-ego que o acusaria de um crime de alta infidelidade, traição e ingratidão.

Portanto, ao lado de o terapeuta trabalhar, como normalmente faz, com todos os importantes aspectos superegóicos que surgem na análise sob variadas facetas, cabe alertar para a necessidade de o analista dedicar uma atenção especial para a organização patológica contra-egóica em certos casos que, contrariando as nossas naturais expectativas, não estão respondendo exitosamente no que tange à obtenção de verdadeiras mudanças psíquicas de certos aspectos da personalidade do paciente.

6. Ainda em relação ao manejo das manifestações das diversas formas do superego no curso da análise, vale apontar mais dois aspectos: um consiste no risco de o analista ficar contra-identificado com os aspectos dos objetos internos superegóicos que o paciente deposita dentro dele, o que determinaria uma *contratransferência patológica*, ou seja, o terapeuta se comportaria com o paciente de forma análoga a como comportaram-se aquelas imagos proibidoras e atemorizadoras, de molde a vir a reforçá-los, e assim impossibilitar qualquer outra saída para o analisando.

O segundo aspecto a ser enfatizado é o que diz respeito às *interpretações* do analista, porquanto não é nada rara a possibilidade de que, disfarçada sob a aparência de "interpretação", o analista possa estar doutrinando, catequisando, julgando, acusando, exigindo, colocando expectativas, decepcionando-se, aconselhando, conluiando, etc.

7. Em síntese, a tarefa maior do terapeuta é auxiliar seu paciente a encontrar uma liberdade interna e uma autenticidade naqueles freqüentes casos em que fica evidente que se trata de um *sujeito que está sujeitado a uma ordem de mandamentos internos* e desconhecidos sob a forma de ameaças, ordens, proibições, expectativas e crenças ilusórias.

Tudo isso faz crescer de importância a análise dos aspectos relativos ao superego, não só os clássicos, mas também todos os demais correlatos a ele, de tal modo que, do ponto de vista da "estrutura tripartite", ganha maior relevância na atualidade a clássica afirmativa de Freud (1933) de que, *onde houver* id (e *superego,* como transparece nitidamente nas entrelinhas de alguns de seus textos), *o ego deve ficar!*

CAPÍTULO

Inveja: Pulsão ou Defesa?

O sentimento de inveja é, seguramente, um dos fenômenos que mais têm merecido da literatura psicanalítica um minucioso e aprofundado estudo quanto às suas causas e conseqüências. Uma revisão dos autores em relação ao estudo da inveja permite verificar quão importante e controvertida é a sua conceituação, tanto do ponto de vista da metapsicologia como da teoria e das aplicações na prática psicanalítica.

Inicialmente, cabe fazer uma distinção entre conceitos que, embora assemelhados, têm características próprias e específicas, tal como são os sentimentos de inveja, ciúme, voracidade, despeito e admiração. Neste trabalho, empregamos a seguinte conceituação de cada um deles:

INVEJA

Implica uma relação de objeto com uma-única-outra pessoa, e sempre remonta a uma relação diádica e exclusiva com a mãe, a quem o sujeito invejoso quis incorporar e ter a qualquer preço. Aliás, a etimologia da palavra *inveja*, formada pelos étimos latinos *"in"* (dentro de) e *"vedere"* (olhar), indica claramente o quanto este sentimento alude a um olhar mau que entra dentro do outro. Isso encontra confirmação nos conhecidos jargões populares do tipo: "mau olhado", "olho grande", ou uma torcida que "seca" o adversário, etc.

Uma outra significação etimológica possível decorre de quando o prefixo *"in"* designa uma negativa, uma exclusão, de modo que *"in + vedere"*, significa que a inveja está a serviço do indivíduo que, fortemente fixado na "posição narcisista" (ver capítulo 12), *recusa-se a reconhecer (ver) as diferenças* entre ele e o outro, que possui as qualidades de que necessita, ou inveja.

VORACIDADE

Consiste em um desejo veemente, impetuoso e insaciável, e que está excedendo ao que o indivíduo necessita e ao que o objeto é capaz, ou que está disposto a dar-lhe. Ao contrário da inveja, que está principalmente conectada com a projeção, a voracidade está com a introjeção. A voracidade, ou avidez, é inseparável da privação e da frustração, com as quais mantém uma dupla e íntima relação de causa e efeito.

DESPEITO

É um sentimento algo mesclado à inveja e que alude a um estado de ressentimento, um misto de raiva e de pesar, devido à decepção com o objeto necessitado, pela preferência que este tenha dado a outrem. Consoante à sua etimologia, a palavra "despeito" (*"de"* + *"spectare"*) significa "olhar de cima para baixo, ficar sobranceiro, desprezar" (Koehler, 1938). No entanto, uma outra possibilidade é que ela resulte dos étimos latinos *"des"*(privação) + *"pectus"*. Conforme a mesma fonte acima," *"pectus-pectoris"* significa peito, mente, alma. Esta última morfologia (Heckler, 1984) comprova que o *despeitado* é o indivíduo que ficou *sem o "peito"* (seio provedor) e, daí, o surgimento de sentimentos invejosos, vingativos e retaliadores. Assim, a *perfídia*, que nos dicionários aparece como deslealdade, maldade, traição, é um sentimento diretamente derivado do "despeito".

CIÚME

É um sentimento intimamente ligado à inveja, porém compreende uma relação de, pelo menos, mais outras duas pessoas envolvidas, de tal sorte que o indivíduo com ciúme sente que o amor que lhe é devido foi roubado, ou está em perigo de sê-lo, pelo seu rival. Assim, o ciumento teme perder o que ele julga pertencer-lhe, enquanto a pessoa invejosa sofre ao ver que o outro tem aquilo que ele quer exclusivamente para si mesmo e, deste modo, é-lhe penosa a satisfação alheia a ele. No caso em que o ciúme é resultante de um uso excessivo de identificações projetivas, ele pode adquirir características delirantes.

ADMIRAÇÃO

Consiste em uma forma de sentir que se constitui em um excelente ponto de partida para a formação de sadias identificações com a pessoa admirada. Nos casos em que a inveja for excessiva, esse tipo de identificação boa pode ser substituído pelo emprego de imitações. Assim, é útil realçar que nem sempre é fácil reconhecer a diferença que delimita entre uma admiração sadia e uma idealização, nos casos em que esta é exagerada e patogênica. Tanto no estado de admiração como no de inveja, a identificação processa-se por meio do desejo inconsciente do sujeito em ser igual ao outro, que é o possuidor dos dotes admirados ou invejados. A diferença consiste no fato de que, na inveja, o desejo de ser igual fundamenta-se em uma cobiça voraz e destrutiva, e a identificação resulta imitativa e patógena, enquanto na admiração prevalece um vínculo de amor e propicia uma identificação sadia.

Mais adiante, vamos estabelecer a vinculação e a graduação que existe entre a inveja, o ciúme normal e o ciúme delirante.

É importante enfatizar que o objetivo maior deste capítulo, que é o de demarcar a distinção entre a concepção da inveja como sendo a manifestação direta e primária do instinto de morte ou como uma forma de defesa, não é um mero exercício de retórica. Muito pelo contrário, o tipo de entendimento do psicanalista em relação à gênese, ao significado e à função da inveja pode determinar profundas modificações em sua atitude psicanalítica, assim como na atmosfera do campo analítico, bem como na forma e conteúdo das interpretações.

UMA REVISÃO CONCEITUAL DO SENTIMENTO DE INVEJA

A origem do sentimento de inveja pode ser compreendida a partir de três perspectivas de concepção: a *instintivista*, a *frustracionista* e a *narcisística*.

FREUD

Os primeiros estudos, com sistematização psicanalítica acerca do sentimento de inveja, procedem dos ensaios de Freud em relação ao seu clássico conceito de *"inveja do pênis"*. Sabemos que muitas teorias sobre a feminilidade e sexualidade feminina, formuladas por distintos autores, basearam-se no aludido aforismo, sendo que o próprio Freud se manteve fiel a este ponto de vista. Assim, em *Análise terminável e interminável* (1937), ao apagar das luzes de sua imensa obra, Freud reitera o seu pessimismo quanto à remoção dessa inevitável inveja do pênis, que, *"tal qual uma base de rocha, comporta-se como uma resistência irreversível ao trabalho analítico"*.

Embora Freud tenha modificado a sua concepção original da organização genital infantil, centrada no monismo sexual fálico, e tenha estabelecido uma distinção entre uma, anterior, fase fálica, de uma outra fase posterior, essa sim genital, a verdade é que, ao longo de sua obra, a ênfase da sexualidade feminina incidiu no primado do falo. Essa concepção falocêntrica de Freud (levada ao extremo, pode-se dizer que a sua formulação seria essa: "mulher é um homem que não deu certo") vem sofrendo pesadas críticas e, hoje, não encontra respaldo científico, sendo considerada como um dos poucos pontos frágeis de sua obra. No entanto, essa postulação de Freud merece uma revalidação a partir de um ponto de vista semântico, em que pênis é um designativo de falo, o qual, por sua vez, é um claro símbolo de poder.

Dessa forma, o conceito de inveja do pênis, como falo, continua sendo muito importante, desde que ele também seja extensivo aos homens, e que se leve em conta a importante participação do fator cultural. Aliás, essa última é a posição de J. Chasseget Smirgel (1991), uma autora contemporânea, para quem a masculinidade invejada não é a masculinidade objetiva e concreta; antes, é a masculinidade fálica, que daria um poder infinito e uma total segurança, liberdade e isenção de culpas. Diz Smirgel (na página 82): *"É um desejo narcísico de virilidade que fará a cama da feminilidade"*.

Abraham, em um clássico e ainda vigente trabalho (1919), dá um significativo destaque ao sentimento de inveja na formação de resistências narcisísticas contra o tratamento psicanalítico por parte dos pacientes que ele considera como sendo "pseudocolaboradores".

AUTORES KLEINIANOS

Coube à M. Klein, paciente e discípula de Abraham, fazer um aprofundamento da importância da inveja no desenvolvimento da personalidade humana desde os seus primórdios. Seus primeiros conceitos originais, explícitos, sobre o sentimento de inveja foram ditados juntamente com Joan Rivière (1937), nos quais ela definiu as linhas-mestras que viriam a consolidar-se em seu importante trabalho *Inveja e gratidão* (1957). Neste último artigo, M. Klein postula a inveja a primeira externalização, além de um derivado direto do instinto de morte. É, portanto, uma pulsão inata, a serviço da destrutividade, e é a determinante da formação de fantasias inconscientes, com a respectiva formação da ansiedade de aniquilamento.

Todos sabemos da relevância dessa conceitualização na construção do edifício teórico-técnico da escola kleiniana: o ataque invejoso, por meio das projeções, ao seio nutridor e ao corpo materno (abrigo dos tesouros, como o pênis e os bebês), e as respectivas reintrojeções configuram um duplo prejuízo, qual seja: o incremento de ansiedades paranóides (com a ameaça de retaliação contra o ego) e depressivas (ataque aos objetos bons, com o consequente sentimento de desvalia).

Outros importantes autores pós-kleinianos desenvolveram reconhecidos ensaios metapsicológicos a partir dessa vertente conceitual de inveja. São exemplos disso os estudos de Rosenfeld (1971) sobre as organizações narcisistas; os de Bion (1967), especialmente aqueles relativos às funções do pensamento e do conhecimento, por meio das suas originais concepções de "ataques aos vínculos" e do modelo da "relação continente-conteúdo, de tipo parasitária"; os de Meltzer (1973) e, mais recentemente, os de John Steiner (1981) acerca da relação perversa entre as partes cindidas do ego, além dos de B. Joseph (1988).

Como vimos, tanto em Freud como na escola kleiniana, o sentimento de inveja guarda uma natureza pulsional, inata e irrefreável, ainda que ambos situem-na em níveis muito distintos da organização da personalidade.

Na atualidade, no entanto, há uma crescente manifestação de autores contemporâneos, no sentido de conceber a inveja como um sentimento que se forma, secundariamente, tanto como uma reação às privações como, também, com um propósito defensivo, a serviço de uma sobrevivência psíquica.

PSICÓLOGOS DO EGO

Assim, além da teoria pulsional inata, uma segunda forma de compreender o sentimento de inveja, utilizada especialmente por parte dos seguidores da "psicologia do ego", consiste em considerá-la como uma reação secundária, de destrutividade e avidez, como uma decorrência das frustrações impostas pela realidade exterior. Embora haja uma importante validade neste vértice de entendimento por parte da aludida corrente psicanalítica, considero-a muito parcializada e insuficiente, porquanto sabemos que as frustrações também têm origem interna. Estas últimas começam pelas inevitáveis sensações provindas das próprias vísceras do bebê, e do corpo em geral, e daí se estendendo por todos os desconfortos físicos e psíquicos, especialmente os do não-atendimento, e do não-entendimento, por parte dos pais, das necessidades do seu filhinho, as quais, constitucionalmente, podem estar sendo muito excessivas.

LACAN

Particularmente, utilizo em minha prática psicanalítica as concepções teórico-técnicas baseadas em uma *terceira perspectiva* – como é possível depreender de Lacan e outros autores das escolas francesas de psicanálise – a qual consiste em considerar a inveja como um sentimento inerente à condição humana e que, sem ser inata, forma-se muito precocemente, à medida que vai-se desfazendo o paraíso simbiótico e vai-se instalando a necessidade em depender do ambiente exterior.

Em decorrência dessa indispensabilidade e precocidade da inveja na evolução psíquica de todo indivíduo, ela pode ser considerada como uma "espécie de pulsão" (sem ser um inato impulso instintivo propriamente dito) e, ao mesmo tempo, a inveja institui-se como um mecanismo defensivo contra os dolorosos sentimentos decorrentes da dependência que nunca será plenamente satisfeita.

Essa perspectiva é, portanto, essencialmente baseada no narcisismo original, com as respectivas feridas e injúrias narcísicas. Sabemos que o narcisismo satisfaz-se na relação fusional-especular e que, inversamente, a sua contestação produz o *reconhecimento da necessidade do outro*, do qual resulta a inveja com uma tensão agressiva. Desse ponto de vista, a partir da separação e *da diferenciação entre o "eu" e o "outro", é que surge a inveja*, porquanto essa só pode existir quando existem dois elementos diferentes. Inversamente, a inveja pode originar uma defesa de regressão fusional, para que o ego ideal não sinta a separação e as suas diferenças em relação ao outro.

É necessário esclarecer uma posição conceitual: desde que nasce, o bebê depende intrínseca e visceralmente dos cuidados maternos que lhe asseguram a sobrevivência física e psíquica. Este bebê ainda não sente o sentimento que nós, adultos, conhecemos como inveja, pela simples razão de que a sua incompleta maturação neurofisiológica o impede de fazer a diferenciação entre ele e o mundo exterior. É como se todos os estímulos, tanto os prazerosos e gratificantes como os frustrantes e desprazerosos, partissem de uma mesma e única fonte: ele próprio.

Essas experiências, com as respectivas sensações, vão sendo registradas no ego (o modelo metafórico que me ocorre é o do negativo de um filme fotográfico) sob a forma de engramas que Freud denominou "*representação-coisa*". À medida que o aparelho mental amadurece, as representações vão-se constituindo com a parcialidade dos objetos (e a respectiva "*memória de sentimentos*"(Klein, 1957), e das significações conseqüentes às experiências com os mesmos), sendo que é relevante consignar que, conforme postulou Bion (1967), a ausência de um seio nutridor bom é representado no ego como a concretização de uma presença má.

O princípio da busca do prazer está intimamente ligado ao princípio da evitação do desprazer, de tal forma que este último, tendo a negação como égide, constitui-se como a essência de todos os mecanismos defensivos, tanto os mais primitivos como os mais evoluídos. Dessa forma, em seu registro imaginário arcaico, o bebê, por meio de sua inerente onipotência (melhor seria dizer: onipotência de natureza neurofisiológica), como que "crê" que a mãe que o agasalha, nutre e protege não é mais do que um prolongamento dele próprio. É isso o que conhecemos como sendo uma relação diádica fusional, e confusional, de natureza simbiótico-parasitária, a qual, de uma forma ou de outra, em grau maior ou menor, permanece fixada em algum recanto do mundo psíquico de todo e qualquer indivíduo, como um eterno "desejo impossível". (É interessante assinalar que a palavra "desejo" forma-se a partir dos étimos "*de*" (privação) e "*sidus*" (estrela), o que alude à impossibilidade de alcançar e possuir uma estrela do firmamento.)

As frustrações que a realidade impõe a este anelado estado narciso-idílico desperta no bebê o sentimento de inveja, ou seja, o de um impulso irrefreável em evitar o desprazer por não usufruir do Nirvana, e isso ele faz por meio de uma combinação de duas modalidades. Uma é a de conseguir a posse total e exclusiva da mãe-paraíso, e a segunda forma de inveja consiste em atacar esta mesma mãe, segundo o imaginário princípio de que "ela não tem nada do que eu necessito e, portanto, não vou sofrer se eu vier a precisar dela". Nessa última possibilidade, pode-se dizer que o ataque invejoso visa proteger o indivíduo de sentir o penoso sentimento de inveja.

METAPSICOLOGIA DA INVEJA

Inúmeros fatores concorrem para a gênese, o processamento e as conseqüências do sentimento de inveja em todo e qualquer indivíduo. Guardando uma certa ordem cronológica, segue a enumeração de alguns dos mais importantes destes fatores.

1. O estado de *neotenia*, pelo qual a criatura humana atravessa um período muito prolongado de uma dependência total, absoluta e irrestrita, em relação à sua mãe.

2. Não se pode falar em inveja nas fases em que se mantém um estado de indiferenciação simbiótico-narcisística. A inveja propriamente dita coincide com os primeiros movimentos de uma discriminação entre o eu e o outro. De fato, deve ser um período de intenso sofrimento para a "*sua majestade, o bebê*" (Freud, 1914), o reconhecimento de que ele depende totalmente dos outros e que está à mercê da boa ou da má vontade (ou das capacidades) destes últimos.

3. Pela razão de que o lactente não distingue entre ele e a sua mãe, diante das sensações de frio, fome, dor ou solidão, ele "deduz" que no mundo já não há mais leite, bem-estar nem prazer, ou seja, que as coisas valiosas da vida desapareceram. Da mesma forma, provavelmente quando ele é atormentado pela ira, pelo choro intolerável e sufocante, ou pelas cólicas e evacuações dolorosas e queimantes, todo o seu mundo é sentido como sendo um vale de sofrimento, e ele também se sente como torturado e destroçado, devendo tudo isso representar uma vivência de algo similar à morte (ansiedade de aniquilamento).

4. Tais experiências de privação despertam na criança o conhecimento da dependência, sob a forma de necessidades básicas, assim como o posterior conhecimento do amor, sob a forma de desejos que, quando excessivos, insaciáveis e compulsórios, constituem-se como demandas. Dessa forma, como assinala Joan Rivière (1957), na criancinha, uma necessidade ou um desejo insatisfeito vai dar origem a uma sensação similar à de um roubo, ou de uma privação

injuriosa, e suscita a mesma agressão que lhe provocaria um real ataque dessa natureza. É preciso levar em conta que, mesmo no adulto, o afastamento de alguém ardentemente necessitado, desejado e amado não se produz sem ódio, despeito e espírito de vingança. Decorre de tudo isso que a dependência é sentida como algo perigoso, pelo fato de que ela implica na possibilidade de vir a sofrer privações muito dolorosas. Em nosso entendimento, é contra essa *"dependência má"* que a inveja se organiza.

5. Há, portanto, uma inevitável sucessão de penosas feridas narcisísticas, das quais as mais notáveis são: o reconhecimento da criança de que ela depende de outros que são os provedores das necessidades materiais e afetivas; a percepção de que *existem diferenças* entre ela e o adulto, tanto de sexo, como de geração e de capacidades; a constatação pela criança de que ela tem imperfeições, limites e limitações impostas pela realidade, especialmente a inexorabilidade das experiências de separações e as de velhice, doença e morte.

6. Isso significa que, conforme assinala Gomes, em um recente trabalho (1998), *"a inveja visa reduzir o sujeito e o objeto a uma uniformidade e igualdade, em que não há inveja porque não há nada a invejar. Podemos ver nisso uma das formas pela qual a inveja expressa o instinto de morte, cujo fim é criar o indiferenciado, o homogêneo, sem estrutura, em última instância, um objeto desprovido de qualquer substância ou existência"*.

7. O princípio da "evitação do desprazer" encontra a sua mais expressiva contraparte na busca por um estado de completude, ou seja, a de um retorno ao primitivo prazer paradisíaco, sob a forma de uma fusão imaginária com a mãe. A complexidade dessa situação intensifica-se quando coincide com o período evolutivo, no qual o pensamento não tem condições neurofisiológicas de fazer discriminações. Nestes casos, a função de pensar tem uma natureza sincrética, pela qual há um jogo dialético em que o "ter" e o "ser" se confundem. Este último aspecto tem uma especial importância na determinação dos processos identificatórios.

8. *Ego ideal e ideal do ego*. A crença da criança na fantasia de que ela ainda é a possuidora dos atributos onipotente-narcisistas, própria do período de indiscriminação, constitui o ego ideal, o qual está sempre muito presente e atuante na pessoa invejosa. O ideal do ego, por sua vez, institui-se a partir do fato de que as expectativas idealizadas da criancinha em relação a si mesma, próprias do seu ego ideal, são projetadas nos pais e, aí, elas somam-se às expectativas narcisísticas específicas e próprias destes pais. Assim como o superego é o herdeiro do complexo edípico e o ego ideal é o herdeiro direto do narcisismo original, pode-se dizer que o ideal do ego nasce das ruínas do anterior e constitui-se como o herdeiro do narcisismo dos pais. Da mesma forma: o superego é o representante do que o indivíduo está proibido de ser, ter ou fazer; o ego ideal é o pólo da grandiosidade e das ambições, e o ideal do ego é o pólo do que o indivíduo, no futuro, deve, ou pode, vir a ser. Quanto maior for a distância entre o ego ideal e o ego real, maior será o sentimento de inveja.

9. Formação de *fetiches*. Comumente, o ego ideal fica depositado em algo ou alguém, que passam a ser os portadores dos atributos narcisistas supervalorizados, como são os de beleza, riqueza, poder, inteligência e prestígio. Este "algo", revestido destes valores narcisistas do ego ideal, pode ser considerado um fetiche sempre que preencher as três condições mínimas que o caracterizam: uma é a de que ele suplemente, ou complemente, uma falta essencial; a outra consiste em uma metonímia, pela qual a parte passa a ser representada como sendo o todo; a terceira condição que caracteriza o fetiche é o fato de que este "algo" invejado esteja a serviço de uma negação, do tipo renegação. (O termo original, em alemão, *Verleugnung*, costuma ser traduzido tanto por renegação, como também por denegação, recusa, ou desmentida, correspondendo, de certa forma, ao conceito de "- K",

de Bion). Essa renegação visa preencher o vazio da falha narcísica por meio de um fetiche. Quando a inveja for excessiva, a negação assume as características de forclusão, mais própria e determinante das condições psicóticas.

10. Um dos fatores mais importantes no surgimento do sentimento de inveja, quer como causa, quer como efeito, é o que resulta de uma excessiva idealização de uma outra pessoa, a qual se faz portadora de todas as qualidades valoradas, enquanto o sujeito que inveja entra em um círculo vicioso resultante de um auto-esvaziamento, acompanhado por uma autodesvalia, que acarreta mais idealização do outro, seguido de mais inveja, num circuito interminável. São inúmeras as conseqüências, conforme será detalhado mais adiante, que advêm da relação que o sujeito com inveja excessiva estabelece com as pessoas que ficam sendo as idealizadas e invejadas.

11. Nos casos de inveja excessiva costuma haver, proporcionalmente, um prejuízo na capacidade de formação de símbolos. Como sabemos, essa capacidade permitiria a substituição de um objeto ausente por um outro equivalente, presente ou abstrato. Ao invés disso, a valoração e a representação dos objetos ficam sendo de natureza concreto-sincrética, no nível do plano imaginário, essa é razão porque, na lógica do invejoso, não existe um objeto que seja análogo: o que há é um objeto único e incompartilhável. Nos casos extremos, como nas psicoses, costuma haver uma confusão entre o símbolo e o simbolizado, esse fenômeno foi descrito por H. Segal com o nome de "*equação simbólica*" (1954). Bion (1962), por sua vez, estudou com profundidade o fato de que a inveja exagerada impossibilita o indivíduo a tirar um aprendizado com as experiências frustrantes da vida e, assim, ele substitui a capacidade de aprender (que implicaria na passagem da posição esquizoparanóide para a posição depressiva, com a conseqüente formação de pensamentos elaborativos e, daí, ao juízo crítico, formação de conceitos e de abstrações) pelo incremento do uso da onipotência.

INVEJA E CIÚME

Existe uma vinculação direta e íntima entre a inveja experimentada para a pessoa representativa da mãe original e o desenvolvimento do ciúme. Essa conceituação independe do vértice teórico, quer este parta da inveja primária dirigida ao seio nutridor da mãe, ou do conceito de inveja secundária, como uma reação e como um mecanismo defensivo contra as frustrações e humilhações provindas do meio ambiente. A relação entre os sentimentos de inveja e ciúme explica-se pelo fato de que o pai (ou o seu pênis) converteu-se em uma posse da mãe, e é por essa razão que a criança, mesmo nas situações triangulares, quer roubar para si ou a mãe ou o pai e ter a posse exclusiva de um deles. Quando esse tipo de inveja incide em meninas, pode ocorrer que, em sua vida posterior, o êxito em uma relação com os homens vá adquirir o significado ciumento de uma vitória sobre uma outra mulher. Reciprocamente, o mesmo ocorre com os homens.

É comum que os sentimentos de inveja e de *ciúme* coexistam na mesma pessoa, sendo que o grau de intensidade do ciúme percorre uma escala que vai desde um ocasional ciúme normal, passando pelo ciúme neurótico, de natureza possessiva, obsecante e torturante, até atingir o grau de um ciúme delirante, psicótico, em que há uma perda do juízo crítico. Há uma proporção direta entre o nível de ciúme e a intensidade da inveja, na medida em que ambos os sentimentos estão baseados na crença imaginária da posse absoluta do objeto idealizado.

Na inveja, prevalece uma hostil negação da dependência do objeto necessitado. No ciúme delirante, há o reconhecimento da dependência do objeto, porém este é intensamente idealizado, ao mesmo tempo em que ele é vivido como uma legítima posse da pessoa ciumenta, visto que a triangularidade é somente aparente, e o que predomina é uma relação diádica e uma indiscriminação entre o eu e o outro (todos hão de lembrar de um homicídio ocorrido no meio artístico brasileiro, no qual uma conhecida e bela atriz foi cruelmente assassinada por um casal, em que a mulher, impregnada por um ciúme delirante, dias antes do crime, induziu o marido à prática de uma recíproca tatuagem dos nomes de cada um deles nos genitais do outro, como uma forma de posse e de fusão eterna). No ciúme possessivo neurótico, também há uma excessiva idealização do objeto "amado", porém já há uma discriminação e o começo de uma efetiva triangularidade, sendo válido afirmar que o ciúme possessivo constitui-se em uma ponte entre a inveja e o ciúme moderado. Neste último caso, há uma aceitação da dependência de um objeto bom e um considerável avanço na renúncia à idealização exagerada e às ilusões narcísicas.

Assim, pode-se dizer que a capacidade de dar e receber amor está negada na inveja patógena, enquanto ela está presente no ciúme possessivo. É útil deixar claro que as interconexões entre a inveja excessiva e as diversas formas de ciúme têm uma acentuada mobilidade, as quais podem reverter-se em um ou em outro sentimento.

CARACTERÍSTICAS DA PESSOA INVEJOSA

Como uma decorrência direta dos fatores metapsicológicos apontados, o indivíduo invejoso apresenta uma série de características que, virtualmente, estão sempre presentes e manifestas. Destas, as mais notórias são as seguintes:

1. A inveja sempre se dirige a algo que já pertence a um outro.
2. Este "algo" (pode ser um atributo físico ou psíquico, um bem material, etc.) é significado como um fetiche altamente valorizado, e a sua falta é sentida como extremamente dolorosa.
3. Em seu registro imaginário, este algo cobiçado é sentido como sendo especial e único e, portanto, não pode ser compartilhado com mais ninguém. Por essa razão, o sujeito invejoso não se satisfaz em vir a possuir algo análogo ou igual ao que o outro, que ele inveja, já possui (se ele se contentasse com isso, a sua aspiração não seria mais do que um legítimo "desejo", ou até da expressão de uma admiração, que poderia servir como uma saudável fonte de emulação). O invejoso quer possuir exatamente aquilo (objetos, atributos...) que já é uma posse do outro, para que esse fique despojado e ele seja o *único* a ter a posse do bem tão almejado, porquanto o mesmo está revestido de uma extrema idealização e das demandas do ego ideal, próprios da *posição narcisista*.
4. Devido à falha em seu registro simbólico, o indivíduo invejoso não se satisfaz com a obtenção de algo que seja equivalente ao que o outro possui, porquanto ele sempre parte do pressuposto de que o que é do outro é sempre melhor (isso pode ser facilmente observado quando duas ou mais crianças estão brigando pela disputa de um determinado brinquedo ou privilégio, ou nos adágios populares, do tipo de que "a grama do vizinho é sempre mais verde que a nossa"...).
5. Uma característica inevitável em toda pessoa invejosa é o de um permanente jogo de comparação com os demais, em que há uma única possibilidade: ou ele é o vencedor ou é o perdedor. Diante da hipótese de vir a ser humilhado como o perdedor, é comum que ele evite fazer comparações pelo recurso de não se arriscar a pôr em prova as suas legítimas capacidades e, dessa forma, acaba fechando as portas de muitas oportunidades que a vida lhe propicia. Como um reforço dessa posição, o sujeito invejoso prefere ficar abrigado no seguro mundo da ilusão e devaneio, enquanto torna-se um feroz crítico das realizações dos outros.
6. O indivíduo portador de uma inveja excessiva, devido à identificação projetiva da mesma, terá muito medo da inveja dos outros, tanto por parte de pessoas vivas e reais, como de mortos que estão internalizados. Por essa razão, é muito comum que ele tenha insucessos em sua vida, como uma forma de provar que ele não roubou nada de ninguém, e que sequer representa uma ameaça para os demais.
7. Há uma extrema sensibilidade à perda de qualquer coisa que tenha sido significada como sendo boa e valiosa. Isso deve-se a uma lógica inversa do tipo: "Se eu não tenho, ou se perdi, é porque eu devo ser indigno e imerecedor de possuir o que é bom; o outro, sim, tem porque merece".
8. Para amainar a extrema dor da privação, o invejoso somente encontra duas soluções. Uma é a de arrebatar para si aquilo que é do outro, quer por meios violentos de voracidade, ou, o que é mais comum, por meio de uma sagacidade maquiavélica. A outra solução é a de privar o outro da posse do algo idealizado e cobiçado, o que comumente é feito por meio de um maciço denegrimento daquele. É útil acrescentar que a

inveja não se restringe ao que o outro tem – de algo concreto –, mas também ao que o outro não tem, sempre que isso venha acompanhado do fato de que esse outro (o analista na situação analítica) manifesta a capacidade para tolerar e aceitar as faltas.

9. É preciso considerar que na criança, ou mesmo no adulto, que sinta como um abandono o afastamento de alguém ardentemente desejado e amado, isso não se produz sem ódio, despeito e juras de vingança. São pessoas ressentidas e rancorosas (esta palavra vem do étimo latino "*rancidus*", que também dá origem a "ranço" e a "rancor", sendo muito significativo o fato de que o sentimento de rancor esteja intimamente conectado com o ranço de um tempo antigo). Por essa razão, nos casos mais extremos, tais pessoas caracterizam os seus inter-relacionamentos com as inúmeras variantes de desprezo, deslealdade, traição, infidelidade e perfídia.

10 Outras pessoas, igualmente despeitadas, ressentidas e rancorosas, podem passar as suas vidas colecionando injustiças e decepções, sendo que é importante levarmos em conta o fato de que uma indignação "justa" pode ser uma das formas mais terríveis e vingativas do prazer agressivo. Assim, elas buscam a completude de seus desejos excessivos e irrealizáveis, de tal sorte que costumam encontrar uma fonte gratificatória dos mesmos, a qual, no entanto, é de duração limitada. Logo, sobrevém uma decepção seguida por um afastamento, desprezo e rechaço homicida (por um pensamento do tipo: "Depois dessa, fulano morreu para mim"), e todo o ciclo recomeça imediatamente depois, com uma nova e inalcançável busca do paraíso perdido.

11. Da mesma forma como o "*colecionador de injustiças*", também há o "*colecionador de amizades*". Trata-se do indivíduo que tem uma grande necessidade de reunir e acumular uma grande quantidade de pessoas que lhe garantam o reasseguramento de que ele é um ser que, de fato, existe, e de que ele não é mau nem invejoso, pelo contrário, de que ele é bom e amado e que, além disso, nunca ficará sozinho, pois, se uma amizade faltar, sempre terá uma outra a quem recorrer. São pessoas que cultivam uma popularidade e fraternalizam as suas relações, sendo que, no fundo, elas podem estar utilizando o amor como uma forma de desviar o ódio e os seus perigos. Para completar o quadro de seus inter-relacionamentos, vale registrar o fato de que a pessoa invejosa, quando for bem dotada de certos atributos valorados, costuma ser um "*colecionador de adoradores*", isto é, ele necessita ficar rodeado de pessoas, preferentemente medíocres (ao mesmo tempo tem uma intolerância pelos que são assim), que não representem-lhe uma ameaça em vir a despertar-lhe o tão doloroso sentimento de inveja e que, além disso, garantam-lhe o alimento necessário para a exaltação narcísica da auto-estima.

Esta linha de entendimento permite compreender porque tais indivíduos apresentam dificuldades tanto com a geração mais jovem (a comparação para eles é intolerável), como com a velhice (lembra o colapso narcisista).

12. Como vimos, enquanto o ciumento teme perder o que ele julga possuir, o indivíduo invejoso sofre ao ver que o outro possui aquilo que ele quer exclusivamente para si mesmo e, assim, é penosa para ele a satisfação alheia. Assim, uma causa comum de inveja é a constatação da ausência deste sentimento em outros e, por essa razão, um importante método, sutil, porém muito freqüente, de defesa contra o surgimento da inveja, consiste em despertar esse sentimento nos demais. São os conhecidos e compulsivos "*contadores de vantagens*".

13. Um outro método para defender-se da inveja, além do denegrimento do valor do outro, e de sua autopromoção, consiste em sufocar os sentimentos de amor e de trocá-los pelos de ódio porque estes últimos são mais fáceis de suportar, já que previnem uma insuportável frustração, ao mesmo tempo que mitigam os sentimentos de culpa, os quais ficam mais intensos quando prevalece o sentimento de amor.

14. Uma combinação dos dois últimos itens acima resulta no que pode ser descrito como

a *"técnica da provocação"*, pela qual a pessoa invejosa busca espoliar o outro de atributos que este possui e que ele inveja. Assim, é muito comum que hajam situações analíticas em que o paciente invejoso consiga irritar o psicanalista, privando-o da tranqüilidade invejada, e assim ele não teria que valorizar ou admirar o analista e nenhuma inveja seria mobilizada (B. Joseph, 1982).

15. O aspecto essencial de que ao invejoso não basta possuir o que o outro já possui – ao que ele significa de uma forma extremamente idealizada –, mas também que lhe é necessário que esse outro seja desprovido desses valores, mesmo que isso lhe custe prejuízos, encontra uma ilustração nesse conhecido conto do folclore popular: uma fada (ou bruxa?) propõe a um indivíduo invejoso o privilégio dele fazer qualquer pedido que ela lhe atenderia, com a condição de que um seu amigo (por ele invejado) ganhasse em dobro a mesma coisa. Pois bem, como é fácil adivinhar, o pedido que partiu do sujeito invejoso foi: "quero ficar cego de um olho".

A INVEJA NA PRÁTICA ANALÍTICA

Durante muitas décadas, os psicanalistas, seguindo a Freud, deram uma prioridade especial, na análise de mulheres, ao aspecto da "inveja do pênis", o qual era considerado o aspecto essencial (na análise dos homens, a maior resistência se deveria à homossexualidade sempre latente). Na atualidade, os autores estabelecem uma diferença muito significativa entre *pênis* (como um concreto órgão anatômico) e *falo* (um símbolo de poder que, comumente, também pode estar representado pelo próprio pênis). A partir dessa conceitualização, a técnica do psicanalista passa a ficar mais centrada no que poderíamos chamar de *"inveja fálica"*, e esta é extensiva aos homens.

Depois do trabalho de M. Klein, *Inveja e gratidão*, de 1957, os psicanalistas seguidores dessa corrente, desde essa data até 1970, aproximadamente, interpretavam a inveja de forma sistemática, exaustiva e prioritária, diretamente no material do paciente. Por essa época, Rosenfeld (1971) postulou que o narcisismo se constituía como uma defesa contra a inveja e, da mesma forma, as relações narcisistas de objeto seriam defesas contra qualquer reconhecimento da existência de uma separação entre o *self* e o objeto. H. Segal (citada por Spillius, 1991, p. 553) complementa essa posição, afirmando que o narcisismo e a inveja são duas faces de uma mesma moeda.

Tendo em vista que o título deste capítulo é "Inveja: Pulsão ou Defesa?", nada mais justo do que basearmos muitas das considerações que seguem pela evolução dos conceitos emitidos por Rosenfeld, tanto pela razão de que este psicanalista goza de um reconhecido respeito no mundo psicanalítico, como também por haver sido um dos poucos autores a terem trabalhado profunda e predominantemente com pacientes psicóticos, o que possibilita uma observação mais aguda da gênese e do manejo técnico da inveja. Uma terceira razão é a de que Rosenfeld nunca dissocia a teoria e a técnica de sua prática clínica e, por isso, suas concepções acerca da inveja sofreram sucessivas modificações ao longo de sua obra. Em seu último livro, *Impasse e interpretação* (1987), pode-se perceber claramente as aludidas modificações conceituais e técnicas, e creio ser legítimo afirmar que, inicialmente, nos anos 50, ele concebeu a inveja como sendo tanática primária, enquanto, a partir da década de 80, notadamente no que se refere à técnica, a sua inclinação é nitidamente direcionada a uma concepção da inveja como sendo uma reação defensiva.

Assim, gradativamente, Rosenfeld foi enfatizando a sua convicção de que a inveja dificilmente aparece diretamente no material do paciente, mesmo quando são feitas referências explícitas a ela, sendo que o analista somente consegue entrar em contato com as manifestações das relações de objetos que evidenciam a natureza narcisística das mesmas. Em outras palavras, o psicanalista entra em contato muito mais freqüentemente com as defesas contra a inveja do que com esta diretamente. A partir deste ponto de vista, as interpretações passam a ficar primordialmente mais centradas nas dificuldades do paciente em perceber o analista como alguém separado, e diferente dele, e o horror a ter que depender de um objeto que não está sob o seu controle onipotente e que, por isso mesmo, pode vir a humilhá-lo e a fazê-lo sofrer.

Essa importante mutação conceitual de Rosenfeld, com a qual me sinto plenamente identificado, pode ser claramente confirmada quando, ao tratar do relevante problema do *Impasse e da reação terapêutica negativa*, ele afirma (p. 32) que "... *Nessa época (1958), eu e outros analistas kleinianos acreditávamos que, por meio de uma análise detalhada da inveja na situação de transferência seria possível impedir que ocorresse um impasse na análise. Contudo, com o passar do tempo, minha experiência mostrou que isso só se dava em certos casos (...) Uma ênfase excessiva na interpretação da inveja ou a supervalorização da contribuição do analista, comparada com a do paciente, é uma causa freqüente do Impasse".*

Da mesma forma, Spillius (1991) assevera que, na atualidade, a maior parte dos analistas kleinianos tem-se mostrado menos inclinada a encontrar a confirmação da inveja primitiva em todo seu material clínico.

Baseados em Rosenfeld e em outros autores contemporâneos, podemos extrair as seguintes recomendações técnicas, particularmente para os pacientes muito regressivos:

- O psicanalista deve levar em conta que este tipo de paciente sente a análise e as interpretações como uma forma de estar sendo humilhado, pelo fato de ele reconhecer que necessita do analista e de que este o está entendendo melhor do que ele próprio. Isso deve-se ao fato de que fica ameaçada a auto-idealização, a qual, por sua vez, costuma ser uma rígida defesa narcisista contra o sentimento de inveja.
- Em relação ao destino das interpretações, é necessário considerar que o principal objetivo do paciente muito invejoso pode estar sendo o de utilizar o seu pensamento e a sua comunicação para provar que o outro (o analista, na transferência) está equivocado. É muito comum que este paciente utilize o fenômeno que Bion denominou "*reversão de perspectiva*" (1967), pelo qual ele, intimamente, reverte às suas premissas básicas tudo o que ouve do seu terapeuta e, seguidamente, após decorrido algum tempo, breve ou longo, ele reconhece este mesmo *insight* como tendo sido uma descoberta exclusiva dele próprio. É preciso levar em conta que, na posição narcisista do paciente invejoso, os sentimentos não são tanto de culpas (que resultam do conflito superego x ego), mas muito mais de vergonha (ideal do ego x ego real) e de humilhação (ego ideal x ego real). Decorre daí uma grande vulnerabilidade a um colapso narcisista e, portanto, a uma depressão de natureza narcisística.
- Pelas razões expostas, é recomendável que, na interpretação das verdades penosas, o analista inclua os aspectos positivos do paciente e, especialmente, a compreensão das razões inconscientes que forçaram a emergência da inveja, como uma medida de sobrevivência psíquica.
- Uma das maiores dificuldades de o paciente excessivamente invejoso fazer um *insight* produtivo dessa sua condição invejosa reside no fato dele estar funcionando predominantemente na "posição esquizoparanóide", e daí ele não sente culpas e não assume o seu quinhão de responsabilidades. Pelo contrário, ele nega onipotentemente e racionaliza que os seus (contra) ataques estão justificados porque o outro é que lhe inveja e o está atacando com ódio.
- A interpretação da inveja não deve ser repetida muito freqüentemente e a ênfase deve estar em ajudar o paciente a suportar a dor, o desconforto e a vergonha que a inveja causa, porque ela inibe a capacidade para amar. Rosenfeld recomenda que unicamente nos casos em que já tenha havido sensíveis progressos com os pacientes muito regressivos é que se torna viável a interpretação direta da inveja destrutiva.
- A idealização excessiva (ideal do ego) pode ser facilmente observada tanto na extratransferência como na transferência propriamente dita, e ela costuma acarretar algumas conseqüências prejudiciais. A primeira é a do estabelecimento de um círculo vicioso em que a idealização do psicanalista espolia o paciente de suas próprias qualidades e, por sentir-se esvaziado, ele entra em um processo de desvalia, a qual incrementa-lhe a sua inveja, que ele tenta controlar por um novo reforço da idealização do analista, e recomeça todo o círculo vicioso de causa-efeito. Uma outra conseqüência é que o psicanalista idealizado pelo paciente invejoso será visto como alguém tão auto-suficiente e feliz que não vai precisar dele e isso acarreta-lhe um permanente sobressalto em vir a perder o tão necessário amor daquele.
- É importante, no entanto, que o analista tenha em mente o fato de que ele deve, transitoriamente, aceitar uma – necessária e estruturante – idealização excessiva, desde que esta não vá constituir-se como uma constan-

te transferencial e, muito menos, em um conluio transferencial-contratransferencial, cimentado em uma recíproca fascinação narcisística.
- Como decorrência do item anterior, um dos principais objetivos do tratamento psicanalítico consiste em promover o resgate das capacidades do analisando, as quais são legítimas, embora estejam aparentemente ausentes. Isso resulta tanto do fato de que tais capacidades estejam ocultas dentro de si próprio (devido a um depressivo sentimento de imerecimento, ou ao medo da ira e da inveja dos outros), como essas capacidades podem estar desaparecidas por estarem projetadas em outras pessoas por ele idealizadas.
- A evolução exitosa da análise desses pacientes regressivos, portadores de inveja ou de ciúme possessivos, consiste em possibilitar que haja uma gradativa mudança transferencial em relação à figura do analista, no sentido de passar de um objeto excessivamente idealizado (ou denegrido) para a condição de sentir o terapeuta simplesmente como um objeto bom e confiável, o que vem seguido de uma progressiva aceitação de uma dependência deste. Isso vem acompanhado por uma paralela renúncia à posição narcisista, o que se processa simultaneamente com a transição da posição esquizoparanóide para a posição depressiva, segundo o referencial kleiniano.
- Creio, pois, ser válido que se estabeleça uma distinção entre uma inveja "má" (destrutiva e desestruturante) e uma inveja "boa", estruturante, que se forma sem ódio excessivo, mesclada com admiração pela pessoa invejada, e por uma cobiça que funciona como uma sadia emulação.
- Somente quando o analisando sente que está sendo entendido em seu sofrimento, aceito com as suas maldades, respeitado em suas limitações, realmente ajudado em sua análise, reassegurado de que o seu analista não repete as imposições tanáticas de seus objetos internos, sobrevive aos ataques e não responde com ira, indiferença ou triunfo, e que ele tem um espaço realmente livre para pensar e para crescer, é que a inveja diminui gradual e firmemente.

CAPÍTULO 13

Posições: A Posição Narcisista

Segundo Baranger (1971), o conceito de "posição", na obra de M. Klein, alude a uma constelação de fenômenos inter-relacionados, como: o *tipo de angústia* predominante em uma determinada situação (a paranóide ou a depressiva); os *mecanismos defensivos* utilizados para dominá-las; as *pulsões* que estão em jogo; as características dos *objetos* que estão envolucrados nessa constelação; a qualidade e a intensidade das *fantasias inconscientes* ativadas; o estado das instâncias psíquicas do *ego* e do *superego;* os *sentimentos* e os *pensamentos* do sujeito – tudo isso configurando uma *totalidade em movimento* na qual nenhum fator pode ser considerado de forma independente de todos os demais.

M. Klein inicialmente descreveu três tipos de posições: a *esquizoparanóide,* a *depressiva* e, entre elas, situou a posição *maníaca,* porém, ao longo de sua obra, desconsiderou a última e adotou a sua concepção definitiva das duas primeiras posições. As passagens da "posição esquizoparanóide" para a "posição depressiva", e vice-versa, com as oscilações entre ambas, acompanham-se de modificações e transformações da estrutura e do funcionamento dos objetos internalizados e, de forma correlata, determinam as mesmas modificações no sujeito.

A concepção de "posição" está, portanto, intimamente indissociada da noção de "objetos", sendo que estes últimos aparecem nos trabalhos de M. Klein sob duas maneiras: ora como *estruturas endopsíquicas*, nas quais interagem diversos elementos, tal como foi conceituado acima; ora os objetos internalizados adquirem um tipo de *existência própria* e aparecem, no psiquismo, antropomorfizadas, como se fossem, no dizer de Baranger, *"uma quase-pessoa"*, sujeita aos mesmos sentimentos, padecimentos, idéias e atividades que todo indivíduo tem.

Ademais, para M. Klein, os objetos podem ser *parciais* (predominam na "posição esquizoparanóide", ou *totais* (quando o sujeito alcança a "posição depressiva") e, vistos de outro vértice, os objetos também aparecem dissociados em "bons" (idealizados, e que, até certo ponto, exercem uma importante função estruturante) e "maus" (figuras temidas, que exercem uma função persecutória).

Na clínica, os objetos internalizados nunca aparecem diretamente, mas, sim, eles surgem intermediados mediante imagens, conceitos, recordações, angústias ou desejos que variam ao infinito e que tanto estão ligados às "representações" no ego do sujeito, como também estão embutidos nas diversas configurações das duas referidas "posições".

POSIÇÃO ESQUIZOPARANÓIDE

Como a própria denominação designa, os mecanismos predominantes nessa posição são os de *dissociação* (o étimo grego "esquizo" significa "cisão", "corte", "divisão", tal como aparece em "esquizofrenia", ou seja, "divisão da mente"), e os de *projeção* (que estão pressupostos no termo "paranóide" o qual traduz que trata-se de uma "paragnose",ou seja, de um distúrbio da percepção e conhecimento do sujeito).

A necessidade de preservar a experiência prazerosa, e de rechaçar a experiência dolorosa, leva à primeira dissociação (ou "clivagem", ou *"splitting"*), de modo que, segundo M. Klein, toda a qualidade da formação do psiquismo gira em torno do, estruturante, "seio bom", ou de um desestruturante "seio mau" (é interessante consignar que M. Klein nunca usou a forma plural da presença óbvia dos dois seios, até porque a palavra "seio", na concepção dela, adquire uma dimensão abstrata).

A ênfase de M. Klein nos processos dissociativos determinou uma profunda modificação na teoria e na técnica da psicanálise, tendo em vista que, embora Freud tenha feito inúmeras alusões à existência desse processo (especialmente em um dos seus últimos trabalhos, que não foi de todo concluído, *A clivagem do ego no processo defensivo*, de 1938), a verdade é que, para ele, o processo analítico repousava fundamentalmente no levantamento das *repressões*, enquanto que para M. Klein consistia, acima de tudo, na redução das *clivagens*, de origem primitiva, ao mesmo tempo em que ela considerava que a "repressão" seria uma forma evoluída da clivagem.

As referidas clivagens não dizem respeito unicamente aos objetos, mas também às pulsões, relações objetais, ansiedades e aspectos do ego, sendo que os pedaços resultantes das sucessivas dissociações necessitam ser expelidas para fora, o que é realizado por meio do mecanismo de projeções, mais exatamente, para M. Klein, por meio de *identificações projetivas*.

De acordo com a teoria kleiniana, as defesas características da posição esquizoparanóide durante os primeiros meses da vida do bebê – onipotência, negação, dissociação, projeção, introjeção, idealização – são absolutamente normais e necessárias para a estruturação do seu psiquismo; no entanto, a persistência exagerada das mesmas, além de um certo tempo da evolução psíquica normal, é que vai determinar as condições para a instalação de uma psicopatologia. Assim, existe a possibilidade de formar-se um círculo vicioso em torno do fato de que o psiquismo mal-estruturado apele para um uso crescente dos referidos mecanismos arcaicos, e a predominância dos mesmos determine uma desestruturação ainda maior.

Na clínica psicanalítica de adultos, a manutenção predominante da posição esquizoparanóide – quer por detenção do processo evolutivo, quer por regressão aos primitivos pontos de fixação – transparece, na maioria das vezes, nas manifestações sintomáticas ou caracterológicas, nas quais o sujeito, mercê do uso abusivo de clivagens e identificações projetivas e, à moda do dito de Sartre, de que "o inferno são os outros", mantém a sua crença – auto-idealizada – de que ele é o certo, bom e capaz, vítima da incompreensão, inveja e ataques dos outros, que restam denegridos. No entanto, também é possível que o sujeito, inversamente, identifique projetivamente os seus aspectos bons e valorizados em outras pessoas, que então ficam altamente idealizadas, enquanto resta para ele um esvaziamento e autodenegrimento.

Ambas as formas, acima referidas, da posição esquizoparanóide, em alguma forma, grau e época, aparecem com regularidade na situação analítica transferencial, às vezes de forma quase imperceptível e, outras vezes, com manifestações francamente psicóticas. O importante, no entanto, é que o analista esteja atento para a passagem, com as respectivas oscilações, da posição esquizoparanóide para a posição depressiva.

O fenômeno da *"identificação projetiva"* foi descrito por M. Klein, mais enfaticamente, como restrito às funções de descarga de sentimentos intoleráveis pelo sujeito, e também como uma primitiva forma do bebê de controlar e tomar posse dos "tesouros" (pênis, fezes, bebês...) contidos no interior do corpo da mãe. Bion ampliou consideravelmente essa importante concepção. Assim, além de enfatizar que as duas posições descritas por M. Klein estão sempre presentes ao longo de toda a vida de qualquer sujeito, e sempre em uma permanente interação recíproca (o que graficamente ele representou por PS ↔ D, com uma flecha de duplo sentido), Bion também descreveu duas formas de identificações projetivas. Uma, que ele denomina *realista* (útil para o sujeito enfrentar a realidade, inclusive com a importante função de "empatia" (embora ele não utilize essa denominação), ou seja, a capacidade de "entrar na pele" do outro e poder sentir o que este sente e não consegue transmitir), e uma outra forma que ele chama como "identificação projetiva *excessiva"*, que alude ao fato de que, na posição esquizoparanóide, as projeções são excessivas não só na quantidade, como também na qualidade de onipotência.

Também coube a Bion ser o primeiro autor a conceber o fenômeno de *comunicação primitiva* desempenhado pelas identificações projetivas, tal como acontece na sitação analítica, pelos "efeitos contratransferenciais" despertados pelas projeções do paciente na mente do analista. Finalmente, cabe destacar que a importante concepção de Bion acerca da *parte psicótica da personalidade,* que pode ser resumida com a afirmativa de que a mesma é essencialmente configurada com uma ampla dominância da posição esquizoparanóide nessa "parte psicótica". Essa posição mental, basicamente, é caracterizada por um excesso de clivagens e identificações projetivas, resultantes de uma baixíssima tolerância às frustrações, com a predominância da onipotência e oniscência, etc. Bion também considerava que o trânsito da posição esquizoparanóide para a posição depressiva constitui-se como um dos mais importantes objetivos do tratamento analítico.

POSIÇÃO DEPRESSIVA

Assim como a posição esquizoparanóide caracteriza-se pela dissociação do todo em partes, a posição depressiva, bem pelo contrário, consiste na unificação e na integração das partes do sujeito que estão esplitadas e dispersas. A obtenção dessa posição depressiva, por parte da criancinha, é fundamental para o seu crescimento psíquico, e isso implica uma série de condições, a seguir enumeradas:

1. A relação do lactente com a mãe provedora do alimento físico (leite) e emocional (calor, amor, paz) é fundamental, porquanto a introjeção dela (representada por um "seio bom", fonte de gratificação e reassegura-

mento) pela criança, determinará, ou não, a formação de núcleos básicos de confiança e, conseqüentemente, a capacidade de tolerar a posição depressiva.

2. São esses núcleos de confiança no *self* da criancinha que lhe possibilitarão a experiência de tolerar perdas parciais (como, por exemplo, um afastamento temporário da mãe), assim vitaminando a capacidade para tolerar as frustrações, privações ou o atraso das gratificações, impostas pela realidade exterior.

3. Essa mãe introjetada como suficientemente "boa" (na concepção de Bion, implica na capacidade de "continente", com a função de *rêverie*) permite que a criança tolere bem melhor as angústias paranóides e as depressivas.

4. A progressiva aceitação de perdas é matéria-prima para a formação de *símbolos* (cuja função maior é a de substituir os objetos perdidos ou afastados). O progressivo processo da capacidade simbólica é que vai possibilitar a formação da linguagem verbal (a palavra é um símbolo), dos jogos e brinquedos, assim como da formação dos sonhos, em uma escalada crescente, até atingir a capacidade do pensamento abstrato.

5. O acesso à realidade é paulatino e constrói-se a partir da aludida capacidade de simbolizar, aliada às capacidades de discriminar e de separar-se dos objetos necessitados, que são ambivalentemente amados e odiados pela criança.

6. Na *situação analítica*, é imprescindível que o paciente, notadamente aquele bastante regressivo, no qual predominam os mecanismos esquizoparanóides, atinja a posição depressiva, o que pode ser medido pelos seguintes requisitos: ele deve ser capaz de reconhecer o seu quinhão de *responsabilidades* e de eventuais *culpas*; conceder uma *autonomia* aos seus objetos necessitados e suportar uma *separação* parcial deles; fazer *reparações verdadeiras* (as "falsas reparações" são aquelas de natureza obsessiva ou maníaca); dessa forma, ser capaz de reconhecer uma possível *gratidão* por quem o ajudou e desenvolver uma sadia *preocupação* pelo outro; adquirir uma capacidade de *integrar* aspectos dissociados e ambivalentes, muitas vezes bastante contraditórios entre si; desenvolver um apego ao *conhecimento das verdades* e uma capacidade para *pensar* as experiências emocionais, que estão forcluídas pela onipotência, onisciência, arrogância e prepotência, típicas da posição esquizoparanóide, e cuja predominância impediria um verdadeiro crescimento mental.

É útil enfatizar dois aspectos: um, consiste em repisar que essa necessária passagem da posição esquizoparanóide para a depressiva, na análise, não se faz de modo linear-seqüencial, mas, sim, em uma permanente oscilação e interação entre ambas, sendo importante consignar que, na situação analítica, as oscilações entre as posições esquizoparanóide e depressiva determinam o surgimento de estados confusionais. Por essa razão, é importante o analista ter em mente o fato de que, muitas vezes, o penoso estado confusional de um paciente regressivo, no curso do processo analítico, pode estar representando uma transição, sadia e necessária, embora preocupante e muito sofrida. A segunda observação é a de que, como vimos, por mais primitivos que sejam os mecanismos que caracterizam a posição esquizoparanóide, tal como ela foi descrita originalmente por M. Klein, eles trazem implícita a noção de que já há uma relação com objeto exterior.

A psicanálise contemporânea, obviamente, admite essa incipiente relação objetal do lactente com a mãe, do ponto de vista de um observador exterior, porém, do "ponto de vista do bebê", ele é o único, a mãe que o amamenta não passa de um simples prolongamento dele, de modo que é legítimo considerar a existência de uma etapa posicional que antecede àquela da esquizoparanóide e que, creio, pode ser chamada como *posição narcisista*. Como tanto a posição esquizoparanóide (PEP), como a posição depressiva (PD), são suficientemente bem conhecidas e amplamente divulgadas, nesse capítulo será dado um espaço maior para a posição narcisista.

POSIÇÃO NARCISISTA

Como vimos, o termo "posição" não é o mesmo que fase, etapa ou estágio. Enquanto estas últimas designam uma transitória linearidade evolutiva, o conceito de "posição" indica uma *estrutura* definitiva, em evolução constante e permanentemente ativa na organização da personalidade. Portanto, indo além de um estágio (*stage*), o conceito de posição constitui-se como um estado (*state*) mental. Ademais, "posição" designa um ponto de vista, uma perspectiva, uma forma de o sujeito visualizar a si mesmo, aos outros e ao mundo que o cerca. Esse vértice de visualização – que varia com as diferentes posições que a pessoa adota diante do que está sendo observado, pensado e sentido – determina uma forma de o sujeito SER e de comportar-se na vida.

Assim, a posição narcisista não é unicamente uma importante etapa no desenvolvimento de todo ser humano; antes, ela comporta-se como uma estrutura, um modelo de relacionamento e de vínculo, que opera ao longo de toda a vida e, por isso, é de especial importância o seu reconhecimento na prática clínica, como será feito mais adiante.

De acordo com o vértice conceitual que está sendo adotado no presente artigo, pode-se dizer que a *posição narcisista* (PN), em sua forma original, caracteriza-se por uma total indiferenciação tanto entre o "eu" e o "outro", como também entre os diferentes estímulos procedentes das distintas partes do seu próprio *self* – e que ela *precede a* posição esquizoparanóide, na qual já existe alguma diferenciação, não obstante o uso maciço de identificações projetivas. Um importante fator diferenciador entre PEP e PN é o fato de que, na primeira, já há um rudimento de ego a defender-se ativamente contra a vigência das pulsões destrutivas e do pavor de aniquilamento, decorrentes da pulsão de morte (ou inveja primária), enquanto que a PN *não se constitui originalmente a partir da agressão,* mas, sim, como uma forma de assegurar e perpetuar a unidade simbiótica, indiscriminada e fusionada com a mãe.

O termo "posição narcisista" foi empregado por H. Segal (1983), em uma conceituação praticamente sinônima à de PEP. No entanto, conforme aludimos, embora PN seja inerente à PEP e indissociável dela, ela possui uma configuração própria, mais anterior, complexa e abrangente do que essa última, porquanto o seu estudo parte do vértice do narcisismo, cujo conceito, tal como foi originalmente formulado por Freud, foi de modo virtual ignorado por M. Klein, que, aliás, ao longo de toda a sua longa obra, não usou o termo "narcisismo" mais do que duas vezes.

CONCEITUAÇÃO DE NARCISISMO

Há um verdadeiro leque de acepções acerca do termo "narcisismo", desde as distintas abordagens pioneiras e originais de Freud até as atuais, que são provindas de autores de diferentes correntes psicanalíticas, em diferentes épocas e latitudes.

Em uma forma muito sumarizada, pode-se dizer que a evolução tem transitado pelos seguintes enfoques:

1. Uma forma de *perversão*: conforme a pioneira designação de Näcke (mencionado por Freud).
2. Um tipo de *escolha objetal*: como em *Leonardo da Vinci*, de Freud (1910).
3. Uma *fase evolutiva*: como no *Caso Schreber*, de Freud, 1911, ou como é concebida na atualidade por muitas correntes psicanalíticas, as quais enfatizam a etapa primitiva da fusão simbiótica do bebê com a mãe, em um estado de indiscriminação e especularidade.
4. Um *ponto de fixação* das psicoses: como aparece em *Schreber*.
5. Um narcisismo do tipo *libidinal*, ou seja, um processo de investimento da libido sobre o ego (conceito essencial de Freud, descrito em seu magistral *Introdução ao narcisismo*, de 1914).
6. Um narcisismo *normal e estruturante* que, ao longo da vida, pode sofrer transformações sublimatórias, sob a forma de sabedoria, criatividade, etc. (como postula Kohut, 1971).
7. Um narcisismo *destrutivo*, como denomina Rosenfeld (1971), ou, segundo Green (1976), narcisismo de *morte*, ou, ainda, narcisismo *negativo* (consiste no direcionamento, para o *self*, da destrutividade, a qual fica idealizada).
8. Um narcisismo de origem *pré-natal*, como preconiza Grumberger (1979), o qual se constitui como uma permanente busca de um estado paradisíaco.
9. Um *tipo de identificação*: diante da perda de um objeto, o *self* transforma-se à imagem e semelhança desse objeto perdido, como aparece em *Luto e melancolia*, de 1917.

10. Uma forma de *identificação primária*, sob um registro do imaginário, quando a criança se identifica, especularmente, com um duplo de si mesmo (tal como ensina Lacan em seus originais estudos sobre a "etapa do espelho").
11. Um *estado narcísico*: uma forma defensivo-regressiva de enfrentar a sensação de pequenez e desvalia diante de determinadas situações de desamparo.
12. Uma *personalidade narcisista* (um conjunto de traços, características e atitudes, como, entre outros, uma megalomania, que determina uma forma de *ser* e de viver).
13. Uma *forma de transferência* na situação analítica (nos termos descritos particularmente por Kohut).
14. Uma *organização narcisista*: a qual resulta de possíveis combinações e arranjos peculiares dos elementos próprios do narcisismo original, e que podem restar enquistados no ego do sujeito, como uma organização patológica, tal como é a "*gangue narcisista*", nos termos descritos por Rosenfeld (1971).
15. Uma *posição narcisista*: consiste num vértice de visualização do mundo das relações, a partir da condição fundamental de que ainda não se tenha processado a diferença entre o "eu" e os outros.

CARACTERÍSTICAS DA POSIÇÃO NARCISISTA

Como se vê, pela razão de serem tão múltiplas e tão diversas as conceituações inerentes ao narcisismo, corre-se o risco de uma babelização. Com um intento simplificador e unificador, creio ser muito útil entender a PN, a partir do parâmetro do grau de discriminação entre o "eu" e o "não-eu", ou seja, entre o sujeito e os outros.

O ser humano é o que, entre todos os seres vivos, tem mais prolongada a duração de um estado de dependência absoluta para a satisfação de suas necessidades básicas primárias. Esse estado é designado com o nome de *neotenia*. Gradativamente, o indivíduo vai adquirindo uma relativa diferenciação e autonomia, embora nunca exista uma independência absoluta em relação aos demais.

Assim, pode-se imaginar um eixo relacional, no qual, em uma extremidade há uma relação diádica de natureza fusional e indiferenciada, enquanto a outra extremidade é constituída por uma triangularidade na qual os indivíduos estão discriminados entre si. Quanto mais próximo estiver o sujeito do primeiro pólo, mais enrigecida estará sendo a sua PN e, nesses casos, na situação analítica, sobressaem as seguintes características típicas:

1. Uma condição de *indiferenciação*.
2. Um permanente *estado de ilusão*, em busca de uma completude imaginária.
3. Uma *negação das diferenças*.
4. A presença da, assim chamada, *parte psicótica da personalidade*.
5. A persistência de núcleos de *simbiose e ambigüidade*.
6. Uma *lógica do tipo binária*.
7. Uma escala de valores centrada no *ego ideal* e no *ideal do ego*.
8. A existência de *identificações defeituosas*.
9. Uma afanosa busca por *fetiches* e *objetos reasseguradores*.
10. Um permanente jogo de *comparações*.
11. A freqüente presença de uma "*gangue narcisista*".

É evidente que as características acima, tal como aparecem na prática clínica, não são estanques. Antes, elas combinam-se em graus e formas diferentes, superpõem-se, completam-se, e, por isso, vale fazer uma discriminação mais pormenorizada a seguir.

1. Indiferenciação. Sob nomes diferentes e com pequenas variações conceituais, muitos autores modernos têm dado uma ênfase especial à situação em que o bebê constitui, com a sua mãe, uma díade fusional e indiscriminada. Assim, M. Mahler (1975) denomina esse estado como sendo etapas de *autismo normal* e de *simbiose;* Lacan situa-o evolutivamente no *estágio do espelho*; Winnicott, igualmente, destaca o *estado de ilusão de onipotência* (em que o bebê, em um estado de real "dependência absoluta", tem a ilusão de possuir uma "absoluta independência"; E. Jacobson (1964) estuda o *self psicofisiológico*, no qual somente existem sensações prazerosas ou desprazerosas; Grumberger (1979) preconiza um nirvânico *estado pré-natal* como um denominador comum de todas as formas de narcisismo; Kohut (1971) considera um estado narcisista perene e descreve o *self grandioso-exibicionista*; Bleger (1967) postula a presença do que ele denomina *núcleo aglutinado* (ou: "gliscocárico"); Pacheco Prado (1978) dá o nome de *en-*

tranhamento, e assim por diante. Na verdade, todas essas denominações, com pequenas variantes, equivalem ao que Freud referia-se como um *estado de nirvana*, ou, em um outro registro, como o do *ego do prazer purificado*.

Como uma forma de simplificar essa polissemia conceitual, pode-se considerar o narcisismo, em termos clínicos, como sendo *um estado em que o indivíduo continua fixado ou regredido à etapa evolutiva de indiferenciação com os demais*. Nessa etapa evolutiva de indiferenciação, o bebê acredita que cada ato de sua mãe é um ato dele próprio, que cada resposta de sua mãe, prazerosa ou desprazerosa, é uma obra de seu desejo e uma prova de sua onipotência. Como uma primeira conclusão, pode-se dizer que o funcionameno psíquico da PN está predominantemente fixado no registro do imaginário.

Dessa forma, a ruptura de uma relação narcisística, em direção a uma edípica, mais evoluída, implica necessariamente que haja uma castração simbólica, ou seja, que o indivíduo tenha a vivência da perda do paraíso simbiótico com a mãe. A conseqüência direta disso é a de um sentimento de incompletude e o penoso reconhecimento de que ele depende e tem necessidade do outro (é justamente aí que muitos autores, não kleinianos, situam a origem do sentimento de inveja).

2. Estado de ilusão em busca de uma completude. O intenso sofrimento decorrente do reconhecimento da inevitável incompletude obriga esse sujeito a criar e a manter uma estrutura ilusória de onipotência e onisciência, a qual, quando fortemente fixada e nucleada no *self*, acarreta uma série de derivados caracterológicos próprios da PN.

Assim, essas pessoas narcisistas passam a maior parte de suas vidas buscando algo, ou alguém, que confirme o seu mundo ilusório, dessa forma, garantindo a preservação da auto-estima e do sentimento de identidade, ambas permanentemente muito ameaçadaas na PN, em virtude das demandas do mundo da realidade.

Em um nível mais primitivo, o narcisista muito regressivo pode estar procurando a sua unidade corporal perdida, ou seja, a parte do seu corpo que ficou alienada em um outro, geralmente a mãe. Isso pode ser comprovado em casos de extrema regressão, como em esquizofrênicos que, diante de um espelho, procuram desesperadamente reconhecer a sua verdadeira imagem refletida (os ensinamentos de Lacan sobre a "etapa do espelho" facilitam a compreensão desse fenômeno).

Uma outra decorrência desse estado de indiferenciação e de ilusão consiste numa permanente condição de egocentrismo. É útil considerar a diferença que existe entre esse egocentrismo – que subsiste narcisisticamente no adulto como uma forma de negar a sua dependência e necessidade do outro – e o egocentrismo próprio do desenvolvimento cognitivo (denominado por Piaget como *etapa do pensamento pré-operatório*), no qual a criança ainda não tem condições neurobiológicas de pôr-se no lugar do outro. Vale comparar, metaforicamente, o egocentrismo narcísico com o sistema solar, uma forma em que o sujeito se sente como sendo o sol, e as demais pessoas, como sendo seus planetas e satélites e, como eles, sem luz, calor e movimentos próprios, pessoas essas que devem girar em torno do "brilho" do seu narcisismo. Um bom modelo dessa metáfora é o de Luís XIV, o "Rei Sol", que manteve um permanente prolongamento da condição de "sua majestade, o bebê" (metáfora, essa última, criada por Freud, 1914).

3. Negação das diferenças. A terceira característica decorrente da PN consiste no uso maciço do recurso defensivo da *negação*, tanto no que se refere às diferenças do indivíduo em relação com os outros (porquanto a sua óptica é a do egocentrismo acima aludido), como também em relação à necessidade de negar todos aspectos da realidade que afrontem a sua imaginária completude narcísica.

As principais regressões pelas pessoas fortemente fixadas na PN dizem respeito à intolerância de suas diferenças em relação aos outros, tanto as de sexo (é muito difícil o luto pela perda da bissexualidade), como as diferenças de gerações, de capacidades e de atributos (tamanho do pênis, força, inteligência, privilégios, etc.). A negação também é extensiva ao não-reconhecimento das verdades penosas, tanto as internas como as externas, como são: a impossibilidade de uma plena completude; a admissão de que existe a presença de um terceiro (na infância era o pai, a quem, ao fim e a cabo, ela entregava-se); o reconhecimento de que ele depende dos outros e, por isso, corre sérios riscos de sentir inveja, ciúme, perdas e separações; a admissão de que o outro tem uma vida autônoma, não é posse sua, não está sob o seu controle e tem o direito de ser diferente dele (ser *diferente* significa que o outro *ente*, *difere* dele e vai para uma outra direção, ou seja, que esse outro é original e não foi originado por seu imaginário narcisista). Além dessas negações, o indivíduo estagnado na PN também tem dificuldades em reconhecer os seus inevitáveis limites e limitações, como são, por exemplo, os problemas ligados ao envelhecimento, doença e morte; a inevitável hierarquia na atribuição de papéis e de funções; a desproporção entre as aspirações ideais e as capacidades reais em poder realizá-las. Neste último caso, para enfrentar a vida adulta, o indivíduo pode ser tentado a utilizar o que J. Chasseget-Smirgel denomina como sendo a fácil *via curta*, no lugar da custosa *via longa*, para a consecução dos objetivos adultos, preferência essa que representa uma porta aberta para o narcisismo no plano da conduta, como é o caso da perversão e da psicopatia.

4. A presença da "parte psicótica da personalidade". O entendimento das referidas negações fica facilitado se tivermos em mente os ensinamentos de Bion (1967) acerca da patologia, tanto das funções do pensamento como das cognitivas (-K) e dos vínculos perceptivos. Em casos extremos, a negação adquire o grau de *forclusão psicótica*, na qual há alguma ruptura com a realidade exterior.

Também devemos a Bion a compreensão de que todo indivíduo é portador, em grau maior ou menor, do que ele denomina "parte psicótica da personalidade"(PPP). É necessário repisar que essa denominação, por si só, não designa uma psicose clínica, mas, sim, um encapsulado estado da mente que se caracteriza por alguns aspectos regressivos que em uma mesma pessoa coexistem com os sadios. Vale destacar na PPP a presença de uma baixíssima tolerância às frustrações; a predominância da inveja e pulsões destrutivas; o uso maciço de negações; o emprego excessivo de identificações projetivas; o ataque aos vínculos; a utilização da "reversão da perspectiva" (na situação analítica desvitaliza as interpretações do analista); a inibição das funções de "representações" no ego, da formação de símbolos, abstração e criatividade.

É claro que a PPP está presente em todo e qualquer indivíduo. No entanto, é necessário levar em conta não só o grau quantitativo dos aspectos acima aludidos, mas, também, se a predominância do narcisismo é de natureza libidinal, ou se é do narcisismo destrutivo, e isso influi decisivamente na determinação da caracterologia e do quadro clínico de cada sujeito.

Uma forte presença da PN na organização da PPP acarreta profundas conseqüências na estruturação da personalidade. Assim, a *onipotência* ocupa o lugar da formação e uso dos pensamentos, a *onisciência* substitui o difícil "aprendizado ela experiência", a *prepotência* (pré-potência) substitui a impotência (ou seja, uma negação da im-potência diante da fragilidade, desamparo e dependência do outro), a *ambigüidade* e a *confusão* obliteram a discriminação entre o real e o ilusório, entre a verdade e mentira, etc., a *imitação* ou a *adesividade* substituem a identificação, e assim por diante.

5. Núcleos de simbiose e ambigüidade. Com base em Bleger (1967), pode-se traçar uma distinção entre os conceitos de simbiose e de ambigüidade, que sempre aparecem na PN e que, embora tenham semelhanças, conservam diferenças essenciais entre si. Assim, *simbiose* refere-se a um estado no qual existe alguma fusão e indiferenciação com o outro, porém o sujeito pode substituir a sua insegurança e dependência por meio de uma auto-suficiência e onipotência. Para tanto, reproduzindo a original simbiose mãe-lactente, o sujeito sempre elege uma outra pessoa e a mantém sob um controle onipotente, como, por exemplo, pode ser comumente observado na união de um casal, entre um marido muito obsessivo e extremamente controlador, com uma esposa dependente e submissa, ou, vice-versa.

Ambigüidade, por sua vez, designa uma condição mais regressiva que a da simbiose e caracteriza-se pelos seguintes aspectos: a persistência de núcleos sincréticos, ou seja, uma condição em que o sujeito confunde a parte com o todo, e o "como-se" com um, imaginário, "de fato, é"; a coexistência de aspectos contraditórios, e até incompatíveis, da personalidade, que o sujeito não sente e não percebe como estando em oposição entre si; o freqüente jogo que o sujeito na PN faz com a *vagueza*, como uma forma de negar as diferenças, dentro do princípio de que "*no escuro, todos os gatos são pardos*" (Hornstein, 1983); a multiplicidade de depositários de suas necessidades e angústias, diferentemente da simbiose, em que o hospedeiro costuma ser uma única e determinada pessoa; nas situações grupais, os sujeitos ambíguos usam o recurso de fazer *pseudo-adaptações*, isto é, eles aparentam estarem bem adaptados e serem integradores, ao mesmo tempo em que, por meio de um sutil jogo de intrigas e duplas mensagens, às vezes, indo ao extremo do emprego de técnicas psicopáticas, os outros do seu grupo é que restam confusos. A ambigüidade e a simbiose podem alternar-se e coexistir em um mesmo indivíduo, e elas requerem uma atenção especial na situação analítica, como será exposto mais adiante.

6. Lógica do tipo binário. No *sincretismo*, já aludido, uma parte costuma representar o todo e vice-versa, de modo que, no caso de um determinado atributo de um sujeito não corresponder ao seu ego ideal ou ideal do ego, ele generaliza essa deficiência para a totalidade de sua pessoa. Por exemplo, um nariz feio determina a convicção de uma feiura total e, da mesma forma, o insucesso de uma tarefa é vivenciado na PN como sendo um fracasso na totalidade de suas capacidades, e assim por diante.

Pela mesma razão de pensamento sincrético, a escala de valores na PN funciona em extremos de "tudo ou nada" e não admite meios termos. Isso conduz a uma lógica do tipo *binário*, na qual o sujeito oscila unicamente entre dois pólos: ou ele imagina-se como sendo o melhor (diante de um eventual êxito ele sente-se nivelado às demandas do ego ideal) ou como sendo o pior (nos casos em que houver uma acentuada defasagem entre o ego ideal e o real). Da mesma forma, na PN, o sujeito considera-se como sendo unicamente um sucesso ou um fracasso; se não for lindo (ou melhor, o *mais* lindo) é porque ele é feio, e assim por diante.

7. Escala de valores centrada no ego ideal e no ideal do ego. Vale lembrar que estamos considerando que o ego ideal é o herdeiro direto do narcisismo original; logo, ele representa ser o pólo das ambições pessoais, e geralmente funciona no registro imaginário. O ideal do ego, por sua vez, representa o pólo em que o sujeito sente-se na obrigação de cumprir os ideais e as expectativas provindas dos pais e da sociedade.

A presença na estrutura psíquica do sujeito, tanto do ego ideal como do ideal do ego, determina uma extrema vulnerabilidade da auto-estima. Na sua precoce infância, esses indivíduos foram crianças extremamente sensíveis, não só às frustrações externas, como também aos pequenos fracassos evolutivos (como, por exemplo, os tombos que acompanhavam o início da marcha, ou a vergonha da incontinência esfincteriana, etc.), sendo que, embora venham a ser adultos bem-sucedidos, quaisquer frustrações, desilusões ou insucessos continuam sendo vividos com um sentimento de desamparo, aniquilamento e humilhação.

Nos casos em que a auto-estima do indivíduo fixado na PN gravita unicamente em torno do cumprimento da obrigação de corresponder às expectativas de si próprio ou às provindas de seus pais e representantes, é muito comum a instalação do quadro clínico conhecido como "*depressão narcisista*" (Bleichmar, 1981), diante do fracasso na realização dos projetos ideais. Uma outra possibilidade, também muito comum, é a de que uma superadaptação às demandas do ideal do ego determine a constituição da personalidade do tipo *falso self*, conforme a conhecida conceituação de Winnicott.

8. A busca de fetiches. A ferida narcisista – uma das mais dolorosas entre todos os sofrimentos psíquicos – é aquela que resulta da distância que vai entre o plano ilusório (ego ideal) e o plano da realidade. Em contrapartida, o prazer narcisista tem a ver com o reconhecimento e a admiração de um outro significativo e, embora esse último seja alguém externo a ele, a demanda por *reconhecimento* provém do objeto ideal que ele traz internalizado. Para fugir da ferida narcisista e garantir o prazer conferido pela PN, o sujeito deve encontrar valores e atributos que preencham os vazios de sua imaginária completude.

Quando os referidos valores e atributos ficam supervalorizados, eles exercem a função de fazer o sujeito "parecer ser aquilo que, de fato, ele ainda não é" e, portanto, nesses casos, esse tipo de valores constituem-se como sendo *fetiches*, os quais o sujeito vai procurar em si próprio (sob a forma de beleza, inteligência, riqueza, prestígio ou poder) ou fora dele, em uma outra pessoa, em uma instituição, em uma ideologia, em uma paixão, etc.

Para exemplificar: alguém que esteja fixado na PN pode estudar com afinco a obra de Freud (ou a de Bion, Lacan, etc.), não tanto para entendê-los em profundidade e fazer correlações, reflexões e aplicações na prática da clínica, mas, sim, para convencer a si e aos demais que ele "possui" Freud (logo, como um fetiche), o que o autoriza a imaginar-se como sendo muito íntimo do mestre e, portanto, merecedor do mesmo prestígio e respeito desse. Da mesma forma, dentro dessa óptica segundo a qual o indivíduo na PN pensa *ser* aquilo que *representa* ser, no caso dele desfilar com um carro de luxo importado, ele vai acreditar piamente que é poderoso, diferenciado e que, assim, ele imagina, esteja sendo reconhecido pelos demais.

9. Escolha de pessoas reforçadoras da ilusão narcisista. Tendo em vista a imperiosa demanda do sujeito fixado na PN por provas de que nele estão preservadas tanto a integração biopsicossocial como a auto-estima e o senso de identidade, ele institui, como meta principal de sua vida, a busca de pessoas, cuja função essencial é a de que esses endossem o seu ego ideal. Lacan, ao aprofundar o estudo da dialética do desejo, baseado na metáfora do "Amo e Escravo" do filósofo Hegel, mostra o quanto cada um deles precisa do outro para constituir-se como um sujeito completo, a tal ponto que, no fundo, o amo acaba sendo escravo do seu escravo, e esse, amo do seu amo.

10. Identificações defeituosas. Na PN, as identificações não se fazem por admiração pelos objetos modeladores, o que seria o desejável. Pelo contrário, elas formam-se por uma *adesividade* (o indivíduo fica sendo uma "sombra" de um outro, não mais do que "grudado" nesse), ou por uma mera *imitação* (caso em que ele paga o alto preço de um total esvaziamento do seu *self*) ou, ainda, mais adiante no processo evolutivo, por uma *excessiva idealização*, ou *denegrimento* do modelo introjetado.

Nos casos mais regressivos, a presença interiorizada de figuras parentais, sentidas como sendo tanáticas e enlouquecedoras, impedem a passagem da posição narcisista para a edípica, processo que é indispensável para a constituição do sentimento de identidade e de uma coesão objetal.

Um outro aspecto a destacar, a partir de uma perspectiva *transgeracional*, é a de que a criança pode ficar identificada com as identificações que cada um dos seus pais tem com os seus respectivos pais. Esse tipo de identificação processa-se, em grande parte, pelo discurso parental, comumente por uma forma intrusiva e, por vezes, de maneira violenta. Em outras palavras, a criança (ou o paciente, na situação analítica) fica identificada com a identidade que lhe é atribuída, sendo que, por vezes, a identidade atribuída consiste justamente em que ele *não* tenha uma identidade definida, como é possível observar naquelas personalidades que podemos chamar de *camaleônicas*.

11. Jogo de comparações. Como o sujeito fixado na PN está permanentemente pondo em cheque a sua auto-estima, a qual é sempre muito instável, e como, da mesma forma, ele *se reconhece* pelos outros, resulta que, de uma forma compulsória, ele se vê impelido a estabelecer comparações com os demais.

Premido pela lógica bipolar do "tudo ou nada", o sujeito narcisista sofre muito com o êxito dos outros, porquanto, por comparação, isso representa para ele ser um fracasso pessoal seu. Decorrem daí duas possibilidades: uma é a de que ele reforçará, cada vez mais, a busca de substitutos fetichizados, ou de pessoas reasseguradoras de sua grandiosidade; a outra possibilidade é que ele sinta profundamente as dores da ferida narcisista, fique tomado por sentimentos de inveja, ciúme, despeito e torne-se uma pessoa ressentida e vingativa contra aqueles que estariam impondo-lhe humilhações. Esse jogo de comparações costuma ser sutil e dissimulado, porém, na prevalência da PN ele é permanente, obcecante e torturante.

12. A presença de uma "gangue narcisista". Expressão de Rosenfeld (1971), com a qual ele designa a possibilidade de que o narcisismo onipotente e destrutivo organize-se e enquiste no próprio *self* e, como uma gangue mafiosa, por meio de ameaças, chantagens e de sedução com promessas de proteção e de satisfação das ilusões, ela ataca e boicota o restante do *self* do sujeito, que, embora dependente e frágil, está desejoso de um crescimento verdadeiro. Esse mesmo fenômeno tem sido estudado com outras denominações, entre elas a de "*organização patológica*" (Steiner, 1981), na qual o citado autor enfatiza a relação perversa que se estabelece, sob a forma de uma estrutura relativamente estável, entre partes diferentes, libidinais e destrutivas, de um mesmo *self.*

13. Inter-relações entre Narciso e Édipo. A patologia de Édipo é indissociada da de Narciso. Assim, clinicamente falando, antes do que uma disjunção alternativa, tipo Narciso **ou** Édipo, é muito mais útil a conjunção copulativa Narciso **e** Édipo, sendo que cada um deles pode funcionar como refúgio do outro. Em pacientes mais regressivos, é indispensável que o psicanalista encare as manifestações edípicas, às vezes muito floridas e atrativas, a partir de um vértice da PN de seu paciente, embora ambas estejam articuladas entre si. No entanto, uma regressão narcisista nem sempre resulta de uma fuga de Édipo, ou vice-versa, e nem como uma forma de resistência contra a progressão até Édipo. Pelo contrário, essa regressão, em determinadas circunstâncias da análise, pode representar um necessário e estruturante retorno às origens, a fim de recomeçar tudo de novo, de uma maneira mais sadia porque mais verdadeira.

Em Narciso, a relação é diádica, enquanto no Édipo normal ela é triangular (no Édipo muito narcisado, a relação pode ser triádica, mas não triangular), se levarmos em conta que são três pessoas, mas que uma – o pai – está excluída afetivamente e, por isso, é como se não existisse. No mito de Narciso, o que prevalece não é o amor por si próprio, como sempre era conceituado, mas sim a *con-fusão* com a mãe (identificação primária, de Freud) e a falta de discriminação e de consideração pelos demais, enquanto que em Édipo já existe a discriminação. Assim, como mostra-nos a narrativa do mito, é necessário que morra Narciso – ou seja, a relação diádica especular em que ele foi condenado a adorar unicamente a si próprio, como uma forma de negar a sua dependência dos outros – para que nasça e desenvolva-se Édipo, numa dimensão triangular. O ingresso exitoso em Édipo é que vai possibilitar a passagem do plano imaginário para o real e o simbólico.

A POSIÇÃO NARCISISTA NA PRÁTICA ANALÍTICA

O manejo técnico dos pacientes nos quais sobressaem as características que, aqui, foram destacadas como sendo próprias da PN, merece alguns cuidados e táticas especiais, que não serão aprofundadas no presente capítulo, levando em conta que esses analisandos, na maioria das vezes, pertencem à categoria dos "pacientes de difícil acesso", em cujo capítulo específico serão melhor explicitados. Assim, vamos limitar-nos a apenas enumerar alguns aspectos típicos da prática analítica.

- Todo e qualquer paciente é portador de algum aspecto da PN, embora essa possa estar oculta, dissimulada ou manifesta, ser de grau intenso ou moderado, de natureza benigna e sadia, ou maligna e destrutiva. Desta maneira, pode-se dizer que uma análise não pode ser considerada como completada satisfatoriamente se ela não desfez a PN original, ou se, pelo menos, não trabalhou em profundidade com núcleos narcisistas enquistados e disfarçados.
- Toda situação que remete a alguma forma de *desamparo* constitui-se, para esse tipo de paciente, em uma ferida narcisista. Como as principais matrizes do desamparo são as privações e frustrações, fica evidente a importância de como o analista lidará analiticamente com o problema das inevitáveis frustrações.
- A propósito disso, é útil lembrar a classificação proposta por Rosenfeld (1987) em dois tipos de narcisistas: os que ele denomina como sendo os de "*pele fina*" – que são supersensíveis e exigem um tato especial do analista – e aqueles de "*pele grossa*" – que, pelo contrário, são arrogantes, procuram trocar de lugar com o analista e demonstram um espesso escudo protetor contra a atividade interpretativa dele – e que, por isso mesmo, necessitam que o analista mantenha-se firme, com intervenções diretas e objetivas, sem medo, embora com respeito, de que o paciente se melindre e abandone a análise. A prática analítica ensina-nos que a "pele grossa" sempre encobre e protege uma, subjacente, "pele fina".
- A recomendação antes destacada, de forma alguma, deve impedir que o psicanalista, *durante um tempo necessário*, aceite as demonstrações do exibicionismo grandioso de seu paciente em PN.
- Os primeiros passos na transição de Narciso a Édipo são muito dolorosos porque implicam na renúncia a alguns dos velhos sonhos ilusórios, sendo que, não raramente, esse movimento psíquico na análise vem acompanhado por aquelas penosas manifestações que Bion denomina como "*mudança catastrófica*".
- Adquire uma especial importância o problema da *linguagem* e da *comunicação*, porquanto é bastante freqüente o emprego de uma comunicação não-verbal, por meio de somatizações, ou de *actings,* que, muitas vezes, adquirem características preocupantes.
- Pela última razão acima, é importante que haja uma preservação, ao máximo possível, do *setting* que foi instituído.
- As diversas formas de *resistências* aparecem com regularidade na análise com pacientes fortemente fixados na PN, de modo que existe uma razoável possibilidade da formação de impasses, abandonos, ou uma análise de "faz de conta" (nesse caso, aparentemente vai tudo bem, porém esse paciente não realiza nenhuma verdadeira e significativa mudança psíquica). Em certas situações extremas de PN, o analista pode confrontar-se com uma situação em que esse tipo de paciente procura a análise para provar que não precisa de análise, que tanto o psicanalista como a psicanálise fracassaram com ele.

CAPÍTULO 14

Vínculos: O "Vínculo do Reconhecimento"

A psicanálise contemporânea inclina-se, cada vez mais, para o paradigma da vincularidade, isto é, para o fato de que o processo psicanalítico consiste sempre em uma interação entre analisando e analista, a partir dos *vínculos* que se estabelecem entre ambos e que constituem o campo psicanalítico.

Por outro lado, o universal sentimento de uma *necessidade de reconhecimento*, por parte da criatura humana, aparece na literatura psicanalítica desde os seus primórdios até a atualidade, em diversos autores de distintas correntes psicanalíticas, com denominações, abordagens e contextos diferentes. Em uma detida revisão da literatura ao meu alcance, em meio às múltiplas referências à importância deste genérico "sentimento de reconhecimento", não consegui encontrar mais do que alusões passageiras e eventuais, embora relevantes e férteis, e senti falta de um texto que objetivasse dar-lhe uma integração, consistência e destaque.

Por estas razões, a proposta do presente capítulo consiste em considerar que esta *necessidade de reconhecimento* permite ser enfocada a partir de quatro vértices, adiante explicitados, com significados específicos e diferentes entre si, sendo que todos eles se complementam e funcionam como importantes vínculos interacionais, tanto na situação psicanalítica como, também, na vida diuturna de cada pessoa, como um fator estruturante do desenvolvimento da personalidade.

Assim, entre tantos outros tipos de vínculos já suficientemente estudados na teoria e na prática da psicanálise, especialmente os de *amor, ódio e conhecimento*, tal como foram descritos por Bion, este trabalho pretende propor e submeter à consideração dos leitores a existência e valorização do *Vínculo do Reconhecimento*, nas seguintes quatro acepções possíveis: 1) *R*econhecimento (o prefixo "re" tem o significado de "voltar a acontecer"). 2) A aquisição de um reconhecimento *do* outro. 3) Ser reconhecido *ao* outro. 4) Ser reconhecido *pelo* outro.

Este capítulo privilegia este último vínculo, além de ser enfatizado o fato de que em grande parte a estruturação da personalidade de qualquer indivíduo é calcada na necessidade de preservar-se a auto-estima e o senso de identidade, e isto, além de outros fatores psicogênicos, também está intimamente conectado com o *reconhecimento* por parte dos outros de que, de fato, ele existe e é valorizado como alguém que é autônomo, aceito e digno de ser amado pelos demais.

Como esquema de exposição, o capítulo inicialmente enfoca, de forma separada, as conceituações de *vínculo* e de *reconhecimento*; após, ambos são estudados em alguns aspectos de sua normalidade e da patologia, além de como costumam manifestar-se na situação da prática psicanalítica.

VÍNCULO ANALÍTICO

O termo *vínculo* tem sua origem no étimo latino "*vinculum*", o qual significa uma união, com as características de uma ligadura, uma atadura de características duradouras. Da mesma forma, *vínculo* provém da mesma raiz que a palavra "vinco" (com o mesmo significado que aparece, por exemplo, em "vinco" das calças, ou de rugas, etc.) ou seja, ela alude a alguma forma de ligação entre as partes que estão unidas e inseparadas, embora elas permaneçam claramente delimitadas entre si. Trata-se, portanto, de um estado mental que pode ser expressado por meio de distintos modelos e com variados vértices de abordagem.

Assim, vale a pena fazer algumas breves menções entre os principais autores que, de forma direta ou indireta, trabalharam com a noção de vínculo.

Freud, em diversos trabalhos, deixou claramente implícita a importância que atribuía aos vínculos (embora utilizasse termos correlatos) que se estabelecem entre o *indivíduo e seus semelhantes* (*Projeto...*, 1895), entre *a criança e a mãe* (*Leonardo...*, 1910) ou entre *os indivíduos e as massas* (*Psicologia das massas...*, 1921), etc., etc.

M. Klein também aludiu diretamente à noção de vínculo, como pode-se observar no seu relato acerca da análise do menino Dick, no seguinte trecho: "*A análise desta criança tinha que começar pelo estabelecimento de um contato com ele*"(1930, pg. 214).

J. Bowlby, importante psicanalista britânico, durante mais de 40 anos estudou, utilizou e divulgou bastante sua "teoria do vínculo", sob a denominação original de *attachment*, tendo conceituado como o *vínculo afetivo primário* da relação mãe-filho. No entanto, os estudos interativos de Bowlby (1969) fundamentam-se no comportamento social, em um contexto evolutivo, de modo que ele considera que a principal função do vínculo é proteger a sobrevivência do indivíduo contra os agentes predadores externos.

Bateson e colaboradores (1955), da Escola Palo Alto, Califórnia, no curso de seus aprofundados estudos sobre a teoria da *comunicação humana*, descreveram a importante conceituação de *duplo vínculo* (*double bind*), a qual consiste em uma patologia da relação entre pais e filhos, em que, por meio de mensagens *contraditórias* (do tipo: "eu te ordeno que não recebas ordens de ninguém...") e *desqualificatórias* (do tipo: "decepcionei-me contigo, o teu amigo "x" faz muito melhor que tu..."), a criança, faça o que fizer, nunca pode ganhar deles e sobrevém um estado mental de aprisionamento às expectativas dos pais. É interessante acrescentar que o termo *bind,* usado no original, na sua essência tem o significado de *escravidão*, o que traduz fielmente a natureza deste vínculo no qual as pessoas – um casal, por exemplo – estão atadas de tal sorte que não conseguem viver juntas e muito menos separadas.

A Escola Argentina de Psicanálise tem dado uma importante contribuição ao estudo dos vínculos nas interações humanas. Assim, o casal *Baranger* (1961) descreveu com grande riqueza de vértices psicanalíticos a permanente e recíproca interação entre analista e analisando no espaço que eles denominaram *campo analítico*. Na atualidade, autores como *Puget* e *Berenstein* (1994) reservam a conceituação de vínculos para o plano da intersubjetividade, com um enfoque de natureza sistêmica, assim privilegiando uma ênfase nas distintas *configurações vinculares* (de natureza simbiótica, sadomasoquista, etc., etc.) entre duas ou mais pessoas do mundo real, embora, é claro, esses importantes psicanalistas reconheçam a similaridade entre tais configurações vinculares *inter*subjetivas com as *intra*subjetivas.

É óbvio que os nomes e os conceitos mencionados não passam de uma simples amostragem e que me poderia estender com outros autores que emprestaram um grande destaque à vincularidade, como Balint, Winnicott, M. Mahler, Kohut, Lacan, P. Aulagnier, Anne Alvarez, A. Green, etc., etc. No entanto, vou-me restringir ao psicanalista que mais diretamente e enfaticamente aprofundou o estudo sobre os vínculos e que virtualmente permeia toda a sua obra, notadamente aquela que alude à prática psicanalítica: estou-me referindo a *Bion,* cujos conceitos vão merecer, aqui, uma apreciação um pouco mais alongada.

Assim, partindo da conceituação de que *"vínculo" é uma estrutura relacional-emocional entre duas ou mais pessoas, ou entre duas ou mais partes separadas de uma mesma pessoa*, Bion estendeu o conceito de vínculo a qualquer função ou órgão que, desde a condição de bebê, esteja encarregado de vincular objetos, sentimentos e idéias, uns aos outros. Desta forma, ele descreveu os vínculos de Amor (L, inicial de "*love*"), de Ódio (H, de "*hate*"), e o do Conhecimento (K, de "*knowledge*"), de um modo que todos os três podem ser sinalizados tanto de forma positiva (+) ou negativa (-), sendo que Bion deteve-se mais particularmente no vínculo "-K", ou seja, quando este está a serviço do que ele denominou *ataque aos vínculos* perceptivos, especialmente no que se refere à desvitalização e à anulação dos significados das experiências emocionais.

Durante muitas décadas, todos os psicanalistas basearam os seus esquemas referenciais virtualmente em torno dos dois vínculos, o do *amor* e o do *ódio*, sendo que coube a Bion, sabidamente um analista de profundas raízes na escola de M. Klein e com um sólido embasamento freudiano, propor uma terceira natureza de vínculo: o do *conhecimento*, o qual está diretamente ligado à aceitação, ou não, das verdades, particularmente as penosas, tanto as externas, como também as internas, e que dizem respeito mais diretamente aos problemas da auto-estima dos indivíduos.

Em lugar do clássico conflito entre o amor *versus* o ódio, Bion propôs uma ênfase no *conflito entre as emoções e as antiemoções* presentes em um mesmo vínculo. Assim, ele postulou que o "menos amor" (- L) não é o mesmo que sentir ódio e que, tampouco, o "menos ódio" (- H) significa amor. O vínculo de "menos amor" alude a uma *oposição à emoção do amor,* o que pode ser ilustrado com a situação de *puritanismo e a de samaritanismo*, ou seja, em nome do amor o sujeito opõe-se à obtenção da emoção do prazer. Nesses casos, a manifestação externa adquire a aparência de amor, que, no entanto, é falsa, o que não significa que esteja havendo ódio. Um exemplo de "- L" que me ocorre, seria o caso de uma mãe que pode amar intensamente seu filho, porém ela o faz de uma forma simbiótica, possessiva e sufocante, de modo que, embora sem ódio, o seu amor samaritânico, cheio de sacrifícios pessoais e com renúncia ao prazer próprio, é de resultados negativos, porquanto ele funciona como culpígeno e infantilizador, já que ela não reconhece e impede o necessário processo de diferenciação, separação e individuação do seu filho.

O vínculo "- H ("menos ódio") pode ser ilustrado com o estado emocional e conduta de *hipocrisia*, pela qual o indivíduo está tendo uma atitude manifestamente amorosa por alguém, ao mesmo tempo em que existe um certo ódio latente (quando o ódio estiver muito predominante, trata-se de *cinismo*). Portanto, pode-se dizer que no "menos ódio" está presente uma forma de amar que está baseada no ódio, embora o sujeito não se dê conta dele, como, em um grau extremo, pode servir como exemplo as atrocidades que, em nome do amor, foram cometidas pela "Santa Inquisição". Visto por um outro ângulo, creio que também pode servir como exemplo aquela situação pela qual o indivíduo está sendo manifestamente agressivo com os outros, inclusive, com uma emoção de ódio por não estar sentindo-se entendido e respeitado, porém, no fundo, é uma agressividade que simultaneamente com o ódio, está mais a serviço da pulsão de vida do que propriamente à pulsão de morte, assim caracterizando a conflitiva de uma emoção *versus* uma antiemoção. Um exemplo comum disso encontramos em muitos adolescentes que são rotulados de rebeldes e agressivos pelos pais, pelos professores e pela sociedade, porém uma análise mais atenta pode demonstrar que eles estão exercendo uma conduta contestatória, com a finalidade precípua de adquirir um sentimento de identidade própria, ou seja, serem eles mesmos, e não quem os outros querem que sejam.

Por outro lado, o simples fato de que o vínculo do Conhecimento (K) está intimamente ligado ao mundo das verdades (ou *falsidades e mentiras, no caso de "-K"*) permite depreender a enorme importância que isto representa para a psicopatologia, se leva-se em conta que os diversos tipos e graus da patologia psíquica dependem justa e diretamente dos tipos e graus de defesa que o ego utiliza para a *negação* do sofrimento mental. Como exemplo de "menos conhecimento" pode servir o "ataque às verdades" que comumente é empregado pela "parte psicótica da personalidade", de sorte que nos casos mais exagerados o sujeito constrói a sua própria verdade, que contraria as leis da lógica e da natureza, e que a todo custo quer impô-la aos outros, como se fosse a verdade definitiva.

Do ponto de vista psicanalítico, principalmente fundamentada em Bion, a conceituação de *vínculo* necessariamente requer as seguintes características: 1) São *elos de ligação* que unem duas ou mais pessoas ou duas ou mais partes de uma mesma pessoa. 2) Estes elos são sempre de natureza *emocional*. 3) Eles são *imanentes* (isto é, são inatos, existem sempre como essenciais em um dado indivíduo e são inseparáveis dele). 4) Comportam-se como uma *estrutura* (vários elementos em combinações variáveis). 5) São *polissêmicos* (permitem vários significados). 6) Comumente atingem as dimensões *inter, intra* e *trans*pessoal). 7) Um vínculo estável exige a condição de o sujeito poder *pensar* as experiências emocionais na ausência do outro. 8) Os vínculos são potencialmente *transformáveis*. 9) Devem ser compreendidos por meio do modelo da inter-relação *continente-conteúdo*.

Conquanto a contribuição de Bion em acrescentar o vínculo do conhecimento aos do amor e do ódio tenha trazido uma grande ampliação e enriquecimento da compreensão das inter-relações humanas em geral, e da situação psicanalítica em particular, penso que, a partir das suas próprias concepções, pode-se ampliar a conceituação genérica de "vínculo" para outros vértices de vincularidade, além daqueles aportados por Bion e pelos autores antes mencionados. Para ficar somente em dois exemplos, vale citar a expressão *vínculo da fala* empregada por *O. Mello Franco Filho* (1992), em um excelente trabalho no qual estuda as diversas modalidades de vincularidade analista-analisando, que se expressam pelas distintas *formas da linguagem recíproca* entre eles na situação psicanalítica, bem como o *vínculo de apoderamento*, termo empregado por *N. Goldstein* (1996) em um belo artigo no qual estuda as perversões. Igualmente, inúmeros e importantes outros modelos poderiam servir de ilustração, porém não cabe fazê-lo aqui.

Dentro deste contexto que está sendo enfocado, entendo ser de grande utilidade acrescentar mais uma modalidade de vínculo que caracterize mais especificamente as vicissitudes radicadas desde a primordial relação mãe-bebê. A este quarto elo de ligação, o qual considero intimamente ligado às etapas narcisistas da organização e evolução da personalidade, proponho denominá-lo *vínculo do reconhecimento*.

VÍNCULO DO RECONHECIMENTO

Há uma conotação entre as funções psíquicas de conhecer e de reconhecer, mas elas têm significados específicos. Para os propósitos deste trabalho, o termo "reconhecer" abriga quatro conceituações: 1) A de *reconhecimento* (de si próprio. 2) Reconhecimento *do* outro (como alguém diferente dele). 3) Ser reconhecido *ao* outro (como expressão de gratidão). 4) Ser reconhecido *pelos* outros.

Re-*conhecimento*

Vimos que a concepção de vínculo considera as ligações entre as diferentes partes intrapsíquicas, as quais, interagindo entre si, tanto podem estar em harmonia, como também elas podem estar em estado de dissociação, contradição, oposição, ou até de uma franca beligerância. Partindo daí, é fácil depreender a importância de o indivíduo *reconhecer* (voltar a conhecer) aquilo que já preexiste dentro dele, como são, por exemplo, as *pré-concepções,* tão bem estudadas por Bion (como é o caso da inata pré-concepção que o recém-nascido tem de um seio amamentador da mãe, ou a pré-concepção edípica, etc.) e que, segundo ele, somente estão à espera de serem fecundadas por *realizações* para que, por intermédio da *função-alfa* da mãe (ou do analista na situação analítica), sejam concebidas como conceitos conscientes. Aliás, muito antes de Bion, os filósofos já tinham uma intuição desse fato, como percebe-se em Platão (1981) que acreditava no poder que a narrativa tem de *"tocar a alma"*, porquanto, segundo ele, o mundo das idéias está dentro de nós e que, portanto, *conhecer é reconhecer* aquilo que já preexistia no sujeito e que este pensava que estava fora dele.

Voltando ao ponto de vista da ciência psicanalítica, esta mesma concepção está retratada nesta observação de *Money-Kyrle* (1968), um importante seguidor das idéias de Bion, além de haver formulado importantes considerações acerca dos processos de desenvolvimento cognitivo e das *"misconceptions"*: *"adquirir conhecimento consiste não tanto em em ser consciente das experiências sensório-emocionais, mas sim em* **reconhecer** *o que elas são"* (o grifo é meu). Aqui, parece-me, o verbo "reconhecer" adquire o sentido de "ressignificar".

Da mesma forma, penso que a conceituação de *Bollas* referente ao *conhecido não pensado* (1987, p. 227) também alude à necessidade de o analisando *voltar a conhecer* aquilo que está reprimido ou negado de alguma outra maneira e que o sujeito não está conseguindo pensar.

É incontestável a importância desse tipo de vínculo que diz respeito ao *reconhecimento,* o qual até permitiria um instigante estudo sobre as repercussões na prática clínica, como seria no caso da aquisição de *insight*, ou o surgimento das *resistências* contra certos conhecimentos, entre tantos outros fenômenos do campo psicanalítico.

Reconhecimento do *Outro*

No início da vida, o bebê não tem a consciência de si, não tem consciência da existência do outro, nem o que é dentro ou o que é fora; tampouco discrimina o que é "eu" e "não-eu". O que existe é um estado caótico composto unicamente por sensações que são agradáveis ou desagradáveis, sendo que, nesse estado narcisista, o outro sujeito é representado como sendo não mais do que uma posse e extensão dele próprio e que deve estar permanentemente à sua disposição para prover suas necessidades.

Sabe-se que muitos sujeitos permanecem fixados nessa *posição narcisista* (capítulo 13) sem conseguir conceber que o outro seja diferente dele. Na situação psicanalítica, o estado transferencial nessas condições adquire a característica de *transferência narcisística especular*, conforme a concepção de *Kohut* (1971), nas três formas que este autor descreve: *fusional, gemelar e especular propriamente dita.*

É indispensável para o seu crescimento mental que o sujeito desenvolva com as demais pessoas um tipo de vínculo no qual reconheça que o outro não é um mero espelho seu, que é autônomo e tem idéias, valores e condutas diferentes das dele, que há diferença de sexo, geração e capacidades entre eles, sendo que essa condição de aceitação das diferenças somente será atingida se ele ingressar exitosamente na *posição depressiva*, conforme a concepção de M. Klein. Um outro referencial teórico perfeitamente válido para a compreensão desta modalidade de vínculo é a que está consubstanciada nas idéias de *M. Mahler* e colaboradores (1975) sobre os processos de *diferenciação, separação e individuação.*

Ser Reconhecido aos *Outros*

Este aspecto da vincularidade afetiva do sujeito diz respeito ao desenvolvimento de sua capacidade de consideração e de gratidão em relação ao outro. Também a aquisição dessa condição mental está diretamente ligada à passagem da posição esquizoparanóide para a posição depressiva, assim substituindo as excessivas dissociações e identificações projetivas por processos introjetivos estruturantes, com objetos totais no lugar de parciais, ao mesmo tempo em que o sujeito vai assumir o seu quinhão de responsabilidades e eventuais culpas, de modo a transformar a onipotência, a onisciência e a prepotência, respectivamente, em uma capacidade para *pensar e simbolizar* as experiências emocionais, um *aprendizado com as experiências da vida* e a assunção de sua *dependência e fragilidade*.

A propósito disto, A. M. Rezende (1995, p. 38), baseado em Heidegger, faz uma interessante e muito esclarecedora correlação entre os termos originais de *Denken* (pensar) e *Danken* (agradecer).

Ser Reconhecido *(*pelos *Outros)*

"Para existir, a estrela depende do olhar dos outros."

Justifico a importância que estou atribuindo a esse tipo de vínculo com um argumento muito simples: todo ser humano está inevitavelmente vinculado a objetos, quer no plano intra, inter ou transpessoal, e ele necessita vitalmente do reconhecimento dessas pessoas para a manutenção de sua auto-estima, sendo que não é possível conceber qualquer relação humana em que não esteja presente a necessidade de algum tipo de um mútuo reconhecimento, salvo nos casos de profunda patologia. Pelo contrário, as configurações psicopatológicas habituais servem para confirmar que os transtornos da auto-estima, do senso de identidade e o da relação com a realidade exterior formam-se como uma decorrência direta da falência desse tipo de necessidade do sujeito em ser reconhecido, ou então, como uma compensação contra isso. Nos últimos casos, em que esse tipo de vínculo está profundamente afetado, ou negado, proponho a sinalização de "- R" como uma tentativa de conectar com "- K", de Bion.

É relevante destacar que até mesmo qualquer pensamento, conhecimento ou sentimento requerem ser reconhecidos pelos outros (como resulta claro na interação mãe-bebê) para adquirir uma existência, ou seja, passar do plano intrapessoal para o interpessoal, e vice-versa.

Portanto, a importância mais significativa do termo *reconhecimento* alude a uma necessidade crucial de todo ser humano, em qualquer idade, circunstância, cultura, época ou geografia, em sentir-se reconhecido e valorizado pelos demais e que ele realmente *existe* como individualidade. Por essa razão, vale a pena traçar uma breve recapitulação dos primeiros movimentos que vinculam o recém-nascido com a mãe, e vice-versa.

Assim, pesquisas modernas estão indicando, cada vez mais decisivamente, que algum tipo de vínculo já está claramente estabelecido durante a intra-uterina vida fetal, sendo que alguns autores, como Bion, especulam que a vida psíquica relacional já esteja presente desde o estado embrionário.

De acordo com a proposta do presente trabalho, esta quarta modalidade do *vínculo do reconhecimento* merecerá uma abordagem mais detida e enfatizada, a partir de um embasamento nas concepções de distintos e importantes autores psicanalíticos.

Começo por *Freud* que, em algumas passagens ao longo de sua imensa obra, direta ou indiretamente aludia à importância de *reconhecer e ser reconhecido* por intermédio dos outros, tal como é possível constatar já no "Projeto...", em um trecho extraído do subtítulo 17, da primeira parte, *Memória e juízo*. Aí, ao referir-se ao estabelecimento do *juízo*, Freud assim nos fala do que ele denominou *Complexo do Semelhante*: *"(...) Daí, que seja em seus semelhantes, donde o ser humano aprende pela primeira vez a* re-conhecer-se"(o hífen é de Freud). Portanto, no *complexo de semelhante,* o outro sujeito aparece como aquele que permite ao ego incipiente estabelecer um confronto e, por seus próprios movimentos, ele busca seus pontos de vinculação, suas semelhanças e diferenças. Aliás, igualmente coube a Freud destacar o fato de que a identificação primária constitui-se como a forma mais primitiva do enlace afetivo com outra pessoa, e como sendo o primeiro vínculo estruturante e estruturado do indivíduo com os seus semelhantes.

De forma análoga, *Bion* postula que *o homem é um animal político porque não pode realizar-se plenamente fora de um grupo, nem, tampouco, satisfazer qualquer impulso emocional sem que o componente social deste impulso se expresse. Todos os impulsos são também narcisísticos e o problema é a resolução do conflito entre o narcisismo e o socialismo.* Pode-se depreender, portanto, que para Bion, o grupo, com a suas funções de *espelhamento* e de *reconhecimento* dos outros, é essencial para o desenvolvimento psíquico do ser humano.

Por outro lado, é indispensável mencionar *M. Mahler* e colaboradores (1975), que estudaram com profundidade as fases de *indiferenciação* (autismo e simbiose) do bebê em relação à sua mãe e ao meio ambiente, e eles também investigaram e descreveram as progressivas subfases da *Diferencia-*

ção, que conduzem a criança à conquista de uma *separação, individuação e constância objetal*.

Pode ocorrer uma falha materna no reconhecimento do intento separatório da criança, como acontece com mães que apressam a separação (próprio daquelas que são excessivamente narcisistas e que se exibem na vitrine da "precocidade do seu filho"), ou com aquelas que retardam a separação-individuação (como acontece com as mães que são exageradamente simbiotizantes, obsessivas).

Nos casos em que houver uma predominância simbiótica do vínculo mãe-filho, a identidade da criança não se forma porque a representação que a sua mãe tem dela não parte de um *reconhecimento* de que o filho seja um ente separado dela, pelo contrário, é como se ele fosse uma parte ou uma extensão narcísica dela, mãe.

Da mesma forma, se utilizarmos o referencial de *Winnicott*, pode-se perceber o vínculo do *reconhecimento* em alguns dos atributos essenciais da mãe (ou, de forma análoga, do psicanalista), que ele destacou como sendo os mínimos necessários para que a criança sinta-se reconhecida como, de fato, existindo e *sendo alguém*. Dentre esses inúmeros atributos, vale destacar particularmente, aqui, "o *papel de espelho* da mãe e da família no desenvolvimento infantil" (título de um importante artigo de D. Winnicott, que consta do livro O brincar e a realidade, de 1971).

Em relação a este último aspecto, vale lembrar a conhecida frase de Winnicott, tão poética quanto verdadeira: *o primeiro espelho da criatura humana é a face da mãe, o seu sorriso, o seu tom de voz...* Igualmente, cabe mencionar esta outra frase dele que guarda um sentido análogo à anterior: *olho e sou visto, logo, existo! E posso, agora, permitir-me olhar e ver.*

Aliás, esse *"olhar reconhecedor"* da mãe também está presente, de forma indireta, em quase toda a obra de Bion e encontra um respaldo em outros importantes autores contemporâneos, que comparam o vínculo que se estabelece entre o tipo de recíprocos olhares da mãe para o bebê, e vice-versa, com o vínculo que sucede na relação boca-seio, sendo que ambas as situações encerram as mesmas fantasias, ansiedades e mecanismos (des)estruturantes.

Voltando a Winnicott, é ele quem nos lembra que muitos bebês têm uma longa experiência de não receber de volta o que estão dando, e que não há experiência mais penosa e terrível do que a de *ver e não ser visto*, de não ser refletido no espelho embaçado, distorcionador ou opaco, da mãe. É fácil deduzir a extraordinária importância que tais aspectos representam na prática analítica vincular interacional. Desta forma, parafraseando M. Klein acerca do *seio bom* e do *seio mau*, creio ser justificado propor a concepção do *olhar bom* e do *olhar mau* da mãe. A criança olha para *ver* como está sendo vista pela mãe, e isso nos remete a uma outra conhecida frase de Winnicott: *ocultar-se é um prazer, porém não ser encontrado é uma catástrofe*, sendo que este aspecto denota a necessidade da criatura humana em ser reconhecido e o terror de que isso não aconteça.

Também as concepções de *Kohut* (1971) enfatizam o quanto é necessário para a estruturação do psiquismo da criança que os pais aceitem e transitoriamente incentivem a instalação de um *self grandioso* na mente do filho, através de sucessivas manifestações de um reconhecimento elogioso pelas aquisições de capacidades e de criatividade por parte da criança.

As contribuições de *Lacan* (1977), por sua vez, deixaram mais claro o entendimento de que, em condições normais, a criancinha tem uma necessidade absoluta e imprescindível da presença de uma outra pessoa (mãe) para conseguir a unidade e a síntese da sua imagem corporal, da sua identidade. Isto está de acordo com os conhecidos estudos originais que Lacan descreveu como sendo "*o estágio do espelho*", pelo qual a imagem do próprio corpo do lactente não é mais do que uma imagem antecipatória de uma integração de corpo unificado que ainda não se formou. Portanto, o sujeito identifica-se com algo que ele ainda não é, e crê realmente ser aquilo que o espelho (o olhar, o discurso, o desejo e o corpo da mãe) reflectir-lhe como sendo. Ou seja, nesse estágio, o sujeito reconhece o seu *self* no outro e por meio *do* outro, como se ele pensasse assim:" *por meio deste Outro, eu sei o que, e quem sou, e como e quem eu devo vir a ser*". Em resumo, pode-se dizer com esta fundamentação teórica que os primeiros vínculos da criança com o mundo formam-se a partir dos laços afetivos ligados ao *lugar* que a criança veio a ocupar na estrutura familiar, bem como se no desempenho dos seus *papéis* ela será *reconhecida*, ou não, pelos outros que habitam fora ou dentro dela.

O VÍNCULO DO RECONHECIMENTO NA SITUAÇÃO PSICANALÍTICA

Guardando as devidas diferenças óbvias, pode-se afirmar que todas as considerações feitas em relação ao vínculo do reconhecimento do bebê em interação com a mãe, e da criança em relação com o seu meio ambiente, também são perfeitamente válidas para a inter-relação vincular analista-analisando.

Concordo com A. Green (1988) que chamou a atenção para o fato de que na expressão "relação objetal", a palavra "relação" é a mais importante, ou seja, no estudo das inter-relações pessoais, os vínculos são mais importantes do que as pessoas separadamente, de tal modo que, na atualidade, considera-se que as propriedades não estão tanto *nas* pessoas (paciente e analista, por exemplo), mas sim, *entre* as pessoas e no intercâmbio entre elas. Isto confirma a tendência atual de considerar que, na relação analítica, o analista é, ao mesmo tempo, participante e criador do conhecimento, do clima emocional e do que se passa entre ele e o paciente. Nesse espaço formado entre os dois, uma grande dimensão é ocupada pela ânsia por parte de ambos, ainda que de forma assimétrica, de serem reciprocamente *reconhecidos* em suas *necessidades, desejos* ou *demandas*.

Assim, cabe ao psicanalista a delicada tarefa de reconhecer e suplementar as eventuais falhas que, desde criancinha, o paciente teve em uma ânsia por sentir-se acolhido, contido, compreendido e, especialmente, em ser *reconhecido* nas suas manifestações de ilusão onipotente, de amor e de agressividade, que são inerentes aos processos de diferenciação, separação e individuação.

No contexto acima, não é demais reiterear que, devido à condição de desamparo neotênico próprio do ser humano, desde recém-nata a criança necessita simbiotizar-se com um outro significativo para poder utilizar os recursos egóicos deste último como se fossem os seus próprios e, por conseguinte, é-lhe vital que esse outro intua e reconheça aquilo que lhe falta. Portanto, especialmente com pacientes muito regressivos, o terapeuta – tal como os pais, no passado – deve *emprestar o seu ego*, durante algum tempo, sob a forma de uma *moratória*, não só como um necessário continente, como antes foi ressaltado, mas também revelando e modelando funções (como a da capacidade para pensar, o conhecimento e o enfrentamento das verdades, discriminação, etc., etc.), que o paciente, por si próprio, não consegue executar. No entanto, a condição necessária mínima para que o analista possa preencher esses vazios de existência e de atrofia de funções egóicas do paciente é a de que, antes de mais nada, ele possa *reconhecê-las empaticamente,* isto é, que o paciente sinta que, de fato, está sendo *visto e reconhecido*.

São inúmeras as repercussões na prática analítica de vínculo que alude à necessidade de o paciente ser reconhecido pelo analista (e vice-versa). Seguem algumas delas.

Ansiedade de Separação

A tão conhecida e freqüente angústia de separação também pode, em parte, ser encarada sob o prisma que estamos abordando acerca da normalidade e da patologia da necessidade de todo indivíduo de haver sido, ou não, *reconhecido* em seus vínculos primitivos. Vimos como na original relação mãe-filho, forma-se um natural vínculo especular, durante o qual, por meio do olhar reconhecedor, ambos são, reciprocamente, um a imagem do outro, cada um o desejo do outro, sempre configurando a díade *desejante-desejado*. Nesse momento, em que esse narcisismo é essencial e estruturante, não ser *visto* – e, portanto, não ser *reconhecido* – é o mesmo que *não existir*. Assim, a perda do olhar materno é representada intrapsiquicamente como sendo, de fato, uma ameaçadora separação, com as respectivas angústias de aniquilamento, de perda de amor ou de castração. A representação dessa modalidade de angústia costuma ficar deslocada para outras pessoas ou coisas, de maneira que se constituem muitas metáforas que dramatizam a ausência do olhar da mãe, como são as que ocorrem em situações de escuridão, solidão, afastamento, presença de estranhos, etc.

Na situação psicanalítica, sobremaneira nos casos em que não estiver suficientemente desenvolvido o núcleo básico de confiança – ou a "*capacidade para ficar só*", se utilizarmos a terminologia de Winnicott –, a perda do olhar materno reproduz-se quando o paciente projeta maciçamente no analista esta mãe sem *olhar reconhecedor*, ou quando o analista mal olha para o paciente, ou *olha mas não o vê*... As manifestações clínicas mais comuns aparecem como fobia ao uso do divã, um freqüente e recorrente sentimento de solidão, uma absoluta intolerância aos silêncios do analista, o medo de separação e abandono, etc.

Organização Narcisista

Em condições normais, a criança *reconhece* a presença e a necessidade do "outro", de modo a constituir o seu mundo desde esse outro, o qual será constitutivo e fundante do seu *self*. Em caso contrário, como acontece nos transtornos narcisistas, o indivíduo tanto pode apresentar uma demanda excessiva em obter o *reconhecimento* dos outros, como ele pode negar e fugir dessa vital necessidade, refugiando-se em sua própria subjetividade, muitas vezes em um estado de isolamento, solidão, encastelado em uma autarquia narcísica e em uma constante declaração de guerra aos demais.

Nesses casos, resultará que tal sujeito, por não tolerar que o outro (como o analista, na situação analítica) seja autônomo e diferente dele, estará sempre fazendo a redução de tudo que for novo, ou diferente, ao idêntico, e, da mesma forma, ele creditará ao seu próprio *self* tudo o que é de um outro, de quem ele não tem a posse absoluta. Não custa repetir que, no fundo, este paciente está em busca de alguém que lhe *reconheça* a fragilidade subjacente e, da mesma forma, como alguém que é digno de ser amado, tal como *realmente ele é*, e não como ele próprio (ego ideal), ou os outros (ideal do ego), *querem que ele seja*.

Um outro aspecto relevante na organização narcisística da personalidade, é que, no afã de obtenção de *reconhecimento* por parte dos outros, tais indivíduos deslocam essa necessidade que basicamente nunca foi satisfeita para a construção de *fetiches*. Assim, eles atribuem uma importância extraordinária à eleição de fetiches – que, magicamente, criam a ilusão de que o "parecer" fica sendo como "de fato é" – como mais notoriamente são a exaltação da beleza, prestígio, riqueza, poder e demais recursos de um falso *self* que arranque admiração e inveja dos demais. Comumente, são pessoas que utilizam a maior parte de sua conversação tanto para criticar aos outros como para vangloriar-se ("uma vã-glória").

Da mesma forma, pode acontecer que, por vezes, é tão intensa a necessidade da criança – ou a do analisando adulto ancorado na *posição narcisista* – em ser reconhecido como alguém muito especial, que pode ocorrer que ele *não* consiga compreender os outros, nem ser entendido pelos outros, ou fazer como os outros. Isto seria nivelar-se aos demais, o que ele não suporta, e a conseqüência pode resultar em uma busca na *transgressão* dos costumes habituais da família e sociedade, inclusive, os sexuais.

Em resumo, o *reconhecimento* do outro (analista) como fonte de vida, de amor, de verdade e de segurança representa, para muitos pacientes, um sentimento catastrófico diante da possibilidade de depender do analista e vir a ser frustrado em seus anseios. Trata-se, pois, de pacientes que erigiram uma organização narcisista, a qual consiste em uma fantasia de um mundo imaginário de objetos onipotentes, que estariam sempre presentes e disponíveis para satisfazer as suas demandas. Por isso, tais pacientes ou fogem de um vínculo de dependência afetiva por meio de uma auto-suficiência onipotente, ou diante de frustrações, como as separações, por exemplo, eles costumam projetar-se maciçamente no analista, como uma tentativa de restabelecer a fantasia de estar fundindo com ele. Esta última possibilidade apresenta-se comumente mascarada por uma configuração de aparência edípica. Aliás, um bom exemplo de configuração narcisística camuflada por uma aparência edípica é a situação de uma "pseudogenitalidade" (capítulo 37), tal como ela aparece manifestamente nos casos de *don juanismo* ou de *ninfomanias*. Em tais condições, esses indivíduos unicamente "amam" aqueles que os fazem sentir-se amados, ou seja, a intensa atividade aparentemente genital, que exige uma contínua e ininterrupta troca de parceiros, obedece a uma irrefreável e vital necessidade primitiva de serem *reconhecidos* como capazes de serem amados e desejados.

Organização Edípica

É fundamental que os pais reconheçam não só o filho como alguém relativamente separado deles, e individualizado, mas que também eles reconheçam a criança como diferenciado da própria história narcísica e edípica deles próprios, o que, é claro, nunca será de forma total, devido ao inevitável atavismo inconsciente que os pais carregam.

Assim, a maneira como a criança irá se organizar edipicamente vai depender bastante de como os pais reconheceram o sexo biológico do filho e, por conseguinte, qual a expectativa e o procedimento deles em relação ao gênero sexual a ser desenvolvido. Isto não é difícil de perceber em muitos pacientes que mostram uma certa "intuição" do que significou para os seus pais o fato de eles terem nascido menino ou menina. Muitos casos de bissexualidade (portanto, narcisística) resultaram como uma tentativa de solução para o dilema de como enfrentar o rechaço dos pais, por terem nascido de sexo trocado em relação à expectativa deles.

Este aspecto transgeracional (de, no mínimo, três gerações) influi decisivamente na configuração edípica dos indivíduos, e tem muito a ver, portanto, com os valores e expectativas do grupo familiar e da cultura vigente do grupo social no qual se está inserido.

O Vínculo com Grupos

A indiferenciação, ou seja, o *não-reconhecimento* das diferenças, pode manifestar-se em situações muito diversas, como é o caso de uma paixão extremada, o caso dos vínculos simbióticos fusionais, assim como também nas situações grupais, nas quais o grupo prevalece sobre o indivíduo, tal como acontece em seitas fanáticas que acreditam que o líder carismático irá brindá-los com o "sentimento oceânico". Aliás, é especialmente importante o aspecto do vínculo do reconhecimento em relação à inserção social do indivíduo nos mais diversos lugares, como, por exemplo, a família, a escola, o clube, as instituições, etc. Aquilo que, de fato, todo sujeito espera de seus grupos sociais é o *reconhecimento*, por parte dos demais, de quem esperam demonstrações que confirmem a sua legítima "pertencência" e a aceitação de seu pleno direito a compartilhar o mesmo espaço e valores comuns a todos.

A afirmativa acima pode ser facilmente percebida na formação espontânea dos grupos adolescentes. Assim, muitas vezes, o adolescente, com um pé na sua condição de ainda ser criança e com o outro na de quase um adulto, para ser reconhecido com a nova identidade de uma pessoa adulta emancipada dos pais, apela para uma união com outros iguais, compondo a formação de grupos (às vezes, gangues) como uma forma de fazer-se ouvir melhor e com mais força de determinação.

A ânsia pelo *reconhecimento* de sua identidade adulta é tamanha que o adolescente faz de tudo para mostrar-se diferente das pessoas do seu meio habitual, o familiar e o social. Assim, é bastante comum que o adolescente transgrida os hábitos e valores dos seus pais, pelo uso de roupas bizarras, penteados esquisitos, costumes algo anti-sociais, exercício do uso de drogas, discurso contestador e desafiador, etc. Tudo isto constitui um movimento de *hipérbole* (um termo de Bion), ou seja, uma forma exagerada de manifestar-se, a qual funciona como um recurso barulhento para ser *visto* (é diferente de "olhado"), *escutado* (é diferente de simplesmente ser "ouvido") e *reconhecido* como alguém com identidade própria que, para tanto, essa precisa ser diferente da dos pais.

Vale a pena insistir na importância destes fatos, porquanto o adolescente com esta conduta rebelde (ou um paciente cronologicamente adulto com fixação de sua adolescência mal resolvida), embora esteja na fronteira da agressão contra ele próprio, a família e as leis, pode ser confundido pelos educadores como sendo um psicopata, um "caso perdido", quando, na verdade, pode estar representando um sadio movimento em direção a uma libertação e definição do seu senso de identidade.

Falso *self*

Uma outra possibilidade de o indivíduo conseguir o reconhecimento do seu meio familiar e social é por meio do recurso inconsciente de, desde criança, adaptar-se às expectativas que os demais valorizam e impõem como condição para a aceitação, admiração e amor. Este processo institui a formação de um "falso *self*" – para usar um termo de Winnicott, que estudou o assunto de forma profunda – o qual pode apresentar com distintas configurações, sendo que o grau máximo de falsificação da personalidade está presente nos indivíduos impostores. É útil lembrar que nem sempre o falso *self* é construído como uma forma de aparentar aspectos considerados positivos. Muitas vezes, no afã de ser reconhecido pelo grupo social – extensão do seu grupo familiar internalizado como opositor ao seu sucesso – o indivíduo pode funcionar com um "falso *self* negativo", aparentando mazelas e desvalia encobridoras de reais valores positivos.

Também é comum acontecer que, desde criancinha, o indivíduo tenha passado por sucessivas experiências de não ser reconhecido em suas características de pessoa muito sensível, devido ao espelho deformador da mãe. Trata-se, na maioria das vezes, de mães depressivas e que, encobertas por uma pseudo proteção, tenham devolvido ao filho um discurso na base de "não vale a pena sentir entusiasmo ou amor, não vale a pena sofrer, chorar é uma vergonha"... Cria-se um excelente caldo de cultura para a formação de um falso *self* que, em casos mais extremos, atinge um total bloqueio dos prazeres e lazeres inerentes às pulsões da vida.

Setting

Na situação psicanalítica, a necessária garantia do *setting* instituído, tanto o externo (constância de lugar, horário, regras, limites, etc.), como o "*setting* interno" do analista (a sua autêntica atitude psicanalítica interna), permite que o paciente, especialmente regressivo, sinta um progressivo reconhecimento de muitos aspectos mal-resolvidos nele. Assim, por meio de um sagrado respeito ao seu espaço e tempo – propiciado pelas combinações do *setting* –, o analisando vai reconhecendo o seu território, os seus direitos e limitações em relação ao mesmo e, sobretudo, vai desenvolvendo um sentimento de *pertencência*. Além disso, por meio das funções de "*holding*" (acolhendo, sustentando e contendo as angústias), de "*handling*" (um adequado manejo técnico) e de "*backing*" (uma viagem de retorno aos vazios existenciais para suplementá-los), o paciente vai sentindo-se reconhecido nos seus intentos de diferenciação, separação, individuação, integração e, portanto, na construção de sua auto-estima e de sua verdadeira identidade.

Resistência e Transferência

Enquanto houver a predominância da indiferenciação (- R) e da indiscriminação, próprias da configuração narcisista, vai resultar que o paciente concebe o espaço psíquico como único, isto é, esse espaço será todo dele, ou do seu psicanalista que, imagina esse paciente, invadirá a sua mente e tomará conta de todo o espaço. Por conseguinte, surgem resistências tenazes, as quais deverão ser entendidas pelo terapeuta como sendo uma forma de luta desesperada do paciente para manter a sua sobrevivência psíquica, isto é, ele luta contra o risco de ficar engolfado e perdido no outro. Assim, obedecendo a um movimento defensivo-ofensivo, esse paciente antecipa-se e, como forma de *resistência*, ele tenta invadir e ocupar a mente do analista. Caso este não tenha uma compreensão clara disto tudo, haverá uma alta possibilidade do risco de o analista vir a, patologicamente, contratransferir, contra-resistir ou contra-atuar.

Da mesma forma, uma possibilidade de *transferência* dessa modalidade de luta narcisística é a de que esse tipo de paciente não costuma abandonar a análise, embora desprese-a continuamente, porque, no fundo, ele se reconhece como muito frágil e dependente. Para atacar o vínculo da percepção dessa dependência penosa, o narcisista necessita de uma permanente auto-reafirmação de que ele é, de fato, auto-suficiente e, por isso, pelo contrário, ele constrói a tese de que o analista é que precisa dele. Assim, esse paciente não reconhece o terapeuta como pessoa autônoma, diferente e separada dele, compondo, então, um curioso paradoxo: ele necessita da análise e do analista para provar que não necessita deles.

Um aspecto transferencial muito importante que pode ser melhor compreendido à luz do *vínculo do reconhecimento* diz respeito ao fato de que os pacientes fortemente fixados na *posição narcisista* demonstram uma grande necessidade de mirarem-se no analista como um *objeto-espelho* aprovador.

Explico melhor: depois de algum tempo, o narcisista não se olha mais tanto no espelho material, mas, sim, no espelho representado pelo reconhecimento do outro, o qual lhe deve devolver uma imagem que confirme aquela idealizada que o narcisista tem de si próprio. Pode acontecer que o outro (o psicanalista na situação analítica) reconheça-se com admiração, porém, se a óptica do admirador não for aquela esperada pelo ego ideal do analisando, sobrevém a fúria narcisística.

Também é útil consignar que uma das formas que algum analisando pode utilizar para *não reconhecer* que o analista é diferente dele consiste em provocar nele uma reação *contratransferencial*, tipo estado mental de briga, polêmica, contra-atuação, sadomasoquismo, etc. nos mesmos moldes que ele, paciente, costuma ter, e isso os tornaria iguais.

Interpretação-*insight*

Guardo uma absoluta convicção de que o conteúdo da atividade interpretativa, por mais correta que seja, somente será eficaz se ela vier acompanhada de uma adequada e autêntica "atitude interna" por parte do analista. Da mesma forma, acredito firmemente que uma maior atenção por parte do terapeuta nos aspectos vinculares relativos à necessidade de reconhecimento favorece bastante a sua atitude de compreensão, de disponibilidade e de sintonia afetiva com o paciente.

Como vimos, ao abordar a estruturação do psiquismo da criança, se não houver resposta do olhar-espelho reconhecedor da mãe, pode resultar um vazio informe, um nada. Isto tem importância na prática clínica, tendo em vista que são pacientes que apresentam formas que aparentemente nada dizem, porém, que dizem muito acerca do seu "nada".

Na prática analítica, especialmente com pacientes que não conseguiram ser reconhecidos pelos pais como sendo uma pessoa emancipada e diferente deles, é importante que o analista leve o analisando a questionar-se: "O que eu representava para os meus pais? O que eles esperavam de mim? O que e quem eles queriam que eu viesse a ser? O meu analista é uma repetição deles ou é uma pessoa que permite transformações no meu modo verdadeiro de ser?", e assim por diante.

É óbvio que as reflexões acerca do *vínculo do reconhecimento* na prática psicanalítica não se esgotam nas situações exemplificadas neste trabalho, e, quero crer, que uma detida atenção em nosso trabalho analítico diuturno, com qualquer analisando, permitirá reconhecer inúmeras outras facetas que esse vínculo primário possibilita observar e trabalhar no campo analítico, quer na pessoa do paciente, do psicanalista e, naturalmente, entre ambos.

Em resumo, e à guisa de conclusão, vale repetir o que Winnicott (1971) afirmou ao referir-se ao fato de que é unicamente nas condições nas quais uma criança é refletida pelos olhos amorosos da mãe que se torna possível a construção de uma segurança básica, um prazer pela vida, uma pulsão para o conhecer e um *reconhecimento* de que ela é útil, capaz e valorizada.

Tudo isso, que também vale igualmente para a situação psicanalítica, apenas confirma o que o sábio Beckeley, já preconizava em 1710: *"Esse est percipi"*, ou seja: *Ser é ser percebido.*

CAPÍTULO 15

Sonhos: Formação e Funções

FREUD

Até antes das descobertas de Freud, a busca de entendimentos dos sonhos, que desde sempre acompanham os seres humanos, estava entregue aos demiurgos e charlatães em geral que procuravam extrair anúncios proféticos, premonitórios, mensagens de espíritos ou interpretações fantásticas. Da mesma forma, na época em que a ciência começava a dar os seus passos mais firmes, coube aos filósofos e a alguns médicos neuropsiquiatras tentarem desvendar os mistérios e enigmas contidos no ato de dormir e de sonhar, mas não conseguiram passar do plano das especulações, além de também, insistirem na tecla de emprestarem a cada fragmento simbólico, de qualquer sonho, um determinado significado específico, o qual valeria para todas pessoas.

A partir de Freud, mais exatamente em 1900, com a elaboração e publicação do seu mais famoso livro – *A interpretação dos sonhos* –, os sonhos não só ganharam uma nova dimensão científica, como também o aprofundamento de seu estudo abriu as portas para a consolidação da teoria da psicanálise. Esse trabalho, no qual Freud traz uma abundância de sonhos pessoais, representa um marco essencial na história da psicanálise pelas seguintes razões: 1) Representa a primeira análise (auto-análise) levada a efeito, sendo que a maior motivação para esse ato corajoso de Freud foi a sua necessidade de elaborar os seus sentimentos despertados pela morte de seu pai (como ele próprio afirma no prólogo da segunda edição, em 1908). 2) Possibilitou a Freud construir um *modelo* do aparelho psíquico, tal como aparece no capítulo VII desse seu livro. 3) Nesse referido capítulo, Freud formula o modelo de um aparelho *óptico*, no qual um feixe luminoso pode sofrer transformações, capaz de, tal como o sonho, manifestar-se de formas e com finalidades diferentes da original. 4) Tal modelo permitiu que ele estabelecesse uma teoria puramente psicológica, assim abandonando aquele baseado na neurofisiologia que até então ele mantinha, e representou o primeiro esboço para conceber uma primeira teoria do aparelho mental – *a teoria tópica* –, onde os "topos" (lugares) eram ocupados pelas instâncias do inconsciente, pré-consciente e consciente. 5) O fenômeno do sonho sendo concebido como paradigma de um funcionamento normal da mente e, ao mesmo tempo, como expressão psicopatológica, facilitou a concepção de que no aparelho psíquico não existia uma plena delimitação entre o normal e o patológico. 6) Igualmente, o estudo dos sonhos permitiu que Freud estabelecesse uma integração entre experiências recentes (restos diurnos) e as antigas (que constituem o conteúdo latente do sonho). 7) Da mesma forma, propiciou a Freud as primeiras descrições acerca do Édipo e da sexualidade infantil. 8) Assim, pelo estudo dos sonhos e dos sintomas manifestados pelas suas pacientes histéricas, Freud estabeleceu uma equivalência entre a estrutura dos sonhos e a das neuroses, o que lhe possibilitou conceber e formular a sua clássica postulação de que *o sonho é a via régia para chegar ao inconsciente*. 9) O sonho implica, portanto, uma "interpretação", e foi por decorrência da descoberta do papel do sonho que, além dos avanços teóricos, Freud colocou a atividade interpretativa como eixo de gravitação da técnica da psicanálise.

Realmente, desde que essas concepções foram formuladas, os sonhos somente adquirem sentido, psicanaliticamente falando, se estiverem conectados com o que se passa no inconsciente do sonhador. Pela importância que o entendimento dos sonhos representa para a história e para a atualidade da psicanálise, cabe recordar os pioneiros princípios fundamentais estabelecidos por Freud há um século, tanto do ponto de vista dos processos de sua *formação,* quanto também das suas *funções*.

Formação do Sonho

Para Freud, são três os fatores indispensáveis para que se processe um sonho: 1) *Estímulos sensoriais* (internos ou externos, como ruídos, odores, luz, vontade de urinar, etc.), os quais são considerados como não tendo uma significativa influência na gênese dos sonhos. 2) *Restos diurnos* (provindos de significativos estímulos ambientais, como pode ser algum acontecimento marcante, um filme impactuante ou, principalmente, a mente do sujeito impregnada de interesses e preocupações. 3) A existência de sentimentos, pensamentos e desejos que estão *reprimidos no inconsciente*.

Dando continuidade a esses fatores, Freud concebeu a participação de múltiplos fenômenos psíquicos que concorrem para a formação dos sonhos, como são os seguintes:

1. *Conteúdo manifesto do sonho*. Designa o que aparece no consciente daquele que sonhou, quase sempre sob a forma de imagens visuais, que ele pode ou não recordar depois de despertar.
2. *Elaboração onírica secundária* (também conhecida como "atividade do sonho"). Consiste numa atividade do ego, durante o sono, que se encarrega de disfarçar e dissimular aquilo que está reprimido no inconsciente e que está "proibido" de aparecer no consciente em estado "bruto".
3. *Conteúdo latente do sonho*. Corresponde ao conjunto de – ocultos – desejos, pensamentos, sentimentos, representações, angústias que estão represados no inconsciente e que somente terão acesso ao pré-consciente e ao consciente após o disfarçamento realizado pela, acima aludida, elaboração secundária.
4. *Censor onírico*. Freud comparou essa parte onírica do ego inconsciente ao de um *"censor de notícias com amplos poderes para suprimir qualquer trecho que ele julgar inconveniente"*.
5. *Mecanismos defensivos do ego*. *Condensação* (o trabalho do sonho tem sempre por finalidade formar uma imagem única que represente simultaneamente todos os componentes do conteúdo latente, o que pode ser feito por omissões, fusão, neologismos, etc.); *deslocamento* (refere que há um deslocamento de significados ao longo de uma cadeia associativa, pelo "deslizamento" de um significante para outros, à maneira do que se passa em um jogo de bilhar) *e simbolização*. Neste último caso, durante muito tempo Freud acreditou que haveria uma linguagem simbólica universal, de tal sorte que um mesmo símbolo teria o mesmo significado para todos (por exemplo, o aparecimento de uma "serpente" em qualquer sonho seria sempre um símbolo fálico), porém aos poucos ele foi considerando que o simbolismo onírico corresponde aos significados específicos de cada indivíduo e, também, das suas respectivas repressões (assim, aquela hipotética "serpente" do sonho pode, para alguns, de fato, representar um pênis, enquanto para outros pode significar uma pessoa má, pérfida, traiçoeira, qual uma cobra venenosa, e assim por diante).
6. *Linguagem do processo primário*. Na elaboração onírica, dá-se a passagem do conteúdo latente para um conteúdo manifesto, o qual, por ser formado pelos recursos mágicos da condensação, deslocamento e símbolos deformadores, expressa-se por uma linguagem típica do processo primário do pensamento e com uma confusão entre os elos de conexão dos elementos do sonho, embora manifestamente ele possa aparentar uma fachada com muita coerência e lógica. Nesses casos, diz Freud, os disfarces e as distorções podem ser de tal monta que os aspectos que representam o conteúdo latente da satisfação de desejos ficam completamente irreconhecíveis.
7. *Formação de compromisso*. Da mesma forma como ocorre na formação de um sintoma neurótico, Freud (1933) concebeu que também o sonho resulta de uma "formação de compromisso" entre as pulsões do id e as defesas do ego que permitem somente uma gratificação parcial e tolerável daquelas pulsões.

Função do Sonho, Segundo Freud

Até o final de sua obra Freud, sustentou o seu aforismo de que a função única do sonho consiste (por meio de uma "negociação" com o ego) em uma forma disfarçada de uma *gratificação de desejos* (reprimidos). Em boa parte, ele inspirou-se nos sonhos simples das crianças da primeira infância que, de uma forma mais clara e menos distorcida, expressariam nos seus sonhos aqueles desejos que não haviam sido satisfeitos na véspera, como, por exemplo, que ela está numa confeitaria comendo doces, etc.

Partindo dessa concepção, Freud estabeleceu uma conexão entre essa mencionada função do sonho com uma análoga função que exerce algum sintoma neurótico – como a conversão ou dissociação histérica – ou algum fenômeno psicótico, tal como aparece nas relações que ele estabelece entre o sonho e o delírio no seu belo artigo *Delírios e Sonhos na Gradiva de W. Jensen* (1907).

Paralelamente, uma outra função primordial exercida pelo sonho é aquela que foi sintetizada por Freud com a sua clássica formulação de que *o sonho é o guardião do sono*. Com outras palavras, mesmo diante de uma considerável diminuição das defesas do ego (em boa parte porque o caminho para a motilidade voluntária então está impossibilitado) e ainda com uma diminuição da vigilância consciente, o sujeito pode dormir sem maiores riscos de ser invadido pelos desejos proibidos que irrompem desde o inconsciente, devido ao fato de que o sonho permite uma certa gratificação dos mesmos. Quando o sonho não consegue cumprir o seu papel de guardião protetor do sono, pode acontecer o mesmo fenômeno conhecido como *terror noturno*, que freqüentemente as crianças manifestam (no adulto, corresponde, na linguagem psicanalítica, aos *sonhos de angústia*, popularmente chamados de "pesadelos").

Uma questão começou a preocupar Freud e seus seguidores: onde estaria a realização de desejos nos sonhos penosos? O próprio Freud, partindo da decifração que ele fez dos "hieróglifos" contidos no conteúdo manifesto do seu famoso sonho da "*injeção de Irma*", chegou à corajosa interpretação de que o sofrimento expresso nas imagens desse sonho traduzia desejos inaceitáveis dele, como, por exemplo, o de uma vingança. Dessa forma, Freud aprofundou a sua convicção de que o desejo inaceitável está *sempre* presente no sonho, embora irreconhecível devido a uma série de *transformações* que ele sofre, como comumente é a possibilidade dele se manifestar pelo *oposto*.

Um exemplo disso: uma paciente que nutria um desejo sexual por um homem "proibido" trouxe à análise um sonho no qual ela está dançando com ele (nesse caso a decifração é fácil), enquanto no sonho de uma outra analisanda com um desejo análogo, a mesma aparece mantendo uma encarniçada e odienta luta com um homem mal encarado que ameaçava assaltá-la (transformação ao oposto); da mesma forma, as manifestações simbólicas do conteúdo manifesto desse desejo poderiam ser bastante mais complexas e difíceis de reconhecimento.

CONTRIBUIÇÕES POSTERIORES A FREUD

Críticas a Freud

Conquanto Freud mantivesse a essência da sua teoria sobre os sonhos até o fim de sua obra, importantes autores que o sucederam conservaram vários pontos de vista dele, porém também teceram inúmeras contestações críticas e propuseram outras vertentes teórico-técnicas. As críticas mais comuns e freqüentes dizem respeito aos seguintes aspectos:

- A função do sonho não pode ficar resumida unicamente a uma forma de "realização de desejos"; também existem outras funções como as de comunicação, integração, elaboração de traumas, resolução de conflitos, etc.
- A sentença de Freud – "sonho é o guardião do sono" – seria uma verdade apenas parcial, porquanto também é verdadeira a recíproca, ou seja, é o sono que propicia o surgimento da função de sonhar, que, indo muito além da realização de desejos reprimidos, é essencial para a preservação do psiquismo (como comprovam recentes investigações experimentais psicofisiológicas).
- É difícil entender por que Freud insistiu somente no enfoque da gratificação dos desejos libidinais e, assim, não revisou a sua teoria dos sonhos a partir de uma concepção da dualidade das pulsões, apesar de que ele já tivesse formulado de forma definitiva a sua concepção da "pulsão de morte". Como decorrência disso, ele tampouco valorizou, nos sonhos, a existência dos eternos conflitos entre o amor e o ódio e, mais ainda, mesmo no enfoque dos aspectos libidinais, ele manteve um nítida preferência por um falocentrismo.
- Em relação aos aspectos da *técnica* psicanalítica acerca dos sonhos, as críticas a Freud relevam três pontos: um é o que refere a uma valorização única do *significado* dos simbolismos, sem que Freud tenha igualmente valorizado as *funções* exercidas por algum sonho específico; o segundo ponto alude a um exagero na investigação dos mínimos detalhes e na duração prolongada na análise de cada sonho separadamente; enquanto o terceiro ponto, destacado por Segal (1981),

consiste na crítica de que as interpretações de Freud consideravam unicamente os aspectos narcisistas e unipessoais do paciente, e ele não demonstrava interesse pelos aspectos bipessoais e vinculares com o analista.

Contribuições da Psicofisiologia

Nos anos 50, apareceu o livro do pesquisador R. Fliess acerca da descoberta psicofisiológica dos movimentos oculares durante o sonhar, e das formas de como aparecem os traçados eletroencefalográficos no curso de certas fases do sono, especialmente o período que passou a ser chamado de REM, o qual designa o fato de que o sono está sendo acompanhado por um movimento rápido dos olhos (a sigla REM, em inglês, significa *"rapid eyes movements"*). Essa fase é denominada de *"paradoxal"* devido ao paradoxo de que é justamente quando o sono está sendo mais profundo que o ritmo cerebral registrado no eletroencefalograma aproxima-se do estado de vigília, sendo que o movimento rápido dos olhos aparenta como se a pessoa adormecida seguisse uma cena com os olhos, ao mesmo tempo em que a via piramidal do movimento voluntário é inibida, com paralisia motora total. Como assinala P. Jeammet (1989), caso a pessoa adormecida seja despertada durante essa fase, ela é capaz, na maioria das vezes, de narrar o sonho, contrariamente às outras fases do sono. Além disso, estudos experimentais mostram que a privação eletiva dessa fase do sono (por meio do recurso de forçar uma interrupção do sono justamente quando aparece o movimento rápido dos olhos), diferentemente do que acontece nas outras fases, provoca distúrbios importantes durante a vigília, como um comportamento alucinatório no animal, transtornos da personalidade, mudanças de caráter e diminuição da eficiência no homem.

Tais descobertas causaram um grande entusiasmo entre os pesquisadores da área e estabeleceram-se laboratórios, que prosseguem ativamente nos dias de hoje, para o estudo dos fenômenos que acompanham o dormir, o sonhar e a atividade onírica durante toda a noite. Um aspecto interessante a ser consignado é o fato de que os fenômenos que ocorrem na fase REM, de modo genérico, estão confirmando as hipóteses de Freud.

Escola Kleiniana

Para M. Klein, o sonho consiste em uma dramatização de algum conflito, com as respectivas fantasias inconscientes e angústias, do qual participariam todos os elementos componentes do *self*. Entre outros, os autores kleinianos que mais se aprofundaram no estudo dos sonhos foram H. Segal e D. Meltzer, sendo que este último atacou duramente (e parece que de modo exagerado) as concepções de Freud. Em um de seus últimos livros – *Dream Life* (1984) – Meltzer concebe que o sonho traduz, sobretudo, as representações simbólicas dos *estados da mente* de quem sonha, além de que a atividade do inconsciente, geradora de símbolos, está presente indiretamente no dia-a-dia da vida de vigília, de modo a transparecer uma atividade permanente que corresponde às fantasias inconscientes. Ademais, discordando radicalmente de Freud, Meltzer acredita que o sonho é um processo ativo, que tem uma capacidade criativa e é um gerador de símbolos. Em resumo, para Meltzer, *Dream Life* significa que o *script* do sonho é o mesmo da vida consciente, de modo que, na verdade, "a pessoa vive nos sonhos".

Psicólogos do Ego

Os autores dessa corrente psicanalítica também se afastaram bastante de Freud (alguns deles, jocosamente, costumavam dizer que a "via régia" de Freud já estava gasta e algo inutilizada, de tanto ter sido transitada) e enfocaram os sonhos do ponto de vista da *estrutura* da mente. Por exemplo, o caso em que certo paciente sonhou com um prédio onde homens e mulheres circulavam entre os três andares, subindo e descendo, entrando e saindo, aquilo que provavelmente Freud interpretaria como símbolos expressando o desejo reprimido de relações sexuais ("entrando e saindo..."), os psicólogos do ego privilegiaram o entendimento de que a movimentação entre os três andares do prédio estava traduzindo de como se processava o trânsito – adaptativo – entre as três estruturas da mente do paciente, as pulsões do id, as defesas do ego e as ameaças do superego.

Winnicott

Para ficar em um único aspecto que relaciona a obra de Winnicott e seus seguidores com os sonhos, cabe destacar a noção do *"espaço-sonho"*, que corresponde ao "espaço transicional", isto é, o espaço que existe no sonho pode representar uma transição entre o mundo imaginário e o real, assim como também representa a possibilidade de pensamentos e atos criativos.

Bion

O fenômeno dos sonhos foi abordado por esse autor a partir de vários vértices, como o do modelo *continente-conteúdo,* no qual o sonho funciona como um "continente" de primitivos sentimentos, idéias e protopensamentos que estão armazenados, e ao mesmo tempo ele funciona como um "conteúdo" que na situação analítica está como que "pedindo" para ser contido e entendido pelo seu analista. Um outro modelo utilizado por Bion é o do aparelho psíquico funcionando como o sistema digestivo, de tal sorte que também os sonhos seguem o trajeto que vai de uma incorporação de estímulos antigos e recentes até uma evacuação. Essa idéia de *evacuação* de conteúdos mentais foi utilizada por Bion para formular a sua importante concepção de que os estímulos primitivos que geraram sensações e emoções primitivas, em uma primeira etapa da formação de pensamentos, não passavam de protopensamentos, que ele denominou "elementos-beta", os quais não se prestam para serem pensados, mas tão-somente, para serem evacuados. Se os elementos beta forem transformados em "elementos-alfa" então, sim, começará a construção de um "aparelho para pensar os pensamentos", como Bion denomina. Para que se dê essa transformação de "beta" em "alfa" é indispensável que a criança encontre na mãe uma eficaz "função-alfa", que, além de dar um sentido, significado e nome para as suas experiências emocionais, também lhe possibilite a formação de uma "barreira de contato" (também conhecida como "tela-alfa") composta por esses elementos alfa, que sirva como uma barreira delimitadora e permeável entre o inconsciente e o sistema pré-consciente-consciente.

Esse trânsito permeável entre inconsciente, pré-consciente e consciente, mais a capacidade para distinguir entre o sono e a vigília, e mais ainda, uma capacidade para formar símbolos é que, segundo Bion, possibilita a formação dos sonhos e de um "pensamento onírico" (que aparece, juntamente com os mitos e sonhos, na fileira "C" da sua "grade"). Se não houver uma função-alfa eficaz da mãe, surgirá uma "pantalha-beta" que não consegue estabelecer os limites entre inconsciente e consciente, o que, somado à concomitante dificuldade de elaborar e simbolizar, vai impedir a formação de sonhos, a ponto de Bion afirmar que "os psicóticos não sonham" e que "nas psicoses e estados *borderline* os sonhos confundem-se com alucinações". A afirmativa de que os psicóticos não sonham costuma causar uma certa estranheza, porquanto muitas vezes eles narram sonhos; Bion explica essa aparente contradição com o argumento de que, nesse caso, trata-se de um sonho meramente evacuativo de restos diurnos que não passaram pelo processo de simbolização e elaboração.

Grinberg e colaboradores (1967), baseados nessas concepções de Bion, propuseram duas contribuições: 1) A existência de três tipos de sonhos: o *elaborativo,* o *evacuativo* e o *misto.* 2) De forma similar ao "aparelho para pensar os pensamentos", tal como foi formulado por Bion, aqueles autores concebem a existência no psiquismo de um "aparelho para sonhar os sonhos".

Escola Psicossomática de Paris

Um grupo de psicanalistas franceses, liderados por P. Marty, esboça uma resposta a uma instigante questão: existe alguma especificidade entre o tipo do sonho manifesto e o perfil caracterológico do sonha? Pelo menos, em alguns casos, eles acreditam que sim. Assim, segundo Rallo (1989), aqueles psicanalistas consideram que os pacientes psicossomáticos apresentam sonhos com três características típicas: ou eles são *prosaicos,* sem contato com o conteúdo pulsional, ou, pelo contrário, em seus sonhos os conteúdos inconscientes irrompem de uma forma bruta, sem elaboração secundária, constituindo os chamados *"sonhos crus",* ou a terceira possibilidade é a de que existe nesse tipo de paciente uma *pobreza* na produção onírica. Em todos os casos, a análise permite observar que nos pacientes somatizadores existe uma pobreza da vida de fantasia, juntamente com uma forma de pensamento muito mecanizada, que eles chamam de "pensamento operatório", sendo que tudo isso se origina na infância em decorrência de um déficit na função da "barreira protetora" de estímulos – a chamada função de "para-excitação" da mãe – que vem a ser, ou não, internalizada pela criança.

Ainda em relação a uma possível forma de sonhos típicos para determinadas psicopatologias, recentes pesquisas eletrofisiológicas apontam que nas pessoas deprimidas a atividade onírica processa-se muito próxima à atividade pré-consciente da vigília, de modo que o sonho de tais pessoas é de um nível muito superficial, e elas contam que sonham como se estivessem despertas, com conteúdos do sonho de caráter opressor e que não se distinguem das suas preocupações da vigília.

FUNÇÕES DOS SONHOS

Como vemos, as pioneiras e originais postulações acerca dos sonhos continuam válidas em certos aspectos, no entanto, elas vêm sofrendo profundas transformações, sobremaneira no que se refere às suas funções e, conseqüentemente, também, na técnica da prática psicanalítica. À guisa de síntese do que até aqui foi exposto, e levando em conta tanto as contribuições de Freud como dos demais autores, cabe consignar as seguintes funções que os sonhos podem desempenhar:

1. Como um meio de *descarga* pulsional.
2. Como um recurso de *realização* (disfarçada) *de desejos* (reprimidos), segundo a clássica fórmula de Freud; no entanto, na atualidade, devemos considerar que a negação não fica restrita à repressão, mas sim que também abarca outras formas bastante mais primitivas de o ego processar a negação de verdades intoleráveis.
3. Com uma função traumatofílica, ou seja, como uma maneira de *elaborar situações traumáticas* (é o caso daqueles sonhos constantemente repetitivos).
4. Com *funções adaptativas e de integração do ego,* como preconizam os "psicólogos do ego", pelo fato de que os sonhos propiciam que os fatos reais externos atuais se integrem com as experiências emocionais do passado que fazem parte do mundo interno do sonhador, com a produção de mudanças estruturais.
5. Como uma forma de *linguagem e de comunicação*: determinadas experiências emocionais antigas que estão representadas no ego, ainda *sem nome*, não conseguem ser *verbalizadas* na situação analítica, e elas são expressadas pela linguagem não-verbal do sonho, esperando ser decodificadas e nomeadas pelo analista. Da mesma maneira, é interessante registrar que não são poucos os relatos de pessoas que atestam que um determinado sonho alusivo ao corpo teria sido o primeiro sinal (linguagem "sígnica" que precede à "simbólica") de alguma doença orgânica séria, que viria a confirmar-se decorrido algum tempo, às vezes longo.
6. Como uma *função elaborativa.* Foi Ferenczi (1934) quem, pela primeira vez na literatura psicanalítica, enfocou o ponto de vista de que, indo além de uma única "realização de desejos", os sonhos também têm a função de buscar uma solução para os problemas que ocupam o psiquismo. Esse último aspecto está bem sintetizado por Guedes Cruz (1996) que, partindo do estudo do sonho da "injeção de Irma", afirma que *"a função de resolução de problemas que possuem os sonhos, dentro da concepção de que são nosso modo de* **pensar** (o grifo é meu) *durante o sono e que continuamos, quando dormimos, a elaborar os dilemas e situações dramáticas que enfrentamos durante a vigília"*. De forma similar, cabe citar essa afirmativa de Meltzer (1984): *"O processo de sonhar é o fundamento, não unicamente de nossa visão do mundo, e, portanto, de nosso estado de ânimo, senão que, também, cada sonho é uma tentativa de resolver um conflito, que primariamente é um assunto do mundo interno, e logo tem implicações na conduta externa"*.
7. Como um *processo criativo* e gerador de sentidos e de novos significados. É bastante conhecido o famoso "sonho de Kelulé", nome de um cientista que somente conseguiu elaborar definitivamente a sua concepção da estrutura química do benzeno, como uma arranjo molecular sob a forma de um anel, após ele ter sonhado com uma serpente que engolia a sua própria cauda.

É evidente que nem todos os aspectos enumerados aparecem em todo e qualquer sonho; pelo contrário, os sonhos adquirem configurações e funções diferentes, de acordo com as características singulares do psiquismo de quem sonha, da sua capacidade ou incapacidade para a formação de símbolos, do grau e tipo da ansiedade vigente, se é criança, adolescente ou velho, se está acometido de doença orgânica grave, se está submetido a alguma situação de estresse traumático, etc.

Uma outra questão que pode ser levantada é a que se refere ao fato bastante comum de por que seguidamente não recordamos os sonhos? A resposta dada por Freud (1925) de *"o sonho que foi esquecido é porque já cumpriu a sua missão ou porque foi secundariamente reprimido"* é considerada, na atualidade, insuficiente. São muitos os fatores: além de o esquecimento significar a possibilidade de uma nova repressão, também leva-se em conta o grau de profundidade do sono, a atenção que o sujeito presta aos sonhos quando ele desperta, a motivação para recordá-los e o desejo de sonhar para permitir um acesso ao inconsciente, tanto que é sabido que as pessoas em análise são as que mais recordam os sonhos.

NA PRÁTICA ANALÍTICA

Um primeiro questionamento que deve ser levantado na prática clínica diz respeito às controvérsias acerca de *"qual é a importância do sonho na atualidade?"*. Durante muito tempo, Freud e seus seguidores deram um papel fundamental aos sonhos dos pacientes, e a técnica vigente diante do relato de algum sonho consistia em extrair o máximo possível do possível simbolismo de cada elemento onírico em separado, bem como das respectivas cadeias de associações livres despertadas. Como exemplo disso, ocorre-me mencionar a análise de um único sonho do "homem dos lobos" (aquele sonho de alguns lobos brancos empoleirados na árvore em frente da sua janela, sendo que esse famoso paciente despertou aterrorizado pelo medo de ser comido por eles), sonho esse que foi exaustivamente analisado por Freud durante meses, nos mínimos detalhes.

Em contrapartida, nos últimos anos, algo desiludido, Freud já não emprestava a mesma importância aos sonhos, talvez porque ele não abria mão de sua convicção – que já muitos psicanalistas não aceitavam – de que a função única do ato de sonhar seria visando a uma disfarçada realização de desejos reprimidos. Dessa forma, decorreu um período no qual os sonhos não despertavam maior interesse nos psicanalistas, porquanto a psicanálise evoluiu do modelo de um "levantamento arqueológico", como então Freud preconizava, para um outro modelo de natureza de "relações objetais" e de "vinculações intra e interpessoais". Na atualidade, a julgar pela quantidade de trabalhos relativos aos sonhos, parece que os analistas, sem ficar em nenhum dos dois extremos aludidos, estão voltando a dar um merecido valor à análise dos sonhos.

De modo geral, cabe destacar os seguintes aspectos referentes ao manejo dos sonhos que surgem no dia-a-dia da prática clínica:

- Na situação analítica, o terapeuta não deve estar com a sua mente *saturada* (termo de Bion) com uma busca ativa, e única, do "desejo" pulsional. Assim, está superada a época em que o sonho expressaria unicamente as repressões – sempre ligadas a conflitos edípicos – e, da mesma forma, o terapeuta deve evitar a busca de um simbolismo universal em cada imagem visual do sonho (objetos salientes e pontiagudos, como uma faca por exemplo, seriam sempre símbolo de pênis, os côncavos seriam da vagina, etc., etc.). Igualmente, o analista já deixou de considerar o sonho como uma produção unipessoal do paciente, pois o que importa é o que ele está expressando em termos de *vincularidade*, especialmente a que está aludindo ao vínculo transferencial.

- Como forma de *comunicação*, é útil que o terapeuta esteja atento tanto para a importante possibilidade de que o sonho esteja exercendo a função de uma comunicação de sentimentos que o paciente não tem condições de nomear e verbalizar, como também existe uma possibilidade oposta, isto é, a de que o relato do sonho tenha o propósito inconsciente de, ao mesmo tempo, agradar o analista e confundi-lo, para que não haja uma comunicação útil à análise. Essa última hipótese manifesta-se por meio de uma abundância de sonhos, cada um deles com uma imensidade de detalhes, muitas vezes causando uma sensação contratransferencial de caos, não sendo raro que possam ocupar todo o tempo da sessão, ou, o que é mais freqüente, fazem uma pausa, como que a dizer ao analista: "Já fiz a minha parte de bom paciente, relatei tudo com minúcias, agora é a sua vez: interprete-me!".

- A última frase remete à situação bastante freqüente de que o paciente acredita ser obrigação do analista interpretar aos seus sonhos sob o argumento de que esse é que entende de inconsciente (durante muito tempo, os analistas incentivavam tal condição), sendo que é igualmente comum que quando estimulado pelo terapeuta para dizer o que o sonho o fez pensar, o analisando entende que o analista está lhe dando o papel de que ele deve "interpretar" psicanaliticamente ao seu sonho, quando, na verdade, o que importa é que ele faça associações e reflexões, em um trabalho conjunto com o analista.

- O ideal é que as associações do paciente – e as do analista – encadeiem a três planos: a) a busca de um significado contido nas imagens oníricas e no "enredo" do sonho; b) uma possível ligação disso com algum "resto diurno" da véspera; e c) qual ponto pré-consciente ou inconsciente (conteúdo latente) foi mobilizado pelo resto diurno.

- Na situação analítica, o mais provável é que o resto diurno estimulador do sonho consista justamente naquilo que foi mobilizado em uma sessão anterior; assim, o que deve ficar claro é que a interpretação do sonho não deve ser uma tarefa única do terapeuta, tampouco do paciente, mas, sim, de ambos, em um trabalho de *construção* do entendimento dos significados ocultos do sonho.

- Como tentativa de exemplificar os itens acima enumerados, vou referir o sonho de uma situação clínica, que foi selecionada, aleatoriamente, pela razão única de que é a mais recente nesse momento em que estou redigindo este capítulo: a paciente mal deita no divã, diz que ficou muito "mexida" pela sessão anterior e passa a relatar o pesadelo que teve nessa noite: o seu ex-marido (pessoa com características psicopáticas que muito enganava e humilhava) vinha para cima dela, tentando agredi-la, enquanto ela ia sentindo-se crescentemente possuída de um enorme ódio incontido, que lhe deu forças para não fugir e, aos berros de "chega!", ela tinha ímpetos de assassiná-lo de alguma forma violenta. O pesadelo foi interrompido com a paciente despertando em um estado de alta angústia, banhada em suor e com forte taquicardia. Após uma breve pausa, perguntei-lhe se a ocorrência de algum fato real poderia ter desencadeado o seu sonho, ao que ela respondeu que, na véspera, mais uma vez o pai de seu filho (o seu ex-marido, que aparece no sonho) não depositara o dinheiro da pensão, o que a obrigava a "correr atrás dele, como uma mendiga esmolando", mas que, embora dessa vez ela tenha tomado um outro tipo de iniciativa para obrigá-lo a cumprir a sua obrigação, esse fato não poderia ter desencadeado tanto ódio, porquanto ela já estava acostumada com esses abusos corriqueiros de seu ex-marido, além de que ela ficara aliviada por ter conseguido manter a sua dignidade. No lugar de interpretar, lembrei-a de que, antes do relato desse "sonho-pesadelo", ela referiu-me que saiu muito "mexida" da última sessão. A paciente de imediato recordou que aquilo que mais a mobilizou e a fez pensar bastante na aludida sessão foi ter-se dado conta que o seu pai brinca com os netinhos de maneira sádica, num jogo de "faz que dá, mas não dá" e que só agora ela dava-se conta de que esse mesmo tipo de brincadeira, ele fez toda a vida com ela, e continua fazendo na atualidade (para manter um certo negócio em andamento, ela precisa aceitar empréstimos do pai, o que pretensamente confere a ele o direito de controlar, desqualificar e humilhar). As demais associações suscitadas foram em torno de "duplas mensagens," provindas do pai e da mãe, que sempre resultavam em um estado culposo da paciente e em uma angustiante busca de saída, o que ela tentava por meio de um "falso *self*", com uma atitude de submissão, e, ao mesmo tempo, com uma intensa atividade profissional que justificasse as expectativas de seu pai, figura extremamente idealizada por ela. Abreviando: ela e eu entendemos o sonho manifesto – ativado pelo resto diurno do atrito com o ex-marido – como sendo uma necessária elaboração e comunicação de um antigo e forte ódio reprimido e negado (pela idealização) contra a figura do pai (em uma aliança com a mãe), e que somente após ela conseguir reconhecer e expressar esse velho e surdo ódio, com fantasias de ímpetos homicidas contra quem tanto a humilhou e infantilizou, é que poderá vir a modificar o vínculo interno e externo com os seus pais e, assim, resgatar os aspectos verdadeiramente bons deles.

- Um outro ponto que é possível perceber no curso dos tratamentos analíticos é o fato de que, muitas vezes, tanto a quantidade quanto a qualidade dos sonhos trazidos pelos pacientes variam na proporção direta do maior ou menor interesse do analista pelo aporte dos sonhos. A maioria dos pacientes, especialmente os mais regressivos, tem uma intuição desse interesse do terapeuta, não sendo incomum que os sonhos sejam sonhados como uma espécie de "presente" para ele.

- É freqüente o surgimento, durante o processo analítico, de sonhos, tanto no paciente quanto no terapeuta, que aludem diretamente à situação do campo analítico: ao primeiro, podemos chamar de *sonho transferencial*; ao segundo, de *sonho contratransferencial*. Como exemplo de "sonho transferencial", recordo-me de um paciente que dias antes do início das férias sonhou que a sua empregada desaparecera e isso, em um primeiro momento, desnorteou-o ante o sobressalto de que a sua casa viraria numa bagunça caótica; resolveu vistoriar a casa e percebeu que a cama do seu dormitório estava realmente muito desarranjada, o sanitário com uma relativa sujeira, bem tolerável, enquanto a cozinha estava bem arrumada, com o fogão, refrigerador, *freezer*, tudo funcionando perfeitamente. Mais do que um mero entendimento de que ele estaria expressando uma queixa e preocupação com o fato de que "a empregada-analista desaparecia com as férias e deixava-o abandonado" o sonho foi conjuntamente analisado como traduzindo um balancete que o paciente fazia de como estava a sua casa interna, tranqüilizando, a ele e a mim, de que a situação ligada à genitalidade (dormitório) ainda estava algo atrapalhada, a analidade (sanitário) estava bem razoável, enquanto a oralidade (cozinha) despertava-lhe uma confiança de que poderia, ele próprio, tratar de preparar a sua comida e conservar (*freezer*) os seus "alimentos-valores" estocados durante o ano analítico. Em relação ao "sonho contratransferencial", no qual o analista sonha com um determinado paciente, a auto-análise do mesmo pode constituir-se em uma excelente bússola para a compreensão do que se passa no plano inconsciente da relação analítica.
- Também é útil consignar o fato de que os sonhos trazidos pelo paciente ao longo da análise podem servir para o analista como um importante meio de avaliação de como estão, ou não estão, processando-se as mudanças no seu psiquismo. Assim, um sonho recente, comparado com um sonho da mesma natureza trazido anos atrás, pode evidenciar, por algum detalhe, mesmo que aparentemente pequeno, alguma importante transformação.
- Por tudo o que foi dito, só nos cabe concordar com o *Talmud* (livro da sabedoria judaica) que há séculos já sentenciava que *todo sonho que não se interpreta é uma carta que fica sem ser aberta*.

Finalmente, não obstante as oscilações demonstradas por Freud quanto à sua posição em relação à utilização dos sonhos na prática analítica, a verdade é que ele sempre manteve um reconhecimento e uma gratidão pelo estudo dos mesmos, tal como aparece na transcrição deste trecho que consta do prólogo para a terceira edição inglesa de *Interpretação dos sonhos*, publicado em 1930: "*...Ainda insisto em afirmar que este livro contém a mais valiosa das descobertas que eu tive a fortuna de realizar. Uma intuição como esta o destino pode depará-la somente uma vez na vida de um homem*".

CAPÍTULO 16

O Espelho na Teoria e na Prática Psicanalítica

O espelho é tão antigo como a história da humanidade. Muito antes de adquirir a forma científica de um vidro com a parte posterior recoberta por uma amálgama, os primitivos miravam-se no espelho das cristalinas águas paradas e construíram suas crendices diante do misterioso fenômeno da reflexão.

Sob diversas formas, é relevante a presença do espelho em todas as áreas humanísticas, como arte, literatura, folclore, religião, mitologia, ciência e, naturalmente, nas concepções psicanalíticas, sendo que essas últimas é que constituirão o enfoque principal deste capítulo.

A função do espelho é indissociável da função do olhar e, por isso, creio ser útil repassar alguns dos mitos que a envolvem, com o propósito de embasar as considerações analíticas que seguem.

A *mitologia* e a *bíblia* mostram-nos a freqüência com que o ato de olhar foi significado de forma persecutória. Assim: • As filhas e a mulher de Ló foram transformadas em estátuas de sal por terem desobedecido a proibição de Deus no sentido de que não mirassem os pecados de Sodoma e Gomorra. • Narciso perdeu-se no olhar especular, deslumbrado de si próprio. • Édipo cegou-se como castigo pelo crime edípico. • Orfeu voltou a cabeça para olhar a sombra da formosa Eurídice e perdeu-a para sempre. • O herói Perseu defendeu-se da Medusa (uma das três Górgonas, cuja cabeça, mesmo arrancada, conservava o poder de petrificar quem a olhasse), forçando-a a mirar-se. • Na mitologia judaico-cabalística, aparece a figura do "Golem", uma espécie de robô extraído do barro, que era mudo (uma alusão a que não atingiu a linguagem verbal) e que evoca a temida visão do duplo, da sombra (à moda de imagem especular).

Também as folclóricas crendices populares oferecem-nos um fértil manancial alusivo ao espelho. Seguem:

- A imagem reproduzida no espelho das águas adquiriu um significado de sobrenaturalidade. Em quase todas as partes do mundo havia uma proibição de mirar-se nas águas paradas porque acreditava-se que a imagem refletida na água seria a alma disponível às forças do mal e do demônio.
- Para os povos da Grécia Antiga, sonhar com o reflexo da própria imagem na água era um agouro de morte. Isso é explicado pelo fato de que o primitivo percebia a própria imagem como algo real e que, portanto, pudesse abandoná-lo. Provavelmente, essa crença deu origem ao mito de Narciso.
- Os índios costumam recusar o espelho, pois crêem que a imagem refletida é a sua própria alma e que a perderão se a olharem.
- Algumas crendices populares: "Criança que se olha no espelho custa a falar"; "Espelho quebrado é sinal de morte"; "Olhar-se no espelho à noite é perigoso: pode-se ver o diabo", etc.
- Em casa onde há mortos, é comum cobrirem-se os espelhos durante três dias, etc.
- Em culturas primitivas, era proibida a tomada de fotografias, pois a imagem (alma) ficaria presa e imóvel no retrato.
- Há uma primitiva conexão de significados entre a imagem refletida no espelho e a própria sombra. A sombra do corpo é parte integrante do mesmo, e suscetível de ser portadora de todas as suas virtudes, poderes e perigos. Os mortos perdem a sombra concreta e transformam-se, elas próprias, em sombras que podem assustar os vivos: são as assombrações. Em certas culturas, pisar na sombra de alguém é considerado como uma agressão e apropriação de outra pessoa.

Da mesma forma, podemos encontrar na literatura uma abundância de descrições alusivas ao espelho. Por exemplo: • Lewis Carrol, em *Alice*, tratou do tema, que aparece em muitos mitos, de como o espelho pode representar a porta pela qual a alma pode dissociar-se e "passar" para o outro lado. • Também o conhecido *Retrato de Dorian Gray*, de Oscar Wilde – uma espécie de versão moderna de Narciso –, mostra claramente o quanto a imagem interior pode ficar dissociada e refletida em um retrato exterior, da mesma forma como num espelho, ou num duplo (alter ego), em uma busca mágica de imutabilidade e imortalidade. • Como outro exemplo, vale citar uma passagem da oratória do Padre Vieira, pela profunda abstração e intuição de natureza psicanalítica que ele soube reconhecer no espelho. Eis o trecho: "*... descobriu a sabedoria de Salomão dois "espelhos recíprocos" que podemos chamar de tempo, em que se vê facilmente o que foi e o que há de ser. Que é que foi? Aquilo mesmo que há de ser. Que é o que há de ser? Aquilo mesmo que foi (...) olha para o passado e para o futuro e vereis o presente*". (Novaes, 1988)

Nas artes cênicas, vou limitar-me a um único exemplo: na representação teatral de "Dom Quixote", a cena mais impressionante é certamente aquela em que o pseudo-herói aparece aterrorizado ante a obrigação de ter que se mirar na imensidão de espelhos que o cercavam e ameaçavam de devolver-lhe a sua imagem real...

Não fôra a limitação do espaço, seria uma tarefa fascinante poder extrair significados e correlações com o espelho, tal como aparece em filmes, folclore, arte pictórica, etc. Deixo ao eventual leitor esse exercício de reflexão (e, se fosse possível, comunicá-lo a mim, o que seria de imenso agrado para mim).

REVISÃO DA LITERATURA PSICANALÍTICA CONCERNENTE AO ESPELHO

Pesquisadores que se dedicam à observação direta de crianças mostram a importância do espelho físico e da função especular desde as mais precoces etapas evolutivas. Isso encontra respaldo em textos de importantes autores.

A. Green (1976), um estudioso de Winnicott, afirma: "*Sabemos que o bebê que se alimenta no seio, enquanto mama, olha não para o peito ou mamadeira, mas para o rosto da mãe*". Aliás, muitos outros estudiosos confirmam isso e acrescentam a observação de que o lactente, por volta de um mês, olha fixamente para a mãe e, se esta não corresponde, ele volta-se para um objeto brilhante, como uma janela ou televisão, por exemplo.

Petot (1988) registra que "*o próprio júbilo da criança frente à sua imagem especular encontra o seu protótipo nas manifestações de prazer que os psicólogos observaram no recém-nascido que imita os movimentos faciais de sua mãe*" (p. 186).

Por outro lado, alguns autores observam que a maioria dos bebês é canhoto no começo dos exercícios da manualidade e, daí, eles evocam a imagem da "mãe destra" que subministra movimentos e objetos com essa mão ao seu filho, o qual os toma com a mão esquerda, como se estivesse diante de um espelho.

Spitz (1965) descreveu a conhecida reação de "medo aos estranhos", processando-se por volta dos oito meses. Esse período coincide (no referencial kleiniano) com a instalação da posição depressiva e da formação simbólica, com a subfase da "diferenciação", no curso da fase de "separação-individuação" (segundo M. Mahler), ou com o estágio do espelho, em que começa a conquista da imagem própria (Lacan). Pode-se, pois, entender o "estranhamento" como um reconhecimento da criança de que ela existe separada da mãe, e que existem terceiros que são sentidos como sendo estranhos, intrusos e ameaçadores ao paraíso da fusão simbiótica.

O estranho é o sinistro ("*unheimlich*", de Freud); é o que está de fora da relação especular e que, do ponto de vista da criança, vem não para substituir a mãe, mas para separá-la do filho.

Rodrigué (1966) assinala que as crianças em idade pré-escolar, principalmente em torno dos 4 anos, elegem, entre os seus jogos preferidos, os que consistem em fazer decalques de figuras (por transparência, por impressão gráfica) e o de contorno gráfico (recortar uma figura de papel de tal forma que, ao desdobrar a tira, aparece uma frisa de figuras iguais, unidas entre si). Esses e outros jogos similares são chamados por esse autor de "jogos de duplicação", e ele levanta a possibilidade de que os mesmos visam a duas finalidades: 1) Como um reasseguramento tranqüilizador à criança de que ela sobreviverá diante de uma subjacente ansiedade de aniquilamento. 2) Como uma reafirmação de que ela elaborou bem a posição depressiva, o que lhe possibilita expressar as fantasias de reconstruir, criar e procriar.

Por outro lado, em clínica psiquiátrica, é bem conhecido o "*sinal do espelho*", que se constitui como um dos sinais mais precoces da eclosão de uma esquizofrenia. Esse sinal consiste no fato de que, na frente do espelho, o paciente efetua movimentos sob forma de gesticulações ou maneirismos. De forma equivalente, nos pacientes em regressão psicótica, podemos encontrar "gestos espelhados", em que eles, sentados face a face com o terapeuta, executam os mesmos movimentos desse. É bem conhecida a dependência que as pessoas muito narcisistas têm em relação à sua necessidade compulsiva de mirar-se no espelho. A propósito, segundo Ruth Brunswick, esse era um importante sintoma do "homem dos lobos", que concentrava muito de sua vida em um pequeno espelho que ele sempre levava em seu bolso, e a sua sorte dependia do que este lhe revelava ou do que lhe fazia descobrir.

Em um outro contexto, Foulkes (1967), importante estudioso das psicoterapias de grupo, descreveu o "fenômeno do espelho", o qual consiste na comparação do grupo terapêutico a uma sala de espelhos, "onde o indivíduo entra em confronto com a sua imagem social, psicológica e corporal". Os grupoterapeutas sabem que cada paciente do grupo reflete-se nos outros e, por sua vez, serve como um refletor aos demais. Essas reações do espelho são especialmente importantes porque servem de base para a diferenciação entre o "eu" e o "não-eu", que é muito confusa nos pacientes que fazem uso excessivo tanto de identificações projetivas como da onipotência narcísica ou da indiscriminação simbiótica.

Moreno (1936) descreve a "técnica do espelho" em psicodrama. A mesma consiste em que o paciente protagonista sai do palco (cena) e participa como observador da representação que uma outra pessoa (ego auxiliar) faz dele. Busca-se com isso que o paciente se reconheça nessa representação, assim como na infância ele reconheceu a sua imagem no espelho.

Apresentam-se, a seguir, as principais idéias psicanalíticas concernentes ao espelho, em Freud, M. Klein, Bion, Lacan, Winnicott, Kohut, M. Mahler e em alguns autores da escola francesa.

FREUD

Freud deu inúmeras contribuições à teoria psicanalítica em relação ao ato de olhar e, indiretamente, à função especular. Basta lembrar os seus estudos relativos à cena primária, bem como os referentes à eleição narcisista de objetos. No entanto, em Freud, a menção explícita à palavra espelho aparece duas vezes (ou três, se consideramos o espelho d'água em que Narciso se mirava). A primeira referência está na famosa analogia que ele utilizou para caracterizar a sua "regra da neutralidade" (1912), a qual será considerada mais adiante. A segunda referência direta ao espelho, estranhamente pouco citada, aparece em um rodapé em *Além do princípio do prazer* (1920), no qual Freud descreve suas observações acerca do seu neto de um ano e meio, o mesmo do muito conhecido jogo do carretel (*"Fort-Da"*). O jogo do espelho do menino consistia em que ele "... *havia encontrado um modo de fazer desaparecer a si próprio. Descobrira seu reflexo num espelho de corpo inteiro que não chegava inteiramente ao chão, de maneira que, agachando-se, podia fazer a sua imagem no espelho ir embora*" (p. 27). O mesmo júbilo que seu netinho sentiu ante o reaparecimento do objeto mãe-real após o seu desaparecimento, repetia-se ante a reafirmação da existência e integração da imagem corporal. Vale registrar também que Freud, nesse mesmo trabalho, ao estudar uma "*necessidade de restaurar um estado anterior das coisas*" (p. 78), cita a seguinte passagem de Platão, em *Symposium* – "...*Tudo nestes homens primitivos era duplo; tinham quatro mãos e quatro pés, dois rostos, duas partes pudendas, e assim por diante. Finalmente, Zeus decidiu cortá-los em dois, como uma sorva que é dividida em duas metades para fazer conserva. Depois de feita a divisão, as duas partes do homem, cada um desejando sua outra metade, reuniram-se e lançaram os braços em torno da outra, ansiosas por fundir-se*". Creio que esta citação atesta a importância que Freud deu ao jogo das imagens especulares, que ele retoma em *Ter e ser* (1938), na qual trata das vicissitudes do processo identificatório que, à maneira de espelhos confrontados, permitem uma reflexão reverberante e constante na relação entre o indivíduo e o seu universo objetal.

TEÓRICOS DAS RELAÇÕES OBJETAIS

Dificilmente, vamos encontrar nos textos desses autores alguma referência direta ao espelho. No entanto, a importantíssima contribuição de M. Klein acerca dos mecanismos de identificações projetivas – hoje universalmente aceita – facilitou o entendimento dos fenômenos especulares e abriu novas portas para os estudiosos das mais diferentes correntes analíticas. Assim, são os incessantes movimentos projetivos e introjetivos que explicam o barramento das fronteiras entre o eu e o outro, sendo que o eu encontra a sua origem e apoio na imagem especular do outro. Dessa ótica, por exemplo, podemos entender o ciúme como sendo a culminância da ambivalência de qualquer relação fundada em um modelo especular.

Os trabalhos de Bion merecem um registro especial. Ele estuda a "função continente" da mãe, que se comporta para as angústias do bebê como se fosse um espelho. De fato, a mãe bom-continente recebe a imagem projetada pelo filho e a devolve refletida, devidamente desintoxicada e nomeada. Ocorre o contrário quando a mãe é um mau-continente, que não reflete nada, ou reflete as angústias da criança, acrescidas das suas próprias. Por outro lado, em seu trabalho de 1950, *O gêmeo imaginário* (1967), Bion estuda o paciente muito regressivo que, mercê de um uso excessivo de mecanismos de dissociações, identificações projetivas e introjetivas, bem como de personificação, torna o analista um gêmeo personificador da sua imagem má (nos termos de um espelho, ao modelo do retrato de Dorian Gray). O "gêmeo imaginário" representa uma espécie de "duplo", um segundo eu, dramatizando, assim, uma relação objetal muito primitiva e que visa a dois objetivos: 1) Manter sob controle, no exterior, os objetos do seu mundo interior. 2) Manter a negação de que existe uma realidade diferente do seu próprio eu.

Lacan

Em 1936, em *Écrits* (1970), esse importante e controvertido pensador francês, resgatando os estudos de Freud pertinentes aos pacientes narcisistas e paranóides, descreveu o "estágio do espelho". A partir dos seis meses, a criança começa a conquistar a imagem da totalidade do seu corpo. Primitivamente, a criança não tem experiência corporal como uma unidade integrada: pelo contrário, ela percebe o seu corpo como sendo uma dispersão de todas as suas partes (como a pintura de Jerônimo Bosch, em "Jardim dos Prazeres", no Museu do Prado, retrata de forma impactuante). Essa dispersão corresponde à sensação de que haveria tantas parcialidades do corpo quantas funções fisiológicas existissem, e isso porque, nos primeiros anos de vida, por falta de maturação biológica, o lactente encontra-se submerso em uma confusão de sensações desordenadas, difusas e indiferenciadas, que ele não sabe de onde procedem. Daí decorre a fantasia do corpo dividido com a respectiva angústia de "despedaçamento" ("*corps morcelé*") que se manifesta nas situações psicóticas.

Essa "etapa do espelho", segundo Lacan, prolonga-se dos 6 aos 18 meses e processa-se em três fases fundamentais. Em um primeiro momento, a criança percebe o reflexo no espelho como se fosse um ser real, do qual procura aproximar-se ou apoderar-se. Essa imagem, que é sua, é imaginada como sendo do outro, e vice-versa, a imagem do outro é percebida como sendo a de seu próprio corpo. Em uma segunda fase, a criança percebe que o outro do espelho não é um ser real, que não passa de uma imagem e, por isso, ela não vai mais procurá-lo atrás do espelho. A terceira fase consiste em que a criança já sabe que o refletido é apenas uma imagem da própria. Nessa ocasião, ela manifesta um intenso júbilo e gosta de brincar com os movimentos do seu próprio corpo no espelho.

Paralelamente, o espelho também é entendido por Lacan como uma metáfora do vínculo entre a mãe e o filho, que progride desde a dimensão visual e imaginária, a qual permite a ilusão da completude onipotente (1ª fase) até o da dimensão simbólica, com a aquisição da linguagem verbal.

Winnicott

Em seu trabalho de 1967, *O papel do espelho da mãe e da família no desenvolvimento da criança* (1975), o autor concebeu uma das suas mais originais e gratificantes contribuições, numa concepção diversa a de Lacan, ainda que Winnicott admita que se baseou na "etapa do espelho" desse. Para Winnicott, o primeiro espelho da criatura humana é o rosto da mãe, sobretudo, o seu olhar. Ao olhar-se no espelho do rosto materno, o bebê vê-se a si mesmo. "*Quando olho, sou visto, logo existo... Posso agora me permitir olhar e ver*".

Neste contexto, cresce muito a responsabilidade da mãe real, pois, sendo um espelho de seu filho, ela tanto pode refletir o que ele realmente é, ou, qual um espelho que distorce imagens, típico dos parques de diversão, a mãe pode refletir o que ela é, ou imagina ser.

Este papel da mãe abriu um largo campo de compreensão em relação à função especular do psicanalista. A imagem que o analista (mãe) tem dos potenciais do seu paciente (filho) torna-se parte importante da imagem que o próprio paciente faz de si mesmo.

Kohut

Este autor, criador da escola da "Psicologia do *self*", utiliza a expressão "objetos do *self*" (1971) para referir-se a dois tipos de objetos primordiais especulares: 1) Aquele que funciona como um espelho da criança e que, mediante incessantes elogios e admiração a este, outorga-lhe uma imagem de "*self grandioso*". 2) O objeto parental que reflete para o filho uma imagem grandiosa que os pais têm de si próprios, constituindo a "*imago parental idealizada*".

Um importante desenvolvimento dessas idéias refere-se à descrição da "*transferência especular*" na análise de pacientes narcisistas. Essa transferência corresponde ao *self* grandioso e manifesta-se, na prática analítica, em uma das três seguintes etapas:

1) *Fusional* (corresponde ao conceito de Freud de "ego do prazer purificado" e manifesta-se pelo fato de o paciente crer que o seu analista não passa de uma mera ex-

tensão sua, pois ambos estariam em uma fusão arcaica.
2) *Alter ego ou gemelar* (o paciente acredita que há uma perfeita semelhança entre ele e o seu analista).
3) *Especular* (no sentido estrito deste termo). Corresponde a uma etapa mais evoluída que as duas anteriores e, nela, o analista é mais claramente visto como uma pessoa, sendo que o paciente necessita procurar induzi-lo a aprová-lo e a funcionar como um refletor do seu *self* grandioso.

É claro que essas três etapas podem interpor-se, mas servem como um excelente referencial clínico da evolução de cada análise.

M. Mahler

Maiúscula representante da escola da "psicologia do ego", essa psicanalista norte-americana e sua equipe procederam a uma investigação científica pelo método da observação direta de bebês, durante muitos anos, primeiramente com crianças psicóticas (na década de 50) e, após, com normais (na década de 60). Na descrição das etapas concernentes ao *"nascimento psicológico dos bebês"*, Mahler dá um importante papel à função especular, tanto que nas salas de observação havia um espelho ao nível do chão que se prestava ao estudo de várias reações das criancinhas diante dele. A autora destaca que os mecanismos de "espelhamento mútuo" servem à demarcação do "eu" e do "outro", realçando a diferença entre as identificações verdadeiras que resultam da introjeção dos pais e as proto-identificações especulares que são mais de ordem imitativa.

ESCOLA FRANCESA DE PSICANÁLISE

Além de Lacan, outros importantes e modernos psicanalistas da França têm feito referências diretas à função especular.

J. MacDougall (1972)

É uma psicanalista reconhecida pela originalidade de seus conceitos e que se dedica especialmente à análise de pacientes "difíceis", designa como *"objeto espelho"* aquela pessoa que o sujeito regressivo busca como uma técnica de sobrevivência, já que esse tipo de objeto lhe restaura uma imagem narcísica e, com isso, reassegura-lhe a certeza de que ele existe e vive. A autora mostra que o olhar que toda criança busca avidamente nas pupilas maternas tem duas finalidades: 1) Como um reflexo destinado a devolver a sua própria imagem especular. 2) Como uma busca em reconhecer tudo aquilo que ela realmente representa para a mãe.

Baseada nas novas concepções acerca de pacientes somatizantes provindas dos estudos de psicanalistas franceses (Marty, Fain, M'Uzan, David), MacDougall descreve o que ela denomina *"um corpo para dois"* (1987), no qual ela especula sobre a fusão especular, psíquica e corporal da díade mãe-filho.

Grunberger (1979)

Centralizou os seus estudos no narcisismo do psicanalista e descreve como este pode utilizar o seu paciente como um espelho dele, de tal modo que gratificar o analisando é gratificar a si próprio.

P. Ailagnier (1975)

Tem estudado particularmente o uso abusivo que as mães (ou analistas) cometem ao violentar a criança (ou o paciente) com a imposição especular de seus próprios interesses e "desejos identificatórios". Ou seja, trata-se da mãe que reflete à criança não quem de fato ela é, mas como deve e *não* deve ser, sentir e expressar suas emoções, assim como *quem* ela será no futuro. Fica implícito que o não cumprimento dessa profética imagem custará um preço elevado ao seu filho ("... Teu nome é João, és o filho adorado e obediente da mamãe, quando cresceres serás um médico famoso e, se não for assim, me causarás uma profunda decepção e correrás o risco de me deixar muito deprimida ou colérica...").

ESPELHO E CAPACIDADES DO EGO

Senso de Identidade

Uma primeira conclusão a ser tirada da síntese antes feita é a de que há uma concordância geral quanto à importância do recíproco espelhamento filho-mãe na formação da identidade da criança.

Nesse processo identificatório, da mesma forma como valoriza-se a incorporação do "seio bom" *versus* "seio mau", creio ser indispensável acrescentar a função estruturante do "olhar bom" *versus* "olhar mau" da mãe. É por meio de sucessivas experiências do "bom" olhar materno que se estabelece, na criança, a crença de que, se ela é vista como um objeto de amor, então ela existe, é um *ente*, ou seja, está nascendo uma "entidade". A passagem do estado de entidade para o de identidade começa a partir da instalação da confiança básica, a qual permite uma progressiva dessimbiotização, seguida de uma constância objetal e coesão do *self*.

A etimologia de identidade (*idem* + *entidade*) comprova que ela consiste em uma entidade que se mantém basicamente a mesma (idem), apesar das variações temporais, espaciais e sociais. A ausência do bom olhar estruturante equivale à presença do mau olhado do outro, e a ausência do olhar-espelho da mãe é compreendido pela criança como sendo solidão, escuro e silêncio. Pode-se dizer que a imagem necessita do espelho para construir-se, sendo que, muitas vezes, em condições patológicas, a auto-imagem resulta da "imagem do outro em mim".

Creio ser válido o entendimento de que a dialética "vida-morte" encontra uma correspondência psíquica ao nível mais primitivo do recíproco espelhamento bebê-mãe. Dessa forma, os sentimentos de morte (palavra derivada do étimo latino "*mors*") e de amor ("*a-mors*"?) podem confundir-se: o apaixonado projeta o sentido de sua vida no outro e, falhando a reciprocidade, ele perde o sentido do próprio viver ("morre para a vida"). Isso parece ser mais comum nas pessoas em que a mãe foi introjetada simultaneamente, como uma promessa de vida e uma ameaça de morte, e o pai foi afastado do mundo simbólico da criança e da mãe.

As primeiras representações do ego já incluem as relações objetais mais arcaicas do sujeito com o outro, *por meio da* e *na* imagem deste último, e constituem-se como sendo as imagos (em grego, *imago* quer dizer cópia, dublê). Não se pode perder de vista que a função especular humana é bilateral, ou seja, também a mãe busca sua imagem no espelho do filho. Muitos autores estão renovando o interesse psicanalítico pelo papel do "duplo" e destacam que este, assim como a imagem especular, caracteriza-se por uma bipolaridade. Por um lado, há o júbilo pela conquista da totalidade corporal que evoca a fantasia de imortalidade; por outro lado, o "duplo" suscita o terror ante o enfrentamento com o similar e que ameaça a sua unicidade. Esta "relação com o duplo", de importância nodal para a compreensão da organização narcisista, já fôra bem estudada por *Rank*, em 1914. Aliás, podemos constatar que, muitos anos antes do campo científico, a literatura antiga registrava a presença desse fenômeno, como foi assinalado na introdução deste trabalho.

O senso de identidade está intimamente relacionado com as avaliações que tanto nós como os demais fazemos de nós mesmos diante do espelho do juízo crítico, onde colhemos o que somos e o que não somos. As máscaras ("*personas*", no teatro grego) que, a partir daí apresentamos ao mundo e que constituem a (persona)lidade, são antecipações deste juízo.

Neste contexto, a patologia da identidade do indivíduo guarda uma relação direta com a patologia das identificações, sendo que as situações patológicas mais comuns são decorrentes do fato de que as identificações projetivas dos pais processam-se a partir de:

1) Transtorno da identidade pessoal deles próprios.
2) Excessivas expectativas narcísicas.
3) Depressão melancólica.
4) O filho foi indesejado.
5) Persistência da introjeção, nos pais, de figuras mortas e insepultas (aborto, por exemplo).

Por outro lado, nos casos de identificação "adesiva", nos termos descritos por E. Bick (1968), o sujeito não conseguiu introjetar uma função especular própria e, por isso, prolonga por toda a sua vida uma forma de espelhar-se nos outros e imitá-los.

Assim, a adesividade constitui-se como uma forma desesperada de recompor a ameaça de desintegração, sendo que não há projeção nem introjeção, apenas um "grudar-se".

Mahler (1975) destaca a especularidade na formação da identidade primária dizendo que ela "*...consiste de uma mútua reflexão durante a fase simbiótica. Este narcisístico e mutuamente libidinoso espelhamento reforça o delineamento da identidade por meio da magnificação e da reduplicação. Uma espécie de eco*".

Creio que é importante registrar os casos, especialmente em estruturas perversas, nos quais o ego fica cindido em distintas identificações. Assim, no fetichismo, em algum momento estrutura-se uma relação especular, o próprio ego duplica-se em sujeito (que pratica o ritual do registro imaginário) e em espectador (que se deleita).

Nas crianças cegas, os demais sentidos crescem de importância e cabe ao da audição assumir a principal função especular. E o que dizer das crianças surdo-mudas? Assim, foi Hellen Keller (apesar de ela não ser cega de nascença) e vale lembrar, em sua comovedora história, que foi por meio da leitura tátil, possibilitada pelo auxílio e amor de Ann Sulivan, que ela descobriu o mistério das palavras-símbolos.

Formação de Símbolos

A capacidade do ego relativa à formação de símbolos parece estar conectada com a especularidade. A palavra "símbolo", segundo Laplanche e Pontalis (1967), *"era para os gregos um sinal de reconhecimento (entre membros de uma mesma seita, por exemplo), formado pelas duas metades de um objeto partido, que se aproximavam"* (grifo meu).

Símbolo é, pois, a unidade perdida e refeita, sendo que esse encontro de duas metades pode ser entendido como equivalente ao jubiloso encontro da criança com a totalidade de sua imagem refletida. Dessa forma, se tomarmos as etapas do espelho de Lacan como um referencial, podemos perceber a transição do "imaginário" (corresponde ao que autores kleinianos descrevem como "equação simbólica") para o "simbólico". Não é demais lembrar de que, na conceituação de símbolo, a reunião das duas partes perdidas não visa à reconstituição da primitiva unidade simbiótica mãe-filho. Pelo contrário, essa busca do paraíso perdido é própria de pessoas muito regressivas e que mostram um sério prejuízo na formação de símbolos.

Na linguagem verbal, a palavra, ela própria, constitui-se em um importante símbolo que possibilita ao ego utilizar o verbo para fins de comunicação e não somente para a fala. A linguagem verbal começa como sendo uma imitação, nos moldes do espelho-eco da mãe e instala-se na época em que amadurece a capacidade inata da criança para a fala. Aliás, o eco não deixa de ser um espelho, repetidor, e não é por nada que a ninfa Eco ocupa um lugar de relevância no mito de Narciso. Nas etapas primordiais, a linguagem está conectada com as imagens visuais, como os sonhos comprovam. Se os pontos de fixação-regressão corresponderem à fase especular fusional, a finalidade da fala, como meio de comunicação do futuro adulto, ficará desvirtuada, como será detalhado mais adiante.

FUNÇÃO ESPECULAR E SOMATIZAÇÕES

Desde a vida intra-uterina, a biológica fusão do corpo provedor da mãe ao do bebê em gestação prolonga-se imaginariamente no recém-nascido. Supõe-se que essa fixação persista, em forma latente, por toda a vida, podendo manifestar-se em qualquer indivíduo, sempre que estiver ameaçado em seu sentimento de identidade e de integração, corporal e psíquica.

Essa fusão primitiva vai sendo acrescida de novos, incessantes e indiscriminados estímulos, provindos de todas as partes e que, juntamente com as respectivas sensações, angústias e significações, vão sendo arquivados e registrados como representações do ego. São representações DO corpo e que, em condições regressivas, podem expressar-se NO corpo.

São especialmente importantes as representações do registro imaginário da etapa da "não-integração" das partes do corpo (um importante conceito de Winnicott), assim como o da "desintegração" (ansiedade de aniquilamento derivada do instinto de morte, segundo M. Klein), ou de "despedaçamento" (*corpus morcelés*, de Lacan). Todas essas, para (re)comporem-se como uma unidade completa, requerem a função continente e delimitadora da mãe.

Creio ser adequado o uso da expressão "identificação especular" para caracterizar a condição em que a fusional matriz somatopsíquica do indivíduo persiste indiferenciada à da mãe. A partir desse vértice, certas situações clínicas podem ser melhor entendidas, como, por exemplo, a sensação que muitos pacientes psicóticos manifestam de não habitar o próprio corpo. Da mesma forma, creio ser possível formular uma hipótese, a ser investigada, de que determinados estados hipocondríacos crônicos possam ser resultantes de uma identificação especular com uma mãe corporalmente doente, tanto no real como no imaginário.

O ESPELHO NO MITO DE NARCISO

A clássica e simplista versão de que Narciso mirava-se nas águas da fonte porque estaria apaixonado por si mesmo pode ser, hoje, ampliada por um entendimento bem mais complexo. A partir da versão de Ovídio, acredita-se que o elemento essencial do mito consiste na busca de Narciso por uma fusão especular: no reflexo das águas da fonte (mãe, fonte da vida), ele busca a si mesmo. No entanto, ele está condenado a nunca encontrar a sua real imagem refletida, pelo fato de que essa corresponde a uma etapa evolutiva em que ela está indiscriminada e confundida com a da mãe. Na versão de Pausanias, Narciso mirava-se no espelho para acalmar a pena pela perda de sua irmã gêmea que, como ele, também era belíssima. Também aí pode-se reconhecer a busca gemelar, a sombra, o duplo, ou seja, a parte que lhe faltava para compor a totalidade de sua imagem corporal.

Narciso comporta-se da mesma forma como a flor que lhe dá o nome, tal como é descrita por Brandão (1987), como *"bela, inútil, decorativa, estéril, venenosa, dá junto às águas, é estupefaciente (de acordo com a sua raiz etimológica – Narke – de onde vem narcótico), é de vida breve e simboliza a morte e a ressurreição"*.

Tirésias – o personagem articulador entre Narciso e Édipo, pelo fato de ter presença relevante em ambos os mitos – profetizara a Liríope que o seu filho Narciso viveria enquanto ele não conhecesse a si próprio. Essa profecia pode ser entendida como um atestado de que há uma incompatibilidade entre o (não) conhecimento que resulta de mirar-se no espelho da díade narcisista e a forma de conhecimento da formação simbólica que é própria da tríade edípica. A transição do espelho da ilusão para o da realidade exige que Narciso morra, como no mito, e metamorfoseie-se em Édipo.

O ESPELHAMENTO NO VÍNCULO ANALÍTICO

Todas as considerações a seguir sobre o espelhamento na prática analítica partem, é evidente, da premissa de que a relação analista-analisando constitui-se, sempre, como uma unidade de intercâmbio especial, de ordem vincular e especular, e não o de uma simples relação linear entre duas pessoas estranhas.

É com pacientes muito regressivos que a função especular adquire uma especial significação na relação analítica. Esse tipo de paciente está procurando sobreviver ante uma ansiedade que o ameaça de aniquilamento, de despedaçamento corporal e psíquico. Por essa razão, ele está em busca de uma identidade, bem como do resgate da totalidade de sua imagem e, para tanto, ele vai necessitar de um espelho, na pessoa do seu analista. Um espelho, plano e liso, que o reflita exatamente como ele é, ao contrário de um analista-espelho que se comportasse como um prolongamento dos passados espelhos convexos ou côncavos que tanto distorceram a imagem de seu paciente; pior ainda seria o analista reproduzir um espelho embaçado, que não reflita nada.

Neste ponto, merece uma profunda reflexão a conhecida regra da Neutralidade, formulada por Freud em 1912: *"O médico deve ser opaco aos seus pacientes e, como um espelho, nada deve mostrar a eles além do que lhes é mostrado"*. Sabemos que, em sua prática clínica, Freud não se portava assim; pelo contrário, ele era muito diretivo e trabalhava numa atmosfera de envolvimento afetivo. Por outro lado, em uma outra recomendação técnica, ele ensinava que a função do analista não deveria ser a de *"... profeta, salvador ou redentor"*. Tudo isso permite inferir que ele não preconizou uma atitude, como muitos analistas equivocadamente adotaram, de um espelho frio, meramente um passivo refletor. Creio que Freud tivera a intuição da função especular do psicanalista nos termos que estamos descrevendo, ou seja, mais do que servir de um mero espelho DO paciente, ele deve constituir-se como um novo espelho AO seu paciente, onde este possa mirar-se de corpo inteiro e possa, assim, ver a si próprio e não a imagem do seu analista.

A transferência especular, especialmente a do tipo fusional, adquire uma relevância em face da possibilidade, nada rara, de ela eternizar-se, no caso de encontrar um ressonância em analistas de exageradas características narcisísticas. Pelo contrário, a única forma de o analisando passar do plano do imaginário para o do simbólico é pela atitude interna do seu analista que, tal como a função da *"Lei do Pai"* (Lacan), faça sucessivas confrontações com a realidade, rasgando as máscaras e quebrando os espelhos da idolatria narcisista. Por outro lado, se o analista não respeitar o ritmo do seu analisando e repudiar totalmente, desde o início, essa forma de aproximação desse tipo de paciente, o mais provável é que esse abandonará a análise ou se manterá submetido masoquisticamente a ela. Outra possibilidade é que ele permeie a sua análise com frenéticos *actings*, em busca de reasseguradores objetos-espelhos.

Foi destacado antes que a linguagem verbal tem uma íntima conexão com a especularidade evolutiva, e que a fala pode sofrer uma patologia de sua função básica que é a da comunicação. A causa principal é a da fixação na fase especular imaginária, onipotente, e as formas mais comuns do desvirtuamento da comunicação verbal do analisando são as seguintes:

1) Ele pode atribuir uma força mágico-onipotente às suas palavras, da mesma forma como seus primeiros balbucios encontra-

vam eco na mãe, que prestimosamente satisfazia os seus anseios.

2) Em caso de regressões extremas, o paciente não se fará entender porque as suas palavras estarão veiculando equações simbólicas em vez de símbolos.

3) Ele não sentirá necessidade em ser claro em sua fala (na relação analítica isso manifesta-se comumente sob a forma de silêncios ou de frases subentendidas e reticentes), devido à sua crença mágica de que o analista, como a sua mãe outrora, qual um espelho, logo absorverá e refletirá a sua imagem.

4) O conteúdo de sua fala se limitará a ser um mero refletor, tipo eco, do discurso parental.

5) Ele falará somente aquilo que vier a refletir uma atitude de aprovação do analista, seu espelho (nesse caso, ele liga pouco ao conteúdo das interpretações e muito mais à forma, libidinizada, tal como a tonalidade da voz do analista, etc.).

6) O paciente pode libidinizar a sua fala (mamãe exultava maravilhada ante as suas primeiras frases) e, neste caso, a sua linguagem ficará mais voltada para provocar um efeito estético do que para comunicar.

7) Como uma forma de *acting*, ele vai procurar pessoas-espelhos que se ajustam a ser induzidas a dizer o que o paciente necessita e deseja ouvir, a fim de manter a sobrevivência de sua auto-imagem e da auto-estima.

8) Ele regredirá a um nível pré-verbal, em cujo caso a sua comunicação, de ordem muito primitiva, processar-se-á por meio de excessivas identificações projetivas, veiculadas por gestos, atitudes, sintomas, *actings*, queixas hipocondríacas e somatizações.

Uma etapa da evolução da análise que exige muito da adequação do analista é quando começa a processar-se no paciente a transição da transferência especular-fusional para uma forma mais realista e amadurecida, e que, como é fácil depreender, costuma vir acompanhada de um incremento de angústia.

Muitas formas de comunicação descritas como sendo resistências de oposição à análise são, na verdade, manifestações de transferência especular.

Entre essas, é muito comum que tais pacientes evitem o uso do divã, pois necessitam mirar o rosto e o olhar do analista, e que manobrem no sentido de receber deste respostas diretas e espelhadas, sob a forma de respostas, opiniões e ações.

O entendimento do papel do psicanalista como o de uma função de espelho ao seu analisando faz mudar a concepção puramente transferencialista que, fundada no clássico "é aqui, agora e comigo", leve o terapeuta ao papel de mero decodificador das mensagens inconscientes de seu paciente, uma a uma. Pelo contrário, a todas essas formas desvirtuadas de comunicação o analista deveria portar-se como um *"espelho ressignificador"*. Isso quer dizer que ele, por meio de assinalamentos, confrontações, indagações, além das interpretações transferenciais propriamente ditas, devolverá as projeções ao seu paciente, em doses mitigadas, devidamente compreendidas, nomeadas e, principalmente, irá refleti-las com outras significações. Não é demais lembrar que, no caso de pacientes muito regressivos, a linguagem adulta e simbólica do analista é ineficaz, e cresce em importância a "atmosfera analítica", a qual é basicamente determinada a partir da sua função especular. Dessa forma, sabemos todos que as interpretações, mesmo as exatas, só serão eficazes se forem acompanhadas de uma atitude básica, interna, tanto da parte do analista como do analisando.

Entre as muitas características que compõem a aludida atitude básica (capítulo 41), seleciono uma: a do *respeito*, não tanto pelo seu significado convencional, mas, muito mais, pelo que sua etimologia ensina-nos. A palavra respeito forma-se a partir de *"re"* (de novo, voltar para trás) + *"spectore"* (olhar). Isso quer dizer que o paciente, ao mirar-se no espelho-analista, a partir de um retorno transferencial às suas origens, veja-se refletido como alguém que é entendido, valorizado e amado. Dessa forma, sendo respeitado, o analisando passa a respeitar o seu analista (corrige as distorções, tanto as denegridas como as idealizadas) e, sobretudo, desenvolve a sua própria capacidade de auto-respeito.

Essa evolução corresponde a uma gradual emancipação de sua dependência em relação ao analista como sendo o seu espelho aprovador e, pela introjeção da função especular deste, o analisando desobriga-se do papel de ser eternamente apenas a sombra do desejo da mãe e desenvolve a sua capacidade para auto-reflexões, o que se constitui no que Bion denomina a *"função psicanalítica da personalidade"*.

PARTE 3

Psicopatologia

CAPÍTULO 17

Neuroses

No início de sua obra, Freud dividiu os transtornos emocionais, que então ele denominava *psiconeuroses*, em três categorias psicopatológicas: 1) As *neuroses atuais* (que estavam em desuso na psicanálise, mas que recentemente voltam a ocupar, com esse mesmo nome, um lugar de destaque, principalmente a partir dos estudos com pacientes somatizadores). 2) As *neuroses transferenciais*, também conhecidas como *psiconeuroses de defesa* (que eram as histerias, as fobias e as obsessivas). 3) As *neuroses narcisistas* (que constituem os atuais quadros psicóticos). Freud afirmava então que somente as neuroses transferenciais poderiam ser tratadas pelo método psicanalítico, visto a transferência ser a matéria-prima da psicanálise, e, na época, a psicanálise não reunia condições para perceber a existência da transferência naqueles pacientes que estavam em um estado de encapsulamento narcisístico próprio das psicoses.

De lá para cá, muita coisa modificou substancialmente na ciência da psicanálise e na da psiquiatria: as síndromes da psicopatologia foram ganhando uma crescente compreensão genético-dinâmica e paralelamente os autores foram ampliando, subdividindo, diversificando, construindo novos modelos e, portanto, aumentando a complexidade nosológica, tal como aparece nas modernas classificações diagnósticas, como o DSM ou o CID. Seguindo o planejamento do presente livro, fica evidente que este capítulo não ficará reduzido à simplória (vista de hoje) classificação original de Freud, porém tampouco pretenderá, sequer de perto, abranger a totalidade dos tópicos nosográficos daquelas classificações oficiais.

Assim, pode-se começar dizendo que as estruturas caracterológicas, os sintomas, as inibições e os estereótipos que configuram as diversas síndromes psicopatológicas resultam de um jogo dialético entre as relações objetais, as ansiedades e, para contra-arrestá-las, os tipos de mecanismos que são utilizados pelo ego. Pode-se dizer, psicanaliticamente falando, que fazer um diagnóstico clínico implica fazer uma análise sintática de como se articulam entre si as diferentes partes e níveis das várias subestruturas psíquicas, sendo que, de início, é útil estabelecer uma distinção entre sintoma, caráter, inibição e estereotipia.

Quando falamos em *sintoma*, estamos nos referindo a um estado de sofrimento que o paciente acusa, e do qual está querendo livrar-se, porquanto o sente como um corpo estranho a si. É evidente que existe a possibilidade, nada rara, de que a pessoa manifeste claramente um sintoma facilmente observável pelos outros (alcoolismo, mudança de conduta, alguma evitação fóbica, etc.), porém que está tão egossintônica que o paciente, aparentemente, não o está percebendo e está sofrendo.

O termo *caráter* designa um estado – organizado – da mente e da conduta que pode resultar harmônico e saudável, mas também pode acontecer que, por mais sofrimentos que ele possa estar causando aos outros e cometendo prejuízos para si próprio, muitas vezes mutilando suas capacidades latentes e reais, sempre prevalece uma egossintonia, escudada em racionalizações muito bem engendradas. Para dar um único exemplo, pode ser um caráter obsessivo de uma pessoa bem adaptada e até bem-sucedida, mas que sofre um enorme desgaste pelo seu medo de cometer algum erro, por mínimo que este seja, ao mesmo tempo em que impõe igual intolerância às falhas dos outros.

A *inibição* é um estado que tanto pode ser a preliminar de um sintoma que está se organizando como também pode já estar constituído por um permanente traço de caráter, como pode ser, por exemplo, uma timidez aceitável que possa já estar expressando uma "fobia social".

O termo *estereótipo*, embora não apareça muito na literatura psicanalítica, deve, a meu juízo, ser incluído, porquanto ele designa aquelas atitudes aparentemente normais que o sujeito executa no seu dia-a-dia, mas que uma observação mais atenta vai comprovar que ele executa os seus papéis na família, sociedade e no trabalho de uma forma mecânica, sem fazer modificações, girando em torno de uma mesma órbita, como quem está unicamente cumprindo *papéis* fixos e estereotipados (tanto papéis normais como patológicos) que, desde muito cedo, foram-lhe designados pelos pais e educadores, e que, de alguma forma, mutilam a sua personalidade.

Os pacientes portadores de estruturas neuróticas caracterizam-se pelo fato de apresentarem algum grau de sofrimento e de desadaptação em alguma, ou mais de uma, área importante de sua vida:

sexual, familiar, profissional ou social, incluída, também, é evidente, o seu particular e permanentemente predominante estado mental de bem ou mal-estar consigo próprio. No entanto, apesar de que o sofrimento e prejuízo, em alguns casos, possa alcançar níveis de gravidade, os indivíduos neuróticos sempre conservam uma razoável integração do *self*, além de uma boa capacidade de juízo crítico e de adaptação à realidade. Outra característica dos estados neuróticos é a de que os mecanismos defensivos utilizados pelo ego não são tão primitivos como, por exemplo, aqueles presentes nos estados psicóticos.

De um viés psicanalítico, pode-se discriminar, de forma genérica, cinco tipos de estruturas neuróticas: a de angústia, histeria, obsessivo-compulsiva, fobia e depressão. Embora, na atualidade, seja muito difícil de encontrar-se na clínica psicanalítica algum desses quadros em "estado puro", porquanto de alguma forma eles sempre aparecem mesclados, convém descrevê-los separadamente, de acordo com a nítida predominância que uma das formas adquire no psiquismo do sujeito, e que determina uma configuração neurótica mais específica. As histerias e depressões serão abordadas em capítulos específicos, de forma mais detalhada, levando em conta não só a sua freqüência e abrangência clínica, mas também que, em algum grau, elas sempre subjazem a qualquer estruturação psíquica, incluída aquela que costuma ser considerada como normal.

NEUROSE ATUAL

A neurose atual, segundo Freud, não é produzida por conflitos históricos, mas sim por motivos atuais, de modo que ela não depende estritamente de fatores psicológicos. Antes disso, a neurose de angústia seria resultante de fatores biológicos que agiriam através de substâncias químicas, sendo que o acúmulo dessas "toxinas sexuais" produzidas pelas excitações frustadas manifesta-se diretamente por sintomas de angústia livre, como taquicardia, palpitações, respiração ofegante, etc., que, diz Freud, *são aquelas mesmas que estão presentes no ato sexual*.

Inicialmente, Freud descreveu dois tipos de neurose atual: a **neurose de angústia** (resultante da libido estancada, como no caso do "coito interrompido") e a **neurastenia**.

Neste último caso, teria havido uma excessiva descarga de substâncias sexuais, como aconteceria no exagero da prática da masturbação, sendo que como decorrência dessa hemorragia de substâncias sexuais, a neurastenia caracteriza-se por um quadro sintomático de fraqueza, apatia, cansaço, etc. Posteriormente, em 1911, ao estudar o "*Caso Schreber*", Freud descreveu um terceiro tipo de neurose atual: a **hipocondria**, que poderia estar representando um núcleo "atual" de uma esquizofrenia

NEUROSE DE ANGÚSTIA

Conceituação

Freud estudou a angústia em dois momentos diferentes de sua obra. Na primeira formulação, a angústia seria conseqüente à repressão, o que provocaria uma libido acumulada que funcionaria de uma maneira "tóxica" no organismo. A partir de sua monografia *Inibições, sintomas e angústia* (1926) ele conceituou de forma inversa, ou seja, é a repressão que se processa como uma forma de defesa contra a ameaça de irrupção da angústia, mais especificamente, a angústia de castração.

A neurose de angústia consiste em um transtorno clínico que se manifesta por meio de uma *angústia livre*, quer sob uma forma permanente, quer pelo surgimento em momentos de crise. Em outras palavras, a ansiedade do paciente expressa-se tanto por equivalentes somáticos (como uma opressão pré-cordial, taquicardia, dispnéia suspirosa, sensação de uma "bola no peito", etc.), como por uma indefinida e angustiante sensação do medo de que possa vir a morrer, enlouquecer, ou da iminência de alguma tragédia.

Habitualmente, os psicanalistas empregam os termos "angústia" e "ansiedade" de forma indistinta, porém creio que cabe alguma distinção. O termo *ansiedade* (talvez tenha alguma relação com "ânsia", isto é, um desejo desmedido) designa alguma descompensação da harmonia psíquica interna, no entanto, nem sempre ela é visível ou perceptível porque, por meio de recursos defensivos que constituem os mais diversos tipos de negação da referida ansiedade, o sujeito pode estar impregnado por uma ansiedade latente sem que ela seja manifesta. Como exemplo disso, pode ser o caso de uma fobia específica a utilizar um elevador, sendo que essa pessoa nada sentirá enquanto puder administrar bem as suas técnicas evitativas dessa situação fobígena, porém um enfrentamento direto da situação ansiogênica pode fazer vir à tona, de forma ruidosa, aquela angústia que estava latente, aparentemente inexistente.

Por sua vez, a palavra *angústia* deriva do latim *angor*, que quer dizer "angustura, estreitamento, apertamento", o que traduz fielmente os sintomas que emergem e ficam livremente manifestos nos sintomas opressivos acima assinalados.

Na maioria das vezes, tais sintomas indicam que está havendo uma falha do mecanismo de repressão, diante de um – traumático – excesso de estímulos, externos e/ou internos. Nos quadros clínicos em que prevalece uma recorrência de episódios de crises de angústia, é necessário que se levante a hipótese que se esteja tratando do transtorno conhecido como "doença do pânico", o qual costuma responder muito bem à medicação específica.

Conquanto para Freud, como vimos antes, o termo "neurose de angústia" designasse uma das formas de "neurose atual" – portanto, sem estar diretamente ligada a antigas repressões – posteriormente, aquela terminologia também costumava ser utilizada na literatura psicanalítica para designar uma modalidade de neurose que guarda raízes históricas com fixações das repressões dos desejos proibidos que, por isso, quando surge uma ameaça do retorno do reprimido à consciência, a neurose de angústia manifesta-se pela via somática, através de sintomas de angústia livre.

Assim, é útil estabelecer uma certa diferença entre a neurose de angústia e a neurose atual. Enquanto a primeira alude mais diretamente à manifestação sintomática de uma angústia livre, resultante da ameaça de que os primitivos desejos proibidos, que estão reprimidos no inconsciente, retornem à consciência, a "neurose atual" refere mais diretamente que o sujeito não está conseguindo processar um excesso de estímulos que, na *realidade* e na *atualidade*, estão acossando ao seu ego. Caso o ego não consiga processar adequadamente esse estressante excesso de estímulos (Freud, em suas primeiras formulações acerca da neurose atual, exemplificava com a masturbação mal dirigida, ou com os edípicos incrementados por uma hiperestimulação ambiental), os mesmos escoarão por outras vias, como são as diversas possibilidades da fisiologia orgânica.

O termo "neurose de angústia" caiu em certo desuso visto que ela ora se confunde com a síndrome do pânico, ora com a neurose atual, ora com a angústia dos fóbicos diante de situações especificamente ansiogênicas. Aliás, nos primeiros tempos, Freud designava as fobias com a denominação de "histeria de angústia" o que evidencia a sua percepção de que a neurose de angústia e a fobia são parentes íntimos.

FOBIAS

Conceituação

Uma complexa e diversificada combinação de pulsões, fantasias, angústias, defesas do ego e identificações patógenas pode determinar na personalidade do sujeito uma estruturação de natureza fóbica. Pelo fato de que essa estrutura fóbica axial costuma ser multideterminada e variar intensamente de um indivíduo para outro, tanto em intensidade como em qualidade, ela configura-se clinicamente com uma ampla gama de possibilidades, desde as mais simples e facilmente contornáveis até as mais complicadas, a ponto de serem incapacitantes e paralisantes.

Assim, desde uma situação em que estão presentes alguns *traços* fóbicos na personalidade (sob a forma de inibições, por exemplo), passando pela possibilidade de uma *caracterologia* fóbica, caracterizada por uma modalidade evitativa de conduta, aliada a um típico estilo de comunicação e de lógica, pode-se atingir uma configuração clínica de uma típica *neurose* fóbica, sendo que em certos casos é tal o grau de comprometimento do sujeito, que não é exagero designar como *psicose* fóbica.

Por outro lado, embora não incomum que a fobia seja a manifestação única, tal é a sua predominância no paciente, o que costuma acontecer com mais frequência é que, como sintomas isolados, ela venha associada no mesmo indivíduo a outras configurações, como as histéricas e, principalmente, as obsessivas e as paranóides, suas legítimas "primas-irmãs". A propósito, creio que todo terapeuta com uma sedimentada experiência clínica há de concordar que os elementos fóbicos, obsessivos e paranóides andam sempre juntos e se interpenetram, porém elas estão estratificadas de uma forma que a estrutura obsessiva é a mais organizada no ego do sujeito e, quando ela falha, surge a predominância da estrutura fóbica e, igualmente, em um plano mais regressivo, surge a estruturação paranóide.

Além disso, não é demais repisar o que já foi assinalado antes, que é importante levarmos em conta o diagnóstico diferencial que deve ser estabelecido entre as fobias propriamente ditas, que vêm acompanhadas por uma intensa angústia-pânico, e aqueles quadros clínicos similares que se manifestam na "doença do pânico". Nem sempre é fácil a distinção entre ambas, no entanto, um critério útil consiste no fato de que na fobia há a presença de uma circunstância (objeto, local, alguma cena...) bem determinada, bastando evitá-la para que a angústia cesse; enquanto no transtorno do pânico é mais difícil correlacionar a origem desencadeante da causa da angústia com alguma clara causa definida e desencadeante.

Uma razão importante para que seja estabelecido um diagnóstico diferencial entre esses dois quadros clínicos é que a doença do pânico costuma dar uma resposta positiva (às vezes dramática) ao uso da moderna farmacoterapia da família dos antidepressivos, sendo relevante acentuar que, ao contrário do que muitos pensavam (e alguns ainda persistem), esse eventual uso da medicação em nada de negativo interfere no tratamento psicanalítico.

É útil lembrar que a Associação Americana de Psiquiatria, no seu *Manual Diagnóstico e Estatística de Transtornos Mentais*, quarta edição (DSM IV), situa as fobias dentre os *Transtornos de Ansiedade*.

Etiologia

Sabe-se que, na infância, as manifestações clínicas mais freqüentes são aquelas relativas aos medos, fobias (especialmente a animais) e aos "terrores noturnos". É difícil estabelecer uma classificação definitiva das fobias, pelo fato de que são muitos os critérios que podem ser empregados: assim, unicamente para exemplificar, se o referencial etiológico estiver baseado na fixação da etapa evolutiva, ela também permite várias vertentes etiológicas. Destarte, a fobia pode ser originária da clássica conflitiva da fase fálica-edípica, com o respectivo "complexo de castração", tal como está magistralmente descrito por Freud na fobia que o menino Hans tinha por cavalos. Entretanto, abundam evidências de que a fobia também pode estar radicada na fase anal, até mesmo porque essa etapa evolutiva coincide com os processos de "separação e individuação" da criança, conforme os estudos de M. Mahler e colaboradores (1975).

Da mesma forma, podemos adotar o ponto de vista da escola kleiniana, que enfatiza o fato de a fobia resultar da fixação na fase evolutiva do sadismo oral canibalístico, com a respectiva projeção dos primitivos objetos aterrorizantes sobre o espaço exterior que, então, transforma-se em fobígeno.

Pelo fato de que não há uma explicação unitária para a formação das fobias, cabe tentar classificá-las de acordo com a pluralidade *causal*, segundo a enumeração a seguir:

- Além da angústia de castração, também está sempre presente em qualquer fobia alguma forma de ansiedade de aniquilamento e, sobretudo, de *desamparo*.
- Existe uma permanente *simbolização e deslocamento* da ansiedade, que se constitui como uma cadeia de significantes. O melhor exemplo da rede de significantes que estabelecem um significado fóbico consiste em correlacionar como as fobias originais da criança, do medo da escuridão, da solidão e de estranhos, estão intimamente conectadas com o significado do medo de perda da mãe, ou do amor dela. Da mesma forma, comportam-se as representações simbólicas que, transmitidas pela cultura milenar, transformam-se em medos universais (serpentes, ratos, baratas, escuridão, etc.).
- Praticamente, sempre constatamos que no passado houve uma intensa *relação simbiótica* com a mãe, com evidente prejuízo na resolução das etapas da fase evolutiva da *separação-individuação*. Na prática clínica, é fácil observar a persistência desse vínculo simbiótico com a mãe, tanto a real como a que está internalizada no paciente. Correlato a isso, a figura do pai quase sempre foi desvalorizada e excluída, principalmente a partir do discurso da mãe.
- A patologia da fase de separação-individuação promove uma dupla ansiedade: a de *engolfamento* (resultante do medo de chegar perto demais e absorver ou ser absorvido pelo outro) e a de *separação* (pelo risco imaginário de perder o objeto), de tal sorte que é característico da fobia a pessoa criar um delimitado e restrito *espaço fóbico* para a sua movimentação.
- Um aspecto etiológico significativo é o que se refere à *identificação* da criança com a fobia de ambos pais, ou de um deles, bastante mais freqüentemente com a mãe, sendo comum que atribuam à criança – futuro adulto – o papel de proteger a fobia de solidão dos pais, assim construindo, às custas de um investimento fóbico no filho, aquilo que eu costumo chamar de *seguro-solidão*.
- Dessa maneira, adquire uma importância na etiologia da fobia o tipo de *discurso* dos pais, repletos com os respectivos significados fóbicos, nos quais, acima de tudo, prevalecem as palavras "cuidado"; "é perigoso",

"faz mal", "evita chegar perto", etc., etc. e que refletem uma excessiva carga de *identificações projetivas* dos temores dos pais na mente da criança.
- É evidente que essa ação fobigênica dos pais vai depender diretamente do grau de insuficiência das funções do ego da criança em poder discriminar e pensar sobre aquilo que está sendo invadido no seu psiquismo. Também pesa um prévio conhecimento quanto ao risco de que o medo do sujeito esteja justificado por uma ameaça real, ou que ele esteja fora de proporção, devido ao seu desconhecimento da natureza do fato que ele enfrenta, o que dá lugar à produção de fantasias de terror. Um exemplo banal: se diante de um trovão em dias de chuva a mãe se apavora e cria um cenário de terror em casa, com mil recomendações para os filhos, ela está criando um excelente caldo de cultura para a construção de uma fobia. Se, pelo contrário, essa mãe encarar o trovão com naturalidade e, melhor ainda, puder explicar que ele sempre acompanha o relâmpago que resulta das leis da natureza, quando ocorre o encontro de cargas eletromagnéticas positivas com as negativas, e que o trovão vem depois do raio porque a luz se propaga com uma velocidade muitíssimo superior que a do som, a criança fica tranqüila, pelo menos dessa fobia ela está livre, e, de "lambuja", ainda fez um aprendizado. Essa experiência gratificante para a criança, de ver o medo transformado em palavras que dão um *significado* e um *nome* ao que lhe é desconhecido, é aquilo que todo paciente, muito particularmente o que estiver bastante regressivo, espera do seu analista.

Características Clínicas

- Na clínica, como já foi acentuado, os estados fóbicos virtualmente sempre vêm acompanhados de manifestações paranóides e obsessivas, e sempre estão encobrindo uma depressão subjacente.
- Tanto ou mais do que a sexualidade conflitada, sempre encontramos uma má elaboração das pulsões agressivas.
- Há uma acentuada tendência a manifestações de natureza psicossomática.
- Basicamente, o que define uma condição fóbica é o uso, por parte do paciente, de uma *"técnica de evitação"* de todas as situações que lhe pareçam perigosas. Essa sensação de perigo decorre do fato de que a situação exterior fobígena (por exemplo, um elevador, um avião, uma viagem, um tratamento analítico...) está sendo o cenário onde estão sendo projetados, deslocados e simbolizados os aspectos dissociados das pulsões e objetos internos, representados no ego como perigosos.
- Por saber da irracionalidade de seus sintomas, o indivíduo fóbico desenvolve uma *"técnica de dissimulação"*, por vezes, até ao nível de um *falso self*, tal é o seu grau de culpa, vergonha e humilhação diante de seus temores ilógicos. Muitas outras vezes, a fobia não aparece manifestamente, e ela somente pode ser detectada pelo seu oposto, isto é, de sua conduta *contrafóbica*.
- Em certas fobias, como as claustrofóbicas e as agorafóbicas, sempre existe uma escolha de pessoas que se prestem ao papel de "acompanhantes" – e de continuadores – da mesma fobia. Essa é a razão pela qual determinadas características fóbicas, em certas famílias, perpetuam-se durante gerações. É útil assinalar que a grande "união" que muitos casais e famílias se vangloriam de possuir ("estamos sempre juntos, nunca nos separamos seja qual for a circunstância, etc.") muitas vezes pode estar expressando uma modalidade fóbica, na qual predomina a *"técnica de um controle mútuo"*.
- Na situação analítica, costuma ocorrer que o paciente fóbico, repetindo o que faz com todas as pessoas em geral, mantenha a *técnica da regulação da distância afetiva* com o terapeuta, de modo a não ficar nem próximo demais, para não correr o risco de ser "engolfado", e nem tão longe que possa correr o risco de perder o vínculo e o controle sobre o necessitado analista. De forma análoga, é freqüente a possibilidade de que, como uma forma de regular a distância com a análise e com o analista, eles faltem regularmente a muitas sessões ou apresentem outros tipos

de resistências, sendo que não é rara a possibilidade de que façam um tratamento "descontinuado", ou seja, com uma alternância de muitas interrupções e outras tantas retomadas, quase sempre com o mesmo terapeuta, constituindo aquilo que Nogueira (1996) chama de *"uma análise em capítulos"*.

• Uma outra decorrência de ordem prática é que os pacientes fóbicos, nos quais predomina a "ansiedade de engolfamento", podem responder muito persecutoriamente à insistência do analista em interpretar sistematicamente no "aqui-agora-comigo", não sendo poucos os casos que interrompem a análise em função disso.

NEUROSE OBSESSIVO-COMPULSIVA

Conceituação

No DSM-IV, essa entidade clínica está enquadrada como *transtorno obsessivo-compulsivo* (TOC). Da mesma forma que acontece em outras estruturações da personalidade, também a de natureza obsessiva diz respeito à forma e ao grau como organizam-se os mecanismos defensivos do ego diante de fortes ansiedades subjacentes.

Assim, embora a obsessividade possa ser um elemento comum em diversas pessoas diferentes, é importante que se faça uma indispensável discriminação entre os seguintes estados: 1) *Traços obsessivos* em uma pessoa normal, ou como traços acompanhantes de uma neurose mista, uma psicose, perversão, etc. 2) *Caráter marcadamente obsessivo.* 3) *Neurose obsessivo-compulsiva.* Sabemos que as duas últimas categorias se diferenciam especialmente pelo fato de que uma *caracterologia obsessiva* implica na presença permanente e predominante dos conhecidos traços de meticulosidade, controle, dúvida, intolerância, etc., sem que isso altere a harmonia do indivíduo ou que o faça sofrer exageradamente, embora ele apresente algumas inibições que o desgastam e possa estar infligido algum sofrimento aos que convivem mais intimamente com ele. Pode-se mesmo dizer que uma pessoa portadora de um caráter obsessivo, desde que esse não seja excessivo, é aquele que melhor reúne os sadios aspectos de uma necessária disciplina, método, ordem, respeito, moral e ética.

Já a *neurose obsessiva,* pelo contrário, implica um grau de sofrimento, a si próprio e aos demais, e também em algum prejuízo no seu funcionamento na vida familiar e social. É bem sabido o quanto, em certos casos, os sintomas obsessivos e compulsivos, compostos por dúvidas ruminativas, pensamentos cavilatórios, controle onipotente, frugalidade, obstinação, rituais e cerimoniais, atos que compulsiva e repetidamente são feitos e desfeitos num nunca acabar, podem atingir um alto grau de incapacitação total do sujeito para uma vida livre, configurando uma gravíssima neurose, beirando à psicose (recordei agora de uma jovem paciente, internada, que estava com as suas mãos em carne viva de tanto que, o tempo todo, lavava-as, esfregando nelas energicamente um sabão).

Vale lembrar que o termo *"obsessão"* refere-se aos *pensamentos* que, como corpos estranhos, infiltram-se na mente e atormentam o indivíduo, enquanto, por sua vez, o termo *"compulsão"* designa os *atos motores* que o neurótico executa como uma forma de contra-arrestar a pressão dos referidos pensamentos.

Também é útil esclarecer que o diagnóstico de "obsessivo" não define uma forma única de caracterologia, porquanto a mesma pode manifestar-se de formas opostas, ou seja, tanto são obsessivos aqueles nos quais predomine uma tendência à passividade e que tomam inúmeros cuidados antes de tomar uma iniciativa e deixam-se subjugar, como também são obsessivos aqueles nos quais prevalece uma atividade agressiva, que se tornam líderes com um perfil de mandonismo, intolerância a erros, falhas ou limitações dos outros, assim adotando uma postura despótica e tirânica, ainda que sejam pessoas sérias, bem-sucedidas e bem-intencionadas.

Etiologia

Muitos autores, desde Freud até os contemporâneos, têm exaustivamente estudado a gênese da estruturação obsessiva sob os mais diversos e múltiplos vértices de abordagem e de entendimento.

Como um roteiro para o leitor que quer acompanhar mais de perto a evolução das idéias de Freud acerca dos fenômenos obsessivo-compulsivos, segue um roteiro cronológico das sucessivas vezes que ele abordou essa temática. Na época pioneira, as suas primeiras idéias surgem em 1894 (*As psiconeuroses de defesa*), 1895 (*Obsessões e fobias*), e em 1896 (*Novos comentários sobre as psiconeuroses de defesa*). Um aprofundamento mais consistente e substancioso começa a aparecer desde 1907 (*Atos obsessivos e práticas religiosas*, no qual ele formula a famosa sentença de que *a religião é uma neurose obsessiva universal, enquanto a neurose obsessiva é uma religião em particular*), prossegue em 1908 (*Caráter e erotismo anal*), 1909 (*Notas sobre um caso de neurose obsessiva*, mais conhecido como o famoso caso do *Homem dos ratos*), 1912 (*Totem e Tabu*, no qual ele compara o psiquismo dos neuróticos com o dos primitivos), 1913 (*A disposição à neurose obsessiva*), 1916 (*O sentido dos sintomas,* que constitui o capítulo 17 de *Conferências introdutórias à psicanálise*), 1918 (*Da história de uma neurose infantil*, celebremente conhecido como o caso do *Homem dos lobos*), 1926 (*Inibições, sintomas e angústia*).

Seguindo a Freud, que, sobremodo, na organização obsessiva, destacou a conflitiva edípica, com a ansiedade de castração, homossexualidade latente, masoquismo erógeno, etc., muitos outros autores, antigos e contemporâneos, trouxeram inúmeras outras contribuições. As mesmas vão desde Abraham, que ligou as obsessões à existência de um superego rígido formado desde a educação dos esfíncteres, que ele chamava de *"moral dos esfíncteres"*, até aqueles que, como Meltzer, J. Ch. Smirgel, entre tantos outros, valorizam não só as pulsões sádico-anais, tão bem destacada pela escola kleiniana, mas também destacam a participação do *narcisismo*, com a atribuição de um papel importante às ambições do ego ideal e das expectativas do ideal do ego, de modo que são comuns expressões como "idealização das fezes", "narcisismo anal", "pênis fecal", etc. Esta última expressão, segundo J. Smirgel (1978), caracteriza aqueles pacientes masculinos que vivem em um "estado anal", e por um mecanismo narcisista onipotente "reduzem tudo a uma mesma merda", assim abolindo as insuportáveis diferenças que ele tem com os outros.

Resumidamente, os fatores etiológicos mais marcantes consistem na existência de:

1) Pais obsessivos que impuseram um superego por demais rígido e punitivo.
2) Uma exagerada carga de agressão que o ego não conseguiu processar, e, igualmente, uma falha da capacidade do ego na função de síntese e discriminação das permanentes contradições que atormentam o obsessivo.
3) Do ponto de vista estrutural, há um constante conflito *intra-sistêmico* (o ego está submetido ao superego cruel e, ao mesmo tempo, ele está pressionado pelas demandas enérgicas do id) assim como um conflito *intra-sistêmico* (por exemplo, dentro do próprio id, as pulsões de vida e de morte podem estar num forte conflito; ou, nas representações do ego, o gênero masculino e o feminino não se entendem entre si, etc.).
4) Muitos autores apontam a importância da defecação para a criança, com as respectivas fixações anais que se organizam em torno das fantasias que cercam o *ato* de defecar; o significado atribuído às fezes (que a criança vivencia como sendo a sua "obra"), a relação que a criança tem com os pais que podem determinar se o defecar e urinar representam sadias e estruturantes conquistas suas, ou uma forma de presentear os educadores, ou uma forma de poder controlar e castigá-los.
5) De forma análoga, também importa a fixação no psiquismo da criança daquela conhecida equação de Freud, pela qual ele postulava que a criança equipara as fezes a pênis, bebês e presentes. No entanto, ninguém contesta que a educação esfincteriana da criança, quando adequadamente exercida pela mãe, representa um importante fator de estruturação do psiquismo.

Características Clínicas

De uma forma algo abreviada, os seguintes aspectos merecem ser destacados:

- O termo "obsessivo" etimologicamente deriva dos étimos latinos "*ob*" (quer dizer: contra, a despeito de...) + "*stinere*" (significa: uma posição própria, tal como aparece em "de-stino"), bastando isso para definir o quanto existe uma ambigüidade e ambivalência no sujeito obsessivo, resultante do fato de que, por um lado, ele sente o seu ego submetido a um superego tirânico (ele é obrigado a fazer, a pensar, ou a omitir, sob penas de...), ao mesmo tempo em que ele quer tomar uma posição *contra* esse superego e dar livre vazão ao id.
- Esse conflito entre as instâncias psíquicas explica os sintomas, já mencionados, de ordem, limpeza, disciplina, escrupulosidade e afins, que caracterizam o obsessivo, sendo que a obsessividade pode manifestar-se com dois perfis caracterológicos: um se manifesta sob uma forma passiva (corresponde à

chamada "fase anal retentiva") e o outro tipo é de natureza ativa (corresponde à "fase anal expulsiva"), como foram denominadas por Abraham. Os primeiros, aqueles obsessivos que podemos considerar como sendo do tipo *"passivo submetido"*, apresentam uma necessidade enorme de agradar (melhor seria dizer: não desagradar) a todas as pessoas, devido à sua intensa ansiedade em poder magoar ou vir a perder o amor delas. Assim, esse tipo de obsessivo pode ficar no papel da criança intimidada e submetida aos objetos superegóicos, as quais passam o tempo todo pedindo "desculpas", "por favor", "com licença", "muito obrigado"..., ou adotando atitudes masoquistas. A segunda modalidade caracterológica de obsessivos consiste no tipo do *"ativo-submetedor"*, que resulta de um processo de *identificação com o agressor* pelo qual o sujeito adquire as características de exercer um controle sádico sobre os outros, aos quais ele quer impor as *suas* verdades.

- Em ambos os tipos de neuróticos obsessivo-compulsivos há uma permanente presença de pulsões agressivas, mal resolvidas, de um *superego* rígido, muitas vezes cruel, ante a desobediência aos seus mandamentos, e de um *ideal de ego* cheio de expectativas a serem cumpridas, sendo que tudo isso mantêm-nos em um continuado estado de culpa.
- Os *mecanismos defensivos* mais utilizados pelo ego para poder sobreviver à carga das ameaças são os de *anulação* (desfazer aquilo que já foi feito, sentido ou pensado), de *isolamento* (isolar o afeto da idéia), *formações reativas* (como forma de negar os sentimentos que lhe despertem ansiedade), *racionalização* e *intelectualização* (especialmente na situação analítica, são muito empregadas a serviço das *resistências*). Mais ainda, existe a defesa inconsciente que consiste em utilizar um sistema de pensar ruminativo, cavilatório, com uma nítida preferência pelo emprego do *"ou"*, disjuntivo, no lugar do **"e"**, integrativo, de sorte que a presença compulsiva e recorrente de certos pensamentos obsessivos visam justamente anular a outros pensamentos que estão significados como sendo desejos proibidos.
- Se falham as defesas obsessivas, aparecem extratos mais primitivos da mente (como ânsia de fusão com o objeto, por exemplo) e que podem provocar soluções fóbicas, paranóides ou perversas. Da mesma forma, como conseqüência da relação íntima que existe entre obsessividade, fobia e paranóia, freqüentemente observa-se que muitas vezes as obsessões não são mais do que uma modalidade de *contrafobia* e, em outras vezes, o detalhismo obsessivo está claramente a serviço das desconfianças e da conseqüente defensividade paranóide. Nesse último caso, o sujeito fica sendo um polemizador, ele querela e porfia em cima de detalhes mínimos (ele sempre tem um "não" engatilhado na ponta da língua, ou quando diz "sim", em seguida vem um "mas"...), configurando aquilo que, comumente quando alguém quer se referir a alguém "chato", define-o como sendo um "pentelhador".
- A escolha de suas relações objetais costuma recair em pessoas que se prestem a fazer a complementação dos dois tipos antes descritos, como é, por exemplo, o de uma relação tipo dominador x dominado; ativo x passivo; sádico x masoquista, etc.
- Quando prevalece uma obsessividade narcisista, o sujeito exibe uma *superioridade*, por vezes muito bem disfarçada sob uma capa de modéstia, pela qual ele tenta convencer aos outros (e a si próprio) o quanto ele é, entre todos mais, o mais honesto, dadivoso, humilde (faz lembrar aquela anedota do sujeito que se jactava de ter conseguido o título mundial do "sujeito mais humilde"), etc. Essa superioridade obsessiva pode manifestar-se por uma dimensão "moral", que consiste no fato de que o sujeito se torna, compulsivamente, um *"colecionador de injustiças"*.
- Freqüentemente, os obsessivos encaram a *sexualidade* do ponto de vista da analidade (cuidados de limpeza e assepsia, sentimento de ser propriedade, ou ser proprietário, do(a) parceiro(a), controle do orgasmo e exagerados escrúpulos em utilizar os recursos orais e anais que uma sexualidade adulta permite). Também acontece seguidamente uma dificuldade em o obsessivo "soltar-se" no ato

sexual, com a conseqüência de uma dificuldade orgástica, porquanto uma "parte" de sua mente está inconscientemente "escalada" para funcionar como "observadora" daquilo que está se passando com os dois da parceria. Quando prevalece a obsessividade narcisista, é tal o pavor de que haja um fracasso da potência ou da orgasmia, que ele(a) usa de mil subterfúgios para evitar o enfrentamento de uma ligação erótica porque não se entregam ao ato precipuamente na busca de um prazer, antes disso, é como se estivessem se submetendo a um exame de avaliação de sua auto-estima, sempre a perigo, e daí a facilidade de instalar-se um círculo vicioso de medo e evitação, que acaba adquirindo características fóbicas.

- *Na situação analítica*, o risco é de que o paciente obsessivo consiga fazer prevalecer o seu controle, sobre si mesmo e sobre o terapeuta, pelo uso de seus habituais mecanismos defensivos: o de um *controle onipotente* (deixa o processo analítico estagnado); o *deslocamento* (para detalhes, que se tornam enfadonhos e podem provocar uma, esterilizante, contratransferência de tédio); a *anulação* (com o emprego sistemático de um discurso na base do "é isto, mas também pode ser aquilo, ou, não é nada disto..."; a *formação reativa* (sempre gentil, educado e bem comportado, o paciente não deixa irromper a sua agressão reprimida), o *isolamento* (em narrativas desprovidas de emoções), etc. É preciso levar em conta que a força mágica que o neurótico obsessivo empresta aos seus pensamentos e às suas palavras colabora para que o seu ego mobilize as defesas mencionadas.

É fácil o terapeuta perceber o quanto o "ideal do ego" se constitui como o tirano do paciente obsessivo, forçando-o a uma *idealização da perfeição* e a adotar um estilo de pessoa *excessivamente lógica*. O sujeito esforça-se ao máximo para atingir um perfeccionismo, porém nada adianta; não vem a recompensa imaginada e com facilidade ele fica aprisionado em um estado de decepção e depressão.

O maior cuidado que o analista deve ter consiste na possibilidade de ele se deixar equivocar pela colaboração irretocável desse paciente, que costuma ser obsessivamente correto, assíduo, pontual, associa livremente, bom pagador, com boa apresentação e vida profissional geralmente bem resolvida; porém, existe a possibilidade de que este analisando mais esteja "cumprindo a tarefa de ser um bom paciente" do que propriamente alguém disposto a fazer mudanças verdadeiras. Nesses casos, não basta que as interpretações do analista estejam corretas, é necessário observar o destino que elas tomam na mente do obsessivo, se elas lá germinam ou se ficam desvitalizadas. Um bom recurso técnico é o de fazer um permanente confronto para o paciente entre o que ele diz, sente e, de fato, faz.

Histerias

Deliberadamente, preferi a forma plural (*histerias*) para titular este capítulo, tendo em vista que existe um largo leque de possibilidades de como o termo "histeria" costuma aparecer nos textos psicanalíticos, com formas e significados muitas vezes bastante distintos e até algo contraditórios entre si. Tanto é assim, que a histeria é o campo mais amplo da psicanálise, como também é o mais próximo da normalidade convencional, a tal ponto que, de certa forma, poderia abarcar a todas aquelas pessoas que se caracterizam por uma nítida predominância do emprego de repressões.

Mais ainda: o conceito de histeria abrange muitas modalidades e graus de quadros clínicos dentro da categoria de "neurose histérica", porém também permite ser abordado de outros vértices, como o de uma "personalidade (ou caracterologia) histérica" ou o da possível presença de "traços histéricos" em praticamente todas as personalidades normais ou psicopatológicas, inclusive em psicóticos. Pode servir como exemplo o fato de que, considerando unicamente a "neurose histérica", a mesma costuma ser descrita por múltiplos pontos de vista: assim, do ponto de vista psiquiátrico, essa histeria costuma ser dividida em dois tipos, a *conversiva* e a *dissociativa*, mais adiante explicitadas.

Do ponto de vista psicanalítico, cabe tomar a conhecida subdivisão de Zetzel (1968) que propõe a existência de quatro subtipos de pacientes histéricas, as quais ela denominou: 1) As "*verdadeiras*" ou "*boas*" histéricas, que atingem a condição de casar, ter filhos, com bom desempenho profissional e que se beneficiam com a psicanálise. 2) Outras, também "verdadeiras", com casamentos complicados, geralmente de natureza sadomasoquística, que não conseguem manter por muito tempo um satisfatório compromisso com a análise. 3) Aquelas pacientes que manifestam sintomas histéricos, que lhes confere uma fachada de pessoa histérica, mas que, na verdade, encobre uma subjacente condição bastante depressiva, sendo que essas pessoas não se completam em nenhuma área da vida. 4) As "pseudo-histerias", presentes em personalidades muito mais primitivas, sendo que a sua extrema instabilidade emocional justifica a antiga denominação "psicose histérica". Segundo Zetzel, a indicação de psicanálise para as duas últimas formas de personalidade histérica, especialmente a última, seria muito discutível.

Além disso, cabe acrescentar mais três aspectos: um, o de que a compreensão dinâmica dos autores quanto à etiologia da histeria também varia bastante, desde aqueles que priorizam, alguns exclusivamente, o pólo fálico, edípico, até outros psicanalistas que mais enfaticamente valorizam o pólo oral, narcísico. Um segundo ponto diz respeito a que as histerias se modificam conforme o contexto sociocultural vigente em uma determinada época. O terceiro aspecto consiste no fato de que a histeria é tão plástica e proteiforme, que de alguma forma, ela está presente em todas as psicopatologias, sendo que a compreensão dos psicanalistas deixou de ser unicamente da psicodinâmica dos conflitos sexuais reprimidos, mas também como uma expressão de problemas relacionais e comunicacionais.

Um espectro assim tão largo leva, inevitavelmente, a uma confusão conceitual e semântica, o que justifica o questionamento: *uma histeria ou muitas?*

EVOLUÇÃO HISTÓRICA DO CONCEITO

O próprio nome "histeria" (de "*histeros*" que, em grego, quer dizer "útero") já dá uma idéia clara de como os antigos atribuíam unicamente às mulheres a condição de serem as portadoras desse transtorno psicológico e, mais ainda, havia a crença de que elas estariam sendo presas de "maus espíritos" e, por isso, deveriam ser banidas da comunidade ou submetidas a rituais de exorcismo por meio de torturas.

Decorridos alguns séculos, o atendimento das histerias ganhou um certo cunho científico pelo grande mestre Charcot, que então pontificava em Paris, por meio da prática da hipnose com pacientes histéricas, experimentos esses que encantaram Freud e motivaram-no ao prosseguimento da investigação e prática clínica com pacientes histéricas. Na época em que Freud publicou *Estudos sobre histeria* (1895), quando ele recém estava esboçando as suas idéias psicológicas ligadas ao dinamismo do inconsciente, a comunidade médica ficou chocada porque até então a histeria era considerada uma doença degenerativa, que seria causada principalmente pela sífilis. No referido livro, escrito juntamente com Breuer, em quatro pacientes histéricas, Emmy von N. Lucy R., Katherina e Elisabeth, Freud começa verdadeiramente a encontrar o berço da psicanálise, e assim abrir as portas para novos descobrimentos em sucessivos trabalhos, sendo que o seu estudo mais notável acerca da histeria, publicado em 1905, é conhecido como o célebre *Caso Dora*.

A partir desse caso, assim como de outros tantos trabalhos, Freud traz aportes teóricos e técnicos sobre a histeria, sendo que ele tanto valorizou a sexualidade reprimida – gravitando em torno da conflitiva edípica – como também concebeu a feminilidade como sendo basicamente governada por um acentuado narcisismo. Daí, decorrem algumas conseqüências, como: • Uma preferência da histérica em ser amada, ao invés de amar; logo, um exagerado culto ao corpo. • A escolha do homem seria conforme o ideal do homem que ela gostaria de ser. • A constante existência de uma "inveja do pênis"; de onde se origina um "complexo de masculinidade". • Que a mulher procuraria satisfazer por meio de algum filho; além de outros aspectos afins.

Nos primeiros tempos, Freud também estabeleceu um diferença na etiologia da histeria e da neurose obsessiva: na histeria, o trauma sexual ocorre entre os 3 ou 4 anos e é experimentado passivamente pela criança, enquanto na neurose obsessiva a participação da criança no abuso sexual seria ativa e, por isso, ela vem a sofrer auto-recriminações.

Abraham, seguindo os passos de Freud, trouxe uma significativa contribuição ao subdividir as histerias em dois tipos, que ele considerou, respectivamente, como de tipo *passivo*, dependentes, e as de tipo *ativo*, que manifestam características fálicas e são extremamente competitivas com os homens.

Reich (1933), a quem a psicanálise deve o estudo do caráter, descreveu a "personalidade fálico-narcisista" que ele considerava como constituindo uma categoria psicopatológica própria, situada em um lugar intermediário entre a personalidade obsessivo-compulsiva e a histeria. Na atualidade, essa denominação de "fálico-narcisista", que caracterizava, sobretudo, uma forte agressividade viril, caiu em desuso, e as suas características clínicas foram absorvidas dentro da categoria mais ampla de "caráter histérico".

M. Klein esvaziou a importância da genitalidade na histeria ao sustentar, enfaticamente, a arcaica etiologia oral dos conflitos a ela inerentes, assim valorizando, sobretudo, as angústias paranóides e depressivas da criança em relação à mãe. Assim, para a escola kleiniana, a histeria seria uma organização defensiva contra uma psicose subjacente.

Green (1974) também destaca o aspecto defensivo da histeria, porém ele considera que esse escudo protetor representado pelo caráter exibicionista e histriônico, típicos do histérico, visam, sobretudo, a protegê-lo contra os seus núcleos depressivos, com vistas a equilibrar a sua auto-estima, que sempre está ameaçada, porquanto, no fundo, a pessoa histérica é extremamente frágil e instável.

Lacan retorna a Freud, mas ele o faz postulando que não é o pênis (como órgão anatômico) que a histérica busca de forma afanosa, mas, sim, o falo (símbolo do poder que, comumente, mas não exclusivamente, a criança atribui ao pênis do pai). No imaginário da criança, o falo designa justamente aquilo que falta à mãe, e que vem a ficar representado no seu ego como uma ausência, falha, falta e, por essa razão, ela pode passar a vida inteira acossada por desejos e demandas para preencher esse vazio imaginário.

Em resumo, na atualidade, à medida que escasseiam cada vez mais as histerias com os sintomas dramáticos dos primeiros tempos de Freud, em uma proporção inversa, abundam os escritos sobre os transtornos da "personalidade histérica". No entanto, os autores não rejeitam as descobertas anteriores e tampouco deixam de lado o desejo edípico com toda a sua constelação de conseqüências, embora esteja havendo uma crescente ênfase na organização narcisista da estrutura histérica.

Assim, muitos traços sintomatológicos e caracterológicos, classicamente considerados como histéricos, foram melhor estudados e comprendidos por meio da perspectiva do narcisismo, de modo que, nesses casos, mais do que o objetivo de conseguir uma relação afetiva estável, essa pessoa histérica visa, sobretudo por meio de um jogo sedutório, ser amada e desejada, para então triunfar sobre os objetos amorosos, que ficam sob o risco de serem desprezados e abandonados. As antigas feridas narcisistas tornam essas pessoas vingativas; contudo, elas não querem uma "vingança final", posto que precisam dos objetos, e assim utilizam a "tática da tortura", fazendo-os sentirem-se culpados (por um discurso repleto de queixas, lamúrias, cobranças, acusações, desqualificação e injeção de culpas), entremeados de momentos de muita paz e amor, com o propósito inconsciente de que as pessoas necessitadas se ocupem, cuidem e supram as demandas narcisistas, até tudo recomeçar de novo com o mesmo *script*.

TIPOS DE HISTERIAS

Como antes foi frisado, a histeria é tão plástica que, a rigor, pode-se dizer que, de alguma forma, ela está presente em todas as psicopatologias; no entanto, o termo *histeria* deve ficar restrito para aqueles quadros sintomatológicos e caracterológicos que obedeçam a uma estruturação própria e conservam uma série de pontos em comum.

A própria classificação nosológica das doenças mentais (DSM) não fica restrita a um único eixo: assim, partindo do eixo I (sintomas, psicopatologia) as histerias mantêm a velha divisão nos dois tipos, denominados como *conversivas* e *dissociativas*, enquanto que, visto do eixo II (caracterologia, transtornos da personalidade), o conceito é mais abrangente e inclui as denominações de *transtornos de personalidade histérica; personalidade infantil-dependente; personalidade fálico-narcisista; traços histéricos em outras personalidades; transtornos de personalidade histriônica...*

Histerias Conversivas

Diz respeito ao fato de que os conflitos sofrem uma "conversão" nos órgãos dos sentidos (cegueira, surdez, perda do tacto, alucinoses, etc.), e no sistema nervoso voluntário (contraturas musculares, paralisias motoras, etc.). A conversão segue a mesma deformação simbólica dos sonhos, sendo que muitas vezes os sintomas conversivos deixam transparecer com relativa facilidade o conflito subjacente. Um determinado sintoma conversivo pode conter muitos significados, como pode servir de exemplo a tosse que acometia a célebre paciente Dora, e que representava três aspectos: um simbolismo de sentimentos sexuais, agressivos, narcisistas e melancólicos, uma forma de identificação com a tosse da sra. K., sua rival sexual, e a aquisição de um ganho secundário. Por outro lado, vale consignar mais três aspectos acerca da conversão: ela não é específica das histerias, o diagnóstico diferencial, com doenças orgânicas, hipocondria ou manifestações psicossomáticas, nem sempre é fácil e, por fim, a constatação de que a psiquiatria moderna inclina-se acentuadamente para a postulação de que não há uma direta relação clínica ou dinâmica, entre os sintomas histéricos conversivos e os "transtornos de personalidade histérica".

Histerias Dissociativas

Os sintomas clínicos mais comuns que caracterizam esses quadros dissociativos consistem em desmaios, desligamentos, ataques do tipo epiléptico, estados de "*belle indiference*", sensações de despersonalização e estranheza, estados crepusculares e, mais tipicamente, os conhecidos casos de "personalidade múltipla" (como aparece nas "Três Faces de Eva", etc.). Esses últimos casos devem-se ao fato de que diversas representações distintas coexistem dentro do ego, dissociadas entre si, e que emergem separadamente na consciência de acordo com determinadas necessidades e circunstâncias.

Transtornos de Personalidade Histérica

Gabbard (1992), baseado no DSM, considera útil diferenciar "personalidade histérica" de "personalidade histriônica", embora, às vezes, elas superponham-se. O autor considera que a forma "histérica" é a mais sadia delas, porquanto os seus pontos de fixação estão radicados na fase fálico-edipiana, enquanto a forma "histriônica" está mais fixada nos primórdios orais. Os transtornos de personalidade histérica constituem o protótipo atual dentro do universo das histerias e manifestam-se por um conjunto de características que serão abordadas mais adiante.

Transtornos de Personalidade Histriônica

Esta denominação refere-se a uma forma mais regressiva de histeria, sendo que as suas manifestações são muito mais floridas que as das "histéricas", a ponto de alguns autores apontarem para um íntimo parentesco entre o histrionismo e os estados *borderline*. Destarte, a menina estabelece uma equação de igualdade sincrética entre o seio e o pênis, de tal sorte que, quando ela crescer, vai envolver-se em comportamentos sexuais promíscuos e insatisfatórios, pois o pênis masculino que ela tanto almeja não passa de um fetiche do materno seio feminino, em uma busca interminável e sempre incompleta. O termo "*histrião*", na Roma antiga, designava os atores que representavam "farsas bufonas ou grosseiras", de modo que, nas histerias, essa palavra alude àquelas pessoas que "representam" ser o que de fato não são, fingem, são falsas e teatrais, inclusive, são impostores na sexualidade, por meio de uma aparência de "hiperfeminilidade", ou, no caso dos homens, de uma "hipermasculinidade".

Caráter Fálico-Narcisista

Embora essa denominação tenha caído em desuso, alguns autores, como E. Bleichmar (1988), fazem questão de conservá-lo, pela razão de que designa uma configuração típica de pessoas histéricas, sobretudo pelas características de ocupar uma posição de poder, de privilégio e de superioridade que lhes garanta serem admiradas, reconhecidas como valiosas e com a posse de atributos que lhes elevem a um nível de perfeição. Uma fixação das meninas nessa etapa fálico-edípica gera uma rivalidade com os homens, freqüentemente com desejos de castração e de morte para com eles. Essa autora faz o interessante assinalamento de que o caráter fálico-narcisista não deve ser visto unicamente originário de conflitos edipianos, mas também deve ser levado em conta que essa mulher briga porque reivindica o seu direito de ter os mesmos direitos que a cultura concedeu aos homens. Creio que cabe acrescentar que há um risco de rotular uma mulher de "fálica", unicamente com base nos critérios antigos, porquanto o papel da mulher na sociedade moderna mudou completamente, e seria lamentável classificar uma mulher dinâmica, forte, emancipada e determinada, como "fálico-narcisista".

Personalidade Infantil

Nos "transtornos da personalidade do tipo histérico", do DSM III, os termos "personalidade histérica, histriônica ou psicoinfantil" aparecem virtualmente como sinônimos; logo, as pessoas portadoras de um caráter infantil-dependente aparecem aparentadas com a histeria, embora elas guardem características específicas. Dentre essas características, cabe destacar as seguintes: • O comum é a transparência de uma labilidade emocional difusa e generalizada. • Contrariamente ao tipo "fálico-narcisista", essas personalidades infantis costumam ser dependentes e submissas. • Apresentam demandas regressivas, infantis, oral-agressivas. • Uma conduta social inapropriada, com prejuízo do senso crítico. • Os desejos exibicionistas têm um caráter sexual menor do que nas marcadamente histéricas, no entanto, podem descambar para os extremos de uma pseudo-hipersexualidade ou o de uma inibição sexual. • A imitação prevalece sobre a verdadeira identificação; etc.

O QUE HÁ DE ESPECÍFICO NAS HISTERIAS?

Não existe propriamente uma especificidade perfeitamente circunscrita nas histerias, até mesmo porque, como vimos, existe uma diversidade de enfoques, nem sempre compatíveis entre si, porém vale afirmar que as diversas modalidades de histerias podem ser entendidas a partir das identificações de cada uma dessas pessoas, bem como da predominância das fixações, desde as narcísicas até as edípicas. No entanto, algumas características comuns, embora não exclusivas, podem ser assim sintetizadas:

- A existência de uma *mãe histerogênica*, que provoca na criança sentimentos muito contraditórios porque ao mesmo tempo ela é dedicada, falsa, cobradora, carinhosa, ambígua, usa a criança como uma vitrine sua, para exibir-se aos outros, e projeta no filho culpas, responsabilidades e seus próprios aspectos histéricos; enfim, provoca na criança um estado confusional, notadamente no que diz respeito ao sentimento de identidade.
- O *pai*, no caso das meninas, costuma ser simultaneamente sedutor e frustrador, permanentemente erotizando-as e permanentemente rejeitando-as. A confusão dos filhos pode aumentar no caso em que o pai é desqualificado pela mãe, já que "pai é alguém reconhecido como tal pela mãe, é aquele que tem autoridade e exerce a lei no seio da família", o que nem sempre acontece nesses casos. As pacientes histéricas com freqüência têm um pai insatisfeito com a esposa, que se voltou para a filha em busca da satisfação e da gratificação que não foi possível no casamento. A experiência clínica comprova o quanto é freqüente na mulher histérica que o pai era o seu centro do universo, enquanto a sua mãe restou desvalorizada, em um misto de amor e ódio.
- Em relação à *ansiedade* existente nas histerias, além da clássica angústia de castração, todas as demais podem ser sintetizadas na angústia de cair em um estado de desamparo e de baixa auto-estima.

- A tolerância às críticas e às frustrações, em geral, costuma ser muito baixa, vindo acompanhada por uma labilidade emocional, sugestionabilidade e uma alternância de idealização e denegrimento dos outros significativos.
- Os *mecanismos de defesa* predominantes são todos aqueles que levam a algum tipo de negação, como a repressão que Freud, nos primeiros tempos, apontava como sendo a única, além das demais formas denegatórias que, aos poucos, foram sendo descritas. Um mecanismo defensivo particularmente importante, e algo mais específico das histerias, consiste em uma dissociação das representações internas, de forma que é bastante freqüente que elas funcionem dissociadamente, ou seja, tal como se passa em um giro de um caleidoscópio, essas pessoas podem cambiar subitamente de identidade. De forma análoga, também é comum que uma pessoa histérica negue-se, conscientemente a praticar alguma atuação, mas inconscientemente (e "ingenuamente") ela faz de tudo para que esse *acting* aconteça.
- Em relação ao *sentimento de identidade*, é bastante freqüente a existência de um *falso self* (falta de autenticidade, insinceridade e um aparentemente inexplicável sentimento de falsidade), assim como também existe uma certa confusão quanto ao gênero sexual e outros aspectos identificatórios ("Sou mulher ou sou homem?; Sou criança ou adulto?; Sou hetero ou homossexual?, etc."). Um outro aspecto que complica a aquisição de um definido sentimento de identidade consiste no fato de que, como o histérico tem uma grande dificuldade em aceitar falhas e faltas, ele vai usar de todos recursos inconscientes (apelo às fantasias, provocação de certos papéis nos outros, etc.) a fim de conservar a crença imaginária de que ele continua sendo todos os personagens que habitam dentro dele, o que fica ainda mais complicado porque comumente as identificações são também feitas com figuras imaginárias.
- O *vínculo do reconhecimento* (capítulo 14) adquire uma enorme importância nas pessoas histéricas, porquanto elas estão permanentemente pressionadas pelas suas demandas de obtenção de provas concretas de que são amadas, desejadas e reconhecidamente valorizadas. Igualmente, há uma demanda por uma aprovação de suas teses narcisísticas ou, muitas vezes, masoquísticas. É tão intensa a demanda por um reconhecimento que, em algumas formas de histeria, transparece um egocentrismo e infantilismo, de modo que o outro significativo é utilizado unicamente como provedor das necessidades materiais e afetivas; assim como *não lhes basta ter o amor da pessoa amada, exigem ser o centro da vida desta pessoa.*
- Em razão dessa alta vulnerabilidade da autoestima, as pessoas histéricas são presas fáceis de estados depressivos, especialmente a, assim chamada, *"depressão narcisística"*. Para compensar esse permanente vazio existencial, buscam compensações na obtenção de dinheiro, beleza, prestígio, glória, jóias e de um consumismo exagerado.
- Destarte, *o corpo* adquire uma extraordinária importância para a pessoa histérica não só porque ela ficou hiperlibidinizada (quase sempre por excessivos estímulos erógenos na infância), mas também porque é por meio do corpo – uma forma de vestir, um sorriso enigmático, um olhar diferente, uma certa entonação vocal, alguma manifestação conversiva ou dissociativa – que a pessoa histérica pretende garantir a posse da pessoa desejada. A aparência externa do corpo também é levada a extremos (muitas vezes, dissimulada por um extremo oposto de total desleixo) porque é tão acentuada a desvalia dos autênticos valores internos que só resta o recurso da aparência externa como garantia de vir a ser reconhecida e valorizada.
- A *sexualidade* da pessoa histérica quase sempre está prejudicada e apresenta algum tipo de transtorno. De forma sumarizada, os seguintes aspectos devem ser destacados: 1) A permanência da primitiva fantasia de posse de uma "bissexualidade", a qual ficará incrementada quando o complexo de castração não tiver sido bem elaborado e prevalecer a fixação narcísica. A partir do reconhecimento da diferença dos sexos e da incompletude sexual, cada um buscará no outro sexo não apenas a satisfação do desejo eró-

tico, mas também o seu necessitado complemento narcísico. 2) A existência de transtornos da função sexual, como uma homossexualidade latente, transtorno do gênero sexual, alguma forma de inibir ou de castrar a genitalidade do(a) parceiro(a), algum grau de perversão sexual, impotência, anorgasmia, sendo que comumente a frigidez da mulher histérica funciona como um instrumento inconsciente de tipo narcisista, a serviço de não se humilhar perante o homem e, vingativamente, fazer com que este sinta-se um fracassado.

Assim, freqüentemente esse tipo de histérica usa a *técnica da provocação*, seduzindo o homem até o ponto de este mostrar-lhe o seu desejo por ela, quando então ela processa uma *fuga*, não raramente seguida de posteriores acusações de que ele foi grosseiro, vulgar e "estuprador".

Por outro lado, a mulher "frígida" também pode ser hipersexualizada, promíscua ou até plenamente orgástica, mas basicamente está sempre insatisfeita com os seus relacionamentos sexuais, de sorte que é freqüente haver uma grande carga erótica, porém com uma inibição genital. Também é comum nessas mulheres a existência de sonhos ou devaneios de relações sexuais sadomasoquistas, violação ou prostituição. Em linhas gerais, os dois itens descritos encontram um traço comum na afirmativa de Fairbairn, de que *"nas histerias, a genitalidade se expressa pela oralidade, enquanto a oralidade procura satisfação pela via da genitalidade"*.

- A escolha das relações objetais, mais particularmente a *escolha da parceria*, adquire algumas características típicas, como pode ser: 1) A de um(a) parceiro(a) com quem vai constituir uma configuração de um recíproco e alternante sadismo com masoquismo. 2) Quando prevalece uma "posição narcisista" (capítulo 13), o mais provável é que a escolha seja determinada pela necessidade de uma fusão narcisista com uma pessoa idealizada (a sua "outra metade"), com quem alimenta a fantasia de alcançar a completude, perfeição, eternidade, supressão das faltas e a abolição das diferenças, sendo que, mais cedo ou mais tarde, sobrevêm as decepções, seguidas de novas ilusões, em um círculo vicioso às vezes interminável. Tanto como uma forma de vingança ou como uma procura do inalcançável ideal narcísico, é bastante freqüente o problema da infidelidade, muitas vezes acompanhada por uma bem dissimulada cumplicidade do outro.

- Uma outra particularidade importante e típica das pessoas histéricas consiste na sua *forma de comunicação*, a qual guarda aquilo que Liberman denominou *"estilo demonstrativo"*, que consiste em uma forma dramatizada, e hiperbólica, de narrar os fatos. Esse estilo substitui a falta de uma capacidade para, de fato, *pensar* as experiências emocionais. Igualmente, tais pacientes utilizam bastante a linguagem não-verbal expressada pelo corpo, assim como também eles costumam pressionar para que os outros – representados pelos grupos familiar, social ou profissional – assumam o papel de protagonistas e dramatizem o *script* do drama inscrito no seu mundo interno, representando aqueles papéis que desempenham os personagens do seu teatro imaginário.

NA PRÁTICA ANALÍTICA

Embora seja difícil definir com maior precisão alguns referenciais de ordem técnica que cercam o tratamento analítico com pessoas portadoras de algum tipo predominante de histeria, tal é a extensão das variáveis de qualidade, quantidade e formas das manifestações histéricas, creio que existe muita coisa em comum entre todas histerias, sendo que, de modo genérico, os seguintes aspectos sobressaem:

- É fundamental a "atitude psicanalítica interna do terapeuta", porquanto, necessariamente, ele deve estar despido dos habituais preconceitos (pré-conceitos) pejorativos, que culturalmente estigmatizam a essas pessoas, assim como também ele deve estar preparado para não ficar de imediato envolvido nas malhas do "encantamento" que esses pacientes inicialmente provocam.

- Na definição do "contrato analítico", deve ser levado em conta que comumente esse tipo de paciente fecha o contrato com alguma facilidade. No entanto, também com alguma facilidade, podem interrompê-lo, ou porque não estavam bem motivados, ou porque, levados pelos seus desejos ilusórios, esses pacientes não calcularam bem as possibilidades *reais* de arcar com um tratamento tão longo, difícil e custoso, ou porque não suportam as inevitáveis frustrações que decorrem de um tratamento analítico bem conduzido, até porque esse tipo de paciente tem uma forte propensão para a idealização e, igualmente, para a decepção.

- Já vai longe, e está totalmente superada na atualidade, a época em que Freud e seguidores consideravam a histeria como exclusiva das mulheres, definindo que, unicamente, "*a histérica sofre de reminiscências*" e que, portanto, o tratamento consistiria em trazer para a consciência tudo aquilo que da conflitiva edípica estivesse reprimido no inconsciente. Para atingir esse objetivo, nos tempos pioneiros, Freud tentava pelas técnicas do hipnotismo, depois as substituiu pelas técnicas de "catarse", "ab-reativas", sendo que, a partir do seu fracasso com a famosa paciente Dora, ele passou a valorizar os aspectos transferenciais ligados à constelação edípica, o que hoje continua válido, embora somente em parte.

- Na atualidade, ninguém duvida de que o paciente histérico tem desejos sexuais, porém ele também tem feridas e necessidades narcisísticas, sendo que, na prática clínica, a regra é que estas últimas aparecem mascaradas por uma florida e estimulante manifestação de aspectos da sexualidade, que são fortemente tentadoras para o analista interpretar em termos transferenciais unicamente edípicos, quando o seu verdadeiro sofrimento radica nas falhas narcísicas. Esse aspecto é particularmente importante porque, embora o inconsciente do histérico faça de tudo para dissimular a dor narcísica por meio de uma fachada de sexualidade seguidamente erotizada e erotizante, bem no fundo, não há nada que mais o decepcione e provoque rancor do que quando as pessoas alvo da sedução, como o terapeuta na situação analítica, não consigam distinguir entre "os desejos do id e as necessidades do ego carente".

- No caso de uma histeria de características mais regressivas, pode-se dizer que não há um narcisismo saudável nesse paciente: ele exige o amor para alimentar o seu *self* onipotente e falso. Quando a mentira histérica desmorona, o paciente fixado na posição narcisista desmorona junto, afunda-se na depressão, e, para evitar a agonia resultante do desamparo e desesperança da depressão subjacente, ele pode utilizar-se do recurso histérico-paranóide de projetar culpas e responsabilidades nos outros, para tanto, podendo ir até o extremo de ameaças e tentativas suicidas, o que, na situação transferencial, provoca uma reação contratransferencial muito difícil.

- Igualmente, constitui uma contratransferência difícil o fato de que a necessidade de pensar e de verbalizar fica substituída por uma forma de comunicação não-verbal constante de *actings*, às vezes muito preocupantes (e que não raramente forçam a intervenção de familiares no *setting* analítico), ou por conversões, somatizações e transtornos da imagem corporal.

- A atividade interpretativa do analista deve ficar centrada nos seguintes aspectos: 1) usar a técnica da "confrontação", como, por exemplo, levando o paciente a confrontar se há similaridade em como ele se vê, e como os outros o vêem. 2) Para tanto, é válido utilizar a técnica de uma "imaginária dramatização verbal", através da qual o paciente troca de lugar, papel e função com outras pessoas no cenário dos seus grupos de convivência, inclusive, com o próprio analista. 3) Trabalhar com as funções conscientes do ego do paciente, ou seja, de como ele percebe, pensa, ajuíza, discrimina e comunica os seus sentimentos de ódio e de amor (como ele ama, é amado e quais os seus critérios de amor). 4) O analista deve tentar juntar os aspectos dissociados do paciente histérico, de modo a torná-los unificados, e assim possibilitar que o paciente assuma o seu quinhão de responsabilidade pelo que acontece nas suas inter-relações humanas. 5) Da mesma maneira, é função do terapeuta estar atento para a forma *dissociada* de como funciona o psiquismo do paciente histérico.

- Um primeiro exemplo que me ocorre em relação ao último aspecto é o de uma paciente que, tendo feito um *insight* do quanto, sob o disfarce de uma "ingenuidade", estava acintosamente seduzindo um homem casado, tomou a "firme" deliberação consciente de não mais prosseguir nesse jogo sedutório, ela se afastaria e somente conservaria uma boa e pura amizade com ele. No entanto, algumas semanas após, veio à lume que, ainda sob a aparência de uma ingenuidade, ela mantinha uma correspondência "pura", uma troca de cartas singelas com o homem desejado e proibido. Tratava-se de uma pessoa séria que, honestamente, não percebia que continuava com o mesmo jogo de sedução, não que estivesse deliberadamente mentindo, mas sim porque ela funcionava com a sua mente dissociada em duas partes opostas e contraditórias, agindo concomitantemente. 6) Esse aspecto remete a um outro equivalente, de importância essencial no tratamento analítico, qual seja: o de se esse tipo de paciente quer resolver os seus conflitos por meio de múltiplas formas de *evadir* as dificuldades e verdades penosas, ou se ele está disposto a *ser verdadeiro* e enfrentá-las, única maneira de vir a fazer verdadeiras mudanças psíquicas caracterológicas. 7) Assim, há uma necessidade de o analista ir desfazendo as idealizações e as múltiplas ilusões que habitam a mente do paciente histérico, processo esse que deve ser permanente, firme e coerente, porém que exige paciência e tolerância, porquanto ele é muito doloroso para esse analisando.
- Em relação ao trabalho de elaboração analítica, um aspecto que deve merecer uma atenção especial do analista consiste na possibilidade de que o paciente esteja fazendo "falsos *insights*", ora intelectualizando, ora desvitalizando as interpretações do analista. Igualmente, existe o risco de que o terapeuta deixe-se envolver em algum dos muitos tipos de conluios resistenciais.
- De forma genérica, cabe dizer que os pacientes da série histérica são aqueles que mais gratificam, às vezes com resultados notáveis, e, ao mesmo tempo, podem ser aqueles que mais frustram. Assim, é bastante freqüente acontecer que certos pacientes histéricos despertam um entusiasmo no analista durante os primeiros meses, ou anos de análise, e depois o frustram, tanto pela constatação de que não estão ocorrendo mudanças verdadeiras, como também pela razoável possibilidade de interrupções, por vezes súbitas e inesperadas.

O *entusiasmo* inicial decorre do fato de que, no início, esses pacientes histéricos encantam pelo charme, inteligência brilhante, com facilidade para uma livre associação de idéias, com uma rica e detalhada vida de fantasias, comumente centradas na sexualidade. Além disso, parecem bem motivados, trazem muitos sonhos, revelam reflexos rápidos e uma clara compreensão e resposta afetiva às interpretações do analista, a par de uma agudeza na percepção da realidade; no entanto, esse último aspecto pode ficar anulado pela sua "parte doente".

Essa probabilidade de *anulação* de um possível êxito analítico deve-se a alguns fatores, tais como: 1) Embora manifestem emoções turbulentas, o contato afetivo desses pacientes costuma ser muito superficial, contraditório, instável e com fuga das verdades, havendo uma propensão para adquirir uma feição sadomasoquista; 2) A existência de uma ambigüidade (na base do "nem que sim, nem que não, antes até, muito pelo contrário...") que pode levar a uma confusão, porque representa um ataque aos vínculos perceptivos. 3) Costuma haver uma rápida passagem de um estado mental (humor, afeto, atitude, idéia, identificação) para outro estado mental oposto, de modo que ambos se anulem entre si. 4) O exagero hiperbólico dos sentimentos e dos fatos (tudo adquire dimensões enormes) podem desfigurar os significados. 5) Existe a possibilidade de atuações excessivas, que mobilizem outras pessoas diretamente envolvidas, que são forçadas a intervir e pôr em cheque a indispensável preservação do *setting*. 6) Não raramente, tais pacientes ficam satisfeitos com a frustração da parelha excitada no campo analítico, assim reproduzindo o mesmo modelo que adotou para a parelha pai-mãe.

Para finalizar, creio que a experiência clínica ensina que os aspectos obstrutivos e anulatórios referidos predominam quando a estrutura psíquica do paciente histérico funciona sob a égide da "posição esquizoparanóide". No entanto, os fracassos não se constituem como a regra; pelo contrário, aqueles pacientes que, não obstante apresentem uma nítida configuração histérica, adquiriram uma adequada organização obsessiva, uma capacidade para ingressar na "posição depressiva", a construção de uma "aliança terapêutica", aliadas a um apropriado manejo técnico do analista, demonstram excelentes e muito gratificantes resultados verdadeiramente analíticos.

CAPÍTULO 19

Depressões

O tema relativo às *depressões* tem merecido, por parte dos psicanalistas, desde os pioneiros até os autores modernos, uma aprofundada e crescente valorização e investigação a partir de múltiplos vértices de abordagem. Desta complexa rede conceitual, resultou um certo emaranhado teórico-clínico, sendo que o presente capítulo pretende fazer uma síntese dos fatores etiopatogênicos que, de uma forma ou outra, isolados ou em combinação, em grau maior ou menor, são os determinantes das diversas modalidades de estados depressivos que se manifestam ao longo dos processos psicanalíticos. Por outro lado, os conceitos aqui emitidos não se prenderão ao rigor classificatório do DSM; antes, resultam de uma revisão de trabalhos psicanalíticos de distintas épocas e correntes de psicanálise, assim como, e principalmente, de uma elaboração de minha prática clínica.

CONCEITUAÇÃO

Uma primeira observação é que, diante do largo espectro clínico dos estados depressivos, torna-se indispensável que se reconheça a distinção que há entre melancolia, luto, tristeza, posição depressiva e depressão, a qual está sempre subjacente às diversas organizações neuróticas e psicóticas da personalidade. Neste capítulo, cada um destes termos designa um estado psíquico próprio e diferenciado entre si.

Assim, *tristeza* indica um estado de humor afetivo que pode estar presente ou não nos estados depressivos. *Luto* corresponde a um período necessário para a elaboração da perda de um objeto amado que foi introjetado no ego, sem maiores conflitos. *Melancolia* designa que a introjeção do objeto perdido (por morte, abandono, etc.) processou-se de forma muito ambivalente e conflitada. Essa "*sombra do objeto recaído sobre o ego*" (Freud, 1917, p. 281) pode estar absorvida no próprio núcleo do ego e aí permanecer por toda a vida, assim se constituindo em um luto patológico crônico. *Posição depressiva* é um termo de M. Klein (1934, p. 262) que expressa uma constelação de relações objetais e ansiedades que constituem um estado psíquico no qual prevalece a tríade: objeto total (integração das suas partes dissociadas) – assunção da responsabilidade e de eventuais culpas – presença de sentimentos de consideração e de intentos de reparação frente aos objetos. *Depressão subjacente* às neuroses e psicoses refere-se ao fato de que todo indivíduo, em grau maior ou menor, é portador de núcleos melancólicos da personalidade.

Por sua vez, *a depressão melancólica* – a que mais diretamente será aqui estudada – também apresenta uma ampla gama clínica de variações tanto quantitativas como qualitativas. Assim, é comum que tenhamos pacientes portadores de uma depressão crônica cujos sinais clínicos possam ser tão insidiosos e pouco aparentes que, muitas vezes, iludem o nosso conhecimento e, daí, que nem sempre merecem a devida valorização por parte dos psicanalistas. Em outro extremo, é sabido o quanto podemos confrontar-nos com bruscas e inesperadas irrupções de surtos melancólicos agudos, com sério risco de suicídio. E assim por diante...

Apesar dessa variação de forma e de grau das depressões, alguns de seus sintomas e sinais clínicos são de presença constante, como, por exemplo: baixa auto-estima, sentimento culposo sem causa definida, exacerbada intolerância a perdas e frustrações; alto nível de exigência consigo próprio, extrema submissão ao julgamento dos outros, sentimento de perda do amor e permanente estado de que há algum desejo inalcançável.

ETIOPATOGENIA

Como esquema de exposição, vou considerar nove vertentes responsáveis pela formação dos estados depressivos, sendo necessário levar em conta que as mesmas não são estanques entre si; pelo contrário, elas complementam-se e, por vezes, interpenetram-se.

Causas Endógenas (Orgânicas)

Cada vez mais, os psicanalistas estão reconhecendo as importantes contribuições advindas dos campos da neurobiologia (há um crescente aprofundamento das investigações pertinentes ao sistema límbico, notadamente em relação ao hipotálamo e ao núcleo amigdalino), da imunologia e da moderna psicofarmacologia.

Dois aspectos merecem ser ressaltados: um é a importância do reconhecimento, na prática clínica, da natureza diagnóstica da situação depressiva. Na maioria das vezes, é fácil reconhecer os extremos, se emocionais ou orgânicos; no entanto, em muitas outras vezes, é muito difícil fazer a discriminação entre ambos fatores, apesar, é claro, de que eles estão em constante interação. O segundo aspecto é o que nos levaria à atual polêmica entre os psicanalistas quanto ao emprego, simultâneo ou não, dos psicofármacos durante o processo psicanalítico *standard*.

Depressão Anaclítica

Em 1914, Freud (p. 107) estudou a *"escolha narcisista do objeto"*, juntamente com a escolha *"anaclítica"*, em cujo caso o indivíduo está em busca de alguém que venha a preencher um vazio de mãe original.

Spitz (1965) estudou, desde a década de 50, a *"depressão anaclítica"*, a partir da observação de bebês que, quando eram separados de suas mães, entre o sexto e o oitavo mês, apresentavam uma sintomatologia que *"assemelha-se de forma impressionante aos sintomas que nos são familiares na depressão adulta"*.

Bowlby (1969, p. 211), psicanalista inglês, descreveu o fenômeno do apego (*"attachment"*), que consiste na necessidade de uma vinculação afetiva entre a mãe e o bebê, anterior e independente de qualquer tipo de aprendizado, como o da alimentação, por exemplo. Esse autor comprovou que os bebês que precocemente foram privados de suas mães passam por uma série de três fases, as quais ele denomina de: a) *protesto* (a criança chora, esperneia e volta-se para qualquer ruído ou som que possa indicar a mãe perdida); b) *desesperança* (a etimologia composta por "des" [sem] "esperança", indica que o bebê "cansou" de esperar, sendo que esta fase é análoga ao penar do adulto); c) *retraimento* (indica o desapego emocional e é correspondente à indiferença e desvalia da depressão adulta).

Creio ser interessante o fato de que se pode traçar uma equivalência entre o fenômeno de *"hospitalismo"*, de Spitz, o de *"desapego"*, de Bowlby e o da *"síndrome de adaptação ao estresse"*, descrita pelo fisiologista H. Selye.

A *depressão anaclítica* (muitas vezes denominada como "depressão essencial") corresponde, nos casos mais graves, ao abandono de todo interesse e de todas as formas de investimento em objetivos e idéias. Há falta de motivação para continuar a viver – e até para lamentar-se –, daí, a gravidade quanto a um possível risco de suicídio.

Identificação do Ego com o Objeto Perdido

O protótipo dessa situação depressiva está contida na famosa expressão de Freud (1917, p. 281) *"a sombra do objeto recai sobre o ego"* e, podemos completar, vai fazer parte integrante do próprio núcleo do ego. Resulta daí que o objeto perdido e o ego, em um processo que lembra o fenômeno da osmose, confundem-se entre si de tal sorte que o destino de um passa a ser o destino do outro. Outro modelo análogo, tirado da física, que, parece-me, pode ilustrar o dito acima, é o da imagem dos *"vasos comunicantes"*, a qual consiste num fenômeno da física, pelo qual, se colocarmos um líquido em um vaso em forma de "U", ele necessariamente vai ficar *nivelado* nos dois extremos, independentemente do diâmetro de cada um dos lados do vaso.

Meltzer (1989, p. 118) chega a perguntar: *"Quem vive a dor?" "É o ego ou seus objetos que estão sofrendo?"* e *"Quem está sendo atacado?"* Prossegue Meltzer: *"É a pessoa que, na verdade, ataca a si mesma ou ela ataca a parte de si mesma que está identificada com um objeto que, em um outro nível, ela está realmente acusando?"*

A importância deste vetor etiopatogênico dos estados depressivos é bem destacada por M. Martins (1969, p. 49), que, citando a Grinberg, assinala dois aspectos essenciais. O primeiro diz respeito à noção de que, ao lado do luto pelo objeto, existe um luto pelo ego, e vice-versa. O segundo aspecto refere-se às vivências de desagregação e empobrecimento do ego, resultantes das partes perdidas que deixaram de pertencer-lhe e de integrá-lo por terem ficado retidas no objeto. O conhecimento disso tem uma significativa importância na técnica analítica, como será abordado mais adiante.

Depressão por Perdas

Embora o termo "perda" seja muito abrangente e genérico, e de alguma forma esteja sempre presente nos demais itens de nosso esquema de classificação, justifica-se a sua especificação em razão de algumas singularidades.

Assim, essas perdas processam-se em três níveis:

a) *Perda de objetos necessitados* (e, ambivalentemente, amados e odiados). A essência dessa vertente depressiva consiste no fato de que a perda, real ou fantasiada, do objeto bom, amado e protetor, deixa o indivíduo entregue ao objeto mau que, de seu interior, o acusa, despreza, reduz a sua auto-estima a níveis ínfimos e, sobretudo, deixa-o totalmente desamparado.

b) *Perda de objetos reasseguradores da auto-estima do indivíduo.* Trata-se de pessoas que necessitam, de forma desesperada e compulsória, do reasseguramento de que são amadas e valorizadas. Para tanto, costumam estabelecer relações com pessoas que se prestem a tal papel e, no caso de perderem-nas, sentem a terrível sensação que é inerente a quem fica sem as imprescindíveis muletas.

c) *Perdas do ego.* Instala-se uma depressão reativa quando, por circunstâncias várias, há uma perda, súbita ou gradativa, das funções do ego, especialmente no tocante às que são encarregadas da adaptação ao mundo exterior. Um exemplo claro disso é a conhecida "*depressão involutiva*"", a qual se refere a uma quadra da vida em que o indivíduo não somente perde objetos (aposentadoria; pais e amigos que envelhecem, adoecem e morrem; filhos que casam e saem de casa, etc.), como também há a perda de atributos do ego (por exemplo: prejuízo da acuidade visual ou auditiva, da memória, da beleza, do juízo crítico, da agilidade de raciocínio, da mobilidade e dos reflexos, e assim por diante). Assim, um jogador de futebol profissional é considerado um "velho" aos 30 e poucos anos porque ele perdeu algumas condições do ego (no caso, motoras) essenciais para aquele exercício profissional. Não cabe esmiuçar exemplos similares a este; no entanto, um sinal de reconhecimento comum a todos estes quadros é o de uma ansiedade depressiva que se expressa no sentimento de que "não sou mais o mesmo...".

A situação mais freqüente de perdas do ego é a que resulta de um jogo de intensas identificações projetivas que o indivíduo faz de seus aspectos positivos em outras pessoas por ele idealizadas, enquanto o seu próprio ego fica esvaziado e empobrecido.

Depressão por Culpas

Afirmar que o sentimento de culpa é um acompanhante sistemático dos quadros depressivos é insuficiente para uma compreensão mais profunda do paciente deprimido. Essa insuficiência decorre do fato de existirem muitos graus e tipos de culpas. Vale destacar as seis seguintes fontes culpígenas, que são devido:

a) a um *superego estruturado como sendo rígido, punitivo e todo-poderoso*;
b) *ao ódio do ego contra o próprio id*;
c) *às culpas imputadas pelos outros*;
d) *à obtenção de êxitos*;
e) *à descrença do ego em suas próprias capacidades reparatórias*;
f) *à assunção das culpas de outros*.

Cada uma destas eventualidades determina certa especificidade na manifestação do quadro clínico e do manejo técnico.

Assim, os indivíduos portadores de um "superego cruel" estão habitualmente protegidos por uma sólida organização obsessiva e são muito propensos à formação de quadros depressivos. Pode-se dizer que o *self* dos mesmos comporta-se como cenário de um permanente tribunal de julgamento em que uma severa promotoria induz o júri à aplicação da sentença de "culpado" pelo crime de transgressão (pelo que fez ou pelo que deixou de fazer em pensamentos, sentimentos e atos) e a conseqüente condenação a pesadas penas. As manifestações clínicas são bem conhecidas, merecendo destaque as que se expressam pelas inter-relações de natureza sadomasoquista. No curso do processo analítico, esse tipo de superego pode ser um dos principais responsáveis pelo aparecimento da "reação terapêutica negativa".

A situação culpígena do item "b" (ódio do ego contra o próprio id) ocorre nos indivíduos em que há desarmonia entre o sistema de valores autênticos do ego e que entra em rota de colisão com alguma manifestação de uma pulsão contrária. Um exemplo comum pode ser o de uma pessoa autenticamente generosa (é diferente de uma bondade resultante de uma formação reativa que se formou para apaziguar a rigidez de um superego), inconformada e culpada ao perceber a presença simultânea de sentimentos de inveja, ciúmes, etc.

Em relação às "culpas imputadas pelos outros", é preciso levar em conta o fato de que, muitas vezes, o sentimento de culpa não decorre das pulsões agressivas, destrutivas. Pelo contrário, é muito comum acontecer que determinados atos e "artes" das crianças, frutos de uma agressividade sadia, possam ter sido significadas pelos seus pais como agressões daninhas. Essa criança poderá carregar pelo resto de sua vida uma culpa indevida, causada por uma confusão dilemática deste tipo: "*Sou culpado porque sou ou fui um agressivo, ou me sinto agressivo porque viviam me culpando?*"

O destaque em relação à "culpa decorrente do êxito" justifica-se pela sua alta incidência e porque nem sempre ela se deve à sua causa mais comum que é a da punição superegóica como um revide ao triunfo edípico. Por essa razão, é útil que se amplie um pouco mais a sua compreensão. Assim, a obtenção de alguma conquista pode ser significada pelo indivíduo como uma forma de traição e deslealdade em relação aos papéis que lhe foram designados a cumprir na vida. Um terceiro fator é a culpa que se forma a partir da comparação que o indivíduo faz entre seu êxito e a infelicidade de outras figuras queridas, entre estas os mortos. Ainda um quarto fator pode ser incluído: trata-se daqueles indivíduos de estrutura narcisista, para os quais a consecução bem-sucedida de uma meta pela qual tanto lutaram leva-os à seguinte angustiante questão, fruto da desproporção entre a grandiosidade da expectativa fantasiada e a da realidade bem mais modesta: "*E agora? Ainda não é bem o que eu esperava de mim (ego ideal). Estou decepcionado comigo*". Um quinto fator que faz o êxito gerar culpas é o sentimento de que ele possa estar despertando um estado de inveja ou de humilhação em outros. Um sexto fator é a culpa decorrente da ânsia de exibicionismo que pode ter sido a fantasia prevalente para a consecução do êxito.

A "descrença do ego em suas próprias capacidades de fazer autênticas reparações" gera um círculo vicioso maligno de ansiedades depressivas e uma maior sensação de esvaziamento de que possua uma bondade, assim como leva o indivíduo a lançar mão de falsas reparações. Estas últimas costumam manifestar-se sob uma forma constituída por elementos tanto da série maníaca (por exemplo: grandiosos projetos de redenção social, um presentear excessivo e inadequado, etc.), como da obsessiva (uma superproteção asfixiante, por exemplo) e da masoquista (sacrifícios).

Em relação às culpas decorrentes do fato de que o indivíduo "assume as culpas de outros", basta registrar uma observação que é comum na clínica de nós todos: a freqüência de pacientes que se sentem obrigados a reinvestir contra si mesmos os sentimentos de ódio e de culpa que, de fato, caberiam a alguém outro (o seu psicanalista, por exemplo). Isso radica-se na necessidade que muitas crianças têm de protegerem (e protegerem-se) as figuras parentais que não se mostraram capazes de agüentar uma forte carga agressiva e que, por essa razão, tanto poderiam reagir depressivamente (uma mãe depressiva, hipocondríaca, por exemplo), como poderiam revidar de forma violenta.

Depressão Decorrente do Fracasso Narcisista

A relativa escassez de escritos psicanalíticos acerca da abordagem específica da "depressão narcisística" não faz jus à alta freqüência e relevância da mesma.

Se tomarmos o referencial de Kohut – um reconhecido estudioso dos problemas do narcisismo – podemos considerar dois aspectos, por ele assim denominados: 1) o *self grandioso* (corresponde ao ego ideal, o qual, como sabemos, constitui-se no herdeiro direto do narcisismo original); 2) *imago parental idealizada (*corresponde ao ideal de ego, o qual resulta do próprio ego ideal projetado nos pais, acrescido das expectativas do próprio narcisismo destes) (Kohut, 1971, p. 21).

Conforme Bleichmar (1982) demonstra exaustivamente, um estado depressivo sobrevém toda vez que houver uma decepção tanto da parte do seu ego ideal como do ideal do ego. Em outras palavras, um indivíduo portador de uma forte organização narcisística da personalidade sente-se em um permanente estado de sobressalto diante da possibilidade de não corresponder plenamente às fortes exigências provindas de dentro ou de fora de si mesmo. Por essa razão, ele vai necessitar de um constante aporte de elogios, aplausos ou de qualquer outra prova que lhe reassegure a auto-estima. Resulta daí a explicação de por que a perda de um objeto externo reassegurador da auto-estima pode constituir-se como um importante fator desencadeante de uma depressão.

É preciso considerar dois elementos inerentes aos indivíduos narcisistas: um é o emprego de uma lógica do tipo binária, isto é, ou ele é o melhor ou é o pior, e assim por diante. O outro elemento, decorrente deste, é uma permanente atitude de comparação com os demais, e isso gera uma conseqüência muito importante: um estado depressivo resultante do "êxito dos outros". É fácil depreender que, neste último caso, a inevitável comparação que o indivíduo narcisista sempre faz determina que o sucesso alheio faz-lhe sentir uma insuportável sensação de derrota, fracasso e humilhação, o que decreta um rude golpe em sua auto-estima e, daí, uma depressão (esses aspectos aparecem melhor explicitados no capítulo 13, referente à "posição narcisista").

Identificações Patógenas

A etimologia do verbo "identificar" mostra que esse fenômeno psíquico consiste em que, desde sempre, a criança vai ficando igual (*idem*) ao adulto que a está modelando. Mais particularmente em relação aos indivíduos depressivos, podemos destacar três tipos dessas identificações que se organizam a partir das depreciativas auto-representações em seu ego.

A primeira delas é a "*identificação com o objeto deprimido*". A experiência de todo psicanalista comprova o quanto foi quase impossível para o seu paciente, quando criança, ficar imune à modelagem de afetos depressivos, queixumes e uma ideologia niilista provindas de uma mãe melancólica, por exemplo. Por outro lado, a presença real de uma depressão constante da mãe, ou pai, reforça as fantasias da criança de que tenha sido a sua maldade que provocou todas as desgraças.

É útil acrescentar a possibilidade de que esteja havendo a existência daquilo que Green (1976) denomina como "*complexo da mãe morta*", cuja concepção consiste em um "*assassinato psíquico do objeto mãe, que a criança perpetua sem ódio, e do qual resulta uma depressão branca, que é diferente da depressão negra, na qual há luto e dor pela perda*".

A segunda situação é a "*identificação com o objeto desvalorizado*" e denegrido, isso resulta da reintrojeção da figura parental que, previamente, foi alvo de identificações projetivas carregadas de desprezo por parte da criança.

A terceira modalidade de identificação patógena – depressiva é a que proponho denominar como "*a identificação com a vítima*", a qual – de expressiva relevância na prática clínica – consiste no fato de que o *self* do indivíduo sente necessidade compulsória de prestar uma eterna solidariedade à sua "vítima", seguindo o mesmo destino desta. Serve como exemplo disso a situação muito comum de pessoas – mulheres principalmente, mas também homens – que carregam em seu inconsciente o peso de terem sofrido a experiência de um aborto provocado. Nestes casos, pode ocorrer que as referidas pessoas, mesmo na hipótese de serem bem dotadas e aptas ao sucesso, estão inconscientemente provocando o abortamento de todas as oportunidades promissoras que aparecem em suas vidas, inclusive, não poucas vezes, de suas próprias análises.

Ruptura com os Papéis Designados

Pode-se dizer que esta vertente depressiva é um prolongamento da anterior. Na literatura psicanalítica, ganha espaço, cada vez mais, a convicção de que boa parte do inconsciente da criança é modelado pelo discurso dos outros por meio das mensagens veiculadoras de significações, especialmente das que são provindas dos conflitos inconscientes dos próprios pais. Dessa forma, o indivíduo, desde criancinha, é ensinado a "como" e a "quem" ele deve, e não deve, ser, e quais os papéis que deverá desempenhar pela vida afora, a fim de garantir o amor dos pais e de jamais trair as expectativas que estes depositam nele. Uma desobediência a este princípio pode custar um preço terrível: a pecha de ingratidão e a ameaça de perda dessas figuras de que ela necessita e, de certa forma, muito queridas, além do inevitável surgimento do sentimento culposo.

É uma constatação corriqueira na prática clínica de todos nós a dificuldade que atravessam muitos analisandos quando, fruto de um progresso em suas análises, começam a libertar-se dos estereótipos que lhes foram programados. Um exemplo disso, comum mas muito importante, é quando um analisando, habitualmente funcionando em níveis de simbiotização, começa a encontrar o caminho de uma "autêntica" autonomia e emancipação, com mudança de valores e de pessoas. Pode coincidir que esse crescimento, essa mudança psíquica, venha simultaneamente acompanhada de estado confusional, de sentimentos de despersonalização e de perda de identidade, assim como de um penoso sobressalto em vir a cair em estado de loucura ou de depressão insuportável. É relativamente comum o surgimento de "impasses terapêuticos (bem superados se o analista manejar bem a situação) e não é rara a possibilidade de que se instale a tão temida "reação terapêutica negativa". Aliás, este sentimento de ingratidão e de traição que sempre acompanha as depressões conseqüentes ao rompimento com os papéis programados deve ser considerado uma quarta causa responsável pelo surgimento da RTN (as outras três são: um superego altamente punitivo; uma inveja excessiva do sucesso do psicanalista; um encontro com a terrível depressão subjacente, em que jazem feridos e mortos).

Pseudodepressões

É muito comum que determinados indivíduos atravessem a vida inteira aparentando desvalia e pobreza que não correspondem às suas realidades. Pode-se dizer que se trata de um *"falso self ao contrário"*.

As causas mais freqüentes que levam a essa aparência de esvaziamento e pseudodepressão são as seguintes:

a) Medo de atrair a inveja retaliadora dos demais, (um modelo disso é a passagem bíblica de José e seus irmãos.

b) Medo de vir a ser considerado, pelos outros, uma inesgotável fonte de provimento das necessidades deles, e daí o risco de vir a ser exigido, cobrado e sugado.

c) Necessidade de proteger as pessoas com quem convive, a partir da fantasia de que um estado de felicidade seu pode ser entendido como um tripúdio àquelas pessoas, as quais, por isso, ficariam magoadas, humilhadas e deprimidas.

d) Necessidade de sofrimento que certos indivíduos se impõem, como uma espécie de "cota de sacrifício". Trata-se geralmente de pessoas que, quando crianças, foram programadas a conseguir as coisas e os afetos de que necessitavam às custas de muito reclamo, choro e sofridas negociações com os seus pais. O choro fácil é uma manifestação habitual nesses pacientes, mas na maioria das vezes não expressa um estado de sofrimento, mas, sim, uma senha para conseguir algo, ou não ser dele privado. Pode-se mesmo dizer que para esses indivíduos pseudo-deprimidos a *exibição de sofrimento funciona como um passaporte para o amor*.

EQUACÃO "8 C"

Como uma tentativa de sintetizar o essencial do que foi dito até aqui, proponho um esquema de tipo mnemônico, em que sobressaem sete fatores, cujos termos têm a letra "C" como inicial, e que estão em permanente interação entre si:

Completude (C1)
Carência (C2)
Cólera (C3)
Culpa (C4)
Castigo (C5)
Compulsão à repetição (C6)
Código de valores (C7)
Capacidade para ingressar na posição depressiva (C8)

Nesse esquema, fica claro que todo indivíduo nasce em um estado de total *completude* (**C1**) e, enquanto dura a fase de indiferenciação entre o "eu" e o "outro", o bebê anela por sua eternização. Como a mesma é impossível, diante das inevitáveis – e necessárias – frustrações por parte dos objetos exteriores provedores, *"sua majestade, o bebê"* (Freud, 1914, p. 108) entra em estado de *carência* (**C2**). Conforme o grau e a qualidade da mesma, a criança desenvolve um estado raivoso de *cólera,* (**C3**), que pode atingir o nível de fantasias de crueldade e de *crime* homicida contra os objetos frustradores. Como decorrência direta dos ataques, reais ou fantasiados, instala-se na criança um estado de culpa (**C4**) pelos eventuais danos que ela tenha infligido tanto aos seus objetos como ao seu próprio ego. O acompanhante imediato deste estado culposo é a necessidade de *castigo* (**C5**), sendo que a mesma se reveste das mais diversas formas de masoquismo, desde as inaparentes até as de alta gravidade. É fácil observar nas crianças o fato de que, após o cometimento da "arte" delituosa, são castigadas pelos pais e, após isso, sentem-se liberadas para uma nova transgressão, movidas por uma forma de *compulsão à repetição* (**C6**), até conseguirem provocar um novo castigo, e assim por diante.

O mesmo processo reproduz-se na vida interior e exterior de muitos dos pacientes de estruturação depressiva. No entanto, é preciso ressaltar que cada um dos fatores acima assinalados está impregnado de fantasias inconscientes, tanto as provindas das fontes clássicas (e que todos conhecemos bem), como também é composto a partir das significações que os educadores emprestam à criança e que se constituem um categórico *código* de valores (**C7**).

Em outras palavras: uma mesma "arte" provocada por duas crianças, em diferentes ambientes familiares (ou em uma mesma família que funcione muito dissociada) pode resultar em significados totalmente opostos. Assim, uma das crianças pode ter sido entendida e valorizada, o que faria crescer o seu núcleo de confiança básica, enquanto a outra pode ter sido rotulada de criança má, desobediente e causadora de sérios estragos. Nesses casos, é a culpa (imputada) que precede o sentimento de crime.

O círculo vicioso dessa compulsividade repetitiva somente será desfeito se a criança adquirir uma *capacidade* para atingir a posição depressiva (**C8**) e, assim, assumir a sua parcela de responsabilidades e puder fazer reparações verdadeiras.

Cada uma das sete etapas acima tem uma constelação particular e, apesar de todas elas estarem em permanente interação entre si, a ênfase de fixação em uma ou outra pode servir como uma espécie de roteiro do tratamento psicanalítico.

ALGUNS ASPECTOS DO TRATAMENTO DAS DEPRESSÕES

Em relação às depressões endógenas, não cabe aqui esmiuçar as inequívocas melhoras obtidas pelo uso dos modernos recursos psicofarmacológicos, tendo em vista que os mesmos pertencem à área da psiquiatria, embora, creio, não haja incompatibilidade alguma entre a simultaneidade do emprego da medicação e o prosseguimento normal do processo analítico.

Um aspecto prático que vale a pena ressaltar é o de que analisando e analista aprendam a reconhecer as diferenças clínicas constantes de sinais e sintomas típicos e específicos entre essas depressões e os estados depressivos de outra natureza.

- Quanto às depressões anaclíticas (situadas entre C1 e C3), é necessário que reconheçamos o fato de que este paciente deprimido sofreu uma profunda e precoce perda da mãe e, por isso, desde sempre, mantém-se em um permanente estado de carência, amalgamado com os sentimentos de cólera e desesperança. Na clínica, tais pessoas, além de muito propensas a somatizações, mostram-se cronicamente deprimidas, com estado de humor amargo e atitude ressentida e poliqueixosa. No fundo, são vingativas e rancorosas, sendo que isso pode traduzir-se em importantes resistências a mudanças psíquicas. Essa tenaz resistência deve-se ao fato de que, como tiveram relevantes perdas precoces, sentem-se justificadas a eternizar uma atitude que, a título de ressarcimento, consiste em uma infinita espera que alguém (o analista, na situação analítica, ou a sociedade como um todo) devolva o que lhes foi roubado. Por essa razão, são particularmente vulneráveis às frustrações e não é raro que passem a maior parte de suas vidas cobrando e vingando-se das figuras que os abandonaram e humilharam. (Este estado de sofrimento poderia ser denominado "Complexo de Conde de Monte Cristo".)

Nesses casos, cresce de relevância a *atitude interna do psicanalista* como fator terapêutico de primeira grandeza. Essa atitude é tecida pelos autênticos atributos de continência, empatia, coerência, paciência, entre outros, e não deve ser confundida com o papel que o analisando procura delegar ao seu analista: o de um complexo substituto da sua deficiente maternagem original, que nunca o frustre e esteja totalmente à sua disposição. Pelo contrário, a referida atitude analítica significa que o psicanalista deverá ser introjetado como um objeto confiável porque consegue conter as suas angústias, dá-lhe limites e não se destrói nem desaparece. As sucessivas experiências emocionais dessa natureza, vividas na relação analítica, vão compondo uma *"constância objetal"* e *"uma coesão do self"* (Mahler, 1975, p.58).

- Em relação às depressões resultantes de perdas, vale destacar dois aspectos. Um é o que se refere à diferença que é preciso estabelecer entre objeto realmente "bom" e o que é altamente "idealizado". Ambos podem ser muito parecidos, mas, em sua essência, são profundamente distintos. Quando a perda for de um objeto bom, a elaboração processa-se de acordo com o luto normal. Quando a perda for de um objeto muito idealizado, o mais provável é que o ego do indivíduo vá sentir-se desamparado, entregue aos objetos maus e perseguidores, que lhe impõem um convite ao sofrimento e à morte, assim configurando os quadros melancólicos. Nestes casos, o psicanalista também será prematura e intensamente idealizado. A recomendação técnica é a de que ele aceite essa idealização tão necessária para o equilíbrio de seu paciente deprimido, desde que fique bem claro para o analista que essa idealização deve ser transitória e vir a ser, gradativamente, desfeita e modificada.

O segundo aspecto a destacar é o de que, quando o objeto perdido instala-se dentro do ego, confunde-se com o mesmo e parasita-o de dentro, constituindo-se, muitas vezes, naquilo que diversos autores costumam chamar objetos "mortos-vivos", ou "moribundos", ou ainda "aletargados". Nessas situações, vale a pena registrar a recomendação técnica de Grinberg (1963, p. 144) no sentido de que *"para que se processe uma boa elaboração do luto, ou da posição depressiva, é indispensável que se tenha realizado previamente a elaboração do luto pelo ego"*. Não é demais reprisar que, nestes casos, o destino do ego, qual o de Dorian Gray, é indissociado do destino dos objetos. M. Martins (1969, p. 53) aprofunda o estudo de tais aspectos e aponta para a ocorrência de uma particular sensação contratransferencial: a de um sentimento de exclusão que o analista sente face ao fato de que este paciente se mantém fielmente ligado ao seu objeto perdido.

- Nos casos em que a depressão é resultante de culpas (em nossa equação corresponde à C3, intimamente correlacionado com C2 e C4), a principal recomendação técnica consiste na cautela que o analista deve ter diante da costumeira possibilidade de que a compulsão inconsciente do analisando esteja-o induzindo a estabelecer um vínculo analítico de natureza sadomasoquística. Se o psicanalista ficar contratransferencialmente envolvido, o mais provável é que suas interpretações virão confundidas com advertências, normas e acusações, o que virá ao encontro do núcleo masoquista do paciente; no entanto, o processo analítico desembocará em um repetitivo círculo fechado, sem possibilidade para novas saídas.

Se a prevalência dos sentimentos culposos provém de um código de valores (C7) que desde crianchinha e do exterior foram indevidamente imputadas ao paciente, a tônica do trabalho do psicanalista será tanto a de prover novas significações quanto a de promover ao analisando uma capacidade de fazer discriminações entre as suas formas de protestar: se sadios ou se patológicos.

- Nos analisandos em que o colapso narcísístico é o responsável pela depressão, como uma conseqüência da decepção sofrida pelo seu ego ideal, a ênfase da técnica analítica consiste em que se promova a difícil renúncia às suas grandiosas e ilusórias aspirações. Não é tarefa fácil para tais pacientes reconhecerem que *não são o que pensavam que eram ou gostariam de vir a ser, e que não o são e nunca virão a sê-lo*. É uma transição de mudança psíquica muito penosa para o analisando (e, de certa forma, para o psicanalista), pelo fato de que o sentimento depressivo da perda de sonhos tão caros vem mesclado com sentimentos de vergonha e de humilhação.

Por outro lado, se o sentimento de fracasso narcisista do paciente deve-se à sua convicção de ter decepcionado as expectativas das pessoas que representam o seu ideal de ego, a técnica analítica consiste em trabalhar sistematicamente na transferência das identificações projetivas reproduzidas com o psicanalista, tendo em vista que este também é um importante representante do ideal de ego. Não é demais insistir que, especialmente nestes casos, o tipo de contratransferência despertada no analista – se normal ou patológica – é de fundamental importância ao curso do processo analítico.

- Nas depressões resultantes de identificações patógenas (Badaracco, 1990, p. 84), como as antes descritas, o essencial da técnica psicanalítica consiste em promover as *desidentificações*, seguidas de *reidentificações*. É preciso deixar claro que uma desidentificação não significa uma ruptura (no sentido bélico) do sujeito com o objeto com quem ele se identificou. Pelo contrário; o paciente deve desenvolver uma capacidade em discriminar entre os aspectos que ele admira nos referidos objetos e que vai conservar como autenticamente seus e os aspectos que vai abandonar porque parasitam-no, submetem e forçam-no a deprimir-se e a ser o que, de fato, ele não é. O espaço aberto com as desidentificações será preenchido com novas reidentificações, a partir da pessoa do analista como um modelo de como este é, não na aparência, mas na sua essência.

O processo de desidentificação representa um momento muito delicado do curso analítico pela razão de que ele costuma vir acompanhado de um incremento do estado depressivo, assim como de sensações de confusão e de perda de identidade.

- Em relação à depressão conseqüente à ruptura com os papéis designados, a manifestação clínica mais comum é o surgimento de sentimentos de ingratidão e de traição. Pode-se dizer que o paciente sente uma "*traição à tradição*", sendo muito interessante registrar que não é por nada que essas duas palavras derivam de uma mesma raiz etimológica. A exemplo do item anterior, também nestes casos em que o paciente começa a permitir-se romper com alguns estereótipos cronificados e a assumir papéis diferentes dos que lhe foram programados, é comum a ocorrência de somatizações, de sentimentos de confusão e despersonalização, assim como o de uma sensação indefinida de perda de amor e o de "alguma desgraça por vir".

É importante que o psicanalista esteja em uma aliança terapêutica com o lado sadio do analisando que luta bravamente contra a rígida estereotipia que lhe foi imposta.

- Relativamente às pseudodepressões, o aspecto mais importante a ser destacado é a necessidade de o psicanalista ter bem claro para si a distinção entre essas e os verdadeiros estados depressivos. Uma vez estabelecida a diferença, o manejo técnico consiste em fazer o respectivo desmascaramento da falsidade, acompanhado da interpretação das fantasias inconscientes responsáveis por essa estruturação enganosa.

É claro que as considerações aqui tecidas foram particularizadas separadamente para cada uma das modalidades depressivas, unicamente por uma busca didática de exposição, sendo necessário reiterar que elas não são estanques; pelo contrário, elas interagem, imbricam-se e complementam-se.

CAPÍTULO 20

Psicoses

A complexidade semântica do termo "psicose" pode levar a confusões na comunicação científica entre os psicanalistas sempre que estiver em discussão os critérios quanto à analisabilidade, ao prognóstico clínico e à apreciação casuística de trabalhos publicados acerca da análise de psicóticos. Assim, na literatura psicanalítica pode-se perceber que a avaliação da eficácia analítica com os pacientes psicóticos varia em função do *critério diagnóstico* adotado pelos investigadores: nos Estados Unidos, a distinção entre esquizofrenias processuais e psicoses esquizofrenóides costuma ser algo frouxa e, daí, as estatísticas são mais otimistas, sendo que o contrário ocorre nos trabalhos europeus. E no Brasil? Creio que recém estamos dando os primeiros passos em direção a uma autonomia de pensamento e práxis; isto é, libertando-nos da condição de meros importadores e imitadores, sem recair no extremo oposto de romper ou menosprezar as inestimáveis contribuições vindas de consagrados autores de todas as partes do mundo.

Não cabe, aqui, fazer uma pormenorizada apreciação da nosologia psiquiátrica e, tampouco, uma acurada distinção entre os referenciais teórico-técnicos procedentes das diferentes correntes do pensamento psicanalítico. Da mesma forma, não serão agudamente valorizadas as diferenças entre o que é psicanálise e as diversas formas de psicoterapias praticadas por psicanalistas, sendo que, no presente capítulo, elas serão todas englobadas sob a denominação de "método analítico".

Como não se pode falar de psicose como uma categoria homogênea, vou adotar o critério de uma classificação, de base clínica, em três subcategorias: 1) psicoses propriamente ditas; 2) estados psicóticos; 3) condições psicóticas.

PSICOSES

Implicam um processo deteriorativo das funções do ego, a tal ponto que haja, em graus variáveis, algum sério prejuízo do contato com a realidade. É o caso, por exemplo, das diferentes formas de esquizofrenias crônicas.

ESTADOS PSICÓTICOS

Abarcam um largo espectro, mas sempre pressupõem a preservação de áreas do ego que atendam a duas condições: uma, é a de que esses "estados psicóticos" permitem uma relativa adaptação ao mundo exterior, como é o caso dos pacientes *borderline*; personalidades excessivamente paranóides ou narcisistas; algumas formas de perversão, psicopatia e neuroses graves. A segunda condição consiste no fato de que esses quadros clínicos possibilitam uma recuperação, sem seqüelas, após a irrupção de surtos francamente psicóticos (reações esquizofrênicas agudas ou episódios de psicose maníaco-depressiva, por exemplo).

CONDIÇÕES PSICÓTICAS

Essa denominação, aqui, refere aqueles pacientes que, apesar de estarem manifestamente bem adaptados, são portadores de condições psíquicas que os caracterizam como potencialmente psicóticos e que, não raramente, no curso do processo analítico, podem apresentar episódios de regressão ao nível de psicose clínica. Isso deve-se a uma acentuada presença dos assim chamados "núcleos psicóticos" (corresponde ao que Bion denomina como "*a parte psicótica da personalidade*", que, como sabemos, não designa um diagnóstico psiquiátrico, mas, sim, uma condição da mente).

Esses "núcleos psicóticos" estão subjacentes às estruturas neuróticas rigidamente organizadas, como, por exemplo, as de natureza obsessiva ou somatizante, as quais funcionam como uma última e instável barreira defensiva contra a permanente ameaça de descompensação psicótica, diante de um incremento de ansiedade.

Cada uma dessas referidas três subcategorias, por sua vez, pode ser subdividida, conforme o grau de gravidade, em uma escala que vai de 1 (forma benigna) a 4 (maligna), sendo que, muitas vezes, elas tangenciam e superpõem-se umas às outras.

No presente capítulo, em relação aos pacientes que foram nominados como sendo os de "condições psicóticas", vamos limitar-nos a esclarecer mais detidamente as características da *parte psicótica da personalidade*", enquanto que, relativamente aos pacientes portadores de "estados psicóticos", vale fazer uma referência mais particularizada daqueles que apresentam uma estrutura *borderline*.

Ninguém contesta que devemos às originais concepções originais de M. Klein, acerca do desenvolvimento emocional primitivo, a possibilidade de uma maior compreensão do que se passa no psiquismo dos psicóticos, o que propiciou a abertura das portas da psicanálise para essa categoria de pacientes. Dentre os mais eminentes seguidores kleinianos, impõe-se destacar os nomes de Rosenfeld (mais adiante, serão mencionadas algumas idéias dele), de H. Segal (particularmente, é bastante importante a distinção que ela fez entre "símbolo" e "equação simbólica"), de Meltzer (com as suas noções de "identificação adesiva" e de um estado mental de "desmantelamento", que ele observou em pacientes autistas) e Bion. As contribuições deste último são reconhecidas por todos os seus colegas aqui citados como as mais originais e importantes para o entendimento e tratamento analítico com psicóticos, razão porque as idéias de Bion merecerão um destaque especial no presente capítulo.

BION: "PARTE PSICÓTICA DA PERSONALIDADE" (PPP)

Como já foi frisado, assim como todo doente psicótico tem uma parte sua que é de natureza "neurótica", da mesma forma, todo e qualquer paciente neurótico tem uma "parte psicótica" subjacente e oculta. Ademais, pode-se afirmar que uma análise que não tratou dessa "parte psicótica" está inconclusa e corre o risco de ter produzido resultados analíticos não mais do que superficiais. Portanto, a presença da PPP não deve ser confundida com psicose clínica, e o analista deve conhecer bem os núcleos psicóticos que estão enquistados no psiquismo de qualquer pessoa, em graus variáveis, obviamente. As características mais marcantes dessa PPP, segundo Bion, são:

- A existência de fortes pulsões destrutivas, com predomínio da inveja e voracidade.
- Essas pulsões, quando agindo dentro do próprio psiquismo e contra ele, determinam o surgimento de uma intensa *angústia de aniquilamento*.
- Para contra-arrestar a dita angústia, da mesma forma como faz o ego incipiente do bebê, essa PPP lança mão de defesas extremamente primitivas, como são as de negação onipotente, dissociação, projeção e identificação projetiva, introjeção e identificação introjetiva, idealização e denegrimento.
- Existe um baixíssimo limiar de tolerância às frustrações e, por isso, esses pacientes tratam de *evitar* as frustrações no lugar de procurar *enfrentar e modificá-las*.
- As relações mais íntimas caracterizam-se por vínculos de natureza sadomasoquista.
- Há um uso excessivo de *splittings* e de identificações projetivas, de sorte que há uma tendência a uma "fusão" com o objeto necessitado, do que pode resultar uma "*con-fusão*" entre ambos, de maneira que, assim, esse núcleo psicótico promove um borramento das diferenças entre ele e o outro.
- Existe um grande ódio a toda realidade que seja penosa, tanto à interna quanto à externa. Por conseguinte, resulta uma preferência pelo "mundo das ilusões" e, para manter esse estado ilusório, a PPP comete um "*ataque aos vínculos*" ligados à percepção e ao juízo crítico.
- Da mesma forma, resulta um prejuízo na capacidade das funções de *pensamento verbal*, de formação de *símbolos*, do *conhecimento* e do uso da *linguagem*.
- A onipotência, a onisciência, a imitação e a prepotência substituem o necessário, porém doloroso, processo de "*aprendizagem pela experiência*".
- A perda da capacidade de *discriminação* acarreta uma confusão entre o que é verdadeiro e o que é falso, tanto do seu próprio *self* como de tudo que está fora dele.
- Existe a presença de um "*super*"-*superego*, o qual dita as próprias leis e quer impô-las aos outros. O prefixo "super" designa a condição dessa PPP de crer que "tudo pode, sabe, controla e condena" e que os demais devam, incondicionalmente, acatar essa sua arrogância.
- Essa "parte psicótica da personalidade" permanece fixada na *posição esquizoparanói-*

- de e obstaculiza o ingresso do restante do psiquismo na *posição depressiva*.
- A – inata – função epistemofílica (de saber e de conhecer), na PPP, está intimamente associada com o sadismo destrutivo, do que resulta um inibição intelectual e, por conseguinte, uma atrofia da sadia curiosidade pelos conhecimentos, de tal sorte que a personalidade psicótica costuma apresentar o tripé composto de uma *curiosidade intrusiva, arrogância e estupidez*.
- Daí, resulta uma impossibilidade de colocar as experiências emocionais sob a forma de pensamentos e os pensamentos sob a forma de palavras, do que deriva uma linguagem que comumente adquire a forma, nas personalidades psicóticas, de uma "salada de palavras".
- Nas personalidades psicóticas, diz Bion, não se forma a *"barreira de contato"*, como acontece nas personalidades neuróticas, nas quais os "elementos-alfa" compõem uma barreira que funciona como delimitadora entre o consciente, o pré-consciente e o inconsciente. Pelo contrário, nos psicóticos, essa barreira é substituída pela *"pantalha-beta"*, a qual não consegue delimitar aquelas três instâncias psíquicas, nem os pensamentos, fantasias e afetos que transitam entre elas e, por essa razão, forma-se uma *confusão* entre o real e o imaginário.
- Ao invés do uso da "repressão", como é o habitual nos neuróticos, nos psicóticos sempre há um uso excessivo de *splittings*, seguidos de maciças identificações projetivas, que funcionam como uma forma de *evacuar* e descarregar em uma outra pessoa tudo aquilo que for intolerável para si próprio.
- Os fragmentos de "objetos", e das demais partes do aparelho psíquico (id, ego, superego, afetos...) resultantes dos *splittings*, são projetados – sob a forma de *objetos bizarros* – no espaço exterior, desde onde ameaçam e perseguem o indivíduo que os projetou, sendo que, nos casos mais extremos, esses pedaços projetados podem adquirir a configuração de alucinações ou idéias delirantes persecutórias.
- A projeção desses temores e ansiedades, principalmente as de *aniquilamento* e morte, necessitam encontrar um *continente adequado* na pessoa da mãe, ou seja, que ela acolha e devolva esses temores devidamente "desintoxicados", nomeados e significados. Em caso contrário, a criança reintrojetará as ansiedades projetadas, as quais, muitas vezes, acrescidas com as angústias próprias da mãe, constituem-se sob a forma de *"terror sem nome"* (isto é, trata-se de uma forte angústia cuja formação original precede a da formação das palavras).
- Para Bion, a *linguagem* do psicótico pode ser utilizada para quatro finalidades: a) Como um *acting* (substitui a capacidade de pensar acerca das angústias insuportáveis por uma evacuação das mesmas através de uma motricidade). b) Como uma forma de *comunicação primitiva* daquilo que ele não consegue comunicar com palavras. c) Como um *modelo de seu pensamento* (a ausência de símbolos acarreta um prejuízo na utilização de substantivos e verbos, e a "salada" de palavras, significados e propósitos pode estar traduzindo a sua forma de pensar). d) A linguagem psicótica pode estar a serviço de *produzir efeitos no outro* (no caso da situação analítica, pode estar agindo na mente do analista, de forma a dissociar os vínculos associativos do mesmo). Um exemplo que Bion dá desta última situação é a de um paciente seu que o deixava confuso e que *"ele tencionava me dividir, ao me fazer dar duas interpretações ao mesmo tempo, e isso foi revelado pela associação seguinte: "como o elevador sabe o que fazer quando aperto dois botões de uma vez?"* (1992, p. 35).
- Todos esses aspectos somados tendem a levar o paciente psicótico a um estado que *"não é de vida e nem de morte"*.

PACIENTES *BORDERLINE*

Até há pouco tempo, essa denominação designava um estado do psiquismo de um paciente que, clinicamente, estivesse na fronteira limítrofe entre a neurose e a psicose. Embora hajam evidências clínicas que confirmem essa afirmativa, na atualidade os estudiosos desses casos *borderline* preferem considerar tal condição psíquica como sendo uma *estrutura, com características específicas e peculiares*. Dentre esses autores, é justo destacar a Otto Kernberg que, desde 1975, em sucessivos trabalhos, vem estudando essa psicopatologia, com inestimáveis contribuições e postulando para os pacientes *borderline* a categoria de uma estrutura psicopatológica específica e singular.

De forma abreviada, cabe destacar as seguintes características dos pacientes *borderline:*

- Todos os aspectos acima descritos como inerentes à "parte psicótica da personalidade", em algum grau e forma, estão presentes nesses pacientes fronteiriços.
- No entanto, diferentemente do que acontece nas psicoses clínicas bem-estabelecidas, os pacientes *borderline* conservam um *juízo crítico* e o *senso da realidade*.
- Existe a presença permanente de uma ansiedade difusa e a sensação de um vazio crônico, que acompanham uma *neurose polissintomática*.
- Essa última refere que esses pacientes recobrem as suas intensas angústias depressivas e persecutórias, com uma fachada de sintomas ou traços caracterológicos, de fobias diversas, manifestações obsessivo-compulsivas, histéricas, narcisistas, somatizadoras, perversas, etc., as quais podem ser concomitantes ou alternantes.
- É bastante freqüente o surgimento de *actings* que adquirem uma natureza de *sexualidade perversa* e sadomasoquista.
- Em casos mais avançados da estruturação *borderline*, podem aparecer manifestações "pré-psicóticas", como é o caso de personalidade paranóide, esquizóide, hipomaníaca, neuroses impulsivas, transtornos alimentares graves, drogadicções, psicopatias, etc.
- Há um sério transtorno do "sentimento de identidade", que Kernberg denomina *síndrome da difusão da identidade*, a qual consiste na dificuldade que esse paciente tem de transmitir uma imagem integrada, coerente e consistente de si próprio e, assim, deixa os outros confusos em relação a ele.
- Esse estado decorre do fato de que o paciente *borderline* faz um uso excessivo da defesa de *dissociação* dos distintos aspectos do seu psiquismo, que permanecem contraditórios ou em oposição entre si, de modo que ele se organiza como uma pessoa ambígua, instável e exageradamente compartimentada, de tal monta que Kernberg descreveu esse estado da mente com o nome de *departamentalização*.
- É interessante consignar que na mesa-redonda "Realidade Psíquica em Condições *Borderline*" (*Rev. Brasil. Psican.*, 1996), a síntese final assevera que cada psicanalista, *à sua maneira, mostrou como os pacientes borderline podem ser não apenas os mais frustrantes, mas também os mais gratificantes de tratar-se*.

PSICOSES "PROPRIAMENTE DITAS"

Em relação a essas referidas psicoses, tal como elas são descritas na psiquiatria, é consensual que há uma evidente lacuna entre os profundos avanços de nossa metapsicologia e os limitados alcances de nossa prática clínica. Assim, os poucos relatos de tratamentos realizados exclusivamente pelo método analítico clássico em pacientes com esquizofrenias processuais, por parte de renomados psicanalistas, como Rosenfeld, Bion e Meltzer, são de brilhantes resultados de investigação teórica, mas de duvidosa eficácia clínica.

Na atualidade, em nosso meio, a grande maioria dos psicanalistas preconiza, para tais pacientes, métodos alternativos, em um arranjo combinatório de múltiplos recursos, como, por exemplo, a simultaneidade do método analítico e o uso de fármacos, ou com outros meios, que serão referidos mais adiante.

Uma vez delimitadas as diferenças diagnósticas e prognósticas, podemos estabelecer algumas características que são comuns aos pacientes psicóticos, havendo uma proporcionalidade direta entre a intensidade das mesmas e o grau de regressividade do ego. Neste capítulo, vamos ater-nos unicamente a três dessas áreas características: a importância do corpo, a função cognitiva do ego e alguns aspectos específicos da prática clínica.

A IMPORTÂNCIA DO CORPO

Muito antes da formação do pensamento e da linguagem, o corpo desempenha um papel fundamental na estruturação do psiquismo. Primitivamente, a criança não tem a experiência corporal como uma unidade integrada; pelo contrário, ela percebe o seu corpo como uma dispersão de todas as suas partes. Isto deve-se ao fato de que, por falta de maturação biológica, o lactente encontra-se submerso em uma confusão de sensações desordenadas, difusas e indiferenciadas, que ele não sabe de onde procedem. Tais sensações, acrescidas de renovadas angústias e significações, vão sendo arquivadas e registradas como que de forma fotográfica no ego incipiente, onde se constituem como representações *do* corpo e que, em condições regressivas, podem expressar-se *no* corpo.

Por outro lado, é inerente ao ser humano ter uma certa capacidade de alienar-se no corpo do outro. Isso é porque, em seu início evolutivo, a criança faz um domínio imaginário da sua imagem corporal. Nas organizações psicóticas, há uma detenção ou uma regressão a essas primitivas etapas e, por isso, o indivíduo não discrimina as diferenças entre ele e o outro; o que é de dentro e o de fora; as partes, do todo.

Resulta daí, então, que o temor mais profundo e de maior perigo que o paciente psicótico experimenta, de forma intensa, é o da dissolução e da desintegração do ego e do *self*, e isso costuma vir acompanhado de fantasias de imagens corporais estranhas e de uma sensação de não habitar o próprio corpo.

Da mesma forma, o sentimento de identidade constitui uma preocupação permanente para tais pacientes. Há uma necessidade constante de manter a individuação, de conservar a identidade e de manter as relações com os objetos do mundo exterior, decorrendo daí que eles põem em jogo todos os órgãos dos sentidos, ou, inversamente, fazem uma fuga desesperada por meio de uma retração autística intensa.

Autores como Lacan, Winnicott e Kohut estudaram a fase evolutiva em que o fenômeno da *especularidade* ganha relevância, sendo que a regressão a essa etapa facilita o nosso entendimento de alguns sintomas psicóticos. Exemplo disso é o surgimento do *"sinal do espelho"*, o qual pode constituir-se como um dos sinais mais precoces da eclosão de uma esquizofrenia e consiste no fato de que, na frente do espelho, o paciente efetua movimentos sob a forma de gesticulações ou maneirismos, como se estivesse em uma desesperada busca de sua própria imagem. De forma equivalente, nos pacientes em regressão psicótica, podemos encontrar *"gestos espelhados"*, em que eles, sentados face a face com o terapeuta, executam os mesmos movimentos deste.

Em termos clínicos, as primitivas representações ligadas ao ego corporal traduzem-se no paciente psicótico por meio de sensações de "estranheza" e "despersonalização", assim como por vivências de desintegração corporal, de alucinações sensoriais, de crônicos sintomas hipocondríacos e de somatizações.

A FUNÇÃO COGNITIVA

A forte influência do kleinianismo em nosso meio determinou que, por muito tempo, a ênfase na compreensão e no manejo do paciente psicótico recaísse unicamente nos problemas decorrentes das terroríficas fantasias inconscientes, com as respectivas angústias e defesas arcaicas. A partir de outros autores, Bion especialmente, o problema da psicose passou a ser entendido muito em relação à patologia das funções do ego, tais como a da percepção, da comunicação e, principalmente, a do pensamento.

O problema do *pensamento*, por sua vez, está intimamente ligado ao do conhecimento, isto é, às diferentes maneiras que o indivíduo tem de dizer "não" às verdades penosas, que vão desde um simples mecanismo de supressão até um extremo grau de forclusão, próprio das psicoses.

Assim, impõe-se ao psicanalista a necessidade de ele ter bem claro para si a gênese e a natureza do pensamento, assim como quais são as áreas cognitivas que ficaram detidas em sua evolução ou que se constituíram como pontos de fixação para futuras regressões psicóticas.

Nem todos os adultos alcançam os estágios mais elevados do desenvolvimento cognitivo e, muitas vezes, as conquistas alcançadas são parciais, sempre dependem da realidade objetiva, a social incluída.

Na atualidade, é consensual entre os psicanalistas o fato de que, desde o nascimento, há uma permanente interação entre os fatores biológicos e os inter-relacionais.

Da mesma forma, há uma tendência entre os que se interessam pela análise de psicóticos em integrar os ensinamentos aportados tanto pelos autores pioneiros, como *Freud* (processos primário e secundário; formação do pensamento obsessivo e delirante, como em Schreber, e, principalmente, os seus estudos sobre os processos de negação); *Ferenczi* (em 1913, ele descreveu três etapas evolutivas do pensamento primitivo do bebê: a) "mágico-onipotente-alucinatório"; b) fase dos "gestos mágicos", através de diversos "sinais" que ele emite; c) fase das "palavras com a imaginação de efeitos mágicos") e *M. Klein* (estudou a patologia dos impulsos epistemofílicos e do processo de aprendizagem), como também pelas contribuições de autores mais modernos.

Desses últimos, são bem conhecidos por todos nós os trabalhos de *Bion* (o aparelho de pensar os pensamentos; a proporção inversa entre a onipotência dos pensamentos e o aprendizado pela experiência; a noção de pensamento vazio; a função K e -K; o ataque aos vínculos; a reversão de perspectiva, etc.) e os de *M. Kyrle* (o desenvolvimento cognitivo a partir dos mecanismos que produzem os "mal-entendidos" e as concepções ilusórias). São menos conhecidos os trabalhos de *Matte Blanco* (1986), psicanalista pertencente à Sociedade Britânica de Psicanálise, cujos estudos sobre as primitivas etapas do pensamento ("lógica simétrica e assimétrica" e noção de "conjuntos infinitos") estão ganhando gradativa relevância para a compreensão da lógica psicótica.

Além dessas contribuições de autores psicanalistas, é preciso acrescentar aqueles que procedem de outras áreas, como, por exemplo, de **Piaget** (1954), suíço, que é epistemólogo e não psicanalista. Esse autor classifica a normal evolução cognitiva em quatro estágios: 1) sensório-motor; 2) pensamento pré-operatório; 3) pensamento pré-conceitual concreto; 4) pensamento abstrato hipotético-dedutivo.

O entendimento neurobiológico, especialmente das duas primeiras dessas etapas, são fundamentais para que tenhamos uma compreensão da estruturação do pensamento do psicótico, e isso justifica que nos alonguemos um pouco mais.

Assim, o estágio *"sensório-motor"* caracteriza-se por uma absoluta indiferenciação entre o eu e o outro; incapacidade de fazer quaisquer discriminações; uma não-integração corporal; uma falta de delimitação com o ambiente exterior (a mão do bebê, por exemplo, é por ele confundida com a de qualquer outro corpo em movimento). Só ao final desse estágio é que começam a formar-se as noções de eu x não-eu; dentro x fora, etc.

O estágio do *"pensamento pré-operacional"* estende-se dos 18 meses aos 6 (7) anos, e algumas de suas características são: a criança começa a ter algumas alternativas; o pensamento ainda é preconceitual, ou seja, tudo deve ter uma realidade física (os pensamentos estão na boca; os sonhos, no quarto, etc.); tudo deve ter uma causa identificável e um propósito definido (é a fase dos "por quê?, que dá origem às teorias fantásticas da criança, como, por exemplo, as relativas ao mistério do nascimento e da morte e às diferenças dos sexos, etc.). Outra característica dessa etapa é o egocentrismo: pelo fato de ainda não ter condições neurológicas para a capacidade de indução, e nem para a dedução, a criança não consegue colocar-se no lugar do outro. Isso ajuda a explicar os aspectos da patologia da linguagem e da comunicação, em que o indivíduo parte do princípio de que os outros adivinham-no e entendem-no sempre, pela razão em sua crença de que todos viveriam unicamente em função dele. Pela mesma falta de maturação neuronal, a importante função de julgamento, nesse estágio, não é de ordem moral ou legal, mas, sim, está baseada em seus valores unicamente egocêntricos. É importante que diferenciemos este egocentrismo de origem neurobiológica, daquele que é típico da organização defensiva narcisística.

É só ao final desse segundo estágio e começo do terceiro que se constitui o *"pensamento operacional concreto"*, no qual a criança começa a fazer relações causais, temporais e lógicas, configuradas pelos vocábulos: *porque*; *antes*; *depois*; *então*; *logo*; etc., organizadores da importante função de sintaxe do ego.

A quarta etapa de um desenvolvimento normal – a do *pensamento abstrato hipotético-dedutivo* – somente desenvolver-se-á satisfatoriamente se as etapas anteriores forem suficientemente bem resolvidas.

É necessário destacar, para a compreensão do tipo de *lógica* utilizada pelos psicóticos, a detenção evolutiva nos subestágios em que persiste um pensamento de um destes tipos: 1) *Sincrético* (em que "parecer" é o mesmo que "ser igual"). 2) *Reversivo* (tudo o que acontece tem que ter, necessariamente, uma recíproca). 3) *Racionalizado* (fazer o mundo real adaptar-se ao seu). 4) *Classificatório* (a partir da metonímia de que a parte é igual ao todo, e vice-versa, o indivíduo classifica as pessoas e coisas baseando-se na presença de um simples atributo, comum entre elas).

A importância da função de pensar, na análise de psicóticos, pode ser resumida na postulação de Bion que, em diversos trabalhos, enfatiza o fato de que, para que a mente possa desenvolver-se, é necessário que a experiência emocional das relações íntimas seja pensada. No entanto, uma coisa é "pensar" de acordo com os primeiros estágios da área do pensamento; outra coisa é a capacidade de pensar em nível amadurecido, o que abarca o tríplice aspecto de: *conceituar, julgar e raciocinar*, e que, diferentemente do anterior, possibilita que os pensamentos opostos, ou os contraditórios, sejam reconhecidos como podendo ser concomitantes entre si.

PRÁTICA PSICANALÍTICA

A análise de psicóticos foi de interesse vital nos anos 50, tendo começado como uma tentativa de mostrar que eles podiam ser tratados exclusivamente pela técnica psicanalítica clássica. Isso, por um lado, propiciou os estudos sobre os estados confusionais, o narcisismo e as funções cognitivas, bem como significativos avanços na análise de pacientes *borderline* e estruturas narcisistas. Por outro lado, acarretou inconvenientes pelo fato de que muitos autores tenderam a refugiar-se e enclausurar-se em uma doutrina rígida e monolítica, centrada unicamente na interpretação transferencialista dos conteúdos das arcaicas fantasias inconscientes.

A maior crítica a essa posição pode ser sintetizada nesta pergunta de A. Green (1986): "*... como se pode, num trabalho como o nosso, trabalhar com a palavra pela palavra, tendo por ambição influenciar algo que não é da ordem da palavra?*".

Aos poucos, a análise de tais pacientes vem ganhando entre nós características específicas e diferenciadas, criadas a partir de um enfoque múltiplo. Apesar da discordância de muitos, eu sou dos que crêem ser útil o psicanalista ter uma *formação pluralista e eclética*, desde que fique bem claro que ecletismo não é o mesmo que sincretismo, ou o mesmo que um mero aglomerado de conhecimentos diferentes. Assim, por exemplo, seria forçosamente artificial qualquer tentativa de integrar unificadamente a metapsicologia de M. Klein e a neurobiologia de Piaget. Os que acreditam neste último não podem conceber que uma criança com menos de 10 meses possa construir fantasias, pensamentos e mecanismos mentais complexos que permitam, por exemplo, o ego manipular uma imagem interna do objeto na ausência deste.

A mesma consideração vale para os mecanismos dissociativos e projetivos, sendo que as fantasias sádico-canibalísticas são, neste contexto, entendidas como tendo sido constituídas *a posteriori*, quando o pensamento desenvolve-se em lugar das experiências sensório-motoras.

Como esquema de exposição, vou apontar para as seguintes áreas que, na atualidade, fundamentam e dimensionam a análise de psicóticos propriamente ditos:

1. Recentes avanços teóricos. Destes, os que vêm merecendo maior relevância são os referentes à indiferenciação entre o "eu" e o "não-eu"; ao fenômeno da especularidade; ao registro somático; ao alargamento das atribuições das identificações projetivas aos processos perceptivo-cognitivos, tanto do ponto de vista de autores psicanalistas como os da neurobiologia contemporânea.

2. Valorização da realidade externa. Diferentemente do que a técnica kleiniana classicamente recomendava, no sentido de priorizar a interpretação dos conflitos do mundo interno, referida às primitivas fantasias inconscientes e aos objetos parciais introjetados, os analistas contemporâneos hierarquizam a importância dos objetos externos reais.

3. Relações familiares. No mínimo, dois aspectos merecem um registro: um, é o *discurso* dos pais como um dos modeladores do inconsciente do indivíduo; o segundo é a designação *de papéis* fixos a serem cumpridos no contexto da dinâmica familiar, como, por exemplo, a atribuição do papel de bode expiatório, ou de gênio, ou de uma eterna criança, e assim por diante, inclusive a possibilidade de que o papel que foi designado para o nosso paciente psicótico tenha sido justamente o dele funcionar como psicótico, isto é, como o portador das partes psicóticas de cada um e de todos do seu grupo familiar.

4. Colaboração multidisciplinar. Cada vez mais, os psicanalistas estão permeáveis às contribuições dos epistemólogos, neurólogos, lingüistas, educadores, geneticistas e, especialmente, à moderna psicofarmacoterapia.

5. Tratamento múltiplo. Como decorrência dos itens anteriores, a tendência dos psicanalistas contemporâneos que tratam pacientes psicóticos pelo método analítico é combinar a este outros métodos alternativos como: diversas formas de psicoterapia; grupos de auto-ajuda; medicação psicotrópica; instituição que proporcione os benefícios da ambientoterapia; o concurso dos assim chamados "auxiliares terapêuticos", "amigos qualificados"; atendimento do grupo familiar; etc.

6. Particularidades da técnica psicanalítica. Sabemos que os objetivos básicos da análise com os pacientes psicóticos são promover: a constância objetal interna e a constância da percepção da realidade externa a integração das dissociações; o desenvolvimento da capacidade de domínio sobre os estímulos resultantes das frustrações, tendo em vista que estes pacientes desorganizam-se diante de situações novas, não-estruturantes; a transição do imaginário para o simbólico; e a formação do sentimento de identidade. Para tanto, creio que os seguintes pontos são os essenciais:

- Nos primeiros tempos da psicanálise, era inadmissível cogitar uma análise para pacientes psicóticos, porquanto, segundo Freud, os pacientes com "neurose narcisista" (assim, então, eram denominadas as psicoses), com toda a libido retirada do mundo exterior e reinvestida no mundo interior, não conseguiriam desenvolver uma "transferência" com o analista, e, sem transferência, não existiria psicanálise. Desde os descobrimentos de M. Klein e de outros autores que se aprofundaram nos estudos relativos ao desenvolvimento emocional primitivo do bebê, sabemos que tais pacientes desenvolvem, sim, uma transferência peculiar, que costuma ser denominada *"transferência psicótica"*.

- É útil diferenciar essa "transferência psicótica" do que denominamos *"psicose de transferência"*, tal como foi descrita por Rosenfeld (1978), que pode emergir no curso da análise com pacientes não-psicóticos (esse fenômeno transferencial aparece mais esclarecido no capítulo 31, que trata das "transferências").
- O analista deve partir do princípio de que todo paciente psicótico, por mais desagregado que esteja, sempre tem uma *parte não psicótica*, à qual ele deve aliar-se.
- O passo inicial é, pois, conseguir o estabelecimento de uma *"aliança terapêutica"*, sem a qual o restante do trabalho analítico com este tipo de paciente será estéril.
- Ao contrário do que poderia parecer, é essencial que se mantenha a *preservação do setting básico* que foi instituído, como uma forma de assegurar à indispensável manutenção dos limites e da diferenciação dos respectivos papéis. Essa recomendação técnica é particularmente importante na análise de pacientes psicóticos que fizeram uma estruturação da mente do tipo gemelar. Trata-se de uma dissociação com duplicação, em que tal paciente se lança em uma infinita e nunca acabada busca de imagens especulares exteriores ("almas gêmeas") que confirmem a sua falsa crença de que não há diferenças de sexo, de geração ou de capacidades, entre ele e os outros.
- As *identificações projetivas*, que costumam ser usadas maciçamente pelo paciente psicótico, devem ser discriminadas pelo analista em seu tríplice aspecto: como um mecanismo defensivo, como um importante meio de comunicação e como uma forma de invasão fusional e controle onipotente.
- É comum que esse paciente, durante um longo tempo inicial da análise, faça uma *idealização extremada* da pessoa do analista, e é importante que a mesma não seja destruída de forma abrupta e, muito menos, que venha a ser perpetuada, em função das necessidades narcisísticas do terapeuta.
- É de máxima importância o reconhecimento dos movimentos resistenciais/contra-resistenciais como, por exemplo, a formação, no par analítico, de diferentes tipos de *conluios inconscientes*. Da mesma forma, é importante que se discrimine quando as resistências do paciente representam uma absoluta oposição ao método analítico, ou quando elas servem como um indispensável indicador ao analista de como funciona o ego de seu paciente. Assim, os múltiplos e freqüentes *actings* devem ser entendidos como uma forma comunicacional muito primitiva (em Freud, corresponde à etapa de "representação-coisa", no ego) e que se expressam pela linguagem paraverbal da ação. Igualmente, o uso freqüente de silêncios longos pelo paciente exige que se faça uma discriminação quanto ao propósito de cada um deles, sendo que, muitas vezes, uma pausa silenciosa, antes de ser uma resistência de oposição, pode estar significando a necessidade de o paciente ter um "espaço" seu para pensar.
- Também as freqüentes *manifestações psicossomáticas* devem ser compreendidas e, se possível, decodificadas como um meio arcaico de comunicação dos primeiros registros do corpo no ego, e deste, no corpo.
- Sabemos o quanto os pacientes psicóticos são *sensíveis às frustrações* decorrentes do reconhecimento das ilusões simbiótico-narcisísticas, assim como pela ausência dos objetos, acentuada, neste caso, pela impossibilidade de possuí-los. Resulta daí que tais pacientes tendem a negar e a evitar essas frustrações ao invés de modificá-las, o que se constitui num dos fatores que mais se opõem ao crescimento da mente. O analista deve ter claro para si o fato de que a capacidade de tolerância às frustrações é imprescindível para a formação de símbolos e para a mu-

dança psíquica, a qual implica em uma ruptura com os conhecimentos e o código de valores previamente estabelecidos no paciente.

Dito de outra forma, o que propicia o início da simbolização é o psicanalista portar-se como uma espécie de objeto transicional, que faculte ao paciente a sua passagem da díade fusional para a inter-relação triangular; isto é, gradativamente substituir a "lei do desejo" (mãe) pelo "desejo da Lei" (pai), tal como descreve Lacan:

- Na experiência emocional do vínculo analítico, o indispensável contato com as "verdades" nunca deve ser de forma absoluta e nem definitiva, mas, sim, deve constituir-se em um compromisso com a veracidade, a coerência e a busca de correlação de significados.
- É de especial importância explorar ao máximo os fatores da realidade externa, a qual pode estar perturbada em umas áreas, e em outras não. Assim, é preciso levar em conta que, no curso do processo analítico, o desenvolvimento da função cognitiva do ego processa-se em três níveis distintos: o primeiro é a tomada de conhecimento do paciente quanto ao "material" que ele traz, bem como ao da sua conduta, especialmente no que concerne à distinção entre a fantasia e a realidade; o segundo nível é o da nomeação, conceituação e juízo crítico deste conhecimento; o terceiro é o da reflexão acerca dos efeitos que este *insight* cognitivo e afetivo terá em sua vida, ou seja, que ele, da mesma forma que o seu analista, antes do "porque" etiológico, valorize sobretudo o "para que" existencial.
- Os aspectos contratransferenciais assumem uma importância fundamental pelo fato de que eles costumam adquirir extensão e profundidade tais que, tanto podem constituir-se como uma excelente bússola comunicadora ao psicanalista do mundo interno do paciente – com as suas respectivas necessidades básicas que estão à espera de serem analiticamente preenchidas – como também podem os sentimentos despertados no analista estancar, desvirtuar ou até mesmo deteriorar de forma irreversível o método analítico.

São bem conhecidas as respostas contratransferenciais que se manifestam sob a forma de sentimentos de medo, paralisia, impotência, ódio, confusão, angústia diante dos espelhamentos, etc., mas vale destacar a possibilidade de o analista vir a sentir em seu próprio corpo as representações intrapsíquicas do paciente psicótico, nos casos em que as identificações projetivas deste resultem de sua extrema necessidade de "tocar" (emocionar) o analista.

- A atividade interpretativa do psicanalista merece considerações mais alongadas.

Inicialmente, creio ser útil fazer uma diferença entre a interpretação propriamente dita, senso estrito, e a atividade interpretativa, senso amplo, a qual abrange ainda mais, além da anterior, a valorização da realidade externa e da extratransferência; o estímulo a clareamentos; o assinalamento de paradoxos e contrastes; o apontamento quanto às maneiras de como o paciente percebe, pensa, comunica e age, e as respectivas interações entre elas; e a formulação de perguntas, não as interrogatórias exploradoras, mas aquelas que estimulam a reflexões. Há uma diferença entre as interpretações *da* transferência e *na* transferência: na análise, há transferência em tudo, mas isso não quer dizer que todas as intervenções devam visar sempre a transferência.

Estamos considerando que a técnica analítica, dentro da indispensável preservação do *setting,* gira em torno de dois eixos fundamentais, que são indissociados e complementares entre si: a atividade interpretativa e a "atmosfera analítica", a qual é determinada em função da atitude interna do psicanalista. Enfatizamos o fato de que essa última ganha em importância em relação à primeira na razão direta do grau de regressão do paciente, mas nem por isso concordamos com aqueles que subestimam o valor das interpretações para os pacientes psicóticos, sob a alegação de que o seu indiscutível prejuízo na capacidade de formar símbolos e, portanto, de fazer abstrações e conceituações determina que as interpretações se tornem inócuas.

De fato, é preciso reconhecer que de pouco adiantam as interpretações centralizadas exclusivamente nas fantasias inconscientes e, muitas vezes, sob a forma sistemática do chavão: "É comigo, aqui e agora". No entanto, as interpretações, obviamente sem esses vícios, são indispensáveis, pois somente elas possibilitam nomear e dar sentido às inominadas angústias primitivas que o paciente está revivendo ao calor da experiência emocional analítica e que são as mesmas que ele vem experimentando toda a sua vida, mas que não consegue verbalizá-las porque as mesmas formaram-se antes da etapa da "representação-palavra".

- Nestes casos, deve ser levado em conta que os pensamentos e as palavras podem comportar-se para o paciente psicótico como se fossem coisas materiais e que, portanto, podem ter o mesmo destino destas, isto é, podem estar aglomerados, dilacerados, expulsos, entesourados, etc.
- A transformação da experiência emocional intolerável em algo tolerável só é possível pelo pensamento; por isto, é de grande utilidade prática que o analista localize em qual subestágio da evolução neurobiológica está detida a capacidade de pensar do seu paciente. Da mesma forma, pode-se dizer que o paciente psicótico nunca chegará à cura, sendo que o objetivo do método analítico restringe-se a um trabalho de restituição, razão porque a atividade interpretativa visa a um desenvolvimento cognitivo: ajudar a parte não-psicótica do paciente a observar, a pensar e a não fugir das verdades.
- No entanto, com o paciente psicótico, acima de tudo, é a "atmosfera analítica" que se constitui como o mais importante fator terapêutico. Cabe ao analista ter uma série de atributos básicos, dos quais é preciso ressaltar aqueles que correspondem aos que, certamente, faltaram na maternagem original do paciente. Apesar da ressalva de que o vínculo analista-paciente psicótico não reproduza de forma rigorosamente igual a relação mãe-bebê, é evidente que existem profundas similitudes entre ambos.

Assim, o analista que trata de pacientes psicóticos deve preencher as mesmas funções que uma mãe adequadamente boa exerce para o seu filho, desde o nascimento, e que são as seguintes: *provedora* (das necessidades básicas); *contenedora* (das angústias); *organizadora* (do caos resultante da indiferenciação); *significadora* (nomear e dar sentido a tudo que se passa com a criança) e *modeladora* (de identificações). Além da ativa participação em parte dessas funções, cabe ainda ao pai da criança (ou o analista, na *transferência paterna*) cumprir o papel do terceiro, isto é, aquele que vai desfazer uma possível perpetuação simbiótica da díade mãe-filho, tão comum nos pacientes psicóticos.

- É indispensável levar em conta que, sempre, o paciente psicótico está cheio de...vazios. E que tais vazios, antigos e muito dolorosos, costumam ser substituídos por autarquias narcisísticas de auto-suficiência, ou por estruturas tipo "falso *self*", etc. Dizendo com outras palavras: existe desde sempre uma *falta básica* (falha de uma adequada maternagem, com as conseqüentes feridas emocionais), de modo que nos pacientes psicóticos predomina a *presença de uma ausência*.

A importância disso na prática clínica consiste no fato de que toda privação que esse paciente sofre (inclusive aquela que seja inevitável e necessária para o seu crescimento) é significada pelo psicótico como um abandono e, portanto, ele a semantiza como sendo uma vivência de "aniquilamento".

Igualmente, uma outra importante repercussão na prática clínica, decorrente da constante "presença da ausência" no psiquismo do paciente com configuração psicótica, consiste na imperiosa necessidade de que o analista saiba "*escutar as ausências*" (os dificílimos sentimentos contratransferenciais, que qualquer terapeuta sente em tais situações, podem constituir-se, para ele, como uma excelente *bússola empática* para captar a comunicação *não-verbal* do paciente dessas suas "ausências internas"). Da mesma forma, também é indispensável que o analista "escute" a constante presença da necessidade desse paciente de ser *entendido* nas suas angústias emergentes (mais do que ser *atendido* na demanda de seus pedidos concretos).

Neste contexto, pode-se dizer que a atividade interpretativa e a função continente do psicanalista, aí incluída a capacidade de empatia, constituem um sistema único, que vai compondo a "*atmosfera analítica*", a partir da qual aumenta a responsabilidade do terapeuta, pois ele vai sendo introjetado como um novo modelo de identificação e de ressignificação do código de valores do seu paciente psicótico.

Uma outra forma de abordar as "*condições necessárias mínimas*" (ver capítulo 41) que um analista deve possuir para poder tratar pacientes psicóticos é a de realçar aquilo que ele *não deve ser*. Assim, ele não é o *ego ideal* do paciente (ou seja, ele não é Deus, ou uma pessoa poderosa, mágico-onipotente, etc.). Da mesma forma, o analista também não é uma mãe substituta do paciente, que nunca o frustre, tampouco é professor, confessor, amigo com vínculos sociais, um representante da moral, etc. O terapeuta não é nada disso, embora, *temporariamente*, possa ser um pouco disso tudo.

Em relação às interpretações, de forma breve, alguns pontos merecem um registro:

- O pior erro do analista, diz Rosenfeld (1988), é quando ele interpreta todo o conflito transferencial em situações de "impasse analítico"(costumam acontecer freqüentemente), como sendo de responsabilidade única do paciente.
- O analista pode estar cometendo uma violência interpretativa ao seu paciente psicótico, se ele não levar em conta o nível evolutivo do pensamento deste (por exemplo, falar em termos ético-científicos, ou de elevada abstração, para um paciente que só consegue "pensar" em uma dimensão mágica e concreta).
- Outro considerável erro técnico é quando o analista põe ênfase exagerada nos aspectos destrutivos do paciente, sem levar em conta a contraparte construtiva dos mesmos.
- A propósito disso, cabe enfatizar que, sem perder a essência psicanalítica, está plenamente justificada a utilização, por parte do analista, de uma *"técnica de apoio"*, desde que fique bem claro que o emprego de "apoio" não é o mesmo que dar conselhos, consolo, ser "bonzinho", não frustrar ou não estabelecer limites, etc. Pelo contrário, a técnica de "apoio" exige muita competência por parte do terapeuta, porquanto ela implica na capacidade de o analista conseguir sintonizar com os aspectos construtivos e as potencialidades latentes, que estão ocultas e bloqueadas no psiquismo desse paciente, e das quais ele não se dá conta de que é possuidor. Um exemplo banal disso: no curso de uma supervisão, o analista interpretava corretamente os aspectos agressivos e birrentos de uma paciente que se recusava terminantemente a aceitar uma necessária (para o analista) mudança de horário de uma sessão. A situação caminhava para um "impasse" que só foi revertido quando o terapeuta compreendeu e "apoiou" os aspectos positivos da "briga" da paciente, que estavam expressando a sua necessidade de sair de um estado de submissão crônica que sempre tivera com seus pais, além de experimentar o exercício da importante capacidade para *dizer "não"*.
- Destarte, é indispensável que o analista tenha claro para si que a assim chamada *"transferência negativa"*, quando bem compreendida e manejada por ele, representa ser positiva para o processo psicanalítico.
- Um obstáculo importante às mudanças psíquicas ocorre quando o terapeuta não percebe as micromudanças do paciente, muitas vezes sob a forma de *actings* de aparência preocupante, ou de manifestações transferenciais negativas, como as acima aludidas, as quais podem estar significando o seu começo de independência e também de ele estar começando a experimentar o afloramento de sua contida agressão, assim como a sua forma de amar.

CAPÍTULO 21

Pacientes Somatizadores

A curiosidade pelos mistérios que cercam as relações entre a mente e o corpo acompanha a própria história da humanidade, o que pode ser evidenciado pelos recursos empregados por nossos ancestrais, representados nas figuras dos faraós, bruxos, xamãs, os quais, por meio de rituais mágicos, como os de orações, danças, práticas de exorcismo e outros afins, tentavam remover os "maus espíritos" que seriam os responsáveis pelas doenças orgânicas terminais. Reciprocamente, achados arqueológicos de trepanações cranianas encontradas em fósseis do antigo Egito, feitas com precisão e com algum rigor científico, apontam para a probabilidade de que nossos predecessores médicos procuravam encontrar no soma orgânico a causa dos transtornos mentais.

Na própria história da medicina, desde o seu início, duas escolas na Antigüidade Grega antagonizavam-se: a primeira, liderada por Galeno, atribuía uma existência totalmente autônoma à doença orgânica, sendo que a posterior descoberta de Pasteur acerca dos micróbios como agentes patogênicos específicos tornou essa concepção triunfante. De forma equivalente a essa descoberta, e de acordo com os parâmetros da ciência do século XIX, os cientistas também procuravam encontrar as causas das doenças mentais através do microscópio, na busca de bactérias, ou de fenômenos físicos e químicos que pudessem explicá-las; assim, a descoberta do *Treponema pallidum* na doença "paralisia geral progressiva" (que consiste no comprometimento do sistema nervoso central devido a um estado adiantado da sífilis), bastante comum na época, viria a confirmar, com uma grande euforia inicial dos cientistas, a tese de que sempre haveria uma única e direta relação tipo causa-efeito na determinação das doenças orgânicas ou mentais. A segunda escola de medicina na Grécia Antiga, sob o comando de Hipócrates, concebia a doença como uma reação *global* do corpo e do espírito do indivíduo, o que prenuncia o moderno enfoque psicossomático.

Apesar dessas tentativas de unificar a mente e o corpo, a verdade é que sempre prevaleceu amplamente a concepção de uma total dicotomia entre ambas, e a razão mais plausível disso talvez seja o terror de um desaparecimento total do indivíduo diante da concreta perecibilidade do corpo diante da morte.

Na atualidade, em uma direção de extremo oposto ao da dicotomia, são muitos os estudiosos a opinarem que não existem doenças psicossomáticas e tampouco fenômenos psicossomáticos, porquanto a "natureza humana é uma só" e que qualquer tentativa de integração do psiquismo com o organicismo já implica uma prejudicial idéia prévia da existência de uma dissociação entre ambas. Pessoalmente, incluo-me entre aqueles que, embora reconhecendo a validade da essência desta útima afirmativa, acreditam na necessidade de considerar, de forma particular, a existência de fenômenos específicos em que *predominantemente* fatores psíquicos desencadeiem quadros orgânicos, e vice-versa, sendo útil o conhecimento de cada uma das múltiplas configurações que as respostas psicossomáticas podem assumir.

A primeira vez que o termo "*psico-somático*" (exatamente com essa grafia, com um hífen nitidamente separador de *psique* e *soma*) apareceu na literatura médica foi em 1818, em um texto de Heinroth, clínico e psiquiatra alemão, no qual o autor buscava adjetivar uma forma particular de insônia, sendo que tal concepção foi fortemente atacada por parte do conservadorismo científico da época. Outras vozes tímidas apontavam para essa direção, sendo interessante consignar o alto grau de intuição de William Motsloy que há mais de 100 anos, em *Fisiologia da mente*, escreveu: "*Quando o sofrimento não pode expressar-se pelo pranto, ele faz chorarem os outros órgãos*". Desde o final da década de 1940, o termo "psicossomático" adquiriu essa grafia unificadora e passou a ser empregado como substantivo, para designar, no campo da medicina, a decisiva influência dos fatores psicológicos na determinação das doenças orgânicas, embora já admitindo uma inseparabilidade entre elas.

CONTRIBUIÇÕES DE FISIOLOGISTAS

Alguns trabalhos de notáveis fisiologistas vinham a comprovar experimentalmente as estreitas conexões entre os estímulos psíquicos e as respostas orgânicas. Dentre estes, cabe mencionar o cientista russo Pavlov, com os seus experimentos pioneiros sobre *reflexos condicionados*, o americano Cannon, que em 1911 demonstrou o *efeito fisiológico das emoções* interferindo na regulação do equilíbrio homeostático do meio interno do organismo, e H. Selye que, dando continuidade aos estudos de Cannon, desenvolveu a importante teoria do *estresse* e a teoria da *síndrome geral da adaptação*. Selye conceituou *estresse* como sendo toda agressão (física, psíquica, traumática, infecciosa, tóxica), de origem externa ou interna, que venha a perturbar o referido equilíbrio homeostático, enquanto "síndrome geral de adaptação" ele definiu como o conjunto de reações fisiológicas aos estresses, sendo que tais reações agem pela ativação do eixo hipófise-hipotálamo-supra-renal, e desdobram-se em três fases: uma fase de *alarme* (ou de *choque)*, uma segunda fase de *adaptação* e a terceira de *esgotamento*, quando as defesas do organismo esgotaram-se. Essas concepções adquiriram um notável impacto nos modernos estudos sobre os fenômenos psicossomáticos, de acordo com o postulado de que, nos pacientes somatizadores, o soma reage (com secreção de adrenalina, etc.) às ameaças psíquicas, como se ele estivesse diante de reais ameaças à vida de seu organismo.

CONTRIBUIÇÕES DE PSICANALISTAS

Além de alguns ensaios de Freud, que serão explicitados mais adiante, a grande fonte inovadora para o entendimento dos fenômenos psicossomáticos partiu, nos anos 20 e 30, de pesquisadores americanos, como Felix Deutsch, que estudaram de forma sistemática pacientes com problemas psicossomáticos, descrevendo os seus *perfis psicológicos*, ou seja, buscando encontrar traços de personalidade que fossem comuns a um determinado quadro clínico.

Embora essa abordagem não convencesse, em vista das numerosas exceções, os estudos prosseguiam nessa direção, e assim surge a importante figura de F. Alexander, psicanalista de Chicago, que firmou a sua posição de que mais do que os perfis psicológicos do paciente, realmente importante era o reconhecimento dos subjacentes *conflitos psíquicos*. Por exemplo, os *hipertensos* se debateriam entre tendências contraditórias: de um lado uma aparência de passividade e de calma (vivenciadas por eles como humilhatórias) e, por outro, uma atividade agressiva, visando ao controle, ao domínio e ao triunfo; de forma análoga, a *personalidade coronariana* (também conhecida como personalidade *padrão A*) caracterizaria aquelas pessoas que mantêm uma luta sem tréguas para o sucesso e uma incontida aspiração para superar os demais, o que os deixaria mais suscetíveis a anginas e infartos, e assim por diante, faziam-se esmiuçadas descrições da conflitiva inconsciente presente nos ulcerosos, asmáticos, etc.

ESCOLA DE CHICAGO

Assim, tendo à frente a figura de Alexander, a escola de Chicago estudou e descreveu as *sete doenças psicossomáticas* (asma brônquica, úlcera gástrica, artrite reumatóide, retocolite ulcerativa, neurodermatose, tireotoxicose e hipertensão essencial), atribuindo a cada uma delas uma especificidade do conflito psicogênico, sendo que, em sua opinião e na de seus colaboradores, os indivíduos reagiriam de forma diferente conforme predominasse neles uma hiperatividade do "sistema simpático" (sistema do organismo que implica na predominância de reações adrenalínicas, com tendências ativas e agressivas) ou a uma hiperatividade do "sistema parassimpático", também conhecido como "vagal" (que alude ao sistema responsável pela tendência aos estados de repouso e lentificação, com uma propensão à passividade).

R. SPITZ

Também nos Estados Unidos, na década de 40, tiveram início os importantes trabalhos de Spitz (1945) sobre casos de *hospitalismo infantil,* que consiste na sua comprovação, por meio de impressionantes filmagens que realizou, de que crianças muito pequenas, separadas das mães por um tempo demasiado, experimentam progressivos sentimentos de vazio e desespero, que logo vêm acompanhados por uma maior facilidade para contrair doenças infecciosas, provavelmente, sabemos hoje, pela queda das defesas imunológicas que acompanham os estados depressivos. Na observação de Spitz – da mesma forma como nos estudos sobre *apego e perda* realizados pelo psicanalista britânico J. Bowlby (1969) – (e, parece-me, de forma equivalente ao que mencionamos nas pesquisas de Selye), tais crianças passam por três fases sucessivas: a de *protesto* (quando então a criança chora, grita, esperneia), a de *desespero* (a criança cansa de seus protestos inúteis e parece perder as esperanças de ser escutada e atendida), sendo que a terceira fase é a de *desligamento*, que sucede a uma duração muito prolongada da fase anterior e impele a criança a uma retração de natureza autística.

A última destas três etapas adquire uma significativa importância na moderna psicanálise porque ela esclarece melhor aos seguintes três aspectos: a) Uma imunodepressão facilitando a eclosão de doenças orgânicas. b) Um elevado grau de desligamento afetivo dessas crianças, o que muitas vezes culmina com o quadro clínico conhecido como "autismo secundário", a ponto de ele, às vezes, confundir com o "autismo primário", de etiologia endógena, orgânica. c) A aludida retração libidinal, incidindo em pessoas adultas, pode levá-las ao estado psíquico de *desistência*, no qual prevalece uma abulia, apatia, com uma forma mecânica desse sujeito viver, cujo único desejo consiste em nada desejar e, da mesma forma que no autismo secundário, essa fragilização predispõe a uma série de conseqüências previsíveis, inclusive as de ordem somática.

Assim, entre os anos 30 e 60, inspirada principalmente na "escola de Chicago", floresceu a *medicina psicossomática,* sendo inúmeros os trabalhos que estudavam especificamente cada uma das especialidades médicas (ginecologia, gastroenterologia, dermatologia...) segundo uma abordagem que atribuía uma particular conflitiva psíquica inconsciente para cada um dos respectivos sintomas orgânicos, separadamente. Para exemplificar com a literatura psicanalítica do cone sul-americano: somente o reputado psicanalista radicado na Argentina, Angel Garma, nos anos 50 publicou artigos sobre doentes colíticos em dois livros, respectivamente, sobre as úlceras gastroduodenais (1954) e os doentes cefaléicos (1958), todos sob um rigoroso prisma da psicanálise. Aos poucos, o entusiasmo inicial dos analistas foi cedendo lugar a uma descrença generalizada nesse enfoque de uma explicação linear tipo *causa* (psíquica)-*efeito* (somático), tanto pelo fato de essa abordagem permitir uma multiplicidade de explicações genético-dinâmicas, freqüentemente intelectualizadas, e até fantasiosas, como também pelos escassos resultados clínicos alcançados.

Ainda dentro do campo das investigações que cercam as inter-relações entre os processos mentais e os orgânicos, impõe-se mencionar duas importantes fontes: a provinda de Sifneos e Nemiah, nos Estados Unidos, que introduziram a noção de *alexitimia,* e a da "Escola Psicossomática de Paris", hoje "Instituto de Psicossomática", integrada por psicanalistas como Pierre Marty e colaboradores, que conceberam a conceituação de *pensamento operatório*. As contribuições de ambas as escolas promovem uma decisiva mudança epistemológica em relação aos pacientes somatizadores, porquanto, antes da natureza do conflito psíquico, eles enfocam prioritariamente os transtornos da comunicação desse tipo de paciente. Pela importância dessas conceituações, cabe explicitá-las mais detidamente.

ALEXITIMIA

Conforme designa a etimologia da palavra, composta dos étimos *"a"* (privação de) + *"lex"* (leitura) + *"timos"* (glândula que era considerada a responsável pelo humor), o conceito alude à dificuldade de os pacientes somatizadores conseguirem "ler" as suas emoções e, por isso, elas expressam-se pelo corpo. Para os pesquisadores dessa escola, na causa da alexitimia existe um substrato neurofisiológico às dificuldades de *simbolização* das vivências emocionais, que resultaria de uma falha das conexões neuronais entre o sistema límbico do cérebro (responsável pelas emoções) e o córtex cerebral (responsável pela capacidade de *síntese* das percepçõess, julgamento e antecipação das ações).

PENSAMENTO OPERATÓRIO

O termo designa o estado mental de certos pacientes, como são os somatizadores, nos quais, a exemplo do que Freud postulou daquilo que se passa nas *neuroses de angústia,* o ego não consegue conter e processar uma carga excessiva ou penosa de sentimentos e pensamentos, o que os leva a agir no lugar de pensar. Assim, para os analistas do Instituto de Psicossomática de Paris, o que acima de tudo caracteriza esses pacientes é que o inconsciente não tem condições de expressar-se pelas *representações*, de modo que, no lugar de *reprimir* as pulsões do id, como acontece nas neuroses, ou de *forcluir* (grau extremo de negação da penosa realidade externa ou interna), como fazem os psicóticos, os pacientes somatizadores utilizam o pensamento operatório, isto é, eles superinvestem libidinalmente tudo aquilo que existe de concreto, como, e principalmente, os seus sintomas corporais.

A propósito desses trabalhos, tanto os de Sifneos quanto os de Marty, é oportuno trazer a observação de A. Eksterman (1994), psicanalista brasileiro que, apoiado em uma longa experiência no trato de pacientes somatizadores, alerta-nos que nem a alexitimia nem o pensamento operatório, por si só, sejam os responsáveis diretos pelas somatizações; antes, eles somente expressam uma das mais importantes características que acompanham o psiquismo de tais pacientes, nos quais "*o corpo, especialmente o corpo doente, parece ser o ambiente propiciador dessas manifestações lingüísticas primitivas*".

Além dos pesquisadores mencionados, cujos estudos centralizados na neurofisiologia e nos transtornos de comunicação dos pacientes psicossomáticos prosseguem de forma sistemática e aprofundada, também, concomitantemente, ao longo da história da psicanálise, têm surgido teorias psicanalíticas as mais diversas que, de forma direta ou indireta, permitem um mais amplo entendimento acerca dos processos psíquicos que operam nos pacientes somatizadores. De forma resumida, e somente para citar os autores mais importantes, cabe apontar as seguintes.

FREUD

Antes do que algum trabalho explícito sobre os fenômenos psicossomáticos, é indiscutível que, de forma implícita, Freud plantou inúmeras sementes férteis que servem de base para os modernos estudos sobre os pacientes psicossomáticos e sobre a linguagem corporal. Destarte, as seguintes concepções de Freud, expressas em diferentes trabalhos e épocas distintas, merecem ser destacadas:

- **Representações.** Em 1891, em um trabalho sobre "*afasias*", aparecem as suas primeiras conceituações (que viriam a ganhar uma forma consistente e definitiva em 1915, no artigo *O inconsciente*) relativas à noção de que a junção da "representação-coisa" com a "representação-palavra" produz a consciência dos fatos psíquicos. Em condições normais, há uma passagem da "representação-coisa" (a qual está sediada no inconsciente) para a condição de "representação-palavra", que se processa no pré-consciente, onde ela ganha uma palavra significativa e nomeadora das emoções caóticas, sendo que esse entendimento é de importância fundamental em qualquer teoria psicanalítica atual sobre os fenômenos psicossomáticos.
- **Complascência Somática.** Freud usou esse termo em 1905, no famoso *Caso Dora*, assim marcando um aspecto muito significativo nas psicossomatizações, qual seja, creio que podemos depreender de que, tanto nas repressões neuróticas como nas renegações das perversões, nos *actings* dos psicopatas ou nas forclusões dos psicóticos, acontecem somatizações. Portanto, não existe uma única e definida estrutura psíquica nos pacientes que somatizam, sendo que é indispensável levarmos em conta uma alta sensibilidade de algumas áreas orgânicas que condicionam, facilitam, descarregam e cenarizam em determinados estados emocionais.
- **Fenômeno das Conversões.** Em 1910, aparece o seu artigo *Uma alteração psicogênica da visão,* que transparece o modelo da "conversão histérica", pelo qual os conflitos sexuais não-reconhecidos pelo sistema consciente utilizam o corpo como uma forma de linguagem e no qual os sintomas narram uma história inconsciente, sem palavras.
- **Neuroses atuais.** Por essa época, e ainda baseado nas leis da termodinâmica da física e nas leis da neurofisiologia de então, e embora não se detendo nos problemas da patologia somática, Freud teve o mérito de levar em conta os processos de ordem biológica, quando, então, propôs a sua conhecida classificação das neuroses em duas categorias. Uma delas ele denominou "*psiconeuroses de transferência*", que compreendiam as formas histéricas, fóbicas e obsessivas; a outra categoria foi chamada de "*neuroses atuais*", que abarcavam a neurastenia, a neurose de angústia e, mais tarde, a hipocondria. As "neuroses atuais", segundo Freud, tinham por causa o bloqueio das excitações libidinais, conseqüentes tanto de uma privação de satisfação sexual (principalmente o "coito interrompido"), como também de um excesso de estimulação, como seria o caso de masturbação excessiva. A primeira delas provocaria a "neurose de angústia", com os sintomas de palpitações, palidez, sudorese, dispnéia suspirosa, etc., enquanto a excessiva excitação não satisfeita determinaria os quadros de "neurastenia", manifestada nos sintomas de cefaléias, distúrbios da digestão e evacuação, diminuição da atividade sexual, etc. Em ambos os casos, o acúmulo da libi-

do bloqueada se escoaria por outras vias fisiológicas.

A noção de "neurose atual" implica a aceitação da teoria econômica das energias libidinais e, por isso mesmo, caiu em um descrédito na psicanálise, onde hibernou em um longo ostracismo, até que, na atualidade, ela ressurge revigorada e bastante mais sofisticada, como são aquelas teorias anteriormente descritas como "alexitimia" e "pensamento operatório", constantes das modernas teorias psicanalíticas, embora nem sempre haja um claro reconhecimento dessa concepção postulada por Freud.

- **Processos Primário e Secundário do Pensamento.** Em 1911, em seu clássico *Dois princípios do suceder psíquico*, Freud concebe os principais fundamentos relativos aos processos da teoria do pensar que fortemente inspiraram Bion para que pudesse desenvolver as suas idéias sobre a gênese, a formação e a utilização dos pensamentos. Para empregar uma terminologia proposta por Zusman (1994), cabe afirmar que as somatizações correspondem às falhas dos processos *simbólicos* (os quais estão unicamente presentes no processo secundário e possibilitam a capacidade de abstração dos pensamentos) que então cedem lugar aos processos *sígnicos*, nos quais predominam os aspectos protomentais sob a égide das leis do processo primário. Assim, os signos somente representam os aspectos concretos e contíguos dos fenômenos que acontecem na mente, inclusive, os representados no corpo.
- **Ego corporal.** Todos conhecemos a clássica afirmativa de Freud, ligada às suas incipientes concepções relativas ao "auto-erotismo" e ao "narcisismo primário", de que "*o ego, antes de tudo, é corporal*". Isso permite depreender, na psicanálise relativa aos processos somatiformes, a importância das representações *do corpo no ego* e da cenarização das defesas do *ego no corpo*. Essas últimas afirmativas adquirem capital importância na psicanálise atual, tanto para o entendimento dos transtornos da imagem corporal quanto para participação do corpo como um cenário dos diversos "teatros" da mente.
- **Identificações patógenas.** A partir de seu clássico *Luto e Melancolia*, de 1917, Freud estabeleceu a importante concepção de que, nos quadros melancólicos, "*a sombra do objeto cai sobre o ego*", isto é, forma-se uma identificação do sujeito com o objeto perdido de tal forma que, nesses estados melancólicos, à frase de Freud "a sombra do objeto cai sobre o ego", poderíamos acrescentar: "e lá pode ficar morando o resto da vida", forçando aquilo que, particularmente, costumo chamar de "*identificação com a vítima*". Nesses casos, o sujeito sente-se como que obrigado a ser igual em tudo ao objeto perdido, e isso adquire uma especial importância nos processos psicossomáticos, porquanto tal identificação, com grande freqüência, faz-se com os sintomas clínicos da doença que acompanhou ou que vitimou a pessoa que ambivalentemente ele amou e odiou. Isso explica o fato tão comum de que em datas que lembram a pessoa perdida (aniversário, etc.) recrudesce, no sujeito, o surgimento de sintomas e temores hipocondríacos equivalentes aos do objeto desaparecido.
- Finalmente, além de lembrar que muitos discípulos de Freud, como Paul Federn, aprofundaram os estudos sobre a imagem corporal, cabe consignar a visão profética de Freud que, em 1938, preconizou que *o futuro poderá ensinar-nos a influir diretamente mediante substâncias químicas particulares* (o grifo é meu) *sobre quantidades de energias e sua distribuição no aparelho psíquico*.

ESCOLA KLEINIANA

Também de forma indireta, M. Klein trouxe substanciais contribuições para os fenômenos psíquicos que se manifestam em uma linguagem corporal, dentre os quais vale mencionar os seguintes:

- *Fantasias inconscientes.* Especialmente a autora kleiniana S. Isaacs estudou, dentre tantas outras fantasias inconscientes primitivas da criança, aquelas de natureza terrorífica referentes ao corpo e à "figura combinada" dos pais fundidos em diversas confi-

gurações fantásticas e que assim são introjetadas pela criança, determinando transtornos da imagem da sua própria corporalidade, além de novas fantasias referentes a retaliadores ataques sádicos contra partes de seu corpo.
- *Angústia de aniquilamento* (ou de *desintegração*). Para M. Klein, esse tipo de angústia arcaica é um derivado direto da "pulsão de morte" que, agindo desde dentro da mente da criança, mantém um constante sobressalto no futuro adulto, ameaçado que este fica por um fantasiado ataque à sua sobrevivência, tanto a psíquica quanto a física.
- *Identificação projetiva.* Esse processo defensivo do ego concebido por M. Klein – e hoje reconhecido por todas correntes psicanalíticas – facilita o entendimento de, pelo menos, a dois aspectos que se manifestam como transtornos da imagem corporal: um, consiste no fenômeno conhecido em psiquiatria como *despersonalização*, que alude a um grau tão excessivo de identificações projetivas de partes do indivíduo, inclusive, de seu corpo, a ponto de o sujeito de estrutura psicótica não reconhecer, e estranhar, o seu próprio corpo. Igualmente, um excesso de dissociações, seguidas de um forte jogo de projeções e introjeções, pode explicar o fenômeno psiquiátrico conhecido como *espelhamento,* no qual o paciente psicótico repete todos os movimentos de uma outra pessoa que estiver diante de si, porquanto ele perdeu a sua identidade corporal e não consegue distinguir o seu corpo daquilo que é o corpo do outro.
- *Objetos parciais.* A ênfase de M. Klein na precoce internalização que a criança faz de objetos parciais ("seio bom e/ou mau"; "pênis bom...) durante a posição esquizoparanóide, na qual as mesmas adquirem características persecutórias, permite aventar uma teoria explicativa da *hipocondria*: a de que os objetos persecutórios permanecem alojados dentro de órgãos, de onde eles enviam ameaças de morte ao *self* do sujeito.
- *Memória de sentimentos.* (no original: *memory in feelings*). Trata-se de um fenômeno psíquico concebido por M. Klein em seu trabalho *Inveja e gratidão*, de 1957, o qual, embora pouco conhecido e divulgado, parece-me ser muito significativo para o entendimento das somatizações, porquanto permite inferir que arcaicos sentimentos e pensamentos, que não conseguem ser recordados como fatos realmente acontecidos, possam vir a ser "recordados" através de outras vias, entre elas, a das somatizações.

ESCOLA FRANCESA

Lacan

Os estudos desse genial e polêmico autor, relativos à fase evolutiva do *espelho*, remetem a três noções fundamentais: a do *"corpo espedaçado" (corps morcelé,* no original), que designa uma sensação de que, tal como uma criança por volta dos seis meses de vida, o sujeito em estado regressivo é capaz de vivenciar o seu corpo como que feito de, ou em, pedaços dispersos. A segunda conceituação de Lacan, também oriunda dessa "fase do espelho", corresponde à crença da criança de que ela está *alienada no corpo da mãe*, com ela ficando confundida corporalmente. Uma outra vertente muito importante descortinada por Lacan é a que se refere ao *discurso dos pais* na modelação do inconsciente da criança, sendo que esse discurso pode inscrever significantes de natureza psicossomática.

Instituto de Psicossomática

Conforme foi mencionado, um conjunto de psicanalistas liderados por Marty, desde a década de 50 até os dias atuais, prossegue as pesquisas fundamentais, basicamente centradas na concepção do "pensamento operatório". Um fato bastante significativo é que os psicanalistas dessa escola são oriundos da Sociedade Psicanalítica de Paris, porém, de certa forma, egressos dela, eis que na época em que iniciaram a investigação dos processos psicossomáticos com outros referenciais que não rigorosamente os da ortodoxia psicanalítica, tiveram de fazê-lo fora dessa Sociedade.

Uma das características descritas por Marty (1994) nos pacientes somatizadores é aquela que ele denomina "*relação branca*", pela razão de que eles, na relação com o analista, mostram uma afetividade esvaziada, não demonstram evidências de que estão num processo associativo, transmitem uma impressão de que respondem mecanicamente e que só parecem ligados aos aspectos concretos dos fatos narrados.

Joyce MacDougall

Fortemente inspirada pelos estudos dessa escola psicossomática de Paris, MacDougall (1994) emprestou a sua visão psicanalítica pessoal, de modo que os seguintes aspectos são por ela realçados nesses que ela chama de pacientes "*somatizantes*":

- Ela enfatiza a primitiva relação diádica mãe-lactente, na qual a "angústia de espedaçamento", tal como foi descrita por Lacan, adquire uma importância maior do que a clássica angústia de castração edípica, sendo que naquela primeira angústia, acima mencionada, sempre está presente uma subjacente ameaça de morte.
- Da mesma forma como ocorre em certas adicções e transtornos da sexualidade, também as somatizações traduzem uma falta de elaboração e de simbolização dos pensamentos e sentimentos inaceitáveis que, então, sofrem uma forte negação, tipo forclusão, e são substituídos por ações compulsivas que MacDougall chama como "*atos sintomas*".
- Na história desses pacientes, destaca a autora, sempre existe uma imago materna que falhou na sua função de "*para-excitação*" ao filho, justamente na época em que a criança sofria um forte impacto traumático das primeiras experiências emocionais e sensuais, de modo que a mãe não conseguiu ajudar a criança a pensar, decodificar e simbolizar o seu universo pré-simbólico.
- O corpo primário e fragmentário da mais tenra infância deixa traços psíquicos desde o começo da vida, de modo que compõem uma "história sem palavras" e, como que em um curto-circuito, o corpo pode transformar-se em um "campo de batalha" onde essa história se dramatiza.
- Os processos que operam na somatização podem ser considerados semelhantes aos processos oníricos, chegando MacDougall a dizer que "*o sintoma psicossomático é um "sonho malogrado*".
- Ela não considera os estados de regressão psicossomática como exclusiva dos "pacientes somatizantes", mas também inclui aqueles outros que se sentem sob um tremendo bombardeio de sentimentos estressantes que ultrapassam a capacidade do ego em poder processá-los e, por essa causa, determinam estados de pânico com sintomas físicos típicos daqueles descritos nas neuroses de angústia.
- Em relação à organização edipiana desses pacientes, MacDougall considera que a mesma está edificada sobre uma organização bastante mais primitiva, na qual predomina uma imago materna que usa a criança tanto como um extensão narcísica quanto uma extensão erótica e corporal dela própria, enquanto a figura do pai está bastante desqualificada e ausente do discurso e do mundo simbólico da mãe e, portanto, no da criança.
- Literalmente, ela afirma que "*os pacientes somatizantes têm uma espécie de cisão entre o psíquico e o soma. Neles, todo afeto é sentido como perigoso. A psique envia uma mensagem muito primitiva e o corpo (soma) reage e defende-se como se estivesse em grande perigo (...) há uma linguagem do corpo e é talvez essa linguagem a única que não mente*" (1991, p.76).

D. WINNICOTT

De uma forma extremamente reduzida de sua imensa obra, vale destacar no mínimo os seguintes aspectos:

- O conceito de "*não-integração*" de Winnicott tem um significado diferente daquele de ansiedade de "desintegração" ou de "aniquilamento", de M. Klein, sendo que aquele alude mais diretamente a uma etapa em que a criança ainda não possuía condições neurobiológicas para o reconhecimento integrado de suas partes corporais. Uma acentuada regressão às fixações dessa etapa podem ser responsáveis por aqueles estados psíquicos que Winnicott chama de "*catástrofe*" (*breakdown*, no original), cujos sintomas são os que

levam o sujeito a ter uma aterradora sensação de que ele está perdendo os seus referenciais, vai cair e precipitar-se no espaço. Na clínica, é útil estabelecer uma discriminação entre as duas ansiedades aludidas porque uma "não-integração" não significa uma situação de regressão psicótica.
- A condição de "*holding*" da mãe, de acordo com o significado dessa palavra (do verbo *to hold*: sustentar, segurar), inicialmente referia aos cuidados físicos prestados pela mãe à criança, a forma de mantê-la presa ao seu corpo, os cuidados higiênicos, a forma de olhá-la, etc., o que determina uma considerável importância na forma como esses contatos corporais foram representados no ego da criança.
- Assim, Winnicott descreve que a condição ideal do *holding* materno é aquele no qual a mãe é *suficientemente boa*, levando em conta que os outros dois extremos – o de uma mãe ausente ou excessivamente boa – vão impedir o desenvolvimento na criança das funções de tolerar frustrações, pensar e de simbolizar, logo, abrindo caminho para somatizações.

W. BION

A obra de Bion permite extrair inúmeras contribuições para o entendimento dos fenômenos psicossomáticos, como são algumas que seguem:

- Bion acredita na existência de uma vida fetal e que, mesmo embrionária, vai imprimindo profundas marcas no incipiente esboço de ego daquele ser humano que recém palpita no útero da mãe. Para esse autor, tais impressões que jamais serão lembradas poderiam ser as responsáveis por regressões acompanhadas de sensações somáticas que a ciência ainda não consegue explicar. Meltzer, um entusiasta de Bion, chega a afirmar a sua crença de que essa é a mais promissora teoria que, no futuro, poderá elucidar muitos dos mistérios psicossomáticos.
- Um outro importante aspecto destacado por Bion (1992) é quando ele conjetura que nos casos em que a mãe enfrenta a angústia psíquica da criança pelos cuidados corporais, na busca de alguma doença no corpo do filho (por exemplo: "Isso que estás sentindo é cólica"), pode acontecer que no futuro esse indivíduo, diante de uma angústia psíquica "sem nome", só consiga expressá-la através do sintoma de cólicas intestinais, porquanto, no seu registro mental, a vivência de angústia passou a ser sinônimo de cólica.
- A meu juízo, sobretudo, a grande contribuição de Bion à psicossomática procede de seus estudos acerca da capacidade, ou incapacidade, de o sujeito poder *pensar* as suas experiências emocionais. Primitivamente, as sensações corporais da criança e as suas primitivas vivências emocionais determinam a formação de protopensamentos, que Bion chama como *elementos-beta*, e que não se prestam para serem pensados, mas sim, unicamente, para serem, de alguma forma, "evacuados". No caso da mãe da criança possuir uma boa condição de *rêverie*, com uma adequada *função-alfa* (a qual consiste em acolher aqueles "elementos-beta", decodificar, dar um sentido, significado e nome a eles) então, sim, os protopensamentos transformam-se em *elementos-alfa*, daí podendo evoluir em complexidade crescente, até atingir o nível de uma alta abstração. Na hipótese de que a mãe não consiga processar essa "alfa-betização emocional", os elementos-beta prevalecem e devem ser evacuados, o que acontece por três vias: o de uma *impulsividade*, às vezes perigosa para si e para os outros; o da expulsão para fora, pela prática excessiva de *actings*; ou o da evacuação para dentro, pela via das *somatizações*.
- Outras contribuições de Bion que possibilitam uma melhor compreensão das manifestações psicossomáticas, são as suas concepções de *transformações* e o seu modelo de *continente-conteúdo*.

CONCEITUAÇÃO DO FENÔMENO PSICOSSOMÁTICO

Ninguém contesta a inequívoca interação entre o psiquismo determinando alterações somáticas, e vice-versa, o que permitiria a ilustração com exemplos clínicos que vão desde os mais simples (a corriqueira evidência de estados de raiva ou medo provocando palidez e taquicardia; vergonha levando a um enrubescimento; um estado gripal desencadeando uma reação depressiva e, reciprocamente, um estado depressivo, facilitando o surgimento de uma gripe, etc., etc.), passando por situações relativamente complexas (é conhecido o fato bastante freqüente de mulheres que, embora muito desejosas de engravidar, mantêm-se inférteis durante um longo período de anos até que, após a adoção de uma criança pelo casal, essas mulheres comecem a engravidar com facilidade), e as psicossomatizações podem atingir níveis bastante mais complexos e ainda inexplicáveis, como comprovam os modernos estudos da *psicoimunologia* e dados da observação clínica, como o da instalação de quadros cancerígenos diante de perdas importantes, etc.

Da mesma forma, as correntes expressões populares como "estou me cagando de medo", "cego de ódio", "estômago embrulhado de tanto nojo", etc., etc., atestam claramente o quanto a sabedoria popular, de forma intuitiva, captou a existência de uma estreita e incontestável relação entre os estados mentais e os corporais.

Os exemplos clínicos poderiam ser multiplicados ao infinito, sendo que esse fato, juntamente com a multiplicidade de vértices de abordagem e de fatores etiológicos em jogo, como os antes enumerados, evidenciam a enorme complexidade desse fenômeno psicossomático. Para dar um único exemplo, somente Marty descreveu cinco tipos de "personalidade asmática", cada uma delas compreendendo uma compreensão e um tratamento distinto.

Nessa visão panorâmica dos fenômenos psicossomáticos, cabe mencionar as seguintes duas afirmativas de MacDougall (1994): "*a dissociação corpo-mente é totalmente arbitrária, uma herança filosófica que pode confundir nossos pensamentos, nossas teorias e nossa prática psicanalítica*" (p.80); "*a somatização como resposta à dor mental é uma das respostas psíquicas mais comuns que o ser humano é capaz*" (p.75).

Toda essa complexidade torna muito confusa a conceituação relativa à psicossomática, bem como à semântica, que nomeia e dá significado a tais fenômenos, também aparece na literatura de forma algo ambígua e confusional. No entanto, como princípio unificador, pode-se dizer que, seja qual for a natureza da manifestação psicossomática, é necessário definir que: elas sempre exigem a presença de uma fator psicológico que determine uma influência *essencial* na etiologia da somatização, junto com uma concomitante existência de alguma área orgânica particularmente sensível para funcionar como uma espécie de "caixa de ressonância", sendo que isso é variável de pessoa para pessoa, de acordo com os fatores genético-constitucionais de cada um.

Por todas essas razões, justifica-se considerar a conceituação das manifestações psicossomáticas levando em conta três planos: 1) No sentido *restrito*: diz respeito unicamente àqueles sintomas orgânicos que apresentam alterações anatomoclínicas objetiváveis, como são as "sete de Chicago", e outras tantas mais equivalentes que poderiam ser hoje acrescidas a essas. 2) Em um sentido *menos restrito*, o espectro das doenças psicossomáticas se alargaria porque, nesse caso, a abrangência inclui os inúmeros e variados *distúrbios funcionais*, sem lesões orgânicas. 3) No sentido *amplo* do termo, a psicossomática abarca toda manifestação que de alguma forma conota alguma inter-relação corpomente, aí incluídas as repercussões psicológicas do sujeito a um eventual órgão que esteja doente. Nesse amplo leque de posssibilidades, alguns autores chegam a considerar dentro da psicossomática aquelas pessoas que são manifestamente *traumatofílicas*, ou seja, que de uma forma compulsivamente repetitiva acidentam-se ("acidentofilia") ou, penso que vale acrescentar, aqueles que de forma inconsciente forçam a repetição de cirurgias, algumas mutilatórias de certas zonas corporais. Da mesma forma, vários autores aventam considerar os transtornos de alimentação, como a bulimia e a anorexia nervosa, ou ainda, a obesidade, como problemas próprios da psicossomática.

Essa conceitualização polissêmica (de "poli", que significa "muitos" + "semos", que quer dizer "sentidos") vem igualmente acompanhada de uma grande variedade de termos diferentes que em parte esclarecem e em parte confundem. Com um intento simplificador e à moda de um miniglossário, apresenta-se uma discriminação da terminologia que mais freqüentemente comparece na literatura psicanalítica acerca dos *sintomas* psicossomáticos, da *linguagem* corporal e da *imagem* que cada sujeito tem do seu próprio corpo.

- *Fenômeno psicossomático*. No sentido restrito, esta denominação habitualmente atribui aos fatores e conflitos psíquicos como sendo os que predominante e primariamente desencadeiam reações orgânicas, a ponto de produzir algum tipo de afecção objetiva em algum determinado órgão mais sensível. Como a dramatização no corpo é de natureza sígnica, e não simbólica, torna-se muito

difícil encontrar um simbolismo do conflito psíquico no sintoma orgânico.
- *Fenômeno somatopsíquico.* Inversamente ao conceito anterior, este termo refere-se à repercussão que uma existência prévia e predominante de alguma doença orgânica provoca no psiquismo (por exemplo, a descoberta da existência de uma doença grave que leva o sujeito a um estado depressivo grave...), com uma alta possibilidade de gerar um círculo vicioso pelo qual um alimenta ao outro.
- *Organo-neurose.* Essa denominação, que indica a recíproca interação entre a neurose psíquica e os órgãos, foi proposta por O. Fenichel e esteve em voga durante muito tempo, porquanto o seu livro *Teoria geral das neuroses* ganhou uma grande divulgação em todos os institutos de formação psicanalítica.
- *Psicossomatose.* Esse termo é empregado por P. Marty (1994, p. 166) para designar as afecções ligadas com o "pensamento operatório", no qual as disposições da personalidade encontram na via somática a principal saída para as situações conflituais.
- *Distúrbios (ou transtornos) somatoformes.* A tendência moderna do estudo das somatizações inclina-se para abandonar o termo "psicossomática" – porquanto, alegam muitos autores, esse nome ainda mantém muito presente a dissociação da psique com o soma – e propõem substituí-lo por "distúrbio somatoforme" (como aparece na classificação do DSM) ou por "transtorno somatoforme" (como consta no CID-10).
- *Conversão (histérica).* Nesse caso, os conflitos psíquicos aparecem "convertidos" na musculatura de inervação do sistema nervoso voluntário (um exemplo banal pode ser o de uma "paralisia histérica", ou nos órgãos sensoriais com funções sensitivas (uma "cegueira", por exemplo, etc., etc.). Diferentemente do que acontece nas psicossomatias – nas quais aparecem lesões teciduais e onde não têm sido possível estabelecer uma clara relação tipo causa-efeito – nas conversões histéricas não se formam lesões nos tecidos orgânicos e geralmente é bastante fácil decodificar o simbolismo do sintoma conversivo.
- *Hipocondria.* Refere a uma condição imaginária na qual o sujeito, cronicamente, sofre dores ou outros desconfortos atribuídos a determinados órgãos, que geralmente são de localização errática e virtualmente sempre guardam uma subjacente ameaça de morte. Pelos referenciais kleinianos, a etiologia da hipocondria reside no fato de que os objetos persecutórios ficam instalados dentro dos órgãos, de onde emanam as aludidas ameaças de morte contra o sujeito. Do ponto de vista dos postulados freudianos, a explicação fundamenta-se na forma de como certos órgãos estão *representados* no ego do sujeito.
- *Transtornos da imagem corporal.* Seguindo a última afirmativa acima, existe a possibilidade de que, sob a influência de inscrições primitivas somadas às fantasias inconscientes, identificações e significações que os educadores atribuem ao corpo da criança, o resultado final seja o de que a sua imagem corporal permaneça representada, na parte inconsciente do ego, de uma forma diferente de como ela é na realidade. Isso explica por que, com certa freqüência, uma pessoa magra possa se julgar gorda, e vice-versa; uma mulher bonita que se julga feia, e vice-versa, etc., etc.
- *Neurose atual.* Trata-se de uma denominação dada por Freud, no início de sua obra, para designar os quadros de *neurastenia, neurose de angústia e de hipocondria*, os quais ele concebia como resultantes de uma perturbação quantitativa recente da libido sexual bloqueada (coito interrompido, masturbação excessiva...) que, no caso de um acumulo excessivo, é obrigada a escoar-se através de outras vias fisiológicas.
- *Neurose de angústia.* Como foi referido, trata-se de uma das formas de "neurose atual", sendo que o termo "angústia" deriva de *"angor"* que, em latim, quer dizer "estreitamento", o que bem define aquilo que acontece nos seus habituais sintomas típicos, constantes de um "aperto" pré-cordial que lhe representa ser uma ameaça de um enfarte letal, em uma sensação de obstrução respi-

ratória como nas dispnéias suspirosas, em uma dor que "aperta" a cabeça do sujeito a ponto de parecer que ele vai enlouquecer, etc. A neurose de angústia é a concomitante física da angústia de origem psíquica, sendo que o sintoma varia conforme o estímulo psicógeno incide no sitema nervoso "simpático" (secreção adrenalínica, com taquicardia, hipertensão, etc.) ou no "parassimpático" (uma lentificação generalizada, como bradicardia, hipotensão, etc.).

- *Síndrome do pânico*. Esse quadro clínico até há poucas décadas era confundido com as crises manifestas nas neuroses *fóbicas*, que surgem quando esse tipo de paciente defronta-se com a situação fobígena que, a um grau máximo, ele passa permanentemente evitando enfrentar. Tais crises fóbicas também são caracterizadas por aqueles sintomas típicos descritos na neurose de angústia. Daquela época para cá, começou a haver uma discriminação mais refinada entre a crise de angústia fóbica e a crise do transtorno do pânico. Na primeira, existe um claro e específico elemento fobígeno desencadeante, como pode ser qualquer lugar por demais fechado, ou por demais aberto, ou escuro, etc. e essa situação não pode ser evitada com o uso de psicofármacos, enquanto a angústia de transtorno do pânico, pelo contrário, não obedece a claros e específicos fatores desencadeantes e habitualmente costuma ter uma excelente resposta clínica ao uso adequado da moderna farmacoterapia da família dos antidepressivos. Nos primeiros tempos em que a discriminação entre ambos os quadros clínicos ainda não era clara, a psicanálise pagou um tributo pela demora em admitir a útil possibilidade de uma concomitância do prosseguimento normal de uma psicanálise, com o uso de uma medicação específica para o transtorno do pânico (essas mesmas considerações também valem para certos casos de depressão endógena). Assim, não era nada raro acontecer que pacientes diagnosticados como "fóbicos", cuja angústia não desaparecia no curso de uma análise de longa duração, apresentassem uma dramática resposta de melhora poucas semanas após serem medicados adequadamente por psiquiatras competentes.

O QUE LEVA À SOMATIZAÇÃO?

Por que algumas pessoas tornam-se neuróticas, outras psicóticas, ou perversas, e outras, ainda, somatizam? A ciência ainda não encontrou uma resposta precisa e definitiva para essa importante questão. No entanto, é certo que a psicanálise não mais pode ignorar os inegáveis avanços de outros ramos científicos, como a biologia, psicologia experimental, neurologia, psicofarmacologia, psicoimunologia, e das neurociências em geral. Levando em conta todos os aspectos que até agora foram destacados no presente capítulo e à guisa de síntese, a psicanálise clínica e a de investigação fundamentam-se nas seguintes vertentes:

1. Toda e qualquer pessoa possui uma "*potencialidade somática*" (equivale ao conceito de "complascência somática", de Freud) que, em determinadas situações emocionais, pode ser ativada e manifesta na corporalidade orgânica. Na atualidade, está se dando um grande relevo aos estudos provindos da *psicoimunologia.*
2. Um possível *estancamento da libido*, ligado aos conflitos da sexualidade edípica, continua sendo um fator considerável, porém muito longe do peso que lhe era atribuído nos primeiros tempos da psicanálise.
3. Igualmente, importantes são os elementos psíquicos da agressão sádico-destrutiva ligados à *pulsão de morte* que, quando fortemente negados, de alguma forma podem aparecer sob forma de distintas formas de somatizações.
4. A clássica concepção do "modelo *econômico*", resultante do represamento quantitativo dos derivados pulsionais, ressurge parcialmente na psicanálise, especialmente na explicação de inúmeros quadros enquadrados no conceito de "neurose atual".
5. É consensual entre os autores atuais que a gênese da predisposição psicossomática reside nas vivências emocionais, narcísicas e sensuais que caracterizaram os primitivos vínculos do bebê com a sua mãe.

6. Alguns outros autores, como Bion, vão mais longe e situam as raízes da sensibilização dos órgãos aos estímulos existentes no período gestacional intra-uterino, que também geram as primeiras inscrições no ego incipiente do ser humano.
7. Um claro entendimento do conceito de *representações* é indispensável para a compreensão das psicossomatoses.
8. Da mesma forma, é relevante o papel das *identificações*, nas múltiplas formas como elas aparecem no ego de toda pessoa.
9. Igualmente, importantes são as *significações* com que o discurso dos educadores, muito particularmente o da mãe, impregnam e modelam o ego da criança em relação à relação do psiquismo com o soma.
10. As pessoas que representam os acontecimentos psíquicos pela *linguagem sígnica* são mais propensas às somatizações, enquanto o inverso disso acontece com aquelas outras que atingiram a capacidade de uma linguagem *simbólica*.
11. Assim, acima de tudo, a moderna psicanálise atribui um papel de primeira grandeza para a compreensão dos pacientes somatizadores a uma incapacidade desses indivíduos em conseguir *conter* e poder *pensar* as suas experiências emocionais dolorosas, porquanto a aquisição das capacidades de formar símbolos, a de pensar e a de conhecer, são funções que estão intimamente conectadas entre si, sendo que todas elas dependem de uma exitosa passagem pela *posição depressiva*.
12. Essa condição de insuficiência para "pensar" (*ler*) os sentimentos e poder estabelecer uma devida *comunicação* entre eles, constituindo a base conceitual das modernas noções de *alexitimia* e de *pensamento operatório* que acompanham as psicossomatoses.
13. A atual linha de pesquisas evita procurar explicações na base do modelo *causa-efeito*, de modo que ganha um crescente espaço a concepção de *transformações* das experiências psíquicas, as quais são multifatoriais, não necessariamente lineares e que podem encontrar no corpo tanto uma *via de descarga*, como também um *cenário de representações*.

ASPECTOS DA PRÁTICA PSICANALÍTICA

- Raramente, os pacientes somatizadores procuram espontaneamente a psicanálise como tratamento de escolha para estes transtornos; habitualmente, eles vêm encaminhados pelos seus médicos clínicos.
- Na entrevista inicial de avaliação, convém o psicanalista proceder a um criterioso balanço das motivações e das condições do paciente para um tratamento psicanalítico.
- Assim, é possível que o psicanalista esteja diante de um paciente somatizador que lhe transmite claros sinais de que manterá com ele uma *relação branca*: este é um termo que designa aquele paciente que, embora possa apresentar uma boa condição intelectual, adequada adaptação social e profissional e uma igualmente boa capacidade para simbolizar e abstrair, ainda assim ele não aprofunda os vínculos afetivos, não estabelece associações de idéias que levem a *insights*, quase nada fantasia e utiliza um "pensamento operatório" com valorização quase que única e estereotipada dos fatos objetivos e concretos, notadamente no relato dos sintomas orgânicos. Nesses casos, o analista deve saber que provavelmente será uma análise muito difícil.
- Aliás, cabe aqui reproduzir uma questão levantada por J. MacDougall (p.75): diante de uma excessiva "relação branca", cabe ao psicanalista perguntar-se se a sua técnica analítica estará mais voltada para a demolição das defesas somáticas ou se, pelo contrário, será mais adequado o *reforço* de determinados mecanismos defensivos do ego desse tipo de paciente.
- Na hipótese de o analista optar pela primeira alternativa, ele deverá estar preparado para funcionar como um bom *continente*, porquanto, na medida em que forem cedendo as defesas de "forclusão" desse paciente somatizador, paralelamente pode surgir um estado mental que Bion chama de *mudança catastrófica*, a qual pode ser acompanhada por

preocupantes *actings* de natureza sadomasoquista, algum estado confusional com sensações de *despersonalização* e outras manifestações da série regressiva.
- A *transferência* desses pacientes pode ser do tipo da "relação branca", de modo que comumente não chega a se instalar uma típica "neurose de transferência", mas sim unicamente de "momentos transferenciais"; porém, não raramente, ela assume a forma daquilo que Bion chama de transferência provinda da *parte psicótica da personalidade*, caracterizada por um início precoce, intenso, mas facilmente perecível.
- Em contrapartida, a *contratransferência* do psicanalista passa por fases muito difíceis, com uma sensação de impotência, paralisia, sentimentos de raiva, tédio, alternâncias de ânimo e desânimo, etc. Também deve ser levado em conta o risco de que o analista não esteja suficientemente ligado à possibilidade da existência de reais causas orgânicas que merecem uma séria investigação médica.
- Em relação às *interpretações*, o psicanalista deve, sobretudo, manter-se atento ao *destino* que as interpretações tomam na mente do paciente, sendo muito alta a possibilidade de que elas estejam sendo desvitalizadas pelo paciente através de intelectualizações, um apego à materialização e outras resistências inconscientes equivalentes, dirigidas contra um acesso aos subjacentes núcleos psicóticos e de luto patológico. Nessas circunstâncias não se processarão verdadeiras transformações e mudanças psíquicas – logo, tampouco psicossomáticas.
- Diante da intolerância desse tipo de paciente às interpretações, o analista deve desenvolver um tipo especial de *"escuta do corpo"* (que é diferente da escuta neurótica, psicótica, ou dos casos de perversão) e também deve ficar comprometido com a tarefa de auxiliar o paciente, no mínimo, a três aspectos: 1) Evitar a tentação de querer descobrir uma relação simbólica tipo causa-efeito (o que cabe fazer nos casos de conversões histéricas). 2) Não impedir o livre fluxo das fantasias, pelo contrário, prestar alguma forma de estímulo ao surgimento das mesmas. 3) Ajudar esse paciente a, de fato, *pensar*, ou seja, a fazer conexões afetivas entre as suas experiências emocionais presentes e as passadas, juntamente com o desenvolvimeno da capacidade para fazer uma leitura das mesmas.
- Como toda pessoa apresenta uma "potencialidade somática", é inevitável que, no curso de qualquer análise, surja algum tipo de somatização, tanto na pessoa do paciente quanto também na do psicanalista, ou concomitantemente em ambos, sendo que essa última possibilidade pode estar representando uma importantíssima forma de comunicação primitiva de emoções que ainda não encontraram palavras que possam expressá-las. Tais manifestações esporádicas não categorizam o paciente como sendo um "somatizador" porque essa psicopatologia implica algum grau de cronicidade e de ganho primário.

CAPÍTULO 22

Perversões

Na atualidade, os autores discutem a adequação ou não do termo "perversão" para nomear uma determinada categoria de pacientes que apresentam uma série de características comuns e típicas entre eles, levando em conta o fato de que essa denominação tem o inconveniente de estar impregnada de "pré-conceitos", especialmente os de ordem moral e ética, o que nem sempre faz jus à seriedade e à profundidade com que tais pacientes merecem ser compreendidos e analisados.

São tão múltiplos e diferentes os quadros clínicos, sintomas, traços caracterológicos e manifestações no plano da conduta, mais precisamente a da sexualidade, que a tendência atual é por uma preferência em conceber, englobar e designá-los como pessoas portadoras de uma *organização perversa* ou de *estrutura perversa*. Concordo com o fato de que estas últimas terminologias favorecem o entendimento de que existe, nessas pessoas, uma estruturação que correlaciona e articula entre si a determinadas fantasias típicas, ansiedades, defesas, conformação do ego, ego ideal, ideal do ego, superego, resíduos narcisistas e a forma de como foi solucionado o complexo edípico. Não obstante, no presente capítulo o termo "perversão" aparecerá de forma predominante, consagrado que ele está na literatura psicanalítica. Porém, é necessário deixar claro que tal expressão deve ser totalmente distinguido do significado de "perversidade", como será explicitado mais adiante. Aliás, é tal o cuidado dos autores para desfazer o juízo pejorativo que foi emprestado à palavra "perversão", que muitos autores criam novas terminologias, como J. MacDougall, que propõe a expressão *"neossexualidade"* porque, diz ela, *"em quase todas as línguas, perversão tem um sentido pejorativo"* (1991, p.69).

HISTÓRICO

Antes de Freud, alguns autores como Kraft-Ebbing e H. Ellis haviam estudado e divulgado quadros clinicos referentes às perversões (incluíam então o narcisismo), porém o fizeram enfocando tão somente a descrição das manifestações clínicas, sempre sob o prisma de uma concepção moralística e denegritória.

FREUD

Embora no início de sua obra, Freud tenha feito algumas alusões à vinculação entre zonas erógenas com as perversões, como aparece em 1896, na correspondência com Fliess (carta 52), foi a partir de seu clássico trabalho de 1905 *Três ensaios sobre uma teoria sexual* (vol.7) que ele dedica um estudo mais sistemático e consistente sobre as perversões sexuais, assim definindo o que se conhece como a sua *primeira* teoria sobre as perversões sexuais. Nesse artigo, Freud ensaia um estudo das perversões para, por meio dessas, poder demonstrar a existência da normalidade e dos desvios da sexualidade infantil. Vale lembrar que neste trabalho Freud aborda a três aspectos do estudo sobre as perversões: a) Como resíduo da sexualidade infantil, ligada à fixações em certas zonas erógenas. b) Como negativo das neuroses. c) Como um estágio evolutivo normal.

Em 1910, Freud publica *Leonardo da Vinci e uma lembrança de sua infância* (v. 11), no qual, além de abordar outros aspectos referentes à psicossexualidade e à criatividade artística desse genial artista, também aparecem algumas especulações psicanalíticas sobre a origem da forma particular da homossexualidade de Leonardo, que Freud situa na primitiva relação com sua mãe, desde a amamentação, o que vem a determinar uma identificação do menino com a mãe, tudo marcando o início da sua *segunda* teoria sobre as perversões.

Em 1914, em um dos artigos mais importantes de Freud – *Sobre o narcisismo: uma introdução* (vol. 14), ele aborda o problema da "escolha dos objetos homossexuais" (embora, na atualidade, seja discutível se a homossexualidade deve ser encarada como perversão, tal como será enfocado no capítulo seguinte deste livro), sendo que Freud considera que essa escolha de objetos por parte dos homossexuais pode ser de dois tipos: a *anaclítica* e a *narcisística*.

Igualmente relevantes são os três trabalhos: 1) *Uma criança é espancada*" (v. 17), no qual ele estuda os sentimentos de culpa devido às fantasias incestuosas e atribui aos castigos físicos impostos pelo *pai*, e erotizados pelas crianças, a causa responsável pela gênese do masoquismo e da homossexualidade. 2) *Em alguns mecanismos neuróticos no ciúme, paranóia e homossexualidade* (v. 18), Freud começa a incluir os sentimentos agressivos na etiologia das neuroses. e 3) *O problema econômico do masoquismo* (v. 10), em que aparece mais detalhadamente a regressão à etapa sádico-anal, a complementação do masoquismo do ego com o sadismo do superego e a mudança do sadismo em masoquismo passivo. Estes três trabalhos foram publicados, respectivamente, em 1919, 1922 e 1924.

No entanto, é em 1927, no trabalho *O fetichismo* que Freud estabelece a sua *terceira* teoria sobre a gênese dos mecanismos psíquicos da perversão, com o aporte de novas concepções referidas sobretudo às defesas de *renegação* (ou *desmentida*) da angústia de castração.

Um grande passo dado por Freud para a moderna compreensão das estruturas perversas está no seu trabalho de 1938 (publicado em 1940, v. 23) *Clivagem do ego no processo de defesa*, no qual mostra que, diante de uma exigência pulsional proibida pela realidade, o ego da criança precisa decidir entre reconhecer o perigo real, cedendo ante ele e renunciando à satisfação pulsional, ou ignorar a realidade, convencendo-se de que não existe motivo para medo, a fim de conseguir manter a satisfação. As duas reações contraditórias ante o conflito constituem o ponto central da clivagem do ego. Com essa concepção, Freud possibilitou o entendimento do quanto essas pessoas funcionam em uma permanente dissociação de sua personalidade, entre partes contraditórias, opostas e incompatíveis entre si (por exemplo, uma estrutura fortemente obsessiva convivendo com uma outra de natureza perversa), mas que funcionam concomitantemente como se elas fossem compatíveis.

É importante destacar que Freud também postulou que as "perversões" (a "*disposição perverso – polimorfa da sexualidade infantil*) formariam um estágio normal na constituição do ego da criança, e que, cabe acrescentar, no adulto pode aparecer como um necessário elo que conduza o sujeito desde a sua neurose até a normalidade genital. Esse aspecto é importante, porquanto alarga o espectro da genitalidade normal no que concerne à prática de polimorfas carícias orais, anais...como *meios* sadios de gozo antecipatórios ao coito pleno que sucede, sem propósito destrutivo, o que é muito diferente de empregar os meios pré-genitais exclusivamente com uma predominância de perversão, destrutiva, sem consideração pelo(a) outro(a), como um *fim* em si mesmo. Posteriormente, P. Heimann, seguindo a escola kleiniana de então, situou a etapa perverso polimorfa entre a fase oral secundária e a anal primária, considerando que essa etapa se caracterizaria por um incremento do sadismo, com uma tentativa de relação objetal pelas diversas zonas erógenas.

Assim, depois de Freud apareceram inúmeros trabalhos, provindos de diversos autores pertencentes a distintas correntes psicanalíticas, trazendo múltiplas abordagens e significados, sendo que uma tendência dominante entre quase todos eles é a de situar as raízes da gênese das organizações perversas nas fases as mais primitivas da criança, em um vínculo patogênico com a mãe. O que mudou radicalmente, desde as primeiras formulações até as atuais, é que a atuação da perversão sexual, muito mais do que uma simples manifestação de "instintos parciais", também dramatiza múltiplas *identificações,* formadas em distintos períodos, com diferentes fantasias e objetos que de alguma forma ficaram dissociados, insulados e não integrados na personalidade total.

CONCEITUAÇÃO E CARACTERÍSTICAS CLÍNICAS

Freud fez duas formulações acerca da conceituação de "perversões", que se tornaram clássicas: a primeira é a de que *a neurose é o negativo da perversão*, ou seja, aquilo que uma pessoa neurótica reprime e pode gratificar somente simbolicamente através de sintomas, o paciente com perversão a expressa diretamente em sua *conduta sexual*. Essa conceituação não é mais aceita pela psicanálise moderna pois, acreditam os autores, a perversão tem uma estrutura própria. Em uma segunda afirmativa, Freud diz que a perversão sexual resulta de uma decomposição da totalidade da pulsão sexual em seus *primitivos componentes parciais*, quer por *fixações* na detenção da evolução da sexualidade, quer por *regressão* da pulsão a etapas prévias à organização genital da sexualidade.

Este último aspecto permite uma importante diferenciação conceitual, qual seja: separar as perversões sexuais em dois tipos de personalidades: um se refere àquelas que apresentam uma parte madura, que coexiste com uma parte imatura (essa última corresponde à "parte psicótica da personalidade", se utilizarmos a terminologia de Bion), a qual, diante de determinadas angústias intoleráveis, induz o sujeito a "atuações perversas" que são sentidas pelo sujeito como *egodistônicas*. 2) O segundo tipo diz respeito àquelas pessoas que conhecemos como "personalidades imaturas" (como nas histerias com elevado grau de regressividade) que, de forma *egossintônica*, atuam predominantemente com perversões.

Freud também concebeu que é necessário levar em conta a dois elementos, os quais tornam anormais na gênese, forma e fins das perversões: a *qualidade* dos impulsos sexuais (como acontece nos casos de *sadismo, masoquismo, exibicionismo, escopofilia e o travestismo*) e o *objeto* para o qual aquelas pulsões são dirigidas (como nos casos de *homossexualidade, pedofilia, zoofilia, necrofilia*...) nos quais, segundo ele, o objeto normal seria substituído por um outro antinatural.

A etimologia da palavra "perversão" resulta de *"per"* + *"vertere"*(quer dizer: pôr às avessas, desviar...), o que designa o ato de o sujeito perturbar a ordem ou o estado natural das coisas. Assim, os sujeitos com perversão consideram essas alterações como sendo boas e normais para a ética do mundo onde ele vive, o que implica em uma escolha, da qual ele é consciente, de uma conduta oposta a da normal, desafiando as leis, sabendo que com os seus atos ele ultraja a de seus pares e a ordem social. Logo, de acordo com esse significado etimológico, o conceito de perversão foi estendido, por alguns setores, dentro e fora da psicanálise, para uma abrangência que inclui outros desvios que não unicamente os sexuais, como seriam os casos de perversões "morais" (por exemplo, os "proxenetas"), as "sociais" (neste caso, a conceituação de perversão fica muito confundida com a de psicopatia), as perversões "alimentares" (anorexia ou bulimia nervosa...), as "institucionais"(algum desvio da finalidade para a qual a instituição foi criada), as "do *setting* psicanalítico", etc.

Em resumo, no sentido amplo do termo, "perversão" pode ser conceituada como toda subversão (inversão da ordem) de relação interpessoal, de modo que em uma relação terapêutica analítica, por exemplo, a inversão da finalidade do objetivo contratado consiste no fato desse paciente (às vezes em um conluio inconsciente com o analista) *não permitir que aconteçam modificações psíquicas verdadeiras*.

Um outro exemplo: no caso de uma perversão em alguma instituição, de qualquer tipo, isso pode manifestar-se na escolha de uma liderança demagógica – um impostor – que, nesses casos, costuma ter "uma aparência *democrática*, uma estrutura *autocrática*, faz uso de recursos *demagógicos* e o resultado final é o de um *laissez faire*", assim denotando um múltiplo jogo de dissociações que, por meio de identificações projetivas serão depositadas em hospedeiros dessa instituição, pessoas que se prestam para esse papel, de tal forma que a instituição pode sofrer um desvio da finalidade inicial para a qual foi criada e a que manifestamente se propõe, sendo justamente isso que caracterizaria a existência de uma perversão. E assim por diante.

No entanto, em um sentido mais estrito, a maioria dos autores, mesmo na atualidade, mantém uma fidelidade a Freud e defende a posição de que, em psicanálise, o termo "perversão" deve designar unicamente os desvios ou aberrações das pulsões sexuais, mesmo que reconhecendo a existência de outros impulsos, como aqueles ligados à pulsão de morte, tão exaltados pela escola kleiniana.

Um outro ponto que deve ser bem enfatizado é o que refere à necessidade de que se estabeleça uma distinção entre "perversão" e "perversidade". A esse respeito, Laplanche e Pontalis (1967) assinalam que existe uma ambigüidade no adjetivo "perverso", que corresponde àqueles dois substantivos: enquanto "perversão" alude a uma estrutura que se organiza como defesa contra angústias, a palavra "perversidade" refere-se a um caráter de crueldade e malignidade. Assim, o perverso (no sentido de "perversão") não busca primariamente a sensualidade; antes, essa comporta-se como uma triunfante "válvula de escape maníaca" contra as ansiedades paranóides e, especialmente, as depressivas.

De qualquer forma, todos admitem hoje que a perversão não é um simples ressurgimento ou persistência de componentes parciais da sexualidade, sendo que o conceito de perversão implica a existência de um tipo particular de vínculo interpessoal, que consiste em um jogo de identificações projetivas e introjetivas de núcleos psicóticos, que são admitidos e processados pelos participantes da relação, de tal forma que um fica preso ao outro. Indo mais longe, entre muitos autores atuais que estudam as perversões, há uma forte inclinação em considerar que as suas raízes residem nas primitivas fixações narcisísticas, como pode ser comprovado na postulação de Janine Ch. Smirgel (1992) de que *"o desejo do incesto é apoiado por motivações narcísicas, uma busca de reencontros da época em que, "ego" e o "não-ego" estavam fundidos; assim, a criança era para ela mesma o seu próprio ideal narcisista"*. Isso, complementa a autora, permite que o sujeito, nessa condição, aspire a quatro ideais ilusórios: à completude; à perfeição de beleza, poder, prestígio e riqueza; à imortalidade; à supressão de falhas e diferenças.

Um fator complicador que acresce nesses casos é que a mãe e o filho tornam-se cúmplices para excluir, enganar e denegrir o pai, o que provoca um duplo prejuízo para a criança, porquanto se constituem como um excelente caldo de cultura para a instalação de uma futura perversão: por um lado, a criança fica sem uma necessária função do pai como uma cunha interditora, que estabeleça os limites e impeça um aprofundamento da fusão simbiótica cm a mãe; por outro lado, no caso do menino, diante de um pai que ele sente como tão desqualificado e ausente (na maioria das vezes, devido ao discurso denegritório da mãe) ele fica sem um adequado modelo para uma sadia identificação masculina. Por tudo isso, pode-se dizer que uma pessoa com perversão *idealiza* a sexualidade pré-genital, as zonas erógenas e os objetos parciais, especialmente os anais, e, mercê do recurso da renegação (*Verleugung*), ele apresenta um estado mental de uma *compulsão a idealizar*, assim pretendendo impor essas suas ilusões aos outros.

Para completar a conceituação de perversão a partir do enfoque abordado acima, cabe afirmar que: nas *neuroses* existe uma completa discriminação entre "eu e os outros"; nas *psicoses* há uma completa indiscriminação disso e nas *perversões* o outro não está completamente internalizado (falta uma constância objetal, e o objeto guarda uma condição de *fetiche*, isto é, já não é mais imaginário, mas também ainda não é simbólico). Resulta daí uma necessidade de constantes *actings* na busca de uma outra pessoa externa que se preste ao *conluio inconsciente de um faz-de-conta*; porém, como a discriminação do perverso é precária, ele não vai permitir que o outro seja autônomo e diferente dele, tampouco existe uma consideração dele pela outra pessoa, por que o seu *partenaire* deve funcionar como um "fetiche intermediário".

É importante estabelecer uma distinção entre *objeto transicional,* tal como foi concebido por Winnicott, e *fetiche,* visto que ambos são muito parecidos na essência (estão no espaço entre o imaginário e o simbólico), porém são completamente diferentes quanto ao destino que tomam na estruturação do ego, logo, no tempo de duração desse objeto de transição dentro do psiquismo: o objeto transicional, como diz o nome, é transitório no tempo, enquanto o fetiche permanece eterno.

Alguns autores que estudam esse tipo de vincularidade perversa e pervertizante enfatizam a permanente presença de pares antitéticos – sadismo e masoquismo; exibicionismo e voyeurismo; dominador e dominado, etc. – que funcionam à moda de uma gangorra, o que denominam de *dialética perversa.* Devido a essa constante dissociação, que mantém o sujeito em um estado de constante vigilância, parece que, em tais casos, o prazer sexual nunca é plenamente atingido. Na verdade, toda perversão é sádico-anal em sua essência, porquanto a conhecida equação *pênis = criança = fezes* é tomada ao pé da letra pelo sujeito, por causa do prejuízo de sua capacidade simbólica.

Um outro aspecto que costuma ser destacado por muitos autores é a existência, virtualmente constante, de uma organização defensiva *obsessiva* no sujeito que pratica atuações perversas, sendo que ambos os aspectos estão fortemente "clivados" na personalidade.

Finalmente, cabe registrar que, na atualidade, há uma certa tendência para considerar as perversões como um capítulo das *sociopatias* (ou: *transtornos anti-sociais*) e, nesse caso, elas estariam em uma categoria equivalente ao das psicopatias, e como também há um parentesco genético-dinâmico com o problema das adicções, fica justificado que vale estabelecer, de forma muito abreviada, alguns pontos de diferenciação entre elas.

Psicopatia

Muitos autores consideram que a "psicopatia" pode ser vista como um *defeito moral,* porquanto ela designa um transtorno psíquico que se manifesta no plano de uma *conduta anti-social.* Os exemplos mais comuns, são os de indivíduos que roubam e assaltam; mentem, enganam e são impostores; seduzem e corrompem; usam drogas e cometem delitos; transgridem as leis sociais e envolvem a outros, etc.

A estruturação psicopática se manifesta por meio de três características básicas: a *impulsividade*, a *repetitividade compulsiva* e o uso prevalente de *actings* de natureza maligna, acompanhados por uma irresponsibilidade e aparente ausência de culpas pelo que fazem. Algum traço de psicopatia oculta é inerente à natureza humana; no entanto, o que define a doença psicopática é o fato de que as três características que foram enfatizadas vão além de um uso eventual, mas, sim, que elas se tornam um *fim em si mesmas* e, além disso, são egossintônicas, muitas vezes idealizadas pelo indivíduo, sendo acompanhadas por uma total *falta de consideração* pelas pessoas que se tornam alvo e cúmplices de seu jogo psicopático.

Alguns autores consideram a possibilidade de que a gênese da psicopatia residiria no fato de que na evolução psicossexual desses sujeitos a maturação motora se faz precocemente e ela se mantém dissociada da disposição para o pensamento verbal, de sorte que seus pensamentos são do tipo motor, o que os torna incapazes para fazerem reflexões, que, então, cedem lugar à impulsividade.

O certo é que os indivíduos psicopatas estão fortemente radicados na posição esquizoparanóide, com a prevalência de inequívocos elementos narcisistas, e impregnados de elementos sádico-destrutivos (freqüentemente encobertos por uma erotização da pulsão agressiva), de tal modo que muitos psicanalistas crêem que as manifestações psicopáticas não estão dirigidas primariamente contra a culpa e a ansiedade, mas, sim, que elas parecem ter o propósito de manter a idealização e o superior poder do narcisismo destrutivo.

Assim, é possível que a atuação psicopática se caracterize mais pela "perversidade" manifesta do que aquela que aparece no caso da perversão ou da atuação perversa. Na prática psicanalítica são pacientes que dificilmente entram espontaneamente em análise, e quando o fazem mostram uma forte propensão para atuações e para o abandono do tratamento quando este é levado a sério pelo analista, não só pela razão de uma enorme dificuldade de ingressarem numa "posição depressiva", como também por causa de uma arraigada predominância da pulsão de morte e seus derivados que obrigam a uma conduta hétero e auto-destrutiva.

Adicções

É bastante provável que o termo "adicto" forme a partir de "*a*" (privação) + "*dicto*" *(*dizer com palavras), ou seja, designa aquele sujeito que carece de linguagem falada para expressar os seus conflitados sentimentos, o que na situação analítica se manifesta ora por mutismo, ou por uma avalanche de palavras vazias – que não se prestam à comunicação – e que podem ser tão destrutivas como o seu mutismo.

Desta forma, o "a-dicto" vai criando um mundo secreto, com a negação dos afetos, tal como ocorre na "alexitimia". Isso cria um sentimento de que ele está prisioneiro, de forma inevitável, de um destino fatal. Daí resulta uma "neurose de impulsão", e o sujeito apela à adicção (freqüentemente drogas, mas não exclusivamente) como uma tentativa de manter a sensação de *estar vivo*, enquanto a abstinência gera nele a sensação de não existir.

Alguns autores consideram a adicção como sendo um estado intermediário entre a neurose e a perversão: enquanto a neurose resulta de uma transação entre a *repressão* inconsciente e o *reprimido* que teima em querer aflorar à consciência, na perversão existe uma transação sob forma de *ambigüidade* na qual distintos níveis da estrutura da personalidade – mesmo em personalidades "maduras" – podem apresentar uma simultaneidade de distintas identificações que ora geram algum estado confusional ou se manifestam dissociadamente em momentos diferentes.

As adicções estão sempre ligadas a uma tentativa de o sujeito de preencher "vazios existenciais" decorrentes da primitiva *angústia de desamparo,* e, para tanto, ele lança mão do uso ilusório de drogas tóxicas e euforizantes, ou bebidas alcoólicas, o que, secundariamente, pode acarretar problemas sociopáticos). No entanto, também existe adicção a alimentos, consumismo de roupas, jóias, etc., assim como também sob a forma de uma busca compulsória a relações pseudogenitais com pessoas do sexo oposto (ou do mesmo sexo), de modo que parece ser válido referir uma "adicção às perversões" ou considerar a perversão como uma forma de adicção.

A PRÁTICA CLÍNICA NAS PERVERSÕES

Como vemos, há muitos pontos comuns entre perversões, psicopatias e adicções, porém também existem algumas diferenças entre elas, às vezes muito sutis, não sendo raro que elas se interponham entre si, sendo que a predominância nítida de cada uma delas pode requerer uma determinada abordagem psicanalítica mais específica. As observações que seguem enumeradas referem-se mais estritamente à prática analítica com pacientes portadores de algum tipo e grau de perversão.

1. Não é comum que pacientes procurem um tratamento psicanalítico para tratar de sua perversão. O mais freqüente é que no curso da análise, gradual e sutilmente, vão surgindo os sintomas da perversão que, amiúde, o terapeuta durante longo tempo (às vezes anos), sequer suspeitava da existência deles.

2. Isso se deve a duas razões: uma, é a de que eles funcionam de uma forma em que a personalidade mantém-se absolutamente *cindida* (como aparece na conhecida metáfora

do "médico e monstro"), com os aspectos contraditórios convivendo na mesma pessoa. Um exemplo que me ocorre, para ilustrar situações clínicas, não tão raras assim, é o que aparece no filme "*La belle de jour*", onde aparece um claro exemplo de cisão da personalidade que acontece na perversão, pela bela personagem feminina (interpretada por Catherine Deneuve) que durante a noite conservava todo o porte de uma fina dama, de hábitos requintados e excelente cumpridora dos deveres de esposa, mãe e dona de casa, porém durante as tardes freqüentava um bordel, onde satisfazia os seus desejos perversos de ser uma prostituta, e submetia-se sexualmente a práticas sexuais com todo tipo de homem, inclusive com aqueles que lhe impunham sadicamente rituais de castigos físicos.

3. A segunda razão que explica por que o lado perverso pode custar a aparecer é que tais pacientes convivem com ele de uma maneira *egossintônica*.
4. Virtualmente, sempre encontramos na história pregressa desses pacientes evidências de uma mãe simbiótica (sedutora erógena e/ou narcisista, em cujo caso ela usa o filho como sendo uma mera extensão sua), com a exclusão do pai. J. Ch. Smirgel (1984) chega a afirmar que "*a mãe do futuro perverso concede ao pênis pré-genital infértil do filho um grau de importância fálica superior ao do pênis genital e reprodutor do pai*".
5. Nessas pessoas sempre existem fortes componenentes *narcisistas* e *sadomasoquistas*.
6. Da mesma forma, sempre encontramos uma baixa tolerância às *frustrações*, uma nítida preferência pelo mundo das *ilusões*; conseqüentemente, uma evitação de entrar em contato com as penosas *verdades*, as externas e as internas (-*K*, de Bion).
7. Isso gera, em tal tipo de paciente, uma ideologia baseada na crença de que "melhor vive quem melhor consegue fingir", o que o leva ao emprego dominante de pensamentos e atitudes de um "*como se*", uma indefinição do senso de identidade entre "ser" e "não ser", o que costuma acarretar um crônico sentimento de vazio, tédio, asco e falsidade.
8. Todos esses aspectos co-existem com a presença numa parte da personalidade, de uma estrutura *obsessiva*.
9. Além das aterradoras angústias paranóides e depressivas, esse paciente foge sobretudo do seu terror diante da angústia de *desamparo*.
10. Devido a uma séria dificuldade para poder *pensar* essas difíceis experiências emocionais, esse tipo de paciente substitui por *actings* excessivos, procurando escoá-los pelas vias erógenas, não sendo raro que para manter um estado de completude (inclusive da bisexualidade) eles atuem uma fantasia de "hibridização" por meio de uma ligação com alguma pessoa bissexuada. Da mesma maneira, a menina que não consegue se dessimbiotizar da mãe pode vir a compensar com uma demanda ninfomaníaca, perversa, de relações heterossexuais, nas quais ela se mostra frígida ou anorgástica, por continuar interiormente submetida à figura da mãe castradora. De forma análoga, quando se trata de meninos, essa simbiotização mal-resolvida com a mãe pode desembocar na perversão sob a forma de um "don-juanismo", ou nos casos em que a escolha de objetos for invertida a perversão pode assumir uma forma de homossexualidade, e assim por diante.
11. Nessas atuações, os pacientes com perversão demonstram uma grande habilidade para *envolver* a outras pessoas, o que fazem habitualmente com um jogo de seduções e que freqüentemente adquirem a forma de "paixões".
12. Embora se processem através de zonas erógenas, tais atuações estão a serviço de uma pré-genitalidade, de forma que cabe afirmar que é nas perversões onde mais claramente se observa uma articulação da estrutura *edípica* com a estrutura *narcísica*. Trata-se do vértice narcisista da situação edípica (conforme está detalhado no capítulo 37), sendo que esse aspecto tem uma grande importância na prática porquanto o terapeuta pode ficar encantado com a "riqueza" do material edípico manifesto, vir

a fazer brilhantes interpretações nesse plano, enquanto não se toca no narcisismo subjacente, e a análise resulta estéril.

13. Em relação ao *setting*, há uma necessidade de que o mesmo seja preservado ao máximo; no entanto, o ataque ao enquadre não se faz marcadamente contra as combinações contratuais (horários, faltas, pagamento...), como acontece comumente nas psicopatias, mas, sim, contra os lugares e papéis que respectivamente devem caber ao paciente e ao analista e que o paciente perverso procura subvertê-los. Assim, é útil que o analista, em certas siuações, se pergunte: "Qual o papel que esse paciente quer colocar em mim? O de uma mãe que nunca frustra, de um juiz, professor, ego auxiliar, um duplo dele, continente para a projeção de partes que ele não suporta, de um pai enganado e esterilizado?, etc.

14. A *resistência* mais difícil de ser removida é aquela decorrente de uma forte cisão da personalidade, de modo que esse paciente, tal como acontece nitidamente no fetichismo, usa maciçamente o recurso da *negação*, tipo *werleugnug* (conhecida com os nomes de renegação, denegação, desmentida, recusa...) de modo que ele repete com o analista as experiências infantis de negar as diferenças de sexo, geração, capacidades, dependência, suas limitações e limites da realidade, a sua incompletude e finitude, a autonomia do outro, etc. No entanto, diferentemente do que acontece nas psicopatias, existe uma grande possibilidade de que tais pacientes entrem em estado depressivo, às vezes com um estado de desespero e ideação suicida.

15. Em relação à *transferência*, inicialmente é útil estabelecer uma distinção entre *perversão clínica* (consiste no quadro que está sendo descrito neste capítulo) e *perversão da transferência* (ou *transferência perversa)*. Essa última pode estar presente na análise de pacientes com perversões, no entanto está longe de significar que, certamente, se trate de paciente perverso, porque a perversão da transferência pode estar presente em qualquer análise em que os papéis e funções do par analítico fiquem desvirtuados. A maneira mais comum de acontecer uma "perversão da transferência" é que, através de identificações projetivas, o paciente consiga colocar no analista a sua excitação, impaciência, uma intimidade exagerada, a provocação de contra-atuações, etc.

16. Assim, a *contratransferência* assume uma importância singular na relação analítica pois o terapeuta fica submetido a uma permanente pressão do paciente, nem sempre manifesta, por meio de um sutil jogo de seduções ou de ameaças diversas, com as quais esse analisando procura forçar que o analista comporte-se como ele, o paciente, quer! O grande risco consiste na possibilidade de haver uma absoluta falta de conscientização sobre a real *esterilização* do processo analítico, devido à construção transferencial-contratransferencial de um *conluio de acomodação*. Tendo em vista esses riscos, é importante que o terapeuta esteja alerta para aquilo que N. Goldstein (1996) chama de *vínculo de apoderamento*, que consiste no fato de que o paciente perverso, especialmente pela sedução, procura tomar posse de um outro (que pode ser o analista). Nesse caso, o paciente pode gerar, também no terapeuta, uma ilusão particular que, segundo Goldstein, *"consiga mobilizar nas pessoas desejos latentes mais ou menos inconscientes, que se correspondem com aspectos da sexualidade perversos polimorfa infantil, reprimidos ou deslocados de nossa consciência"*. Ainda cabe consignar um outro aspecto que pode provocar uma contratransferência difícil: é o fato de que, a exemplo da sua mãe, que provavelmente alternou com ele momentos de sedução com outros de castração e rejeição, também os pacientes com estrutura perversa alternam com o analista, fases de sedução (inclusive por meio de melhoras) com outras em que há uma permanente presença de polêmica e desafio.

17. Quanto às *interpretações* do analista, sobretudo ele deve levar em conta, no mínimo, quatro aspectos: a) a pulsão desse paciente não é tanto vivida por ele como um real "desejo", como pode aparentar, mas

sim como uma forma de ele expressar uma ideologia particular, prenhe de idealizações e ilusões. b) Ele vive de "alucinações negativas" e tem a convicção de que a análise não passa de uma doutrinação; que as interpretações somente o desqualificam (e assim é ele quem desqualifica o seu analista). c) O analista deve estar atento para uma forte tentação de interpretar o florido e atraente "material edípico" e deixar passar os essenciais elementos narcisísticos. d) Não basta o analista ter a convicção de que está interpretando corretamente; acima de tudo, ele deve estar atento é com o *destino* que as suas interpretações seguem na mente desse paciente.

18. Um aspecto que ultimamente está merecendo uma importância especial é o concernente *às relações perversas que se estabelecem entre as partes contraditórias do próprio self do paciente,* tal como descrevem alguns autores como Rosenfeld (conceito de *gangue narcisista),* B. Joseph *(pacientes de difícil acesso),* Meltzer, Steiner (*organização patológica*) e outros. De uma forma análoga, esses autores destacam que em tais casos os aspectos dependentes (infantis) do *self* do sujeito extraem um surdo prazer, muitas vezes erótico, do domínio a que são submetidos pelo *self* "mau" (gangue), sendo que, assim, essas duas partes diferentes do *self* convivem harmonicamente num relação perversa. A importância disso na prática clínica consiste na necessidade de que, em muitos casos, o analista privilegie a interpretação desse conluio perverso interno, como, por exemplo, interpretando ao paciente que ele, sem se dar conta, está *mentindo para si mesmo.*

19. Impõe-se assinalar alguns aspectos que compõem uma necessária "atitude psicanalítica" do terapeuta para analisar a esses pacientes: mais do que a clássica "atenção flutuante", afirma Meltzer, é mais adequado o uso de uma "*atenção reflexiva*". Da mesma forma, vale complementar, mais do que à espera de "livres associações de idéias", a tarefa maior do analista é auxiliar que o paciente tire um *aprendizado com as experiências* e que aprenda a *pensar.* É indispensável tornar *egodistônico* aquilo que de perverso está sintônico no paciente, de modo a propiciar uma gradativa *desilusão das ilusões.* É indispensável que o analista tenha condições para enfrentar uma contratransferência difícil e nem sempre perceptível. Ademais, junto com a possibilidade de acontecer um verdadeiro êxito analítico em algum caso determinado caso de perversão, o analista também deve estar preparado para a eventualidade dele vir a sofrer uma grande frustração, diante da possibilidade, nada rara, de que após uma análise de longa duração e que parece ter evoluído exitosamente, surja uma constatação final de que não houve mudança significativa na parte perversa do paciente.

A experiência clínica demonstra que tem havido uma significativa procura de tratamento analítico por parte de pacientes homossexuais, o que justifica um capítulo especial, como o seguinte.

CAPÍTULO 23

Homossexualidade

ALGUNS MARCOS REFERENCIAIS INTRODUTÓRIOS

A exemplo do que acontece na nosologia psiquiátrica, também na literatura psicanalítica não é clara e unívoca a conceituação e inserção da homossexualidade. Na verdade, essa expressão aparece de forma *polissêmica* (do grego "*poli*" (*muitos*) e "*semos*" (sentidos)), ou seja, permite várias significações e sentidos, de tal forma que as concepções dos múltiplos autores acerca da homossexualidade tanto se superpõem ou coincidem, como também surgem ambíguas ou divergentes entre si, e muitas outras vezes se complementam de forma frutífera, em uma ampla gama de variações teórico-técnicas.

Igualmente o termo "homossexualidade" permite uma escuta *polifônica*, isto é, cada psicoterapeuta tem uma forma particular de entender e de *escutar* e, portanto, de *interpretar* o conteúdo e a forma das mensagens verbais e não-verbais emitidas por tais pacientes a respeito de sua conduta sexual.

Destarte, cabe afirmar que a conceituação psicanalítica de homossexualidade, além de *polissêmica* e *polifônica,* também é *polimorfa* (várias formas de apresentação) e *polideterminada* (diversas causas concorrem para uma mesma manifestação clínica).

Em relação a esta polideterminação da homossexualidade, concorrem fatores diversos, como podem ser os de natureza biológica, sociocultural e os psicológicos, sendo que neste último caso tanto podem predominar elementos edípicos, como os pré-edípicos. Devido à impossibilidade de abarcar a todas dimensões que estão presentes na determinação da homossexualidade, este capítulo pretende privilegiar a abordagem dos fatores pré-edípicos que são inerentes à *posição narcisista*.

Todas essas múltiplas variáveis – que oscilam desde um entendimento que considera a homossexualidade não como uma patologia, mas, sim, como um legítimo direito de *opção* do livre exercício da modalidade sexual que mais convir a uma determinada pessoa, tal como fica implícito no último DSM norte-americano, até o de um pólo extremamente oposto no qual ela é categorizada como uma forma grave de doença, de perversão – vão acarretar profundas influências na prática psicanalítica com pacientes homossexuais.

Por todas estas razões, penso ser útil que, preliminarmente, antes de me aprofundar no presente capítulo, seja feita um apanhado sintético e esquemático dos meus próprios marcos referenciais atinentes à homossexualidade.

- Em primeiro lugar, é necessário deixar claro que antes de ser enquadrada em uma única categoria nosológica – como perversão, por exemplo –, a homossexualidade deve ser compreendida como sendo uma *síndrome*, ou seja, diversas causas etiológicas podem manifestar-se por meio de uma mesma manifestação sintomática aparente. Cabe uma analogia com o surgimento de uma "febre", a qual, por si só, de forma nenhuma pode ser considerada como um quadro clínico específico, mas, sim, como uma síndrome febril que tanto pode se dever a um resfriado banal, como pode traduzir uma pneumonia ou qualquer outro processo infeccioso, indo até a possibilidade extrema de um processo cancerígeno ou de uma gravíssima septicemia.

- Freud já estabelecera uma distinção entre *perversão* (fetichismo; sadomasoquismo; voyeurismo; exibicionismo; pedofilia...) e *inversão* (cujo termo designava a homossexualidade). Embora seja evidente que entre os homossexuais também se encontram muitos que apresentam características perversas (que são condenados pelos outros homossexuais, que constituem a maioria, e que não manifestam sintomas de perversão pura), este termo deveria ser evitado por esta dupla razão: sugere uma generalização injusta e, ademais, a palavra "perversão" em quase todos os idiomas tem um significado altamente pejorativo.

- Para evitar que o termo "homossexualidade" rotule todas manifestações desta forma homoerótica de sexualidade com um mesmo e generalizado significado, qualitativo e quantitativo, e geralmente impregnado com uma significação pejorativa e estigmatizadora, é que muitos autores preferem empregar o termo "conduta homossexual", o qual condiciona a necessidade de um esclarecimento quanto à forma e ao grau deste tipo de conduta.

- A conceituação de "conduta homossexual" ou, mais simplesmente, a de "homossexualismo" alude aos *apegos emocionais que implicam em atração sexual, ou de relações sexuais declaradas entre indivíduos de um mesmo sexo.* Como sabemos o termo "*homo*", em grego, quer dizer " igual, semelhante", assim como a expressão "lesbianismo", que define a homossexualidade feminina, origina-se de "Lesbos", nome da ilha grega onde residia Safo, poetisa da Grécia Clássica, que se notabilizou pelas suas relações homoeróticas.

- De um modo geral, os autores concordam que o emprego do termo "homossexual" deveria ficar restrito aos casos em que os indivíduos, de uma forma *mais crônica e compulsiva*, geralmente com alternância de episódios de exacerbações e de remissões, e como uma maneira de se aliviarem de fortes ansiedades paranóides ou depressivas, em distintos graus de qualidade e intensidade, *atuam* um desejo sexual de forma *muito predominante* (isto é, não requer exclusividade) *para pessoas do mesmo sexo biológico.*

- Enquanto isto, o termo "homossexualidade latente" deve aludir aos desejos homossexuais disfarçados ou ocultos, não assumidos e nem concretizados. É um termo ambíguo e impreciso e que requer cautela em sua nominação. Da mesma forma, não se justifica rotular como homossexuais aquelas pessoas que, embora comumente casados e com filhos, ocasionalmente cometem *actings* de natureza homoerótica, sem que a mesma guarde uma natureza compulsória e permanente.

- O mesmo vale para aqueles casos denominados como "homossexualidade situacional", isto é, a experiência homoerótica fica restrita a determinadas situações circunstanciais (presídios, internatos, etc) e nunca mais se repetem.

- Na verdade, é muito difícil definir o que vem a ser uma sexualidade "normal" ou uma sexualidade "perversa". A este respeito, J. McDougall afirma que *a compreensão da perversão se dá a partir da destrutividade que o sujeito estabelece seja em relação a si e ao outro, e não como uma forma de prática sexual que não se enquadra naquilo que habitualmente é chamada de normalidade. O ato homossexual, em si, não é desviante, mas, sim, quando deixa de ser uma variação da sexualidade adulta e se transforma em sintoma.* A autora levanta a questão se existem diferenças no contexto do processo analítico entre analisandos heterossexuais (os quais estão mais relacionados com uma dificuldade de *obter* prazer) e os homossexuais (a queixa refere-se mais à dificuldade de *dar* prazer).

- Também é necessário levar em conta que a assim denominada *fase perverso polimorfa*, descrita por Freud (1905) como uma etapa no curso normal da evolução psicossexual, pode manifestar-se na genitalidade adulta com manifestações pré-genitais no curso das relações sexuais, que até podem simular uma prática perversa, mas que nada tem a haver com a psicopatologia da perversão.

- Em termos socioculturais, dados estatísticos deixam claro que homossexualidade não é um fenômeno inusitado e que, pelo contrário, é bastante freqüente em qualquer sociedade. Algumas pesquisas apontam para um índice aproximado de 4% do total de homens cuja conduta homoerótica é a única durante toda a vida, enquanto para as mulheres essa mesma conduta ocorre em 2% da população em geral.

- Os homens manifestamente efeminados, ou as mulheres de aspecto viril, constituem somente uma pequena porcentagem da população homossexual. Algumas pesquisas apontam que somente 15% dos homossexuais masculinos e não mais do que 5% dos femininos, são facilmente reconhecível. Assim, ao contrário de uma difundida crença popular, os homossexuais não se se diferenciam do ponto de vista físico (adiposidade,

quadris largos, órgãos sexuais pequenos, pilosidade nas mulheres, etc.) dos indivíduos normais. Nem todo efeminado é homossexual e a recíproca é verdadeira.
- A importância e a significação, assim como a aceitação ou repúdio da prática de uma determinada modalidade sexual, varia muito de uma cultura para outra, e mesmo dentro de uma mesma cultura, também varia com o seu momento sociopolítico e econômico. Esta última afirmativa pode ser exemplificada com o extraordinário aumento da prática homossexual, comprovadamente manifesta, no apogeu da Alemanha nazista, talvez pelo então incremento da pulsão de morte, com a respectiva agressão sádico-destrutiva e os temores correspondentes.

Também é muito difundida a crença de que na Grécia clássica o homossexualismo não somente constituía uma regra do comportamento sexual, como ainda era altamente valorizada e reconhecida pelos pares como um ideal estético. Falta acrescentar no, entanto, que isto era verdadeiro para a fase da puberdade, durante a qual uma entrega total do rapaz aos cuidados de seu tutor era considerado uma honraria e um sinal de uma aprendizagem completa e perfeita; entretanto, em contrapartida, na mesma Grécia, a homossexualidade adulta era severamente repudiada e punida.
- Em resumo, a cultura determina grandes mudanças na maneira de encarar e abordar a homossexualidade. Na atualidade existem fortes controvérsias sobre alguns assuntos essenciais que cercam os homossexuais, como a do direito legal de acasalamento; a permissão, ou não, de pertencerem aos quadros de organizações militares e de cúpulas políticas; a aceitação, ou não, por parte da população, de não serem encarados como "doentes", e e assim por diante. O que não resta dúvida é o fato de que as medidas de legislação repressora acarretam resultados negativos, porquanto reforça a condição de *clandestinidade*, com os inevitáveis problemas de culpa, vergonha, solidão e humilhação, assim como propicia o favorecimento de *chantagens* – nada incomuns e extremamente persecutórias.

- Cabe perguntar se a homossexualidade está aumentando em números percentuais. A resposta é muito difícil porquanto os homossexuais não só estão assumindo a sua condição com maior clareza, como fazem inúmeros movimentos públicos em defesa de seus direitos, o que pode dar uma falsa idéia de incremento, em números relativos, é claro. De qualquer forma, é incontestável que a homossexualidade constitui-se em um problema de extrema importância individual e social; logo, em um importante desafio para a psicanálise e para os psicanalistas.
- Mais particularmente em relação ao campo da psicanálise, também existe uma polêmica quanto ao fato de se uma pessoa homossexual pode ter direito a fazer uma formação psicanalítica regular e oficial, e mais, se esta sua condição é compatível ou incompatível com o pleno e exitoso exercício da profundeza da função psicanalítica.

Por outro lado, cada vez mais os pacientes homossexuais procuram atendimento psicanalítico, ao mesmo tempo em que os psicanalistas estão muito mais bem preparados em conhecimentos teóricos relativos às primitivas etapas da evolução psicossexual e, conseqüentemente mais bem equipados com os necessários recursos técnicos. Como resultado desses avanços fica-me a impressão de que os resultados analíticos com estes analisandos têm sido mais exitosos e promissores do que décadas atrás.

POSSÍVEIS ETIOLOGIAS

Como já foi frisado, são muitos os fatores que concorrem para o surgimento da síndrome homossexual, sendo necessário que se destaquem aos seguintes.

Biológicos-Constitucionais

A ciência atual ainda tem um conhecimento muito pequeno acerca dos aspectos genéticos, orgânicos ou glandulares, sendo que até o presente momento predomina a idéia de que eles têm uma participação mínima na determinação da homossexualidade.

Socioculturais e Familiares

Ninguém contesta, na atualidade, os efeitos condicionantes indiretos dos costumes e códigos sociais, que são ditados pela vigência de uma determinada cultura, a qual, por sua vez, varia grandemente com as distintas geografias e épocas. Como antes foi mencionado, a cultura determina grandes e decisivas mudanças na maneira de surgir, encarar e abordar a homossexualidade.

Geralmente prevalece, por parte do ambiente, uma rejeição franca ou dissimulada contra a homossexualidade, nos mesmos moldes persecutórios e humilhatórios que se processam contra todas as minorias sociais. Pode-se dizer que o conflito dos homossexuais está mais em relação com os costumes sociais do que propriamente consigo mesmo.

Adquire uma especial importância o discurso dos *pais* e da *religião* a respeito da sexualidade, de tal forma que, muitas vezes, além de *proibida* a sexualidade também é significada como *perigosa* (recordo um paciente esquizofrênico, com fortes fantasias homossexuais, que seguidamente lembrava a admoestação de seu padre-professor de que "cada gota de esperma derramado na prática da masturbação correspondia a uma gota de sangue que se esvaia do corpo de Nossa Senhora").

Toda e qualquer *família* está inserida em um determinado contexto sociofamiliar e sofre as suas influências, de modo que as mesmas são repassadas pelos pais aos filhos. Os padrões da sexualidade *não são inatos*, mas *criados*. Logo, adquirem uma importância fundamental as *identificações* dos filhos com os pais, assim como o *discurso* destes últimos acerca da sexualidade.

Da mesma maneira, adquire uma especial importância o aspecto da *transgeracionalidade*, isto é, os conflitos edípicos ou pré-edípicos não resolvidos nos pais serão necessariamente repetidos com os filhos, e este processo pode ter uma continuidade ao longo de muitas gerações de uma mesma família. Para tanto, o habitual é que se estabeleça na família uma *designação de papéis*, os mais diversos, a serem inconscientemente cumpridos por todos, dentro de um clima de veladas ameaças (superego) ou de fortes expectativas (ideal do ego), cujo não-cumprimento gera culpa, medo, vergonha e humilhação.

Sexo e Gênero Sexual

Na atualidade – graças principalmente aos trabalhos de R. Stoller (1968), psicanalista americano (1924-1991) – atribui-se uma expressiva importância não somente ao *sexo biológico* com que a criança nasce, mas também à formação do seu *gênero sexual*, o qual vai depender fundamentalmente dos desejos inconscientes que os pais alimentam quanto às suas expectativas e demandas em relação à conduta e ao comportamento do filho ou da filha.

Esta indução, por parte dos pais, na determinação do "gênero sexual" das crianças costuma ser feita a partir de combinação de fatores influenciadores, como são alguns apontados por Graña (1995), que destaca, por parte dos pais, a atribuição de *nomes próprios* ambíguos, o uso de *roupas* que provocam confusões e indefinições no contexto social em que a criança está inserida, o tipo de *brinquedos* e de *brincadeiras*, a forma de como os pais *designam os genitais*, o tipo de *esporte* que estimulam nos filhos, a *idealização ou, denegrimento* de certos atributos masculinos ou femininos, etc.

Costuma ser comum a formação de um *conluio* inconsciente na base de um "faz-de-conta" que ninguém está vendo nada, assim negando uma evidente cumplicidade entre duas ou mais pessoas de uma mesma família, sendo que muitas vezes os pais não só determinam decisivamente o gênero sexual dos filhos como também pode acontecer que eles atuem a sua possível homossexualidade latente por meio de seu filho ou filha. Aliás, não é nada raro que certas famílias cultivem um *conluio múltiplo* que se manifesta em um determinado "segredo familiar".

Entendo que a estruturação de um gênero sexual diferente do sexo biológico está longe de necessariamente significar uma homossexualidade atuante, porém pode ser um fator propiciador. Por outro lado, penso que se pode dizer que, em alguns casos, um casal com sexos biológicos diferentes, porém com um certo arranjo dos respectivos gêneros sexuais, pode estar configurando uma relação de natureza homossexual.

Fatores Psicológicos

Os acima referidos aspectos sociais, culturais e familiares, intimamente inter-relacionados com as necessidades, desejos e fantasias inconscientes da criança, vão determinar primitivos *pontos de fixação* conflitivos, nos quais a criança vai estacionar em seu desenvolvimento psicossexual, ou para eles vai regredir quando, embora tenha alcançado a condição adulta, não suporta o surgimento de determinadas ansiedades terríveis.

Classicamente, os pontos de fixação referem-se às etapas *oral* (felácio, sexualidade possessiva e aditiva, etc.), *anal* (no imaginário das crianças de ambos sexos, a incorporação anal do pênis do pai representa a aquisição de uma ilusória completude e potência fálica) e *fálica* (inserida dentro do *complexo de* Édipo, com as mais distintas configurações possíveis).

Unicamente como um esquema didático de exposição podemos considerar os fatores psicológicos propriamente ditos na determinação da conduta homossexual, a partir de duas vertentes: a *edípica* e a *narcísica*, que serão mais adiante abordadas separadamente. No entanto, devemos sempre levar em conta o fato de que ambas costumam estar intimamente inter-relacionadas, e que mais freqüentemente do que em geral se pensa, os conflitos narcísicos e pré-genitais podem estar mascarados e representados por uma ruidosa fachada edípica.

Aliás, foi o prório Freud quem nos apontou separadamente os caminhos destas duas vertentes. Assim, ao mesmo tempo em que a principal parte da sua obra gira em torno dos conflitos psíquicos resultantes das pulsões libidinais investidas nas vivências e fantasias implícitas no conceito universal do complexo de Édipo, é a Freud que devemos a primeira compreensão das raízes narcísicas na determinação da homossexualidade. Essa última afirmativa pode ser comprovada nos seus trabalhos de 1910 acerca de *Leonardo Da Vinci e uma lembrança de sua infância* (no qual fica claro que a homossexualidade de Leonardo representava uma busca de recompor com a mãe uma perdida unidade fusional primitiva); e principalmente no trabalho sobre *Uma introdução ao narcisismo* (1914). Neste último, Freud aponta que a escolha do objeto homossexual pode ser de natureza *anaclítica* (um retorno à situação paradisíaca do apego original com a mãe, com a sensação de ter a posse absoluta dela) ou *narcísica*, nas suas três modalidades: busca no parceiro uma extensão daquilo que *ele é* (tempo presente) ou do que *ele foi* (tempo passado) ou daquilo que *almeja vir a ser* (futuro).

A propósito, também é a Freud, tal como aparece no trabalho de 1911 sobre o célebre *Caso Schreber*, que devemos a postulação de que existe no curso do desenvolvimento psicossexual da criança uma posição homossexual normal e estruturante. No mesmo artigo, a partir do original e proibido desejo homossexual "eu o amo", por meio de uma série de transformações do verbo e do objeto, determinada pela necessidade de negar tal opróbio,

Freud mostra como o indivíduo pode construir tanto uma produção delirante *paranóide* ("não, eu não o amo, eu o odeio, e, logo, ele me odeia"); como pode ser um delírio de *ciúme* ("é ela que o ama"); ou uma *erotomania* ("ela(s) é que me ama(m)"); ou uma retirada *narcisística* ("ninguém me ama e eu não amo e não preciso de ninguém").

Igualmente Freud contribuiu com um importante pressuposto de que inicialmente a criança apresenta uma concepção imaginária de que é possuidora de uma *bissexualidade*, sendo que esta sua idéia continua servindo de ponto de partida dos mais avançados estudos sobre a determinação da sexualidade, portanto também da homossexualidade. No entanto, foi em torno da triangularidade da conflitiva edípica que Freud fez as suas mais importantes descobertas, que seguem aqui, extremamente sumarizadas.

A FACE EDÍPICA

- A crise edípica, quer de resolução homo ou heterossexual implica, para a criança, a condição de renunciar à fantasia de que ela tem a posse de uma bissexualidade; por conseguinte, também implica a renúncia de seu desejo imaginário de que pode possuir sexualmente aos dois genitores.
- Esta renúncia está ligada ao reconhecimento da existência de um terceiro (o pai) e está intimamente ligada à *cena primária*, com todas as fantasias daí decorrentes.
- As principais fantasias, quer no menino ou na menina, estão diretamente ligadas à posição e lugar que imaginariamente (ou concretamente em certas famílias de estrutura perversa) as crianças ocupam nesta cena que tanto lhes pode sugerir uma idílica troca de benesses entre os pais, ou um inferno no qual estes se destroem, fantasia esta que promove na criança uma concepção sadomasoquista do ato sexual. Segundo M. Klein, a fantasia da criança de que os pais estão fundidos no coito produz a imaginação da "figura combinada" responsável pela criação mítica da existência de figuras monstruosas.
- Ficar excluída da cena primária gera na criança uma sensação de abandono e *traição* por parte de um dos pais, ou de ambos, e, por conseguinte, produz sentimentos de ódio,

rivalidade, curiosidade invasiva e arrogante, incremento de um controle possessivo e sentimentos de vingança.
- A rivalidade com o genitor do sexo oposto, por meio de um jogo de projeções e introjeções dos acima referidos sentimentos e fantasias, determina o surgimento do *complexo de castração* (é útil lembrar que Freud restringiu o uso desta expressão ao temor da castração dos órgãos genitais). Para evitar a castração, o futuro adulto pode renunciar à heterossexualidade.
- O complexo de Édipo pode tomar uma configuração *positiva* (desejo pelo genitor do sexo oposto e uma rivalidade com o do mesmo sexo) ou *negativa* (em cujo caso o complexo de Édipo é *invertido*, ou seja, a criança deseja o genitor do mesmo sexo). É útil levar em conta que a resolução invertida do complexo muito comumente seja decorrente do fato de que o gênero sexual dos pais esteja trocado, o que, por si só, determina uma patogenia no processo identificatório da criança.
- Assim, a elaboração final da crise edípica acarreta duas conseqüências fundamentais para a criança, as quais estão entrelaçadas: *os modelos de identificação* e a *formação do superego*. Para o primeiro, entre tantas outras possibilidades de identificações patogênicas que concorrem para a homossexualidade, pode servir de exemplo a identificação do menino com uma *mãe fálica*, sendo que esta, por sua vez, possivelmente também esteja identificada com a sua própria mãe também fálica, ou com a figura masculina do seu pai, ou de algum irmão cujo pênis ela inveja... Em relação à formação do superego, basta lembrar o aforismo de Freud: *o superego é o herdeiro direto do complexo de Édipo.*
- É desnecessário frisar que, tal como Freud nos ensinou, no processamento normal da crise edípica há uma diferença do que se passa no psiquismo do menino ou da menina. É suficiente lembrar que normalmente a menina *entra* na crise edipiana quando ela, devido ao complexo de castração, afasta-se da mãe e se aproxima do pai (para obter dele o pênis que lhe falta, ou um bebê, como um substituto fálico) enquanto o menino *sai* desta crise quando, acuado pela angústia de castração, renuncia à posse da mãe e se reaproxima e se modela com o pai.

A FACE NARCISISTA

- Em relação ao desenvolvimento normal da psicossexualidade, as primeiras formulações de Freud postulavam a existência de uma etapa de *auto-erotismo*, seguida de um *narcisismo primário* e, finalmente, de uma posterior etapa do investimento libidinal em *objetos externos.*
- Na atualidade, é consensual que desde o nascimento o bebê já está interagindo com o meio ambiente exterior e estabelecendo relações objetais, muito particularmente com a sua mãe. Importantes autores destacaram este inato relacionamento objetal, como M. Klein (embora a sua ênfase tenha ficada centrada quase que exclusivamente no bebê, nas suas pulsões destrutivas e conseqüentes arcaicas fantasias inconscientes dirigidas ao "seio" e ao interior do corpo da mãe); Lacan (cujas principais idéias a respeito da fusão inicial do bebê com a mãe, estão contidas na sua concepção evolutiva acerca da *etapa do espelho*); Winnicott (que ao deixar clara a sua divergência com M. Klein, enfatizou, sobretudo, o outro pólo, isto é, a extraordinária importância da mãe *real* no desenvolvimento emocional primitivo da criança, notadamente através do *holding* materno e da função de *espelho* da mãe; Bion (que, a meu juízo, foi o autor que melhor equilibrou a importância tanto da mãe real como a das prematuras fantasias inconscientes da criancinha. As concepções de Bion acerca da permanente relação *continente-conteúdo* na interação mãe-filho, com um destaque para a capacidade de *rêverie* e da *função-alfa* da mãe, são de decisiva importância na estruração do psiquismo da criança, como será abordado mais adiante); M. Mahler (contribuiu com esclarecedores estudos acerca do *nascimento psicológico* do bebê, ao considerar as diversas etapas e subetapas evolutivas, notadamente as de *simbiose; diferenciação*

(em relação à mãe), *separação e individuação*, até atingir a etapa da aquisição de uma *constância objetal*.
- Assim, inicialmente, na vigência da indiferenciação e indiscriminação, os objetos externos são percebidos sem diferenças sexuais, por conseguinte, de uma perspectiva "homossexual".
- Sabemos que a etapa de simbiose com a mãe é indispensável e estruturante; no entanto, ela pode se tornar patogênica, tanto nos casos em que há um precoce desligamento da mãe, como principalmente quando houver uma exagerada manutenção deste vínculo simbiótico, fortalecendo e fixando uma relação de natureza diádico-fusional da criança com a mãe, excluindo, assim, a importância do pai.
- Nestes casos, é fácil perceber, na clínica, que esta mãe simbiotizadora – que não renuncia ao seu desejo de manter uma eterna gravidez – tenta cimentar a posse exclusiva de seu filho, por intermédio dos seguintes recursos inconscientes:1) Toma o filho como um mero prolongamento de seu próprio *narcisismo* (no dizer de Lacan, delega ao filho a obrigação de cumprir o papel de representar o *falo*, ou seja, o *poder* que ela almeja). 2) Por meio de uma precoce *erotização,* a mãe fortalece a ilusão onipotente do menino de que ele já é uma pessoa adulta (isto estrutura um *falso self)* e que ele substitui, com vantagem, ao pai. 3) Esta exclusão do pai no psiquismo da criança – especialmente nos meninos – é de fundamental importância na estruturação de uma homossexualidade. 4) Para manter a garantia da posse do seu filho – com uma finalidade daquilo que eu costumo nominar de *seguro solidão* – esta mãe utiliza inúmeros recursos inconscientes, como injeção de culpas, chantagem afetiva, desqualificação dos valores adultos, duplas mensagens, etc., a fim de perpetuar uma *infantilização* do seu filho. 5) Um outro custo é o fato de que a criança – futuro adulto – hipertrofia o papel que lhe foi imposto de ser *o* principal *desejo dos desejos* da mãe, assim como também costuma haver um *continuum* confusional entre o *corpo* da mãe e do filho, ou filha (J. McDougall, 1987 – alude a "*um corpo para dois")*.
- Se a mãe simbiótica não for capaz de renunciar ao corpo do filho e à posse do seu pênis, resultará uma luta desesperada – e ambígua – por parte do filho com o propósito de repelir a mãe percebida como engolfadora e perigosa.
- A referida exclusão do pai do campo afetivo do filho adquire tamanha importância na determinação de uma possível estruturação homossexual do filho pelas seguintes duas razões principais: o pai excluído não funciona como uma necessária cunha interditora (à qual Lacan chama de *Lei* ou *Nome* do pai) no romance simbiótico entre a mãe e a criança. A segunda razão, em se tratando de menino, é que faltará a este um *modelo de identificação* masculino, que possa ser introjetado com admiração. Estas possibilidades encontram respaldo em Freud, que em *Leonardo...* afirma textualmente que: *Assim, como todas as mães insatisfeitas, ela tomou o filhinho em lugar do marido, e, pela maturação demasiado precoce do erotismo dele, despojou-o de parte de sua masculinidade.*
- As principais causas que concorrem para a exclusão do pai são as seguintes: 1) O pai se mantém física e geograficamente muito afastado do lar. 2) Ele é exageradamente frágil e dominado pela mulher, ou excessivamente tirânico. 3) No entanto, a principal causa é quando a imagem do pai, apesar de seus esforços, é denegrido pelo *discurso* da mãe na determinação dos valores do filho. Com outras palavras, a imagem que a criança introjetará da figura do pai é a mesma que esta tem do seu marido.
- A conseqüência maior da manutenção desta díade fusional simbiótica é o fortalecimento e a persistência do estado mental que propus denominar *posição narcisista* (ver capítulo 13), da qual, entre muitas outras condições psíquicas, faz parte a, assim denominada por Bion, *parte psicótica da personalidade.*
- Nesta última vai acontecer que a criança não suporta frustrações; em conseqüência vai haver a hipertrofia as pulsões agressivo-des-

trutivas, com a séria decorrência futura da contração de vínculos sadomasoquistas; para livrar-se dos conseqüentes sentimentos e angústias intoleráveis, a criança utiliza excessivamente o recurso das identificações projetivas; ao mesmo tempo ela desenvolve um horror ao conhecimento das verdades penosas, tanto as externas como as internas (*-K,* de Bion); assim a criança incrementa a onipotência por meio da qual ela faz uma negação dos limites, das limitações, do reconhecimento das diferenças e tende a abolir as dimensões do espaço (confunde-se como outro) e do tempo (independentemente de sua idade cronológica conserva a fantasia de seu privilégio de funcionar na vida com o primitivo princípio do prazer-desprazer). Esta onipotência impede o ingresso na "posição depressiva" e, conseqüentemente, inibe a capacidade para pensar e formar símbolos; a necessária "aprendizagem com as experiências" (termo de Bion) fica substituída por uma omnisciência, enquanto que a negação do sentimento de dependência, fragilidade e inermia cede lugar a uma prepotência (*pré-potência*).

- Podemos ir mais longe e afirmar que é a aquisição da posição depressiva que determina e inaugura o complexo de Édipo. De fato, entre outros aspectos inerentes a essa posição, vale destacar que é ela quem possibilita à criança a discriminar e separar-se do objeto, ganhando para si e concedendo para o outro uma relativa autonomia, assim efetivando um reconhecimento da existência real do pai no contexto edipiano.
- Nos indivíduos em que existe uma manutenção predominante da "posição narcisista" vai acontecer um sério distúrbio na construção do *sentimento de identidade*, de tal modo que, na tentativa desesperada de manter o ameaçado sentimento de identidade, o sujeito pode usar a sexualidade, tanto a homo como a heterossexual, como uma droga, assim configurando aqueles casos que J.McDougall (1978) denomina como *sexo-adictos*.
- Da mesma forma, a *angústia de desamparo* (*Hilflosigkeit* é o nome original, utilizado por Freud) – a angústia mais temida, não só pela razão da falta de apoio e de extrema dependência que ela acarreta, mas principalmente pela ameaça de uma desorganização do ego – está intimamente ligado à estrutura narcisística. Portanto, mais do que a angústia de castração, estamos aqui enfatizando a presença da angústia de desamparo e desvalia; mais do que a problemática dos *desejos*, impõe-se a das *necessidades básicas*; mais do que uma dolorosa frustração decorrente da exclusão da criança do triângulo edípico, estamos aludindo à questão essencial da sobrevivência psíquica e à constituição do ego, com seus limites e sua identidade primitiva e corporal.
- Creio que se pode dizer que virtualmente todos os pacientes homossexuais apresentam transtorno do narcisismo, ou seja, eles necessitam do *outro* (o seu *"duplo"*) para que este último funcione como um espelho, um suporte identificatório e como um reasseguramento de que ele, de fato, *existe!*

Em resumo, pode-se dizer que o narcisismo não é somente uma etapa do desenvolvimento do ser humano; ele é também um *modelo* de estrutura psíquica, uma modalidade de *vínculo* em um registro imaginário, que poderá operar ao longo de toda vida, inclusive na escolha homossexual de objetos.

Da mesma forma, a passagem pela conflitiva edípica promove a introdução do registro simbólico, o qual poderá atenuar ou modificar o registro das ilusões imaginárias, porém nunca conseguirá acabar totalmente com elas.

O certo é que ambos os registros – o narcísico e o edípico – permanecem em constante interação, em cuja intersecção ora há a predominância de um deles (a solução exitosa da conflitiva edípica permitirá o ingresso na genitalidade adulta) ora de outro (uma fixação predominante na posição narcisista reterá o sujeito numa pré-genitalidade, que, por sua vez, pode condicionar uma estruturação de natureza homossexual) .

INTERSECÇÕES ENTRE NARCISO E ÉDIPO

Como já foi assinalado, a própria obra de Freud permite observar uma íntima conexão entre o narcisismo original de "sua magestade, o bebê" com as diversas formas da configuração edípica. Como este assunto referente às intersecções entre Narciso e Édipo demandaria um espaço extenso, vou, aqui, me restringir à ilustrações contidas em algumas passagens míticas.

Assim, uma atenta observação do original contexto histórico da tragédia edípica permite verificar que o homossexualismo, com a conseqüente maldição e punição, *precedem* o incesto e o parricídio, portanto em contraposição ao que geralmente se pensa. Destarte, no mito, Laio foge de Tebas para Élida, onde é afetuosamente acolhido pelo rei Pélope, cujo filho, Crísipo, estabelece um enorme amor homossexual com Laio. A descoberta desse amor proibido e repudiado acarreta conseqüências trágicas: Crísipo suicida-se; Pélope, ferido, traído e humilhado diante tamanho opróbio roga aos deuses do Olimpo uma vingança contra Laio; os deuses o atendem e impõem a Laio o destino trágico dele ser assassinado pelo seu próprio filho, Édipo. Como se pode perceber, toda a tragédia começa com homossexualismo...

Ainda em relação ao mito de Édipo, vale transcrever esta bela passagem que Fairbairn (1975) nos brinda e que tão bem ilustra o que aqui estamos enfocando: *"É notável que o interesse psicanalítico sobre a clássica história de Édipo tenha se concentrado sobre os atos finais do drama. No entanto, como uma unidade, é importante reconhecer que Édipo que mata a seu pai e desposa sua mãe começou sua vida exposto em uma montanha, e assim esteve privado de cuidados maternais* (o grifo é meu) *em todos seus aspectos, durante uma etapa na qual sua mãe deveria constituir-se no seu objeto essencial e exclusivo"*.

No entanto, parece-me que é no mito de Narciso, que aparece mais claramente a continuidade e ponto de intersecção entre Narciso e Édipo, tanto que em ambos mitos aparece a figura do cego profeta Tirésias como que estabelecendo uma conexão, ao mesmo tempo em que o final do drama de Narciso permite entender que é necessário que ele (a díade fusional) morra, para que de sua morte nasça Édipo com a respectiva triangularidade, que pressupõe a existência e o reconhecimento de um terceiro, inicialmente o pai. Com outras palavras, no mito de Narciso, o que prevalece não é tanto o amor por si próprio, mas, sim, uma *con-fusão* com a mãe (identificação primária de Freud) e a falta de discriminação e de consideração pelos demais, enquanto que em Édipo já há o reconhecimento de um outro e a capacidade de diferenciação com os demais.

É óbvio que os exemplos que inter-relacionam Narciso e Édipo poderiam se multiplicar, porém o importante, na prática analítica, é considerar a passagem, tanto a progressiva – de Narciso a Édipo – quanto a regressiva – de Édipo a Narciso – e, muito particularmente para a observação do oculto e latente ego narcísico que está encoberto pela manifesta, e às vezes enganadoramente florida configuração manifestamente edípica.

PRÁTICA PSICANALÍTICA

Na atualidade a psicanálise tem aberto as suas portas para um contingente de pacientes bastante regressivos, como costumam ser os psicóticos, *borderline*, caracteropatas, somatizadores e, dentre outros mais, também os portadores de alguma forma de perversão, como eventualmente pode ser algum tipo de homossexualidade. Tudo isso converge para o fato de que se impõe ao psicanalista a necessidade de trabalhar com os conflitos manifestos – incluídos naturalmente os hetero e os homossexuais – em uma dimensão que precede e vai muito além da conflitiva do conflito edípico típico. Ou seja, é imprescindível que tenhamos um profundo conhecimento da normalidade e da patologia do narcisismo, e as influências do mesmo na estruturação edípica, sendo que a recíproca também é verdadeira.

Na situação psicanalítica propriamente dita, vale fazer alguns registros relativos aos diversos elementos que compõem a vincularidade do campo psicanalítico.

Setting

A primeira pergunta que se impõe é se faz alguma diferença o psicanalista que vai tratar um caso de homossexualidade ter o mesmo sexo biológico de seu paciente ou se é mais adequado que seja do oposto. No caso do homossexual masculino, sempre predominou a opinião de que seria mais indicado um psicanalista homem, pela simples razão de que ele funcionasse como um novo modelo de identificação masculina, virtualmente sempre faltante nesse paciente. Embora na atualidade a maioria dos autores considere que o mais importante é o estabelecimento de uma neurose de transferência e que esta vai independer do sexo do analista, eu particularmente inclino-me a acreditar na possibilidade de que a análise com um paciente homossexual masculino progride mais exitosamente com uma psicanalista mulher, pelas razões atrás expandidas acerca da existência de um primitivo e esterilizador vínculo simbiótico com a figura da mãe.

O *setting* propicia um novo espaço onde as primitivas experiências patogênicas com a mãe possam ser reexperimentadas e re-significadas com a figura real de uma mulher.

Da mesma forma, caberia perguntar se um analista preconceituoso em relação ao problema da homossexualidade reúne condições para analisar exitosamente um paciente homossexual.

Ainda em relação ao *setting*, é necessário destacar a importância da preservação das combinações instituídas porquanto tais pacientes tendem a induzir a alterações e à busca de privilégios, enquanto o analista deve ter claro para si que é fundamental que esse paciente desenvolva a capacidade para tolerar frustrações e para aceitar seus limites e limitações. Esta última afirmativa está respaldada na habitual observação de que a criança não suporta que não haja o estabelecimento de limites; ela sente-se desamparada e recai em uma intensa angústia. Assim, é fundamental a função do *setting* de definir os lugares e os papéis do analista e do paciente, estabelecendo as devidas diferenças.

Resistências

A principal resistência nos casos de homossexualidade parece não ser tanto a oposição a um acesso às repressões edípicas com as correspondentes fantasias ligadas à cena primária, como habitualmente era entendido, quase que de forma exclusiva, pelos psicanalistas. Pelo contrário, nestes casos a resistência costuma estar muito mais ligada a um aferramento a essa suposta conflitiva edípica, como um véu encobridor e protetor das ilusões próprias do mundo narcisista que tal paciente, inconscientemente (e muitas vezes também conscientemente), procura manter a todo custo.

Para manter a autarquia de suas ilusões narcisistas, uma das formas de resistência que este analisando utiliza com freqüência é a de um *ataque aos vínculos perceptivos* (termo de Bion), tanto os dele próprio quanto os de seu analista, a serviço de um *"-K"*, e para tanto é comum que o paciente consiga despertar um certo estado confusional no terapeuta.

Contra-Resistência

Uma *contra-resistência* importante é a possibilidade de que o analista desenvolva uma *atitude fóbica* em relação aos movimentos aproximatórios do paciente, que sejam de natureza homossexual. Uma outra contra-resistência temível alude à contração de *conluios inconscientes* com o paciente, como pode ser exemplificado com a construção de – um nada incomum – vínculo baseado em uma recíproca fascinação narcisista.

Transferências

Toda transferência tem, no mínimo, um resto narcísico, da primitiva unidade da díade simbiótica. A análise da transferência visa permitir a separação deste *objeto de necessidade*, para constituí-lo como um *objeto de desejo*, edípico. Há, portanto, uma diferença entre a transferência narcísica de colorido erótico e que guarda uma natureza especular (com a constante busca do seu *duplo*) e a transferência erótica propriamente dita, com desejos de cunho edípico triangular, não sendo incomum que ambas as formas se superponham e se alternem.

Um aspecto particularmente importante é aquele que diz respeito ao fato de que uma transferência *positiva* pode, na verdade, estar sendo não mais do que uma transferência *idealizada*, em cujo caso a *fé* do paciente ocupa o lugar da confiança básica e a *sugestão* do terapeuta substituir o penoso – porém imprescindível para o analisando – processo de *pensar* as experiências emocionais do vínculo analítico e que estão reproduzindo similares experiências antigas e novas. Em contrapartida, a transferência de aparência *negativa* pode estar representando um movimento altamente positivo para a análise, isto é, uma sadia e mais confiante tentativa de romper com os estereotipados vínculos de domínio, posse, especularidade e falsidade.

Tão importante como a atividade interpretativa é o fato de que o analista consitua-se como um *novo objeto* para o paciente homossexual. Um novo objeto que, diferentemente de seus pais originais, preencha no mínimo as seguintes condições básicas no vínculo analítico: não seja demasiado frágil ou "bonzinho" e tampouco por demais rígido e diretivo; que sobreviva (não ficar deprimido ou arrasado) aos ocasionais ataques de ódio, controle onipotente, triunfo e desprezo; que não se deixe enredar nas malhas de um envolvimento sedutório e, portanto, que não entre no jogo dos *actings e contra-actings*; não proceda a retaliações, que muitas vezes estão disfarçadas por interpretações superegóicas ou ameaças veladas; propicie a formação de neo-identificações e neo-significações; facilite o processo de dessimbiotização, com vistas a desenvolver no paciente as capacidades de discriminação, diferenciação, separação e aquisição de um sentimento de identidade; que não receie impor as inevitáveis frustrações ao paciente, desde que essas não sejam por demais escassas, nem excessivas e tampouco incoerentes; acima de tudo, no entanto, é imprescindível que o analista possua a capacidade de *rêverie*, de modo que tenha condições de *conter* as maciças cargas de identificações projetivas do paciente, ou a *actings* preocupantes, sem ter de apelar para uma uma medicação (quando esta é desnecessária e só serve para acalmar a ansiedade do terapeuta) ou resistir à tentação de encaminhar para um outro colega, e assim por diante.

Enfim, o analista no seu papel de um "novo objeto" deve exercer a *função-alfa*, a qual, segundo Bion, visa propiciar ao paciente que as suas fortes ansiedades inonimadas (o "terror sem nome" de Bion) sejam acolhidas, pensadas, significadas, adquiram um sentido e uma nominação, para só então serem devolvidas ao paciente, em doses adequadas, sob a forma de interpretações.

Um outro aspecto que julgo muito importante no que diz respeito ao entendimento e ao manejo por parte do analista em relação à transferência de um paciente homossexual é o fato de que ele tanto vai ocupar o lugar da transferência materna (exercendo uma maternagem nos moldes acima explicitados, complementando e suplementando funções egóicas que faltam ao paciente), como também o terapeuta deve encarar a transferência paterna, de modo a que se forme um curioso paradoxo: o analista, na função de pai, vai frustrar, se interpor e interditar o apego provisoriamente simbiótico que ele próprio aceita quando no papel transferencial de "mãe-continente".

Uma observação mais atenta em um grande número de casos de homossexualidade que tenho acompanhado em supervisões me faz inclinar pela hipótese de que nos casos masculinos acontece a constelação familiar antes referida quanto à exclusão do pai, enquanto que na homossexualidade feminina a predominância é a de um pai sedutor – e seduzível –, o que obriga a menina a fugir do horror do incesto e a refugiar-se na mãe.

Habitualmente nestes casos, também o pai necessita fugir do pavor de um envolvimento edípico-incestuoso, o que ele faz por meio de um distanciamento da filha, físico ou afetivo, e assim reforça o apego narcísico-simbiótico dela com a mãe. Resulta daí uma dupla complicação na relação da filha com a mãe, em moldes de um retorno à posição narcisista: assim, o erotismo da menina, que foi originado nas fantasias com o pai, fica incrementado por uma erogeneidade equivalente da mãe, inclusive com disfarçadas carícias físicas por parte de ambas. Ao mesmo tempo este vínculo mãe-filha fica impregnado de uma forte ambivalência, tingida com aspectos sadomasoquísticos, porquanto nesses casos o apego narcisístico é inseparado da rivalidade edípica com a " mãe-bruxa" na disputa pelo pai.

Contratransferência

As pessoas homossexuais, via de regra, notabilizam a sua vida afetiva por vínculos carregados de uma extrema sensibilidade às frustrações, um pânico de abandono e uma forte tônica sadomasoquista, manifesta ou disfarçada, às vezes cabendo o papel de sádico a um do par e o de masoquista ao outro, ou mais comumente tais papéis se alternam entre eles. Embora nem sempre seja assim, e muitas vezes um casal homossexual adquira harmonia e estabilidade, nos casos mais extremos há um permanente risco de atuações masoquistas de alto risco, às vezes trágicos.

Por tudo isto, é fácil perceber que tamanhas cargas de necessidades, com subjacentes ansiedades primitivas de desamparo e aniquilamento e com *actings* por vezes muito graves, venham a provocar fortes impactos contratransferenciais, os quais tanto podem se constituir em enredamentos patológicos, como também podem servir como uma excelente *bússola empática* para o psicanalista.

Neste último caso, pode servir como exemplo a possibilidade de o terapeuta entender que, por meio de atuações, somatizações e difíceis efeitos contratransferenciais, o seu paciente homossexual esteja utilizando uma primitiva forma de comunicação não-verbal, com a esperança que o analista descodifique e o ajude a *pensar* aqueles sentimentos e angústias que ele nunca foi capaz de rememorar ou pensar.

Um aspecto que me parece útil consignar é o que diz respeito ao fato de que esse tipo de paciente pode provocar no analista uma forte sensação de desconforto, como se este o estivesse decepcionando e fraudando. Isto se deve à identificação projetiva, dentro do psicanalista, de uma mãe narcisista que enganou o filho, por fazê-lo crer como sendo realidade aquilo que na realidade não passava de meras ilusões infantis.

Atividade Interpretativa

A primeira observação que necessita ser feita é a de que comumente o psicanalista deixa-se atrair e seduzir pelo belo e convincente "material sexual" trazido pelo paciente e que parece estar "pedindo" para ser interpretado num plano edípico. É possível que em muitas ocasiões tais interpretações satisfaçam ambos do par analítico, porém é possível que elas resultem inférteis porquanto a aludida sexualidade edipiana pode estar fortemente ancorada em fixações narcisistas não resolvidas.

Da mesma forma, creio ser recomendável que o psicanalista não se detenha prioritária e sistematicamente na interpretação única dos conflitos resultantes dos desejos e fantasias sexuais, com as angústias correspondentes. Também é desejável que a atividade interpretativa dirija-se à *forma* como o analisando utiliza os seus recursos de ego; como ele *pensa* as suas experiências emocionais, mais diretamente, aquelas que estão associadas com a angústia do desamparo; como ele utiliza a sua *função K* ou *-K* diante das penosas verdades internas e externas; o seu *juízo crítico;* a sua capacidade de fazer *discriminações*; as *conexões* que ele estabelece eentre partes contraditórias de sua personalidade e assim por diante.

Assim, cabe dizer que *necessidades pulsionais* podem ser satisfeitas; *conflitos inconscientes* podem ser resolvidos por meio de interpretações; porém os *vazios existenciais* exigem algo mais do que unicamente interpretações: exigem o preenchimento dos "buracos negros" emocionais, bem como a suplementação de funções do ego que não foram suficientemente desenvolvidas devido ao fracasso da função de *rêverie* da mãe.

Em relação à interpretação propriamente dita, é útil destacar o risco de o analista fugir da paixão homossexual do paciente do mesmo sexo, por meio de interpretações que precocemente remetem às figuras do passado edípico aqueles sentimentos e desejos sexuais que estão sendo diretamente dirigidos para o terapeuta. Pelo contrário, o psicanalista deve reunir condições de "conter" todas as demandas passionais de seu paciente homossexual, venham elas como vierem, e "sobreviver" a todas elas, de uma forma bem diferente daquela que os pais do paciente utilizaram.

Portanto, as interpretações para os pacientes homossexuais devem ter por objetivo, acima de tudo, auxiliar no processo de *des-simbiotização,* por meio das *des-identificações*, seguidas de *neo-identificações*, a partir do modelo da *função-alfa* do seu analista, para a construção de um verdadeiro senso de identidade.

Elaboração

É muito difícil para este tipo de analisando a aquisição de um autêntico crescimento mental e de uma sólida identidade de gênero sexual, como fruto de um trabalho de elaboração de sucessivos *insights* parciais, porquanto tudo isso implica sentir uma profunda dor psíquica. Talvez não haja dor mais difícil de suportar do que aquela que implica ter que renunciar às ilusões do mundo do "faz-de-conta" e, assim, ingressar na posição depressiva..

Não se trata unicamente de *sentir* a dor, mas principalmente, como ensina Bion, da capacidade de *sofrer* a dor, tendo em vista que o paciente homossexual radicado na posição narcisista deve substituir a sua habitual atitude de *evadir* as verdades pela de *enfrentá-las.* Da mesma forma deverá fazer a reposição dos *papéis* dos pais (no caso da homossexualidade masculina, provavelmente nem a mãe era tão "santa" como inicialmente costuma estar inscrita na realidade psíquica do paciente homossexual e nem o pai era tão tirano, devendo os seus aspectos positivos ser resgatados).

Igualmente, a costumeira onipotência desses pacientes deverá ser substituída pela capacidade para pensar; a omnisciência deve ceder lugar ao "aprendizado com as experiências"; no lugar da prepotência o paciente deverá reconhecer que a mesma mascara uma *pré-potência*, ou seja, ele terá que fazer um doloroso contato com a sua parte frágil, desamparada e cheia de crateras emocionais. Somente a partir destas transformações é que o analisando homossexual poderá substituir a díade simbiótica com o seu "duplo" por uma triangularidade edípica em que há o reconhecimento e a valorização de um terceiro, e, a partir daí, fazer livremente a sua opção de escolha do objeto de sua sexualidade.

CAPÍTULO 24

Pacientes de Difícil Acesso

A definição de *"paciente de difícil acesso"* (PDA) é complexa, tanto conceitual como clinicamente, e, com o propósito de melhor precisá-la, vou tomar como pontos de referência conceitos de quatro estudiosos do assunto.

Pertence a *Betty Joseph* (1975) a expressão "PDA", com que se designa um tipo de analisando que usa maciçamente o recurso da dissociação, pelo qual a parte realmente "paciente" do paciente, ou seja, a criancinha frágil, dependente e cheia de angústias e necessidades fica esplitada no campo analítico e, por isso mesmo, torna-se de acesso muito difícil às interpretações do analista. A autora considera que essas partes dissociadas devem ser procuradas nos diferentes esconderijos, apontando os principais modos de ocultamento.

Joyce MacDougall (1972), por sua vez, denomina de *"casos difíceis"* aqueles que apresentam sérios obstáculos ao processo analítico. Isso ocorre em pacientes que são portadores de um tipo e grau de organização defensiva que resulta em uma caracterologia muito difícil de ser modificada, pelo fato de que esta lhes serve de proteção contra primitivas – e terríveis – ansiedades de aniquilamento do *self*. A tenaz resistência às mudanças estruturais, e daí o difícil acesso analítico, deve-se a que, antes de viver a vida, tais pacientes precisam é garantir o seu sobreviver psíquico.

O terceiro referencial para caracterizar PDA é baseado em *Etchgoyen* (1987), em relação a como ele diferencia os conceitos de acessibilidade analítica e o de analisabilidade. Para o autor, o critério de *analisabilidade* diz respeito unicamente à pessoa do paciente, especialmente quanto ao seu diagnóstico clínico e a uma previsão prognóstica, independente de quem será seu analista. *Acessibilidade*, por sua vez, é um critério de natureza vincular, isto é, leva em conta como será a relação analítica no campo transferencial-contratransferencial e resistencial/contra-resistencial de um determinado paciente com um determinado analista.

O quarto autor que embasa esse capítulo é *J. Steiner* (1981), com a sua conceituação de *"organização patológica"*, que será detalhada mais adiante.

Outra consideração necessária aqui, é o fato de que as influências recíprocas entre a teoria, a técnica e a prática da psicanálise têm promovido avanços, modificações, bem como o aporte de novos e diferentes vértices de compreensão e de abordagens do paciente. A partir dessa perspectiva histórico-evolutiva, concordamos todos com o fato de que os mesmos pacientes, hoje naturalmente acessíveis ao método analítico, seriam considerados de difícil acesso ou não-analisáveis pelos analistas pioneiros.

Nessa linha de reflexão, pode-se dizer que, hoje, muitos pacientes rotulados como de difícil acesso por um determinado analista, possam não sê-lo para outro, e vice-versa; da mesma forma como muitos outros analisandos que parecem ser de fácil acesso, na verdade, podem estar conluiados com seu analista em uma análise inócua. Em razão disso, talvez o melhor critério seja não o de prejulgar o paciente, mas, sim, o de experimentar tratá-lo – dentro de requisitos mínimos, é óbvio – levando em conta que a acessibilidade só poderá ser estabelecida com a própria marcha da análise e a definição de quem será o seu analista.

Aqui, apesar de levar em conta a possibilidade de que o difícil acesso possa aparecer em todos os níveis da estruturação da personalidade, vou me deter particularmente nos analisandos mais regressivos, com fixações patológicas pré-genitais, de prevalência simbiótico-narcisista. Na clínica, trata-se de pacientes com organização *borderline* da personalidade; os de organização perversa; os de personalidade exageradamente narcisista; os de sérias dificuldades na representação de si mesmos; os de conduta anti-social; os drogadictos; os psicossomatizantes, os deprimidos crônicos; os pacientes definidos por MacDougall como os *"antianalisandos"*; e aqueles pacientes portadores de uma *"organização patológica"* que sabota o crescimento mental do sujeito.

Sabemos que esses quadros clínicos se superpõem, mas, respeitando os diferentes graus de regressão ou detenção evolutiva, bem com as peculiaridades típicas de cada um, creio ser possível traçar um perfil clínico do PDA, como o que segue.

CARACTERÍSTICAS CLÍNICAS DO PDA

1. A história genética mostra que houve sempre um precoce fracasso ambiental em relação às necessidades de apego da criança, quer pela privação materna, quer por uma realimentação patológica da mesma. Em outras palavras, ou foram mães indiferentes, ou foram mães intrusivas, de uma possessividade narcisista, com o que usaram seus filhos com fins exibicionistas, contribuindo para que a figura do pai ficasse sendo denegrida e em um papel de terceiro excluído.
2. Decorre daí um prejuízo na constância objetal, na construção da confiança básica e na passagem da indiferenciação para a separação e a individuação.
3. Tais pacientes mostram uma particular dificuldade para depender – com o fim de evitar novas humilhações – e para as separações, pois estas estão sempre ligadas a uma ansiedade do tipo do aniquilamento e ao risco de cair em uma depressão anaclítica.
4. O limiar de tolerância às frustrações é baixíssimo e esse tipo de paciente apresenta uma notável facilidade para sentir-se decepcionado. Ao sentimento de decepção segue-se o de indignação com planos de vingança, e após isso vem o sentimento de desânimo e de vazio, às vezes um vazio de morte.
5. Há um excessivo uso dos mecanismos de dissociação e de identificação projetiva. O controle onipotente é um pré-requisito básico.
6. Como resultado disso, os seus inter-relacionamentos são baseados na designação de papéis predeterminados, para si e para os outros.
7. Há uma alta prevalência pela formação de vínculos de natureza sadomasoquista.
8. Há sempre uma forte presença de elementos narcisistas da personalidade, portanto um exagerado amor a si próprio e, ao mesmo tempo, um exagerado ódio a si próprio. Daí resulta que esse paciente costuma sentir-se ora como um rei Midas (aquele que transforma em ouro tudo o que ele tocava), ora como um rei Midas ao contrário.
9. A prematura incapacidade para tolerar frustrações gera uma hipertrofia da onipotência, a qual, por sua vez, impede o sadio desenvolvimento das capacidades de simbolizar, de pensar, abstrair e a do juízo crítico.
10. A auto-estima é regulada pelo uso de uma lógica do tipo binário, excludente, na base da preferência ou desprezo.
11. Há uma precária capacidade para tolerar as verdades, especialmente acerca de si mesmo, pois a verdade lhes é uma permanente fonte de dor e, por isso mesmo, eles mostram uma nítida preferência pelo mundo das ilusões.
12. Em qualquer nível evolutivo manifesto, por mais floridas que sejam as evidências genitais-edípicas, a fixação patológica predominante sempre é de natureza pré-genital. Narciso ocupa um espaço bem maior do que o de Édipo.
13. Há uma elevada tendência a *actings*, em que sobressaem os de natureza perversa.

ORGANIZAÇÃO PATOLÓGICA

A categoria dos "pacientes de difícil acesso", como vimos, não é claramente estruturada como uma entidade única, pelo contrário, ela comporta uma grande variedade de síndromes clínicas, que não necessariamente guardam uma proporção direta com o grau de regressividade, ou de gravidade. No entanto, virtualmente em todas essas situações clínicas, sempre está presente uma organização patológica que, agindo desde o próprio *self* do paciente, dificulta, ou até mesmo impossibilita, que ele estabeleça um contato com a sua "parte doente", assim podendo impedir que se processe alguma importante mudança psíquica na sua pessoa.

A denominação *organização patológica* pertence a J. Steiner (1981). No entanto, a essência dessa organização mafiosa agindo contra a parte frágil e dependente, porém sadia, do paciente, já havia sido descrita por Rosenfeld (1971) com o nome de *gangue narcisista*. Mais recentemente, Bollas (1997) descreveu essa subestrutura sabotadora com a denominação de *organização (estado) fachista* e eu mesmo me aprofundei no estudo de uma faceta dessa organização, a qual denominei *contra-ego*, porquanto trata-se de uma força auto-inimiga que, desde o interior do ego, age contra o próprio ego do sujeito, qual um "inimigo na trincheira", por meio de chantagens, ameaças, sedução, engodos, boicotes e conluios perversos.

De forma genérica, os seguintes aspectos merecem ser destacados como presentes nessa organização patológica, que determinam um difícil acesso à análise:

- Em termos evolutivos, essa "organização patológica" (OP) tem profundas raízes narcisistas, e ela costuma manifestar-se, sediada entre a *posição esquizoparanóide* (da qual procura fugir para evitar as ansiedades persecutórias dos objetos que, quando desafiados, tornam-se tirânicos e cruéis, ameaçando o ego de uma ruptura psicótica) e a *posição depressiva* (da qual também procura fugir, como forma de evitar a depressão e o luto). É como se levasse o sujeito a "navegar em águas neutras", graças a uma forte ambigüidade, pela qual acende concomitantemente "uma vela a Deus e outra ao Diabo".
- A OP, para manter a sua coesão, pode recorrer a outras estruturas defensivas (e confundir o diagnóstico do terapeuta) como, por exemplo, uma estrutura de natureza obsessiva controladora, de sedução histérica, triunfo maníaco, submissão masoquista, querelas paranóides, etc.
- Clinicamente, os sintomas e sinais mais comuns consistem numa sensação de vazio, despersonalização, confusão, falsidade, frágil auto-estima e uma tendência à fetichização, ou seja, tendem a utilizar um discurso arrogante e radical, ou alguma ideologia, algum atributo, narcisista, de beleza, poder, fortuna ou prestígio, etc.
- Igualmente, utilizam bastante o recurso da idealização, não como um meio transitório para encontrar novas soluções, mas sim, à moda de uma "idealização romantica", para restaurar as falhas do passado perdido. Ao mesmo tempo, eles costumam lamuriar e fazer queixas de pobreza e "des-graça" que resultam de um contraste com os desejos nunca alcançados, de luxo e luxúria, que esse paciente acredita convictamente que lhe foram prometidos, porém lhe sonegados e roubados.
- Como conseqüência, a OP freqüentemente vem acompanhada de muitos *actings*, muitas vezes de natureza *perversa*, assim reproduzindo na vida exterior o modelo próprio de como essa organização age no interior do *self*, por meio de conluios perversos entre as distintas instâncias psíquicas. Assim, é possível que elementos perversos do sujeito, mercê de um jogo de sedução e promessas, pode associar ao *self* libidinal, que acaba funcionando como um "inocente útil", colaborando com a perversão (no mínimo, nas OP há a presença de fantasias perversas, principalmente de tipo sadomasoquista).
- Em resumo, na OP sempre existe, de alguma forma, a presença da "parte psicótica da personalidade", com características específicas, tal como foram descritas por Bion, e constam de muitos capítulos deste livro, principalmente o aspecto ligado à evitação das verdades (-K), não sob a forma absoluta de "forclusão" (como nas psicoses), mas, sim, como "renegação" (a forma de negação mais típica das perversões).

MANEJO TÉCNICO

Em relação *ao processo analítico*, na situação clínica, os seguintes pontos devem ser destacados:

1. Relativamente ao *setting*, é imperativo levar em conta que os pacientes muito regressivos exercem pressão de toda ordem, no sentido de desvirtuá-lo. Assim, eles podem usar de todas as táticas conscientes e inconscientes concebíveis, tais como coerção, ameaças, sedução, chantagem, alegação de desamparo e pranto, promessas imperativas, etc., todas elas convergindo para uma tentativa de induzir o analista a cometer uma transgressão técnica. É, pois, de especial importância que o analista, sem excessiva rigidez, mantenha a neutralidade e, a todo o custo, preserve o *setting*. É parte essencial do enquadre o desenvolvimento de uma "aliança terapêutica", sem a qual a análise não se processará. Também é importante levar em conta se o paciente não

está utilizando o *setting* para fins de secretos gozos pré-genitais de ordem perversa, ou se, da mesma forma, ele está usando a sua linguagem como uma forma de comunicação, ou o contrário disso. É muito comum que esse paciente tente fazer uma inversão dos papéis da relação analista-paciente, e isso é uma categórica representação da identificação projetiva e do controle onipotente. Por outro lado, essa inversão de papéis deve ser bem diferenciada de quando está a serviço do triunfo narcisista, ou de quando se trata de uma primitiva forma de comunicação.

2. Esse paciente transmite uma impressão paradoxal no analista: ele é sério, está bem-intencionado, tem uma capacidade simbólica, não nega totalmente a realidade e comumente ele é bem-dotado de capacidades egóicas. No entanto, decorrido algum tempo, o analista percebe que ele sonega, distorce e mal-interpreta a realidade, seguidamente usando a *"reversão da perspectiva"* (Bion) diante das interpretações do analista.

3. Existe um sério risco de o paciente libidinizar (até erotizar) a OP, e manter-se adicto a essa, mesmo que objetivamente não mais necessite dela, sendo que os aspectos que podem ser idealizados e libidinizados podem ser aqueles ligados à agresssão e ao masoquismo.

4. Há uma clara incapacidade desse paciente em reconhecer a sua responsabilidade, e seu papel, sua participação ativa, na criação de *seus* problemas.

5. A persistência desse tipo de resistência pode criar um problema insolúvel para a análise, porquanto para que o paciente consiga se libertar dessa gangue mafiosa que boicota o seu crescimento, ele deve ser capaz de enfrentar o luto pela separação, renunciar ao controle onipotente, de forma a dar liberdade ao outro, ser diferente dele e não ter a sua posse.

6. Quando qualquer análise não avança, o analista deve pensar na presença ativa de uma OP naquela fase do tratamento, sendo freqüente que a análise assuma um caráter "pendular", oscilando entre fases animadoras e outras francamente desanimadoras.

7. Na transferência, é bastante freqüente que esse paciente tente estabelecer alguma forma de conluio perverso com o terapeuta, nos mesmos moldes das relações perversas que existem entre as distintas partes do seu *self*, o libidinal e o agressivo.

8. A contratransferência, em certos períodos, é muito difícil, fazendo-se necessário que o analista mantenha-se alerta para não ficar identificado de forma "complementar" com certos aspectos perversos do paciente, de forma a evitar reforçá-los e de contrair algum tipo de conluio resistencial silencioso, principalmente levando em conta que, em um nível inconsciente, a OP faz com que paciente utilize a análise para um outro fim que não o de uma substancial mudança psíquica.

9. A função *"continente"* do analista alivia bastante, mas não é a solução, enquanto o paciente não internalizar suficientemente essa função para que então ele possa conter as suas próprias angústias e poder pensá-las, no lugar de negar ou de atuá-las; em caso contrário essa "continência" do analista, pela desqualificação promovida pela OP pode ser confundida com fraqueza do terapeuta e, assim, somente servirá para reforçar as fantasias de posse onipotente desse paciente.

10. Na vigência da OP os pacientes têm dificuldade em reconhecer as interpretações que estabelecem um "porquê" e um "para quê" de natureza correlacional.

11. Em relação à elaboração dos *insights*, que permitam um aprendizado, é útil o analista poder discriminar a diferença entre *apender (*no sentido de tomar posse e aprisionar, próprio da parte psicótica da OP) e *aprender* (é da parte não psicótica, e implica um aprendizado com as experiências emocionais, o que permite fazer modificações psíquicas).

12. Há uma clara propensão às somatizações.

13. As identificações conflitadas, mais o prejuízo na representação do *self* e dos objetos, resultam em um evidente transtorno do

sentimento de identidade, com uma permanente sensação de falsidade.
14. Há um evidente predomínio de ansiedades paranóides, manifestas ou subjacentes. Ao mesmo tempo, este tipo de paciente tem uma profunda descrença em suas capacidades reparatórias, do que resulta que ele costuma negar seus sentimentos de preocupação, de responsabilidade, de culpa e de amor.
15. É comum que o curso da análise com tais pacientes seja pontilhado de impasses e, não é raro, a ocorrência da temível reação terapêutica negativa.
16. Em termos da relação analítica, que discriminarei a seguir, é de especial importância registrar o fato de que há uma alta possibilidade de que o PDA esteja estabelecendo uma falsa cooperação com o seu analista.
17. A partir de diferentes épocas, autores e correntes analíticas, os estudos sobre tais pacientes se complementam, se interpenetram e, por vezes, redundam com outros nomes e abordagens. Serve como exemplo disso o último tópico acima listado. Assim, um mesmo tipo de pacientes que estabeleçam uma falsa colaboração com o seu analista, nos termos descritos por Abraham em 1919, foram reestudados a partir de outros vértices, com a denominação de pacientes "*como se*" por H. Deutch (1957); de "*falso self*", por Winnicott (1960), de "*pseudomadurez*" ou "*caráter ocultador*", por Meltzer (1967); de *gangue* narcisista (como um "*self* onipotente mau que ataca e não deixa aparecer o seu próprio *self* libidinoso"), segundo a descrição de Rosenfeld (1975); B. Joseph denominou-os como "*pseudocooperadores*" (1975); O. Kernberg (1981) adjetivou de "*desonestidade*", a qual, quando é profunda e crônica, determina um difícil acesso, pois prevalece uma organização defensiva perante a vida, do tipo "não tenho mais o que perder"; etc.

Como vemos, existe um polimorfismo de manifestações clínicas e, por conseguinte, também comporta múltiplos manejos técnicos e, por isso, talvez uma vinheta clínica possa esclarecer melhor o tipo de vínculo que comumente se estabelece entre o analista e o "paciente de difícil acesso".

ILUSTRAÇÃO CLÍNICA

Como ilustração, vou exemplificar com uma paciente em torno de 30 anos, instrução superior, casada e com uma filha menor. A motivação manifesta pela qual ela me procurou para análise era a de que o seu casamento não ia bem. Laura, como a chamarei, disse-me que ela se esforçava ao máximo, fazia o possível para agradar o marido e ser uma boa mãe, mas não era o suficiente, pois todos só sabiam criticá-la e apontar-lhe erros. Já não sabia mais o que fazer, estava em desespero, chorava o tempo todo e a sua vontade era a de "largar tudo". Com os seus familiares mais íntimos, Laura alternava movimentos de submissão e de revolta, mas, segundo ela, quanto mais gritava, mais piorava sua situação em todos os lugares. Viera de um tratamento interrompido por "um desentendimento com a analista por causa de um assunto de dinheiro" (pagar ou não pagar pelas sessões a que ela não pôde vir devido a uma intercorrência cirúrgica).

Desde muito cedo, na análise comigo, a paciente desenvolveu uma forte relação transferencial, baseada em oscilações afetivas, súbitas e intensas. No curso das sessões, Laura passava de forma repentina da idealização ao denegrimento; do riso ao choro; da prolixidade ao mutismo; do elogio ao ataque verbal; de uma voz amistosa para gritos coléricos; da fluência das associações para as súplicas, daí para as queixas e dessas para as ameaças de "terminar com tudo", de abandonar a análise comigo, e procurar um outro analista que "fosse mais sensível e afetivo do que eu".

Quase tudo que ela me relatava era seguido da expressão: "não adianta, sei que não estás entendendo nada", e a isso seguia um silêncio e uma postura corporal de desânimo. Mais de uma vez levantou-se no meio da sessão e, raivosa, ia embora sem se despedir. Em alguns momentos ela me pedia um prolongamento do tempo da sessão, ou uma prescrição medicamentosa, ou sessões extras. Na medida em que se sentia frustrada na maioria desses pedidos, Laura intensificou as queixas e ameaças. Por volta do quarto mês de análise, em uma última sessão da semana, cumprindo suas ameaças prévias, deu o tratamento por encerrado. Aceitei prontamente a sua decisão e combinamos a liberação de seu horário, enquanto eu me percebi, intimamente, aliviado. Mas, na noite desse mesmo dia, ela me telefonou e, com voz sumida e aos prantos, me suplicava para que eu desse um jeito de vê-la no dia seguinte, um sábado. Pareceu-me um desespero sincero e atendi seu pedido, sendo que, nessa ocasião, ela me pediu uma nova chance de prosseguir seu tratamento. Este continuou, inicialmente, nos mesmos moldes, mas, aos poucos, à medida que ela foi estabilizando seu vínculo comigo, começou a apresentar *actings* eróticos em uma escalada crescente, em níveis quase degradantes, o que me manteve muito preocupado, pelo grau de sérios riscos a que ela estava se expondo. Voltei a me perguntar se era uma paciente analisável ou pelo menos se era acessível à minha capacidade analítica.

A partir desse claro desconforto contratransferencial, passei a refletir mais profundamente sobre o que estaria acontecendo conosco. Revisei a minha impressão diagnóstica inicial, que era o de uma personalidade histérica mais centrada em conflitos edípicos, e concluí que essa caracteropatia era apenas uma camada de funcionamento encobridora de uma estrutura psíquica muito regressiva, no nível de uma primitiva, e falha, ligação com a mãe.

Também me ficou claro que a análise não teria condições de prosseguir nas minhas condições contratransferenciais e eu teria de optar por uma dessas três alternativas: propor a interrupção da análise comigo; introduzir parâmetros de um sentido mais psicoterápico, limitador e diretivo, ou a de mergulhar junto com a paciente nas águas fundas de seu poço, inconscientemente sentido por ela como escuro e lamacento. Pesei o fato de que, apesar de tudo, Laura era assídua, pontual, estava aferrada à análise e, sobretudo, estava sendo honesta na dramatização de sua grave regressão. Refleti no fato de que durante meses ela fizera suas sessões sentada, e só decidira passar ao divã quando se assegurou de que não estava se submetendo a algum mandamento ou desejo de minha parte. A paciente deveria estar necessitando de, mais do que um analista fazendo interpretações corretas, que eu também preenchesse uma função que a mãe, especialmente, não conseguiu preencher, ou seja, a função de ser continente de suas necessidades, desejos e angústias, e que eu sobrevivesse aos seus ataques sem fugir ou me confundir com ela. Também percebi que sua freqüente exclamação de que eu não a estivesse entendendo não se devia tanto a um ataque contra mim, mas, antes, era um pedido de socorro e uma forma primitiva de me comunicar que a mãe, fora e dentro dela, desde sempre, fora surda aos seus sinais de desespero. Assim, sua conduta das sessões, de desprezo ao analista, e seus *actings* de natureza maligna, estavam se constituindo em uma forma de linguagem não-verbal, pelo recurso de fazer com que eu me sentisse preocupado, desprezado, humilhado e impotente, ou seja, tudo o que ela vinha sentindo a vida toda. Laura me tratava da mesma forma como se sentia tratada pelo seu antigo e atual meio ambiental; e ela fazia isso em parte por vingança, e em parte muito maior, com um desesperado apelo por ser entendida e contida.

Da mesma forma, pude compreender que Laura passava a maior parte de sua vida tentando se livrar da menina malvada e perversa que encobria através de uma conduta de ser boazinha e merecedora de amor. Na análise, ela estava tentando ser amada pelo que realmente era e experimentava escapar da escravidão de passar toda sua vida aparentando ser o que ela não era de verdade. Na escalada dos *actings*, forçou uma separação do marido, em uma atitude estranha e incompreensível para todos os seus familiares e amigos. Entendi que esse *acting*, antes de uma expiação masoquista, estava servindo como uma inelutável necessidade de romper com uma estrutura simbiótica e começar a experimentar o uso de suas capacidades – especialmente a de estar só – e, a partir daí, refazer o vínculo conjugal em outras bases, o que de fato ocorreu alguns meses após. Gradativamente, Laura foi parando de atuar fora e foi modificando sua atitude dentro das sessões, no sentido de tolerar menos dramaticamente as frustrações, de ligar-se às minhas interpretações e responder com associações, inclusive as evocativas de suas primitivas vivências. Aos poucos, o processo analítico começou a se desenvolver em um ritmo regular, próprio dos pacientes de organização neurótica, porém entremeados por alguns episódios de "*psicose de transferência*" (conforme Rosenfeld, 1989), os quais, significativamente, surgiam em períodos coincidentes com algum expressivo êxito seu.

Durante esses episódios, que duravam de dias a semanas, Laura me atacava, ameaçava e me culpava, baseada em argumentos que nada tinham a ver com a realidade factual, mas, sim, com a sua realidade psíquica invadida por objetos superegóicos tirânicos, que compunham uma "organização patológica", a qual, funcionando de uma forma "*contra-egóica*", impediam o crescimento da sua análise e, portanto, o seu crescimento pessoal.

O presente relato não teve a pretensão de estudar a genética e a psicodinâmica de um caso clínico, mas tão somente a de ilustrar a relatividade do critério de analisabilidade. Estou convicto de que, há alguns anos, em que era menor a minha experiência, eu teria rotulado o caso de impossível acesso à abordagem analítica, pelo menos para mim, o que, aliás, é o que me teria ocorrido, não fora a tenacidade e coragem de Laura.

PARTE 4

Técnica

CAPÍTULO 25

Entrevista Inicial: Indicações e Contra-Indicações – O Contrato

Antes de assumir a responsabilidade formal de tomar uma pessoa para um tratamento psicanalítico – portanto, fica previamente sabido que este deverá ser de duração de muitos anos e de uma trajetória que inevitavelmente passará por períodos difíceis, de muitos imprevistos, incertezas e sofrimentos –, o psicanalista deverá ter uma idéia razoavelmente clara das condições psíquicas e pragmáticas que tanto ele como o pretendente à análise possuem antes de enfrentar uma empreitada de tamanha envergadura.

Caso contrário, isto é, se não houver um mínimo necessário de medidas cautelatórias preliminares, paralelamente aumentará o risco de que, mais cedo ou mais tarde, surja um fracasso do processo psicanalítico, o que representa uma séria frustração não só para o analista, mas, principalmente, para o paciente, com todas as conseqüências imagináveis.

O objetivo do presente capítulo consiste justamente em enaltecer a importância da, assim chamada, *"entrevista inicial"*, considerando separadamente a sua conceituação, finalidade, projeto terapêutico e o procedimento do analista. Pelo fato de estarem intimamente conectados com esses mencionados aspectos, também serão enfocadas as *indicações e contra-indicações* para um tratamento psicanalítico de escolha, bem como as condições e peculiaridades que cercam a feitura do *"contrato analítico"* entre o paciente e o psicanalista.

CONCEITUAÇÃO

A expressão *entrevista inicial,* embora apareça na forma singular, não deve significar que se refira, sempre, a uma única entrevista prévia à efetivação do contrato analítico, ainda que muitas vezes possa ser assim; porém, em muitas outras situações, essa necessária avaliação pode demandar um período algo mais longo com um número bem maior de contatos preliminares. Por essas razões, penso que a denominação mais adequada seria a de "entrevista*s* de avaliação" ou "entrevistas preliminare*s*"; no entanto, a terminologia de "entrevista inicial" já está consagrada na literatura psicanalítica e por isso será a empregada no presente texto.

Inicialmente, é útil estabelecer uma diferença conceitual entre *entrevista inicial* e *primeira sessão*. A(s) entrevista(s) inicial(ais) antecede(m) o "contrato", enquanto o termo "primeira sessão" já alude ao fato de que a análise já começou *formalmente*. Esta última palavra aparece grifada com o intuito de deixar claro que o vínculo analítico principia já nas primeiras aproximações – em um estado de "pré-transferência" – que, inclusive, já principia desde o telefonema do pretendente à análise para um primeiro contato, independentemente da efetivação, ou ainda não, das indispensáveis combinações contratuais.

É claro que a duração da entrevista inicial depende das circunstâncias que cercam o encaminhamento do paciente, de modo que é muito diferente se ele já tem uma idéia razoavelmente clara do que consiste uma análise, com a probabilidade de que tenha sido avaliado por um colega reconhecidamente competente, e que este já tenha feito uma sondagem e troca de idéias com o analista para quem ele está encaminhando; ou se trata de um paciente que não foi avaliado por ninguém, unicamente quer livrar-se dos sintomas que o atormentam e não tem a menor idéia do que é enfrentar uma análise standard.

No entanto, em qualquer dos casos, é imprescindível esse contato prévio, até mesmo pela singela e, ao mesmo tempo, profunda razão de que tanto o analista quanto o paciente têm o pleno direito de decidirem se é com essa pessoa estranha que está à sua frente que cada um deles, reciprocamente, quer partilhar um longo, profundo e imprevisível convívio e contato íntimo. Isso está de acordo com a palavra "contato" que em nosso idioma se forma de *"con"* (significa "junto com") + *"tato"* (trata-se de um "pele a pele" emocional, que tanto pode evoluir para um rechaço quanto para uma empatia), ou seja, alude a como, mutuamente, cada um está "sentindo" o outro, não obstante a possibilidade, nada rara, de que o intuitivo contato inicial, quer no extremo de uma alta idealização ou de um certo denegrimento não se confirme no curso posterior da análise.

FINALIDADE DA ENTREVISTA INICIAL

Além de algumas das finalidades acima mencionadas, o propósito fundamental deste contato preliminar é de o psicanalista avaliar as condições mentais, emocionais, materiais e circunstanciais da vida do paciente que lhe buscou; ajuizar os prós e os contras, as vantagens e desvantagens, os prováveis riscos e benefícios; o grau e o tipo da psicopatologia, de modo a permitir alguma impressão diagnóstica e prognóstica e reconhecer os efeitos contratransferenciais que lhe estão sendo despertados. Assim, balanceando todos esses fatores, poder discriminar qual a modalidade de terapia psicológica será a mais indicada para este paciente e, mais ainda, no caso de que a indicação for o de uma análise, se ele realmente se sente em condições e se, de fato, *quer* ser o terapeuta deste paciente.

Um outro objetivo essencial da entrevista inicial é a possibilidade de o analista perceber a veracidade e a qualidade da *motivação do paciente*, tanto aquela que ele externaliza conscientemente quanto a que está oculta nas dobras do seu inconsciente. Em outras palavras, sem exigir um comprometimento absoluto do paciente para a árdua tarefa que o aguarda – até porque os seus, ainda desconhecidos, fatores inconscientes, alguns de possível natureza boicotadora, tornam impossível que ele assuma um compromisso definitivo – impõe-se, no entanto, a necessidade mínima de o terapeuta conferir se a sua *teoria de tratamento e de cura* coincide com a do paciente.

De fato, não é nada incomum a possibilidade de que o analista tenha em mente um projeto terapêutico verdadeiramente psicanalítico, isto é, voltado para a obtenção de verdadeiras mudanças estruturais de caracterologia, conduta e o desabrochar de capacidades, enquanto a expectativa do paciente não vai além de uma busca de alívio de sintomas, ou a de uma "cura mágica", ou ainda a de contrair um vínculo com o analista pelo qual este, qual um mero substituto de mãe simbiótica ou faltante, resolverá todos os seus problemas, sem que ele tenha de fazer o mínimo esforço e assim por diante. Não obstante a possibilidade de que a impressão transmitida pelo paciente, em relação à sua motivação para um tratamento analítico, possa parecer espúria, o analista nunca deve perder de vista a probabilidade de que possa tratar-se da única maneira que aquele encontrou para, cautelosamente, abrir as portas para uma análise.

Da mesma forma, a entrevista inicial também propicia a oportunidade de o psicanalista ter uma impressão razoavelmente segura de como o paciente processa a própria comunicação entre o seu consciente e o inconsciente, se ele reconhece que está realmente necessitando de uma análise e se está disposto a fazer mudanças em sua forma de viver, se a sua forma verbal de comunicar é veraz, ao mesmo tempo em que a comunicação não-verbal merece uma particular atenção do analista, além de outros tantos aspectos que serão abordados mais adiante. A propósito, o tipo de comunicação que se estabelece entre o par analítico pode ser altamente indicativo da personalidade do paciente, permitindo observar de que maneira, sem se dar conta, ele mobiliza nos outros efeitos iguais àqueles dos quais ele está se queixando e dos quais se diz vítima.

Por outro lado, o terapeuta deve ter uma idéia clara de seus próprios alcances e limitações. O instrumento de avaliação com que o analista conta, é o reconhecimento do estado de sua mente, isto é, como é a sua percepção dos fatos exteriores, principalmente quando estes não coincidirem com os seus valores e crenças; qual está sendo a sua resposta resistencial/contra-resistencial, a transferencial-contratransferencial; o pano de fundo de seus conhecimentos de teoria e técnica em relação ao paciente que está sendo avaliado; a sua intuição, empatia, e sobretudo deve levar em conta a sua própria angústia. Caso contrário, existe a possibilidade de que, em condições mais extremas, o analista se comporte na entrevista inicial por uma dessas duas formas inadequadas: um excesso de informalismo que, muitas vezes, está correspondendo a uma necessidade de seduzir ao paciente ou um excesso de rigidez e hermetismo que pode estar refletindo um distanciamento de natureza fóbica.

Também existe o risco de que o analista defina a sua avaliação por uma única impressão dominante: assim, por vezes, o paciente "apresenta-se" de uma forma inicial radicalmente diferente do que verdadeiramente ele é. Isso pode acontecer, tanto para o paciente impressionar bem ao terapeuta e ser por este aceito (bastante comum nos casos de *falso self* e de histerias), como também para impressionar mal ao psicanalista (por parte daqueles que são portadores de uma baixa auto-estima, com um forte temor de rejeição, e por isso precisam testar se eles serão aceitos, mesmo sendo portadores daquilo que eles julgam terem de feio e mau).

Resumidamente, a finalidade maior da entrevista inicial é avaliar a *analisabilidade* e a *acessibilidade* do pretendente à análise, sempre levando em conta que o perfil do paciente que na atualidade procura tratamento psicanalítico é profundamente diferente daquele que caracterizava os tempos dos psicanalistas pioneiros. Ao mesmo tempo, também o perfil do psicanalista contemporâneo sofreu profundas transformações em relação aos das gerações anteriores, acompanhando os passos das progressivas evoluções e novos conhecimentos da teoria, técnica e prática da psicanálise atual.

Etchegoyen (1986) diferencia os significados conceituais de *analisabilidade* e o de *acessibilidade*. Baseado no conceito de "analisibilidade", proposto por Zetzel (1956), ele considera o primeiro como sendo o critério clássico empregado para a indicação ou contra-indicação para uma análise-padrão, que leva em conta muito especialmente os aspectos de *diagnóstico clínico* (pacientes psicóticos ou aqueles portadores de uma estrutura altamente regressiva, eram virtualmente recusados, salvo nos casos de psicanalistas investigadores, como foram Rosenfeld, Segal, Bion, Meltzer, etc.), e os de *prognóstico*, em uma antecipação dos possíveis riscos e frustrações.

Acessibilidade, por sua vez, tal como conceitua B. Joseph (1975), não valoriza sobremaneira o grau de patologia manifesta; assim, cabe acrescentar, a impressão do analista deve ser mais o de um "diagnóstico psicanalítico" do que o de um diagnóstico unicamente clínico, muito embora este último também seja levado em consideração; tampouco considera-se a rigorosa previsão prognóstica como fator decisivo na indicação da análise como tratamento de escolha, porquanto a tendência predominante é a de deixar que a prognose seja avaliada durante o próprio curso da análise, o que, às vezes, revela grandes surpresas para o analista, tanto positivas quanto negativas.

Em suma, o critério de "acessibilidade" atenta principalmente para a disponibilidade e a capacidade de o paciente permitir um acesso ao seu inconsciente, estando o interesse maior do psicanalista mais dirigido não tanto à doença, mas muito mais para "sua "personalidade total", notadamente à reserva das suas latentes capacidades positivas.

Em relação à mudança do perfil das pessoas que na atualidade procuram análise, convém assinalar os aspectos seguintes: em termos sociológicos tem havido uma importante mudança na estrutura familiar, que, cada vez mais, vai se reduzindo à família nuclear, a qual vai se dipersando em um tempo mais breve; há um menor número de irmãos; mudaram fundamentalmente os papéis e as posições dos pais, muito particularmente o da mãe; no passado, as análises eram de duração muito mais curtas que as atuais; existe uma acentuada modificação no estilo e ideologia da educação; uma independização mais rápida dos filhos e uma libertação sexual mais precoce deles; uma influência maciça da mídia na formação dos valores humanos, tornando o mundo, cada vez mais, uma aldeia global; um nítido incremento da violência urbana, acompanhada por um permanente sobressalto quanto à insegurança, inclusive a da sobrevivência econômica e social; uma vida mais competitiva que exige maiores e mais constantes reasseguramentos narcisísticos, etc.

Enfocando mais diretamente a situação psicanalítica, pode-se assegurar que: mudaram a patologia, a estrutura da personalidade e os problemas existenciais das pessoas que procuram tratamento psicanalítico; quase não mais aparecem pacientes portadores de quadros definidos de sintomas psiconeuróticos, como costumavam ser as pacientes histéricas, os obsessivos e fóbicos "puros", que constituíam a clínica dos psicanalistas das primeiras gerações. Na atualidade, predominam os pacientes com neuroses mistas, não tanto os que vêm com sintomas floridos, mas, sim, com transtornos caraterológicos, mais particularmente os de natureza narcisística; aqueles que manifestam queixas vagas e difusas, com uma sensação de vazio, falsidade, futilidade e dificuldade para sentir os sentimentos, embora comumente, com uma super adaptação profissional; superficialidade nas relações afetivas e sociais; reações somáticas; baixa auto estima; indefinição do sentimento de identidade, sendo que nos últimos anos tem sido crescente a abertura das portas da psicanálise e, por conseguinte, a procura por parte de pessoas que apresentam um funcionamento psíquico muito regressivo, como é o caso de psicóticos, dos *borderline*, diversas formas de perversões, graves transtornos de alimentação, alguns quadros de psicopatias, pacientes somatizadores, drogadictos, graves neuroses incapacitantes e, enfim, um grande contingente daqueles que constituem o que vem sendo denominado de *pacientes de difícil acesso* (B. Joseph, 1975).

Uma outra finalidade da entrevista inicial, que muitos analistas valorizam, consiste na possibilidade de o terapeuta poder observar, e pôr à prova, como o paciente reage e contata com os assinalamentos, ou eventuais interpretação que lhe sejam feitas; como ele pensa e correlaciona os fatos psíquicos, se demonstra uma capacidade para simbolizar, abstrair, dar acesso ao seu inconsciente, e se revela condições para fazer *insight*. Da mesma forma, sou dos que acreditam que a entrevista inicial também funciona como uma espécie de *trailler* de um filme, que posteriormente será exibido na íntegra; isto é, ela permite observar, de forma extremamente condensada, o essencial da biografia emocional do paciente, e daquilo que vai se desenrolar no campo analítico.

O QUE AVALIAR?

A formação na mente do psicanalista de um *projeto terapêutico* a ser desenvolvido, provavelmente em um longo curso de muitos anos de análise, tem início na sua colheita de observações obtidas na entrevista inicial. Antes de uma pormenorização das particularidades dos aspectos do paciente que devem merecer uma especial atenção por parte do terapeuta, deve ficar claro que a enumeração dos mesmos, apresentas a seguir, não passa de um recurso didático e em nenhum momento deve sugerir que na prática eles devam ser colhidos de uma forma obrigatória, nem obsessivamente completa e muito menos ser dirigida por uma forma linear e seqüencial.

Pelo contrário, a entrevista inicial também tem a importante finalidade de marcar um "clima de trabalho", e por essa razão deve correr da forma mais livre e espontânea possível, embora ela se diferencie das sessões comuns do curso da análise, porque a sua natureza permite que o analista seja algo *mais diretivo*, enfocando mais objetivamente a alguns aspectos que necessitam serem avaliados para a definição do contrato e do projeto analítico.

Assim, de forma algo "flutuante" e automática, embora um tanto diretiva, o analista levará em conta:

– o tipo de *encaminhamento* que trouxe o paciente até ele, e como foi o contato inicial;
– a *aparência exterior*, incluída a forma de como o paciente está vestido (é uma importante forma de comunicação extra-verbal), como saúda, manifesta-se algum sintoma visível, como é a sua movimentação motora, o seu jeito de discursar...;
– a *realidade exterior*, isto é, as suas condições sócio-econômicas, o seu entorno familiar, a sua posição profissional, o seu projeto de vida próximo e futuro...;
– o *histórico familiar*, sendo que, muitas vezes, para pacientes com manifestações depressivas, é útil averiguar se há na família casos de internações, suicídios, alcoolismo, prescrição de uso de antidepressivos...;
– *o grau de motivação*, antes aludido, principalmente levando em conta se o paciente está disposto a enfrentar uma jornada que além de longa, é árdua, onerosa, difícil e sem uma garantia de resultados exitosos;
– *a escolha e estilo das suas relações objetais reais*, ou seja, se há uma compulsividade em repetir as mesmas *configurações vinculares* (por exemplo, as de natureza sadomasoquística, simbiótica, fascinação narcisística, etc.), e para tanto sempre escolhem pessoas de um mesmo perfil caracterológico para as suas inter-relações mais profundas;
– *a forma de como ele se comunica, verbal e não-verbalmente*.

Em relação ao *mundo interior* do paciente, tanto quanto possível, seria útil se o analista puder colher impressões sobre as seguintes instâncias estruturais:

• Id: quais são as pulsões predominantes, se as de vida ou as de morte, que se manifestam por meio do tipo de necessidades, desejos, demandas ou atos masoquistas, e que caracterizam tanto a sua sexualidade como a agressividade...
• *Ego*: conceitualmente essa estrutura psíquica compreende um conjunto de *funções* e de *representações*. É importante o terapeuta observar como são as capacidades egóicas que o paciente está demonstrando na entrevista inicial, isto é, como *funciona* a sua *percepção* (por exemplo, como é a sua *escuta* daquilo que ele está ouvindo do analista); a maneira dele *pensar, conceituar, ajuizar e discriminar*; como é a sua função de *conhecer (ou desconhecer)* as verdades; como são as suas emoções e quais são os afetos que mais o afetam; a sua maneira de *estabelecer correlações*, nexos associativos e aquisição de *insights;* como é o conteúdo e a forma de sua *linguagem e comunicação verbal* (não importa tanto o que o paciente "fala", mas, sim, o que ele "diz"); a maneira de como ele *age* (ou "atua") aquilo que planeja, etc.

Ainda em relação às funções do ego, é sobremaneira relevante que o psicanalista colha uma idéia razoável de quais são os inconscientes *mecanismos de defesa* que o paciente mobiliza para enfrentar as suas angústias e conflitos (por exemplo, as "identificações projetivas" estão sendo utilizadas pelo ego a serviço de uma saudável função de *empatia*, ou elas são de uma qualidade e intensidade que redundam em uma patologia?; as defesas estão estruturadas de molde a *prevalecer* uma *posição narcisista, esquizoparanóide ou depressiva?*) etc.

Quanto às *representações do ego,* o analista poderá observar como o candidato à análise, em avaliação, se *representa a si próprio*, a sua imagem psíquica, corporal e a sua auto estima; como estão estruturadas as suas *relações objetais internalizadas* e que também podem ser percebidas pelo esboço da *transferência* nascente; com *quem* e *como* são as *identificações* do paciente; daí resulta a importância de que se avalie como está estruturado o seu *sentimento de identidade*.

- *Superego*. É dispensável enfatizar a importância dos mandamentos superegóicos no psiquismo do paciente, tão evidentes e conhecidas são as suas manifestações sob a forma de culpas, auto-acusações, busca inconsciente por punições, desvalia e baixa auto estima, rigidez obsessiva, quadros melancólicos, etc., sendo que os sentimentos prevalentes são os de *culpa* e *medo*. Trata-se, portanto, de uma instância que pode atingir uma condição essencialmente punitiva, muitas vezes com características extremas de perseguição e crueldade; no entanto, em situações normais, exerce a função de um normativo e indispensável "ego auxiliar". Por outro lado, o superego aparece na literatura psicanalítica, freqüentemente confundida com "ego ideal" e "ideal do ego", sendo útil discriminar algumas diferenças entre elas, tal como estão descritas no capítulo.

Resumidamente, pode-se afirmar que a pessoa que estamos avaliando para um tratamento psicanalítico, como acontece com qualquer outra pessoa, é de um sujeito sujeitado a uma série de determinações que ele desconhece, porquanto operam desde o seu inconsciente, sob a forma de necessidades, desejos, capacidades latentes, mandamentos, proibições, expectativas, predições e falsas convicções. Não obstante, seja impossível avaliar com maior profundidade numa entrevista inicial tudo isso que foi enumerado – e não custa repetir que nem é o que, em termos absolutos, isso esteja sendo aqui preconizado – é necessário que, pelo menos, o analista tenha em mente aos aspectos acima referidos e procure aproximar-se deles o mais possível.

INDICAÇÕES E CONTRA-INDICAÇÕES

Além destes quadros de psicopatologia, algumas outras condições que até um certo tempo atrás contra-indicavam a escolha por um tratamento psicanalítico, hoje encontram uma outra resolução. Um bom exemplo, é o critério de *idade,* o qual deixou de ser excludente e é encarado com muito relativismo, tanto que, desde M. Klein, a psicanálise ficou extensiva às crianças e, além disso, de uns tempos para cá, ela também é praticada com pessoas de idade bastante mais avançada. Aliás, já Abraham (1919, *Psicanálise clínica*, capítulo 16) afirmava que "*a idade da neurose é mais importante do que a idade do paciente*").

Um outro exemplo pode ser a dúvida que existia quanto à adequação de iniciar a análise em pleno *período crítico* de um quadro clínico com sintomas agudos, situacionais, neuróticos ou psicóticos; hoje os psicanalistas não receiam enfrentar essas situações com todo o processamento psicanalítico habitual, até porque a maioria dos analistas está se inclinando, na atualidade, a não excluir a possibilidade do eventual emprego de alguns "parâmetros" (conceito de Eissler, 1934), como pode ser o de um possível uso simultâneo de quimioterápicos.

A propósito, também o diagnóstico clínico comporta um acentuado relativismo, tanto que, por exemplo, o diagnóstico de uma "reação esquizofrênica aguda" pode assustar em decorrência do nome alusivo à esquizofrenia e, no entanto, pode ser de excelente prognóstico psicanalítico, enquanto o que pode parecer ser uma "simples neurose fóbica", se for de organização crônica, pode resultar em um prognóstico desalentador.

Persistem como contra-indicações indiscutíveis para a análise como escolha prioritária, os casos de alguma forma de degenerescência mental, ou aqueles pacientes que não demonstram a condição mínima de abstração e simbolização, bem como também para aqueles que apresentam uma motivação esdrúxula, além de outras situações afins.

Não raramente os psicanalistas confrontam-se com situações nas quais a pesagem dos fatores favoráveis e desfavoráveis revelados pela entrevista inicial não foi suficiente para que se definissem convictamente se convém ou não assumir formalmente o compromisso da análise. Nestes casos, apesar de alguns imagináveis incovenientes, muitos psicanalistas advogam a combinação de uma espécie de "análise de prova" que consiste em prolongar a "entrevista inicial" por um período relativamente mais longo para que só então ambos do par analítico assumam uma posição definitiva quanto à efetivação formal da análise.

CABE INTERPRETAR NA ENTREVISTA INICIAL?

Um outro aspecto da entrevista inicial que costuma ser bastante controvertido entre os psicanalistas é o que diz respeito ao fato de se é cabível, ou não, que o terapeuta exerça uma função interpretativa no curso dessa(s) entrevista(s). É consensual que as clássicas interpretações alusivas à neurose de transferência devem ser evitadas ao máximo; no entanto, penso que aquelas que particularmente denomino de "interpretações compreensivas" não só são permissíveis, como também são necessárias para o estabelecimento de um necessário *rapport*, de uma "aliança terapêutica". Explico melhor: qualquer pessoa que está tencionando expor o seu mundo interno a um estranho, necessariamente está algo assustado e desconfiado, e nada é mais importante para ele do que saber que está sendo compreendido (a palavra *compreender* é composta de "com", que significa "junto de" e de "preender" que significa "agarrar firme", devendo ser diferençada de *entender* que designa uma função de natureza mais intelectiva). Assim, por exemplo, se o paciente, em uma entrevista inicial, está relatando queixas generalizadas de que está "cansado de ser explorado na sua boa fé e no seu dinheiro por pessoas que aparentavam ser suas amigas e que depois o traíram e decepcionaram", é certo que todos entenderíamos que ele está expressando, embora não conscientemente, um temor de que, mais cedo ou mais tarde, o mesmo venha a ocorrer com a pessoa do analista que também está aparentando ser uma pessoa amiga. Se o analista fizer a "interpretação compreensiva" deste temor inconsciente, ainda que o paciente possa discordar dela, sentir-se-á muito aliviado e disposto a fazer novas aproximações. É claro que se trata de uma ilustração por demais simples, no entanto uma miríade de situações similares poderiam ser exemplificadas.

Uma vez processada a avaliação e o psicanalista, após haver pesado todos os prós e contras, ter chegado à decisão de que a psicanálise é o tratamento de escolha e que ele *quer* ser o analista, ao mesmo tempo em que o paciente também manifesta que *quer* ser analisado por ele, ambos vão assumir a tarefa de definir as combinações básicas que servirão como os referenciais essenciais da longa caminhada que irão palmilhar, por meio daquilo que se convencionou denominar de "contrato analítico".

O CONTRATO

Também a palavra *contrato* pode ser decomposta em "con" + "trato", isto é, ela significa que, além do indispensável acordo manifesto de algumas combinações práticas básicas que referenciarão a longa jornada da análise, há também um acordo latente que alude a como analista e paciente "tratar-se-ão" reciprocamente. Por essa razão, não custa reiterar, a entrevista inicial que precede à formalização do compromisso contratual tem a finalidade não unicamente de avaliação, mas também a de uma mútua "apresentação" das características pessoais de cada um e a instalação de uma "atmosfera" de trabalho, tendo muito em vista a criação espontânea de uma "aliança terapêutica".

A propósito, é útil estabelecer uma distinção entre as conceituações de *aliança terapêutica, transferência positiva* e *match* que, embora assemelhadas, são muito diferentes entre si. Assim, *aliança terapêutica* é um conceito de Zetzel (1956) que designa o fato de que, independentemente se o paciente está em transferência positiva ou negativa, existe uma parte sua, ainda que oculta, que está bem ligada e cooperativa com a tarefa analítica. Dizendo de outro modo, um analisando pode estar em uma transferência chamada de "positiva" (é assíduo, pontual, sério, associa bem, demonstra uma afetuosidade, concorda com as interpretações...), sem estar em uma verdadeira aliança terapêutica (até mesmo porque a aparência de "positiva" pode não estar sendo mais do que uma fase de intensa idealização) e, em contrapartida, ele pode estar numa fase da assim chamada "transferência negativa" (contesta tudo, agride verbalmente, resiste com faltas, atrasos, ameaças e *actings*...), e estar em plena aliança terapêutica, que lhe assegura o direito de exibir o seu lado agressivo, e garante a continuidade do trabalho analítico.

Match, por sua vez – cuja melhor tradução para o nosso idioma parece ser o de "*Encontro*" –, é um interessante conceito que aparece em alguns trabalhos norte-americanos de pesquisa psicanalítica (Kantrowitz, 1986). Este conceito, que merece ser levado em conta na entrevista inicial, diz respeito ao fato de que, indo além dos fenômenos transferenciais-contratransferenciais, as características *reais* de cada um do par analítico, quer de afinidade, rejeição e, principalmente, da presença de possíveis "pontos cegos" no analista, segundo aquelas pesquisas que foram efetivadas num curso de longos anos de duração, podem determinar uma decisiva influência no curso de qualquer análise. Assim, segundo esses autores, um mesmo paciente analisado por dois psicanalistas, de uma mesma competência e seguidores de uma mesma corrente psicanalítica, pode evoluir muito mal com um deles e muito exitosamente com o outro, e vice-versa, sendo que também determinados níveis de sua estruturação psíquica pode evoluir muito bem com um analista (por exemplo, a sexualidade) e estagnar com este mesmo analista em um outro nível (por exemplo, a área narcisística), e o inverso ocorrer em uma análise com aquele outro psicanalista, assim por diante.

O "contrato" (*con-trato*), portanto, exige uma definição de papéis e funções, respectivamente por parte do psicanalista, do analisando e da vincularidade entre ambos, sendo útil considerá-los separadamente.

Assim, *o que se espera por parte do analisando*? Em primeiro lugar, enfatizando o que já foi dito, que ele esteja suficientemente bem motivado; no entanto, o analista deve estar atento à possibilidade de que um aparente descaso do paciente pode estar significando uma maneira que ele tem de se defender na vida diante de difíceis situações novas, e que essa atitude, manifesta como se fosse uma escassa motivação, pode estar representando a sua forma de abrir uma "porta de entrada" para uma análise de verdade. A recíproca disso também é verdadeira, ou seja, uma motivação aparentemente plena, pode estar encobrindo um antecipado rechaço para enfrentar momentos difíceis, de sorte que posteriores motivos fúteis poderão servir como racionalizações para abandonar a análise prematuramente.

Em segundo lugar, espera-se que o analisando reflita com seriedade sobre todos os itens das combinações que estão sendo propostas para o contrato analítico e que, desse contrato, ele participe ativamente e não de uma forma passiva e de mero submetimento. Não obstante o fato de que o paciente tem o direito de se apresentar com todo o seu lado psicótico, narcista, agressivo (a agressão física é tacitamente proibida), mentiroso, atuador, etc. – afinal, é por isso que ele está se submetendo a uma análise – faz parte do seu papel, mostrar, pelo menos, um mínimo de comprometimento em "ser verdadeiro" e que dedique a indispensável parcela de seriedade à árdua tarefa analítica.

O que se espera do psicanalista é que ele tenha bem claro para si os seguintes aspectos: 1) Qual é a natureza de sua motivação, predominante, para aceitar tratar analiticamente a uma certa pessoa (se é por um natural prazer profissional ou prevalece uma oportunidade para uma determinada pesquisa; uma necessidade de complementar os ganhos pecuniários; uma obrigatoriedade devido a uma certa pressão de pessoas amigas, ou, no caso de candidatos, unicamente pelo cumprimento da obrigação curricular do Instituto; ou é um pouco de cada um destes fatores...). 2) Ele deve ter definido para si qual é o seu projeto terapêutico, se o mesmo está mais voltado para a obtenção de "*benefícios terapêuticos*" ou de "*resultados analíticos*" (ver capítulo 38). 3) Diante de um paciente bastante regressivo, o analista deve ponderar se ele reúne as condições de conhecimento teórico-técnico, notadamente das primitivas fases do desenvolvimento emocional e se está preparado para enfrentar possíveis passagens por situações transferenciais de natureza psicótica. 4) Da mesma forma, ele deve avaliar se preenche aqueles atributos que Bion (1992) denomina de *condições necessárias mínimas* e que aludem à empatia, intuição, *rêverie*, função psicanalítica da personalidade, amor à verdade, etc. 5) Partindo da assertiva de que não deve haver uma maneira única, estereotipada e universal de psicanalisar, e que uma mesma técnica pode – e deve – comportar muitas e diferentes táticas de abordagem e estilos pessoais de interpretação, faz parte do papel do analista reconhecer se ele domina o eventual uso de "parâmetros" (convém lembrar que Eissler cunhou este termo para designar as intervenções do psicanalista que, embora transgridam a algumas regras analíticas, não alteram a essência do processo analítico). 6) O terapeuta deve estar em condições de reconhecer a natureza de suas contra-resistências, contratransferências e eventuais contra-*actings*. 7) Ele deve ter condições de envolver-se afetivamente com o seu analisando, sem "ficar envolvido"; ser firme sem ser rígido; ao mesmo tempo que flexível, sem ser fraco e manipulável. 8) Também entrou em voga, desde Bion (1970), a questão referente a se a análise deve desvincular-se de toda pretensão terapêutica, tal como essa é concebida e praticada no campo da medicina. Creio que existe um risco de o analista levar exageradamente ao pé da letra, a recomendação de Bion quanto à importante recomendação de que a mente do analista não fique *saturada* de desejos de cura (grifei a palavra "saturada" porque muitos mal-interpretam a recomendação de Bion e pensam que ele fez a apologia da abolição de qualquer tipo e grau de desejo). Nesse caso, o analista corre o risco de suprimir um natural desejo de que seu paciente melhore, e, no lugar disso, ele pode adotar uma atitude de um distanciamento afetivo.

Em relação ao *campo analítico vincular* a primeira observação que cabe é que a contemporânea psicanálise vincular, implica no fato que já vai longe a idéia de que cabia ao paciente unicamente a obrigação, de certa forma passiva, de trazer "material", enquanto ao analista caberia a função única de interpretar adequadamente aquele material clínico a fim de tornar consciente aquilo que estava reprimido no inconsciente. Pelo contrário, hoje tende a ser consensual que ambos, de forma igualmente ativa, interagem e se interinfluenciam permanentemente.

Assim, o que se deve esperar é que, no contrato analítico, haja uma suficiente clareza nas combinações feitas para evitar futuros mal-entendidos, por vezes de sérias conseqüências. Da mesma maneira, ambos devem zelar pela preservação das regras do contrato (embora faça parte do papel do paciente o direito de, eventualmente, tentar modificá-las) com as quais eles estão construindo um importantíssimo *espaço* novo, no qual antigas e novas experiências emocionais importantes serão reeditadas.

Um tópico que persiste polêmico e controvertido entre os psicanalistas, é quanto ao *conteúdo* das combinações a serem feitas no contrato, notadamente no que diz respeito às *regras técnicas* legadas por Freud, as quais continuam ainda plenamente vigentes em sua essência, embora bastante transformadas em alguns detalhes. Assim, especialmente por meio da "regra fundamental" (obrigação de o paciente assumir o compromisso de fazer continuamente uma "livre associação de idéias") e da "regra da abstinência" (além das abstinências que o analista deve se auto impor, essa regra também aludia a uma longa série de itens que especificavam aquilo que era permitido ou proibido para o paciente agir fora da situação analítica). Na atualidade, alguns psicanalistas ainda adotam o critério original que regia a combinação do "contrato e, assim, impõem de modo esmiuçado uma série de recomendações; enquanto a tendência da grande maioria é simplificar a formulação das combinações para o "mínimo indispensável", ficando no aguardo que as outras situações surjam ao natural no curso do tratamento, sendo que a análise de cada uma delas é que vai definindo as necessárias regras e diretrizes.

O critério de "mínimo indispensável", acima mencionado, alude às definições relativas a *horários, honorários* (incluir a possibilidade de reajustes periódicos, e esclarecer que o paciente está conquistando um espaço exclusivamente seu e que, por isso, será o responsável por ele) e o *plano de férias*. Essa orientação contrasta com a daqueles outros psicanalistas que argumentam que, quanto mais especificarem as diversas situações de sugimento bastante provável no curso da análise, mais condições terão de confrontar o futuro analisando com as transgressões daquilo que foi combinado. Assim, os analistas que adotam essa última posição combinarão detalhes, como por exemplo: o direito que eles se reservarão para responder ou não a perguntas do paciente; mudar ou não os dias ou horários das sessões; como fica o pagamento em caso de doenças ou necessárias viagens do paciente; qual será o dia para pagar, e se o fará no começo ou fim da sessão; se pode ser com cheque ou unicamente com dinheiro-moeda; incluir, ou não, uma cláusula de advertência quanto ao compromisso de sigilo; ou a obrigação de analisar algum ato importante antes de o paciente efetivá-lo, como uma forma de prevenir o risco de *actings*, e assim por diante, em uma longa série de detalhes impostos à medida que aparecerem (permissão ou proibição de fumar durante a sessão; aceitação de presentes; encontros sociais; forma de cumprimentar; silêncios, faltas ou atrasos excessivos...).

Um importante ponto do contrato que não encontra uniformidade entre os psicanalistas, inclusive dos que pertencem a uma mesma corrente psicanalítica, é o que diz respeito à combinação de que "a análise deverá ser feita no divã ". Muitos preferem incluir essa condição desde a formalização do contrato, enquanto muitos outros psicanalistas optam por não aludir de forma direta ao uso do divã, aguardando a oportunidade que, certamente, surgirá no transcurso das sessões, assim possibilitando uma análise mais aprofundada das possíveis dificuldades em deitar, ou permanecer sentado, e também para diminuir o risco de o paciente, desde o início, conduzir-se passivamente, cumprindo a mandamentos e expectativas dos outros, no caso o seu psicanalista.

A propósito da forma de o analista impor, propor ou deixar a critério do analisando o uso do divã, é oportuno frisar que a contemporânea psicanálise vincular evita ao máximo as *imposições*, salvo aquelas absolutamente necessárias, antes referidas, e prefere as *proposições*, ou seja, que o analisando participe ativamente das combinações. Dentre tantos outros exemplos possíveis, vou empregar o primeiro que me ocorre: muitos pacientes relutantes em aceitar ou não a análise – e isso é particularmente comum entre os fóbicos – podem induzir o analista a se posicionar, a afirmar que ele "deve" fazer análise, porque a sua vida está muito complicada em decorrências das limitações e incapacitações, etc. O inconveniente dessa atitude do analista é que ele já está propiciando uma dissociação do paciente, de forma que, a parte dele que quer analisar-se, fica depositada no seu terapeuta e, assim, a análise já começa com ambos aceitando, asumindo e reforçando a modalidade fóbica desse analisando funcionar de forma dissociada. Uma adequada atitude do analista no caso desse exemplo seria ele auxiliar o paciente a reconhecer os seus dois lados – um, sadio e progressista, e um outro, doente e regressivo – que estão em oposição dentro de si, e facilitar a que o seu lado sadio tome a decisão corajosa de enfrentar o seu temor excessivo e não se render à sua costumeira forma de evitação das situações novas.

As contigências de nosso meio político-econômico têm trazido um fator complicador na efetivação do contrato na cláusula que se refere à possibilidade de o analista ter um valor único, independentemente se ele fornece ou não um recibo que o paciente utilizará na sua declaração do imposto de renda; ou se ele tem dois valores diferentes, sendo que, não é nada incomum, a possibilidade de que o analista defina claramente que não costuma dar recibos. Igualmente, varia de um analista para outro, a conduta quanto a manutenção um mesmo valor para todos os seus analisandos, ou se ele se dá o direito de estabelecer valores diferentes de acordo com as circunstâncias pessoais de cada paciente em particular.

O importante, vale enfatizar, não é tanto o cumprimento fiel de cada uma das cláusulas combinadas, mas, sim, o estado de espírito com que as mesmas são aceitas por ambos, sem alterar um necessário clima de respeito mútuo, e assim começar a pavimentar o caminho para a *estruturação* de uma indispensável confiança básica. Sem ser necessário esclarecer explicitamente, deve ficar bastante claro para o psicanalista e para o analisando – neste caso às custas de muita frustração e sofrimento – o fato de que embora o vínculo analítico seja uma relação nivelada pelos aspectos humanos de respeito, consideração e partilha de um objetivo comum, na verdade, a inter-relação do par analítico obedece a três princípios básicos:

1) Ela *não é simétrica*: isto é, os lugares ocupados e os papéis a serem desempenhados são assimétricos e obedecem a uma natural hierarquia, sendo claro que, nessas circunstâncias próprias do processo analítico, o analista goza de muito mais privilégios.

2) Também *não é de similaridade*: ou seja, eles não são iguais, diferentemente do que imaginam muitos pacientes de forte organização narcisista. Assim, esse tipo de paciente gostaria que o analista fosse uma mera extensão dele, não conseguindo admitir que o terapeuta é uma pessoa autônoma, tem sua própria técnica e seu próprio estilo de pensar, trabalhar e viver.

3) A relação que o analisando reproduz com o analista *é isomórfica*: a etimologia dessa palavra: "*iso*" (quer dizer: análogo) + "*morfos*" (significa: forma), designa que existe uma "forma análoga" de repetir transferencialmente as mesmas necessidades, emoções e defesas que caracterizaram os primitivos vínculos com os pais, sendo que, quanto mais regressivo for o paciente, maior é a isomorfia de reviver com o analista o protótipo da relação mãe-bebê. No entanto, deve restar bem claro, para ambos do par analítico, que isomorfia não deve ser confundido com a idéia de que o analista será um *substituto* para uma mãe ou pai ausentes ou falhos, mas, sim, que ele desempenhará – transitoriamente – *as funções de maternagem* (ou outras equivalentes) que o paciente carece.

As combinações das regras que nortearão a análise constituem, de forma fundamental, a criação do *setting*, o qual deve ser preservado ao máximo e, pela importância que representa para a evolução da análise, merece ser abordado mais detidamente em capítulo à parte (o 27).

O que Mudou nas "Regras Técnicas" Legadas por Freud?

Por meio dos seus trabalhos sobre técnica psicanalítica, mais consistentemente estudados e publicados no período de 1912 a 1915, Freud deixou um importante e fundamental legado a todos os psicanalistas das gerações vindouras: as regras mínimas que devem reger a técnica de qualquer processo psicanalítico. Muito embora Freud as tenha formulado como "recomendações", elas são habitualmente conhecidas como "regras", talvez pelo tom pedagógico e algo superegóico com que ele as empregou nos seus textos.

Convém lembrar que, classicamente, são quatro essas regras: a *regra fundamental* (também conhecida como a regra da *livre associação de idéias*) a da *abstinência;* a da *neutralidade;* e a da *atenção flutuante.* Creio que é legítimo acrescentar uma quinta regra, a do *amor à verdade,* tal foi a ênfase que Freud emprestou à verdade e à honestidade como uma condição *sine-qua-non* para a prática da psicanálise.

Tais regras permanecem vigentes em sua essencialidade, porém elas vêm sofrendo muitas e significativas transformações, à medida que a própria ideologia da psicanálise também está passando por sucessivas e profundas modificações nesse seu primeiro século de existência, por intermédio de algumas rupturas epistemológicas. A propósito, pode-se dizer que, nesse período, a ciência psicanalítica tem transitado fundamentalmente por três fases bem marcantes, conquanto todas elas continuem válidas e entrelaçadas.

Assim, a primeira fase – que podemos chamar de *psicanálise pulsional* – é aquela que foi rigorosamente praticada pelos psicanalistas pioneiros e seguidores imediatos, pela qual todo enfoque do psicanalista era virtualmente centrado exclusivamente na pessoa do analisando, no embate entre as suas pulsões (desejos) e defesas. A segunda fase pode ser denominada *psicanálise objetal,* porquanto todo o interesse do psicanalista ficou predominantemente concentrado no mundo das relações objetais internalizadas do paciente, acompanhadas das respectivas fantasias inconscientes, ansiedades e defesas primitivas que estejam manifestas ou ocultas no seu psiquismo. Gradativamente, à medida que os autores foram desvendando o fenômeno contratransferencial, a partir de um melhor entendimento das contra-identificações projetivas, o pêndulo do enfoque do campo analítico foi incidindo para uma responsabilidade, cada vez maior, na pessoa do psicanalista, o que, parece-me, também se constitui em um exagero. O terceiro período, o atual, pode ser denominado *psicanálise vincular,* ou seja, o que importa não é tanto aquilo que se passa unicamente *no* analisando, ou *no* analista, mas, sim, nas diversas configurações vinculares que se estabeleçam no espaço de interação *entre* ambos.

Apesar de o esquema acima ser exageradamente simplista, portanto imperfeito e que não deve ser tomado ao pé da letra, ele permite deduzir que, igualmente, as aludidas regras técnicas sofreram transformações paralelas, as quais serão a seguir descritas separadamente.

REGRA FUNDAMENTAL

Embora a regra fundamental, com essa denominação, apareça clara e explicitamente formulada por Freud em 1913, em dois trabalhos contidos em *Novas recomendações...* (no texto "*A dinâmica da transferência*" aparece na p. 142 do vol. 12 da Standard Edition Brasileira e em *Sobre o início do tratamento,* na p. 177 do mesmo volume), ela já transparece bem delineada em 1904, no seu trabalho *Sobre a psicoterapia.*

Essa regra consistia fundamentalmente no compromisso assumido pelo analisando, em associar livremente as idéias que lhe surgissem espontaneamente na mente, e verbalizá-las ao analista, independentemente de suas inibições, ou do fato se ele as julgasse importantes ou não. O termo "fundamental" era apropriado pois seria impossível conceber uma análise sem que o paciente trouxesse um contínuo aporte de verbalizações que permitisse ao psicanalista proceder a um levantamento de natureza arqueológica das repressões acumuladas no inconsciente, de acordo com o paradigma vigente à época.

Como sabemos, nos primeiros tempos, na busca do *"ouro puro da psicanálise"* (1915, p. 211), contido na lembrança dos traumas psíquicos, Freud instruía seus pacientes no sentido de que contassem *"tudo o que lhes viesse à cabeça"*, sem omitir nada (1909, p. 164) e, para tanto, ele forçava a "livre associação de idéias" por meio de uma pressão manual de sua mão na fronte do analisando. Posteriormente ele deixou de pressionar fisicamente, porém continuava impondo essa regra através de uma condição obrigatória na combinação inicial do contrato analítico, bem como por um constante incentivo às associações de idéias, no curso das sessões.

Foi no trabalho *Dois artigos para enciclopédia* (1923) que Freud definiu com precisão as suas três recomendações fundamentais que, no início de qualquer análise, devem necessariamente constituir essa "regra da livre associação de idéias": 1) O paciente deve se colocar numa posição de uma *"atenta e desapaixonada auto-observação"*. 2) Comprometer-se com a mais absoluta honestidade. 3) Não reter qualquer idéia a ser comunicada, mesmo quando ele sente que *"ela é desagradável; quando julga que ela é ridícula; ou não tão importante; ou irrelevante para o que se procura"*.

A regra fundamental, nestes primeiros tempos, não se restringia unicamente à imperiosa obrigação de o analisando cumprir com a livre associação dos pensamentos e idéias; antes, ela se comportava como a caudatária de uma série de outras tantas "recomendações" menores que os analistas impunham desde a formalização do contrato analítico, como a de que o paciente usasse imediatamente o divã, se comprometesse com seis, ou no mínimo cinco sessões semanais, não assumisse nenhum compromisso importante sem antes analisá-la exaustivamente, o rígido emprego de definidas fórmulas quanto ao modo de pagamento e assim por diante.

Tudo isso – somado às demais regras que a seguir serão abordadas, eram formuladas longa e detalhadamente para o pretendente à análise, à espera de sua concordância e comprometimento – constituía o *"contrato"* do trabalho psicanalítico, que duraria alguns meses ou, no máximo, alguns poucos anos. A este respeito é oportuno assinalar que muitos autores atuais ainda mantêm um mesmo rigor na formulação inicial do contrato analítico, sob o respeitável argumento de que facilita o trabalho do psicanalista o fato de ter um referencial seguro para estabelecer confrontos com os desvios que, certamente, o analisando fará no curso da análise.

No entanto, outros psicanalistas, parece-me que a grande maioria na atualidade, preferem se limitar a deixar bem claramente combinados os aspectos referentes ao quinhão de responsabilidade do paciente quanto aos horários, honorários e férias, sendo que as demais questões (inclusive a do uso do divã; eventualidade de algum *actings*; uso simultâneo de medicamentos, etc.) serão examinados à medida que surgirem no curso do processo analítico, hoje de duração bem mais longa do que aquelas análises pioneiras.

Aliás, muita coisa mudou na atualidade, a começar pelo perfil do paciente que procura análise. Assim, raramente nos confrontamos com aqueles pacientes que apresentavam unicamente sintomas neuróticos "puros", como costumavam ser os histéricos, fóbicos, obsessivos...O atual contingente de pessoas dispostas a submeter-se a um longo processo psicanalítico é constituído pelos que são portadores de transtornos da auto estima, "falso *self*", sofrimento narcisista, além do fato de que os extraordinários avanços teórico-técnicos possibilitaram que a psicanálise se estenda para um nível bem mais pretensioso de obtenção de um crescimento mental caracterológico profundo e não só sintomático e adaptativo como era nas primeiras décadas. Além disso, a psicanálise hodierna cobre um espectro bem mais amplo, especialmente o de pacientes bastante regressivos, como os psicóticos, *borderlines*, somatizadores, perversos, drogadictos, etc.

Também houve significativas transformações nos fatores socioculturais e econômicos que, somados aos anteriores, também concorrem para outras mudanças, como a da duração do tempo das análises, tal como foi ilustrado por Jacobs (1996), de forma jocosa, ao pronunciar que *"antigamente os casamentos eram de longa duração e as análises eram breves, enquanto hoje as análises são longas e os casamentos breves"*...

No entanto, a principal transformação, diz respeito ao fato de que os notáveis e progressivos avanços teórico-práticos dos fenômenos pertinentes à área da *comunicação* vem possibilitando que o psicanalista compreenda muito mais acuradamente a "metacomunicação" que está contida nas diversas formas da linguagem não-verbal, como é o caso dos silêncios, das somatizações, da entonação vocal, da linguagem corporal e gestual, dos *actings* e, muito particularmente, a primitiva linguagem que o paciente emite na provocação de efeitos contratransferenciais na pessoa do analista.

Também devemos incluir o fato de que a comunicação verbal do paciente por sua "livre associação de idéias" pode estar sendo muito mais "livre" do que "associativa" de modo a ficar a serviço de "-K ", conforme Bion (1962) nos ensinou, isto é, ela inconscientemente pode visar a uma mera "evacuação" ou à mentira, ao engodo e às diversas formas de falsificação das verdades. Da mesma forma, a verbalização das idéias do paciente podem obedecer ao propósito prioritário de atacar as capacidades de seu analista, como a de percepção e a de estabelecimento de correlações entre os vínculos associativos, assim como o discurso do analisando também pode ter como meta provocar efeitos no analista que o levem à prática de contra-atuações e assim por diante.

Tudo isso permite afirmar que a "associação livre" – componente principal da "regra fundamental" – não é encarada na atualidade como a única e tão fundamental forma de o analisando permitir um acesso ao seu mundo inconsciente e, ao mesmo tempo, ela evoluiu da idéia de uma *imposição* do psicanalista para o de uma *permissão*, com a finalidade de que o analisando fique realmente *livre* para recriar um novo *espaço* onde ele possa revivenciar antigas experiências emocionais e onde possa pensar, sentir, muitas vezes atuar e, acima de tudo, para poder silenciar ou dizer tudo que lhe vier à mente, no seu ritmo e à sua moda.

Igualmente, na atualidade, a "associação livre" também é um requisito importante na pessoa do analista, ou seja, antes de formular a sua interpretação ele deve proceder a um trabalho de elaboração interna, a partir de uma forma livre de processar as suas próprias associações de idéias e sentimentos.

Regra da Abstinência

Essa "recomendação de abstinência", pelo menos de forma clara, foi formulada pela primeira vez por Freud, em *Observações sobre o amor de transferência* (1915, p. 214), em uma época em que as análises eram curtas, e na clínica dos psicanalistas predominavam as pacientes histéricas, que logo desenvolviam um estado de "paixão" e de atração erótica com o analista. A isso, acresce o fato de que, à medida que a psicanálise se expandia e ganhava em reconhecimento e repercussão, paralelamente também aumentavam as críticas contra aquilo que os detratores consideravam como sendo um uso abusivo e licencioso da sexualidade.

Preocupado com a imagem moral e ética da ciência que ele criara, além da científica, e com o possível despreparo dos médicos psicoterapeutas de então, quanto ao grande risco de envolvimento sexual com as suas pacientes envolvidas em um estado mental de *"amor de transferência"*, Freud viu-se na obrigação de definir claros limites de abstenção, tanto para a pessoa do analista como também para a do analisando. Na verdade, Freud começou a postular esta regra a partir dos seus trabalhos técnicos de 1912, quando se intensificaram as suas preocupações com a imagem e a responsabilidade da expansão da psicanálise, porquanto até então ele mantinha uma atitude de muita permissividade, como pode ser comprovado com a análise do *"homem dos ratos"*, em 1909, a quem Freud, em algumas ocasiões, no transcurso das sessões, servia chá, sanduíches ou arenques.

Tal como o nome "abstinência" sugere, essa regra alude à necessidade de o psicanalista abster-se de qualquer tipo de atividade que não seja a de interpretar, portanto ela inclui a proibição de qualquer tipo de gratificação externa, sexual ou social, ao mesmo tempo em que o terapeuta deveria preservar ao máximo o seu anonimato para o paciente. Dessa forma, em 1918, no trabalho *Linhas de progresso na terapia analítica* (p. 204), Freud reitera que *"na medida do possível, a cura analítica deve executar-se em estado de privação – de abstinência"*. Fica claro nesse texto que Freud também referia-se ao risco de que o analista atendesse às gratificações externas que o paciente busca, como um substituto dos conflitos internos.

Por essa última razão, Freud estendeu à pessoa do analisando a imposição de que ele se abstivesse de tomar qualquer iniciativa importante de sua vida, sem uma prévia análise minuciosa da mesma. Na sua formulação original (pode ser encontrada na p. 200 do vol. 12) Freud afirma textualmente que *"...protege-se melhor o paciente dos prejuízos ocasionados pela exeecução de um de seus impulsos fazendo-o* **prometer** *(o grifo é meu) não tomar quaisquer decisões importantes que lhe afetem a vida durante o tempo de tratamento, por exemplo, não escolher qualquer profissão ou objeto amoroso definitivo, mas adiar todos os planos desse tipo para depois do seu restabelecimento"*.

É claro que essa recomendação continua sendo muito importante, especialmente quanto ao fato, acrescento eu, de que a melhor forma de o analista *atender* o seu paciente é a de *entender* as suas necessidades, desejos e demandas, única forma de evitar o risco de que essas sejam substituídas por *actings*, por vezes de natureza maligna

Tamanha era a preocupação de Freud com a possibilidade de o analista ceder à tentação de um envolvimento sexual com as pacientes que ele utilizou a metáfora de um radiologista que deve proteger-se com uma capa de chumbo contra a incidência dos efeitos maléficos dos raios X. Sucessivas gerações de psicanalistas levaram essa recomendação ao pé da letra e, tal como a metáfora acima sugere, carregaram para o campo analítico essa pesada proteção plúmbea, de forma a manter-se o mais distante possível e de forma rígida, a qualquer aproximação mais informal, quer dentro, quer fora do consultório.

Acredito que essa obediência evitativa, levada ao extremo, contribuía para a instalação de um campo fóbico entre analista e analisando, muitas vezes servindo como um racionalização científica a serviço de uma, real, fobia por parte do psicanalista, ou seja, o medo de ele chegar mais perto de aspectos, temidos por ele, como sendo perigosos. Também não deve ser descartada a possibilidade de que, não poucas vezes, uma excessiva abstinência por parte do terapeuta pode estar a serviço de uma, inconsciente, retaliação, ou de um disfarçado sadismo seu, em relação ao paciente, enquanto ele pensa que está aplicando admiravelmente a preconizada regra da abstinência.

No entanto, na atualidade, muita coisa mudou na prática psicanalítica: o perfil emocional e situacional do paciente que procura análise é bem diferente daqueles dos primeiros tempos, as condições sociológicas e econômicas também são completamente diferentes, os conhecimentos teórico-técnico dos psicanalistas se ampliaram em extensão e profundidade, os objetivos a serem alcançados também sofreram profundas modificações, as análises são mais longas e, por conseguinte, temos mais tempo, mais liberdade e menos medo para interagirmos intimamente com os nossos analisandos.

Assim, sem nunca perder a necessária preservação do *setting* normatizador e delimitador, a maioria dos analistas atuais trabalha de uma forma algo mais descontraída, o clima da análise adquiriu um estilo mais coloquial, com uma menor evitação de aproximação (que, como já aludimos, adquiria uma natureza fóbica). Ademais, há um certo abrandamento do "superego analítico" (o qual é herdeiro das instituições que o formaram e modelaram como psicanalista), de modo a possibilitar que o analista possa sorrir, ou rir, durante a sessão, responder a algumas inócuas perguntas particulares, dar algum tipo de orientação, evidenciar algum tipo de emoção, não ter pavor de que apareça alguma fissura no seu anonimato, etc. Em outras palavras, aplicar rigidamente a regra da abstinência e do anonimato, nos termos em que foram originalmente recomendadas por Freud, nas análises mais longas de hoje, seria impossível e conduziria para um clima de muita falsidade, além de um incremento da submissão e da paranóia.

Pode-se dizer que, na psicanálise praticada nos dias de hoje, o eixo em torno do qual deve girar a abstinência por parte do analista não é tanto o que se refere ao *"amor de transferência"* – até porque as pacientes histéricas típicas da época de Freud não são as que prevalecem na clínica atual dos psicanalistas, e além disso, a psicanálise avançou muito na compreensão e manejos desses casos, embora, é claro, esse risco de envolvimento continua existindo e preocupando. O significado maior da necessidade atual do cumprimento da regra da abstinência por parte do psicanalista, inclina-se mais para os riscos que estão ligados à configuração narcisista deles próprios.

Vale destacar, pois, a alguns desses riscos, como é o caso de o analista gratificar os desejos manifestos pelo paciente – nos casos em que tais desejos visam compensar deficiências internas suas –, dessa forma impelindo o terapeuta a substituir um necessário *"entender"* por um infantilizador e narcisístico *"atender"*. Da mesma forma, deve ser levada em conta a possibilidade, nada rara, de o psicanalista impor a sua grandiosidade narcisística como uma forma de usar o analisando como um prolongamento dele, com o fim de conseguir uma realização pessoal, embora às custas de uma atrofia da autonomia e autenticidade do paciente. E assim por diante.

Deve ficar claro que, não obstante a "abstinência" aludir diretamente à suspensão do desejo do analista, isso não significa a morte do desejo, a desistência de desejar e, da mesma maneira, não significa que ele vá anular os desejos do analisando. Um bom exemplo para essa última situação é a que se refere à *curiosidade* do analisando, a qual, curiosamente, foi considerada pelos nossos maiores autores, de forma genérica, desde o ângulo da patogenia e não daquilo que a curiosidade também tem de saudável e estruturante.

Assim, Freud abordou a "curiosidade" desde a perspectiva da criança excluída da "cena primária"; M. Klein privilegiou o enfoque centrado no desejo da criancinha em invadir o interior do corpo da mãe para poder controlar e tomar posse dos tesouros que a sua curiosidade, tecida com as fantasias inconscientes, faz ela imaginar que a mãe os possui, sob a forma de pênis do pai, de fezes idealizadas e de bebês. Bion, por sua vez, acentuou os aspectos da curiosidade ligada à arrogância, tal como foi a de Édipo, a desafiar os deuses e querer chegar à verdade a qualquer custo, pelo que ele pagou o altíssimo preço que o mito nos relata.

O importante é que o psicanalista, mercê de uma abstinência firme e coerente, porém benevolente e não intrusiva, consiga discriminar quando uma manifesta curiosidade do paciente em relação ao analista está a serviço de uma patologia ou guarda um propósito sadio. No primeiro caso, é possível observar que ele não está interessado nas interpretações do analista que o levassem a fazer reflexões, mas, sim, que a sua curiosidade, tal como uma sonda meteorológica, procura penetrar na mente do terapeuta para descobrir o que este quer ou não quer, para assim manipulá-lo ou com fins de sedução e submetimento ou para triunfar sobre ele. No caso de uma curiosidade sadia, nada é mais desatroso que o analista respondeu com um silêncio gélido ou com uma forçada pseudo-interpretação a uma pergunta inócua do paciente e que, como hipótese, pode justamente estar expressando um enorme esforço para vencer uma inibição, um passo para ensaiar uma aproximação mais livre e afetiva e, sobretudo, como um exercício para reexperimentar uma curiosidade que, no passado, lhe foi proibida e significada como sendo daninha.

Uma faceta correlata ao aspecto exposto, é aquele que diz respeito aos *encontros sociais*, nos quais o psicanalista e o analisando partilharão um mesmo espaço fora do *setting* psicanalítico. Até certo tempo atrás, os psicanalistas, de modo geral, evitavam ao máximo um encontro dessa natureza, sendo que muitos, inclusive, incluíam no andamento do contrato analítico uma cláusula para que o paciente se abstivesse dessas aproximações. Isso era mais freqüente nas situações das análises "didáticas" e, funcionando como um modelo de identificação, os analistas costumavam adotar a mesma atitude com todos os seus outros pacientes comuns.

Os psicanalistas mais veteranos são testemunhas do quanto em muitas sociedades psicanalíticas (a bem da verdade, faço a ressalva que na minha época de candidato, na minha sociedade, não tivemos esse tipo de problema, além da abstinência e neutralidade minimamente necessária) a referida evitação, inclusive em eventos científicos, atingia um grau de fobia, em ambos do par analítico, extensivo aos respectivos familiares. A organização de algum encontro social exigia uma verdadeira ginástica por parte do anfitrião a fim de manter as devidas evitações. Na atualidade, continua sendo recomendável que se evite uma aproximação que represente ser demasiado íntima, porém os psicanalistas encaram estes encontros ocasionais com uma naturalidade muito maior, cônscios de que os pacientes não são "bichos", não tem por que temê-los (a recíproca é verdadeira). Ademais, o analista aprendeu a melhor utilizar uma "dissociação útil" entre circunstâncias distintas, e mesmo na hipótese de que o aludido encontro, promova uma turbulência ou esteja se prestando a um *acting*, é perfeitamente possível disso ser analisado, como qualquer outra realidade psíquica do vínculo analítico.

Igualmente, a situação relativa aos *presentes,* com que muitos pacientes brindam aos seus analistas, merece uma consideração, dada a freqüência com que ela acontece. É evidente que em muitas situações analíticas o presentear pode estar a serviço de alguma forma de *acting,* submissão ou defesa maníaca, no entanto, em inúmeras outras ocasiões, como no Natal, por exemplo, um presente de dimensões adequadas pode ser naturalmente aceito pelo analista, sem a obrigação de uma sistemática análise do porquê daquele presente. Assim, creio que é um equívoco técnico fazer uma rejeição pura e simples de qualquer forma de presente, sob a alegação do analista de que ele está obedecendo à regra da abstinência, até mesmo pela singela razão de que muitas vezes, para determinados analisandos, o ato de presentear pode estar representando um sensível progresso, que deve ser analisado e reconhecido.

Como podemos depreender, regra da abstinência também era extensiva aos analisandos, tanto que, no início do movimento da psicanálise, fazia parte do contrato analítico, que eles se comprometessesm a se abster de tomar a iniciativa de qualquer ato importante, sem antes submetê-la à análise com o analista.

Ainda em relação à regra da abstinência, e intimamente ligada a ela, ganha relevância a recomendação de Bion de que o psicanalista deve abster-se de funcionar com a sua memória saturada por memórias, desejos e ânsia de compreensão, sendo que essa postulação nos remete à regra seguinte de Freud, a da "atenção flutuante". Neste contexto, isso implica que o analista também deveria se abster de fazer apontamentos no transcurso das sessões, ou de gravá-las, embora com o consentimento do analisando, pelo fato de que, de alguma forma, isso influir negativamente na referida atenção flutuante.

REGRA DA ATENÇÃO FLUTUANTE

Freud estabeleceu, como equivalente à regra fundamental para o analisando, uma regra fundamental para o analista, a conhecida "atenção flutuante" (na Standard Edition Brasileira, está traduzida, ora por "atenção uniformemente suspensa" (1912, p. 149), ora por "imparcialmente suspensa" (p. 291).

De forma análoga a Bion – e antecipando-se a este autor – em *Recomendações*... (1912), Freud postulou que o terapeuta deve propiciar condições para que se estabeleça uma comunicação de *"inconsciente para inconsciente"* e que o ideal seria que o analista pudesse *"cegar-se artificialmente para poder ver melhor"*. Ao complementar essa regra de Freud, Bion argumenta que tal estado de "atenção flutuante" é bastante útil para permitir o surgimento, na mente do analista, da importante capacidade, latente em todos, de *intuição* [vem dos étimos latinos *in* + *tuere*, ou seja, *olhar para dentro*; uma espécie de um terceiro olho"], a qual costuma ficar ofuscada quando a percepção do analista é feita unicamente pelos órgãos dos sentidos.

Uma questão que comumente costuma ser levantada, é a que se refere sobre a possibilidade de o analista atingir a condição de "cegar-se artificialmente" e despojar-se de seus desejos, da memória e de seus prévios conhecimentos teóricos. A resposta que me ocorre é que não há nenhum inconveniente que o terapeuta sinta desejos ou quaisquer outros sentimentos, assim como a memória de fatos ou teorias prévias, *desde que* ele esteja seguro que a sua mente não está *saturada* pelos aludidos desejos, memórias e conhecimentos.

Igualmente, é necessário que o terapeuta tenha uma idéia bem clara desse risco, de modo que ele consiga manter uma discriminação entre os *seus próprios sentimentos* (pode ser um estado de expectativa da realização de desejos, como também pode ser o de uma apatia, medo, excitação erótica, tédio, sensação de paralisia e impotência, etc.), e aquilo que é próprio da situação analítica.

Essa condição é conseguida pela capacidade de manter uma "dissociação útil" da função do seu ego psicanalítico, de modo a estabelecer as diferenças e o reconhecimento das diversas áreas do seu mapa psíquico, inclusive as de sua vida particular, por vezes com emoções intensas e que nada têm a ver com a situação analítica. Ao mesmo tempo, essa "dissociação útil" possibilita-lhe conservar um estado de *"teorização flutuante"* do seus conhecimentos teórico-técnicos, ao lado de uma "atenção flutuante" também dirigida para os seus próprios sentimentos, sem prejuízo da sua função de *rêverie*.

Penso que tanto a "atenção flutuante" de Freud como o "sem memória..." de Bion equivalem a um estado mental de "pré consciência" que, portanto, propicia ao analista estar ligado ao mesmo tempo para os fatos externos e conscientes, e a uma área do inconsciente que lhe favorece uma *"escuta intuitiva"*, que possibilita a arte e a criatividade psicanalítica.

O contrário de uma "atenção livremente flutuante" seria o estado mental do psicanalista de uma *"atenção excessivamente dirigida"* a qual pode ser patogênica, tal como pode ser exemplificado com uma participação ativa do analista, com a qual ele pretende colher informações que não sejam pertinentes à situação analítica, mas, sim, que mais atendem à sua curiosidade pessoal, inconsciente ou mesmo consciente. No mesmo contexto, em alguma situação mais extrema, esse analista estará atuando como uma criança escopofílica, o que pode gerar um vínculo transferencial-contratransferencial de natureza perversa.

Convém destacar que o analista que tentar levar a regra da atenção flutuante rigorosamente ao pé da letra, trabalhará um estado de desconforto, devido a culpas, e com uma sensação de fracasso pessoal, porque é impossível sustentar essa condição durante todas as sessões – e sempre –, sem que eventualmente ele tenha suas distrações, divagações, desejos, cansaço, algum desligamento...

Regra da Neutralidade

A abordagem mais conhecida de Freud a respeito dessa regra, é aquela que consta em suas *Recomendações...* de 1913, no qual ele apresenta a sua famosa *metáfora do espelho*, pela qual ele aconselhava os médicos que exerciam a terapia psicanalítica que "*o psicanalista deve ser opaco aos seus pacientes e, como um espelho, não mostrar-lhes nada, exceto o que lhes é mostrado*" (p. 157). Freud representava essa recomendação como sendo a contrapartida da regra fundamental exigida ao paciente.

O termo "neutralidade" (deriva do étimo latino *neuter* que significa *nem um, nem outro*), embora designe um conjunto de medidas técnicas que foi proposto por Freud no curso de vários textos e em diferentes épocas, não figura diretamente em nenhum deles. Eizerik (1993) assinala que, nas poucas vezes em que esse termo aparece nos escritos de Freud, a palavra original em alemão é "*indifferenz*", cuja tradução mais próxima é "imparcial".

Por outro lado, o conceito de neutralidade deve se estender aos próprios desejos e fantasias do analista (de uma forma equivalente ao "sem memória..." de Bion), de modo a possibilitar que ele esteja disponível para os pontos de vista dos seus analisandos, diferentes dos seus, sem ter que apelar para um reducionismo sistemático de seus valores prévios e também para que ele ocasionalmente aproveite a profunda interação com o seu analisando e possa ressignificar as suas próprias experiências emocionais antigas.

Classicamente, essa regra refere-se mais estrita e diretamente à necessidade de que o analista não se envolva afetivamente com o seu paciente, tal como sugere a metáfora do espelho, já mencionada. Penso que essa comparação de Freud peca pelo inconveniente de fazer supor que ele recomendava que o analista deva comportar-se na situação analítica exatamente como um espelho material, ou seja, como a fria superfície de um vidro recoberta com uma amálgama de prata, unicamente pesquisando, descodificando e interpretando mecanicamente. A partir da compreensão de que essa metáfora não podia ser levada ao pé da letra, pode-se dizer que a concepção da regra da neutralidade vem mudando substancialmente.

Hoje pensamos que o analista deve funcionar como um espelho, sim, porém no sentido de que seja um espelho que possibilite ao paciente mirar-se de corpo inteiro, por fora e por dentro, como realmente ele é, ou que não é, ou como pode vir a ser! Além disso, também pensamos que o psicoterapeuta *deve envolver-se* afetivamente com o seu analisando, desde que ele *não fique envolvido* nas malhas da patologia contratransferencial, sendo que essa última condição de estado mental do analista é fundamental para possibilitar o *desenvolvimento* do analisando, tal como nos sugere a formação dessa palavra: *desenvolvimento* alude à retirada (*des*) de um envolvimento patogênico.

A neutralidade, no sentido absoluto do termo, é um mito, impossível de ser alcançado, até mesmo porque o psicanalista é um ser humano como qualquer outro e, portanto, ele tem a sua ideologia e o seu próprio sistema de valores, os quais, quer ele queira ou não, são captados pelo paciente. Além disso, as palavras e atitudes do analista também funcionam com um certo poder de sugestionabilidade (é diferente de uma sugestão ativa), como pode ser exemplificado com o simples fato de que a escolha que o analista faz daquilo que ele julga que merece ser interpretado, em meio a outras possibilidades de enfoque interpretativo propiciadas pelo discurso do analisando, além do seu modo e estilo de interpretar, fazem transparecer a sua personalidade e exercem uma certa influência no destino do processo analítico. A questão que merece uma reflexão mais acurada é se a neutralidade absoluta é desejável ou se, pelo contrário, ela condiciona a uma atividade analítica asséptica e fria. A neutralidade, suficientemente adequada, somente surge quando o analista resolveu a sua contratransferência acerca de determinado conflito provindo do paciente, assim podendo integrá-la à sua função interpretativa.

Resta acrescentar que, aliado a um reconhecimento dos seus sentimentos contratransferenciais, também os conhecimentos teóricos do analista favorecem a um adequado desempenho da regra da neutralidade.

REGRA DO AMOR À VERDADE

Em diversas passagens de seus textos técnicos, Freud reiterou o quanto ele considerava a importância que a verdade representa para a evolução exitosa do processo psicanalítico. Mais exatamente, a sua ênfase incidia na necessidade de que o psicanalista fosse uma pessoa veraz, *verdadeira* e que somente a partir dessa condição fundamental é que a análise poderia, de fato, promover as mudanças verdadeiras nos analisandos. Dessa firme posição de Freud, podemos tirar uma primeira conclusão: mais do que unicamente uma obrigação de ordem *ética*, a regra do amor à verdade também se constitui como um elemento essencial de *técnica* de psicanálise.

Em relação ao compromisso com a ética, é oportuno incluir que ela também diz respeito à necessidade de o psicanalista não emitir julgamentos a respeito de terceiras pessoas, inclusive muitas vezes outros colegas, tendo em vista que os pacientes os convidam para tal quebra de ética, por meio de um inconsciente jogo sutil e provocador veiculado por intrigas, "fofocas", insinuações e afins.

Freud estendia a sua postulação da indispensabilidade da honestidade e verdade tanto à pessoa do terapeuta quanto à do paciente. Em relação ao primeiro deles, ninguém contesta a validade dessa assertiva de Freud, a ponto de podermos afirmar que se o técnico que labora como analista não possuir esse atributo de ser verdadeiro, de forma suficiente, o melhor que ele tem a fazer é mudar de especialidade. Quanto à pessoa do analisando, as coisas têm mudado um pouco, se partirmos do vértice de que o paciente está no seu papel de fazer aquilo que ele sabe fazer, e no seu ritmo, cabendo ao analista a responsabilidade de tentar tornar egodistônica uma caracterologia falsa e mentirosa do analisando e, a partir daí, procurar modificar essa patologia, tanto por meio de uma análise profunda das motivações inconscientes de tal comportamento, como também por meio de uma identificação com a postura de amor às verdades que o analista vier a demonstrar de forma consistente e coerente.

Esses aspectos mencionados vêm merecendo uma consideração especial, a ponto de Bion, em um dos seus textos, lançar a pergunta, hoje clássica: *"é possível analisar um mentiroso?"* e, como resposta, ele dá a entender que, em certos casos, é possível. Aliás, Bion foi o autor que mais se aproximou dos problemas referentes às *verdades, falsidades e mentiras* na situação psicanalítica, principalmente nos seus escritos onde ele estuda o *vínculo do conhecimento* ("K") ou o seu oposto ("-K") quando a mente do analisando (e, muitas vezes, a do analista) estiver mais voltada para o *não*-conhecimento de verdades penosas, as externas e as internas. Por outro lado, Bion também enfatizou o fato de todo e qualquer indivíduo, em algum grau, faz uso de mentiras, falsificações e da evasão de certas verdades.

Tamanha foi a importância que Bion dedicou às verdades que ele chegou a afirmar que *"as verdades representam para o psiquismo o mesmo que os alimentos representam para o organismo; isto é, sem o alimento da verdade o psiquismo morre"*. Da mesma forma, em *Cogitations* (1990), ele afirma, entre outras coisas em relação à verdade, que ela *"é algo que o homem precisa sentir na atitude que as outras pessoas têm em relação a si"*, e que, podemos acrescentar, um sujeito (como algum paciente na situação analítica) pode sentir que lhe falta uma *capacidade para as verdades*, quer seja para escutá-las, para o exercício da curiosidade, para comunicá-las ou até mesmo para desejá-las.

No entanto, é necessário esclarecer que a verdade a que estamos nos referindo não tem conotação de ordem moral e, muito menos, representa uma recomendação para que o analista saia a uma obsessiva caça às verdades negadas ou sonegadas pelo paciente, até mesmo porque o conceito de verdade absoluta é muito relativo. Antes disso, como foi frisado, o importante é a aquisição de uma *"atitude de ser verdadeiro"*, especialmente consigo próprio, único caminho para atingir a um estado de liberdade interna, o que seguramente é o bem maior que um indivíduo pode obter. De fato, verdade e liberdade são indissociáveis entre si e não é por nada que na bíblia sagrada consta um trecho de uma profunda e milenar sabedoria: *"...só a verdade vos libertará..."*.

Essa regra técnica inerente ao amor à verdade é parte de uma condição mais ampla na pessoa do analista – que vai muito além de unicamente uma capacidade para entender e habilidade para interpretar – a qual podemos denominar de *atitude psicanalítica interna* – e que, na contemporânea psicanálise vincular, assume uma importância fundamental, sendo que ela implica na indispensabilidade de demais atributos mínimos, como empatia, intuição, *rêverie*, etc.

UMA OUTRA REGRA: A PRESERVAÇÃO DO *SETTING*

Além dos aspectos acima destacados, é inegável que um uso adequado das "regras técnicas" implica necessariamente a preservação do *setting* instituído. Como já foi visto, cabe ao enquadre a primacial função de normatizar, delimitar, estabelecer a *assimetria* (os lugares, papéis e funções, do analista e do paciente, *não são simétricos*) e a *não*-*similaridade* (eles *não são iguais*). Em caso contrário, o analista tenderá a contra-atuar, e haverá uma confusão entre os lugares e papéis de cada um do par analítico. Da mesma forma, também é função do enquadre manter um contínuo aporte do "princípio da realidade", que se contrapõe ao mundo das ilusões próprias do "princípio do prazer" do paciente.

Por todas essas razões, não deve caber dúvidas quanto à relevante necessidade de que as combinações feitas no contrato analítico – e que compõem o *setting* – devam ser preservadas ao máximo, e isso não é o mesmo que apregoar o uso de uma rigidez obsessiva, cega e surda. Embora possa parecer paradoxal, essa preservação do enquadre é particularmente necessária para com os pacientes bastante regressivos, tendo em vista que eles têm um acentuado prejuízo na noção de limites e na aceitação das inevitáveis privações, frustrações e no reconhecimento das, também, inevitáveis diferenças entre eles e os outros.

A propósito da afirmativa acima feita, de que a manutenção do enquadre não deve ser obsessivamente rígida, é oportuno lembrar o fato bem conhecido de que Freud, na prática do seu trabalho clínico, não apresentou uma coerência entre o que ele professava (o cumprimento rigoroso das "recomendações" técnicas que aqui enfocamos) e o que ele praticava (é sabido que Freud algumas vezes analisava durante uma caminhada com algum paciente, outras vezes ele charlava amenidades, trocava presentes, aconselhava, admoestava, de forma indireta forçava os pacientes a trazerem associações que confirmassem suas teses prévias. Isso, sem levar em conta o fato de ele ter "analisado" o pequeno Hans, pelo método de usar o pai do menino como "porta-voz" de suas interpretações, assim como ele também utilizou a introdução de um "parâmetro" com o seu paciente conhecido como "*o homem dos lobos*"), ao lhe fixar uma data de término da análise, caso ele continuasse não melhorando... e assim por diante.

É claro que eram outros tempos, e outros eram os paradigmas psicanalíticos, no entanto grande parte dessa incoerência de Freud entre o que ele escrevia e o que fazia deve ser creditada ao fato, antes assinalado, de que ele sentiu-se obrigado a coibir abusos de outros terapeutas ainda muito malpreparados, e sua responsabilidade pela preservação da nova ciência aumentou porque era a época em que aconteceram as dissidências de Adler e Jung, e a psicanálise estava em grande expansão em meio a muitas críticas e um certo halo de libertinagem.

Assim como Freud utilizou com o "homem do lobos" o, acima aludido, recurso não convencional em psicanálise, o qual, desde a contribuição de K. Eissler (1953), podemos denominar de "parâmetro", cabe indagar um ponto que sempre se manteve controvertido entre os psicanalistas: é desejável ou indesejável o uso de "parâmetros" por parte do psicanalista? Recordemos que esse termo foi utilizado por Eissler para referir-se às intervenções que, embora sejam extra-analíticas, não alteram a essência do processo psicanalítico. No entanto, muitos autores têm argumentado que é muito difícil estabelecer os limites entre o que seja, ou não, uma alteração da essência psicanalítica, e para evitar precedentes que possam desvirtuar a necessária preservação das regras técnicas e do *setting*, eles se posicionam contra a inclusão de parâmetros que se afastem da neurose de transferência.

Pessoalmente, penso como Green que, ao estudar a obra de Winnicott, afirma que "*o essencial não é a eventual ruptura do setting, mas o fato de que este possa ser sempre retomado*", sendo óbvio, creio, que isso implica na condição mínima de que o psicanalista tenha uma sólida experiência clínica, e que domine muito bem aquilo que ele está fazendo.

Também concordo com Loewenstein que, já em 1958, afirmou: "*Duvido que alguma vez alguém tenha conseguido levar a cabo uma análise sem que tenha feito mais do que interpretar*". Também gostaria de fazer minhas as palavras de Theodore Jacobs (1996) quando ele afirma que: "*...Há situações em que a aderência estrita à postura analítica pode, ironicamente, trabalhar contra o progresso analítico...Há momentos em que é necessário fazer um comentário que relaxa uma tensão insuportável, que reconhece uma realização, que soa como um sinal de precaução, que sutilmente aponta uma direção ou que oferece uma palavra de incentivo. Para aliviar a consciência do analista, tais intervenções geralmente contêm uma camada externa de interpretação, mas este artifício não ilude o analisando e nem o psicanalista*" (p. 79-80).

Todas essas considerações tecidas acerca da importância do *setting* como uma função ativa e determinante do processo analítico permitem concluir que, para o psicanalista, representa ser uma arte ele conseguir manter a preservação do *setting* no que este tem de essencial, ao mesmo tempo em que não caia num extremo de um dogmatismo enrijecido ou numa cega obediência aos cânones oficiais, única forma dele propiciar um espaço de alguma flexibilidade e muita criatividade, para si e para o analisando. Indo mais além, coerente com a relevância que atribuímos ao enquadre do campo analítico, creio que seria válido consideramos a obrigatória "preservação do *setting*", dentro dos limites assinalados, como sendo *uma sexta regra técnica*.

Como conclusão, pode-se dizer que assim como há a "*violência da interpretação*" – conceito de P. Aulagnier (1975), para quem a "violência" dos pais (ou do analista) tanto pode ser inevitável e estruturante, como também pode ser excessiva, intrusiva e desestruturante – também há a violência da imposição de preconceitos e de regras técnicas universais, quando o psicanalista não leva em conta as peculiaridades pessoais de cada analisando e de cada situação analítica em particular.

CAPÍTULO 27

O *Setting* (Enquadre)

O *setting*, comumente traduzido em nosso idioma como *enquadre*, pode ser conceituado como a soma de todos os procedimentos que organizam, normatizam e possibilitam o processo psicanalítico. Assim, ele resulta de uma conjunção de regras, atitudes e combinações, tanto as contidas no "contrato analítico" como também aquelas que vão se definindo durante a evolução da análise, como os dias e horários das sessões, os honorários com a respectiva modalidade de pagamento, o plano de férias...

Tudo isso se constitui como sendo "as regras do jogo", mas não o jogo propriamente dito. Contudo, isso não quer dizer que o *setting* se comporte como uma situação meramente passiva e formal. Pelo contrário, ele tem uma função bastante ativa e determinante na evolução da análise, serve de cenário para a reprodução de velhas e novas experiências emocionais e está sob uma contínua ameaça em vir a ser desvirtuado tanto pelo analisando como também pelo analista, em função do impacto de constantes e múltiplas pressões de toda ordem.

Alguns autores, como Bleger (1979), preferem fazer uma distinção entre *setting* e *situação analítica*: a primeira seria conceituada como a soma de todos os detalhes da técnica, enquanto a segunda diz mais respeito à soma de todos os fenômenos que se processam na relação analista-analisando, incluído o próprio enquadre. Nessa última concepção, na psicanálise contemporânea, é impossível separar *setting* da noção de *campo analítico*, para empregar a terminologia do casal Baranger (1961), que acentua a vincularidade emocional que está sempre presente entre o par analítico.

Para os seguidores de Winnicott, o *setting* também constitui-se como um *espaço transicional*, isto é, como um necessário "espaço de ilusão" para os analisandos precocemente detidos no desenvolvimento emocional primitivo, portanto pacientes bastante regredidos e virtualmente portadores de uma patologia de natureza narcisística.

Em se tratando de pacientes muito regressivos, como é o caso de crianças autistas, F. Tustin (1981) sugere que o *setting* analítico deve ser visto como uma *incubadora* na qual o "prematuro psicológico" possa encontrar as integrações básicas que a criança ainda não realizou, porquanto ela não teve as condições ambientais mínimas para satisfazê-las desde o nascer. São pacientes que necessitam da presença viva de um objeto externo (no caso, o terapeuta) que tal como um *útero psicológico,* acolha, aqueça e proteja a criança e que, tal como uma *pele psíquica* mantenha unidas as partes do *self.*

Estes pacientes a que estamos aludindo sofrem a mais dolorosa de todas as angústias, que foi concebida e descrita por Freud com o termo *Hilflosigkeit*, como ele cunhou no original alemão, e que alude ao desamparo, ausência, solidão e falta de amor. Em certo sentido, a presença desses sentimentos sempre remetem a uma separação geográfica ou afetiva da mãe e significam a perda do amor dela ou um acúmulo de necessidades e desejos não satisfeitos por ela.

Não obstante essa importante falta primária que sempre existe nesses casos, o psicanalista não deverá se comportar como uma mãe substituta, mas, sim, com uma nova *condição de maternagem*, que permita, por meio de sua atividade analítica, a suplementação das falhas e vazios originais. Faz parte importante desta "atitude psicanalítica interna" do analista – a qual também funciona como um elemento essencial do *setting* – a necessidade dele emprestar temporariamente algumas funções do seu ego, que o analisando ainda não desenvolveu, como são as capacidades para pensar, ajuizar, conhecer, sintetizar, etc. Uma metáfora que pode servir como exemplo dessa função do *setting* – ainda enfocando pacientes muito prejudicados no seu desenvolvimento emocional – é a de uma mãe que ampara, levanta e encoraja a criança que caiu no chão durante os seus primeiros ensaios de aprendizagem da individuação e marcha.

Assim, o *setting*, por si mesmo, funciona como um importante fator terapêutico psicanalítico, pela *criação de um espaço* que possibilita ao analisando trazer os seus aspectos infantis no vínculo transferencial e, ao mesmo tempo, poder usar a sua parte adulta para ajudar o crescimento daquelas partes infantis. Igualmente o enquadre também age pelo modelo de um provável novo funcionamento parental, que consiste na criação, por parte do psicanalista, de uma atmosfera de trabalho ao mesmo tempo de muita firmeza (é diferente de rigidez) no indispensável cumprimento e preservação das combinações feitas, juntamente com uma atitude de acolhimento, respeito e empatia.

O destaque que está sendo dado à participação do analista no *setting* e na situação psicanalítica, visa enfatizar que já vai longe o tempo em que ele se conduzia como um privilegiado observador neutro, atento unicamente para entender, descodificar e interpretar o "material" trazido pelo analisando; pelo contrário, hoje é consensual que a sua estrutura psíquica, ideologia psicanalítica, empatia, conteúdo e forma das interpretações contribuem, de forma decisiva, nos significados e nos rumos da análise. Isso está de acordo com o "princípio da incerteza", uma concepção de Heisenberg, que postulou o fato de que o observador muda a realidade observada, conforme for o seu estado mental durante uma determinada situação, a exemplo do que se passa na física subatômica, na qual uma mesma energia em um dado momento é "onda" e em outro é "partícula". Nesse contexto, analista e analisando fazem parte da realidade psíquica que está sendo observada e, portanto, ambos são agentes da modificação da realidade exterior à medida que modificam as respectivas realidades interiores.

FUNÇÕES DO *SETTING*

É útil insistir na afirmativa de que, uma vez instituído, *o setting deverá ser preservado ao máximo,* sendo que, diante da habitual pergunta: "Isso também vale com pacientes muito regredidos, como os psicóticos?", penso que uma resposta adequada é a de que essa recomendação vale principalmente para este tipo de pacientes. Isso se deve às razões de que, além das finalidades acima apontadas, também fazem parte das funções do *setting*:

- Estabelecer o aporte da *realidade exterior*, com as suas inevitáveis privações e frustrações.
- Ajudar a definir a predominância do *princípio da realidade* sobre o do *prazer*.
- Prover a necessária *delimitação entre o "eu" e os "outros"*, por meio da função de desfazer a especularidade e gemelaridade típica destes pacientes.
- Auxiliar, a partir daí, a obtenção das capacidades de *diferenciação*, *separação* e *individuação*.
- Definir a noção dos *limites* e das *limitações* que provavelmente estão algo borrados pela influência da onipotência e onisciência, pró-

prias da "parte psicótica da personalidade" (Bion, 1967), sempre existentes em qualquer paciente.
- Desfazer as fantasias do analisando, que sempre está em busca de uma *ilusória simetria* (uma mesma hierarquia de lugar e papéis) e de uma *similaridade* (ser igual nos valores, crenças e capacidades) com o analista.
- Reconhecer que é unicamente sofrendo as inevitáveis frustrações impostas pelo *setting*, desde que essas não sejam exageradamente excessivas ou escassas, que o analisando (tal como a criança no passado), pode desenvolver a *capacidade para simbolizar e pensar*.

A propósito, Green estabeleceu uma útil distinção entre *privação* (é algo que falta, e tem origem nas necessidades não satisfeitas, no passado), *frustração* (algo que não se realiza e alude principalmente aos desejos existentes, no presente) e *castração* (algo que pode vir a faltar, no futuro). Cabe acrescentar que essas – frustrantes – vivências emocionais básicas são inerentes ao processo analítico, em grande parte são desencadeadas pela própria natureza frustradora do *setting*, e o seu surgimento no enquadre é necessário porque vai possibilitar o aprofundamento da análise de suas raízes e conseqüências..

Assim, a função mais nobre do *setting* consiste na criação de um *novo espaço* onde o analisando terá a oportunidade de reexperimentar com o seu analista a vivência de antigas e decisivamente marcantes experiências emocionais conflitosas que foram malcompreendidas, atendidas e significadas pelos pais do passado e, por conseguinte, malsolucionadas pela criança de ontem, que habita a mente do paciente adulto de hoje.

Levando-se em conta que virtualmente todo paciente é, pelo menos em parte, um sujeito que passou toda a sua vida sujeitado a uma série de mandamentos, sob a forma de expectativas, ordens e ameaças, as quais um dia provieram do meio exterior, mas que agora estão sedimentadas no interior do seu psiquismo, acredito que dificilmente haverá uma experiência mais fascinante do que aquela em que ele está revivendo com o seu analista fortes emoções, os aspectos agressivo-destrutivos incluídos, e que os resultados podem ser bem diferentes daqueles que imaginava e aos quais ele já estava condicionado.

A importância disso decorre do fato de que, apesar de todos sentimentos, atos e verbalizações significados pelo paciente como proibidos e perigosos, o *setting* mantém-se inalterado: o analista não está destruído, nem deprimido, tampouco está colérico, não revida nem retalia, não apela para medicação e muito menos para uma hospitalização, não o encaminha para um outro terapeuta, sequer modificou o seu estado de humor habitual e ainda se mostra compreensivo e o auxilia a dar um novo significado, uma nomeção e propicia extrair um aprendizado com a experiência que tão sofridamente ele reexperimentou.

Os alicerces básicos que sustentam o *setting* repousam na obediência às cinco regras técnicas legadas por Freud, explicitadas no capítulo anterior: 1) *regra fundamental* (é considerada como sendo sinônima com a *livre associação de idéias*); 2) *abstinência;* 3) *neutralidade;* 4) *atenção flutuante; e* 5) *amor à verdade.* Embora essas "recomendações", de modo geral, continuem válidas e vigentes em sua ideologia essencial, deve ser levado em conta que na psicanálise atual elas estão bastante modificadas em muitos aspectos.

Existem riscos de que o cumprimento dessas regras, se praticadas pelo psicanalista de uma forma estereotipada e sem uma sensibilidade mais fina para alguma situação em especial, fique desvirtuado na essencialidade de sua importância, e que, assim, as regras não passem de um mero ritual obsessivo aplicado de forma mecânica e rígida. Assim, no início do movimento psicanalítico, fazia parte do contrato que os pacientes se comprometessem a não assumir nenhuma responsabilidade importante durante o curso da análise. Hoje, com a duração mais longa da análise, sabemos que esse é um princípio inútil e até prejudicial, pois pode levar à falsa crença de que somente a vida analítica é importante, e que o paciente deve fazer uma pausa na sua vida real, com a promessa de que a reassumirá, posteriormente, em condições idealizadas.

Outro inconveniente de um contrato com muitas cláusulas dessa natureza consiste em reforçar, desde o início, um vínculo tipo "dominador" *versus* "dominado", com todos os prejuízos daí decorrentes. Por exemplo, o analista pode estar endossando a tese do analisando de que, para conseguir tudo o que ele almeja da análise, basta se esforçar, não faltar, não se atrasar, pagar direitinho, etc. Vai se estruturando uma crença de que o trabalho deve ser valorizado, não tanto pelo resultado alcançado, mas sim pelo esforço dispendido, e isso conflitua com os valores reais da vida.

Da mesma forma, também há o risco de que aquilo que realmente caracteriza o conceito do que é uma análise verdadeira seja confundido simplesmente com uma rigorosa, embora honesta, obediência às combinações externas. Um exemplo disso seria o caso de o analista manter-se rígida e manifestamente fiel ao cumprimento das regras da abstinência e da neutralidade, posicionar-se quanto a um número mínimo de quatro (ou cinco) sessões semanais, privilegiar, de forma absoluta, o uso do divã, nunca dispensar a sistemática interpretação transferencial..., sem levar em conta algumas eventuais contingências reais, que possam justificar alguma flexibilidade na aplicação desses procedimentos clássicos.

Não pode ser descartada a hipótese de que, muitas vezes, estes elementos do *setting* possam estar funcionando não mais do que a serviço de uma *fetichização* da análise, onde o que "*parece ser*" substitui aquilo que "*de fato, é*", e, por conseguinte, onde vai prevalecer a aparência externa, e não a essência visceralmente interna do processo analítico.

Assim como pode existir um desvirtuamento do *setting* devido a uma excessiva rigidez (é diferente de firmeza) do analista, também não podemos ignorar os inconvenientes, por vezes graves, que decorrem de uma exagerada permissividade (é muito diferente de flexibilidade) na aplicação, e indispensável preservação, das condições normativas que foram combinadas no contrato, e se essas não foram claramente combinadas, torna-se mais sério ainda o erro técnico.

Assim, alguns analistas evitam ao máximo que os seus analisandos sofram frustrações, sob a racionalização de que estão sendo "humanos", como se a condição de frustrar, e assim provocar algum tipo de dor no analisando (ou na criança, por parte dos educadores), fosse uma "desumanidade". Não é nada raro que tais analistas confundam o importante atributo de o psicanalista ser uma pessoa genuinamente *boa* – o que, por si só, contribui como um fator estruturante da personalidade do analisando – com a condição de ele ser *bonzinho*. Neste último caso, o psicanalista não saberá frustrar, nem colocar limites e definir limitações, nem propiciar a possibilidade de analisar sentimentos agressivos no calor da transferência e tampouco despertará o lado adulto do analisando que, conforme ensinou Bion (1962), deve aprender a *enfrentar* as dificuldades e *modificá-las,* como um passo fundamental para o crescimento mental, no lugar de *evadi-las* por meio de diferentes táticas de negação e de fugas, o que perpetua o estado de criança dependente e onipotente.

Também devemos considerar o fato de que o analista, que evita ao máximo frustrar o paciente em seus pedidos por mudanças nas combinações do *setting*, pode estar encobrindo uma atitude sedutora a serviço do seu narcisismo, ou o seu medo diante de uma possível revolta e rejeição por parte do analisando. Além disso, também acresce o inconveniente de um reforço no paciente, de uma falsa concepção de que a frustração é sempre má e que deve ser evitada, assim como a do analista deve ser poupado de suas cargas agressivas; nesses casos, o enquadre corre o risco de ficar estruturado em uma busca única de gratificações recíprocas.

Em contrapartida, outras vezes pode ocorrer o inverso, isto é, para que o paciente ganhe algo, deve ser como prêmio pelo sofrimento, ou merecimento pelo seu esforço, ou por um bom comportamento. Isso acontece mais freqüentemente com aqueles pacientes que, desde crianças, foram condicionados pelos pais a ganhar as coisas com muito choro, luta, formações reativas e prováveis humilhações. Em outras palavras, o controle sádico, inconsciente, por parte do analista, pode levá-lo a utilizar privações severas e desnecessárias, e ele pode pensar, orgulhosa, porém de modo errado, que está acertadamente obedecendo à regra da abstinência e que Freud se orgulharia dele.

A experiência de sofrer frustrações não só é inevitável como também é indispensável para uma estruturação sadia do psiquismo, muito especialmente para a formação e a utilização da capacidade para pensar, tal como demonstraram as originais concepções de Freud (1911) e de Bion (1967). As frustrações impostas pelas pessoas importantes do mundo exterior – incluído, portanto, o analista no *setting* – não devem ser por demais escassas, excessivas ou incoerentes.

No primeiro caso, como conseqüência de uma exagerada *escassez* de frustrações, não se formará um "problema a ser resolvido", que é a alavanca propulsora da necessidade de pensar uma forma de achar uma solução, e tampouco se desenvolverá a capacidade para formar símbolos, que têm a finalidade de ocupar o lugar daquilo que está ausente ou falta. Quando as frustrações são *excessivas*, é tamanho o ódio despertado que as emoções resultantes não se converterão em elementos-"alfa" (para usar uma terminologia de Bion), restando unicamente como "elementos-beta" que, não custa repetir, não se prestam para o pensamento útil, mas, sim, para serem "evacuados" sob a forma de *actings*, somatizações, etc. Igualmente, se as frustrações impostas pelo *setting* forem *incoerentes*, provocam um estado confusional deletério para a análise, e também pode estar igualando o analista às figuras parentais, assim reforçando uma forma de educação que, no passado, provavelmente, foi incoerente (a mesma coisa que em um dia foi permitido e até incentivado, no outro é criticado e proibido), às vezes sob a forma daquilo que Bateson (1955) denomina como *dupla mensagem* ou *mensagem paradoxal* (do tipo: "eu te ordeno, que não aceites ordens de ninguém"), provindas da mãe, ou do pai, ou das incoerências entre ambos.

Em situações mais extremas, o *setting* pode ficar desvirtuado a um tamanho tal, que cabe a expressão *perversão do setting*, em cujo caso formam-se diversos tipos de conluios inconscientes e até, por vezes, conscientes, sendo o mais freqüente deles aquele ditado pela necessidade recíproca de sedução, para agradar e ser agradado (nem estou incluindo, aqui, aqueles casos gravíssimos do ponto de vista de uma psicanálise séria, em que há uma quebra de ética e uma total perversão sob a forma de envolvimento erótico, negócios em comum, amizade íntima fora do enquadre, etc.).

Não é incomum que, por parte do psicanalista, essa atitude de sedução – logo, de não-frustração, com concessões e gratificações não analíticas – tenha origem no seu medo de vir a perder o seu paciente, e ele não se dá conta do fato que consiste em que, justamente por ele estar trabalhando em um estado mental de medo e agrados, é que aumentam as possibilidades de a análise vir a ser interrompida. Pode-se dizer que a melhor forma de "atender" os pedidos e desejos do analisando é "entendê-los", e que a melhor forma de agradar e gratificá-lo é analisá-lo suficientemente bem.

"Analisar bem" necessariamente implica a existência de frustrações; no entanto, creio ser importante que o analista faça uma distinção entre as frustrações que são inevitáveis e necessárias daquelas outras que podem ser evitáveis e são desnecessárias, porquanto, estas últimas, não representam o menor ganho para o processo analítico e as dores que elas produziram foram inúteis. Este aspecto nos remete a um ponto bastante controvertido entre os autores: é possível, ou até mesmo desejável, o eventual emprego de "parâmetros", sem que a necessária preservação do *setting* fique comprometida?

A INCLUSÃO DE PARÂMETROS

Parâmetro é uma denominação cunhada por Eissler (1953), com a qual ele reafirmou a sua posição de que tudo aquilo que transgrida o enquadre deve ser considerado como sendo um "parâmetro", ao mesmo tempo de que aventou a possibilidade de o psicanalista poder se afastar parcialmente das recomendações técnicas preconizadas pela psicanálise clássica e, assim, introduzir alguns outros aspectos, desde que nada disso interfira na evolução normal de uma análise. Aliás, o termo "parâmetro" aparece nos dicionários com a significação de que é "todo elemento cuja variação de valor altera a solução de um problema sem alterar-lhe a natureza essencial".

Assim, é permissível que, de forma transitória, ou até definitiva, uma análise comum se processe com menos de quatro sessões semanais ou com uma periodicidade que inclui a realização de duas sessões em um mesmo dia? É válida a análise que se efetua por longos períodos sem que o analisando use o divã? Perguntas equivalentes poderiam ser formuladas, como, por exemplo, quanto à forma de interpretar, na extratransferência; ou quanto à conveniência de responder a algumas perguntas pessoais ou a de atender a solicitações, como a de fornecer indicações de profissionais; a adequação de concordar com o uso simultâneo de quimioterápicos, etc., etc.

Deve ficar bem claro que o emprego de parâmetros deve atender três condições básicas: uma, é a de que o psicanalista tenha uma absoluta segurança e domínio sobre aquilo que ele está fazendo e introduzindo no *setting,* e de que essa alteração não vai danificar a essência da análise, o que está de acordo com o que Sandler (1983) apresentou no congresso de Madri, onde postulou a noção de parâmetros *lícitos* ou *inevitáveis*. A outra condição é a de que no caso em que a proposta de alterações mais profundas do enquadre provenham de insistentes pedidos do analisando, elas somente devem ser atendidas após uma exaustiva análise das mesmas, tendo em vista estabelecer uma clara distinção entre aquilo que se deve à pressão de uma justificada realidade, e o que pode estar a serviço de um *acting*. Por fim, a terceira condição para a introdução de parâmetros de maior densidade é a de que o par analítico tenha condições de retornar, se for necessário e possível, às condições prévias.

Sobretudo, o que importa consignar é que comumente conspiram forças, tanto inconscientes como conscientes, para transgredir e desvirtuar a preservação do *setting*, tal como ele foi inicialmente combinado, sendo que, quando essa pressão parte do analisando, devemos levar em conta que ele está rigorosamente dentro do seu papel de tentar alterar as regras do jogo. Semelhante privilégio, no entanto, está vedado ao psicanalista. É claro que não estamos nos referindo a alterações ocasionais ou imprevisíveis a que todos temos direito (aliás, até é útil que isso aconteça ocasionalmente, para desfazer a falsa crença de que é uma espécie de pessoa perfeita e infalível), mas, sim, para aquelas situações em que o próprio analista é quem desvirtua as combinações.

Exemplo disso é quando ele se atrasa sempre, ou continuamente muda os horários, encurta ou prolonga excessivamente o tempo da sessão, faz espúrias combinações relativas ao pagamento, estimula os contatos telefônicos de forma ilimitada, envolve-se exageradamente com as circunstâncias externas da vida do analisando, estabelece vínculos sociais de maior continuidade e intimidade, usa o paciente para satisfazer a sua curiosidade particular e para atraí-lo como aliado contra algum possível rival ou detrator, e assim por diante...

Conquanto existe o fato notório de que, na atualidade, cada vez mais os psicanalistas estão se permitindo o emprego de parâmetros nas análises comuns – notadamente aos que se referem ao número de sessões semanais – que, em grande parte se deve às profundas modificações sócio-econômicas que vêm se processando no mundo todo, a verdade é que a nossa instituição-*mater*, a IPA, continua resistindo tenazmente em sua luta pela preservação das condições clássicas das análises de natureza didática, isto é, aquelas que envolvem os candidatos na vigência de sua formação como psicanalistas. Poucos discordarão do fato de que a IPA está no seu papel de zelar pela integridade e continuidade dos princípios fundamentais que pavimentam a formação e o exercício da prática psicanalítica, embora haja a existência de profundas controvérsias no seu próprio seio.

Os próprios candidatos, em sua maioria, embora sintam uma permanente angústia em conciliar a sua realidade pessoal com as exigências formais da sua análise obrigatoriamente *standard*, e igualmente sintam um constante sobressalto se poderão manter com os seus analisandos em supervisão oficial e curricular, as radicais obrigações impostas pelos seus respectivos institutos de ensino filiados à IPA, a verdade é que, após passada a tormenta, costumam reconhecer que essa foi a melhor maneira de eles terem feito uma formação séria e definidora de uma legítima identidade como psicanalista, e que unicamente após terem concluído exitosamente a sua formação com os padrões obrigatórios e terem solidificado essa identidade é que poderão se permitir, se for o caso, a introduzir parâmetros com os seus outros analisandos. Também entre os psicanalistas didatas, em algum grau, não é infrequente surgir um certo conflito entre a sua liberdade e a necessária regulamentação imposta pela IPA.

De uma forma equivalente, tem sido muito discutida entre a IPA e algumas sociedades psicanalíticas, com condições específicas, como são as de natureza geográfica, por exemplo, e que reivindicam o direito de ser oficializada a assim denominada *análise condensada*, que consiste no fato de que, em determinados casos, a análise com o candidato decorra com a realização de duas sessões em um mesmo dia, embora perfazendo o total de quatro semanais. Muitas sociedades psicanalíticas do Brasil, devido às peculiaridades típicas de certas regiões, sentem-se compelidos ao exercício dessa prática, e brilhantes trabalhos de reconhecidos autores brasileiros, como o de Junqueira Mattos (1996), provam, não passionalmente, mas, sim, com argumentos científicos e respaldados em uma longa prática clínica, a perfeita validade dessa modalidade de análise.

De qualquer forma, nos últimos tempos, tem sido muito difícil e árdua a tarefa da IPA em conciliar divergências tanto científicas quanto ideológicas e políticas, interesses associativos, contínuas mudanças sociais e, sobretudo, o inconformismo de muitos psicanalistas em todos cantos do mundo em seguir exatamente de acordo com as diretrizes traçadas pela nossa instituição maior. Os próprios pacientes que na atualidade procuram auxílio terapêutico estão algo confusos e assediados por uma gama de ofertas de tratamentos alternativos, alguns que acenam com recursos mágicos e com promessas de curas rápidas, outros que nada têm de psicanalítico, mas que intencionalmente conservam uma dubiedade e indevidamente usam algum nome de alusão psicanalítica, enquanto muitos outros tratamentos têm realmente uma sólida fundamentação psicanalítica e constituem distintas modalidades de terapias psicanalíticas.

Além disso, as crescentes dificuldades orçamentárias que atingem a uma enorme fatia das pessoas necessitadas de tratamento analítico, o progressivo avanço dos psicofármacos, muitas vezes de inequívoca utilidade e que inclusive pode auxiliar ao processamento da própria análise (isso não exclui o também crescente sério risco do uso incompetente, abusivo, indevido e inconseqüente desses mesmos fármacos), aliados a um certo descrédito popular, têm mantido o movimento psicanalítico sob uma constante ameaça de crise.

Sabemos que toda e qualquer crise pode ter um significado positivo, quando ela representa a culminância de um processo que sugere necessárias transformações profundas, ou pode ter um significado negativo quando ela estiver indicando que algo está perdendo a consistência e a unidade, e que, em situações mais extremas, esteja correndo um risco de se esvaziar ou desaparecer. Embora essa última possibilidade de forma nenhuma condiz com o atual momento da psicanálise no mundo, é inegável que existe uma crise. O que não está suficientemente claro é se a crise é da psicanálise ou dos psicanalistas ou de ambos. Por isso, muitos dedicados e notáveis psicanalistas estão propondo, e até mesmo efetivando, a que se proceda a "uma análise da psicanálise".

Muitas das controvérsias, tal como frisamos antes, dizem respeito diretamente às condições mínimas que devem reger a uma análise, notadamente a de finalidade didática. Preocupada com esse problema, a IPA proporcionou a criação e instalação de um *Comitê sobre o Setting*, o qual funcionou com a participação de respeitáveis psicanalistas advindos de distintas sociedades psicanalíticas, procedendo a um amplo e democrático debate sobre alguns temas relevantes relacionados ao enquadre. Vale a pena ler na íntegra o "Relatório do Comitê da IPA sobre o *Setting*", publicado na *Revista Brasileira de Psicanálise* (27,2, p. 331, 1993), do qual, aqui, segue um resumo bastante detalhado, com a enumeração dos seguintes aspectos, que mereceram um reconhecimento geral de que:

- O processo analítico caracteriza-se pelo estabelecimento de uma "neurose de transferência", ou, melhor, pela *escuta* da relação transferencial-contratransferencial.
- O número de sessões semanais, por si só, não basta para definir o processo analítico.
- O número recomendável já foi de seis, passou para cinco, estabilizou na maioria dos lugares em quatro e na atualidade alguns centros importantes estão permitindo e adotando três sessões por semana, inclusive para as análises didáticas.
- Este número de três sessões, segundo o consenso do Comitê, seria comprovadamente o mínimo necessário para uma adequada promoção do processo analítico, mas essa observação continua sendo puramente empírica.
- A concepção inglesa se atém à necessidade de quatro – de preferência cinco – sessões semanais, enquanto a concepção francesa, que aceita a validade de três sessões emanais, atribui uma maior importância à dialética entre a análise do "aqui-agora..." e o trabalho psíquico que ocorre nos intervalos entre

as sessões. A propósito dessa diferença de posição, também existe uma forte e antiga rivalidade cultural entre estes dois importantes pólos da psicanálise, tal como se pode depreender deste trecho espirituoso proferido por J. Sandler, então presidente da IPA, em uma entrevista concedida à revista IDE (1990, p. 62): "...*portanto, as diferenças técnicas são muito grandes e não é preciso privilegiar o número de sessões. Do ponto de vista dos franceses, nós, os ingleses, fazemos psicoterapia cinco vezes por semana, enquanto eles fazem psicanálise duas ou três vezes por semana...*". Aliás, Green (1994-RBP, p. 472), chega a afirmar que cinco sessões semanais têm o inconveniente de funcionar como um modelo reforçador de uma maternagem.

- Também o tempo de duração de cada sessão já foi de 60 minutos, ficou reduzida em 50 e atualmente muitos psicanalistas estão adotando o tempo médio de 45 minutos.
- O número de sessões é um fator que conta mas não é o único. A qualidade da regressão também deve ser levada em conta.
- É recomendável que haja uma flexibilidade, de modo que seja instituído um *setting* "suficientemente bom" que considere as condições e peculiaridades do analisando, e também as do analista.
- Levando-se em conta a *função continente do setting*, é justo considerar que, no caso de alguns pacientes que se sentem invadidos pela presença do analista, pode haver uma indicação mais firme de uma freqüência mais reduzida, enquanto outros pacientes frágeis podem requerer uma maior freqüência de sessões.
- Como orientação geral, o Comitê optou por um *setting* que não seja rígido e que leve em conta as distintas situações específicas.

É evidente que a consensualidade demonstrada por esse Comitê em pelo menos um dos importantes tópicos relativos ao *setting*, como é o do número mínimo de sessões, tem os méritos de sugerir a existência de uma saudável preocupação por parte da IPA, assim como comprova a possibilidade de um diálogo frutífero entre pensadores diferentes, e mais: parece indicar uma orientação de ideologia psicanalítica de maior flexibilidade, embora eventualmente possam ter pesado outros fatores paralelos como os de natureza política ou meramente burocrática. De qualquer forma, temos de levar em conta que é necessário construir uma unidade entre as diferentes correntes do pensamento psicanalítico, e também entre psicanalistas pertencentes a uma mesma corrente, desde que fique claro que *unidade* não significa a abolição das diferenças, divergências e opostos; pelo contrário, da mesma maneira como se passa na situação analítica, é necessária a existência dos opostos e contraditórios, única forma de erigir um processo dialético construtivo e em um movimento de espiral infindável, continuamente transformador.

SIMETRIA. SIMILARIDADE. ISOMORFIA

Uma outra conclusão que o "Relatório do Comitê da IPA" permite depreender, parece-me, consiste na existência de uma tendência para valorizar mais aos aspectos inte-rrelacionais inerentes ao *setting* do que propriamente aos arranjos formais, embora, é evidente, esses devam ser preservados ao máximo possível. Os aludidos aspectos que dizem respeito diretamente ao vínculo analítico, e que, esses sim, devem ser rigorosamente cumpridos pelo analista, podem ser resumidos em três conceituações que seguem abaixo:

Simetria

A grande maioria dos pacientes demonstra, manifesta ou disfarçadamente oculta, um inconformismo pelo fato de que a relação entre cada um deles com o seu respectivo psicanalista, não é – e não pode ser! – simétrica. Ou seja: o *lugar* que cada um ocupa no *setting*; os *papéis* que respectivamente desempenham no campo analítico; a inevitável e necessária *hierarquia* que os diferencia; o desempenho de certas funções, o sofrimento, a dependência, os direitos e privilégios *não são os mesmos* entre eles. É natural que o analisando, através de diversas manobras, inconscientes em sua grande maioia, procure desfazer a essa odiada assimetria, por mais que o seu lado racional reconheça a sua indispensabilidade.

A intensidade de tais aspectos está na proporção direta do grau de narcisismo da estrutura psíquica do paciente e as contínuas queixas ou *actings* de protesto e de ataques contra aquilo que eles podem estar julgando como sendo uma grande injustiça. A revolta desses pacientes deve merecer uma exaustiva análise, no lugar de que as queixas e reivindicações serem atendidas ou minimizadas.

Similaridade

Da mesma maneira, deve ficar bem claro que, na situação analítica, *não há* uma similaridade entre o paciente e o terapeuta, isto é, eles não são pessoas iguais naquilo que diz respeito aos valores, crenças, forma de pensar, trabalhar, resolver problemas, etc. Essa situação ocorre mais comumente com pacientes que ainda não atingiram uma condiçõ mental que possibilite estabelecer aquilo que M. Mahler e colaboradores (1971) denominam de *diferenciação* ((discriminação entre "eu" e o "outro"), *separação e individuação.*

Para um melhor esclarecimento do tipo de paciente que necessita forçar uma "similaridade" no *setting*, é útil referir as contribuições de Kohut (1971) acerca da *transferência especular*, a qual admite três tipos: 1) No tipo *fusional*, há uma completa indiferenciação com o analista e, por isso, paciente acredita que a similaridade dele com o terapeuta, não só é óbvia, como também é uma obrigação desse último ter que aceitar essa condição. 2) Tipo *gemelar*: nesses casos, embora o paciente admita, em parte, que o analista é uma pessoa autônoma dele, persiste uma convicção de que eles são como que gêmeos univitelinos, na forma de pensar e de agir. 3) Tipo *especular* propriamente dito: nesse caso, o paciente concede uma autonomia bem maior ao analista e reconhece muitas diferenças entre eles, porém não dispensa a sua certeza de que cada um deve mirar-se no espelho do outro.

Desfazer gradativamente essa ilusória similaridade provoca muita dor, confusão e ódio nesse tipo de paciente de orgaanização narcisista; contudo é a única forma de manter a estabilidade do *setting* e de propiciar um crescimento verdadeiro. Em caso contrário, se o analista não mantiver bem delimitadas as diferenças, vai acontecer uma alta probabilidade de *actings* e de *contra-actings*.

Isomorfia

Tal como foi antes enfatizado, talvez o maior mérito que o *setting* representa consiste na criação de um novo espaço para o analisando, raro e singular, que lhe permita reexperimentar, no vínculo com o analista, a antigas – e novas – experiências emocionais, de modo a poder estabelecer novas identificações, significações e soluções, diferentes daquelas que ele vinha repetindo estereotipadamente. Para tanto, uma das funções do *setting* é a de propiciar uma *isomorfia* entre o que o paciente, no presente, busca na transferência com o analista, e aquilo que no passado, ele tentou encontrar com a mãe. Isso vale para qualquer paciente, porém adquire uma importância especial quando se trata de analisandos muito regressivos, nos quais houve uma grave falha na função materna.

O fundamental, no entanto, é que não se confunda "isomorfia" (significa: "uma forma análoga") com um estado de plena igualdade. Deve haver uma isomorfia com os cuidados maternos originais – durante um período transitório! – porém o analista não pode assumir o lugar e o papel da mãe, como se, de fato, ele esteja sendo uma mãe substituta, mas, sim, ele deve *emprestar algumas funções de maternagem.*

Se essas três condições não forem preservadas de forma bem definida no *setting*, ele corre o sério risco de ficar desvirtuado, com prejuízos para a evolução exitosa dos aspectos regressivos de cada paciente, com o risco de o analista "sair do seu lugar" e do campo analítico adquirir um clima confusional, com o borramento das diferenças, perda dos limites e do sentido da realidade e, pior que tudo, de se prolongar por muitos anos um "faz-de-conta que é análise".

Ademais, por mais que os analisandos possam pressionar para transgredir ou perverter essas três condições básicas, no fundo eles receiam que o seu psicanalista fraqueje, porquanto, em sua grande maioria, aquilo que todo paciente deseja é unicamente sentir e saber que está sendo bem analisado!

CAPÍTULO 28

Resistências

Desde os primórdios da psicanálise, o fenômeno *resistência* tem sido exaustivamente estudado em sua teoria e técnica, mas nem por isso, na atualidade, perdeu em significação e relevância. Pelo contrário, ele continua sendo considerado a pedra angular da prática analítica e, cada vez mais, os autores prosseguem estudando-o sob renovados vértices de abordagem e conceitualização.

Na qualidade de conceito clínico, a concepção de *resistência* surgiu quando Freud discutiu as suas primeiras tentativas de fazer vir à tona as lembranças "esquecidas" de suas pacientes histéricas. Isto data de antes do desenvolvimento da técnica da associação livre, quando ele ainda empregava a hipnose, e a sua recomendação técnica era no sentido de *insistência* (por parte do psicanalista) como o contrário da *resistência* (por parte do paciente). Este *método de coerção associativa* empregado por Freud incluía uma pressão de ordem física que ele próprio procedia e recomendava como "*colocando a mão na testa do paciente, ou lhe tomando a cabeça entre minhas duas mãos...*"(1893-v. 5, pp. 137; 327) a fim de conseguir a recordação e verbalização dos conflitos passados.

Freud empregou o termo *resistência*, pela primeira vez, ao se referir a Elisabeth Von R. (1893), com a palavra original *widerstand*, sendo que em alemão "wider" significa "contra", como uma oposição ativa. Até então a resistência era considerada exclusivamente como um *obstáculo* à análise, correspondendo sua força à quantidade de energia com que as idéias tinham sido reprimidas e expulsas de suas associações.

O termo "resistência", por longo tempo, foi empregado com uma conotação de juízo pejorativo. A própria terminologia utilizada para caracterizá-la, em épocas passadas (de certa forma, ainda persistindo no presente), era impregnada de expressões típicas de ações militares, como se o trabalho analítico fosse uma beligerância do paciente contra o analista e vice-versa. Um exemplo disso é uma antiga referência de Freud, comumente muito citada: "*o inimigo não pode ser vencido* in absentia *ou* effigie" (1912, p. 199).

Em *A interpretação dos sonhos* (1900), os conceitos de *resistência* e de *censura* estão intimamente relacionados: a "censura" é para os sonhos aquilo que a "resistência" é para a associação livre. Neste trabalho, em suas considerações sobre o esquecimento dos sonhos, Freud deixou postulado que *uma das regras da psicanálise é que tudo o que interrompe o progresso do trabalho psicanalítico é uma resistência*" (p. 551).

Aos poucos, com a tática de ir da periferia em direção à profundidade, Freud foi entendendo que o reprimido, mais do que um corpo estranho, era algo como um "infiltrado". Assim, ele começa a deixar claro que a resistência não era dirigida somente à recordação das lembranças penosas, mas também contra a percepção de impulsos inaceitáveis, de natureza sexual, que surgem distorcidos. Com isso, Freud conclui que o fenômeno resistencial não era algo que surgia de tempos em tempos na análise, mas sim que ele está permanentemente presente.

Freud aprofundou bastante o estudo sobre as Resistências em *Inibição, sintoma e angústia* (1926), quando, utilizando a hipótese estrutural, descreveu cinco *tipos* e três *fontes* das mesmas. Os tipos derivados da fonte do ego eram: 1) *Resistência de repressão* (consiste na repressão que o ego faz, de toda percepção que cause algum sofrimento). 2) De *transferência* (o paciente manifesta uma resistência contra a emergência de uma transferência "negativa", ou "sexual", com o seu analista). 3) De *Ganho secundário* (pelo fato de que a própria doença concede um benefício a certos pacientes, como os histéricos, personalidades imaturas, e aqueles que estão pleiteando alguma forma de aposentadoria por motivo de doença, essas resistências são muito difíceis de abordar, eis que egossintônicas). 4) As *resistências provindas do* id (Freud as considerava como ligadas à "compulsão à repetição" e que, juntamente com uma "adesividade da libido", promovem uma resistência contra mudanças. 5) Por fim, a *resistência oriunda do superego*, a mais difícil de ser trabalhada, segundo Freud, por causa dos sentimentos de culpa que exigem punição.

No clássico *análise terminável e interminável* (1937), Freud introduz alguns novos postulados teórico-técnicos, e creio que se pode dizer que aí ele formula um sexto tipo de resistência: a que é provinda do *ego contra o próprio ego*: "*...em cer-

tos casos, o ego considera a própria cura como um novo perigo" (p. 271). A meu juízo, Freud está aqui intuindo e prenunciando aquilo que Rosenfeld (1965) veio a chamar de *"gangue narcisista"* e Steiner (1981) de *"organização patológica"*.

Neste mesmo trabalho de 1937, Freud aporta outras importantes contribuições sobre resistências, como são as seguintes: o conceito de *reação rerapêutica negativa* (RTN) como sendo aderido ao instinto de morte; a valorização do papel da contratransferência, sendo que ele aponta que a resistência do analisando pode ser causada pelos *erros do analista*, a observação de que a resistência no homem se devem ao medo dos desejos passivo-femininos em relação a outros homens, enquanto a resistência das mulheres deve-se em grande parte à "inveja do pênis"; e Freud também alude ao surgimento de uma *"resistência contra a revelação das resistências"* (p. 272).

Muitos outros autores, contemporâneos de/ou posteriores a ele, trouxeram importantes contribuições ao estudo das resistências, como são, entre tantos outros: Ferenczi (1918) apontou para o fato de que a própria regra fundamental da livre associação de idéias podia ser usada para fins resistenciais; Abraham (1919) descreveu com maestria aspectos ainda vigentes das resistências crônicas de natureza narcisística; W. Reich (1933) insistia no fato de que o trabalho primordial do psicanalista, de início, deveria ser a remoção da "couraça caracterológica" formadora do tipo de resistência que ele denominou *"resistência de caráter"*; J.Rivière (1936) fez um importante estudo sobre as defesas maníacas na gênese da RTN, como uma forma resistencial de negação das ansiedades depressivas; Anna Freud (1936), seguindo os esboços do pai, foi a primeira a fazer uma clara sistematização das defesas que o ego utiliza como resistências, demonstrando que essas não são apenas obstáculos ao tratamento, mas são também importantes fontes de informação sobre as funções do ego em geral.; M. Klein, desde 1920, com os seus conhecidos estudos sobre o psiquismo primitivo e a análise com crianças, propiciou uma compreensão bastante mais clara acerca dos arcaicos recursos defensivos que o ego utiliza como movimentos resistenciais; Rosenfeld (1965) aprofundou o estudo das resistências em pacientes de personalidade narcisística, não-psicóticos, nos quais um *"self* idealizado", patológico e de gênese precoce obriga o indivíduo a um boicote e a uma permanente resistência contra o aparecimento de genuínas necessidades da parte infantil dependente; Bion, embora não tenha produzido nenhum artigo explicitamente sobre resistências, deixou um importante legado sobre este tema, notadamente pelo seu enfoque da *vincularidade analítica,* como será descrito mais adiante.

Entrementes, as sementes de Freud continuam frutificando. Um exemplo disto pode ser dado a partir de seus estudos sobre o ideal do ego. Assim, em *Introdução ao Narcisimo* (1914, p. 105) aparece o seguinte trecho "... *deverá realizar (a criança) os desejos, não-cumpridos, de seus pais"*. Baseados em afirmativas desta essência, um significativo contingente de analistas, inspirados em Lacan, que advoga um "retorno a Freud", tem extraído uma significação especial para a compreensão de algumas formas de resistência nas terapias psicanalíticas. Sua formulação básica fica baseada no fato de que o desejo da criança (paciente) é o de ser desejado pelo Outro (pais no passado; terapeuta, no presente).

Em outras palavras, a criança, para garantir o amor dos pais, pode ter aprendido, desde sempre, a adivinhar e a cumprir as expectativas ideais dos mesmos; logo, o seu desejo confunde-se como sendo o "desejo do outro". A não ser assim, a criança de ontem – nosso analisando de hoje – correria o grave risco de perder o amor do superego e do objeto externo, sendo que, sempre que isso acontece, sobrévem uma reação do tipo de *protesto, desesperança e retraimento,* nos mesmos moldes que as crianças, estudadas por Spitz (1945), que tiveram abandonos prematuros. É evidente que a reprodução disso tudo no campo analítico configura-se sob a forma de poderosas resistências inconscientes, como, por exemplo, a de um estado mental de *desistência.*

Em resumo, o que de mais importante pode ser dito é o que a evolução do conceito de resistência, na prática analítica, sofreu uma profunda transformação, desde os tempos pioneiros em que ela era considerada unicamente como um obstáculo de surgimento inconveniente, até os dias de hoje, quando, embora se reconheça a existência de resistências que obstruem totalmente o curso exitoso de uma análise, na grande maioria das vezes o aparecimento das resistências no processo analítico é muito bem-vindo, porquanto elas representam, com fidelidade, a forma de como o indivíduo defende-se e resiste no cotidiano de sua vida.

Assim, de modo genérico, a *resistência no analisando* é conceituada como a resultante de forças, dentro dele, que se opõem ao analista, ou aos processos e procedimentos à análise, isto é, que obstaculizam as funções de recordar, associar, elaborar, bem como o desejo de mudar. Nessa perspectiva, continua vigente o postulado de Anna Freud (1936) de que a análise das resistências não se distingue da análise das defesas do ego, ou seja, da *"permanente blindagem do caráter"* (p. 46).

TIPOS DE RESISTÊNCIAS

Não é possível uma clara classificação ou sistematização das resistências, por três razões: as diferenças semânticas entre os autores, os múltiplos vértices de abordagem e a sua multideterminação.

O que pode ser dito é que a resistência tanto pode ser inconsciente quanto consciente, mas sempre provém do ego, ainda que possa vir orquestrada pelas outras instâncias psíquicas. Ela pode expressar-se por meio de emoções, atitudes, idéias, impulsos, fantasias, linguagem, somatizações ou ações. Ou seja, todos os aspectos da vida mental podem ter uma função de resistência; daí a sua extrema complexidade. Clinicamente, elas aparecem em uma variedade de maneiras: claras, ocultas ou sutis; simples ou complexas; pelo que está acontecendo e pelo que está deixando de acontecer. Além disso, cada indivíduo tem uma pletora de recursos resistenciais, os quais variam com os distintos momentos do processo analítico.

1. As resistências poderiam ser sistematizadas a partir da *teoria estrutural*, como fez Freud (1926), no qual ele postulou os cinco tipos clássicos atrás referidos. Sob essa ótica, hoje, o importante consiste em estabelecer as inter-relações *dentro* das das respectivas instâncias psíquicas de onde se originam as resistências inconscientes (id, ego, superego, ego ideal, ideal do ego, contra-ego); *entre* essas instâncias; e delas com a *realidade exterior*. Da mesma forma, se partirmos da primeira tópica de Freud, o importante seria a compreensão do surgimento das resistências a partir não da simples localização *topográfica,* mas, sim, de como se processa o trânsito comunicativo entre os sistemas consciente-préconsciente-inconsciente.
2. Alguns autores, como Greenson (1967) tentam uma classificação baseada em *manifestações clínicas*, tais como: faltas, atrasos, intelectualizações, silêncio ou prolixidade, segredos, sonolência, ataque às funções do ego em si próprio ou no analista (de perceber, sentir, pensar e discriminar), fuga para a extratransferência, etc. A partir deste enfoque clínico, o importante é que, em um dos passos cruciais da análise, possa-se *transformar as resistências egossintônicas em egodistônicas,* para que o paciente alie-se ao terapeuta, no objetivo comum de analisar e superá-las.
3. Uma forma também muito simplificada de sistematizar as resistências é pelo critério de suas *finalidades*. Assim, além daquelas descritas por Freud (1926, 1937), vale acrescentar: resistência contra a *regressão* (medo da psicose); contra a renúncia às *ilusões* simbióticas; contra as *mudanças* verdadeiras (pavor de uma catástrofe, caso o paciente abandone as suas familiarizadas soluções adaptativas); contra vergonha, culpa e humilhação do *colapso narcísico*; contra a elaboração da *dor* da elaboração da posição depressiva; contra os temores persecutórios próprios da posição esquizoparanóide e contra os *progressos analíticos* (o grau extremo é a RTN). Também deve ser incluída a resistência que se manifesta como um sadio movimento do paciente contra as possíveis *inadequações do seu analista*.
4. Uma outra tentativa de sistematização seria a de baseá-la no tipo, grau e função das *defesas mobilizadas*. Assim, as organizações defensivas podem se constituir como: inibições; sintomas; angústia; estereotipias; traços caracterológicos; falsa identidade; formas obstrutivas de comunicação e linguagem; *actings* excessivos, etc., etc.
5. Poderíamos classificar as resistências relacionando-as aos *pontos de fixação patológicos* que lhes deram origem. Assim teríamos, por exemplo, resistências de natureza narcisística, esquizoparanóide, maníaca, fóbica, obsessiva, histérica, etc. É claro que se isso fosse tomado de modo absoluto, geraria grande imprecisão, tão óbvio nos é, por exemplo, que subjacente a toda fixação edípica pode estar perfilada a criança avara da fase anal, a criancinha ávida da fase oral, ou o bebê mágico da fase narcisista.

6. É útil considerar as resistências em relação às *etapas evolutivas do desenvolvimento emocional primitivo*. Dessas, a *narcisista* é particularmente importante por se constituir no crisol da formação da personalidade e da identidade. Assim, a maioria das pessoas que hoje procura análise apresenta importantes problemas caracterológicos, de baixa auto-estima e de prejuízo do sentimento de identidade, derivados da permanência de um estado depressivo subjacente, muitas vezes resultante das primitivas feridas narcisísticas.

Tais pacientes muito regressivos, para garantir a sua sobrevivência psíquica, podem buscar refúgio *dentro* do outro, ou *fugindo do outro*. No primeiro caso, na situação analítica, na busca por uma aliança simbiótica com o seu terapeuta, o paciente recorre a um excessivo emprego de identificações projetivas, de modo a enfiar-se dentro do analista, tanto que, segundo Meltzer (1967, p. 13), essas últimas se constituem *"na única defesa infalível contra a separação"*, o que determina, nestes pacientes, uma ansiedade confusional e um pavor de perder a sua identidade. Quando o refúgio consiste em *fugir* do outro, este analisando o faz por meio de evitações fóbicas, *actings* malignos (perversões, psicopatias) ou pela criação de uma, sua, autarquia narcisística (*borderline*, por exemplo). Estas últimas representam organizações defensivas, rigidamente estruturadas, porquanto a *necessidade de sobrevivência* ocupa um espaço psíquico muito maior do que o dos desejos edípicos. Dessa forma, na análise resulta que *quanto mais frágil for o ego do paciente, mais forte ele o é para resistir ao analista*

RESISTÊNCIA – EXISTÊNCIA – DESISTÊNCIA

Estes pacientes mais regressivos opõem sérias resistências às mudanças e desejam manter as coisas como elas estão, não porque não desejem curar-se, mas é que não acreditam nas melhoras, ou que as mereçam, ou que correm o sério risco de voltar a sentir as dolorosas experiências passadas de traição e humilhação; seu objetivo de vida é para sobreviver e não para viver!

Etimologia

Vou me socorrer da etimologia para clarear a última afirmativa. Entendo como muito ilustrativo e importante o fato de que esse significado de sobrevivência sintoniza com o que está contido na morfologia do vocábulo "resistência" (*"re"* + *"sistencia"*). O prefixo *"re"* costuma emprestar quatro significados às palavras que ele compõe, e coincide que cada um deles, separadamente, conecta com um aspecto parcial do conceito de fenômeno resistencial. Assim, *"re"* tanto indica: 1) A noção básica de "voltar atrás" – no caso, aos primitivos pontos de fixação – (como em: regredir, revogar...). 2) A noção de "oposição" (como em: revoltar, reprovar...). 3) O significado de "repetição" (como em: reiterar, ressentir...). 4) O sentido de uma "busca de algo novo"(como em: reforma, re(e)evolução...). Por sua vez, o étimo *"sistência"* deriva de *"sistere, sistens"* que, em latim, entre outros, tem o significado de "continuar a existir". A partir desta perspectiva etimológica, o conceito de resistência, especialmente com pacientes bastante regressivos, pode ser entendido como sendo (1) uma *volta* à utilização de (2) recursos *defensivos e ofensivos* (contra o que, ou quem, lhes representa alguma ameaça), (3) de um modo *repetitivo* e tenaz, em uma busca ativa, do direito de (4) *continuar a existir* (vem do prefixo "ex" que designa "para o mundo de fora"). O contrário de re-sistir, ou seja, de-sistir (o prefixo "de" significa privação) é que seria funesto.

A propósito, penso que a forma resistencial mais grave é justamente a de um estado mental do analisando de *Desistência*, em cujo caso ele procede unicamente de maneira formal e mecânica, sendo que o "seu único desejo pode ficar reduzido ao extremo de não ter desejos", assim esterilizando a eficácia analítica.

Isto se deve ao fato de que nos pacientes seriamente regredidos, antes do que *desejos*, existe um estado de profundas *necessidades*, que se não forem intuídas e satisfeitas pelo analista reforçarão um estado anterior de sua vida, pelo qual, muito mais do que ódio, eles geram um sentimento de *decepção* pelo novo fracasso do meio ambiente. Isso interrompe o crescimento do *self* e prejudica a capacidade de desejar, o que conduz a uma sensação de *futilidade* e a uma *desistência de desejar e de ser*.

Assim, a desistência vem acompanhada de um estado afetivo de *indiferença*, provavelmente nos mesmos moldes da indiferença que o sujeito acredita que tenha sofrido por parte de todas as pessoas mais significativas de sua vida. A indiferença dessas pessoas consiste em aparentemente não desejar ver e nem ser visto, notado e reconhecido, sendo que nos casos mais graves forma-se um investimento aditivo ao "nada", e o exagero de uma "onipotência do masoquismo" torna-os suicidas em potencial.

Em resumo, na situação psicanalitica enquanto houver *resistências que pugnam pela existência*, ainda persiste a chama da esperança, sendo que a pior forma de resistência é a de um estado mental de desistência, a qual cronifica a des-esperança (ou seja, o paciente nada mais espera da análise e da vida).

Um conhecido conto, à moda de fábula, talvez possa melhor ilustrar as diferenças entre resistência, desistência e existência. Trata-se da história dos dois ratinhos que cairam no fundo de uma garrafa que estava cheia de leite e sentiram a ameaça de uma iminente morte por afogamento. Um deles decidiu que seria inútil lutar contra a fatalidade e, passivamente deixou-se morrer afogado (equivale ao *estado de desistência*). O outro ratinho decidiu lutar e, às custas de um intenso, ativo e decidido agitar do corpo (equivale à *resistência*), ele manteve-se à tona durante um tempo prolongado, até que de tanto leite ser batido transformou-se em queijo, o qual então foi devorado pelo ratinho, assim abrindo um acesso ao gargalo da garrafa e daí para a liberdade do mundo externo, assim garantindo o seu direito de continuar a viver (correspondente ao *existir*).

RESISTÊNCIAS NA PRÁTICA ANALÍTICA

Dentro da concepção da contemporânea psicanálise vincular, não é possível dissociar a resistência da contra-resistência; unicamente com um propósito didático é que eles serão abordados separadamente, em capítulos específicos.

As resistências do paciente na situação analítica manifestam-se de múltiplas formas e em diversas dimensões, como as seguintes.

Em Relação ao *Setting*

A criação do *setting* constitui-se na principal tarefa do analista para assegurar o estabelecimento e a manutenção do processo analítico. É o *setting* que garante a indispensável colocação de limites e de hierarquia, a abertura de um novo espaço onde podem ser reproduzidas antigas experiências emocionais mal resolvidas, com um indispensável clima de verdade e neutralidade.

Por tudo isso, sem rigidez ou tolerância excessivas por parte do analista, o *setting* deve ser preservado ao máximo em suas combinações essenciais, tendo em vista que o paciente pode desferir ataques – que na verdade são defesas resistenciais – contra a sua manutenção. Embora tais ataques possam ser desferidos, de uma forma ou outra, contra todas as "regras técnicas" legadas por Freud que, devidamente transformadas, continuam vigentes na atualidade, quero me alongar mais detidamente nas resistências do analisando contra a regra que podemos chamar de "amor às verdades".

O conceito de *verdade* na relação analítica é fundamental em todos os aspectos teóricos e técnicos, e a sua importância tendo sido exaltada pelos mais notáveis estudiosos da psicanálise, sendo justo dar uma relevância especial às inestimáveis contribuições de Bion acerca desta temática.

Assim, Bion (1963, p. 1967) considerou importante considerar que nas terapias psicanalíticas todo paciente e todo analista é portador, em algum grau, de uma parte que prefere as *não-verdades* (é o que ele denomina como "-*K*") e isso está longe de ser sinônimo de mentira ou falsidade, ainda que ocasionalmente possa sê-lo.

Essa resistência ao conhecimento da verdade tem uma ampla gama de variações no cotidiano clínico, desde a mentira com intencionalidade consciente até as falsificações de natureza totalmente inconsciente, passando por situações intermediárias, como as meio-verdades, sonegações, reticências, enigmas, mensagens ambíguas, etc. A idealização inicial, ou o denegrimento, que o analisando faz do seu analista, pode representar uma distorção resistencial necessária e útil, desde que fique claro que isso *não vá se constituir num clima permanente da análise*.

Um fator importante para um clima eficaz do *setting* é a *motivação*, tanto a consciente quanto a inconsciente, quanto aos objetivos relativos a que ambos, analista e analisando, esperam da análise. É bastante freqüente que na motivação inicial do paciente para o tratamento analítico a busca pela manutenção do *status quo* seja bem maior do que a de mudanças verdadeiras. Neste tipo de resistência, a procura do objeto externo analista pode servir como forma de eludir o contato com os ameaçadores objetos internos.

Para clarear as reflexões aqui apresentadas, vou referir uma situação clínica do início da minha atividade psicanalítica, Trata-se do paciente A., cuja análise prolongou-se por muitos anos, com significativas melhoras nos planos de esbatimento de sintomas e nos aspectos adaptativos, porém com com pobres resultados no tocante às modificações dos seus núcleos caracterológicos mais regressivos (correspondia ao que Bion chama de *"parte psicótica da personalidade"*). Na entrevista inicial, ela disse que viera de uma interrompida psicoterapia anterior, que resolvera *"trocar por análise"* para *"aprofundar-se mais"* e que escolhera a minha pessoa por me achar *"muito humano"*. Mais adiante, ela refere que resolvera fazer o vestibular para a faculdade X, ao invés da Y, que era muito melhor, porque na primeira *"era muito mais fácil para passar"*. O curso da análise foi muito penoso e incidentado, sempre que eu insistia em trabalhar mais incisivamente o nível da dimensão psicotizada de sua personalidade. Hoje entendo que a paciente estava coerente com a sua forte resistência a um trabalho analítico mais sério, já que em nosso contrato ficara implícito que ela me escolhera, por acreditar que comigo seria "muito mais fácil", que ela poderia aprofundar um vínculo que ela chamara de "humano" e que muito cedo mostrara que ela o queria de natureza simbiótica. A paciente se rebelara porque eu é que não estava cumprindo nosso acordo latente, paralelo ao manifesto, de que a confiança que ela depositara em mim o fora nas minhas prováveis limitações e incapacidades.

Em Relação à Interpretação

A eficácia de toda interpretação do analista, além da importância do seu conteúdo, forma, oportunidade, finalidade e estilo de como ela é comunicada ao paciente, depende fundamentalmente do *destino* que as mesmas tomam na mente deste último. Isto nos remete a um problema muito sério relativo à resistência na prática analítica, qual seja, o de que as interpretações do analista, apesar de estarem *certas* do ponto de vista de compreensão da conflitiva inconsciente, possam ser *ineficazes*.

A transmissão do conteúdo verbal do paciente para o analista, e vice-versa, implica tantas variáveis, de tantos vértices teóricos, que se torna impraticável fazer, aqui, um estudo minucioso. Vou me limitar à observação de algumas costumeiras formas de resistências no ato interpretativo, como são, entre outros tantos, os seguintes asinalados por Bion: os *distúrbios da comunicação, os ataques aos vínculos perceptivos*, e o fenômeno da *"reversão da perspectiva"*.

Assim, uma primeira observação que se impõe é que nem sempre a comunicação verbal do paciente tem a finalidade de realmente comunicar algo para o psicanalista; pelo contrário, muitas vezes, tal como nos ensinou Bion, o propósito inconsciente visa confundir o terapeuta e atacar os seus vínculos perceptivos. O mesmo autor enfatiza que o dom da fala pode ter o propósito de elucidar e comunicar pensamentos, assim como também o de escondê-los na dissimulaçao e na mentira. Todos nós conhecemos aqueles indivíduos fortemente narcisistas para os quais é muito gratificante usar uma linguagem onde o *"bien dire"* prevalece sobre o *"dire vrai"*, e isso na situação analítica se coloca a serviço da resistência.

Da mesma maneira, pacientes em condições regressivas podem resistir a verbalizar claramente suas necessidades e desejos, movidos pela ilusão simbiótica de que o terapeuta tem a obrigação de adivinhá-los e, da mesma forma como ocorre com as criancinhas, ser obrigado a falar se constitui, para eles, em uma ferida narcísica profunda.

De forma análoga, como assinala Ferrão (1974, p. 80), *"há o tipo de paciente que se dá o papel de "supervisor" do analista: fala por subentendidos, estimulando a curiosidade de seu analista para decifrá-los, elogiam quando este consegue acertar e criticam-no quando supõem que ele erra;...e há pacientes que procuram transformar a sessão numa verdadeira polêmica, como se a análise fosse um jogo de opiniões"*.

Com o termo *"Ataque aos vínculos"* – título de um trabalho seu (1967) considerado um dos mais originais e criativos da literatura psicanalítica, Bion refere-se aos ataques que "a parte psicótica da personalidade" do paciente dirige contra qualquer coisa que ele sente como tendo a função de vinculação, que tanto pode ser de um objeto ao outro, um pensamento com outro, um pensamento com o sentimento e assim por diante.

Segundo Bion, tais ataques ao analista devem-se não tanto ao conteúdo das interpretacões, mas, sim, ao fato de que este analista está compreendendo e revelando o íntimo do paciente na tarefa de interpretar, porquanto a interpretação exitosa representa um elo, uma ligação entre dois pensamentos, assim caracterizando uma ligação humana. Os pacientes que priorizam os ataques aos vínculos das interpretações são justamente aqueles que se mostram empenhados em desunir ou estabelecer uniões estéreis dele com o seu analista e dele consigo próprio.

Bion também fez uma importante contribuição relativa ao destino da interpretação nos pacientes portadores de uma forte "parte psicótica da personalidade" quando ele descreve o fenômeno da *"re-*

versão da perspectiva". Este fenômeno consiste basicamente no fato de que o paciente que o utiliza mantém com o analista uma "acordo manifesto e um desacordo latente", tendo em vista o fato de que, formalmente, possa tratar-se de um paciente assíduo, colaborador, gentil, que assente com a cabeça confirmando que está aceitando as interpretações, porém no fundo, ele as desvitaliza, revertendo o significado de tais interpretações a suas próprias premissas que lhe são familiares e que lhe servem como defesas, logo, como resistências.

O conceito de "reversão da perspectiva" não tem o mesmo significado que o de um transtorno paranóide do pensamento, ou de um controle obsessivo, bem como, também, não alude ao problema da falsidade; na verdade, está mais próximo a de um perverso que quer impor as suas premissas, de forma sutil. Segundo Bion, este tipo de resistência à interpretação também não equivale àquela que habitualmente é conhecida como "intelectualização"; antes, ela se deve à incapacidade de *pensar* destes pacientes.

Ainda em relação ao destino da interpretação, Rosenfeld (1965) assinala o quanto os pacientes narcisistas *"podem aceitar e usar as interpretações do analista, mas imediatamente as despojam de vida e significação, de maneira que apenas restam palavras sem sentido"* (p. 201).

Em Relação à Elaboração

O processo de elaboração analítica consiste, em linhas gerais, na aquisição de um *insight* total a partir da integração de *insights* parciais. Pode-se dizer que, no curso da análise, um fluxo e continuado e crescente de *insight*, sem que haja mudanças autênticas na vida real, está se revelando como um sério indicador de resistência à análise, talvez uma das mais sérias, qual seja, a da *resistência às mudanças*.

Fora de dúvidas, os pacientes que apresentam o maior grau de resistência às verdadeiras mudanças são aqueles que, mercê de uma forte caracterologia narcisística defensiva, funcionam no processo analítico na condição de *"pseudocolaboradores"*. Essa última denominação já aparece no magistral trabalho de Abraham, que aborda esta temática de resistências narcisistas (1919) e, mais recentemente, também Meltzer (1973, p. 31) considera estes falsos colaboradores como pacientes que desenvolveram o que ele denominou como *"pseudomadurez"*, assim como Betty Joseph (1975, p. 414) retoma o termo original de Abraham (estra-

nhamente sem citá-lo). Esta última autora faz a interessante observação de que o que caracteriza estes pacientes é que "...*eles mantêm esplitada a sua parte paciente, e usam a comunicação verbal como uma forma de acting. Aparentemente são bastante cooperadores e adultos, mas essa cooperação é uma pseudocooperação destinada a manter o analista afastado das partes infantis do "self", realmente desconhecidas e mais necessitadas"*.

Uma das formas de resistência que pode ocorrer, na esteira do narcisimo, é a que encontramos nos pacientes que desenvolveram uma *"transferência imitativa* (Gadini, 1984, p. 9) a qual se constitui em uma situação *"das mais temíveis e insidiosas"* para o processo analítico. *Temível* porque se organiza como resistência poderosa e tácita. *Insidiosa* porque se apresenta com todas as aparências de uma transferência positiva. Usam a imitação, ao invés da introjeção e, por essa razão, não conseguem a estruturação de uma identidade bem-definida.

Ainda um outro tipo de resistência decorrente de fixações narcisistas é a de natureza que poderíamos denominar *"transferência de vingança"* (em alusão à expressão que Freud utilizou para caracterizar sua paciente Dora-1905, p. 116), a qual está presente em pacientes que, embora de forma latente, são cronicamente ressentidos e rancorosos. Comumente são analisandos que tiveram, muito precocemente, uma importante perda parental e que, por isso mesmo, acham-se no direito de, pelo resto da vida, reivindicar o retorno do anelado, e impossível estado anterior. Compensam este fracasso, e as conseqüentes traições que julgam ter sofrido, desfigurando as situações reais e configurando outras, nas quais aparecem como uma, privilegiada, vítima de injustiças e humilhações, as quais ruminam de forma obsessiva e prazerosa, com fantasias e planos de ressarcimento e vingança. Essa caracterização coincide com o que Bergler (1959) chama de *"colecionadores de injustiças"*. A compulsão rancorosa, ainda que seja um derivado indireto da inveja, diferencia-se dessa, pois não visa primariamente a destruir as capacidades do analista invejado, mas sim de castigá-lo. Essa forma de resistência se processa de maneira egossintônica porquanto o analisando se acha com pleno direito para tal, e o triunfo sobre o analista, representante do antigo objeto abandonante e humilhador, pode passa a ser, na análise, um objetivo mais importante que a própria cura.

Exemplifico com um analisando que se dizia sempre amedontrado ante mim, e configurava esse sentimento com uma imagem que repetia com freqüência: ele se sentia como um pobre ratinho, fraco e humilde, enquanto eu lhe aparecia como um gatão, grande, forte, capaz e detentor do poder. Movido por um sentimento contratransferencial, em certo momento perguntei a quem o gato e o rato lhe lembravam. Respondeu, prontamente: Tom e Jerry. A continuidade do trabalho foi em torno do quanto se imaginava vingando-se de todas as figuras autoritárias, do presente e do passado, que o teriam submetido e humilhado. Secreta e sutilmente, e fazendo da astúcia a sua principal arma, qual Jerry sempre levando vantajem final sobre Tom, sentia-se passando de submetido a submetedor, de humilhado a humilhador.

Este paciente ilustra outros tantos que, como ele, polido sem afetação, e com um educado ressentimento e sarcasmo, ante o temor de sofrer um novo abandono agressivo, resistem à análise, reagindo com um *furor narcista* (termo de Kohut-1971), para dar uma boa lição a quem representa essa injuriosa ameaça. Ocorre que estes analisandos ressentidos, sem motivos aparentes, fazem uma oposição sistemática, porque para o endosso de sua tese precisam configurar o analista como objeto mau. Agem, como me disse este mesmo paciente que ilustrei acima: *para mim, a lei mais importante da vida, é a de Talião*". Não se julgam primariamente agressivos porquanto estão unicamente justiçando através desta lei. Ou seja, como mostra a etimologia da palavra, estão de novo e mais uma outra vez ("re")-"taliando". Quanto mais melhoram, mais se queixam, e isso costuma despertar reações contratransferenciais dolorosas, uma sensação no analista de vazio, desânimo e de estar sendo vítima de ingratidão. Essas situações não são infreqüentes e podem contribuir para a formação de impasses.

O negativo da elaboração é o impasse, ou seja, este surge quando aquele se detém. Pela importância que o impasse psicanalítico – incluída a sua forma mais grave, a reação terapêutica negativa – representa para a clínica cotidiana do processo analítico, creio ser válido a inclusão de um capítulo especial, que segue mais adiante (o de número 30).

Contra-Resistência

Como já foi frisado, a separação em capítulos específicos sobre os fenômenos resistencial e contra-resistencial justifica-se unicamente pelo intento didático, pois, dentro da contemporânea terapia psicanalítica vincular, é evidente que toda manifestação mental do paciente –a resistência, por exemplo – vai de alguma forma repercutir no terapeuta e vice-versa. Não obstante, é necessário destacar que assim como a resistência pode partir unicamente do paciente, também ela pode proceder unicamente do analista, embora o que sobretudo vai nos interessar no presente texto é a interação resistencial/contra-resistencial que se processa *entre* ambos no campo analítico.

CONCEITUAÇÃO

A contra-resistência chegou a ocupar um significativo espaço na literatura psicanalítica, como pode ser constatado nas vezes em que Racker (1960) emprega este termo e nas conceituações que ele faz acerca deste fenômeno, em seu consagrado livro sobre técnica psicanalítica. Gradativamente, os autores foram parando de abordar e de nomear diretamente a presença das manifestações da contra-resistência, talvez pela possibilidade de que as considerassem enquadradas no fenômeno contratransferencial. Não há dúvida quanto ao fato de que os fenômenos de resistência e transferência – e por conseguinte os de contra-resistência e contratransferência – estão intimamente conectados, como Freud estudou exaustivamente; não obstante, acompanhando a muitos autores, também entendo que existe uma nítida diferença conceitual e é útil estudar e nomeá-los separadamente.

A partir dos trabalhos do casal Baranger (1961-6) sobre o *campo analítico* e os de Bion (1959) relativos à *psicanálise vincular,* embora sem que eles tenham usado especificamente esta denominação de "contra-resistência", tem havido um renovado interesse dos psicanalistas relativo aos aspectos contra-resistenciais.

Inicialmente, impõe-se fazer a distinção de quando a resistência, inconsciente ou consciente, por parte do analista, é originária dele próprio, ou quando ela é decorrente de um estado de contra-identificação com o seu analisando. No primeiro caso, estamos falando de *resistência do analista*; no segundo, trata-se de *contra-resistência.*

Resistência do Analista

O melhor indicador de que as resistências procedem unicamente de dentro do analista é quando elas se repetem sistematicamente com todos os seus pacientes, independentemente de como eles sejam diante de uma conflitiva emocional equivalente. Por exemplo, se qualquer paciente de uma determinada categoria (idoso, adolescente, mulher bonita), independentemente da estrutura emocional de cada um deles individualmente, o analista experimentar as mesmas reações emocionais e, assim, vier a formar "pontos cegos" em sua mente, é certo que ele "resistirá" a aprofundar a análise daquilo que ele não está suportando em si próprio.

Psicanalistas norte-americanos (Kantrowitz, 1989) estudaram e pesquisaram com profundo rigor científico o que eles denominam de *"match"*, que consiste no fato de que, indo muito além de uma simples repetição transferencial entre terapeuta e paciente, estabelece-se entre ambos um "encontro", singular, decorrente das características próprias e reais de cada um deles, de sorte que pode resultar uma harmonia produtiva ou uma desarmonia estagnadora no trabalho do par analítico. O interessante desta pesquisa é que foi possível observar que em uma análise feita com psicanalistas igualmente competentes e forjados por uma mesma formação oficial, os analisandos poderiam dar-se mal com um deles e se entrosar muito bem, do ponto de vista psicanalítico, com o outro; sendo a recíproca verdadeira. Mais ainda: muitos analisandos da pesquisa se beneficiaram claramente em uma área de seu psiquismo – digamos, para exemplificar, a sexualidade –, enquanto em uma outra área, como podia ser a de uma primitiva organização narcisista, o processo analítico ficava detido. No entanto, uma eventual troca deste analisando por um outro analista poderia resultar em um resultado totalmente inverso, embora equivalente no balanço dos avanços e da estagnação.

Fatos como esses, nada raros na experiência cotidiana da clínica psicanalítica, permitem deduzir não só que a pessoa *real* do terapeuta exerce uma significativa influência no processo analítico, mas também que existem, virtualmente em todos analistas, determinados pontos cegos que se constituem como resistências, por vezes muito rígidas e imutáveis.

A resistência de um psicanalista também pode estar manifesta fora da situação analítica propriamente dita, como é o caso em que ele se nega a tomar conhecimento de outros vértices teórico-técnicos da psicanálise, ou toma conhecimento, porém os desvitaliza, na maior parte das vezes recorrendo a um sistemático reducionismo para os valores e conhecimentos com os quais ele está bastante familiarizado, porém que saturam a sua mente.

Contra-Resistência

A distinção que estamos propondo entre o que se trata de uma "*resistência própria do analista*" e quando é uma "*contra-resistência, em razão da influência do analisando*" pode ser exemplificada com a maneira como o terapeuta utiliza aquilo que Bion chama de uma mente saturada por "*memória, desejo, e ânsia de compreensão*". Assim, pode acontecer que o analista durante a sessão fique confuso, com uma hipertrofia ou atrofia de seus desejos, com a sua memória atrapalhada e, por conseguinte, com um prejuízo de sua indispensável capacidade perceptiva, em razão dos "*ataques aos vínculos perceptivos*" (Bion, 1967) desferidos pelo inconsciente do paciente, de tal sorte que ele pode ficar enredado no jogo resistencial deste último. Essa condição caracteriza um estado de contra-resistência. A mesma pode estar a serviço de uma sutil resistência de certos pacientes, que consiste no fato de que, ao invés de atacar a sua própria percepção de verdades intoleráveis, ele consegue o mesmo resultado, fazendo com que se multipliquem as resistências de seu analista..

Em contrapartida, o analista pode estar utilizando a sua *memória* como uma forma de possessividade controladora sobre o seu analisando, a partir da saturação da sua memória com conhecimentos de fatos já passados e que podem não coincidir com o momento afetivo presente naquele momento na mente do paciente. Da mesma forma, o *desejo* do terapeuta pode ser exclusivamente seu, como seria o caso de ele querer que a hora da sessão analítica termine logo porque está cansado ou perdido; ou almejar se gratificar com notáveis sucessos imediatos do seu paciente, mais atendendo aos seus interesses narcisísticos do que qualquer outra coisa, e assim por diante em uma infinidade de possibilidades.

NA PRÁTICA ANALÍTICA

Vale tentar rastrear o surgimento de resistências do analista, ou de contra-resistências que acontecem no campo analítico – de uma forma muito sumária – desde os primeiros passos, ou seja, desde a entrevista inicial de avaliação até as fases de término de uma análise.

Entrevista Inicial

Não é nada rara a possibilidade de que o surgimento da "resistência" no campo analítico, como já foi frisado antes, deva-se unicamente às resistências do próprio analista. Assim, já na situação de *seleção* de pacientes para enfrentar uma longa análise, é possível que, sob distintas racionalizações para não aceitar determinado paciente, o psicanalista possa estar se evadindo do seu medo de enfrentar uma situação regressiva, como, por exemplo: a da presença de um estado depressivo do consulente; a prática de *actings* que o desconfortam; uma forte sedução de alguma paciente histérica; sinais indicadores de uma "parte psicótica da personalidade", etc.

É claro que comumente também ocorre que o pretendente à análise possa estar com a sua motivação dividida, e a sua parte que está resistindo a enfrentar essa ameaçadora situação nova, visa, inconscientemente, provocar uma contra-resistência de *desistência* na pessoa do analista, para esse não aceitar o desafio de iniciar a análise.

Setting

As combinações que compõem a instituição de um necessário *setting* que possibilite uma análise exitosa podem ser resumidas no regular funcionamento das *regras técnicas,* legadas por Freud – tal como elas foram descritas no capítulo 26 –, sendo que cada uma delas pode, eventualmente, ficar desfigurada na sua essência e, por conseguinte, servir como uma posição resistencial do próprio analista.

Assim, o método da "associação livre", que se tornou conhecido como *regra básica* ou *fundamen-*

tal da técnica psicanalítica (1913, p. 177), pode servir como exemplo da afirmativa acima, porquanto Freud instruía seus pacientes no sentido de que contassem *"tudo que lhes viesse à cabeça"* (1909, p. 164), sem selecionar ou suprimir pensamentos e sentimentos, pois, do contrário, eles estariam resistindo, e o resistido deveria ser vencido acima de tudo. Isso, hoje, se tomado ao pé da letra pelo analista, estaria revelando uma resistência dele, pois faria crer que o único importante da análise seria a exigência de o paciente falar e, portanto, seus silêncios, atuações, ou tantas outras formas de comunicação não-verbal, seriam sempre maltoleradas, malcompreendidas e, portanto, não utilizadas para um aprofundamento do vínculo com o lado de difícil acesso do analisando.

Aos poucos foi se firmando a crença entre os analistas de que mais importante que o compromisso do paciente em não opor resistências ao livre fluir dos seus pensamentos, o que mais passou a ser valorizado é o labor voltado para a maneira de como ele os observa, correlaciona, comunica e age.

As livres associações do paciente exigem, por parte do analista, o cumprimento da regra da *"atenção flutuante"* (1919, p. 326). Essa regra costuma sofrer a interferência resistencial, tanto que, como diz Cesio (1975, p. 188), *"ao contrário do que pode sugerir sua denominação, manter a atenção flutuante exige do analista uma constante aplicação de energia para sobrepujar resistências que se opõem à sua existência"*.

Partindo de um outro vértice, Bion utiliza essa regra de Freud para asseverar que o analista pode estar com a sua mente *saturada* de memórias e desejos, que visam sobretudo a que ele utilize os seus órgãos sensoriais para não perder o controle sobre o paciente e sobre si mesmo, portanto, acrescento eu, de uma forma resistencial, e por isso ele paga o alto preço de não propiciar a emergência de uma subjacente capacidade de *intuição*.

A *regra da neutralidade* ficou condensada na clássica "metáfora do espelho" de Freud; porém, se essa indispensável neutralidade estiver a serviço das resistências do analista, ela resultará desvirtuada. Nesses casos, a neutralidade pode ficar confundida com um distanciamento fóbico, em cujo caso, em nome de uma pretensa neutralidade, o analista adota uma atitude de uma fria superfície de espelho, em uma equivocada interpretação e aplicação da analogia de Freud.

Pode ocorrer o inverso, ou seja, que o analista não tenha resolvido sua emancipação de uma, má, dependência interna e resistirá com defesas de ordem maníaca. Nesse caso, ele atuará no sentido de uma falsa independência, pela racionalização de "dar maior liberdade à rigidez do *setting*, imposta pelas sociedades psicanalíticas". Ao mesmo tempo, dirigirá o paciente em direção de uma falsa libertação dos objetos externos, delegando ao seu paciente um estímulo às pulsões do id e a um rompimento bélico com o superego.

Da mesma forma, se o analista tiver uma estrutura obsessivo-masoquista, fará uma resistência a um clima de liberdade e levará o *setting* a extremos de rigidez, enfatizando a que o paciente (projeção dele próprio, analista) "comporte-se bem". Assim, o apregoado comportamento "muito humanitário" de certos terapeutas, que evitam ao máximo frustrar o paciente em seus pedidos por mudanças nas combinações do *setting*, pode-se configurar como uma resistência do próprio analista, por estar encobrindo uma atitude sedutora a serviço de seu narcisismo ou do seu medo de despertar o repúdio do analisando.

Os inconvenientes dessa conduta, nunca suficientemente frustrante, são claros, sendo que o principal, é o imediato estabelecimento da falsa crença de que a frustração é sempre má e deve ser evitada, assim como a de que o analista deve ser poupado das cargas agressivas do paciente. Nesses casos, o *setting* corre o risco de ficar se estruturando numa prioritária busca por gratificações recíprocas.

Por outro lado, Etchegoyen (1987, p. 9) alerta para o fato de que *"quando o analista pretende obter informações do paciente, que não sejam pertinentes à situação analítica, é porque ele está funcionando mal, transformou-se em uma criança (quando não em um perverso) escoptofílica"*.

A *regra da abstinência*, complementar da "regra da neutralidade", recomenda que o analista não satisfaça os desejos regressivos do paciente (e os seus próprios), excluídos, obvimente, os da compreensão analítica. Em obediência a essa regra, fazia parte do contrato, no início do movimento psicanalítico, que os analisandos se comprometessem a não tomar nenhuma responsabilidade importante durante o curso da análise. A aplicação rígida disso, hoje, indicaria um temor do analista aos imprevistos da viagem analítica e se constituiria como uma resistência do analista bastante prejudicial, tanto que há uma concordância geral de que, com a atual duração das análises, aquele é um princípio inútil e até maléfico. Pode levar à falsa crença de que somente a vida analítica é importante e que o paciente deva fazer uma pausa na sua vida real, com a promessa de a reassumirá, posteriormente, em condições idealizadas.

Outro inconveniente de um contrato com muitas cláusulas dessa natureza é reforçar, desde o início, um vínculo tipo "dominador *versus* dominado", o que pode vir a endossar a teoria do analisando de que para conseguir tudo que almeja da análise, basta se esforçar, não faltar, não se atrasar, pagar direitinho, etc. Com isso, a resistência a um verdadeiro trabalho de análise vai se estruturando em torno da ilusão de que o trabalho deve ser valorizado, não tanto pelo resultado alcançado, mas, sim, pelo sofrimento, esforço dispendido ou pelo bom comportamento, o que conflitua com os valores reais da vida. Isso acontece mais comumente com pacientes e, em contrapartida com analistas, que desde crianças foram condicionados pelos pais a ganharem as coisas com muito choro, lutas e formações reativas.

A contra-resistência também pode manifestar-se por um controle sádico, inconsciente, por parte do analista, o que pode levá-lo a utilizar privações severas e desnecessárias, sob a racionalização de que está fielmente cumprindo a regra da abstinência, quando, na verdade, ele pode eventualmente estar resistindo a movimentos de busca de uma liberdade de aproximação sadia, por parte do analisando.

A regra do amor às verdades, como já foi anteriormente destacado, pode ser incluída entre as demais regras técnicas de Freud, como pode ser exempificada nesta passagem, entre tantas outras mais dele: "*A relação entre analista e paciente se baseia no amor à verdade – isto é, no reconhecimento da realidade – e isso exclui qualquer tipo de impostura ou engano*" (1937, p. 282). Entendo que Freud referiu-se tanto à pessoa do paciente quanto à do analista, e talvez, principalmente, a um necessário clima de veracidade entre ambos.

Destarte, a negação ou a evitação das verdades (na terminologia de Bion corresponde a "-*K*"), por parte do analista, é utilizada pelos pacientes como uma autorização para as suas próprias falsificações resistenciais e, por isso mesmo, o psicanalista "ser verdadeiro" vai além de um dever ético, constituindo-se, também, em uma imposição técnica, caso contrário estará minando os núcleos básicos de confiança do paciente, ao mesmo tempo em que estará reforçando as resistências dele que estejam baseadas na sua função "-*K* ".

Ademais, devemos considerar que o analista pode estar utilizando este aspecto relativo às verdades com finalidades resistenciais próprias dele, tal como acontece nas situações em que ele confunde "ser verdadeiro" com uma crença de que ele "tem a posse da verdade" ou quando, de forma obsessiva, ele manifesta uma intransigência por qualquer arranhão do analisando que lhe pareça que não condiz com a verdade, sem se aperceber que ele é que pode estar equivocado, até mesmo porque a verdade é sempre relativa, nunca absoluta ou imutável.

Atividade Interpretativa

Uma primeira observação é a de que a tão freqüente forma de muitos analistas interpretarem tudo o que o paciente disser, em um sistemático reducionismo ao "é aqui, agora, comigo..." pode estar representando um *conluio resistencial/contra-resistencial*, porquanto o analisando pode estar induzindo o seu psicanalista a lhe "interpretar" exatamente aquilo que ele quer ouvir e que já sabe por antecipação, de modo a assim perpetuar um controle sobre a análise e o analista.

O que, acima de tudo, deve ser destacado é o fato de que uma interpretação do analista somente será *eficaz* (é diferente de *correta*) se ela tiver origem *empática*, caso contrário sua transmissão se fará pela via do intelecto, portanto fria e estéril, denotando um movimento resistencial.

Uma consideração a ser feita é que, nos casos em que o inconsciente do analista se identifica, de forma patológica, com as projeções do paciente, ele não terá condições de interpretar. Nesse caso, pode nada lhe ocorrer e, com a mente em branco, em estado de contra-resistência, socorrer-se da teoria e pseudo-interpretar as "resistências" do seu paciente. A persistência disso costuma provocar no paciente a descarga através de *actings*, a busca de outras pessoas para transferências colaterais e o incremento de crescentes resistências, agora verdadeiras, que passam a ocupar todo o espaço que possibilitaria o uso da capacidade para pensar as experiências emocionais.

Em suma, quando analista e analisando não trabalham em um mesmo plano, todo sistema de comunicação falha, e os campos resistencial e contra-resistencial se incrementam. Diz Money Kyrle (1961) que, nesses casos, o paciente, frustrado por não estar sendo compreendido pelo seu analista, vinga-se deste, castrando-o em sua potência, a forma como o introjetará. (Entendo que a recíproca também é verdadeira.) Isso configura, segundo o autor, uma situação bastante desesperante, na qual um necessita de ajuda e o outro não pode dar, do que resulta que nenhum dos dois sente ter o necessário "seio" ou "pênis" bom.

CONLUIOS INCONSCIENTES

Não é demais repetir: cada vez mais tem sido enfatizado que o tratamento psicanalítico não é a análise isolada de um indivíduo, mas, sim, a de um vínculo humano, com múltiplos vértices. Pode ocorrer um desvirtuamento analítico deste vínculo, que às vezes se cronifica e fica muito difícil de ser desfeita, nos mesmos moldes que sabemos o quanto é difícil desfazer certas parelhas relacionais, quando as elas constituem um sistema que se alimenta a si mesmo, casos em que cada membro, mantendo as suas dissociações, é inseparável do outro, com o qual forma uma unidade.

Na clínica cotidiana vemos isso em uma infinidade de parelhas que se estruturam de formas complementares, tipo sadomasoquista; forte-fraco; rico-pobre; feio-bonito; avaro-ávido; sadio-doente; sedutor-seduzido; adulto-criança, etc., etc. Um paciente com tais características tentará reproduzir com o seu analista algumas dessas modalidades inter-relacionais, e é iso que se constitui no risco do estabelecimento no processo analítico de um irreparável conluio de recíprocas resistências.

Tais conluios são denominados pelo casal Baranger (1961-62) como "*baluartes*" existenciais, os quais se constituem em um sistema de "resistência organizada", que se comporta como um refúgio inconsciente de poderosas fantasias de onipotência. Este "baluarte" pode estar configurado tanto por uma perversão aparentemente muito prazerosa como por uma superioridade intelectual ou moral, por uma relação amorosa idealizada, por dinheiro, profissão, poder, prestígio, etc. Para não correr o risco de cair em um estado de desvalia, fragilidade e desesperança, o paciente evita pôr em jogo e analisar aquilo que constitui o seu baluarte, para tanto sendo-lhe necessário conseguir a cumplicidade do analista.

O que sobretudo importa consignar, é que o estado de resistência/contra-resistência mais séria e esterilizante de uma análise, é aquela que se manifesta sob a forma de *conluios inconscientes* (aos conscientes, fica mais apropriado denominá-los "pactos corruptos") entre o paciente e o analista. Tais conluios podem adquirir muitas modalidades, como é o caso de uma muda combinação inconsciente entre ambos, de eles evitarem a abordagem de certos assuntos ou a de uma *recíproca fascinação narcisista*, entre tantos outros conluios que serão detalhados adiante, ressaltando, desde já, que o conluio inconsciente que se configura como uma *"relação de poder", sob uma forma sadomasoquística* bem dissimulada é, de longe, a mais frequente.

Neste capítulo vamos enfocar mais especificamente os "conluios resistenciais" que se estabelecem a partir de elementos narcisistas em ambos, analista e analisando.

Pode-se dizer que, de modo geral, uma transferência fortemente idealizada, já no início da análise, é um claro indicador da presença de uma "posição narcisística". Dito de outra forma: a transferência "negativa", a mais difícil de ser detectada, de uma forma ou outra existe sempre, enquanto a sua ausência ou o seu aparecimento ao longo da análise, apenas em reações esporádicas e passageiras, é indício de uma análise incompleta. Se houver uma contra-resistência por parte do analista, na detecção, aceitação e manejo dos sentimentos agressivos, o conluio se perpetuará.

Assim, é bastante frequente um conluio resistencial que consiste em manter a agressão encoberta por um manto de idealização, para evitar penosas desilusões, as quais provocariam uma *injúria narcisista* (termo de Kohut, 1971) e levariam a uma inevitável irrupção de ódio, com o risco de a lua de mel passar a ser de fel. Em casos extremos, este tipo de conluio adquire as características de uma *"aliança simbiótica"*, quando, buscando de novas-velhas ilusões, ambos se empenham em promover recíprocas e inesgotáveis gratificações, reforçando a fantasia de que a eterna espera do impossível um dia se concretizará.

Winnicott (1969, p. 275)) alude a essa situação em um enfoque com pacientes muito regredidos, dizendo que: "*A análise vai bem e todo mundo está contente, mas o único inconveniente é que ela nunca termina ou pode terminar num falso self, com o analista e paciente coniventes na formação de um fracasso analítico*" (o grifo é meu)

Grumberger (1961) assinala que a regressão narcisista na situação analítica pode se constituir em um estado de "paraíso", no qual o paciente procura substituir um fracassado processo de superego (a sua neurose), por um novo superego (a análise), dotado de uma onipotência narcisista. Resulta, então, um estado de euforia e elação, com o analisando fazendo de sua análise, especialmente no início, o tema central de sua vida, em termos de uma nova religião. Essa situação de encantamento, que no fundo é resistencial, pode se cronificar se houver um escotoma, bem com um escamoteio contra-resistencial. Nesses casos, o analista fica interpretando, inocuamente, o conflito edípico, costumeira cobertura da regressão narcisista, sem aprofundar o interjogo projetivo-introjetivo da onipotência, do narcisismo e do "ideal do ego infantil" (representa o pólo das ambições e de expectativas ideais a serem cumpridas), com a respectiva agressão latente.

Quando a recíproca é verdadeira, vai partir desse analista contrair um pacto com o seu paciente "brilhante"; fica fascinado por este, o qual passa a ter o papel do ideal do ego de ambos. Pelo fato de que o ideal do ego está alicerçado na *onipotência*, perfeição e grandiosidade infantil, resulta que esse tipo de conluio também caracteriza-se pelo fato de que analista e paciente possam estar muito satisfeitos com o seu trabalho, enquanto que, na verdade, seja provável que eles estejam dando voltas, sem sair do mesmo lugar, e nada mais se produz.

Etchegoyen (1976) assinala que uma recíproca idealização excessiva é um momento crucial para a análise, porquanto a pressão para chegar a um *"happy end"* dessa fascinação por meio de sutis formas de *actings*, tanto dentro da situação analítica (erotização) quanto fora dela (apresentação de progressos), é sempre muito forte e nenhum analista é imune a este chamamento sutil e persistente, *"pois é tão sintônico com o ego e tão aceito socialmente, que convence"* (p. 626).

Essa afirmativa encontra respaldo na advertência de Chasseget Smirgel e Grunberger (1979, p. 143): *sendo como somos, débeis e medíocres, pelo menos em relação às imagens, a miudo grandiosas, que os pacientes projetam sobre nós – podemos sentir o desejo inconsciente de perpetuar essa gratificante situação"*.

Também é importante destacar as contra-resistências que resultam de fixações narcisistas não resolvidas no analista, e que podem constituir-se em *arrogância*, cuja finalidade maior é a de reforçar a sua frágil auto-estima, e de manter afastado do seu ego qualquer coisa que possa, às vezes, diminuí-lo. Desde o trabalho de Bion sobre *A arrogância* (1967) ficou claro que este sentimento deriva diretamente de uma incapacidade básica para tolerar a frustração, especialmente a do "não-saber". Em tais condições, o analista arrogante, ainda que exteriormente possa ser amável e até de aparência humilde, assume, na relação analítica, uma atitude prepotente, *"rempli de soi même"*, enfatuado na sua convicção de ser superior ao seu paciente, ser dono das verdades (isso equivale ao que Lacan (1961) denomina SSS: *Sujeito Suposto Saber*). Assim, esse terapeuta não terá capacidade de empatia, disposição para escutar, de tolerar frustrações e, assim, aliado com as resistências do seu analisando, anulará as capacidades positivas deste último, total ou parcialmente.

Na prática clínica, isso se traduz pelo fato de que o analista, cometendo o grave erro de tomar a parte pelo todo, vir a trabalhar unicamente com a "parte infantil" do paciente, despojando-o de suas capacidades adultas e discriminativas, bem como de seu direito às críticas e réplicas, as quais serão interpretadas como "resistências".

Um analista arrogante não pode tolerar dúvidas e incertezas, e resiste a isso por meio de um controle submetedor de natureza sádica, o que leva a configurar o seu vínculo com o analisando como uma *relação de poder*. Essa submissão, somada aos submetedores internos do paciente, reforçam um surdo ódio e uma rebelião inconsciente que, quando totalmente reprimidos, podem manifestar-se por uma melancolização, somatizações ou até por acidentes.

Igualmente, se esse analista, sem exercer uma função de *continente*, interpretar tudo somente em termos de identificações projetivas, poderá estar cronificando a impotência e a desesperança de seu analisando. Os casos mais graves são aqueles em que essa atitude do analista encontra uma complementaridade no paciente de dependência masoquista, que, inclusive, gratifica-se com esse tipo de conluio sadomasoquista e não tem desejo por modificações verdadeiras.

Também Bion chama a nossa atenção para uma outra forma de conluio resistencial/contra-resistencial que é muito daninha devido à sua natureza silenciosa e deteriorante, consistindo em um conformismo com a estagnação da análise, portanto em um estado de *"a-patia"* em ambos. Nesses casos, Bion recomenda que o analista deve ter a suficiente coragem para se aperceber de que a aparente harmonia e tranqüilidade da situação analítica não é mais do que uma estagnação estéril e que, a partir dessa percepção, ele possa provocar um estado de *"turbulência emocional"*, de tal sorte que aquilo que é egossintônico passe a ser egodistônico.

Meltzer (1973, p. 159) alerta para o risco de um *"conluio perverso"*. O mesmo consiste em um jogo de seduções por parte de pacientes com características perversas. Se esse conluio chega a se estabilizar, conclui o autor, torna-se claro que o paciente, ao invés de reconhecer suas limitações, verá seu analista *"como uma prostituta, uma ama-de-leite, viciada na prática da psicanálise, incapaz de conseguir melhores pacientes"*.

É indispensável registrar um tipo de conluio resistencial/contra-resistencial, nada raro, que podemos chamar de *"conluio erotizado"*, pelo qual analisando e analista se comprazem – e se gratificam reciprocamente – com a erotização na transferência. Essa situação pode ocorrer com um analista que sinta seu ego reforçado diante da comprovação de que ele é atraente e inspirador de paixões. O risco, nesses casos, é que esse analista, com atitudes e interpretações – essas próprias podendo servir como carícias verbais! – pode estimular e perpetuar tal estado de coisas.

Os prejuízos analíticos, nesses casos, são óbvios. Por um lado, não se fará a elaboração da transferência negativa, a qual, como sabemos, muitas vezes está dissimulada por um erotismo, por parte daqueles pacientes que, como assinalou Rappaport (citado por Greenson, 1967, p. 280), "*são muito propensos a atuações muito destrutivas*".

Por outro lado, também pode ficar prejudicada a elaboração de um outro aspecto, veiculado pela transferência erótica e que, de modo estranho, é relativamente pouco lembrado na literatura psicanalítica: trata-se do *erotismo transferencial positivo*, quando manifesto em um contexto no qual o analisando está se permitindo fantasias, desejos, sensações e emoções a que sempre se proibira e coibira. Se o analista não se aperceber disso, por estar em estado resistencial defensivo, pelo seu temor da irrupção de uma transferência/contratransferência erótica, pode levar que ele, e por conseguinte também o analisando, a refugiarem-se atrás de uma cortina de *aparente agressividade*, pela qual esse tipo de paciente vai então procurar, falsamente, mostrar-se hostil, uma isca para o analista ficar lhe interpretando agressão, ao invés de seu enorme medo para uma relação de amor, pelo fato de isso representar, para ambos, um sério risco de destruição de si, do outro, ou do vínculo entre os dois. Trata-se de um conluio que pode ser chamado de "*pseudo agressivo*".

É evidente que outras variantes de conluios resistenciais/contra-resistenciais poderiam ser descritos. No entanto, vale destacar é que o paciente está rigorosamente dentro do seu papel de analisando, sendo que a responsabilidade pela formação do conluio inconsciente cabe ao psicanalista. Mais ainda: se ele não se der conta disto ou se não tiver condições de reverter a existência no campo analítico de um desses conluios, aumentará a possibilidade de que o processo analítico se cronifique em uma circularidade estéril, ou que desemboque em *impasses psicanalíticos*, inclusive na tão temida *reação rerapêutica negativa,* tal como eles serão estudados no capítulo seguinte.

CAPÍTULO 30

Impasses: Reação Terapêutica Negativa

A palavra "im-passe", na etimologia derivada do idioma francês, significa "caminho sem saída". Segundo Mostardeiro *et al.* (1974, p. 17), alguns de nossos dicionários atenuam o significado para *"situação que parece não oferecer saída favorável"*, o que está mais próximo ao que se observa na prática clínica.

Uma revisão bibliográfica permite verificar que a conceituação de *impasse analítico* não é unívoca entre os autores, sendo que alguns concebem este fenômeno do campo analítico, como virtualmente sinônimo de "reação terapêutica negativa" (RTN), enquanto outros os diferenciam nitidamente. Acompanhando muitos, entendo que a RTN é uma das distintas modalidades de impasse, aquela que está no pólo extremo de maior gravidade delas, tal como será descrito mais adiante. Não obstante, o fato de que a distinção entre impasse e RTN nem sempre é possível, porquanto muitas vezes eles se superpõem, creio ser bastante útil para a prática clínica estabelecer os limites conceituais entre ambos os fenômenos.

Inicialmente, como recurso didático, vamos enumerar algumas das características básicas que genericamente definem o *impasse psicanalítico*.

- Impasse pode ser entendido como *"toda situação suficientemente duradoura, na qual os objetivos do trabalho psicanalítico pareçam não ser atingíveis, embora se mantenha conservada a situação analítica "standard"*. (Mostardeiro *et al.*, 1974, p. 18). Esta conceituação deve se aplicar a *como se desenvolve o processo analítico*, e não unicamente a critério de cura ou à remoção de sintomas.
- Pode-se dizer que os impasses manifestam-se por uma dessas três razões que ocorrem no curso do processo analítico: 1) *Estagnação* (aparentemente a situação está tranqüila, analista e analisando supõem que análise está se desenvolvendo bem, porém ela está dando voltas em torno do mesmo lugar e nada de mais acontece, nem de mau ou de bom). 2) *Paralisação* (o analisando não sabe mais o que dizer, e o analista sente-se manietado em uma desconfortável sensação contratransferencial de impotência e paralisia, e no par analítico vai crescendo um sentimento de esterilidade). 3) *RTN* (enquanto as duas anteriores costumam ser impasses *silenciosos*, este último habitualmente é *ruidoso*, por vezes dramático).
- Como é impossível que as conceituações acima abranjam todos os aspectos que cercam esse fenômeno, talvez seja mais fácil definir impasse por aquilo que, na situação psicanalítica, ele parece ser, mas não é!
- Assim, não se considera como um impasse analítico aquelas estagnações decorrentes de grosseiros erros técnicos do analista ou os eventuais fracassos da análise decorrentes de uma diversidade de outras causas.
- Dentre essas outras causas, deve ser levada em alta conta a possibilidade de que, por parte do psicanalista, tenha havido uma inadequada *seleção* do paciente, tanto por ela não ter preenchido os critérios mínimos de "analisabilidade" ou "acessibilidade", como também pelo fato de o analista não ter avaliado suficientemente a fragilidade da *"motivação"* do paciente para estregar-se a um trabalho tão demorado, custoso e, de certa forma, sofrido, como é uma análise.
- Desse mesmo contexto, pode acontecer que a causa do fracasso analítico esteja radicada já em seu início, devido a uma imprecisa e ambígua combinação das regras do *setting*, ou que a "teoria de cura" do analisando (por exemplo, ele espera unicamente um alívio dos sintomas, ou alguma cura mágica...) não coincida com a do psicanalista (que espera uma verdadeira mudança na caracterologia do paciente, or meio de um processo árduo e prolongado...).
- Também não são consideradas como "impasses" aquelas fases da análise que atravessam a barreira das *"resistências incoercíveis"*

(Etchegoyen, p.613). Essas últimas, segundo o autor, irrompem sempre *desde o paciente*, costumam ser agudas e ruidosas, mais comumente surgem no início das análises e, se não forem superadas, terminam em um abandono prematuro.
- Todas as análises, especialmente as bem-sucedidas, atravessam alguns transitórios períodos difíceis que sugerem um impasse, mas que, se bem compreendidos e interpretados, são relativamente fáceis de superação, com a aquisição de um importante *insight*.
- Destarte, os impasses não devem ser confundidos com os inevitáveis momentos de "transferência negativa", até porque o surgimento dessa última no campo analítico, diferentemente do que o termo "negativo" sugere, pode ser altamente "positiva", desde que seja bem acolhida, compreendida e manejada pelo analista. Caso contrário, aí sim, a transferência negativa pode vir a se configurar como um impasse.
- Penso que os impasses devam ser compreendidos em três dimensões possíveis: os impasses que procedem *unicamente do paciente*, os que se devem *unicamente ao terapeuta* e aqueles que se formam a partir *de ambos*, como resultantes de conluios resistenciais/contra-resistenciais não desfeitos e que, por isso mesmo, se cronificam em uma estagnação, portanto em uma das formas de impasse.
- Assim, podemos considerar impasse não somente aquelas situações nas quais há uma evidente – às vezes ruidosa – presença de resistências contra a progressão da análise, contra as quais o analista está lutando, mas também aquelas outras situações que aparentemente estão tranqüilas, porém que, na verdade, estão estagnadas em um conformismo recíproco do par analítico. Isso, eventualmente, pode ocorrer mesmo naquelas situações nas quais o paciente conscientemente colabora, e aporta suficientemente o seu "material", ao mesmo tempo em que o analista o compreende e interpreta de forma correta.
- Desde os ensinamentos de Bion (1963), passou a ganhar uma forte relevância como um fator gerador de impasse analítico a dificuldade que certos pacientes têm em conseguir *pensar* as experiências emocionais, em cujo caso ficam exacerbadas as resistências contra as interpretações do analista, pelo recurso de despojá-las de valor e de vitalidade. Essa dificuldade para pensar não é a mesma coisa que o conhecido recurso resistencial de "intelectualização".
- Bion enfatiza uma forma particular dessa desvitalização das interpretações: é a que ele denomina *reversão da perspectiva*, pela qual o analisando concorda manifestamente com a interpretação do analista, porém, ocultamente, ele as reverte para as suas próprias premissas, logo, não se produz nenhuma mudança.
- Da parte provinda unicamente do analista, não podemos descartar a possibilidade de que ele tenha as suas próprias limitações, além das quais ele, inconscientemente, defende-se por uma estagnação da análise, sob a forma de um impasse silencioso. Em casos mais extremos, pode acontecer aquilo que Racker (1960) definiu como "*uma reação terapêutica negativa do analista*". De qualquer forma, na prática clínica é de fundamental importância que o psicanalista reconheça qual é o seu estado *contratransferencial*, no curso do impasse.
- Pode-se dizer, resumidamente, que os impasses são *polideterminados* (resultam de diversas causas e fontes), *polimorfos* (adquirem diversas formas), *polissêmicos* (comportam distintos significados) e, além disso, na prática clínica, requerem *diferentes manejos técnicos*. Assim, os motivos preponderantes podem ser de natureza narcisista (em um ou em ambos do par analítico), uma fuga da depressão, medo de um apego de muita dependência, uma enorme resistência às verdadeiras mudanças, etc., etc.
- Portanto, os fatores defensivos e ofensivos que concorrem para o estabelecimento dos impasses que predominantemente procedem dos analisandos são múltiplos, sendo que os aqui descritos, vão servir unicamente como uma forma de amostragem e ilustração clínica, como são os seis seguintes: 1) "*Os falsos colaboradores*". *2) a presença marcante de desonestidade.* 3) *actings excessivos.* 4)

o *"antianalisando"*. 5) *A "psicose de transferência"*. 6) *A RTN*. Estes distintos processos, é evidente, não são estanques e autônomos; antes, eles se superpõem, se complementam e, no fundo, todos eles se radicam em fortes *fixações narcisísticas*, tal como foram estudados por importantes autores.

"FALSOS COLABORADORES"

Como já foi destacado, os pacientes portadores de uma forte estrutura defensiva narcisística, que aparentemente cooperam perfeitamente com o trabalho de análise, mas que, no fundo, a boicotam e desvitalizam, foram estudados, entre outros, por Freud, Abraham, Reich, Rosenfeld, Meltzer, Bion e mais recentemente por B.Joseph.

Um aspecto importante a considerar nesses pacientes narcisistas é o fato de eles vivenciarem como humilhatório o fato de necessitarem ser ajudados por alguém, o que determina uma acerba competição surda com o analista e uma tenaz resistência a reconhecer melhoras.

Vou ilustrar isso com um analisando que, parcialmente, apresenta tais características. Ao longo da análise, cujos principais requisitos ele cumpria com toda a seriedade possível, vinha apresentando significativos progressos evidentes na sua vida em geral, era sistemático que, especialmente ao subir algum degrau importante na escada do seu crescimento, ele fazia questão de mostrar-me que *"não adianta nada, continuo deprimido, nada para mim tem graça, faço tudo maquinalmente, ninguém vai conseguir me tirar deste buraco"*. Em contraste com os sucessos externos, o clima analítico configurava-se para mim com uma desconfortável sensação de estagnação e de alguma falsidade. O analisando se mostrava insensível às interpretações, tanto àquelas que aludiam às culpas decorrentes dos desejos ligados ao antigo triunfo edípico quanto das que apontavam diretamente para a sua inveja de eu ser bem-sucedido com ele, ou para a sua sensação de imerecimento de sucesso que a sua depressão subjacente o obrigava. Em um desses momentos, nos quais trabalhávamos que o que perdeu a graça era não mais poder dar um tom de grandiosidade ilusória a tudo que ele fazia, lembrei-lhe o "juramento" que fizera em uma das primeiras sessões da análise, muitos anos atrás. Essa espécie de juramento, estava contido em uma imagem que ele então trouxera na sessão, centrada em uma folhagem que ocupava quase todo espaço de seu gabinete: *"comigo-ninguém-pode"*. A seguir, após um silêncio prolongado, passou a falar do ódio que sentiu contra sua esposa, pelo fato de ela haver mexido de novo em sua gaveta privada, de querer pô-la em ordem, o que lhe contraria, porque ele gosta, e tem o direito de ter sua gaveta toda "esculhembada". Ao mostrar-lhe a clara mensagem transferencial, o paciente sorriu, com algum ar de triunfo, e disse-me que durante muitos anos as gavetas que ele me deixara mexer eram as que *"tinham um fundo falso"*. Daí passamos a trabalhar nos seus sentimentos de uma aparente apatia e falta de prazer diante dos sucessos, no sentido de que, na atualidade, eles não representavam uma depressão propriamente dita como sempre fora, mas, sim, uma maneira de ele não quebrar o seu juramento de que ninguém poderia com ele. O paciente não queria dar-me esse gostinho de que eu pudesse com ele, tendo em vista o seu antigo e ainda presente sobressalto de que mais cedo ou tarde as pessoas importantes de sua vida o decepcionavam, traíam a sua confiança e o humilhavam quando ele se apegava de uma forma dependente.

O que vale acentuar, a partir desta vinheta clínica, é a minha convicção de que se tais aspectos não fossem analisados, a análise correria um grande risco de ficar estagnada num silencioso impasse.

"DESONESTIDADE"

Este fator, por parte do analisando, representa um tipo de resistência que, se não for logo tratada a fundo, vai impedir um acesso e elaboração das verdades, e certamente levará a um impasse analítico. Joan Rivière (1936) já fazia a seguinte afirmativa que continua plenamente vigente: *"Tanto a transferência absolutamente positiva, como a transferência absolutamente negativa são de tolerância difícil, mas quanto à falsa transferência, na qual os sentimentos do paciente não são sinceros, essa tolerância se torna todavia mais penosa. Representa um ataque tão violento ao nosso narcisismo, envenena e paralisa de tal forma a compreensão da mente inconsciente do paciente que desperta no analista intensas angústias depressivas"*.

Há diversos graus de desonestidade, desde as formas sutis de impostura até as francamente psicopáticas. A gravidade, nesses casos mais extremos, consiste no caráter consciente e deliberado dessa forma de resistência, na qual a franqueza está a serviço da má fé, e o drible, o engodo e a burla, idealizados. A desonestidade, quando se constitui como uma forma – básica – de viver, deve ser entendida como uma organização defensiva muito regressiva e rigidamente egossintônica, pela qual tais pacientes conseguem evitar as insuportáveis decepções, desilusões e culpabilidade, através do recurso de tirar da vida, e portanto da análise, o seu caráter de seriedade.

A propósito, Kernberg (1983, p,326), sob o subtítulo *"Desonestidade na Transferência"*, tece interessantes considerações acerca de pacientes em estado de regressão maligna, e que são mentirosos *crônicos*, o que os diferencia dos que, *ocasionalmente*, mentem para se protegerem da vergonha ou da culpa. Aqueles mentem para evitar a interferência do analista na sua conduta patológica, e costumam "confessar" suas mentiras, mais com o propósito de se sentirem honestos e, assim, deixar toda a responsabilidade com o analista.

Fora desses extremos, é importante consignar os pacientes não-psicopatas e, muitas vezes, bem adaptados socialmente, que desenvolveram a sua personalidade nas bases de um "falso *self*" (Winnicott, 1954), o qual, se não for suficientemente bem analisado, pode redundar em uma estagnação no crescimento analítico.

ACTINGS EXCESSIVOS

Na atualidade, os psicanalistas estão bem mais atentos, e em melhores condições de entender que as atuações do analisando possam estar representando uma importantíssima forma de ele estar utilizando uma forma de comunicação primitiva daquelas ansiedades que ele não consegue lembrar, verbalizar ou pensar. Não obstante isso, o tipo e grau dos *actings* podem ser de tal monta que provoquem impasses que culminam com interrupções da análise.

A "atuação", de características mais graves, está virtualmente sempre ligada às insuportáveis angústias de separação, com o conseqüente cortejo de medo e de sentimentos de vingança, inclusive o de abandono da análise para castigar o analista que "o abandonou". Outras vezes, o *acting* excessivo do analisando pode estar decorrendo do seu desespero por não estar se sentindo entendido em sua análise. Também não pode ser descartada a possibilidade de que a atuação do paciente possa estar representando o cumprimento vicariante de um desejo inconsciente do próprio analista (divórcio, aventuras, liberação sexual, negócios, etc.), ao qual esse se proibe de agir, delegando tais desejos para seu paciente atuar por ele.

O **"antianalisando"** (o prefixo "anti", aqui, não significa "contra", mas, sim, tem o significado equivalente ao de "antimatéria", isto é, revela-se pela ausência, pelo contrário). Com essa denominação, J. Mac Dougall (1972, p.22) descreve aqueles pacientes que têm características peculiares: dão a impressão inicial de serem *"casos bons";* aceitam bem o protocolo analítico e não abandonam o analista, porém o passar do tempo dessa análise, no geral linear e fria, revela que não se produziu mudança significativa. Tais pacientes colaboram com o analista, falam de coisas e pessoas, mas não estabelecem as relações e ligações entre as mesmas, pois lhes falta o senso da curiosidade e indagação. Parece que não fazem regressões maciças, mas, sim, que perderam o contato consigo mesmos. Apesar disso tudo, eles mantêm uma estabilidade em suas relações objetais e recusam qualquer idéia de separação de seus objetos de rancor. Apegam-se à análise como *"um náufrago a uma bóia, sem esperança de alcançar terra firme"*, diz MacDogall.

A autora salienta que a transferência nesses pacientes é natimorta na análise; eles jamais se arriscariam a ficar nas mãos de um outro, e nisso são fiéis ao provérbio espanhol: *"Antes morrer do que mudar"*. A contratransferência, mais do que decepção, é de enfado, e o analista tem a impressão de que ele representa para o paciente mais uma condição do que propriamente um objeto a ser bem aproveitado.

"PSICOSE DE TRANSFERÊNCIA"

Essa é uma denominação de Rosenfeld (1978), com a qual ele descreve uma importantíssima, e nada infreqüente, ocorrência na situação psicanalítica, que consiste no fato de que eventualmente analisandos *não-psicóticos* ingressam em um estado transferencial de tamanho negativismo e distorção dos fatos reais, em relação ao analista, que chega a dar a impressão de uma situação realmente psicótica. No entanto, a grande característica dessa "psicose" transferencial consiste no fato de que ela fica restrita unicamente à situação da hora analítica, finda a qual o analisando retoma a sua vida de forma completamente normal.

Essa "psicose de transferência" pode durar dias, semanas ou meses, porém se ela perdurar por um período demasiadamente longo e ininterrupto, sem dar mostras de reversibilidade, constitui-se como um sério indicador de um impasse irreversível. As possíveis causas determinantes do surgimento desse tipo de transferência temível serão melhor estudadas num título específico do capítulo 31.

"Reação Terapêutica Negativa"

Embora muitos autores considerem o fenômeno apenas como mais uma forma de impasse, ou mais um entre outros fatores determinantes de impasse analítico, pela freqüência e ambigüidade conceitual com que a RTN aparece na literatura psicanalítica, fica justificado seu estudo um tanto mais demoradamente.

REAÇÃO TERAPÊUTICA NEGATIVA

Conceituação

A primeira vez que aparece a expressão "reação terapêutica negativa", é no capítulo V ("As Servidões do Ego") do trabalho de Freud *O ego e o id* (1923), no qual ele afirma textualmente: "*Há pessoas que se conduzem muito singularmente no tratamento psicanalítico. Quando lhes damos esperanças e mostramo-nos satisfeitos com a marcha do tratamento, mostram-se descontentes e pioram acentuadamente...Descobrimos, com efeito, que tais pessoas reagem num sentido inverso aos progressos de cura. Cada uma das soluções parciais que haveria de trazer consigo um alívio ou um desaparecimento temporário dos sintomas, provoca, ao contrário, uma intensidade momentânea da doença, e durante o tratamento, pioram em lugar de melhorar. Mostram-nos, pois, a chamada reação terapêutica negativa, É indubitável que, nestes doentes, há algo que se opõe à cura, a qual é considerada por eles como um perigo e que neles predomina a necessidade de doença e não a vontade de cura*".

Essa posição de Freud deu motivo a entendimentos imprecisos entre muitos autores, sendo que para alguns o fenômeno diz respeito unicamente a uma reação, paradoxalmente negativa, durante qualquer momento do curso da análise, inclusive como uma resposta à determinadas interpretações eficazes do analista. Para outros, a RTN refere-se mais ao clímax das etapas finais, forçando a interrupção de cura. Entretanto, aquilo que, sobretudo, caracteriza a uma RTN, a *paradoxalidade* da reação do paciente.

Não raramente, impasse e RTN aparecem como sinônimos, porém prevalece a idéia de que não o são. Assim, parece-me bastante importante e esclarecedora a posição assumida por M. Baranger que, em uma participação na "*Mesa-Redonda sobre Resistências*" (1979, p. 735), afirma que o impasse refere-se a uma forma de resistência que ocorre como estagnação de um processo que vinha em progresso; às vezes é possível superá-lo e outras vezes termina com uma interrupção da análise, em que o paciente *leva os benefícios conseguidos*. Isso o diferencia da RTN, em que *tudo volta à estaca zero* e o epílogo da análise pode adquirir características trágicas.

POSSÍVEIS CAUSAS DA RTN

Distintos importantes autores estudaram a etiologia das reações terapêuticas negativas, a partir de variados vértices de abordagem. A seguir, serão enfocados, de forma muito reduzida, alguns deles:

FREUD. No trabalho de 1923, antes mencionado, Freud dá destaque, no surgimento da RTN, ao *masoquismo moral* e aos *sentimentos de culpa* acompanhados de uma *necessidade de castigo*, decorrentes de um implacável superego, o qual, por sua vez, resulta dos desejos de um *triunfo edípico*, tal como é representado na mente do paciente qualquer sucesso que ele obtenha, inclusive o êxito analítico. Em trabalhos posteriores (1937), ele incluiu a influência da *pulsão de morte* e a *compulsão à repetição*.

JOAN RIVIÈRE (1936), uma analista kleiniana, estabeleceu uma relação entre a RTN e um sistema fortemente organizado de defesas maníacas do analisando contra um subjacente estado *depressivo profundo*, que o levaria à loucura ou ao suicídio. O paciente está tão identificado, solidário e assolado por suas "vítimas" que, enquanto não se processar uma *reparação verdadeira*, ele se proíbe de investir exitosamente na sua própria pessoa, desfazendo tudo que lhe pareça que esse êxito esteja acontecendo.

Em relação à técnica analítica com pacientes propensos à RTN, J. Rivière faz duas observações importantes: a primeira é quanto à necessidade prioritária de o analista propiciar ao paciente a possibilidade dele fazer as aludidas reparações aos objetos que, na realidade ou na fantasia, ele julga ter atacado e destruído. Sua segunda observação, merece uma reflexão profunda: "*Nada conduzirá mais regularmente a uma reação terapêutica negativa no paciente do que a falha em reconhecer nada mais do que agressão em seu material*".

M. Klein, complementando seu acervo teórico, afirma, em 1957 (p. 120), que: "*Além dos fatores assinalados por Freud e desenvolvidos por J. Riviére, a inveja e as defesas contra ela desempenham um papel importante na RTN*". Não resta dúvida que se trata de uma contribuição relevante de M. Klein, e freqüentemente evidenciável na prática analítica o fato de que certos pacientes não toleram a inveja que sentem do seu analista, porque esse mostrou-se potente e capaz com ele. No entanto, algumas gerações de analistas kleinianos levaram tão ao pé da letra o papel da inveja primária concebida por M. Klein, que entendo não ser exagero afirmar que as interpretações reiteradas e exclusivas nesse enfoque, com a finalidade de prevenir uma RTN, é que, justamente, muitas vezes, provocavam a sua irrupção no campo analítico. Aliás, isso seria um bom exemplo daquilo que alguns autores contemporâneos consideram: "muitas vezes uma *reação* terapêutica negativa, na verdade é uma *relação* terapêutica negativa".

Além destes três clássicos fatores na determinação da RTN – o triunfo edípico, a depressão subjacente e a inveja –, na atualidade cabe acrescentar mais dois outros, igualmente freqüentes e relevantes: 1) A presença de uma organização patológica, sob a forma de uma "gangue narcisista", agindo dentro do próprio ego. 2) A de um conflito entre o ideal de ego do paciente e o seu êxito analítico.

"Gangue Narcisista"

Com esta denominação, Rosenfeld (1971) alude a uma espécie de organização composta por objetos internos que – movidos pela necessidade de negar a fragilidade e dependência que este indivíduo tem em relação aos outros – idealizam a onipotência e a prepotência próprias do narcisismo, de tal modo que sabotam o seu próprio lado infantil que está fazendo força para crescer. Esta "*organização patológica*" (termo de Steiner, 1981) consiste em um arranjo de natureza perversa entre o ego e os objetos sabotadores do crescimento.

São muitos os fatores boicotadores e sabotadores, que agem *desde* o próprio ego e *dentro* dele, como que se constituindo em uma instância psíquica com características próprias e específicas, separada das demais instâncias (ego, superego, ego ideal, ideal do ego e alter-ego), embora em íntima interação com elas. Por essa razão, eu venho propondo uma denominação genérica de *contra-ego* para esses objetos e forças ocultas que, à moda de um "inimigo dentro da própria trincheira", opõem-se *contra* o crescimento do ego e, por isso, podem induzir à formação de impasses, incluída a de uma RTN.

Conflito com o "Ideal do Ego"

Um aspecto que vem merecendo uma crescente atenção no tocante à gênese da RTN é o referente ao conflito que se estabelece entre algumas demandas do ideal do ego e as mudanças psíquicas que foram possibilitadas por um êxito da análise. É preciso considerar que o "ideal do ego" tem uma dupla significação: 1) Pode representar um pólo psíquico *sadio*, a serviço de ambições que correspondem às reais capacidades e potencialidades do paciente, tendo em vista um projeto de um "vir a ser". 2) Pode também adquirir uma configuração *patogênica*, em cujo caso o sujeito sente-se obrigado a cumprir as expectativas nele depositadas pelos pais e pela cultura, expectativas essas que tanto podem ser de uma grandiosidade impossível de ser cumprida, como também podem ser de um *papel programado*, como, por exemplo, o de um "eterno filhinho da mamãe" com a obrigação de não poder emancipar-se dela e, por conseguinte, com a proibição de construir a sua identidade de adulto pleno.

Com outras palavras, para esses analisandos, assumir as profundas e verdadeiras modificações estruturais e a aquisição de valores adultos significa entrar em pânico, porquanto o caminho de *ser* (ele próprio) passa pelo caminho de *não ser* (aquilo que os pais internalizados exigem). E deixar de ser, por via da compulsão à repetição, transforma-se em *voltar a ser* o de antes, ou seja, o sujeito volta a ser um *sujeitado*, o que é a essência da RTN.

Transferências

A clássica expressão "transferência" é consensualmente entendida como um substantivo "coletivo", isto é, ela está no singular, porém engloba uma pluralidade de significados distintos. Mesmo assim, preferi titular este capítulo na forma plural – "transferências" – tendo em vista: 1) A enorme gama de variadas possibilidades teóricas, técnicas e práticas que estão contidas na sua conceituação. 2) O fato de que a transferência advém tanto da pessoa do analisando como, também, do próprio psicanalista, além de, em cada um deles separadamente, ou *entre* eles, em diferentes arranjos combinatórios, adquirir múltiplas manifestações clínicas. 3) À medida que a psicanálise ganha uma gradativa e enorme expansão, diversos autores, desde distintas épocas e referenciais psicanalíticos divergentes, ou mesmo convergentes, conceituam formas muito específicas de situações transferenciais, com um emprego de terminologias próprias de cada um, tudo isso podendo enriquecer bastante o entendimento e o emprego da transferência no campo analítico, porém também pode complicar e causar alguma confusão semântica.

CONCEITUAÇÃO: SEGUNDO DIVERSOS AUTORES

Embora o fenômeno transferencial esteja virtualmente presente em todas as inter-relações humanas, o termo "transferência" deve ficar reservado unicamente para a relação presente no processo psicanalítico, onde juntamente com a "resistência" e a "interpretação", constitui o tripé fundamental da prática da psicanálise, dando-lhe o selo de genuidade psicanalítica, entre outras modalidades psicoterápicas.

De forma extremamente genérica, pode-se conceituar o fenômeno transferencial como o conjunto de todas as formas pelas quais o paciente vivencia com a pessoa do psicanalista, na experiência emocional da relação analítica, todas as "representações" que ele tem do seu próprio *self*, as "relações objetais" que habitam o seu psiquismo e os conteúdos psíquicos que estão organizados como "fantasias inconscientes", com as respectivas distorções perceptivas, de modo a permitir "interpretações" do psicanalista, as quais possibilitem a integração do presente com o passado, o imaginário com o real, o inconsciente com o consciente.

Etimologicamente, a palavra "transferência" resulta dos étimos latinos *trans* e *feros*. O prefixo "*trans*", além de outros significados possíveis, também alude a *passar através de* (como em "*transparente*"), ou passar *para um outro nível* (como em trânsito), enquanto "*feros*" quer dizer "conduzir", e creio que basta essa compreensão etimológica para caracterizar a essência do fenômeno transferencial. No entanto, como o conceito de transferência vem sofrendo sucessivas transformações e renovados questionamentos – como, por exemplo, a de se a figura do analista é uma mera pantalha para uma *repetição* de antigas relações objetais introjetadas, ou se ele também se comporta como uma *nova pessoa, real* – impõe-se a necessidade de fazermos uma evolução histórica, embora bastante abreviada, do fenômeno da transferência, de Freud aos nossos dias, passando pelos demais autores e concepções que adquiriram uma nomenclatura própria.

FREUD

Como sabemos, nos primeiros tempos, Freud valorizava tão-somente a ocorrência da repressão dos precoces traumas sexuais na determinação das neuroses. Assim, diante do dramático relato que Breuer lhe fez acerca da "paixão" que Ana O. passou a nutrir por ele, Freud não conseguiu perceber o aspecto transferencial e, muito menos, a perturbadora reação contratransferencial de Breuer que fez com que este abandonasse a sua paciente Ana O., fugindo dela por meio de uma viagem com a sua esposa, como um extremo recurso de garantir a preservação de seu casamento.

No entanto, em *Estudos sobre a histeria* (1895, p. 360) Freud empregou, pela primeira vez, o termo "transferência" (*ubertragung*, no original alemão), no sentido de uma *forma de resistência*, isto é, como um *obstáculo* à análise, a fim de evitar o acesso ao resíduo da sexualidade infantil que ainda persistia ligada às "zonas erógenas", as quais, na evolução normal, já deveriam estar desligadas.

Assim, nesse mesmo livro que escreveu com Breuer, no capítulo "A Psicoterapia da Histeria", afirma textualmente que a *"transferência é o pior obstáculo que podemos encontrar"* e conclui conceituando-a como uma forma de um *falso enlace* (ou *falsas conexões,* como ele veio a chamar posteriormente) do paciente com o terapeuta.

Em 1905, no seu clássico historial *Dora*, Freud postula que o paciente não recorda coisa alguma do que esqueceu e reprimiu, mas expressa-o pela atuação, ou seja, ele reproduz o reprimido não como lembrança, mas como uma ação repetitiva, sem naturalmente saber conscientemente do que está fazendo. Começa então uma importante virada conceitual de Freud: até aqui a transferência seria uma forma de atuação, e ainda continuava sendo conceituada como uma resistência e como um artefato indesejável para o bom andamento da análise da época, isto é, como um obstáculo para tornar consciente a repressão inconsciente e pré-consciente.

No entanto, no "pós-escrito" desse mesmo trabalho, o termo "transferência" foi repetido pela segunda vez, tendo sido conceituada como *novas edições revistas ou* fac similes *de impulsos e fantasias,* passando a considerá-lo uma *inevitável necessidade*. Freud veio a reconhecer que a análise com Dora fracassou devido ao fato de ele não haver reconhecido e trabalhado suficientemente o que podemos chamar de "transferência de vingança" (Dora abandonava Freud, tal como ela tinha sido abandonada pelo "Senhor K") e tampouco ele reconheceu as fantasias homossexuais dessa paciente adolescente, que estavam sendo veiculadas pela sua transferência.

Em 1909, no historial do *Homem dos Ratos*, a transferência foi vista como um caminho penoso, porém necessário, para que o paciente revivesse os conflitos com o pai morto, agora internalizado no inconsciente. Assim, nesse ano, ao estudar as neuroses obsessivas, Freud faz a primeira referência da transferência como um *agente* terapêutico.

A seguir, em 1910, no trabalho relativo às *Cinco leituras sobre psicanálise*, empregando uma analogia com a química, ele afirmou que *"os sintomas são precipitados de anteriores eventos amorosos que só podem dissolver-se à elevada temperatura da transferência e, portanto, transformar-se em outros produtos químicos"*.

Em 1912, no trabalho *A dinâmica da transferência*, Freud reforça essa concepção e, utilizando uma linguagem de analogia bélica, afirma que a transferência opera tal como num campo de batalha em que a vitória, ou seja, a cura da neurose, tem que ser conquistada, concluindo com a clássica frase de que *"não é possível vencer a alguém (o inimigo) in absentia ou in effigie"*.

Em 1914 (*Novas recomendações...*), ele postula que somente a repetição na transferência pode libertar as lembranças reprimidas e assim evitar uma eterna *compulsão à repetição, como actings* substitutos. Nesse trabalho, Freud introduz o conceito de *neurose de transferência.* (p. 201)

Em 1915 (*Observações sobre o amor de transferência*), Freud classifica as transferências em *positivas* (as amorosas) e *negativas* (as sexuais), estas últimas ligadas às resistências. Aliás, em sucessivos trabalhos sobre técnica (1910, 1912, 1915), Freud refere-se à íntima inter-relação existente entre transferência, e resistência, de modo que ele tanto descreve uma *"resistência ao surgimento da transferência", como também a possibilidade de que "a transferência funcione como uma forma de resistência"*. Ao mesmo tempo, gradativamente, Freud vai retirando a importância do papel do analista unicamente como um "descodificador" das associações livres, enquanto passa a valorizar também o seu envolvimento emocional e, por conseguinte, o seu preparo para a função psicanalítica.

Em 1916-17 (*Conferências introdutórias*), faz uma distinção entre *neuroses transferenciais e narcísicas,* deixando aí a sua clássica afirmação de que as narcísicas (que era, como então, ele se referia às psicoses) *não poderiam ser tratadas psicanaliticamente por não haver libido disponível para a formação da transferência*.

Em 1920 (*Além do princípio do prazer*) dá-se um importante acréscimo conceitual, porquanto Freud lança o seu postulado da existência de uma *pulsão de morte* e inclui o fenômeno da transferência como um exemplo de *compulsão a uma repetição penosa e infantil*, pela qual o paciente é obrigado a repetir (atuar) o material reprimido – sempre ligado a algum vestígio da sexualidade edípica – como se fosse uma experiência contemporânea realmente vivida com o psicanalista. Também a partir daí ele aventou a hipótese de um *masoquismo primário* (e não unicamente como secundário ao sadismo), o que determinou uma mudança no entendimento de certas transferências.

A partir de 1923 (*O ego e o id*), com a sua postulação da *teoria estruturalista*, Freud ampliou bastante a importância do conceito de transferência, de forma a abarcar na transferência, não unicamente a repetição das lembranças e pulsões reprimidas, mas também incluiu a participação de figuras superegóicas e dos mecanismos de defesa do ego. Não obstante isso, ele sempre mostrou-se algo ambíguo a respeito da existência da transferência.

Assim, em 1938 (*Esquema de psicanálise*), refere-se à transferência como *ambivalente...e pode ser uma fonte de sérios perigos*", sendo que isso reflete o quanto ao longo de toda sua obra, ele mostrou-se ambivalente em relação ao fenômeno transferencial, tanto que muitas outras vezes ele a considera como o *mais poderosos instrumento da psicanálise.*

Embora Freud não tenha ligado diretamente com seus estudos relativos à transferência, creio que podemos creditar-lhe a enorme importância que representam para a compreensão do campo analítico as suas concepções referentes à *dissociação* (ou *cisão, splitting*) *do próprio ego*, tal como transparece nos seus trabalhos *A perda da realidade na neurose e na psicose* (1924), *Fetichismo* (1927) e *A divisão do ego no processo de defesa* (1938).

Anna Freud (1936) prosseguiu alguns esboços do pai e descreveu a "*transferência de defesa*" como um recurso do ego para se proteger, como fizera no passado, de dolorosas conseqüências dos impulsos sexuais e agressivos (por exemplo, uma manifesta capa agressiva como escudo protetor de latentes sentimentos amorosos). A mesma autora introduz o conceito de "*atuar dentro da transferência*", no qual a transferência se intensificava e extravasava do consultório para a vida cotidiana do paciente.

M. KLEIN

Durante toda a sua prática analítica, desde o início na década de 20 com o pioneirismo da análise com crianças, por meio da introdução da técnica de jogos e brinquedos, M. Klein sempre trabalhou, de forma sistemática, na transferência, muito especialmente a *negativa*, decorrente das pulsões sádico-destrutivas. Ela entendia o fenômeno transferencial como uma reprodução, na figura do analista, de todos os primitivos objetos e relações objetais internalizadas no psiquismo do paciente, acompanhadas das respectivas pulsões, fantasias inconscientes e ansiedades. Essa idéia de M. Klein ficou muito robustecida com a sua concepção relativa ao fenômeno da *identificação projetiva*, hoje consensualmente aceita por todos psicanalistas, sendo que em seu importante trabalho de 1952, As origens da transferência, o único que escreveu especificamente sobre o tema, ela deixa claro e desenvolve bastante essa sua forma de entender o fenômeno transferencial.

Muito resumidamente, pode-se dizer que os psicanalistas da escola kleiniana enfatizaram os seguintes aspectos relativos à transferência: 1) A compreensão e a valorização da *transferência primitiva*, ou seja, aquela que reproduz com o analista as primitivas relações objetais, com as respectivas fantasias inconscientes arcaicas, ansiedade de aniquilamento e primitivos mecanismos defensivos. Estes últimos (negação onipotente, dissociação, identificação projetiva e introjetiva, idealização...) são muito anteriores à "repressão", na qual Freud sistematizou toda a sua conceituação transferencial. 2) Essas primitivas relações objetais provavelmente não aparecem sob a forma de *associações de idéias* – tal como Freud preconizava –, porquanto ela se formaram antes da capacidade de o ego da criança poder fazer *representações-palavras* das mesmas; no entanto, elas podem ser captadas pelo analista e, daí, virem a ser reconstruídas. 3) Nesse tipo de "transferência primitiva" as relações objetais são configuradas com *objetos parciais* (seio, pênis...), desde as primeiras sensações corporais, e decorrentes das angústias *persecutórias e depressivas* inerentes ao início do desenvolvimento infantil. 4) A transferência está presente não só nos momentos em que o paciente manifesta direta ou indiretamente em relação com o analista, mas, sim, de forma permanente, embora oculta. 5) Esse entendimento do fenômeno transferencial acarretou profundas modificações na forma e conteúdo das *interpretações* do psicanalista, como será explicitado mais adiante.

As postulações originais de M. Klein acerca da teoria e manejo técnico do fenômeno transferencial sofreram – e continuam sofrendo – sensíveis modificações por parte dos seus seguidores mais eminentes. Assim, para ficarmos restritos unicamente a poucos autores kleinianos, é indispensável mencionar *Rosenfeld* com os seus estudos sobre *transferência narcisista*, que inclui a descrição do que ele conceitua como "gangue narcisista"(1971) e também sobre o que ele descreveu como *psicose de transferência* (1978), um importante trabalho que merecerá um destaque especial mais adiante; *Meltzer* (1979) que descreveu a natureza e as formas da *perversão na transferência; B. Joseph* que, além de estudar a *transferência como situação total* (1985), também contribuiu para o conhecimento da transferência que se manifesta nos "*pacientes de difícil acesso*" (1975); *Steiner* (1981), que descreveu a *organização patológica da personalidade*, na qual há uma relação permanente entre partes diferentes da mente, que tendem a se reproduzir na transferência; e *Bion*, cujas concepções serão descritas à parte, mais adiante.

KOHUT

Este psicanalista austríaco que migrou para os Estados Unidos (Chicago), onde criou e divulgou a "psicologia do *self*", trouxe uma notável e original contribuição para a compreensão e manejo da normalidade e patologia do narcisismo. Mais especificamente, ele estudou as *transferências narcisísticas* e as classificou em três tipos: *idealizadoras, gemelares* e as *especulares*. Estas últimas, ele subdividiu em duas escalas, de acordo com o grau de como esses pacientes se imaginam ligados ao terapeuta: 1) *Fusional* (corresponde ao conceito de Freud de "ego do prazer purificado" e manifesta-se pelo fato de o paciente crer que o seu analista não passa de uma mera extensão sua, pois ambos estariam numa fusão arcaica). 2) *Especular propriamente dita* (necessita que o analista, tal como a mãe no passado, reconheça, confirme e espelhe o *self grandioso* que o paciente lhe exibe).

Assim, Kohut (1971) caracterizou que a pacientes com transtornos narcisistas mostram-se como *personalidades famintas*, em uma dessas quatro possibilidades, que naturalmente serão repetidas na transferência: 1) *Famintas por fusão* (pelo fato de que vivenciam o analista como uma extensão do seu próprio *self*, eles têm uma enorme dificuldade com as separações). 2) *Famintas por espelho* (necessidade de encontrar no analista um "espelho" – inicialmente estruturante – que reconheça e aceite o seu exibicionismo, assim lhes refletindo a "grandiosidade de seu *self*". 3) *Famintas por ideal* (caracteriza-se por uma busca constante de uma "imago parental idealizada", ou seja, de pessoas, como o analista, a quem possam admirar pelo seu prestígio, poder, beleza, inteligência ou virtudes morais). 4) *Famintas por gemelaridade* (consiste na necessidade de encontrar um "gêmeo", um "alter-ego", isto é, alguém o suficientemente parecido com ele, de modo a confirmar a existência e aceitação do seu próprio *self*). Um quinto tipo seria o daquelas personalidades narcisistas que, em contrapartida aos quatro tipos anteriores, *evitam o contato*, não porque os demais não o interessem, mas, pelo contrário, justamente porque a sua necessidade deles é muito faminta.

Kohut acredita que a transferência das precoces falhas empáticas que tais pacientes tiveram com a mãe, uma vez bem compreendidas e manejadas pelo analista, possibilitam uma *internalização transmutadora*", a qual preencherá as referidas falhas antigas e promoverá uma reestruturação do *self*.

WINNICOTT

Para Winnicott, a transferência é muito mais do que uma repetição de impulsos e defesas; especialmente com pacientes em estados regressivos, não há "desejos", mas, sim, "necessidades" que, quando não satisfeitas pelo analista – que acima de tudo deve "intuí-las" – geram, nesse mesmo paciente, mais do que ódio, uma *decepção* pelo novo fracasso do ambiente que nos primeiros anos da criança lhe interrompeu o crescimento do *self* e prejudicou a capacidade de *desejar*, o que leva a uma sensação de *futilidade*. Mais ainda, Winnicott afirma que a incapacidade materna (ou do analista), indo além do ódio da criança e da decepção pelo novo fracasso, pode produzir ameaças de aniquilamento do *self*, devido ao profundo estado de desamparo que essa privação provoca.

Assim, para Winnicott, a transferência deve ser compreendida como uma *nova relação*, um novo espaço que o paciente conquista para poder relacionar-se com o seu analista, cuja imagem, inicialmente, estará distorcida pelas projeções e sentimento de "posse" que esse paciente tem em relação a ele, para que, aos poucos, venha a poder *usar o analista*, primeiro como um *objeto transicional* e, após, de forma objetiva, como um objeto real. A relação analista-analisando passa a ser um processo mutual, no qual *cada um está descobrindo e criando ao outro porquanto as descobertas levam às criações*.

Entre outros aspectos relativos à transferência que Winnicott descreve, merece menção a função *holding* do analista; a sua *capacidade de sobreviver* aos ataques destrutivos do paciente; o risco de que alguma análise, aparentemente bem-sucedida, possa estar construindo não mais do que um *falso self* e o fato de que, embora Winnicott não descurasse dos aspectos sádico-destrutivos, contrariamente a M.Klein, ele priorizava os aspectos construtivos e o dos vazios existenciais..

LACAN

Esse eminente e controvertido autor concebe a utilização da transferência na situação analítica de uma forma frontalmente diversa de como todos os analistas das demais escolas crêem e habitualmente a praticam. Ele parte do princípio de que a fixação oral à mãe expressa o *"estágio do espelho"* no qual o sujeito reconhece o seu ego *no* "outro", ou que a primeira noção de ego provém *do* outro. Assim, Lacan acredita que a ênfase do analista na interpretação sistemática da transferência não faz mais do que reforçar um vínculo de natureza diádica especular. Pelo contrário, prossegue Lacan, o analista deve romper essa díade imaginária, pela *castração simbólica*, como um recurso de propiciar a transição do *"nível imaginário"* para o *"nível simbólico"*, próprio da triangularidade edípica. Todos esses aspectos constituem o que Lacan configura como a *teoria simbólica da transferência*.

Apesar de que parece haver um certo exagero nas restrições de Lacan quanto às interpretações transferenciais, devemos reconhecer como válido o seu alerta quando se trata de um "abuso transferencialista" por parte de muitos psicanalistas que assumem o papel daquilo que este autor denomina como *sujeito suposto saber*, e que, com esse resíduo narcisista, de uma forma ou de outra, vai esterilizar o crescimento do analisando.

Para Lacan, a psicanálise consiste em um processo *dialético*, pelo qual o paciente traz a sua *tese*, o analista propõe uma *antítese*, daí surge uma *síntese* (*insight*) que leva a novas teses, sendo que a transferência somente surgindo quando, por alguma razão, esse processo dialético é inoperante. Assim, para ele, não é uma interpretação que põe em marcha a análise, mas, sim, é a reversão dialética do processo, por intermédio de um trabalho com os *significantes* e os *significados*.

BION

Embora Bion não tenha escrito nenhum texto específico sobre o fenômeno transferencial, é possível depreender algumas das suas idéias relativas a essa importante experiência emocional contidas em inúmeras concepções originais dele, tais como: a) Um termo melhor do que "transferência" talvez seja *transiência*, o qual melhor define a característica espacial de "transicionalidade" e a característica temporal de "transitoriedade", que devem constituir a experiência emocional com o analista e que necessitam sofrer *transformações* ao longo da análise. Assim, Bion diz textualmente que *"a transferência é uma experiência transitória, é um pensamento, sentimento ou idéia que o paciente tem, em seu caminho para um outro lugar"* (o grifo é meu). b) Da mesma forma, para Bion a transferência não é estática e uniforme, antes, ela resulta e comporta-se como um processo de *transformações,* as quais podem ser do tipo de "movimento rígido"(é pequena a distorção do paciente), "projetivas" e "alucinoses" (em cujo caso são profundas as distorções das percepções que o paciente faz). c) Bion inclui, no complexo transferencial, a existência constante dos três *vínculos*: "amor, ódio e conhecimento"; é importante o psicanalista reconhecer quando a transferência provém da "parte neurótica" ou da *"parte psicótica da personalidade"*; assim, o seu conceito de *vértice*, a partir do qual o analista possibilita que ele próprio e o paciente percebam e reflitam uma mesma experiência a partir de uma outra visualização, adquire uma signficativa relevância na prática analítica. d) Igualmente é relevante o fato de que Bion introduz a idéia que a transferência não é unicamente com a pessoa do analista, mas também de uma parte do paciente em relação com *"a pessoa mais importante que ele jamais poderá lidar, que é uma outra parte dele mesmo"*. e) Fundamentalmente Bion encara o fenômeno transferencial a partir do seu modelo de uma relação de *continente-conteúdo*, tomando como paradigma disso a relação original mãe-filho. f) Destarte, vale destacar que ele também considerou a condição do analista como uma *pessoa real* e não unicamente como um objeto, uma mera pantalla transferencial. Isso pode ser depreendido pelo seguinte trecho (1992, p. 79), entre tantos outros: *"Penso que o paciente faz algo para o analista e o analista faz algo para o paciente; não é apenas uma fantasia onipotente"*.

Ainda dentro da proposta de conceitualização do fenômeno transferencial, impõe-se a necessidade de fazer uma distinção entre a transferência propriamente dita e outros fenômenos correlatos, porém de significados distintos, que aparecem com freqüência na literatura psicanalítica com uma terminologia específica, como são os conceitos seguintes.

Pré-Transferência

Essa denominação alude à uma manifestação de natureza transferencial que se instala no paciente ainda antes dele sequer ter tido um contato pessoal com o seu possível analista e que pode surgir desde o encaminhamento à sua pessoa, uma observação em algum evento científico, o primeiro contato telefônico, etc.

Para-Transferência

Consiste no fato de que o paciente, à moda de *actings*, extravasa para fora da situação analítica os seus sentimentos transferenciais que estão sonegados e que não aparecem diretamente com o analista, de modo a revelar com pessoas de seu convívio mais íntimo algumas reações e atitudes inusitadas, que algumas vezes deixam os interlocutores surpresos e outras os circunstantes são acionados e "convidados" a exercer determinados papéis.

Extratransferência

Trata-se de um termo bastante conhecido e divulgado, que classicamente designa uma condição pela qual o analista percebe que o analisando demonstra por meio dos inter-relacionamentos de sua vida cotidiana a forma de como estão estruturadas as suas relações objetais internas. De modo geral, os analistas desvirtuam a extratransferência e apregoam que tais experiências emocionais só têm eficácia analítica se elas forem analisadas à luz da vivência do "aqui-agora-comigo" transferencial. Acredito que esteja crescendo o número de outros psicanalistas, entre os quais eu me incluo, que diante de determinadas circunstâncias da situação analítica – mais particularmente aquela na qual uma verdadeira transferência, ainda *deve ser paulatinamente construída* – também trabalham com naturalidade e profundidade os vínculos manifestos na extratransferência tal como essa se apresenta na vida "lá fora".

Por exemplo, no caso de um paciente que estiver narrando na sessão uma séria briga que teve na véspera com a sua mulher existe a possibilidade, muito comum, de que o analista proceda a um automático reducionismo interpretativo de que o analisando está expressando uma briga com ele, analista. Independentemente se essa interpretação corresponde a uma realidade psíquica do paciente ou se é um equívoco de compreensão do analista, é freqüente que o paciente a rejeite com costumeiras exclamações do tipo: "Não é nada disso"; "Eu sabia que ias dizer isso, tudo que eu falo sempre trazes para ti...", não sendo rara a possibilidade que o analista queira reiterar a sua interpretação "transferencial", adquirindo a sessão um clima polêmico.

Em uma situação como a referida, creio ser perfeitamente possível um trabalho verdadeiramente analítico a partir da extratransferência, isto é, de analisar com o paciente os detalhes da briga que ele teve com a esposa, como tudo começou, qual foi a sua participação, o seu papel, a sua responsabilidade por uma possível provocação para uma previsível resposta daquela, e que esse episódio repete tantos outros análogos com outras pessoas, etc., de sorte a poder propiciar um importante *insight*, com a possibilidade eventual de, aí sim, poder fazer uma costura dessa briga com outras manifestas ou ocultas que se passaram no passado ou que, de fato, possa estar acontecendo no vínculo analítico.

Neurose de Transferência

É útil traçar uma diferença entre o surgimento na situação analítica de *momentos transferenciais* e a instalação de uma *neurose de transferência*. Neste último caso, quer seja de aparecimento precoce ou tardio, o analisando vive intensa e continuadamente uma forte carga emocional investida na pessoa do psicanalista, que transborda para fora da sessão e lhe ocupa uma grande fatia do seu tempo e de seu espaço mental. O comum nesses casos é que o paciente revive as suas experiências afetivas não com uma percepção de um *como-se*, de que está reproduzindo antigas vivências equivalentes, mas com a convicção de um *está havendo, de fato*. A existência desse tipo de transferência justifica plenamente o emprego sistemático de interpretações centradas no calor do "aqui-agora-comigo-como-lá-então".

Transferência Psicótica

Como o nome designa, trata-se de uma transferência que caracteriza os pacientes clinicamente psicóticos e que, contrariamente à crença de Freud de que esses pacientes não seriam analisáveis, porquanto eles nunca desenvolveriam uma transferência (ele partia da idéia de que, nesses casos, toda libido estava investida auto-eroticamente), hoje é consensual que eles desenvolvem, sim, uma clara transferência, sendo que, embora muitas vezes sejam inacessíveis à análise, muitas outras vezes eles possibilitam um verdadeiro trabalho analítico.

Esse conceito de "transferência psicótica" não deve ser confundido com o da transferência provinda da "parte psicótica da personalidade" (conforme Bion) e tampouco se iguala à conceituação de *psicose de transferência*, descrita por Rosenfeld

(1978) e que, por sua importância, será objeto de uma capitulação especial.

Transferência Primária (ou Primitiva, Precoce, Simbiótica, Narcisista...)

Com essas denominações, muitos autores designam aquela condição na qual prevalece um primitivo estado mental do paciente caracterizado, sobretudo, por uma "indiferenciação entre o sujeito e o objeto".

Campo Analítico

A expressão, difundida pelo casal Baranger (1961-62), por si só define o fato de que existe entre o analisando e o analista, de forma manifesta ou latente, uma corrente *transferencial-contratransferencial*, a qual é permanente, de influências e efeitos recíprocos, e que, nas condições normais, sofre sucessivas transformações em um continuado movimento espiralar, constituindo um campo onde circulam necessidades, desejos, angústias, defesas, relações objetais, etc., etc.

Aliança Terapêutica

Essa denominação pertence a E. Zetzel, psicanalista norte-americana que, em um trabalho de 1956, concebeu um aspecto importante relativo ao vínculo transferencial, ou seja, o fato de que um determinado paciente apresente uma condição mental, tanto de forma consciente quanto inconsciente, que permita que ele se mantenha verdadeiramente aliado à tarefa do psicanalista. Essa concepção aparece nos textos psicanalíticos com outras denominações, porém com significados equivalentes, como "*transferência eficaz*", pela construção prévia de um "*rapport*" (Freud,1913), "*transferência racional*", de Fenichel (1945), que alude a um "aspecto sensato" do paciente; "*aliança de trabalho*", de Greenson (1965), etc.

Cabe acrescentar que uma aliança terapêutica não deve ser tomada como um simples "desejo de melhorar", tampouco como sinônimo de "transferência positiva" e, muito menos, como antônimo de "transferência negativa"; pelo contrário, creio que o importante surgimento dessa última, em sua plenitude aparentemente negativa, muitas vezes se torna possível devido ao respaldo de uma "aliança terapêutica" provinda, pelo menos, de uma parte da mente do paciente que está comprometida em assumir e colaborar com a profundeza da análise, enfrentando, assim, as ineveitáveis dificuldades e dores.

Match

Talvez a melhor tradução para o termo seja "encontro psicanalítico", aludindo diretamente ao que vem sendo denominado como uma "*relação real*". Trata-se de uma conceituação proposta por psicanalistas pesquisadores norte-americanos, como J. Kantrowitz e colaboradores (1989), e refere ao fato de que uma relação analítica vai muito além de uma simples relação transferencial repetidora de vivências passadas. A investigação desses autores obedeceu a uma rigorosa metodologia científica e lhes permitiu a conclusão de que os *os aspectos pessoais* de cada psicanalista em relação com os de um determinado paciente constituem um *match* singular, o qual tem uma decisiva influência na evolução, exitosa ou não, da análise.

Esses pesquisadores observaram que um mesmo paciente pode fracassar na sua análise com um analista competente, enquanto terá êxito com um outro analista nem mais nem menos competente que o anterior, inclusive na hipótese de ambos pertencerem a uma mesma corrente psicanalítica, sendo que a recíproca é verdadeira com um outro paciente diferente. Mais ainda: eles observaram que um analisando progride suficientemente bem com um analista em um determinado nível de sua personalidade (por exemplo, a que está ligada aos conflitos edípicos) e estagna em outras (fixações narcisistas, por exemplo), e vice-versa com um outro analista.

Pessoa Real do Analista

Observações equivalentes às últimas acima apresentadas, estão convocando os analistas para se perguntarem quanto à importância que deve ser creditada (ou desacreditada) à pessoa real do analista, na construção do vínculo transferencial-contratransferencial e, por conseguinte, no destino da análise. Parece-me que, aos poucos, o pêndulo está se inclinando para a crença de que a percepção que o paciente capta das características reais da personalidade e ideologia da pessoa que o seu psicanalista, mais do que uma mera pantalha transferencial, de fato, ele é, inclusive como um modelo de identificação para o paciente, tem uma significativa influência no campo analítico, até mesmo na determinação do tipo de transferência manifesta pelo analisando.

TIPOS DE TRANSFERÊNCIAS

Como sabemos, Freud dividiu as transferências em *positivas* e *negativas*. Com a evolução da psicanálise essa classificação ficou inadequada e insuficiente, o que justifica uma explicitação em separado de cada uma das modalidades. Antes de mais nada quero definir a minha posição de que julgo as expressões "positivo" e "negativo" altamente inadequadas para uma compreensão psicanalítica, porquanto elas estão impregnadas de um juízo de valores, com um ranço moralístico, superegóico. No entanto, como são termos consagrados, eles devem ser mantidos, desde que bem compreendidos.

Transferência Positiva

Classicamente essa denominação referia-se a todas as pulsões e derivados relativos à libido, especialmente os sentimentos carinhosos e amistosos, mas também incluídos os desejos eróticos, desde que tenham sido sublimados sob a forma de amor não sexual e não persistam como um vínculo erotizado.

O que julgo importante a ser destacado é o fato de que muitas vezes o que parece ser uma transferência "positiva" pode estar sendo "negativa", do ponto de vista de um processo analítico, porquanto ela pode estar representando não mais do que uma extrema e permanente idealização (isso é diferente de uma – estruturante – admiração) que o paciente faz em relação ao analista.

Também pode acontecer que uma aparência de "positividade" pode estar significando unicamente um inconsciente conluio transferencial-contratransferencial sob a forma de uma estéril *recíproca fascinação narcisística*. Igualmente, é necessário levar em conta a possibilidade nada incomum de que uma aparente transferência positiva pela qual o paciente cumpre fielmente todas combinações de assiduidade, pontualidade, verbalização, uso do divã, manifesta concordância com as interpretações, etc. possa estar encobrindo uma *pseudocolaboração*. Isso geralmente acontece por parte de pacientes portadores de uma forte estrutura narcisística, que os leva em um plano oculto da mente a desvitalizarem as interpretações do analista, de modo a que nele, paciente, nada mude de verdade.

Em contrapartida uma transferência costumeiramente chamada de "negativa" pode estar sendo altamente "positiva" para o curso exitoso da análise.

Transferência Negativa

Com esse nome Freud referia aquelas transferências nas quais predominava a existência de pulsões agressivas com os seus inúmeros derivados, sob a forma de inveja, ciúme, rivalidade, voracidade, ambição desmedida, algumas formas de destrutividade, as eróticas incluídas, etc.

Na atualidade, creio ser relevante fazer a afirmativa de que se uma análise não transitou pela "transferência negativa" no mínimo ela ficou incompleta, porquanto todo e qualquer analisando tem conflitos manifestos ou latentes relacionados à agressividade. A propósito, é útil estabelecer uma diferença entre *agressão* (sádico-destrutiva) e *agressividade,* a qual, tal como a sua etimologia (*ad + gradior*) designa, representa um movimento ("*gradior*") para a frente ("*ad*"), uma forma de proteger-se contra os predadores externos, além de também indicar uma ambição sadia com metas possíveis de serem alcançadas.

Assim, a transferência pode ser "negativa" desde uma perspectiva adulta em relação à educação de uma criança que quer romper com certas regras, porém ela pode ser altamente "positiva" a partir de um vértice que permite propiciar ao paciente a criação de um espaço, no qual ele pode reexperimentar antigas experiências que foram mal-entendidas e malsolucionadas pelos pais (por exemplo, que eles não tenham entendido os presentes-fezes, ou o direito de o filho de fazer uma sadia contestação aos valores deles, etc.). Principalmente, o terapeuta deve levar em conta que as manifestações agressivas possam estar representando a construção de preciosos núcleos de *confiança* que o paciente esteja desenvolvendo em relação a ele próprio, ao analista, e ao vínculo entre ambos.

Talvez não exista experiência analítica mais importante do que aquela em que o paciente se permita atacar o seu analista, pelas formas mais diversas, às vezes cruéis, e este sobrevive aos ataques, sem se intimidar, revidar, deprimir, desistir, contrabalançar com formações reativas, apelar para recursos medicamentosos e outros afins, mantendo-se fiel e firme à sua posição de analista. Isso repercute no paciente de duas formas estruturantes para o seu *self*: a comprovação de que nem ele é tão perigoso, destruidor e mau, como imaginava, e tampouco os seus objetos são tão frágeis como sempre temeu.

Transferência Especular

Na atualidade, é consensual entre os psicanalistas que a transferência não expressa unicamente a *conflitos*, tais como aqueles que tipificam a "neurose de transferência", mas também que ela traduz os problemas de *déficit*. Neste último caso, próprio dos pacientes com fortes fixações em etapas primitivas nas quais as necessidades emocionais básicas não foram suficientemente satisfeitas pelos cuidados de uma adequada maternagem, a transferência assume características de *uma busca de algo*, *em alguém*, o que tanto pode assumir a forma de uma "fusão", ou a de um "continente", de alguém portador de seus "ideais", ou a de um "espelho".

Nesse último caso, quando o movimento transferencial representa uma busca de um "espelho" na pessoa do analista – que o reflita, reconheça e devolva a sua imagem de auto-idealização, vitalmente necessária para que o paciente sinta que, de fato ele existe e é valorizado – estabelece aquilo que genericamente está sendo denominado "transferência especular", quando é necessário que o analista transitoriamente aceite funcionar como "ego auxiliar" do paciente, ao mesmo tempo em que gradativamente vá construindo o processo de *diferenciação*, que possibilite o paciente adquirir uma *separação, individuação* e uma posterior *autonomia*.

Transferência Idealizadora

Até há algumas décadas, os psicanalistas em formação aprendiam que uma transferência excessivamente idealizada do paciente em relação ao seu analista deveria ser logo analisada e desfeita, porquanto ela não só encobria uma forte carga persecutória subjacente (o que, na maioria das vezes, não deixa de ser uma verdade), como também representaria uma forma de controle onipotente do analisando sobre o analista, pelo fato de que este sentir-se-ia obrigado a corresponder à perfeição que lhe era atribuída.

Na atualidade, entendemos que uma transferência inicial de uma intensa idealização possa estar representando uma necessidade básica e indispensável para que o paciente, aos poucos, construa um verdadeiro vínculo analítico. Em caso contrário, isto é, quando, por meio de interpretações unicamente dirigidas "à persecução resultante da agressão que está encoberta, bem como de uma tentativa de manipulação e controle por parte do analisando" o psicanalista desfaz precocemente a idealização, daí resultando a possibilidade de o paciente ingressar em um estado de desamparo análogo à imagem que me ocorre de se "tirar a escada e deixá-lo seguro pelo pincel".

A "transferência idealizadora" corresponde, segundo Kohut (1971), a uma etapa do desenvolvimento emocional primitivo, na qual a criança tem necessidade de estruturar o seu *self* pela da idealização dos pais, ao que ele denomina *imago parental idealizada*.

O risco que essa forma de transferência representa para uma análise exitosa é a possibilidade de que o analista seja portador de uma estrutura excessivamente narcisista, de modo a se sentir gratificado com a idealização que o analisando faz dele e assim, ao invés de ser um processo transitório, a transferência idealizadora pode ficar cronificada, o que impossibilitaria o tão necessário surgimento de ocasionais períodos de "transferência negativa". Da mesma forma, a permanência da transferência idealizadora, além do tempo necessário, representa o risco de entronizar a *fé* no lugar da *confiança*, a *evasiva* dos problemas em vez do seu *enfrentamento* e a *sugestão* no lugar da *análise*.

Transferência Erótica e Erotizada

Em 1915, Freud referiu-se ao *"amor de transferência"* como uma complicação do processo psicanalítico, que acontece com freqüência, e no qual a (o) paciente se diz "apaixonada" pelo seu (sua) analista. Embora ele reconhecesse o caráter defensivo dessa forma transferencial, Freud alertava aos terapeutas para que não confundissem essa reação com um amor verdadeiro, ao mesmo tempo em que os advertia contra as tentativas de eles reprimirem o amor de tais pacientes, desde que *"o tratassem como algo irreal e o rastreassem até suas origens inconscientes"*.

Ao mesmo tempo, Freud advertia quanto aos *"casos graves de amor transferencial"* e descrevia essas suas pacientes histéricas como *"meninas que, por natureza de uma pulsão elementar, recusam aceitar o psíquico em lugar do material"* e ele sugeria que a única forma de tratar a esses casos é o de uma tentativa de mudar de analista, ou, então, a de interrupção da análise.

Como vemos, a transferência de características eróticas adquire um largo espectro de possibilidades, desde os sentimentos afetuosos e carinhosos pelo analista até o outro pólo de uma intensa atração sexual por ele(ela), atração essa que se converte em um desejo sexual obcecado, permanente, consciente, egossintônico e resistente a qualquer tentativa de análise. O primeiro caso alude à transferência *erótica*, enquanto o segundo refere-se a transferência *erotizada*.

Conquanto ambas as formas, em algum grau, estejam virtualmente e ocasionalmente presentes em todas as análises, tanto de forma homossexual quanto heterossexual, é necessário estabelecer uma clara diferença entre elas. A *"transferência erótica"* está mais vinculada com a necessidade que qualquer pessoa tem de ser amada, sendo que essa demanda por compreensão, reconhecimento e contato emocional, pode se fundir (e con-fundir) com o desejo de um contato físico.

Em contrapartida, a *"transferência erotizada"* designa a predominância de pulsões ligadas ao ódio com as respectivas fantasias agressivas, que visam a um controle sobre o analista e de uma posse voraz dele. Essas fantasias manifestam-se por diversas formas, são de origem inconsciente, superam o senso crítico da realidade objetiva (a ponto de o paciente sequer reconhecer o "como-se" transferencial") e elas aparecem na situação analítica disfarçadas de legítimas necessidades amorosas e sexuais.

Dois sérios riscos podem acompanhar a instalação da "transferência erotizada" no campo analítico: uma, é a que, diante da não-gratificação do psicanalista dessas demandas sexuais do paciente, este recorra a *actings* fora da situação analítica, que, às vezes, podem adquirir características de grave malignidade. A segunda possibilidade, igualmente maligna, é que a análise, a partir dessa transferência de *natureza perversa*, possa descambar para uma *perversão da transferência*, inclusive com a possível eventualidade de o analista ficar nela envolvido, fato que está longe de ser uma raridade.

Transferência Perversa

O termo "perverso" deve ser entendido como um "desvio da normalidade", porém não deve ser tomado como sinônimo de uma *"perversão"*, clinicamente configurada como tal. Assim, é comum que os pacientes em geral de alguma forma tentem "perverter" as combinações que eles aceitaram em relação ao *setting* analítico, procurando modificar "as regras do jogo", traduzidas nas formas de pagamento, na obtenção de privilégios, em alguma forma de provocação para tirar o analista de seu lugar, etc.

Comumente, nada do mencionado acima representa algum risco para a análise, desde que o analista, embora possa ter alguma flexibilidade em relação aos pedidos do paciente, não saia do seu lugar e função de psicanalista. No entanto, em se tratando de pacientes predominantemente *psicopatas*, essa atitude transferencial perversa pode se constituir como uma constante que exige redobrados esforços do terapeuta, sendo que, muitas vezes, as sucessivas atuações podem definir uma condição de *não-analisibilidade*.

Meltzer (1973) foi o autor que mais consistentemente estudou a *perversão da transferência*, apontando para o risco da formação de um *conluio perverso* entre o par analítico, que consiste em um jogo de seduções por parte do paciente (creio que vale acrescentar a hipótese de as seduções partirem do analista) e que, na hipótese de o terapeuta ficar envolvido, e esse conluio ficar estabilizado, virá a acontecer que o paciente, ao invés de reconhecer suas limitações e conflitos, verá o seu analista *"como uma prostituta, uma ama-de-leite, viciada na prática da psicanálise e incapaz de conseguir melhores pacientes"* (p. 159).

Transferência de Impasse

Embora essa denominação não apareça na literatura psicanalítica, ela me parece válida como uma forma de designar aqueles períodos transferenciais típicos de situações de "impasses analíticos" que, inclusive, podem culminar com a temível situação de uma "reação terapêutica negativa".

Em tais casos de impasse, a transferência do paciente tanto adquire uma forte tonalidade erotizada que, enquanto dura, pode impossibilitar o curso da análise, conforme foi descrito, ou, como acontece mais comumente, o analisando fica invadido por ansiedades paranóides, de modo que todo o seu discurso é concentrado em queixas e acusações ao seu analista, ao mesmo tempo em que fica em um estado de tamanha defensividade que não consegue *escutar* o que seu analista diz. Em casos mais extremos, essa forma de transferência pode atingir o estado conhecido como *psicose de transferência*, tal como Rosenfeld a conceitua.

Psicose de Transferência

Essa expressão aparece na literatura psicanalítica com diversos significados distintos, sendo que, aqui, designa a conceituação descrita por Rosenfeld (1978), que também a denomina *"psicose transitória"*, pois se refere ao fato de que o surgimento dos *"fenômenos psicóticos em geral só se ligam à transferência, interferindo muito pouco com a vida do paciente fora da análise"*.

Segundo Rosenfeld, essa "psicose de transferência", ou "transitória", surge em pacientes neuróticos ou *borderlines*, durante a análise, e desaparecem após dias, semanas ou talvez meses, sendo que elas podem recidivar periodicamente. "Qualquer psicose de transferência é uma ameaça grave à análise, rompe a aliança terapêutica e pode levar a um impasse analítico completo".

Durante a vigência dessa "psicose transferencial", prossegue o autor, "*o analista costuma ser percebido de uma forma distorcida, como um superego onipotente, sádico, mas a forma erótica da transferência psicótica na qual o paciente acredita que o analista está apaixonado por ele ou ela, pode também dominar a situação analítica por um certo tempo*" (p. 137). "*Tais pacientes freqüentemente formam alguma aliança terapêutica com o analista, mesmo tendo presente uma "parte psicótica da sua personalidade", enquanto simultaneamente mantém a aliança terapêutica com a "parte não-psicótica" de si mesmos, diminuindo assim o perigo de aparecerem episódios delirantes transitórios*".

Pela razão acima, essa delicada situação transferencial requer que o analista compreenda bem o que está se passando, tenha uma boa capacidade de continência e paciência, procurando aliar-se à parte não psicótica do paciente e evitando pressionar com interpretações que, embora possam ser corretas, só fazem aumentar um clima polêmico e, por conseguinte, um incremento dos delírios transferenciais.

Reações dessa natureza surgem com relativa freqüência no campo analítico, sendo que nem sempre é fácil discriminar se ela corresponde a uma reação a uma possível inadequação por parte da atitude e manejo do analista, ou se traduz um impasse prenunciador de uma ruptura com a análise, ou ainda se está representando um difícil, porém necessário, momento analítico, como uma forma de progresso e construção da confiança básica.

Em tais situações de psicose transferencial as reações contratransferenciais são extremamente difíceis para o analista e, por tudo isso, esse quadro transferencial merece uma particular atenção, de modo a ser bem conhecida por todo analista praticante.

A TRANSFERÊNCIA NA PRÁTICA ANALÍTICA

Em decorrência da amplitude do tema, que por si só comportaria um livro, vou me restringir a enumerar, telegraficamente, sob a forma de afirmativas e indagações, alguns dos principais tópicos que cercam o fenômeno transferencial, tal como ele aparece em nossa clínica cotidiana, em relação aos seguintes segmentos do campo analítico.

Em Relação ao *Setting*

- A análise *não cria* a transferência; apenas *propicia* a sua redescoberta, bastante facilitada pela insatalação do *setting* que favorece algum grau de regressão do paciente, por meio de uma intimidade, porém processada com uma certa privação sensorial, frustrações inevitáveis, assimetria de papéis, etc. Um exemplo bastante comum disso é o daquele paciente que atribui a sua relutância inicial em aceitar a indicação da análise ao seu "medo de ficar dependente", o que, por si só, já nos indica que ele, no fundo, reconhece-se como um portador de núcleos dependentes; possivelmente uma "dependência má", como o seu medo expressa, e o trabalho analítico visará transformá-la em uma "dependência boa", à medida que se desenvolverem os elementos de "confiança básica" do *self*.
- Há transferência em tudo, porém *nem tudo* é transferência a ser analisada e interpretada. Assim, há uma significativa diferença entre o analista trabalhar *na* transferência ou trabalhar sistematicamente na análise *da* transferência.
- Uma questão instigante, muito em voga, é aquela que indaga se a pessoa do analista é unicamente um "objeto transferencial" no qual o paciente reedita suas experiências passadas ou na transferência ele também representa e funciona como um objeto real e novo?

- Com outras palavras: a transferência consiste em uma *necessidade de repetição* (tal como postulava Freud, que inclusive incluía o fenômeno transferencial como um exemplo do seu princípio de "compulsão à repetição") ou, antes, a transferência representa uma *repetição de necessidades*, como querem os autores atuais ou ambas são indissociadas e concomitantes?
- A conceituação da transferência como sendo uma *repetição de necessidades* – que não foram comprendidas e satisfeitas na devida época primitiva do desenvolvimento emocional – delega ao *setting* uma considerável importância no processo analítico, porquanto esse passa a representar para o paciente um *novo e singular espaço*, no qual ele poderá *reexperimentar e transformar* aquelas vivências emocionais traumáticas, mal resolvidas, desestruturantes e representadas no ego de forma patogênica.
- Assim como a transferência do analisando promove um estado contratransferencial do analista, da mesma forma a moderna psicanálise *vincular* considera que a *transferência do analista* também pode condicionar e estruturar a resposta transferencial do paciente, como é o caso, por exemplo, de quando o paciente capta os desejos ocultos que o analista tem em relação a ele..
- Os aspectos reais do analista que podem determinar uma influência na transferência do paciente dizem respeito desde os detalhes do consultório, o sexo, idade, como também a sua ideologia (que o paciente logo percebe), a escolha do material a ser interpretado e a *forma* de ele interpretar. Além disso, é necessário levar em conta os aspectos da *relação real* que se expressam pelo *match*, bem como, também, o fato muito importante de que o analista também funciona como um novo *modelo de identificação, transformacional,* por via da sua forma de pensar, contatuar com as verdades, modo de enfrentar as angústias e de como ele exerce as funções que Bion denomina *continente e função-alfa*.
- Alguns autores alertam para o fato de que a existência e a função do analista como um objeto real, novo, somente é possível quando a transferência manifesta já tiver sido analisada em profundidade. Outros autores, no entanto, acreditam que a importância real do analista existe desde o início da análise e, para tanto, eles alegam que vida mental começa com *interações e não com pulsões.*
- Em relação ao sexo biológico do analista, na atualidade há um certo consenso entre os autores que esse aspecto pode exercer uma diferença na evolução da análise, mais provavelmente no seu início, como pode ser o caso da instalação de alguma forma de "resistência" ou de "transferência-contratransferência" específicas, não obstante o fato de existirem ao mesmo tempo transferências do tipo materno e paterno, com analistas de ambos sexos.

Em Relação às Resistências

Embora o clássico conceito de "resistência de transferência" venha rareando na literatura psicanalítica, é necessário lembrar que Freud, primeiramente, considerou a transferência como uma forma de resistência ("*...o analisando repete, em lugar de recordar*"-1914, p. 196) e, em um segundo momento, ele a concebeu como sendo aquilo que é o próprio "resistido". Em Freud, resistência e transferência aparecem muitas vezes superpostas, como se fossem sinônimos, mas eles não o são, apesar de que a primeira delas pode servir de suporte para a segunda e vice-versa.

É útil estabelecer uma distinção entre dois tipos de relação entre transferência e resistência: um é a resistência *contra a tomada de conhecimento* da transferência, enquanto o outro tipo consiste em uma resistência *contra a resolução* transferencial. Da mesma forma, o surgimento da transferência no campo analítico tanto pode expressar a superação da resistência como ela também pode funcionar a serviço da própria resistência, como um meio de evitar um acesso a outras áreas ocultas do inconsciente. Assim, muitos pacientes e muitos analistas, pelo medo do novo, imprevisível, preferem que o analista permaneça sempre unicamente como objeto transferencial, dentro dos parâmetros com os quais os dois já estão bem familiarizados.

Anna Freud descreveu a "*transferência de defesa*" que exemplifica com a possibilidade de o paciente manifestar uma transferência de hostilidade, a qual o está protegendo do seu medo de amar. Um outro exemplo, nada raro, consiste na eventualidade de o analista interpretar, em uma forma enfática e repetitiva, a transferência negativa, que pode estar a serviço de uma possível fobia dele próprio em relação à transferência erótica e assim por diante, podendo os exemplos ser multiplicados...

Em resumo, continua vigente a questão que Freud levantou em *Além...* (1920): *"é a resistência que causa a transferência, ou é o inverso?"*.

Em Relação às Interpretações

Torna-se muito limitante reduzir o momento da situação analítica a apenas uma única categoria transferencial, como seria, por exemplo, considerar somente a transferência "paterna" ou "materna" sem levar em conta o fato de que cada um dos pais está introjetado em cada analisando, de uma forma bastante dissociada. Assim, cabe ao analista perguntar-se: "qual é o pai que esse paciente está transferindo para mim nesse momento? O amigo bom, o tirano mau, um substituto das falhas da mãe? A mãe boa que velou seu sono, o alimentou e protegeu ou a mãe que está representada no seu ego, como invejosa, castradora, infantilizadora, etc., etc.

Ademais, o analista deve ter bem presente o fato de que em muitos casos, especialmente com pacientes que ainda estão detidos em uma ligação diádica, ele funciona, na transferência, com um papel ao mesmo tempo materno e paterno. Esse tipo de paciente necessita que o analista comporte-se como uma "mãe-continente", compreendendo e satisfazendo as suas necessidades básicas, concomitantemente com uma outra necessidade desse analisando, a de de que o terapeuta também funcione como uma representação do pai que, seguindo uma terminologia de Lacan, imponha-lhe os limites da *lei*, fazendo a *castração simbólica* da sua parte infantil que quer se apossar da mãe, a qual também está representada no mesmo analista, no mesmo momento da situação analítica.

Com outras palavras: independentemente do sexo biológico, o "analista-mãe" permite e facilita uma regressão do paciente a níveis simbióticos com ele(a), ao mesmo tempo em que como "analista-pai" ele frustra, regula, normatiza e delimita essa aproximação, colocando-se na condição de uma "cunha interditora", um "outro", um terceiro, que é autônomo e diferente do paciente, assim rompendo com as ilusões narcisistas que este nutre pelo "analista-mãe".

As considerações acima concernentes à transferência paterna, materna e a concomitância de ambas servem unicamente como uma exemplificação que obviamente não exclui outras formas transferenciais, como poderia ser a "transferência fraterna", etc. e também serve como uma introdução aos importantes aspectos que Bollas (1992) levanta acerca das inter-relações entre transferência e interpretação. Esse autor propõe que, antes de formular a sua interpretação, o analista deveria fazer um trabalho de elaboração interna que o levasse a considerar as seguintes perguntas: *Quem* (qual objeto interno, ou qual a parte dele próprio) está falando pela voz do paciente? *O que* está sendo dito?; *de que forma e vinculado a quê?*; *Por que* agora? *Com quem* (qual a "parte" do analista, que ele visualiza naquele momento) o paciente está falando? *Para o que* (comunicar, ou o contrário disso; talvez provocar efeitos contratransferenciais como meio de comunicação primitiva, etc.)?

Os seguintes aspectos também devem ser considerados:

- O risco de um *transferencialismo* por parte do analista, ou seja, que ele promova um reducionismo, para o "aqui-agora-comigo", a tudo o que o seu paciente falar, sem levar em conta as particularidades específicas de cada situação analítica em separado e criando uma atmosfera de uma "transferência artificial".
- Essa situação pode gerar em analistas ainda sem uma sólida formação, mais particularmente em candidatos que devem cumprir as normas regulamentares, uma condição mental de se portar como um *caçador de transferências*.
- Assim, é comum que o analista veja transferência em tudo (mesmo quando não é!) e quando de fato surge uma transferência negativa, embora possa estar sendo necessária e saudável, a mesma seja taxada de *acting*, agressão ou resistência...
- Igualmente nefasta é a interpretação voltada unicamente para os aspectos "negativos" sádico-destrutivos, ou exclusivamente para os "positivos", que não dêem margem à análise da agressão. O mesmo pode-se dizer da interpretação dirigida exclusivamente para "a parte infantil" do analisando (muitas vezes constitui-se como um insulto ao adulto real) ou inversamente dirigida somente à "parte adulta"(o paciente sabe que isso não é a sua verdade, e sente-se desamparado).

- Inúmeras vezes o transferencialismo do "aqui-agora..." redunda em uma esterilidade porquanto o paciente *ainda nem está aí*. De fato, freqüentemente, há uma ausência da transferência, pela razão que esteja prevalecendo uma "ausência de vínculo", o que acontece com pacientes nos quais haja uma predominância de sentimentos de vazio, incredulidade e desperança. Nesses casos, gradualmente deve haver um processo de *construção da transferência*.
- Diante de uma inicial "transferência especular" ou de uma "transferência idealizadora", o analista deve aceitá-las porquanto elas visam preencher buracos afetivos e cognitivos do paciente, porém o terapeuta deve manter o cuidado de que tais transferências sejam transitórias o tempo suficiente para que a análise exerça a função precípua daquilo que proponho denominar uma *experiência emocional transformadora*, incluída a transformação que permita a passagem da "posição narcisista" do paciente para uma "posição edípica".
- Tanto no caso de uma "transferência erótica" que, de uma forma ou outra, sempre aparece no processo analítico, como também no caso de uma "transferência erotizada", embora o(a) paciente mantenha uma absoluta convicção e determinação no seu obstinado jogo de sedução, bem no fundo ele(a) receia que o analista cometa alguma destas três possíveis falhas: 1) Manter-se frio, indiferente e distante aos seus apelos e fantasias eróticas (pode estar significando uma dificuldade fóbica do analista). 2) O terapeuta ficar perturbado e defensivamente substituir as interpretações "compreensivas", que levam ao *insight*, por dissimuladas críticas, acusações, lições de moral e a apologia de bom comportamento, quando não por uma ação repressora que pode incluir a ameaça de uma interrupção da análise, uso de medicação, encaminhamento para algum colega de outro sexo, etc. 3) A possibilidade real de o analista ficar envolvido em uma intimidade sexual, o que caracterizaria uma total "perversão da transferência" e do processo psicanalítico, portanto o fim do mesmo, com o acréscimo de mais um sério fracasso na coleção de fracassos que esse paciente provavelmente vem acumulando ao longo de sua vida.
- Diante do surgimento de uma "psicose de transferência" (nos termos de Rosenfeld), o psicanalista deve evitar ao máximo entrar na provocação de um clima polêmico que o levaria a ficar enredado nas malhas de uma defensividade ou ofensividade. Essa difícil situação requer que juntamente com um entendimento da dinâmica daquilo que está passando-se no psiquismo do paciente, o analista deve reunir as condições de uma adequada "continência", sobretudo a de uma, ativa, *paciência*.

É evidente que inúmeros outros aspectos poderiam ser enfocados nas relações entre a transferência e a atividade interpretativa, porém as exemplificações aqui apresentadas permitem comprovar o quanto a transferência pode se manifestar de múltiplas formas, graus e em diferentes planos do psiquismo do paciente. Esse polimorfismo justifica adotarmos o esquema proposto por A. Alvarez (1992), que aponta para quatro modalidades de manifestações transferenciais, cada uma delas exigindo, por parte do analista, um manejo técnico especificamente apropriado, inclusive quanto à forma de interpretar ou de não interpretar.

Resumidamente, as quatro modalidades transferenciais são caracterizadas pelo fato de que: 1) Há um predomínio das *repressões*, tal como acontece nas neuroses em geral, e que tão profundamente aprendemos com Freud. 2) A partir das contribuições de M. Klein acerca do psiquismo arcaico, a transferência passou a ser vista prioritariamente a partir das *identificações projetivas* na pessoa do analista, e portanto da necessidade de ele perceber onde estão ocultas as partes negadas, dissociadas, fragmentadas e projetadas daquelas relações objetais internas e de tudo mais daquilo que o analisando não tolera reconhecer em si próprio. 3) Especialmente inspirados nas concepções originais de Bion a respeito da *relação continente-conteúdo*, o pêndulo psicanalítico inclinou-se para a relação do psicanalista com a *parte psicótica da personalidade* do paciente, com os respectivos vínculos de "amor", "ódio" e "conhecimento" e com uma ênfase no seu papel de "continente", na sua capacidade de *rêverie*. 4) Alvarez, fundamentada em sua larga experiência com crianças autistas, sugere a existência de uma quarta possibilidade, que consiste no fato de que tais crianças estão tão rompidas com a realidade exterior que não chegam a desenvolver uma transferência. Nesses casos, diz a autora, não adianta o terapeuta ter uma boa condição de "continente" porquanto as crianças sequer olham para ele, mas sim *através* dele, impossibilitando um contato afetivo mínimo. As crianças que desenvolveram um autismo secundário não estão fugindo ou ocultando-se, antes, elas estão, de fato, *perdidas*, e necessitam de que o terapeuta vá, ativamente, *ao seu encalço*.

Ocorreu-me a hipótese de que essa quarta possibilidade também possa estar presente na análise de certos adultos, especialmente naqueles casos nos quais predomina um estado mental de *desistência* (é diferente de "depressão", embora possam estar associadas), em cujo caso o *único desejo do paciente é o de não desejar,* situação essa que costuma provocar uma reação contratransferencial muito difícil.

CAPÍTULO

Contratransferência

O estudo do fenômeno da contratransferência está intimamente ligado ao da transferência, de forma que eles são indissociáveis, um não existe sem o outro, muitas vezes se superpondo e confundindo.

A contratransferência costuma ser considerada como um dos conceitos fundamentais do campo analítico, ao mesmo tempo em que a sua conceituação é uma das mais complexas e controvertidas entre as distintas correntes psicanalíticas. Discussões acerca de suas possíveis incoveniências, ou prováveis vantagens como sendo um excelente instrumento da prática psicanalítica; o ocultamento ou o alardeamento desse fenômeno na literatura psicanalítica; problemas semânticos devido às diferentes formas de sua compreensão; a divergência quanto a se a contratransferência é um fenômeno unicamente inconsciente ou também consciente; a possibilidade de ela ser utilizada pelo psicanalista de forma benéfica ou inadequada e iatrogênica, são alguns dos aspectos que têm acompanhado a sua história no curso das sucessivas etapas da psicanálise. Não obstante, a importância da contratransferência continua plenamente vigente, tendo o seu interesse aumentado à medida que está havendo um emprego cada vez mais generalizado da terapia psicanalítica com pacientes severamente regredidos.

FREUD

A primeira menção explícita ao fenômeno da contratransferência coube a Freud (1910, p. 130), que a ele se referiu no congresso de psicanálise de Nuremberg, com a denominação original de *Gegenubertragung*, o que alguns autores traduziram como *transferência recíproca*. Nessa ocasião, Freud usou o termo para referir-se à resistência inconsciente do analista como um *obstáculo* que o impedia de ajudar o paciente a enfrentar áreas da psicopatologia que ele próprio não conseguia enfrentar. Aliás o prefixo alemão *gegen* tanto significa "contra" (como é na concepção original de Freud) como também designa "junto de "ou "apoiado em", com o significado de "um recíproco engendramento", tal como veio a ser concebido por outros autores, muitos anos após Freud.

No trabalho de 1910 (*As perspectivas futuras da terapia psicanalítica*), Freud introduziu a sua idéia acerca da contratransferência como sendo uma forma de oferecer conselhos técnicos a médicos não analisados, que então praticavam a psicanálise, movido pela sua esperança de que assim pudesse reduzir o perigo da participação emocional e o *acting-out* dos terapeutas, especificamente os de envolvimento erotizado, até mesmo porque Freud era sabedor dos envolvimentos incestuosos de Jung e Ferenczi com algumas pacientes.

Em *Conselhos ao médico sobre o tratamento psicanalítico* (1912), Freud recomenda ao analista tomar como modelo ao *cirurgião*, quem "*deixa de lado todos os seus afetos e também a sua compaixão humana e concentra as suas forças espirituais em uma única meta: realizar a cirurgia o mais de acordo possível com as regras da arte*". Da mesma forma, Freud também empregou a metáfora do *espelho* ("*o psicanalista, tal qual um espelho, somente deve refletir aquilo que o paciente lhe mostrar...*").

Essas metáforas citadas permitem perceber os receios de Freud quanto a uma aproximação afetiva entre analista e paciente; no entanto, no mesmo trabalho de 1912, ele recomenda que o inconsciente do analista comporte-se a respeito do inconsciente emergente do paciente como um *receptor telefônico* comporte-se com o emissor das mensagens telefônicas. É evidente que Freud emitia, ao mesmo tempo, duas recomendações contraditórias: uma que apontava para a necessidade de uma distância afetiva por parte do analista e outra para que ele fosse bastante sensível ao paciente. Na verdade, Freud manteve essa ambigüidade conceitual ao longo de todos seus textos sobre técnica, evitando abordar diretamente esse assunto para "*não dar armas ao inimigo*".

Ainda em 1912, a instituição da análise didática revelava a preocupação de Freud com a contratransferência, especialmente pelo mal-estar representado pela possibilidade de a psicanálise ficar desqualificada como ciência, devido às raízes subjetivas que caracterizam o seu procedimento. Na época, o prefixo "*contra*" era utilizado unicamente com o significado de "obstáculo", diferentemente do significado atual que equivale ao sentido de "contraparte", cuja a finalidade é diferenciar a contratransferência daquilo que seria simplesmente a "*transferência* do *analista*".

Embora muitos autores, como H. Deutch (1926) e Reik (1934), reconhecessem a influência emocional recíproca entre analista e paciente, o conceito específico de contratransferência ficou relegado a um plano secundário, tendo esperado cerca de 40 anos para ressurgir, com uma outra conceituação, pelos trabalhos de P. Heimann (1950) e Racker (1952), os quais postularam a possibilidade de a contratransferência constituir-se em um excelente recurso de o analista compreender e manejar cada situação analítica em particular.

Esse hiato de duas gerações de analistas que, virtualmente, silenciaram sobre a contratransferência sugere que havia um medo e uma vergonha generalizados dos terapeutas de exporem publicamente os seus sentimentos, porquanto estariam transgredindo as regras vigentes da psicanálise, correndo o risco de serem "interpretados" pelos demais colegas de que a reação contratransferencial era um indicador de que eles "deveriam retornar à análise". Ainda na atualidade, em meio a uma abundante literatura disponível sobre a contratransferência, aparece com muito maior naturalidade a exposição de sentimentos do analista como os de ódio, confusão, erotização e impotência, porém o narcisismo do analista dificilmente é reconhecido por ele, o que indica a possibilidade de existir não só uma negação disso, como também uma reação de vergonha e desejo de encobrir tal situação.

Assim, diferentemente do que aconteceu com o fenômeno transferencial, cujo reconhecimento trouxe muito alívio aos analistas (os riscos não sendo reais, o analista não precisaria passar por aquilo que Breuer passou com Ana O.), a contratransferência continua provocando problemas de desconforto nos terapeutas.

Embora a instituição da análise didática revelasse a preocupação de Freud com o problema da contratransferência, ele não chegou a dar o passo – que deu em relação à transferência – de ver a contratransferência como um instrumento útil ao trabalho analítico.

Os autores não são unânimes quanto à conceituação e a utilização, ou não, na prática analítica, da contratransferência. O que pode ser afirmado é que o termo "contratransferência" adquiriu, na atualidade, o significado de um fenômeno distinto do descrito por Freud.

Para Freud, a contratransferência consistia nos *sentimentos que surgem no inconsciente do terapeuta como influência nele dos sentimentos inconscientes do paciente*, e ele destacava o quanto era imprescindível que o analista "*reconhecesse essa contratransferência em si próprio, bem como a necessidade de superá-la*". No entanto, ele a abordava do ponto de vista do risco dos sentimentos eróticos e, por conseguinte, quase unicamente como uma forma de *resistência* inconsciente do analista.

AUTORES KLEINIANOS

M. Klein, em seu importante trabalho de 1946, descreveu o fenômeno que ela denominou *identificação projetiva* – hoje aceito por todas correntes psicanalíticas – que, juntamente com a sua conceitualização dos processos *dissociativos (splitting)*, propiciou um melhor entendimento dos mecanismos primitivos que participam do fenômeno contratransferencial. Conquanto virtualmente todos os autores que estudam o fenômeno transferencial-contratransferencial utilizam, de uma forma ou outra, os conceitos kleinianos de "dissociação" e de "identificação projetiva e introjetiva", a verdade é que M. Klein, da mesma forma que Freud, sempre sustentou energicamente a sua posição de que a contratransferência não era mais do que um obstáculo para a análise, uma vez que ela corresponderia a núcleos inconscientes do analista, insatisfatoriamente analisados.

Inspirados nos conceitos kleinianos, ainda que de forma algo tímida, em uma mesma época, alguns de seus importantes seguidores começaram a referir os fenômenos contratransferenciais. Assim, Rosenfeld (1947) descreveu o fato clínico de que ele somente conseguiu entender uma paciente psicótica pelos os sentimentos próprios dele. Aliás, em muitos outros textos de Rosenfeld, é possível perceber inúmeras outras alusões interessantes a respeito da contratransferência. No entanto ele nunca publicou qualquer trabalho que levasse por título a palavra "contratransferência", possivelmente em respeito a M. Klein, de quem foi analisando.

Também Winnicott, em seu importante e corajoso trabalho *O ódio na contratransferência* (1947) destacava os efeitos recíprocos que o par analítico provoca um no outro.

Bion (1963), em seus trabalhos com grupos que realizava na década 40, fundamentado naquelas idéias kleinianas, fez a importante observação de que a identificação projetiva, mais do que uma mera descarga de sentimentos intoleráveis, como enfatizava M. Klein, também tinha a função de uma forma de *comunicação primitiva, não-verbal, pelos efeitos contratransferenciais*.

No entanto, um estudo mais sistemático e consistente do fenômeno contratransferencial surgiu somente 40 anos após a primeira menção de Freud, a partir de dois analistas também kleinianos, P. Heimann, na Inglaterra, e H. Racker, na Argentina, os quais, sem que um soubesse do outro, quase que simultaneamente apresentaram trabalhos destacando a possibilidade de o analista utilizar a sua contratransferência como um importante instrumento psicanalítico, especialmente para a sua função de interpretação, sendo que ambos distinguiram esse uso útil daquilo que pode ser uma resposta contransferencial patológica. Da mesma forma, com palavras diferentes, ambos destacaram que a contratransferência representava a "totalidade" dos sentimentos do analista como uma "resposta emocional" ao paciente, assim como também eles destacaram que ela se constitui em uma "criação" do paciente, uma parte da personalidade dele.

Tal era a oposição na época quanto à divulgação da contratransferência, que a apresentação e posterior publicação do trabalho *Sobre a Contratransferência*, de P. Heimann, feito no Congresso de Zurich, em 1950, custou a ela uma ruptura com M. Klein. Esse fato deve ter ocorrido por uma das três razões seguintes, conforme a versão dos diferentes críticos: uma, é de que a senhora Klein, como Freud, queria preservar a imagem do analista perante o grande público; M. Klein guardaria uma inconciliável divergência conceitual com a posição de P. Heimann; a terceira hipótese é a de que tudo não teria passado de um puro ciúme da senhora Klein. Na verdade, após esse episódio, P. Heimann silenciou sobre o tema da contratransferência e somente o retomou após 10 anos (1960). M. Klein igualmente manifestou uma hostilidade contra M. Little quando esta, em 1951, defendeu a utilização das reações contratransferenciais como um instrumento útil para o psicanalista.

Não resta dúvidas de que Racker foi o autor que mais consistentemente estudou e divulgou o fenômeno contratransferencial. Há registros que atestam a sua primeira apresentação referente ao tema na Sociedade Psicanalítica de Buenos Aires, em 1948, que, no entanto, somente foi publicado alguns anos após. Para Racker, a contratransferência consiste numa *conjunção de imagens, sentimentos e impulsos do terapeuta durante a sessão*. Ele também descreveu dois tipos de reações contratransferenciais: a do tipo *complementar* (pela qual o analista fica identificado com os "objetos internos" do paciente) e a *concordante* (a identificação se faz com "partes do paciente" como pode ser com as pulsões e com o ego do analisando). O autor também propôs a existência, na pessoa do analista, de uma *neurose de contratransferência*.

Um outro autor kleiniano que estudou mais profundamente o fenômeno da contratransferência foi M. Kyrle, em seu célebre trabalho de 1956 *Contratransferência normal e alguns de seus desvios*, no qual ele aborda três aspectos essenciais: 1) O analista deve, silenciosamente, reconhecer que de alguma forma ele está emocionalmente perturbado no campo analítico. 2) Tentar reconhecer quais foram "as partes do paciente" que lhe estão provocando essa reação. 3) Quais são os efeitos que estão operando sobre ele. Segundo M. Kyrle, esses três fatores podem ser reconhecidos em segundos, sendo possível o analista revertê-los para uma útil função de percepção e interpretação.

Nem todos autores concordam com a postulação de Heimann, Racker e Kyrle quanto à utilização da contratransferência como sendo um importante instrumento para o trabalho do psicanalista. Muitos deles apontam para o risco de que tudo o que o analista venha a sentir seja atribuído às projeções do paciente, o que nem sempre seria uma verdade. O próprio Bion que foi dos primeiros a destacar a importância do fenômeno contratransferencial, em seus últimos tempos ele assumiu a posição de que a *contratransferência é um fenômeno inconsciente e, portanto, não pode ser usada conscientemente pelo analista, pelo menos durante a sessão*.

Assim, Bion preferia entender o fenômeno transferencial-contratransferencial pelo seu modelo da interação *continente-conteúdo*, de modo a valorizar sobretudo a *função continente do analista* que consiste em acolher, transformar e devolver as identificações projetivas que o paciente viu-se obrigado a emitir *dentro* dele. Bion também afirmava que a forma como o analista processa e devolve ao paciente o que lhe foi projetado, por meio das interpretações, vai formar consciente e inconscientemente no analisando alguma idéia de como o analista é como *pessoa real*.

ALGUNS ASPECTOS BÁSICOS DA CONTRATRANSFERÊNCIA

Levando em conta todas as contribuições mencionadas e fundamentado principalmente no aludido modelo "*continente-conteúdo*" de Bion, entendo que os aspectos que seguem, em subtítulos, merecem ser enfocados mais detidamente.

Conceituação

A constante interação entre analista e paciente implica um processo de *uma recíproca introjeção, das identificações projetivas do outro*. Quando isso ocorre mais especificamente na pessoa do analista, pode mobilizar nele, durante a sessão, uma resposta emocional – surda ou manifesta – sob a forma de um conjunto de sentimentos, afetos, associações, fantasias, evocações, lapsos, imagens, sensações corporais, etc. Não raramente essa resposta emocional pode prolongar-se no analista para fora da sessão, pelos sonhos, *actings*, identificações ou somatizações que traduzem a permanência de resíduos contratransferenciais. Assim, uma autora como J. McDougall (1989) chega a afirmar que *"a contratransferência expressa as minhas próprias introjeções das experiências pré-verbais e pré-simbólicas do paciente...e que às vezes eu tomo conhecimento disso através de meus próprios sonhos"*.

Dizendo com outras palavras: o fenômeno contratransferencial resulta das *identificações projetivas* oriundas do analisando, que provocam no analista um estado de uma *contra-identificação projetiva*, conforme uma conceituação de Grinberg (1963). Para esse autor, os conflitos particulares do analista não são os que determinam a contratransferência; o que simplesmente acontece é que ele fica impregnado com as cargas maciças das identificações projetivas do paciente e fica sendo dirigido, passivamente, a sentir e a *executar determinados papéis*.

Na atualidade, predomina entre os psicanalistas a aceitação do tríplice aspecto da contratransferência: como *obstáculo*, como *instrumento* e como *campo*, onde o paciente pode reviver as fortes experiências emocionais que originalmente ele teve.

As maiores controvérsias entre os autores giram em torno das questões relativas a: a) Se o fenômeno contratransferencial durante a sessão é unicamente inconsciente, ou também pode ser pré-consciente e consciente. b) Se não há o risco de se confundirem os sentimentos do analista como sendo uma resposta sua às identificações projetivas do paciente quando, na verdade, tais sentimentos podem ser exclusivamente do próprio terapeuta. c) Se ela pode ficar a serviço da empatia e da intuição. d) Se o analista pode interpretar a partir de seus sentimentos contratransferenciais. e) Se deve "confessar" isso ao analisando, ou não, etc. Há outros questionamentos equivalentes que, a seguir, serão abordados separadamente.

A Contratransferência É Sempre Inconsciente?

Mais comumente a contratransferência é considerada como o resultado de uma interação mediante a qual "o inconsciente do analista põe-se em comunicação com o inconsciente do analisando". Essa posição é compartilhada por autores importantes como Bion e Segal. Como antes foi aludido, Bion, nos seus últimos anos, manifestou-se contra a possibilidade de que a contratransferência pudesse ser utilizada conscientemente pelo analista durante a sessão pelo fato de que se tratava de um fenômeno de formação unicamente inconsciente, segundo o autor acreditava.

Da mesma maneira, Segal (1977) opinou que *"a parte mais importante da contratransferência é inconsciente e somente podemos reconhecê-la a partir de seus derivados conscientes"*. Assim, os analistas seguidores dessa linha de pensamento dos dois autores afirmam que quando o analista diz que "está angustiado, ou entediado, impotente..." isto não reflete mais do que um "conteúdo contratransferencial manifesto" e que, da mesma forma como ocorre com os sonhos, é o seu "conteúdo latente" que ele deverá decifrar, ou fora da sessão por ele mesmo, ou com a ajuda de uma análise.

Outros psicanalistas, entre os quais me incluo, acreditam ser possível, em situações privilegiadas, não de uma forma ininterrupta e continuada, que o terapeuta perceba conscientemente, mesmo durante a sessão, os efeitos contratransferenciais nele despertados, e fazer um proveitoso uso disso, desde que esse analista tenha condições para discriminar entre o que foi projetado nele daquilo que é dele próprio.

Diferença entre Contratransferência e "Transferência do Analista"

Desde que Freud instituiu o conceito de contratransferência, em 1910, até os dias atuais, o entendimento desse fenômeno já passou pelos extremos opostos de tanto ser considerado como altamente prejudicial para a análise como, também, houve época em que era moda atribuir unicamente às "identificações projetivas do paciente" toda a responsabilidade pelo que o analista estivesse sentindo emocionalmente. Creio que ninguém contesta que em ambos os extremos há um evidente exagero, sendo que a segunda possibilidade evidencia uma espécie de fobia de o analista reconhecer os seus próprios conflitos neuróticos e, por conseguinte, aquilo que ele esteja atribuindo a uma contratransferência possa estar sendo nada mais do que uma forma de ele estar "transferindo" para o paciente aquilo que é a sua neurose particular. Essa última situação pode custar muitos abusos, injustiças e um resultado iatrogênico contra o paciente.

Um critério que pode ser utilizado para discriminar quando se trata de uma legítima contratransferência provinda do paciente ou se é uma transferência própria do analista consiste no fato de que se um mesmo paciente despertasse em qualquer outro terapeuta uma mesma resposta emocional isso sugere a existência de uma contratransferência. Em contrapartida, se um mesmo analista tem uma mesma reação emocional para qualquer paciente que guarde uma estrutura psíquica análoga, muito provavelmente é dele mesmo que provêm os seus sentimentos latentes, que ficam manifestos na situação analítica.

Assim, o fenômeno contratransferencial surge em cada situação analítica de forma singular e única, cada analista forma uma contratransferência diferente, específica com cada paciente em separado, a qual é variável com um mesmo analisando. Essa variação irá depender das condições de cada situação analítica em particular, a qual, às vezes, pode configurar uma situação edípica, outras vezes surge como uma díade narcisista, etc.

Continente-Conteúdo

As necessidades, desejos, demandas, angústias e defesas de todo e qualquer paciente, mais particularmente a de pacientes muito regredidos, constituem um "conteúdo", que urge por encontrar um "continente", onde elas possam ser acolhidas. Cabe ao analista o papel e a função de ser o continente do seu analisando. No entanto, reciprocamente, também o paciente funciona como continente do conteúdo do analista, como pode ser exemplificado com o acolhimento que ele vier a fazer das interpretações daquele.

Destarte, da mesma forma como acontece com o paciente, também o analista pode fazer um uso inconsciente de suas próprias identificações projetivas patológicas *dentro da mente do paciente* e, em contrapartida, o paciente pode fazer uso de um juízo crítico sadio dessas projeções de seu terapeuta, como um instrumento de percepção da realidade daquilo que, de fato, está se passando com a pessoa do analista. Como decorrência dessa percepção, consciente ou inconsciente, pode acontecer que por meio de observações explícitas, ou das que estão implícitas nos sonhos ou na livre associação de idéias, ele pode auxiliar o analista a dar-se conta de seus sentimentos contratransferenciais, desde que este último esteja em condições de *escutar* o seu paciente.

Por outro lado, a noção de "continente" também alude ao fato de que o analista deva possuir as condições de poder conter *as suas próprias* angústias e desejos. Cabe afirmar que além da transferência do paciente e os conseqüentes efeitos contratransferenciais, mais os seguintes fatores compõem o "conteúdo" da mente do analista, e que ele mesmo deverá conter e trabalhá-los: a) A latente (às vezes manifesta) "neurose infantil" do terapeuta. b) O seu "superego analítico" (composto pelas recomendações técnicas das instituições psicanalíticas que lhe filiam, e o modelo do seu próprio psicanalista), que o fiscaliza permanentemente quanto a um possível erro ou "transgressão". c) A eventualidade de sua mente estar *saturada* por memórias, desejos ou uma ânsia por compreensão imediata. d) Um "ideal de ego" que pode mantê-lo em uma permanente expectativa narcisística, de que ele demonstre um êxito pessoal, sendo que, neste caso, ficará dependente e subordinado às melhoras do seu paciente. e) A sua condição de manter uma *auto-análise*, dentro ou fora da sessão. f) Creio que também cabe afirmar que faz parte da "*autocontinência*" do analista que ele encontre um respaldo nos seus conhecimentos teórico-técnicos.

Uma experiência pessoal minha pode ilustrar essa última condição acima apontada: há muitos anos – após um importante êxito que uma paciente obtivera na sua vida profissional, graças ao que me parecia ser fruto de uma exaustiva análise dos fatores inibitórios que antes o vinham impedindo de ser bem-sucedido – para enorme perplexidade e desconcerto inicial de minha parte, ela começou a me fazer fortes acusações, dizendo que "apesar de ti, de teus boicotes contra o meu crescimento, de tua descrença em minhas capacidades...minha tese foi aprovada e eu fui promovida...". A situação prosseguia por semanas nesse mesmo tom, enquanto o que unicamente eu conseguia perceber é que, quanto mais eu "interpretava", mais ela se revoltava contra mim, pinçando palavras ou frases minhas e distorcendo completamente o sentido das mesmas. A situação analítica ganhava contornos polêmicos e eu me flagrava com um estado mental de impotência e indignação diante de tamanha "ingratidão", ao mesmo tempo em que, defensivamente, eu queria provar-lhe o quanto as suas evidentes melhorias se deviam à sua análise comigo. Busquei socorro na literatura psicanalítica para esse *impasse* psicanalítico e encontrei, em um artigo de

Rosenfeld, "A Psicose de Transferência" (1978) o esclarecimento que me faltava, que mudou a minha conduta (no sentido de substituir as "interpretações" defensivas por uma atitude de continência, sobretudo de paciência) e me permitiu compreender que ela não estava sendo conscientemente ingrata; antes, projetava em mim a sua mãe, por ela internalizada como invejosa e castradora, que não suportava o seu êxito e lhe fazia ameaças. Percebi então que a minha defensividade polêmica unicamente estava reforçando e *complementando* esse objeto interno-mãe intolerante. Somente depois dessa mudança, pela aquisição de *conhecimentos* teórico-técnicos que me faltavam, é que foi possível reverter o impasse.

Ainda em relação à capacidade de ser "continente", torna-se indispensável mencionar aquela condição necessária para um analista, que Bion denomina *capacidade negativa* (1992), que não tem nada de negativo, mas que leva esse nome porque alude à capacidade para "suportar limitações suas ou sentimentos contratransferenciais negativos". Isso pode se manifestar como uma sensação de o terapeuta *não saber* o que está se passando entre ele e o paciente, a existência de dúvidas e incertezas, ou a presença de sentimentos penosos como ódio, medo, angústia, excitação, confusão, tédio, apatia, paralisia ou impotência, etc. Caso o analista não possua essa condição, torna-se bem provável que ele vá preencher o vazio de sua ignorância com pseudo-interpretações que visam mais aliviar a ele próprio do que qualquer outra coisa.

A maior ou menor capacidade de continência do analista determinará o destino que a contra-identificação projetiva tomará dentro dele, se de uma forma patogênica ou construtiva para a análise com o seu paciente.

Empatia

Cabe afirmar que a as identificações projetivas do paciente podem invadir a mente do analista de modo que este fique perdido em meio aos sentimentos que lhe foram despertados, tal como no exemplo acima, sendo que isso pode redundar numa *"contratransferência patológica"*. Quando isso ocorre – o que não é nada raro – o analista trabalha com um grande desgaste emocional, é invadido por sentimentos *contra* (oposição) o paciente, por um estado de confusão e impotência, e pode levá-lo a cometer *contra-actings*, somatizações e inadequadas interpretações, do tipo "superegóico". De alguma forma, toda essa situação corresponde e deriva daquilo que Racker conceituou como *"contratransferência complementar"*.

Os efeitos contratransferenciais – em certos casos são extremamente fortes – que o analista está experimentando durante os 50 minutos da sessão, podem estar representando uma forma de *comunicação primitiva* daqueles sentimentos igualmente fortes que o paciente está abrigando, digamos, durante 50 anos e que não consegue transmitir verbalmente, porquanto eles constituem um *"terror sem nome"* (como Bion denomina). Se o analista detectar esse estado de coisas, ele poderá utilizar os seus sentimentos contratransferenciais (às vezes dentro da sessão, mais comumente fora dela) como uma *bússola empática*, como costumo denominar. Parece-me que essa contratransferência transformada em empatia corresponde ao que Racker denominou como *"contratransferência concordante"* (me parece muito significativo o fato de que a etimologia da palavra "concordante" mostra que ela é composta de *"con"* (quer dizer: "junto de") + *"cor, cordis"* (significa: "coração").

O termo *empatia*, da mesma forma que "contratransferência", também guarda designações distintas. Assim, em alguns textos de autores norte-americanos, "empatia" costuma aparecer como uma função consciente, confundindo-se com o significado de "simpatia", ou de um "superego amável" por parte do analista. Nada disso corresponde ao significado que aqui estamos atribuindo à conceituação de empatia. Entendo que "empatia" consiste na capacidade de o analista *"sentir em si"* (parece que essa é a tradução mais aproximada de *"einfuhlung"*, termo empregado por Freud no capítulo VII de *Psicologia das massas e análise do ego*, de 1921), para poder sentir *"dentro do outro"*, pelas adequadas identificações, projetivas e introjetivas. Aliás, isso está de acordo com a etimologia da palavra "empatia" (*em* + *pathos*): derivados do grego, o prefixo *"em"* (ou *"en"*) designa a idéia de "dentro de", enquanto o prefixo *"sym"* (ou *"sin"*) indica "estar com", e o étimo *"pathos"* designa "sofrimento, dor" (Basch-1983, p. 110), o que deixa claro a importante distinção entre empatia e simpatia.

Também é útil distinguir *empatia* de *intuição*. A primeira é mais própria da área afetiva, enquanto a segunda refere-se mais propriamente ao terreno ideativo e pré cognitivo, exigindo uma certa "privação sensorial", uma forma de "escutar com um tertceiro ouvido" (T. Reik, 1948) ou, podemos acrescentar, de "enxergar com um terceiro olho" que provém de dentro da sua mente (*"in"* + *"tuere"* significa "olhar a partir de dentro"). Empatia e intuição não se excluem; pelo contrário, misturam-se e uma pode levar à outra. Ambas não se aprendem pelo ensino, mas podem ser desenvolvidas pelo "*aprendizado com a experiência*" (termo de Bion).

O estudo da "empatia" impõe que se mencione Kohut. Ele não foi o primeiro a enfatizá-la, mas certamente foi dos que mais importância deu à sua importância na técnica e prática psicanalítica. Kohut (1971) preconiza que a relação analítica deve ser o de uma "*ressonância empática*" entre o *self* do analisando e a *função de self-objeto* do analista, e isso está acontecendo quando o paciente sente-se compreendido e demonstra que compreende o analista. Ao mesmo tempo em que Kohut destaca que a "empatia" possibilita a condição de o analista "colocar-se no lugar do outro", propiciar uma "*vivência emocional compartilhada*" e possibilitar para o paciente uma "*internalização transmutadora*", ele também alerta para o fato de que o narcisismo patológico constitui-se como um dos principais obstáculos para o uso da empatia.

Embora reconheçamos a importância essencial da "empatia" na prática clínica, é necessário concordar com aqueles autores que advertem contra o risco de uma supervalorização da mesma, quando essa for resultante de excessivas identificações, projetivas e introjetivas, o que pode acabar se constituindo na formação de "conluios inconscientes", até o extremo de uma espécie de "*folie a deux*".

Conluios Inconscientes

Toda relação transferencial-contratransferencial implica na existência de *vínculos* que, conforme Bion, são *elos relacionais e emocionais que unem duas ou mais pessoas, assim como também a duas ou mais partes de uma mesma pessoa*. Assim, os vínculos de "amor", "ódio" e "conhecimento" (aos quais venho propondo a inclusão do vínculo do "reconhecimento" que alude à necessidade vital de qualquer ser humano, em qualquer etapa de sua vida de *ser reconhecido pelos outros*) estão invariavelmente sempre presentes em toda situação analítica, ainda que em graus e modalidades distintas, com a prevalência maior de um ou de outro, etc.

No entanto, pode acontecer que o inconsciente do analisando efetue aquilo que Bion chama de "*ataque aos vínculos*", pelo uso de identificações projetivas "excessivas", na quantidade ou no grau de onipotência, e que acabam atingindo a capacidade perceptiva do analista e, por conseguinte, a sua condição de pensar livremente e estabelecer correlações ideoafetivas. Da mesma forma, certos pacientes têm um "dom intuitivo" de projetar-se dentro do analista e atingir justamente aqueles pontos que constituem os mais vulneráveis do terapeuta, provocando-lhe escotomas contratransferenciais e um prejuízo da "*escuta*" do psicanalista, assim propiciando a formação de "conluios inconscientes" (aos que são conscientes é melhor denominá-los "pactos corruptos").

São inúmeros os tipos de conluios transferenciais-contratransferenciais (estão superpostos com os conluios resistenciais/contra-resistenciais) que se estabelecem inconscientemente entre ambos do par analítico, sendo que, na maioria das vezes, eles se estruturam de uma forma insidiosa e pouco transparente. Pode acontecer que tais conluios adquiram uma configuração de natureza *sadomasoquista* ou *fóbico-evitativa* de sentimentos tanto agressivos quanto eróticos, ou ainda o conluio comumente se forma a partir de uma recíproca "*fascinação narcisista*" em que não há lugar para frustrações, etc.

Diversos autores descreveram algumas formas peculiares de conluios inconscientes que costumam paralisar a evolução de uma análise. Assim, a título de exemplificação, vale citar a Winnicott e Meltzer. O primeiro descreveu no seu artigo "*O uso do objeto*" uma situação na qual tanto o paciente, como o analista, familiares e amigos, etc., estão satisfeitos com a análise, porque há evidentes benefícios terapêuticos. No entanto, diz Winnicott, como análise propriamente dita provavelmente foi um fracasso porquanto não se processaram verdadeiras mudanças caracterológicas. Meltzer (1973), por sua vez, aponta para os riscos de o analista ficar enredado contratransferencialmente nas malhas de alguma forma de *transferência de natureza perversa*. Assim por diante, muitas outros vértices conceituais poderiam ser enfocados.

Contratransferência Erotizada

Um(a) analista sentir sensações e desejos eróticos que lhe são despertados pela(o) paciente constitui situações analíticas absolutamente normais, inclusive como um útil indicador de possíveis sentimentos ocultos da área da sexualidade desse(a) paciente e que, na situação transferência, estão sendo transmitidos pela via dos *efeitos contratransferenciais*. A normalidade dessa contratransferência *erótica* pressupõe que o analista assuma o que ele(a) está sentindo, de modo a que a sua atividade perceptiva e interpretativa não sofram nenhum prejuízo. No entanto, as vezes pode acontecer que o analista fique impregnado desses desejos libidinais recíprocos, que ocupam a maior parte do espaço analítico e que de uma forma ou outra interferem na sua atividade psicanalítica, sendo que isso constitui uma contratransferência *erotizada*, a qual não tão raramente como se possa imaginar, pode perverter o vínculo analítico com a prática efetiva de *actings e contra-actings* sexuais.

O exemplo que segue talvez ilustre melhor a "contratransferência erotizada": certa ocasião fui procurado por um colega, já com uma experiência psicanalítica muito boa, que queria trocar idéias comigo porquanto estava atravessando um "impasse psicanalítico" com uma paciente que ele descrevia como extremamente bonita, sensual, sedutora e que gradativamente o assediava sexualmente, fazendo claras propostas de um relacionamento genital. As interpretações que o psicanalista fazia em relação a tais investidas de sedução sexual, giravam em torno de que "ela necessitava preencher vazios existenciais que se formaram na infância, devido às falhas dos objetos parentais", ou a de que ela "o idealizava como um "príncipe encantado" e por isso tentava gratificar a sua antiga fantasia de possuir o "papai maravilhoso", todinho, só para ela", ou ainda a de que "por baixo de sua atitude amorosa, escondia-se uma intensa carga agressiva, com o propósito de denegrir a imagem, o conceito e o seu lugar de psicanalista, como forma dela vingar-se da figura do pai-traidor".

Essas e outras interpretações equivalentes não faziam o menor efeito na analisanda; pelo contrário, ela não só debochava delas, como ainda afirmava provocativamente que o analista estava-se "escondendo nas interpretações, mas que sentia nitidamente, pelo jeito dele, que ele estava a fim dela, mas que estava acovardado". A paciente chegou ao ponto de tomar a decisão de interromper a análise, para livrar o analista do problema ético e poderem "transar livremente" em um local mais apropriado". A iminência dessa ameaça de interrupção vir a se concretizar, além da inocuidade da atividade interpretativa, devido à desqualificação que a paciente fazia dessa é que estavam constituindo o "impasse psicanalítico".

Como tentativa de sair do impasse, e sem cogitar diretamente dos aspectos éticos, e muito menos os de natureza moral, propus ao colega três aspectos técnicos que me pareciam essenciais: 1) Que ele assumisse, para si próprio, a *verdade* do que realmente estava sentindo (ele admitiu que estava invadido por uma enorme tentação erótica e, inclusive, reconheceu que as suas primeiras interpretações, pelo conteúdo e pela voz com que eram formuladas, poderia ter repercutido na paciente como se fossem verdadeiras "carícias verbais"). 2) A partir daí vimos que, por mais que se esforçasse e embora o conteúdo de suas interpretações estivessem *corretas*, elas não eram *eficazes*, porquanto eram ambíguas e, portanto, estéreis. Assim, ele deveria adotar no plano *consciente*, uma posição única: a critério de sua auto-análise ele deveria optar entre ceder a um *contra-acting* ou manter coerente e sólida a sua posição e função de psicanalista (ele optou pela última). 3) Era imperiosa a condição de que ele conseguisse manter uma estável e firme "*dissociação útil do ego*" (entre a sua parte "homem" que tem direito a sentir desejos e a do "psicanalista" que tem o dever de manter a neutralidade), juntamente com a necessidade de se manter obediente ao critério mínimo de não falsear hipocriticamente a verdade dos sentimentos e tampouco desqualificar a correta percepção da paciente.

Assim, ele encontrou condições emocionais para se posicionar perante ao assédio da analisanda de uma forma mais ou menos assim: *é bem possível que tenhas razão quando dizes que me percebes atraído por ti, até mesmo porque trazes uma abundância de situações que comprovam que és uma mulher bastante atraente. O que deve ficar claro, no entanto, é que essa muito provável atração provém do meu lado homem, porém ela não é maior que o meu lado psicanalista que, certamente, por respeito a mim e, sobretudo, a ti, não se envolverá contigo, independentemente se continuares ou se interromperes a análise.* Até onde sei, parece que essa atitude desfez o impasse.

Contratransferência Somatizada

Uma forma manifesta de contratransferência que é pouco descrita, embora pareça-me que é relativamente freqüente – caso a observarmos mais detidamente – é aquela que se manifesta durante determinados momentos da situação analítica sob a forma de *somatizações na pessoa do terapeuta*. Tais manifestações variam na forma e intensidade, desde algum discreto desconforto físico, até a possibilidade de o analista vir a ser tomado de uma invencível sonolência, ou de fortes sensações e sintomas corporais.

Essa última afirmativa pode ser ilustrado por relatos de alguns colegas que eu supervisiono. Assim, uma candidata traz à supervisão o fato de ela haver sentido no curso da sessão com a sua paciente uma forte sensação corporal de que estava escorrendo leite de seu seio esquerdo, o que perdurou até que a paciente deu sinais mais claros do seu estado regressivo, do quanto, no momento vivencial da situação analítica, a analista vinha sentindo falta do seio nutridor da mãe recentemente falecida.

Um outro colega relatou-me que durante um certo momento de uma sessão que considerou "pesada", devido ao clima melancólico da mesma, ele começou a sentir uma progressiva sensação de que estava imobilizado na cadeira, talvez paralisado, pensou com horror, e ia se alarmando com a possibilidade de que lhe houvesse "rompido um aneurisma", até que o paciente começou a lhe falar do "derrame cerebral" que deixou o seu pai hemiplégico.

Posso atestar o registro da existência de inúmeras situações equivalentes a essas, e de outras tantas que também permitem perceber que, por vezes, é por intermédio de uma somatização contratransferencial que o analista poderá conseguir captar a profundos sentimentos que o paciente não consegue verbalizar, porquanto eles se formaram nos primórdios do desenvolvimento da criança, antes da formação e representação da "palavra".

Da mesma forma que uma somatização, também determinados sonhos do analista, em momentos mais turbulentos da análise, podem ajudar a trazer à luz alguns sentimentos transferenciais do paciente que ainda não tinham aparecido manifestamente no seu discurso.

Sonolência

Creio que uma boa parte dos leitores já tenha passado alguma vez pela difícil situação de ser invadido, no curso de alguma sessão com um determinado paciente, por uma sonolência invencível, daquelas que as pálpebras parecem pesar chumbo e os minutos se arrastam, enquanto o analista faz um enorme esforço para se manter, pelo menos, desperto. Nesse caso não se trata de uma estafa, sono atrasado ou algo equivalente, porquanto as sessões seguintes com outros pacientes decorrem normalmente.

Antes, estamos nos referindo a uma forma particular de contratransferência – um estado de sonolência – que comumente corresponde a uma dessas três possibilidades: uma, é a de que o analista consome um esforço enorme devido à pressão do seu superego para manter afastadas de sua consciência algumas pulsões e ansiedades que foram despertadas pelo discurso do paciente; a segunda eventualidade é a de que o analista entre em um "estado hipnóide" diante de um paciente que apresente uma alteração do seu sensório, cujas associações adquirem um caráter estereotipado, pronunciadas em um tom de voz monótono e monocórdio, principalmente quando elas acompanham uma dificuldade de pensar, de estabelecer conexões lógicas. A terceira possibilidade, estudada por Cesio (1960), é aquela que decorre das identificações projetivas do paciente, de seus objetos internos *aletargados*, ou seja, objetos que habitam o espaço depressivo do analisando sob a forma de *moribundos*, isto é, embora *mortos*, eles permanecem *vivos* dentro da sua mente. A sonolência do terapeuta estaria representando uma contra-identificação dele com esses objetos "mortos-vivos".

IMPLICAÇÕES NA TÉCNICA

À guisa de sumário deste capítulo, e baseado em uma longa experiência como psicanalista e como supervisor, penso ser válido dar destaque aos seguintes elementos que cercam o fenômeno contratransferencial na prática das terapias psicanalíticas:

- A importância da origem, reconhecimento e manejo da contratransferência, após um longo período opaco na psicanálise, vem ganhando uma importância cada vez maior na medida em que o tratamento psicanalítico ampliou o alcance da analisibilidade para crianças, psicóticos e pacientes regressivos em geral, como no caso de perversões, *borderline,* somatizadores, etc. Além disso, a contemporânea psicanálise vincular, obviamente, implica uma especial relevância aos aspectos transferenciais-contratransferenciais.
- Os seguintes fatos justificam a importância da contratransferência no campo analítico: 1) Ela influi decisivamente na seleção de pacientes para tomar em análise, tendo em vista que a escolha tende a recair nos pacientes que gratifiquem as necessidades neuróticas do analista. 2) Quando bem percebidos, os efeitos contratransferenciais podem se constituir para o analista em um relevante meio de compreender *um primitivo meio de comunicação não-verbal,* que está sendo empregado por certos pacientes, notadamente os que estão em condições regressivas. 3) Os inevitáveis "pontos cegos" que acompanham qualquer terapeuta podem adquirir uma

visualização por meio de alguma reação contratransferencial. 4) A contratransferência pode servir como um estímulo para o analista prosseguir sempre em sua *auto-análise*. 5) A existência da contratransferência tem uma significativa influência no conteúdo e na forma de o analista exercer a sua *atividade interpretativa*. 6) Da mesma forma, é bastante freqüente que o analisando esteja mais ligado à resposta contratransferencial do seu analista – de modo a perceber a ideologia deste, o seu "estado de espírito", a sua veracidade, etc.) do que propriamente ao conteúdo das interpretações dele.

- No curso de *supervisões* é onde melhor podemos perceber a freqüente existência das mais variadas formas de contratransferência inconsciente do terapeuta, assim como também é possível comprovar como o clareamento delas (creio ser dispensável enfatizar que de forma alguma isso implica em invadir ou competir com o eventual analista do supervisionando) pode modificar fundamentalmente o curso da análise.
- De modo genérico, a contratransferência pode ser de natureza "concordante" – que pode ser considerada como sendo *benéfica*, porquanto possibilita um "contato psicológico" com o *self* do paciente – ou de natureza "complementar" – em cujo caso ela costuma ser *prejudicial*, pelo fato de que pode acarretar que o analista se contra-identifique com os objetos superegóicos que habitam o psiquismo do paciente e por conseguinte, os reforçando impedindo, assim, que ele se liberte de suas identificações patogênicas.

A contratransferência "concordante" pode ficar avariada, entre outras causas, por essas três bastante comuns: situações muito impactantes da realidade externa, que interferem no campo analítico; "pontos cegos" do analista que o fragilizam e ocasionam uma maior vulnerabilidade para a transição de um estado de empatia para o de uma contratransferência "patológica"; a instalação no campo analítico de uma "psicose de transferência", tal como foi descrita por Rosenfeld. Pode servir como exemplo da primeira condição, os cada vez mais freqüentes problemas de manutenção do *setting* e dificuldades para a interpretação, diante de épocas de séria crise econômica, que acarretem no analista um medo real de vir a perder pacientes.

Por sua vez, a contratransferência "complementar" instala-se quando começa o predomínio de um objeto interno do paciente no campo analítico, sem que o analista se aperceba disso. Em casos como esses fica diminuída a capacidade de autonomia do terapeuta, ele perde uma necessária equidistância de seus próprios conteúdos inconscientes, entra em uma confusão, embora essa quase nunca seja transparente, um estado de desarmonia, ansiedade, sonolência, impotência, etc., de sorte que a sua capacidade para pensar e interpretar resulta prejudicada. Como decorrência, instala-se o risco de sobrevir uma "contra-resistência", a qual pode assumir alguma insidiosa forma de conluio inconsciente com o seu paciente.

- O mais comum é que haja uma alternância cíclica entre a contratransferência "concordante" e a "complementar", o que também aparece com muita nitidez nas supervisões. Esse "vai-e-vem" entre ambas as formas pode estar expressando uma dissociação interna do paciente (e, possivelmente, também a do analista), como uma forma de defesa de partes do *self* que estão ameaçadas por fantasias destrutivas provindas do próprio sujeito.

Assim, talvez a contratransferência ideal seja aquela na qual o analista reconheça uma dupla identificação com o paciente: com o sujeito e com os seus objetos. Por exemplo, é útil que diante de um conflito mãe: filho, o terapeuta tenha condições de, empaticamente colocar-se ao mesmo tempo nos dois lugares, ou seja, tanto o de identificar-se com o lado criança do paciente, como também que ele possa reconhecer a sua identificação (não é a mesma coisa que "ficar identificado", de forma total) com a figura parental internalizada desse mesmo paciente.

- Cabe destacar que um dos momentos contratransferenciais mais difíceis é aquele que acompanha alguma transformação importante no estado mental do paciente, aquilo que Bion denomina *mudança catastrófica*. Essa mudança, que pode ser, por exemplo, a passagem de uma "posição esquizoparanóide" para a de uma "posição depressiva" ou, ainda, a renúncia por parte do paciente a algumas ilusões próprias do "princípio do prazer" e substituí-las pelo "princípio da realidade" costuma vir acompanhada por um um estado de sofrimento que, as vezes, atinge proporções muito preocupantes. Nessa última eventualidade, o analisando pode manifestar: um estado confusional; uma angústia referente a uma sensação de perdas de referenciais, inclusive corporais e do sentimento de identidade; uma descrença na incerteza do futuro ao mesmo tempo que percebe a impossibilidade de voltar a utilizar recursos do passado; uma vivência intensamente paranóide com fortes acusações contra o analista a quem responsabiliza pela "piora"; alguma depressão que, em casos mais extremos, pode atingir o grau de ameaça de suicídio, etc. Tudo isso gera uma contratransferência que deve ser muito bem reconhecida pelo analista, porquanto vai exigir dele uma boa capacidade de ser "continente" dessas angústias, caso contrário, ele corre o risco de ficar contrai-dentificado com os medos e culpas e pôr a perder o resultado de um árduo trabalho que, embora de forma muito penosa, pode estar expressando um momento fundamental do crescimento de seu analisando.

- É imprescindível destacar que, antes de ser um psicanalista, ele é um ser humano e, portanto, está sujeito a toda ordem de sensações e sentimentos contratransferenciais, como pode ser um estado mental de angústia, caos, ódio, atração erótica, compaixão, enfado, impotência, paralisia, etc., etc. O importante não é tanto o fato de que tais sentimentos desconfortáveis irrompam na mente do analista, mas, sim, que eles possam ser assumidos conscientemente por ele, através de uma "dissociação útil do ego" juntamente com uma "capacidade negativa" para poder contê-los dentro de si próprio, durante um tempo que pode ser curto ou bastante longo. Caso contrário, o analista vai trabalhar com culpas, medos e um grande desgaste emocional, chegando a ficar extenuado ao final de um dia de trabalho, assim tornando desprazerosa a sua atividade psicanalítica, que, pelo contrário, embora sempre muito difícil, pode perfeitamente ser gratificante e prazerosa.
- Persiste um ponto controvertido: é vantajoso ou desvantajoso para o curso da análise que o paciente fique conhecedor das reações contratransferenciais que ele está despertando no seu psicanalista? Para definir a minha posição pessoal tomo emprestado a seguinte afirmativa de I. Pick (1985): "*A opinião de que o analista não seja afetado por estas experiências não só é falsa como indicaria ao paciente que, para o analista, a sua situação, sua dor e conduta não têm valor do ponto de vista emocional...Isso representaria não neutralidade, mas hipocrisia ou insensibilidade...O que aparenta ser falta de paixão na realidade pode vir a ser a morte do amor e do cuidado*". Um outro aspecto referente a isso é o que diz respeito a se o analista deve verbalizar explicitamente para o analisando esses seus sentimentos, numa forma algo confessional, ou se os admite no bojo de sua atividade interpretativa. Penso que isso depende do estilo pessoal de cada um, desde que se persista a condição básica de que o analista se mantenha verdadeiro e honesto com o seu analisando.

- Por outro lado, é indispensável lembrar a afirmação de H. Segal (1983) de que "*muitos abusos e pecados analíticos foram cometidos em nome da contratransferência... Muitas vezes me vejo dizendo aos meus supervisionandos que a contratransferência não é desculpa; dizer que o paciente projetou em mim, ou ele me irritou, ou ainda ele me colocou sob tal pressão sedutora, deve ser claramente reconhecido como afirmações de fracasso para compreender e usar a contratransferência construtivamente*".

- Quero concluir este capítulo a partir da citação acima para enfatizar os diferentes destinos que os efeitos contratransferenciais podem assumir na mente e na atitude psicanalítica do terapeuta: 1) Podem se configurar em uma forma de contratransferência *patológica*, com todos os prejuízos daí decorrentes. 2) Não devem ser usadas como desculpa, e muito menos com a finalidade de atribuir exclusivamente ao paciente a responsabilidade por todos os seus próprios sentimentos e pelas dificuldades que a análise esteja atravessando. 3) Uma vez reconhecida conscientemente pelo analista, ela pode se transformar em uma excelente *bússola empática*.

CAPÍTULO 33

A Comunicação Não-Verbal na Situação Psicanalítica

Ninguém contesta a afirmativa de que aquilo que o ser humano tem de mais primitivo e imperioso é a sua necessidade de comunicação, sendo que, na situação analítica, a comunicação vai "além das palavras", porquanto há um campo do processo analítico, onde as palavras não dão conta do que está acontecendo.

Assim, já pertence ao passado, tal como foi transmitido e utilizado por algumas gerações de psicanalistas, a recomendação técnica de Freud de que o processo psicanalítico dependeria, unicamente, do aporte, por parte do analisando, da verbalização da sua livre associação de idéias, como parte essencial da "regra fundamental" da psicanálise. Essa recomendação enfática, que estava justificada, se levarmos em conta que a prática psicanalítica da época, visava precípuamente a uma reconstrução genético-dinâmica, pelo levantamento das repressões dos traumas e fantasias primitivas contidas nos relatos do paciente.

Hoje não mais se admite, por parte do psicanalista, uma reiterada "interpretação", sob a forma de uma impaciente cobrança, na base de "se não falares, nada posso fazer por ti" ou "estás falando disso, para não falares sobre ti", etc., etc. Pelo contrário, na atualidade cabe ao analista não só a compreensão e a interpretação daquilo que está explicitamente significado e representado no discurso verbal do paciente, mas também cabe-lhe a descodificação das mensagens implícitas do que está subjacente ao verbo, ou oculta por este, assim como também na ausência do verbo, como algum gesto, somatização, atuação, etc.

Da mesma forma, o foco de interesse dos aspectos da linguagem e da comunicação, na análise contemporânea, não está centralizado unicamente naquilo que provém do analisando, porém igualmente consiste naquilo que diz respeito à participação do terapeuta. Mais precisamente, cada vez mais, valoriza-se não tanto a comunicação *do* paciente ou a *do* analista, mas, sim, a que se estabelece *entre* eles.

Ademais, a comunicação por parte do analista não se restringe ao diálogo na situação psicanalítica: é muito freqüente que as pessoas aparentemente estejam em um intercâmbio comunicativo (paciente-analista; analista-analista; analista-público leigo; etc.), porém, na verdade eles estão utilizando discursos paralelos, nos quais as idéias e os sentimentos não se tocam. Aliás, o fato de que dois ou mais analistas compartam os mesmos referenciais teóricos ou que falem de forma similar acerca da psicanálise não significa que trabalhem da mesma forma na prática analítica: eles podem diferir na sua forma de escutar o paciente, de selecionar o que julgam relevante e, sobretudo, podem ter *estilos* bem diferentes de analisar e de interpretar, assim como, reciprocamente, analistas de filiações diferentes podem ter um estilo similar entre si.

A composição da palavra "comunicação" designa o estabelecimento de alguma forma de mensagem que se torna *comum* aos interlocutores, logo, *com-um*, ou seja, ela alude à obtenção de uma unificação. Sabemos ser esse um propósito idealizado, quer dentro, quer fora da psicanálise, e que, pelo contrário, o mais comum é que ocorram diversos distúrbios, tanto na formação da linguagem, como nas formas e funções da comunicação.

O objetivo deste capítulo é justamente abordar as diversas formas de como ocorre a normalidade e a patologia da comunicação no vínculo das situações psicanalíticas, com ênfase nos distintos canais de comunicação entre analisando e analista (e vice-versa), principalmente os que se referem ao emprego da linguagem não-verbal.

ALGUNS ASPECTOS DA METAPSICOLOGIA DA COMUNICAÇÃO

A gênese, a normalidade e a patologia das funções da linguagem e da comunicação são uma das áreas nas quais mais confluem as contribuições de distintas disciplinas humanísticas. Desta forma, embora trabalhando separadamente em diferentes épocas, lugares, culturas e com abordagens muito diferentes entre si, é possível encontrar uma certa convergência e complementação entre os estudos de lingüistas (Saussure, Jakobson...), antropólogos (Levy-Strauss, Bateson...), epistemólogos (Piaget, Klimovsky...), filósofos, neurólogos e, naturalmente, psicanalistas. Dentre esses últimos, a meu juízo, cabe destacar as contribuições de Freud, Bion e Lacan.

Freud

Na atualidade, ainda persistem vigentes e como uma viva fonte inspiradora, as investigações que aparecem em Freud, já em 1895, no seu "*Projeto...*", acerca dos aspectos formativos e estruturantes dos sons, imagens, memória, sensorialidade e desenvolvimento verbal-motor.

Uma contribuição igualmente importante de Freud aparece em seu trabalho "*O inconsciente*", de 1915, no qual ele postula as duas formas de como o ego representa as sensações que estimulam a criança: como "representação-coisa" e como "representação-palavra". Como os termos indicam, é somente na segunda dessas formas que a representação tem acesso ao pré-consciente, sob a forma de palavras simbolizadoras.

Bion

A partir dos fundamentos de Freud (relativos aos princípios do prazer e da realidade, de 1911) e os de M. Klein (acerca da inveja e ódio primários; da posição depressiva; e da formação de símbolos, Bion (1967) desenvolveu *Uma Teoria do Pensamento* (título de um trabalho seu de 1962), baseado em suas observações da prática psicanalítica com pacientes psicóticos.

Assim, ele estuda profundamente os distúrbios de *pensar* os pensamentos e os da *linguagem*, tal como eles aparecem nos esquizofrênicos, tendo Bion centralizado a sua teoria no fato de que tais pacientes têm uma tolerância muito baixa às frustrações e, por conseguinte, desenvolvem um excessivo ódio destrutivo, acompanhado de um excesso de identificações projetivas, de "elementos-beta", cuja finalidade é unicamente evacuativa. Tal estado psíquico impede o exercício da "função-alfa" – encarregada de processar os elementos-beta, e de transformá-los em elementos alfa – que servem para ser pensados, em uma escalada evolutiva crescente, até atingir a condição de abstrações.

Uma outra contribuição de Bion, que encontra uma ressonância na prática da psicanálise, é a que se refere ao que ele denomina "terror sem nome". Trata-se de um tipo de ansiedade de aniquilamento que o paciente *não consegue descrever com palavras* (e que, muitas vezes, de forma equivocada, o terapeuta fica insistindo para que ele o faça) pela simples razão de que esta ansiedade foi representada no ego, sem ter sido designada com o nome do que estava lhe aterrorizando. Embora Bion não mencione Freud no que tange a "representação coisa" e a "representação palavra", creio que essa correlação se impõe.

Lacan

Partindo do estruturalismo do lingüista Saussure e do antropólogo Levy-Strauss, desenvolveu a sua teoria de que a linguagem (ou "convenção significante" como ele costumava denominar) é que determina o sentido e gera as estruturas da mente. O autor dá uma importância primacial aos dois signos linguísticos: o *significante* (alude à imagem acústica ou visual) e o *significado* (alude ao conceito formado), afirmando que o significante não existe sem o significado, e vice-versa. No entanto, prossegue ele, não importa tanto a relação recíproca entre ambos, mas, sim, a relação com os demais signos da estrutura.

Para facilitar o entendimento do leitor que não esteja familiarizado com os postulados lacanianos, é útil usar a metáfora de que os diversos signos da estrutura podem ser lidos como se consulta um dicionário, em que um termo remete ao outro, e assim sucessivamente. A extraordinária dimensão que Lacan deu à linguagem como fator (des)estruturante do psiquismo de todo indivíduo pode ser medida por estas conhecidas expressões dele: "*O inconsciente é o discurso do outro*" e a de que "*O inconsciente estrutura-se como uma linguagem*" (com uma sintaxe própria). É fácil depreender a repercussão disto na atividade interpretativa do analista, porquanto a sua função de promover "ressignificações" passa a ganhar uma relevância especial.

Outro conceito de Lacan que auxilia o psicanalista a trabalhar com a comunicação lingüística do paciente é o seu conceito de que no discurso do analisando pode haver o que ele caracteriza como a "palavra vazia" e a "palavra cheia" (ou plena).

Resumidamente: a palavra plena de significado é uma formação simbólica resultante da sinergia de dois fatores: o neurobiológico e o emocional. Nos casos em que este último tenha falhado (no referencial kleiniano, a falha alude a que não foi atingida a posição depressiva), as palavras não adquirem a dimensão de conceituação e abstração; pelo contrário, não passam de um nível de concretização. Esse fato, em seu grau máximo, é observado nitidamente em esquizofrênicos que utilizam as palavras e frases não como símbolos, mas como "*equações simbólicas*" (tal como é descrito por Segal, 1954).

Nesses casos, resulta uma confusão entre o que é símbolo e o que está sendo simbolizado (na exemplificação de Segal, um paciente dela, psicótico, quando convidado para tocar violino, deu um significado de que ele estaria sendo convidado a masturbar-se publicamente).

Dessa confusão, pode resultar uma falha de sintaxe, que pode manifestar-se, nos psicóticos, sob a forma de um discurso caótico, com uma salada de palavras. Em pacientes não clinicamente psicóticos, podem aparecer formas mais sutis e não claramente percebidas desses transtornos de pensamento e, por conseguinte, de linguagem e comunicação.

TIPOS E FUNÇÕES DA LINGUAGEM

Na atualidade, ninguém mais duvida que, desde a condição de recém-nascido, estabelece-se uma comunicação – recíproca – entre a mãe e o bebê, pela sensorialidade (visão, audição, olfato, tato, sabor...), da motricidade e de sensações afetivo-emocionais que um desperta no outro, especialmente no momento simbiótico e sublime do ato da amamentação. Da mesma forma, crescem as investigações que comprovam a existência de uma comunicação no período fetal, e alguns autores, como Bion, fazem fortes especulações sobre a viabilidade de uma vida psíquica já no *estado de embrião*, o qual estaria fazendo um importante registro dos movimentos físicos e psíquicos da mãe (tal como aparece num capítulo especial, em Zimerman, 1995).

Uma mãe com uma boa capacidade de comunicação com o seu bebê sabe discriminar os diferentes significados que estão embutidos nos sinais emitidos por ele, que alguns autores, como Zusman (1991), denominam uma "*linguagem sígnica*", para diferenciá-la da *linguagem simbólica*. Vamos exemplificar com a manifestação sígnica mais comum do bebê: o choro. Os gritos que o bebê emite são fonemas, ou seja, sons que servem para descarregar a tensão, porém ainda não há discriminação entre o grito e o fator que o excitou (somente as "palavras" designariam discriminadamente o que estaria-se passando de doloroso no bebê, o que dará-se bem mais tarde, a partir da aquisição da capacidade de "representação-palavra", no pré-consciente da criança).

Neste exemplo do choro, é necessário que a mãe "interprete" os gritos do seu bebê e, no caso de ela ter uma boa capacidade de *rêverie*, será capaz de distinguir os vários significados possíveis. Assim, qualquer mãe atenta, ou qualquer pediatra experiente, confirmar que, de certa forma, é possível distinguir quando o choro é de fome (gritos fortes), de desconforto pelas fraldas úmidas e *cocosadas* (o odor fala por ele), de uma cólica intestinal (um *rictus* facial de dor, com uma contração generalizada), uma dor de ouvidos (o choro é acompanhado de um agitar horizontal da cabecinha), de medo (uma expressão assustada), de pneumonia (o choro é débil, e a respiração superficial vem acompanhada de um gemido), de quando é "manha", e assim por diante. Um choro importante é o que acompanha a dificuldade de mamar no seio, o que tanto pode ser decorrência de algum problema de ordem física, como pode estar traduzindo alguma dificuldade no clima emocional entre a mutualidade mãe-bebê.

O que importa é deixar claro aqui, que, guardando as óbvias diferenças, o mesmo se passa na recíproca comunicação analista:analisando, a qual, muitas vezes, está se processando por meio de uma "linguagem sígnica" e não simbólica.

O fenômeno da comunicação implica na conjugação de três fatores: a *transmissão*, a *recepção* e, entre ambas, os *canais de comunicação*, os quais determinam as diversas formas de linguagens.

A maioria dos lingüistas acha ser desnecessário, e até contraproducente, dividir a linguagem em "verbal e "não-verbal", porquanto todas elas convergem para um fim maior que é a comunicação. Embora este argumento seja válido, eu creio ser útil traçar um esquema didático, até como um intento de estabelecer uma linguagem comum com o leitor.

Destarte, podemos dividir as formas de linguagem em dois grandes grupos: a que se expressa por meio do discurso verbal e a que se manifesta por outras formas, não-verbais.

No discurso *verbal*, a sintaxe das palavras e das frases compõem a "fala". No entanto, é importante destacar que nem sempre as palavras têm um sentido simbólico e nem sempre o discurso tem a função de comunicar algo. Pelo contrário, segundo Bion, o discurso pode estar a serviço da *incomunicação*, como uma forma de atacar os vínculos perceptivos. Desta forma, é útil que tenhamos clara a diferença entre "*falar*" e "*dizer*", sendo que isso vale tanto para o paciente, como para o analista e para os educadores em geral.

Nesta altura, impõe-se mencionar as contribuições do antropólogo Bateson e colaboradores (1955), da Escola de Palo Alto (Califórnia), acerca dos distúrbios de comunicação em certas famílias, os quais acarretam graves conseqüências na estruturação do psiquismo da criança. Dentre outros distúrbios apontados por esses pesquisadores, merece ser destacado aquilo que eles denominam mensagens com *duplos vínculos*, em cujo caso os pais inundam a criança com sigificados *paradoxais* ("eu te ordeno que não aceites ordens de ninguém"...) e *desqualificadores* (quando os elogios vêm acompanhados de uma crítica denegritória).

Tipos e Funções da Mentira

Um outro aspecto referente ao distúrbio da comunicação que, embora verbal, visa a uma *não-comunicação*, é o que diz respeito ao emprego de falsificações, mais particularmente do importante problema das *mentiras*.

Unicamente para dar uma idéia de como o uso das mentiras comporta um universo de significações, passo a enumerar nada menos que 18 modalidades, que a mim ocorrem, como possíveis de serem observadas no curso da análise:1) *mentira comum* (faz parte de uma, inevitável "hipocrisia social", e ela é inócua); 2) *mentira piedosa;* 3) como forma de *evitar sentir vergonha*; 4) uma maneira de *fugir de um "perseguidor"*; 5) a serviço de um *falso self* (nesse caso, tanto pode ser exemplificado com o discurso mentiroso de um político demagogo, como também é necessário considerar que, muitas vezes, um "falso *self*" tem a função de proteger o *verdadeiro self*); 6) *mentira psicopática* (visa ludibriar e prima pelo uso da "má-fé"); 7) *mentira maníaca* (a sua origem radica em um passado no qual a criança gozava com um triunfo sobre os pais, com um controle onipotente sobre eles); 8) como uma *forma de perversão* (em uma mistura do real com o imaginário,o sujeito cria histórias, vive parcialmente nelas e quer impô-las aos demais); 9) a mentira do *"impostor"* (o sujeito cria uma situação falsa e a vive como verdadeira, às vezes conseguindo enganar todo mundo); 10) como uma *forma de comunicação* (o paciente recria a sua realidade psíquica,assim exibindo os seus primitivos traumas e fantasias inconscientes); 11) a mentira que é usada como uma forma de evitação de tomar conhecimento das verdades penosas (corresponde ao que Bion denomina como"-*K*"); 12) a mentira encoberta por um *conluio*-geralmente inconsciente – com outros (um exemplo banal, é o da mocinha que já leva uma plena vida genital, mas para todos os efeitos, os pais "acreditam" que ela se mantém "pura e virgem"); 13) a mentira de corre de uma *"cultura familiar"* (em certas famílias, a mentira é um valor idealizado e corriqueiro, de tal modo que a criança identifica-se com os pais mentirosos); 14) a mentira ligada à *"ambigüidade"* (em cujo caso o sujeito nunca se compromete com as verdades, emite mensagens contraditórias e deixa os outros ficarem em um estado de confusão); 15) a mentira ligada ao sentimento de *inveja* (o sujeito pode mentir de forma autodepreciativa, para evitar a inveja dos outros, ou ele pode usar mentiras autolaudatórias, com o fim de provocar inveja nos demais que o cercam); 16) a mentira utilizada como *"uma forma de pôr vida no vazio"* (essa bela imagem pertence a Bollas, 1992); 17) a mentira que tem uma *finalidade estruturante* (partindo da posição de que algo se revela pelo seu negativo, pode-se dizer que, para encontrar a *sua* verdade, o paciente precisa mentir). Isso faz lembrar o poeta Mário Quintana, quando ele nos brinda com essa frase: *A mentira é uma verdade que se esqueceu de acontecer";* e 18) por fim, tendo em vista a situação da prática analítica, é especialmente relevante que o analista esteja atento, e venha a assinalar consistentemente, aquelas afirmativas e crenças pelas quais o paciente está *mentindo para si mesmo!* (é claro que deve ser feita a ressalva que essa afirmativa só importa quando houver um excesso das mentiras do sujeito para si mesmo, porquanto creio que todos concordamos com o dito de Bion de que *toda e qualquer pessoa, em algum grau, é portador de uma parte mentirosa*).

Comunicação Não-Verbal

A linguagem *não-verbal* (ou *pré-verbal*), por sua vez, admite uma subdivisão em formas mais específicas de como ela pode expressar-se, como são as seguintes: paraverbal, gestural, corporal, conductual, metaverbal, onitóide, transverbal e por meio de efeitos contratransferenciais.

Cada uma dessas formas requer uma escuta especial, por parte do psicanalista, como será discriminado um pouco mais adiante.

Antes disto, é útil lembrar que um discurso tem três facetas: o seu *conteúdo*, a sua *forma* e as suas inúmeras *funções*. Essas últimas podem ser discriminadas como sendo dos seguintes tipos: 1) *Informativa* (aporte de dados). 2) *Estética* (vem de "estésis", que quer dizer "sensação", ou seja, diz respeito a um impacto sensorial, porém não unicamente da ordem da beleza, como geralmente se supõe). 3) *Retórica* (tem a finalidade de doutrinar ao outro). 4) *Instigativa* (estimula reflexões no outro). 5) *Negatória* (está a serviço da função "-K", isto é, da não-comunicação). 6) *Primitiva* (age por meio de efeitos que afetam o outro, como pode ocorrer na contratransferência). 7) *Persuasiva* (visa convencer os outros de algo que, de fato, ele *não é*.

Para ficar em um único exemplo, vamos considerar a última das formas acima enumeradas: nesse caso, o discurso do paciente – geralmente trata-se de um portador de uma organização narcisista – pode servir como uma forma de assegurar uma auto-representação idealizada e, para tanto, ele convoca uma outra pessoa que lhe confirme isso. Nesse tipo de discurso persuasivo, o *conteúdo* da comunicação é a sua falsa crença; a *forma* é a de uma veemência, por vezes patética; enquanto o *propósito* inconsciente do discurso é o de conseguir aliados, que compartilhem e comunguem dessa referida falsa crença, a qual consiste em propagar a tese de que ele é vítima da incompreensão e de inveja dos demais. Na situação analítica, essa forma de linguagem não deixa de ser uma modalidade de resistência, e a confirmação, ou omissão, do terapeuta diante dessas teses do paciente, se constituiria como uma contra-resistência, assim compondo um conluio entre ambos.

Todas essas distintas formas e funções da linguagem têm uma enorme importância na prática psicanalítica, porquanto elas determinam decisivamente não só o *estilo* da fala do paciente, e do analista, como também o tipo de escuta por parte de ambos.

A ESCUTA DO ANALISTA

Por uma questão de espaço, vou restringir-me, aqui, unicamente aos aspectos inerentes à comunicação não-verbal.

A Escuta da Linguagem Para-Verbal

O termo "para-verbal" alude às mensagens que estão ao lado ("para") do verbo, sendo que o emprego da *voz* tanto pelo paciente quanto, também, é claro, pelo psicanalista constitui-se como um poderoso indicador de algo que está sendo transmitido e que vai muito aquém e muito além das palavras que estão sendo proferidas.

Notadamente, as nuances e alternâncias da altura, intensidade, amplitude e timbre da voz, ou o ritmo da fala no curso da sessão, dizem muito a respeito do que está sendo dito e, principalmente, do que *não* está sendo dito. Por exemplo, a voz do paciente ou sua forma de falar traduz uma arrogância?, timidez?, um constante desculpar-se?, de pedir licença, "por favor"?, um jeito impositivo?, querelante?, etc.

Dentro da escuta dos sentimentos que estão ao lado do verbo, também é preciso levar em conta que a escolha das palavras e a seleção dos assuntos podem ter uma expressiva significação, assim como é a importância dos lapsos que acompanham o discurso.

Creio que muitas das formas de *silêncio* que acompanham, ou substituem a fala, podem ser incluídas como uma manifestação para-verbal. No entanto, os silêncios, por terem uma dinâmica própria e uma expressiva relevância na prática analítica, merecem uma consideração à parte (como está descrito no capítulo 33).

A Escuta dos Gestos e Atitudes

Desde o momento em que o analisando está na sala de espera, é recebido e adentra o consultório, ele já está nos comunicando algo por meio de sua linguagem pré-verbal: Veio cedo, tarde, foi pontual?, Como está vestido, qual a sua expressão, como nos saudou?, Deita-se?, Senta-se?, Como começa a sessão?, está nos induzindo a assumir algum tipo de papel?, etc., etc.

Da mesma forma, constitui-se como uma expressiva forma de linguagem não-verbal, os sinais da mímica facial, a postura, os sutis gestos de impaciência, contrariedade, aflição ou alívio, assim como certos maneirismos, tics, atos falhos, estereotipias, o riso e os sorrisos e, muito especialmente, por que e como chora, etc., etc. Além disso, como já foi referido, o analista deve estar, sobretudo, atento para a linguagem não-verbal, que está contida e oculta no discurso vebal.

Diante da impossibilidade de abarcar todo o leque de possibilidades deste tipo de linguagem, vou me limitar a exemplificar com uma única situação, a da forma de cumprimentar, como é, por exemplo, a atitude de alguns pacientes que preferem não utilizar a rotina habitual do aperto de não na entrada e saída de sessão. Não resta dúvida de que se trata de uma forma de comunicação que deve ser respeitada, embora seja indispensável que ela seja entendida e interpretada. Assim, em vários pacientes meus, ficou claro que o não-cumprimento pelo rotineiro aperto de mão, traduzia um propósito positivo por parte do analisando, qual seja o de não se submeter a uma estereotipia formal e, pelo contrário, visava propiciar uma atmosfera com o analista, mais informal, intimista, e sobretudo mais livre.

É claro que, por outro lado, também seria fácil exemplificar com pacientes cuja evitação desse tipo de cumprimento manual devia-se a uma necessidade de manter uma distância fóbica, notadamente o de uma cálida aproximação física.

Ainda em relação à forma de cumprimentar, sabemos que não é nada raro que determinados pacientes costumam adotar uma rotina que vem transposta de um costume social, ou seja, o de cumprimentar com discretos beijinhos na face do (da) terapeuta. Em minha experiência como supervisor, constato a relativa freqüência com que tais situações se repetem, e o quanto, muitas vezes, elas constrangem os terapeutas, sendo que, quanto mais tempo esse hábito se prolonga, mais dificuldade eles encontram para trabalhar com o fato. No entanto, essa situação deve ser trabalhada e desfeita não só porque ela reforça uma dissociação (neutralidade do *setting* em oposição a uma convenção de amizade social) como também porque ressoa, em ambos do par analítico, um sabor de hipocrisia em trocar beijinhos após uma sessão, na qual, por exemplo, o paciente esteja em plena transferência negativa. Parece-me que essa situação pode ser facilmente desfeita, uma vez que o analista compreenda tanto o significado que este beijinho representa para o analisando (como também do porquê do seu embaraço contratransferencial) e, a partir daí, com naturalidade, assinalar isso para o paciente. É necessário fazer a ressalva de que, conforme estiver indicando o sentimento contratransferencial do analista, é bem possível que, em determinados casos, essa forma de cumprimentar possa ser mantida pelo menos durante algum tempo.

A Escuta do Corpo

O corpo fala! Basta a observação de como o bebê comunica-se com a sua mãe para comprovar essa afirmativa. Desde as descobertas de Freud (..."*o ego, antes de tudo, é corporal*" e também aquelas relativas aos seus múltiplos relatos de conversões histéricas) até os atuais e aprofundados estudos da psicanalítica, Escola Psicossomática de Paris, cada vez mais, todos os psicanalistas estão atentos para fazer a leitura das mensagens psíquicas emitidas pelo corpo.

Pode-se considerar, no mínimo, como cinco os canais de comunicação provindos do corpo: 1) *A imagem corporal* (o paciente tem sintomas de despersonalização?, Julga-se gordo mesmo sendo magro, ou vice-versa?, Julga-se feio mesmo quando os outros o acham bonito, e vice-versa?, Tem problemas de transtorno alimentar como anorexia nervosa ou hiperbulimia?, e assim por diante). 2) *Cuidados corporais* (vestimentas, penteados, saúde física, etc.). 3) *Conversões* (muito freqüentes e variegadas, elas manifestam-se nos órgãos dos sentidos, ou na musculatura que obedeça ao comando do sistema nervoso voluntário, sendo que as reações conversivas permitem, muitas vezes, a descodificação do seu significado psíquico, como será ilustrado com um exemplo, logo adiante). 4) *Hipocondria* (manifestações de sintomas físicos, erráticos, sem respaldo em uma real afecção orgânica). 5) *Somatizações* (em um sentido estrito, o termo "somatização" alude a uma conflitiva psíquica que determina uma afecção orgânica, como, por exemplo, uma úlcera péptica. Em um *senso lato*, o termo "paciente somatizador" abrange todas as manifestações psicossomáticas, nas quais alguma parte do corpo funciona como caixa de ressonância.

Sabemos o quanto uma somatização pode dizer mais do que a fala de um longo discurso. No entanto, nem sempre as somatizações são de fácil leitura, sendo que nas doenças psicofisiológicas propriamente ditas (úlceras, asma, enzema, retocolite ulcerativa, etc.) os autores se questionam se é possível encontrar um simbolismo do *conflito* inconsciente, diretamente expressado no sintoma orgânico, ou se este não é mais do que uma mesma, predeterminada, resposta psicoimunológica a diferentes estímulos estressores.

Como assinalamos, as manifestações compreensivas possibilitam ao psicanalista, às vezes de forma fácil, às vezes muito difícil, a leitura da conflitiva psíquica contida no sintoma. Recordo uma paciente que enquanto discorria sobre os *pesados encargos* que os familiares e amigos depositavam nela, começou a acusar um desconforto no ombro direito, que foi crescendo de intensidade, até transformar-se em uma dor quase insuportável, e que a analisanda atribuía à possibilidade de ter deitado de "mau jeito" no divã. Após eu ter interpretado que pela dor no ombro ela nos mostrava dramaticamente o quanto vinha lhe doendo, desde longa data, ter aceito (e propiciado) o papel de carregar nos seus ombros o *pesado fardo* das expectativas e mazelas de sua família (depressiva), a dor, como que num passe de mágica, passou instantaneamente. Não custa repetir que, obviamente, nem sempre as coisas se passam tão facilmente assim.

A Escuta da Linguagem Metaverbal

Por linguagem metaverbal entende-se aquela comunicação que opera simultaneamente em dois níveis distintos, os quais podem ser contraditórios entre si. Um exemplo banal disso pode ser o de uma pessoa que comunica algo com o verbo, ao mesmo tempo em que com uma pisadela furtiva e anuladora ele comunica a um terceiro que nada do que ele está dizendo tem validade e que a sua mensagem é uma outra, oposta (Maioli, 1994).

Da mesma forma, a importância da metalinguagem pode ser avaliada na situação analítica, por meio de uma cadeia associativa composta por mensagens ambíguas, paradoxais, duplos vínculos contraditórios, o uso de formas negativas do discurso, que devem ser lidas pelo lado afirmativo, etc.

Creio que um bom exemplo da "linguagem metaverbal", e que alcança uma grande importância na situação analítica, consiste no fenômeno denominado por Bion como *"reversão da perspectiva"*, por meio do qual o paciente, *manifestamente*, concorda com as interpretaçõess do analista, porém, ao mesmo tempo, *latentemente*, ele as desvitaliza e anula a eficácia delas, revertendo-as aos seus próprios valores e perspectivas prévias.

A Escuta da Linguagem Oniróide

Neste caso, a linguagem se processa por meio de imagens visuais, às vezes podendo ser verbalizadas e outras vezes, não, podendo até mesmo adquirir uma dimensão mística. As manifestações mais correntes deste tipo de linguagem na prática analítica consistem no surgimento de devaneios, fenômenos alucinatórios e sonhos.

Cada um destes aspectos, separadamente, mereceria uma longa e detalhada exposição, que não cabe aqui. No entanto, não é demais lembrar que também os sonhos podem ser *vazios* (quando são meramente evacuativos de restos diurnos), *plenos* (quando eles são elaborativos, e a dinâmica psíquica processa-se por meio de transformações simbólicas) ou *mistos*.

A Escuta da Conduta

Sem levar em conta os aspectos da rotineira conduta do paciente na sua família, trabalho ou sociedade, e tampouco as particularidades de sua assiduidade, pontualidade e o modo de conduzir-se em relação à sua análise, o que mais importa levar em conta em relação à linguagem conductual é aquela que está expressa no fenômeno dos *actings*.

Embora muitos *actings* sejam de natureza totalmente impeditiva quanto à possibilidade do prosseguimento de uma análise, a verdade é que é cada vez maior a tendência de os analistas encararem as atuações, não só as discretas e benignas, como também muitas que assumem formas malignas e até seriamente preocupantes, como sendo uma primitiva e importante forma de comunicação.

Aludimos à possibilidade de que os *actings* (os quais, até há um pouco tempo, eram sempre vistos pelo psicanalista por um vértice negativo) possam ser benignos e, mais, vale acrescentar a eventualidade de que a atuação esteja a serviço de uma função estruturante do *self*, como é o caso de uma busca de criatividade e de liberdade, de modo que o surgimento de determinados *actings* podem surgir como um indicador de que a análise está marchando exitosamente.

Ainda em relação ao *acting*, é necessário lembrar que a clássica equação que Freud formulou em relação às suas pacientes histéricas, de que a atuação constitui-se como "uma forma de repetir para não ter que recordar", deve ser complementada com estas outras: "repetir pelo *acting* na análise aquilo que não se consegue *pensar, conhecer* (-K), *simbolizar*, ou *verbalizar*. Na atualidade, o fenômeno da atuação também permite compreender que o paciente está repetindo compulsivamente, como uma forma de propiciar novas chances dele vir a ser entendido e atendido pelo psicanalista em suas falhas e necessidades básicas. Este último aspecto representa, portanto, uma importante forma de comunicação primitiva, pelos efeitos contratransferenciais.

Uma última palavra sobre a *"escuta da conduta"* – e que, de certa forma sintetiza as considerações acima –, é relativa à conduta nas perversões, tanto as de natureza sexual (que Joyce MacDougall considera como a dramatização de criativas "neossexualidades"), como a dos adictos. Neste último caso, é muito interessante como a morfologia desta palavra adicto, designa *"a-dictum"*, ou seja; *não dizer*, e isso nos diz muito acerca da função da droga, de preencher o vazio resultante da falta de uma representação interna de uma boa maternagem.

A Escuta dos Efeitos Contratransferenciais

Descontando os evidentes exageros que alguns analistas cometem de virtualmente reduzir tudo o que eles sentem, sendo oriundos das projeções transferenciais do analisando (e com isso eludem a possibilidade de perceber que os sentimentos despertados podem provir unicamente do próprio analista), a verdade é que o sentimento contratransferencial é um importante veículo de uma comunicação primitiva, que o paciente não consegue expressar pela linguagem verbal.

O psicanalista deve ficar alerta diante dos dois caminhos que a contratransferência pode tomar dentro dele: tanto ela pode-se configurar como *patológica*, em cujo caso ele ficará enredado em uma confusão de complementaridade com os conflitados objetos que habitam o mundo interno do analisando, como também é possível que a contratransferência se constitua uma excelente *bússola empática*.

Um simples exemplo disto, e que certamente corresponde à experiência de todo terapeuta, é o de um difícil sentimento contratransferencial de desânimo, impotência e de um certo rechaço que um paciente *borderline* provocava em mim. Embora eu percebesse e interpretasse a projeção de sua agressão e depressão, assim como a dinâmica de seu ataque aos vínculos perceptivos, e a busca de um triunfo maníaco sobre mim, nada mudava, e a minha confusão aumentava. Somente consegui reverter o sentimento contratransferencial patológico para o de uma empatia, a partir do reconhecimento do que o paciente insistia em repetir compulsivamente a sua atitude de arrogância narcisística, como uma forma de se proteger, e de me comunicar que aqueles sentimentos que me abrumavam durante os 50 minutos da sessão eram exatamente os mesmos que lhe foram impostos, que o vinham atormentando desde sempre, e que ele não conseguia expressar com as palavras.

A Escuta Intuitiva

Sabemos que na transição entre os níveis pré-verbais e o verbal-lógico situam-se as linguagens metafóricas, como da poesia, música, devaneios imaginativos, mitos, sentimentos inefáveis, etc. Conquanto Freud por meio da sua recomendação técnica de que o psicanalista deveria *"cegar-se artificialmente para poder ver melhor"*, e trabalhar em um estado de "atenção flutuante", é a Bion que devemos o mérito de ter dado uma grande ênfase à importância da capacidade de intuição do analista (a palavra intuição vem do latim *"in-tuere"*, que quer dizer "olhar para dentro", como uma espécie de terceiro olho).

Assim, com a sua controvertida expressão de que o analista deveria estar na sessão em um estado psíquico de "sem memória, desejo e ânsia de entendimento", Bion unicamente pretendia exaltar o fato de que a abolição dos órgãos sensoriais e o da saturação da mente consciente, permite aflorar uma intuição que está subjacente e latente. O modelo que me ocorre para ilustrar esta postulação de Bion é o do brinquedo que está atualmente em voga, conhecida pelo nome de "olho mágico", o qual consiste no fato de que, utilizando a forma habitual de visão, o observador não vê nada mais do que um colorido desenho comum; porém se esse observador, a partir de uma distância ótima, nem perto, nem longe demais, vier a exercitar uma *outra forma de olhar*, ele ficará surpreendido e gratificado com uma nova perspectiva tridimensional de aspectos antes não revelados, que saltam daquele mesmo desenho.

A essas formas de escuta do psicanalista poderiam ser acrescidas outras tantas mais, como é o caso de uma *auto-escuta* (uma adequada leitura discriminativa entre o que é contratransferência, e o que é a transferência do analista), o da escuta *transverbal* (consiste no fato de que os mesmos relatos, sintomas, sonhos, etc., costumam ressurgir periodicamente, porém é importante que o analista perceba as *"trans"-formações* dos mesmos, às vezes de forma muito sutil).

É claro que todas estas formas de escuta não-verbal, embora tenham sido aqui descritas separadamente, devem processar-se simultaneamente. O que importa é que todas elas, obviamente somadas à indispensável linguagem verbal, estão, virtualmente sempre presentes nas distintas situações analíticas, e elas se expressam por meio de "canais de comunicação", como as que são descritas a seguir.

A COMUNICAÇÃO NA SITUAÇÃO ANALÍTICA

Pode-se dizer que são quatro os grandes canais que em um movimento permanente e recíproco de ligação entre o emissor e o receptor compõem o campo comunicativo da interação analista-analisando. São eles: 1) A livre associação (e verbalização) de idéias. 2) As diversas formas de linguagem não-verbal. 3) A capacidade de intuição, não sensorial.

4) Os efeitos contratransferenciais. Creio que cabe uma analogia entre os aparelhos de um rádio e a do "sensibilômetro" do analista, porquanto tanto podemos mover o dial e conseguir uma sintonia fina e clara, como podemos estar com o dial fora da sintonia do canal que está emitindo, e sequer falta a possibilidade da interferência dos "ruídos da comunicação", ou a de um total emudecimento transitório, resultantes dos conhecidos fenômenos da "estática".

O "sensibilômetro", a que aludi, implica no fato de que algumas condições mínimas são indispensáveis na pessoa do terapeuta, como um modelo de função a ser continuamente introjetado pelo paciente. Utilizando uma linguagem sintética, eu diria que tais condições mínimas consistem em que o analista em um estado de atenção e de teorização flutuante, tenha bem clara as fundamentais diferenças que existem entre olhar e ver, ouvir e escutar, entender e compreender, falar e dizer, e entre parecer e, de fato, ser!

Não custa repisar que, embora a ênfase deste trabalho esteja incidindo sobre a pessoa do terapeuta, deve ficar claro que guardando as óbvias diferenças da assimetria da relação, tudo se passa igualmente em ambos. Um importante elemento do campo analítico que pode servir como exemplo que unifica analisando e analista, é o do *estilo* da comunicação, cuja relevância, aliás, foi admiravelmente sintetizada pela clássica frase de Buffon: "*O estilo é o homem*".

É tamanha a relevância do estilo comunicativo que uma exposição detalhada desta temática mereceria, por si só, um trabalho à parte. De forma resumida, impõe-se como um dever, mencionar o psicanalista argentino D. Liberman (1971), que se notabilizou pelos seus escritos acerca dos processos interativos da comunicação analisando-analista, pela conjugação de postulados extraídos das áreas da semiótica, da lingüística e da teoria da comunicação. Entre outros aspectos muito elucidativos, Liberman é mais lembrado pelos seus estudos sobre os estilos da comunicação, sendo que já se tornaram clássicos os cinco estilos que ele nomeia como: *reflexivo, lírico, ético, narrativo e dramático* (nesse último caso, quer provocando suspense ou impacto estético). Cada um deles costuma revelar a forma de como está estruturado o *self* da pessoa.

Do ponto de vista do estilo interpretativo do analista (é interessante consignar que a palavra estilo deriva de "*estilus*" que, em latim, alude a um estilete com duas pontas, uma aguda que serve para cortar e a outra, romba, que serve para aparar e dar forma), é importante considerar que devem ser preservadas e respeitadas, ao máximo, os modos genuínos e autênticos do estilo de cada um em particular. Todavia, é igualmente importante considerar o efeito antianalítico de alguns estilos como são, dentre outros, os que podemos denominar como *retórico* (as palavras apenas escondem uma real intenção doutrinadora), estilo *ping-pong* (trata-se de um constante bate-rebate, de forma que não se forma um necessário espaço para reflexões), *intelectualizador* (com o risco de que o *insight* intelectivo obtido pelo paciente além de não promover transformações verdadeiras, ainda possa reverter a serviço da resistência), *pedagógico* (o analista preocupa-se mais em dar "aulinhas" sobre o "porquê" etiológico, do que atentar ao "para quê" existencial) e assim por diante.

Destarte, no trabalho analítico não basta a busca do canal de comunicação do inconsciente com o consciente; é necessário também a busca dos estilos que constroem e caracterizam o vínculo analista-analisando. Há necessidade de um certo grau de ansiedade e de "turbulência" (conforme Bion) entre ambos, caso contrário deve-se pensar no risco de que esteja imperando um estilo *acomodativo*, como indicador de um provável conluio de complacência. Pelo contrário, é útil constar do estilo interpretativo, a coexistência da organização com a desorganização, por intermédio de uma continuada mudança dos vértices de observação. Para que esta afirmativa fique mais clara, vale utilizar a metáfora de um tabuleiro de xadrez, o qual ganha uma feição e função própria, devido à conjugação dos opostos, isto é, do encontro entre os quadrados brancos e pretos que isoladamente, ou se fossem todos da mesma cor, não diriam nada e nem adquiririam aquela função que unicamente foi propiciado pelos contrastes. Creio ser desnecessário esclarecer que esta metáfora de modo algum significa que devemos sempre estar em oposição ao paciente, ou coisa parecida.

Para finalizar, à guisa de destacar a importância da "atitude psicanalítica" no processo comunicativo, vale repetir que a comunicação, desde os seus primórdios, está radicada na condição inata do bebê em "ler" os significantes contidos nas modulações da face, voz e corpo da mãe.

CAPÍTULO 34

O Silêncio na Situação Psicanalítica

A literatura psicanalítica é relativamente escassa na apresentação de trabalhos que versem especificamente sobre o fenômeno do *silêncio* no campo psicanalítico. De modo geral, os autores que o abordam restringem-se mais particularmente à pessoa do "paciente silencioso" e o enfocam predominantemente sob o vértice de uma modalidade de resistência à análise. Essa última abordagem relativa ao "silêncio" constituía-se como regra nos textos dos psicanalistas clássicos, porquanto eles ainda não dominavam os atuais conhecimentos acerca da comunicação não-verbal, dos sentimentos primitivos, que determinados pacientes não conseguem expressar com as palavras do discurso verbal.

Assim, é natural que os psicanalistas pioneiros atribuíssem ao silêncio do paciente unicamente uma função resistencial, tendo em vista que a análise por eles então praticada girava inteiramente em torno de uma continuada e ininterrupta "livre associação de idéias"; logo, sem a verbalização das mesmas, não existiria a possibilidade de se desenvolver um processo de psicanalise.

A proposta do deste capítulo, acompanhando alguns autores contemporâneos, consiste em destacar que, ao lado de uma manifestação de controle resistencial, o silêncio também exerce uma importante função de *comunicação não-verbal* na interação analista-analisando, tanto nos seus aspectos normais e estruturantes, como também naqueles que representam serem destrutivos e desestruturantes para a analise.

Como esquema didático, por meio de alguns exemplos clínicos, vou considerar, separadamente, alguns aspectos da normalidade e da patologia do silêncio, nas pessoas do *paciente*, do *analista* e na *relação vincular entre ambos*. Ao final, pretendo tecer alguns comentários sobre a função interpretativa do analista relativa aos silêncios do analisando.

OS SILÊNCIOS DO PACIENTE

Inicialmente é útil estabelecer uma diferença entre *silêncio* e *mutismo*. O primeiro pode acontecer sob distintas modalidades, graus e circunstâncias, como será explicitado mais adiante, enquanto o termo *mutismo* alude a uma forma mais prolongada e com uma determinação mais definida por parte do paciente em manter-se silencioso na análise, às vezes de forma absoluta, ou com esporádicos e lacônicos comunicados verbais.

O próprio mutismo também deve ser distinguido quanto à possibilidade de ele estar representando uma timidez expressiva de uma proteção ao *self* ameaçado, portanto a serviço da pulsão de vida, ou se o mutismo adquire uma forma arrogante, constituinte de uma conduta própria de um negativismo mais amplo e arraigado, logo sob a égide da pulsão de morte.

Em resumo, o paciente silencioso não deve ser sistematicamente encarado como um sinônimo de "resistente" à análise, embora muitas vezes o silêncio excessivo possa se constituir em um obstáculo intransponível ao seu livre curso; pelo contrário, é mais eficaz que o psicanalista compreenda o silêncio como um desconhecido "idioma de comunicação" que está à espera de uma descodificação e de uma tradução em palavras simples e compreensíveis.

São múltiplas e polissêmicas (etimologicamente, "*poli*" quer dizer "muitos" e "*semos*" quer dizer "sentidos") as formas de como o paciente manifesta os silêncios no curso de determinadas sessões ou ao longo do processo de sua análise. Com a finalidade de exemplificar algumas dessas possibilidades semânticas do silêncio, vou ilustrar com algumas brevíssimas vinhetas clínicas da análise de uma paciente com quem eu muito aprendi a respeito da linguagem do silêncio porquanto ela o utilizou em contextos diferentes, com significados igualmente bem distintos, conforme a respectiva etapa evolutiva da análise.

Trata-se de uma analisanda habitualmente loquaz, com um discurso colorido e superlativo, mas que em determinadas sessões imerge em silêncios profundos que podem ocupar quase todo o seu tempo. Na primeira vez que isso ocorreu, no início da análise, tratava-se de um **revide hostil e raivoso** ao que ela sentia como sendo uma indiferença de minha parte em relação à sua pessoa: ela me expunha toda a sua intimidade enquanto eu não lhe facilitava saber da minha vida pessoal; ela trazia melhoras e eu não vibrava manifestamente; ela me elogiava e eu não retribuía na mesma moeda.

Em uma outra fase, aproximadamente um ano após, um silêncio de aparência igual ao anterior obedecia a uma outra necessidade de compreensão: por se sentir mais confiante, a paciente **precisava experimentar um longo silêncio entre nós**, sem ter de sentir uma ansiedade de tipo catastrófico que lhe ocorria sempre que julgava que era obrigada a preencher os "vazios" do silêncio que lhe pareciam um prenúncio de uma relação seca e morta. Ficou mais claro que a sua prolixidade habitual decorria de sua necessidade de contra-restar um antigo pânico de perder o contato visual, auditivo e verbal com a sua mãe, eu.

Em um terceiro momento do curso analítico, ela manteve-se silenciosa, de olhos cerrados do começo até praticamente o final da sessão quando só então eu, que também me mantive silencioso todo o tempo, falei e interpretei. Baseado em um misto de empatia e intuição, disse-lhe que, desta vez, parecera que ela sentira uma sensação de paz com o silêncio, como se ela precisasse me sentir como uma mãe amiga, boa, **velando o sono da filhinha**. A analisanda, em meio a um pranto, confirmou que era assim mesmo e que foi um dos momentos mais importantes da análise, pois ela ficaria muito decepcionada comigo se eu a tivesse interrompido com estímulos do tipo "em que estás pensando?". A interpretação se completou com a paciente conectando o que se passou entre nós, com o fato de que, segundo seu modo de sentir, sua mãe não lhe dava espaços para silêncios. Essa passava todo o tempo todo a recriminando, estimulando ou ordenando, na base do: "Está na hora de acordar"; "Já fizestes os temas? "; "Por que é estás tão quieta, o que é que tu tens, minha filha? "; "fala menina!"...

Em outros momentos mais adiantados da análise com essa mesma paciente, ocorriam pausas silenciosas prolongadas que correspondiam a um movimento interno de **elaboração dos *insights*** parciais que ela ia adquirindo.

Por meio desses fragmentos clínicos é possível verificar a ampla gama de significados diferentes que os silêncios adquirem nas distintas situações psicanalíticas, embora eles possam ser de aparência análoga.

A partir da experiência clínica, em relação às causas mais comuns que determinam os silêncios na situação analítica, penso que, esquematicamente, podem ser distinguidos os seguintes:

1. *Simbiótico*: no caso de pacientes que se julgam no pleno direito de esperar que o analista adivinhe magicamente as suas demandas não satisfeitas.
2. *Bloqueio*: da capacidade de pensar.
3. *Inibição fóbica*: medo de falar devido a uma forte ansiedade paranóide de dizer "bobagens", ser mal interpretado, ocorrer quebra de sigilo, etc. Nestes casos a inibição da fala é análoga à contenção anal das sujeiras de fezes e urinas.
4. *Protesto*: isto ocorre quando o paciente não tolera a relação assimétrica com o analista, e protesta, pois ele acha que assim obrigará o analista a falar mais. Mais comumente este protesto silencioso acontece quando os seus anseios narcisísticos não estão sendo correspondidos.
5. *Controle*: é uma forma de testar a paciência do analista ou de impedir que este tenha material para construir as interpretações que ameacem a sua auto-estima.
6. *Desafio narcisista*: esse tipo de analisando crê o silêncio tanto pode ser uma fantasia de que permanecendo silencioso ele triunfa e derrota o seu analista. Vale acrescentar a advertência de Lacan de que em todo diálogo aquele que cala é quem detém o poder, porquanto é ele que outorga as significações ao que o outro diz.
7. *Negativismo*: esse silêncio tanto pode ser uma forma de identificação com os objetos frustradores que não lhe respondiam, como também pode estar representando o necessário e estruturante uso do "não" que Spitz (1957) descreveu na evolução normal das crianças, por volta do 15º mês de vida, aproximadamente.
8. *Comunicação primitiva*: por intermédio dos efeitos contratransferenciais que o silêncio do paciente desperta no analista, ele pode estar fazendo uma importante comunicação daquilo que está inconsciente e que não consegue expressar com palavras.
9. *Regressivo*: em algumas ocasiões, o paciente totalmente silencioso adormece no divã como uma forma de sentir-se como uma criança tendo uma mãe a velar o seu sono; outras vezes, de forma análoga, o silêncio prolongado e um aparente distancia-

mento pode estar representando a busca, na presença da mãe, daquilo que Winnicott (1958) postulou como "*a capacidade para ficar só*".

10. *Elaborativo*: muitas vezes o silêncio se constitui como um espaço e tempo necessários para o paciente fazer reflexões, correlações e a integração dos *insights* parciais para um *insight* total.

Além destas costumeiras formas de silêncio que de alguma forma e com algumas variantes sempre estarão presentes em qualquer análise de evolução regular, também vale considerar outras situações mais específicas, das quais vou exemplificar com duas delas: a do **adolescente silencioso** e a do *mutismo* que está presente nos pacientes em estado mental de *desistência*.

Características do Adolescente Silencioso

Em um interessante trabalho, Andrés Rascovsky (1973) estuda alguns analisandos na adolescência inicial (menores de 16 anos) e destaca as seguintes particularidades: a) É bastante freqüente, notadamente nos primeiros tempos da análise, que estes adolescentes se mostrem excessivamente silenciosos. b) Em grande parte, esta atitude silenciosa deve-se ao fato de que o adolescente nessa idade ainda não tem bem desenvolvidas as condições para discriminar e abstrair e, por isso, ele não compreende o "como-se" da abstração da interpretação. c) Por esta última razão, este paciente leva tudo no concreto, exige respostas imediatas, confunde o real com o imaginário, tenta falar como se fosse um adulto, constantemente exige opiniões e conselhos do analista e diante das frustrações magoa-se com enorme facilidade. d) As principais frustrações decorrem do não atendimento de seus pedidos e desejos, e principalmente quando este adolescente não se sente compreendido pelo terapeuta, da mesma forma como ele acredita que os seus pais não o entendem. e) A forma de como esse adolescente reage a tais frustrações é por meio de *actings*, dos quais o pior, e lamentavelmente o mais comum, consiste em faltar muito às sessões e por vezes culmina com o abandono da análise; outro modo de reagir às frustrações é por meio de silêncios bastante prolongados, não raramente um silêncio absoluto durante muito tempo da análise. f) Por todas estas razões, entendo que o psicanalista deva ter uma cautela especial no entendimento desse paciente com a sua conseqüente atividade interpretativa: estou me referindo ao risco de o terapeuta deixar-se envolver por uma contratransferência do tipo "complementar", em cujo caso ele estará identificado com os pais repressores e, por conseguinte, reforçará nesse analisando o seu superego ameaçador ou o seu ideal de ego que está repleto de expectativas dos pais a serem cumpridas por ele.

O Mutismo de Natureza Destrutiva

No início deste capítulo foi destacado o fato de que uma atitude exageradamente silenciosa por parte dos analisandos tanto pode decorrer de uma forma do ego defender-se de fortes ansiedades paranóides, depressivas e confusionais, como ela também pode estar exercendo uma importante função de *comunicar*, de forma não-verbal e por meio de efeitos contratransferenciais, idéias e sentimentos primitivos que ainda não foram nomeados. É necessário acrescentar que uma atitude de silêncio absoluto e que se manifesta na analise de modo permanente, já se constitui como um preciso indicador que se trata de um paciente muito regressivo e que muito provavelmente o seu mutismo esteja a serviço de sua organização narcisista que lhe determina impor um triunfo arrogante sobre o seu psicanalista.

É claro que subjacente a essa organização narcisista boicotadora do avanço da análise (a qual, em um outro capítulo, proponho denominar como *contra-ego*) o mutismo do analisando pode estar significando uma extrema necessidade desse paciente em proteger-se contra possíveis novas humilhações já sofridas no passado e, por conseguinte, contra o *reconhecimento* de que ele precisa e depende dos outros, que ele tem muitos gritos trancados na garganta, muitas lágrimas a serem choradas e muitos doloridos sentimentos esperando para serem descodificados, pensados, sofridos e verbalizados com palavras e nomes.

Dentre as formas de narcisismo extremado, ligadas à pulsão de morte e a uma disfarçada angústia de desamparo e aniquilamento, e que por isso adquirem características hetero e autodestrutivas, há uma delas que é particularmente grave: a que diz respeito ao paciente que está em um estado mental de *desistência*.

Vou tentar clarear melhor esta conceituação com o auxílio da etimologia: o étimo latino "*sistere*" significa "direito a ser" e ele dá origem aos vocábulos "*existir*"("*ex*" quer dizer para fora"; portanto o indivíduo ex-siste, ele *é* alguém), "*resistir*"("*re*" significa de novo, mais uma vez; logo, enquanto o paciente *re-siste* revela que ele está lutando por uma nova oportunidade de voltar a viver com dignidade e direitos e não somente sobrevivendo psiquicamente) e *"desistir"* (o prefixo *"de"* designa uma privação, portanto *"de-sistere"* alude a um estado em que o único desejo do indivíduo é o de nada desejar e costuma vir acompanhado com um permanente namoro com a morte).

Este estado psíquico de *desistência*, pode vir manifesto pelo mutismo do analisando, é particularmente muito difícil de ser revertido na análise porquanto o seu propósito inconsciente predominante é o de impedir qualquer auxílio a favor da pulsão de vida e exige por parte do psicanalista, acima de tudo, uma enorme capacidade de *continência* e de *paciência*. Em contrapartida, uma das experiências mais fascinantes da análise aquela em que o trabalho analítico consegue, lentamente, atingir o descongelamento do mutismo e surge uma comunicação verbal.

O SILÊNCIO DO PSICANALISTA

Nos textos de técnica psicanalítica este tema costuma ser controvertido, porquanto são múltiplos os os fatores e os pontos de vista adotados pelas distintas correntes do pensamento psicanalítico.

De modo geral, um dos fatores que deve ser respeitado é o que diz respeito ao *estilo* particular de cada psicanalista em separado, desde que ele conheça as suas motivações para se manter silencioso ou falante. Um outro fator bastante relevante consiste em uma decisiva influência dos paradigmas vigentes nas regras técnicas que caracterizam os distintos períodos pelos quais a psicanálise tem transitado nestes seus 100 anos de existência.

Assim, em certa época, vingava a recomendação de Th. Reik (1945), que aparece no seu texto *La significación psicológica del silencio*, no sentido de o psicanalista manter-se nas sessões o máximo possível silencioso, com a finalidade de despertar um contínuo estado de ansiedade no paciente e, dessa forma, impeli-lo a procurar quebrar o mutismo do analista e a verbalizar de forma mais sentida e verdadeira as suas experiências emocionais presentes e passadas.

Provavelmente não de uma forma tão radical como esta conduta apregoada por Reik, de maneira geral os psicanalistas clássicos costumam ser considerados como muito silenciosos, e a formulação da interpretação aconteceria como a culminância que segue a um longo processo de silêncio. Não obstante, convém lembrar que Freud era um psicanalista que participava verbalmente de uma forma bastante ativa, como se depreende claramente dos seus relatos clínicos.

Também os seguidores da *escola da psicologia do ego*, que são os herdeiros, continuadores e ampliadores da obra de Freud, são analistas muito silenciosos, adotam uma norma geral de, no início da análise, não interpretar virtualmente nada.

Os psicanalistas *kleinianos*, por sua vez, amparados pela convicção de que os notáveis avanços teórico-técnicos possibilitavam um entendimento mais rápido e profundo do analisando, adotaram uma atitude interpretativa bastante mais ativa e imediata, que ia muito além da conflitiva edípica clássica e que visava sobretudo nomear com palavras as arcaicas experiências emocionais. Assim, pode-se dizer que, de certa forma os seguidores de M. Klein romperam com o paradigma interpretativo da psicanálise clássica que privilegiava o silêncio do analista; pelo contrário, eles falam muito mais porque, acima de tudo, priorizam a necessidade de interpretar logo que surja a ansiedade emergente em qualquer momento da sessão.

Por sua vez, os psicanalistas inspirados em *Lacan*, que promoveram um movimento de retorno a Freud, adotam a técnica de não interpretar durante meses, justificando o seu silêncio como uma forma de o analisando flagrar-se de que ele utiliza o seu discurso com palavras *vazias*, e que ele deve desenvolver a capacidade para falar com palavras *cheias,* isto é, com um discurso significativo. Portanto, com a expansão das idéias de Lacan, muitos dos seus inúmeros seguidores voltaram a recomendar e a adotar uma atitude mais silenciosa por parte do analista, com a finalidade de oportunizar que, dentro do *"tempo lógico"* da sessão (para os lacanianos não importa tanto o tempo de duração habitual e formal da "hora analítica"), o analisando atinja o estado de *"castração simbólica"* que o ajudará a passar do registro imaginário para o registro simbólico.

Ademais, os lacanianos alegam que evitam interpretar muito para não incrementar a fantasia do paciente de que o analista pode responder à sua demanda, o que reforçaria a sua ilusão de especularidade. Pelo contrário, o mais importante para tais analistas consiste justamente em romper com o espelho que no plano imaginário o paciente pretende perpetuar com a pessoa do analista e, ao mesmo tempo, eles concentram a atividade analítica nos desejos do analisando e os respectivos deslocamentos na cadeia de significantes.

Embora tenhamos destacado que, dentro de um largo espectro de normalidade, deve ser levado em conta que determinados psicanalistas tenham um autêntico estilo pessoal de manterem-se mais silenciosos no trabalho analítico, é necessário também consignar que muitas vezes o estilo interpretativo pode estar denunciando algum grau de patogenia.

Assim, não é improvável que uma conduta excessivamente silenciosa por parte do psicanalista esteja demonstrando alguma dificuldade, talvez de natureza fóbica, para evitar uma aproximação mais estreita com o paciente. Por outro lado, o terapeuta que não propicia um espaço de silêncio também está demonstrando alguma ansiedade, a qual muitas vezes decorre da falta daqueles atributos que Bion denomina "continente" e "capacidade negativa" e que aludem a uma condição de ele poder conter dentro de si mesmo aquelas angústias que resultam das suas dúvidas, incertezas e do seu "não compreender" o que está se passando na situação analítica.

Uma das conseqüências desta última condição é aquela que se reflete em um estilo interpretativo que propus denominar "*estilo ping-pong*", o qual consiste em uma forma demasiadamente ativa de o analista conduzir-se nas sessões, sob a forma de um "bate-rebate" imediatista que lembra duas pessoas reciprocamente tentando se livrarem deum tijolo quente, e que muitas vezes adquire um clima de polêmica com o paciente. O maior inconveniente desse estilo é que ele priva o analisando da formação e utilização de um *espaço mental* que o possibiltaria *pensar* as experiências emocionais, ao mesmo tempo em que estimula o uso exagerado do jogo de dissociações e de identificações projetivas.

De forma análoga, o analista que não está conseguindo conter dentro de si as angústias decorrentes dos efeitos contratransferenciais nele despertados pelo paciente, poderá adotar outras modalidades patogênicas de estilo interpretativo que podem oscilar desde um extremo de interpretações quantitativamente excessivas e qualitativamente de natureza superegóica, como também o estilo pode adquirir a forma de silêncios inexpressivos e vazios que, freqüentemente, podem estar representando um inconsciente revide hostil ao analisando pelo fato deste estar atacando os seus vínculos de percepção e de compreensão.

Destarte, vale enfatizar que tanto existe o silêncio do ignorante como também o do sábio e, do mesmo modo, assim como acontece com o uso das palavras, também o silêncio pode ser *vazio* ou *cheio*, sendo que neste último caso ele se constitui como uma importante forma de comunicação.

O SILÊNCIO NO VÍNCULO ANALISTA-ANALISANDO

É evidente que todas as considerações e exemplificações anteriores que foram especificamente descritas em relação ao silêncio do paciente e ao do analista, de alguma forma guardam uma natureza vincular. No entanto vale destacar separadamente o silêncio do analisando que corresponde a uma forma primitiva de comunicação que está sendo reproduzida no vínculo transferencial-contratransferencial. Com o auxílio de uma ilustração clínica ocorrida em uma época em que eu ainda era um tanto inexperiente, tentarei clarear a afirmativa acima.

A paciente M., já nas entrevistas preliminares de avaliação, informou-me que ela sobrevivera a um pacto suicida que seus pais fizeram ao final da gestação de M: o seu pai morreu e a sua mãe, embora seriamente ferida, foi salva e posteriormente veio a casar com um outro homem que veio a assumir o papel de pai de M.

O início da análise parecia decorrer normalmente, porém por volta do sexto mês, alegando razões de ordem econômica (o que não condizia com a sua realidade), a paciente parou de me pagar, ao mesmo tempo em que foi ficando progressivamente silenciosa, ao ponto de adotar um mutismo virtualmente absoluto, interrompido esporadicamente por alguma lacônica informação alusiva a algum distúrbio orgânico, ou para, cabisbaixa, balbuciar que não tinha nada para me dizer, embora M. se mantivesse sempre assídua, pontual e aparentasse uma certa vivacidade na entrada e na saída das sessões.

A minha sensação contratransferencial era dificílima e muito angustiante, eu me sentia paralisado, impotente, confuso, sem saber o que estava se passando e tampouco o que dizer ou fazer, ao mesmo tempo em que eu me flagrava tendo ímpetos de sacudi-la fisicamente; em resumo, parecia-me que a dupla estava morta, conquanto eu sentisse alguns laivos de vida. A única coisa que me parecia clara consistia em um sentimento, mais intuitivo do que cognitivo, de que M. necessitava que eu tivesse bastante paciência e que eu contivesse os meus sentimentos quase insuportáveis, sem apelar para contra-atuações.

Tal situação prolongou-se por aproximadamente cinco meses, sendo que aos poucos ela recomeçou a falar e a me pagar, para um grande alívio meu; no entanto, esse alívio foi temporário, pois aconteceu um fenômeno interessante. A paciente tornou-se verborréica, trazendo uma abundância de sonhos bastante complexos e interessantes, associação de idéias e sentimentos ligados ao presente transferencial e ao passado vivencial, especulações psicológicas e filosóficas acerca de livros, filmes, etc., tudo em um ritmo veloz, algo frenético e sem pausas. Pensei na possibilidade de um surto hipomaníaco dentro de um quadro de doença afetiva bipolar, porém um meticuloso raciocínio clínico descartou essa hipótese diagnóstica.

A minha impressão dominante era a de que M. ingressara naquele estado mental que Reich (1933) denominara *estado caótico*" e que consiste em uma profusão de sentimentos e idéias aparentemente sem conexão entre si, mas que refletem em um importante movimento intrapsíquico. Mais alguns meses decorreram nessas condições até que a paciente retomou a conduta manifesta no início da análise, a qual finalizou após sete anos de um árduo trabalho e, quero crer, com um resultado suficientemente exitoso,

Hoje, retrospectivamente, com maior experiência e conhecimentos teóricos que cercam a *análise vincular*, creio que posso melhor reconstruir o que teria se processado entre M. e eu e que sintetizo na enumeração dos seguintes aspectos:

1. Os primeiros meses da análise "normal" correspondeu ao período que M. necessitou para desenvolver os núcleos de *confiança básica* e para o estabelecimento de uma *aliança terapêutica* comigo, como um prelúdio daqueles sentimentos difíceis de serem suportados por ela e que necessitavam de um *setting* apropriado para serem reexperimentados.

2 Entendo que a minha sensação de que havia um clima de "relação morta" no vínculo transferencial-contratransferencial devia-se ao fato de que M., por meio de maciças identificações projetivas, fazia-me sentir o mesmo que ela vinha sentindo durante toda a sua vida e não conseguia expressar com palavras, e das vezes que ela tentou esclarecer com a sua mãe e demais familiares o que realmente teria acontecido com o seu pai biológico, M. sempre encontrou respostas evasivas e sinais evidentes de que ela estava constrangendo e molestando.

3. Fundamentalmente, por meio dos *efeitos contratransferenciais*, M. me comunicava o quanto era desolador o seu mundo interno composto por um pai morto, uma mãe inconfiável e pouco continente (que tanto aceitou o pacto suicida, como também não o cumpriu) e uma criança, ela própria, em um estado mental de solidão, desespero e impotência, dividida entre conhecer ou repudiar a sua triste realidade. No jogo entre as identificações projetivas e introjetivas, tanto eu como M. assumíamos alternadamente cada um destes personagens do seu mundo interior.

4. Admitindo que as premissas acima estejam corretas é lícito depreender que M. inconscientemente criara uma atmosfera no campo analítico que sugere a proposta de um "pacto suicida" comigo. Acredito que diante de seu mutismo que me exauria e me excluía, se eu me deixasse levar pela impulsão contratransferencial de propor-lhe a condição de "ou fala ou interrompemos a análise", ficaria concretizada a reprodução do duplo suicídio, o meu como sendo a falência da capacidade de psicanalista e o dela com o fracasso do que talvez fosse a sua última oportunidade de viver a vida e não unicamente penar masoquisticamente para sobreviver psiquicamente, tal como ela estava levando a sua vida na época em que procurara a análise.

5. O fato de M. ter podido reexperimentar o seu violento trauma psíquico e de, intuitivamente, eu não ter sucumbido à sua proposta de um pacto suicida, e de alguma forma ter traduzido com palavras e significados as suas fantasias ligadas à morte, permitiu que ela saísse de seu mutismo aterrador.

6.

Hoje, dou-me conta de que aprendi bastante com M. O fato de que a transição de um mutismo que aparenta um "nada para dizer" para o estado de uma verborréia caótica na verdade representa que um *nada* pode dizer muito acerca de um *tudo,* relativo a uma séria turbulência emocional, mal contida, conhecida e elaborada, à espera de um continente que, com paciência, exerça uma necessária função-alfa de descodificação, significação e nomeação.

ALGUMAS CONSIDERAÇÕES SOBRE O MANEJO TÉCNICO DO SILÊNCIO

A primeira consideração é a de que nas situações psicanalíticas existem diferentes tipos de silêncios e cabe ao psicanalista conseguir discriminar entre os que são necessários e estruturantes daqueles outros que se tornam impeditivos para o desenvolvimento da análise. Em determinados casos, o mutismo do analisando pode estar revestindo uma organização narcisista cujo objetivo maior é o de triunfar sobre o analista.

Um segundo aspecto é o que se refere à formulação tão comum do terapeuta diante dos silêncios prolongados: "Em que estás pensando?" Penso que a reiteração deste tipo de intervenção causa alguns importantes prejuízos, como o de uma intrusão superegóica na mente do paciente, com um certo esvaziamento de sua autonomia e espaço mental, assim como também reflete a falta de um atributo importante para o psicanalista, qual seja o de uma *paciência*.

Diante de pacientes silenciosos cresce de importância a necessidade de o psicanalista entender e interpretar, sem demasia, a comunicação *não-verbal* do paciente, como são os gestos expressivos, certa movimentação motora, a liguagem corporal, etc.

O *timing* da interpretação é particularmente importante para o paciente silencioso por duas razões: Uma é que se o analista demorar demais em tocar certos aspectos que não forma explicitamente verbalizados porém que ele *intui* que está na mente do seu paciente, especialmente se este for um adolescente, pode parecer que se trate de um tabu intocável e aumenta a sua inibição verbal. A segunda razão é a de que se o analista interpretar *antes* do tempo, pode soar como acusação, exigência intrusiva ou algo do gênero, assim reforçando o superego ou ideal do ego que já tanto assolam ao paciente.

O terapeuta também deve levar em conta que muitas vezes o silêncio com características desafiadoras pode estar significando para certos pacientes que eles estão em busca de uma identidade autêntica, diferente daquela que os seus pais e a sociedade lhe impuseram e obrigaram-no a construir um falso *self*.

Penso ser útil que o analista, ao final da sessão com um paciente mutista muito regressivo, faça uma breve síntese dos movimentos que ocorreram durante a mesma, de preferência conectando com os de sessões anteriores, com o propósito de transmitir a este paciente excessivamente silencioso que uma outra pessoa, que não ele próprio, pode conter, valorizar e estar empaticamente ligado com os seus sentimentos sem ter que imergir em um estado de desânimo, alheamento ou até mesmo de desistência.

Igualmente, é importante que o analista detecte com clareza o seu estado contratransferencial, caso contrário é muito possível que ele vá responder aos silêncios do paciente com um silêncio seu equivalente, e com características de retaliação, tal como nos mostra a etimologia desta palavra que alude ao fato de que novamente ("*re*") ele está utilizando a "*lei de Talião*", ou seja, está se vingando nos clássicos moldes de "dente por dente, olho por olho".

Como contrapartida do silêncio, todos conhecemos aqueles pacientes que, inversamente, tem uma prolixidade tamanha que, se o analista não falar, eles se encarregam de preencher todo o tempo da sessão com um discurso ininterrupto. Aqui, não se trata de de uma conduta hipomaníaca e, muito menos, de uma pletora de assuntos significativos; antes, trata-se de analisandos que têm pavor de que se estabeleça um silêncio entre ele e o analista, porquanto para eles representa ser um silêncio de vazio, de morte. A analogia que me ocorre, é como se houvesse "secado" o leite da mãe e, paralelamente, estivesse esgotada a capacidade desse paciente de re-animar e alimentar a essa mãe-analista que, transferencialmente, ele receia estar murcha e deprimida e, por isso, ele se obriga a falar tanto.

Para expressar, de uma maneira generalizada, a especial significância que representa o silêncio do paciente ou do analista, vale utilizar a metáfora de que a música está formada por elementos de *notas – intervalos – notas*, sendo que a ausência do som, isto é, a presença do intervalo, pode representar mais vigor e expressividade que a nota musical, por si só.

Acima de tudo, vale enfatizar que o *setting* da análise representa um novo e sagrado espaço para o paciente poder "adoecer", sendo muito provável que a sua doença consiga se manifestar unicamente por meio da linguagem de um mutismo transitório, embora muitas vezes de longa duração e que põe à prova as capacidades de uma boa maternagem do psicanalista.

CAPÍTULO 35

A Atividade Interpretativa

Juntamente com os fenômenos da *resistência* e da *transferência, a interpretação* compõe o tripé fundamental que caracteriza e identifica a psicanálise, conforme postulou Freud, e que a diferencia das demais formas de terapias não psicanalíticas. Da mesma forma que as duas primeiras, também a interpretação vem sofrendo significativas e acentuadas transformações neste primeiro século de existência da ciência psicanalítica, notadamente naqueles aspectos que dizem respeito ao paradigma da *vincularidade* que vem caracterizando a psicanálise contemporânea, ou seja, que o processo analítico não fica tão centrado *na* pessoa do analisando, tampouco *na* do analista, mas, sim, no campo que se estabelece *entre* eles.

Por outro lado, desde os seus primórdios até a atualidade, continuam persistindo muitos pontos bastante polêmicos e controvertidos entre os psicanalistas em relação ao *conteúdo*, à *forma* e ao *estilo* de interpretar.

Assim, cada vez mais, merecem ser repensadas as clássicas questões referentes às interpretações do psicanalista, seu instrumento maior: *O que* é, conceitualmente, uma interpretação? *Como* ela se forma na mente do analista? *Quando* e *como* ela deve ser formulada ao analisando? Importa o *estilo* particular de cada psicanalista? O que distingue uma interpretação "superficial" de uma "profunda" ou de uma "mutativa"? A interpretação deve prioritariamente ser dirigida ao *conteúdo* constituído pelas pulsões, fantasias e ansiedades ou às modalidades defensivas utilizadas pelo paciente contra as mesmas? *Qual* o destino que as interpretações seguem dentro da mente do analisando? É inerente ao conceito de interpretação que na "verdadeira" psicanálise ela é virtualmente indissociável do "aqui-agora-comigo" transferencial"? Como *age* a interpretação? Como *avaliar* a sua eficácia? Ela é unívoca ou admite subdivisões quanto às suas finalidades para cada situação analítica em particular? Há diferenças entre *interpretação, construção e reconstrução?* Ela deve obedecer a uma *estratificação*, como a de seguir da superfície para a profundidadae do psiquismo do paciente? É válida a inclusão de *"parâmetros técnicos"*? A ação terapêutica da psicanálise opera unicamente por meio das interpretações? *Qual* o critério do analista quanto à escolha do "material" a ser interpretado? A concepção e a formulação da interpretação deve seguir a *"via di levare"*, ou a *"di porre"*? Existem diferenças essenciais entre as diferentes escolas psicanalíticas em relação à ideologia, à técnica e à prática das interpretações? Existem algumas concepções atuais que abordem aspectos que não são constantes da psicanálise clássica? A interpretação restringe-se ao conflito psíquico resultante do embate *inconsciente* entre as instâncias psíquicas ou ela também abrange os aspectos *conscientes* do ego? Há diferença entre o ato da *interpretação* propriamente dita e o de uma *atividade interpretativa?* Finalmente, para os propósitos deste capítulo, dentro da concepção de uma psicanálise vincular, vale perguntar se ao lado da óbvia função estruturante das interpretações do psicanalista elas também podem determinar a forma das manifestações resistenciais e transferenciais do analisando ou até mesmo pode redundar um um resultado patogênico para ele?

Formulei essas questões, entre outras mais que poderiam ser aventadas, sob uma forma interrogativa com a intenção de obter uma identificação com a prática diária de cada leitor, a fim de, juntos, construirmos um roteiro que propicie novas reflexões sobre esta temática de vital importância no processo psicanalítico. Destarte, o presente capítulo representa uma tentativa de responder as questões antes levantadas e formular outras tantas.

CONCEITUAÇÃO

Conforme assinalam La Planche e Pontalis (1967), a palavra "interpretação" não é uma tradução fiel ao termo original empregado por Freud, que é *Deutung*, cujo significado alude mais diretamente a um esclarecimento, explicação, sendo que especialmente Freud também emprega o termo *bedeutung*, o qual se refere à *descoberta de uma significação*. Assim, nos trabalhos de Freud sobre técnica psicanalítica, "interpretar" aparece como uma forma de o analista explicar o significado de um desejo (pulsão) inconsciente.

Dito assim, de forma tão simplificada, pode parecer que a interpretação – voltada para os significados – tivesse uma natureza pedagógica ou algo equivalente; no entanto, a palavra "significação" adquiriu uma dimensão relevante na psicanálise atual e diz respeito às profundas distorções provindas desde o psiquismo primitivo da criança, não só como resultantes de suas fantasias, mas também como expressão daquilo que foi veiculado pelo discurso dos pais e da sociedade.

Particularmente, creio que o termo "interpretação" está bem adequado, desde que se leve em conta que o prefixo *inter* designa uma relação de *vincularidade entre* o analisando e o analista, o que é muito diferente daquela idéia clássica de que caberia ao paciente o papel de trazer o seu "material" sob a forma de *livre associação de idéias* e ao psicanalista, a tarefa única de descodificar e traduzi-las para o analisando.

A noção de vincularidade implica em uma contínua interação entre analista e analisando, pela qual o primeiro deixa de ser unicamente um observador e passa a ser um participante ativo, sendo que cada um do par analítico influencia e é influenciado pelo outro, de modo que a interpretação formal representa ser uma das peças, embora importantíssima, de um processo bastante mais amplo, que é o da *comunicação* entre ambos, tanto a consciente como a inconsciente, a verbal e a não-verbal, no registro imaginário ou simbólico, no plano intra, inter ou transpessoal, na dimensão científica, filosófica ou artística, etc.

Sabemos que nos primórdios da psicanálise, a interpretação valorizava sobretudo a descodificação do simbolismo dos sonhos como a "via régia" de acesso ao inconsciente, sendo que Freud definiu a elaboração secundária como representando a primeira interpretação do sonho. Em um segundo momento, a interpretação dos sonhos cedeu lugar à interpretação sistemática do "aqui-agora-comigo" da neurose de transferência. Na atualidade, todavia, a transferência não está sendo entendida unicamente como uma simples repetição do passado, de modo que a interpretação também deve levar em conta outros fatores, inclusive o da pessoa *real* do psicanalista.

Dentro desta perspectiva da atual psicanálise vincular, resulta ser claro o fato de que nem tudo o que o paciente diz tem a finalidade de comunicar algo à espera de uma interpretação *eficaz* por parte do analista; pelo contrário, freqüentemente o discurso do paciente visa exatamente ao contrário, ou seja, a dominar, controlar e induzir o analista a lhe "interpretar" justamente aquilo que ele *quer* ouvir, para triunfar sobre ele, ou para não necessitar sofrer e fazer verdadeiras *transformações e mudanças* na sua personalidade.

Da mesma forma, nem tudo o que o psicanalista diz são interpretações que correspondam ao que realmente proveio do analisando, pois não poucas vezes vezes elas não são mais do que chavões repetitivos e estereotipados ou acusações disfarçadas que, no entanto podem adquirir um alto grau de poder de sugestionabilidade sobre o paciente, induzindo-o ao aporte de material associativo que simula uma falsa eficácia.

Por outro lado, é bem sabido que na reciprocidade do vínculo analisando-analista, as maciças identificações projetivas do primeiro deles poderá provocar no psicanalista, segundo Racker (1959), uma destas duas possibilidades: 1) Uma contra-identificação do tipo "complementar" com os primitivos objetos superegóicos que nele foram projetados, o que costuma determinar uma *contratransferência patológica*. 2) Uma contra-identificação do tipo "concordante" que possibilitará a transformação para o estado mental de uma – indispensável – função de *empatia*, por parte do psicanalista. A importância disto é que cada uma destas duas possibilidades definirá a construção de um *modo* e *conteúdo* de interpretações possivelmente totalmente diferentes, conforme a égide de um ou de outro dos acima aludidos estados engendrados na mente do analista.

Igualmente cabe nos perguntarmos se o mais importante é aquilo que o paciente diz e faz, ou o que ele deixou de dizer, sentir e fazer ? Aquilo que ele associa e nos verbaliza ou como ele entende e significa o que dizemos a ele ? A resposta a esta última pergunta também deve levar em conta o fato de ser bastante comum que o analisando responde mais à *metacomunicação* do analista (aquilo que é transmitido por outros meios que não o das palavras) do que propriamente ao conteúdo contido nas verbalizações das interpretações.

A função de interpretar não é unívoca, e pode-se dizer que ela guarda uma equivalência com a hermenêutica (arte de interpretar, particularmente os textos de natureza muito ambígua), sendo que esta área semiótica pode lembrar as características dos oráculos, ou seja, cada paciente emana signos e mensagens de múltiplos significados e que necessitam ser descodificadas diferentemente a cada vez, de acordo com a situação e o momento particular de cada intérprete, no caso o psicanalista.

A interpretação, segundo o consenso geral entre os psicanalistas, visa sobretudo à obtenção de *insight,* sendo que a convergência e à inter-relação dos diversos *insights* parciais é que possibilitam o trabalho de uma elaboração psíquica e, conseqüentemente, a aquisição de verdadeiras mudanças caracterológicas.

Todos estamos de acordo com essa afirmativa, porém é necessário acrescentar que a interpretação do analista não deve ficar restrita unicamente à conscientização dos conflitos inconscientes, mas, sim, que ela também se constitui como uma *dialética*, com uma nova conexão e combinação de significados, de modo a possibilitar que o analisando desenvolva determinadas funções egóicas que ou nunca foram desenvolvidas ou que a foram, porém estão obstruídas, como é, por exemplo, a aquisição de uma capacidade para *pensar* as velhas – e as novas – experiências emocionais, tal como Bion frisa enfaticamente ao longo de sua obra e que, parece-me, equivale ao que Bollas (1992) denomina "*o conhecido não pensado*".

O mesmo vale para o desenvolvimento de outras capacidades do ego consciente do analisando, como é o caso de sua capacidade para enfrentar o *conhecimento* das verdades penosas (*função K*, segundo Bion), ao invés de simplesmente evadi-las; desenvolver a capacidade de ser *continente* dos outros e de si mesmo; conseguir fazer a abertura de novos *vértices* de percepção e entendimento, de forma a possibilitar uma *visão binocular* (Bion) dos mesmos fatos psíquicos.

"Interpretação" é um termo consagrado na psicanálise e deve permanecer restrito a ela, embora essa função não seja exclusividade do campo psicanalítico. Assim, não me parece ser um exagero a afirmativa de que uma mãe adequadamente boa "interpreta" ao seu bebê quando, mercê de sua capacidade de *rêverie,* ela *escuta, compreende, significa* e *nomeia* a comunicação primitiva do seu filho. Muito embora sejam situações bem distintas, entendi ser útil a metáfora, como uma forma de caracterizar que o ato interpretativo forma-se aquém e além das palavras unicamente. Essa comparação adquire uma maior validação se levarmos em conta que a mãe consegue "interpretar" seu filho somente se ela tiver aquilo que Bion denomina como sendo a – descodificadora e significadora – *função-alfa,* o mesmo acontecendo exatamente igual com o psicanalista, constituindo-se como uma "condição necessária mínima" (Bion) para que ele possa interpretar adequadamente.

A título de um resumo destas palavras introdutórias e de um posicionamento preliminar de minha parte a respeito da conceitualização de interpretação, parece-me válido definir que: 1) Nem tudo o que o analista diz é interpretação, e nem toda a obtenção de um *insight* é formulada como uma interpretação. 2) Interpretação não é o mesmo que "*tradução simultânea*" (expressão de M. Baranger, 1992) daquilo que o paciente diz. 3) Tampouco é um "transferencialismo", pelo qual tudo o que o for dito pelo analisando, em qualquer circunstância, sofre um sistemático reducionismo ao clássico "*é aqui – agora-comigo-como lá e então*", embora a interpretação esteja intimamente condicionada ao nível e ao grau da transferência existente na situação psicanalítica. *4)* Há um permanente risco de que a interpretação incida sobre o que o analisando *fala* e não sobre o que, de fato, ele *diz, faz* e sobre quem realmente ele *é!* (não custa enfatizar que o mesmo vale para a fala do analista). 5) Acima de tudo, a importante função da interpretação, tal como insiste Bion, não é de "conhecer *sobre*", mas, sim, a de promover no paciente transformações em direção a um "*vir a ser*".

FORMAÇÃO DA INTERPRETAÇÃO NA MENTE DO ANALISTA

Preliminarmente, é indispensável estabelecer que a interpretação fundamentada no vínculo interacional também deve ficar definida por aquilo que ela *não é*. Assim, vale consignar que ela não deve ser influenciada, confundida ou superposta com os inconscientes (muitas vezes conscientes) propósitos do analista, de amizade, sedução, confissão, poder, apoio, moralização, catequese, aconselhamento, ser o subsituto de mãe ou pai, etc., etc.

Em sua essência, a interpretação é o resultado final de uma comunicação entre as mensagens, geralmente transferenciais, emitidas pelo analisando, e a repercussão contratransferencial (conceituada em um sentido genérico) que aquelas despertam no psicanalista, em três tempos: o de uma *acolhida*, seguida de *transformações* em sua mente e finalmente a *devolução*, sob a forma de formulações verbais.

Dizendo de forma mais pormenorizada, tudo isto se processa no seguimento destes sucessivos passos na mente do analista: uma *empática* disposição para uma *escuta polifônica*; uma capacidade para *conter* as necessidades, desejos, angústias e incógnitas nele depositadas; *paciência* para permitir uma ressonância por vezes muito turbulenta em seu próprio psiquismo, especialmente aquela que consiste em que o analista se confronte com a sua impotência e ignorância; esta última requer uma condição de "*capacidade negativa*" (termo com que

Bion designa uma necessária capacitação do terapeuta para suportar sentimentos negativos decorrentes do seu "não saber" o que está se passando transitoriamente na situação analítica); capacidade para exercer uma *função-alfa* (Bion) que o possibilite processar a descodificação das identificações projetivas do paciente e as respectivas contra-identificações, de modo a possibilitar a ativas *transformações* de entendimento e de significados, até que o psicanalista perceba que ele está em condições de dar um *nome* às experiências emocionais que estão sendo vividas e revividas; a partir daí, o terapeuta pode dar o passo final, que é o de *verbalizar* àquelas últimas, com uma formulação que seja coerente com o momento particular de cada situação analítica, com o seu *estilo* autêntico na forma de interpretar e com o propósito de promover a abertura de novos vértices de percepção e compreensão na mente do analisando, de forma a possibilitar-lhe uma *visão multifocal* dos mesmos fatos psíquicos.

Também é necessário levar em conta alguns outros fatores importantes. Um deles é o que se refere ao surgimento espontâneo da *intuição* do analista, a qual, como ensina a etimologia, consiste em uma espécie de "terceiro olho" ("*in*" (dentro) + "*tuere*" (olhar), em latim, significa "olhar para dentro") que, segundo Bion, é um elemento muito relevante na construção da interpretação, surgindo quando a mente do analista não está saturada pelo uso exclusivo dos seus órgãos dos sentidos (visão, audição...), nem pela sua memória ativa e tampouco pelos seus desejos e ânsia de compreensão imediata. Aliás, a favor do surgimento da intuição, Bion recomendava aos analistas para que estes deixem livre a sua imaginação, a fim de promover a sua "imagem-em-ação".

Um segundo fator a considerar em relação à formação da interpretação consiste no fato de que um clima positivo no vínculo psicanalítico (existência de uma aliança terapêutica, empatia, respeito, paciência, *holding*, etc.), independentemente se a situação psicanalítica estiver em transferência positiva ou negativa, costuma produzir o que venho preferindo denominar "*experiência emocional transformadora*", tanto porque ela define melhor a essência do processo analítico, como também para diferenciar da conhecida expressão "*experiência emocional corretiva*", de Alexander, pelo fato de que esta última persiste impregnada com um significado pedagógico e superegóico.

Pelo contrário, a inclusão do termo "transformadora" alude ao fato de que as transformações operadas no psiquismo do analisando, além das clássicas interpretações produtoras de *insights*, da abertura de novos vértices *afetivos* (sentir), *cognitivos* (conhecer) e *cogitativos* (pensar), também se devem ao fato de que o analista – através do seu modelo *real* de como ele pensa as experiências emocionais, enfrenta angústias, liga-se às verdades, enfim o seu modo autêntico de *ser* – está propiciando ao paciente a possibilidade de fazer algumas necessárias desidentificações e dessignificações e substituí-las por *neo-identificações e neossignificações*, assim como também promove novos modelos de funcionamento de capacidades de ego, no sentido – tal como Bion enfatiza – de como *enfrentar*, com dor, os velhos e novos problemas, no lugar de simplesmente *evadi-los*.

Também vale consignar que a interpretação não se forma única e exclusivamente a partir de uma situação definidamente transferencial; é claro que *há transferência em tudo, porém nem tudo é transferência a ser sistematicamente interpretada*. Assim, conforme a situação psicanalítica, muitas vezes a interpretação não deve enfatizar tanto a presença dos sentimentos transferenciais, mas, sim, o desenvolvimento da capacidade para pensar e comunicá-los ao analista. Ainda a propósito da inter-relação da interpretação com a transferência, e como um adiantamento das considerações que serão tecidas mais adiante acerca da possibilidade da patogenia das interpretações, creio ser de especial importância mencionar Fabio Herman (1995) que alude ao fato de que a interpretação pode formar-se a partir de uma "*pseudotransferência*". Nestes casos, afirma Herman, o uso sistemático das "interpretações" saturadas com a estereotipia dos significados selecionados pelo próprio analista – de acordo com a sua base escolástica – funcionam como sugestão e doutrinação. Em tais situações, prossegue esse autor, o paciente fica "enquadrado" pelas concepções do analista, e inconscientemente ele também seleciona o seu "material" para agradar e confirmar as teses do seu analista. Amparado pela confirmação do paciente, em um crescente círculo vicioso, o analista prossegue com convicção reforçada, embora se forme um clima de trabalho analítico de um recíproco tédio, sensação de análise monótona e enfadonha, outras vezes tumultuadas, porém vazias, e, sobretudo, com a ausência de verdadeiras transformações.

Um outro fator que exerce uma significativa diferença na formação da interpretação na mente do analista é o concernente ao referencial teórico-técnico da corrente psicanalítica no qual ele está respaldado. Este fato tem muito a ver com o critério de escolha do analista em relação a qual aspecto presente na situação psicanalítica merece a prioridade das interpretações, e qual o tipo de significado será transmitido ao paciente. Aliás, todos sabemos que entre tantas interpretações possíveis, em certos momentos é difícil saber qual delas é a mais exata ou, muito mais importante que isto, qual será a mais *eficaz*, tal como se observa comumente no curso de supervisões coletivas, nas quais abundam múltiplos e distintos vértices interpretativos.

Assim, os analistas mais ligados às raízes freudianas ficarão mais atentos à livre associação de idéias do paciente, buscando reconhecer a presença das pulsões, sobretudo as manifestações do *desejo*, intimamente ligadas às vivências edípicas, com o respectivo cortejo de ansiedades e defesas, sendo que a interpretação consistirá em trazê-las do inconsciente para o consciente. Aqueles que são seguidores mais fiéis dos postulados kleinianos privilegiarão as relações objetais internas, com o inevitável acompanhamento das fantasias inconscientes, ansiedades de aniquilamento decorrentes da pulsão de morte, defesas primitivas, com as conseqüentes culpas e necessidade de reparação. Até certa época, as interpretações dos analistas kleinianos deveriam ser sempre formuladas no "aqui-agora-comigo" transferencial e costumavam privilegiar os aspectos sádico-destrutivos, ser dirigidas a objetos parciais e órgãos anatômicos, como uma tentativa de contatuar com as arcaicas experiências emocionais.

Vale consignar que nas últimas décadas os principais autores kleinianos vêm gradativamente modificando a sua técnica interpretativa, em diversos aspectos. Para dar um único exemplo, vale citar Rosenfeld, cujos primeiros trabalhos importantes com pacientes psicóticos revelam o quanto ele nitidamente centrava as suas interpretações na presença da "inveja primária" e os acompanhantes de ódio destrutivo e controle onipotente. Esse mesmo autor, da mesma forma como sucedeu com outros pós-kleinianos importantes, como Bion por exemplo, modificou a sua posição em relação à inveja primária, tal como aparece em seu último e póstumo livro *Impasse e interpretação* (1988), na qual Rosenfeld deixa claro que a *"interpretação da inveja deve se dirigir às defesas contra ela (narcisísticas, maníacas ou melancólicas) e às conseqüências dela (dor, vergonha, humilhação e culpa)...A interpretação não deve, pois, enfatizar a inveja propriamente dita, repetidamente, mas sim as conseqüências que inibem a capacidade de amar. A inveja propriamente dita somente diminui quando o paciente sente-se aceito, respeitado e sabe que tem um espaço para pensar, contestar e crescer"*.

Da mesma forma, não fora a natural limitação do espaço deste capítulo, seria interessante traçar um quadro comparativo relativo aos critérios de escolha de conteúdos, formas e finalidades das interpretações, por parte dos seguidores das principais correntes psicanalíticas vigentes, respectivamente lideradas pelos grandes pensadores da psicanálise que foram Freud, M. Klein, psicólogos do ego desde Hartmann até M. Mahler, Kohut, Lacan, Winnicott e Bion.

Uma vez formada a interpretação na mente do analista surgem inúmeras outras questões como aquelas que forma interrogadas no início deste capítuloe que fundamentalmente dizem respeito à sua função de comunicação vinculadora com o paciente

ALGUNS QUESTIONAMENTOS RELATIVOS À INTERPRETAÇÃO

Muitos aspectos relativos à arte de interpretar continuam sendo polêmicos entre os psicanalistas, valendo a pena abordar mais detidamente alguns deles, sendo que, sempre que possível, emitirei a minha posição pessoal em relação aos mesmos.

Interpretação "Superficial" e "Profunda"

Comumente existe, por parte dos psicanalistas, um certo juízo pejorativo ao que se denomina "interpretação superficial" e, inversamente, uma respeitosa adimiração pela "profunda". Em meu modo de entender, esta última não deve ser medida unicamente pelo grau de profundidade das evolutivas camadas primitivas da mente que a interpretação pretendeu atingir; antes disso, creio que o critério deve ser o de se ela conseguiu, ou não, ir *"pro fundo"* das necessidades e ansiedades emergentes no paciente em um dado momento da situação psicanalítica. Visto por este vértice resulta ser interessante o fato de que as interpretações realmente "profundas" são as "superficiais", no sentido de que elas entram em um contato com o que está palpitando na superfície emocional do paciente.

Dentro desse contexto, confesso que não consigo entender por que ainda na atualidade muitos autores, e muitos psicanalistas de larga experiência, continuam se questionado se é válido interpretar na transferência, desde as primeiras sessões. Particularmente, interpreto, inclusive nas sessões preliminares de avaliação, desde que a interpretação seja de natureza "compreensiva" (que é muito diferente de uma "disruptiva", por exemplo, como explicitarei mais adiante), ou seja, que ela tenha o dom de fazer com que o paciente sinta-se profundamente entendido, assim aliviando as suas fortes ansiedades iniciais e promovendo a semeadura de uma necessária aliança terapêutica.

Um exemplo banal disto: na entrevista inicial de avaliação, uma senhora deprimida que buscava tratamento analítico, enquanto relatava os seus principais motivos, repisava com freqüência o quanto ela "tem procurado por pessoas que sejam amigas de verdade, porém que mais cedo ou mais tarde ela tem sido enganada por todos, que se fazem de bonzinhos mas que sempre a abandonam depois de a explorarem". Eu pergunto se algum de nós contesta que essa paciente está "pedindo", embora de forma inconsciente, para ser compreendida (e interpretada) quanto à sua expectativa de que ela encontre no analista uma pessoa verdadeiramente amiga e prestimosa, ao mesmo tempo em que ela está muito assustada e angustiada diante da perspectiva de que venha a sofrer um novo fracasso afetivo, isto é, que esta pessoa nova – o analista – "mais cedo ou tarde" venha a decepcioná-la, explorando o seu dinheiro, valores e esperanças para depois abandoná-la?. Exemplos asim são diuturnos e infinitos.

O importante é não confundir interpretação "superficial" com "supérflua", esta última significada com o sentido de inócua, estereotipada ou tautológica, isto é, o terapeuta repetir a mesma coisa que o paciente disse, embora o faça com outras palavras.

Conteúdo ou Defesas?

Um outro questionamento correlato ao anterior é se as intereprtações devem ser dirigidas prioritariamente ao conteúdo (pulsões, fantasias inconscientes,etc) ou às defesas (que constituem as diversas modalidades resistenciais). Igualmente, até uma certa época pioneira, os psicanalistas discutiam se as interpretações deveriam obedecer a uma ordem seqüencial, camada por camada, da superfície para a profundidade, como postulava Reich (1934), em uma equivocada crença de que a história do processo analítico reproduziria linearmente os passos da história do analisando.

Não me parece que restem dúvidas entre os psicanalistas da atualidade em relação a tais aspectos e a outros equivalentes, porquanto prevalece um consenso geral de que tudo ocorre simultaneamente e que tanto mais eficaz será uma interpretação quanto mais espontânea ela for, sendo que o nível, grau e a oportunidade dela serão ditadas pelo *sensibilômetro* do analista para cada situação analítica em particular.

Via *"Di Porre"* ou *"Di Levare"*?

Não custa lembrar que Freud (1905) mencionando Leonardo da Vinci afirmou que uma interpretação, tal como acontece na criação das obras de arte, pode agir tanto com o analista *pondo* algo dentro do paciente (como faz o pintor diante de sua tela: é a via *di porre*) ou retirando os excessos (como na escultura: é a via *"di levare"*) do que resulta o afloramento de algo que já preexistia em um estado de encarceramento à espera de uma libertação (um notável exeemplo disto é a série de esboços de esculturas de Michelangelo, que compõem o conjuncto *"Os Escravos"* que podem ser vistos no museu Uffizi, em Florença). A tendência atual dos psicanalistas é dar uma valorização muito superior à via *di levare*, com o que eu concordo, desde que fique claro que que nem sempre "pôr algo" é o mesmo que sugestionabilidade ativa ou alguma forma de *im-posição* na mente do paciente, sendo que em inúmeras situações, especialmente com pacientes muito regressivos, torna-se indispensável que o analista ponha (ou *re-ponha*) no psiquismo do paciente algo que preencha os seus vazios existenciais, da mesma forma vindo suplementar funções do ego que não foram suficientemente desenvolvidas na infância do paciente. A propósito da sugestionabilidade acima referida, não é possível ignorar o fato de que por mais que o analista cumpra a regra da abstinência, quer ele queira ou não, sempre o seu discurso veicula algum tipo de sua ideologia particular.

Vale a Inclusão de Parâmetros?

Esta questão alude à polêmica entre muitos autores quanto à validade, ou não, de que indo além das interpretações clássicas, o analista também permita a inclusão de alguns *parâmetros* (na conceituação psicanalítica empregada por Eissler, 1953), como é o caso de ele responder diretamente a certas perguntas do analisando, prestar algumas informações (por exemplo, indicar nomes de médicos, advogados, etc), fazer algumas modificações do enquadre e, principalmente, trabalhar com a extratransferência, com a inclusão de outras pessoas no contexto da interpretação.

Pessoalmente, mantenho a coerência com as mesmas posições anteriores, isto é, não vejo inconveniente nenhum desta prática, desde que o terapeuta esteja bem seguro da preservação do seu *lugar* e *papel* de psicanalista e consiga, portanto, discriminar a possibilidade que os parâmetros estejam patogenicamente a serviço de atuações e contra-atuações.

Interpretar Sistematicamente no "Aqui-Agora-Comigo"?

Esta é uma questão altamente controvertida entre os psicanalistas, e pela sua importância, mais adiante, no subtítulo "Interpretação e Transferência", farei considerações mais amplas e explícitas. Por ora, quero registrar a instigante afirmativa de H. Segal, durante a sua estada em Buenos Aires, em 1958, tal como é mencionado por Etchgoyen (1987): "...*ela combateu esta postura interpretativa e teria afirmado que a insistência em interpretar exclusivamente em termos da situação transferencial o que faz no fim das contas é satisfazer o narcisismo do analista e criar uma situação de megalomania, onde o analista é tudo para o paciente, quando na realidade ele está simplesmente refletindo um objeto que vem do passado*". Descontando o exagero contido nesta afirmativa, porquanto essa "postura interpretativa" pode estar refletindo nada mais do que uma fidelidade do analista à sua formação oficial, concordo integralmente com A. Green (1995, p. 150) que afirma o fato de que o uso exclusivo desse tipo de interpretação sistemática torna a análise um processo "*terrivelmente empobrecedor*".

Assim, como tantos outros, também sou convicto de que "*uma análise sem interpretações não é uma análise e ela não pode progredir, no entanto uma análise feita feita exclusivamente com interpretações tampouco é concebível*". Indo além, não resta dúvidas quanto ao fato de que, embora haja transferência em tudo, nem tudo na análise é transferência e que, muitas vezes, o psicanalista deve dispender um largo período de tempo no processo analítico **construindo** uma "neurose de transferência", a partir de uma abordagem extratransferencial.

Interpretação ou Atividade Interpretativa?

Creio ser útil estabelecer uma diferença entre "interpretação propriamente dita" e "atividade interpretativa" (capítulo 37). A primeira consiste no tipo de interpretação clássica que se destina a tornar consciente o conflito inconsciente, com as respectivas pulsões, ansiedades e defesas, que estão sendo reproduzidas transferencialmente no campo analítico.

Atividade interpretativa, por sua vez, designa a utilização, por parte do analista, de outros recursos, como é o emprego de interpretações extratransferenciais, a valorização da realidade exterior do paciente, o assinalamento de contrastes e paradoxos, o clareamento daquilo que o analisando expressa de um modo confuso ou ambíguo, a valorização das distintas formas de linguagem não-verbal e, sobretudo, a utilização de confrontos e de perguntas indagatórias que promovam a abertura de novos vértices e que instiguem o paciente ao exercício da capacidade para *pensar*, sob a forma dele estabelecer correlações e fazer reflexões. Estes aspectos talvez fiquem mais claros quando abordarmos, mais adiante, o tópico referente a como agem as interpretações.

Tem Relevância a "Pessoa Real" do Psicanalista?

Este é um outro ponto altamente controvertido entre distintos autores. Particularmente, filio-me entre aqueles que encaram o fato de que a análise contemporânea valoriza sobretudo a concepção de que ela é um *campo analítico* (tal como foi descrito pelo casal Baranger, 1961) e, como tal, implica em uma permanente interação de *Vincularidade* entre analista e analisando; portanto, o papel do psicanalista deixou de ser unicamente o de um privilegiado observador, mas, sim, ele é um ativo participante, além de um agente de modificações do referido campo analítico.

Dentro dessa linha de concepção, admite-se que o próprio aporte de "material" por parte do paciente, assim como as suas manifestações resistenciais e transferenciais, podem estar sendo fortemente induzidos pela influência da ideologia do analista, pela sua realidade psíquica e pela maneira real dele *ser*, de tal sorte que teremos que concluir que a pessoa do analista não pode ficar reduzido unicamente à condição de um representante do mundo dos objetos internos do analisando. Acredito que um exemplo simples dessa influência do analista no curso da análise pode estar contido nestas perguntas: "Quais são os critérios de normalidade ou de patologia adotados pelo analista em relação aos seus pacientes"? ou ainda: "Qual o critério de cura que ele tem em mente, e este coincide com o de seu analisando?...

Assim, acredito que uma bem-colocada pergunta do analista pode funcionar como uma interpretação, enquanto, em contrapartida, uma clássica interpretação formal, especialmente quando formulada em um automático transferencialismo, ou com um ranço tautológico (repetição daquilo que o paciente já dissera com as suas próprias palavras) ou, ainda, como um sistemático reducionismo às suas premissas teórico-técnicas podem ter como resultado não mais do que uma intelectualização, doutrinação ou outras formas igualmente estéreis do ponto de vista de promoção de mudanças psicanalíticas.

Indo mais longe, acredito firmemente que a atividade interpretativa do analista também deve suplementar uma função que muitos pacientes, particularmente aqueles que são muito regressivos, não excercem porque nunca a desenvolveram ou porque a mesma ficou estagnada e bloqueada no curso de suas etapas evolutivas. Refiro-me à *função-alfa*, termo com que Bion designa aquela imprescindível função da mãe (ou do terapeuta na situação psicanalítica) de emprestar as suas funções de ego – como a de perceber, conhecer, pensar, discriminar, significar, nomear, etc, – durante algum tempo, até que a criança (ou o paciente) tenha condições de utilizá-las de forma autônoma. No processo analítico o desenvolvimento dessas capacidades egóicas não depende unicamente das interpretações, porquanto, de uma forma insensível, a aquisição delas também pode acontecer como decorrência de uma *identificação* com as de seu analista, com o modo autêntico de como ele as utiliza no curso das diferentes e múltiplas experiências emocionais da análise.

Importa o *Estilo* Pessoal do Psicanalista?

Como consideração inicial é útil lembrar a frase de Buffon de que *"o estilo é o homem"*, o que nos dá uma medida da importância desse aspecto. Igualmente vale consignar que cada analista deve manter-se fiel ao seu estilo peculiar, que varia de um para outro: algum de nós será mais silencioso, outro mais loquaz; um será curto e seco nas suas formulações, enquanto um outro será espirituoso e talvez empregue figuras de metáforas; e assim por diante, em um número de combinações quase infinitas.

O que importa é o fato de que a técnica é que deve manter inalterada nos seus princípios básicos, independentemente da variação dos estilos. Aliás, entendo ser perfeitamente válido que a formulação das interpretações seja temperada com imagens metafóricas, uma vez que, como asseverou Freud, *"o pensar em imagens está muito mais perto dos processos inconscientes do que pensar em palavras, já que o pensamento em imagens é mais antigo e essencial na infância"*.

No entanto, não custa alertar que determinados *estilos interpretativos* podem exercer um efeito nocivo ao livre curso do processo analítico, e se constituírem em erros técnicos, podendo inclusive exercer um resultado patogênico. Dentre estes últimos, cabe registrar aqueles estilos de natureza **superegóica** (as interpretações, disfarçadamente, estão sempre veiculando acusações, cobranças e expectativas a serem cumpridas); **pedagógica** (às vezes, elas constituem-se como verdadeiras "aulinhas"); **doutrinária** (pelo uso de uma retórica – que é a arte de convencer aos outros – e com um possível vício de o analista querer "confirmar" ou "demonstrar" que a sua interpretação é correta); **deslumbradora** (de ocorrência frequente nas formulações de analistas excessivamente narcisistas e que estão mais interessados em brilhar com um *"bien-dire"* do que propriamente num *"dire-vrai"*, com um provável risco de o analista **des-lumbrar** (tirar a luz) de seu paciente.

Dentre tantos outros mais estilos prejudiciais, vale destacar aquele que costumo denominar **ping-pong**, pelo fato de que o analista mantém com o seu analisando um bate-rebate, de tal sorte que não se formam espaços para silêncios, os quais são necessários, entre outras razões para que o psicanalista exerça a sua função de *continente* e igualmente para que o paciente exerça a indispensável função de *pensar* as suas impressões, sensações e experiências emocionais, muito particularmente aquelas que foram suscitadas pelas intervenções do analista. Igualmente pode esterilizar a eficácia de uma interpretação o estilo "**além disso...**" que muitos analistas empregam após terem formulado adequadamente a interpretação essencial, de modo a prosseguirem acrescentando mais e mais aspectos que acabam diluindo àquela que já era suficiente. É claro que muitos outros prejudiciais estilos de interpretar poderiam ser acrescentados.

Quais São os Elementos Essenciais de uma Interpretação. Como Elas Agem?

De forma sumarizada pode-se dizer que cinco são os elementos essenciais de uma interpretação, sendo que de alguma forma eles estão sempre presentes e vinculados entre si. São eles: 1) *Conteúdo.* 2) *Forma.* 3) *Oportunidade.* 4) *Finalidade.* 5) *Destino* das interpretações na mente do analisando.

Em relação ao *Conteúdo*, já frisamos antes, o importante é que ele seja fruto de sucessivas *transformações* que as mensagens verbais e pré-verbais vão produzindo na mente do analista até que ele encontre a nomeação necessária. Não custa enfatizar o fato de que o conteúdo que ele seleciona para a sua interpretação, dentre de tantas outras possibilidades, está intimamente conectada com o seu tipo de *escuta* daquilo que o paciente está emitindo e que provoca ressonâncias em sua realidade psíquica. Esta afirmativa deve ser complementada com a interessante postulação da psicanalista francesa H. Fainberg (1995) quanto à importância, por parte do analista, de como ele *escuta a escuta* (do analisando).

A *Forma* de como o conteúdo será formulado é de uma importância extraordinária, muito particularmente com pacientes bastante regredidos e cuja atenção está muito mais voltada a mínimos detalhes provindos do analista (de molde a querer saber se pode confiar nele, já que não confia em seus objetos internos) do que propriamente interessado naquilo que lhe está sendo dito. Uma analogia que me parece válida é a de comparar esta situação com a de uma mãe que está amamentando o seu bebê, sendo que tão importante como o leite-alimento é a forma de como ela o segura, embala, olha...

Ainda em relação à forma de o analista interpretar, é imprescindível enfatizar a importância da *voz*, com as respectivas tonalidades e modulações vocais, sendo que alguns autores chegam a considerar a voz do analista como uma espécie de *objeto transicional* entre aquele que fala e aquele que ouve, quando ambos estão em um vínculo de unidade diádica. Da mesma maneira, vale lembrar que as considerações tecidas a respeito do estilo interpretativo fazem parte inerente do que estamos particularizando como a forma de interpretar. Em resumo, ocorre-me aventar que a *forma,* por si só, pode funcionar como sendo uma interpretação.

A *Oportunidade* do ato interpretativo consiste naquilo que todos aprendemos como sendo o *timing*, o qual deve ser derivado de um estado mental do analista que venho chamando de *bússola empática,* que, se estiver sintonizada com o estado mental do analisando, constitui-se talvez no elemento mais importante relativo ao fato de que nem sempre uma interpretação *correta* é *eficaz,* e vice-versa.

Em relação aos outros dois itens, a *finalidade* e o *destino* das interpretações, pela sua relevância e pelo fato de que nem sempre, parece-me, a literatura dá o necessário destaque, justificam a abertura de subtítulos específicos.

FINALIDADES DA ATIVIDADE INTERPRETATIVA

Creio que todos os analistas concordam com o fato de que na atualidade não basta dizer "então eu *interpretei* que..." porquanto falta sabermos *para quem* foi dirigida a interpretação, ou seja, para qual personagem que habita o interior do paciente e que nesse momento está falando por ele e de dentro dele (pai, mãe? E se for um desses, trata-se do lado amigo ou o tirano deste pai ou mãe? etc, etc). Igualmente cabe perguntar para qual "parte" do psiquismo do analisando ela pretende atingir (a "parte psicótica da personalidade" ?, a "não-psicótica"; o "falso *self*"?; a forma de utilização das funções egóicas? Quem sabe, a interpretação visa denunciar um conluio perverso entre distintas e contraditórias partes que coabitam no *self* do paciente e que inconscientemente ele está tentando reproduzir com a pessoa do analista? E assim por diante.

Mais importante que isto: com qual propósito o psicanalista está emitindo a sua interpretação? Desde logo, deve ficar claro que conforme for um dado momento da situação e do processo analítico, deverá variar a finalidade da atividade interpretativa, sendo que, em um esquematismo didático, acredito que podemos discriminar a seis tipos de interpretação, seguindo o critério de sua finalidade: 1) *Compreensiva.* 2) *Integradora.* 3) *Disruptora.* 4) *Instigadora.* 5) *Nomeadora.* 6) *Reconstrutora.*

1. Interpretação *compreensiva* alude àquela que pode e deve ser formulada desde as entrevistas preliminares (e também, naturalmente, no curso de toda análise), porquanto a sua finalidade maior é a de fazer com que o paciente sinta que as suas angústias e necessidades estão sendo *com-preendidas* e contidas e por conseguinte, ela ajuda a construir uma necessária *aliança terapêutica* e um empático clima de trabalho. Atrás, neste capítulo, foi referido um trivial exemplo disto (a sessão de avaliação de uma paciente deprimida).

2. Interpretação *integradora*, como o nome diz, tem a finalidade de promover a integração das partes do *self* do paciente que estão dissociadas e projetadas, tanto *fora* dele, sob a forma de múltiplas identificações projetivas, como também *dentro* dele mesmo. Nesta última hipótese, é de especial importância, conforme postula Bion, que o analista "apresente" o analisando a uma "parte" dele próprio que ele conscientemente desconhece, mas que pode estar funcionando ativa e intensamente, como seria o caso de sua "parte psicótica da personalidade" (Bion), ou a do seu "falso *self*" (Winnicott), ou a de um "conluio perverso" (Steiner) etc, etc. Essa forma de interpretação integradora promove o ingresso na *posição depressiva*, além de também facilitar que o paciente resgate valores, capacidades e identificações que estão atrofiadas e esvaziadas.

3. Com o nome de Interpretação *instigadora* quero referir-me àquelas intervenções do analista que, sem serem interpretações propriamente ditas, exercem, contudo uma importante função interpretativa, porquanto elas vão instigar que o analisando abra novos vértices de percepção, conhecimento e reflexões sobre as suas atuais e antigas experiências emocionais, de modo a estimulá-lo (e educá-lo) a *pensar* e assim fazê-lo assumir o seu quinhão de responsabilidade em relação à elas. Não custa lembrar que na psicanálise contemporânea, tanto quanto o clássico propósito de "tornar consciente o conflito inconsciente" desde Bion, é igualmente fundamental o exercício e desenvolvimento da *capacidade para pensar* as vivências emocionais, de modo a extrair uma *aprendizagem com essas experiências*

4. A interpretação *disruptora* – termo que tomo emprestado de M. Baranger (1992) – e que Bollas (1992), de forma equivalente, denomina como *desconstrutiva* – consiste no ato de o analista tornar egodistônico aquilo que, embora seja doentio, está integrado na estrutura psíquica do paciente de uma maneira egossintônica. Um primeiro exemplo que me ocorre a respeito disto é o que se refere às ilusões narcisistas de muitos pacientes, as quais devem ser desfeitas para permitir a passagem do registro imaginário para o simbólico. Talvez não exista experiência analítica mais dolorosa do que aquela que, por via das interpretações disruptivas, levem o analisando a reconhecer que, de fato, ele nunca foi aquilo que ele acreditava ser, imaginava que os outros pensavam dele e que, muito provavelmente, nunca virá a ser. Nesses casos, será unicamente por meio da penosa elaboração desta *des-ilusão das ilusões narcisísticas*, que será possível uma mudança (comumente com as características que Bion descreveu com a denominação de *Mudança catastrófica*) que possibiltará ao paciente avançar para um projeto de vida voltado para um verdadeiro *"vir a ser"*.

5. *A* interpretação *nomeadora*, tal como o termo designa, alude à importantíssima função de que o psicanalista, mercê do exercício de sua *função-alfa*, acolha as cargas projetivas do seu paciente, pense nelas, descodifique, transforme, signifique e fialmente dê-lhes um *nome*. Conquanto este aspecto da interpretação seja essencial em qualquer análise, não resta dúvida que ela é prioritária e vital para pacientes que sejam altamente regressivos, e cuja angústia manifesta-se pela forma que Bion descreve como *terror sem nome*, justamente pelo fato, creio eu, de que os primeiros registros de aniquilamento foram impressos no ego como "representação-coisa" e não atingiram o nível de "representação-palavra", segundo a conhecida terminologia de Freud. Este último aspecto é particularmente significativo nas situações analíticas em que o analista insiste exageradamente para que o paciente verbalize a angústia que diz estar sentindo, enquanto este, com toda razão, também insiste que não encontra as palavras (daí "Terror *sem* nome) para expressá-las, e não raramente nestas condições, o vínculo analítico descamba para um clima polêmico.

6. A interpretação *reconstrutora* designa o fato de que o analista efetiva como que uma "costura" entre as experiências emocionais *atuais* que estão sendo vividas e ressignificadas na análise e aquelas experiências análogas do passado, tal como elas foram distorcidas pelas fantasias inconscientes e pelos significados que foram imputados pelos pais, educadores e cultura vigente. Penso ser útil acompanhar aqueles autores que se referem ao conceito de "construção", de Freud, para designar a função construtiva das interpretações durante o curso da sessão, enquanto "reconstrução" fica reservada para significar as modificações ocorridas ao longo do processo analítico e que permitem *re-construir* o histórico genético-dinâmico evolutivo do analisando, ao mesmo tempo que a recomposição dos nexos históricos que estavam dissociados entre si, vão lhe propiciar uma "continuidade existencial", componente importante do senso de identidade.

DESTINO DA INTERPRETAÇÃO NA MENTE DO ANALISTA

Um dos riscos de que uma interpretação resulte *ineficaz* (é diferente de *incorreta*) é que ela incida unicamente sobre o que o paciente *fala* e, não sobre o que ele *diz, faz* e, sobretudo, sobre *quem* realmente ele é, assim contribuindo para que ele permaneça oculto sob as várias formas resistenciais manifestamente imperceptíveis. Da mesma forma a interpretação resultará estéril se ela não vier acompanhada por uma legítima "*atitude psicanalítica interna*" do terapeuta, isto é, se não houver uma plena sintonia entre o que ele diz e o que, de fato, sente, faz e é!.. Assim, por exemplo, não adianta assinalar corretamente os aspectos obsessivos do paciente se o analista estiver agindo e interpretando de forma exageradamente obsessiva, etc., assim como não basta ele falar *de* amor, se não o fizer *com* amor.

O que estou pretendendo destacar é a importância na situação analítica do *estado mental* não só do analisando, mas também do analista, sendo que ambas as possibilidades podem desfigurar, esvaziar e esterilizar totalmente a eficácia interpretativa, por mais exatas que as interpretações estejam sendo do ponto de vista de entendimento daquilo que está se passando com o paciente. Assim, pode acontecer que as interpretações resultem infrutíferas, no caso de o analista se manter formulando em um nível de pensamento simbólico, enquanto o estado mental do paciente estiver, por exemplo, em um nível de "equação simbólica", ou dominado pela sua "parte psicótica da personalidade", em cujo caso haverá predominância obstrutiva de onipotência, onisciência, prepotência, alucinose, excessivas identificações projetivas, evitação das verdades substituindo-as pelas diversas formas de negação, falsificações e mentiras, etc.

No presente capítulo, vamos nos limitar à participação do analisando no processo de esterilização das interpretações, o qual, de forma inconsciente, está a serviço da mais séria forma resistencial, que é a *resistência às mudanças verdadeiras*. É claro que este processo obstrutivo pode acontecer episódica e periodicamente em qualquer análise de evolução exitosa, no entanto em muitos analisandos ela pode adquirir uma rígida estruturação permanente, como é no caso daqueles que são portadores de uma forte organização narcisística patológica. Um exemplo disto é o fenômeno de *reversão da perspectiva*, tal como Bion o conceituou, e que consiste no fato de que o analisando nestas condições de couraça narcisista costuma concordar manifestamente com as colocações do seu analista, enquanto latentemente ele as desvitaliza, revertendo-as às suas próprias premissas de crenças e valores. Um outro exemplo pode ser o de um paciente em estado regressivo-simbiótico-parasitário que acredita na ilusão de que uma interpretação correta do seu analista seja suficiente para aliviar o seu sofrimento ou fazê-lo crescer e não que a interpretação visa mais do que a tudo fazer com que ele *ativamente* estabeleça correlações e interconexões dentro dele mesmo e que assuma o seu quinhão de responsabilidades e eventuais culpas, ou seja, que ingresse nas dores da *posição depressiva*. Nesses casos, é comum que tal paciente proceda a uma dissociação da interpretação: aceita a parte que lhe traz alívio e desvitaliza a que o faria sofrer.

Uma outra forma de dar um destino inócuo às interpretações é aquela que foi descrita por Bion com o nome de *ataque aos vínculos*, sendo que esses vínculos atacados tanto são os intra-subjetivos (por exemplo, os que ligam um pensamento a outro pensamento, ou a um sentimento,etc., etc.) como também eles podem ser intersubjetivos, em cujo caso o paciente inconscientemente age no sentido de impedir a capacidade perceptiva do seu analista. Esta última forma de ataque aos vínculos pode resultar de uma maciça invasão de identificações projetivas na mente do terapeuta, de modo a provocar-lhe fortes e bloqueadores efeitos contratransferenciais de confusão, irritação, tédio, impotência, paralisia, etc.

É útil esclarecer que a indução deste dificílimo estado contratransferencial provém da "parte psicótica da personalidade" do analisando e tanto pode funcionar como uma importante forma de comunicação de sentimentos primitivos e inominados (quando predomina a pulsão de vida) como também pode estar a serviço de uma obstrução destrutiva, por vezes definitiva e irreversível, quando houver uma acentuada predominância de um arrogante triunfo narcisista aliado à pulsão de morte.

Da mesma maneira, em situações analíticas mais corriqueiras, todos conhecemos bem o quanto determinadas organizações caracterológicas podem desviar a finalidade da interpretação para outro fim, que não o da aquisição de um *insight* afetivo. Assim, há uma forte possibilidade de que analisandos de forte predominância obsessiva utilizem as interpretações como um modo de reforçar o seu arsenal defensivo; ou de os fóbicos se relacionarem com elas de maneira evasiva e evitativa; pacientes negativistas que desqualificam todas as interpretações do analista, muitas vezes com um propósito inicial de uma diferenciação estruturante de sua individuação, a exemplo da criança que ensaia o exercício do "não", ou do adolescente que se posiciona contra tudo que vem dos seus pais; de forma análoga, pacientes paranóides e masoquistas emprestarem, sistematicamente, uma significação superegóica que faz substituir a aquisição de *insight* por uma atitude defensiva contra o que ele julga estar sendo acusações ou cobranças por parte do seu analista e assim por diante.

Esta última possibilidade deve levar em conta a hipótese – nada rara – de que, subjacente à interpretação formal, o analista esteja realmente cobrando, acusando ou exigindo do paciente, tal como foi explicitado antes, no tópico referente a uma possível patogenia do *estilo* de o analista formular as suas interpretações.

Ainda vale destacar uma outra forma comum, embora pouco referida, de o paciente anular o seu penoso confronto com interpretações mudancistas, e que consiste no fato de que ele expõe as suas crenças (geralmente de natureza narcisística, embora disfarçadas por uma auréola de vítima da incompreensão e inveja dos outros) de uma forma bastante convincente e categórica, com o propósito inconsciente de forçar efeitos no analista para que este concorde com as suas teses, assim conseguindo não só um importante aliado, mas, também, impede o aporte das antíteses ressignificadoras que estariam contidas no processo dialético do ato interpretativo do terapeuta.

Aprendemos com Freud (1937) que a simples concordância do paciente com a interpretação não é válida como critério de êxito, e vice-versa. Penso ser útil repisar que a adequação da interpretação deve ser medida não tanto pelos critérios se ela foi dinâmicamente correta, mas sim pela sua capacidade de promover auto-indagações, reflexões, ressignificações, reconhecimento do desempenho de *papéis* e, seguindo a Bion, a passagem de um estado mental a outro (*cesura*) acompanhado de uma difícil condição psíquica (*mudança catastrófica*), como um indispensável trânsito para um *crescimento mental* (Bion prefere esta expressão no lugar de "cura"), consubstanciada no desenvolvimento da *função psicanalítica da personalidade*.

Ainda com relação ao destino que a interpretação toma dentro da mente do paciente, convém acrescentar mais dois aspectos: 1) É aquele que Racker (1959, p. 92) assinala como sendo a fantasia inconsciente que está determinado o tipo de relação que se estabelece entre a interpretação que o analista está "dando" (como é o leite da mãe para a criancinha) e como o paciente a recebe (da mesma forma como o lactente; que tanto pode sugar o alimento com prazer, ou com voracidade, ou com um negativismo, cerrando a boca, vomitando, evacuando com diarréia, etc. 2) De forma análoga, Bion (1957) destaca que o seio nutridor da mãe (ou do analista) mais do que um órgão anatômico, deve ser considerado, nas fantasias da criança (ou do paciente, na situação analítica) pelo viés de suas funções fisiológicas (por exemplo, o leite materno nutre ou envenena?)

INTERPRETAÇÃO E TRANSFERÊNCIA

Conquanto algumas considerações já foram antes mencionadas sobre este importante tema, aqui cabe ressaltar a importância de diferenciarmos a ineterpretação *da* transferência quando formulada *na* (dentro da) situação transferencial, daquela outra que podemos chamar de "transferencialismo reducionista". A última expressão designa aquela atitude estereotipada do analista – ainda bastante freqüente – de reduzir tudo o que ele ouve de seu paciente a um sistemático "isto é aqui-agora-comigo-como lá e então" a ponto de representar um sério risco de que as interpretações se transformem em chavões frios e mecânicos, em pouco tempo detectadas pelo analisando, e esta condição pode lhe conferir um controle sobre o seu analista, com a possibilidade de induzir este a interpretá-lo mal ou a formular as interpretações justamente com o conteúdo que ele, paciente, *quer* ouvir e, antecipadamente já conhece. Além disso, em pacientes mais regressivos este tipo de interpretação pode reforçar a fantasia de uma díade simbiótica entre ambos e assim dificultar a necessária passagem pelas etapas de *diferenciação-separação-individuação*.

Um outro inconveniente do "transferencialismo" decorre do fato de que para muitos pacientes convêm que o analista seja um objeto unicamente transferencial porquanto isto evita ter de experimentá-lo como um objeto novo e imprevisível, daí podendo resultar uma alta possibilidade de uma análise enfadonha e estéril.

Sumarizando: além do fato de conceder um controle ao paciente, os outros possíveis inconvenientes de um automático transferencialismo reducionista ao "aqui-agora..." dizem respeito à artificialização do processo analítico (muitas vezes o analista insiste no "aqui...", enquanto o paciente ainda nem "está aí") o fato de que este clichê define e encerra o *insight*, assim dificultando a abertura de novos vértices e inibindo o pensar, além de que diminui a importância da realidade exterior e exclui os assinalamentos extra-transferenciais; reforça a condição do analista de *sujeito-suposto-saber* (terminologia de Lacan).

Penso que um bom exemplo desse reducionismo empobrecedor pode ser observado na utilização muitas vezes abusiva da "interpretação" daquilo que conhecemos como "angústia de separação", a qual obviamente existe de forma corrente nas situações psicanalíticas e necessita ser devidamente reconhecida e interpretada. Antes, estou me referindo àquelas situações nas quais não poucos analistas interpretam mecânicamente quase tudo que escutam dos pacientes como sendo manifestações da falta que estes sentiram dele (se forem as primeiras sessões da semana) ou como uma angústia antecipatória devido à separação que se avizinha (se forem as últimas sessões, ou se for véspera de feriados; no caso de férias, então...).

Reconheço que utilizei um tom algo jocoso, mas isto não deve diminuir a importância do fato que muias vezes o analista que assim procede sistematicamente pode estar desqualificando a condição adulta de seu paciente, que não só pode viver muito bem longe dele (no caso de predominar uma recíproca confiabilidade na relação analítica), como ainda representa uma separação inevitável, necessária e estruturante. Por conseguinte, não adianta interpretar a "angústia de separação" de uma forma genérica e estereotipada, pelas razões de que: essa angústia tem muitas formas e significados, sendo que muito mais importante que a concreta separação por si mesma, é a possível *significação* que a mesma gera na realidade psíquica do analisando e que necessita ser analisada; em segundo lugar porque o analista fica insistindo que o analisando "não quer reconhecer que ficou angustiado com a falta que ele sentiu dele, analista", quando, na realidade, esse hipotético paciente não sentiu mesmo nada disto, pela simples razão de que é justamente contra tais sentimentos que ele está se defendendo e erigiu a sua couraça defensiva além de que também não devemos descartar a possibilidade antes mencionada de que, de fato, o analisando consegue funcionar muito bem com o seu lado seguro e autônomo.

O que estamos querendo enfatizar – à guisa de conclusão – é que não cabe mais na psicanálise contemporânea a interpretação pura e simples daquilo que o "material verbal" aportado pelo paciente sugere para o entendimento e devolução por parte do analista, tampouco se justificando o uso *pasteurizado* de "interpretações-clichês" (como a da "angústia com a separação do fim de semana", nas condições em que foram exemplificada) aplicadas; antes, é necessário observar e interpretar de forma prioritária, como é e como funciona o estado mental do psiquismo do analisando durante o ato interpretativo, como ele se liga às interpretações e de como ele influencia o estado mental com que o psicanalista exerce a sua atividade compreensiva e interpretativa.

Muitas vezes, com pacientes em alto grau de regressividade, que não apresenta condições de processar a significação simbólica das interpretações, ou que por outras razões as ignoram, é indispensável que mais do que simplesmente *des-velar* o inconsciente reprimido, o analista *construa* a interpretação juntamente com o seu paciente. O modelo que me ocorre para esta última assertiva é o do *jogo do rabisco*, de Winnicott ("...*faço um rabisco e você o modifica; depois é a sua vez de continuar e sou eu que vou modificá-lo...*"); ou seja, de forma análoga, creio que naquelas condições regressivas ou defensivas, podemos construir a interpretação através de um jogo dialético com o paciente, um *jogo do rabisco verbal*.

CAPÍTULO 36

As Atuações (*Actings*)

Na literatura psicanalítica, o fenômeno *acting* (neste capítulos os termos *"acting"* e "atuação" serão empregados indistintamente) aparece definido de forma imprecisa e designando distintas significações. O inegável é que ele se constitui como um dos aspectos mais importantes do processo psicanalítico, quer pelos múltiplos significados que comporta, como também pela sua alta freqüência. Assim, pode-se dizer que alguma forma de "atuação" surge em toda e qualquer análise, seja de forma benéfica ou maléfica, manifesta ou oculta, discreta ou acintosa, dentro (*acting-in*) ou fora (*acting-out*) do consultório.

Nas primeiras formulações de Freud, o conceito de *acting* aludia tão somente a uma modalidade de *resistência* que o paciente empregava, com a finalidade inconsciente de impedir que as repressões tivessem acesso à consciência, correndo o risco de elas serem lembradas. Constituía-se, portanto, em um fenômeno essencialmente pertinente ao processo analítico que, como tantos outros, deveria ser comprendido e intereprtado pelo analista. Aos poucos, esse conceito nodal foi sofrendo ampliações e sucessivas transformações, de tal sorte que adquiriu um significado moralístico, denegritório, algo ligado à perversão, chegando ao extremo de designar e se confundir com toda forma de impulsividade, psicopatia, drogadicção ou delinqüência.

Embora esse ranço moralístico ainda persista em alto grau no meio analítico, assim como também fora dele, é inegável que a maioria dos analistas da atualidade tende a comprender o surgimento de "atuações" a partir de seus inúmeros outros vértices, e a considerar que um entendimento dos *actings* permite utilizá-los como um importante instrumento analítico. Esta última possibilidade implica a necessidade de que o terapeuta sempre leve em conta a condição básica de que as atuações devam ser consideradas dentro da totalidade de cada contexto em particular.

A excessiva ampliação conceitual desse fenômeno tornou-o muito diluído e, logo, menos compreensivo na sua essencialidade. Creio que, apesar das dificuldades semânticas do termo *acting*, ele pode ser definido, a partir da situação psicanalítica, como *toda forma de conduta, algo exagerada, que se manifesta como uma maneira única de substituir algum conflito ou angústia, que não consegue ser lembrada, pensada, conhecida, simbolizada ou verbalizada*. Tais significados, que serão discriminados ao longo deste capítulo, estão direta ou indiretamente contidos nos trabalhos de autores de distintas correntes psicanalíticas, sendo que, a seguir, serão mencionadas as contribuições de alguns deles, separadamente.

FREUD

Em 1901, em *Psicopatologia da vida cotidiana*, ao referir-se aos "atos falhos", que poderiam ser entendidos como tendo uma origem inconsciente, Freud falou pela primeira vez em "atuar", empregando o termo *handein* com o significado de um simples *ato-sintoma*, que substituía alguma repressão que estava "proibida" de ser recordada. Mais tarde, ele passou a utilizar a expressão *agieren*, que no original alemão é bem menos coloquial que a anterior, e que foi traduzida para o inglês com o verbo *to act* (*acting-out*) e para o português por *atuação*.

Em 1905, no *Caso Dora* ele introduziu esse termo de forma mais explícita, chegando a atribuir a interrupção da análise por parte da paciente Dora a um "atuar" dela, de certas fantasias não percebidas por Freud e, portanto, não interpretadas por ele. Textualmente ele admite que... *"Dora vingou-se de mim como quis vingar-se do Senhor K, e me abandonou como acreditava ter sido abandonada e enganada por ele. Assim, ela "atuou" uma parte essencial de suas lembranças e fantasias em lugar de relatá-las no tratamento"*.

Em 1912, nas *Novas recomendações...*, ele emprega esse termo em um contexto das relações existentes entre o "atuar" com os fenômenos da resistência e o da transferência.

Em 1914, no trabalho *Recordar, repetir, elaborar*, o conceito de "atuar" aparece como uma forte tendência de se repetir o passado esquecido, sendo que no processo psicanalítico o paciente "atua", como forma de resistência, repetindo a experiência emocional reprimida, transferida sobre o analista. Nesse texto, Freud assevera que... *o paciente não recorda nada daquilo que esqueceu e reprimiu, porém o atua; ele reproduz não como lembrança, mas como ação, repete-o sem, naturalmente, saber que o está repetindo... Por exemplo, o paciente não diz que estava acostumado a ser rebelde e crítico em relação à autoridade dos pais; em vez disso, ele se comporta dessa mesma maneira com o analista.*

É interessante registrar que, já nesse trabalho, Freud intuíra que *há um tipo especial de experiências, para a qual lembrança alguma, via de regra, pode ser recuperada. Trata-se de experiências que ocorreram em infância muito remota e não foram compreendidas na ocasião, mas que subseqüentemente foram compreendidas e interpretadas..., sendo que elas podem ser convincentemente comprovadas pelos sonhos e pela própria estrutura da neurose.*

Em 1920, a partir de *Além do princípio do prazer*, a "atuação" será considerado por Freud como um fenômeno ligado ao da "compulsão à repetição", portanto inerente à "pulsão de morte". É bem possível que essa conexão entre atuação e pulsão de morte tenha contribuído para que os psicanalistas a tenham significado sistematicamente com algo destrutivo do *setting* analítico e da própria análise.

Em 1938, no seu *Esboço de psicanálise*, parece que Freud propõe limitar o termo "atuação" para as condutas do paciente que se processam fora da situação analítica, porém intimamente ligadas a ela, conforme se depreende de sua afirmativa de que... *é muito indesejável que o paciente atue fora da transferência em vez de recordar...isso acarreta problemas em relação à realidade externa do paciente, isto é, para aquilo que lhe sucede durante as outras vinte e três horas do dia.*

De forma resumida: para Freud, *a atuação ocupa o lugar da recordação*. Convém lembrar que a palavra "recordar", de acordo com a sua etimologia latina ("*re*" quer dizer "uma volta ao passado" e "*cor, cordis*", significa "coração"), mais precisamente do que uma simples lembrança ab-reativa, designa o fato de que antigas experiências emocionais estão sendo revividas, conscientizadas e ressignificadas na situação analítica. Essa postulação de Freud continua a representar uma significativa importância no processo analítico, tendo em vista que "*a melhor maneira de esquecer é lembrar*".

AUTORES KLEINIANOS

Em 1930, no trabalho *A importância da formação de símbolos*, M. Klein estabelece que existe uma equivalência entre o mundo externo e o corpo da mãe, sendo que a criança espera encontrar, dentro do corpo da mãe, fezes, pênis do pai, bebês e outros tesouros. Essa equivalência simbólica entre a fantasia do cenário materno e a realidade do mundo externo permite inferir algo que cerca a metapsicologia do fenômeno "atuação", no sentido de que muitas pessoas podem passar a vida inteira "atuando", como uma forma compulsiva de alcançar a algo, ou alguém, que é inalcançável.

Sobretudo a partir da sua concepção de "identificação projetiva", formulado em 1946, é que M. Klein abriu as portas para um mais amplo e mais claro entendimento de como se processam os *actings*, por meio de estudos que foram desenvolvidos por outros autores, seguidores dela, Bion principalmente.

Da mesma forma, as conceituações de M. Klein a respeito das "posições esquizoparanóide e depressiva", com as respectivas interações entre ambas, possibilitou uma compreensão de que uma das principais razões do surgimento da "atuação" consiste em uma forma de *fuga* do paciente ante o seu temor de enfrentar as dores psíquicas que acompanham a entrada na posição depressiva.

Igualmente, os conceitos kleinianos relativos à precoce e terrível "angústia de aniquilamento", à presença no psiquismo do bebê de objetos parciais em permanente interação, e assim como relativos ao funcionamento de primitivos mecanismos defensivos, permitiu que, indo muito além de "uma forma de resistência às repressões", como foi enfatizado por Freud, os psicanalistas passassem a considerar que sentimentos como inveja, ansiedades pré-edípicas, aspectos negados, dissociados e projetados também fossem os responsáveis por muitas formas de "atuação". No mesmo contexto, cabe acrescentar a conceituação de M. Klein, de que a memória não se restringe unicamente a fatos, mas, sim, também pode ser uma "*memória de sentimentos*" (*memory in feelings*, 1957), as quais, provavelmente, podem expressar-se pelos *actings*.

Em 1964, o analista kleiniano Rosenfeld traz uma importante colaboração ao referir-se à existência de dois tipos de *actings*: um, de natureza *parcial*, que pode representar ser útil para o processo analítico e outro de natureza *total*, ou regressivo, que pode ser ameaçador para a preservação do *setting* da análise. Segundo esse autor, ambos os tipos de "atuação" dependem fundamentalmente do *grau de hostilidade de como o paciente, tal como quando era criança, distanciou-se dos seus objetos primitivos, isto é, do seio materno* (p. 228).

BION

Ao longo da obra de Bion, podemos depreender o quanto as suas originais concepções ampliam significativamente o entendimento e utilização do fenômeno *acting*. De forma resumida, penso que os seguintes aspectos devam ser destacados:

1) *Acting como uma forma de evacuação de elementos-beta.* Para os que não estão familiarizados com as idéias de Bion, vale acentuar que "elementos-beta" referem-se a "protopensamentos", isto é, a primitivas sensações e experiências emocionais que ainda não puderam ser, de fato, pensadas pela criancinha, e que, por isso mesmo, somente podem ser "evacuadas", tanto para dentro de si mesmo, sob a modalidade de "somatizações", ou para fora de seu corpo, via uma ação motora, que no bebê adquire a forma de choro, esperneio, vômitos e, no adulto, caracteriza as "atuações" na conduta. Essa evacuação dos desprazerosos elementos-beta estão à espera de um "continente" da mãe – ou do analista, na situação analítica – que, mercê de uma "função-alfa", em um processo de verdadeira "alfabetização emocional", possibilite que aqueles possam ser *pensados, em vez de atuados*.

2) *Acting como uma forma de comunicação primitiva.* Acredito que essa concepção de Bion constitua-se como uma importantíssima contribuição à prática analítica, tendo em vista que ela descaracteriza aquilo que costumava provocar um julgamento antecipado do analista, de enfoque negativo, depreciativo ou moralístico, e possibilita-lhe ficar num estado mental de procurar compreender o que o paciente não está conseguindo dizer com as palavras, porém o está comunicando pela linguagem não-verbal da "atuação".

3) *Acting como manifestação da "parte psicótica da personalidade".* Determinados pacientes não conseguiram, durante o seu desenvolvimento emocional primitivo, encontrar um adequado "continente" que os auxiliasse a suportar as frustrações provindas de dentro e de fora, e, por isso, desenvolveram um ódio contra a necessidade de dependência de outra pessoa, substituindo essa angústia por uma série de mecanismos primitivos, dentre os quais, cabe destacar a hipertrofia de uma *onipotência* (que se instala no lugar de "pensar", já que esse paciente imagina que "pode" tudo); uma *onisciência* (no lugar do indispensável "aprendizado com as experiências", já que ele imagina "saber" tudo); uma *prepotência* (na verdade, uma "pré-potência" que mascara sua impotência, assim substituindo o reconhecimento de seu estado de desamparo e de fragilidade); um excessivo uso de *identificações projetivas*, as quais aumentam à medida que não encontram um continente acolhedor e transformador; um *terror sem nome,* que refere a fortes angústias desconhecidas (pelo menos, não *reconhecidas* pelo paciente) e que, se não forem devidamente nomeadas, serão atuadas.

4) *Acting como resultante da função "-K".* Faz parte da aludida "parte psicótica da personalidade" o estabelecimento de um *ódio às verdades penosas*, tanto as externas como as internas, sob a forma que Bion designou com a sigla negativa de K (inicial da palavra *knowledge*, no original em inglês). Assim, um paciente cuja mente está saturada por um estado mental tipo "não sei, não quero saber e tenho ódio de quem sabe" fatalmente estará propenso a substituir o conhecimento por várias formas de negação, incluída a de *acting*. Também o "-K" é responsável pelas diversas formas de mentiras, falsificações e mistificações que podem ser empregadas pelo paciente como uma modalidade de atuação.

5) *Acting por meio da comunicação verbal.* A partir dos estudos de Bion sobre a linguagem e comunicação, os analistas passaram a perceber mais claramente que nem sempre o discurso verbal está a serviço para realmente "comunicar" algo ao interlocutor; pelo contrário, o seu propósito inconsciente pode justamente estar visando a uma

não-comunicação, por meio de um "*ataque aos vínculos perceptivos*" do analista. Nesse caso, o terapeuta pode ficar confuso, sonolento, irritado, etc., tudo isso constituindo-se em um *acting,* porquanto adquire a estrutura de uma tenaz e ativa resistência ao trabalho analítico.

OUTRAS CAUSAS E FORMAS DE ATUAÇÃO

As modalidades destacadas podem ser resumidas no fato de que o *acting* se processa como uma forma de substituição de uma (ou mais de uma) dessas incapacidades: para *recordar, pensar, simbolizar, conhecer, verbalizar* e, inclusive, a de, livremente, poder *fantasiar*. Ademais, vale acrescentar mais algumas outras possibilidades nos modos de manifestação, assim como nas causas da formação de *actings*, como são os seguintes:

1. **Uma forma de reexperimentar, no curso da análise, velhas experiênciais emocionais mal resolvidas.** Muitos autores consideram que os precursores do *acting-out* originam-se no período pré-verbal e na pré-capacidade para pensar, de sorte que o paciente adulto regride a essa etapa evolutiva, na qual o ato impulsivo-motor da criança era o seu único meio de obter gratificação e ajuda. Igualmente, o *acting* pode estar significando uma tentativa de preenchimento de lacunas afetivas, logo a busca de uma reestruturação. Pode servir como exemplo dessa eventualidade o fato de que algumas vezes uma atuação homossexual, em um paciente masculino, esteja significando uma irrefreável "busca de um faltante e estruturante pênis paterno", por meio de uma incorporação anal, tal como apontam autores seguidores de Lacan.
2. **Uma fuga de um estado mental para outro.** Explico melhor com o exemplo dos casos de "don-juanismo", cuja intensa atuação na conquista de mulheres pode aparentar uma forte resolução edípica, quando, na verdade, ela pode estar representando não mais do que uma "*pseudogenitalidade*", que encobre profundas feridas narcísicas que reclamam uma imperiosa necessidade de "*reconhecimento*" de que ele está sendo amado e desejado e, portanto, que ele existe!" (Tal como aparece nos capítulos 14 e 37 deste livro). A recíproca pode ser verdadeira, isto é, um sujeito pode atuar, a partir de um regressivo refúgio em uma autarquia narcisista, como uma forma dele fugir de uma temida sexualidade edípica.
3. **A possibilidade de que a atuação possa estar representando alguma forma de crescimento.** Particularmente, considero esse aspecto interessante e importante, não só porque ele não aparece com freqüência na literatura psicanalítica, mas, principalmente, pelo fato de que, se o analista não estiver suficientemente atento, poderá interpretar com um enfoque negativo aquilo que, embora oculta por uma aparência enganadora, esteja indicando alguma forma importante de "mudança psíquica".

Um primeiro exemplo que me ocorre, relativo a isso, é o de uma paciente que, nos primeiros tempos de análise, mostrava-se como uma excelente cumpridora de todas as combinações do *setting*: era assídua, pontual, pagava rigorosamente em dia e nas raras vezes que tinha de se atrasar ou faltar, telefonava-me a tempo; após alguns anos, a paciente começou a chegar atrasada ou a faltar seguidamente, sem razões justificáveis e deixou de me comunicar isso por telefone. Contive a tentação de interpretar essa indiscutível atuação como sendo um ataque dela, resistência à análise ou algo equivalente, porque um sentimento intuitivo alertava-me de que algo importante estava se passando com a paciente. De fato, ela ganhara com a análise suficiente confiança básica, nela e em mim, a ponto de fazer um movimento inconsciente de testar se as suas características de sair-se bem em tudo que fazia, deviam-se a uma obediência ao ideal do ego plantado por seus pais ou se eram dotes autênticos e livres. O interessante é que após a análise desses aspectos que motivavam o seu *acting,* aparentemente de rebeldia, e que se prolongou por muitos meses, a paciente retomou a sua atitude de cumpridora das combinações do enquadre analítico, com a diferença de que, agora, ela o fazia não compelida por uma ritualística obsessiva, mas, sim, com um sentimento de *liberdade,* e quando ocasionalmente me telefonava era, não por uma obediência decorrente de sua *intimidação*, mas sim, por uma *consideração* a mim. Embora esse exemplo de *acting* que, no caso, representava um movimento de crescimento analítico possa parecer por demais banal, acredito que ele tenha uma significação profunda, porque ele se reproduz com múltiplas variantes equivalentes, no dia-a-dia do consultório de cada um de nós.

4. **Uma forma de dramatização do mundo interno.** Essa modalidade de atuação, também sutil e bastante freqüente, consiste no fato de que o paciente aciona outras pessoas a desempenharem e "representarem" determinados papéis que correspondem ao *script* de seu drama original, no qual os personagens que interagem são os seus objetos primitivos, sendo o cenário o espaço da sua mente inconsciente. É interessante assinalar que as palavras "drama", "dramatização" vêm do grego "*drama*", que tem o significado de "*sentimentos que se concretizam em figuras que agem com movimento e ação*" (conforme citação de Turilazzi, 1979).

Para ficar em um único exemplo, vale lembrar o quanto a dramatização na situação psicanalítica, que aparece nos pacientes de características marcadamente histéricas, manifesta-se não somente por meio de um "estilo dramático" e "hiperbólico", de como eles fazem suas comunicações verbais, como, também, de regra, virtualmente todas as sessões desses pacientes são pontuadas pelo relato do "*drama do dia*", cuja essência, em todos eles, é a mesma, embora os personagens envolvidos variem bastante.

5. **Uma "escolha" de pessoas que atuam pelo paciente.** Essa modalidade de atuação nem sempre é perceptível pelo analista, porquanto o paciente mantém-se "inocente", enquanto ele induz outras pessoas a atuarem por ele. Todo analista conhece aquele paciente que, como "alguém que não quer nada", sutilmente introduz o assunto sobre analistas, mesmo em rodas sociais, de modo a colher informações íntimas de seu terapeuta. Da mesma forma, é comum que esse tipo de paciente atuador conte algum episódio da análise, com a sua versão pessoal, assim conseguindo manifestações desqualificatórias por parte de uma outra pessoa, que, por sua vez, leve adiante o denegrimento do analista, enquanto o analisando simplesmente faz o relato na sessão, de uma forma algo "ingênua", porém com um discreto toque de triunfo. Exemplos como esse, no qual o paciente faz um jogo de intrigas enquanto permanece protegido pelo obrigatório sigilo do analista, poderiam ser multiplicados, sendo que, muitas vezes, esses *actings* processados por meio de outras pessoas que se prestam a esse jogo podem adquirir características malignas.

6. *Acting* **devido às inadequações do analista.** Bem mais freqüente do que possa parecer, vou limitar-me a apontar duas causas, nas quais as falhas reais do terapeuta resultam em alguma forma de atuação do paciente. A primeira, acontece principalmente com pacientes em estado regressivo, quando ele não se sentiu compreendido pelo analista, ou, mais gravemente ainda, quando, somado a isso, ele ainda recebe "interpretações" que o fazem sentir-se culpado e desqualificado. A segunda possibilidade, lamentavelmente não tão rara, concerne ao fato de que certos desejos proibidos e reprimidos no inconsciente do analista, por meio da sua linha interpretativa, às vezes com um propósito, não reconhecido por ele, de exibicionismo ou voyeurismo, ou don-juanismo, por exemplo, serão satisfeitos por esse analista, por algum *acting* praticado pelo seu paciente.

7. *Acting* **em crianças.** Transcrevo um trecho de um trabalho de B.S. Francisco (1995, p. 140) com o qual pretendo sintetizar o presente item: "*Achamos que constitui um problema específico da psicanálise de crianças discriminar* actig-outs *de atos, pois a transição de um para o outro é sutil, diferentemente do adulto, em quem o controle da motricidade e o uso predominante da linguagem verbal faz com que o ato se destaque. O analista de crianças tem que prestar-se a brincar, representar, aceitar, limitar fisicamente, até que as possibilidades de mentalização possam ocorrer em seus*

pacientes. Nesses casos a elaboração de um conflito – como ocorre no acting-out *de adultos – coincide com o trabalho de elaboração-instauração da própria mente".*

8. ***Acting* e mitologia pessoal.** No excelente artigo acima mencionado (Francisco, p. 138), o autor, a partir do *mito de Atalanta*, traça um intressante paralelo com os mitos pessoais que, com configurações distintas, cada indivíduo porta dentro de si. Esse trabalho conclui afirmando que *"...em tais casos a análise mostra que o* acting-out *não é um ato isolado, mas, sim, uma concatenação de atos, que se articulam entre si, como o roteiro de um conto, de uma história. É na repetição do conto e na articulação de seu encadeamento que se descobre a revelação, sob forma de metáfora, como ocorre na mitologia".*

9. **Contra-*acting*.** É relativamente freqüente a possibilidade de que o paciente mobilize, no analista, um despertar de emoções, que o deixem confuso, invadido que ele fica por sentimentos contratransferenciais que nem sempre são perceptíveis, porém que podem acioná-lo a agir de alguma forma antianalítica. Essas "contra-atuações" tanto podem ser discretas e inócuas como podem atingir o desvirtuamento do *setting* instituído, ou alguma transação comercial, uma excessiva intimidade social, o extremo de um grave envolvimento sexual, etc. De qualquer forma, um "contra-*acting*" do terapeuta sempre tem relevância na prática analítica, como a seguir será enfocado.

IMPLICAÇÕES NA PRÁTICA. O PAPEL DO ANALISTA

Antes de entrar no papel propriamente dito do analista diante do surgimento de *actings* no decurso da terapia analítica, é útil voltar a pontuar alguns pontos básicos:

- As atuações, por parte do paciente, em grau maior ou menor, de uma maneira ou outra, motivado por alguma das diversas razões possíveis, inconscientes ou conscientes, ocorrem em toda e qualquer análise. Na hipótese que nunca ocorra alguma forma de atuação, isso pode ser um sinal preocupante, porquanto ou esse paciente está exageradamente escudado em uma couraça caracterológica obsessiva, ou o analista está deixando de perceber algo nesse sentido.

- Muitos textos psicanalíticos descrevem separadamente *acting-out* de *acting-in;* no entanto, como a essência de ambas situações é exatamente a mesma, optamos por denominá-las genericamente de *actings*.

- O que importa ser bem distinguido é a diferença que existe entre *"atuação"*, tal como está sendo conceituado no contexto deste capítulo, daquilo que não é mais do que uma *"ação impulsiva"*.

- Até há poucas décadas, o surgimento de algum *acting* era mal recebido pelo analista e sempre era significado como sendo nocivo à análise. No entanto, da mesma forma como ocorreu com os fenômenos da "resistência", "transferência" e "contratransferência", que igualmente, por longo tempo, foram considerados por Freud e seguidores como prejudiciais à análise, e aos poucos foram reconhecidos como excelentes instrumentos para a prática analítica, também o *acting* está sendo reconhecido como uma importante via de acesso ao inconsciente.

- A partir das inter-relações que Freud estabeleceu entre a "resistência" e a "transferência" cabe dizer que o *acting* constitui-se como alguma forma particular de resistência contra a dor psíquica, ao mesmo tempo em que também representa ser alguma modalidade de transferência.

- Da mesma maneira que aqueles fenômenos acima mencionados, a existência da atuação na situação analítica tanto pode ser maléfica, inócua ou benéfica. Ela é *maléfica* (no sentido de "destrutiva") quando, pela sua intensidade, qualidade maligna e uma condição de se mostrar refratária às interpretações, em um grau extremo, pode se constituir em uma resistência poderosa que funcione como um sério empecilho e, inclusive, pode desembocar em um irreversível "impasse psicanalítico", situação que ocorre mais freqüentemente com pacientes portadores de fortes traços psicopáticos ou perversos.

Todavia, na sua grande maioria, as atuações são *inócuas* porque não representam maior preocupação; e elas se constituem como *benéficas* ("construtivas") nas situações em que representam uma tentativa de mudança, como, por exemplo, é o caso de um paciente exageradamente obsessivo que se permite testar a realidade com alguma forma de *acting*, em vez de ficar em uma eterna ruminação obsessiva. Assim por diante, exemplos equivalentes poderiam ser multiplicados.

- A "atitude analítica interna" do terapeuta, diante das atuações do paciente, não deve estar impregnada e saturada de preconceitos (préconceitos) de ordem moralística, que, além de fazer soar a palavra "atuação" como um "nome feio", ainda lhe confere uma conotação pejorativa e mobiliza um rechaço. Nesses casos, o analista pode estar deixando de reconhecer uma possível mensagem inconsciente do paciente, acerca de uma busca dele de vir a conseguir satisfações, ou punições, e especialmente como uma importante forma de comunicação primitiva. Além disso, também há a possibilidade, antes aludida, de que o analista, devido à saturação da sua mente, não consiga perceber quando a atuação esteja significando algum movimento construtivo.
- Não obstante, é inegável que determinados *actings* adquirem uma perigosa natureza psicótica, maníaca, perversa ou psicopática, assim representando um grave risco de que eles possam comprometer de forma destrutiva não somente a imagem e a integridade do próprio paciente, como também das pessoas que ele consegue envolver, inclusive a do analista, e a deterioração da sua análise.
- Como decorrência imediata disso, cabe levantar uma importante questão: está justificado que, em certos casos, imponha-se a necessidade de o analista tomar uma atitude categórica, diretiva, até mesmo proibitiva, incluída a possibilidade de chamar os familiares desse paciente e partilhar com eles as responsabilidades pelas preocupações daquelas graves atuações que ele tomou conhecimento por meio do sigilo da situação analítica? Creio que a resposta é afirmativa, sempre que o analista consiga discriminar se a significação da atuação é inócua, construtiva ou destrutiva, sendo que nesta última situação a indispensável colocação de limites deve ser feita por meio de interpretações e somente quando essas se revelarem inoperantes, ao mesmo tempo em que o grau máximo de "continente" do analista estiver esgotado é que fica justificada a sua tomada de uma medida extrema de proibição explícita, dos perigosos *actings*, inclusive com o direito de o analista condicionar isso à continuação ou à interrupção da análise.
- As causas mais comuns que disparam o gatilho dos *actings,* dizem respeito a alguma forma de o paciente estar revivendo, na situação analítica, as primitivas experiências de "traumas", com as respectivas sensações penosas de "desamparo". Algumas dessas situações mais costumeiras, no curso do processo analítico, se referem ao eventual surgimento de "angústia de separação"; a penosa "renúncia às ilusões narcisísticas"; a transição para o estado psíquico de uma "posição depressiva"; assim como os momentos "catastróficos" (segundo Bion) que acompanham as verdadeiras mudanças psíquicas do paciente. Em todos esses casos, os pacientes estão avidamente buscando a objetos substitutos que possam preencher os vazios que as referidas vivências de desamparo provocam no paciente.
- A identificação projetiva é considerada como sendo o mecanismo essencial do *acting*, sendo que a importância disso é complementada pelo fato de que ela pode provocar equivalentes contra-identificações no analista e, por conseguinte, induz a respostas contratransferenciais, contra-resistenciais e a *contraactings,* sendo que a própria interpretação, eventualmente, possa estar a serviço de alguma atuação do analista.
- Finalmente, é imprescindível que se leve em conta a distinção entre o que é *contra-acting do analista,* provocado pelo paciente, e aquilo que está sendo acima de tudo um *acting do analista,* provindo unicamente do inconsciente dele próprio, e que pode *levar o analisando a contra-atuar*. Da mesma forma, também devemos considerar a possibilidade nada incomum de que a análise possa estar contaminada por um, inconsciente e inaparente, *conluio de atuações,* entre ambos do par analítico.

CAPÍTULO  37

A Face Narcisista da Sexualidade Edípica

Este capítulo também poderia ser titulado "a pseudogenitalidade", eis que tentará estabelecer as diversas causas e formas como se apresenta a sexualidade em pacientes adultos que estejam fortemente radicados na posição narcisista e que funcionam como um simulacro da genitalidade adulta.

Tanto as denominações "Narciso" como "Édipo" admitem um universo conceitual. Para os propósitos do presente capítulo, é útil conceituá-los separadamente, de uma forma extremamente resumida.

Para o primeiro deles, utilizarei a terminologia de *posição narcisista* (ver capítulo 13) com a qual designo um estado que fundamentalmente caracteriza-se por algum forte grau de indiferenciação, tanto entre o "eu" e o "outro", como também entre os diferentes estímulos procedentes das distintas partes do próprio *self*. Nessa conceituação, a posição narcisista (PN) não se constitui a partir da agressão, tal como é o caso da posição esquizoparanóide de M. Klein, mas, sim, *precede essa última* e constitui-se em uma forma de assegurar e perpetuar a unidade simbiótica, indiscriminada e fusionada com a mãe primitiva.

No capítulo acima mencionado, destaco as seguintes características da PN que podem ser observadas, de forma total ou parcial, em muitos de nossos pacientes: 1) O predomínio de uma indiferenciação e indiscriminação. 2) Um permanente estado de ilusão em busca de uma completude. 3) Negação das diferenças. 4) A presença da, assim denominada por Bion (1967), "parte psicótica da personalidade". 5) Permanência de núcleos de simbiose e ambigüidade. 6) Uma lógica do tipo bipolar. 7) Escala de valores centradas no ego ideal e no Ideal do ego. 8) A busca de fetiches. 9) Escolha de objetos reforçadores da ilusão narcisista. 10) Um constante jogo de comparações. 11) Identificações defeituosas. 12) A presença de um *contra-ego* (é a denominação que venho propondo e que alude a uma "organização patológica" que está instalada no próprio *self* e boicota o crescimento do indivíduo). 13) A presença de inter-relações entre Narciso e Édipo.

Em relação ao *complexo de Édipo,* todos conhecemos suficientemente bem as clássicas postulações de Freud, para quem as diferentes configurações da constelação edípica universal, originadas entre os três e cinco anos (posteriormente, em 1920, Freud reformulou para "dos 2 aos 5 anos"), invariavelmente constituíam-se como a essência nuclear de qualquer neurose, mais notadamente, nas histerias.

É útil lembrar que Freud plantou muitas sementes conceituais acerca das inter-relações entre Édipo e Narciso. Podem servir como exemplo dessa afirmativa a sua descrição acerca de *Leonardo Da Vinci* (1910), na qual transparece a díade simbiótico-narcisística que o menino Leonardo mantinha com a sua mãe como o principal fator etiológico do seu transtorno sexual, tal como aparece no seguinte trecho: *"Assim, como todas as mães insatisfeitas, ela tomou o filhinho em lugar do marido, e, pela maturação demasiado precoce do erotismo dele, despojou-o de parte de sua masculinidade"*.

Da mesma forma, em seu célebre *Sobre o narcisismo*, de 1914, Freud estudou as modalidades que determinam a escolha de objetos nos casos de homossexualidade, cuja natureza, vale recordar, pode ser *anaclítica* (uma busca de fusão com o objeto primário) ou *narcisística* (caso em que, o objeto escolhido representa o que o indivíduo *é, já foi* ou quer *vir a ser*).

Igualmente em 1931, com o seu trabalho sobre os "tipos libidinais", Freud aludiu ao tipo "erótico-narcísico" como o mais freqüente de todos e no qual predomina a necessidade de *ser amado* sobre o *amar ao outro*.

Não é demais destacar que, ao contrário do que muitos ainda hoje confundem, Freud não utilizou o termo "sexualidade" como sinônimo de "genitalidade" ou unicamente como um desejo de manter relações sexuais. Em termos genéricos, para Freud "sexualidade" alude a pulsões libidinais a serviço do instinto de vida, e ele próprio nos oferece um convincente modelo disto quando se refere que o bebê pratica o ato da mamada no seio em dois atos: o primeiro é para saciar a sua *necessidade* vital pelo alimento leite; em um segundo momento, embora já plenamente saciado, o bebê demora-se no contato da sua mucosa bucal com o bico do seio da mãe, sendo que a este "plus" de prazer que nada tem a ver inicialmente com um desejo de ter relação sexual com a mãe, é conceituado como "sexualidade".

As concepções originais de Freud ficaram bastante descaracterizadas pelas contribuições de M. Klein (1928) acerca do "Édipo precoce", com as respectivas relações objetais parciais, fantasias inconscientes, ansiedades e defesas primitivas. Como sabemos, ao longo de toda a sua importante obra M. Klein fez raríssimas alusões ao termo "narcisismo", embora ela aborde essa sua conceituação a partir de outros vértices, como é a sua conceituação de um refúgio das angústias persecutórias para um objeto que está introjetado como altamente idealizado. Dentre os autores de raízes kleinianas é justo destacar os nomes de Bion e de Rosenfeld, sendo que este último (1971) deu importantes contribuições ao estudo das causas e efeitos do narcisismo, sendo sobremaneira importante para a prática psicanalítica a sua descrição sobre o que ele denomina "*gangue narcisista*".

Bion (1963) estudou os diferentes aspectos do mito de Édipo, não tanto pela óptica da sexualidade, mas, sim, pela perspectiva dos *vínculos*, essencialmente o do conhecimento (K e -K), presentes em cada um dos personagens que aparecem separadamente nas interações grupais entre todas as pessoas e circunstâncias da tragédia de Sófocles. Igualmente importante é a postulação que Bion faz acerca do ataque ao conhecimento (-K) que a criança pode fazer *contra a pré-concepção edípica* e, por conseguinte, tal como assinala Junqueira Mattos (1996), leva às distorsões da *função-alfa*, bem como à primitiva defesa de um *splitting forçado,* o qual consiste em manter uma dissociação pela qual a criança continua se alimentando no seio materno, porém o faz sem sentimentos amorosos; pelo contrário, ela *coisifica* a mãe e a *usa* como se esta fosse um objeto inanimado. À medida que aumenta a deterioração da função-alfa, aumenta a proliferação dos elementos-beta, o que acarreta o uso excessivo de identificações projetivas e o impedimento do desenvolvimento da capacidade para pensar A partir daí, ainda segundo Junqueira, a criança nega as importantes perdas (seio, leite, pênis...) promovidas pelos seus ataques desvitalizadores, ao mesmo tempo em que pode passar o resto da vida em uma desesperada busca por esses *objetos perdidos*, sendo que esse estado mental oriundo de uma incapacidade para *pensar as experiências emocionais* vai se manifestar por um aumento, cada vez maior, de uma voracidade insaciável e maldirecionada, que pode assumir a forma de perversões.

Lacan, por sua vez, abordou a estruturação edípica mediante as três etapas que evoluem desde o narcisismo original até o ingresso na situação edípica propriamente dita. Como essa abordagem fundamenta em grande parte o presente capítulo, fez-se necessário explicitar um pouco mais detidamente a concepção desse autor.

Assim, para Lacan, o complexo de Édipo processa-se em três etapas, durante o período que se estende dos 6 aos 18 meses de vida. A primeira é o *estágio do espelho*, durante o qual a criança identifica-se com o *imaginário*, isto é, com algo que ela ainda não é. Isso se deve ao fato de que a criança mantém uma relação diádica, fusional, com a mãe e, por isso, acredita ser aquilo que o espelho (*o olhar* da mãe) lhe reflete como sendo. Nesse estágio, a criança tem a vivência de seu corpo estar *"despedaçado"* em fragmentos corporais que ainda não estão integrados entre si (este estado de "não-integração", tal como nos alertou Winnicott, não deve ser confundido com o de "desintegração").

Em uma segunda etapa a criança, ainda em um registro imaginário, identifica-se com o *desejo* da mãe. Dizendo de outro modo: ela deseja ser o *falo* da mãe (é útil lembrar que falo não é sinônimo de pênis, porquanto a sua conceituação alude a uma significação de poder, o qual, eventualmente, pode ser o órgão anatômico pênis). Portanto, nesse estágio, o primordial desejo da criança é a de *ser o desejo do desejo da mãe*, o que muitas vezes configura-se como um papel de funcionar como sendo o falo da mãe narcisista desejante.

Na terceira etapa desse processo de transformação, em situações normais, a criança assume a *castração paterna* (aqui, o conceito de castração não significa uma privação ou corte do pênis, mas, sim, é uma alusão à função do pai como o portador da *lei* que interdita e normatiza os limites da relação diádica da mãe com o filho). A aceitação dessa castração, por parte do filho, constitui o registro *simbólico*, o ingresso no triângulo edípico propriamente dito, e representa o grande desafio às ilusões narcisistas que foram forjadas no registro imaginário da etapa do espelho.

Psicanalistas contemporâneos, como Joyce McDougall (1983) e Janine Ch. Smirgel (1992), em seus estudos que se referem mais particularmente aos desvios da sexualidade, também enfatizaram as causas de natureza narcisística. Assim, a primeira delas descreve a *"sexualidade aditiva"* como uma forma de sobrevivência psíquica, mediante o refúgio *no* outro (fusão) e *para* o outro (o qual é utilizado como uma espécie de "droga"), pela via dos genitais, em busca de um falo idealizado.

Por sua vez, Smirgel menciona que o amor da organização edipiana genital é, ao mesmo tempo, fundamentado sobre o duplo modelo do amor primário e do amor edipiano, sendo que o impulso passional, além de suas fontes edipianas, provém da simultaneidade com a revivescência dos traumatismos de separação (p. 47).

Assim, enquanto Freud destacou a harmonia (ou desarmonia) entre a união do afeto e da sexualidade, na psicanalise contemporânea os psicanalistas estão mais atentos à existência de uma harmonia, ou não, entre os níveis fusionais (narcísicos) e os genitais, tanto no que se refere ao amor quanto à relação sexual em si.

Resumidamente, pode-se dizer que, na atualidade, os psicanalistas consideram o complexo de Édipo como uma *estrutura* triádica, regida, portanto, pelas leis da dinâmica interacional psíquica, sendo importante sublinhar que nessa estrutura o essencial é a distribuição de *papéis* de cada um, tanto os conscientes quanto os inconscientes.

Como exemplificação desta última afirmativa, sempre sob o enfoque de uma possível normalidade ou patologia do desenvolvimento edípico, nas diversas combinações que se formam, pode-se aventar a hipótese de que a criança queira, ou não, abdicar do paraíso exclusivo que contraiu com a mãe; se, na cena primária, ela quer destronar e ocupar o lugar na cama de um dos genitores; se a criança está tendo um acesso a ambos pais sob a égide do olhar amoroso de cada um deles, ou o contrário disso, etc, etc.

Igualmente, em relação ao papel da mãe, é fundamental estabelecer uma diferença se essa última vai ser capaz de exercer uma função de continente para o lactente, sem abdicar de, ao mesmo tempo, continuar a normal vida amorosa com o seu marido ou se ela vai se adonar do filho, nos moldes de uma "gravidez eterna", com a exclusão do pai do campo afetivo. Além dessa possibilidade de a mãe utilizar o seu filho como uma extensão narcisística dela própria, também é bastante freqüente que ela exerça uma constante estimulação erótica, manifesta ou disfarçada, seguida de rechaços humilhatórios para a criança.

O papel do pai na estruturação do psiquismo do filho, que ultimamente vinha sendo relegado a um plano secundário, voltou a adquirir uma decisiva importância, principalmente a partir dos trabalhos de Lacan. Assim, é indispensável saber se o pai é uma figura fisicamente ausente ou presente e neste último caso, se de uma forma amorosa, valorizada e exercendo o seu papel de "lei", como uma cunha interditora no romance do filho com a mãe, ou se a sua presença é tirânica, frágil, conivente, etc. Particularmente relevante é o fato de como o pai está representado no psiquismo da mãe, porquanto essa será a imagem que ela transmitirá à criança, não sendo raro que essa imagem do marido seja depreciativa e venha acompanhada de um discurso denegritório dele, enquanto ela vai reforçando um vínculo de aliança simbiótica com o filho, com um crescente esvaziamento e exclusão do pai. Na face narcisista da sexualidade quase sempre vamos encontrar um pai que foi ausente, mesmo quando estava fisicamente presente. Da mesma forma, virtualmente sempre deparamos com uma mãe que falhou como *continente*; pior do que isso, comumente ela usou a criança para que essa *contivesse* as próprias identificações projetivas dela, mãe, em uma etapa em que o ego da criança não tinha as condições necessárias mínimas para processá-las

Assim, independentemente se o complexo edípico vai se organizar como "positivo" ou "negativo", sobretudo é importante a posição do "terceiro excluído", cujo papel pode caber a cada um dos três personagens do drama edípico, com o inevitável acompanhamento de formação de "alianças" de dois contra um e com o acompanhamento virtualmente sempre presente de algum grau de angústia de castração.

É claro que poderíamos aventar outras inúmeras e múltiplas formas combinatórias entre os personagens da tríade edípica. O importante, no entanto, é frisar que qualquer que seja o arranjo da constelação edípica, ela sempre se organiza a partir de uma prévia posição narcisística, ancorada em "*sua majestade, o bebê*", para usar a conhecida expressão empregada por Freud (1914). É útil repisar que o conceito de narcisismo, aqui adotado, não é anobjetal, tal como está implícito na concepção de narcisismo primário de Freud, mas, sim, ele constitui-se, desde o nascimento (ou durante a gestação, como advogam muitos autores, entre eles, Bion), como uma relação objetal, embora a noção de PN aluda a um alto grau de indiscriminação, sincretismo e fusão com o objeto.

Portanto, o complexo de Édipo não é unicamente um desenvolvimento pulsional, com as respectivas fantasias inconscientes e angústias. Também existe uma forte influência do contexto sociofamiliar e cultural, pela inseminação de valores com os respectivos significantes e significados. Tais significantes, provindos dos relacionamentos inter e transpessoais, com repercussão direta nos intrapessoais, dizem respeito aos desejos, expectativas, predições, mandamentos e interdições que provêm da família e da cultura vigente e que vão compor a estrutura edípica singular, de cada pessoa em separado.

A determinação do *gênero sexual* da criança pode servir como um exemplo da assertiva acima. Como sabemos, o "complexo de castração" implica necessariamente o fato de que todo indivíduo – independentemente se o seu sexo biológico é masculino ou feminino – sofre, ao longo de sua vida, um temor a vir perder algo, ou tudo, daquilo que ele tenha conquistado. A psicanálise clássica ensinava que a diferença básica no desenvolvimento do complexo de castração no menino ou na menina, consistiria na concepção de que no primeiro o complexo de castração mobiliza uma capacidade reativa e eficaz contra a ameaça castratória, constituindo-se como um atributo de *atividade*, genuinamente próprio do gênero masculino. Na menina, no entanto, o complexo de castração adquiriria uma natureza mais de finalidade reparatória, configurando a *passividade*, como um protótipo feminino. Hoje predomina a constatação de que nos vínculos amorosos, geralmente a angústia da mulher é a de vir a ser abandonada, de cair em um vazio, enquanto que comumente a angústia que predomina no homem é a de ele ficar aprisionado, isto é, a de vir a cair em uma armadilha.

Na atualidade atribui-se uma expressiva importância, na determinação da configuração edípica, não somente ao sexo biológico com que a criança nasce, mas também à formação do seu *gênero sexual*, o qual vai depender fundamentalmente dos desejos inconscientes que os pais alimentam quanto às suas expectativas em relação à conduta e ao comportamento do filho, ou da filha. Essa indução, por parte dos pais, na determinação do gênero sexual das crianças, costuma ser feito a partir da combinação de fatores influenciadores, como são alguns apontados por Graña (1995), que destaca a atribuição de *nomes próprios* ambíguos, o uso de *roupas* que provocam confusões e indefinições no contexto social em que a criança está inserida, o tipo de *brinquedos* e de *brincadeiras*, a forma como os pais *designam os genitais*, o tipo de *esporte* que estimulam nos filhos, a *idealização ou denegrimento* de certos atributos masculinos ou femininos, etc.

Parece evidente que tais agentes modeladores do gênero sexual, provindos do meio exterior, incidem tanto naquilo que Freud conceitualizou como "*disposição bissexual inata no homem*" (e que ele afirmava estar refletida na identificação do masturbador com ambos os sexos no mesmo ato), como também incidem no mundo de fantasias que já estão povoando o inconsciente da criança. Assim, vale afirmar que o velho paradigma de que o sexual biológico organiza o gênero sexual já não é aceito na atualidade; pelo contrário, predomina a idéia de que a organização do gênero, a partir das expectativas dos pais, precede a fase fálico-edípica e em grande parte determina as fantasias que relacionam-se com a sexualidade

Em resumo, pode-se dizer que o narcisismo não é somente uma etapa do desenvolvimento do ser humano; é também um *modelo* de estrutura psíquica, uma modalidade de *vínculo* em um registro imaginário, que poderá operar ao longo de toda a vida. Da mesma forma, a passagem pela conflitiva edípica promove a introdução do registro simbólico, o qual poderá atenuar ou modificar o registro das ilusões imaginárias, porém nunca conseguirá acabar totalmente com elas.

OS VÍNCULOS NA SITUAÇÃO EDÍPICA

Do afirmado, pode-se depreender que a situação edípica adquire sempre uma configuração vincular, intra e interpessoal, de tal sorte que nela estão permanentemente presentes e interagindo os quatro vínculos: os clássicos de *amor* e de *ódio*, o do *conhecimento*, tal como foi estudado por Bion e por ele designado pela letra "*K*", e mais o vínculo do *reconhecimento*, o qual eu me permito propor aos colegas.

Como os três primeiros vínculos já são suficientemente conhecidos, vou me alongar um pouco mais detidamente no último deles. Assim, tal como está mais explicitado no capítulo 13, considero o vínculo do reconhecimento em quatro acepções:

1) Como um *re*-conhecimento (voltar a conhecer) das verdades preexistentes contidas nas pré-concepções (conforme Bion), nas primitivas inscrições das representações-coisas (conceito de Freud) e nas lembranças reprimidas ou dissociadas. Esta conceitualização está intimamente conectada com o "K "de Bion e, portanto, alude mais diretamente aos problemas referentes às verdades, falsidades e mentiras.

2) Um reconhecimento *do* outro como uma pessoa autônoma, separada e diferente dele, embora possa estar junto com ele. Essa condição implica em algum grau de rompimento do narcisismo especular.

3) Ser reconhecido *ao* outro, como uma possível manifestação de gratidão. Este estado psíquico constitui-se como uma condição inerente à passagem para a posição depressiva; tomamos como referencial a concepção de M. Klein.

4) Uma necessidade imprescindível de o indivíduo ser reconhecido *pelo*s outros, como sendo alguém que é valorizado, amado, desejado e que, de fato, ele existe. Essa última acepção é a que representa uma conexão mais clara com as necessidades vitais da posição narcisista e, por conseguinte, com as múltiplas e diversas manifestações da sexualidade pré genital, como será abordado mais adiante. Por vezes é tão intensa a necessidade da criança (ou do paciente adulto em posição narcisista) em *ser reconhecido* como sendo alguém muito especial, que pode acontecer que ela não pode compreender aos outros, nem ser compreendida pelos outros, ou tampouco fazer como os outros, porquanto isso seria nivelar-se aos demais, o que representa uma profunda ferida narcísica. Como conseqüência, pode resultar uma saída na transgressão dos costumes habituais da família e da sociedade, inclusive os sexuais.

O importante, todavia, é o fato de que na psicanálise contemporânea o principal enfoque não é tanto a oposição entre o amor *versus* o ódio, mas, sim, a presença concomitante dos quatro vínculos, com a predominância maior ou menor de um ou de outro, e a forma de como eles interagem e se articulam entre si. Igualmente, deve ser levado em conta se eles estão sinalizados com sinal positivo (+) ou negativo (-), tal como propôs Bion, sendo que a sua contribuição mais notável em relação a isso diz respeito ao vínculo -K, o qual representa uma mutilação da curiosidade sadia e estruturante, assim como também significa um ataque contra a percepção ligada aos mistérios do nascimento (portanto da sexualidade) e morte.

É imprescindível levar em conta que o conflito entre os vínculos em grande parte assenta-se em duas leis fundamentais que regem o determinismo psíquico do ser humano e que estão virtualmente presentes em todas as culturas: a primeira delas alude ao fato de que, de uma forma ou de outra, todo sujeito sente-se compelido a fugir de um estado de desamparo; a segunda lei refere-se à proibição do incesto, como uma forma cultural de conter as respectivas fantasias de parricídio, matricídio, fratricídio e filicídio. Uma observação mais atenta permite verificar uma íntima conexão entre ambas leis.

ÉDIPO E NARCISO NA SITUAÇÃO ANALÍTICA

Na atualidade, mudou o perfil do paciente que procura tratamento psicanalítico. Já não se trata tanto de "puros" histéricos, obsessivos ou fóbicos que constituíam a clínica dos psicanalistas pioneiros; pelo contrário, a demanda nos dias de hoje constitui-se por pessoas que nos procuram por problemas relativos aos transtornos de auto-estima, a falta de um definido senso de identidade, o desconforto de ser um falso *self*, assim como também a psicanálise tem aberto as suas portas para um contingente de pacientes bastante regressivos, como costumam ser os psicóticos, *borderline*, caracteropatas, somatizadores e, dentre outros mais, também aos portadores de alguma forma de perversão.

Ademais, é consensual entre os psicanalistas hodiernos o fato de que uma análise dos pacientes considerados unicamente como "neuróticos" deve, necessariamente, transitar pela "parte psicótica da personalidade", composta por núcleos bastante regressivos, e da qual todo e qualquer indivíduo é portador, em algum grau e modalidade. Em caso contrário, se esses núcleos regressivos e primitivos não tiverem sido suficientemente analisados, o mínimo que se pode afirmar é que o referido processo analítico foi incompleto.

Tudo isso converge para o fato de que se impõe ao psicanalista a necessidade de trabalhar com os conflitos manifestos – incluídos os sexuais, obviamente – em uma dimensão que precede a conflitiva do complexo de Édipo típico. Ou seja, é imprescindível que tenhamos um profundo conhecimento da normalidade e patologia do narcisismo, e as influências do mesmo na estruturação edípica, sendo que a recíproca também é verdadeira.

Na psicanálise contemporânea, indo além do clássico propósito da interpretação do confito psíquico em termos de pulsões *versus* defesas, o psicanalista também deve permanecer atento às permanentes oscilações intrapsíquicas que se processam na vincularidade entre os princípios do prazer-desprazer e o da realidade; a posição esquizoparanóide e a depressiva; a parte psicótica e a não-psicótica da personalidade; o verdadeiro e o falso *self*, etc.

Da mesma forma, adquire uma fundamental importância para a prática psicanalítica uma atenção especial para as inter-relações entre Narciso e Édipo, muito particularmente para a observação do, latente, ego narcísico que está ocultado pela manifesta, e às vezes enganadoramente florida, configuração edípica dos quadros clínicos que atendemos no cotidiano de nossas clínicas.

Por tudo isso, é útil considerar a passagem, progressiva, de Narciso a Édipo, e a – regressiva – de Édipo a Narciso. Assim, no mito de Narciso, tal como consta na "*Metamorfosis*" de Ovídio, pode-se depreender que é necessário que morra Narciso (a díade especular) para que ele possa se *transformar* em Édipo. No entanto, por mais que se dê a transformação para a genitalidade adulta – própria de um Édipo suficientemente bem resolvido – sempre haverá a presença ativa de vestígios de Narciso, sendo que ambos, de alguma forma, interagem durante toda a vida de qualquer indivíduo. Para uma representação gráfica que traduza este estado de permanente interação entre Narciso e Édipo creio que caberia empregar o modelo de Bion nas situações em que ele utiliza uma flecha bidirecional, como por exemplo na recíproca e permanente interação entre as posições depressiva e a esquizoparanóide.

Para ocorrer na criança essa transformação e passagem evolutiva de Narciso para Édipo, são necessários, no mínimo, dois fatores: o primeiro deles é a presença de um pai forte e seguro que interponha-se entre a mãe e o filho, promovendo uma castração (simbólica) nas fantasias onipotentes do filho, ou filha, que imagina ter a posse absoluta da mãe. É claro que esse imaginário fantasmático cresce na proporção direta das estimulações erotizadas ou narcisizadas por parte de uma mãe excessivamente simbiótica e que, ainda por cima, esvazia e desqualifica a imagem do seu marido perante o filho.

O segundo fator, antes mencionado como necessário para uma exitosa transformação, consiste na capacidade da criança em ingressar na posição depressiva, tal como ela foi descrita por M. Klein. Podemos ir mais longe e afirmar que é a aquisição da posição depressiva que determina e inaugura o complexo de Édipo. De fato, entre outros aspectos inerentes a essa posição, vale destacar quem é ela que possibilita a criança a discriminar e a separar-se do objeto, ganhando para si e concedendo para o outro uma relativa autonomia, assim efetivando um *reconhecimento* da existência real de uma terceira pessoa, logo, do pai, no contexto edipiano. Assim, a criança está saindo da díade fusional e confusional própria do *narcisismo* e ingressando num *socialismo*, representado pelo triângulo edípico. No contexto acima, foi tomado como referencial o modelo kleiniano da "*posição depressiva*", mas é claro que poderiam servir outros modelos de diferentes correntes psicanalíticas que permitem compreender a *alteridade*, como é a concepção de M. Mahler (1975) acerca do "*nascimento psicológico*" da criança por meio dos processos de diferenciação, separação e individuação; a postulação de Lacan a respeito dos processos da "*alienação*", a de Winnicott em sua abordagem dos "*fenômenos transicionais*", e assim por diante.

Em termos clínicos, é nas histerias, e sobretudo nas perversões, que se observa mais claramente um articulação da estrutura edípica com a estrutura narcísica. Em relação às histerias é justo lembrar que Fairbairn (1954) já destacava o seu parecer de que a *sexualidade do histérico é no seu fundo extremamente oral e que a sua oralidade básica manifesta-se de forma acentuadamente genital*, sendo que podemos considerar altamente significativa a sua afirmativa de que "*ainda não analisei nenhum histérico, homem ou mulher, que, no fundo, não fosse um inveterado buscador do seio materno*". Aliás, em seu artigo "*Observações sobre a Natureza dos Estados Histéricos*", o autor nos brinda com essa bela passagem que bem ilustra o que aqui estamos enfocando: "*É notável que o interesse psicanalítico sobre a clássica história de Édipo tenha se concentrado sobre os atos finais do drama. No entanto, como uma unidade, é importante reconhecer que o Édipo que mata a seu pai e desposa sua mãe começou sua vida exposto em uma montanha, e assim esteve privado de cuidados maternais* (o grifo é meu) *em todos seus aspectos, durante uma etapa na qual sua mãe deveria constituir-se no seu objeto essencial e exclusivo*".

Mais notadamente no caso das perversões, o elemento fundamental que permite passar da estrutura narcísica para a estrutura de natureza edípica é a presença do *fetiche*, o qual se comporta como uma espécie de ponte entre o imaginário e o simbólico (não confundir com o *objeto transicional*, de Winnicott, que no desenvolvimento evolutivo normal, de forma *transitória*, também cumpre esta função). Isso constitui-se como uma condição para a transmutação de valores: aquilo que está ausente do pensamento e do conhecimento do sujeito portador de estrutura perversa, devido ao seu maciço uso de "desmentida" da castração (essa modalidade defensiva de negação também é conhecida pela sinonímia de "renegação", "denegação" ou "recusa"), deverá estar presente em algum outro lugar, dentro ou fora do indivíduo.

Neste último caso, ele parte em uma busca desesperada pelo que lhe falta no registro imaginário das ilusões e, para tanto, procura parceiros que possam executar esse papel, por meio de diversas vias, sendo que a da sexualidade manifesta pelos genitais adquire uma extraordinária relevância em tais situações, configurando uma pseudo genitalidade.

Não cabe aqui esmiuçar mais detalhadamente as diversas formas de manifestações clínicas de perversões ligadas aos desvios da sexualidade (transexualismo, travestismo, homossexualismo, fetichismo, exibicionismo-voyeurismo, sadismo-masoquismo, pedofilia, bestialismo...) e, tampouco, cabe estudar a estruturação genético-dinâmica de cada uma delas. No entanto, é útil que nos detenhamos mais atentamente nos pacientes portadores de uma intensa e compulsória atividade *donjuanesca*, no caso de homens, ou *ninfomaníaca*, no caso de mulheres, independentemente se o diagnóstico for de histeria, psicopatia, perversão, psicose...

A experiência clínica de cada um de nós comprova que essa aparente hiperatividade genital está invariavelmente vinculada a transtornos de natureza narcisista, sendo que em relação à pseudogenitalidade histérica vale acrescentar que a hipervalorização e a erotização do corpo, assim como uma permanente atitude de sedução, estão a serviço de uma irrefreável necessidade dessa pessoa de obter um – insaciável – *reconhecimento* de que ela está sendo vista, valorizada e, sobretudo, desejada, enquanto que o real pleno gozo sexual fica relegado a um segundo plano.

O conhecido personagem *Don Juan* pode servir como um protótipo de Narciso travestido de Édipo, tanto que nos diversos contextos literários em que ele aparece há uma falta de amor pelo outro. *Don Juan* somente "ama" a quem o ama, e o seu gozo verdadeiro, embora tenha se especializado na arte de desempenhar (ou aparentar) um excelente desempenho genital, consiste no sabor de uma nova conquista que lhe reassegure o *reconhecimento* pelo outro de que ele é potente, um amante insuperável e, ao mesmo tempo, que ele tem um cacho de mulheres à sua permanente espera e disponibilidade incondicional, e com isso ele faz a "desmentida" de que no fundo sente-se um menino frágil e invariavelmente sobressaltado pelo pavor de vir a ficar desamparado.

Aqueles que assistiram ao filme "Don Juan de Marco" hão de recordar de, no mínimo, três passagens significativas: a primeira alude à cena em que aparece uma mãe sensual exibindo o seu corpo desnudo ao personagem quando ainda bebê, que a mirava extasiado; portanto, trata-se de uma precoce erotização em plena vigência de uma etapa narcísica. O segundo aspecto interessante do filme diz respeito ao uso maciço da defesa de tipo "desmentida" por parte do personagem, a ponto de ele apresentar uma nítida confusão de identidade. O terceiro e mais ilustrativo aspecto é o que aparece na cena final na qual o personagem após ter sido obrigado a admitir que não era um verdadeiro "Don Juan", abandona a sua postura anterior de uma aparência de homem forte e potente, com olhar brilhante e conquistador, jeito insinuante e uma certa arrogância, e a substitui pela posição postural de um pobre menino frágil e assustado. Aliás, esta cena final está encadeada e confirma a cena inicial na qual aparece esse personagem sendo socorrido por causa de seu intento suicida, que foi motivado pela sua profunda decepção por ele ter sido rejeitado por uma mulher por quem ele nutria uma "profunda paixão e desejo sexual", enquanto que ela nem sabia da existência dele.

Esta última assertiva nos introduz no importante problema da terrível *angústia de desamparo*, intimamente ligado à estrutura narcisística. Destarte, aquilo que em uma visão mais superficial possa parecer como sendo uma busca de objeto sexual e amor, mais profundamente constitui não mais do que uma busca desesperada, freqüentemente pelos genitais, de uma fuga do desamparo e de uma reafirmação de si mesmo.

A *angústia de desamparo* (*Hilflosigkeit* é o termo original de Freud) é a angústia mais temida, não só pela razão da falta de apoio e de extrema dependência que ela acarreta, mas, principalmente, pela ameaça de uma desorganização do ego. Essa última ameaça acontece devido ao fato de que o estado de desamparo original incidiu na criança em uma idade em que o seu ego ainda não tinha condições neurobiológicas para processar os estímulos e angústias. Isso lembra o que Freud afirmou: *"A organização precária do ego não tinha condições para enfrentar a potência desorganizadora do id"* (1926).

Portanto, mais do que a angústia de castração, estamos aqui enfatizando a presença da angústia de desamparo e desvalia; mais do que a problemática dos *desejos*, impõe-se a das *necessidades básicas*; mais do que uma dolorosa frustração decorrente da exclusão da criança do triângulo edípico, estamos aludindo à questão essencial da sobrevivência psíquica e à constituição do ego, com os seus limites e sua identidade primitiva e corporal. Pode-se dizer que as inibições afetivas ligadas às fixações narcisísticas tendem a reforçar o registro imaginário e a impedir o registro simbólico da conflitiva edípica e, por conseguinte, das elaborações genitais.

Resumidamente: a patologia de Édipo é indissociada de Narciso. Assim, clinicamente falando, antes do que a disjunção alternativa de Narciso *ou* Édipo, é muito mais útil a conjunção copulativa Narciso *e* Édipo, sendo que cada um deles pode funcionar como um refúgio do outro. No entanto, uma regressão narcisista nem sempre resulta de uma fuga de Édipo (e vice-versa) e nem como uma forma de resistência contra a progressão até Édipo. Pelo contrário, essa regressão pode representar um necessário e estruturante retorno às origens, a fim de recomeçar tudo de novo, de uma maneira mais sadia e em um ambiente mais adequado, como é o espaço da experiência psicanalítica.

Em Narciso, a relação é diádica, enquanto em Édipo ela é triangular (no Édipo excessivamente narcisisado, a relação pode ser triádica, mas não triangular, se levarmos em conta que são três pessoas, mas que uma está excluída afetivamente e, por isso, não existe). No mito de Narciso, o que prevalece não é o amor por si próprio, mas sim a *con-fusão* com a mãe (identificação primária de Freud) e a falta de discriminação e consideração pelos demais, enquanto que em Édipo já há o reconhecimento de um terceiro, além da capacidade de discriminação com os demais.

Como o Narcisismo incipiente não se estrutura por meio de repressões, tal como se processa em Édipo, ocorre que, ao contrário do que acontece neste último, em condições altamente regressivas, não há lembranças, mas sim uma "*memória de sentimentos*"(expressão de M. Klein, 1957) através de um "*terror sem nome*"(Bion, 1967), porque as primeiras faltas básicas e as sensações de desamparo foram sendo impressas e semantizadas na mente da criancinha como uma ameaça de aniquilamento, físico e psíquico.

O objetivo do amor do indivíduo que está sob a égide da *posição narcisista* é obter a completude do prazer, e para tanto, ele necessita da obtenção e da posse dos objetos que propiciem esse prazer, porquanto não lhe basta o produto "leite nutridor", ele quer a posse da fonte de produção do leite: o seio todo.

No entanto, a impossibilidade de alcançar a completude narcisista pode ocasionar a formação de *vazios* existenciais profundamente dolorosos e dos quais o indivíduo procura fugir de qualquer maneira. São múltiplas as formas de *fugas* desses vazios e vale assinalar de forma esquemática as seguintes, que mais comumente aparecem: *para dentro do outro* (pelas maciças identificações projetivas, ocasiona uma dependência simbiótica cronificada, ao mesmo tempo com submissão e com um intenso controle onipotente sobre a pessoa hospedeira); *para dentro de si mesmo* (resulta em somatizações, estados autísticos...); fuga *do outro* (constrói uma autarquia narcisista); fuga *da vida* (tóxicos, intentos suicidas, estado mental de "desistência"...); *por meio do outro* (conluios perversos com a busca de pessoas que se prestem ao papel de reasseguradores das suas ilusões narcisistas); fuga *no outro*, pelos genitais, constituindo uma "sexualidade adictiva", tal como será mais bem explicitado a seguir.

Em relação à conduta sexual deste tipo de paciente que está fixado na PN e que estabelece vínculos amorosos de natureza simbiótica, observa-se uma gama de dois extremos: uma intensa e compulsiva atividade genital ou uma total ausência dela. No primeiro caso, o mais comum é que as relações sexuais ficam exageradamente centralizadas nas pré-genitais, práticas eróticas preliminares, enquanto a relação genital propriamente dita é breve e parece constituir-se mais como um pretexto daquelas práticas pré-genitais. A explicação disso consiste no fato de que o vínculo narcisístico excessivamente simbiótico tende a uma união que visa, sobretudo, atingir ao modelo de uma fusão pré-natal. Daí resulta que a atividade genital adulta torna-se incompatível com uma demanda tão excessiva por gratificações pré-genitais, acrescidas por uma irrefreável necessidade deste indivíduo por infindáveis reafirmações de que ele é amado e desejado (na base de um insaciável "então prova que me amas... "), e isso se constitui um claro atestado de que existe uma compulsória demanda de que ele está sendo *reconhecido* pelo outro como sendo capaz de inspirar desejo e amor e, portanto, como alguém que, de fato, existe e está amparado..

Nesses casos, é comum acontecer que: 1) Haja a inclusão de um terceiro, na figura de um(a) amante, cujo papel, inconsciente, visa complementar a ausência básica de cada um dos personagens da tríade. 2) Um uso de técnicas de controle, domínio e poder, como uma forma de impedir as perdas dolorosas e assim reassegurar a sensação de simbiose ou a ilusão de uma absoluta independência, 3) Essas técnicas de controle, quando levadas em graus excessivos, configuram relações de um recíproco sadomasoquismo, que cumprem a função de assegurar a união e, ao mesmo tempo, fugir por afastamento e se diferenciar do outro. 4) Como um substituto do fracasso genital, costuma acontecer uma super valorização do dinheiro e consumismo, que se constituem como fetiches de um seio farto e generoso para os dois do casal sadomasoquista, ou mais comumente num dos dois (enquanto o outro fica no papel de provedor), assim alimentando a ilusão de poder mamar eternamente. 5) Uma outra possibilidade é a presença de uma anorgasmia nele ou nela. Isso se deve ao fato de que o orgasmo para eles equivale a uma perda de controle sobre si e sobre o outro e, por isso, ele deve ser infinitamente postergado, ou ser vivido pelo gozo do parceiro, a quem ele(a) delega a procuração de sua genitalidade adulta. 6) É importante estabelecer uma diferença entre a regressão sensual do amor maduro que se manifesta sob uma forma de sexualidade polimorfa, e a regressão simbiótica-narcisística de duração permanente. A primeira implica em uma capacidade intra-psíquica de suportar a perda dos limites que tal regressão desperta, enquanto a segunda provoca um medo de um engolfamento recíproco, vindo acompanhada com distintas modalidades de fugas diante do terror da perda total dos limites.

Na situação psicanalítica propriamente dita vale fazer algum registro dos diversos elementos que compõem a vincularidade do campo psicanalíco.

Setting

Esses analisandos que apresentam uma pseudogenitalidade, ancorados que eles estão em profundas e revoltas águas narcisísticas, têm uma tendência tanto ao *acting-out,* em uma incansável busca erotizada do "príncipe encantado" ou da "fada madrinha", como tambem ao *acting-in*, sob a forma de tentar obter alguma forma de privilégio especial por parte do seu psicanalista.

Por conseguinte, há um sério risco de se instalar um desvirtuamento das combinações contratadas e, por isso mesmo, a preservação do *setting,* ao máximo possível, constitui-se como uma importante recomendação técnica.

Também pode ocorrer uma situação em um extremo oposto, a qual consiste no fato de o psicanalista desenvolver uma atitude algo fóbica contra as manobras de envolvimento do analisando, razão por que ele mantém um distanciamento e uma evitação da parte regressiva de seu paciente por meio de um *setting* excessivamente rígido e de interpretações de natureza superegóica.

Resistências

A principal resistência nesses casos não é tanto a oposição a um acesso às repressões edípicas com as correspondentes fantasias ligadas à cena primária, como habitualmente era entendido pelos analistas. Pelo contrário, a resistência está muito mais ligada a um aferramento a essa suposta conflitiva edípica, como um véu encobridor e protetor das ilusões próprias do mundo narcista que o paciente inconscientemente, e muitas vezes conscientemente, procura manter a todo custo. No exemplo de *don juanismo*, antes aludido, tal resistência torna-se particularmente mais tenaz ainda, porquanto essa forma de pseudogenitalidade está altamente idealizada pelo próprio analisando e, freqüentemente, pelos outros.

É alto o risco de o psicanalista desenvolver uma contra-resistência nos mesmos moldes do paciente e, por conseguinte, existe a possibilidade de que se formem *conluios* inconscientes, de uma recíproca fascinação narcisista por exemplo, que funcionará como um obstáculo à possibilidade de uma verdadeira transformação do mundo imaginário em direção ao simbólico.

Uma outra causa de resistência tenaz à mudança consiste no fato de que o *reconhecimento* da autonomia do outro representa ser uma ameaça à onipotente auto-suficiência narcisista. A resistência dos pacientes com predominância da PN lembra um provérbio espanhol: "*Antes morrer do que mudar*".

Em razão das múltiplas resistências – freqüentemente de natureza fóbica – que esse paciente manifesta diante do processo psicanalítico desvendador e transformador, não é nada raro que ele faça interrupções, seguidas de retomadas da análise, configurando aquilo que Nogueira (1996) denomina "*psicanálise em capítulos*", muitas vezes necessárias e inevitáveis.

Transferências

Toda transferência tem um resto narcísico, da primitiva unidade diádico-simbiótica. A análise da transferência visa permitir a separação desse *objeto de necessidade*, para constituí-lo como um *objeto de desejo*, edípico. Há, portanto, uma diferença entre a transferência narcísica de colorido erótico e que guarda uma natureza especular e a transferência erótica propriamente dita, com desejos de cunho edípico triangular, não sendo incomum que ambas formas se superponham e se alternem.

Um aspecto particularmente importante diz respeito ao fato de que uma transferência *positiva* pode estar sendo, na verdade, uma transferência *idealizada*, em cujo caso a *fé* ocupa o lugar da confiança básica e a *sugestão* substitui o penoso processo de pensar as experiências emocionais do vínculo analítico.

Em contrapartida, a transferência *negativa*, na estrutura edípica, pode estar significando a rivalidade própria de uma situação triangular e, por conseguinte, com a presença do sentimento de que alguém está sendo excluído, enquanto que, na estrutura narcisista, a transferência negativa pode estar representando uma finalidade diferente daquela. Assim, ela tanto pode estar repetindo um antigo vínculo simbiótico por meio de uma interminável transferência de natureza sadomasoquística (daí o sério risco de que se forme um conluio transferencial-contratransferencial desse tipo), como também a transferência de aparência negativa pode estar representando uma tentativa justamente oposta, isto é, que a hostilidade do analisando esteja visando romper com os vínculos de domínio, posse, especularidade e falsidade. A partir dessa perspectiva, *a transferência negativa deve ser considerada como altamente positiva*, e é ela que vai permitir uma análise verdadeira que possibilite transformações psíquicas.

Aqueles pacientes nos quais se mantém a díade fusional com a mãe (analista) sem que tenha se estabelecido a discriminação "eu-outro", que padecem de um déficit de simbolização e cuja modalidade de sofrimento se expressa pela angústia de desamparo e desvalia, costumam manifestar as seguintes características na situação psicanalítica: 1) Uma tendência a desenvolver uma *transferência especular* – para utilizar uma terminologia e conceituação de Kohut (1971) – nas três possibilidades que este autor aventa, ou seja, a fusional, a gemelar e a especular propriamente dita. Assim, costuma haver um estado de extrema dependência do objeto necessitado, embora muitas vezes disfarçado por uma conduta de aparente independência e auto-suficiência. 2) Essa modalidade transferencial costuma evidenciar um pensamento algo confuso e ambíguo, expressando.se comumente por uma linguagem somática (hipocondria, conversões, somatizações...), ou pela linguagem da ação. Nesses casos, falha a função de "angústia-sinal" do ego e, mais do que antecipar um perigo, o indivíduo recorre a *actings*, impulsivamente e pseudogenitalmente. 3) Como a transferência desses pacientes caracteriza-se pela tendência à evitação do contato com a penosa realidade psíquica (-K, de Bion) de que eles não são aquilo que pensavam que eram, vai acontecer que, por meio de um ataque aos vínculos perceptivos, a elaboração fica impedida e, conseqüentemente, há um grande risco de que não aconteçam verdadeiras mudanças psicanalíticas, embora possam ser análises de longo curso e aparentemente exitosas.

Contratransferência

É fácil perceber que tamanhas cargas de necessidades e ansiedades primitivas venham a provocar fortes impactos contratransferenciais, os quais tanto podem se constituir em enredamentos patológicos, como também podem servir como uma excelente *bússola empática* para o psicanalista. Provavelmente o mais perturbador desses impactos contratransferenciais seja aquele que decorre dos freqüentes *actings*, muitas vezes de natureza maligna. Não cabe aqui detalhar as múltiplas e protéicas respostas contratransferenciais; no entanto, vale consignar um ou dois aspectos que por vezes passam desapercebidos.

Assim, não é infreqüente que, após mais ou menos uns dois anos de evolução de uma análise que parece ser muito promissora e gratificante com este tipo de paciente, o psicanalista perceba que o processo esteja estagnado e que suas interpretações resultem estéreis, fato que pode ocasionar uma contratransferência altamente desfavorável.

Um outro aspecto que me parece útil consignar diz respeito ao fato de que este paciente pode provocar no analista uma forte sensação de desconforto, como se esse estivesse decepcionando e fraudando o analisando.. Isso se deve à identificação projetiva, dentro do psicanalista, de uma mãe narcisista que enganou o filho, por fazê-lo crer como sendo verdade aquilo que na realidade não passava de meras ilusões infantis.

Uma prova difícil para o psicanalista com esse tipo de paciente é o surgimento nada incomum de uma contratransferência de natureza erótica. Da mesma forma que diante de outras respostas contratransferenciais difíceis (ódio, medo, paralisia, impotência, tédio...) também nessa situação é imprescindível que o psicanalista reconheça e assuma com naturalidade, para si mesmo, o desejo erotizado que lhe foi despertado, de modo a poder *pensar* essa experiência emocional e assim poder revertê-la a serviço da *empatia*; caso contrário, aumenta o risco de alguma modalidade de contra-atuação.

Atividade Interpretativa

A primeira observação que necessita ser feita é a de que comumente o psicanalista deixa-se seduzir pelo belo e atraente "material sexual" trazido pelo paciente e que parece estar "pedindo" para ser interpretado num plano edípico. É possível que, em muitas ocasiões, tais interpretações satisfaçam ambos do par analítico, porém há o risco de que elas resultem inférteis porquanto a aludida sexualidade edipiana pode estar fortemente ancorada em fixações narcisistas não-resolvidas.

Da mesma forma, creio ser recomendável que o psicanalista não se detenha de modo prioritario e sistemático na interpretação única dos conflitos resultantes dos desejos e fantasias com as angústias correspondentes. Também é desejável que a atividade interpretativa dirija-se à *forma* de como o analisando utiliza os seus recursos de ego, de como ele *pensa* as suas experiências emocionais, de como ele utiliza a função K ou -K diante das penosas verdades internas e externas, o seu juízo crítico, a sua capacidade de fazer discriminações, as conexões que ele faz entre partes contraditórias de sua personalidade, e assim por diante. Além da importância do *conteúdo* e *forma* das interpretações, são igualmente relevantes a *finalidade* e o *destino* que as mesmas tomam dentro do analisando.

Particularmente com esses pacientes pseudogenitais é importante que as interpretações sejam de natureza *disruptiva*, isto é, que elas promovam uma egodistonia naquilo que o paciente se assegura de forma egossintônica, tal como acontece nos seus núcleos de falso *self* e de sua autarquia de ilusões narcísicas. Igualmente relevante é o fato que as interpretações devem visar, acima de tudo, às *des-identificações*, seguidas de *neo-identificações* – a partir do modelo da *função-alfa* do seu psicanalista – para a construção de um verdadeiro senso de identidade. Ou seja, é fundamental que o psicanalista propicie, para esse tipo de paciente, o desenvolvimento da capacidade de *pensar* as experiências emocionais, tanto as primitivas como as atuais, como um evoluído recurso de ego que substitua as habituais formas de negar, evitar e atuar, com que este paciente costuma se defender.

Tal como foi aludido, é especialmente importante que o analista esteja atento ao *destino* que as suas interpretações tomam dentro da mente dos analisandos em PN porquanto eles costumam desvitalizá-las, de modo que embora *corretas*, as interpretações resultam *ineficazes*. Nesses casos, o paciente pode não estar interessado no valor da interpretação, mas, sim, se ela lhe causa prazer ou desprazer. Da mesma forma, o ato de interpretar equivale para o analisando a uma experiência de castração e de desilusões e, portanto, remete a sentimentos de perda, abandono, incompletude e o penoso *reconhecimento* da sua angústia de desamparo e de sua necessidade do outro.

Elaboração

É muito difícil para esse tipo de analisando a aquisição de um autêntico crescimento mental, como fruto de um trabalho de elaboração de sucessivos *insights* parciais, porquanto tudo isso implica sentir uma profunda dor psíquica. Talvez não haja dor mais difícil de suportar do que aquela que implica em ter que se renunciar às ilusões do mundo do "faz de conta". Não se trata unicamente de *sentir* dor, mas, principalmente, como ensina Bion, da capacidade de *sofrer* (elaborar) a dor, tendo em vista que o paciente com pseudogenitalidade deve substituir a sua costumeira atitude de *evadir* as verdades pela de *enfrentá-las*, única forma de conseguir efetivar transformações, em direção a uma verdadeira e harmônica genitalidade edípica.

CAPÍTULO 38

Insight – Elaboração – Cura

A atividade interpretativa do psicanalista leva aos *insights* do analisando, sendo que a lenta *elaboração* desses é que vai possibilitar a obtenção de mudanças psíquicas, objetivo maior de qualquer análise. A importância do *insight* no processo curativo de um tratamento analítico justifica que se pormenorizem e discriminem algumas de suas particularidades. Assim, proponho uma diferenciação na qualidade do *insight*, segundo a escala a seguir:

1. ***Insight* intelectivo**. Neste caso, talvez não se justifique o uso do termo *insight*, tendo em vista que, enquanto intelectivo, ele não só é inócuo como pode ser prejudicial em alguns casos, como é, por exemplo, a possibilidade de que venha unicamente a reforçar o arsenal defensivo de pacientes que são marcantemente intelectualizadores, como, por exempo, os obsessivos ou narcisistas.
2. ***Insight* cognitivo**. Cognição não é o mesmo que intelectualização; antes, refere-se a uma clara tomada de conhecimento, por parte do paciente, de atitudes e características suas, que até então estavam egossintônicas. É muito comum que a aquisição deste nível de *insight* venha seguida da pergunta por parte do paciente: "e agora, o que é que eu faço com isso?". Creio que que esse *insight* cognitivo deve ser valorizado, e um tipo de resposta, sincera, que me parece adequada àquela pergunta, é algo assim: "É um bom começo de nossa caminhada; vamos ver o que vais fazer com essa tua tomada de conhecimento de como sufocas e desqualificas a tua mulher...". O *insight* cognitivo promove uma *egodistonia*, e é essa que vai propiciar o passo seguinte.
3. ***Insight* afetivo**. Pode-se dizer que aí começa o *insight* propriamente dito, tendo em vista que a cognição, muito mais do que uma mera intelectualização, passa a ser acompanhada por vivências afetivas, tanto as atuais como as evocativas, e possibilita o estabelecimento de correlações entre elas.
4. ***Insight* reflexivo**. Representa um importante e decisivo passo adiante. Esse *insight* institui-se a partir das inquietações que foram promovidas pelo *insight* afetivo e que levam o analisando a refletir, a fazer-se indagações e a estabelecer correlações entre os paradoxos e as contradições de seus sentimentos, pensamentos, atitudes e valores; entre aquilo que ele diz, o que faz e o que, de fato, ele é! Esse *insight* é de natureza *binocular*, isto é, o paciente começa a olhar-se a partir de duas perspectivas: a sua própria e a que é oferecida pelo analista e, da mesma forma, quando ele adquire condições de observar, simultaneamente, ao convívio de aspectos contraditórios seus, como é o caso de sua parte infantil contrapondo-se à parte adulta, etc. É essa "visão binocular" que, mais eficazmente, propicia a transição da posição esquizoparanóide para a posição depressiva.
5. ***Insight* pragmático**. Vale a afirmativa de que uma bem-sucedida elaboração dos *insights* obtidos pelo paciente, ou seja, as suas mudanças psíquicas, devem necessariamente ser traduzidas na *práxis* de sua vida real exterior, e que a mesma esteja sob o controle de seu ego consciente, com a respectiva assunção da responsabilidade pelos seus atos.

CONCEITUAÇÃO DE "CURA" PSICANALÍTICA

Os termos "cura" e "psicanalítica" do título, guardam entre si uma certa imprecisão conceitual e semântica e, por essa razão, é necessário esclarecer o vértice que, aqui, está sendo adotado.

Dessa forma, o conceito do que está sendo considerado como "*analítico*" não se prende exclusivamente ao formalismo das combinações convencionais do *setting* analítico (mínimo de quatro sessões semanais; uso indispensável do divã; rigor na livre associação de idéias; neutralidade absoluta; interpretação sistemática e exclusiva no "aqui-agora-comigo" da neurose de transferência; etc). Embora a essência da instalação do *setting* deva ser mantida, neste capítulo estamos considerando o termo "psicanalítica" a partir do marco de referência que prioritariamente leva em conta os *objetivos terapêuticos* a serem alcançados.

Como forma esquemática, creio que se pode dizer que a obtenção de um objetivo terapêutico se processa de duas maneiras: 1) a de um benefício terapêutico; 2) a de um resultado analítico.

O **benefício terapêutico** pode atingir uma gama distinta de objetivos que guarda uma certa hierarquia entre si, como são os seguintes:

a) A resolução de *crises* situacionais agudas (pode ser obtida em prazo curto e, se bem manejadas, costumam ser de excelente prognóstico).
b) O esbatimento de *sintomas* (se não estiverem organizados em uma cronificação, também são de bom prognóstico).
c) Um melhor reconhecimento e utilização de algumas *capacidades* sadias do ego, que estavam latentes, ou bloqueadas, e a possível liberação das mesmas.
d) Uma melhor *adaptação interpessoal* (tanto no plano da vida familiar, como na profissional e na social). Não obstante o grande mérito que representa esse benefício terapêutico, deve ser levado em conta que mesmo quando resulta uma inequívoca melhora no padrão de ajuste inter-relacional, essa meelhora pode ser algo instável, sujeita a recaídas, quando ela não tiver sido construída com os alicerces das profundas modificações da estrutura interna do indivíduo.

O **resultado psicanalítico**, por sua vez, é uma expressão que pressupõe o preenchimento de uma condição básica: a de uma modificação nas relações objetais internas do paciente e, portanto, de sua estrutura caracterológica. Isso, necessariamente, implica em trabalhar com as primitivas pulsões, necessidades, demandas e desejos que estão embutidos nas fantasias inconscientes, com as respectivas ansiedades e defesas; porém não fica unicamente nisso, pois existem outros aspectos estruturantes provindos da terapia analítica, que serão estudados mais adiante.

Os "benefícios terapêuticos", antes descritos, são mais próprios do processo que habitualmente se denomina (às vezes de forma pejorativa, por parte de alguns) "psicoterapia", enquanto o "resultado analítico", tal como foi referido, seria restrito unicamente ao que denominamos "psicanálise". Assim, a maioria dos psicanalistas considera que o uso do termo "psicanálise" somente adquire legitimidade quando vier preencher as condições mínimas do *setting* clássico, antes aludido. Particularmente, incluo-me entre os que pensam que o cumprimento desse formalismo não deva ser o critério diferencial mais importante, a despeito da convicção de que o emprego do termo "psicanalítico" deva transitar pelas seguintes condições básicas: ser exercida por um técnico cuja formação de base psicanalítica tenha sido feito numa instituição reconhecida segundo os padrões vigentes; visa, prioritariamente, à obtenção de resultados analíticos, constantes de modificações da estrutura interna do paciente; essas mudanças devem ser profundas, estáveis e permanentes; se possível (mas não obrigatoriamente), o estabelecimento do *setting* (enquadre) deve seguir as recomendações vigentes na análise *standard*, sempre que essa indicação prioritária não representar um descompasso com a realidade, ou uma imposição do analista, na base do "dá ou desce", como sendo a única saída possível para o paciente. Por razões óbvias, os tratamentos psicanalíticos que são inerentes aos institutos de psicanálise, filiadas à IPA – tanto as análises pessoais dos candidatos, como as que esses realizam com pacientes, com a finalidade de supervisão curricular – devem seguir obrigatoriamente o modelo clássico, que estiver vigente, e não permitem uma flexibilização maior.

O conceito de "*cura*", por sua vez, vai muito além do significado *latente* que essa palavra sugere (uma prestação de cuidados, como aparece em "cura" de uma paróquia; curador; pro-curador; curativo; des-curar, etc.), da mesma forma que também vai além do seu habitual significado *manifesto* (como é empregado na medicina, onde designa uma resolução completa de alguma doença). Em terapia psicanalítica o conceito de "cura" deve aludir mais diretamente ao terceiro significado que essa palavra sugere, qual seja, o de uma forma de *amadurecimento* (tal como é empregado para caracterizar um queijo que está maturado, sazonado), o que equivale ao trabalho de uma lenta elaboração psíquica que permita a obtenção de mudanças psíquicas estáveis e definitivas.

Justamente com o propósito de evitar essa ambigüidade conceitual que o termo "cura" permite, principalmente o clássico significado que ele adquiriu na medicina – de um término, com a remoção total dos sintomas ou transtornos orgânicos – é que Bion propõe a evitação desse termo em psicanálise, substituindo pela noção de *"crescimento mental"*, que, ao contrário do "fechamento" implícito na cura, mais bem sugere continuadas "novas aberturas".

CRITÉRIOS DE "CURA" ANALÍTICA

Segue uma enumeração, em forma muito resumida, dos principais aspectos que, na atualidade, caracterizam numa verdadeira mudança psíquica.

1. Uma modificação na *qualidade das relações objetais*, as internas e, a partir daí, as externas.
2. Um *menor uso de mecanismos defensivos primitivos,* notadamente as excessivas negações, dissociações, identificações projetivas, idealizações e um controle onipotente.
3. Uma *renúncia às ilusões* de natureza simbiótico-narcisísticas.
4. A aquisição de uma capacidade em fazer (re)introjeções – e, daí, *novas identificações* – de renovados modelos, tanto de objetos como de funções psíquicas, de valores e de papéis.
5. A *recuperação e integração de partes suas*, que foram profundamente rechaçadas, reprimidas e cindidas, e que estão projetadas em outras pessoas, ou ocultas dentro dele mesmo.
6. A obtenção de uma capacidade em *suportar frustrações, absorver perdas e fazer um luto pelas mesmas*, através da assunção do seu quinhão de responsabilidades, e eventuais culpas, pelo destino de seus objetos importantes, assim como também pelo destino que ele deu às capacidades do seu ego.
7. A isso deve seguir-se a *consideração* (Winnicott utiliza o termo "*concern*") pelas outras pessoas, e a capacidade de *reparação* pelos possíveis danos infligidos aos objetos. e a si mesmo. Não é demais lembrar a importante diferença entre a verdadeira e a falsa reparação, sendo que essa última pode-se processar através de recursos maníacos, de um "*falso self*", ou de uma superproteção obsessiva.
8. Uma *diminuição das expectativas* impossíveis de serem alcançadas, as quais são provindas tanto por parte de um ego ideal quanto de um ideal do ego.
9. Um *abrandamento do superego*, sempre que este for de natureza arcaica, rígido, punitivo e todo-poderoso. Nesse caso, a mudança consiste em transformar esse tipo de superego em um "ego auxiliar", isto é, que ele conserve as indispensáveis funções delimitadoras, de proteção e de princípios éticos, a serviço do ego.
10. Uma *libertação das áreas autônomas do ego*, que possibilite um uso mais adequado de suas nobres funções de: percepção, pensamento, linguagem, juízo crítico, conhecimento, comunicação, ação e criatividade.
11. A *aceitação da condição de dependência*, a partir do *insight* de que depender dos outros é, em princípio, sadio e inerente à condição humana. O medo do paciente de "ficar dependente da análise e do analista" expressa, em verdade, que ele sofre de uma "dependência má" (devido às decepções e humilhações sofridas), a qual deve ser transformada em uma "dependência boa" (tecida com confiança, respeito, amizade, etc.).
12. A utilização da *linguagem verbal*, em substituição à não-verbal, a qual, muitas vezes, especialmente em pacientes muito regressivos, se expressa por meio de *actings* malignos e por somatizações, assim como por uma contratransferência difícil, por vezes paralisante. Da mesma forma, em pacientes *borderline* e psicóticos, constitui-se como uma importante mudança psíquica a utilização de símbolos (em lugar das equações simbólicas) e de abstrações.
13. A aquisição de uma "*função psicanalítica da personalidade*". Esta expressão, originalmente empregada por Bion, designa que o analisando fez uma adequada identificação com as funções do seu psicanalista, o que vai possibilitá-lo a prosseguir a sua auto-análise pelo resto de sua vida.
14. Uma *ruptura com os papéis estereotipados*. Este é um ponto muito importante e

que, parece-me, nem sempre tem merecido a devida atenção por parte dos psicanalistas. De fato, muito comumente, o código de valores e a conduta dos indivíduos é repetitiva e estereotipada, e isso se deve ao fato de que essa conduta é comandada por uma espécie de "computador interno" que, desde bebezinho, foi-lhe programado pela cultura de seu habitat sociofamiliar. Nessa programação, deve merecer um registro especial os valores, conflitos e expectativas dos pais, tanto os conscientes quanto, e principalmente, os inconscientes. Sabemos que os papéis designados pelos pais ao seu filho são os mais variados possíveis (por exemplo: o de nunca deixar de ser uma eterna criança; o papel de "gênio" ou o de "bode expiatório", etc., etc.), podendo tais papéis adquirirem uma forma imperativa e categórica. Nesses casos, os pais convencem a criancinha "*quem*" ela é e "*como*" ela deve vir a ser (ou não ser) para garantir o amor deles, sendo que, em caso de desobediência, tais pessoas serão acusadas, desde dentro de si mesmas, e para sempre, de crime de infidelidade e de alta traição. Essa é uma das principais razões da eclosão de estados depressivos diante de situações de um êxito pessoal que tenha sido construído em moldes diferentes das expectativas em que o indivíduo foi programado.

15. A aquisição de um *sentimento de identidade*, consistente e estável. Sabemos que a formação da identidade resulta da combinação de múltiplas identificações e que ela se processa em vários planos, como o sexual, de gênero, de geração, social, profissional, etc. Por outro lado, vale assinalar que a morfologia da palavra "identidade" compõe-se de *idem* (quer dizer: "igual", ou seja, implica a manutenção de uma mesma maneira básica de o sujeito ser) e de *entidade* (que se forma quando a criança, ou o paciente, resolve a simbiotização, a qual se caracteriza por uma indiferenciação entre o "eu" e o outro, sendo que a partir daí, o sujeito faz uma separação e adquire uma individuação; assim, ele *nasce psicologicamente*, como diz M. Mahler (1973), ou seja, ele passa a *existir*, a ser um *ente*; daí, *entidade*).

16. A obtenção de uma *autenticidade e de uma autonomia*. A importância de que o paciente adquira uma autonomia está contida na própria etimologia dessa palavra. Assim, ela se forma a partir de *auto* (próprio) e de *nomos* (étimo grego, que tanto designa "nome" como "lei"). Dessa forma, por meio do que Lacan denomina *o nome do pai*, ou *a lei do pai*, o analisando consegue dessimbiotizar da mãe, ou seja, sair de uma condição de ser um sujeitado, ou um sujeitador, e adquirir o estatuto de um *sujeito*, livre, a partir de uma liberdade interna, o que lhe faculta ser possuidor de um nome próprio e de leis próprias a serem cumpridas. Essa liberdade é indissociável do "amor às verdades" e são elas que vão permitir a passagem para um novo nível de mudança psíquica: a do exercício da autonomia, criatividade, aceitação dos limites e limitações, bem como do direito ao usofruto de prazeres e lazeres. A propósito disso, vale lembrar a referência de Freud, em um rodapé de *O ego e o id* (1923): "A análise se dispõe a dar ao ego a *liberdade* para decidir por um meio ou por outro".

17. Ao mesmo tempo que o sujeito adquire o direito de sentir-se livre das expectativas e mandamentos dos outros (especialmente dos que moram dentro dele), ele também deve ser capaz de experimentar relações afetivas com outras pessoas, *reconhecendo-as como livres, inteiras, diferentes e separadas dele*, ao mesmo tempo em que possa suportar sentimentos ambivalentes em relação a tais pessoas.

ALGUNS ASPECTOS DE TÉCNICA

Além dos conhecidos procedimentos técnicos e táticos que visam promover as mudanças psíquicas, creio ser útil enfatizar, entre muitos elementos que constituem o campo analítico, alguns pontos que conferem uma feição atualizada à prática psicanalítica e que, como uma breve síntese do que está contido nos capítulos deste livro sobre a técnica, são os seguintes:

- **Natureza da ação curativa da terapia analítica.** O critério de mudança psíquica permite ser visto por diversos planos inerentes à vida do sujeito, os quais nem sempre coincidem, pois o crescimento mental não se processa de forma uniforme e, tampouco, é abrangente de forma concomitante para todo o mapa da mente humana. Ademais, o critério de "cura" também depende de quem avalia e, muito especialmente, do objetivo a que a análise se propôs, o qual depende diretamente do paradigma vigente para uma determinada época deste primeiro século da ciência psicanalítica.

Assim, somente para exemplificar, vale reavaliar os sucessivos aforismos que caracterizam, em Freud, a natureza da ação curativa da psicanálise, conforme o estágio evolutivo de sua obra: 1) *"O neurótico sofre de reminiscências e a cura consiste em rememorá-las"* (formulada a partir do ponto de vista da "teoria do trauma"). Este aforismo baseia-se na premissa correta de que a "melhor forma de esquecer é lembrar" e, assim, libertar as energias psíquicas que estão a serviço da repressão. Sabemos hoje que esse princípio, embora válido em sua essência, não representa mais do que uma pequena parcela do processo curativo, sendo que essa própria formulação da importância das aludidas rememorações é entendida na atualidade sob o vértice de que "o que mais importa na análise, a partir das recordações espontâneas do paciente (é útil lembrar que, etimologicamente, *re-cordar* alude ao que *vem do coração*) consiste na possibilidade de que ele possa *ressignificar* o passado, a partir do presente. 2) O segundo aforismo de Freud relativo ao mecanismo curativo da psicanálise: *Tornar consciente o que é inconsciente"* (ponto de vista da "teoria topográfica") deve ser entendido, na atualidade, que não se trata unicamente de passar de uma simples zona para uma outra, mas sim adquire o significado de que o paciente consiga estabelecer um livre canal de comunicação entre essas duas regiões da mente. 3) *"Onde houver* id *(e superego) deve estar o ego"* caracteriza a "teoria estrutural" de Freud. Este aforismo, por colocar o acento tônico no ego, tem merecido uma crescente importância e valorização por parte dos psicanalistas de todas as correntes. É claro que, se fôssemos aprofundar as funções do ego, poderíamos desdobrar aquela sentença em outras, do tipo "onde houver processo primário, deve ficar o secundário"; "onde houver o princípio do prazer, deve ficar o da realidade", etc. 4) Do ponto de vista evolutivo, uma atualização dos fundamentais estudos sobre o complexo de Édipo e sobre o Narcisismo, justifica a seguinte máxima: *"Onde houver Narciso, deve estar Édipo"* (uma outra formulação deste princípio, seguindo uma terminologia de Lacan seria "onde houver a *lei do desejo* (de fusão com a mãe) deve ficar o o *desejo da lei* (de um pai que se interponha entre a criança e a mãe). E, assim por diante, os aforismos relativos à cura analítica, provindos de outros importantes autores, poderiam, aqui, sofrer um processo de reavaliação atual.

- ***Via "di porre" e via "di levare".*** Em 1905, inspirado em Da Vinci, Freud postulou a bela metáfora de que a cura analítica poderia seguir a dois modelos: o da *via di porre*, a exemplo de um pintor que cria a sua obra de arte *pondo* as suas tintas em uma tela em branco, ou a *via di levare*, que corresponde à criação artística de um escultor que, *removendo* ("levando" embora) pedaços de uma peça de mármore, pode trazer o "nascimento" de figuras que, ocultas no seu interior, estavam como que "pedindo para nascer", como atestam as magníficas esculturas "Moisés", "David", ou a série dos "Escravos", todas elas de Michelângelo.

Freud utilizou o modelo da *"via di porre"* para caracterizar aqueles tratamentos, não psicanalíticos, que consistiam nas diversas técnicas sugestivas, como a hipnose, modelo esse que ficou desprezado na psicanálise, embora, na atualidade, considere-se que alguma forma de sugestão é inevitável e inerente ao método psicanalítico. Assim, a psicanálise passou a ser regida pela *"via di levare"*, isto é, pela ideologia psicanalítica de que o papel do analista se restringiria a "retirar" os excessos neuróticos e psicóticos do paciente para que então pudesse nascer e resplandescer a personalidade sadia que está oculta ou congelada dentro dele. Conquanto essa última afirmativa, genericamente, esteja absolutamente correta, ela não deve invalidar que para certos pacientes em grau extremo de regressão, ela é insuficiente, porquanto tais pacientes podem estar requerendo que o terapeuta *ponha* algo que eles nunca tiveram, e que foram substituídos pelos vazios dos "buracos negros" do seu *self.*

- **As cinco regras técnicas legadas por Freud.** Acompanhando as transformações da teoria, técnica e objetivos terapêuticos da psicanálise, as clássicas "recomendações" de Freud também devem ser ressignificadas na atualidade, tal como foi detalhado no capítulo específico do presente livro. De uma forma extremamente reduzida, aqui, cabe dizer que, na atualidade: 1) A *regra fundamental* (também conhecida como a da "livre associação de idéias") deve ser entendida, não como uma obrigação, mas sim como um direito à liberdade para o paciente verbalizar, ou não, tudo o que lhe vier à mente. 2) A *regra da netralidade* não deve ser entendida no sentido de que o analista comporte-se rigorosamente como uma mera superfície fria de um epelho que reflita tão-somente o que o paciente nele depositar; pelo contrário, "neutralidade" deve ser conceitualizada como sendo uma arte em que o analista *deve se envolver* (empatia), sem, no entanto, *ficar envolvido* (nas malhas de uma contratransferência patológica). 3) A *regra da abstinência* indica que o terapeuta deve se abster de gratificar tanto os seus próprios desejos como os do analisando; na atualidade, cabe acrescentar que vale, sim, gratificar ao paciente, desde que fique claro que a melhor gratificação para ele não é a de ser *atendido* em seus desejos, mas, sim, a de ser *entendido* pelo seu analista. 4) A *regra da atenção flutuante* corresponde ao "sem memória, sem desejo e sem ânsia de compreensão" de Bion. Esta recomendação de Freud continua sendo penamente vigente; no entanto, vale realçar que uma atenção flutuante não deve sugerir uma passividade e muito menos um desligamento por parte do analista. Pelo contrário, trata-se de um processo ativo, tendo em vista que o mesmo pressupõe uma sintonia afetiva (empatia), intuitiva (que está subjacente à sensorial) e cognitiva, desde que a mente do terapeuta não esteja saturada de pre-conceitos. 5) A *regra do amor às verdades,* ainda que não esteja explicitada com este nome na obra de Freud, pode ser depreendida claramente em inúmeras passagens de seus escritos sobre técnica. O que importa, como um fator curativo, é que "amor às verdades" designa uma atitude analítica, por parte do analista, de veracidade, dele *ser verdadeiro* – e assim ser introjetado pelo paciente – e que esse amor às verdades não deve ser confundido com uma caça obsessiva às, supostas, verdades absolutas.

- **Elementos do campo analítico.** Na atualidade não se concebe uma análise que seja unidirecional (o paciente traz o "material" enquanto caberia ao analista a função única de interpretá-lo); pelo contrário, o processo analítico repousa em uma permanente vincularidade recíproca, o que constitui a formação do "campo analítico". Assim, dentro da concepção, que estamos adotando, de que "cura" analítica, muito mais que um esbatimento de sintomas e remissão de transtornos caracterológicos, consiste em um crescimento das capacidades mentais, os seguintes oito elementos fundamentais também vêm sofrendo as necessárias transformações técnicas, que, aqui, vão ser resumidas em uma ou duas frases para cada um deles, visto que eles estão especificamente estudados nos capítulos específicos: 1) *Insight*: vai muito além de uma combinação de regras e detalhes práticos, e constitui-se como um novo, singular e apropriado espaço para o paciente reexperimentar velhas experiências emocionais que foram mal solucionadas no passado. 2) *Resistência*: contrariamente a de como era considerada como um obstáculo à boa marcha de uma análise, os analistas de hoje reconhecem que elas servem como uma excelente amostragem de como o ego do paciente se defende diante dos seus medos diante da vida. 3) *Contra-resistência*: O aspecto mais importante a ser destacado é o da possibilidade da formação de *conluios inconscientes* (os conscientes é mais adequado denominá-los como "pactos corruptos") entre as necessidades e desejos do paciente com o seu analista e vice-versa. 4) *Transferência*: um tratamento analítico, que não transitou pela, assim chamada, "transferência negativa" não pode ser considerado uma análise completa pois ela não propiciou um importante fator curativo, qual seja, o de reexperimentar e ressignificar os sentimentos agressivos. Pode-se dizer que a transferência "negativa" é "positiva", se ela for bem entendida e manejada pelo analista. 5) *Contratransferência*: o importante é que o terapeuta faça uma indispensável discriminação e um reconhecimento entre o que, realmente, é uma contratransferência (como resultante dos efeitos das identificações projetivas do paciente, dentro da sua mente) e aquilo que não é mais do que a "transferência" do próprio analista (em cujos casos, o paciente é, no máximo, um detonador). Da mesma forma, o processo curativo de uma análise, notadamente com pacientes bastante regredidos, depende fundamentalmente do destino que a contratransferência tomará na pessoa do analista: ela tanto pode servir como um importante meio de comunicação primitiva do paciente e como uma útil *bússola empática*, como também ela pode resultar como patológica e confusionante. 6) *Comunicação*: numa análise atual, de características vinculares e dialéticas, é evidente que a forma de comunicação recíproca entre o par analítico, tanto a verbal, como a não-verbal, assume uma alta relevância. Em relação à *verbal*, o que mais importa é que o paciente adquira a condição de discriminar quando o seu discurso está servindo para comunicar algo, ou se, pelo contrário, é para confundir e nada comunicar. Quanto à comunicação *não-verbal*, (principalmente a que se traduz por *actings* e *somatizações*), faz parte do processo curativo que o analisando possa *pensar* as experiências emocionais e expressá-las através do pensamento verbal. 7) *Interpretação*: é óbvio que análise sem interpretações *não é* análise e não pode progredir; contudo, tampouco é concebível uma análise que seja baseada exclusivamente em interpretações. Também é útil diferenciar "interpretação" de "atividade interpretativa", sendo que esta última sugere mais diretamente um exercício dialético entre analista e paciente, no qual as interpretações resultam, em grande parte, de uma "construção" de ambos. 8) *Insight e elaboração*: esse aspecto abrange todas as considerações presentes neste capítulo, sendo útil ressaltar que a eficácia curativa das mesmas depende fundamentalmente da condição de que o analisando tenha conseguido atingir a *posição depressiva*, segundo a concepção de M. Klein, sendo que isso costuma vir acompanhado de algum sofrimento psíquico. Nos casos em que existe uma total evitação da dor psíquica que é inerente à posição depressiva e que, ainda assim, o paciente manifesta melhoras, é necessário que o analista fique atento à possibilidade de que se trate de uma pseudomelhora, constituindo aquilo que Bion denomina *cura cosmética*, isto é, o paciente desenvolve uma série de camadas bonitas, que estão encobrindo a permanência de uma feiúra interna. A única forma de o paciente enfrentar a dor mental, no curso da análise, é quando houver uma adequada "atmosfera analítica".

- **Atmosfera analítica.** Esta expressão, aqui, designa o clima afetivo que se estabelece nas sessões, a partir da *atitude interna* do psicanalista, sendo que a mesma é entretecida pelos seus atributos genuínos e essenciais, tais como as capacidades de empatia e de continência, entre tantas outras mais. Parto do princípio de que toda e qualquer técnica analítica gira em torno de dois eixos fundamentais, sendo que ambos são indissociados e complementares entre si. Vale traçar uma representação gráfica disso, segundo o modelo cartesiano, de duas coordenadas perpendiculares, sendo que o eixo vertical, da "atividade interpretativa", é mais importante nos analisandos que têm uma melhor integração do ego, enquanto o eixo horizontal, da "atmosfera analítica", cresce em relevância na proporção direta do grau de regressividade dos pacientes. Este último caso deve ser entendido a partir do inequívoco fato de que os atributos do psicanalista também se constituem como um fator curativo, porquanto eles exercem a função indireta de preencher as lacunas que resultaram de uma deficiente maternagem original. Nessas condições, é válida a analogia de que a amamentação se compõe tanto do *conteúdo* (leite-interpretação) quanto da *forma* (a atitude da mãe-analista, em relação à maneira de segurar, alimentar, olhar e falar com o seu filho-paciente, sua calidez, amor, etc.), desde que o analista não confunda a sua função de *preencher* as lacunas primitivas da formação do *self* desse tipo de paciente com a de *substituir* o papel da mãe ou do pai.

- **Funções do ego.** A tendência atual é a de considerar que tão ou mais importante do que a clássica descodificação das fantasias inconscientes, com as respectivas pulsões, ansiedades e defesas, consiste na necessidade de o analista priorizar a maneira de como o seu analisando está utilizando as suas funções cognitivas do ego. Em outras palavras: como se processa a *percepção* do paciente em relação aos fatos e às pessoas do mundo exterior; como ele utiliza a sua (in)capacidade para *pensar;* ele consegue formar símbolos e, daí, tem capacidade para as abstrações e conceituações ou o paciente está detido no âmbito de equações simbólicas e, portanto, os seus pensamentos são concretos ?; e como é o seu *juízo crítico* ?. Da mesma forma, valeria perguntar, até que ponto a sua função de *conhecimento* está mais voltada para o *não* conhecimento (-K, de Bion) das verdades penosas; como é a sua *comunicação,* com qual tipo de *linguagem;* como são as suas *ações,* no plano da conduta, etc. Sabemos que em pacientes detidos em níveis primitivos, tais funções do ego não se desenvolveram adequadamente de forma que, nesses casos, uma das tarefas do analista é a de que, durante algum tempo da análise, ele "empreste" ao paciente aquela função do ego que ele possui, mas que falta ao paciente (por exemplo, em muitos momentos, pensar pelo paciente e, assim, ensiná-lo a pensar). Para que essa atividade do analista se constitua como um fator curativo, ela deve ser *transitória*: o modelo que me ocorre é o dos andaimes de uma construção, tendo em vista que os mesmos são indispensáveis até a conclusão da obra, e depois são retirados.
- **Neo-Identificações.** Partindo do princípio de que todo analisando é, em grau distinto, portador de *identificações patógenas*, impõe-se como uma tarefa analítica imprescindível, como fator curativo, o difícil processo de realizar *des-identificações*. É como se fosse uma "decantação"(termo da química que designa a operação que separa duas substâncias diferentes, como pode ser dois líquidos, ou um líquido de um sólido, que estão misturados e confundidos em uma mesma solução); trata-se, portanto, de uma decantação entre as diferentes identificações parciais, as boas e as patógenas, que estão imbricadas no interior de cada sujeito. As desidentificações abrem espaços dentro do ego, que devem ser preenchidas com *neo-identificações,* sendo que a pessoa do psicanalista, como pessoa real, também funciona como um importante modelo para as novas identificações do paciente, e isso se constitui um importante fator curativo, creio que mais importante do que é habitualmente considerado.
- **Neo-Significações.** Desde bebê, a estruturação do inconsciente de todo indivíduo vai se impregnando dos significantes veiculados pelo discurso dos pais e da sociedade. Tais significantes, ao se combinarem com as fantasias inconscientes originais, vão compondo novas e profundas formações fantasmáticas que acabam regendo a vida dos nossos pacientes. Por exemplo: uma mãe fóbica emprestará um significado de "perigo" – e a necessidade de evitação – a tudo que estiver acontecendo com o seu filho, e assim está seguramente fabricando um novo fóbico na família; o mesmo pode-se dizer em relação ao doutrinário discurso dos pais, com significações paranóides, obsessivas ou narcisistas e assim por diante. A exemplo do que antes foi dito em relação às identificações, também é uma tarefa muito importante do analista a de promover as *des-significações*, seguidas de *neo-significações*.
- **Estereotipia de papéis.** Aí temos um bom exemplo de como a psicanálise pode se enriquecer com a utilização de conceitos pro-

vindos de outras áreas. A teoria sistêmica – viga-mestra das terapias do grupo familiar – aprofundou os estudos referentes ao interjogo dos papéis e posições que cada membro de uma família é impelido a desempenhar, e que, muitas vezes, prolonga-se ao longo de sus vidas. A ruptura com o imperativo categórico desses valores e papéis constituem-se como momentos críticos do tratamento psicanalítico, muito especialmente quando se trata de pacientes que são fortes portadores daquilo que poderíamos denominar "parte simbiótica da personalidade". Durante o período de "dessimbiotização" e de transição de papéis rigidamente estereotipados para outros de natureza mais livre e autônoma, tais pacientes podem apresentar sintomas confusionais e depressivos, às vezes com queixas hipocondríacas e de despersonalização. Se o psicanalista observar com atenção, perceberá que o estado depressivo do analisando, que está rompendo com a *tradição* dos papéis que lhe foram imputados, tem uma forte tonalidade de um sentimento de *traição* (não é por nada que os termos "tradição" e "traição" procedem de uma mesma raiz etimológica). Creio ser muito relevante o terapeuta conhecer e estar atento ao surgimento de uma crise na análise do paciente, justamente quando ele está procedendo a uma ruptura com certos papéis, a ponto de, pelo menos em meu entendimento, em situações mais extremas, essa situação pode constituir uma das quatro causas principais do surgimento da temida "reação terapêutica negativa" (as outras três causas, como já foi referido em outro capítulo, são: uma inveja excessiva do sucesso do analista; um superego altamente punitivo quando o êxito analítico do paciente lhe representa ser um triunfo edípico; e o encontro do paciente com uma terrível depressão subjacente, onde jazem feridos e mortos que o proíbem de ser feliz).

- **A dor mental.** É inevitável a presença de algum grau de dor psíquica, no curso de uma análise que promova verdadeiras mudanças psicológicas. O autor que mais profundamente estudou esse aspecto foi Bion, e cabe destacar alguns dos aspectos por ele abordados:

a) No lugar de *evadir* as frustrações penosas, o paciente deve adquirir condições para *enfrentar* essas frustrações inevitáveis e, assim, *modificar* não só as formas de como tentar solucioná-las, como também a possibilidade de obter uma modificação da fonte geradora das frustrações. b) Suportar a dor psíquica é o único caminho que permite a passagem da posição esquizoparanóide para a depressiva e, como decorrência, de uma *aprendizagem com as experiências* emocionais. c) Bion estabelece uma significativa diferença entre *sentir* a dor (*pain*) e *sofrer* a dor (*suffering*), em cujo caso o paciente está elaborando e processando os *insights* adquiridos, muitas vezes dolorosos. d) O analista deve estar atento para a possibilidade de que uma mudança significativa do estado mental do paciente venha acompanhada de uma dor psíquica muito intensa, que Bion denomina *mudança catastrófica*, a qual consiste na possibilidade de o analisando mostrar-se confuso, deprimido, desesperançado, fazer acusações ao analista de que está muito pior do que antes da análise, não sendo rara a possibilidade de surgir uma ideação suicida. Apesar da dramaticidade do quadro clínico, é bem possível que ele seja temporário e represente o preço pago por uma significativa melhora e um expressivo crescimento mental.

Embora todo crescimento psíquico tenha algo de doloroso porque vai contra uma tendência do ser humano em sua busca do paraíso narcisista, isso não deve ser levado ao pé da letra, porquanto acredita-se, cada vez mais, que a busca de novas relações, de ampliação do conhecimento, do sucesso de realizações, é uma função inata, natural e prazerosa do ego.

- **Parte psicótica da personalidade.** Este termo, como já vimos, pertence a Bion, que o emprega para caracterizar que todo sujeito, em maior ou menor grau, é portador de núcleos bastante regressivos, remanescentes dos primitivos períodos evolutivos, como onipotência, onisciência, uso excessivo de identificações projetivas, etc., etc. Um processo analítico que não transitou por esses núcleos psicóticos, deve ser considerada, no mínimo, incompleta, porquanto é a análise dessa "parte psicótica" que possibilita a criação de um espaço mental no paciente no qual: 1) A *onipotência* seja substituída pela capacidade para *pensar*. 2) A *onisciência* dê lugar à formação de uma capacidade para *aprender com as experiências*. 3) No lugar da *prepotência* (*pré-potência*) deve ficar um *reconheccimento da dependência, desamparo e impotência*. 4) Um habitual estado mental de *confusão* deve ser substituído por uma capacidade para fazer *discriminações*, entre o que é verdadeiro e o que é falso; entre uma parte da personalidade que se opõe a uma outra, etc. 5) A curiosidade *arrogante e* intrusiva deve ceder lugar a uma *curiosidade sadia*. 6) Um estado mental de arrogância deve ser subsituído por um *orgulho de si próprio*. 7) No lugar de um *uso excessivo de identificações projetivas*, deve haver o desenvolvimento de uma capacidade de *empatia e de continência*. 8) A costumeira modalidade transferencial de uma exagerada idealização ou de denegrimento deve ser substituída por uma harmônica *introjeção da "função psicanalítica da personalidade" do analista*, de tal sorte que possibilite ao paciente o desenvolvimento de uma *"função auto-analítica"*.

- **Término da análise.** Desde Freud (1937) sabemos que existe uma velha polêmica: a análise é terminável ou ela é sempre interminável? Sou dos que pensam que ela nunca é totalmente terminável, levando em conta que a cura analítica é bem diferente da cura, ou "alta", em clínica médica. Por essa razão, e pelo risco de que de que possa ser uilizada como um atestado de plena e completa saúde emocional, evito utilizar o termo "alta" em análise, por mais bem-sucedido que tenha sido o tratamento. Prefiro configurar como tendo sido um "término", ou seja, a conclusão de uma importante etapa da vida, e isso abre as portas para uma possível reanálise, para um outro momento da vida do analisando. Se tomarmos o prefixo latino *"in"*, no sentido de uma interiorização, e não de uma negativa, que é o seu outro significado habitual, podemos dizer, a partir de um vértice etimológico, que *uma análise torna-se terminável quando ela fica interminável*. Em outras palavras, um tratamento analítico termina quando o analisando, mercê de uma boa introjeção da função psicanalítica do seu analista, está equipado para prosseguir a sua, eterna, *função auto-analítica* e, dessa forma, continuar fazendo renovadas mudanças psíquicas. Um critério de resultado analítico exitoso, segundo Bion, não é o de o paciente vir a ficar *igualzinho* ao analista e estar curado *igualzinho* ao analista, mas, sim, o de vir a *tornar-se alguém, que está se tornando alguém*.

Partindo do princípio que o analista é uma espécie de arquiteto – que, juntamente com o cliente, lida com os espaços mentais, modificando-os, abrindo paredes, emprestando mais luz, cores, harmonia e funcionalidade – quero concluir o espírito deste capítulo, com a citação de uma frase de um eminente arquiteto inglês, a qual considero muito tocante e que, poeticamente, sintetiza e define o espírito deste texto. Diz Denys Lasdun (entre parênteses, eu intoduzo alguns termos que remetem à situação analítica, e os grifos são meus): *Nosso papel é proporcionar ao cliente, dentro do tempo e custo* (e capacidades) *disponíveis,* **não o que ele quer** (pelo menos, no início da análise), *mas o que ele* **nunca sonhou em querer**, *e, quando ele tem o produto* (resultado analítico) *final, o reconhece como sendo exatamente* **o que ele queria o tempo todo.**

CAPÍTULO 39

Fundamentos Psicanalíticos com Crianças e Adolescentes

*Frederico Seewald**

Uma reflexão atual sobre a psicanálise das crianças e dos adolescentes não se apresenta como uma tarefa sem complicações. A tendência mais natural, uma espécie de curso a seguir, talvez aconselhasse uma revisão histórica que tratasse de apontar, neste final de século, os desdobramentos mais importantes que marcaram o surgimento,a evolução e o reconhecimento dessa espécie de especialidade psicanalítica.Esta seria a opção mais natural, mais fisiológica e, de certo modo, mais simples e menos comprometedora para o autor. Principiaria, naturalmente, por Juanito, para estabelecer um marco. Dedicaria-me, talvez exaustiva e desnecessariamente, com a aparição das duas escolas mais importantes comandadas por Melanie Klein e Anna Freud. Tratara de reconhecer o valor de suas contribuições, seus fundamentos principais e,inevitavelmente, suas incompatibilidades ainda mais drasticamente reforçadas por seus seguidores.Teria, por certo, que descrever os novos horizontes, as ampliações, decorrentes do trabalho de muitos outros analistas, Ballint, Winnicott, Mahler, Jacobson, Aberastury,Meltzer, Tustin, para citar só alguns, que de muitas formas aprofundaram nossos conhecimentos não apenas do funcionamento da mente de nossos jovens pacientes como, em decorrência, nas possibilidades de aproximarmonos deles.Ao final teria dito tudo o que já foi dito. Sempre existiria a possibilidade do mérito de uma revisão bem feita e a sensação de tarefa cumprida.

Uma outra possibilidade, bem mais complexa e de maior risco para o autor, seria a de repensar, sem maiores pretensões didáticas, em uma seqüência um tanto quanto livre, uma série de temas teórico-clínicos encadeados ou não entre si. Assim tópicos, tais como a palavra, a ação, os sonhos, a sexualidade, os pais,o campo, a clínica, etc., poderiam ser abordados em uma espécie de associação livre de total responsabilidade de quem escreve.

Desnecessário dizer que opto pela segunda possibilidade que me apresentei, com a qual, sem dúvida, me divertirei (no sentido winnicottiano, de jogar) mais.

A PSICANÁLISE DE CRIANÇAS E ADOLESCENTES EXISTE ?

Respondida negativamente esta pergunta, é óbvio que este capítulo não teria nenhum sentido. No entanto, não pensem que se deva simplesmente dar por acentado algo que, no nivel do domínio público pareça não apresentar dúvidas. É sabido que de parte de muitos psicanalistas que trabalhava com adultos existia, e ainda existe, uma forte resistência em considerar as crianças e adolescentes como pacientes potencialmente semelhantes aos seus crescidos clientes. Um ar de certa desconsideração sempre foi perceptível na apreciação da atividade, principalmente clínica, dos colegas que se dedicavam ao tratamento analítico destas criaturas que se encontravam em suas duas primeiras décadas de vida. Diga-se de passagem que não se trata de fenômenos isolados, parecendo obedecer a uma ordem muito mais geral, tanto no sentido institucional como da cultura onde estamos inseridos. Institucional porque, por paradoxal que pareça, a psicanálise de crianças e adolescentes como formação regular, dentro das sociedades oficiais da IPA, com exceção de um ou outro pico histórico mais ou menos bem localizados (Inglaterra, Argentina, principalmente) nunca se constitui em algo sólido e bem-estabelecido e, na opinião de alguns, tendendo ao desaparecimento. Estaria equivocado K.Abraham quando, em 1924, comentando um trabalho de M.Klein (*"Uma Neurose Obsessiva em uma Criança"*) profetizou que "o futuro da psicanálise reside na técnica de jogo"? Talvez não. Não existe nenhuma dúvida que grande parte dos avanços do conhecimento psicanalítico, ao longo de seus quase 100 anos, são derivados das investigações das mentes privilegiadas, e da sensibilidade aprimorada, de uma leva de psicanalistas que teve nas crianças e adolescentes suas principais fontes de observação e inspiração. Nem sempre, entretanto, o fruto desta árvore caiu sob os galhos da árvore

---
*Médico Psiquiatra. Membro Efetivo e Psicanalista didata da SPPA. Psicanalista de crianças e adolescentes.

institucional. Anna Freud teve a publicação de seu livro *O tratamento psicanalítico de crianças*, adiado por quase 20 anos na Inglaterra por problemas essencialmente políticos derivados de seus conflitos com M.Klein e seu principal defensor, Ernest Jones. A Senhora Klein, por seu turno, teve de passar a vida afirmando que sua psicanálise era a psicanálise de Freud quando eram por demais evidentes – sem qualquer atribuição de valor – seus desvios metapsicológicos. D.Winnicott, com toda a sua capacidade criativa e contribuições inovadoras, não encontrava lugar dentro da Sociedade Britânica para dar seus seminários uma vez que não pertencia a nenhum dos dois principais grupos. D.Meltzer foi afastado da IPA, F. Tustin,etc., etc., etc... O fruto, mesmo caído longe do pé, quando se mostrou doce, logo foi incorporado às receitas oficiais.

Talvez os analistas de crianças vivam socialmente uma condição semelhante à destinadas a outras classses que se dedicam à população jovem. Pediatras foram, e as vezes ainda são, considerados "subespecialistas" por outros profissionais da medicina. Jardineiras, professoras de pré-escola e educadores de primeiro e segundo grau, em um gradiente que obedece à etapa cronológica, são, de fato, menos preparados e têm menor remuneração que os profissionais que trabalham com adultos. Na psicanálise tornou-se comum a observação de que era inevitável uma deserção progressiva dos analistas de crianças e adolescentes em direção a uma clientela adulta. Uma vez, em um congresso, uma experiente colega do Rio de Janeiro comentou que trabalhar com crianças implicava em condições "geográficas e ortopédicas". Geográficas porque o consultório exigia um "plus", a sala de crianças. Ortopédicas porque nenhuma coluna vertebral resistia imune à passagem dos anos, acabando por ser sucateada pelos jogos, dramatizações e, por vezes, imposições de limites físicos a esses jovens pacientes. Trata-se de uma maneira graciosa de, ao meu ver, criar uma representação para o limite do ofício analítico. Os problemas "geográficos e ortopédicos", vistos de outra maneira, poderiam ser considerados problemas de "espaço e de tempo". O espaço e a condição físicos, talvez não sejam mais do que uma metáfora do espaço mental e da maleabilidade somato-psíquica para a manutenção de um *standard* analítico "suficientemente bom". O refúgio em condições de menor exigência – o *setting* analítico clássico – garantiria uma espécie de descanso ou aposentadoria das turbulências do *front* de batalha com as crianças, os adolescentes e, não esqueçamos, com os seus pais.

Ainda assim, ou por tudo isto, a complexidade deste campo fascina. As investigações na área dos bebês e os estudos transgeracionais, para citar dois exemplos, apontam para o futuro, para uma psicanálise renovada, dinâmica, criativa, revolucionária como em sua essência.

Em um contraponto, permitir-me-ia questionar: existe uma psicanálise que não seja a das crianças e dos adolescentes?

DO BRINCAR COMO TÉCNICA AO BRINCAR COMO CAMPO

Ainda que a Dra. H.Hug Hellmuth, em 1921, tenha se utilizado de brinquedos na sua técnica de análise de crianças foi, sem dúvida, a genialidade de M.Klein que soube lhe dar um novo sentido e aplicabilidade. Desde o princípio ela deu-se conta que, para tornar possível a análise de crianças, impunha-se uma estratégia que pudesse transpor a barreira da linguagem. Para tanto, observando o mais óbvio, como convém a todas as grandes descobertas, percebeu que as crianças expressavam suas fantasias, seus desejos e experiências de um modo simbólico por meio de brinquedos e jogos. Relacionou isso, de imediato, com os mesmos meios de expressão arcaica, filogenéticos, a mesma linguagem que era familiar ao estudos dos sonhos, como realizados por Freud. Ressaltou – e isto me parece da maior importância – que o simbolismo era só uma parte desta linguagem.

Com isso, ela pretendia ressaltar os múltiplos significados que um único brinquedo, ou parte de um brinquedo, pode ter, decorrendo que só compreenderemos seu significado se conhecemos sua conexão adicional e a situação analítica global na qual se produziu.

O brinquedo tem proximidade com o sonho, esta foi então uma de sua primeiras e principais conclusões. Haviam diferenças fundamentais. Os sonhos dispensam as palavras, como já foi dito, assim como o brinquedo,mas enquanto nos sonhos a matéria-prima de sua construção repousa sobre as imagens visuais, no brinquedo torna-se fundamental a ação. Na criança, mas também no adolescente, a ação, que é mais primitiva que o pensamento e a palavra, constitui parte mais importante de sua conduta.

Da mesma forma que foi transcedental a observação feita por Klein de que o brincar implicava a expressão de fantasias, desejos, que, portanto, era impreganado de significados e simbolismos, o que entre tantas derivações permitia a estruturação de um método analítico de aproximação – a técnica lúdica – foi decisivo que surgisse alguém como Winnicott para apontar para uma outra dimensão do brincar. Ele, na sua exposição teórica sobre o brincar (1971), irá nos alertar que os psicanalistas tenham estado mais ocupados com a utilização do conteúdo da brincadeira do que em olhar a criança que brinca e escrever sobre o brincar como uma coisa em si. Com isto, em um salto qualitativo, Winnicott propunha que o brincar precisava ser estudado como um tema em si mesmo, suplementar o conceito de sublimação do instinto. Isto acarretará uma espécie de *turning point* no trabalho psicanalítico, uma vez que em uma de suas extensões permite concluir que o que se diga sobre o brincar de crianças aplica-se também aos adultos. Na análise desses, manifesta-se, por exemplo, na escolha das palavras, nas inflexões de voz e, na verdade, como lembra Winnicott, no senso de humor.

Mas, na verdade, processei aqui um desvio ao qual devo retornar mais tarde. Estava falando de precursores do pensamento e da linguagem – a ação, em contraposição com as imagens oníricas do sonho. De um lado essas pérolas do tesouro psicanalítico, uma das vias régias para o inconsciente, peças nobres que ornamentam as mais belas páginas da nossa literatura analítica. Condição prínceps para a descrição dos estados mais elaborados da mente e para o exercício joalheiro de microscopia de nossas especulações teóricas mais refinadas. De outro, o brincar simbólico, representativo, psicanalítico por assim dizer, a menininha cuidando de suas bonecas, o menininho enfrentando inimigos com sua espada, etc. Infelizmente, a atividade motora, a conduta em geral, não parece querer nos conceder apenas flores. Ela traz consigo uma outra indesejável dimensão que inclui a força bruta, a natureza desenfreada, o boxeador com sua luvas tentando impor-se à regulagem desse delicado relógio analítico.Todas aquelas atividades "indesejáveis", consideradas obstrutivas porque escapam da compreensão mais direta e que são rotuladas com algum cunho pejorativo e as vezes quase religioso, de atuações. Esquece-se, comodamente, de que o signo é o precursor do símbolo.

Neste início de considerações sobre o campo abro destaque para o brincar (forma de ação sofisticada, representativa, simbólica) mas, também, para todas as outras formas de conduta menos compreensíveis e, portanto, menos toleradas, que constituem o âmbito do trabalho com crianças e adolescentes.

Poder-se-ia dizer que este é um campo onde se privilegiaria uma metapsicologia da ação.

A COMPLEXIDADE IRREDUTÍVEL

Utilizo-me aqui de um conceito da biologia moderna. Michael Behe, bioquímico da Pensilvânia, escreveu recentemente um livro – *A caixa preta de darwin* (1996) – no qual questiona, em suma, algumas aplicações do conceito darwiniano da evolução natural. Em um dado momento utiliza-se de um modelo teórico que denominou de complexidade irredutível. Esta consiste, basicamente, em duas etapas. O primeiro passo para determinar a complexidade irredutível consiste em especificar a função do sistema e todos os seus componentes. Um objeto irredutivelmente complexo será composto de várias partes, todas as quais contribuem para a função. O segundo passo consiste em perguntar se todos os componentes são necessários à função. Para compreender bem a conclusão de que um sistema é irredutivelmente complexo e, por conseguinte, não tem precursores funcionais, o autor citado propõe uma distinção entre precursor físico e precursor conceitual, que são temas muito interessantes para um aprofundamento do assunto e para os quais remeto os mais curiosos à leitura do livro.

Por ora basta-nos que fique claro o conceito de complexidade irredutível. Em um vôo de imaginação tomemos um sistema extremamente complexo – talvez o mais complexo de todos – a mente humana e tentemos decompô-la nos seus componentes mais elementares. Teríamos de listar em primeiro lugar a senso-percepção, seguida dos afetos e da conduta. A memória, o pensamento, a linguagem, a inteligência, o juízo crítico, etc., são todos desenvolvimentos posteriores, o que não significa que menos importantes. Tomemos um feto diante de uma amniocentese como modelo. Ele "percebe" algo estranho em seu entorno, recua, encolhe-se e, por exemplo, põe o dedo na boca. Não me perguntem, agora, como um feto processa essas espécies de "proto-sensações", apenas não acreditem que a cesura do nascimento é que viabilize formas de sentir coisas.

Se tomarmos o aparelho psíquico na sua forma mais elementar, em sua degradação máxima, os elementos básicos exigidos seriam esses. Percebe-se algo, sente-se algo e age-se em relação ao percebido e sentido. Caso retiremos qualquer um desses três componentes, mínimos, não acredito que poderíamos falar de aparelho psíquico, na forma como o comprendemos. Mesmo em uma das condições psicopatológicas mais graves e limitantes como o autismo infantil (psicogênico) primário, no qual tudo pode parecer atrofiado, subsedesenvolvido, teríamos ainda muito mais do que esses tres primeiros elementos.

Mediante potenciais de desdobramento infinitos, com a passagem do tempo, ele nos permitirá operar com números, construir cidades, decifrar o código genético, escrever novelas, compor sinfonias, jogar xadrez, etc., etc., etc...

Neste momento é bem possível que o leitor esteja perguntando-se onde pretendo chegar com este tema da complexidade irredutível e do aparelho psíquico. Minha resposta, junto às desculpas pelo caminho talvez excessivamente longo percorrido, é pretender salientar a importância da conduta, da ação, dentro da estrutura básica da mente. Mas isto todos sabem, corro o risco de ouvir. Certo, todos sabem, menos, às vezes, parece, o método analítico. Não se discute a primazia e o destaque dos canais sensoperceptivos – umas das definições que mais me agrada de nosso ofício é justamente a de se buscar diminuir todas as formas de ataque à sensopercepção – nem, muito menos o papel dos afetos na estruturação da vida psíquica e na própria condução e viabilidade dos tratamentos analíticos. Mas e com relação à ação, à conduta, à motricidade, observamos a mesma consideração? E a regra da abstinência, e a associação livre, e a "cura pela palavra", o que privilegia a psicanálise?

SIGNOS E SÍMBOLOS

Eu falava antes de uma metapsicologia da ação. Se a palavra é o destino final onde o símbolo adquire seu real estatuto, não nos podemos esquecer de que a criança comunica-se preferencialmente brincando, ela diz, fazendo. A ação e o ato necessitam ser encarados, por isto, como parte de seu discurso e precisam ser vistos pela psicanálise como conceitos fundamentais e não como resgates de uma distorção. Apenas por meio de uma reconsideração de critérios, uma reavaliação ao ato, torna-se possível representar as patologias atuais.

A simbolização nos capacita dar sentido a muitos sintomas, lapsos, sonhos, etc., mas esbarra nos limites dos signos que se apresentam como fenômenos não capturáveis para um possível entendimento analítico.

M. Pereda (1997), num trabalho sobre *investigação em metapsicologia*, considera que, em geral, existe coincidência na noção de déficit ou transtornos da simbolização, sendo possível agruparem-se duas principais características:

Transtornos de pensamento, que mostram uma pobre discriminação da fantasia-realidade. Neste grupo abrir-se-ia o impreciso limite das convicções que nos apresentam as crenças, por um lado, e o delírio, por outro.

O predomínio do ato sobre a palavra: atuações, adicções, psicossomática, etc.

Em ambos os casos, como se depreende, aparecem excessos de referentes fáticos e dificuldades com as metáforas. Ainda assim, é fundamental considerar – e diferenciar – elementos que podem ter uma qualidade patológica de outros que são parte natural dos processos de estruturação psíquica.

Nesta segunda visão, o gesto ou o ato são tão significantes quanto a palavra. Até porque será entre o corpo e a palavra que se processará a simbolização.

Pareceria que a reavaliação dos signos nos remeteria à consideração de que o icônico não deveria ser encarado como um momento inferior do desenvolvimento progressivo, como várias outras noções em psicanálise (algumas das quais me referirei mais adiante), como símbolos degradados, mas, sim, como tendo uma qualidade, um caráter próprio, definidores de um espaço-tempo da evolução humana. Esta é uma visão, imagino que percebam, que restabelece valor a determinados fenômenos que só são percebidos pelo lado da patologia.

No âmbito da estruturação psíquica, então, aparecem como em uma espiral e, simultaneamente, momentos icônicos, iniciais e simbólicos.

São reflexões como estas que um novo olhar sobre a clínica nos impõe, onde se destaca a importância da imagem, do perceptivo, que abarca todo o sensorial e que, na maioria de nós, evoluirá para a constituição da linguagem e do discurso. Apenas que, para alguns, não.

CAMPO LINGÜÍSTICO E CAMPO VISUAL

Oliver Sacks, professor de neurologia clínica no *Albert Einstein College* de Nova Iorque, considerado um dos grandes escritores clínicos do século, rende homenagem a Temple Grandin, uma mulher autista extraordinária, que se descrevia como "um antropólogo em Marte", dando a um de seus livros exatamente esse título (1995). Temple, licenciada em zoologia, professora da Universidade do Estado do Colorado e com um negócio de sucesso na atividade privada, não tinha a menor idéia de que era capaz de desenhar e de fazer projetos até os 28 anos. Aí conheceu um desenhista e "vi como fazia. Fui e comprei exatamente os mesmos instrumentos e lápis que utilizava – uma Pentel HB 0,5 – e comecei a fingir que era ele. O desenho se fez sozinho e, quando o acabei, não acreditava que o havia feito. Não tive que aprender a desenhar ou projetar, fingia que era David, apropriei-me dele, de sua maneira de desenhar e de tudo o mais..."

"Como você pensa?", não deixava de perguntar a Oliver. "Se você pensa em termos visuais, é mais fácil identificar-se com os animais. Se todos seus processos de pensamento se realizam lingüisticamente, como vai imaginar a maneira de pensar de uma vaca? Porém se pensa em imagens... "No nível do sensório-motor, do concreto, do imediato, do animal, Temple não possuía dificuldade alguma".

Se nos detivermos um pouco para observarmos e não "comprendermos" o que as crianças e adolescentes fazem, seremos obrigados a concluir que há muito mais de dramatização do que de relato, mais demonstração do que narração, e terá que se dar mais importância ao olhar do que a escuta, que, de resto, é o que propunha J.Lacan em 1963. O plano se processará mais no nível do *acting out* do que da associação livre, continuará ele, e seu tempo próprio não será o desenvolvimento diacrônico do relato, no qual um significante remete aos seguintes ou aos anteriores, senão o deslizamento sincrônico da imagem, instantânea, fugaz, e por isto mesmo instável, deslocada não já no tempo, senão no espaço.

Parece-me um erro comum – e desastroso clinicamente – considerar-se simplesmente as operações provenientes do campo da ação/imagem com sendo justapostas ou conflitivas com as operações do campo linguístico. Seria mais ou menos o equivalente a desconsiderar-se o narcisismo primário freudiano ou a posição esquizoparanóide kleiniana como entidades indesejáveis. Mais do que isso, a noção de um aparelho psíquico dialético, em constante interação com suas próprias instâncias e com outros aparelhos – usando de todas as suas potencialidades – parece-me a forma mais adequada de se apreciar esse complexo sistema. Assim, a tri ou tetradimensionalidade não reduz a pó os fenômenos uni ou didimensionais. Explico melhor: a capacidade evoluída de operar com identificações (sejam introjetivas, como no caso da intuição, sejam projetivas na busca de formas básicas de comunicação), procedimentos tipicamente tridimensionais; ou, ainda, aperceber-se da passagem do tempo e da inevitabilidade da morte, formas de pensar tetradimensionais da mente, não excluem e nem mesmo reduzem a importância das operações uni ou bidimensionais. Isto porque, por exemplo, a ausência de recursos unidimensionais nos impediria, entre outras coisas, de conciliar o sono ou então de termos um orgasmo, circunstâncias nas quais temos de admitir um retorno a um estado de fusão com um objeto. Um prejuízo na área bidimensional acarretaria transtornos evidentes no aprendizado uma vez que necessitamos de uma espécie de adesão ou aderência a pessoas ou teorias, em um primeiro momento, para, em uma espécie de osmose, incorporarmos sua idéias e proposições.

Minha proposta, em síntese, é que devemos nos habituar a pensar e enfatizar mais as diferenças, cada sistema tem seu eixo próprio e, dentro de cada eixo, deveremos poder examinar as peculiaridades e potencialidades envolvidas. Isto inclui, entre outras coisas, um cuidado especial com a categorização (diagnósticos e prognósticos feitos habitualmente nas avaliações de crianças e adolescentes), uma vez que se pretende, as vezes, estabelecer uma correlação apressada que atribui, por exemplo, uma curabilidade otimista às neuroses e um desânimo pessimista com relação aos problemas de conduta, *borderlines*, transtornos de gênero e psicoses.

DO CAMPO COMO *"FORT DA"*

Todos recordam da "brincadeira do carretel" descrita por Freud. Observando seu neto(?), ocupando-se com a ausência da mãe, detectou um momento-clave do desenvolvimento. Por intermédio do ir e vir do carretel permitia-se uma forma elaborada de lidar com a díade básica da existência: a presença e a ausência do outro. Por muito anos, e até hoje, esse jogo do aparecimento/desaparecimento ficou consagrado como sendo a manifestação da atividade lúdica em sua forma mais básica, ao mesmo tempo em que a primeira função designável como "brinquedo". Seu significado era eloquente, viabilizava nada menos do que poder simbolizar um desaparecimento, uma perda, dar representação à ausência. É em torno dessa noção que Winnicott iria desenvolver, mais tarde, uma de suas mais brilhantes contribuições, a dos objetos e fenômenos transicionais.

As relações humanas, e aí se inclui o contato analítico, alternam-se entre estes dois extremos: o júbilo (pelo encontro) e o desamparo (pela ausência) intermediados indelevelmente, por toda a vida, pela fenomenologia transicional. O analista e seu método, objeto e campo, têm sua maior eficiência justamente quando encarados assim. Em uma ocasião, Winnicott (1979) considerou três tipos de possibilidade de encontro entre o profissional e seu paciente; na primeira, analista e pacientes sabem (e podem) jogar, sendo possível então a psicanálise clássica (representações, símbolos, associações livres, sonhos, etc.). Na segunda, o paciente não sabe jogar, e para que a análise seja uma possibilidade ele deverá acessar esta condição previamente (com o auxílio de seu analista). A terceira é quando o analista não sabe jogar e, aí, não há o que fazer.

A primeira e a terceira eventualidades não me interessam neste momento. Convido o leitor a refletir sobre a segunda. Ela aponta exatamente para esta categoria de pacientes, talvez a maioria da clínica atual, que se transformam, com grande facilidade, em candidatos a multiplos atendimentos. Nas crianças e adolescentes são os fracassos escolares, os "síndromes de déficit de atenção", os *borders*, os abusos de droga, as anorexias, bulimiais, psicoses,etc., que, invariavelmente, já possuem um currículo de busca de auxílio em vários consultórios, com profissionais de todas as abordagens e com resultados muito insatisfatórios.

Talvez a primeira providência diante dessa clínica seria a de saltar, com escreve Foucault, para o interior da consciência mórbida buscando ver o mundo patológico com os olhos do próprio paciente.

UMA CLÍNICA PRÉVIA AO BRINCAR

O trabalho já de muitos anos com um grande número de pacientes, as inúmeras avaliações, a riqueza de historiais clínicos trazidos por colegas para discussão em supervisão tem se encarregado de orientar-me decisivamente para esta nova espécie de clínica. São aquelas crianças agitadas aparentando mais déficit do que conflito, são os latentes que parecem "não se ter dado conta" de que entraram na latência, são púberes famintas que triunfam sobre suas próprias necessidades, jovens adolescentes que, ao lado de um considerável consumo de drogas, praticam todos os outros rituais de autodestruição, e assim por diante. Parece que estaria na hora, ou até estamos atrasados, de perdermos o costume de referirmo-nos a essa população como sendo de pacientes graves. Estes são os pacientes que a demanda nos oferece, é deles que temos de nos ocupar e quanto menos adjetivações, melhor. Aproximemo-nos de suas limitações e impedimentos, pulemos para dentro e, talvez, possamos observar o mundo como eles percebem e isso crie novas expectativas para o trabalho com eles.

O risco de nos mantermos imóveis, apresentando nossas ferramentas de trabalho e tentando trazê-los, a qualquer custo, para dentro do nosso método, tem como resultado óbvio um fracasso da psicanálise como forma de tratamento (o que ainda fica, por muitos colegas, negado pela manutenção do título de inanalisáveis para tais pacientes). A outra conseqüência, não menos desastrosa, é o abandono da psicanálise como método de escolha e de possível ajuda. Não se trata de negar que outras correntes, com outros referenciais, possam ter muitas contribuições a dar na abordagem da clínica atual, apenas que seria injusto com a própria psicanálise, por todas as possibilidades que intrinsicamente contém, que ela ficasse de fora deste campo.

Para tanto, não se fazem necessários apenas a intuição e a coragem. Nesse sentido, temos muitos e belos exemplos de "extravagâncias" clínicas para nos deleitar. Alguns meses atrás tive contato, por exemplo, com um livro de T. Ogden, autor que admiro muito, em que entre tantos casos narra o de um paciente, com bastante experiência prévia de análise, que, quando chega a ele estabelece uma condição para iniciar novo tratamento: que sempre, em cada sessão, quem deveria começar a falar seria Ogden. Ele aceita e, agora, não importa o desenvolvimento dessa análise e de suas motivações para acordar com essa espécie de cláusula contratual. Apenas que, algo aparentemente inusitado, estranho, fora do padrão convencional, é absolutamente comum – ainda que não expressado lingüisticamente – no dia-a-dia com esses jovens a quem me referia antes. Com muitos deles não apenas seremos quem tomará a iniciativa de falar, mas, e por muito tempo, seremos os portadores dos códigos verbais, verdadeiros designadores e registradores dos fatos e dos sentimentos. Então, como dizia, não se trata apenas de intuição e de coragem, embora essas sejam fundamentais, mas de uma disposição para repensar nossos modelos, e se novos se mostrarem mais úteis, adotá-los sem constrangimento.

Os modelos, nossos conceitos e nossas teorias, como já propunha R.Rodulfo (1990) em *O brincar e o significante*, são iguais aos brinquedos, para utilizá-los deve-se poder quebrá-los, deve-se poder sujá-los, perder o respeito por eles. Nossa produção científica é pródiga em repetir monotonamente conceitos, diz-se o que já foi dito à exaustão, em lugar de fazer os conceitos "trabalharem", darem de si, desdobrarem-se produzindo novos conhecimentos.

Rodulfo, por exemplo, fala de evidências de funções do brincar anteriores ao *fort da*, funções que se podem ver desdobrar, em seu estado mais fresco, ao longo do primeiro ano de vida, relativas à constituição libidinal do corpo.

A FABRICAÇÃO DE UM CORPO

"Eu sou o Outro", já antecipava Lacan, o eu se constrói a partir do outro. A matéria-prima essencial nesse processo é o corpo do outro, é dele que se retira a substância básica. Pelo brincar, e antes mesmo dele, toda criança deve tratar de construir um corpo e isto só se torna possível pelo ambiente que a circunda. Tudo o que faz o ambiente possibilita ou inibe, acelera ou bloqueia, ajuda para a construção ou ajuda para a destruição de certos processos do sujeito. Não se creia com isso que uma criança seja uma espécie de esponja, de mata-borrão, onde tudo é absorvido ou fica impresso indiscriminadamente. As especifidades próprias de cada um, inseridas dentro do mito familiar, da estruturação do casal paterno, da circulação do desejo garantem as possibilidades de produção de diferenças.

Como propunha Winnicott (1988), o bebê cria o seio, e por meio deste primeiro ato criativo começa a criar o mundo. Trata-se de um processo essencialmente ativo onde o meio cumpre um papel coadjuvante, embora essencial. Quando nos deparamos com passividade em lugar de atividade algo muito sério está ocorrendo, seja no nível orgânico, seja uma forma de depressão ou estado autista incipiente. A atividade é sinônimo de espontaneidade e de saúde e nenhuma mãe ou pai poderão apropriar-se ilicitamente de algo que é inerente a cada bebê. Uma mãe ou um pai poderão, no máximo, seduzir o filho para a vida, colocando à sua disposição sua própria (e de certa maneira imperceptível) atividade.

Eventualmente o meio torna-se muito "ativo", seja por fazer-se perceptível demasiadamente cedo, seja por força de versões míticas (fantasmas familiares) com inusitados poderes. Deixemos tais questões, tão interessantes quanto intrigantes, que dizem respeito à transgeracionalidade para um pouco mais adiante e nos concentremos na primeira hipótese, a do anúncio prematuro da existência do outro.

Winnicott (1971), baseando-se em parte no estudo de Lacan sobre o estádio do espelho, onde esse estabelecia que a percepção da própria imagem no espelho era acompanhada por um sentimento de júbilo por inaugurar-se uma noção do eu, foi adiante e retirou da concretude dos espelhos comuns e correntes esta função. Com sua longa carreira de pediatra, e após ter observado milhares de bebês com sua mães, propôs que o primeiro lugar em que se olha a criança é o rosto materno. O rosto da mãe, então, é o primeiro espelho. Porém, todo esse processo já começa antes, a função materna não se instala com o parto e tampouco mesmo com a gravidez. Muito antes de que um filho seja concebido, essa mulher já o concebeu em sua subjetividade, constituindo o que Piera Aulagnier chamou de corpo imaginário, primeira representação do filho como um ser unificado, sexuado e autônomo. De certa maneira, o primeiro espelho onde vai se olhar o bebê.

O bebê, como todos sabem, não se separa completamente da mãe com o nascimento. Não seria exagero dizer-se que continua fazendo parte do corpo materno mesmo não estando mais no seu interior. Com isso, inicialmente, o corpo da mãe não é um outro corpo, mas, sim, o seu próprio corpo. Esse espelho que compõe a função materna não é tão-somente um olhar concreto, senão que a pulsão escópica inclui todos aqueles significantes que vão posicionar esse olhar (mitos familiares, etc., que logo voltarei a abordar). O mais importante, aqui, é que o lactente começa a estruturar-se e a sustentar-se por meio de um eixo oral e visual. Esse momento de "loucura" materna que envolve uma identificação maciça com a imaturidade de seu bebê, e que inclui suportar-se em um estado de regressão a serviço da vida, necessita ser protegido pelo ambiente que a circunda. Nem sempre isso acontece ou é possível.

Temos mães que não conseguem aproximar-se de seu filho, como Carolina, que, nos primeiros seis meses de vida de André, não conseguiu tocá-lo (nem, certamente, olhá-lo), culpando-se muito, depois, pelo funcionamento *border* do filho. Outras, como Regina, tiveram contratempos terríveis no início de vida de Carlos; estava longe de seu país natal, extremamente exigida por uma tese de doutoramento e, infortunadamente, recebeu a notícia do falecimento de sua própria mãe. Carlos, quando o vi, contava com uns dois anos e meio e era um pequeno autista, menos mal que na forma que os descreveu Hans Asperger (embora tivesse prejuízos nas três áreas básicas afetadas pelo autismo – interação social, comunicação verbal e atividade lúdica e elaborativa – mantinha uma inteligência superior, com algumas habilidades específicas extraordinariamente desenvolvidas, como foi possível comprovar pela passagem do tempo).

Em uma outra família, que acompanhei por intermédio de um colega, os três filhos apresentavam comprometimentos importantes, a maior com um comportamento anti-social e mitomania, a seguinte com uma estranha (e inexplicável) deficiência intelectual e o menor frequentando uma instituição especializada em crianças autistas. Nos interessamos, o colega e eu, em investigar mais profundamente o que poderia se passar com esse grupo e um dos achados que fizemos era de que ocorria um importante e precoce afastamento da mãe de seus bebês logo que se completassem duas ou três semanas de vida. Isso ocorria, talvez não exclusivamente, por uma postura rígida e exigente do pai que a solicitava, desde o nascimento dos bebês, para que ocupasse, rapidamente, o seu lugar de mulher, não sustentando nenhuma condição de suporte para que ela permanecesse, regressiva e saudavelmente, ao lado dos filhos recém-nascidos. Algo muito interessante – e que ilustra muito bem a complexidade de nosso aparelho mental – é como a diversidade manifesta-se frente a um aparente mesmo estímulo. As simplificações, a linearidade, o reducionismo, definitivamente não têm lugar na nossa área.

Os exemplos se multiplicariam, bastaria disposição para narrá-los. No entanto, vocês todos certamente têm uma experiência semelhante como ouvintes da natureza humana. O que busco salientar são as espécies de marcas ou registros que se processam durante essas fases primitivas da formação do psiquismo e que têm sua ocorrência nesses instantes precursores do *fort da*, época em que o brincar configura-se pela constituição libidinal do corpo. O colpaso do eixo oral visual criará, inevitavelmente, um roteiro próprio, individual por certo, mas indelevelmente presente.

OS DEFEITOS DE FÁBRICA

Os espaços e o tempo não nascem dados, são conquistas preciosas do desenvolvimento e se estabelecem como resultado de todas estas etapas prévias do brincar e do *fort da* propriamente dito. Sami-Ali, a partir do trabalho de Freud, proporá que a operação *fort da*, uma vez constituída, deixará de ser uma imagem particular de uma situação dada para converter-se em um esquema de representação que modelará todas as situações de separação. Examinemos, com um pouco mais de detalhe, particularidades desse processo para nos apercebermos das repercussões fundamentais, uma espécie de falha nas engrenagens, que resultarão em um outro tipo de aproximação com o mundo.

Sami-Ali, no *El espacio imaginario*, diz que "aparece uma nova dimensão do espaço, o espaço imaginário de profundidade. Ao lançar o carretel para longe, a criança define-se simultaneamente aqui onde se econtra e situa-se com relação a um fora que só existe como correlato com uma intenção agressiva que parte daqui. A partir desse jogo, não só se instaura uma espacialidade, senão que, além do mais, ela é concomitante a uma nova dimensão de tempo, começando a surgir no psiquismo noções de antes e depois. Tal condição, conquistada, de demarcação temporal, fica grandemente prejudicada, por exemplo, nas psicoses, mas, também, nos *border*, adicções, transtornos alimentares, etc... A fabricação de intermediários (que vão permitir a separação e a ausência do objeto originário) quando não se desenvolve adequadamente remete a soluções menos eficazes para uma noção de tempo e espaço. A criação de conchas autistas, a recorrência ao somático e o próprio objeto de fetiche são alguns exemplos. A impossibilidade de processar relações empáticas com os outros, a alexitimia e a intolerância a constação da incompletude e da ausência são decorrências de tais fracassos precoces, cada qual contendo, em suas especifidades, formas particulares de lidar com o espaço e o tempo.

Poderíamos pensar que nessas fases iniciais, e graças a um circuito positivo com o meio circundante, é gerado um tipo de triunfo onipotente sobre a imensa desvalia que nos é imposta pela nossa prematuridade. Se vocês se puserem a imaginar que um bebê de algumas semanas ou poucos meses já se torna capaz de utilizar recursos (criados por ele a partir de um meio propiciador) para suportar a ausência de um cuidador, quando é notório que a falência do cuidador determinaria a falência do bebê, devemos concluir que existe uma atitude muito corajosa, uma espécie de salto no escuro, que é privilégio do bebê humano. Talvez por isso, Winnicott tenha insistido tanto que a primeira função da mãe é sobreviver. Sem sua sobrevivência não se cria essa onipotência para enfrentar a vida, o salto no escuro é o salto para a garganta de um precipício.

Desde muito cedo temos de aprender a esquecer, ocultar, bloquear percepções, que, de outro modo, tornari-se-iam intoleráveis e impeditivas de seguirmos adiante. Isso implica questionarmos que tipo de memória é própria da nossa espécie. Existem muitas hipóteses sobre isso, dentro e fora da psicanálise, e várias vocês devem conhecer, mas, recentemente, lendo Damasio, em *O erro de Descartes*, encontrei uma proposta intrigante. Dizia ele: "As imagens não se armazenam como cópias das coisas, acontecimentos, palavras ou frases. O cérebro não arquiva polaróides de pessoas, objetos e paisagens; tampouco armazena fitas K-7 de músicas ou discursos; tampouco armazena películas com cenas de nossa vida... Em resumo, não parece que conserve-se permanentemente imagens de nada, nem sequer em miniatura, nem microfichas, nem microfilmes, nem nenhum tipo de cópia" E, ainda assim, assinala Damasio, isso "deve conciliar-se com a sensação... de que podemos evocar tais reproduções ou cópias".

EVOCAR E ESQUECER

Tão essencial como podermos lembrar, ou termos a impressão de lembrar alguma coisa, surge a capacidade de sermos capazes de esquecer. Sem essa, a separação, a ausência, as perdas tornar-se-iam insuportáveis. Permito-me retornar ao exemplo de Temple, a autista descrita por O.Sacks. Apesar de ter um ouvido perfeito para a música, ela não conseguia "entender"a música, não via que "sentido"tinha". Havia uma pobreza em sua resposta emocional ou estética a muitas cenas visuais: podia descrevê-las com grande exatidão, porém isso não parecia corresponder a nenhum estado de ânimo profundamente sentido, nem tampouco evocá-lo. A explicação, que ela própria formulava, era simples e mecânica: "O circuito da emoção não está conectado..., esta é a falha. Por essa mesma razão "não tem" inconsciente, como ela diz; não reprime as lembranças e os pensamentos como as pessoas normais. "Na minha memória não há arquivos que estejam reprimidos", afirmava. "Vocês têm arquivos que estão bloqueados. Não há segredos, não existem portas fechadas, nada está oculto".

Trata-se de um exemplo dramático e, ao mesmo tempo, esclarecedor dessas perturbações muito primitivas, que denominei "defeitos de fábrica", uma vez que permitem incluir aí complexas interações de fatores, genéticos, transgeracionais, intrauterinos, cuidados pós-natais,etc...

A história, diferente do passado, é o que torna possível o esquecimento, este esquecimento imprescindível para poder funcionar, para poder viver. J. Lacan, em 1954, já propunha que a história não era o passado, que a história era o passado historizado no presente, historizado no presente porque foi vivida no passado. Na verdade, então, o que permite historizar é o esquecimento, é ele quem vai favorecer uma dimensão de tempo, uma noção de que algo aconteceu. Isto, concordando em parte com Damasio, permite-nos concluir que não existe possibilidade de uma história total, tampouco uma história objetiva e nem por último, uma história definitiva. No entanto, a convicção de que somos capazes de evocar algo é o que dá a qualidade neurótica de nossas vidas. Caracteriza uma temporalidade linear, irreversível, composta de uma passado, de um presente e de um futuro que, inevitavelmente, encerra-se com a própria morte.

Talvez muitos de vocês já tiveram a experiência de atender ou conviver por algum período com uma criança autista. É impressionante o efeito que lhes causa qualquer modificação, por pequena que seja, no entorno. Imersas em seu encapsulamento, aparentemente tão desligadas de tudo, há um registro preciso de cada detalhe, dos ambientes que freqüentam. Com a mínima alteração de algo parece que o universo se transformou, que se rompeu a ordem das coisas, que poderá sobrevir uma desgraça iminente. É que a simples idéia de uma transformação implica, já, em uma condição de se aceitar a passagem do tempo, que algo era assim, que agora não é mais, etc. A circularidade temporal característica do mundo autista não permite aceitar este tipo de evolução. Transformação, quem sabe, seja sinônimo de rompimento, despedaçamento, desestruturação, desintegração. Tudo tem de estar eternamente igual, essa é a regra de segurança.

Neste momento, um pacienciso leitor que acompanhou o texto até aqui pode estar se perguntando o que essas condições tão extremas, como as de Temple ou de pequenos autistas, têm a ver com o trabalho comum, do dia-a-dia, no consultório ou em uma clínica.

A clínica mudou, mas não tanto, me assegurariam. É verdade. Mas não toda.

LEVANTANDO, OU CONSTRUINDO BARREIRAS?

Essas pequenas criaturas, com suas singulares construções próprias, que se aproximam do mundo e das pessoas por meio de fenômenos estranhos e inequivocamente distantes da metapsicologia psicanalítica clássica permitiram, entretanto, repensar funcionamentos da mente. Não somente de suas mentes, mas do funcionamento da mente em geral. Recordem-se de que uma das premissas básicas do método que Freud descobriu era a tentativa de levantarem-se as repressões. A partir da hipnose, passando pelo método catártico até as associações livres e os sonhos, o propósito sempre foi o mesmo. Mudou-se o método, mas o objetivo final permanecia inalterado; buscar algo subjacente, oculto, ao qual o paciente não tinha acesso e que, entretanto, era responsável pelo seus sofrimentos (entendidos aqui, principalmente, como sintomas). Erguidas as barreiras, transpostos os obstáculos, a cura.

É quase desnecessário dizer que estou usando de uma simplificação extrema sobre o método psicanalítico. O próprio Freud muito se inquietou com a eficácia do instrumento que havia criado, os avanços sobre as identificações como matrizes do desenvolvimento, os estudos sobre os tipos de caráter,etc., imprimiam crescimento ao conhecimento psicanalítico, mas, ao mesmo tempo, criavam novos problemas com relação aos seus resultados como forma de tratamento.

A microscopia do processo tornou-se o grande objetivo durante muitas décadas. Os estudos detalhados sobre a transferência, a contratransferência e o *setting* foram levados à exaustão. As análises tornaram-se mais ambiciosas, mais prolongadas, em uma espécie de imagem que corresponderia à de um cientista em seu laboratório. Esse ainda é o modelo adotado por grande parte dos analistas do mundo inteiro e, ainda que o instrumento tenha sido muito aperfeiçoado, o objetivo mantém-se quase que na forma original: desvendarem-se as motivações inconscientes (ainda que isto ocorra, predominantemente, sob a forma de identificações).

Um outro grupo de psicanalistas, influenciados por um teoria de campo (mesmo que muitos não digam, ou não se dêem conta), que teve em W. Baranger um inspirador por meio de seus estudos sobre o campo analítico, puderam começar a pensar o processo em outros termos. É certo que Winnicott (1971), por exemplo, quando definia a psicanálise como a justaposição entre as áreas de jogo do paciente e do psicanalista ou, então, quando aplicava o *squiggle game* (jogo do rabisco), nada estava descrevendo além da construção de um campo. É que W. Baranger elaborou uma teorização que, se não chegou a ser exaustiva, forneceu a base necessária para alertar os psicanalistas em relação a uma disposição diferente de papéis que se evidenciariam no processo. Rompe-se o suposto saber analítico, e tanto as resistências (baluartes) como os *insights* e as interpretações passam a ser encaradas como produtos da dupla. É um forma toda nova de examinar-se o encontro, o vínculo, o par analítico. Fundamentalmente de maior responsabilização do analista, tornando mais desconfortável a solução simplista (e simplória) de atribuir aos pacientes as impossibilidades de sucesso do método. O campo é um campo de responsabilidades recíprocas. Talvez exatamente aí se encontre o maior mérito do último grande livro publicado sobre psicanálise infantil, escrito por Ferro (1995). Frente a qualquer acontecimento estranho e repetitivo nas sessões de seus pacientes, ele jamais deixa de se perguntar sobre o seu próprio funcionamento mental e que tipo de influência isto estaria produzindo no campo.

Assim, fica muito mais difícil, como já assinalei, a categoria de inanalisável. Invertamos a proposta, se não conseguimos nenhum sucesso no contato com algum tipo de paciente responsabilizemos as limitações nossas e de nosso método. Raciocinemos: todos sabemos que por mais aberrante, estranho, inacessível que possa nos parecer o mundo no qual circula determinada pessoa, sempre encontraremos alguém (ou algo) que parece ter acesso a isso que nos soa como inalcançável. Uma anoréxica com seu diário, um adicto com seu parceiro de "viagem", um *border* com seu motorista e até mesmo o menininho autista com seu cachorro (há autistas que têm cachorros, como os cegos, para que os ajudem em suas percepções, no caso percepções sociais. Eles utilizam os animais para "ler" as mentes e as intenções dos visitantes, algo que eles mesmos podem se sentir incapazes de fazer), são alguns rápidos exemplos que me ocorrem de interações possíveis. Se para alguém (ou para algo) é possível, sempre teremos que concluir que nós é que não temos a chave para acessá-los. Fundamentalmente porque trata-se de algo que ultrapassa, de longe, a pura idéia de eliminarem-se defesas e ter contato com o reprimido. Até mesmo porque justamente às vezes o que falta aqui é o reprimido e as chamadas defesas construídas pelo ego têm um caráter de sobrevivência. Assim, seria um absurdo, por exemplo, falar-se em romper a cápsula autista de um paciente, como bem lembrou Tustin, porque seria o equivalente a tirar um prematuro de uma incubadora, deixando-o exposto a todos os tipo de perigos. Esta noção de sobrevivência psíquica encontrou ressonância em alguns psicanalistas, como J.McDougall, J.C.Smirgell e C.Bollas, entre outros, que souberam dimensionar o quanto era indispensável para determinadas pessoas a manutenção de funcionamentos estranhos, bizarros, longe de um padrão "normótico".

Com isso tudo altera-se radicalmente a idéia de um processo e, concomitantemente, a idéia de cura. Talvez mais freqüentemente deveríamos perguntar-nos ou redefinir os conceitos de "saúde" e "doença", evitando toda norma rigidamente definida e pensando muito mais em termos da capacidade do organismo para criar uma nova organização e uma nova ordem que encaixe com suas disposições e suas exigências tão especiais e alteradas. Ver o mundo com os olhos do paciente, como se dizia antes, até mesmo porque estamos cheios de exemplo de "defeitos", "doenças"e "transtornos" que costumam apresentar uma qualidade paradoxal, revelando capacidades, desenvolvimento, evoluções, formas de vida latente, que poderiam não ser vistos nunca ou sequer serem imaginados na ausência daqueles. Este é o novo paradoxo com o qual temos de nos deparar, o potencial criativo subjacente a cada "desvio" da, pretensa, normalidade.

De toda forma, o que pretendo salientar, neste momento, é que o modelo clássico do processo psicanalítico – levantar repressões – já não tem mais a mesma utilidade em uma tipo de clínica onde os fenômenos parecem exatamente o do oposto, o da ausência de repressões (ou mecanismos equivalentes, mais evoluídos).

TRANS(E)GERACIONAL

Suzanna Tamaro (1994), escritora italiana, autora de vários livros, entre eles *Vá dove ti porta il cuore* (Vai onde o coração te leve), conta-nos a comovente história de uma avó que, próxima à sua morte – e depois de uma vida de silêncios –, escreve à sua neta adolescente uma longa carta contando a história de sua vida. Em um relato pungente tece a teia de três gerações. Preenche vazios, aponta buracos, nomeia os sentimentos em uma profunda convicção de que os verdadeiros inimigos são os segredos que deslizam pelas sombras da alma. Em um dado momento, assim reflete a vovó: "Por haver vivido muito e e ter deixado atrás de mim tantas pessoas, agora sei que os mortos não pesam tanto por sua ausência, senão por aquilo que – entre eles e nós mesmos – não foi dito".

Nos últimos 15 ou 20 anos tem conquistado algum espaço dentro de uma pequena parcela da comunidade psicanalítica (principalmente França e Argentina) o interesse por fenômenos estranhos, mas nem por isto modernos, que estão disponíveis para quem queira observá-los na clínica. Os primeiros analistas que mais corajosamente passaram a descrever tais processos estavam ligados ao trabalho com famílias, crianças, grupos e psicóticos. Na verdade, desde Freud, o prefixo UR apontava aquilo que escapava ao abarcável da experiência analítica (UR*zenen*, UR*phantasien*, UR*verdrangung*, UR*vater*; cenas originais, fantasias originais, repressão originária, o pai primordial). Reflexionar sobre o inabarcável leva-nos, inevitavelmente, a indagar sobre a trama constituinte do ser humano: pulsão e objeto, sexualidade e narcisismo, estatuto do corpo e o infantil, processos identificatórios e transmissão transgeracional.

Simultaneamente a proposição destas questões amplia o debate sobre as noções de fantasia, realidade e verdade em psicanálise. Não há dúvida de que o trans ou intergeracional faz parte do arcaico, que sua presença seja universal, que tenha efeitos estruturantes ou alienantes, o que não significa, todavia, que lhe seja atribuído todo o seu valor por grande parte do *establishment* psicanalítico. O que se passa, então?

De certa forma é compreensível diante das dificuldades que cercam o tema. Como teorizar sobre aquilo que não integra a memória retornável ? Ou, como se indaga H. Faimberg (1993), como podem duas pessoas falar de uma coisa quando a primeira – o paciente – não crê que lhe pertença, e quando a segunda – o analista – a ignora? Temos um espaço dentro de nossa metapsicologia para encaixar tais fenômenos ? Ou seria preferível pensar, como Baranes (1993), que essa clínica analítica parece convidar a uma reflexão e, talvez, a uma revisão de conceitos metapsicológicos e até, para alguns, forjar uma nova tópica, da clivagem e do intersubjetivo.

Com isto, a aventura psicanalítica já não é, desde um bom tempo, uma simples neurose de transferência, os mistérios são maiores e a responsabilidade do psicanalista multiplica-se no desenvolvimento de uma análise. Frente a cada vazio, buraco ou ausência e a sensação de que o paciente esteja em outra parte ele deverá obrigatoriamente lembrar que aquilo que parece demasiadamente vazio, em realidade, pode estar demasiadamente cheio.

Dizia, no início deste capítulo, que considerava os estudos transgeracionais como fazendo parte do futuro da psicanálise. Sem se tomar em conta os mitos familiares, as criptas, os fantasmas, os visitantes do ego – muitas maneiras de descreverem-se fenômenos semelhantes – a clínica psicanalítica de crianças e adolescentes (e não só ela) tende a ser subtraída de uma ampliação tão cheia de mistérios como de riquezas.

Mário tinha apenas 4 anos quando o vi pela primeira vez. Seus pais haviam decidido procurar-me "preventivamente", segundo diziam, porque achavam-no quieto, um pouco retraído e porque temiam que pudesse ser uma criança deprimida. Em todo o resto parecia um menino normal, tinha um desenvolvimento dentro do esperado, era sensível, inteligente e muito estimulado pelo casal. Único filho, nasceu depois de uma longa espera e de enormes dificuldades, que incluíram muitas investigações e tratamentos infrutíferos. Quando, aparentemente, haviam desistido da idéia e para aliviarem-se de um período de sofrimento e angústia viajaram para o exterior, sobrévem o atraso menstrual anunciador da gestação de Mário. Recordo-me que considerei um pouco excessivo o receio desses pais, nada parecia demasiadamente preocupante, tanto Mário quanto eles eram criaturas afáveis, despertavam empatia e a primeira conclusão, e certamente a mais simplória, era de que depois de tanta espera e tantas dúvidas, esse filho altamente investido mereceria todas as atenções, cuidados, medidas preventivas, etc... Duas ou três pequenas coisas, no entanto, ficaram registradas na minha memória. Um uso, um tanto quanto abusivo, de um "urso transicional", fedorento, encardido, que praticamente o acompanhava por toda parte e que tive o prazer de conhecer quando veio para as sessões de avaliação. A segunda lembrança era de uma amiga imaginária, Maria (!), com quem tinha um ritual diário de encontros, mais ou menos no mesmo horário, coincidindo com a ausência de ambos os pais. A babá, que o acompanhava desde o nascimento surpreendia-se com o estado de excitação de Mário nessas ocasiões e comentava o assunto com alguma freqüência com os pais. Um terceiro detalhe, aparentemente solto, tinha tido origem em uma frase da mãe, ao final de nossos encontros. Sem relação alguma com tudo o que estava sendo discutido pergunta, subitamente: "Tu achas que podemos ficar tranqüilos com a condição de menino, de Mário?". Ingenuamente, como logo verão, respondi-lhes que não via nenhum problema.

Dois anos depois telefonam-me e combinam uma revisão para Mário. Ficou acertado que eu o veria, por uma sugestão deles, antes mesmo da entrevista com os pais. Tive uma surpresa ao encontrá-lo na sala de espera com a babá. Certamente não era o mesmo Mário de dois anos antes. Sorriu ao me ver, mas seu sorriso era diferente, assim como seu comportamento, como logo tratou de me mostrar. Não carregava mais seu urso, mas, em compensação, estava muito mais agitado, cheio de maneirismos e afetação. Nos jogos e desenhos eram evidentes as identificações femininas de Mário que, também, manifestamente declarava que queria ser uma menina. Os pais, para minha segunda surpresa, pareciam menos preocupados do que da primeira vez. Com um discurso articulado, que os colocava mais à distância e menos acessíveis do que antes, diziam que estavam dispostos a aceitar o que o destino lhes reservasse, que não eram pessoas moralistas nem preconceituosas e que se Mário viesse a optar pela escolha homossexual, teria, neles sempre uma atitude de acatamento e compreensão.

Determinado a não lhes impor nada, mas querendo entender um pouco mais da estranha trajetória de Mário, propus-lhes algumas entrevistas mais, que, educadamente, foram aceitas. Só posso, para não me alongar demais, dar uns poucos detalhes para serem acrescentados ao que vocês já sabem e que possibilitam refletir sobre algumas possíveis alternativas. Suzana, a mãe, confessa que sempre conviveu com um medo extremo de engravidar, que seguramente isto deveria ter influenciado para que durante tantos anos este fato não se concretizasse. A razão principal desse medo, em suas palavras, era de que pudesse ter um filho homem e que ele se tornasse homossexual. Que, na realidade, a viagem para o exterior que empreenderam e da qual voltou grávida de Mário se deveu, em grande parte, a um trabalho de luto. O país e a cidade que se fixaram mais tempo havia sido o local onde vivera seu irmão mais moço, artista e homossexual, até dois anos antes, quando morrera por Aids. Viveu com muita culpa esse desenlace e, em seguida, fortaleceu-se muito por meio de ajuda religiosa.

Estranho paradoxo com o qual terá de conviver Mário. Uma história que não é a sua é a sua história. Desnecessário dizer que ele desconhece tudo isto que o antecede. Ao mesmo tempo, tudo o que ele não sabe é parte essencial do que ele é. Quais os mitos familiares, as criptas, os fantasmas, nos quais está incluído Mário? Não deixem de considerar que se a história pessoal de Mário é, de longe, insuficiente para que se saiba quem é Mário, a ampliação do espectro com esses dados que foram acrescentados pela mãe ainda, também, são apenas algumas peças a mais dentro deste grande quebra-cabeças – que jamais estará totalmente completo – mas que deveria incluir, no mínimo, uma investigação mais detalhada sobre a família de origem de Suzana. Estou resumindo, não pensem que desconsidero o papel do pai dentro de tudo isso, o tipo de relação que estabelece com Mário, e com sua mulher, questões relacionadas com suas próprias origens, etc. Apenas pretendo exemplificar o que todos vocês já sabem; a complexidade, o mistério, a beleza do nosso trabalho.

Por quais vias, por quais formas de discurso, por quais atalhos, se infiltram estas marcas? Como se questiona H. Faimberg, nos encontramos frente a um duplo problema teórico:

— Como explicar a transmissão de uma história que não pertence a vida do paciente, ao menos em parte, e que clinicamente revela ser organizadora do psiquismo do paciente.
— Como dar conta dessa dupla condição, contraditória de um psiquismo vazio e, ao mesmo tempo, "demasiadamente cheio". Em outros termos, no paciente existe, por um la-

do, uma falta de reconhecimento da relação de objeto e, por outro, um objeto "em demasia", que nunca se ausenta.

Ela chama esse processo, que envolve pelo menos três gerações, de telescopagem geracional, que são complexos processos identificatórios que congelam o psiquismo em um sempre, que é um caráter do inconsciente, considerado atemporal. Por isso que a telescopagem põe em evidência um tempo circular, repetitivo, ao contrário das diferenças de gerações que implica em um curso, em uma admissão da passagem do tempo.

Nada impede, e, ao contrário, tudo indica, que em todas as análises de crianças e adolescentes (e dos adultos também) tenha que se ter em mente tais fenômenos, pelo seu caráter universal, que estão tanto ligados aos impedimentos às mudanças – que significariam desidentificações – como na freqüência que se encontram as chamadas "reações terapêuticas negativas".

LIVRE PENSAR É SÓ PENSAR

Nossa vida mental apóia-se, consciente e inconscientemente, sobre teorias que, às vezes, encontram-se instaladas pela força da ideologia ou da ilusão. Os mistérios da nossa profissão, na realidade, permitem a transição para um espaço mental mais amplo, embora às custas de um processo extremamente doloroso, inclusive terrorífico, pois implica pôr em cheque crenças e teorias. A ciência é uma atividade nobre capaz de gerar uma feroz lealdade e, embora a lealdade seja louvável, ela não constitui por si um argumento. Felizmente a ciência atual não busca mais uma visão de mundo totalmente explicativa, tudo o que ela produz é parcial e provisório.

Dizer que algo nos escapa, que não temos condições para fornecer uma explicação para determinados fenômenos, não significa imobilidade. Pelo contrário. Nunca serão demais os esforços para afastar da psicanálise todo esquema causal linear. Seria, portanto, um erro fantástico considerar o trans ou intergeracional, a pré-história ou os mitos familiares, como destinos irreversíveis, espécies de fatalidades geradoras de "mal-formações" psíquicas. Se assim fosse, para nada adiantaria a psicanálise e sua função se tornaria equivalente a de um geólogo detectando e datando diversos fenômenos e momentos históricos em uma parede rochosa.

É natural que nas múltiplas possibilidades de caminhos pelos quais transborda o inconsciente jamais poderemos ter a pretensão de capturá-lo, ou de apreendê-lo em todo o seu significado. Falar dos mitos familiares, e de seus mistérios, não implica, entretanto – jamais – conceber a pré-história como uma maldição. Toda a "realidade histórica" familiar poderia ser concebida como uma forma de reconstrução. Sabe-se, também, que nos segredos de família o mais importante nunca reside no próprio segredo, mas nas múltiplas estratégias empregadas pelas gerações sucessivas para acomodarem-se a ele. Lembremo-nos, também, que sempre é o excesso que indica a presença da desordem ou o risco de sua irrupção. Com isso, depois de mais de 20 anos de trabalho clínico, posso olhar para trás e afirmar que nunca me foi possível perceber que o poder do mundo das fantasias tenha sido suficiente para gerar uma psicose ou um transtorno de gênero. Ainda hoje, entretanto, mas felizmente cada vez menos, sobrevivem teorias que buscam entender esses quadros graves como processos autogerados, como se tudo fosse possível por um simples exercício da imaginação.

Dou um pequeno exemplo, oriundo da física, extraído do livro *Dos ritmos ao caos*, de P. Bergé, Y. Pomeau e M. Dubois-Gance (1994). No último item, do último capítulo, eles fazem uma proposta:

O caos: faça você mesmo. Convencidos de que nada é melhor do que fazer por si mesmo as experiências para entender os fenômenos físicos, os autores propõem a realização de uma experiência simples, porém profunda. Precisamos apenas de uma bússola e de um pêndulo onde vai ficar suspenso, na ponta de uma linha de costura, um ímã. Lancemos o pêndulo e coloquemos a bússola, inicialmente, a uns 20 cm do plano de oscilação do pêndulo. A bússola oscila debilmente a uma freqüência que fica muito próxima da do pêndulo que a estimula. Aproximemos progressivamente a bússola do pêndulo oscilante. Como fica evidente, a influência do pêndulo magnético sobre a bússola aumenta. Em seguida, abaixo de uma certa distância, aparecem movimentos extremamente irregulares, com a bússola começando a girar num sentido, detendo-se, oscilando de novo e depois girando em sentido inverso, sem que possamos prever que nova fantasia vai surgir. O movimento tornou-se imprevisível, embora sendo o de um sistema muito simples: trata-se realmente de caos.

Se substituirmos a bússola por um bebê ou por uma criança, e o pêndulo com o *ímã* por um grupo familiar, teremos um modelo muito interessante para ser pensado em termos de influências e conseqüências. Se o "ruído de fundo" – a presença do *ímã* – for muito alto e muito próximo – as repercussões tornam-se consideravelmente maiores. Lembremo-nos, igualmente, das considerações de Winnicott sobre a função materna. Em um pólo poderíamos contar com a presença da "mãe suficientemente boa" ou respeitando mais suas concepções, a "mãe devotada comum", fundamentalmente não-invasiva, não intrusiva. Em um outro pólo, suponho, encontraríamos aquelas pobres mulheres incapazes de entregar-se para este estado regressivo puerperal e que abandonariam seus bebês à própria sorte, o que significa marasmo ou hospitalismo, se não forem substituídas por alguém. Em uma posição intermediária, pensando no negativo, encontraríamos um outro grupo, muito chamativo e de conseqüências desastrosas, as chamadas mães imprevisíveis. Como costumo comentar com meus colegas e alunos, é relativamente simples para alguém preparar-se para se enfrentar com um objeto sistematicamente ruim ou mau, ele é assim, sabe-se o que esperar – ou não esperar – dele. O problema surge quando se é incapaz de prever o que surgirá por parte do outro. Frente a um mesmo estímulo, por exemplo, pode-se ter como resposta a indiferença ou o entusiasmo, o sorriso ou a palmada, e assim por diante. Isso enlouquece. Vocês todos conhecem a piada da mãe judia que presenteou o filho no dia de seu aniversário com duas gravatas, uma vermelha e outra azul. No domingo seguinte ele a visitou trajando a gravata vermelha e ela quando o viu comentou: "Não gostou da gravata azul que a mamãe te deu, não é? No outro domingo ele voltou à sua casa, desta vez com a gravata azul, ao que ela observou: " Agora estás mostrando a verdade, gostaste da azul e não gostaste da vermelha". No terceiro fim de semana ele retorna usando as duas gravatas ao mesmo tempo. Ela exclama: "Agora sim estou entendendo tuas intenções, estás querendo enlouquecer a mamãe".

Mas tal como acontece com a bússola, que reage imprevisivelmente – enlouquecidamente – existe uma larga margem de possibilidades de respostas, que estão na dependência do foro íntimo de cada um. Isso é o que torna tudo muito mais complexo, mas também mais atraente. Livre pensar é só pensar, exatamente por isso. Toda trama transgeracional, de início, é muito pouco perceptível, não podemos esperá-la como uma dádiva que se apresenta como um conto ou uma história, ele terá de ser deduzido, extraído das entranhas, fazermos parte dele para que ele comece a ter algum sentido. Esse é um dos motivos, mas não o único, pelos quais dependemos tanto dos pais nesta proposta de trabalho com crianças e adolescentes.

OS PAIS, OU AOS PAIS

O primeiro impacto emocional que eu tive ao trabalhar com pais foi de medo. Medo de que me confrontassem com minhas insuficiências em poder resolver os problemas de seus filhos, medo de que questionassem meus métodos de tratamento, medo de que me destituíssem do papel de terapeuta de seus filhos. Não fui eu quem resolvi meus medos, foram eles. No início, por me aperceber da fragilidade deles, de suas intensas culpas e recriminações, depois, por percebê-los como meus melhores aliados. É comum, quase voz corrente, ouvir-se das dificuldades que os pais opõem aos tratamentos, suas resistências às melhoras dos filhos, sua rivalidade e ciúme com quem ousa tomar seu lugar, suas retrações e obstáculos conduzindo a impasses incontornáveis, etc... Não é esta a minha experiência. Não por não ter passado por ocasiões nas quais incompatibilidades de várias espécies impediram um fluxo normal do processo, mas, simplesmente, porque na imensa maioria das vezes suas dúvidas e inseguranças somadas às minhas dúvidas e inseguranças conseguiram promover mais efeitos positivos e terapêuticos, despertando uma espécie de solidariedade e parceria indispensáveis para o tratamento de seus filhos. Nem sempre isso precisou ocorrer de uma maneira manifesta, plástica, concreta. Muitos pais de adolescentes, por exemplo, nem cheguei a conhecer. O que não significou que com o andamento do processo suas relações comigo, e as minhas com eles, não se alteraram significativamente. Com outros privei de uma intimidade, alegrias, dores, totalmente comparáveis à privacidade do paciente individual. Com a passagem do tempo algo muito simples se traduziu: eu preciso deles e eles precisam de mim.

Procuro estar atento ao seu discurso, à transferência que desenvolvem, porque essa não é propriedade exclusiva de seus filhos – e, principalmente, a tolerância, tão indispensável para o nosso método, às mudanças de papéis. Aqui são importantes tanto fatores quantitativos como qualitativos. Quantitativos no sentido de serem capazes de aceitar que a "doença"do filho, que serve a todos por muitos mecanismos projetivos, possa, em alguma medida, retornar e ser redistribuída entre todos os membros da família. Qualitativos, reflexionando sobre alguns padrões mais evidentes – e outros nem tanto – de identificações. Com isso estou me referindo exatamente àqueles discursos identificatórios descritos antes dentro do tema da transgeracionalidade e que podem se apresentar de forma singela ou inocente: "O fulaninho é em tudo parecido com seu tio...",

"Na nossa família todos os primogênitos são um sucesso...", "Demos a ele o mesmo nome de seu irmãozinho que havia falecido um ano antes..." e assim por diante. As vias de desidentificação, única saída possível para alguns destes "destinos", podem apresentar-se absolutamente bloqueadas se não dispusermos de sua colaboração. Isto porque – e tenho certeza de que vocês entendem – não é plausível imaginar que frente a um intenso "ruído de fundo"que teve como conseqüência uma psicose infantil, possamos acreditar, apenas, nas capacidades de desidentificar-se desse pequeno paciente. Talvez isto mais tarde, durante a adolescência, fosse mais viável, mas na primeira infância, com todos os graus de dependência somados à imaturidade e à incompletude do desenvolvimento, torna-se uma tarefa pouco provável de ser bem-sucedida. E aí, como em tantas outras ocasiões, nos acerquemos dos pais ou então nos deixemos esmagar pelo desânimo ou pela soberba da conclusão de inanalisabilidade. É neles que encontraremos muitas respostas para os mistérios e com eles sofreremos, se permitirmos, o impacto do "estranho".

Em resumo, deixemo-nos assustar com o estranho, não o evitemos, mantenhamos com ele a relação de proximidade possível, permitamos que ele nos ensine o que de certo modo possa nos ser "familiar".

Esta, enfim, é a nossa tarefa, uma eterna reconciliação com o desconhecido, que é o que já propunha um antigo poema árabe, muito curto, que descreve dois homens, um velho e um jovem, olhando a noite tranqüila, a cidade adormecida, o deserto ao longe. O jovem diz: "Que silêncio". O velho retruca: "Não diga, que silêncio, diga não ouço nada". A todo instante poderíamos dizer, e este é em síntese o recado que gostaria de deixar, "não diga, que vazio, que escuridão. Diga, não enxergo nada".

REFERÊNCIAS BIBLIOGRÁFICAS

ASPERGER, H. (1991). "Autistic Psycopathy" in Childhood > In: Uta Frith,ed., *Autism and Asperger Syndrome*. New York: Cambridge University Press.

BARANES, J-J. (1993). "Devenir sí-mismo: avatares y estatuto de lo transgeracional". In: R. Kaes et al., *Transmisión de la vida psíquica entre generaciones*. Buenos Aires: Amorrortu Editores.

BARANGER, M.,BARANGER,W. (1961-62). "La situación analítica" In: *Problemas del campo psicanalitico*. Buenos Aires: Kargieman, 1969.

BEHE, M. (1996). *A caixa preta de Darwin*. Rio de Janeiro: Jorge Zahar Editor.

BERGÉ,P.,POMEAU,Y.,DUBOIS-GANCE,M. (1994). *Dos ritmos aos caos*. São Paulo: Editora UNESP.

DAMÄSIO, A. (1994). *O erro de Descartes*. São Paulo: Companhia das Letras.

FAIMBERG, H. (1993). "El telescopaje [encaje] de las generaciones (Acerca de la genealogia de ciertas identificaciones)" In: R.Kaes et al., *Transmisión de la vida psíquica entre generaciones*. Buenos Aires: Amorrortu Editores.

FERRO, A. (1995). *A técnica na psicanálise infantil*. Rio de Janeiro: Imago.

KLEIN, M. (1990). *El psicoanalisis de niños*. Buenos Aires: Paidós.

LACAN,J. (1963). *Las formaciones del inconsciente*. Buenos Aires: Nueva Vision.

OGDEN, T. (1966). *Os sujeitos da psicanálise*. São Paulo: Casa do Psicólogo.

PEREDA, M. (1997). Investigación en Metapsicologia. Simbolización en Psicoanálisis. Trabalho Apresentado no II Simpósio Brasileiro de Observação da Realação Mãe-Bebê. Gramado,1997. Mímeo.

RODULFO, R. (1990). *O brincar e o significante*. Porto Alegre: Artes Médicas.

SACKS. O. (1995). *Un antropologo en marte*. Barcelona: Editorial Anagrama.

SAMI-ALI. (1979). *El espácio imaginário*. Buenos Aires: Paidós.

TAMARO,S. (1995). *Donde el corazón te lleve*. Buenos Aires: Atlantida.

WINNICOTT. D. (1979). *O ambiente e os processos de maturação*. Porto Alegre: Artes Médicas.

WINNICOTT. D. (1971). *O brincar e a realidade*. Rio de Janeiro: Imago.

WINNICOTT. D. (1988). *Natureza humana*. Rio de Janeiro: Imago.

CAPÍTULO 40

Psicoterapia Analítica de Grupo

Dentre as diversas modalidades de psicoterapias, é imprescindível incluir aquela que tem uma dimensão grupalística, a qual, comprovadamente, tem revelado-se eficaz e de grande abrangência, porém que, em nosso meio brasileiro, ainda não encontrou um campo de aplicação clínico mais sistemático e consistente. A bem da verdade, as grupoterapias sequer têm encontrado um respaldo mais sólido e convincente por parte dos responsáveis pelo seu ensino nas diversas instituições formadoras de técnicos especializados na área do atendimento psicológico, psiquiátrico e psicanalítico. Igualmente, as cúpulas políticas das mais variadas instituições, em todos os cantos do País, não só recusam prestar o apoio necessário aos programas de atendimento psicoterápico grupal, como ainda muitas vezes boicotam o trabalho que vinha sendo desenvolvido por dirigentes anteriores.

Conquanto tudo isto continue ocorrendo na atualidade, também é verdade que aos poucos, em uma forma ainda algo desorganizada, a psicoterapia de grupo vem abrindo um progressivo espaço de valorização e aplicação. O propósito deste capítulo é situar o leitor nos principais aspectos que dizem respeito às grupoterapias e, para tanto, seguiremos um roteiro constante dos seguintes subtítulos: 1) Uma breve visão histórico-evolutiva. 2) Conceituação de grupo. 3) Classificação das grupoterapias. 4) Fundamentos teóricos. 5) Fundamentos técnicos. 6) Indicações e contra-indicações. Alcances e limitações. 7) Condições necessárias para a função de coordenador de grupo. 8) Estado atual e perspectivas futuras das grupoterapias.

UMA BREVE VISÃO HISTÓRICO-EVOLUTIVA

Pode-se dizer que as grupoterapias estão comemorando o seu primeiro centenário de existência. Isto se deve ao fato de que a inauguração desse recurso grupoterápico começou com J. Pratt, um tisiologista americano que, a partir de 1905, em uma enfermaria com mais de 50 pacientes tuberculosos criou, intuitivamente, o método de *classes coletivas*, as quais consistiam em uma aula prévia sobre a higiene e os problemas da tuberculose, seguida de perguntas dos pacientes e da sua livre discussão com o médico. Esse método, que mostrou excelentes resultados na aceleração da recuperação física dos pacientes, está baseado na identificação deles com o carisma do médico, compondo uma estrutura familiar-fraternal de apoio recíproco. Embora realizada em bases empíricas, o método serviu como modelo para outras organizações similares, como, por exemplo, a prestigiosa "Alcoólicos Anônimos", iniciada em 1935 e que ainda se mantém com uma popularidade crescente. Igualmente, a essência do velho método de Pratt está sendo revitalizada e bastante aplicada na atualidade, justamente onde começou, ou seja, no campo da medicina, sob a forma de *grupos homogêneos de auto-ajuda*.

Embora Freud nunca tenha trabalhado diretamente com grupoterapias, ele trouxe valiosas contribuições específicas à psicologia dos grupos humanos, fazendo tanto de uma forma implícita (pelos ensinamentos fundamentais contidos em toda a sua obra), como também de forma explícita, pelos seus cinco conhecidos trabalhos: *As perspectivas futuras da terapêutica psicanalítica* (1910), *Totem e tabu* (1913), *Psicologia das massas e análise do ego* (1921), *O futuro de uma ilusão* (1927) e *Mal-estar na civilização* (1930), sendo o de 1921 o mais importante deles como contribuição às psicoterapias de grupo.

No mencionado *Totem e tabu*, por meio do mito da horda selvagem, Freud faz a importante observação de que, por intermédio do inconsciente, a humanidade transmite as suas leis sociais, assim como essas produzem a cultura. No entanto, o seu trabalho de 1921 é considerado particularmente como o mais importante para o entendimento da psicodinâmica dos grupos. Nele Freud traz as seguintes contribuições teóricas: uma revisão sobre sobre a psicologia das multidões; os grandes grupos artificiais (igreja e exército); os processos identificatórios (projetivos e introjetivos); as lideranças e as forças que influem na coesão e na desagregação dos grupos. Nesse mesmo trabalho postulou a sua crença de que "a psicologia individual e a social não diferem em sua essência", isto é, as relações entre o indivíduo e o grupo são indissociáveis e complementárias, o que reforça o que já profetizara, que "o êxito que a terapia passa a ter no indivíduo, haverá de obtê-lo na coletividade".

Outros autores importantes que pavimentaram o movimento das grupoterapias foram J. Moreno (médico romeno que em 1930 introduziu as "técnicas psicodramáticas"); K. Lewin (desde 1936, utilizou as vertentes sociológicas e introduziu a noção de "campo grupal", tendo se dedicado ao estudo das minorias raciais); S. H. Foulkes (psicanalista britânico que, desde 1948, introduziu conceitos eminentemente psicanalíticos à dinâmica de grupo, os quais serviram como principal referencial de aprendizagem a sucessivas gerações de grupoterapeutas, sendo que ele é considerado o líder mundial da "psicoterapia analítica de grupo"); Pichon Rivière (psicanalista argentino altamente conceituado que aprofundou o entendimento do campo grupal com algumas concepções originais, além de ser o criador da teoria e prática dos "grupos operativos"); W. R. Bion, (cujas contribuições à grupoterapia analítica, pela sua importância, serão mais alongadamente detalhadas um pouco mais adiante). Também é necessário destacar o vigor que psicanalistas *argentinos* (como Grimberg, Rodrigué e M.Langer) emprestaram à psicoterapia analítica de grupo, além de, também, ressaltar que na atualidade psicanalistas *franceses*, como D. Anzieu e R. Käes, abrindo novos vértices de compreensão e estão procurando definir uma "identidade" própria à dinâmica grupal. No *Brasil*, a psicoterapia de grupo de inspiração psicanalítica teve começo com Alcion B. Bahia, sendo que outros nomes importantes e pioneiros são os de Walderedo Ismael de Oliveira e Werner Kemper, no Rio de Janeiro; Bernardo Blay Neto, Luís Miller de Paiva e Oscar Rezende de Lima, em São Paulo e Cyro Martins, David Zimmermann e Paulo Guedes, em Porto Alegre. Na atualidade, há no Brasil uma série de pessoas, em diversas e múltiplas áreas, trabalhando ativamente em busca de novos caminhos e de uma assistência mais ampla e abrangente com a aplicação dos recursos da dinâmica grupal.

CONTRIBUIÇÕES DE BION

Durante a década de 40, este eminente psicanalista da Sociedade Britânica de Psicanálise – fortemente influenciado pelas idéias de M. Kein, com quem se analisava na época –, partindo de suas experiências com grupos realizadas em um hospital militar durante a Segunda Guerra Mundial e na Tavistock Clinic, de Londres, criou e difundiu conceitos totalmente originais acerca da dinâmica do campo grupal.

Entre as suas contribuições, vale destacar a sua concepção de que qualquer grupo movimenta-se em dois planos: o primeiro, que ele denomina como *"grupo de trabalho"*, opera no plano do consciente e está voltado para a execução de alguma tarefa; subjacente a esse, existe em estado latente, o grupo de *"pressupostos básicos"*, o qual está radicado no inconsciente e suas manifestações clínicas correspondem a um primitivo atavismo das pulsões e de fantasias inconscientes.

Bion formulou três tipos de supostos básicos: o de *dependência* (exige um líder carismático que inspire a promessa de prover as necessidades existenciais básicas, dos indivíduos e do grupo), o de *luta e fuga* (de natureza paranóide, requer uma liderança de natureza tirânica para enfrentar o suposto inimigo ameaçador) e o de *apareamento* (também conhecido como "acasalamento", alude à formação de pares no grupo, que podem se acasalar e gerar um messias salvador; portanto, é um suposto inconsciente que, para se manter, exige um líder que tenha algumas características místicas).

Além disso, Bion muito contribuiu para o entendimento da relação que um indivíduo portador de idéias novas – que ele chama de *"místico"* (ou de "gênio") – trava com o *establishment*, no qual está inserido. Essa última concepção tem se revelado de imprescindível importância para a compreensão dos problemas que cercam as instituições.

Pela importância que Bion representa para a grupoterapia psicanalítica, cabe mencionar alguns dos aspectos que postulou:

- O grupo precede o indivíduo, isto é, as origens da formação espontânea de grupos têm suas raízes no grupo primordial, tipo a horda selvagem, tal como Freud a estudou.
- Os supostos básicos, antes aludidos, representam um atavismo dos grupos primitivos, incluídos os do reino animal (dependência durante certo tempo; luta e fuga contra os predadores; acasalamento para a sobrevivência da espécie) que, no curso de séculos, acabam inseridos na mentalidade e na cultura grupal.
- A cultura grupal consiste em uma permanente interação entre o indivíduo e o seu grupo, ou seja, entre o *narcisismo* e o *socialismo*.

- No plano "transubjetivo", esse atavismo grupal aparece sob a forma de mitos grupais, como são, por exemplo, os mitos de *Eden, Babel, Esfinge, Édipo.*
- A cultura exige uma organização, a qual é processada por meio da instituição de *normas, leis, dogmas, convenções* e um código de valores *morais, éticos e estéticos.*
- O modelo que Bion propôs para a relação que o indivíduo tem com o grupo é o da relação *continente-conteúdo*, a qual comporta três tipos: "parasitário", "comensal" e "simbiótico".
- A relação que o *establishment* mantém com o indivíduo místico, ou seja, com aquele sujeito que é sentido como sendo uma ameaça – por ser um portador de idéias novas – adquire uma dessas formas, tal como é possível encontrar freqüentemente nas mais distintas instituições: 1) simplesmente *vetam* a sua entrada; 2) o *expulsam*, geralmente em função do papel que lhe é imputado de "bode expiatório" das mazelas da instituição; 3) *ignoram* a sua presença; 4) *desqualificam* as suas idéias e atividades; 5) há, uma *manifesta* aceitação desse indivíduo que ameaça a estabilidade do grupo diretivo do *establishment*, porém, no fundo, um, *latente*, esvaziamento de suas idéias, de sorte que ele é *co-optado*, pela atribuição de funções administrativas, muitas vezes de aparência honrosa; 6) outras vezes, completa Bion (1965), decorrido algum tempo, alguém do *establishment* adota as suas idéias, porém divulgam-nas como se elas tivessem partido dos próhomens da cúpula diretiva.
- A estruturação de qualquer indivíduo, necessariamente, requer a sua participação em diferentes grupos, onde ele sempre sofre a influência dos outros, ao mesmo tempo em que ele também é um *agente ativo* de transformações.

CONCEITUAÇÃO E IMPORTÂNCIA DE GRUPO

O ser humano é gregário por natureza e ele somente existe em função dos seus inter-relacionamentos grupais. Sempre, desde o nascimento, o indivíduo participa de diferentes grupos, em uma constante dialética entre a busca de sua identidade individual e a necessidade de uma identidade grupal e social. Um conjunto de pessoas constitui um *grupo*, um conjunto de grupos constitui uma *comunidade* um conjunto interativo de comunidades configura uma *sociedade*.

A importância do conhecimento e a utilização da psicologia grupal decorre justamente do fato de que todo indivíduo passa a maior parte do tempo de sua vida convivendo e interagindo com distintos grupos. Assim, desde o primeiro grupo natural que existe em todas as culturas – a família nuclear – onde o bebê convive com os pais, avós, irmãos, babás, etc. e, a seguir, passando por creches, escolas maternais e bancos escolares, além de inúmeros grupos de formação espontânea e os costumeiros cursinhos paralelos, a criança estabelece vínculos grupais diversificados. Tais grupamentos vão se ampliando e renovando na vida adulta, com a constituição de novas famílias e de grupos associativos, profissionais, esportivos, sociais, etc.

Assim como o mundo interior e o exterior são a continuidade um do outro, da mesma forma o individual e o social não existem separadamente; pelo contrário, eles se interpenetram, complementam e se confundem entre si. Com base nessas premissas, é legítimo afirmar que *todo indivíduo é um grupo* (na medida em que, no seu mundo interno, um grupo de personagens introjetados, como os pais, irmãos, etc., convivem e interagem); da mesma forma, pode-se dizer que *todo grupo pode comportar-se como uma individualidade* (ele adquire uma identidade e caracterologia singular e própria).

Existem grupos de todos os tipos e uma primeira subdivisão que se faz necessária é a que diferencia os grandes grupos (pertencem à área da macrossociologia) dos pequenos grupos (micropsicologia). No entanto, vale adiantar que, em linhas gerais, os microgrupos – como é o caso de um grupo terapêutico – costumam reproduzir, em miniatura, as características sócio-econômicas e políticas e a dinâmica psicológica dos grandes grupos.

O que caracteriza um *grupo propriamente dito*, quer psicoterápico ou operativo, o preenchimento das seguintes condições básicas:

- Um grupo não é um mero somatório de indivíduos; pelo contrário, ele se constitui como uma nova entidade, com leis e mecanismos próprios e específicos.
- Todos os integrantes estão reunidos, face a face, em torno de uma tarefa e de um objetivo comum ao interesse de todos eles.

- O tamanho de um grupo não pode exceder o limite que ponha em risco a indispensável preservação da comunicação, tanto a visual, como a auditiva e a conceitual.
- Deve haver a instituição de um enquadre (*setting*) e o cumprimento das combinações nele feitas. Assim, além de ter os objetivos claramente definidos, o grupo deve levar em conta a preservação do *espaço* (os dias e o local certo das reuniões), de *tempo* (horários, tempo de duração das reuniões, plano de férias, etc) e a combinação de regras e outras variáveis que delimitem e normatizem a atividade grupal proposta.
- O grupo é uma unidade que se comporta como uma totalidade e vice-versa. Cabe uma analogia com a relação que existe entre as peças separadas de um quebra-cabeças e deste com o todo a ser armado.
- Apesar de um grupo constituir-se como uma nova entidade, com uma identidade grupal própria e genuína, é também indispensável que fiquem claramente preservadas, separadamente, a identidade específica de cada um dos indivíduos componentes do grupo.
- Nos grupos sempre vai existir uma hierárquica distribuição de *posições*, e de *papéis*, de distintas modalidades e intercambiáveis entre si.
- É inerente à conceituação de grupo, a existência entre os seus membros de alguma forma de *interação afetiva*, a qual costuma assumir as mais variadas e múltiplas formas.
- É inevitável a formação de um *campo grupal dinâmico*, onde gravitam fantasias, ansiedades, mecanismos defensivos, fenômenos resistenciais e transferenciais, etc, além de alguns outros fenômenos que são próprios e específicos dos grupos, tal como pretendo desenvolver mais adiante, no subtítulo que alude aos "Fundamentos Teóricos".

CLASSIFICAÇÃO GERAL DOS GRUPOS

É válido partir do princípio de que, virtualmente, a *essência* dos fenômenos grupais é a mesma em qualquer tipo de grupo e o que determina as óbvias diferenças entre os distintos grupos, é a *finalidade* para a qual eles foram criados e compostos.

Por esta razão, dentro do vasto leque de aplicações da dinâmica dos grupos, a classificação que aqui estou propondo fundamenta-se no critério das *finalidades* a que se destina o grupo, e ela parte de uma divisão genérica nos dois seguintes grandes ramos: *operativos e psicoterápicos*.

Cada um destes ramos, por sua vez, subdivide-se em outras ramificações. Assim, os *grupos operativos* (como indica o nome, visa "operar" em uma determinada tarefa, sem que haja uma precípua finalidade psicoterápica) cobrem os seguintes quatro campos: 1.*Grupos de ensino-aprendizagem* (a ideologia fundamental desse tipo de grupo é que o essencial é "aprender a aprender" e o seu lema pode ser resumido na frase de que "mais importante do que encher as cabeças com conhecimentos é *formar* cabeças). 2. *Institucionais* (estão sendo crescentemente aplicados em escolas, sindicatos, empresas, instituições, etc., com a finalidade de promover uma integração entre os diferentes escalões e ideologias, especialmente no que diz respeito ao dificílimo problema da *comunicação*). 3. *Comunitários* (consistem em programas voltados para a promoção da saúde mental de comunidades, como pode ser exemplificado com grupos de crianças ou adolescentes normais, gestantes, pais e filhos, líderes da comunidade, etc., etc.). 4. *Terapêuticos*. Tal como esta denominação sugere, os grupos operativos terapêuticos visam fundamentalmente a uma melhoria de alguma situação de patologia dos indivíduos, quer seja estritamente no plano da saúde orgânica, quer na do psiquismo, ou em ambos ao mesmo tempo. A forma mais utilizada desta modalidade grupal é conhecida sob o nome de *Grupos de auto*-ajuda e ela consiste em comumente ser um grupo de formação espontânea entre pessoas que se sentem identificadas por algumas características semelhantes entre si, unificando-se quando dão-se conta que têm condições de se ajudarem reciprocamente, quer pela ajuda de algum técnico coordenador, ou não. Vale citar como exemplo deste tipo, a enorme expansão dos grupos que são conhecidos sob o rótulo de "anônimos" (alcoolistas, tabagistas, neuróticos...). A forma mais utilizada desta modalidade grupal de auto-ajuda – também conhecida como grupos de *ajuda mútua* – está se processando no campo da medicina, quer como *suporte* para pacientes com doenças cronificantes, como diabéticos, reumáticos, hipertensos, etc., quer como forma de *reabilitação* para infartados, colostomizados, mutilados, mulheres mastectomizadas, etc, e assim por diante, permitindo uma extensa utilização e vêm comprovando resultados bastante animadores.

Os *grupos psicoterápicos*, por sua vez, também podem ser subdivididos em quatro linhas de utilização da dinâmica grupal, cada uma delas obedecendo a uma distinta corrente teórica-técnica. Assim, temos: 1. A corrente *psicodramática*, que vem ganhando um significativo espaço em nosso meio. O psicodrama foi criado por J. Moreno e na atualidade ele conserva os seus princípios essenciais, que consta da utilização dos seguintes seis elementos básicos: *cenário, protagonista, diretor, ego auxiliar, público, cena a ser apresentada*. As principais cenas da vida de cada um e de todos são revividas por meio de dramatizações, e a psicoterapia consiste em ressignificá-las durante a dramatização. 2. *Teoria sistêmica*. Os praticantes dessa corrente partem do princípio de que os grupos funcionam como um *sistema*, ou seja, que há uma constante interação, complementação e suplementação dos distintos papéis que lhes foram atribuídos e que cada um dos componentes se vê impelido a desempenhar. A melhor e mais ampla utrilização prática deste tipo de psicoterapia é a *terapia de família* e a *terapia com casais. 3. Cognitivo-comportamental*. O tratamento preconizado pelos seguidores da corrente comportamentalista (behavioristas) visam a três objetivos principais: uma *reeducação*-em nível consciente – das concepções errôneas do paciente; um *treinamento* de habilidades comportamentais (por exemplo, um obeso desenvolver táticas para evitar o consumo exagerado de alimentos...) e uma *modificação* no estilo de viver. 4. *Corrente psicanalítica*. Embora sejam muitas as correntes teórico-técnicas dentro da própria psicanálise, não é menos verdade que todas elas convergem para os três princípios básicos que Freud formulou como constituindo o cerne da psicanálise: a presença das *resistências, da transferência e o da interpretação*. A seguir, este capítulo vai se restringir aos principais aspectos que cercam a psicoterapia de grupo de fundamentação analítica.

FUNDAMENTOS TEÓRICOS

Vale repisar que a tendência à grupalização é *imanente* ao ser humano, ou seja, ela é inata, essencial, indissociável e permanente, em qualquer cultura e geografia. Autores como Bion vão mais longe e afirmam que, historicamente, *o grupo precede o indivíduo*, ou seja, que as origens da formação espontânea dos grupos têm suas raízes no grupo primordial, tipo a *horda selvagem*, tal como Freud a estudou. Aliás, em certo momento de sua obra, Freud chegou a postular a existência do que ele denominou como "*instinto social*" de tal modo que um indivíduo não existe sem um grupo – e a recíproca é verdadeira.

Da mesma maneira, como foi antes mencionado, em qualquer grupo constituído, se forma um *campo grupal dinâmico*, o qual se comporta como uma estrutura que vai além da soma de seus componentes, de forma análoga a uma melodia que resulta não da soma das notas musicais, mas, sim, da combinação e do arranjo entre elas. Também é útil realçar que, embora ressalvando as óbvias diferenças, em sua essência, as leis da dinâmica psicológica são as mesmas em todos os grupos. Como um esquema de exposição, vale destacar os seguintes aspectos de fundamentação teórica, que estão ativamente presentes no campo grupal:

- Em todo grupo coexistem duas forças contraditórias permanentemente em jogo: uma tendente à sua *coesão* e a outra à sua *desintegração*.
- A dinâmica grupal de qualquer grupo se processa em dois planos, tal como nos ensinou Bion: um é o da intencionalidade consciente ("*grupo de trabalho*"); o outro é o que alude à interferência dos fatores inconscientes de cada um e de todos ("grupo *de supostos básicos*"). É claro que, na prática, esses dois planos não são rigidamente estanques; pelo contrário, costuma haver uma certa flutuação, interação e superposição entre eles.
- Sempre há a presença permanente – manifesta, disfarçada ou oculta – de *pulsões* – ibidinais, agressivas e narcisísticas – que se manifestam sob a forma de necessidades, desejos, demandas, etc.
- No campo grupal circulam *ansiedades* – as quais podem ser de natureza persecutória, depressiva, confusional, aniquilamento, engolfamento, perda de amor ou a de castração-que resultam tanto de conflitos internos como podem emergir em função das inevitáveis e necessárias frustrações impostas pela realidade externa.
- Por conseguinte, para contra-restar a tais ansiedades, cada um do grupo e ele como um todo mobilizam *mecanismos defensivos*, que tanto podem ser os muito primitivos (negação, controle onipotente, dissociação, projeção, idealização, defesas maníacas,etc.)

como também circulam defesas mais elaboradas, como a repressão, o deslocamento, o isolamento, a formação reativa, etc. Um tipo de defesa que deve merecer uma especial atenção por parte do coordenador o grupo é a que diz respeito às diversas formas de negação de certas verdades penosas (denegação, forclusão...).
- A dinâmica grupal propicia perceber a presença dos *conflitos estruturais*, ou seja, aqueles que resultam da desarmonia das instâncias do id, *ego*, *superego*, (delas entre si ou com a realidade externa); assim como também devemos incluir as subestruturas do *ego ideal, ideal do ego, ego real, alter ego e contra-ego* (esta última é uma denominação que venho propondo para aludir à presença de aspectos que a aprtir de dentro do *self* do sujeito organizam-se de forma patológica e agem contra as capacidades do próprio ego, tanto em relação ao crescimento de cada indivíduo em particular como, também, nas situações grupais, como um boicote ao crescimento do grupo como uma totalidade).
- Um outro aspecto de presença importante no campo grupal é o surgimento de um campo ativo de *identificações*, tanto as projetivas como as introjetivas, ou até mesmo as "adesivas". O problema das identificações avulta de importância na medida em que elas se constituem como o essencial elemento formador do *sentimento de identidade.*
- A *comunicação*, nas suas múltiplas formas de apresentação – as verbais e as não-verbais – representa um aspecto de especial importância na dinâmica do campo grupal.
- Igualmente, o desempenho de *papéis*, em especial os que adquirem uma característica de repetição estereotipada em determinados indivíduos do grupo – como, por exemplo, o papel de bode expiatório – é uma excelente fonte de observação e manejo por parte do coordenador de grupo.
- Está sendo cada vez mais valorizada a forma como os *vínculos* (de amor, ódio, conhecimento e reconhecimento), no campo grupal, manifestam-se e articulam entre si. Da mesma maneira, há uma forte tendência em trabalhar com as *configurações vinculares*, tal como elas aparecem nos casais, famílias, grupos e instituições.
- No campo grupal, costuma aparecer um fenômeno específico e típico: a *ressonância*, que, como o nome sugere, consiste no fato de que, tal como acontece num jogo de diapasões acústicos ou de bilhar, a comunicação trazida por um membro do grupo vai ressoar em um outro, o qual, por sua vez, vai transmitir um significado afetivo equivalente, ainda que, provavelmente, venha embutido em uma narrativa de embalagem bem diferente e assim por diante.
- O campo grupal constitui-se como uma *galeria de espelhos*, onde cada um pode refletir e ser refletido *nos* e *pelos* outros. Particularmente nos grupos psicoterápicos, essa oportunidade de encontro do *self* de um indivíduo com o de outros configura uma possibilidade de discriminar, afirmar e consolidar a própria identidade pessoal.
- Um grupo coeso e bem constituído, por si só, tomado no sentido de uma abstração, exerce uma importantíssima função, qual seja a de ser um *continente* das angústias e necessidades de cada um e de todos. Isso adquire uma importância especial quando se trata de um grupo composto por pessoas bastante regressivas.
- É importante destacar a relação do sujeito e do grupo com a *cultura* na qual estão inseridos. Explico melhor com um exemplo tirado da minha prática como grupoterapeuta, para ilustrar o fato de que, diante da mesma situação – a vida genital de uma mulher jovem e solteira – foi vivenciada de forma totalmente diferente em duas épocas, distantes uns 25 anos uma da outra. Assim, na década 60, uma jovem estudante de medicina levou mais de uma ano para "confessar" ao grupo que mantinha uma atividade sexual com o seu namorado, devido às suas culpas e ao pânico de que sofreria um repúdio generalizado pela sua transgressão aos valores sociais vigentes naquela época. Em contrapartida, em um outro grupo, agora em fins da década 80, uma outra moça, também levou um longo tempo até poder partilhar com os demais o seu sentimento de vergonha e temor de vir a ser ridicularizada e humilha-

da pelo fato de que ainda se mantinha virgem. Em resumo, o *modo de agir* foi totalmente oposto, mas a *natureza do conflito* (medo, vergonha, culpa,etc.) foi a mesma; o que variou foi o tipo da pressão cultural.

Todos os elementos teóricos do campo grupal enumerados somente adquirem um sentido de existência e de validade se encontrarem um eco de reciprocidade no exercício da técnica e prática grupal. Igualmente, a técnica também não pode prescindir da teoria, de maneira que ambas interagem e evoluem de forma conjugada e paralela. Pode-se afirmar que a teoria sem a técnica vai resvalar para uma prática abstrata, com uma intelectualização acadêmica, enquanto a técnica sem uma fundamentação teórica corre o risco de não ser mais do que um agir intuitivo ou passional.

FUNDAMENTOS TÉCNICOS

Conquanto os fundamentos teóricos e as leis da dinâmica grupal que presidem os grupos, de forma manifesta ou latente, sempre estejam presentes e sejam da mesma essência em todos eles, é inegável que as técnicas empregadas são muito distintas e variáveis, de acordo, sobretudo, com a finalidade para a qual determinado grupo foi criado. Diante do fato de que existe um vasto polimorfismo grupalístico e que, por conseguinte, também há uma extensa e múltipla possibilidade de variação nas estratégias, táticas e técnicas, torna-se impossível pretender, em um único capítulo, esgotar ou fazer um detalhamento minucioso de todas elas. Por essa razão, vamos nos limitar a enumerar, de forma genérica, os principais fundamentos da técnica que dizem respeito ao cotidiano da prática grupal de finalidade terapêutica.

Planejamento

O primeiro passo por parte de um grupoterapeuta quanto à sua tomada de decisão de formação de um grupo é o de traçar um *planejamento* quanto aos objetivos do mesmo; como ele fará sua seleção e composição – com as respectivas indicações e contra-indicações – assim como ele deverá estar apto a responder outras perguntas, como as seguintes:

Ele crê que reúne as condições mínimas necessárias de embasamento teórico-técnico e prático? Para *o que* e para *qual finalidade* o grupo está sendo composto? (Trata-se de um grupo de ensino-aprendizagem? De auto-ajuda? De saúde mental? De família?). *Para quem* este grupo se destina? (São pessoas que estão motivadas? São crianças, adolescentes, adultos, gestantes, psicóticos, empresários, alunos, neuróticos mistos, etc.? Houve algum definido critério de seleção?...). *Como* ele funcionará? (Será de tipo homogêneo ou heterogêneo?, Aberto ou fechado? Com ou sem co-terapia?, qual será o "enquadre" relativo ao número de participantes, o número de reuniões semanais, o tempo de duração das mesmas, será acompanhado ou não por um supervisor?, etc.). *Onde,* em *em quais circunstâncias* e com *quais recursos?* (No consultório privado? Em uma instituição e, nesse caso, tem o apoio da cúpula administrativa? Vai conseguir manter a necessária continuidade de um mesmo local e dos horários combinados com o grupo?, etc.).

Como uma tentativa de sintetizar, vale afirmar que a primeira recomendação técnica para quem vai organizar um grupo é a de que ele tenha uma *idéia bem clara* do que ele pretende com esse grupo e de como vai operacionalizar esse seu intento; caso contrário, é muito provável que o seu grupo, mais cedo ou mais tarde, patinará em um clima de confusão, incertezas e mal-entendidos.

Seleção e Grupamento

Os grupoterapeutas não são unânimes quanto aos critérios de seleção dos indivíduos para a composição de um grupo terapêutico. Alguns preferem aceitar qualquer pessoa que manifestar um interesse em participar de um determinado grupo em formação, ou em andamento, sob a alegação de que os possíveis contratempos serão resolvidos durante o seu próprio funcionamento. Outros, no entanto, entre os quais eu me filio, preferem adotar um certo rigorismo na seleção, ancorados nos argumentos que seguem:

- É muito importante e delicado o problema das indicações e contra-indicações, como será melhor explicitado mais adiante.
- Uma motivação por demais frágil de algum indivíduo selecionado acarreta uma alta possibilidade de uma participação pobre ou a de um abandono prematuro dele.
- Este tipo de abandono causa um mal-estar e uma sensação de fracasso tanto no indivíduo que não ficou no grupo, bem como no

grupoterapeuta e em cada um dos componentes da totalidade grupal. Além disso, o grupo que permanece vai ficar sobrecarregado com sentimentos de culpa e com um estado de indignação por sentir-se desrespeitado e violentado, não unicamente pelo intruso que teve acesso à intimidade dos participantes e fugou, mas também contra a negligência do grupoterapeuta.
- Um outro prejuízo possível é o da composição de um inadequado "grupamento". Esse último termo alude a uma *gestalt*, ou seja, à forma de como o indivíduo selecionado interagirá com os demais do seu grupo específico. É importante assinalar o fato de que um mesmo indivíduo pode funcionar muito mal em um determinado grupo, enquanto uma experiência posterior pode comprovar que ele consegue participar muito proveitosamente em um outro grupo para cujo "grupamento" ele foi adequadamente selecionado.
- Além destes, podem acontecer outros inconvenientes, como a possibilidade de um permanente estado de desconforto contratransferencial, assim como também podem ocorrer certas situações constrangedoras quando, por exemplo, muito cedo fica patente entre as pessoas selecionadas como componentes do "grupamento", um acentuado desnível entre eles, de cultura, inteligência, patologia psíquica, etc.

Enquadre (Setting)

Uma importante recomendação de técnica grupalística consiste no estabelecimento de um enquadre e a necessidade de sua preservação. O enquadre é conceituado como a soma de todos os procedimentos que organizam, normatizam e possibilitam o funcionamento grupal. Assim, ele resulta de uma conjunção de regras, atitudes e combinações, como, por exemplo, o local das reuniões, os horários, a periodicidade, o plano de férias, os honorários (na eventualidade de que haja alguma forma de pagamento, a combinação desse aspecto deve ficar bem claro), o número médio de participantes, etc. Todos esses aspectos formam as "regras do jogo", mas não o jogo propriamente dito. O *setting* não se comporta como uma situação meramente passiva; pelo contrário, ele é um importante elemento técnico porque representa, ativamente, as seguintes e importantes funções:

- A criação de um *novo espaço para reexperimentar e ressignificar* fortes e antigas experiências emocionais.
- Uma forma de estabelecer uma necessária delimitação de papéis e de posições, de direitos e deveres, entre o que é desejável e o que é possível, etc.
- Este último aspecto ganha relevância nos grupos com pacientes regressivos, como, por exemplo, os *borderline,* porquanto eles costumam apresentar uma "difusão de identidade" por ainda não estarem claramente delimitadas as diferenças entre si mesmo e os outros, portanto com um acentuado prejuízo da noção de limites; daí é fácil perceber a razão por que é tão importante a instalação e a preservação de um enquadre.
- O enquadre está sob uma contínua ameaça de vir a ser desvirtuado pelas pressões oriundas do interior de cada um e de todos, sob a froma de demandas insaciáveis, distintas manobras de envolvimento, pela ação de *actings,* algumas formas resistenciais e transferenciais, etc.
- Um aspecto que merece a atenção do grupoterapeuta refere-se ao grau de ansiedade no qual o grupo vai trabalhar, de maneira a que não haja uma angústia excessiva, no entanto, uma total falta de ansiedade deve ser discriminada do que pode estar sendo um conformismo com a tarefa, uma apatia.
- Ainda um outro elemento inerente ao enquadre é o que podemos denominar "atmosfera grupal" a qual depende basicamente da atitude afetiva interna do grupoterapeuta, do seu estilo pessoal de trabalhar, dos seus referenciais teórico-técnicos, etc.
- Os principais elementos a serem levados em conta na configuração de um *setting* grupal são os seguintes:
    - Trata-se de um grupo *homogêneo* (uma mesma categoria de patologia ou de idade, sexo, grau cultural, etc) ou *heterogêneo* (comporta variações no tipo e grau da doença, etc.)?
    - É um grupo *fechado* (uma vez composto o grupo, não entra mais ninguém) ou ele

é de natureza *aberta* (sempre que houver vaga podem ser admitidos novos membros)?
- A combinação é a de que o grupo terá uma *duração* limitada (em relação ao tempo previsto para a existência do grupo ou da permanência máxima de cada indivíduo nesse grupo, que é o caso como comumente ocorre nas instituições) ou ele será de duração ilimitada (como pode ser no caso de grupos abertos)?
- Quanto ao *número* de participantes, poderá variar desde um pequeno grupo com três participantes – ou dois, no caso de uma terapia de casal –, ou pode se tratar de um grupo denominado "numeroso", que comporta dezenas de pessoas.
- Da mesma forma, também abrigam uma ampla gama de variações – conforme o tipo e a finalidade do grupo – outros aspectos relevantes do enquadre grupal, como é o caso do número de reuniões semanais (ou quinzenais...), o tempo de duração de cada reunião e assim por diante.

Manejo das Resistências e Contra-Resistência

O melhor instrumento técnico que um grupoterapeuta pode ter para enfrentar as resistências que surgem no campo grupal é uma clara idéia da função que elas estão representando para um determinado momento da dinâmica psíquica do seu grupo. Assim, uma primeira observação que se impõe é a que diz respeito à necessidade de ele discriminar entre as resistências inconscientes que, de fato, são obstrutivas e que visam impedir a livre evolução exitosa do grupo, e aquelas outras resistências que são bem-vindas ao campo grupal, porquanto estão dando uma clara amostragem de como o *self* de cada um e de todos aprendeu a se defender na vida, contra o risco de serem humiulhados, abandonados, mal-entendidos, etc.

Da mesma forma, é útil que o grupoterapeuta possa reconhecer contra quais ansiedades emergentes no grupo uma determinada resistência se organiza: ela é de natureza *paranóide* (medo da situação nova, de não ser *reconhecido* como um igual aos outros e de não ser aceito por esses, do risco de vir a passar por vergonhas e humilhações, de vir a ser desmascardo, etc.) ou é de natureza *depressiva*? (No caso de uma grupoterapia psicanalítica é comum surgir o medo de enfrentar o respectivo quinhão de responsabilidades, eventuais culpas e o medo de confrontar-se com um mundo interno destruído e sem possibilidade de fazer reparações, o temor de ter que renunciar ao mundo das ilusões narcisísticas...).

Vale acrescentar mais duas observações: a primeira é a possibilidade de que a resistência do grupo possa estar significando uma natural, e até sadia, reação contra as possíveis inadequações do grupoterapeuta na sua forma de conceber e de conduzir o grupo. A segunda, igualmente importante, diz respeito à possibilidade de que, a partir de uma equivalente contra-resistência do grupoterapeuta, forme-se um – inconsciente – "conluio resistencial" entre ele e os demais componentes do grupo, dirigido contra o desenvolvimento de certos aspectos da tarefa na qual estão trabalhando.

Manejo dos Aspectos Transferenciais e Contratransferenciais

Da mesma forma como foi referido em relação às resistências, é necessário frisar que, diante do inevitável surgimento de situações transferenciais, um manejo técnico adequado consiste em reconhecer e discriminar as suas distintas formas de aparecimento e de significação. Assim, cabe afirmar que o surgimento de um movimento transferencial está muito longe de representar que esteja havendo a instalação de uma "neurose de transferência", ou seja, é legítimo afirmar que no campo grupal, inclusive no grupanalítico, *há transferência em tudo, mas nem tudo é transferência a ser trabalhada*.

No campo grupal, as manifestações transferenciais adquirem uma complexidade maior do que no individual, porquanto nele surgem as assim denominadas "transferências cruzadas", que indicam a possibilidade da instalação de quatro tipos e níveis de transferência grupal: de cada indivíduo para com os seus pares; de cada um em relação à figura central do grupoterapeuta; de cada um para o grupo como uma totalidade e do todo grupal em relação ao terapeuta.

Um aspecto que está adquirindo uma crescente importância técnica é o fato de os sentimentos transferenciais não representarem exclusivamente uma mera repetição de antigas experiências emocionais com figuras do passado: eles podem também estar refletindo novas experiências que estão sendo vivenciadas com a pessoa *real* do grupoterapeuta e de cada um dos demais.

Em relação aos sentimentos *contratransferenciais*, o importante é que o coordenador do grupo saiba que eles são de surgimento inevitável; que o segredo do êxito técnico consiste em não permitir que tais sentimentos despertados invadam a sua mente, de modo a se tornarem patogênicos; pelo contrário, a sua competência será medida pela sua capacidade de utilizar os sentimentos contratransferencias como um instrumento de *empatia* e que, finalmente, ele esteja atento para o risco de, inconscientemente, poder estar envolvido em algum tipo de conluio com o grupo, o qual pode ser de natureza sadomasoquista, de uma recíproca fascinação narcisista, etc.

Manejo dos *Actings*

Todos os técnicos que trabalham com grupos reconhecem que a tendência ao *acting* ("atuação") é de curso particularmente freqüente e que a intensidade deles crescerá em uma proporção geométrica com a hipótese de que indivíduos de caracterologia psicopática tenham sido incluídos na sua composição. Do ponto de vista de ser utilizado como um instrumento técnico, é necessário que o grupoterapeuta reconheça que os *actings* representam uma determinada conduta que se processa como uma forma de substituir sentimentos que não conseguem se manifestar no plano consciente. Isso costuma ocorrer devido a uma das seguintes cinco condições: quando os sentimentos represados correspondem a fatos, fantasias e ansiedades que estão reprimidas e que não são *recordadas* (como Freud ensinou) ou que não são *pensadas* (segundo Bion), ou que não são comunicadas pela *verbalização*, ou que não conseguem ficar *contidas* dentro do próprio indivíduo e, finalmente, o importante aspecto de que o *acting* pode estar funcionando como um recurso muito primitivo de *comunicação*.

As atuações adquirem um extenso leque de manifestações; no entanto, o que de fato mais importa é a necessidade de o grupoterapeuta saber discriminar com segurança quando se trata de *actings benignos* (como é o caso das conversas pré e pós reuniões, encontros sociais entre os participantes, às vezes acompanhados dos respectivos cônjuges, assim como o exercício de alguma ação transgressora, mas que, no fundo, pode estar significando uma saudável tentativa de quebrar alguns tabus e estereotipias obsessivas) e de quando se trata de *actings malignos*, como são, por exemplo, os de natureza psicopática.

Há uma forma de atuação que, embora muitas vezes passa despercebida, apresenta uma repercussão deletéria, devendo, por isso, ser bem percebida e trabalhada pelo grupoterapeuta: é a que se refere à quebra do sigilo, à divulgação para fora do grupo de alguma situação muito sigilosa e privativa da intimidade deste. Não custa repetir que uma adequada seleção e grupamento na composição de um grupo terapêutico minimiza o risco de atuações malignas.

Comunicação

Partindo da afirmativa de que *o grande mal da humanidade é o problema do mal-entendido*, pode aquilatar-se a importância que os aspectos da normalidade e patologia da comunicação nos grupos representa para a técnica e prática grupalística. Assim, o grupo é um excelente campo de observação de como são transmitidas e recebidas as mensagens verbais, com as possíveis distorções e reações por parte de todos. Um aspecto da comunicação verbal que merece atenção especial é o que aponta para a possibilidade de que o discurso esteja sendo usado, de fato, *não* para comunicar algo, porém, pelo contrário, que ele esteja a serviço da incomunicação.

Por outro lado, não é unicamente a comunicação verbal que importa, porquanto, cada vez mais, torna-se significante a importância das múltiplas formas de linguagem *não-verbais* (gestos, tipo de roupas, maneirismos, somatizações, silêncios, choros, *actings...*).

Atividade Interpretativa

Utilizo a expressão "atividade interpretativa" em lugar de "interpretação", pelo fato de esta última ser classicamente entendida no plano de um sitemático reducionismo ao plano do "aqui-agora-comigo...", enquanto a primeira expressão permite supor uma maior abrangência de recursos utilizados pelo grupo terapeuta, como é o caso de uso de *perguntas* que instiguem reflexões; *clareamentos; assinalamentos* de paradoxos e contradições; *confronto* entre a realidade e o imaginário; abertura de *novos vértices* de percepção e significação de uma determinada experiência emocional, etc. Com "atividade interpretativa" também estou englobando toda participação verbal do grupoterapeuta que, de alguma forma, consiga promover a integração dos aspectos dissociados dos indivíduos, da tarefa e do grupo.

Assim concebida, a atividade interpretativa no grupo constitui-se como o seu principal instrumento técnico, sendo que não existem fórmulas acabadas e "certas" de como e o que dizer, pois as situações práticas são muito variáveis e, além disso, cada grupoterapeuta deve respeitar o seu *estilo* peculiar e autêntico de formular as suas intervenções e de ele *ser*, de verdade. No caso das grupoterapias psicanalíticas, a questão mais polêmica gira em torno daqueles grupoterapeutas que preferem interpretar sempre se dirigindo ao grupo como uma totalidade gestáltica ("o *grupo* está me dizendo que..."), enquanto outros advogam que a intereprtação pode (ou deve) ser dirigida aos indivíduos separadamente, desde que ela venha articulada com a dinâmica da totalidadedo grupo.

Um outro vértice a considerar é que da mesma forma de como se passa nas psicoterapias individuais, também as interpretações grupais, devem levar em conta aos seguintes cinco aspectos: o *conteúdo* (o que interpretar), a *forma* (como formular), a *oportunidade* (quando), a *finalidade* (pretende atingir a qual propósito?), e o *destino* que as interpretações tomam dentro da mente de cada um e de todos.

Funções do Ego

A situação do campo grupal propicia o surgimento de funções do ego, inclusive as conscientes, isto é, de como os indivíduos utilizam as suas capacidades de *percepção, pensamento, conhecimento, juízo crítico, discriminação, comunicação, ação*, etc.; por essa razão, trabalhar com tais aspectos é parte muito importante da instrumentação técnica. Para dar um único exemplo, vale mencionar que a essência de uma terapia de casal, de família ou de qualquer outra grupoterapia consiste basicamente em "ensinar" os participantes a usarem as funções de saber *escutar* o outro (isso é diferente de simplesmente "ouvir"), de poder *pensar* no que está escutando, nas experiências emocionais pelas quais eles estão passando, e asim por diante.

Papéis

Convém enfatizar que uma das características mais relevantes que permeiam o campo grupal é a transparência do desempenho de *papéis* e *posições* por parte de cada um dos componentes. A importância desse fenômeno grupal consiste no fato de que o indivíduo também está executando esses mesmos papéis nas diversas áreas de sua vida, como a familiar, o social, o profissional, etc.

É um dever do grupoterapeuta estar atento à possibilidade de estar ocorrendo uma fixidez e uma estereotipia de *papéis patológicos* (como é, por exemplo, o de "bode expiatório", etc) exercidos sempre pelas mesmas pessoas, como se elas estivessem programadas para assim agir ao longo de toda a sua vida. Um bom exemplo de como a atribuição e a assunção de papéis pode representar um recurso técnico por excelência é o que pode ser confirmado pelos terapeutas de família, que tão bem conhecem o fenômeno do "paciente identificado" (a família inconscientemente elege alguém dentre eles para servir como depositário da doença latente e oculta de todos os demais).

Vínculos

Cada vez mais, os técnicos da área da psicologia estão valorizando a configuração que adquirem as ligações vinculares entre as pessoas. Indo muito além do clássico e exclusivo conflito do vínculo de *amor* contra o de *ódio*, na atualidade considera-se mais importante a observação atenta de como se manifestam as diferentes formas de *amar*, de *agredir* e as interações entre ambas. Além disso, Bion introduziu o importantíssimo vínculo do *conhecimento* (que ele designa com a letra "K", inicial de *knowledge*), o qual possibilita um melhor manejo técnico com os problemas ligados às diversas formas de "negação" que explicam a gênese de muitos quadros de psicopatologia, assim como também favorece ao técnico uma maior clareza na compreensão da circulação das *verdades*, *falsidades* e *mentiras* no campo grupal. Particularmente, tenho proposto a existência de um quarto vínculo, o do *reconhecimento*, pelo qual é possível ao grupoterapeuta perceber o quanto cada indivíduo necessita, de forma vital, ser *reconhecido* pelos demais do grupo como alguém que, de fato, *existe* e que é aceito como pertencendo ao grupo (é o fenômeno grupal conhecido como "pertencência"), assim como também esse vínculo alude à necessidade de que cada um *reconheça ao outro* como alguém que tem o direito de ser diferente e emancipado dele.

Tendo por base esses quatro vínculos, e as inúmeras combinações e arranjos possíveis entre eles, que determinam os mais variados tipos de *configurações vinculares,* a compreensão e o manejo dos mesmos tornam-se um excelente recurso técnico no trato de casais, famílias, grupos e instituições.

Término do Grupo

Pode haver duas possibilidades: uma é a de que o grupo termine ou por uma dissolução dele, ou para cumprir uma combinação prévia, como é no caso dos "grupos fechados". A segunda eventualidade é a de que determinada pessoa encerre a sua participação, embora o grupo continue, como é no caso dos "grupos abertos". Saber *terminar* algo, que pode ser uma tarefa, um tratamento, um casamento, etc. representa um significativo crescimento mental. Daí considermos que deve haver por parte do coordenador de qualquer grupo uma fundamentação técnica que possibilite uma definição de critérios de término, bem como um manejo adequado para cada situação em particular, sempre levando em conta a possibilidade de um risco de que os resultados alcançados possam ter sido enganadores.

INDICAÇÕES E CONTRA-INDICAÇÕES DAS GRUPOTERAPIAS

Indicações

A grupoterapia é, *lato senso,* extensiva a todos os pacientes que não estiverem enquadrados nas contra-indicações abordadas logo a seguir. Em sentido *stricto*, pode-se dizer que em algumas situações a grupoterapia constitui-se como o tratamento de escolha. Assim, muitos autores que têm uma sólida experiência no tratamento com pacientes adolescentes, tanto individualmente como em grupos, preconizam a indicação prioritária destes últimos.

Outra indicação que pode ser prioritária é quando o próprio consulente demonstra uma inequívoca preferência por um tratamento grupal. Da mesma forma sabemos que determinados pacientes não conseguem suportar o enquadre de uma terapia individual, devido ao incremento de temores, como, por exemplo, os de natureza *simbiotizante* com o terapeuta.

A experiência clínica ensina que tais pacientes que fracassaram em terapias individuais podem funcionar muito bem em grupoterapia (com a ressalva, é claro, que para outros casos, a recíproca é verdadeira), fator que deve ser considerado na avaliação dos critérios de prioridade de indicações. Uma outra indicação que está adquirindo um gradativo consenso de prioridade de atendimento grupal é o que se refere ao tratamento de pacientes bastante regressivos, como podem ser os psicóticos, *borderline,* deprimidos graves, somatizadores, etc., *desde que este tratamento se processe em grupos homogêneos.*

Contra-Indicações

Partindo da hipótese de que o grupo em formação seja de finalidade para uma grupoterapia analítica, e que ele seja misto, isto é, sem a homogeneidade acima mencionada, as seguintes contra-indicações podem ser enumeradas, tendo em vista os pacientes que:

- Estejam *mal motivados*, tanto em relação à sua real disposição para um tratamento longo e difícil, quanto ao fato de ser especificamente em grupo. Não é raro que algumas pessoas procurem um grupoterapeuta sob a alegação de que querem ter a oportunidade de "observar como funciona um grupo", ou que vão unicamente em busca de um grupo social que lhes falta, e assim por diante. Eu, particularmente, não os incluiria em um grupo analítico, porquanto, como respeito a eles próprios, aos demais que participam árdua e seriamente no grupo, e a mim mesmo, tomo como critério mínimo que o pretendente esteja comprometido com o reconhecimento de sua *necessidade* de tratamento psicoterápico e com a seriedade do compromisso que ele vai assumir.
- Aqueles que sejam excessivamente deprimidos, paranóides ou narcisistas. Os primeiros porque exigem uma atenção e preocupação concentradas exclusivamente em si próprios; os segundos pela razão de que a sua exagerada distorção dos fatos, assim como a sua atitude defensivo-beligerante, pode impedir a evolução normal do grupo; os terceiros devido à sua compulsiva necessidade de que o grupo gravite em torno de si, o que os leva a se comportarem como "monopolistas crônicos".

- Aqueles que apresentam uma forte tendência a *actings* de natureza maligna, muitas vezes envolvendo outras pessoas do mesmo grupo, como é o caso, por exemplo, das psicopatias.
- Inspiram uma acentuada preocupação pela possiibilidade de graves riscos, principalmente o de suicídio.
- Apresentam um déficit intelectual, ou uma elevada dificuldade de abstração e, por essa razão, dificilmente poderão acompanhar o ritmo de crescimento da grupoterapia.
- Estão no cume de uma séria situação crítica, aguda, e que por isso representam o risco de uma impossibilidade de partilhar os interesses em comum com os demais.
- Pertencem a uma certa condição profissional ou política que representam sérios riscos por uma eventual quebra de sigilo.
- Apresentam uma história de terapias anteriores interrompidas, e que nos autoriza a pensar que se trate de "abandonadores compulsivos". Nesses casos há um forte risco de que esse tipo de paciente faça um novo abandono prematuro, com uma acentuada e incoveniente frustração de todo o grupo, menos talvez para ele mesmo.

Alcances e Limitações

O potencial psicoterápico da dinâmica das grupoterapias parece-me ser bem maior do que habitualmente ele é considerado em nosso meio e, naturalmente, ao mesmo tempo, ele também tem claras limitações. Em relação aos alcances, é necessário reconhecer que a utilização dos grupos, na atualidade, extrapola em muito a sua utilização unicamente como terapia de fundamentação analítica voltada exclusivamente para a aquisição de *insight*, embora essa seja uma meta perfeitamente atingível. Na verdade, as grupoterapias estão alcançando uma larga abrangência de aplicações, que de forma direta ou indireta representam resultados psicoterápicos, como são os grupos que foram antes mencionados na classificação geral dos grupos. Dentre as limitações é necessário reconhecer que ainda não contamos, até o momento, com um número de técnicos suficientemente bem treinados para uma aplicação grupoterápica analítica de uma dimensão social mais ampla. Por outro lado, não deve caber uma comparação com a psicanálise individual, pois ambas têm muitos pontos em comum e tantos outros totalmente distintos.

CONDIÇÕES NECESSÁRIAS PARA A FUNÇÃO DE GRUPOTERAPEUTA

É impossível dissociar um adequado manejo técnico em qualquer modalidade de grupoterapia, sem que haja uma simultânea *atitude psicanalítica interna* na pessoa real do grupoterapeuta. Assim, além do clássico tripé composto pelos necessários *conhecimentos* (provindos de muito estudo e permanentes leituras), de *habilidades* (adquiridas com treinamento e supervisões) e de *atitudes* (um tratamento de base psicanalítica, individual ou grupal, ajuda muito), também deve ser levado em conta uma série de atributos e de funções que constituem as condições necessárias mínimas para a qualificação de um grupoterapeuta. Dentre elas, vale destacar as seguintes:

- Ele deve *gostar e acreditar* em grupos.
- Ser *continente* (capacidade para conter as angústias e necessidades dos outros, e também as suas próprias).
- *Empatia* (poder colocar-se no lugar do *outro* e assim manter uma sintonia afetiva).
- Capacidade de *discriminação* (para não ficar perdido no cipoal das, cruzadas e permanentes, identificações projetivas e introjetivas).
- Funcionar como um *novo modelo de identificação* (contribui para a importante função de *desidentificação* e *dessignificação* de experiências antigas, assim abrindo espaço para *neo-identificações* e *neo-significações.*
- Capacidade de *comunicação* (tanto como emissor ou receptor, com a linguagem verbal ou a não-verbal, com a preservação de um *estilo* próprio, e como uma forma de modelo de comunicação adequada, para os demais do grupo).
- *Ser verdadeiro* (se o grupoterapeuta não tiver um amor às verdades e preferir não enfrentá-las, não poderá servir como um modelo para o seu grupo, e o melhor será trocar de profissão).
- *Senso de humor* (um grupoterapeuta pode – ou deve – ser firme sem ser rígido, flexível sem ser frouxo, descontrair, rir e brincar sem

perder o seu papel e tampouco a manutenção dos necessários limites).
- Capacidade para *integração e síntese* (isso alude à capacidade dele extrair o denominador comum das aparentemente diferentes mensagens emitidas pelos diversos componentes do grupo – as quais funcionam como se fosse uma "livre associação de idéias" – e de integrá-las em um todo coerente e unificado, sem artificialismos forçados).
- Outros atributos que ainda poderiam ser destacados referem-se à: *coerência* (entre o que ele diz, faz e o que, de fato, ele *é* !); *paciência* (não confundir com passividade; trata-se de um processo ativo que consiste em saber esperar e suportar a passagem de muitos períodos que parecem caóticos); *senso de ética* (conquanto seja uma condição indispensável para qualquer tipo de terapeuta, ela adquire uma importância vital nas situações grupoterápicas).

ESTADO ATUAL E PERSPECTIVAS FUTURAS DAS GRUPOTERAPIAS

De forma bastante resumida pode-se dizer que os grupos terapêuticos, não os de funcionamento estritamente analítico, têm revelado um significativo desenvolvimento e uma progressiva demanda. São exemplos: o emprego crescente de terapias de casal, de família, grupos com psicóticos hospitalizados ou egressos, grupos homogêneos com paciente bastante regressivos, grupos psicodramáticos e, sobretudo, os grupos de auto-ajuda. Estes últimos vêm revelando nesta última década uma expansão e aproveitamento notáveis, sobretudo em infindáveis aplicações na área da medicina.

Em relação à psicoterapia analítica de grupo propriamente dita, não se observa o mesmo crescimento que o descrito nos grupos anteriores. Pelo contrário, após o início de sua aplicação noa anos 50 e o vigoroso florescimento nos 60, as décadas 70 e 80 foram marcadas por um progressivo declínio. A década 90 ainda não respondeu à mesma pergunta que há bastante tempo todos os grupoterapeutas se fazem: por que, em um país como o nosso, em que há uma escassez de técnicos e em que há uma imensa fatia da população, de prevalência jovem, que poderia se beneficiar com tratamento de base analítica, mas que a ele não tem acesso econômico, não prospera a grupoterapia analítica, apesar de ela ter se mostrado comprovadamente eficiente? (Deve ficar bem claro que tomamos o vetor do recurso econômico apenas para reforçar uma situação extrema, de natureza social, embora longe de significar que a indicação para um tratamento em grupoterapia analítica siga basicamente tal critério). E o decênio 2000?

Penso que em muitas instituições psicanalíticas, no mundo todo, o ensino e o emprego das grupoterapias continuam sendo proscritas e encaradas como uma via desviada da prática psicanalítica. No entanto, nos últimos tempos parece que tem havido em diversos cantos do mundo uma participação, cada vez mais numerosa, de psicoterapeutas em atividades de grupo, como o da terapia familiar, muitas vezes com o emprego de técnicas psicodramáticas. Da mesma forma há um considerável desenvolvimento de institutos de psicanálise que começam a se questionar quanto a validade das terapias de fundamentação psicanalítica em grupos, principalmente com determinadas categorias de pacientes que não costumam responder bem às terapias psicanalíticas individuais.

Igualmente os congressos de psiquiatria dinâmica, e os de psicanálise, ultimamente, têm aberto um espaço significativamente maior para a apresentação e discussão de trabalhos sobre grupoterapias; também existem muitos mais, e melhores, revistas e publicações especializadas acompanhando um crescente número de leitores interessados; há um progressivo e intensivo intercâmbio de idéias em âmbito internacional; existem sinais indicadores quanto a uma possível abertura dos institutos psicanalíticos e de instituições responsáveis pela formação de psicoterapeutas, para o ensino e valorização da prática grupoterápica assim como parece estar havendo a expansão do aproveitamento da dinâmica grupal em outras áreas que não as diretamente ligadas aos campos da psicologia e da psicopatologia.

Assim, não resta dúvidas de que há um largo e belo campo que representa um desafio para pesquisas e investigações, isto é, a dinâmica grupal ainda tem muito para se desenvolver porquanto ela inclui fenômenos que ainda são incógnitas, além de outros fenômenos conhecidos que estão à espera de outros paradigmas teóricos, da psicanálise e de outras ciências.

Igualmente, também sou dos que crêem que no futuro os estudiosos da sociologia e da psicologia do ser humano perguntar-se-ão, perplexos: *como é que há mais tempo nós não nos interessamos por grupos se vivemos e convivemos em uma permanente, intensa, extraordinária e complexa relação do indivíduo com o seu mundo?*

CAPÍTULO 41

Condições Necessárias para um Analista

Na atualidade, é impossível a compreensão dos fenômenos psíquicos a aprtir de um enfoque centrado unicamente no indivíduo. Pelo contrário, impõe-se, cada vez mais, a convicção de que, desde os primeiros estágios evolutivos até o pleno funcionamento em todas áreas de sua vida, o psiquismo de cada sujeito interage permanentemente com outras pessoas, sofrendo influências, às vezes passivamente, ao mesmo tempo em que ele também é um, ativo, agente modificador do seu entorno familiar, social, profissional...

Portanto, não é mais admissível que uma análise funcione unicamente com o método ultrapassado, no qual ao paciente cabia o papel de trazer o seu "material", enquanto o papel do psicanalista limitava-se a observar e "interpretar" o aludido material, com uma atitude de neutralidade absoluta, na qual, como um "espelho" opaco frente aos seus pacientes, ele refletiria tão-somente aquilo que viesse das "livres associações de idéias" do analisando. Entre os analistas de hoje existe um consenso, virtualmente absoluto, de que um processo analítico repousa, sobretudo, na dinâmica que existe no *campo analítico* (termo de Baranger, 1961), estabelecido pelas influências recíprocas entre o par analítico.

Ferenczi, desde seus trabalhos iniciados em 1931, pode ser considerado o precursor de autores como Balint, Winnicott, Guntrip, Kohut, Baranger e tantos outros que estudaram, aplicaram e divulgaram trabalhos analíticos, como essencialmente centrados na inter-relação analista-paciente. Bion, seguiu nessa mesma linha, até porque os seus primeiros passos na carreira que o levaram a ser o terceiro gênio da psicanálise começaram com trabalho com "grupos" e seguiram de forma ininterrupta, privilegiando, cada vez mais, os vínculos que o indivíduo estabelece consigo próprio e com os demais.

A importância que está sendo creditada às condições emocionais da pessoa do analista, ao longo de todo o processo de um tratamento analítico, levou Bion a postular que *cada analista deve ter em mente, de modo claro, quais são as condições mínimas necessárias (CMN), para si mesmo, nas quais ele e o seu paciente podem fazer o trabalho* (1992, p.75). Por ser o autor que, segundo creio, mais enfatizou a participação do terapeuta, por meio de seu modelo *continente-conteúdo*, e de tantas outras concepções originais, este capítulo será essencialmente baseado em Bion e, para tanto, usarei o recurso de mencionar frases originais dele, e tecer considerações a partir delas, sendo meus os eventuais grifos das transcrições.

1. Formação do analista. Assim, Bion costumava afirmar em seus seminários clínicos que *a prática da psicanálise é muito difícil. A teoria é simples. Se o analista tem boa memória poderá ler todos esses livros e decorá-los com facilidade. Daí poderão dizer: que bom analista é tal pessoa; sabe todas essas teorias.* **Mas isto não equivale a ser um bom analista**. *Um bom analista está sempre lidando com uma situação desconhecida, imprevisível e perigosa.* (*Revista IDE*, 14, 1987, p. 5). Essa frase nos introduz à condição de que mais do que uma necessária bagagem de *conhecimentos* (provindos de seminários e estudos continuados), de uma, igualmente necessária, competente *habilidade* (resultante de supervisões), o analista deve possuir uma adequada *atitude psicanalítica* (mercê de seus atributos naturais, e aqueles desenvolvidos pela análise pessoal), sendo que esta última consiste exatamente na posse do analista das "condições mínimas necessárias" para enfrentar as angústias e os imprevistos de uma longa viagem pelos meandros do inconsciente do paciente e dele mesmo.

2. Par analítico. A posição, acima, de Bion, fica confirmada com a sua afirmativa de que...*a única coisa que parece ser básica não é tanto aquilo que* **fazemos**, *mas aquilo que vivemos, aquilo que somos*...(1992a, p. 46). Em outros momentos, ele diz que, *em análise, a coisa mais importante não é aquilo que o analista e o paciente podem fazer, mas o que a dupla pode fazer, onde a unidade biológica é dois, e não um* (p. 62)..., *o ser humano é um animal que depende de um par; em análise, é um par temporário* (p. 95)..., sendo que *todo o analista precisa ser temerário e reunir a* **tenacidade** *e a* **coragem** *que acompanham* **a temeridade**, *para poder insistir no direito de ser ele*

mesmo *e de ter a sua própria opinião a respeito dessa estranha experiência que ocorre quando se está consciente de que há outra pessoa na sala* (p.74). É importante observar que a postulação de que uma análise exige uma comunhão entre analista e paciente, não deve significar que o analista perca o seu lugar, a sua autonomia, e muito menos que fiquem borradas as diferenças e a manutenção dos necessários limites entre ambos.

Bion, entre outros tantos autores, é um dos que mais destaca o fato de que a simples presença do psicanalista promove alterações no *setting*. Isso está de acordo com o "princípio da incerteza", uma concepção de Eisenberg, que Bion freqüentemente mencionava, e que consiste no fato de que o observador muda a realidade do fenômeno observado, conforme for o seu estado mental durante uma determinada situação, a exemplo do que se passa na física quântica, subatômica, na qual uma mesma energia num dado momento é "onda" e noutro é "partícula". Assim, Bion foi um dos que mais contribuiu para desmistificar a posição de infalibilidade do analista, como um privilegiado observador neutro e perfeitamente sadio, investido como autoridade e juiz supremo daquilo que é o certo e o verdadeiro, e o considerou como um ser humano, certamente mais bem preparado que o seu analisando, porém também tensionado por angústias e incertezas. Ele completa esse seu pensamento dizendo que *a incerteza não tem cheiro, não é palpável, mas ela existe. Se existe algo que é certo, é que a certeza é errada* (1992b, p. 202). Pelo contrário, diz Bion, referindo-se ao ritmo da análise: *na prática, devemos ter uma percepção acerca do que o paciente* **pode suportar**. *Nosso comportamento tem que sustentar certo compromisso; o analista deve ter consideração para com o paciente, para quem essa é uma experiência* **atemorizante**.

3. Pessoa real do analista. Penso que freqüentes afirmativas de Bion, como, por exemplo, a de que *o paciente faz algo para o analista e o analista faz algo para o paciente* **não é apenas uma fantasia onipotente** (1992a, p.79), comprovam que ele valorizava o fato de que o psiquismo do analista, como pessoa real, mais do que unicamente uma pantalha transferencial, exerce uma importante influência nos destinos da análise. Assim, ele insiste na tecla de que *em toda situação analítica devem existir duas pessoas angustiadas e,* completava jocosamente, *espera-se que uma menos que a outra...* Dentro desse contexto, cabe destacar a sua afirmativa de que *cada analista deve esperar seguir melhorando, de modo igual ao paciente. Por isso é bom que o analista dê a si mesmo a oportunidade de aprender algo e não permitir que o paciente, ou quem quer que seja, insista que ele é uma espécie de deus que conhece todas as respostas. É desesperante sentir que se se está condenado a ser, de algum modo, a um "grande pai" ou "grande mãe" ou o "grande que seja".* **O que toda pessoa deve querer é ter espaço para viver como um ser humano que comete erros** (1992b, p. 13).

Embora possamos depreender quão importante é o fato de o analista reconhecer que ele tem limites, limitações e tem direito a cometer enganos e erros, como todo mundo, impõe-se enfatizar que isso não é a mesma coisa que ele adotar uma postura analítica de indulgência ou negligência, tal como fica confirmado nessa posição de Bion: *na Inglaterra não se pode iniciar uma ação legal contra o médico porque ele tenha fracassado em curar a um paciente; o fracasso na cura não é um crime, nem mesmo se for o caso de um médico incompetente. O que, sim, é um crime, é* **a negligência**. *Em psicanálise, a obrigação do analista é a de* **intentar ajudar**, *não se pode estar* **na obrigação** *de conseguir ajudar* (p. 39)...*O único contrato de que o analista participa é aquele que estabelece que ele* **fará o melhor que ele pode, mas não a obrigação de que terá êxito** (p.69).

Destarte, destaco como uma das mais profundas e belas palavras de Bion as que estão nesta frase: *em algum lugar da situação analítica, sepultada sob massas de neuroses, psicoses e demais,* **há uma pessoa que pugna por nascer**. *O analista está comprometido em uma tarefa de tentar ajudar a criança a encontrar a pessoa adulta que palpita dentro dele e, por sua vez, também mostrar que a pessoa adulta que ele é, ainda é uma criança. O ideal é que ambas partes diferentes convivam em um criativo vínculo do tipo "simbiótico"* (1992b, p. 49).

No entanto, insistindo na necessidade de o analista reconhecer as suas próprias limitações, além daquelas do paciente, Bion nos alerta que *certos pacientes não são analisáveis. Pode não ser culpa do analista, nem do paciente, senão que simplesmente ainda não sabemos o suficiente* (p.32).

4. Visualisar as diferentes partes do paciente. Para Bion, faz parte da atitude psicanalítica do terapeuta, em relação ao aspecto transferencial, que a situação mental do paciente não seja vista unicamente como espaçada no tempo – passado, presente e futuro –, mas que, no lugar disso, o analista poderia considerar a mente do paciente como *um mapa militar, no qual tudo está retratado em sua superfície plana, ligada com vários contornos. Isso significa que falar com uma pessoa é sempre "aqui* *e agora", desde que o analista consiga distinguir uma parte da outra* (1992a, p. 30). Em outros momentos, Bion utiliza a mesma metáfora da mente humana comportando-se como um mapa, e, assim entendi, ele traz a importante noção de que nem sempre o comportamento humano será uniforme, pelo contrário, suas emoções podem proceder das suas zonas glaciais, ou temperadas e até mesmo as tórridas do seu equador mental, podem ser de superfícies lisas e planas ou de zonas montanhosas e de escalada perigosa, de mares pacíficos ou turbulentos, sofrendo a possível influência dos *niños* dentro dele, com borrascas e profundas alterações do clima emocional, etc. Partindo de um outro vértice, Bion emprega essa imagem do mapa da mente humana para compará-la com os pontos cardiais de uma "rosa de ventos", que podem servir como indicadores de direção para progressão, regressão, transgressão, e, creio que cabe acrescentar, também possibilita que o paciente adquira condições para conhecer e locomover-se de um ponto para outro de sua geografia mental.

O que importa é que, na situação analítica, o relacionamento do paciente não deve ser entendido unicamente com a pessoa do analista, mas, sim, também do *próprio paciente consigo mesmo*, como, por exemplo, de seu consciente com seu inconsciente, de sua parte infantil com a adulta, da parte "psicótica" com a "não psicótica", daquela que é verdadeira com a outra parte dele que falsifica e mente, etc., Bion enfatiza a necessidade de que o analista reúna condições para poder discriminar a essas diferentes partes e procurar integrá-las. Assim, ele afirma que o objetivo essencial da atividade interpretativa do analista é a de promover a abertura de **novos vértices de observação** e a de *introduzir o paciente na pessoa mais importante que ele jamais poderá lidar, ou seja,* **ele mesmo** (1992a, p. 13). Isso pode ser exemplificado com essa interpretação que Bion propõe para um paciente, no curso de uma supervisão: *essa pessoa que você diz que foge e essa pessoa que é muito agressiva, são a mesma pessoa. Penso que seja* você *mesmo* (p. 179). Ou essa outra interpretação: *está havendo um casamento entre você e você; um casamento entre seus sentimentos e pensamentos.* Igualmente pode servir de exemplo essa sua frase: *todo gordo tem um magro que pugna por sair...* (1992b, p. 22), a qual, examinada detidamente revela uma sensível profundidade. Da mesma forma, ainda cabe mais essa outra bonita citação de Bion: *existe o termo panteão* (lugar de todos os deuses), *mas também existe o termo pandemônio* (lugar de todos os demônios); *cada demônio tem um santo que o acompanha e vice-versa. Do mesmo modo, cada cura tem um mal que a acompanha* (p. 156).

Ainda dentro desse mesmo contexto, Bion traz outra metáfora, igualmente bonita, qual seja a de comparar a mente humana com uma orquestra (p.179), na qual diferentes instrumentos (parte infantil, adolescente, adulta...) tocam uma mesma partitura. Ele conclui suas analogias, perguntando: *de que zona do mapa do self, o paciente não quer saber absolutamente nada?.*

Todos esses aspectos nos conduzem àquilo que Bion denomina "**visão binocular**" (outras vezes ele denomina como visão "multifocal"), ou seja, uma capacidade de o analista abrir novos vértices de observação de um mesmo fato psíquico, de propiciar ao paciente o desenvolvimento de uma condição de estabelecer correlações entre as partes distintas dele, entre um pensamento e outro pensamento, um sentimento com outros sentimento, uma idéia com um sentimento, e assim por diante. Essa forma de abrir uma outra forma de autovisualização tem uma extraordinária importância na psicanálise atual, e ela está baseada no fato de que, assim como a criança forma a imagem de si mesma nos moldes de como a mãe lhe vê, também o paciente está em grande parte condicionado à visão que o analista tem dos potenciais dele.

5. Respeito. A afirmativa acima implica a necessidade de que o analisando seja aceito pelo analista, tal como, de fato, ele é, ou *pode vir a ser*, e não como o terapeuta gostaria que ele fosse, desde que fique claro que respeitar as limitações do paciente não é o mesmo que se conformar com elas. Ser "bom" não é o mesmo que "ser bonzinho", completo eu.

A etimologia mostra-nos que o atributo de "respeito" tem um significado muito mais amplo e profundo do que aquele usualmente empregado. Respeito vem de "*re*" (de novo) e "*spectore*" (olhar), ou seja, é a capacidade de o psicanalista (e, a partir daí, ser desenvolvida no paciente) *voltar a enxergar* o ser humano que está à sua frente, como *outros olhos*, com outras perspectivas, sem a miopia repetitiva dos rótulos e papéis que desde crianchinha foram incutidos no paciente. O desenvolvimento dessa capacidade de "res-peitar" só será possível se o analista (tal como a mãe, no passado) possuir as capacidades de empatia e a de *rêverie*, ou seja, de continência.

Bion alerta para os riscos de que o analista repita aquilo que os pais de muitos pacientes fizeram, condenando-os de alguma forma a viverem para cumprir as exectativas grandiosas deles, pais. O que a pessoa quer, diz ele, *é comportar-se como uma pessoa comum, é ter um espaço para viver como um ser humano que comete erros.*

Talvez não tenha experiência mais frustrante para um paciente do que aquela na qual, graças a um enorme esforço ele consegue fazer uma confidência guardada de longa data ou apresentar uma pequena melhora, bastante significativa para ele, embora possa parecer invisível ou banal do ponto de vista de um observador externo, e *não ser compreendido por seu analista,* o que lhe reforça antigos sentimentos de estar sendo *des-respeitado.* Serve como exemplo disso a observação de Bion de que *no amor de uma pessoa por outra do mesmo sexo qualquer sugestionamento, por parte do analista, de comportamento homossexual, mata a pequena planta que está nascendo, pois ser capaz de amar a alguém que é igual a si mesmo pode ser um passo no caminho para amar a alguém distinto.*

6. Empatia. Conquanto raramente Bion tenha empregado esse termo diretamente, resulta evidente a importância que ele deu a esse atributo do analista, tal como nos demonstra a etimologia dessa palavra. "Empatia" é composta das raízes gregas *"em"* (quer dizer: dentro de) e *"pathos"* (significa: sofrimento); portanto, alude à capacidade de o analista colocar-se no papel do paciente, isto é, entrar dentro dele para, junto, sentir o seu sofrimento. Isso é muito diferente de "simpatia", que se forma a partir do prefixo *"sim",* que designa "ao lado de" e não "dentro de". A empatia resulta da capacidade de o analista poder utilizar as fortes cargas das identificações projetivas, como uma forma de comunicação primitiva do paciente. O extremo oposto seria o de um estado mental do analista de apatia (*a-patia*), ou seja, ele não se mantém sintonizado com o sofrimento do paciente, e, nesses casos a análise não vai além de um processo protocolar, monótono e estéril, porque nesses casos a apatia contamina a ambos do par analítico.

Nesses últimos casos, Bion recomenda que o analista deve ter a *coragem* para se aperceber que a aparente harmonia e tranqüilidade da situação analítica não é mais do que uma estagnação estéril, a qual ele denomina como *calma do desespero* e que, a partir dessa percepção, o analista possa provocar uma *turbulência emocional.* Assim, diz Bion, estabelecendo uma comparação com náufragos que estão em uma balsa, aparentemente calmos (na verdade, resignados) até que aparece um avião de salvamento, e eles entram em um estado de turbulência: *a pessoa desesperada não manifesta nenhum sentimento particularmente marcado e algumas vezes preferiria ficar nesse estado porque resulta menos perturbador do que a possibilidade de resgate* (1992a, p. 152).

7. Capacidade de ser continente. Partindo de sua original concepção de que a todo *conteúdo* (carga de necessidades e angústias da criança, ou do paciente) deve corresponder um estado de *continente* (da mãe, ou do analista), Bion concebeu como uma das "condições necessárias mínimas" a função de o analista *acolher* as projeções daquilo que é intolerável para o paciente, *descodificá-las, transformá-las,* dar-lhe um *significado,* um *sentido* e um *nome,* para somente após *devolvê-las* ao paciente, devidamente *desintoxicadas,* sob a froma de assinalamentos ou interpretações, em doses adequadas, ao ritmo que cada paciente em particular consegue suportar.

A função "continente" alude, portanto, a um processo ativo, e não deve ser confundido com um "recipiente", em cujo caso trata-se de um mero depósito passivo. Um aspecto que me parece particularmente importante em relação a essa função de continência é o que eu costumo denominar *função custódia,* ou seja, o paciente deposita aspectos seus, dentro da mente do analista, à espera de que esse, tal como se passa em um depósito de bens materiais a serem custodiados, na forma de uma moratória, contenha durante algum tempo (pode ser de vários anos, especialmente com pacientes bastante regredidos) para depois devolver ao paciente, seu legítimo dono, quando ele tiver condições de resgatá-los.

Um aspecto muito desafiador para a condição de "continente", do analista, alerta Bion, é quando o paciente projeta uma carga agressiva exagerada, particularmente aquela que tem um cunho desqualificatório. Assim, *certos pacientes, de qualquer modo, tentam provar que o analista está equivocado; consideram o analista tão ignorante que este não lhes pode brindar nenhuma ajuda, ou que ele é tão inteligente que poderia fazer o seu trabalho sem nenhuma assistência deles, pacientes.* Mais adiante (p. 114) completa: *haveria algo de muito errado com o seu paciente caso ele não pudesse fazer o seu analista de bobo. Ao mesmo tempo há algo de muito errado com o analista que não consegue tolerar ser feito de bobo; caso possa tolerar isso, se você puder suportar ficar irritado, então você pode aprender algo.*

7. Paciência. Essa "condição mínima necessária" está diretamente ligada à anterior, porém como a sua raiz etimológica mostra (a palavra "paciência" vem de *pathos* que, em grego significa "sofrimento"), ela exige que o analista suporte a dor de uma espera, enquanto não surge uma luz no fosso do túnel depressivo do paciente. Também Freud exaltou a virtude da "paciência", como se vê no "caso Dora", no qual ele cita um trecho de Fausto, de Goethe: *"Nem só a arte e a ciência servem: no trabalho deve ser mostrado paciência"* (1905, p. 19).

Deve ficar bem claro que "paciência" não significa uma atitude passiva, de resignação ou coisa parecida; pelo contrário, ela consiste em um processo ativo dentro do analista. Como diz Bion: *de início, o analista desconhece o que está ocorrendo; caso sejamos honestos, temos que admitir que não temos a menor idéia do que está ocorrendo. Mas, se ficarmos, se não fugirmos, se continuarmos observando o paciente " vai emergir um padrão"* (1992a, p. 172). Esta última expressão, que Bion gostava de utilizar, é uma menção a Freud que, por sua vez, a tomou emprestada de Charcot.

Em um outro momento (1992b, p. 100), Bion afirma que *o analista deve dar um bom tempo para o paciente manifestar plenamente os sentimentos de desespero, depressão, inadequação, ou de uma insatisfação ressentida com a análise e com o analista* (assim como a mãe deve abrir um espaço para acompanhar a depressão do filho); portanto, completa ele, *não devemos ser demasiado prematuros em dar uma interpretação "tranqüilizadora".* Aliás, às vezes, Bion comparava a análise com um processo de gestação, de modo que ele referia que *Sócrates costumava dizer que muitas vezes ele fazia o papel de "parteira": atendia ao "nascimento de uma idéia" e que, da mesma forma, os analistas podem ajudar a que um* **paciente nasça***, a que ele emerja do ventre do pensamento* (1992b, p. 182).

Green (1986, p. 134) reforça a importância do atributo de "paciência" ativa do psicanalista, como se depreende dessa citação: *Não há um só analista que mantenha a ilusão de que se ele interpretar uma determinada atitude, esta desaparece. Para mim, por exemplo, a atitude do paciente pode durar, digamos...15 anos. A análise é um trabalho de Penélope – todos os dias você tece a teia e, logo que o paciente o deixa, ela se desfaz. Se não estivermos preparados para ver a análise assim, é melhor mudar de profissão...*

8. Capacidade negativa. Este termo alude a uma – positiva – condição, minimamente necessária, de o terapeuta conter as *suas próprias* angústias decorrentes do seu *não saber* aquilo que está se passando na situação analítica, porquanto *temos um horror ao vazio*, **nós odiamos estar ignorantes**.

Na ausência dessa capacidade, as interpretações dadas ao paciente poderão representar nada mais do que uma tentativa de o analista aliviar a sua própria angústia, "preenchendo" o vazio daquilo que ele está ignorando. De forma equivalente, pode acontecer que o analista não tenha a capacidade para conter a sua ânsia de não frustrar o paciente, e com isso ele faz interpretações prematuras, embora elas possam ser corretas, de forma que que ele pode estar *assassinando a curiosidade* do paciente, ao mesmo tempo em que, completo, ele pode estar assassinando a sua própria capacidade intuitiva.

Como um derivado direto da condição de "capacidade negativa" por parte do analista, Bion postulou a recomendação técnica de um estado mental do terapeuta no transcurso de uma sessão analítica: um estado de *sem-memória, sem-desejo e sem-compreensão*. A finalidade maior de que a mente *não fique saturada* com a memória, desejos e a necessidade de compreensão imediata, é para que os órgãos dos sentidos não fiquem tão predominantes e, assim, não dificultem a emergência da capacidade de intuição do analista.

9. Intuição. Trata-se de uma condição necessária para o analista, que não tem nada de transcedental, como muitas vezes se pensa. Antes, alude à uma capacidade da mente do terapeuta para ele não utilizar exclusivamente os seus órgãos dos sentidos para captar algo importante da esfera afetiva. A etimologia do verbo "intuir" procede dos étimos latinos *"in"* (dentro) e *"tuere"* (olhar), ou seja, Bion utiliza novamente um modelo da analogia visual, para definir, parece-me, uma capacidade de se olhar com um *terceiro olho*, não sensorial, com uma visão *para* dentro ou partindo *desde* dentro do sujeito. Uma metáfora de Bion esclarece melhor: ele recomenda que o analista lance sobre sua própria visão um *facho de escuridão,* para que se possa ver melhor, assim como esclarece a metáfora de que *"as estrelas ficam mais visíveis na escuridão da noite"* (Rezende, 1993).

De forma análoga, uma imagem que me ocorre para caracterizar a importância da capacidade de intuição é aquela que pode ser extraída do jogo conhecido como "olho mágico", que consiste no fato de, se o observador olhar de uma forma especial, diferente da habitual, a uma folha plana com certas figuras impressas, terá uma impressionante visão de uma terceira dimensão, que só se tornou possível quando ele relaxou o hábito de olhar unica e fixamente com o órgão sensorial que é o seu olho.

Dentro dessa mesma idéia, Bion costumava utilizar uma citação que ele fazia do poeta Milton: *"Observar coisas invisíveis para um mortal"*, ou seja, dizia Bion, *o analista deve saber escutar não só as palavras e os sons, mas também a música.*

Igualmente ele seguidamente mencionava a concepção do filósofo Kant de que "**intuição sem conceito é cega; conceito sem intuição é vazio**", sendo que cabe ao analista promover um *casamento entre a intuição e o conceito, de tal modo que gerem um pensamento moderno completo*.

10. Ser verdadeiro. Esse aspecto, de o analista ter amor às verdades, constitui-se em uma das CNM, mais enfatizadas por Bion, não obviamente no sentido dele *ter a posse* de conhecimentos que julga serem as verdades absolutas, mas, sim, que ele seja *verdadeiro consigo mesmo*, portanto que, como condição *sine qua non*, ele tenha uma atitude analítica de querer conhecer e enfrentar as verdades, as dele, as do paciente e as do vínculo entre eles, por mais penosas que elas sejam.

A essa função do *conhecimento* Bion considerou como sendo um dos *vínculos* essenciais, que ele designou com a letra "K", ou, se estiver a serviço de negar e evitar o conhecimento, a designação é "-K". Assim, podemos depreender de Bion, *ser verdadeiro* vai muito além de um dever ético, é uma imposição técnica mínima, a ser transmitida ao analisando, e a ser dirigida em profundidade, em uma busca das verdades originais.

Esse aspecto, que estamos abordando, tem uma profunda repercussão na prática analítica, porquanto alude diretamente ao vínculo do par analítico e, conseqüentemente, diz respeito à atividade interpretativa e aos critérios de crescimento mental do paciente. Assim, diz Bion, *quando um paciente procura um analista, isso sugere que ele necessita de uma injeção poderosa de verdade, mesmo que ele não goste dela, no entanto o medo de conhecer as verdades pode ser tão poderoso que as doses de verdade são letais* (1992-a, p.61). Isso, quero crer, constitui um alerta para o analista não confundir "amor às verdades" com um estado mental de uma permanente "caça obsessiva às supostas verdades", até mesmo porque a busca da liberdade, bem maior que uma análise pode propiciar, é indissociável da verdade, tal como aparece na sabedoria milenar da bíblia, no trecho que reza que "*só a verdade vos libertará*".

Assim, impõe-se mencionar essa profunda e ao mesmo tempo poética frase de Bion, que estabelece uma íntima correlação entre o amor, a verdade e a liberdade: *amor sem verdade não é mais do que paixão; verdade sem amor não passa de crueldade*. Isso me faz recordar dessa outra frase do poeta Yeats, igualmente bela e profunda, e que pode servir como uma luva para nós, analistas: *por favor, pisa devagar, porque estás pisando nos meus mais queridos sonhos...*

Todas essas condições necessárias para um analista de forma alguma excluem o fato de que, antes de tudo, ele é "gente também", e como todo ser humano tem sentimentos, fraquezas e idiossincrasias. Isso está admiravelmente expresso de forma poética por Clara Feldman (1983):

CONVITE

"Pois fica decretado
a partir de hoje,
que terapeuta é gente também.
Sofre, chora,
ama e sente
e, às vezes, precisa falar.
O olhar atento,
o ouvido aberto,
escutando a tristeza do outro,
quando, às vezes, a tristeza
maior está dentro do seu peito.
Quanto a mim,
fico triste, fico alegre
e sinto raiva também.
Sou de carne e sou de osso
e quero que você saiba isto de mim.

E agora,
que já sabes que sou gente,
quer falar de você para mim?"

Um aspecto particularmente importante em relação à condição mínimamente necessária de o analista ser verdadeiro consiste no risco, durante o processo analítico, de uma formação de **conluios inconscientes** do analista com as falsificações do analisando. Assim, Bion adverte para o fato de que há pacientes que tentam limitar a liberdade de pensamento e, por conseguinte, de interpretação, do analista. Ele compara isso com *situação de uma paciente ir a um médico e dizer*: "*Doutor, apareceu um inchaço no meu seio; agora, eu não quero ouvir nada sobre câncer ou qualquer treco desse tipo*" (1992-a, p.260). Isso não difere fundamentalmente do fato de que um analista possa ficar conluiado, submetido àquele tipo de paciente que quer *baixar leis sobre aquilo que o analista vai pensar ou sentir a respeito dele. São pacientes que querem impor o "não quero ouvir que há algo de errado comigo*" (p. 30).

Da mesma forma, Bion também alerta para que o analista precavenha-se contra a formação de um conluio com pacientes que preferem o que ele denomina uma *cura cosmética*, muitas vezes de aparência bonita, porém que é superficial e instável, porquanto ela é encobridora daquilo que é sentido pelo paciente como uma feiúra interna, sendo que isso é próprio daqueles analisandos que não querem se desfazer dos seus, protéicos, *disfarces mentais*.

À guisa de uma síntese do que foi exposto neste capítulo, pode-se dizer que a formação de uma indispensável "atitude psicanalítica interna", resultante da aquisição das "condições mínimas necessárias", implica na condição de que o analista discrimine as seguintes transformações na situação analítica:

- *ouvir* não é o mesmo que **escutar**;
- *olhar* é diferente de *ver,* **enxergar**;
- *entender* não é o mesmo que **compreender**;
- ter a mente saturada com a *posse* das verdades é bem distinto de um estado mental de *amor* **pelas verdades**;
- *simpatia* não é o mesmo que **empatia**;
- *recipiente* não é o mesmo que **continente**;
- ser "*bonzinho*" não deve ser confundido com **ser bom**;
- interpretar *corretamente* não significa que houve um efeito **eficaz**;
- *adivinhar* ou *palpitar* não é a mesma coisa que **intuir**;
- *falar* não é o mesmo que **dizer**;
- *saber* não é o mesmo que, de fato, **ser**!

CAPÍTULO 42

Epílogo: A Crise Atual e as Perspectivas Futuras da Psicanálise

A palavra "crise", de acordo com a sua raiz etimológica (deriva de "*krinen*" que, em grego, designa "separar, decidir"), significa que algum determinado processo (casamento, identidade pessoal, movimento social, instituição...) atingiu um ponto culminante, onde ele vai sofrer um destes dois destinos possíveis: 1) tanto pode deteriorar até o ponto de terminar; 2) em um prazo, curto ou longo, vai acontecer uma *modificação importante*, a qual pode representar ser um crescimento de natureza muito sadia, embora seja, quase sempre, bastante dolorosa.

Quase ninguém contesta que a psicanálise, que já nasceu em um estado de crise, esteja atravessando na atualidade mais uma séria situação crítica, entre tantas outras que já enfrentou e superou. O que cabe questionar é se a atual crise é da *psicanálise* (como ciência), dos *psicanalistas* (como profissionais), ou se ela é das *instituições psicanalíticas* (como responsáveis pela qualidade de formação de novos psicanalistas e pela manutenção da ideologia da psicanálise, no mundo todo). O mais provável é que a crise abranja estes três aspectos, e eles devem ser encarados e analisados, separada e conjuntamente.

Aliás, é justo reconhecer que nos últimos anos os dirigentes da IPA têm tido a coragem de enfrentar a negação dos sintomas da crise – negação essa que durante muito tempo caracterizou as instituições psicanalíticas oficiais – de forma a possibilitar que a psicanálise viesse a se deitar no divã, para submeter-se a uma análise séria e profunda, quanto ao significado de seus sinais e sintomas, suas causas e a aceitação dos desafios para um enfrentamento dos problemas, tendo em vista alguma necessária reestruturação, sem perder a sua essencialidade.

Esse corajoso enfrentamento pode ser evidenciado por meio de pronunciamentos públicos (em artigos em livros ou revistas da mais ampla e livre circulação) ou relativamente privados (em publicações de circulação interna, principalmente os informes do *The Newsletter of the International Psychoanalytical Association*). Tais pronunciamentos têm partido de muitos de seus mais ilustres representantes, como é o caso de Otto Kernberg (atual presidente), H. Etchegoyen (presidente anterior), Charles Hanly, J.MacDougall, A. Green, R. Wallerstein e tantos outros mais. Na verdade, existe atualmente na IPA um *Comitê Ad Hoc sobre* "*A Crise da Psicanálise – Desafios e Perspectivas*", que vem demonstrando um trabalho sério e exaustivo, funcionando em regime sistemático e continuado, apontando causas e sugerindo algumas iniciativas, sem fazer grandes mistérios em relação às feridas expostas.

Baseados nos vários depoimentos pessoais de importantes autores, além de um relato das conclusões iniciais de um questionário que foi elaborado pelo referido *Comitê*, especialmente para o tema, e que foi respondido por uma significativa parcela de analistas de todo o mundo, podemos destacar os pontos a seguir, relativos à crise da psicanálise, do psicanalista e das instituições psicanalíticas, sendo que, aqui, não tomarei posição, muito menos um partido, e procurarei manter-me o mais fiel possível ao relato dos fatos publicados.

1. Crise da psicanálise como teoria e técnica. Como acontece em toda crise, as opiniões são divergentes, embora virtualmente ninguém conteste o corpo de conhecimentos da psicanálise. Assim, muitos psicanalistas, como A. Green (1996), por exemplo, acreditam que a crise consiste exatamente no fato de que, na atualidade, os psicanalistas se afastaram demasiado dos conceitos básicos de *teoria* (ou seja, eles estão sobremodo valorizando a angústia de separação, a relação continente-conteúdo, o *holding* e outras valiosas teorias, porém estão deixando de lado a sexualidade infantil, o complexo de Édipo, etc.); igualmente, alguns opinam que os analistas também estão se afastando da *técnica* clássica (as interpretações estariam descurando da neurose de transferência; estão escasseando as interpretações diretas que toquem o seio, o pênis, a boca, o ânus...; como resultado disso, estariam ficando borrados os limites entre psicanálise e psicoterapia, etc.).

Por outro lado, há inúmeros analistas opinam que, justamente ao contrário, a crise da psicanálise consiste em que ela não está acompanhando devidamente as mudanças da realidade do mundo atual, e que é necessário que não se radicalize a defesa dos conceitos clássicos como se eles representassem as "sagradas escrituras", pois existe um grande desafio para tornar a teoria e técnica eficazes para o contingente das "novas patologias", sobretudo a predominância das perturbações narcisistas sobre os quadros neuróticos descritos por Freud, os casos *borderline*, patologias psicóticas, pacientes de difícil acesso, crianças com autismo secundário, etc.

2. Crise do psicanalista. A mesma refere-se basicamente à manutenção da "identidade psicanalítica" frente às inúmeras dificuldades provindas de uma série de fatores, como os seguintes:

- *Uma difícil situação econômica geral.* Embora existam diferenças regionais, cada vez menos pessoas, no mundo todo, dispõem-se a pagar o alto custo que representa uma análise *standard*.
- *Os sistemas de seguros de saúde*, tanto particulares quanto os estatais, que dominam amplamente a assistência de saúde física e mental em muitos países, como os Estados Unidos, por exemplo (e como, igualmente, está começando a se expandir no Brasil), costumam pagar tarifas muito baixas, às vezes aviltantes, além de limitarem as terapias a um número de sessões que não permitem uma análise. Ademais, tais empresas de saúde não acreditam em um processo terapêutico que não apresente resultados concretos e, de preferência, imediatos.
- *Um denegrimento da imagem da psicanálise*, o que encontra respaldo nos órgãos da *mídia* que, por diversas maneiras, descaracterizam a psicanálise. Por esses meios de divulgação, é bastante freqüente que os ataques mais virulentos partam de próprios psicanalistas que, de forma manifesta ou velada, estejam em litígio com suas instituições psicanálise, ou os ataques procedem de outras pessoas que se intitulam psicanalistas, quando na verdade não o são, e tudo isso confunde o público.
- *Uma hostilidade provinda do ambiente universitário.* Talvez porque, durante muito tempo, em muitos lugares, os próprios psicanalistas se encastelaram em uma auto-suficiência, a verdade é que, de forma geral, os professores responsáveis por outras disciplinas, de forma deliberada ou, mais comumente, inconsciente, sabotam as iniciativas de propagação de uma imagem positiva da ideologia e prática da psicanálise.
- *Uma acirrada competição com outras modalidades alternativas de tratamento.* É necessário, antes de mais nada, fazer uma discriminação entre essas "outras modalidades" porquanto elas tanto podem ser bastante benéficas, como também elas podem ser inócuas, para não dizer maléficas. No primeiro caso, ainda que de alcance limitado, vale exemplificar com as diversas formas de psicoterapia de *apoio*, ou os recursos da moderna psicofarmacologia, da psicoterapia analítica de grupo, assim como a abertura de novos campos psicoterápicos, como é o atendimento de casais e de famílias por métodos da teoria sistêmica ou psicanalítica, com resultados francamente positivos. No entanto, outras "terapias alternativas" podem não ser mais do que uma exploração da boa-fé de pessoas necessitadas, pelo aceno de recursos mágicos e esotéricos sob diversas formas, que todos nós conhecemos bem e que, como diz Etchegoyen (1996), "*pululam em todas partes, como uma verdadeira enfermidade social*". Na competição com esses métodos alternativos, na maioria das vezes a psicanálise sai perdendo, porque, por definição, o seu método científico é bastante mais exaustivo, oneroso, demorado, doído e de resultados que não podem ser previamente assegurados.
- *O surgimento da psiquiatria biológica e sua aplicação prática, a psicofarmacologia*: Dentre os recursos benéficos, antes aludidos, não resta dúvidas de que a associação, concomitante, de métodos farmacológicos e psicológicos, tem sido exitoso no tratamento de muitos sintomas, especialmente nas patologias das "doenças afetivas", em alguns casos de "angústia-pânico" e nas principais psicoses, como a esquizofrenia.
- *Os métodos terapêuticos baseados na psicologia da conduta*, Quer-se dizer, daqueles dirigidos aos modelos do funcionamento humano e que, embora limitados e sem a pro-

fundidade a que uma psicanálise se propõe, mostram resultados efetivos e se constituem como métodos de tratamento relativamente breves, simples e com o objetivo de influir diretamente nos pacientes. Também aí, genericamente falando, a competição torna-se desfavorável para a metodologia altamente complexa da psicanálise, tendo em vista as particularidades do mundo moderno.

- *A cultura deste final de século,* caracterizada pelo fato de que as pessoas estejam mais interessadas nos problemas exteriores do que propriamente na vida interior, e que uma grande maioria se oriente mais para a obtenção de metas concretas, de valores que giram em torno de prestígio, triunfo e riqueza. Assim, nos inclinamos, cada vez mais para uma espécie de capitalismo selvagem, onde cresce uma impaciência pela obtenção de resultados a longo prazo, de sorte que ganha validade a afirmativa de Etchegoyen (1996): "*A psicanálise vai na contramão dos ideais da sociedade atual*".

- *A diminuição do número de pacientes*: Como uma resultante da crise econômica mundial, das mudanças socioculturais e da proliferação de métodos alternativos, atinge a todos os níveis de analistas, porém, fora de dúvida, os candidatos e membros mais jovens são os mais afetados pela crise. Além da diminuição do número de pacientes, também é necessário considerar que naquela população que busca a psicanálise como um tratamento de escolha há uma menor disposição para aceitar um tratamento psicanalítico "clássico", ou seja, de quatro ou cinco vezes por semana. É interessante registrar que mesmo naquelas sociedades psicanalíticas, como, por exemplo, as da França e do Uruguai, onde as exigências oficiais mínimas permitem três sessões semanais, parece que também diminui o interesse pela psicanálise *standard*. Os informes, provindos de todo o mundo psicanalítico, também evidenciam que em muitos lugares, paralelamente à falta de pacientes para o enquadre clássico, segue existindo, ou vem aumentando, o interesse pelas terapias psicanalíticas, mais breves e de menor freqüência semanal.

- *Um estado de desânimo e de angústia* vem surgindo crescentemente entre muitos psicanalistas – como decorrência disso tudo, sendo que as manifestações mais evidentes se expressam por meio de uma angústia relativa ao problema econômico e ao futuro da profissão.

3. Crise das instituições psicanalíticas. Também neste aspecto há muitas divergências: por um lado, muitas sociedades de psicanálise revelam uma clara vitalidade, com uma crescente demanda de novos candidatos e um clima de trabalho de entusiasmo e motivação, sendo que existe um aparente paradoxo entre a falta de pacientes, em geral, e um interesse que se mantém e, inclusive, tem crescido, pela formação psicanalítica. Por outro lado, muitas outras instituições demonstram uma apatia generalizada a par de conflitos internos. Assim, muitos dos informes, especialmente os provindos de institutos e sociedades norte-americanas e latinoamericanas, dão conta de que existem cisões internas em conseqüência de divergências pessoais e/ou ideológicas, com uma competição de diferentes correntes psicanalíticas e com a concentração do poder em poucas mãos, juntamente com queixas de que as cúpulas não estariam dando a devida atenção a todo tipo de problemas externos. Os sintomas mais transparentes da crise existente nessas instituições por último referidas consistem em:

- *Uma diminuição do interesse na formação psicanalítica*: Assim, em muitos lugares, está diminuindo o número de pessoas que postulam aos institutos para se formarem como psicanalistas (certamente, não é o caso do Brasil), e isso se constitui como um dos sintomas mais importantes da crise. Em certos lugares, como nos Estados Unidos, as disciplinas relacionadas à área da psiquiatria, nas universidades, estão sendo ocupadas por psiquiatras de orientação biológica, em detrimento da orientação psicodinâmica, e essa falta de um modelo de identificação com um professor que seja psicanalista também está contribuindo para um desinteresse por uma formação psicanalítica. Igualmente existem evidências de que esteja mudando o perfil dos postulantes à formação como psicanalistas com uma crescente proporção da presença de mulheres, e com uma preponderância de mais psicólogos e menos médicos psiquiatras. De modo geral, prevalece a opinião de que o nível intelectual e a qualificação dos aspirantes esteja melhorando.

- *Uma petrificação do ensino*: Trata-se de uma queixa que parte de alguns setores, porém certamente ela não é unânime em todos lugares. Os informes que responderam ao questionário antes referido, quando são queixosos, responsabilizam a "rigidez do ensino" à predominância de uma única escola, do que resultaria um ensino unilateral, fechado; também responsabilizam a falta de renovação e relevo nos corpos-docentes, o que resultaria em um ensino demasiado tradicional ou ortodoxo, com menos atrativos para os profissionais mais criativos; uma exagerada exigência nos critérios para o cumprimento da supervisão obrigatória, por parte dos candidatos em formação; a obrigação de que a "análise didática" do postulante tenha que ser feita exclusivamente com um analista autorizado pelo instituto, o que obriga, em alguns casos, a uma mudança de psicanalista; da mesma forma, o tempo de análise de um aspirante com o seu analista, não-oficializado para fins de análise didática, mesmo que bastante longa e exitosa, não conta para nada, em termos das exigências estatutárias, e assim por diante, existem situações similares, que provocam um estado de "mal-estar".
- Uma das maiores acusações contra o ensino clássico consiste na opinião daqueles que consideram que muitos dos maiores inimigos da psicanálise são constituídos por candidatos e analistas, desiludidos por haverem experimentado rigidez e esterilização da criatividade e autenticidade.
- *A existência de escolas de psicoterapia psicanalítica*. Nessas instituições é oferecido um treinamento menos exigente em termos de tempo e de análise pessoal, é um aspecto mais complexo, já que resulta numa rivalidade competitiva com instituições da IPA, porém, ao mesmo tempo, pode ser uma fonte de possíveis candidatos que, ao terminar a sua formação como psicoterapeutas, buscam uma formação mais completa como psicanalistas.
- *Um diminuto intercâmbio com o ambiente acadêmico e cultural*. Também nesse aspecto são notórias as diferenças entre distintos centros psicanalíticos: muitos lamentam que cada vez se ensina menos psicanálise nas universidades, tanto nas faculdades de medicina como nas de psicologia, nas escolas de assistentes sociais, etc., sendo que alguns criticam o isolamento de psicanalistas, inclusive em suas instituições, e apontam uma arrogância e passividade de alguns deles, quando existiam filas de espera. Por outro lado, muitas outras sociedades, que não se declaram em crise, mostram que não tem havido diminuição da presença dos psicanalistas nas diversas faculdades de medicina e psicologia, nem de sua importante atividade em centros psiquiátricos e comunitários, tampouco a sua participação no diálogo com outras disciplinas e a vida cultural em geral.
- A verdade é que está havendo, de modo geral, uma significativa preocupação por parte das instituições psicanalíticas regionais que, acompanhando uma diretriz recente da IPA, estão realizando grupos de discussão sobre o papel da psicanálise e do psicanalista nesse final de milênio.

DESAFIOS E PERSPECTIVAS FUTURAS

Desafios

Na atualidade, existem em torno de 10.000 membros nos quadros da IPA, além de um expressivo número de aspirantes e candidatos em formação, sendo que o movimento psicanalítico continua em ascenção, mais no hemisfério Sul do que no Norte, e, no Sul, é o Brasil apresenta um crescimento maior. Tudo isso empresta uma responsabilidade maior aos órgãos dirigentes e aos institutos de formação, no sentido de reconhecerem os diversos sinais da crise e enfrentarem os conseqüentes desafios, consubstanciados nos seguintes pontos:

- *Risco do desaparecimento do "espírito da psicanálise"*. Esse brado de alerta partiu de A. Green (1996) que texualmente afirma: "*O maior risco para o futuro da psicanálise é o declínio e o possível desaparecimento do espírito da psicanálise, do estado mental específico que habita (corporiza-se em) o psicanalista durante o seu trabalho e pen-

samento. Nossa tarefa é manter esse espírito vivo". Com a expressão "espírito da psicanálise", Green alude ao distanciamento crescente dos psicanalistas em relação à fidelidade aos princípios essenciais dos clássicos postulados teóricos e técnicos da psicanálise.
- Em contrapartida, muitos outros setores da psicanálise alertam quanto ao risco de a *ciência psicanalítica ficar demasiado presa aos rigores de suas recomendações técnicas,* sem levar em conta as inequívocas e profundas transformações socioculturais e econômicas, que, com uma velocidade vertiginosa, estão ocorrendo no mundo inteiro, além do fato de que mudou o perfil médio do paciente que busca tratamento analítico, com a presença de um contingente bem maior de portadores de condições emocionais extremamente regressivas. A posição desses psicanalistas contestadores é a de que tudo isso obriga a uma adaptação ao princípio da realidade, a que se efetivem sensíveis modificações, ou pelo menos, uma maior flexibilização nos procedimentos técnicos.
- O primeiro grande desafio para os dirigentes responsáveis pela psicanálise está sendo justamente este: atender simultaneamente os dois posicionamentos referidos, sem que um necessariamente anule o outro.
- O relativo *isolamento* dos psicanalistas em relação às demais disciplinas, outras áreas humanísticas em geral, outras escolas de formação de psicoterapeutas, outras formas de psicoterapias e aos avanços da psicobiologia e psicofarmacologia, também está se constituindo em um profundo desafio a ser enfrentado, porquanto é fundamental que a psicanálise não corra o risco de perder a essência de sua identidade.
- Como resultante desse compreensível medo de perda, ou de borramento, do sentimento de identidade ideológica e profissional, importantes setores da psicanálise ainda teimam em permanecer indiferentes, quando não francamente hostis, a uma maior *aproximação da psicanálise com as psicoterapias psicanalíticas*, assim como também com o eventual uso simultâneo de psicofármacos durante o curso de uma determinada análise, tampouco aceitando alguma mudança de uma rígida "neutralidade" ou a utilização da dinâmica sistêmica de grupos e instituições, etc.
- *Uma desinformação do público* em relação aos verdadeiros princípios, alcances e limitações dos objetivos da psicanálise, também está representando um significativo desafio. De fato, o público em geral recebe uma compacta massa de informações, às vezes realmente esclarecedoras, porém, na sua maioria, elas representam uma distorção e uma pressão mistificadora acerca da psicanálise. Isso acontece porque perdura uma certa fobia entre os psicanalistas em ocuparem os espaços concedidos pela mídia, de modo que outras pessoas, entre leigos ou técnicos, nem sempre devidamente qualificados, ocupam os referidos espaços e dizem o que bem entendem. Além disso, uma proliferação de terapeutas que se autodenominam psicanalistas invadiram de tal maneira os meios de comunicação que o público já não consegue mais distinguir entre psicanálise e pseudopsicanálise.
- Uma *reforma institucional,* de natureza estrutural, representa um sério desafio. As comunicações recebidas pelo "*Comitê sobre a Crise da Psicanálise – Desafios e Perspectivas*", com maior freqüência, apontam para a necessidade de os seguintes pontos serem reformulados: a) Democratização das sociedades regionais e da IPA. b) Reformas de estatutos e regulamentos. c) Reformas do ensino. Entre os vários aspectos importantes que estão implícitos nesse projeto de reformas, cabe destacar aquele que diz respeito à possibilidade de que os próprios institutos de psicanálise filiados à IPA, além do ensino da psicanálise clássica, também abram as portas para o ensino de psicoterapia psicanalítica. Ao mesmo tempo, outros igualmente importantes setores da psicanálise enfatizam a necessidade de que se resista à tentação de oferecer treinamento em psicoterapia, assim como também à terapia com crianças, grupos, etc., a fim de evitar que a psicanálise fique diluída e também para que não se estabeleça, no ensino, uma confusão

de identidade entre psicanálise e psicoterapia.
- Como vemos, talvez o maior desafio consiste na necessidade de conciliar e harmonizar as tendências de distintos setores da psicanálise que, às vezes, são diametralmente opostas e contraditórias entre si. O aspecto alentador consiste em que: a) O movimento psicanalítico já enfrentou muitos outros desafios e conseguiu superá-los. b) Nos pronunciamentos encaminhados ao *Comité* predomina uma atitude geral de "otimismo prudente", ao mesmo tempo em que há uma mobilização geral para uma atitude de humildade e autocrítica. c) Conforme afirma Kernberg (1996), *"agora a psicanálise está suficientemente vigorosa como para tolerar distintas experiências em sua metodologia educativa, sem que isso signifique por em risco a sua unidade"*.

Perspectivas Futuras

Levando em conta todos aspectos mencionados e as diferentes opiniões emitidas pelas mais notórias figuras representativas e responsáveis pela psicanálise atual, creio ser cabível opinar que:

- A psicanálise manterá a sua identidade específica, porém será inevitável uma aproximação, cada vez maior, com as "psicoterapias de fundamentação psicanalítica", principalmente quando esta última for praticada por técnicos com um elevado e reconhecido grau de formação, em instituições filiadas ou não à IPA.
- Para tanto, as sociedades psicanalíticas regionais, de comum acordo com a IPA, deverão mirar com "bons olhos" essas instituições paralelas, obviamente sempre que reconhecidamente sérias e, se possível prestar colaboração a elas. Existe uma grande possibilidade de que, a médio prazo, muitos institutos oficiais abrirão um espaço para o ensino específico à formação de psicoterapeutas.
- Igualmente, levando em conta a realidade social, será concedida uma maior valorização à prática de *grupoterapia psicanalítica*, sempre que essa for praticada por técnicos com uma sólida formação psicanalítica (aliás, já é possível perceber que muitos congressos de psicanálise estão abrindo algum espaço especificamente reservado para temas da psicodinâmica dos grupos).
- A crise da psicanálise deve-se, em grande parte, a um egocentrismo dos psicanalistas, que permanecem em uma atitude de espera que as demais disciplinas (filosofia, etologia, antropologia, lingüística, neurociências, psicoimunologia, etc.) a reverenciem e tomem a iniciativa de chegar até ela. Isso está mudando, por meio de alguns movimentos algo isolados e tímidos, mas certamente modificará muito mais, como já está sendo observado em algumas áreas.
- Assim, a psicanálise deverá caminhar unidamente com as indiscutíveis contribuições advindas das neurociências, como a moderna psicofarmacologia é uma prova evidente. Aliás, é oportuno lembrarmos a profética afirmativa de Freud que, ao final de sua obra, mais exatamente em *Esquema de psicanálise* (1938), reafirmou a sua crença (que já esboçara no seu *Projeto...*, de 1895) de que o fator orgânico poderia ser o grande gerador do psiquismo, o que ele asseverou com a afirmativa de que *um dia, aquilo que foi descrito em termos psicológicos talvez viesse a ser reconhecido como sendo resultante da* **influência direta de substâncias químicas** (o grifo é meu).
- Também o campo da *etologia* é muito promissor, como pode ser exemplificado com o instigante fenômeno que os etólogos descrevem como *imprinting*, o qual consiste na observação experimental de que, em algumas espécies animais, as influências ambientais, durante um certo tempo, geralmente curto, da vida evolutiva, ficam impressas de forma definitiva e indelével, assim determinando toddo o futuro comportamento dos filhotes. A especulação quanto à possibilidade de que o mesmo fenômeno se processe na espécie humana, no período que corresponde ao da "identificação primária", talvez possa abrir um enorme horizonte de possibilidades para a compreensão de aspectos primitivos da estruturação da mente. Além

do *imprinting*, para ficarmos unicamente no campo da etologia, vale destacar que Lacan, para embasar os seus estudos sobre a especularidade, utilizou os estudos de etólogos que comprovam o fato de que uma pomba não ovula enquanto estiver só, mas, sim, que a ovulação se dará em determinado momento de seu ciclo, se ela for colocada junto a uma outra pomba, ou frente à sua própria imagem refletida por um espelho.

- Como prováveis exemplos de outras áreas humanísticas e científicas que estão à espera de uma maior aproximação da psicanálise, valeria mencionar as do *psiquismo embrionário e fetal* (como atestam Bion e A. Piontelli, que já introduziram estudos interessantíssimos); da física quântica (com base em Planck); as concepções filosóficas (como, entre tantas outras, as de Kant, constantemente servindo de inspiração para Bion, ou como o "princípio da incerteza", de Heisenberg) e também as literárias (um bom exemplo é Shakespeare, com a densidade dos conflitos inconscientes de seus personagens); da lingüística (como é concebida por Saussure); os modelos da cibernética, aplicados ao estudo dos sistemas sociais (como demonstram Bateson e colaboradores), e assim por diante. É provável que ganhe um grande incremento aquilo que Blum (1996) denomina como *Psico-história* e que consiste na sua concepção de que, partindo dos conceitos psicanalíticos, é possível realizar um útil enfoque psico-histórico sobre uma vasta escala social, de modo a ser utilizada para explicar alguns fenômenos grupais, lendas, mitos e rituais, como os de iniciação e os fúnebres. O autor exemplifica com o tema edípico da inveja e os ciúmes dos pais e filhos, que podem ser inferidos dos relatos bíblicos do sacrifício do filho, entre tantas outras possibilidades que a sabedoria milenar propicia e faz por merecer um estudo mais aprofundado.

- Haverá um incremento das *pesquisas* no campo da psicanálise, com um rigor de metodologia científica, como já vem sendo feito em muitos lugares, e que podem ser exemplificadas com as investigações de Töma e Kachele, em Ulm (Alemanha), as da escola psicossomática de Paris, etc.

- Entretanto, as modificações – oficiais – mais importantes na psicanálise que, tudo leva a crer, ocorrerão em um futuro relativamente próximo, dizem respeito à transformações na *técnica* e no *ensino* da psicanálise. Em relação à primeira, poucos duvidam da inevitabilidade de que serão modificados alguns procedimentos técnicos, de modo a que os analistas adaptem-se não só às novas condições sócio-econômicas e culturais, mas, também, ao novo perfil do paciente regressivo que necessita de um tratamento de fundamentação psicanalítica. Embora essa provável transformação de aspectos da técnica deva passar por uma maior flexibilização das clássicas combinações do *setting* habitual, tenho uma firme convicção de que, nem de longe, isso deva significar uma renúncia aos princípios essenciais das conhecidas regras técnicas e, muito menos, que venha a ser confundida com uma metodologia na base de um *laissez faire*.

- Em relação às *mudanças no ensino*, o assunto ganha em complexidade, porquanto isso implica, por parte dos Institutos de psicanálise, em realizar paralelamente algumas profundas modificações regimentais e estatutárias, o que representa ser uma situação delicada, tendo em vista que também é imprescindível que não se instale um borramento dos necessários limites e de uma necessária hierarquia. No entanto, a maior modificação relativa ao ensino e à formação de psicanalistas não reside tanto numa simples modificação curricular ou coisas do gênero, como aquelas, importantes, relativas à supervisão, etc. O grande desafio a ser vencido (e parece que está sendo) é que o candidato não venha a ser infantilizado, fazendo a sua formação como um aluno estudioso e bem comportado, o que, muitas vezes custa o alto preço de uma esterilização de uma criatividade, autonomia e liberdade de pensamento e ação. Em termos idealizados, creio que a formação psicanalítica venha a ser a mais próxima possível daquela que os *mestres Zen* dão aos seus discípulos, ou seja, eles não ensinam de forma determinada tal ou qual técnica;

antes, eles deixam o discípulo aprender às suas próprias custas, enquanto eles assistem de perto e acompanham o seu aprendizado, até que ele adquira autonomia e construa o seu próprio estilo. Na psicanálise, isso é fundamental, porquanto serve como um modelo de identificação para que o analista possa trabalhar com o seu analisando, com uma atitude psicanalítica interna voltada, sobretudo, para a *verdade e liberdade*.

Para finalizar, vou utilizar a seguinte afirmativa do presidente Kernberg, que reconhece a existência de uma crise no seio da psicanálise, e que vale como uma espécie de síntese deste capítulo: *"A crise não se resume a uma situação única que possa resolver-se de uma vez e para sempre, senão que se trata de um importante desafio histórico"*.

Referências Bibliográficas

ABRAHAM, K. (1919). Uma forma particular de resistência contra el método psicoanalítico. In: *psicoanálisis clínico*. Buenos Aires: Paidós, 1959. p.231-237.
_____ (1924). Un breve estudio de la evolucion de la libido, considerada a la luz de los transtornos mentales. In: *Psicoanálisis clínico*. Buenos Aires: Paidós, 1959.
ALEXANDER, F. (1946). *Psychoanalytic therapy: principles and aplication*. Nova Iorque: Ronald Press.
ALVAREZ, A. (1992). *Companhia viva*. Porto Alegre: Artes Médicas Sul, 1994.
ANDRADE, V.M. (1996). Sexo e vida em Freud. *Rev. Bras. de Psicanal.*, v.30, p.4, 1996.
AULAGNIER, P. (1975). *La violencia de la interpretación del pictograma al enunciado*. Buenos Aires: Amorrotu, 1977.
BADARACCO, J.G. (1990). Las identificaciones y la identidad en el proceso analítico. *Rev. de Psicoanálisis.*, v.47, p.4, 1979.
BASCH, M.F. (1983). Empathic understanding: a review of the concept and some theoretical considerations. *J. Amer. Psychoanalis. Assn.*, v.31, n.1, p.101, 1983.
BARANGER, W.; BARANGER, M. (1961-62). La situación analítica. In: *Problemas del campo psicanalítico*. Buenos Aires: Kargieman, 1969.
BARANGER, W. (1971). *Posicion y objeto en la obra de Melanie Klein*. Buenos Aires: Kargieman, 1977.
BARANGER, M. (1979). Mesa-redonda "Ubicación de la resistencia en el proceso analítico". *Rev. de Psicoanálisis*, v.26, n.4, p.721, 1979.
_____ (1992). La mente del analista: de la escucha a la interpretación. *Rev. de Psicoanálisis*, v.49, p.2, 1992.
BATESON, G. (1955). *Play: its role in developement as evolution*. Penguin: Hardmondsworth Middix, 1985.
BICK, E. (1968). The experience of the skin in early object relations. *Int. J. Psycho-Anal.*, v.49, p.484-486, 1968.
BERGLER, E. (1959). *La neurosis basica*. Buenos Aires: Paidós, 1959.
BION, W.R. (1962). *Experiências em grupos*. Rio de Janeiro: Imago, 1970.
_____ (1962). *Aprendendo com a experiência*. Rio de Janeiro: Imago, 1962.
_____ (1963). *Elementos em psicanálise*. Rio de Janeiro: Imago, 1977.
_____ (1967). *Estudos psicanalíticos revisados*. Rio de Janeiro: Imago, 1988.
_____ (1970). *Atenção e interpretação*. Rio de Janeiro: Imago, 1970.
_____ (1973). *Conferências brasileiras I*. Rio de Janeiro: Imago, 1973.
_____ (1992). *Conversando com Bion*. Rio de Janeiro: Imago, 1992.
BLEGER, J. (1967). *Simbiosis y ambiguedad: estudio psicanalítico*. Buenos Aires: Paidós, 1972.
_____ (1979). *Temas de psicologia: entrevistas e grupos*. São Paulo: Martins Fontes, 1987.
BLEICHMAR, H. (1981). *O narcisismo*. Porto Alegre: Artes Médicas Sul, 1972.
_____ (1982). *Depressão: um estudo psicanalítico*. Porto Alegre: Artes Médicas Sul, 1982.
BLEICHMAR, N.; BLEICHMAR, C.L. (1989). *A psicanálise depois de Freud: teoria e clínica*. Porto Alegre: Artes Médicas Sul, 1992.
BLEICHMAR, D. E. (1988). *O feminismo espontâneo da histeria*. Porto Alegre: Artes Médicas Sul, 1988.
BLUM, A.P. (1981). The position and value of extransference interpretation. *J. Amer. Psychoan. Ass.*, v.31, n.3, p.587, 1983.
_____ (1996). Psicoanálisis, historia y psicohistoria. *The Newsletter of the International Psychoanalytical Association*, v.5, 1996.
BOFF, A.A. (1996). Da interpretação à interpretação psicanalítica: introdução a uma pequena perspectiva histórica do intricado epistemologia-hermenêutica-psicanálise. *Revista Projecto*, n.5, p.6, 1996.
BOLLAS, C. (1992). *A sombra do objeto*. Porto Alegre: Artes Médicas Sul, 1992.
_____ (1997). The fascist state of mind. In: *Being a character*. Nova Iorque: Hill and Wang, 1997.
BOWLBY, J. (1980). *Attachment and loss*. Londres: The Hogarth Press, 1980.
BRANDÃO, J.S. O mito de Narciso. In: *Mitologia grega*. v. II. Vozes, 1987.
CESIO, F. (1960). El letargo: contribución al estudio de la reacción terapéutica negativa. *Rev. de Psicoanálisis*, v.17, n.3, p.289, 1960.
CHASSEGET SMIRGEL, J. (1973). *O ideal do ego*. Porto Alegre: Artes Médicas Sul, 1978.
_____ (1991). *Ética e estética da perversão*. Porto Alegre: Artes Médicas Sul, 1991.
COMITÊ DA IPA (1993). *Rev. Bras. de Psicanal.*, v.27, p.2, 1993.
CORDIOLI, A.V. (1998). *Psicoterapias: abordagens atuais*. 2.ed. Porto Alegre: Artes Médicas Sul, 1998.
COROMINAS, S.J. (1979). *Dicionário crítico etimológico castellano hispânico*. Madri: Gredos, 1980.
CRUZ, J. G. (1996). A injeção de Irma, cem anos depois: algumas considerações sobre a função dos sonhos. *Revista de Psicanálise da SPPA*, v.III, p.1, 1996.

DEUTSCH, H. (1926). Occult processus ocorring during psycho-analysis. *Int. Univ. Press,* 1953.
EISSLER, K. (1953). The effect of the structure of the ego on psychoanalitic technique. *JAPA,* v.1, 1953.
EIZERICK, C. (1993). Entre a escuta e a interpretação: um estudo evolutivo da neutralidade psicanalítica. *Revista de Psicanálise da Sociedade Psicanalítica de Porto Alegre,* v.1, p.1, 1993.
EKSTERMAN, A. (1984). Abordagem psicodinâmica dos sintomas somáticos. *Rev. Bras. de Psicanal.,* v.28, p.1, 1994.
ETCHEGOYEN, H. (1976). El impasse psicanalítico y las estrategias del yo. *Rev. de Psicoanálisis,* v.33, n.4, p.613, 1976.
_____ (1987). *Fundamentos da técnica psicanalítica.* Porto Alegre: Artes Médicas Sul, 1987.
_____ (1996). Entrevista com Horácio Etchegoyen. *The Newsletter of the International Psychoanalytical Association,* v.5, p.1, 1996.
FAINBERG, H. (1995). Malentendidos y verdades psiquicas. *Rev. de Psicoanálisis,* 1995.
FAIRBAIRN, W.R.D. (1941). *Estudio psicoanalítico de la personalidad.* Buenos Aires: Hormé, 1962.
_____ . Observaciones sobre la naturaleza de los estados histéricos. In: SAURI, J. *Las histerias.* Buenos Aires: Nueva Vision, 1975. p.215-250.
FARIA, C.G. (1996). Sexualidade e estrutura psíquica: a sexualidade na formação da estrutura e a estrutura como expressão da sexualidade. *Rev. Bras. de Psicanal.,* v.30, p.4, 1996.
FELDMAN, C. Convite. In: _____. *Construindo a relação de ajuda.* 1983.
FENICHEL, O. (1954). *Teoria psicoanalítica de las neurosis.* Buenos Aires: Nova, 1954.
FERENCZI, S. (1913). Estadios en el desarrollo del sentido de la realidad. In: *Sexo y psicoanálisis.* Buenos Aires: Paidós, 1959.
_____ (1928). Elasticidade na técnica analítica. In: *Escritos Psicanalíticos.* Rio de Janeiro: Taurus, 1988.
_____ (1933). La confusión de lenguajes entre los adultos y el niño. In: *Problemas y métodos del psicoanálisis.* Buenos Aires, 1966. cap. 13.
_____ .*Obras completas.* São Paulo: Martins Fontes, 1992.
FERRÃO, L.M. (1974). O impasse analítico. *Revista Latino-americana de Psicoanálisis,* v.1, n.1, p.55, 1974.
FRANCISCO, B.S.S. (1995). *Acting-out:* considerações teórico-clínicas. In: OUTEIRAL, J.E.; THOMAS, T. *Psicanálise brasileira.* Porto Alegre: Artes Médicas Sul, 1995.
FREUD, A. (1936). *O ego e os mecanismos de defesa.* Rio de Janeiro: Biblioteca Universal Popular, 1968.
FREUD, S. (1895). Estudos sobre a histeria. In: *Obras completas.* Rio de Janeiro: Imago, v.II,1968.
_____ (1895; 1950). Projeto para uma psicologia científica, v.I.
_____ (1900). A interpretação dos sonhos, v.V.
_____ (1901). A psicopatologia da vida cotidiana, v.VI.
_____ (1904). O método psicanalítico de Freud, v.VII.
_____ (1905). Três ensaios sobre a teoria da sexualidade, v. VII.
_____ (1905). Sobre a psicoterapia, v.VII.
_____ (1905). Fragmentos da análise de um caso de histeria (caso Dora), v.VII.
_____ (1907). Delírios e sonhos na Gradiva de Jensen, v.IX.
_____ (1909). Notas sobre um caso de neurose obsessiva (o homem dos ratos), v.X.
_____ (1909). Análise de uma fobia em um menino de cinco anos (caso do menino Hans), v.X.
_____ (1910). Leonardo da Vinci e uma lembrança da sua infância, v. XI.
_____ (1910). As perspectivas futuras da terapia psicanalítica, v.XI.
_____ (1911). Formulações sobre os dois princípios do funcionamento mental, v.XII.
_____ (1911). Notas psicanalíticas sobre um relato autobiográfico de um caso de paranóia (caso Schreber).
_____ (1912). A dinâmica da transferência, v.XII.
_____ (1912). Recomendações aos médicos que exercem a psicanálise, v.XII.
_____ (1912). Totem e tabu, v.XIII.
_____ (1913). Sobre o início do tratamento (novas recomendações sobre a técnica da psicanálise), v.XII.
_____ (1914). Sobre a história do movimento psicanalítico, v.XIV.
_____ (1914). Sobre o narcisismo: uma introdução, v. XIV.
_____ (1914). Recordar, repetir e elaborar (novas recomendações sobre a técnica da psicanálise, II), v.XII.
_____ (1915). Observações sobre o amor transferencial, v.XII.
_____ (1915). O inconsciente, v.XIV.
_____ (1915). As pulsões e suas vicissitudes, v.XIV.
_____ (1916). Conferências introdutórias à psicanálise, parte II, v.XVI.
_____ (1917). Luto e melancolia, v.XIV.
_____ (1918). Da história de uma neurose infantil (o homem dos lobos), v.XVII.
_____ (1919). Linhas de avanço nas terapias psicanalíticas.
_____ (1919). Uma criança é espancada, v.XVII.
_____ (1919). O sobrenatural, v.XVII.
_____ (1920). Além do princípio do prazer, v.XVIII.
_____ (1921). A psicologia de grupo e a análise do ego, v.XVIII.
_____ (1923). Dois artigos de enciclopédia: psicanálise e teoria da libido, v.XVIII.
_____ (1923). O ego e o id, v.XIX.
_____ (1924). Neurose e psicose, v.XIX.
_____ (1924). A perda da realidade na neurose e na psicose, v.XIX.
_____ (1924). O problema econômico do masoquismo, v.XIX.
_____ (1925). A negação, v.XIX.
_____ (1926). A questão da análise leiga, v.XX.

_____ (1926). Inibições, sintomas e angústia, v.XX.
_____ (1927). Fetichismo, v.XXI.
_____ (1930). O mal-estar da civilização, v.XXI.
_____ (1931). Tipos libidinais, v.XXI.
_____ (1933). Novas conferências introdutórias à psicanálise, v.XXII.
_____ (1937). Análise terminável e interminável, v.XXIII.
_____ (1937). Construções em análise, v.XXIII.
_____ (1940). Clivagem do ego no processo de defesa, v.XXIII.
_____ (1940). Esboço de psicanálise, v.XXIII.
_____ (1941). Achados, idéias, problemas, v. XXIII.
GABBARD, G. (1990). *Psiquiatria psicodinâmica na prática clínica*. Porto Alegre: Artes Médicas Sul, 1992.
GADINI, E. (1984). Cambios en los pacientes psicoanalíticos hasta nuestros dias. *Colección de Monografias da API*, v.4, p.6-20, 1984.
GAY, P. *Freud: uma vida para o nosso tempo*. São Paulo: Companhia das Letras, 1989.
GILL, M. (1979). El analisis de la transferência. *Rev. de Psicoanálisis*, v.3, 1981.
GLOVER, E. (1931). The therapeutic effect of inexact interpretation: a contribution to the theory sugestion. *Int. J. Psychoanal.*, v.12, p.397-411.
GOLDSTEIN, N. (1996). La perversión y el vinculo de apoderamiento.Trabalho apresentado em Maceió em 1996. Não-publicado.
GOMES, R. (1998). Inveja e diferença: um estudo em Bion. Não-publicado.
GRAÑA, R.(1995). *Além do desvio sexual*. Porto Alegre: Artes Médicas Sul, 1995.
GREEN, A. (1976). *Narcisismo de vida e narcisismo de morte*. São Paulo: Escuta, 1988.
_____ (1986). Entrevista concedida à Revista IDE. São Paulo, n.13, p.9, 1986.
_____ (1988). *Sobre a loucura pessoal*. Rio de Janeiro: Imago, 1988. p 53-76.
_____ (1995). Entrevista concedida à Revista da Sociedade Psicanalítica de Porto Alegre. Porto Alegre, n.2, p.1, 1995.
_____ (1996). Que tipo de investigación para el psicanálisis? Resposta a Robert Wallerstein. *The Newsletter of the International Psychoanalytical Association*, v.5, p.1, 1996.
GREENSON, R.R. (1967). *A técnica e a prática da psicanálise*. Rio de Janeiro: Imago, 1981.
GRINBERG, L. (1956). Sobre algunos problemas de técnica psicoanalítica determinados por la identificación y la contraidentificación proyetivas. *Rev. de Psicoanálisis*, v.13, n.4, 1956.
_____ (1963). Psicopatologia de la identificación y de la contraidentificación projetivas y de la contratransferencia. *Rev. de Psicoanálisis*, v.20, n.2, p.113, 1963.
_____ (1963). *Culpa y depresión*. Buenos Aires: Paidós, 1975.
_____ (1971). *Identidad y cambio*.

GRUMBERGER, B. (1979). *El narcisismo*. Buenos Aires: Trieb, 1979.
HANLY, CH. (1984). Sobre subjetividade e objetividade em psicanálise. *Rev. Bras. de Psicanal.*, v.28, p.3, 1994.
_____ (1995). Informe apresentado no *meeting* da Casa dos Delegados da IPA em 27/07/1995, em São Francisco, no boletim *The crisis of psychoanalisis*.
HARTMANN, H. (1939). *Psicologia do ego e o problema da adptação*. Rio de Janeiro: Zahar, 1989.
_____ (1947). *Ensayos sobre la psicologia del ego*. México: Fondo de Cultura Econômica, 1969.
HEKLER, E. *et al.* (1984). *Dicionário morfológico da língua portuguesa*. São Leopoldo: Unisinos, 1984. v.3, p.3153.
HEIMANN, P. (1950). On counter-transference. *Int. J. Psychoanal.*, n.31, p.81-84, 1960.
HERMANN, F.(1995). Psicanalética. *Revista IDE*, n.27, p.48, 1995.
HORNSTEIN, L. (1983). *Introdução à psicanálise*. São Paulo: Escuta, 1989.
JACOBS, T. (1996). Sobre não ouvir e não ver: alguns problemas na técnica e sua relação com o treinamento analítico. In: PELLANDA, N.; PELLANDA, L.E. *Psicanálise hoje*. Porto Alegre: Vozes, 1996.
JACOBSON, E. (1954). *El self y el mundo objetal*. Buenos Aires: Beta, 1969.
JEAMMET, P. (1989). *Manual de psicologia médica*. São Paulo: Durban, 1992.
JONES, E. *Vida y obra de Sigmund Freud*. Buenos Aires: Nova, 1959.
JOSEPH, B. (1975). O paciente de difícil acesso. *Rev. Bras. de Psicanal.*, v.20, n.3, p.413, 1986.
_____ (1985). Transferência como situação total. *Libro Anual de Psicoanálisis*. Londres-Lima, 1985.
JUNQUEIRA MATTOS, J.A. (1996). Sexualidade e função alfa: um novo modelo para as perversões. Trabalho apresentado em Ribeirão Preto em 1996.
_____ (1996). Análise concentrada: três anos de experiência. *Rev. Bras. de Psicanal.*, v.30, p.2, 1996.
KANTROWITZ, J. (1989). The relationship between the resolution of the transference and the patient-analyst match. Trabalho apresentado no 36º Congresso da IPA, Roma, 1989.
KERNBERG, O. (1970). Factors in the psychoanalytic treatment of narcisistic personalities. *JAPA*, v.18, n.1, p.511, 1970.
_____ (1983). A desonestidade na transferência.
_____ (1988). Desordens fronteirizos y narcisimo patológico. México.
_____ (1996). Entrevista com Otto Kernberg. *The Newsletter of the International_Psychoanalitica Association*, v.5, p.1, 1996.
KLEIN, M. (1930). La importância de la formación de símbolos en el desarrollo del ego. In: *Contribuciones al psicoanálisis*. Buenos Aires: Paidós, 1964.
_____ (1932). Psicanálise das crianças.
_____ (1934). Una contribución a la psicogenesis de los estados maníaco-depresivos. In: *Contribuciones al psicoanálisis*. Buenos Aires: Paidós,1964.

_____ (1946). Notas sobre os mecanismos esquizóides. In: *Os progressos da psicanálise.* Rio de Janeiro: Zahar, 1982.

_____ (1948). *Contribuciones al psiconálisis.* Buenos Aires: Paidós, 1964.

_____. *et al.* (1952). *Desarrollos em psicoanálisis.* Buenos Aires: Paidós, 1962.

_____ (1952). As origens da transferência. *Rev. Bras. de Psicanal.,* v.4, p.618, 1969.

_____ (1957). Envidia y gratitud. In: *Las emociones básicas del hombre.* Buenos Aires: Nova, 1960.

KLEIN, M.; RIVIÈRE, J. Amor, ódio y reparación. In: *Las emociones básicas del hombre.* Buenos Aires: Nova, 1960.

KOEHLER, H.S. J. (1938). *Pequeno dicionário escolar latino-americano.* Porto Alegre: Globo, 1960.

KOHUT, H. (1971). *Análise do self.* Rio de Janeiro: Imago, 1988.

_____ (1977). *The restoration of the self.* Int. Univ. Press.

LACAN, J. (1949-60). *Escritos.* Rio de Janeiro: Zahar, 1998.

_____ (1977). Algumas reflexões sobre o ego. *Revista Uruguaya de Psicoanálisis,* v.14, p.2, 1977.

LAPLANCHE, J.; PONTALIS, J.B. (1967). *Vocabulário da psicanálise.* Santos: Livraria Martins Fontes, 1970.

LIBERMAN, D. *Lingüística, interacción comunicativa y proceso psicoanalítico.* Buenos Aires: Kargieman, 1983.

LOEWENSTEIN, R. (1958). Remarks on some variations in classical technique. *Int. J. Psychoanal.,* v.39, p.2-210.

MABILDE, L.C. (1997). Palavras do presidente. *Revista de Psicanálise da Sociedade Psicanalítica de Porto Alegre,* v.IV, p.1, 1997.

McDOUGALL, J. (1972). *Em defesa de uma certa anormalidade.* Porto Alegre: Artes Médicas Sul, 1983.

_____ (1987). Um corpo para dois. *Boletim Científico da SBPRJ,* v.1.

_____ (1991). Entrevista concedida à Revista Trieb, v.1, n.1, p.68-78, 1991.

_____ (1994). Corpo e linguagem: da linguagem do soma às palavras da mente. *Rev. Bras. de Psicanal,* v. 28, p.1, 1994.

MAHLER, M. (1971). *O nascimento psicológico da criança: simbiose e individuação.* Rio de Janeiro: Zahar, 1982.

MAIOLI, S.(1994). A comunicação não-verbal: implicações no trabalho psicoterapêutico. Trabalho de Conclusão do Curso de Atualização em Psicoterapia. Porto Alegre, 1993-1994. Não-publicado.

MARTINS, C.(1997). Poesia. In: *Notícias de Família.* Publicação da AGATEF (Associação Gaúcha de Terapia Familiar. v. 1, n. 1. Porto Alegre, 1997.

MARTINS, M.(1969). Aspectos técnicos no tratamento psicanalítico da depressão. In: *Epilepsias e outros estudos psicanalíticos.* Porto Alegre: Artes Médicas Sul, 1983.

MARTY, P.; M'UZAN, M. (1984). O pensamento operatório. *Rev. Bras. de Psicanal.,* v.28, p.1, 1984.

MATTE BLANCO (1986). Understanding Matte Blanco. *Int. J. Psychoanal,* v.67, p.251-254.

MELLO FRANCO FILHO, O. (1989). Lingugem e atuação no processo analítico. *Rev. Bras. de Psicanal.,* v.23, p.3, 1989.

MELTZER, D. (1967). *El proceso psicanalítico.* Buenos Aires: Hormé, 1987.

_____ (1973). *Estados sexuais da mente.* Rio de Janeiro: Imago, 1979.

_____ (1975). *Exploraciones sobre el autismo.* Buenos Aires: Paidós, 1979.

_____ (1975). Identificação adesiva. *Jornal de Psicanálise,* v.38, p.40-52.

_____ (1984). *Dream life.*

_____ (1989). *O desenvolvimento kleiniano I: desenvolvimento clínico de Freud.* São Paulo: Escuta, 1989.

MONEY-KYRLEY, R. (1956). Contratransferencia normal y algunas de suas desviaciones. *Rev. Uruguaya de Psicoanálisis,* v.4, p.1, 1961-1962.

_____ (1968). Desarrollo cognitivo. *Revista de Psicanálisis,* v.27, p.4,1970.

MOSTARDEIRO, A.L.; PECHANSKY, I.; RIBEIRO, R.P.; IBAÑEZ, S.R. (1974). O impasse psicanalítico. *Revista Latino-americana de Psicoanálisis,* v.1, n.1, p.17, 1974.

NOGUEIRA, J. (1996). Histeria. Trabalho apresentado na SPPA. Não-publicado.

NOVAES, A. *et al* (1988). *O olhar.* São Paulo: Companhia das Letras, 1988.

OGDEN, T. (1966). Os sujeitos da psicanálise. São Paulo: Casa do Psicólogo, 1966.

OSÓRIO, L.C. (1989). Grupoterapia hoje. Porto Alegre, Artes Médicas, 1989.

PACHECO, M.A. (1983). *Psicanálise de psicóticos.* Rio de Janeiro: Plurarte, 1983.

PETOT, J.M. (1988). *Melanie Klein.* São Paulo: Perspectiva, 1988. v. II.

PIAGET, J. (1954). *La construcción de lo real en el niño.* Buenos Aires: Protec, 1965.

PICK, I. (1985). A elaboração na contratransferência. In: *Melanie Klein: evoluções.* São Paulo: Escuta, 1989.

PIONTELLI, A.(1996). Observação de crianças desde antes do nascimento. In: PELLANDA, N.; PELLANDA, L.E. *Psicanálise hoje: uma revolução do olhar.* Petrópolis: Vozes, 1996.

PLATÃO. *Diálogos.* Madrid: Espasa Calpe; S.P.: Ícone, 1981.

PUGET, J. ; BERENSTEIN. I. (1994). *Psicanálise do casal.* Porto Alegre: Artes Médicas Sul, 1994.

RACKER, H. (1960). *Estudios sobre técnica psicoanalitica.* Buenos Aires: Paidós, 1973.

RALLO, J. (1989). Los sueños en psicoanálisis. In: GRINBERG, L. *Introducción a la teoria psicanalítica.* Madri: Tecnopublicaciones, 1989.

RANK, O. (1914). El reflejo, símbolo del narcisismo. Payot. cap.V, Don Juan y el doble.

RASKOWSKY, A. (1972). Replanteos sobre el psicoanálisis de adolescentes: aspectos teóricos y técnicos. *Revista Argentina de Psiquiatria y Psicoanálisis de la infancia y de la adolescencia*, v.3, p.239-249, 1972.

REICH, W. (1933). *Análise do caráter.* Lisboa: Publicações Dom Quixote, 1979.

REIK, TH. (1945). La significación psicológica del silencio. In: *Como se llega a ser psicólogo.* Buenos Aires: Hormé, Paidós, 1975.

REZENDE, A.M (1995). *Wilfred R. Bion: uma psicanálise do pensamento.* Campinas: Papirus, 1995.

RIVIÈRE, J. (1936). Contribución al análisis de la reacción terapeutica negativa. *Rev. de Psicoanálisis,* 1949.

ROCHA BARROS, E.M.; ROCHA BARROS, E.L. (1995). A técnica psicanalítica da interpretação de inspiração kleiniana. In: OUTEIRAL, J.O.; THOMAS, T. *Psicanálise brasileira.* Porto Alegre: Artes Médicas Sul, 1995.

ROCHA, F. (1988) A psicanálise e o paciente somatizante: introdução às iéias de Joyce McDougall. *Rev. Bras. de Psicanal.,* v.22, p.1, 1988.

_____ (1996). A sexualidade na teoria e prática psicanalítica: sobre o complexo de Édipo e de castração. *Rev. Bras. de Psicanal.*, v.30, p.4, 1996.

RODRIGUÉ, E. (1966). *El contexto del processo analítico.* Buenos Aires: Paidós, 1966.

ROSENFELD, H. (1964). Investigação sobre a necessidade de os pacientes neuróticos e psicóticos realizarem atuações durante a análise. In: ROSENFELD, H. *Os estados psicóticos.* Rio de Janeiro: Zahar, 1968.

_____ (1965). *Os estados psicóticos.* Rio de Janeiro: Zahar, 1968.

_____ (1965). Da psicopatologia do narcisismo: uma aproximação clínica. In: ROSENFELD, H. *Os estados psicóticos.* Rio de Janeiro: Zahar, 1968.

_____ (1978). A psicose de transferência no paciente fronteiriço. *Rev. Bras. de Psicanal., v.*23, p.3, 1989.

_____ (1971). Uma abordagem clínica à teoria psicanalítica das pulsões de vida e morte: uma investigação dos aspectos agressivos do narcisismo. In: *Melanie Klein: evoluções.* São Paulo: Escuta, 1989.

_____ (1987). *Impasse e interpretação.* Rio de Janeiro: Imago, 1988. p.32.

SANDLER, J. (1983). Reflections on some relations between psychoanalitic concepts and psychoanalitic practice. *Int. J. Psychoanal.,* v.64, p.5-47.

_____ (1990). Entrevista concedida à Revista IDE. São Paulo, v.19, n.19, p.62, 1990.

SEGAL, H. (1954). Notas sobre a formação de símbolos. In: *A obra de Hanna Segal.* Rio de Janeiro: Imago, 1983.

_____ (1977). A contratransferência. In: *A obra de Hanna Segal.* Rio de Janeiro: Imago, 1982, cap.6.

_____ (1987). Citada por Horácio Etchegoyen. In: *Fundamentos da técnica psicanalítica.* Porto Alegre: Artes Médicas Sul, 1987. p.200.

SPILLIUS, E.B. (1991). A interpretação da inveja na análise. *Rev. Brasil. de Psicanal.,* v.25, n.3, p.551, 1991.

_____ (1995). Entrevista com Elisabeth Spillius e David Tuckett. *Revista de Psicanálise da Sociedade Psicanalítica de Porto Alegre,* 1995. v.II.

SPITZ, R. (1945). *Analytic depression: the psychoanalitic study of the child,* v.2, 1946.

_____ (1957). *No y si.* Buenos Aires: Hormé, 1960.

_____ (1965). *O primeiro ano de vida.* São Paulo: Livraria Martins Fontes, 1980.

STERBA, R. (1932). O destino do ego no processo analítico. *Rev. de Psicoanálisis,* v.26, 1969.

STOLLER, R. (1968). *Masculinidade e feminilidade: apresentações de gênero.* Porto Alegre: Artes Médicas Sul, 1993.

STRACHEY, J. (1934). The nature of therapeutic action of psycho-analysis. *Rev. de Psicanálisis,* v. 5, 1947-1948.

TUCKETT, D. (1995). Entrevista com Elizabeth Spillius e David Tuckett. *Revista de Psicanálise da Sociedade Psicanalítica de Porto Alegre,* v.II, 1995.

TURILAZZI, S.M. (1979). Interpretación de la actuación y interpretación como actuacción. *Rev. de Psicoanálisis,* v.36, p.841, 1979.

TUSTIN, F. (1981). *Estados autistas em crianças.* Rio de Janeiro: Imago, 1984.

_____ (1990). *Barreiras autísticas em pacientes neuróticos.* Porto Alegre: Artes Médicas Sul,1990.

WALLERSTEIN, R.(1989). Psicoanálisis y psicoterapia: una perspectiva histórica. In: *Libro Anual de Psicoanálisis,* 1989.

WINNICOTT, D. (1944). *Textos selecionados: da pediatria à psicanálise.* Livraria Francisco Alves, 1988.

_____ (1944). O ódio na contratransferência. In: *Textos selecionados: da pediatria à psicanálise.* Livraria Francisco Alves,1988.

_____ (1944). Desenvolvimento emocional primitivo. In: *Textos selecionados: da pediatria à psicanálise.* Livraria Francisco Alves, 1988.

_____ (1951). Objetos e fenômenos transicionais. In: *O brincar e a realidade.* Rio de Janeiro: Imago, 1975.

_____ (1958). A capacidade para estar só. In: *O ambiente e os processos de maturação.* Porto Alegre: Artes Médicas Sul, 1988.

_____ (1960). *O ambiente e os processos de maturação.* Porto Alegre: Artes Médicas Sul,1988.

_____ (1960). Distorção de ego em termos de falso e verdadeiro *self.* In: *O ambiente e os processos de maturação.* Porto Alegre: Artes Médicas Sul, 1988.

_____ (1967). O papel de espelho da mãe e da família no desenvolvimento infantil. In: *O brincar e a realidade.* Rio de Janeiro: Imago, 1975.

_____ (1969). O uso de um objeto. *Rev. Bras. de Psicanal.,* 1971.

_____ (1971). *O brincar e a realidade.* Rio de Janeiro: Imago, 1975.

_____ (1971). *Therapeutic consultations in child psyhiatry.* Londres: The Hogarth Press and the Institute of Psycho-Analysis, 1985.

_____ (1990). *Natureza humana*. Rio de Janeiro: Imago, 1990.

ZETZEL, E.(1956). The current concepts of transference. *Int. J. Psychoanalysis*, v.37, p.369-376.

_____ (1968). The so called good hysteric. *Int. J. Psychoanal.*, v.49, p.256-260, 1968.

ZIMERMAN, D.E. (1987). Resistência e contra-resistência na prática analítica. Trabalho apresentado na SPPA em 1987. Não-publicado.

_____ (1988). Manejo técnico do paciente de difícil acesso. *Rev. Bras. de Psicanal.*, v.XXII, 1988.

_____ (1991). O espelho na teoria e prática psicanalítica. *Rev. Bras. de Psicanal*, v.XXV, p.1, 1991.

_____ (1991). A dimensão teórico-clínica na análise de psicóticos no Brasil. *Anais do XIII Congresso Brasileiro de Psicanálise*. São Paulo, 1991.

_____ (1992). Etiopatogenia dos estados depressivos no processo psicanalítico. *Revista do CEPPA*, v.1, p.1,1992.

_____ (1993). *Fundamentos básicos das grupoterapias*. Porto Alegre: Artes Médicas Sul,1993.

_____ (1994). Inveja: pulsão ou defesa? *Revista de Psicanálise da Sociedade Psicanalítica de Porto Alegre*, v.1, p.2, 1994.

_____ (1995). *Bion: da teoria à prática*. Porto Alegre: Artes Médicas Sul, 1995.

_____ (1995). Algumas reflexões sobre o conceito de cura psicanalítica. *Revista da Sociedade Psicanalítica de Porto Alegre*, v.II, p.1, 1995.

_____ (1996). A comunicação não-verbal. *Revista do Centro de Estudos em Psicoterapia de Florianópolis*, v.2, 1996.

_____ (1996). O vínculo do reconhecimento. *Rev. Bras. de Psicanal.*, v.30, p.3, 1996.

_____ (1996). A posição narcisista. *Revista de Psicanálise da Sociedade Psicanalítica de Porto Alegre*, v.III, p.2, 1996.

_____ (1997). A face narcisista da sexualidade edípica. *Rev. Bras. de Psicanal.*, v.XXI, p.2, 1997.

_____ (1998). Psicoterapias de grupo. In: CORDIOLI, A.V. *Psicoterapias: abordagens atuais*. Porto Alegre: Artes Médicas Sul, 1998.

_____ (1998). A face narcisista da homossexualidade: implicações na técnica. In: GRAÑA, R.B. *Homossexualidade: formulações psicanalíticas atuais*. Porto Alegre: Artes Médicas Sul, 1998.

ZIMERMAN, D.E.; OSORIO, L.C. (1997). *Como trabalhamos com grupos*. Porto Alegre: Artes Médicas Sul, 1997.

ZIMMERMANN, D. (1980). A influência da teoria e da prática de psicoterapia sobre a formação psicanalítica. *Rev. Bras. de Psicanal.*, v.14, p.1,1980.

ZUSMAN, W. (1984). A opção sígnica e o processo simbólico. *Rev. Bras. de Psicanal.*, v.28, p.1, 1984.

Índice Remissivo

Um necessário esclarecimento prévio: levando em conta que um dos objetivos deste livro é o de propiciar uma abordagem didática, entendi ser imprescindível incluir um índice remissivo, para facilitar a busca de esclarecimento de determinados termos e assuntos. No entanto, cabe fazer quatro ressalvas: 1): não me impuz a obrigatoriedade de incluir absolutamente a todos os verbetes que aparecem ao longo do livro. 2) Para evitar que a consulta resulte fastidiosa, no lugar de cumprir o hábito costumeiro de referir os verbetes pela numeração das páginas em que eles aparecem, eu preferi utilizar uma licença, a de referenciá-los pela numeração dos capítulos em que eles constam de forma mais substanciosa. A possibilidade de que a numeração de algum capítulo referenciado apareça em negrito significa que nele o verbete mencionado aparece de forma principal. 3) Pelo fato de que a formação etimológica dos termos psicanalíticos cumpre uma função de esclarecimento e costuma despertar um interesse particular do leitor, entendi especificar – no verbete "etimologia" – aquelas palavras cuja formação consta em alguns capítulos. 4) Para assumir a responsabilidade de alguns conceitos ou terminologia própria que eu proponho e que eventualmente aparecem no presente livro, os quais decidi incluir neste índice, e para alertar o leitor que não se trata de termos existentes na literatura psicanalítica, eu os italizei.

A

Abraham: 1; **3**; 6; 11; 12; 17; 18; 25; 28; 39
Ab-Reação (ou Catarse): 1
Abstinência (regra da): **26**; 27; 29
Ação: 10; 39
Acessibilidade: 2; 4; **24**; 25
Acting: 3; 6; 16; 20; 21; 22; 27; 29; 30; 31; 33; 34; **36**; 37; 40 (dos terapeutas: 32); (das crianças: 36); (dos adolescentes: 34); (em grupos: 40).
Adesividade: 4
Adicção: 22

Adler: 1; 3
Admiração: 12
Adolescência: 6; 14; 34; **39** (adolescente silencioso: 34)
Alexander, F: 21
Aliança Terapêutica: 3; 18; 20; 24; 25; **31**; 34
Alter-Ego: **11**; 16
Alvarez, A.: 4; 8; 31
Ambiente Facilitador: 6
Ambigüidade: 13; 22
Amor (à verdade: 26; 29); (vínculo do: 14) (de transferência: 26)
Ana O. (1; 3; 31; 32)
Anaclítica (escolha de objeto): 23; (depressão: 19)
Anal (fase: 6; 17) (caráter: 6)
Analisibilidade: 2; 3; 4; 24; 25
Analista (pessoa real do: 2); (erros do: 28); (formação do: 41); (*transferência do:* **31**) (crise do: 42)
Angústia: 10; 17 (de castração: 3; 4; 6; 11; 17; 23); (automática: 3; 10); (sinal: 3; 10; 37); (de aniquilamento: 3; 4; 6; 20; 21; 36); de desamparo: 8; 10; 13; 23); (de despedaçamento: 6; 16) engolfamento: 17); (catastrófica: 6; 10); (de separação: 14; 30; 35); (do oitavo mês de vida: 6)
Antianalisando: 4; 24; 30
Apoio (psicoterapia de: 2); (técnica de: 20)
Aprendizagem com a Experiência: 3; 20
Arrogância: 29
Ataque aos Vínculos: 12; 13; **14**; 20; 28; 29; 35; 36
Atenção Flutuante: 26; 27; 29
Atitude (psicanalítica interna) 2; 4; 8; 18; 19; 35; 38
Atividade Interpretativa: 23; 32; 35; 37; 40
Atmosfera Analítica: 20; 38
Aulagnier, P.: 16; 26; 39
Autarquia Narcisística: 28
Autismo: 1; 4; 6; 8; 21
Autoanálise: 4; 32; 38
Auto-Continência: 4; 32
Autoerotismo: 4; 9
Auto-Estima: 14
Autonomia (primária e secundária do ego: 3; 5); (a obtenção de uma: 38)

B

Badaracco: 19
Baranger: 13; 14; 27; 29; 39; 41
Bateson, G.: 14;
Benefício Terapêutico: 25; 38
Bick, E.: 10; 16
Bion: aparece em quase todos capítulos.
Bleger: 13; 27
Bleichmar: 18; 19
Bollas: 4; 5; 24; 31
Borderline: 3; 18; 20; 33; 38
Bowlby: 6; 8; 14; 19; 21
Breuer: 1; 3
Brincar (e Brinquedos): 39
Buracos Negros: 2; 4; 6; 8;
Bússola Empática: 20; *32; 33; 35; 38*

C

Campo Analítico: 25; 27; 29; 31; 35; 38; 39; 41 (grupal: 40):
Capacidade (negativa: 3; 32; 35; 41); (de síntese: 10); (de pensar: 20; 27); (de simbolizar: 27); (para estar só: 6); (de sobreviver: 39; 41)
Cápsula (ou Concha) Autista: 4; 24; 39
Caracter: 17 (resistência de: 28); (histérico: 18); (fálico-narcisista: 18); (infantil: 18)
Carretel (Jogo do: 16; 39)
Caso Schreber: 3; 23
Castração (complexo de: 37); (simbolica: 6; 31; 34)
Catéxis: 5; 9
Cena Primária: 3; 6
Charcot (1; 18)
Chasseget Smirgel, J.: 12; 13; 22; 37
Ciúme: 12; 16; 23
Clivagem (do ego): 1
Cognitivo-Comportamental: (corrente: 10; 40)
Comitê (dos 7 anéis: 3); (de avaliação da terapia analítica: 2); (da IPA sobre *"setting"*: 28); (da IPA sobre "a crise da psicanálise": 42)
Completude (estado de: 12; 19)
Complexo de Édipo: 6; 23
Complexo do Semelhante: 14
Compulsão à Repetição: 4; 5; 9; 19; 31; 36
Comunicação: 10; 15; 21; 27; 32; 33; 40 (não-verbal: 4; 16; 21; 26; **33**; 34)
Condições (para psicoterapeuta: 3; 41); (para grupoterapeuta: 40); (de maternagem: 27)
Configurações Vinculares: 25; 28; 40
Conhecimento: 10; 20; 26; 38
Conluio: 20; 22; 23; 29; 31; **32**; 41; (erotizado: 29); (perverso: 29); (pseudo-agressivo: 29)
Consciente (função do) 2; 4); (sistema: 5)
Contemporânea (psicanálise): 4
Continente (função: 4; 6; 7; 8; 16; 211; 24; 26; 27; 29; 31; **32**; 34; 40; 41); (relação continente-conteúdo: 4; 32; 40)
Contra-*Acting*: 27; 32; 36
Contra-Ego: 5; 11; 24; 30
Contrafobia: 17
Contraidentificação Projetiva: 32
Contra-Resistência: 23; 23; **29**; 31; 40
Contrato Analítico: 18; 25; 26
Contratransferência: 4; 11; 14; 15; 18; 20; 21; 22; 23; 24; **32**; 33; 37; 38; (complementar: 32; 34); (concordante: 32; 34); (patológica: 32); (erotizada: 32) (somatizada:32)
Conversão: 18; 21; 23; 33
Cordioli, A: 40
Corpo: 3; 5; 6; 7; 9; 16; 18; 20; 21; (escuta do: 33); (imaginário: 39)
Correa,F. (Prefácio)
Couraça Caracterológica: 4
Crescimento Mental: 3; 35
Crise: 1; 42
Cruz, Juarez: 15
Culpas: 19; (emprestadas: 11)
Culturalismo: 1
Cura: 4; 30; 35; **38**; (cosmética: 41)
Curiosidade: 26 (sexual: 6)
Custódia (função de): 41

D

Defesas (Mecanismos de): 6; 10; 15; 17; 18; 20; 22; 25
Demanda: 4; 9
Dependência: 3; 12; 13; 31 (*má*: **12**; 31)
Depressão: 18; 19 (narcisista: 13; 18); (melancólica: 19)
Desamparo (Estado de: 6; 7; 8; 13; 22; 23; 26; 27; 36
Desejo: 3; 4; 9; 18; 35
Desenvolvimento Emocional Primitivo: 6; 28
Desesperança (estado de; 8)
Desidentificação: 19; 38
Desistência (Estado mental de): 4;; 6; 8; 21; 28; 29; 31; 34
Dessignificação: **4**; **38**
Dessimbiotização: 38
Dialética: 13; 35
Diferenças: 2; 12; 13
Discurso (dos pais): 6; 7; 8; 11; 19; 22; 33; 34
Dissociação (do ego: 1; 18) (*útil do ego*: 32); (corpomente: 21)
Divã (uso do): 2; 27
Donjuanismo: 14; 22; 36; 37
Dor mental: 38
Dora (caso): 1; 3; 18; 28; 31; 36; 41
Duplo: 7; 15; 16; 23; (duplo vínculo: 7; 33); (dupla mensagem: 27)

E

Eckserman: 21
Édipo: 3; 4; 6; 13; 14; 23; 37; (*a face narcísica de*: 37)
Ego: 1; 3; 4; 5; 10; 16; 25; 32; (corporal: 21); (Ideal: 3; 11; 12; 13; 19; 38) (auxiliar: 11); (funções do: 10; 38; 40; (do prazer purificado: 13
Eissler,: 25; 26; 27
Eizerick: 26
Elaboração: 18; 23; 28; 34; 38
Elementos de Psicanálise (segundo Bion): 2; 3; (elementos alfa e beta: 6; 7; 21)
Elisabeth Von R.(1; 3)
Empatia: 3; 4; 13; 20; **32**; 41
Entrevista Inicial: **25**; 29
Epílogo: 42
Equação "8 C": 19
Equação Etiológica (ou Série Complementar): 6
Equação Simbólica: 13; 33
Erotismo: 29; 32; (*transferencial positivo*: 29); (auto-erotismo; 5)
Escolas (*as sete* escolas de psicanálise: 3); (Psicossomática de Paris: 15); (de Chicago: 21); (de psicoterapia psicanalítica: 42)
Escuta: 33; (do corpo: 21) (intuitiva: 21)
Espaço: (*do setting*: 27); (transicional: 3); (uni, bi, tri e tetra dimensional, segundoMeltzer: 4)
Espelhamento: 20; 21

Espelho: 7; 15; **16**; 23; 31 (etapa do: 3; 6; 16; 37; 39); (função de: 6; 7; 23); (sinal do: 16; 20); (metáfora de Freud: 32); (*ressignificador*: *16*); (*pessoas-espelho*: *16*)
Esquirol: 1
Estados da Mente (segundo Bion): 3; (psicótico: 20)
Estilo (de interpretação): 4; 33; 34; **35**; 36
Estresse: 21
Estrutura: 5; 9; 13; 14; 15; 24; 25; (familiar: 25); (da personalidade: 25); (tripartite da mente: 9; 10)
Estrutural (teoria): 5; 28
Etchegoyen: 24; 25; 29; 30; 42
Etimologia das Palavras: Adicto (22; 33). Adolescência (6). Agredir (9; 31). Alexitimia (21). Angústia (17; 21). (Apatia (41). Compreender (25) Comunicação (33). Concordante (32). Confusão (13); Crise (42) Desejo (12). Desenvolvimento (26). Deslumbrar (35). Desistência (28; 34). Descobrimento (38). Despeito (12). Dramatização. Empatia (32; 38). Estética (33). Estilo (33). Existência ((28) Histeria (18); Histrionismo (18); Identidade (16); Impasse (30). Interpretação (35). Interminável (38). Intuição (32; 33; 35). Inveja (12). Lesbianismo (23). Metapsicologia (3). Narciso (16). Obsessivo (17). Paciência (41). Perversão (22). Polissêmico (34). Prepotência (23). Puberdade (6). Rancor (12); Recordação (36). Resistência (28). Respeito (16; 41). Retaliação (28; 34). Topográfica (1) Transferência (31). Trauma (8). Vínculo (14). Violência (8)
Etologia: 42
Experiência Emocional Transformadora: 35
Extratransferência: 12; 35

F

Fairbairn: 3; 5; 9; 23; 37
Fálica (fase: 6; 17)
Falo: 6; 12; 18; 23;
Falso Colaborador: 30; 31
Falso *Self*: 5; 13; 11; 14; 15; 26; 31; 33
Família: 7; 20; 23
Fantasia Inconsciente: 3; 21; (da "figura combinada": 23)
Fase Perverso Polimorfa: 22; 23
Fases do Desenvolvimento: 6; 17
Fatores (Heredo-constitucionais: 6; 23 (Socioculturais-econômicos: 2; 7; 11; 23; 40); (ambientais: 6)
Fenômenos Transicionais: 3
Ferenczi: 1; 3; 8; 15; 20; 28; 41
Ferrão: 28
Ferro,A: 39
Fetiche: 2; 12; 13; 14; 22; 39
Fetichismo: 1, 2; 10; 16; 22
Fixação (pontos de: 5; 6; 13; 23; 28; (narcisista: 30)
Fobias: 17
Forclusão: 3; 5; 10; 21
Francisco, Bruno S.: 36
Freud, Ana: 1; 3; 11; 28; 31; 39
Freud, S. (em todos os capítulos)
Frustração: 6; 7; 27

Função (alfa: 3; 21; (psicanalítica da personalidade: 16)
Função (alfa: 3; 6; 21; 35) (*de custódia*: 41); (de maternagem: 7; 25; 27); (psicanalítica da personalidade: 2; 3; 35; 38; (especular da mãe: 6; 16); (do sonho: 19); (cognitiva: 20)

G

Gangue Narcisista: 4; 13; 24; 28; 30
Garma, A.: 21
Gênero Sexual: 18; 23; 37
Gill, M.: 31
Goldstein, Nestor: 14; 22
Gomes, Roberto: 12; 37
Graña, R.(23)
Green: 3; 8; 13; 14; 15; 16; 18; 20; 26; 27; 35; 41; 42
Greenson: 28
Grinberg: 19; 32
Grupo: 3; 14; 16; 40; (Familiar: 7; 14;); (tipos de: 40)
Grupoterapeuta: 40
Grupoterapia: 16; 40; 42

H

Hanly, CH. 2
Hans (o menino): 3; 17
Hartmann: 3; 10
Heimann, P. 3; 32
Heisenberg: 27
Heredo-Constitucionais (fatores): 6
Hermann,F.: 35
Hipérbole ("movimento de ", segundo Bion: 14; 18)
Hipnotismo: 1
Hipocondria: 21
Histerias: 18; (tipos de, segundo Zetzel: 18):
Histórico (da psicanálise): 1; 21; 22; 42)
Holding: 7; 21
Homem (dos ratos: 3; 26; 31); (dos lobos: 3; 15; 16; 17; 26)
Homossexualidade: 22; 23

I

Id: 1; 5; 9; 19; 25
Ideal do Ego: 3; 5; 7; 10; 11; 12; 13; 29; 30; 32
Idealização: 11; 12
Identidade: (sentimento de: 6; 7; 10; 14; 16; 18; 20; 23; 25; 40; (do analista: 2)
Identificação: (primária com a mãe: 6; 13; 16) (projetiva: 3; 7; 10; 11; 13; 17; 20; 21; 23; 25; 31; 32); (com o agressor: 10; 17 (*com a vítima*: 7; 10; 19;); (defeituosa: 13; 16); (adesiva: 7); (patógena: 19); (com o analista: 35)
Imago Parental Idealizada: 5
Impasse: 12; 13; 20; 28; 29; 30; 31; 32; 36: *31*); (*de transferência*: *31*
Impingement: 8
Indicações E Contra-Indicações (para análise: 25); (para grupoterapia: 40)
Indiferenciação: 13; 14
Insight: 14; 18 (tipos de: 31; 35; **38**)

Instinto (ver Pulsão)
Internalização Transmutadora: 2; 6; 31
Interpretação: 14; 21; 22; 23; 28; 29; 31; 35 (*elementos que compõem a*: 35); (compreensiva: 25; 35)
Intuição: 6; 29; 32; 33; 41
Inveja: 3; 4; 7; 12 (do pênis: 4; 12; 28; 30); (primária: 3)
Ipa: 1; 2; 3; 27; 38; 39; 42
Irmãos: 7
Isomorfia: 27

J

Jacobson, E.: 1; 3; 13
Joseph, B.: 3; 4; 22; 23; 24; 25; 31
Judaismo (de Freud): 3
Jung: 1; 3; 9; 11
Junqueira Mattos, J. A.: 27; 37

K

"K" e "-K" (vínculo): 5; 26; 31; 32; 36; 41
Kernberg: 20; 24; 30; 42
Klein: aparece em quase todos capítulos
Kohut: 3; 5; 6; 8; 14; 16; 19; 28; 29; 31; 32; 37
Kyrle, M.: 14; 20; 29; 32

L

Lacan: 3; 5; 6; 10; 12; 13; 16; 18; 21; 28; 31; 33; 34; 35; 38
Laplanche y Pontalis: 16; 22; 35
Latência (fase de: 6)
Leonardo da Vinci: 22
Lesbianismo: 23
Liberdade: 2; 4; 11; 38; 39; 42
Liberman, D.: 18; 33
Libido: 1; 9
Linguagem: 3; 6; 10; 14; 16; 20; 25; 33 (sígnica: 21; 33); (simbólica: 21; 33); (corporal: 6; 7)
Livre Associação de Idéias: 1; 26
Lorenz, K: 6

M

Mabilde: 1
MacDougall: 2; 4; 16; 21; 23; 24; 30; 32; 33; 37
Mãe: 7; 17; 18; 20; 24; (fálica: 23); (suficientemente boa: 6; 7; 39); ("morta", segundoGreen: 8; 19); (histerogênica: 18)
Mahler: 1; 3; 5; 6; 8; 10; 14; 16; 19; 23
Maioli, S.: 33
Martins, C.: 41
Martins, M.: 19
Masoquismo: 5; 6; 20; 22; 31
Masturbação: 31
Match: 25; 29; 31
Matte Blanco: 20
Melancolia: 19
Meltzer: 3; 4; 8; 10; 12; 15; 18; 22; 28; 29; 31; 39
Memória (de sentimentos): 21; 36
Mentira: 22; 26; 30 (*tipos de*: **33**).

Mentiroso: 26; 30
Mesmerismo: 1
Metapsicologia: 3; 5; 12; 39
Método Analítico: prólogo; 3
Mitologia (e *acting*): 36
Mitos (de Narciso: 16; 23); (grupais: 40)
Modelos: 4; 5; 6; 9; 15; 19; 21
Motivação (para análise: 25; 28; 30)
Mudança (psíquica: 36); (catastrófica: 21; 32; 35; 38)
Mutismo: 34

N

Não (analisibilidade: 31); (verdade: 28); (integração: 6; 31); (seio: 6); (coisa: 4); (comunicar: 4)
Narcisismo: 1; 3; 4; 5; 6;; 9; 13; 14; 17; 18; 37; (estruturante: 5); (introdução ao: 28) (escolha de objeto narcisista: 23); (face narcisista da sexualidade: 23)
Nascimento (trauma do: 8); (psicológico do bebê: 6; 8; 16)
Neo-Identificações ou: Re-identificações): 19; 23; 35; 38
Neo-Significações (*ou: Ressignificações*): *1*; *4*; 23; 33; **38**
Neotenia: 6; 12; 13
Neurose (atual: 2; 8; 9; 17; 21); (de angústia: 17; 21); (de transferência: 2; 21; 31; 35); (de contratransferência: 32) (traumática: 8)
Neutralidade:; 26; 27; (regra da: 16)
Ninfomania: 14
Nogueira, Joel: 17

O

Objeto: 6; 9; 13; 21; 31; (Transicional: 3; 31); (parcial: 21); (novo: 23)
Obsessivo-Compulsiva (Neurose): 17
Ódio (na contratransferência: 3); (vínculo do: 14)
Ogden,TH.: 39
Olhar: 14; 15; 16; 33; (olhar-espelho: 8); (*bom e mau da mãe*: 14
Oral (fase: 6); (oralidade:"18)
Organização Patológica: 5; 13;; **24**; 28;
Osório, L.C.: **40**

P

Paciência: 3; 26; 31; 34
Paciente De Difícil Acesso: 222; 24; 25
Pai: 7; 18; 20; 22; 39); (Lei do: 16; 23)
Paixão: 11; 14; 41
Pânico (Doença do): 17; 21
Papéis: 7; 11; 14; 17; 19; 20; 22; 23; 30; 32; 35; 38; 40; (do analista: 36)
Par Analítico: 41
Paradigmas (da psicanálise: 4)
Parâmetros Técnicos: 4; 25; 26; 27; 35
Paranóia: 4
Parte Psicótica da Personalidade: 3; 4; 11; 13; 20; 23; 28; 35; 36; 38
Pele Fina e Pele Grossa (segundo Rosenfeld: 13)
Pensamento (segundo Bion: 6) (operatório: 15; 21); (segundo Piaget: 20

Pensar (Função de): 4; 6; 10; 13; 15; 20; 21; 27; 30; 33; 35; 39
Percepção: 10
Pereda, M.: 39
Personalidade: 6; 16; 18; 25; (fálico-narcisista: 18); (histérica: 18)
Perspectivas Futuras: (da psicanálise: 42); (das grupoterapias: 40)
Perversão: 9; 22; 23; 35 (do *self*: 27); (da transferência: 22); (do *setting*: 27)
Perverso-Polimorfa (etapa: 9; 22; 23)
Pessoa Real (do analista) 2; 3; 4; 29; 31; 32; 35; 41
Petot: 16
Piaget: 6; 13; 20
Pinel (1)
"*Ping-Pong*" (estilo de interpretar): 35
Piontelli: 6; 42
Platão: 14; 16
Posição: 4; 6; 11; 13; 14; (esquizoparanóide: 3; 10; 13; 18; 24); (depressiva: 3; 10; 13; 18; 19; 24); (*narcisista*: 6; 11; 13; 18; 23; 37)
Prática Analítica: virtualmentre, em todos capítulos.
"*Prazer sem Nome*": 6
Pré-Concepção: 6
Pré-Genitalidade: 22; 37
Princípios: 2; 5; 12 (da incerteza: 4; 27); (da negatividade: 4)
Processo (Primário e Secundário): 5; 15
Projeto (de uma psicologia científica: 3); (terapêutico: 25
Protesto (estado de mente): 8
Protopensamento: 36
Pseudocolaborador (paciente: 3; 4; 28; 30; 31)
Pseudodepressão: 19
Pseudogenitalidade: 6; 14; 37
Pseudomadurez (segundo Meltzer: 28)
Pseudópodos Mentais: 4
Pseudotransferência: 35
Psicanalise: 2; 4 (ortodoxa: 4); (clássica: 4); (contemporânea: 4) (crise da: 1; 42)
Psicofisiologia: 15
Psico-história: 42
Psicoimunologia: 21
Psicólogos do Ego: 3; 12; 15; 34
Psicopatia: 22
Psicose de Transferência: 20; 24; 32
Psicose: 20;
Psicossomatica: 15; 20; 21
Psicoterapia Psicanalítica: 2; 42; (de apoio: 2)
Psiquismo Fetal: 5; 6; 42
Puberdade: 6
Pulsão: 4; 5; 9; 11; 12; 31

R

Rabisco (jogo do: 3; 35; 39; (*rabisco verbal*: 35)
Racker: 21; 29; 30; 31; 32; 35
Rank: 1; 3; 8
Reação Terapêutica Negativa: 11; 12; 19; 24; 28; 30; (do analista: 30; 38

Recipiente: 4
Reconhecimento (*vínculo do*): 7; 13; 14; 18; 34; 36; 37
Regra Fundamental: 5; 26; 29; 33
Regras Técnicas: 16; 25; 26; 27; 29; 38
Regressão: 22; (a serviço do ego: 3; 6)
Reich, 1,; 3; 4; 18; 34
"Relação Branca": 21
Reparação: 3; 11; 1319;; 30; 38; (verdadeira: 39)
Representação: 5; 6; 7; 8; 10; 12; 13; 16; 20; 21; 25; 31; 33; (esquema de: 39)
Repressão (1; 4; 31)
Resistências: 13; 20; 22; 23; 28; 30; 36; 40; (*do analista*: 29; *31*; *35*); (de transferência: 31); (tipos de: 28); (incoercíveis: 30); (às mudanças: 35)
Respeito (condição do analista de: 16)
Ressignificação (ver em "Neo-significação)
Resultado Analítico: *25*; 38
Retraimento: (estado mental de: 8)
Rêverie: 7; 13; 33
Reversão Da Perspectiva: 12; 13; 24; 33; 35
Rezende,A.M.: 14; 30
Rivière,J.: 11; 12; 28; 35; 30
Rosenfeld: 3; 4; 5; 12; 13; 20; 24; 28; 30; 31; 32; 33; 35; 36; 37

S

Sachs: 1
Sadismo: 5; 17; 20 (sadomasoquismo: 18; 19; 20; 29
Sandler,J.: 27
Seewald,F.: Prólogo; 4; 39
Segal: 4; 10; 12; 13; 15; 32; 33; 35
"*Seguro-Solidão*": 23
Seleção de Pacientes: 29; 30 (para grupos: 40)
Self: 3; 10; 24; (grandioso: 5; 13); (*self*-objetos: 5; 6; 32); (psico-fisilógico: 1; 13)
"*Sensibilômetro*": 33
Séries Complementares (ou Equação etiológica): 5; 6
Sessões (número de: 2)
Setting (enquadre): 14; 20; 23
Setting (ou Enquadre): 2; 13; 14; 22; 23; 24; 26; **27**; 28; 29; 30; 31; 34 (grupal: 40)
Sexualidade: 18; 20; 24; 37; (aditiva: 37)
Significações: 4; 7; 21
Significado: 3; 33
Significante: 3; 33
Silêncios: 20; 33; (tipos de: **34**; 35) (do psicanalista: 34)
Simbiose: 7; 13; 17
Símbolo: 3; 10; 12; 13; 15; 16; 27; 39; (simbolismo do conflito: 33)
Simetria: 25; 27
Similaridade: 25; 27
Situação Analítica: 14; 17; 27; 33; 37
Somatização: 16; 19; 21; 33; 38
Sonhos`: 1; 4; 15; (interpretação dos: 3; 28); (traumáticos: 1; 8)
Sonolência (estado de: 32)
Spillius: 1; 12
Spitz: 6; 16; 19; 21; 28
Steckel: 1

Steiner: 3; 24
Stoller: 23
Sujeito Suposto Saber: (segundo Lacan: 3; 31; 35)
Superego: 1; 4; 5; 10; 11; 19; 23; 25; 31; 38 (analítico: 2; 26; 32); (precursores do: 11)
Supra-Ego (ou: "Super"superego: 4; 11; 17; 20)

T

Talmud: 3; 15
Técnica: (aparece, virtualmente, em todos capítulos)
Teoria: do Trauma: 38; Topográfica (1; 5); Estrutural (1; 5; 28); (Econômica: 8; 9); (sistêmica: 38; 40)
"Teorização Flutuante": 26
Terapia Psicanalítica: Prólogo); (ação curativa da: 38)
Término (da análise): 38; (da grupoterapia analítica: 40)
"Terror sem Nome": 3; 4; 36
Timing (da interpretação: 34; 35; (na grupoterapia: 40)
Topográfico:(Modelo): 5
Transferência: 23; 31; 38; (fraterna: 31); (negativa: 20; 30; 31); (positiva: 31); (primitiva: 31); (amor de: 26; 28; 30; 31; 35); (neurose de: 31); (narcisista: 3; 14; 23; 37); (idealizadora: 31) (especular: 3; 14; 16; 31); (psicótica: 20; 31); (psicose de: 24; 30; 31); (erótica e erotizada: 31); (perversa: 31 (perversão da: 22; 23; 31); *(de impasse*: 31); *(construção da: 31) (do analista*: 32)
Transferencialismo: 31; 35
Transformações: 3; 15; 31; (das pulsões: 9); (na psicanálise: 2; 3; 5)
Transgeracional: 10; 13; 14; 39
Transgeracionalidade (7; 10; 23)

"Tratamento Moral" (1)
Trauma (1; 4; 5; 8)
Traumatofilia: 21
Tuckett, D.: 1
Tustin: 4; 6; 8; 27

V

"*Vasos Comunicantes*" (*modelo tipo*: 19)
Verdade: 4; 10; 14; 20; 36 (*regra do amor à*: 26; 27; 28; 29; 38; 41; 42)
Vértice (segundo Bion: 3; 10; 31; 41); (*existencial-pragmático*: *4*)
"*Via di Porre*" e "*Via di Levare*": 3; 35; **38**
Vínculos: 6; 8; 14; 31 (ataque aos: 7; 20; 28; 31; 32); (duplo vínculo: 7; 33; 35); (psicanálise dos: 4; 37) (grupais: 40) (na situação edípica: 37)
Visão Binocular: 3; 41
Voracidade: 12
Voz: 33; 35; 40

W

Wallerstein: 2; 42
Winnicott: 2; 3; 5; 6; 7; 8; 10; 14; 16; 21; 22; 23; 27; 29; 31; 32; 34; 35; 39

Z

Zetzel: 3; 18; 25; 31
Zimerman: 18
Zimmermann: 2
Zusman: 21; 33; 38